《2017上海教育年鉴》编委会

上海教育概览(2016)

基础教育

中小学、幼儿园、特殊教育、工读学校总数	3148所↑
幼儿园	1553所↑
小学	753所↓
中学	801所↑
特殊教育学校	29所
工读学校	12所
中小学、幼儿园、特殊教育学校、工读学校在校学生总数	192.24万人↑
幼儿园在园幼儿数	55.65万人↑
小学在校学生数	78.97万人↓
普通初中在校学生数	41.33万人↑
普通高中在校学生数	15.78万人↓
特殊教育在校学生数	0.43万人↓
工读学校在校学生数	0.08万人↓
义务教育入学率	99.9%
初中毕业生数	9.18万人↓
高中阶段毕业生数(含普通高中、普通中专、职业高中、技工学校)	8.67万人↓
高考统考考生数	7.42万人
647所高校在沪实际录取学生数	6.68万人

中等职业教育

普通中等职业学校总数	84所↓
职业高中	27所
中等专业学校	50所↓
中等技工学校	7所
普通中等职业学校全日制在校学生总数	9.52万人↓

高等教育

普通高等学校总数	64所
普通高校本专科在校学生总数	51.47万人↑
本科在校学生数	37.13万人↑
高职高专在校学生数	14.34万人↓
研究生培养机构(不包括中科院在沪分院和煤炭院上海分院)	48家
在读研究生数	14.50万人↑
在读博士生数	2.99万人
在读硕士生数	11.51万人
研究生招生数(含科研机构)	4.91万人↑
博士生招生数	0.68万人↑
硕士生招生数	4.23万人↑
普通高等学校本专科招生数	14.27万人↑
本科生招生数	9.56万人↑
专科生招生数	4.71万人↓

成人中等高等学历教育

成人中高等学历教育学校总数	26所
独立设置成人高校	14所
独立设置中等专业学校	12所
成人高等教育和中等专业教育在校学生总数	28.65万人
成人本专科在校学生数	14.39万人
网络本专科在校学生数	12.62万人
成人中专在校学生数	1.64万人
成人本专科招生数	4.16万人
成人网络本专科招生数	4.35万人↓

成人中专招生数	0.53万人
成人本专科毕业生人数	4.90万人
成人网络本专科毕业生人数	4.33万人
成人中专毕业生人数	0.36万人

非学历教育

成人职业技术培训机构	674所↑
民办非学历高等教育机构	217所↑
校外教育机构总数	22所
少年宫	17所
少年科技站	4所
少年之家	1所
各类老年教育机构	5883个↑

中外合作办学

中外合作办学机构	29个
中外合作办学项目	157个
外籍人员子女学校数	39所
外籍人员子女学校在读学生数	28989名
在沪普通高校来华留学生数	60226人
全市在校港澳台学生数	9162人
高校港澳台学生数	2282人
中小学幼儿园港澳台学生数	6880人

教工队伍

中小学教职工总数数	13.23万人
小学专任教师数	5.34万人
中学专任教师数	5.58万人
普通高校教职工总数	7.34万人
普通高校专任教师数	4.23万人
正高级职称教师数	0.78万人
副高级职称教师数	1.38万人
中级职称教师数	1.66万人
市属高校教职工总数	4.14万人↑
市属高校专任教师数	2.66万人↑
中央部委属高校教职工总数	3.20万人↓
中央部委属高校专任教师数	1.58万人↑

教育经费

全市教育部门财政预算内教育事业预算总额	939.9亿元↑
市级教育事业预算总额	298.9亿元↑
区级教育事业预算总额	641亿元↑

注：↑表示统计数据与上年相比有所增加；↓表示统计数据与上年相比有所减少。

10月15日，上海教育系统举行“传承红色基因　弘扬长征精神”主题歌会

6月13–15日，第三届联合国教科文组织全国委员会地区间会议在上海举行

4月7日，2016世界一流大学校长论坛在上海举行

12月6日，中英高级别人文交流机制第四次会议配套活动中英大学人文与智库对话开幕

4月8日，上海交通大学纪念建校120周年

4月28日，国风新曲润课堂——上海市教育系统社会主义核心价值观进校园现场会暨“中国唱诗班”诗乐文化经典推广活动举行

11月10日，全国老年远程教育工作推进会暨中国老年大学协会远程教育工作委员会第五次年会在上海举行

8月1日，2016第三届全国学生军训营开营

9月，2016年上海市教书育人楷模颁奖

9月，2016年新教师代表宣誓仪式

11月8日，上海市优秀班主任暨长三角班主任基本功大赛上海获奖选手表彰会

1月16日，2016年上海市普通高中学业水平考试（高三科目）暨上海市普通高校春季招生统一考试开考。考试现场指挥部对20个考区的考务指挥中心进行视频巡查

5月7日，上海首次普通高中学业水平等级性考试——2016年上海市普通高中学业水平考试地理科目等级性考试在各区61个标准化考点、1410个考场进行

6月5日，上海市教委主任苏明做客"2016上海民生访谈"谈高考改革等市民关心的问题

6月7–8日，秋季高考开考。上海首次合并录取本科第一、第二招生批次

上海市2016级普通高等学校本专科14.27万名新生入学。图为上海大学2016级新生报到

2016年上海研究生招生4.91万名。图为上海科技大学迎来2016级研究生

9月1日，开学第一天，上海28.63万名适龄儿童进入小学、初中就学

静安区与崇明区跨区集团化办学，新建上海市静安南西幼儿园崇明区新城幼儿园（左）和上海市第一师范附属小学崇明区江帆小学（右）

12月29日，长宁区小学学区化集团化办学推进会暨"长宁区实验教育集团"揭牌仪式在长宁实验小学举行。

3月1日，曹杨二中教育集团挂牌成立。图为上海市曹杨第二中学新校舍

12月2日，“大国工匠进校园”上海首场活动举行

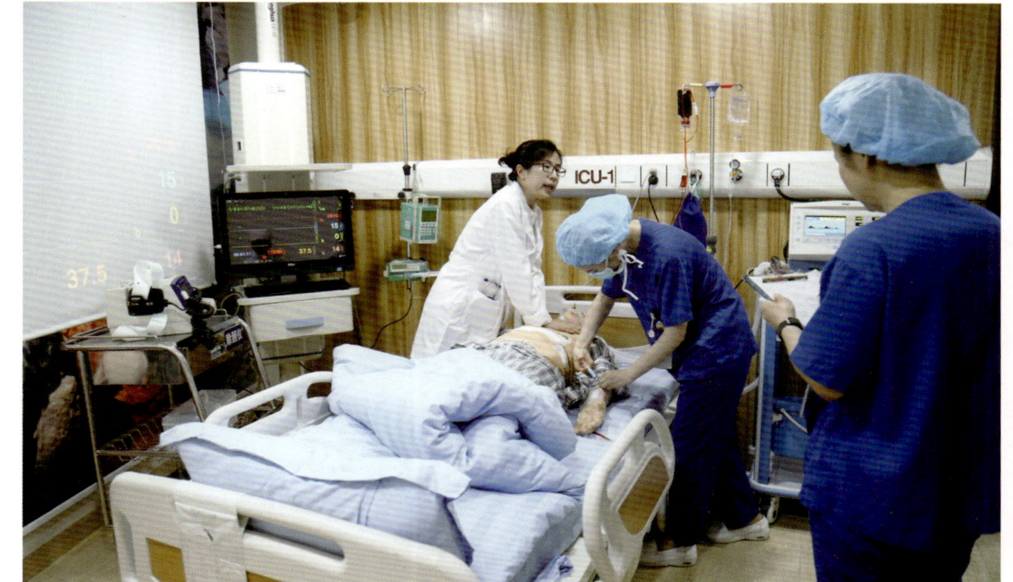

5月10日，上海杉达学院与仁济医院共建的“综合护理实训中心”启用

5月8日，第二届全国职业教育活动周上海高职院校“职业体验日”活动启动

上海市中小学生参加职业体验活动

4月8–10日，2016“互联网+教育”上海教育博览会举办

10月29日，举行上海理工大学建校110周年“致敬历史”主题活动

4月23日，“上海应用技术大学”揭牌

11月1–5日，上海高校参展2016中国国际工业博览会

4月26日，“尚创汇”东华大学大学生创新创业孵化基地启用

11月25日，2016高校毕业生招聘季启动，图为复旦大学大型招聘会现场

上海交通大学贾金锋教授科研团队在实验室里成功捕捉到一种物理学家寻找多年的神秘粒子——马约拉纳费米子

3月15日，复旦大学与美国HUYA（沪亚）公司举行免疫肿瘤药物合作协议签约仪式

8月13–18日，第三十一届全国青少年科技创新大赛在上海举行

4月24日，首个“中国航天日”，举办青少年航天科普展

7月17日，第六届上海国际青少年科技博览会暨“明日科技之星”邀请赛开幕，各国参赛选手灌溉“智慧之树”

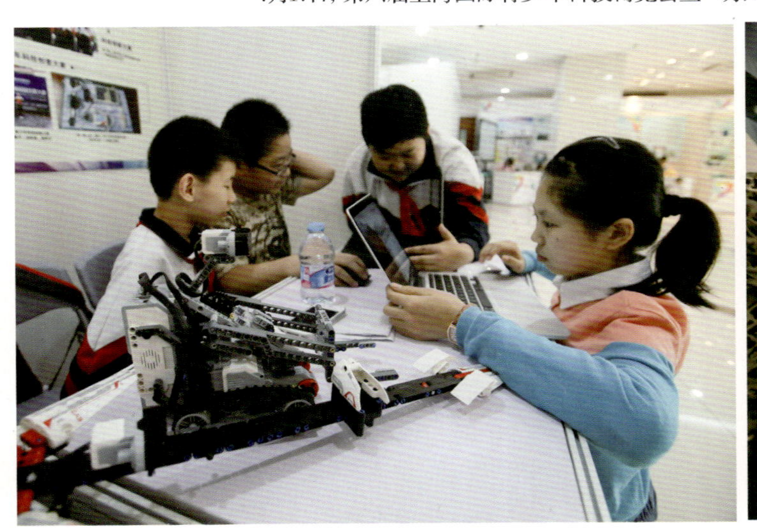

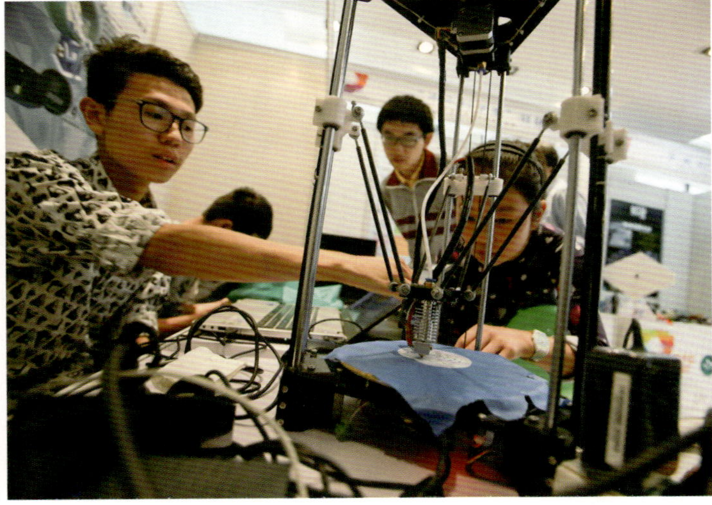

5月29日，上海市第九届青少年创新峰会开幕，现场展示青少年科技创新成果（左、右）

上海七部门联合发文加快发展青少年校园足球

上海体育职业学院学生组成的上海男排卫冕全国男排联赛冠军

10月18日，2016年上海市学生运动会开幕。图为开幕式上篮球投篮表演

2月22日，上海市校园篮球联盟成立

7月12—18日，2016中国（上海）国际青少年校园足球邀请赛举行

11月21日，以“传承文化 创新创业”为主题的上海市中等职业学校第四届“璀璨星光”校园文化节闭幕

华东理工大学大学生艺术团伊卡斯特合唱团参加第十四届“歌唱世界”国际合唱艺术节获五项大奖

8月5日，第五届上海国际芭蕾舞比赛系列活动——芭蕾大师进校园

11月2日，举行上海学生舞蹈联盟成立暨舞蹈节颁奖展演

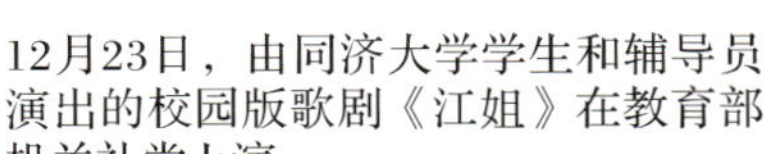

12月23日，由同济大学学生和辅导员演出的校园版歌剧《江姐》在教育部机关礼堂上演

1月25日，2016年上海学生新年音乐会举行

7月27–29日，主题为“推动青年创新，实现共同愿景”的2016年二十国集团青年会议在上海召开

2月28日，第三十七届世界头脑奥林匹克中国区决赛在上海举行

5月6–7日，外国留学生参加“留动中国”2016上海市海选赛

6月5日，第九届上海高校外国留学生龙舟赛开赛

12月5日，英国教育大臣走访浦东新区洋泾菊园实验学校

7月12日，2016年上海国际友好城市青少年夏令营开营

8月6日，上海首批“定点组团”式援藏教师赴西藏支教

4月14日，上海开展高中学生社会用字检查“啄木鸟行动”

7–11月，上海举办首届上海市大学生安全知识竞赛

编辑说明

一、《上海教育年鉴》是上海市教育委员会编纂的按年度发布上海教育改革和发展情况的专业性年鉴。它是上海各级教育行政部门、各级各类学校执行党和国家的教育法律法规与方针政策、做好教育工作的经验总结，是上海教育事业发展进程的真实记录。

二、编纂本年鉴是为教育管理决策、教育科学研究提供参考，为宣传交流上海教育改革与发展成就设立窗口，为关注和研究上海教育的相关单位与个人提供信息资料。

三、本年鉴的基本内容有："特载""法律 法规 规章 文件""各级各类教育""区域教育""高等学校""教育科研与考试、评估机构""教育电视与报刊""教育人物""大事记""教育统计"。

四、本年鉴栏目为"栏目—分目—条目"三级结构层次，以条目为主要载体。为便于检索，卷首设中英文目录，卷末有索引。索引分主题词索引、人名索引和串文图片索引。

五、本年鉴记述时限为2016年1月1日至12月31日，部分内容、数据涉及2016年前。个别资料延续到2017年3月。

六、本年鉴稿件由上海市教育委员会相关处室、直属单位，各区教育行政部门，各高等院校等有关单位提供。

目　录

特　载

法律　法规　规章　文件

各级各类教育

综合类

基础教育

职业教育

高等教育

民办教育

徐汇区

静安区

长宁区

普陀区

虹口区

杨浦区

浦东新区

闵行区

高等学校

复旦大学

上海交通大学

东华大学

华东师范大学

上海海关学院

上海民航职业技术学院

上海理工大学

上海大学

上海工程技术大学

上海中医药大学

上海师范大学

上海对外经贸大学

上海应用技术大学

上海建桥学院

上海视觉艺术学院

上海兴伟学院

上海思博职业技术学院

上海立达职业技术学院

上海济光职业技术学院

上海工商外国语职业学院

上海邦德职业技术学院

上海中侨职业技术学院

上海电影艺术职业学院

上海开放大学

教育科研与考试、评估机构

上海市教育科学研究院

上海市教育考试院

教育人物

大事记

教育统计

索　引

Contents

Special Articles

Laws, Regulations and Documents

Various Educations at Different Levels

Miscellanies

Basic Education

Vocational Education

Education in Districts

Huangpu District

Xuhui District

Jing'an District

Changning District

Putuo District

Hongkou District

Yangpu District

Pudong New District

Minhang District

Jiading District

Baoshan District

Fengxian District

Chongming District

Higher Educational Institutions

Fudan University

Shanghai Jiao Tong University

Shanghai Jiao Tong University School of Medical

Tongji University

East China Normal University

Shanghai International Studies University

Shanghai University of Finance and Economics

Shanghai Customs College

Shanghai Civil Aviation College

University of Shanghai for Science and Technology

Shanghai University of Traditional Chinese Medicine

Shanghai Normal University

Shanghai University of International Business and Economics

NYU Shanghai

Shanghai University of Electric Power

Shanghai Ocean University

East China University of Political Science and Law

Shanghai University of Sport

Shanghai Theatre Academy

Shanghai Conservatory of Music

Shanghai Sanda University

Shanghai Lixin University of Accounting and Finance

Shanghai Dianji University

Shanghai University of Medicine & Health Sciences

Shanghai Jianqiao University

Shanghai Vocational College of Science and Technology

Shanghai Vocational College of Agriculture and Forestry

Shanghai Art & Design Academy

Shanghai Urban Construction Vocational College

Shanghai Sports Institute

Shanghai Donghai Vocational & Technical College

Shanghai Industrial & Commercial Polytechnic

Shanghai Zhongqiao College

Shanghai Film Art Academy

Shanghai Open University

Institutions of Scientific Research, Examination and Evaluation on Education

Shanghai Academy of Educational Sciences

Shanghai Municipal Educational Examinations Authority

Shanghai Education Evaluation Institute

Educational TV and Press

Shanghai Education Television Station

Shanghai Educational Press Group

Educational Personage

Chronicles

Educational Statistics

Index

特　载

Special Articles

在世界银行“全球基础教育发展论坛”上的致辞(摘要)

（2016年5月17日）

上海市副市长　翁铁慧

基础教育是教育的起点，面向人人，奠基未来，既是社会公平正义的基石，也是提升国民素养、传承文明文化、驱动创新发展的基础。

提高公平与质量是上海基础教育发展的“车之两轮”，是我们坚定追求的价值导向。多年来，在国家的大力支持和指导下，在上海市委、市政府的正确领导下，经过一代代上海教育人的接力奋斗，上海基础教育已较好达到“有学上”这一底线公平，每一位在上海常住的孩子都可“有教无类”地公平入学。

基础教育不仅要让每位孩子“有学上”，还要让他们“上好学”，应当为每一个学生的终身发展奠定基础，所以，我们正致力于追求更高水平、更加卓越的公平，要让每个孩子无论自身的家庭背景、生活经历、学习习惯差异如何，无论他们走进的是哪所学校，教育都能够促进他们丰富内心世界、养成良好习惯、提升学习能力，都能够让他们充满自信地走出学校。

为此，近年来，上海正在全面深化基础教育综合改革，把“教好每一个学生，成就每一位老师，办好每一所学校”作为目标导向。一方面，我们不断提升条件公平，特别注重深化学区化、集团化办学模式和促进新优质学校集群发展，鼓励优质品牌学校牵头带动相对薄弱学校，不断筑高基础教育“底部”。同时，努力让每一所百姓“家门口的学校”都能成为不挑选生源、不争抢排名、对每一个学生成长高度负责的好学校。

另一方面，我们以减负增效为关键，更加深化内涵公平。比如，为减轻学业负担、更加保护个性、加强过程引导，我们在上海所有小学低年级推行了“零起点”教学和等第制评价，严格要求学校不拔高教学要求，不争抢教学进度，不加大教学难度，着力遏制不必要的“分分计较”，更多关注学习过程与个性特长，为创新素养培养留出空间。

我们深感，教师和校长队伍是提升教育质量的关键之关键，为此，上海花大力气推进教师专业发展和校长队伍建设。比如，为提升教师入职门槛，我们推行新任教师教师资格证书和规范化培训合格证书“双证”注册制度；为提高教师专业能力，我们面向所有教师开展“全员培训”；为加快领军人才培养，我们持续开展“名教师”“名校长”培养。

在推进基础教育提升公平与质量过程中，我们认为，全球视野和国际比较十分重要，上海基础教育应当在全球教育发展中找到方位、找准不足，从而为全球教育更好地作出中国贡献。因此，我们连续两次参加了 PISA 测评，之后又参加了 TALIS 调查。国际社会对我们在教育均衡、数学教育、知识应用等方面普遍赞赏，我们愿意在这些方面与各国加强合作交流。同时，我们也清醒地认识到，对标国际基础教育先进，我们在学生学业负担、创新能力培养和师生信息素养方面还存在不足，需要学习借鉴世界各国成功经验，对此，我们真诚期盼各位嘉宾为上海贡献更多真知灼见。我们希望通过这次世界银行在上海举办全球基础教育发展论坛，近距离聆听和学习世界各地基础教育发展的经验成效，分享对基础教育改革发展的认识和思考，共同促进全球基础教育公平卓越发展。

在2016年秋季上海高校党政负责干部会议上的讲话(摘要)

（2016年9月14日）

中共上海市教育卫生工作委员会书记　陈克宏

这次会议，延续年初会议强调的意识形态工作、基层党建、党风廉政建设等三个主体责任主线，重点结合高校党建工作重心下沉、二级院系办学主体地位日益凸显的趋势和要求，简要谈三个方面问题。

一、切实加强和改进高校思想政治工作

对待高校思想政治工作，当前关键是要坚定基本判断、保持政治定力。当前，高校总体形势是好的，高校师生思想政治状况的主流是好的。首先，从总体上看，全国3000多万名高校师生，对改革开放30多年的伟大成就是普遍肯定的，对中国特色社会主义的伟大事业是充满期待的。其次，要充分肯定绝大多数高校教师在课堂上是认真负责、兢兢业业的。第三，要清醒地认识到，绝不能由于意识形态的分歧阻碍对外开放的基本国策的贯彻执行。总之，面对意识形态领域长期交锋的客观现实，我们不能怕、不必躲，而应当顺势而为，在关键问题上，例如对西方的政治价值观，我们要更加旗帜鲜明地阐述立场。

另一方面，我们不能忽视面临的新形势、新问题、新挑战。对上海高校面临的挑战和“短板”，我们要有高度警醒的“自知之明”。当前上海高校思想政治工作最突出的“短板”，依然集中在高校党委意识形态工作主体责任的落实上。包括高校在内的各级各类学校承担着立德树人的庄严使命，意识形态的汇聚、碰撞、交锋在高校历来激烈。

最近几年，上海高校思想政治工作、意识形态工作形势总体是好的。队伍建设、工作方法、阵地管理、氛围营造等方面工作，最近几年，讲了不少，各高校也都尽心尽责，做得也都有声有色。在上海这样一个中西文化、各种思潮高度汇聚的地方，能够做到这样，是十分不容易的。但是，有一个深层次的问题，即马克思主义理论学科建设的问题，可能是大家此前有所忽视的。从当前实际看，马克思主义理论学科建设还没有得到足够的重视和加强。针对这一突出问题，各高校党委务必要高度重视，要把推动加强马克思主义理论学科建设作为巩固马克思主义指导地位、落实意识形态工作主体责任、做好高校思想政治工作的关键环节和基础性工作，认真抓实抓好。

同时，高校思想政治理论教育不能只局限于思想政治理论课，还必须发掘其他各类课程的思想政治理论教育资源，积极推动高校思想政治理论教育实现向“课程思政”转变，要注重发挥每一门课程的育人功能，使高校所有课程都体现思想政治理论教育。

二、切实加强和改进高校二级院系党组织建设

当前，发挥好二级院系党组织政治核心作用的任务日益凸显。关于这个问题，简要强调三点要求。

第一，准确把握二级院系党组织的功能定位。根据党章以及中央相关文件精神，结合高校二级院系党组织建设运行的实际，目前高校二级院系党组织功能应定位为“政治核心”。中央相关领导同志前不久在沪调研时也专门谈到二级院系党组织的政治核心作用指出，党委领导就是要发挥党的领导核心作用，高校这个层次一定是发挥领导核心作用；第二个层次，院系党委这个层次要发挥政治核心作用。

从我们当前的认识水平和实践体会出发，高校二级院系党委发挥政治核心作用，主要可以概括为五个方面：一是思想引领，二是参与决策，三是推动改革发展，四是把握用人导向，五是保证监督。这五个方面，是依据目前的上级文件，立足我们当前的认识水平和实践体会而做出的概括。待中央对这一问题做出明确界定，有新的要求和提法之后，则必须以中央的要求为准。

第二，清醒认识二级院系党组织建设中的薄弱环节。当前二级院系党建工作主要存在四个方面的问题：一是二级院系党组织的工作机制需要进一步健全。《中国共产党普通高等学校基层组织工作条例》规定的二级院系党组织"通过党政联席会议，讨论和决定本单位的重要事项"，在实践中没有得到充分、有效的执行。二是二级院系党组织负责人队伍建设需要进一步加强。主要存在两种突出情况：一种是部分"双肩挑"的党组织书记，在党建工作方面投入精力不够，对党建基础业务不够熟悉，抓党建工作的思路不够清楚；一种是部分专职管理干部出身的党组织书记，由于没有相关学科背景和专业技术职称，在院系重大事项决策中的话语权不强。三是二级院系党组织的作用发挥需要进一步改进。在实际工作中，许多二级院系党的工作与院系中心工作的融合度还不高，业务与党建工作"两张皮"的现象还不同程度存在，特别是党组织在推动本单位教学、科研、学科建设等中心工作方面的力度还不够大。四是二级院系党组织支撑保障条件需要进一步改善。主要体现在经费、工作量核算以及人员配备等方面。

第三，全面抓实抓好二级院系党建工作。全面抓实抓好二级院系党的建设工作，对于全面加强二级院系建设，具有十分重要的意义。当前，要重点抓好四个方面的工作。

一是要进一步深化认识，更加重视二级院系党的建设工作。要从巩固党在高校的执政地位、加强党对高校的领导、落实全面从严治党主体责任的全局高度来认识二级院系党的建设工作。

二是要进一步聚焦核心问题，切实抓好二级院系党组织书记队伍建设。要像重视学科带头人一样选优配强二级院系党组织书记，着力解决几个核心问题：在院系党组织书记人选的来源方面，要统筹规划、系统培养、立足需求、科学选配；在能力提升方面，可以试行院系党组织书记三年轮训制度，坚持任前培训与任中培训相结合，力求培训全覆盖；在考核评价方面，要探索建立一套全面客观的考核评价机制，并设置相应的奖惩机制；在职业发展方面，要积极探索在院系党组织书记职称评聘、职务晋升等方面做好统筹、留出通道，为他们安心做好本职工作提供有力保障。

三是要进一步完善机制，更好地发挥二级院系党组织的功能作用。发挥二级院系党组织的政治核心作用，落实和完善党政联席会议制度是一个关键。目前，正在就这一问题进行研究，并争取以文件形式予以明确，重点要就党政联席会议的出席范围、议题内容、议事规则和决策程序等事项做出规定，进一步明确党组织书记的权力与职责，特别是在联席会议中的基本权力。

四是要进一步强化保障，为二级院系党组织建设提供有力支撑。在经费保障方面，要积极探索建立稳定规范的党建工作经费保障制度，保证二级院系党组织工作和活动正常开展。在党务力量配备方面，要打破目前许多二级院系党组织书记没有配备专门党务工作人员的局面，切实落实中组部、教育部党组提出的"党委建制的院系党组织应至少配备一名专职组织员"的要求。在落实教工党支部书记待遇方面，要明确教职工党支部书记的地位，对从事党务工作的干部给予一定津贴，并按一定标准折算具体工作量。

三、切实加强和改进高校党风廉政建设

经过最近几年来的共同努力，上海高校系统的党风廉政建设状况有了较为显著的改观，反腐败工作取得一定成效。今年以来，各高校在三个方面呈现出良好态势：一是党委抓主体责任、党委书记恪守第一职责、层层抓责任落实比较到位。二是高校纪委在监督执纪过程中，综合运用"四种形态"，落实"抓早抓小""挺纪在前"比较到位。三是重点领域监管取得了长足的进步。比如，长期困扰的艺术类、体育类专业招生中腐败易发频发问题，近两年得到了较好的解决，今年招生方面的信访量创历史新低。

但是，当前依然存在不少突出问题。下一阶段，需要继续着力抓好五个方面工作。

第一，继续狠抓八项规定精神贯彻落实。8月16日，教育部党组专门印发《高等学校深化落实中央八项规定精神的若干规定》，对高校切实贯彻落实中央八项规定精神提出要求。从上海高校的情况来看，今年1月—7月，市教卫工作党委纪检组共受理高校违反八项规定精神问题线索62件，立案13件，处理相关人员8人。继续严格落实八项规定精神，一是要把狠抓八项规定精神执行作为落实党委党风廉政主体责任的重要内容，结合落实领导干部"一岗双责"，建立健全压力传导机制，细化廉政风险防控流程；二是要巩固和拓展专项自查自纠成果，坚持举一反三，坚决防止问题反弹，特别是要建立健全制度执行的监督检查机制；三是要强化追责问责，把追责问责作为全面从严治党的重要抓手。

第二，着力推进"三转"，支持高校纪委回归监督执纪问责主业。各高校要充分认识到"三转"工作的重要性和紧迫性，要把深化"三转"与逐级压实主体责任紧密结合。一方面，高校党委要把深化"三转"作为落实党委主体责任、纪委监督责任的重要内容，党委书记要切实承担起第一责任，班子成员要切实增强"一岗双责"意识。另一方面，纪委要把纪律挺在前面，实践运用好监督执纪"四种形态"，纪委书记要把主要精力放在全面履职、强化监督上，要亲自抓、带头转，推动"三转"工作真转、实转、转到位。

第三，继续狠抓重点领域监管工作。一是要加强对"关键少数"干部的教育和监督。二是要着力抓好基建等重点领域监管工作。三是要巩固和深化招生监管长效机制，把行之有效的做法制度化，形成规矩，固化下去，除了要继续加强对艺术、体育等特长生的招生工作监管外，对新推进的高考招生改革试点工作也要探索建立监管机制。四是着力做好科研经费管理工作，在根据中央颁发的最新文件精神进行"放权""松绑"的同时，要坚守底线，严防科研经费化公为私，落入个人腰包。

第四，认真做好接受巡视和巡视整改工作。正在进行巡视整改的单位，要把推动巡视整改作为狠抓高校党委主体责任落实的重中之重，切实按照"提高认识、逐条分解，限时整改，举一反三"的整改总要求，做到具体问题整改与制度建设同部署，对巡视组指出的问题要一条一条"过堂"，制度建设要凸显"从严"和"可操作"。将要接受巡视的高校，要以"六大纪律"为戒尺，继续深化自查自纠，一定要杜绝做选择、搞变通、打擦边球的侥幸心理。此外，面上的其他高校，包括已经巡视整改过的高校，也依然要持之以恒抓廉政风险防控。

第五，要严格执行各项财经纪律。进一步加强对高校的财政专项审计和对高校主要领导的经济责任审计。对高校来说，要健全完善并严格执行各项财经纪律，加强对本单位领导干部的财经纪律教育和监督。要特别重视和关注课题费发放问题，高校历来是课题、项目高度集中的地方，一定要严字当头，坚决制止巧立名目滥发课题费的行为，特别是要杜绝领导干部变相领取课题费的行为。同时，要加强制度建设，规范管理课题费，从源头上防止问题的发生。

落实上述五个方面的重点工作，切实加强和改进高校党的建设，推动高校改革发展事业稳步前进，要求高校的党政领导班子特别是党政"一把手"要敢于担当，增强担当意识，提高担当能力。大家务必要继续保持奋发有为的精神状态，更加主动担当，自觉承担起三大主体责任，不断深化改革，全力推动学校各项发展建设事业，努力为上海高等教育又好又快的发展作出新的更大贡献。

延续“十二五”高等教育改革发展良好势头
为“十三五”率先实现教育现代化谋好篇、开好局
——在2016年春季上海高校党政负责干部会议上的讲话(摘要)

(2016年2月18日)

上海市教育委员会主任　苏　明

一、“十二五”期间上海高等教育的重要进展

(一) 坚持先行先试,体制机制改革取得新突破。一是部市共建合作稳步深化。2010年—2014年顺利实施国家教育综合改革试验区共建,2014年开展国家“一市两校”教育综合改革。二是国家教改试点项目成效明显,全市承担45项国家教改试点项目,试点成效显著。三是对民办高校的支持力度继续加大。率先探索民办教育分类管理,建立民办教育政府专项投入扶持机制,成立市民办教育发展基金会,保障民办学校办学自主权,民办高校学费和住宿费由学校自主定价。

(二) 坚持内涵发展,高等教育质量提升迈出新步伐。一是高校内涵建设经费投入力度稳步加大,开展“985工程”三期和“211工程”三期建设,实施上海地方高校内涵建设“085工程”。二是市属本科院校教学质量提升机制初步构建,激发教学学校改革活力。三是应用技术型人才培养模式探索初见成效,探索启动中高职教育贯通、“中职—应用本科”“高职—应用本科”贯通培养试点。四是专业学位研究生教育改革取得重要突破。五是大学生就业创业支持体系初步形成,全市大学生整体就业率维持在95%左右。

(三) 坚持需求导向,服务经济社会发展做出新贡献。一是高校科研成果分类评价框架初步搭建,构建高校科研分类评价体系。二是高校职务科技成果收益处置权大幅扩增,成果转化收益归属研发团队所得比例下限从原来的20%提升到70%。三是高校继续担当上海科技创新生力军,上海高校获得的国家科技“三大奖”数占全市获国家科技“三大奖”总数的一半左右;有4个协同创新中心入选国家“2011计划”。

(四) 坚持优先发展,资源保障机制建设取得新进展。一是有力保障财政高等教育经费投入,配套完善高等教育经费投入结构,建立以经常性投入为主的高校投入机制。二是教师队伍发展水平稳步提升,高层次人才和“双师型”教师增量明显。三是教育对外开放稳步深化。四是智慧教育基础环境初步搭设。

二、“十三五”上海高等教育改革发展的基本考虑

(一) 发展目标。一是育人质量和保障水平全面提高。大中小学一体化德育体系建成,开放融合的现代职业教育体系基本形成,若干高水平大学和一批学科进入世界一流行列,智慧学习平台为每一位学习者提供个性化服务。二是服务国家战略和经济社会发展的能力显著提升。建成一批协同创新中心和国家级智库,形成和转化一批具有重大影响力的科技创新成果;应用型人才的培养,适应经济社会发展需求;“一带一路”、长江经济带教育合作全面推进;建成最受欢迎的留学目的地和国际教育交流中心城市。三是现代化教育治理体系基本形成。形成各类教育主体各司其职、协同推进改革发展的“管办评”制度体系。

(二) 重点任务。一是完善现代教育治理体系。以“十三五”规划为引领,统筹安排教育投入、高效配置

教育资源、科学实施绩效评价。加强跨部门的政策衔接和统筹协同机制。健全督政、督学和评估监测三位一体的教育督导体系。培育第三方专业教育服务机构，构建向高资质、高信誉的专业机构购买服务机制等。二是推进教育法治化进程。推动制订或修订有关地方性教育法规和政府规章。完善多方论证、风险评估、合法性审查等重大行政决策程序，推动学校出台依法办学考核办法和标准等。三是深化招生考试制度改革。深化高考招生制度配套改革，形成基于高考成绩和高中学业水平等级考试成绩的高考招生制度。推动不同学段职业技术教育人才衔接贯通培养招生考试改革。探索建立博士研究生"申请—考核"录取制度。四是加快高校科研管理改革。分层布局国家"2011 计划"协同创新中心，建设若干环大学科技创新区，深化上海高校技术市场改革，完善科研经费管理制度，建立科研信用管理模式，等等。五是推进办学体制改革。完善政府向社会力量购买服务机制，健全民办学校健康发展促进机制，扶持若干经营性教育培训机构上市融资，推动民办学校健全财务资产管理制度，等等。六是完善师资队伍管理方式。改革高校职称评聘管理方式，稳步变数量管理为标准管理。试点扩大市属公办高校岗位编制设置权、使用权和薪酬分配管理权。七是优化教育投入体制机制。使高校经常性投入占比达 70%以上。建立分学科大类的生均教育培养成本测算与投入机制。八是扩大教育对外开放。新建若干所国际化新机制一流大学或二级学院，支持高校自主探索开展境外办学。大幅提升留学生特别是学历留学生的数量和比例。加大出国留学支持力度，加强国际教育专业服务体系和品牌建设。九是全方位融合信息技术。建立以"一网两平台三中心"建设为引领的教育信息化常态保障机制。实施"上海教育信息化三年行动计划"，推进信息技术与教育教学深度融合。十是完善区域协同发展机制。健全长三角地区教育协作发展机制，推动实施长江经济带教育创新行动，创新教育对口支援模式，建立教育综合改革经验分享机制。

三、2016 年上海高等教育的主要任务

（一）做好高考综合改革国家试点任务配套改革。一是研究高中学生综合素质评价信息的使用。在招生录取的"入口关"，稳妥发挥好高中学生综合素质评价信息的参考价值；在人才培养的"过程关"，用好高中学生综合素质评价信息，因材施教，探索建立相应的大学生在学期间的综合素质评价信息库，促进人才培养质量的整体提升。二是做好招生录取各环节的模拟测试与压力分析。重点开展校内招录工作各环节的模拟测试和压力分析，确保各个招录环节保障到位，为 2017 年秋季高考招生录取工作打好基础。

（二）坚持不懈提升教育教学质量。一是努力实现市属本科高校教师教学激励计划全覆盖。继续遵循"成熟一校启动一校"原则，力争实现市属本科院校实施教学激励计划的全覆盖。同时，在现有招生规模总体稳定的情况下，加快探索构建学校教学质量保障标准，形成"严出"标准，从源头上改进学风、激发学生学习动力。二是进一步提升应用型人才培养质量。深化专业学位研究生教育综合改革，进一步扩大临床医学博士与专科医师规范化培训规模。推进中高职教育、中职—应用型本科教育贯通培养模式改革并稳步扩大试点规模。探索制订经教育部授权的目录外应用型专业发展规划，探索制订特色鲜明的应用型专业人才培养方案，持续推进地方高校应用型本科专业试点计划，新建 20 个左右专业。

（三）加大财政高等教育经费投入保障力度。一是完善生均综合定额拨款标准。适当提高财政生均综合定额拨款标准，探索建立生均综合定额标准体系，进一步打通高校基本办学经费来源渠道，建立生均综合定额定期调整机制。二是完善以绩效评价为核心的内涵建设经费分配制度。适当扩大内涵建设经费规模，建立以绩效评价为核心的内涵建设经费分配机制，打通基本办学经费和内涵建设经费。

（四）着力提升服务重大需求的能级水平。一是落实国家"双一流"建设方案。出台一流大学一流学科建设具体实施办法。支持部属高校加快一流大学建设步伐，重点支持若干市属高校建设一流大学，推动更多市属高校进入部市共建行列。二是提升对接支撑科创中心的能级。引导高校承接国家科学中心和国家大科学设施建设任务，打通高校科技成果转化的"最后一公里"，优化高校吸引集聚优秀人才的政策环境。

（五）支持民办高校进一步发展壮大。一是进一步支持民办高校改革发展。落实《上海市深化民办教育综合改革指导意见》，支持民办高校开展非营利民办高校示范校、设立完善民办教育发展基金会等组织、建设小规模高水平民办高校、完善混合所有制办学体制、建设现代大学制度、开展民办教育第三方评价机制等试点任务。二是进一步支持民办高校提升治理水平。支持建立民办教育第三方独立评价机制，发挥市民办教育协会、民办教育发展基金会、民办高校教师专业发展中心、民办教育发展服务中心等组织对民办高校的服务支持作用，为民办高校改革发展营造更好的外部环境。

法律　法规
规章　文件

Laws, Regulations and Documents

全国人民代表大会常务委员会关于修改《中华人民共和国民办教育促进法》的决定

（2016年11月7日第十二届全国人民代表大会常务委员会第二十四次会议通过）

第十二届全国人民代表大会常务委员会第二十四次会议决定对《中华人民共和国民办教育促进法》作如下修改：

一、第一章增加一条，作为第九条："民办学校中的中国共产党基层组织，按照中国共产党章程的规定开展党的活动，加强党的建设。"

二、将第十八条改为第十九条，修改为："民办学校的举办者可以自主选择设立非营利性或者营利性民办学校。但是，不得设立实施义务教育的营利性民办学校。

"非营利性民办学校的举办者不得取得办学收益，学校的办学结余全部用于办学。

"营利性民办学校的举办者可以取得办学收益，学校的办学结余依照公司法等有关法律、行政法规的规定处理。

"民办学校取得办学许可证后，进行法人登记，登记机关应当依法予以办理。"

三、将第十九条改为第二十条，修改为："民办学校应当设立学校理事会、董事会或者其他形式的决策机构并建立相应的监督机制。

"民办学校的举办者根据学校章程规定的权限和程序参与学校的办学和管理。"

四、将第三十条改为第三十一条，修改为："民办学校应当依法保障教职工的工资、福利待遇和其他合法权益，并为教职工缴纳社会保险费。

"国家鼓励民办学校按照国家规定为教职工办理补充养老保险。"

五、将第三十七条改为第三十八条，修改为："民办学校收取费用的项目和标准根据办学成本、市场需求等因素确定，向社会公示，并接受有关主管部门的监督。

"非营利性民办学校收费的具体办法，由省、自治区、直辖市人民政府制定；营利性民办学校的收费标准，实行市场调节，由学校自主决定。

"民办学校收取的费用应当主要用于教育教学活动、改善办学条件和保障教职工待遇。"

六、将第四十条改为第四十一条，修改为："教育行政部门及有关部门依法对民办学校实行督导，建立民办学校信息公示和信用档案制度，促进提高办学质量；组织或者委托社会中介组织评估办学水平和教育质量，并将评估结果向社会公布。"

七、将第四十五条改为第四十六条，修改为："县级以上各级人民政府可以采取购买服务、助学贷款、奖助学金和出租、转让闲置的国有资产等措施对民办学校予以扶持；对非营利性民办学校还可以采取政府补贴、基金奖励、捐资激励等扶持措施。"

八、将第四十六条改为第四十七条，修改为："民办学校享受国家规定的税收优惠政策；其中，非营利性民办学校享受与公办学校同等的税收优惠政策。"

九、将第五十条改为第五十一条，修改为："新建、扩建非营利性民办学校，人民政府应当按照与公办学校同等原则，以划拨等方式给予用地优惠。新建、扩建营利性民办学校，人民政府应当按照国家规定供给土地。

"教育用地不得用于其他用途。"

十、删去第五十一条。

十一、将第五十九条第二款修改为："非营利性民办学校清偿上述债务后的剩余财产继续用于其他非营利性学校办学；营利性民办学校清偿上述债务后的剩余财产，依照公司法的有关规定处理。"

十二、将第六十二条修改为："民办学校有下列行为之一的，由县级以上人民政府教育行政部门、人力资源社会保障行政部门或者其他有关部门责令限期改正，并予以警告；有违法所得的，退还所收费用后没收违法所得；情节严重的，责令停止招生、吊销办学许可证；构成犯罪的，依法追究刑事责任：

"(一) 擅自分立、合并民办学校的；

"(二) 擅自改变民办学校名称、层次、类别和举办者的；

"(三) 发布虚假招生简章或者广告，骗取钱财的；

"(四) 非法颁发或者伪造学历证书、结业证书、培训证书、职业资格证书的；

"(五) 管理混乱严重影响教育教学，产生恶劣社会影响的；

"(六) 提交虚假证明文件或者采取其他欺诈手段隐瞒重要事实骗取办学许可证的；

"(七) 伪造、变造、买卖、出租、出借办学许可证的；

"(八) 恶意终止办学、抽逃资金或者挪用办学经费的。"

十三、将第六十三条修改为："县级以上人民政府教育行政部门、人力资源社会保障行政部门或者其他有关部门有下列行为之一的，由上级机关责令其改正；情节严重的，对直接负责的主管人员和其他直接责任人员，依法给予处分；造成经济损失的，依法承担赔偿责任；构成犯罪的，依法追究刑事责任：

"(一) 已受理设立申请，逾期不予答复的；

"(二) 批准不符合本法规定条件申请的；

"(三) 疏于管理，造成严重后果的；

"(四) 违反国家有关规定收取费用的；

"(五) 侵犯民办学校合法权益的；

"(六) 其他滥用职权、徇私舞弊的。"

十四、将第六十四条修改为："违反国家有关规定擅自举办民办学校的，由所在地县级以上地方人民政府教育行政部门或者人力资源社会保障行政部门会同同级公安、民政或者工商行政管理等有关部门责令停止办学、退还所收费用，并对举办者处违法所得一倍以上五倍以下罚款；构成违反治安管理行为的，由公安机关依法给予治安管理处罚；构成犯罪的，依法追究刑事责任。"

十五、删去第六十六条。

十六、将第十一条改为第十二条，将第七条、第八条、第十二条中的"劳动和社会保障行政部门"修改为"人力资源社会保障行政部门"。

本决定自 2017 年 9 月 1 日起施行。

本决定公布前设立的民办学校，选择登记为非营利性民办学校的，根据依照本决定修改后的学校章程继续办学，终止时，民办学校的财产依照本法规定进行清偿后有剩余的，根据出资者的申请，综合考虑在本决定施行前的出资、取得合理回报的情况以及办学效益等因素，给予出资者相应的补偿或者奖励，其余财产继续用于其他非营利性学校办学；选择登记为营利性民办学校的，应当进行财务清算，依法明确财产权属，并缴纳相关税费，重新登记，继续办学。具体办法由省、自治区、直辖市制定。

国务院及其教育行政等有关部门和各省、自治区、直辖市在依照本决定实施民办学校分类管理改革时，应当充分考虑有关历史和现实情况，保障民办学校受教育者、教职工和举办者的合法权益，确保民办学校分类管理改革平稳有序推进。

《中华人民共和国民办教育促进法》根据本决定作相应修改，重新公布。

中华人民共和国民办教育促进法

（2002年12月28日第九届全国人民代表大会常务委员会第三十一次会议通过
根据2013年6月29日第十二届全国人民代表大会常务委员会第三次会议
《关于修改〈中华人民共和国文物保护法〉等十二部法律的决定》第一次修正
根据2016年11月07日第十二届全国人民代表大会常务委员会第二十四次会议
《关于修改〈中华人民共和国民办教育促进法〉的决定》第二次修正）

第一章 总 则

第一条 为实施科教兴国战略，促进民办教育事业的健康发展，维护民办学校和受教育者的合法权益，根据宪法和教育法制定本法。

第二条 国家机构以外的社会组织或者个人，利用非国家财政性经费，面向社会举办学校及其他教育机构的活动，适用本法。本法未作规定的，依照教育法和其他有关教育法律执行。

第三条 民办教育事业属于公益性事业，是社会主义教育事业的组成部分。

国家对民办教育实行积极鼓励、大力支持、正确引导、依法管理的方针。

各级人民政府应当将民办教育事业纳入国民经济和社会发展规划。

第四条 民办学校应当遵守法律、法规，贯彻国家的教育方针，保证教育质量，致力于培养社会主义建设事业的各类人才。

民办学校应当贯彻教育与宗教相分离的原则。任何组织和个人不得利用宗教进行妨碍国家教育制度的活动。

第五条 民办学校与公办学校具有同等的法律地位，国家保障民办学校的办学自主权。

国家保障民办学校举办者、校长、教职工和受教育者的合法权益。

第六条 国家鼓励捐资办学。

国家对为发展民办教育事业做出突出贡献的组织和个人，给予奖励和表彰。

第七条 国务院教育行政部门负责全国民办教育工作的统筹规划、综合协调和宏观管理。

国务院人力资源社会保障行政部门及其他有关部门在国务院规定的职责范围内分别负责有关的民办教育工作。

第八条 县级以上地方各级人民政府教育行政部门主管本行政区域内的民办教育工作。

县级以上地方各级人民政府人力资源社会保障行政部门及其他有关部门在各自的职责范围内，分别负责有关的民办教育工作。

第九条 民办学校中的中国共产党基层组织，按照中国共产党章程的规定开展党的活动，加强党的建设。

第二章 设 立

第十条 举办民办学校的社会组织，应当具有法人资格。

举办民办学校的个人，应当具有政治权利和完全民事行为能力。

民办学校应当具备法人条件。

第十一条 设立民办学校应当符合当地教育发展的需求，具备教育法和其他有关法律、法规规定的条件。

民办学校的设置标准参照同级同类公办学校的设置标准执行。

第十二条 举办实施学历教育、学前教育、自学考试助学及其他文化教育的民办学校，由县级以上人民政府教育行政部门按照国家规定的权限审批；举办实施以职业技能为主的职业资格培训、职业技能培训的民办学校，由县级以上人民政府人力资源社会保障行政部门按照国家规定的权限审批，并抄送同级教育行政部门备案。

第十三条 申请筹设民办学校，举办者应当向审批机关提交下列材料：

（一）申办报告，内容应当主要包括：举办者、培养目标、办学规模、办学层次、办学形式、办学条件、内部管理体制、经费筹措与管理使用等；

（二）举办者的姓名、住址或者名称、地址；

（三）资产来源、资金数额及有效证明文件，并载明产权；

（四）属捐赠性质的校产须提交捐赠协议，载明捐赠人的姓名、所捐资产的数额、用途和管理方法及相关有效证明文件。

第十四条 审批机关应当自受理筹设民办学校的申请之日起三十日内以书面形式作出是否同意的决定。

同意筹设的，发给筹设批准书。不同意筹设的，应当说明理由。

筹设期不得超过三年。超过三年的，举办者应当重新申报。

第十五条 申请正式设立民办学校的，举办者应当向审批机关提交下列材料：

（一）筹设批准书；

（二）筹设情况报告；

（三）学校章程、首届学校理事会、董事会或者其他决策机构组成人员名单；

（四）学校资产的有效证明文件；

（五）校长、教师、财会人员的资格证明文件。

第十六条 具备办学条件，达到设置标准的，可以直接申请正式设立，并应当提交本法第十三条和第十五条（三）、（四）、（五）项规定的材料。

第十七条 申请正式设立民办学校的，审批机关应当自受理之日起三个月内以书面形式作出是否批准的决定，并送达申请人；其中申请正式设立民办高等学校的，审批机关也可以自受理之日起六个月内以书面形式作出是否批准的决定，并送达申请人。

第十八条 审批机关对批准正式设立的民办学校发给办学许可证。

审批机关对不批准正式设立的，应当说明理由。

第十九条 民办学校的举办者可以自主选择设立非营利性或者营利性民办学校。但是，不得设立实施义务教育的营利性民办学校。

非营利性民办学校的举办者不得取得办学收益，学校的办学结余全部用于办学。

营利性民办学校的举办者可以取得办学收益，学校的办学结余依照公司法等有关法律、行政法规的规定处理。

民办学校取得办学许可证后，进行法人登记，登记机关应当依法予以办理。

第三章　学校的组织与活动

第二十条　民办学校应当设立学校理事会、董事会或者其他形式的决策机构并建立相应的监督机制。

民办学校的举办者根据学校章程规定的权限和程序参与学校的办学和管理。

第二十一条　学校理事会或者董事会由举办者或者其代表、校长、教职工代表等人员组成。其中三分之一以上的理事或者董事应当具有五年以上教育教学经验。

学校理事会或者董事会由五人以上组成，设理事长或者董事长一人。理事长、理事或者董事长、董事名单报审批机关备案。

第二十二条　学校理事会或者董事会行使下列职权：

（一）聘任和解聘校长；

（二）修改学校章程和制定学校的规章制度；

（三）制定发展规划，批准年度工作计划；

（四）筹集办学经费，审核预算、决算；

（五）决定教职工的编制定额和工资标准；

（六）决定学校的分立、合并、终止；

（七）决定其他重大事项。

其他形式决策机构的职权参照本条规定执行。

第二十三条　民办学校的法定代表人由理事长、董事长或者校长担任。

第二十四条　民办学校参照同级同类公办学校校长任职的条件聘任校长，年龄可以适当放宽。

第二十五条　民办学校校长负责学校的教育教学和行政管理工作，行使下列职权：

（一）执行学校理事会、董事会或者其他形式决策机构的决定；

（二）实施发展规划，拟订年度工作计划、财务预算和学校规章制度；

（三）聘任和解聘学校工作人员，实施奖惩；

（四）组织教育教学、科学研究活动，保证教育教学质量；

（五）负责学校日常管理工作；

（六）学校理事会、董事会或者其他形式决策机构的其他授权。

第二十六条　民办学校对招收的学生，根据其类别、修业年限、学业成绩，可以根据国家有关规定发给学历证书、结业证书或者培训合格证书。

对接受职业技能培训的学生，经政府批准的职业技能鉴定机构鉴定合格的，可以发给国家职业资格证书。

第二十七条　民办学校依法通过以教师为主体的教职工代表大会等形式，保障教职工参与民主管理和监督。

民办学校的教师和其他工作人员，有权依照工会法，建立工会组织，维护其合法权益。

第四章　教师与受教育者

第二十八条　民办学校的教师、受教育者与公办学校的教师、受教育者具有同等的法律地位。

第二十九条　民办学校聘任的教师，应当具有国家规定的任教资格。

第三十条　民办学校应当对教师进行思想品德教育和业务培训。

第三十一条　民办学校应当依法保障教职工的工资、福利待遇和其他合法权益，并为教职工缴纳社会保险费。

国家鼓励民办学校按照国家规定为教职工办理补充养老保险。

第三十二条　民办学校教职工在业务培训、职务聘任、教龄和工龄计算、表彰奖励、社会活动等方面依法享有与公办学校教职工同等权利。

第三十三条　民办学校依法保障受教育者的合法权益。

民办学校按照国家规定建立学籍管理制度，对受教育者实施奖励或者处分。

第三十四条　民办学校的受教育者在升学、就业、社会优待以及参加先进评选等方面享有与同级同类公办学校的受教育者同等权利。

第五章　学校资产与财务管理

第三十五条　民办学校应当依法建立财务、会计制度和资产管理制度，并按照国家有关规定设置会计帐簿。

第三十六条　民办学校对举办者投入民办学校的资产、国有资产、受赠的财产以及办学积累，享有法人财产权。

第三十七条　民办学校存续期间，所有资产由民办学校依法管理和使用，任何组织和个人不得侵占。

任何组织和个人都不得违反法律、法规向民办教育机构收取任何费用。

第三十八条　民办学校收取费用的项目和标准根据办学成本、市场需求等因素确定，向社会公示，并接受有关主管部门的监督。

非营利性民办学校收费的具体办法，由省、自治区、直辖市人民政府制定；营利性民办学校的收费标准，实行市场调节，由学校自主决定。

民办学校收取的费用应当主要用于教育教学活动、改善办学条件和保障教职工待遇。

第三十九条　民办学校资产的使用和财务管理受审批机关和其他有关部门的监督。

民办学校应当在每个会计年度结束时制作财务会计报告，委托会计师事务所依法进行审计，并公布审计结果。

第六章　管理与监督

第四十条　教育行政部门及有关部门应当对民办学校的教育教学工作、教师培训工作进行指导。

第四十一条　教育行政部门及有关部门依法对民办学校实行督导，建立民办学校信息公示和信用档案制度，促进提高办学质量；组织或者委托社会中介组织评估办学水平和教育质量，并将评估结果向社会公布。

第四十二条　民办学校的招生简章和广告，应当报审批机关备案。

第四十三条　民办学校侵犯受教育者的合法权益，受教育者及其亲属有权向教育行政部门和其他有关部门申诉，有关部门应当及时予以处理。

第四十四条　国家支持和鼓励社会中介组织为民办学校提供服务。

第七章　扶持与奖励

第四十五条　县级以上各级人民政府可以设立专项资金，用于资助民办学校的发展，奖励和表彰有突出贡献的集体和个人。

第四十六条　县级以上各级人民政府可以采取购买服务、助学贷款、奖助学金和出租、转让闲置的国有资产等措施对民办学校予以扶持；对非营利性民办学校还可以采取政府补贴、基金奖励、捐资激励等扶持措施。

第四十七条　民办学校享受国家规定的税收优惠政策；其中，非营利性民办学校享受与公办学校同等的税收优惠政策。

第四十八条　民办学校依照国家有关法律、法规，可以接受公民、法人或者其他组织的捐赠。

国家对向民办学校捐赠财产的公民、法人或者其他组织按照有关规定给予税收优惠，并予以表彰。

第四十九条　国家鼓励金融机构运用信贷手段，支持民办教育事业的发展。

第五十条　人民政府委托民办学校承担义务教育任务，应当按照委托协议拨付相应的教育经费。

第五十一条　新建、扩建非营利性民办学校，人民政府应当按照与公办学校同等原则，以划拨等方式给予用地优惠。新建、扩建营利性民办学校，人民政府应当按照国家规定供给土地。

教育用地不得用于其他用途。

第五十二条　国家采取措施，支持和鼓励社会组织和个人到少数民族地区、边远贫困地区举办民办学校，发展教育事业。

第八章　变更与终止

第五十三条　民办学校的分立、合并，在进行财务清算后，由学校理事会或者董事会报审批机关批准。

申请分立、合并民办学校的，审批机关应当自受理之日起三个月内以书面形式答复；其中申请分立、合并民办高等学校的，审批机关也可以自受理之日起六个月内以书面形式答复。

第五十四条　民办学校举办者的变更，须由举办者提出，在进行财务清算后，经学校理事会或者董事会同意，报审批机关核准。

第五十五条　民办学校名称、层次、类别的变更，由学校理事会或者董事会报审批机关批准。

申请变更为其他民办学校，审批机关应当自受理之日起三个月内以书面形式答复；其中申请变更为民办高等学校的，审批机关也可以自受理之日起六个月内以书面形式答复。

第五十六条　民办学校有下列情形之一的，应当终止：

（一）根据学校章程规定要求终止，并经审批机关批准的；

（二）被吊销办学许可证的；

（三）因资不抵债无法继续办学的。

第五十七条　民办学校终止时，应当妥善安置在校学生。实施义务教育的民办学校终止时，审批机关应当协助学校安排学生继续就学。

第五十八条　民办学校终止时，应当依法进行财务清算。

民办学校自己要求终止的，由民办学校组织清算；被审批机关依法撤销的，由审批机关组织清算；因资不抵债无法继续办学而被终止的，由人民法院组织清算。

第五十九条　对民办学校的财产按照下列顺序清偿：

（一）应退受教育者学费、杂费和其他费用；

（二）应发教职工的工资及应缴纳的社会保险费用；

（三）偿还其他债务。

非营利性民办学校清偿上述债务后的剩余财产继续用于其他非营利性学校办学；营利性民办学校清偿上述债务后的剩余财产，依照公司法的有关规定处理。

第六十条　终止的民办学校，由审批机关收回办学许可证和销毁印章，并注销登记。

第九章　法律责任

第六十一条　民办学校在教育活动中违反教育法、教师法规定的，依照教育法、教师法的有关规定给予处罚。

第六十二条　民办学校有下列行为之一的，由县级以上人民政府教育行政部门、人力资源社会保障行政部门或者其他有关部门责令限期改正，并予以警告；有违法所得的，退还所收费用后没收违法所得；情节严重的，责令停止招生、吊销办学许可证；构成犯罪的，依法追究刑事责任：

（一）擅自分立、合并民办学校的；

（二）擅自改变民办学校名称、层次、类别和举办者的；

（三）发布虚假招生简章或者广告，骗取钱财的；

（四）非法颁发或者伪造学历证书、结业证书、培训证书、职业资格证书的；

（五）管理混乱严重影响教育教学，产生恶劣社会影响的；

（六）提交虚假证明文件或者采取其他欺诈手段隐瞒重要事实骗取办学许可证的；

（七）伪造、变造、买卖、出租、出借办学许可证的；

（八）恶意终止办学、抽逃资金或者挪用办学经费的。

第六十三条　县级以上人民政府教育行政部门、人力资源社会保障行政部门或者其他有关部门有下列行为之一的，由上级机关责令其改正；情节严重的，对直接负责的主管人员和其他直接责任人员，依法给予处分；造成经济损失的，依法承担赔偿责任；构成犯罪的，依法追究刑事责任：

（一）已受理设立申请，逾期不予答复的；

（二）批准不符合本法规定条件申请的；

（三）疏于管理，造成严重后果的；

（四）违反国家有关规定收取费用的；

（五）侵犯民办学校合法权益的；

（六）其他滥用职权、徇私舞弊的。

第六十四条　违反国家有关规定擅自举办民办学校的，由所在地县级以上地方人民政府教育行政部门或者人力资源社会保障行政部门会同同级公安、民政或者工商行政管理等有关部门责令停止办学、退还所收费用，并对举办者处违法所得一倍以上五倍以下罚款；构成违反治安管理行为的，由公安机关依法给予治安管理处罚；构成犯罪的，依法追究刑事责任。

第十章　附　　则

第六十五条　本法所称的民办学校包括依法举办的其他民办教育机构。

本法所称的校长包括其他民办教育机构的主要行政负责人。

第六十六条　境外的组织和个人在中国境内合作办学的办法，由国务院规定。

第六十七条　本法自2003年9月1日起施行。1997年7月31日国务院颁布的《社会力量办学条例》同时废止。

国务院关于鼓励社会力量兴办教育　促进民办教育健康发展的若干意见

（国发〔2016〕81号）

各省、自治区、直辖市人民政府，国务院各部委、各直属机构：

社会力量兴办教育是指各种社会力量以捐赠、出资、投资、合作等方式举办或者参与举办法律法规允许的各级各类学校和其他教育机构。改革开放以来，作为社会力量兴办教育主要形式的民办教育不断发展壮大，形成了从学前教育到高等教育、从学历教育到非学历教育，层次类型多样、充满生机活力的发展局面，有效增加了教育服务供给，为推动教育现代化、促进经济社会发展作出了积极贡献，已经成为社会主义教育事业的重要组成部分。同时，民办教育也面临许多制约发展的问题和困难。为鼓励社会力量兴办教育，促进民办教育健康发展，现提出如下意见。

一、总体要求

（一）指导思想。全面贯彻落实党的十八大和十八届三中、四中、五中、六中全会精神，深入贯彻习近平总书记系列重要讲话精神，按照“四个全面”战略布局和党中央、国务院决策部署，牢固树立并切实贯彻创新、协调、绿色、开放、共享五大发展理念，全面贯彻党的教育方针，坚持社会主义办学方向，坚持立德树人，培育和践行社会主义核心价值观。以实行分类管理为突破口，创新体制机制，完善扶持政策，加强规范管理，提高办学质量，进一步调动社会力量兴办教育的积极性，促进民办教育持续健康发展，培养德智体美全面发展的社会主义建设者和接班人。

（二）基本原则。育人为本，德育为先。把立德树人作为根本任务，把理想信念教育摆在首要位置，形成全员、全过程、全方位育人的工作格局，提高学生服务国家服务人民的社会责任感、勇于探索的创新精神和善于解决问题的实践能力。

分类管理，公益导向。实行非营利性和营利性分类管理，实施差别化扶持政策，积极引导社会力量举办非营利性民办学校。坚持教育的公益属性，无论是非营利性民办学校还是营利性民办学校都要始终把社会效益放在首位。

优化环境，综合施策。统筹教育、登记、财政、土地、收费等相关政策，营造有利于民办教育发展的制度环境。

依法管理，规范办学。简政放权、放管结合、优化服务，依法履职，规范办学秩序，全面提高民办教育治理水平。

鼓励改革，上下联动。依靠改革创新推动发展，坚持顶层设计与基层创新相结合，共同破解民办教育改革发展难题和障碍。

二、加强党对民办学校的领导

（三）切实加强民办学校党的建设。全面加强民办学校党的思想建设、组织建设、作风建设、反腐倡廉建设、制度建设，增强政治意识、大局意识、核心意识、看齐意识。完善民办学校党组织设置，理顺民办学校党组织隶属关系，健全各级党组织工作保障机制，选好配强民办学校党组织负责人。民办学校党组织要发挥政治核心作用，强化思想引领，牢牢把握社会主义办学方向，牢牢把握党对民办学校意识形态工作的领导权、话语权，切实维护民办学校和谐稳定。民办高校党组织负责人兼任政府派驻学校的督导专员。实现学校基层党组织全覆盖、党建工作上水平，有效发挥基层党组织的战斗堡垒作用和共产党员的先锋模范作用。积极做好党员发展和教育管理服务工作。坚持党建带群建，加强民办学校共青团组织建设。各地要把民办学校党组织建设、党对民办学校的领导作为民办学校年度检查的重要内容。

（四）加强和改进民办学校思想政治教育工作。把思想政治教育工作纳入学校事业发展规划，把思想政治工作队伍建设纳入学校人才队伍培养规划，全面提升思想政治教育工作水平。切实加强思想政治理论课和思想品德课课程、教材、教师队伍建设，深入推进中国特色社会主义理论体系进教材、进课堂、进头脑，把社会主义核心价值观融入教育教学全过程、教书育人各环节，不断增强广大师生中国特色社会主义道路自信、理论自信、制度自信、文化自信。提高思想政治教育的针对性、实效性和吸引力、感染力，切实加强理想信念、爱国主义、集体主义、中国特色社会主义教育和中华优秀传统文化、革命传统文化、民族团结教育，引导学生树立正确的世界观、人生观、价值观。大力开展社会实践和志愿服务，积极开展心理健康教育。创新网络思想政治教育方式，大力弘扬主旋律、传播正能量，全面提高教书育人、实践育人、科研育人、管理育人、服务育人的水平。

三、创新体制机制

（五）建立分类管理制度。对民办学校（含其他民办教育机构）实行非营利性和营利性分类管理。非营利性民办学校举办者不取得办学收益，办学结余全部用于办学。营利性民办学校举办者可以取得办学收益，办学结余依据国家有关规定进行分配。民办学校依法享有法人财产权。

举办者自主选择举办非营利性民办学校或者营利性民办学校，依法依规办理登记。对现有民办学校按照举办者自愿的原则，通过政策引导，实现分类管理。

（六）建立差别化政策体系。国家积极鼓励和大力支持社会力量举办非营利性民办学校。各级人民政府要完善制度政策，在政府补贴、政府购买服务、基金奖励、捐资激励、土地划拨、税费减免等方面对非营利性民办学校给予扶持。各级人民政府可根据经济社会发展需要和公共服务需求，通过政府购买服务及税收优惠等方式对营利性民办学校给予支持。

（七）放宽办学准入条件。社会力量投入教育，只要是不属于法律法规禁止进入以及不损害第三方利益、社会公共利益、国家安全的领域，政府不得限制。政府制定准入负面清单，列出禁止和限制的办学行为。各地要重新梳理民办学校准入条件和程序，进一步简政放权，吸引更多的社会资源进入教育领域。

（八）拓宽办学筹资渠道。鼓励和吸引社会资金进入教育领域举办学校或者投入项目建设。创新教育投融资机制，多渠道吸引社会资金，扩大办学资金来源。鼓励金融机构在风险可控前提下开发适合民办学校特点的金融产品，探索办理民办学校未来经营收入、知识产权质押贷款业务，提供银行贷款、信托、融资租赁等多样化的金融服务。鼓励社会力量对非营利性民办学校给予捐赠。

（九）探索多元主体合作办学。推广政府和社会资本合作（PPP）模式，鼓励社会资本参与教育基础设施建设和运营管理、提供专业化服务。积极鼓励公办学校与民办学校相互购买管理服务、教学资源、科研成果。探索举办混合所有制职业院校，允许以资本、知识、技术、管理等要素参与办学并享有相应权利。鼓励营利性民办学校建立股权激励机制。

（十）健全学校退出机制。捐资举办的民办学校终止时，清偿后剩余财产统筹用于教育等社会事业。2016年11月7日《全国人民代表大会常务委员会关于修改〈中华人民共和国民办教育促进法〉的决定》公布前设立的民办学校，选择登记为非营利性民办学校的，终止时，民办学校的财产依法清偿后有剩余的，按照国家有关规定给予出资者相应的补偿或者奖励，其余财产继续用于其他非营利性学校办学；选择登记为营利性民办学校的，应当进行财务清算，依法明确财产权属，终止时，民办学校的财产依法清偿后有剩余的，依照《中华人民共和国公司法》有关规定处理。具体办法由省、自治区、直辖市制定。2016年11月7日后设立的民办学校终止时，财产处置按照有关规定和学校章程处理。各地要结合实际，健全民办学校退出机制，依法保护受教育者的合法权益。

四、完善扶持制度

（十一）加大财政投入力度。各级人民政府可按照《中华人民共和国预算法》《中华人民共和国教育法》《中华人民共和国民办教育促进法》等法律法规和制度要求，因地制宜，调整优化教育支出结构，加大对民办教育的扶持力度。财政扶持民办教育发展的资金要纳入预算，并向社会公开，接受审计和社会监督，提高资金使用效益。

（十二）创新财政扶持方式。地方各级人民政府应建立健全政府补贴制度，明确补贴的项目、对象、标准、用途。完善政府购买服务的标准和程序，建立绩效评价制度，制定向民办学校购买就读学位、课程教材、科研成果、职业培训、政策咨询等教育服务的具体政策措施。地方各级人民政府可按照国家关于基金会管理的规定设立民办教育发展基金，支持成立相应的基金会，组织开展各类有利于民办教育事业发展的活动。

（十三）落实同等资助政策。民办学校学生与公办学校学生按规定同等享受助学贷款、奖助学金等国家资助政策。各级人民政府应建立健全民办学校助学贷款业务扶持制度，提高民办学校家庭经济困难学生获得资助的比例。民办学校要建立健全奖助学金评定、发放等管理机制，应从学费收入中提取不少于5%的资金，用于奖励和资助学生。落实鼓励捐资助学的相关优惠政策措施，积极引导和鼓励企事业单位、社会组织和个人面向民办学校设立奖助学金，加大资助力度。

（十四）落实税费优惠等激励政策。民办学校按照国家有关规定享受相关税收优惠政策。对企业办的各类学校、幼儿园自用的房产、土地，免征房产税、城镇土地使用税。对企业支持教育事业的公益性捐赠支出，按照税法有关规定，在年度利润总额12%以内的部分，准予在计算应纳税所得额时扣除；对个人支持教育事业的公益性捐赠支出，按照税收法律法规及政策的相关规定在个人所得税前予以扣除。非营利性民办学校与公办学校享有同等待遇，按照税法规定进行免税资格认定后，免征非营利性收入的企业所得税。捐资建设校舍及开展表彰资助等活动的冠名依法尊重捐赠人意愿。民办学校用电、用水、用气、用热，执行与公办学校相同的价格政策。

（十五）实行差别化用地政策。民办学校建设用地按科教用地管理。非营利性民办学校享受公办学校同等政策，按划拨等方式供应土地。营利性民办学校按国家相应的政策供给土地。只有一个意向用地者的，可按协议方式供地。土地使用权人申请改变全部或者部分土地用途的，政府应当将申请改变用途的土地收回，按时价定价，重新依法供应。

（十六）实行分类收费政策。规范民办学校收费。非营利性民办学校收费，通过市场化改革试点，逐步实行市场调节价，具体政策由省级人民政府根据办学成本以及本地公办教育保障程度、民办学校发展情况等因素确定。营利性民办学校收费实行市场调节价，具体收费标准由民办学校自主确定。政府依法加强对民办学校收费行为的监管。

（十七）保障依法自主办学。扩大民办高等学校和中等职业学校专业设置自主权，鼓励学校根据国家战略需求和区域产业发展需要，依法依规设置和调整学科专业。民办中小学校在完成国家规定课程前提下，可自主开展教育教学活动。支持民办学校参与考试招生制度改革。社会声誉好、教学质量高、就业有保障的民办高等职业学校，可在核定的办学规模内自主确定招生范围和年度招生计划。中等以下层次民办学校按照国家有关规定，在核定的办学规模内，与当地公办学校同期面向社会自主招生。各地不得对民办学校跨区域招生设置障碍。

（十八）保障学校师生权益。完善学校、个人、政府合理分担的民办学校教职工社会保障机制。民办学校应依法为教职工足额缴纳社会保险费和住房公积金。鼓励民办学校按规定为教职工建立补充养老保险，改善教职工退休后的待遇。落实跨统筹地区社会保险关系转移接续政策，完善民办学校教师户籍迁移等方面的服务政策，探索建立民办学校教师人事代理制度和交流制度，促进教师合理流动。民办学校教师在资格认定、职务评聘、培养培训、评优表彰等方面与公办学校教师享有同等权利。非营利性民办学校教师享受当地公办学校同等的人才引进政策。民办学校学生在评奖评优、升学就业、社会优待、医疗保险等方面与同级同类公办学校学生享有同等权利。依法落实民办学校师生对学校办学管理的知情权、参与权，保障师生参与民主管理和民主监督的权利。完善民办学校师生争议处理机制，维护师生的合法权益。

五、加快现代学校制度建设

（十九）完善学校法人治理。民办学校要依法制定章程，按照章程管理学校。健全董事会（理事会）和监事（会）制度，董事会（理事会）和监事（会）成员依据学校章程规定的权限和程序共同参与学校的办学和管理。董事会（理事会）应当优化人员构成，由举办者或者其代表、校长、党组织负责人、教职工代表等共同组成。监事会中应当有党组织领导班子成员。探索实行独立董事(理事)、监事制度。健全党组织参与决策制度,积极推进"双向进入、交叉任职",学校党组织领导班子成员通过法定程序进入学校决策机构和行政管理机构,党员校长、副校长等行政机构成员可按照党的有关规定进入党组织领导班子。学校党组织要支持学校决策机构和校长依法行使职权,督促其依法治教、规范管理。完善校长选聘机制,依法保障校长行使管理权。民办学校校长应熟悉教育及相关法律法规,具有5年以上教育管理经验和良好办学业绩,个人信用状况良好。学校关键管理岗位实行亲属回避制度。完善教职工代表大会和学生代表大会制度。

(二十)健全资产管理和财务会计制度。民办学校应当明确产权关系,建立健全资产管理制度。民办学校举办者应依法履行出资义务,将出资用于办学的土地、校舍和其他资产足额过户到学校名下。存续期间,民办学校对举办者投入学校的资产、国有资产、受赠的财产以及办学积累享有法人财产权,任何组织和个人不得侵占、挪用、抽逃。进一步规范民办学校会计核算,建立健全第三方审计制度。非营利性和营利性民办学校按照登记的法人属性,根据国家有关规定执行相应的会计制度。民办学校要明晰财务管理,依法设置会计账簿。民办学校应将举办者出资、政府补助、受赠、收费、办学积累等各类资产分类登记入账,定期开展资产清查,并将清查结果向社会公布。各地要探索制定符合民办学校特点的财务管理办法,完善民办学校年度财务、决算报告和预算报告报备制度。

(二十一)规范学校办学行为。民办学校要诚实守信、规范办学。办学条件应符合国家和地方规定的设置标准和有关要求,在校生数要控制在审批机关核定的办学规模内。要按照国家和地方有关规定做好宣传、招生工作,招生简章和广告须经审批机关备案。具有举办学历教育资格的民办学校,应按国家有关规定做好学籍管理工作,对招收的学历教育学生,学习期满成绩合格的颁发毕业证书,未达到学历教育要求的发给结业证书或者其他学业证书;对符合学位授予条件的学生,颁发相应的学位证书。各类民办学校对招收的非学历教育学生,发给结业证书或者培训合格证书。

(二十二)落实安全管理责任。民办学校应遵守国家有关安全法律、法规和规章,重视校园安全工作,确保校园安全技术防范系统建设符合国家和地方有关标准,学校选址和校舍建筑符合国家抗震设防、消防技术等相关标准。建立健全安全管理制度和应急机制,制定和完善突发事件应急预案,定期开展安全检查、巡查,及时发现和消除安全隐患。加强学生和教职员工安全教育培训,定期开展针对上课、课间、午休等不同场景的安全演练,提高师生安全意识和逃生自救能力。建立安全工作组织机构,配备学校内部安全保卫人员,明确安全工作职责。

六、提高教育教学质量

(二十三)明确学校办学定位。积极引导民办学校服务社会需求,更新办学理念,深化教育教学改革,创新办学模式,加强内涵建设,提高办学质量。学前教育阶段鼓励举办普惠性民办幼儿园,坚持科学保教,防止和纠正"小学化"现象。中小学校要执行国家课程方案和课程标准,坚持特色办学优质发展,满足多样化需求。职业院校应明确技术技能人才培养定位,服务区域经济和产业发展,深化产教融合、校企合作,提高技术技能型人才培养水平。鼓励举办应用技术类本科高等学校,培养适应经济结构调整、产业转型升级和新产业、新业态、新商业模式需要的人才。充分发挥民办教育在完善终身教育体系、构建学习型社会中的积极作用。

(二十四)加强教师队伍建设。各级人民政府和民办学校要把教师队伍建设作为提高教育教学质量的重要任务。各地要将民办学校教师队伍建设纳入教师队伍建设整体规划。民办学校要着力加强教师思想政治工作,建立健全教育、宣传、考核、监督与奖惩相结合的师德建设长效机制,全面提升教师师德素养。加强辅导员、班主任队伍建设。加强教学研究活动,重视青年教师培养,加大教师培训力度,不断提高教师的业务能力和水平。学校要在学费收入中安排一定比例资金用于教师培训。要关心教师工作和生活，提高教师工资和福利待遇。吸引各类高层次人才到民办学校任教，做到事业留人、感情留人、待遇留人。

（二十五）引进培育优质教育资源。鼓励支持高水平有特色民办学校培育优质学科、专业、课程、师资、管理，整体提升教育教学质量，着力打造一批具有国际影响力和竞争力的民办教育品牌，着力培养一批有理想、有境界、有情怀、有担当的民办教育家。允许民办高等学校和中等职业学校与世界高水平同类学校在学科、专业、课程建设以及人才培养等方面开展交流。

七、提高管理服务水平

（二十六）强化部门协调机制。各级人民政府要将发展民办教育纳入经济社会发展和教育事业整体规划，加强制度建设、标准制定、政策实施、统筹协调等工作，积极推进民办教育改革发展。国务院建立由教育部牵头，中央编办、国家发展改革委、公安部、民政部、财政部、人力资源社会保障部、国土资源部、住房城乡建设部、人民银行、税务总局、工商总局、银监会、证监会等部门参加的部际联席会议制度，协调解决民办教育发展中的重点难点问题，不断完善制度政策，优化民办教育发展环境。各地也应建立相应的部门协调机制。要将鼓励支持社会力量兴办教育作为考核各级人民政府改进公共服务方式的重要内容。

（二十七）改进政府管理方式。各级人民政府和行政管理部门要积极转变职能，减少事前审批，加强事中事后监管，提高政府管理服务水平。进一步清理涉及民办教育的行政许可事项，向社会公布权力清单、责任清单，严禁法外设权。改进许可方式，简化许可流程，明确工作时限，规范行政许可工作。建立民办教育管理信息系统，推广电子政务和网上办事，逐步实现日常管理事项网上并联办理，及时主动公开行政审批事项，提高服务效率，接受社会监督。

（二十八）健全监督管理机制。加强民办教育管理机构建设，强化民办教育督导，完善民办学校年度报告和年度检查制度。加强对新设立民办学校举办者的资格审查。完善民办学校财务会计制度、内部控制制度、审计监督制度，加强风险防范。推进民办教育信息公开，建立民办学校信息强制公开制度。建立违规失信惩戒机制，将违规办学的学校及其举办者和负责人纳入“黑名单”，规范学校办学行为。健全联合执法机制，加大对违法违规办学行为的查处力度。大力推进管办评分离，建立民办学校第三方质量认证和评估制度。民办学校行政管理部门根据评估结果，对办学质量不合格的民办学校予以警告、限期整改直至取消办学资格。

（二十九）发挥行业组织作用。积极培育民办教育行业组织，支持行业组织在行业自律、交流合作、协同创新、履行社会责任等方面发挥桥梁和纽带作用。依托各类专业机构开展民办学校咨询服务等工作。支持非营利性民办高等学校联盟等行业组织及其他教育中介组织在引导民办学校坚持公益性办学、创新人才培养模式、提升人才培养质量等方面发挥作用。

（三十）切实加强宣传引导。深入推进民办教育综合改革，鼓励地方和学校先行先试，总结推广试点地区和学校的成功做法和先进经验。加大对民办教育的宣传力度，按照国家有关规定奖励和表彰对民办教育改革发展作出突出贡献的集体和个人，树立民办教育良好社会形象，努力营造全社会共同关心、共同支持社会力量兴办教育的良好氛围。

鼓励社会力量兴办教育，促进民办教育健康发展，是一项事关当前、又利长远的重要任务。国务院有关部门要进一步解放思想，凝聚共识，加强领导，周密部署，切实落实鼓励社会力量兴办教育的各项政策措施。地方各级人民政府要根据本意见，因地制宜，积极探索，稳步推进，抓紧制定出台符合地方实际的实施意见和配套措施。

国务院

2016 年 12 月 29 日

国务院办公厅关于强化学校体育 促进学生身心健康全面发展的意见

（国办发〔2016〕27号）

各省、自治区、直辖市人民政府，国务院各部委、各直属机构：

强化学校体育是实施素质教育、促进学生全面发展的重要途径，对于促进教育现代化、建设健康中国和人力资源强国，实现中华民族伟大复兴的中国梦具有重要意义。党中央、国务院高度重视学校体育，党的十八届三中全会作出了强化体育课和课外锻炼的重要部署，国务院对加强学校体育提出明确要求。近年来，各地、各部门不断出台政策措施，加快推进学校体育，大力开展阳光体育运动，学校体育工作取得积极进展。但总体上看，学校体育仍是整个教育事业相对薄弱的环节，对学校体育重要性认识不足、体育课和课外活动时间不能保证、体育教师短缺、场地设施缺乏等问题依然突出，学校体育评价机制亟待建立，社会力量支持学校体育不够，学生体质健康水平仍是学生素质的明显短板。为进一步推动学校体育改革发展，促进学生身心健康、体魄强健，经国务院同意，现提出如下意见：

一、总体要求

（一）指导思想。全面贯彻落实党的十八大、十八届三中、四中、五中全会和习近平总书记系列重要讲话精神，全面贯彻党的教育方针，按照《国家中长期教育改革和发展规划纲要（2010—2020年）》的要求，以“天天锻炼、健康成长、终身受益”为目标，改革创新体制机制，全面提升体育教育质量，健全学生人格品质，切实发挥体育在培育和践行社会主义核心价值观、推进素质教育中的综合作用，培养德智体美全面发展的社会主义建设者和接班人。

（二）基本原则。

坚持课堂教学与课外活动相衔接。保证课程时间，提升课堂教学效果，强化课外练习和科学锻炼指导，调动家庭、社区和社会组织的积极性，确保学生每天锻炼一小时。

坚持培养兴趣与提高技能相促进。遵循教育和体育规律，以兴趣为引导，注重因材施教和快乐参与，重视运动技能培养，逐步提高运动水平，为学生养成终身体育锻炼习惯奠定基础。

坚持群体活动与运动竞赛相协调。面向全体学生，广泛开展普及性体育活动，有序开展课余训练和运动竞赛，积极培养体育后备人才，大力营造校园体育文化，全面提高学生体育素养。

坚持全面推进与分类指导相结合。强化政府责任，统一基本标准，因地因校制宜，积极稳妥推进，鼓励依据民族特色和地方传统，大胆探索创新，不断提高学校体育工作水平。

（三）工作目标。到2020年，学校体育办学条件总体达到国家标准，体育课时和锻炼时间切实保证，教学、训练与竞赛体系基本完备，体育教学质量明显提高；学生体育锻炼习惯基本养成，运动技能和体质健康水平明显提升，规则意识、合作精神和意志品质显著增强；政府主导、部门协作、社会参与的学校体育推进机制进一步完善，基本形成体系健全、制度完善、充满活力、注重实效的中国特色学校体育发展格局。

二、深化教学改革，强化体育课和课外锻炼

（四）完善体育课程。以培养学生兴趣、养成锻炼习惯、掌握运动技能、增强学生体质为主线，完善国家体育与健康课程标准，建立大中小学体育课程衔接体系。各地中小学校要按照国家课程方案和课程标准开足开好体育课程，严禁削减、挤占体育课时间。有条件的地方可为中小学增加体育课时。高等学校要为学生开好体育必修课或选修课。科学安排课程内容，在学生掌握基本运动技能的基础上，根据学校自身情况，开展运动项目教学，提高学生专项运动能力。大力推动足球、篮球、排球等集体项目，积极推进田径、游泳、体操等基础项目及冰雪运动等特色项目，广泛开展乒乓球、羽毛球、武术等优势项目。进一步挖掘整理民族民间体育，充实和丰富体育课程内容。

（五）提高教学水平。体育教学要加强健康知识教育，注重运动技能学习，科学安排运动负荷，重视实践练习。研究制定运动项目教学指南，让学生熟练掌握一至两项运动技能，逐步形成“一校一品”、“一校多品”教学模式，努力提高体育教学质量。关注学生体育能力和体质水平差异，做到区别对待、因材施教。研究推广适合不同类型残疾学生的体育教学资源，提高特殊教育学校和对残疾学生的体育教学质量，保证每个学生接受体育教育的权利。支持高等学校牵头组建运动项目全国教学联盟，为中小学开展教改试点提供专业支撑，促进中小学提升体育教学水平。充分利用现代信息技术手段，开发和创新体育教学资源，不断增强教学吸引力。鼓励有条件的单位设立全国学校体育研究基地，开展理论和实践研究，提高学校体育科学化水平。

（六）强化课外锻炼。健全学生体育锻炼制度，学校要将学生在校内开展的课外体育活动纳入教学计划，列入作息时间安排，与体育课教学内容相衔接，切实保证学生每天一小时校园体育活动落到实处。幼儿园要遵循幼儿年龄特点和身心发展规律，开展丰富多彩的体育活动。中小学校要组织学生开展大课间体育活动，寄宿制学校要坚持每天出早操。高等学校要通过多种形式组织学生积极参加课外体育锻炼。职业学校在学生顶岗实习期间，要注意安排学生的体育锻炼时间。鼓励学生积极参加校外全民健身运动，中小学校要合理安排家庭“体育作业”，家长要支持学生参加社会体育活动，社区要为学生体育活动创造便利条件，逐步形成家庭、学校、社区联动，共同指导学生体育锻炼的机制。组织开展全国学校体育工作示范校创建活动，各地定期开展阳光体育系列活动和“走下网络、走出宿舍、走向操场”主题群众性课外体育锻炼活动，坚持每年开展学生冬季长跑等群体性活动，形成覆盖校内外的学生课外体育锻炼体系。

三、注重教体结合，完善训练和竞赛体系

（七）开展课余训练。学校应通过组建运动队、代表队、俱乐部和兴趣小组等形式，积极开展课余体育训练，为有体育特长的学生提供成才路径，为国家培养竞技体育后备人才奠定基础。要根据学生年龄特点和运动训练规律，科学安排训练计划，妥善处理好文化课学习和训练的关系，全面提高学生身体素质，打好专项运动能力基础，不断提高课余运动训练水平。办好体育传统项目学校，充分发挥其引领示范作用。

（八）完善竞赛体系。建设常态化的校园体育竞赛机制，广泛开展班级、年级体育比赛，学校每年至少举办一次综合性运动会或体育节，通过丰富多彩的校园体育竞赛，吸引广大学生积极参加体育锻炼。制定学校体育课余训练与竞赛管理办法，完善和规范学生体育竞赛体制，构建县、市、省、国家四级竞赛体系。各地要在整合赛事资源的基础上，系统设计并构建相互衔接的学生体育竞赛体系，积极组织开展区域内竞赛活动，定期举办综合性学生运动会。推动开展跨区域学校体育竞赛活动，全国学生运动会每三年举办一届。通过完善竞赛选拔机制，畅通学生运动员进入各级专业运动队、代表队的渠道。

四、增强基础能力，提升学校体育保障水平

（九）加强体育教师队伍建设。加强师德建设，增强广大体育教师特别是乡村体育教师的职业荣誉感，坚定长期致力于体育教育事业的理想与信心。各地要利用现有政策和渠道，按标准配齐体育教师和体育教研人员。办好高等学校体育教育专业，培养合格体育教师。鼓励优秀教练员、退役运动员、社会体育指导员、有体育特长的志愿人员兼任体育教师。实施体育教师全员培训，着力培养一大批体育骨干教师和体育名师等领军人才，中小学教师国家级培训计划（国培计划）重点加强中西部乡村教师培训，提升特殊教育体育教师水平。科学合理确定体育教师工作量，把组织开展课外活动、学生体质健康测试、课余训练、比赛等纳入教学工作量。保障体育教师在职称（职务）评聘、福利待遇、评优表彰、晋级晋升等方面与其他学科教师同等待遇。高等学校要完善符合体育学科特点的体育教师工作考核和职称（职务）评聘办法。

（十）推进体育设施建设。各地要按照学校建设标准、设计规范，充分利用多种资金渠道，加大对学校体育设施建设的支持力度。把学校体育设施列为义务教育学校标准化建设的重要内容，以保基本、兜底线为原则，建设好学校体育场地设施、配好体育器材，为体育教师配备必要的教学装备。进一步完善制度，积极推动公共体育场馆设施为学校体育提供服务，向学生免费或优惠开放，推动有条件的学校体育场馆设施在课后和节假日对本校师生和公众有序开放，充分利用青少年活动中心、少年宫、户外营地等资源开展体育活动。

（十一）完善经费投入机制。各级政府要切实加大学校体育经费投入力度，地方各级人民政府在安排财政转移支付资金和本级财力时要对学校体育给予倾斜。各级教育部门要根据需求将学校体育工作经费纳入年度预算，学校要保障体育工作的经费需求。鼓励和引导社会资金支持发展学校体育，多渠道增加学校体育投入。

（十二）健全风险管理机制。健全学校体育运动伤害风险防范机制，保障学校体育工作健康有序开展。对学生进行安全教育，培养学生安全意识和自我保护能力，提高学生的伤害应急处置和救护能力。加强校长、教师及有关管理人员培训，提高学校体育从业人员运动风险管理意识和能力。学校应当根据体育器材设施及场地的安全风险进行分类管理，定期开展检查，有安全风险的应当设立明显警示标志和安全提示。完善校方责任险，探索建立涵盖体育意外伤害的学生综合保险机制。鼓励各地政府试点推行学生体育安全事故第三方调解办法。

（十三）整合各方资源支持学校体育。完善政策措施，采取政府购买体育服务等方式，逐步建立社会力量支持学校体育发展的长效机制，引导技术、人才等资源服务学校体育教学、训练和竞赛等活动。鼓励专业运动队、职业体育俱乐部定期组织教练员、运动员深入学校指导开展有关体育活动。支持学校与科研院所、社会团体、企业等开展广泛合作，提升学校体育工作水平。加深同港澳台青少年体育活动的合作。加强学校体育国际交流。

五、加强评价监测，促进学校体育健康发展

（十四）完善考试评价办法。构建课内外相结合、各学段相衔接的学校体育考核评价体系，完善和规范体育运动项目考核和学业水平考试，发挥体育考试的导向作用。体育课程考核要突出过程管理，从学生出勤、课堂表现、健康知识、运动技能、体质健康、课外锻炼、参与活动情况等方面进行全面评价。中小学要把学生参加体育活动情况、学生体质健康状况和运动技能等级纳入初中、高中学业水平考试，纳入学生综合素质评价体系。各地要根据实际，科学确定初中毕业升学体育考试分值或等第要求。实施高考综合改革试点的省（区、市），在高校招生录取时，把学生体育情况作为综合素质评价的重要内容。学校体育测试要充分考虑残疾学生的特殊情况，体现人文关怀。修订体育教育本科专业学生普通高考体育测试办法，提高体育技能考核要求。制定普通高校高水平运动队建设实施意见，规范高水平运动员招生。

（十五）加强体育教学质量监测。明确体育课程学业质量要求，制定学生运动项目技能等级评定标准和高等学校体育学类专业教学质量国家标准，促进学校体育教学质量稳步提升。建立中小学体育课程实施情况监测制度，定期开展体育课程国家基础教育质量监测。建立健全学生体质健康档案，严格执行《国家学生体质健康标准》，将其实施情况作为构建学校体育评价机制的重要基础，确保测试数据真实性、完整性和有效性。鼓励各地运用现代化手段对体育课质量进行监测、监控或对开展情况进行公示。

六、组织实施

（十六）加强组织领导。各地要把学校体育工作纳入经济社会发展规划，加强统筹协调，落实管理责任，并结合当地实际，研究制定加强学校体育工作的具体实施方案，切实抓紧抓好。进一步加强青少年体育工作部际联席会议制度，强化国务院有关部门在加强青少年体育工作中的责任，按照职责分工，落实好深化学校体育改革的各项任务。

（十七）*强化考核激励*。各地要把学校体育工作列入政府政绩考核指标、教育行政部门与学校负责人业绩考核评价指标。对成绩突出的单位、部门、学校和个人进行表彰。加强学校体育督导检查，建立科学的专项督查、抽查、公告制度和行政问责机制。对学生体质健康水平持续三年下降的地区和学校，在教育工作评估中实行“一票否决”。教育部要会同有关部门定期开展学校体育专项检查，建立约谈有关主管负责人的机制。

（十八）*营造良好环境*。通过多种途径，充分利用报刊、广播、电视及网络等手段，加强学校体育工作新闻宣传力度，总结交流典型经验和有效做法，传播科学的教育观、人才观和健康观，营造全社会关心、重视和支持学校体育的良好氛围。

国务院办公厅

2016 年 4 月 21 日

教育部　科技部关于加强高等学校科技成果转移转化工作的若干意见

（教技〔2016〕3 号）

各省、自治区、直辖市教育厅（教委）、科技厅（科委），新疆生产建设兵团教育局、科技局，教育部直属各高等学校：

为深入贯彻落实《中共中央国务院关于深化体制机制改革加快实施创新驱动发展战略的若干意见》、《中共中央关于深化人才发展体制机制改革的意见》和《中共中央办公厅关于印发深化科技体制改革实施方案的通知》精神，推动高校加快科技成果转移转化，依据《中华人民共和国促进科技成果转化法》、国务院《实施〈中华人民共和国促进科技成果转化法〉若干规定》和国务院办公厅《促进科技成果转移转化行动方案》，结合高校实际，提出如下意见：

一、全面认识高校科技成果转移转化工作。科技成果转化是高校科技活动的重要内容，高校要引导科研工作和经济社会发展需求更加紧密结合，为支撑经济发展转型升级提供源源不断的有效成果。高校要改革完善科技评价考核机制，促进科技成果转化。高校科技成果转移转化工作，既要注重以技术交易、作价入股等形式向企业转移转化科技成果；又要加大产学研结合的力度，支持科技人员面向企业开展技术开发、技术服务、技术咨询和技术培训；还要创新科研组织方式，组织科技人员面向国家需求和经济社会发展积极承担各类科研计划项目，积极参与国家、区域创新体系建设，为经济社会发展提供技术支撑和政策建议；高校作为人才培养的主阵地，更要引导、激励科研人员教书育人，注重知识扩散和转移，及时将科研成果转化为教育教学、学科专业发展资源，提高人才培养质量。

二、简政放权鼓励科技成果转移转化。高校对其持有的科技成果，可以自主决定转让、许可或者作价投资，除涉及国家秘密、国家安全外，不需要审批或备案。高校有权依法以持有的科技成果作价入股确认股权和出资比例，通过发起人协议、投资协议或者公司章程等形式对科技成果的权属、作价、折股数量或出资比例等事项明确约定、明晰产权，并指定所属专业部门统一管理技术成果作价入股所形成的企业股份或出资比例。高校职务科技成果完成人和参加人在不变更职务科技成果权属的前提下，可以按照学校规定与学校签订协议，进行该项科技成果的转化，并享有相应权益。高校科技成果转移转化收益全部留归学校，纳入单位预算，不上缴国库；在对完成、转化科技成果做出重要贡献的人员给予奖励和报酬后，主要用于科学技术研究与成果转化等相关工作。

三、建立健全科技成果转移转化工作机制。高校要加强对科技成果转移转化的管理、组织和协调，成立科技成果转移转化工作领导小组，建立科技成果转移转化重大事项领导班子集体决策制度；统筹成果管理、技术转移、资产经营管理、法律等事务，建立成果转移转化管理平台；明确科技成果转移转化管理机构和职能，落实科技成果报告、知识产权保护、资产经营管理等工作的责任主体，优化并公示科技成果转移转化工作流程。

高校应根据国家规定和学校实际建立科技成果使用、处置的程序与规则。在向企业或者其他组织转移转化科技成果时，可以通过在技术交易市场挂牌、拍卖等方式确定价格，也可以通过协议定价。协议定价的，应当通过网站、办公系统、公示栏等方式在校内公示科技成果名称、简介等基本要素和拟交易价格、价格形成过程等，公示时间不少于15日。高校对科技成果的使用、处置在校内实行公示制度，同时明确并公开异议处理程序和办法。涉及国家秘密和国家安全的，按国家相关规定执行。

科技成果转化过程中，通过技术交易市场挂牌、拍卖等方式确定价格的，或者通过协议定价并按规定在校内公示的，高校领导在履行勤勉尽职义务、没有牟取非法利益的前提下，免除其在科技成果定价中因科技成果转化后续价值变化产生的决策责任。

四、加强科技成果转移转化能力建设。鼓励高校在不增加编制的前提下建立负责科技成果转移转化工作的专业化机构或者委托独立的科技成果转移转化服务机构开展科技成果转化，通过培训、市场聘任等多种方式建立成果转化职业经理人队伍。发挥大学科技园、区域（专业）研究院、行业组织在成果转移转化中的集聚辐射和带动作用，依托其构建技术交易、投融资等支撑服务平台，开展技术开发和市场需求对接、科技成果和风险投资对接，形成市场化的科技成果转移转化运营体系，培育打造运行机制灵活、专业人才集聚、服务能力突出的国家技术转移机构。高校要充分利用各级政府建立的科技成果信息平台，加强成果的宣传和展览展示；鼓励科研人员面向企业开展技术开发、技术咨询和技术服务等横向合作，与企业联合实施科技成果转化。

五、健全以增加知识价值为导向的收益分配政策。高校要根据国家规定和学校实际，制定科技成果转移转化奖励和收益分配办法，并在校内公开。在制定科技成果转移转化奖励和收益分配办法时，要充分听取学校科技人员的意见，兼顾学校、院系、成果完成人和专业技术转移转化机构等参与科技成果转化的各方利益。

高校依法对职务科技成果完成人和为成果转化作出重要贡献的其他人员给予奖励时，按照以下规定执行：以技术转让或者许可方式转化职务科技成果的，应当从技术转让或者许可所取得的净收入中提取不低于50％的比例用于奖励；以科技成果作价投资实施转化的，应当从作价投资取得的股份或者出资比例中提取不低于50％的比例用于奖励；在研究开发和科技成果转化中作出主要贡献的人员，获得奖励的份额不低于总额的50％。成果转移转化收益扣除对上述人员的奖励和报酬后，应当主要用于科学技术研发与成果转移转化等相关工作，并支持技术转移机构的运行和发展。

担任高校正职领导以及高校所属具有独立法人资格单位的正职领导，是科技成果的主要完成人或者为成果转移转化作出重要贡献的，可以按照学校制定的成果转移转化奖励和收益分配办法给予现金奖励，原则上不得给予股权激励；其他担任领导职务的科技人员，是科技成果的主要完成人或者为成果转移转化作出重要贡献的，可以按照学校制定的成果转化奖励和收益分配办法给予现金、股份或出资比例等奖励和报酬。对担任领导职务的科技人员的科技成果转化收益分配实行公示和报告制度，明确公示其在成果完成或成果转化过程中的贡献情况及拟分配的奖励、占比情况等。

高校科技人员面向企业开展技术开发、技术咨询、技术服务、技术培训等横向合作活动，是高校科技成果转化的重要形式，其管理应依据合同法和科技成果转化法；高校应与合作单位依法签订合同或协议，约定任务分工、资金投入和使用、知识产权归属、权益分配等事项，经费支出按照合同或协议约定执行，净收入可按照学校制定的科技成果转移转化奖励和收益分配办法对完成项目的科技人员给予奖励和报酬。对科技人员承担横向科研项目与承担政府科技计划项目，在业绩考核中同等对待。

科技成果转移转化的奖励和报酬的支出，计入单位当年工资总额，不受单位当年工资总额限制，不纳入单位工资总额基数。

六、完善有利于科技成果转移转化的人事管理制度。高校科技人员在履行岗位职责、完成本职工作的前提下，征得学校同意，可以到企业兼职从事科技成果转化，或者离岗创业在不超过三年时间内保留人事关系。离岗创业期间，科技人员所承担的国家科技计划和基金项目原则上不得中止，确需中止的应当按照有关管理办法办理手续。高校要建立和完善科技人员在岗兼职、离岗创业和返岗任职制度，对在岗兼职的兼职时间和取酬方式、离岗创业期间和期满后的权利和义务及返岗条件作出规定并在校内公示。担任领导职务的科技人员的兼职管理，按中央有关规定执行。鼓励高校设立专门的科技成果转化岗位并建立相应的评聘制度。鼓励高校设立一定比例的流动岗位，聘请有创新实践经验的企业家和企业科技人才兼职从事教学和科研工作。教育部将组织高校开展将企业任职经历作为新聘工程类教师必要条件的试点，加大对应用型本科和高职院校专业教师在校企之间的交流力度。

七、支持学生创新创业。探索建立以创新创业为导向的人才培养机制，完善产学研用结合的协同育人模式。支持高校与企业、研究院所联合建立学生实习实训和研究生科研实践等教学科研基地，提高学生创新创业实践能力。推动国家大学科技园为学生创新创业提供力所能及的场地、信息网络和商事、法律服务，建立微创新实验室、创新创业俱乐部等，发展众创、众包、众扶、众筹空间等新型孵化模式。鼓励国家大学科技园组织有创业实践经验的企业家、高校科技人员和天使投资人开展志愿者行动，为学生创新创业提供创业辅导以及技术开发合作援助，编写高校师生创新创业成功案例作为高校创新创业教辅材料，支持高校创新创业教育。加强知识产权相关学科专业建设，对学生开展知识产权保护相关法律法规的教育培训。鼓励高校通过无偿许可专利的方式，向学生授权使用科技成果，引导学生参与科技成果转移转化。

八、推进科研设施和仪器设备开放共享。鼓励高校与企业、研究开发机构及其他组织联合建立研究开发平台、技术转移机构或技术创新联盟，共同开展研究开发、成果应用与推广、标准研究与制定。支持高校和地方、企业联合共建实验室和大型仪器设备共享平台，加快推进高校科研设施与仪器在保障本校教学科研基本需求的前提下向其他高校、科研院所、企业、社会研发组织等社会用户开放共享。依托高校建设的国家重点实验室、国家工程实验室、国家工程（技术）研究中心、大型科学仪器中心、分析测试中心等各类研发平台，要按功能定位，建立向企业特别是中小企业有效开放的机制，加大向社会开放的力度，为科技成果转移转化提供服务支撑。科研设施和仪器设备有偿开放的，严格按国家工商、价格管理等规定办理，收入、支出纳入学校财务统一管理。

九、建立科技成果转移转化年度报告制度和绩效评价机制。按照国家科技成果年度报告制度的要求，高校要按期以规定格式向主管部门报送年度科技成果许可、转让、作价投资以及推进产学研合作、科技成果转移转化绩效和奖励等情况，并对全年科技成果转移转化取得的总体成效、面临的问题进行总结。高校要建立科技成果转移转化绩效评价机制，对科技成果转移转化业绩突出的机构和人员给予奖励。高校主管部门要根据高校科技成果转移转化年度报告情况，对高校科技成果转移转化绩效进行评价，并将评价结果作为对高校给予支持的重要依据之一。高校科技成果转移转化绩效纳入世界一流大学和一流学科建设考核评价体系。

十、切实加强领导，认真组织实施。各省级教育、科技行政部门，各高校要认真学习贯彻"创新是引领发展的第一动力"的深刻内涵，将思想和行动统一到党中央、国务院的重大战略部署上来，根据本意见的要求和自身实际情况，采取切实有效的措施加快科技成果转移转化。要切实防范道德风险、廉政风险和法律风险；加强对科技成果转移转化工作的监督检查，对不作为、乱作为的行为严肃问责，对借机谋取私利、搞利益输送的违纪违法问题依法依规严肃查处。教育部将组织实施促进高校科技成果转移转化行动计划，引导高校进一步完善科技成果转移转化的体制机制，为经济社会发展提供科技支撑和智力支持。

本意见自发布之日起施行，执行过程中遇到的问题，请及时向教育部科学技术司、科学技术部创新发展司反馈。此前有关规定与本意见不一致的，按本意见执行。

教育部　科技部

2016 年 8 月 3 日

教育部关于深化高校教师考核评价制度改革的指导意见

（教师〔2016〕7 号）

各省、自治区、直辖市教育厅（教委），新疆生产建设兵团教育局，有关部门（单位）教育司（局），部属各高等学校：

为全面贯彻党的十八大和十八届历次全会精神，深入贯彻习近平总书记系列重要讲话精神，深化高等教育领域综合改革，破除束缚高校教师发展的体制机制障碍，激发高校教师教书育人、科学研究、创新创业活力，按照中共中央《关于深化人才发展体制机制改革的意见》和中共中央办公厅、国务院办公厅《关于进一步加强和改进新形势下高校宣传思想工作的意见》要求，现就深化高校教师考核评价制度改革提出如下指导意见。

一、把握考评总体要求

（一）将教师考核评价作为高等教育综合改革的重要内容。考核评价是高校教师选聘、任用、薪酬、奖惩等人事管理的基础和依据。考核评价政策是调动教师工作积极性、主动性的"指挥棒"，对于新时期高校推动教学改革、提高教育质量、坚持正确科研导向、促进科研成果转化、开展创新创业和社会服务，具有全局性和基础性影响。完善教师考核评价制度是当前和今后一段时期深化高等教育综合改革的紧迫任务。

（二）坚持问题导向推进改革。近年来各地各高校积极探索教师考核评价改革，在教师分类管理、考核指标体系建立、评价机制创新、强化聘期考核等方面做了有益尝试，积累了不少经验，但仍然存在教师选聘把关不严、师德考核操作性不强；考核评价缺乏整体设计，对教师从事教育教学工作重视不够、重数量轻质量的情况还比较严重；考核评价急功近利，考核结果的科学运用有待完善等问题。必须通过深化改革，有针对性地加以解决。

（三）坚持考核评价改革的正确方向。以师德为先、教学为要、科研为基、发展为本为基本要求，坚持社会主义办学方向，坚持德才兼备，注重凭能力、实绩和贡献评价教师，克服唯学历、唯职称、唯论文等倾向，切实提高师德水平和业务能力，努力建设有理想信念、有道德情操、有扎实学识、有仁爱之心的党和人民满意的高素质专业化教师队伍。

（四）把握考核评价的基本原则。坚持社会主义办学方向与遵循教育规律相结合，全面贯彻党的教育方针，以立德树人为根本任务，培养社会主义合格建设者和可靠接班人。同时，各高校要从自身发展阶段和办学特色出发，遵循高等教育规律，探索建立科学合理的考核评价体系。坚持全面考核与突出重点相结合，全面考核教师的师德师风、教育教学、科学研究、社会服务、专业发展等内容，同时针对当前教师队伍发展的突出问题和薄弱环节，进行重点考察和评价。坚持分类指导与分层次考核评价相结合，根据高校的不同类型或高校中不同类型教师的岗位职责和工作特点，以及教师所处职业生涯的不同阶段，分类分层次分学科设置考核内容和考核方式，健全教师分类管理和评价办法。坚持发展性评价与奖惩性评价相结合，充分发挥发展性评价对于教师专业发展的导向引领作用，合理发挥奖惩性评价的激励约束作用，形成推动教师和学校共同发展的有效机制。

二、加强师德考核力度

（五）将师德考核摆在教师考核的首位。完善师德考核办法，健全师德建设长效机制，将师德考核贯穿于日常教育教学、科学研究和社会服务的全过程。推行师德考核负面清单制度，建立教师师德档案。将师德表现作为教师绩效考核、职称（职务）评聘、岗位聘用和奖惩的首要内容。高校教师有师德禁行行为的，师德考核不合格，并依法依规分别给予相应处分，实行师德“一票否决”。

（六）严把选聘考核思想政治素质关。把思想政治素质作为教师选聘考核的基本要求，贯穿到教师管理和职业发展全过程。在教师招聘过程中，坚持思想政治素质和业务能力双重考察。严格聘用程序，规范聘用合同，将思想政治要求纳入教师聘用合同，并作为教师职称（职务）评聘、岗位聘用和聘期考核的重要内容。

三、突出教育教学业绩

（七）严格教育教学工作量考核。所有教师都必须承担教育教学工作，都负有关爱学生健康成长的重要责任，要将人才培养的中心任务落到实处。建立健全教学工作量评价标准，把教授为本专科生上课作为基本制度，明确教授、副教授等各类教师承担本专科生课程、研究生公共基础课程的教学课时要求。教师担任班主任、辅导员，解答学生问题，指导学生就业、创新创业、社会实践、各类竞赛以及老中青教师“传帮带”等工作，应计入教育教学工作量，并纳入年度考核内容。

（八）加强教学质量评价工作。完善教学质量评价制度，多维度考评教学规范、教学运行、课堂教学效果、教学改革与研究、教学获奖等教学工作实绩。引导教师贯彻党的教育方针，遵守教学纪律，改进教学方法，启发学生思考，指导合作学习与研究性学习。学校应实行教师自评、学生评价、同行评价、督导评价等多种形式相结合的教学质量综合评价。

（九）健全教学激励约束机制。提高教师教学业绩在校内绩效分配、职称（职务）评聘、岗位晋级考核中的比重，充分调动教师从事教育教学工作的积极性。除访学、进修、培训、组织派遣、产假等原因外，教学工作量不能达到学校规定要求或教学质量综合评价不合格的教师，其年度或聘期考核应为不合格。

（十）强化课堂教学纪律考核。把坚持党的基本路线作为教学基本要求，坚持正确的育人导向，严格高校课堂教学纪律，加强对教师课堂教学活动、教学实践环节等的督导力度。对在课堂传播违法、有害观点和言论的，依纪依法严肃处理。

四、完善科研评价导向

（十一）坚持服务国家需求和注重实际贡献的评价导向。鼓励原始创新和聚焦国家重大需求，引导教师主动服务国家创新驱动发展战略和地方经济社会发展，推进科教结合，提升人才培养质量。扭转将科研项目与经费数量过分指标化、目标化的倾向，改变在教师职称（职务）评聘、收入分配中过度依赖和不合理使用论文、专利、项目和经费等方面的量化评价指标的做法。

（十二）探索建立“代表性成果”评价机制。扭转重数量轻质量的科研评价倾向，鼓励潜心研究、长期积累，遏制急功近利的短期行为。完善同行专家评价机制，积极探索建立以“代表性成果”和实际贡献为主要内容的评价方式，将具有创新性和显示度的学术成果作为评价教师科研工作的重要依据。防止学术不端。

（十三）实行科学合理的分类评价。针对不同类型、层次教师，按照哲学社会科学、自然科学等不同学科领域，基础研究、应用研究等不同研究类型，建立科学合理的分类评价标准。对从事基础研究的教师主要考察学术贡献、理论水平和学术影响力。对从事应用研究的教师主要考察经济社会效益和实际贡献。对科研团队实行以解决重大科研问题与合作机制为重点的整体性评价。注重个体评价与团队评价的结合。

（十四）建立合理的科研评价周期。教师科研评价周期原则上不少于3年；科研团队考核评价周期原则上不少于5年。统筹年度考核、聘期考核、晋升考核等各类考核形式，根据绩效情况，可以减少、减免考核，适当延长考核评价周期。共享考核评价结果，避免不必要的重复评价。

五、重视社会服务考核

（十五）综合考评教师社会服务。突出社会效益和长远利益，综合评价教师参与学科建设、人才培训、科技推广、专家咨询和承担公共学术事务等方面的工作。鼓励引导教师积极开展科学普及工作，提高公众科学素质和人文素质。鼓励引导教师主动推进文化传播，弘扬中华优秀传统文化，发展先进文化。充分认可教师在政府政策咨询、智库建设、在新闻媒体及网络上发表引领性文章方面的贡献。建立健全对教师及团队参与社会服务工作相关的经费使用和利益分配方面的激励机制。

（十六）完善科研成果转化业绩的考核。大力促进教师开展科研成果转化工作。聘任科研成果转化、技术推广与服务岗位的教师，主要考察其实施科研成果转化的工作绩效，并作为职称（职务）评聘、岗位聘用的重要依据。落实国家关于高校教师离岗创业有关政策，保障教师在科技成果转化中的合法收益。鼓励教师积极参与技术创新和产品研发，把科研成果转化作为着力培育大众创业、万众创新的新引擎。

六、引领教师专业发展

（十七）将教师专业发展纳入考核评价体系。高校应调整完善教师考核评价指标体系，增设教师专业发展考评指标，根据学校实际情况细化对教师专业发展的具体要求。确立教学学术理念，鼓励教师开展教学改革与研究，提升教师教学学术发展能力。落实每5年一周期的全员培训制度。加强教师教学基本功训练和信息技术能力培训。鼓励青年教师到企事业单位挂职锻炼，到国内外高水平大学、科研院所访学以及在职研修等。职业院校专业课教师每5年到企业顶岗实践不少于6个月。

（十八）建立考核评价结果分级反馈机制。高校应建立教师考核评价的校、院（系）分级管理体系。维护教师权利，考核结果应通知教师本人。注重与教师的及时沟通和反馈，科学分析教师在考核评价中体现出来的优势与不足，根据教师现有表现与职业发展目标的差距以及影响教师职业发展的因素，制订教师培养培训计划，提供相应的帮助和指引，促进全体教师可持续发展。

（十九）积极推进发展性评价改革。支持高校普遍建立教师发展中心，完善教师培训和专业发展机制。支持高校开展教师发展性评价改革，加大对教师专业发展的政策支持与经费投入。通过引领示范，以点带面，逐步全面推开发展性评价改革。

七、切实加强组织实施

（二十）合理运用考核评价结果。充分尊重和切实保障高校教师在办学中的主体地位，加强考核评价结果运用。考核评价结果要作为职称（职务）评定、绩效分配、评优评先、继续培养的重要依据，充分发挥考核评价的鉴定、指导、激励、教育等综合功能。

(二十一)建立政策联动机制。要探索建立院校评估、本科教学评估、学科评估和教师评价政策联动机制,优化、调整制约和影响教师考核评价政策落实的评价指标。扭转评价指标过度强调教师海外学历、经历或在国外学术期刊上发表论文的倾向,并作为院校评估、本科教学评估和学科评估改革的重要内容。

(二十二)推进部门协调落实。建立健全学校主要领导牵头,人事管理部门协调,教学、科研、研究生等管理部门配合的协调机制,做好人员配备和工作保障。加强高校教师管理信息系统建设,充分利用信息化手段,采集整合教师工作的各类数据信息,形成完整准确的教师考核评价工作信息数据库,为考核评价提供基础,实现学校管理部门间的信息共享。

各高校要把教师考核评价制度改革工作摆在学校改革发展的重要位置,列入重要议事日程抓实抓好。要结合实际制订本校教师考核评价制度改革实施方案,并报学校教育主管部门备案。

教育部

2016 年 8 月 25 日

高等学校预防与处理学术不端行为办法

(于 2016 年 4 月 5 日经教育部 2016 年第 14 次部长办公会议审议通过,
2016 年 6 月 16 日发布,自 2016 年 9 月 1 日起施行)

第一章　总　　则

第一条　为有效预防和严肃查处高等学校发生的学术不端行为,维护学术诚信,促进学术创新和发展,根据《中华人民共和国高等教育法》《中华人民共和国科学技术进步法》《中华人民共和国学位条例》等法律法规,制定本办法。

第二条　本办法所称学术不端行为是指高等学校及其教学科研人员、管理人员和学生,在科学研究及相关活动中发生的违反公认的学术准则、违背学术诚信的行为。

第三条　高等学校预防与处理学术不端行为应坚持预防为主、教育与惩戒结合的原则。

第四条　教育部、国务院有关部门和省级教育部门负责制定高等学校学风建设的宏观政策,指导和监督高等学校学风建设工作,建立健全对所主管高等学校重大学术不端行为的处理机制,建立高校学术不端行为的通报与相关信息公开制度。

第五条　高等学校是学术不端行为预防与处理的主体。高等学校应当建设集教育、预防、监督、惩治于一体的学术诚信体系,建立由主要负责人领导的学风建设工作机制,明确职责分工;依据本办法完善本校学术不端行为预防与处理的规则与程序。

高等学校应当充分发挥学术委员会在学风建设方面的作用,支持和保障学术委员会依法履行职责,调查、认定学术不端行为。

第二章　教育与预防

第六条　高等学校应当完善学术治理体系，建立科学公正的学术评价和学术发展制度，营造鼓励创新、宽容失败、不骄不躁、风清气正的学术环境。

高等学校教学科研人员、管理人员、学生在科研活动中应当遵循实事求是的科学精神和严谨认真的治学态度，恪守学术诚信，遵循学术准则，尊重和保护他人知识产权等合法权益。

第七条　高等学校应当将学术规范和学术诚信教育，作为教师培训和学生教育的必要内容，以多种形式开展教育、培训。

教师对其指导的学生应当进行学术规范、学术诚信教育和指导，对学生公开发表论文、研究和撰写学位论文是否符合学术规范、学术诚信要求，进行必要的检查与审核。

第八条　高等学校应当利用信息技术等手段，建立对学术成果、学位论文所涉及内容的知识产权查询制度，健全学术规范监督机制。

第九条　高等学校应当建立健全科研管理制度，在合理期限内保存研究的原始数据和资料，保证科研档案和数据的真实性、完整性。

高等学校应当完善科研项目评审、学术成果鉴定程序，结合学科特点，对非涉密的科研项目申报材料、学术成果的基本信息以适当方式进行公开。

第十条　高等学校应当遵循学术研究规律，建立科学的学术水平考核评价标准、办法，引导教学科研人员和学生潜心研究，形成具有创新性、独创性的研究成果。

第十一条　高等学校应当建立教学科研人员学术诚信记录，在年度考核、职称评定、岗位聘用、课题立项、人才计划、评优奖励中强化学术诚信考核。

第三章　受理与调查

第十二条　高等学校应当明确具体部门，负责受理社会组织、个人对本校教学科研人员、管理人员及学生学术不端行为的举报；有条件的，可以设立专门岗位或者指定专人，负责学术诚信和不端行为举报相关事宜的咨询、受理、调查等工作。

第十三条　对学术不端行为的举报，一般应当以书面方式实名提出，并符合下列条件：

（一）有明确的举报对象；

（二）有实施学术不端行为的事实；

（三）有客观的证据材料或者查证线索。

以匿名方式举报，但事实清楚、证据充分或者线索明确的，高等学校应当视情况予以受理。

第十四条　高等学校对媒体公开报道、其他学术机构或者社会组织主动披露的涉及本校人员的学术不端行为，应当依据职权，主动进行调查处理。

第十五条　高等学校受理机构认为举报材料符合条件的，应当及时作出受理决定，并通知举报人。不予受理的，应当书面说明理由。

第十六条　学术不端行为举报受理后，应当交由学校学术委员会按照相关程序组织开展调查。

学术委员会可委托有关专家就举报内容的合理性、调查的可能性等进行初步审查，并作出是否进入正式调查的决定。

决定不进入正式调查的，应当告知举报人。举报人如有新的证据，可以提出异议。异议成立的，应当进入正式调查。

第十七条　高等学校学术委员会决定进入正式调查的，应当通知被举报人。

被调查行为涉及资助项目的，可以同时通知项目资助方。

第十八条　高等学校学术委员会应当组成调查组，负责对被举报行为进行调查；但对事实清楚、证据确凿、情节简单的被举报行为，也可以采用简易调查程序，具体办法由学术委员会确定。

调查组应当不少于3人，必要时应当包括学校纪检、监察机构指派的工作人员，可以邀请同行专家参与调查或者以咨询等方式提供学术判断。

被调查行为涉及资助项目的，可以邀请项目资助方委派相关专业人员参与调查组。

第十九条　调查组的组成人员与举报人或者被举报人有合作研究、亲属或者导师学生等直接利害关系的，应当回避。

第二十条　调查可通过查询资料、现场查看、实验检验、询问证人、询问举报人和被举报人等方式进行。调查组认为有必要的，可以委托无利害关系的专家或者第三方专业机构就有关事项进行独立调查或者验证。

第二十一条　调查组在调查过程中，应当认真听取被举报人的陈述、申辩，对有关事实、理由和证据进行核实；认为必要的，可以采取听证方式。

第二十二条　有关单位和个人应当为调查组开展工作提供必要的便利和协助。

举报人、被举报人、证人及其他有关人员应当如实回答询问，配合调查，提供相关证据材料，不得隐瞒或者提供虚假信息。

第二十三条　调查过程中，出现知识产权等争议引发的法律纠纷的，且该争议可能影响行为定性的，应当中止调查，待争议解决后重启调查。

第二十四条　调查组应当在查清事实的基础上形成调查报告。调查报告应当包括学术不端行为责任人的确认、调查过程、事实认定及理由、调查结论等。

学术不端行为由多人集体做出的，调查报告中应当区别各责任人在行为中所发挥的作用。

第二十五条　接触举报材料和参与调查处理的人员，不得向无关人员透露举报人、被举报人个人信息及调查情况。

第四章　认　　定

第二十六条　高等学校学术委员会应当对调查组提交的调查报告进行审查；必要的，应当听取调查组的汇报。

学术委员会可以召开全体会议或者授权专门委员会对被调查行为是否构成学术不端行为以及行为的性质、情节等作出认定结论，并依职权作出处理或建议学校作出相应处理。

第二十七条　经调查，确认被举报人在科学研究及相关活动中有下列行为之一的，应当认定为构成学术不端行为：

（一）剽窃、抄袭、侵占他人学术成果；

（二）篡改他人研究成果；

（三）伪造科研数据、资料、文献、注释，或者捏造事实、编造虚假研究成果；

（四）未参加研究或创作而在研究成果、学术论文上署名，未经他人许可而不当使用他人署名，虚构合作者共同署名，或者多人共同完成研究而在成果中未注明他人工作、贡献；

（五）在申报课题、成果、奖励和职务评审评定、申请学位等过程中提供虚假学术信息；

（六）买卖论文、由他人代写或者为他人代写论文；

（七）其他根据高等学校或者有关学术组织、相关科研管理机构制定的规则，属于学术不端的行为。

第二十八条　有学术不端行为且有下列情形之一的，应当认定为情节严重：

（一）造成恶劣影响的；

（二）存在利益输送或者利益交换的；

（三）对举报人进行打击报复的；

（四）有组织实施学术不端行为的；

（五）多次实施学术不端行为的；

（六）其他造成严重后果或者恶劣影响的。

第五章　处　　理

第二十九条　高等学校应当根据学术委员会的认定结论和处理建议，结合行为性质和情节轻重，依职权和规定程序对学术不端行为责任人作出如下处理：

（一）通报批评；

（二）终止或者撤销相关的科研项目，并在一定期限内取消申请资格；

（三）撤销学术奖励或者荣誉称号；

（四）辞退或解聘；

（五）法律、法规及规章规定的其他处理措施。

同时，可以依照有关规定，给予警告、记过、降低岗位等级或者撤职、开除等处分。

学术不端行为责任人获得有关部门、机构设立的科研项目、学术奖励或者荣誉称号等利益的，学校应当同时向有关主管部门提出处理建议。

学生有学术不端行为的，还应当按照学生管理的相关规定，给予相应的学籍处分。

学术不端行为与获得学位有直接关联的，由学位授予单位作暂缓授予学位、不授予学位或者依法撤销学位等处理。

第三十条　高等学校对学术不端行为作出处理决定，应当制作处理决定书，载明以下内容：

（一）责任人的基本情况；

（二）经查证的学术不端行为事实；

（三）处理意见和依据；

（四）救济途径和期限；

（五）其他必要内容。

第三十一条　经调查认定，不构成学术不端行为的，根据被举报人申请，高等学校应当通过一定方式为其消除影响、恢复名誉等。

调查处理过程中，发现举报人存在捏造事实、诬告陷害等行为的，应当认定为举报不实或者虚假举报，举报人应当承担相应责任。属于本单位人员的，高等学校应当按照有关规定给予处理；不属于本单位人员的，应通报其所在单位，并提出处理建议。

第三十二条　参与举报受理、调查和处理的人员违反保密等规定，造成不良影响的，按照有关规定给予处分或其他处理。

第六章　复　　核

第三十三条　举报人或者学术不端行为责任人对处理决定不服的，可以在收到处理决定之日起 30 日内，以书面形式向高等学校提出异议或者复核申请。

异议和复核不影响处理决定的执行。

第三十四条　高等学校收到异议或者复核申请后，应当交由学术委员会组织讨论，并于 15 日内作出是否受理的决定。

决定受理的，学校或者学术委员会可以另行组织调查组或者委托第三方机构进行调查；决定不予受理的，应当书面通知当事人。

第三十五条　当事人对复核决定不服，仍以同一事实和理由提出异议或者申请复核的，不予受理；向有关主管部门提出申诉的，按照相关规定执行。

第七章　监　　督

第三十六条　高等学校应当按年度发布学风建设工作报告，并向社会公开，接受社会监督。

第三十七条　高等学校处理学术不端行为推诿塞责、隐瞒包庇、查处不力的，主管部门可以直接组织或者委托相关机构查处。

第三十八条　高等学校对本校发生的学术不端行为，未能及时查处并做出公正结论，造成恶劣影响的，主管部门应当追究相关领导的责任，并进行通报。

高等学校为获得相关利益，有组织实施学术不端行为的，主管部门调查确认后，应当撤销高等学校由此获得的相关权利、项目以及其他利益，并追究学校主要负责人、直接负责人的责任。

第八章　附　　则

第三十九条　高等学校应当根据本办法，结合学校实际和学科特点，制定本校学术不端行为查处规则及处理办法，明确各类学术不端行为的惩处标准。有关规则应当经学校学术委员会和教职工代表大会讨论通过。

第四十条　高等学校主管部门对直接受理的学术不端案件，可自行组织调查组或者指定、委托高等学校、有关机构组织调查、认定。对学术不端行为责任人的处理，根据本办法及国家有关规定执行。

教育系统所属科研机构及其他单位有关人员学术不端行为的调查与处理，可参照本办法执行。

第四十一条　本办法自2016年9月1日起施行。

教育部此前发布的有关规章、文件中的相关规定与本办法不一致的，以本办法为准。

教育部　国家外国专家局关于印发《高等学校学科创新引智计划实施与管理办法》的通知

（教技〔2016〕4号）

各省、自治区、直辖市教育厅（教委）、外国专家局，计划单列市教育局、外国专家局，新疆生产建设兵团教育局、外国专家局，有关部门（单位）教育司（局），教育部直属各高等学校：

十八大以来，随着科技教育改革不断深入，对外开放水平提升到新境界。根据形势需要，为加大力度引进国外优秀人才智力，更好服务创新驱动发展战略，引领和支撑世界一流大学和一流学科建设，进一步规范和加强高等学校学科创新引智基地建设和管理，在2006年《高等学校学科创新引智基地管理办法》基础上，我们重新制定了《高等学校学科创新引智计划实施与管理办法》，现印发给你们，请认真遵照执行。

教育部

国家外国专家局

2016年11月3日

高等学校学科创新引智计划实施与管理办法

第一章 总 则

第一条 为进一步提升"高等学校学科创新引智计划"(以下简称"111计划")实施和管理的科学化与规范化水平，充分发挥引进国外高水平人才和智力在服务国家重大战略需求，引领和支撑世界一流大学和一流学科建设方面的重要作用，制定本办法。

第二条 "111计划"由教育部和国家外国专家局联合组织实施，以建设世界一流学科创新引智基地为手段，加大成建制引进海外人才的力度，在高等学校汇聚一批世界一流人才，进一步提升高等学校引进国外智力的层次，促进海外人才与国内科研骨干的融合，形成国际化学术团队，开展高水平合作研究、高层次人才培养、高质量学术交流，重点建设一批具有自主创新能力的学科，提升高等学校的科技创新能力和综合竞争力。

第三条 "111计划"的总体目标是瞄准国际学科发展前沿，围绕国家需求，结合高等学校具有国际前沿水平或国家重点发展的学科领域，以优势特色学科为基础，以国家、省、部级重点科研基地为平台，从世界排名前100位的大学、研究机构或世界一流学科队伍中，引进、汇聚1000名海外顶级学术大师以及一大批学术骨干，与国内优秀学科带头人和创新团队相互融合，形成高水平的研究队伍，重点建设100个世界一流的学科创新基地，努力取得具有重大国际影响的科研成果，提高高等学校的整体水平和国际地位。

第四条 "111计划"以学科创新引智基地(以下简称"111基地")建设项目的形式实施，按照"统筹规划、服务需求、科教融合、择优建设、动态管理"的原则进行。

第二章 组织机构与职能职责

第五条 教育部、国家外国专家局联合成立"111计划"领导小组，负责计划的宏观指导和决策。领导小组由两部门领导和相关司级领导组成，主要职能为：

1. 制订"111计划"的整体规划、战略布局；

2. 审核确定"111基地"建设名单和资助经费等。

第六条 教育部科技司和国家外国专家局教科文卫司相关业务处室人员联合组成"111计划"管理办公室，主要职能为：

1. 制订并发布"111计划"年度实施方案；

2. 聘请国内外知名学者组成"'111计划'高等学校学科创新引智计划专家委员会"(以下简称"111专委会")，作为学术咨询机构。委员会成员实行聘任制，5年一个聘期，可连续聘任；

3. 对计划项目申报材料进行形式审查，并组织"111专委会"对项目进行评审；

4. 负责"111基地"建设立项；

5. 负责推进项目的执行和检查经费的落实；

6. 组织对"111基地"的验收和评估。

第七条 “111专委会”受“111计划”管理办公室委托，主要行使以下职能：

1. 对“111计划”有关问题进行咨询；

2. 负责计划项目的评审；

3. 对各“111基地”的建设运行情况进行检查监督与验收评估。

第八条 高等学校是“111基地”建设的依托单位，获得“111计划”资助的高校应加强学科创新引智工作力量。

第三章 支持范围与条件

第九条 “111计划”遴选范围包括中央高校和地方高等学校。具体申报资格与申报数量由年度实施方案确定。

第十条 申请本计划的“111基地”应具备以下条件：

1. 学科基础：

依托学科应为国内一流优势特色学科，建设有国家、省部级重点科研平台，具有良好的国际合作研究基础。

2. 人员构成：

(1) 应聘请10名以上海外人才团队，其中包括：1名以上国际一流学术大师，5名以上高水平学术骨干；或成建制10人以上国际一流海外团队。

(2) 国内人才团队10人以上，其中包括5人以上优秀学术带头人和中青年拔尖人才。

3. 人员条件：

(1) 海外人才应在世界排名前100位的大学、研究机构任职或受聘于世界一流学科的教学科研岗位，与本学科有良好的合作研究基础。

(2) 海外人才应具有外国国籍，对中国友好，品德高尚，治学严谨，富于合作精神。国际学术大师年龄一般不超过65岁(诺贝尔奖获得者可适当放宽)，学术骨干年龄一般不超过55岁。

(3) 国际学术大师应为外国国家科学院或工程院院士或国际公认的一流专家学者，其学术水平在国际同领域处于领先地位，取得过国际公认的重要成就。

(4) 海外学术骨干应具有所在国副教授以上或其他同等职位，在所属领域取得过同行公认的创新性成果。

(5) 国内工作时间：国际学术大师每人每年原则上累计不少于1个月；海外学术骨干每人每年原则上累计不少于3个月，一般应保持有1名以上海外学术骨干长期在基地工作。

(6) 国内研究团队学术带头人的年龄一般不超过60岁、科研骨干成员年龄一般不超过50岁，两院院士、千人计划、长江学者、杰出青年基金获得者等国家人才计划获得者应占有一定比例。

第十一条 两个“111基地”不得引进同一名国际学术大师。

第四章 申报、评审及立项

第十二条 高等学校按照年度实施方案的具体要求进行申报。以学校为单位，不受理个人申报。

第十三条 申报单位根据核定的申报名额、本办法规定的申报条件和本单位实际情况进行遴选、推荐，组织填写《高等学校学科创新引智基地建设申请书》、并与相关材料一并报送至“111计划”管理办公室。

第十四条 “111计划”管理办公室组织项目的评审工作。项目评审程序为：

1. “111计划”管理办公室对申报材料进行形式审查，凡审查不合格者将不予受理；

2. 组织本领域同行专家对申报材料进行初评；

3. 组织“111专委会”进行会议评审，对相关情况进行综合评议并填写评审意见表；

4. “111计划”管理办公室汇总专家意见，并根据专家意见制定年度支持方案报领导小组审核批准；

5. 根据领导小组审批结果，公布“111计划”年度项目立项名单和资助经费额度。

第十五条　予以立项的“111基地”依托高校须填写《高等学校学科创新引智基地建设计划任务书》，并组织专家组进行可行性论证，论证后的任务书和论证报告作为中期绩效检查和验收的依据。

第五章　组织管理与验收评估

第十六条　“111基地”一个建设周期为5年，每个基地须从建设期首年度开始建立年度进展报告制度，每年根据相关通知要求将进展报告报送“111计划”管理办公室。

第十七条　予以立项的“111基地”根据计划任务书的要求，须持续提升引进国外人才层次和水平，自主开展合作研究，加强学科建设和人才培养，加大联合培养博士生力度，积极争取承担国内外重大科研任务，引领和支撑一流学科建设。

第十八条　“111基地”实行依托单位领导下的主任负责制，基地主任应是本领域高水平学科带头人，具有较强组织管理和协调能力。“111基地”实行“开放、流动、协同、共享”的运行机制。

第十九条　“111基地”实行中期绩效检查制度，对立项建设后满3年的基地进行中期绩效检查。对中期绩效检查中出现下列情况之一的，要求予以整改或中止建设：

1. 对明显未达到引智计划要求、难以完成预期目标的；

2. 保障条件不能落实，无法按原建设方案实施的；

3. 其他因人为因素严重影响基地正常建设的。

第二十条　中期绩效检查委托“111专委会”进行，采取现场检查的办法，检查包括海外人才引进、重点工作进展、学校保障措施、基地管理运行、存在的主要问题等，并形成中期绩效检查报告。

第二十一条　对基地负责人调离的，其所在高等学校应在负责人调离后3个月内向“111计划”管理办公室提交负责人调整意见，经管理办公室同意后予以调整。

第二十二条　“111基地”首个5年建设期结束后，由“111计划”管理办公室组织验收，“111基地”所在高校应按相关通知要求，填写《高等学校学科创新引智基地验收申请报告》报“111计划”管理办公室。

第二十三条　“111计划”管理办公室组织专家对“111基地”进行现场验收，验收程序包括：听取基地主任和依托高校的建设汇报，审核验收材料，考察研究平台和建设成效，对照任务书确定的建设目标，重点对引进海外人才和国际化团队建设、创新能力和国际学术影响力、学科提升和高层次人才培养、建设管理和开放共享、高水平国际合作等进行验收并形成验收意见。

第二十四条　对“111基地”建立滚动支持机制，对建设成效显著、验收结果良好的“111基地”可继续滚动支持5年。

第二十五条　“111基地”须参加5年一次的周期性评估，评估工作由“111专委会”或委托第三方专家组进行，坚持公开、公平、公正的原则，评估内容包括学科建设水平与人才培养质量、合作研究与协同创新水平、国际化团队建设和青年拔尖人才引进、管理运行和开放共享等，对通过评估的基地保留名称继续开放运行，对于未通过评估的“111基地”要求整改或淘汰。

第二十六条　“111基地”要积极探索实质性、高水平、可持续的协同合作机制，推进机构化、制度化、规范化的建设模式，积极承担国际合作联合实验室（研究中心）、国际大科学计划（工程）、世界一流国际学术期刊建设等项目，鼓励基地人员在国际重要学术组织任职，不断提高国际合作的层次与水平。

第二十七条　“111基地”经费支持人员所发表的相关论文、专著、研究报告、资料、鉴定证书及成果报道等，均须标注“高等学校学科创新引智计划资助”（Supported by the 111 Project）中英文字样和项目编号。

第二十八条　“111基地”要建立国际一流的管理和运行机制，加大宣传力度，建立国际化动态信息网站，营造创新引领、追求卓越的文化氛围。

第六章　建设经费与使用管理

第二十九条　“111基地”建设期间可获得专项经费支持，专项经费由教育部、国家外国专家局、高等学校主管部门、依托单位共同筹措。

第三十条　国家专项建设经费的使用与管理应严格按照国家聘请外国专家经费相关办法和规定执行，依托单位应保障“111基地”建设经费投入，规范使用、提高效益，接受监督检查。

第三十一条　高校配套经费除补充聘请外国专家费用不足部分外，还可用于：

1. 开展科学研究所需的科研业务费、实验材料费、人员费、助研津贴和其他相关费用；

2. “111基地”配备的国内优秀科研骨干赴国外一流大学、科研机构从事合作研究、短期访问及联合培养博士研究生所需费用；

3. “111基地”召开相关国际学术会议及其他与学科创新引智基地建设相关的费用。

第七章　附　　则

第三十二条　本办法自发布之日起施行，《高等学校学科创新引智基地管理办法》(教技〔2006〕4号)同时废止。

第三十三条　有关高等学校可参照本办法，制定本校“111基地”建设管理办法。

第三十四条　本办法由“111计划”管理办公室负责解释。

教育部关于印发《高等学历继续教育专业设置管理办法》的通知

(教职成〔2016〕7号)

各省、自治区、直辖市教育厅(教委)、高等教育自学考试委员会，新疆生产建设兵团教育局，有关部门(单位)教育司(局)，部属各高等学校，解放军高等教育自学考试委员会，国家开放大学、考试中心：

为加强对高等学历继续教育专业设置的统筹规划与宏观管理，进一步扩大省级政府教育统筹权和高校办学自主权，促进各类高等学历继续教育健康、有序、协调发展，我部研制了《高等学历继续教育专业设置管理办法》(以下简称《管理办法》)。现将《管理办法》印发给你们，并就有关事项通知如下：

一、各地各高校要认真落实《管理办法》要求，对照现行《普通高等学校本科专业目录》《普通高等学校高等职业教育专科专业目录》和《高等学历继续教育补充专业目录》，对现设的本、专科专业进行梳理、调整和规范。2017年，各地各高校要通过全国高等学历继续教育专业管理和公共信息服务平台做好拟招生专业的申报工作(平台启用事项另行通知)，自2018年起，新入学的学生全部按照目录内专业进行招生。按照“老人老办法、新人新办法”的原则，现在籍学生仍按原专业培养至毕业。

二、各地各高校要按照成人学习特点和教学规律，做好专业与课程体系建设，完善人才培养方案，增强人才培养的针对性和适用性，不断提高人才培养质量。

三、高等教育自学考试开考专业相关规定由全国高等教育自学考试指导委员会依据《管理办法》另行发布。

四、《管理办法》是教育部规范高等学历继续教育专业设置的首份文件，对于统一各类高等学历继续教育专业设置管理政策，转变管理方式，明确责任和管理程序，加强信息服务与过程监管具有重要意义。希望各省级教育行政部门、高等教育自学考试委员会要加强领导，认真组织宣传、学习和贯彻工作，确保《管理办法》的顺利实施。

实施过程中的情况和问题请及时报我部职业教育与成人教育司。

教育部

2016年11月18日

高等学历继续教育专业设置管理办法

第一章 总 则

第一条 为加强对高等学历继续教育专业设置的统筹规划与宏观管理，促进各类高等学历继续教育健康、有序、协调发展，根据《中华人民共和国高等教育法》《中华人民共和国行政许可法》《高等教育自学考试暂行条例》《国务院对确需保留的行政审批项目设定行政许可的决定》（国务院令第412号）等规定，制定本办法。

第二条 普通本科高校、高等职业学校、开放大学、独立设置成人高等学校（以下简称高校）举办的各类高等学历继续教育专业设置和管理，高等教育自学考试开考专业的管理，适用本办法。

第三条 高校设置高等学历继续教育专业要根据学校自身办学能力，发挥办学优势和特色，主动适应国家战略和经济社会发展需要，坚持终身学习理念，以满足学习者学习发展需求为导向，以学习者职业能力提升为重点，遵循高等教育规律和职业人才成长规律，培养具有较高综合素养、适应职业发展需要、具有创新意识的应用型人才。

第四条 教育部负责高等学历继续教育专业设置、高等教育自学考试开考专业设置的政策制定和宏观管理。

省级教育行政部门负责本行政区域内高校高等学历继续教育专业设置的统筹指导和监管服务。

高校依照相关规定自主设置和调整高等学历继续教育专业。

全国高等教育自学考试指导委员会（以下简称全国考委）负责制订高等教育自学考试开考专业清单和基本规范。

受教育部委托，国家行业主管部门、行业组织负责对本行业领域相关高等学历继续教育专业设置进行指导。

第五条 教育部组织设立高等学历继续教育专业设置评议专家组织。省级教育行政部门、高校设立相应的专业设置评议专家组织，或在现有专家组织中增加高等学历继续教育专业设置评议职能。充分发挥专家组织在高等学历继续教育专业设置、建设、监督与评估方面的政策研究、论证审议和决策咨询作用。

第六条 教育部建立全国高等学历继续教育专业管理和公共信息服务平台（以下简称信息平台），对高等学历继续教育专业设置实行全程信息化管理与服务。

第二章　专 业 目 录

第七条　高等学历继续教育本、专科专业目录由《普通高等学校本科专业目录》《普通高等学校高等职业教育专科专业目录》和《高等学历继续教育补充专业目录》(见附件)组成。《高等学历继续教育补充专业目录》由教育部制定、发布,适时调整,实行动态管理。

第八条　全国考委、国家行业主管部门、行业组织、开放大学和独立设置的成人高校可对《高等学历继续教育补充专业目录》提出增补专业的建议。材料内容包括:相关行业(职业)人才需求报告、专业设置必要性和可行性论证报告、专业简介等。省级教育行政部门对本行政区域内高校提出的增补专业建议进行评议汇总,于每年 11 月 30 日前上报信息平台。全国考委、国家行业主管部门、行业组织可直接向教育部提交建议材料。教育部组织专家确定增补、撤销或更名的专业名单,适时向社会发布。

第九条　高等学历继续教育国家控制专业为现行《普通高等学校本科专业目录》《普通高等学校高等职业教育专科专业目录》中已经明确的国家控制专业。

第三章　专业设置的基本条件和程序

第十条　高校设置高等学历继续教育专业,应同时具备以下基本条件:

(一) 符合学校的办学定位和发展规划。

(二) 适应经济社会发展和产业结构调整需要,满足学习者多样化终身学习需求。

(三) 有科学、规范、完整的专业人才培养方案及其所必需的教师队伍及教学辅助人员。

(四) 具备开办专业所必需的经费、教学设施、图书资料或数字化学习资源、仪器设备、实习实训场所等办学条件,有保障专业可持续发展的相关制度和必要措施。

第十一条　普通本科高校、高等职业学校须在本校已开设的全日制教育本、专科专业范围内设置高等学历继续教育本、专科专业,并可根据社会需求设置专业方向,但专业方向名称不能与高等学历继续教育本、专科专业目录中已有专业名称相同,不能涉及国家控制专业对应的相关行业。具体程序为:

(一) 各高校通过信息平台填报当年拟招生专业及相关信息。

(二) 省级教育行政部门统筹汇总本行政区域内高校提交的专业信息,并通过信息平台提交教育部。

(三) 教育部对各地上报的专业信息进行汇总并向社会公布。

第十二条　开放大学和独立设置的成人高校根据自身办学条件可在高等学历继续教育本、专科专业目录中设置高等学历继续教育专业,并可根据社会需求设置专业方向,具体要求同第十一条。具体程序为:

(一) 对于拟设置的新专业,学校要组织校内有关专业设置评议专家组进行审议,通过信息平台提交人才需求报告、专业论证报告和人才培养方案等申请材料。信息平台将面向社会公示一个月,学校官方网站应同步公示。公示期满后,学校对公示期间收到的意见进行研究处理,及时将意见处理情况及修改后的申请材料提交信息平台。

(二) 对于已开设的专业,各校通过信息平台填报当年拟招生专业及相关信息。

(三) 省级教育行政部门根据本省(区、市)实际,对本行政区域内开放大学和独立设置的成人高校提交的新设专业申请材料和当年拟招生专业信息进行统筹汇总,通过信息平台提交教育部。

(四) 教育部对各地上报的专业信息进行汇总并向社会公布。

第十三条　开放大学和独立设置的成人高校设置高等学历继续教育国家控制专业,具体程序为:

(一) 学校通过信息平台填报当年拟招生国家控制专业及相关信息。

(二) 省级教育行政部门在取得相关行业主管部门意见后,将本省(区、市)内拟新设国家控制专业的申请材料报送教育部。

（三）教育部按照现有国家控制专业审批办法管理。

第十四条　各类高校拟招生专业及相关信息须于当年1月31日前通过信息平台填报；省级教育行政部门对本行政区域内各类高校提交的专业信息统筹汇总后，须于当年3月31日前通过信息平台提交教育部；教育部对各地上报的专业信息进行汇总，于当年5月31日前向社会公布专业备案或审批结果。

第十五条　全国考委在高等学历继续教育本、专科专业目录范围内，确定高等教育自学考试开考专业清单，制订相应专业基本规范，并于当年5月31日前通过信息平台公布。各省（区、市）高等教育自学考试委员会、军队高等教育自学考试委员会在清单范围内选择开考专业。

第四章　监督与评估

第十六条　教育部和全国考委将充分运用信息平台监测高等学历继续教育专业设置的工作运行，全面掌握专业设置整体情况和动态信息，及时公布全国高等学历继续教育专业设置和调整情况。推动建立教育行政部门、行业组织、第三方机构、高校等多方参与的监管制度和评价机制。

第十七条　省级教育行政部门要充分运用信息平台掌握本行政区域内的高校继续教育专业设置情况，制订高等学历继续教育专业检查和评估办法，加强对高校高等学历继续教育专业建设的监督与评估，评估结果作为该专业继续招生、暂停招生的依据。对存在人才培养定位不适应社会需求、办学条件严重不足、教学（考试）管理严重不规范、教育质量低下等情况，省级教育行政部门要视情节责令有关高校对相应专业进行限期整改，完成整改前，该专业暂停招生，且高校不得设置新专业；情节严重且拒不整改的，省级教育行政部门应建议高校主管部门停止该专业招生。

第十八条　对未按本办法设置的高等学历继续教育专业，高校不得进行宣传和组织招生。对违反本办法擅自设置专业或经查实申请材料弄虚作假的高校，教育部和省级教育行政部门将予以公开通报批评并责令整改，情节严重的，三年内不得增设高等学历继续教育专业。

第十九条　高校应加强高等学历继续教育专业建设，建立和完善自我评价机制。鼓励引入专门机构或社会第三方机构对学校高等学历继续教育专业办学水平和质量进行评估及认证。

第五章　附　　则

第二十条　全国考委、省级教育行政部门依据本办法制订实施细则，报教育部备案后实施。

第二十一条　本办法自发布之日起实施。

附件：高等学历继续教育补充专业目录（略）

教育部关于印发《督学管理暂行办法》的通知

（教督〔2016〕2号）

各省、自治区、直辖市教育厅（教委）、人民政府教育督导部门，新疆生产建设兵团教育局、教育督导部门：

为贯彻落实《教育督导条例》（国务院令第624号）要求，建设一支高水平、专业化、适应教育督导工作新形势的督学队伍，特制定《督学管理暂行办法》。现印发给你们，请遵照执行。

教育部

2016年7月29日

督学管理暂行办法

第一章　总　　则

第一条　为强化国家教育督导，加强督学队伍建设，促进督学管理科学化、规范化、专业化，提高教育督导工作质量和水平，保障教育事业科学发展，根据《教育督导条例》，制定本办法。

第二条　督学是受教育督导机构指派实施教育督导工作的人员，包括专职督学和兼职督学。

第三条　各级人民政府及教育督导机构对所任命或聘任的督学实施管理。

第二章　聘　　任

第四条　专职督学由县级以上人民政府按照干部人事管理权限和程序任命，兼职督学由县级以上人民政府教育督导机构根据教育督导工作需要聘任，并颁发聘书和督学证。

第五条　各级人民政府及教育督导机构应配齐督学，建立督学动态更替和补充机制。国家督学数量由国务院教育督导委员会根据国家教育督导工作需要确定。省级、市级、县级督学数量由本级人民政府或教育督导机构根据本区域内督导工作需要确定。

第六条　督学除符合《教育督导条例》第二章第七条的任职条件外，还应适应改革发展和教育督导工作需要，达到下列工作要求：

（一）热爱教育督导工作，能够深入一线、深入学校、深入师生开展教育督导工作。

（二）熟悉教育督导业务，掌握必要的检查指导、评估验收以及监测方面专业知识和技术。

（三）能够保证教育督导工作时间。

第七条　聘任程序：

（一）推荐：相关单位按要求向聘任单位推荐参聘人员。

（二）审核：聘任单位对参聘人员按程序进行审查、遴选。

（三）公示：聘任单位将拟聘督学人员名单向社会公示，公示期不得少于7个工作日。

（四）公布：聘任单位向督学颁发聘书，聘任结果向上级教育督导机构报备并向社会公布。

第八条　兼职督学每届任期3年，续聘一般不得超过3届。

第三章　责　　权

第九条　督学按照《教育督导条例》规定开展教育督导工作。

第十条　督学受教育督导机构指派，履行以下职责：

（一）对政府及有关部门履行教育职责情况进行督导。

（二）对各级各类学校教育教学工作情况实施督导。

（三）对师生或群众反映的教育热点、难点等重大问题实施督导。

（四）对严重影响或损害师生安全、合法权益、教育教学秩序等的突发事件，及时督促处理并第一时间报告上级教育督导部门。

（五）每次完成督导任务后，及时向本级教育督导机构报告督导情况，提交督导报告。

（六）完成本级人民政府及教育督导机构交办的其他工作事项。

第十一条　督学受教育督导机构指派，实施教育督导时可行使以下权力：

（一）就督导事项有关问题进入相关部门和学校开展调查。

（二）查阅、复制与督导事项有关的文件、材料。

（三）要求被督导单位就督导事项有关问题作出说明。

（四）采取约谈有关负责人等方式督促问题整改落实。

（五）对被督导单位的整改情况进行监督、检查。

第十二条　教育督导机构负责为兼职督学开展教育督导工作提供经费保障。

第十三条　各级政府及有关部门应积极支持督学晋升职级或职称，为督学开展工作提供必要的工作条件。

第十四条　督学开展教育督导工作，须向被督导单位出示督学证。

第四章　监　　管

第十五条　各级教育督导机构对督学工作进行管理，主要包括：

（一）实施督导时遵守有关规定情况。

（二）督导报告撰写并向教育督导机构提交情况。

（三）督导意见反馈和督促整改情况。

（四）按要求接受培训情况。

第十六条　各级人民政府教育督导机构对本级督学进行登记管理，动态掌握督学相关信息。

第十七条　督学与被督导对象的关系可能影响客观公正实施教育督导的，督学应当回避。

第十八条　督学应主动公开联系方式和督导事项等，方便社会了解督导工作情况，广泛接受社会监督。

第十九条　各级教育督导机构受理对督学不当行为的举报，经查实后依照有关规定处理。对督学违法违规等受到处分的，及时向上级教育督导机构报告。

第五章　培　　训

第二十条　各级教育督导机构按照职责负责组织督学的岗前及在岗培训，新聘督学上岗前应接受培训。

第二十一条　督学培训可采取集中培训、网络学习和个人自学相结合的方式进行，督学每年参加集中培训时间累积应不少于40学时。

第二十二条　培训主要内容包括：

（一）教育法律、法规、方针、政策、规章、制度和相关文件。

（二）教育学、心理学、教育管理、学校管理、应急处理与安全防范等相关理论和知识。

（三）评估与监测理论、问卷与量表等工具开发在教育督导工作中的应用。

（四）督导实施、督导规程和报告撰写等业务知识。

（五）现代信息技术的应用。

（六）教育督导实践案例。

第二十三条　国务院教育督导委员会办公室负责指导全国督学培训工作及组织相关培训，地方各级教育督导机构负责本区域督学培训工作的组织实施。

第二十四条　各级教育督导机构建立本级督学培训档案，对参加培训的种类、内容和时间等情况进行记录备案。

第六章　考　　核

第二十五条　督学考核应包括以下主要内容：

（一）督导工作完成情况。包括实施督导、督导报告、督促整改、任务完成和工作总结等情况。

（二）参加培训情况。包括参加集中培训和自主学习等情况。

（三）廉洁自律情况。包括遵守廉政规定、遵守工作纪律和工作作风等情况。

第二十六条　各级教育督导机构负责本级督学年度考核和任期考核。对专职督学、兼职督学进行分类考核，并结合本地实际制订具体考核标准，采取个人自评和督导部门考核相结合方式对督学进行考核，对考核优秀的督学按相应规定给予表彰奖励。

第二十七条　各级教育督导机构对督学考核后形成书面意见告知本人及所在单位并存档备案，作为对其使用、培养、聘任、续聘、解聘的重要依据。

第二十八条　督学有下列情形之一的，教育督导机构给予解聘：

（一）无正当理由不参加教育督导工作的。

（二）弄虚作假，徇私舞弊，影响督导结果公平公正的。

（三）滥用职权，打击报复，干扰被督导单位正常工作的。

（四）受到行政处分、刑事处罚的。

（五）年度考核不合格的。

第二十九条　督学不能正常履行职责须书面请辞，聘任单位于30日内批准并向社会公布。

第七章　附　　则

第三十条　各地教育督导机构可根据本办法，结合本地实际，制定具体实施细则或本地督学管理办法，并报上一级教育督导机构备案。

第三十一条　本办法自发布之日起施行。

教育部等七部门关于印发《职业学校教师企业实践规定》的通知

（教师〔2016〕3号）

各省（自治区、直辖市）教育厅（教委）、国资委、发展改革委、工业和信息化主管部门、财政厅（局）、人力资源社会保障厅（局）、税务局，新疆生产建设兵团教育局、国资委、发展改革委、工信委、财务局、人力资源社会保障局：

为贯彻落实全国职业教育工作会议精神以及《国务院关于加快发展现代职业教育的决定》（国发〔2014〕19号）要求，进一步加强职业学校“双师型”教师队伍建设，促进职业学校教师专业发展，提升教师实践教学水平，特制定《职业学校教师企业实践规定》。现印发给你们，请遵照执行。

执行中如遇问题，请及时反馈。

教育部
国务院国有资产监督管理委员会
国家发展和改革委员会
工业和信息化部
财政部
人力资源和社会保障部
国家税务总局
2016 年 5 月 11 日

职业学校教师企业实践规定

第一章 总 则

第一条 为建设高水平职业教育教师队伍，根据《中华人民共和国职业教育法》《中华人民共和国教师法》《国家中长期教育改革和发展规划纲要（2010—2020 年）》《国务院关于加快发展现代职业教育的决定》，制定本规定。

第二条 组织教师企业实践，是加强职业学校"双师型"教师队伍建设，实行工学结合、校企合作人才培养模式，提高职业教育质量的重要举措。企业依法应当接纳职业学校教师进行实践。地方各级人民政府及有关部门、行业组织、职业学校和企业要高度重视，采取切实有效措施，完善相关支持政策，有效推进教师企业实践工作。

第三条 定期到企业实践，是促进职业学校教师专业发展、提升教师实践教学能力的重要形式和有效举措。职业学校应当保障教师定期参加企业实践的权利。各级教育行政部门和职业学校要制定具体办法，不断完善教师定期到企业实践制度。

第二章 内容和形式

第四条 职业学校专业课教师（含实习指导教师）要根据专业特点每 5 年必须累计不少于 6 个月到企业或生产服务一线实践，没有企业工作经历的新任教师应先实践再上岗。公共基础课教师也应定期到企业进行考察、调研和学习。

第五条 教师企业实践的主要内容，包括了解企业的生产组织方式、工艺流程、产业发展趋势等基本情况，熟悉企业相关岗位职责、操作规范、技能要求、用人标准、管理制度、企业文化等，学习所教专业在生产实践中应用的新知识、新技术、新工艺、新材料、新设备、新标准等。

第六条 教师企业实践的形式，包括到企业考察观摩、接受企业组织的技能培训、在企业的生产和管理岗位兼职或任职、参与企业产品研发和技术创新等。鼓励探索教师企业实践的多种实现形式。

第七条 教师企业实践要有针对性和实效性。职业学校要会同企业结合教师专业水平制订企业实践方案，根据教师教学实践和教研科研需要，确定教师企业实践的重点内容，解决教学和科研中的实际问题。要将组织教师企业实践与学生实习有机结合、有效对接，安排教师有计划、有针对性地进行企业实践，同时协助企业管理、指导学生实习。企业实践结束后，要及时总结，把企业实践收获转化为教学资源，推动教育教学改革与产业转型升级衔接配套。

第三章 组织与管理

第八条 各地要将教师企业实践工作列为职业教育工作部门联席会议的重要内容，组织教育、发展改革、工业和信息化、财政、人力资源社会保障等相关部门定期研究，将教师企业实践纳入教师培训规划，加强与行业主管部门和行业组织的沟通与协调，建立健全教师企业实践的激励机制和保障体系，统筹管理和组织实施教师企业实践工作。

第九条 省级教育行政部门负责制订本省（区、市）教师企业实践工作总体规划和管理办法，依托现有资源建立信息化管理平台，制定教师企业实践基地遴选条件及淘汰机制，确定教师企业实践时间折算为教师培训学时（学分）的具体标准，对各地（市）教师企业实践工作进行指导、监督和评估，会同人力资源社会保障、财政、发展改革等相关部门研究制定支持教师企业实践的政策措施。

第十条 地（市）级教育行政部门负责制订本地区教师企业实践实施细则和鼓励支持政策，建立区域内行业组织、企业与职业学校的沟通、磋商、联动机制，管理和组织实施教师企业实践工作。

第十一条 各行业主管部门和行业组织应积极引导支持行业内企业开展教师企业实践活动，配合教育行政部门、人力资源社会保障行政部门落实教师企业实践基地，对行业内企业承担教师企业实践任务进行协调、指导与监督。

第十二条 企业应根据自身实际情况发挥接收教师企业实践的主体作用，积极承担教师企业实践任务。承担教师企业实践任务的企业，将其列入企业人力资源部门工作职责，完善教师企业实践工作管理制度和保障机制，并与教育、人力资源社会保障部门联合制定教师企业实践计划，按照“对口”原则提供技术性岗位（工种），解决教师企业实践必需的办公、生活条件，明确管理责任人和指导人员（师傅），实施过程管理和绩效评估。

第十三条 职业学校要做好本校教师企业实践规划、实施计划、组织管理、考核评价等工作。除组织教师参加教育行政部门统一安排的教师企业实践外，职业学校还应自主组织教师定期到企业实践。

第十四条 教师参加企业实践，要充分发挥自身优势，积极承担企业职工教育与培训、产品研发、技术改造与推广等工作，严格遵守相关法律法规及企业生产、管理、安全、保密、知识产权及专利保护等各方面规定，必要时双方应签订相关协议。

第四章 保障措施

第十五条 建立政府、学校、企业和社会力量各方多渠道筹措经费机制，推动职业学校教师企业实践工作。鼓励引导社会各方通过设立专项基金、捐资赞助等方式支持教师企业实践。

第十六条 教师企业实践所需的设施、设备、工具和劳保用品等，由接收企业按在岗职工岗位标准配置。企业因接收教师实践所实际发生的有关合理支出，按现行税收法律规定在计算应纳税所得额时扣除。

第十七条 鼓励支持具有行业代表性的规模以上企业在接收教师企业实践方面发挥示范作用。

第十八条 国家和省级教育行政部门应会同行业主管部门依托现有资源，遴选一批共享开放的示范性教师企业实践基地，引导职业学校整合校内外企业资源建设具备生产能力的校级教师企业实践基地，逐步建立和完善教师企业实践体系。

第十九条 经学校批准到企业实践的教师，实践期间享受学校在岗人员同等的工资福利待遇，培训费、差旅费及相关费用按各地有关规定支付。教师参加企业实践应根据实际需要办理意外伤害保险。

第五章 考核与奖惩

第二十条 各地要将教师企业实践工作情况纳入对办学主管部门和职业学校的督导考核内容，对于工作成绩突出的基层部门、学校按照国家有关规定给予表彰，并予以鼓励宣传。

第二十一条 省级教育行政部门应会同有关行政部门和行业组织定期对所辖企业的教师企业实践工作进行监督、指导、考核，对工作成绩突出的企业、个人按照国家有关规定予以表彰奖励。采取有效措施，鼓励支持有条件的企业常设一批教师企业实践岗位。

第二十二条 地方各级教育行政部门要会同人力资源社会保障行政部门建立教师企业实践考核和成绩登记制度，把教师企业实践学时（学分）纳入教师考核内容。引导支持有条件的企业对参加实践的教师进行职业技能鉴定，取得相应职业资格证书。

第二十三条 职业学校要会同企业对教师企业实践情况进行考核，对取得突出成绩、重大成果的教师给予表彰奖励。

第二十四条 教师无正当理由拒不参加企业实践或参加企业实践期间违反有关纪律规定的，所在学校应督促其改正，并视情节给予批评教育；有违法行为的，按照有关规定处理。

第六章 附 则

第二十五条 本规定所称职业学校教师指中等职业学校和高等职业学校教师。技工院校教师企业实践有关工作由各级人力资源社会保障行政部门负责。

第二十六条 本规定所称企业指在各级工商行政管理部门登记注册的各类企业。教师到机关、事业单位、社会团体和组织、境外企业等其他单位或机构实践，参照本规定执行。

第二十七条 本规定由教育部等部门根据职责分工，对本部门职责范围内事项负责解释。

第二十八条 本规定自公布之日起施行。

上海市教育改革和发展“十三五”规划

（上海市人民政府办公厅2016年8月16日印发）

为率先实现教育现代化，办好人民群众满意的教育，服务国家战略需求，支撑上海“四个中心”和社会主义现代化国际大都市建设，依据《国家中长期教育改革和发展规划纲要（2010—2020年）》《上海市国民经济和社会发展第十三个五年规划纲要》《上海市中长期教育改革和发展规划纲要（2010—2020年）》，制定本规划。

一、“十二五”发展的回顾

“十二五”时期，在市委、市政府领导下，上海深入贯彻落实国家及上海市中长期教育改革和发展规划纲要，坚持立德树人，践行“为了每一个学生的终身发展”核心理念，以实施“十大工程”和国家教育体制改革试点项目为引领，加快推进教育改革和发展，取得了新成效，积累了新经验，为服务国家战略和上海经济社会发展做出了重要贡献。

（一）坚持均衡协调，教育事业发展跨上新台阶

推进各级各类教育全面普及。全市符合条件的适龄儿童学前三年毛入园率达99%以上，义务教育毛

入学率达 99.9%，高中阶段毛入学率达 98%，残疾儿童义务教育阶段入学率达 99.3%。积极探索中高职、中本贯通，稳步推进现代职业教育体系建设，职业教育服务经济社会发展能力不断提升。高等教育结构不断优化，本科以上学生比例显著增加，留学生人数持续增加，高等教育办学质量稳步提升。终身教育体系初步形成，服务能力不断提升。推进学校教育、社区教育、工作场所教育的融合，实现继续教育的城乡全覆盖，市民学习条件得到全面改善。

持续推进基础教育均衡发展。坚持把托高底部水平作为促进教育均衡的重中之重，通过实施学区化集团化办学、新优质学校创建、品牌学校赴郊区对口办学、郊区农村义务教育学校委托管理等方式，不断缩小城乡之间、学校之间办学水平差距。优化基础教育资源配置，启动实施基本建设项目 807 个，其中 85% 的项目落户郊区。实施“三个统筹”的投入机制，缩小各区县基础教育经费投入差距。不断完善随迁子女就读政策，保证符合条件的随迁子女全部接受免费义务教育。规范义务教育阶段招生，坚持义务教育阶段公办学校免试就近入学。2014 年，整体通过国家义务教育均衡发展督导评估，在全国率先实现区县内义务教育基本均衡目标。

（二）坚持内涵发展，教育质量实现新提升

多途径提升学生综合素养。推进大中小学德育有效衔接，推动社会主义核心价值观、中华优秀传统文化进教材、进课堂、进课外、进网络、进队伍建设、进评价体系。实施学生健康促进工程、艺术教育彩虹行动计划，坚持每天一小时校园体育活动，率先成立校园足球联盟。以促进学生的全面发展和健康成长为导向，研制实施中小学学业质量“绿色指标”。两次参加国际学生评估项目（PISA 测试），在阅读、数学、科学三项测评中均位列首位。

进一步聚焦教育内涵建设。推进实施二期课程改革，在中小学建设 800 多个各类创新实验室项目，积极培育学生的创新精神和实践能力。加强职业教育专业建设和课程改革，提升职业学校内涵水平。落实“985 工程”“211 工程”配套支持和重点建设，实施上海高等教育内涵建设工程（“085 工程”），推进国家示范性中高职院校、上海市特色中高职院校建设，引导高校内涵发展、特色发展。深化人才培养模式改革，将创新创业教育作为人才培养重要内容，在基础学科教育、工程教育、医学教育、通识教育等领域取得重大教改成果。优化高等教育人才培养结构，建立了以职业资格和学位相衔接为核心的专业学位研究生培养体系。各级各类教学改革和研究取得丰硕成果，获第六届国家级教学成果奖 91 项，其中特等奖 1 项，一等奖 26 项。高校毕业生就业率保持全国领先水平。

（三）坚持先行先试，体制机制改革实现新突破

深入推进教育综合改革。以部市共建国家教育综合改革试验区为契机，率先建立部市共商机制、教育体制改革（综合改革）领导小组议事制度和协调机制，在人、财、物及政策方面形成工作合力。制定实施《上海市教育综合改革方案（2014—2020 年）》，继续争当全国教育综合改革的探路者、示范者和引领者。高质量推进 45 项国家教育体制改革试点项目，试点成效显著。

率先实施考试招生制度改革。颁布实施《上海市深化高等学校考试招生综合改革实施方案》，建立健全高校分类考试、综合评价、多元录取的考试招生制度，积极构建更加科学的考试、评价选拔方式，促进形成科学的人才培养模式。

强化政府对教育宏观管理。编制实施《上海高等教育布局结构与发展规划（2015—2030 年）》《上海现代职业教育体系建设规划（2015—2030 年）》和《上海高等学校学科发展与布局规划（2014—2020 年）》等专项规划，超前谋划上海教育事业发展。

深化办学体制改革。实施行业高校管理体制改革，理顺 10 所行业高校和 6 所相关联中职学校的隶属关系，初步形成了共建共管新模式。探索科教融合、协同创新的办学模式，高起点举办上海科技大学。汇聚国际国内优质高等教育资源，举办上海纽约大学。合并组建上海健康医学院，培养康复治疗、护理等应

用型紧缺人才。探索民办学校分类管理办法，加大对民办高校的政策支持力度。

（四）坚持需求导向，服务经济社会发展做出新贡献

发挥高校在创新驱动发展中的引领支撑作用。高校科研成果不断涌现，本市高校共获国家科技三大奖123项（含参与），有效发明专利数位居全国高校前列。初步建成29个上海市协同创新中心，其中上海交通大学、同济大学领衔的4个协同创新中心入选国家“2011计划”，成为知识创新和知识服务的重要力量。

构建服务国家和城市发展的高水平智库。复旦大学中国研究院入选国家高端智库建设首批试点单位。上海市政府先后与中国社会科学院、教育部签署共建协议，依托上海大学共建上海研究院，依托华东师范大学和上海市教育科学研究院共建教育经济宏观政策研究院。同时，依托学校优势学科积极筹建了18个新型高校智库，充分发挥高校在政府决策、文化创新、社会治理等领域的重要作用。

提升人才支撑和智力支持的能力水平。本市人力资源开发水平不断提高，成为提升上海核心竞争力和综合实力的基础支撑。2015年，上海主要劳动年龄人口平均受教育年限达11.9年，主要劳动年龄人口受过高等教育的比例达35%。新建开放大学、老年大学、社区学院等一批终身教育机构，在提升劳动者职业能力、市民基本素养和城市文明程度等方面发挥了重要作用。通过长三角教育协作发展、教育对口支援等方式，发挥上海对全国及周边的辐射和带动作用。

（五）坚持教育优先，资源保障体系建设取得新进展

确保财政支出优先保障教育。逐年加大财政性教育经费投入力度，2015年财政性教育经费投入达到767.3亿元。完善教育经费投入和管理机制，从注重立项管理转向注重过程管理，从注重项目管理转向注重学校管理，从注重分配管理转向注重绩效管理。

抓好师资队伍建设。加强教师职业道德教育和教师入职规范化培训，提高教师入职门槛。实施教师绩效工资制度改革，各级各类教师收入待遇稳步提高。建立健全分级分类分层教师培训培养体系，基础教育教师队伍水平不断提升。加强职业教育“双师型”队伍建设。深入推进高校中青年教师发展工程，提高青年教师的专业水平和国际视野。实施以东方学者岗位计划为标志的高端人才引进计划，集聚了一批有国际影响力的高层次人才。试点实施市属高校本科教学教师激励计划，进一步激发高校教师教书育人的活力。

加快教育信息化基础建设。建成全国第一个主干带宽达100G的教育城域网，全面实现高速校园网络全覆盖。数字校园全面普及，初步形成了“网络可访问、资源可获取、师生可交流”的信息环境。建立上海高校课程资源共享机制，积极拓展以“慕课”为主的高校互联网共享教学资源。易班网成为全国首个思想教育、教务教学、生活服务、文化娱乐为一体的大学生网络互动社区。

五年来，上海教育改革发展成效显著，整体水平继续保持全国领先位置，在基础教育人才培养和教师队伍发展等方面产生了国际影响力，为到2020年率先实现教育现代化奠定了坚实基础。

表1 “十二五”时期上海教育事业发展情况

项　目　名　称	2010年	2015年
学前教育		
幼儿在园人数（万人）	40.03	53.59
学前三年毛入园率（%）	96.0	99.0
九年义务教育		
在校生（万人）	112.70	121.10
义务教育毛入学率（%）	99.6	99.9
残疾儿童义务教育阶段入学率（%）	95.8	99.3
专任教师中本科及以上学历人员比例（%）	73.5	85.5

续表

项　目　名　称	2010 年	2015 年
高中阶段教育		
在校生(万人)	32.64	26.15
普通高中在校生(万人)	16.89	15.82
中等职业教育在校生(万人)	15.75	10.33
高中阶段毛入学率(%)	91.7	98.0
高等教育		
在校生(万人)	97.76	92.15
普通高等教育：		
研究生(万人)	11.17	13.83
本科生(万人)	35.49	36.72
专科生(万人)	16.08	14.44
成人高等教育：		
成人本专科在校生(万人)	35.02	27.16
留学生(万人)	4.30	5.56
继续教育		
从业人员继续教育(万人次)	476	534
人力资源开发		
每十万人口在校大学生数(人)	4247	3815
研究生数(人)	485	573
主要劳动年龄人口平均受教育年限(年)	11.2	11.9
主要劳动年龄人口受过高等教育的比例(%)	26.6	35.0
教育财政投入		
财政性教育经费投入(亿元)	417.3	767.3

注:2010 年、2015 年上海常住人口分别为 2301.91 万人和 2415.27 万人。

二、"十三五"面临的新形势与新挑战

"十三五"时期是全面建成小康社会决胜阶段。新一轮科技革命和产业变革孕育兴起，教育、科技、人才、文化等成为国际竞争的核心要素。我国经济发展进入新常态，以创新、协调、绿色、开放、共享的发展理念引领未来发展，将成为关系我国发展全局的一场深刻变革。上海进入创新驱动发展、经济转型升级的攻坚期，转换发展动力、优化经济结构、提高发展水平的要求更加迫切。上海教育进入全面深化综合改革、通过系统性改革激发新动力的关键阶段，教育事业发展面临多重战略机遇与挑战交织并存的新形势。

(一) 城市战略定位迫切要求创新探索

上海市正按照中央要求加快建设"四个中心"和社会主义现代化国际大都市，加快建设具有全球影响力的科技创新中心。迫切需要深化创新人才培养模式改革，培养大批具有创新精神和实践能力的创新型人才。迫切需要通过科教结合、产教融合推动产学研用协同创新，支撑上海新产业、新技术、新业态、新模式的发展。迫切需要深化高校创新创业教育改革，构建和开启大学生众创模式，为大众创业、万众创新夯实基础。

（二）扩大开放亟需形成新的比较优势

国家加快实施"一带一路"、长江经济带等重大战略，将深刻影响未来发展格局。上海作为对外开放重要门户、对内开放枢纽，正积极促进资本、要素、人才等资源跨国跨界流动。上海教育要顺应国家新战略和发展新趋势，加快国际合作交流步伐，加快推进区域协同联动发展，以开放促改革，以开放促发展，在不断扩大教育对内对外开放过程中培育形成新的比较优势，显著提升国际化竞争力和区域辐射力。

（三）人口发展期待教育资源优化配置

上海人口结构发生新的变化，学龄人口规模持续增长并逐步从学前、小学向后传递，全面两孩政策实施后学前教育将面临更大压力，人口老龄化程度不断加剧，人力资源开发水平有待提升。迫切需要统筹协调各级各类教育之间以及教育与人口之间的发展，加快学龄人口集聚区基础教育资源建设配置与布局优化，进一步优化高等教育资源配置，加强从业人员在职教育培训和老年教育服务。

（四）需求升级期盼多样化高质量教育

随着上海经济发展和市民收入水平不断提高，广大人民群众对接受高质量教育、选择个性化服务的需求日益强烈。迫切需要以深化教育综合改革为统领，有效突破体制机制的瓶颈制约，进一步提高各级各类教育质量，激发多元办学活力，形成弹性开放、灵活便利的教育体系，并通过办好每一所学校、教好每一位学生，为不同人群公平地接受高质量教育、实现个性发展创造条件。

（五）信息技术倒逼传统教育模式变革

信息化浪潮席卷全球，现代信息化技术正深刻改变着人类思维、学习、生产及生活方式。迫切要求创新教育理念和教育模式，以教育信息化带动教育现代化，加快开发优质网络教育资源，创新教育教学的内容、方式和手段，建立健全多层次、多类型的大数据人才培养体系。

对照国家和区域新战略、人民群众新期待和经济社会发展新需求，上海教育改革和发展还存在一些亟待解决的问题与挑战。主要表现在：随着城市人口特别是学龄人口和老年人口的增长变化，教育公共服务供给相对不足；教育公平广受关注，城乡、校际之间的差距仍然存在，均衡发展有待进一步深化；教育质量保障体系不够健全，创新型、应用型人才培养模式不够完善，高水平师资人才的引进和培养机制有待健全，高校及学科专业同质化不利于学生多样化个性化发展；教育对外开放程度不够高，与国际化大都市建设不完全适应，留学生特别是学历生规模有待扩大，高校师资国际化程度不够高；多元办学模式探索创新不够，社会力量参与办学仍然存在体制机制障碍，民办学校办学活力不足；教育治理体系有待完善，学校办学自主权有待落实、自我管理能力有待加强，社会参与教育治理和评价不够充分；教育与社会资源相互开放、共建共享不够，教育的区域辐射、协同发展带动功能有待提升；主要劳动年龄人口受教育程度与国际大都市相比仍然偏低，劳动力人口素质仍存在较大发展空间。

面向"十三五"，上海市教育事业要主动适应外部环境和内部条件的深刻变化，以新的发展理念引领教育改革和发展，努力办出具有上海特点、中国特色、世界水平的现代化一流教育。

三、"十三五"发展的总体战略

（一）指导思想

以邓小平理论、"三个代表"重要思想、科学发展观为指导，深入贯彻习近平总书记系列重要讲话精神，坚持中国特色社会主义道路自信、理论自信、制度自信、文化自信，坚持"五位一体"总体布局和"四个全面"战略布局，树立创新、协调、绿色、开放、共享的发展理念，全面贯彻党的教育方针，以率先实现教育现代化为总目标，以全面深化教育综合改革为动力，以全面推进依法治教为保证，继续践行"为了每一个学生的终身发展"核心理念，努力办好人民满意的高质量教育，为服务国家战略需求、加快建设具有全球影响力的科技创新中心、基本建成“四个中心”和社会主义现代化国际大都市提供强大的人才支撑、智力支持和文化引领。

（二）基本思路

坚持以人为本。坚持教育以育人为本，以学生为主体，牢牢把握立德树人根本任务，遵循教育规律和学生成长成才规律，着力促进学生的全面发展、个性发展和终身发展。坚持办学以人才为本，以教师为主体，强化人力资源和教师队伍是各级各类教育发展关键要素的理念。

扩大教育公平。坚持以办好人民满意的教育为宗旨，巩固推进基础教育优质均衡发展，大力推动城乡教育一体化，努力办好每一所家门口的学校，不断缩小城乡差距、校际差距。更加重视教育过程公平，关注弱势群体，努力使每个学生都有人生出彩的机会。

聚焦教育质量。把提高教育质量作为教育改革发展的重中之重，深化教育结构性改革，创新人才培养模式，优化人才培养结构，增强学生社会责任感、创新精神、实践能力。深化教育内涵发展、特色发展与多样化发展，构建开放共享、多元参与的教育体系，为所有学习者提供个性化、可选择的教育服务。

提升服务能力。以提升知识创新、知识服务水平和人才适应性为重点，加快完善引导和服务机制，激发学习者和教育领域创新创业潜力，为上海率先实现创新驱动发展、经济转型升级提供动力与支撑，在服务国家战略中发挥引领与辐射作用。

探索创新发展。全面深化教育综合改革，全面推进依法治教，完善现代教育治理体系。按照世界一流、中国特色、上海特点、示范引领的要求，率先探索可复制、可推广的改革经验，当好全国教育改革创新的排头兵和先行者。

（三）发展目标

到2020年，率先实现教育现代化，率先基本建成学习型社会，人力资源开发水平迈入世界先进行列，建成与社会主义现代化国际大都市相匹配的一流教育。

——基本公共教育优质均衡发展。为每一个学生提供接受良好教育的机会，全面提高15年基本公共教育发展水平；学前教育公共服务体系进一步完善，学前教育保教服务质量明显提升；义务教育优质均衡发展格局基本形成，城乡之间、校际之间办学水平差距进一步缩小；高中阶段教育实现特色、多样发展；残障学生的教育和康复服务得到充分保障。

——育人质量和保障水平全面提高。大中小学德育一体化体系基本建成，学生综合素养全面提升，中小学生体育素养合格率达到80%以上；开放融合的现代职业教育体系基本形成；若干所高水平大学和一批学科进入世界一流行列或前列；师资队伍结构进一步优化，高校具有一年及以上海外学习工作经历教师比例达到33%，职业教育“双师型”教师比例超过50%；教育教学与信息技术实现深度融合，智慧学习平台为每一位学习者提供个性化发展服务。

——服务国家战略和上海经济社会发展能力显著提升。建成一批协同创新中心和国家级智库，形成一批具有重大影响力的创新成果，建立较为完善的科技成果转化机制；应用型人才培养规模和质量适应经济社会发展需求；人力资源开发水平进入国际大都市先进行列，高等教育人才培养规模达到105万人左右，主要劳动年龄人口平均受教育年限提高到12.5年，受过高等教育比例达到40%；“一带一路”、长江经济带教育合作全面推进；在上海就读的国际学生总数达到12万人，建成最受欢迎的留学目的地和国际教育交流中心城市。

——现代化教育治理体系基本形成。形成各类教育主体各司其责、协同推进改革发展的“管办评”制度体系，建立高效协调的市级统筹机制和依法行政的权力清单制度，形成完善的财政保障体制，形成分学段、分类别的教育现代化标准体系，以信息化推进教育治理现代化，形成健全的社会参与评价制度。

表2 上海"十三五"教育发展和人力资源开发主要指标

序号	指标	单位	属性	2015年	2020年
1	学前三年毛入园率	%	预期性	99.0	99.0
2	义务教育阶段毛入学率	%	约束性	99.9	99.9
3	残疾儿童义务教育阶段入学率	%	约束性	99.3	99.5
4	高中教育阶段毛入学率	%	预期性	98.0	99.0
5	在上海就读的国际学生总数 其中:学历生占国际学生总数比例	万人 %	预期性	8.6 45.0	12.0 50.0
6	普通高校具有一年及以上海外学习工作经历教师比例	%	预期性	27.2	33.0
7	职业教育"双师型"教师比例	%	预期性	39.6	50.0
8	每十万人口在校大学生数 其中:研究生数	人	预期性	3815 573	4300 730
9	主要劳动年龄人口平均受教育年限	年	预期性	11.9	12.5
10	主要劳动年龄人口中受过高等教育的比例	%	预期性	35.0	40.0

注:学前三年毛入园率、义务教育阶段毛入学率、残疾儿童义务教育阶段入学率、高中教育阶段毛入学率均按符合条件常住人口口径计算。

四、"十三五"发展的主要任务

"十三五"时期,要紧紧围绕率先实现教育现代化的总目标,以提高教育质量为重点,促进各级各类教育科学发展、内涵发展,努力为每一个学生提供更加公平、更高质量、更富活力的教育。

(一)提升学生思想道德和身心综合素养

坚持育人为本、德育为先,全面落实立德树人根本任务,培养德智体美全面发展的社会主义建设者和接班人。

构建大中小学德育一体化体系。完善培育和践行社会主义核心价值观的长效机制,系统推进中华优秀传统文化教育,开展青少年法治教育、感恩励志教育和生态文明教育,推广国际理解教育,培养青少年学生中华民族独特精神气质、现代生活方式和文明习惯。深化德育课程改革,推进学科德育,促进德育与智育、体育、美育有机融合。加强民族团结教育,增强中华民族共同体意识。创新网络思想政治教育机制,加强网络文化阵地建设。提升德育工作队伍专业水平,提升教师人文素养和师德水平。加强大中小学德育工作保障体系建设。

提升学生体育素养与健康水平。实施"小学体育兴趣化、初中体育多样化、高中体育专项化、大学体育个性化"体育课程改革。提升中小学生每天一小时校园体育活动质量,让每个学生至少掌握两项运动技能。实施青少年校园足球振兴行动,构建以足球为引领的校园运动队联盟,提高重点运动项目后备人才培养质量。探索建立综合性的学生体育素养评价指标体系。整合社会体育场馆等公共服务资源,构建青少年学生课外锻炼的公共服务体系。完善学生心理健康教育服务体系,促进学生身心健康发展。

提升学生艺术和科学素养。实施校园文化创新传承发展和青少年艺术教育彩虹行动计划,加强学校艺术课程改革,探索建立学生艺术素养评价机制,形成课堂教学、课外活动和校园文化三位一体的艺术教育发展机制,让每个学生至少具有一项艺术爱好、掌握一项艺术技能。实施文教结合三年行动计划,推进社会艺术场馆、专业院团与学校艺术教育的有效结合,建设一批高水平学生艺术团与艺术联盟,依托丰富的社会文化艺术资源提升学校美育水平。加强学校科普教育,开展系列科普教育实践活动。加强市区青少年科学研究院建设,完善名师带教培养科技后备人才制度,实施青少年科学创新实践工作站项目。

构建校内外育人共同体。建立以政府为主导，学校为主体，企业、社区、家庭全面参与的育人体系。促进校外教育与校内教育教学、学生素质拓展的有机对接。强化家庭育人基本责任，健全完善家庭教育指导服务体系。优化志愿服务体系，完善上海市学生社会实践信息记录电子平台，健全社会实践学分制，推进学生职业生涯教育。建设市、区、学校三级安全中心，完善公共安全教育课程体系，建设安全教育实验区，构建公共消防安全教育实训体系，健全多方参与的公共安全教育与管理机制。

（二）实现基础教育公平优质科学发展

办好每一所家门口的学校，全面提升幼儿保教质量，促进城乡之间、学校之间义务教育优质均衡发展，形成开放、优质、多样的普通高中发展新局面。

提供公益普惠的高品质学前教育服务。主动适应全面两孩政策，超前规划和布局学前教育资源，鼓励社会力量参与举办幼儿园，提升学前教育供给能力。健全幼儿园教职工和保育人员配置标准。加强婴幼儿早期教养专业指导服务，完善市、区、园三级学前教育质量监测与评价体系，推进幼儿园保教质量的进一步提升。

全面推进义务教育城乡一体化发展。落实《关于促进本市城乡义务教育一体化的实施意见（暂行）》，实现城乡办学条件均衡发展。全面推进学区化和集团化办学，提升义务教育服务能级，形成义务教育学校优质均衡发展新格局。实施新优质学校集群式发展计划，引领学校坚持育人本源，促进每一个学生全面健康发展。实施城乡学校携手共进计划，建立城乡学校互助发展新格局。全面保障符合条件的随迁子女义务教育权益。

促进高中教育特色化多样化发展。适应高考综合改革需要和高中学生特点，推动高中学校课程改革。扎实推进个性化学程、“走班制”教学、学涯生涯辅导。强化高中学生创新素养的培育，深入实施创新素养培育项目，推进创新实验室建设，推进区建立跨校选修和学生共育的联盟机制。建立孵化、创建、评估和支持保障机制，形成一批课程特色明显、布局相对合理，充分满足多样化学习需求的特色普通高中。加强高中与大学、职业院校、社会机构合作，为学生提供个性化职业生涯教育和高质量职业体验经历。

实施课程、教学、评价一体化改革。深化中小学二期课改，建立课程改革组织决策和咨询指导机制，充分发挥高校专家和基础教育骨干教师在推进课程改革中的协同联动作用。修订中小学课程方案和课程标准，构建基于核心素养的课程体系。创新教材编写与教学资源建设机制，鼓励教学创新，强化教学过程的实践性和体验性。全面实行基于课程标准的教学和评价，健全教育质量综合评价体系，优化教育生态。

（三）推进高等教育创新人才培养质量全面提升

高等教育全面迈入普及化阶段，高校办学质量和办学水平进一步提高，高校国际影响力和竞争力显著提升，上海高等教育进入世界发达高等教育行列。

推进高校分类发展和布局优化。构建形成高校“二维”分类发展体系，建立完善与分类发展相适应的分类资源配置机制、绩效评价机制和重点建设机制，引导高校科学确定办学定位和发展目标，实现从“一列纵队”向“多列纵队”发展。进一步统筹全市各类高等教育资源，围绕国家战略和上海城市发展有序推进高校布局结构调整，优化高等教育规模、类型、层次和空间布局，促进高校内涵发展、特色发展和多样化发展。

统筹世界一流大学和一流学科建设。全面落实国务院印发的《统筹推进世界一流大学和一流学科建设总体方案》，制定上海具体实施方案，进一步扩大高校办学自主权，通过科教融合、产教结合、国际合作等多种形式，重点建设若干所高水平大学和一批优势学科，率先进入世界一流行列或前列。实施高峰高原学科建设计划，重点打造一批世界一流学科点和高水平特色学科群，建立布局合理、高峰凸显、高原崛起的高校学科布局体系。

打造一流本科教育。深入实施各类卓越创新人才培养计划，推动高校建立创新人才培养体系。以完全学分制为抓手，推动高校不断增加精品课程、教材、实验比例。改革教学内容与方法，提高课程教学质量，开展在线开放课程的建设与运用。改革教学管理制度，推动高校对照世界一流标准建设本科专业。创新人才培养机制，推进协同育人，强化创新创业实践。大力提升本科教师教学能力，建设优秀教学团队。深入实施市属高校本科教学教师激励计划，健全教师潜心教学的激励机制。

创新研究生培养机制。实施学位授权点的省级统筹动态调整机制，依据“需求导向、特色发展、质量优先”原则，进一步优化学位点布局结构。推进研究生特别是高层次应用型研究生培养模式改革，拓宽研究生创新能力培养路径，引导研究生在助力科技创新过程中培养能力、提升水平。完善博士研究生培养机制，建立博士生“申请—考核”录取制度，建立博士生分流淘汰机制和弹性学制，支持高校探索建立长学制的博士生培养模式。

提升知识创新与协同服务能力。认真把握世界科技发展大趋势和国家创新发展、开放发展新战略，加强高校基础研究、应用研究的组织引导和超前布局，推动高校自觉服务经济社会发展、服务产业转型升级。加强高校科技创新条件建设，为高校参与国际科技合作和国际大科学计划提供支持。以需求为导向，构建形成科研反哺教学、跨学科培养创新人才的有效机制，建立高水平人才培养、科学研究和社会服务三位一体的协同发展模式。

推进文化传承创新和文化育人。加强大学文化建设，培育和弘扬大学精神，发挥大学精神文明建设的育人功能和示范辐射作用。加强中国特色新型智库建设，着力培育高校哲学社会科学优势学科，促进社会主义先进文化建设，引领构建具有中国特色、上海风格的创新文化体系。推动优秀传统文化传承和创新，加强优秀文化的对外交流，提高文化软实力。

（四）提高职业教育技术技能人才培养水平

全面推进职业院校内涵建设，拓展职业教育功能，对标行业、对标国际，构建开放融合的现代职业教育体系，培养知识型、发展型的高水平技术技能人才。

完善现代职业教育人才培养体系。优化职业教育布局，完善纵向衔接、横向贯通的现代职业教育体系。完善中高职贯通培养模式，继续探索中职—应用型本科贯通培养，探索构建从中职教育到专业学位研究生教育相衔接的人才培养体系。进一步整合职业教育资源，优化中等职业学校布局，试点举办五年一贯制高职院校。推动部分普通本科高校向应用型转变，重点建设一批行业特色鲜明、专业设置与职业岗位联系密切的应用技术型本科高校。

促进职业教育与普通教育相互融通。推进“职业体验日”制度化，丰富中小学生职业体验的内容和形式，加强中小学职业启蒙教育，推动基础教育阶段的生涯教育和劳动技术课程改革。试点推进应用型本科专业建设，构建以职业资格和能力为核心的应用型本科专业课程体系，推进教学方法改革，提升学生实践能力。建立以职业需求为导向、以实践能力培养为重点、以产学结合为途径的专业学位研究生培养模式。

完善多方参与的职业教育联动机制。组建覆盖产业链、跨行业、跨部门、辐射区域发展的职业教育集团，支持行业企业参与办学。推进校企一体化育人，继续开展现代学徒制试点。共建共享一批开放实训中心，依托信息化推动开放实训中心能力提升和功能拓展。打造职业教育与就业的“旋转门”。

提升职业院校的基础能力。提高办学质量，优化专业结构，办出专业特色。建立专业教学标准与职业标准联动开发机制，推进国际水平职业教育专业教学标准开发与实施。扩大学历证书与职业资格证书“双证融通”专业改革试点范围和规模。加快“双师型”教师队伍建设，健全职业院校教师专业技术职务（职称）评聘标准和办法，鼓励支持教师取得国际公认的职业资格证书。

（五）提供更加灵活便利的终身教育服务

率先基本建成学习型社会，满足多样化的教育及服务需求，促进人的终身发展与城市可持续发展的和谐统一。

建立多主体共同参与的终身教育体系。推动政府、社会、市场、企业等多方协同，提供多层次、高质量、宽领域的教育与培训，形成以需求为导向、共建共享的终身教育供给机制。鼓励学校教育资源向社区教育延伸，推进开放大学的创新发展，深化上海市民终身学习体验基地建设。统筹搭建市民终身学习的活动平台，建立学习信息共享机制，扩大面向各类人群的终身教育服务。

改善终身学习的技术环境。积极推进普通高校继续教育的改革发展，提升信息技术水平，大力开展在线教育。推进终身教育机构的转型发展和内涵建设，创新终身教育机构的社会化评价模式，健全社区公共教育办学网络。充分运用信息化技术，优化学习环境，创新学习模式，加快建设公共数字化教育资源库，实现大规模智慧学习平台对所有学习者的全覆盖，为市民提供优质的终身教育服务。

加强学习型城市建设的制度保障。推动各级各类教育相互开放、衔接融通，探索建立各类非学历教育的资格标准，建立各种学习成果认定和转换制度。引进高端继续教育机构，打造终身教育培训高地，做大做强教育培训服务业。建立教育培训机构的资质标准和专业发展标准，实现教育培训机构及质量评估的标准化和社会化。建立市民终身学习监测评价体系，构建基于大数据的终身教育决策服务体系。

（六）促进残障、超常等特殊需求学生更好发展

建立健全从学前教育到高等教育的特殊教育体系，努力满足各类残障学生接受教育的需求，积极开发超常学生的特殊潜能。

完善特殊教育体系。积极发展学前特殊教育，优化学前特殊教育设点布局。提高义务教育阶段特殊学校办学水平，强化对随班就读和送教上门工作的管理。大力发展高中阶段特殊教育，探索适合残障学生特点的多样化中等职业教育，为各类残障学生提供职业技能培训。加快发展高等教育，逐步增加残障学生接受高等教育机会，不断拓展残障学生高等教育专业类型。充分利用远程教育资源，拓宽残障学生终身教育渠道。

积极推进医教结合。完善多部门协同、教育机构与医疗机构联动的医教结合专业服务机制，建设医教结合的特殊教育课程体系，创新课程实施方式，积极开展个别化教育。加强残障儿童评估研究，推动医学评估与教育评估的有机结合，为每个残障儿童建立个人档案，实现从发现开始的教育、康复、保健跟踪服务，提高特殊教育的针对性和有效性。

探索超常学生发现和培养机制。支持少数有条件高校探索建立超常学生发现、识别、评估和成长促进机制，有效识别和培养具有突出潜质的各类超常学生。探索实施特需课程和弹性化教学，为超常学生培养提供科学指导。支持高中与高校、科研院所合作，共同开发创新课程，共享利用创新实验设施，合力培养拔尖创新型人才。

五、"十三五"重点改革的举措

以重点领域改革为突破口，全面深化教育综合改革，全面推进依法治教，建立政府、学校、社会、市场之间的新型关系，为上海率先实现教育现代化注入新的活力。

（一）进一步转变政府职能，完善现代教育治理体系

完善市级统筹机制。建立基于规划的市级统筹机制，以规划为引领统筹安排全市教育投入、高效配置教育资源、科学实施绩效评价。加强政府各部门政策衔接和统筹协同机制，优化市、区两级政府教育管理职责。加强在沪高校共建共管，建立部市共建协商平台，促进地方高校与在沪部属高校联动发展。坚持"精简、统一、效能"原则，推动简政放权，建立教育行政权力清单和责任清单制度，加强信息公开和社会监督。

构建教育现代化内涵和标准体系。研究制定分学段、分类别的教育现代化标准,构建形成有效促进、科学衡量、合理评估各领域教育现代化的标准体系。建立健全上海率先实现教育现代化指标体系,积极推进教育现代化监测系统建设。规范标准的发布程序、审定办法,健全教育标准的制定和审查机制,提高教育标准的权威性、适应性。

健全教育决策机制。充分发挥教育综合改革、教育投入、课程改革、招生考试等决策咨询委员会的作用,提高教育决策的科学化水平。建设教育决策统计支持服务系统,加强教育宏观决策和发展战略研究。建立健全教育重大事项公示与听证制度,落实和扩大人民群众对教育决策的参与。

完善教育督导制度。加强教育督导与教育决策、教育执行之间的统筹协调。依托上海市教育督导委员会,建立教育督导机构在本级政府领导下依法独立行使监督职能的工作机制。建立督政、督学和评估监测三位一体的教育督导体系。建立教育督导问责制和结果公示公告制度。建立教育督导与行政执法联动机制。

培育第三方专业教育服务机构。探索建立向高资质、高信誉的专业教育服务机构购买学校管理、研究咨询、教育考试和鉴定、教育质量监测评价、课程资源供给等服务的机制。

(二)推进教育法治化进程,健全依法治教制度体系

健全地方性教育法规。制定保障规划实施的地方性法规和配套政策,加强立法配套制度建设。推进《上海市高等教育促进条例》《上海市民办教育促进条例》立法和《上海市终身教育促进条例》《上海市职业教育条例》修订工作,启动《上海市中小学校工作条例》《上海市学前教育条例》等法规前期调研拟订工作。严格规范性文件立项、起草、公开等工作程序,坚持规范性文件事前合法性审查及事后备案制度,定期开展规范性文件清理。进一步完善招生考试、师生权益维护、学校管理、教学行为规范等政府规章。

深入推进依法行政。健全依法决策机制,完善多方论证、风险评估、合法性审查等重大行政决策程序。推动建立教育综合执法和联合执法机制,促进教育管理由内部行政管理为主向内部行政管理与外部行政执法、依法监督相结合转变,探索实践教育领域加强和改进行政执法的具体途径、办法和模式。

全面推进依法治校。推进各级各类学校章程的制定实施,完善学校内部治理结构。坚持高校党委领导下的校长负责制,试点推进多元主体参与决策的校务委员会制度,完善教职工代表大会制度。完善学校师生申诉制度,健全校园内部各类矛盾纠纷解决的法治框架。推动学校法律顾问制度建设,建立各级学校法律服务和支持系统。制定依法治校的考核办法和标准,启动依法治校示范校创建活动。

(三)深化考试招生制度改革,引领人才培养机制创新

实施高校考试招生制度改革。全面落实《上海市深化高等学校考试招生综合改革实施方案》,探索基于统一高考和高中学业水平考试成绩、参考综合素质评价的多元录取机制。改革统一高考的内容和形式,调整统一高考科目,不分文理,外语考试一年举行两次。完善普通高中学业水平考试制度。稳妥推进高中学生综合素质评价信息的使用。改进高校招生录取机制,合并本科第一、第二招生批次。

推进高职院校分类考试和招生。健全与普通高等学校相对分开、符合职业教育特征的高职院校考试招生制度。完善"文化素质+职业技能"招生录取制度。鼓励高职院校把特色专业招生和主要招生计划安排在统一高考之前,作为高职院校招生的主渠道。推进完善中高职、中本等不同学段职业技术教育人才衔接贯通培养考试招生制度改革。

改革中等学校招生考试制度。逐步将学生学业水平考试成绩和综合素质评价作为高中阶段学校招生录取的重要依据。探索高中阶段分类招生,支持办学特色鲜明的普通高中和中职校依法自主招生。试点推进成人继续教育注册入学制度。建立中等职业学校学业水平考试制度,构建具有职业教育特色的综合素质评价体系及信息系统。

完善考试招生保障制度。构建政府宏观管理、招考分离、监督有力的考试招生运行机制。成立教育考试命题和评价指导委员会,统筹研究和推进考试命题改革科学设计试题内容。建设外语标准化考试题库

和标准化考场。改进评分方式，加强评卷管理，完善成绩报告。完善考试招生诚信和安全管理制度。健全信息公开和监督查处制度。

（四）加快高校科研管理改革，促进科技创新与成果转化

建立产学研深度融合的协同创新机制。面向世界科技前沿领域、国家科技重大专项、“中国制造 2025”关键领域和上海战略性新兴产业重要领域等，分层布局国家级、市级、校级等各级各类协同创新中心，承接国家重大任务，促进科技创新和成果转化。鼓励高校组建跨学科、跨领域的研究团队，围绕国家和上海战略，开展高水平协同创新和咨政研究。完善区校协同创新机制，发挥高校创新资源集聚优势，依托国家级大学科技园，推动三区联动，建设若干环大学科技创新区，服务区域经济和社会发展。

完善面向市场的高校技术转移体系。推进高校技术转移中心实体化运行，探索高校技术经纪人队伍建设，为科技成果转化提供平台和保障。深化上海高校技术市场改革，建立高校技术交易机制，构建技术转移服务链。加快落实高校职务科技成果处置权和收益权改革，激发高校教师开展科技创新和成果转化的活力。

营造良好的创新创业生态环境。拓展科研人员双向流动机制，支持高校教师、科研人员在职或离岗创业，支持高校教师、科研人员与科技创新型企业之间人员流动、兼职兼薪。深化高校创新创业教育改革，培育校园创新创业文化，深入实施大学生创新创业训练计划和大学生创业引领计划，营造创新创业育人氛围。

（五）推进办学体制改革，形成多元参与办学新格局

深化民办教育管理体制机制改革。建立非营利性、营利性民办学校分类体系，形成比较完善的管理体制和政策支持体系。探索建立民办学校清单式管理制度。改进政府资金对民办学校的扶持方式，提高扶持效益。健全民办学校财务资产管理制度，完善民办学校扶持资金和学费专户管理制度。优先扶持非营利民办高校示范校、民办中小学非营利制度试点校建设。扩大民办学校收费自主权和招生自主权，鼓励民办高校自主设置专业。

建立健全民办学校健康发展机制。适度发展民办学前教育，鼓励民办中小学特色办学，创建高水平应用技术型和小规模特色型民办高校。支持民办学校品牌化、连锁化和集团化发展，鼓励办学实力强、教育质量好的经营性教育培训机构探索上市融资。鼓励民办教育机构参与国内外教育交流合作，开展多种形式合作办学。探索建立民办学校质量第三方认证制度和质量监控制度。

鼓励社会力量兴办教育。完善和拓展上海市民办教育发展基金会功能，创新民办教育融资机制与奖励机制。鼓励金融机构为民办学校提供学费收费权质押贷款授信。完善政府向社会力量购买服务的机制，加大在远郊区和人口导入区的购买力度。完善民办学校和公办学校相互委托管理、合作办学的机制。探索混合所有制的办学机制，鼓励和吸引社会力量以多种方式参与办学。支持培育新型教育业态，鼓励发展互联网形态新型学校，推进办学主体和发展模式多样化。

（六）完善师资队伍管理方式，打造教育人才高地

创新高层次人才引进机制。以国家和上海各级高层次人才计划为依托，以高峰高原学科建设计划为抓手，进一步加大高校海外高层次人才引进力度，建立快速引进世界一流师资的有效机制，提供高效快捷的人力资源服务，增强上海高校对高层次人才的吸引力和凝聚力。

完善教育人才培养培训制度。建立各级各类教师长效培训机制，构建以教师育德意识和能力培养为重点的师德规范和师训体系，建立健全业务培训水平与职业资格、专业技术职务晋升相关联的教师专业发展机制。完善研训一体的中小学教师专业发展机制，深入实施基础教育领军人才培养计划，提炼具有中国特色、上海特点的基础教育领军人才发展模式，打造优秀教师群体。继续实施高校教师专业发展工程和高校国际水平师资培养计划，不断提升高校教师教育教学、学术研究、创新实践、国际交流等各方面

的能力。

创新教育人才管理机制。构建校长队伍建设长效机制，推进校长职业化建设和向教育家的转型，完善中小学校长职级制，遴选部分公办高校试点取消校级领导的行政级别。支持部分高校试行"长聘教职制度"，探索试点建立合同制科研队伍和开展行政人员职员制，构建灵活多样的人才聘用和管理机制。建立教师分类考核评价制度，依据教师职业发展阶段与学术技术能力主要成果采取有差异化的激励策略。建立适应上海教育行业特点的薪酬标准，充分发挥绩效工资激励导向的作用。

完善教育人才流动机制。进一步完善吸引优秀教师赴郊区农村学校、薄弱学校任教的配套政策，加大在绩效工资、职称评聘、业务培训等方面的倾斜力度。发挥市场在师资配置中的作用，允许职业院校和高等学校设立一定比例的流动岗位，建立学校教师和行业企业、科研机构高技术专门人才和研究人员的双向流动机制，打通顶尖人才流动通道，促进教育人才的优化配置。

（七）优化教育投入机制，提高经费使用效益

健全教育经费投入机制。优先保障教育财政投入，进一步优化财政支出结构，建立以财政拨款为主、多渠道筹措经费的保障机制，健全各级各类教育经费稳定增长机制。大力促进教育公平，以建立"精准资助"工作机制为抓手，完善从学前教育到研究生教育家庭经济困难学生资助体系，实现资助全覆盖，逐步分类推进中等职业教育免除学杂费，紧紧围绕立德树人，不断创新资助育人途径和方式。

完善高校经常性经费投入机制。进一步完善高等教育财政投入机制，确保以基本办学经费和内涵建设经费为主的经常性经费占比达到70%左右。健全生均综合定额标准体系，完善以分类管理、绩效评价为核心的内涵建设经费分配机制，建立稳定的生均综合定额调整机制。以促进高校内涵发展为导向，实现从专项投入为主向经常性投入为主转变、从分散投入为主向学校整体投入为主转变、从硬件投入为主向软件投入为主转变。

健全教育投入重点领域的调整机制。进一步形成财政投入向教育优质均衡发展、教师队伍建设等重点领域倾斜的适时调整机制，建立以教育改革发展重大项目为导向的市级统筹投入机制。发挥财政投入的政策导向作用，调整优化各级各类教育的经费投入结构，合理配置教育资源，促进城乡、区域之间教育协调发展。

加强财务风险防控。着力强化财政教育经费监督管理，完善教育重大投入政策的评估咨询机制，全面推行市属公办高校总会计师制度。加强高校财务管理、经费使用和绩效监督检查，健全财务远程管理服务系统。

（八）扩大教育对外开放，提升国际影响力和竞争力

进一步提升涉外办学质量。全面实行中外合作办学年度检查、质量评估、办学认证、质量预警和信息公开制度。鼓励境外一流高校来沪合作办学，探索建立若干所具有国际化新机制的一流大学或二级学院。鼓励职业院校联合企业与境外高水平院校开展合作办学。试点社会力量举办外籍人员子女学校。支持学校自主探索开展境外办学。支持学校建设特色型、专业型孔子学院。

大力推进双向留学工作。建立多渠道经费保障体系，加大出国留学支持力度。继续实施高校学生海外学习实习计划。建立和完善多层次来沪留学生奖学金体系，探索建立留学生勤工助学和医疗保险等制度。建立健全留学生教育质量保障体系，研究建立上海高校本科国际学生统一入学标准，逐步推进学业水平考试国际化。鼓励高校针对国际学生开发特色优势专业课程，推动高校外语授课专业课程建设。提高重点学科和专业相关学位研究生的留学生就读比例。推进设立若干区域性留学生服务中心，支持留学毕业生创新创业，提供专业服务。

培育完善国际教育专业服务机制。面向国际国内两个市场，利用国际国内两种资源，加强国际教育专业服务体系和品牌建设，积极参与国际权威教育质量评价，切实提高上海教育的国际竞争力和影响力。支

持上海国际教育服务与创新园区建设，完善国际教育考试的引进和管理。

加大教育对外人文交流力度。积极参与国家对外高级别人文交流机制和项目合作，创建教育合作全面伙伴关系友好城市，支持学校多种形式开展人文交流，形成学校与学校之间的人员交流互通机制，实现学校之间、境内境外教师的双聘。培育建设一批国际合作与交流国际化示范学校和特色学校。创设国际教育组织并开展相关活动，开办品牌性的国际教育论坛。

实施“一带一路”教育合作计划。整合上海高校与相关企业的资源和优势，建立上海“一带一路”产学研协同推进联盟，设立上海区域国别研究院，构建“一带一路”教育共同体。鼓励和支持各级各类教育机构与“一带一路”沿线国家（地区）开展多种形式教育交流合作，推动上海优秀教育模式、教育经验、教育制度的对外辐射。

（九）全方位融合信息技术，激发教育教学创新活力

优化教育信息化基础应用环境。坚持应用导向与统筹管理相结合，系统规划教育信息化整体架构，完善标准规范体系，以“一网三中心两平台”建设为引领，推动各级各类学校逐步优化信息化应用环境，健全网络安全防护机制，加强网络文化和网络舆情阵地建设，形成常态化可持续保障机制。建立市场主导、多元共建、开放平等、共建共享的信息化教育资源和服务供给模式，促进教育数据和资源的融合共享，构建良好的教育信息化生态圈。

以信息化支撑引领教与学的深刻变革。不断推进信息技术与教育教学的深度融合，加强高校优质课程共建共享，以数字教材为抓手构建基础教育教师备课和学生学习系统。推进基于大数据的课堂分析、学习分析技术试验，探索数字化教研环境、模式与机制建设。以应用为先导提高教师和学生的信息技术技能与素养，提升信息化环境下的教与学能力。

探索线上学习的制度支持机制。建立健全学习者线上学习的认证、记录、评价和服务机制，完善学历和非学历教育的学分互认转换机制。建立实名认证的个人终身学习帐户，有机衔接各个学段，形成贯穿一生的学习档案记录。与学分银行衔接，实现线上线下学习经历和成果的互认。构建网络化、数字化、个性化、终身化的学习服务体系，支撑“人人皆学、处处能学、时时可学”的学习型社会建设。

支撑现代教育治理能力的全面提升。发挥信息化在管理服务中的作用，创新教育数据资源管理机制，加快管理流程优化再造，提升各级教育行政部门和学校管理过程精细化，提高教育管理和服务水平。构建基于大数据的教育决策支持体系，推动高效灵敏的教育管理决策，缩短教育决策响应周期。

（十）完善区域协同发展机制，提升辐射服务水平

健全长三角区域教育协作发展机制。建立分重点推进各级各类教育协作机制，在师资与管理干部建设、学科专业发展、实训基地共建共享等方面探索深化合作、提升协作质量的有效机制。探索高校之间学分、培训学分与学分银行建设有效衔接的机制和实现路径。健全长三角教育协作项目的跟踪、过程推进及监测评估机制，提升长三角教育协作项目的质量与效益。

推动长江经济带教育深度合作。服务国家长江经济带发展战略，发挥上海教育的协同、辐射和带动作用，加强长江经济带教育合作与联动发展。推动长江经济带高校协同发展，深化高等教育、职业教育联盟建设，服务长江流域产业由东向西梯度转移和经济协调发展。

健全对口支援机制。依据上海教育人力资源的优势，针对受援地区的发展需求和瓶颈问题，科学规划，系统推进，创新援疆、援藏等“七省十一地”对口支援的具体举措，加强优质教育资源的共享辐射，提高教育扶贫资助精准度，提升受援地区的发展能力。不断改善内地民族班办学条件，提升内地民族班办学水平。

建立教育综合改革经验交流机制。形成上海市教育综合改革实施情况年度报告制度，总结可复制、可推广的教育综合改革经验，更好地发挥上海教育服务长三角、服务长江经济带、服务全国教育发展的作用。

表3 上海"十三五"教育改革和发展"十大重点建设计划"

序号	重点项目	建设内容
1	学生思想道德与身心综合素养培育计划	大中小学德育一体化建设项目,培育和践行社会主义核心价值观行动方案,中华优秀传统文化教育促进项目,校外教育三年行动计划,学生健康促进工程和校园足球振兴行动计划,文教结合三年行动计划,校园文化传承创新发展行动计划,青少年艺术教育彩虹行动计划,预防未成年人违法犯罪项目,语言文字推广与有声数据保护项目
2	基础教育优质均衡发展引领计划	城乡教育一体化建设工程,普惠性幼儿园建设计划,学区化集团化办学项目,新优质学校集群式发展计划,城乡学校携手共进计划,完善特殊教育服务体系,基础教育质量综合评价改革项目,深化基础教育课程改革项目,中小学考试招生入学改革项目,落实高校考试招生制度改革配套项目
3	高等教育布局结构优化与特色发展计划	世界一流大学和一流学科建设实施方案,上海高校高峰高原学科发展计划,上海市属高校重点建设计划,高校"二维"分类发展引导计划,上海试点学院(新机制二级学院)建设计划,卓越本科生教育行动计划,高校课程资源建设计划,研究生培养质量保障工程
4	现代职业教育体系完善计划	职业教育学位贯通衔接体系构建项目,应用型本科院校转型发展引导项目,应用型人才培养体系构建项目,职业教育对接行业企业需求改革项目,"双证融通"改革项目,职业教育专业调整优化引导项目
5	终身教育体系完善计划	市民终身学习体验基地建设项目,社区教育机构能力提升计划,在岗人员学力提升计划,培训机构规范管理与质量提升计划
6	创新创业与社会服务能力提升引领计划	高等学校创新能力提升计划,高校新型智库建设项目,上海高校技术转移体系建设项目,大学生"众创"平台及创业激励计划
7	社会力量办学引导计划	非营利民办高校示范校建设支持项目,民办中小学非营利制度试点项目,民办学校创新人才培养模式项目,民办学校第三方监督与管理项目,民办高校骨干教师培训项目,民办学校现代学校制度试点项目
8	教师队伍水平提升计划	高校领军人才建设项目(东方学者计划等),市属高校本科教学教师激励计划,义务教育骨干教师激励计划,基础教育校长与教师培养培训机制,职业教育"双师型"教师培养计划,以育德意识和育德能力培育为重点的师训体系建设项目
9	教育对外开放支撑计划	学生海外学习实习计划,海外名师引进计划,来沪留学生支持计划,中外合作办学机构示范性项目计划,"一带一路"沿线国家教育合作计划,环大学国际教育服务园区建设项目,建设高水平中外合作办学大学或学院
10	智慧学习信息系统支撑计划	教育信息化基础应用环境优化计划,易班学生互动社区建设与推广计划,信息化教学力提升计划,学生"一卡通"信息平台建设项目,教师在线备课和学生在线学习支持系统,基础教育资源共建共享协调,学生综合素质评价系统建设项目,教育管理和教育决策信息化能力提升工程

六、促进"十三五"发展的保障措施

(一)组织保障

健全领导体制和管理机制。各级政府要把推动教育事业优先发展作为维护人民利益和促进城市发展的重大战略任务,健全定期专题研究教育工作制度和领导班子成员定点联系学校制度。完善多部门协作机制,形成保证规划落实的工作合力。严格教育发展问责制,建立规划实施情况定期发布制度,主动向同级人大报告教育改革和发展情况,接受政协、各民主党派和社会各界的监督。

加强各级各类学校党的建设。加强学校领导班子和干部队伍建设,着力提升领导改革发展的能力。加强学校基层党组织建设,强化经常性教育,增强基层党组织的创造力、凝聚力和战斗力。落实从严治党主体责任,严明党的纪律,强化执纪问责。健全惩治和预防腐败体系,深入开展党风廉政宣传教育,推进学校党务公开。加强和改进学校工会、共青团、妇委会等群团工作,重视发挥群团组织团结动员群众干事创业的重要作用。加强宣传思想工作,维护校园安全稳定,为教育事业发展和学生健康成长创造良好环境。

（二）法治保障

全面推进依法治教。完善教育法律法规保障体系，形成依法行政和依法治校的运行机制。进一步理顺教育领域各主体之间的权利义务关系，建立权责明确、行为规范、运转协调、高效廉洁的行政管理体制和执法体制。践行依法治教理念，运用法治思维和法治方式，调整、规范和解决教育领域出现的新情况和新问题，有效化解矛盾，积极维护稳定，确保在法治轨道上有序推进教育改革和发展。

（三）资源保障

加大教育经费投入力度。坚持政府投入为主、多渠道筹措经费的教育投入体制，完善教育公共财政体制改革，使教育投入总量与教育事业发展的实际需求相适应，教育投入结构与教育布局结构变化相适应，教育投入方式与教育体制改革和制度创新相适应，将教育支出作为公共财政重点支出，按照教育改革发展的需要和确需保障的内容统筹安排、优先保障。建立与地方财力状况、办学需求和物价水平等合理联动的各级各类公办学校生均财政拨款稳定增长机制。

提升教育基础设施保障水平。优化基础教育各级各类学校设点布局，合理配置基础教育校舍资源。优化高等教育空间布局，制定地方高校基本建设标准，做好校舍基本建设及保障工作。加强职业教育基本建设和校舍资源配置，重点支持一批与产业应用技术发展紧密对接的职业教育建设项目。探索政府与社会资本合作（PPP）模式，鼓励引导社会资本参与教育基础设施建设和运营管理，发挥专业化服务功能。

（四）制度保障

建立规划实施和监督评估机制。各区县政府和有关单位要结合《上海市中长期教育改革和发展规划纲要（2010—2020年）》和本规划，制定本地区、本单位的教育改革和发展“十三五”规划。要结合年度计划的制定，把本规划确定的各项目标、任务落到实处。建立规划中期评估和年度监测制度，组织对本规划实施情况的跟踪监测。完善考核机制和问责制度，明确问责对象与范围，规范问责程序，加大责任追究力度。形成正确舆论导向，广泛宣传教育改革和发展中的先进经验和典型，动员全社会支持教育发展，形成尊师重教的良好风尚。

上海市人民政府办公厅关于全面加强和改进学校美育工作的实施意见

（沪府办发〔2016〕24号）

各区、县人民政府，市政府各委、办、局：

为深入贯彻《国务院办公厅关于全面加强和改进学校美育工作的意见》，推动上海学校美育工作进一步发展，经市政府同意，现提出如下实施意见：

一、坚持立德树人的学校美育导向

（一）明确总体思路。坚持“立德树人、以美育人、提升审美和人文素养”为目标的学校美育大方向；形成惠及全体、优质丰富和体系完备“三位一体”的学校美育大格局；构建课程教学、实践活动、校园文化“三维互动”的学校美育大平台；营造文教结合、课内外结合、学校家庭社会结合“三联合一”的学校美育大环境。

（二）确定基本原则。一是坚持育人为本，面向全体。遵循美育特点和学生成长规律，以美育人、以文化人，整体提高各级各类学校美育的发展水平，使每一个学生享有优质美育的权益。二是坚持因地制宜，分类指导。充分考虑地区和学校差异，重点改善农村和远郊地区美育教学条件，重视新办学校美育基础设施的标准化建设，因地因校制宜，鼓励特色发展。三是坚持改革创新，协同推进。加强美育综合改革，统筹学校美育发展，促进德智体美有机融合。整合各类美育资源，促进学校与社会互动互联，齐抓共管。

（三）确立总体目标。到2018年，全面加强和改进学校美育工作取得突破性进展，各类学校全面实施与素质教育要求相适应的美育，中小学“开齐、开足、上好”美育课程，中等职业学校结合专业开设多样美育课程，普通高校开设公共美育课程。各级各类学校课外美育活动学生参与面达到100%，相关美育设施设备达到国家标准，通过文教结合和应用“互联网＋”，形成丰富优质的课程资源。到2020年，美育普及水平显著提高，学生审美和人文素养明显提升，基本形成大中小幼美育相互衔接、课堂教学和课外活动相互结合、普及教育与专业教育相互促进、学校美育和社会与家庭美育相互联系的具有中国特色、上海特点的现代化学校美育体系。

二、构架以审美和人文素养培养为核心的美育课程体系

（四）科学定位美育课程。学校美育课程要以审美和人文素养培养为核心，突出创新能力的培育，科学定位美育课程。幼儿园美育要遵循幼儿身心发展规律，通过丰富多样的活动，使幼儿拥有美好、善良的心灵，能用自己的方式去表现美、创造美，实现快乐生活、健康成长。义务教育阶段学校美育课程要注重激发学生艺术兴趣，使学生了解美育的基础知识与技能，发展艺术想象力和创新意识，努力形成一两项艺术特长和爱好，培养健康向上的审美趣味、审美格调、审美理想。普通高中美育课程要通过多样可选择的课程设置，使学生发展各自艺术爱好和特长，丰富审美体验，开阔人文视野。特殊教育学校美育课程要根据学生身心发展水平和特点，注意艺术技能与职业技能的有机结合，培养学生兴趣和特长，发展潜能，为融入社会、创业就业奠定基础。职业院校要强化美育课程实践，注重与专业课程有机结合，使学生成为具有审美修养的高素质技术技能人才。普通高校美育课程要依托本校相关学科和本市教育资源优势，通过教育教学改革，使大学生完善人格修养，强化文化主体意识和文化创新意识，增强传承弘扬中华优秀文化艺术的责任感和使命感。

（五）完善学校美育的课程结构。美育课程体系要以艺术课程为主体，各学科相互渗透融合，增强课程综合性和开放性。各级各类学校要按照课程方案，开齐开足美育课程，根据课程标准上好美育课程。幼儿园要设置美育的活动课程；中小学要按照基础型课程、拓展型课程和研究型课程的结构特点，在优化音乐（唱游）、美术学科基础上，增设舞蹈、戏剧、戏曲、影视等多种美育科目。积极探索艺术综合课程的有效实施，注重经典艺术范例内容，强化审美和人文素养。其他学习领域课程要挖掘各学科的美育因素，发挥美育功能。职业院校要开好与基础教育相衔接的美育课程，积极探索职业教育专业和学生特点相关的拓展课程。普通高校要开设以艺术鉴赏为主的限定性选修课程，开设艺术实践类、艺术史论类、艺术批评类等方面的任意性选修课程。

（六）提高学校美育课程质量。深化学校美育的教学改革，按照国家对不同学段课程方案、不同美育学科课程标准和内容的要求，规范编写美育教材，根据社会文化发展及时更新教学内容。充分运用现代化教学手段，增强艺术实践体验环节，探索“未来教室”“创新实验室”“艺术实践基地”建设，开展探究性学习，推进美育创新。增强美育与德育、智育、体育的融合，挖掘不同学科所蕴涵的美育资源。建立以提高学校美育教学质量为导向的课程实施机制，将提高美育教学质量纳入学校教育管理和评价体系。

（七）丰富学校美育课程资源。着力挖掘民族、民间、民俗的美育特色资源，丰富学校美育课程的内容。

依托国际大都市的开放环境，开展多种形式的国际交流与合作，从中汲取中外美育课程精华。加强校外实践基地的美育课程资源建设，推动学校美育课程资源的整体优化。

三、搭建开放多元的美育实践活动平台

（八）完善学校美育实践活动的课程化机制。将美育实践活动纳入学校的教学计划，实施课程化管理。各级各类学校要贴近校园生活，根据学生认知水平和心理特点，探索创造开放多元的、具有时代特征、校园特色和学生特点的美育实践活动。中小学校要以班级为基础，开展“班班有歌声”、校园集体舞、儿童歌舞剧、古诗词吟唱等群体性活动，充分利用“快乐活动日”等平台，推进美育活动的序列化。

（九）加强民族文化传承学校、传承基地建设。结合民族文化传承创新教育和非物质文化遗产教育，推进青少年民族文化培训系列活动，建设一批中华优秀文化艺术传承学校和传承基地，扶持一批民族文化教育品牌项目。

（十）支持各级各类美育“跨校共同体”建设。探索大中小幼衔接的“跨学段艺教链”建设，形成“特色共建、理念共融、资源共享、发展并进”的美育创新发展模式，提高区域性美育活动质量。

四、创设以美育人的校园文化氛围

（十一）优化校园美育环境建设。各级各类学校要充分利用广播电视、网络媒体、教室、橱窗、走廊、围墙、操场、电子宣传屏等，营造格调高雅、富有美感、充满朝气的校园文化环境，以美感人，以景育人。要让社会主义核心价值观、中华优秀传统文化通过校园文化环境浸润学生心田，展现校园文化环境向真、向善、向美、向上的特性。继续创建100所校园文化美育环境建设示范学校。

（十二）开展学校美育节会文化建设。定期举办综合性艺术节、音乐节、舞蹈节、戏剧节、电影节，学生艺术单项竞赛等美育节会活动，丰富活动内容，创新活动形式，扩大活动覆盖面，提升活动水平。学校美育节会活动要以社团为基础、班级为重点，让每个学生在校期间至少参加一项艺术活动，培养一两项艺术爱好。

（十三）大力发展艺术特色和美育社团。扶持学校组建和发展一批学生美育社团、兴趣小组，让每个学生在校期间学习掌握一项有益身心发展的艺术活动技能。各区县要优化学生美育社团区域性设点布局，各级各类学校要加强“三团一队”（合唱团、舞蹈团、美术文学社团和乐队）为主的学生艺术社团建设，鼓励美育社团成员在推动校园文化建设中发挥骨干作用。建设一批成果显著、示范引领的艺术教育特色学校，培育一批“一区一特”“一校一品”的美育特色项目。

五、运用文教结合的美育资源

（十四）大力推进高水平艺术团与艺术联盟建设。市、区县通过文教共建的形式，提升艺术团的品质，培育艺术团的品牌，发挥其示范和辐射作用，使其成为艺术后备人才的“摇篮基地”和展示当代学生精神风貌的“文化名片”。依托上海学生交响乐团、民乐团、合唱团、舞蹈团、戏剧团、校园电影院线的引领，组建各类艺术联盟，扩大学校美育影响力。

（十五）整合各类人才资源，充实学校美育教学力量。教育部门和文化部门要深度融合、协同发展，鼓励文化系统选派优秀文艺工作者积极参与美育支教志愿服务项目。鼓励高校艺术专业教师、艺术院团专家和社会艺术教育专业人士等到中小学校担任兼职艺术教师，开展“结对子、种文化”活动。探索和完善“艺术人才一体化”培养模式，引导专业艺术院校在中小学校建立对口支持的基地，与有关高中和中等职业学校建立合作关系，拓展艺术人才选拔机制。探索艺术院校与文化产业部门的联合办学模式，打造校园创新创意平台，建设一批人才培养实践基地。

（十六）依托文艺资源，提升学校美育活动品质。鼓励和支持专业文艺团体、非专业高水平文艺社团赴普通高校和中小学（中等职业学校）开展高雅艺术进校园活动，组织专家讲学团开设美育讲座，聘请专业艺术家和民间艺人进校园成立工作室，开展传艺带教活动。定期组织学生参与夏季音乐节、上海国际艺术

节、校园原创音乐比赛、高雅艺术欣赏等活动。

（十七）用好艺术专业场馆资源，开展学校美育实践。各类艺术展演场馆、艺术专业博物馆要积极为学校美育服务，定期进学校举行展示演出活动。组织学生走进艺术专业场馆，现场感受丰富多彩的美育艺术文化。充分发挥上海交响乐团、歌剧院、大剧院艺术中心、国际舞蹈中心、青年京昆剧团、音乐学院乐器博物馆等专业场馆的学生艺术实践基地作用，通过开设艺术大讲堂、举办专题艺术经典展览、"开放周"等形式，实现社会文化艺术资源为学校美育提供优质服务。

（十八）建设"互联网＋"美育网络资源共享平台。利用信息化手段，加强基于互联网的美育学习平台建设。借助国家实施"宽带中国"战略的契机，加快推进数字化美育资源全覆盖。联手媒体资源打造"艺术课堂"，实施"上海青少年文化地图及APP计划"。支持和辅导教师用好远程教学优势，将优质美育资源输送到农村远郊学校。大力开发与课程教材配套的学校美育课程优质数字教育资源和美育网络课程，鼓励各级各类学校结合"互联网＋"，创新美育教育教学方式。

六、优化美育师资队伍发展的机制

（十九）采取有力措施配齐美育教师。努力建设一支师德高尚、业务精湛、结构合理，具有综合教育教学能力、掌握现代技术的高素质美育教师队伍。普通高校要根据美育课程的需要，加快公共艺术教师队伍建设，组建美育教师联盟。对部分中小学校（中等职业学校）尤其是远郊农村学校美育教师紧缺问题，采取有效措施加以解决。根据推进城乡一体化和教育均衡优质发展需要，区县加强统筹，推动美育教师交流，通过对口联系、下乡巡教、挂牌授课等多种形式，鼓励中心城区美育教师到远郊农村学校任教。科学研定学校美育教师的工作量，各级各类学校在核定编制内配齐艺术学科类教师，中小学（中等职业学校）艺术类学科教师享受与其他学科教师同等的合理待遇。五年内，各级各类学校培养100名艺术学科带头人，1000名中青年骨干教师，建设艺术教育工作室、名师带教协作组，构建一个由名师引领、领军人物凸显、学科带头人起骨干作用的艺术教师群体。

（二十）完善艺术新教师上岗及职后培训机制。高等师范教育要按照学校美育的要求，加强对职前教师综合艺术素质的培养。建立青年教师入职美育教师岗位一年见习培训制度和三年后继发展培育的制度。

（二十一）通过多种途径，提高美育师资整体素质。建立高校与区县政府、行业企业、中小学校（中等职业学校）协同培养美育教师的新机制。促进美育教师的研训一体化，加大对农村美育教师的培训力度，促进师资队伍趋向优质均衡。鼓励教师参与美育课程的建设和教学改革，支持教师开展跨学科合作，开发共享美育拓展课程，促进美育教师专业提升。

（二十二）加强中小学（中等职业学校）音乐、美术、艺术类教研队伍建设。对教研员要从合格的研究品质、称职的指导能力、突出的专业素养等方面，提出相应的要求，并进行严格的考核。发挥美育教研工作对学校基层教师发展的引领功能。积极探索建立区域性美育中心教研协作机制，发挥教研员在美育教学研究上的带头作用，聘任具有研究与指导能力的基层教师或者其他专业人员担任美育兼职教研员，打造一个多元化、重实效的美育教研团队。

七、完善学校美育的评价督导制度

（二十三）积极探索学生艺术素养的评价。有关区（县）和学校要认真完成全国"中小学生艺术素质测评实验区"的试点任务，及时总结经验，发挥示范带动作用。深化学生美育素养评价的改革研究，对学生美育素养评价，要兼顾基础学习、特长展示和体验经历。将学生参与社区文化艺术实践活动、优秀民族民间民俗艺术体验、参观美育场馆和欣赏高雅文艺演出等美育学习活动记入学习档案，作为中小学生美育素质测评的内容，根据指标要求，实施规范评价。

（二十四）探索学校美育工作的自评与年报制度。各级各类学校每学年要进行一次由校长负责的美育工作自评，并纳入校长考核内容，通过区域教育部门官方网站，向社会公示自评结果。制定和实施符合高校艺术专业特点的教育教学评价方案。建立学校美育发展年度报告制度，区县教育部门每年要全面总结本地各级各类学校美育工作，编制与发布年度报告。市教育部门要委托第三方机构，研究编制并发布上海市学校美育发展年度报告。

（二十五）建立学校美育质量监测和督导制度。各级教育督导部门要定期开展专项督导，把中小学校美育课程开课率、美育师资配备等纳入对学校发展性督导内容中，作为对学校评价、考核的重要指标。将区县政府履行发展美育职责，作为市对区县五年一轮教育综合督导的重要内容。市和区县都要根据国家基础教育质量监测的要求，每三年组织一次对学校美育质量监测。

八、加强学校美育持续发展的基本保障

（二十六）加强组织与管理保障。要以“立德树人、崇德向善、以美育人”为导向，调动各有关部门积极性，认真履行推动美育发展的职责。教育部门要履行好学校美育工作的统筹、协调与综合管理职能。宣传部门要引导媒体加大对学校美育的正面宣传，营造良好的社会舆论导向。文化部门要提供艺术人才及专业场馆等行业支持。发展改革部门要指导支持推进学校美育设施项目建设。财政部门要加大学校美育的投入力度。人力资源社会保障部门要支持学校美育师资队伍建设及专业人才的配备使用。

各区县政府要将学校美育作为教育综合改革的一项重要任务，将美育发展纳入重要议事日程。区县教育部门分管美育的领导和专职干部，每五年要接受一次美育专题培训。中小学校和中等职业学校要有领导分管、有部门负责美育工作，并设立艺术教育总辅导员。普通高校要有校级领导分管美育工作，并由教务、宣传、学生工作、团委等职能部门和相关院系共同组建艺术教育委员会，统筹学校美育工作。有条件的高校可建立美育（或艺术教育）中心和美育（或艺术教育）研究室。市、区县校外教育机构要加强对中小学校课外、校外美育活动的指导。

（二十七）加强推进美育制度建设。坚持依法治教，研究和完善学校美育工作有关规章制度，使美育制度与规则体系能及时适应实践发展的需要，为推进学校的美育改革持续发展提供制度性保障。规范社会艺术考级市场，强化社会文化环境治理，引导艺术教育健康发展。

（二十八）确保学校美育经费与装备的投入与配置。市教育部门制定并落实义务教育学校美育设施设备基本标准，义务教育学校按照标准配备美育专用教室和设备。高中及中等职业学校要根据艺术课程和实践的需要配置艺术教育设施设备。普通高校要不断提高艺术教育设施设备的配置水平，逐步将满足艺术教育和大型艺术活动需求的艺术场馆建设纳入学校建设规划。发挥多媒体现代信息技术的优势，提升装备水平。

市级财政要通过转移支付，支持区县尽快补齐学校美育的短板。各区县政府、各部门和相关行业要加大对学校美育的经费投入力度，区县教育部门要保证学校美育经费所占的合理比例，学校要保证公用经费中用于美育经费的合理比例。鼓励区县和学校合理利用社会资金对农村中小学校美育支教教师给予专项补贴。

（二十九）加强学校美育教研科研保障。在市、区县两级教育科学规划课题和人文社会科学研究项目中，设立美育专项课题，定期开展学校艺术科研项目申报，提高学校艺术科研水平。组织全市相关科研和教研力量，深入研究学校美育改革发展中的重大理论和现实问题。

本实施意见自印发之日起施行，有效期五年。

上海市人民政府办公厅

2016年6月7日

中共上海市教育卫生工作委员会　上海市教育委员会关于印发《上海市学校德育"十三五"规划》的通知

（沪教委德〔2016〕36号）

各高等学校，各区县教育局，各委、局、控股（集团）公司：

现将《上海市学校德育"十三五"规划》印发给你们，请结合实际认真贯彻执行。

附件：上海市学校德育"十三五"规划

中共上海市教育卫生工作委员会
上海市教育委员会
2016年12月30日

附件

上海市学校德育"十三五"规划

为进一步加强和改进上海市学校德育工作，落实立德树人的根本任务，根据全国高校思想政治工作会议精神以及《上海市中长期教育改革和发展规划纲要（2010—2020年）》《上海市教育综合改革方案（2014—2020年）》和《上海市教育改革和发展"十三五"规划》等要求，结合本市学校德育工作实际，制定本规划。

一、发展回顾与当前形势

"十二五"期间，上海各级教育行政部门和各级各类学校坚持立德树人，全面贯彻党的教育方针，更加注重制度建设，更加注重内涵发展，更加注重协同创新。顶层设计进一步加强。扎实推进大中小学德育课程一体化建设，德育目标、内容、方法、教师队伍、体制机制建设等取得了阶段性成果。制定了《关于建立完善本市教育系统培育和践行社会主义核心价值观长效机制的实施意见》和《关于完善中华优秀传统文化教育长效机制的实施意见》，初步形成了社会主义核心价值观和中华优秀传统文化教育的"六进"机制。课堂主渠道育人功能进一步发挥。深入推进学校思政（德育）课程改革创新，着力提升教学针对性和有效性，建立健全教学协作机制，培育了一批有实效的教改成果。学科德育纵深推进。成立了全国大中小学课程德育研究协同创新中心、上海市课程德育研究发展中心，分学科编制了"学科育人价值"系列丛书。实践育人、文化育人不断拓展。实施"学生实践和创新基地建设工程"，推出了中小学生职业体验等系列活动，打造了"非遗进校园""高雅艺术进校园""高校博物馆育人联盟""大学生艺术实践育人联盟"等一批文化品牌项目，建立了中小学生校外活动网络平台——博雅网。队伍专业化水平逐步提升。先后出台了《上海高校思想政治理论课教师队伍建设发展规划（2014—2018年）》《上海高校辅导员队伍建设发展规划（2012—2015年）》《上海市中小学班主任培训大纲》等文件，对队伍培养、项目资助、考核激励等方面进行系统规划，推进德育队伍专业发展。建成了11个高校辅导员培训基地、6个高校心理健康教育示范中心、32个中小学骨干教师德育实训基地、13个班主任带头人工作室。心理健康教育进一步完善。成立了上海学生心理健康教育发展中心，形成了“1＋3＋6＋17＋N”心理健康教育工作网络；探索心理健康教育“医教结合”工作机制，建成了8个全国心理健康教育特色校。易班——学生网络互动社区全面升级。初步建成集思政教育、教育教学、生活服务、文化娱乐为一体的全国最大最具影响力的学生网络互动社区。经过“十二五”期间的发展，学校德育工作成效逐步显现，育人为本的教育理念深入人心，德育工作质量不断提升，全市学生思想道德素质全面提升，基本完成了“十二五”规划确定的主要目标和任务，为服务教育改革发展奠定了坚实的基础。

“十三五”期间，是全面建成小康社会的决胜时期，是全面深化改革、全面依法治国、全面从严治党的重要时期，更是上海建设“四个中心”、具有全球影响力的科技创新中心及社会主义现代化国际大都市的攻坚时期。新的历史阶段对上海市学校德育工作提出了更高的要求。上海统筹推进“五位一体”总体布局，协调推进“四个全面”战略布局，树立“五大发展理念”，深化教育综合改革，着力促进教育治理体系和治理能力现代化，迫切需要加强德育工作的顶层设计和整体规划；上海建设具有全球影响力的科技创新中心，推动大众创业、万众创新，助力实现“中国制造2025”，迫切需要德育主动对接社会需求，满足学生多元化、个性化需求；上海适应经济新常态，提高发展质量和效益，全面建成小康社会，迫切需要德育提升育人质量，实现内涵式发展；全球化浪潮下世界范围内各种思想文化交流交融交锋更加频繁，社会思想观念和价值取向日趋活跃，巩固马克思主义在意识形态领域的指导地位，迫切需要加强青少年学生思想引导，培育和践行社会主义核心价值观，不断增强中国特色社会主义道路自信、理论自信、制度自信和文化自信；互联网技术迅猛发展，“互联网＋”时代来临，迫切需要创新网络思想政治教育，筑牢网络育人阵地，为教育改革、发展和稳定营造清朗的网络空间。

面对新形势、新任务，我们必须清醒地看到，上海学校德育工作还存在一些薄弱环节。主要是：重智育轻德育、重课堂教学轻社会实践等现象尚未得到根本改变；德育目标、内容有待进一步优化，德育方法和德育形式的针对性和实效性、吸引力和感染力有待进一步增强；大中小学各学段德育工作纵向衔接还有待深化，课堂、课外、网络等育人途径的横向贯通还需进一步协同，学校家庭社会之间的育人合力有待进一步整合，德育一体化体系有待进一步推进；德育保障机制需要进一步完善，教师的育德意识和育德能力有待进一步提高。面对日趋复杂的国内外环境，用社会主义核心价值观引领广大师生的任务更加艰巨；创新德育方法，掌握主动权、提高实效性的任务更加凸显；助推教育领域综合改革，落实立德树人的根本任务更加紧迫。

二、总体要求

（一）指导思想

以立德树人为根本任务，以提升内涵为核心，以推进大中小学德育一体化建设为抓手，培育和践行社会主义核心价值观，弘扬中华优秀传统文化，深入推进学校德育综合改革，深入实施《上海市学生民族精神教育指导纲要》和《上海市中小学生生命教育指导纲要》，不断提高德育工作的针对性、实效性和吸引力、感染力，着力培养学生创新精神、实践能力和社会责任感，促进学生的全面健康成长。

坚持育人为本，强根固本。要把促进学生成长成才作为德育工作的出发点和落脚点，围绕学生、关照学生、服务学生，尊重学生的主体地位，根据学生多样化发展需求，找准与学生思想的共鸣点、与成长需求的交汇点，坚持用中国特色社会主义理论体系武装师生头脑，确保社会主义办学方向。

坚持遵循规律，改革创新。遵循思想政治工作规律、教书育人规律和学生成长规律，围绕学生发展核心素养，整体推进理念、教材、内容、方法、队伍、体制机制等方面综合改革创新，做好新形势赋予德育工作的新任务、新使命，增强工作针对性、实效性。

坚持系统规划，整体推进。加强德育内容体系和工作体系的顶层设计，坚持用系统观点、法治思维统筹推进德育工作，使各项工作都能实施有力、运行有序、推进有效，形成德育工作的强大合力和整体效应。

（二）发展目标

围绕培育和践行社会主义核心价值观、弘扬中华优秀传统文化的主要任务，以一体化建设的理念构建大中小学德育内容体系和工作体系，构建大中小学各学段纵向衔接、课内课外网上网下横向贯通、学校家庭社会三位一体的全程、全方位育人共同体，不断提高学生思想水平、政治觉悟、道德品质、文化素养，培养德智体美全面发展的社会主义建设者和接班人。

三、主要任务和举措

（一）思政（德育）课程创新计划

1. 主要任务

全面深化大中小学思政（德育）课程改革，加强课程有效衔接，创新课程教学方法，加强教材研究与创新，建设循序渐进、学段衔接、符合学生认知规律、富有上海特色的思政（德育）课程与教学体系，切实提高实效，推动中国特色社会主义理论体系进教材、进课堂、进头脑。

2. 重点措施

(1) 中小学德育课程改革项目

构建学段衔接的德育课程体系，规范课程设置，探索中小学“道德与法治”课程教材改革。充分依托上海高校“立德树人”人文社会科学重点研究基地等机构的支持，丰富教学内容、关照现实生活，增强社会主义核心价值观教育的时效性和新颖性。加大德育课程整合力度，创新教学方式，注重知行合一，打造主题课程和社会实践活动课程精品项目。组织开展四年一届教学大奖赛、两年一届“时事课堂”评优展示活动，切实提升教师的专业能力和水平，培育并形成一批精品德育课程，建设德育课程教学资源库。探索构建义务教育阶段和中职德育课程效果评估体系，增强德育课程实施效果。

(2) 高校思想政治理论课建设创新项目

深入实施高校思想政治理论课建设体系创新计划，加强教材研究，开展学习习近平总书记系列重要讲话精神集体备课会，将党中央治国理政新理念新思想新战略融入课程教学体系。加强高校《形势与政策》课规范化建设，注重教学话语体系创新，打造《形势与政策》课示范精品课。深化教学方法改革，注重以问题为导向开展专题式教学，每年设立5项教学改革试点项目。开设好“高校思想政治理论课超级大课堂”。举办上海高校思想政治理论课教学活动月，总结推广优秀教学成果。完善长三角地区高校思想政治理论课区域协作机制。加强上海高校思想政治理论课教学指导委员会建设。推行高校思想政治理论课特聘教授制度，建立特聘教授资源库。加强高校思想政治理论课易班网络共享平台——“思政易家”建设，促进优秀教学资源共享。

（二）马克思主义学院平台建设计划

1. 主要任务

加强马克思主义学院平台建设，深化当代中国马克思主义理论研究，发挥马克思主义理论学科对思想政治理论课教学的支撑作用，加强马克思主义理论普及，培养和造就一批马克思主义理论青年骨干、学科带头人和专家名师，形成一批具有影响力的研究成果和工作平台。

2. 重点措施

(1) 马克思主义学院建设项目。大力加强高校马克思主义学院建设，打造马克思主义理论教学、研究、宣传和人才培养的坚强阵地。共同支持复旦大学全国重点马克思主义学院建设，积极支持上海其他符合条件的高校马克思主义学院建设成为全国重点马克思主义学院。推进上海高校示范马克思主义学院遴选建设工作，支持若干所高校马克思主义学院建成示范马克思主义学院，办出特色、办出水平，逐步带动全市马克思主义学院整体发展。

(2) 高校思想政治理论课教学科研组织机构建设项目。加强高校思想政治理论课教学科研组织机构内涵建设，支持高校思想政治理论课教学科研机构建设成马克思主义学院。加强对思想政治理论课教学科研机构的督导，确保思想政治理论课在高校教学体系中的重点地位。支持若干个高校思想政治理论课教学科研示范团队建设。

(3) 马克思主义理论学科建设项目。整合上海高校马克思主义理论学科资源，发挥上海高校马克思主义理论学科一级博士点的示范作用；积极探索马克思主义理论学科跨校共建，深化同城平台协作机制；开展马克思主义理论重大问题研究，推进马克思主义理论学科专家跨校联合培养研究生。加大对马克思主义研究成果出版的扶持力度，继续实施马克思主义理论研究成果择优出版计划。举办高校马克思主义理论系列论坛，举办高端国际学术研讨会，拓展马克思主义理论学科国际交流。注重马克思主义理论学科青年人才培养，培育学生理论骨干和理论社团，继续实施马克思主义理论学科研究生人才培养“登峰计划”。深入推进上海市哲学社会科学教学科研骨干研修工作。

(三) 学科德育深化计划

1. 主要任务

遵循不同阶段学生的认知特点和接受意趣，围绕政治认同、国家意识、文化自信、公民人格四方面组成的德育内容顶层架构，深入开展学科德育和课程思政探索，将社会主义核心价值观和中华优秀传统文化有效融入各学科(课程)之中。

2. 重点措施

(1) 中小学学科德育深化项目。紧密结合中小学课程改革，深入实施各学段、各学科落实社会主义核心价值观的教学指导意见，深入挖掘学科本身所蕴含的价值观念和道德内涵，促进知识体系和价值体系、学科内容和科学方法的有机统一。建设 9 个学科德育协同研究中心，整合各试点区、学校力量，建立学科德育百课百例资源库。加强市级课程德育研究基地建设，挖掘学科潜能，加强多学科理论和实践支撑，推动课程建设协同创新。

(2) 高校课程思政建设项目。设立高校课程思政试点项目，构建涵盖思想政治理论课、综合素养课程、专业课程的高校思想政治教育课程体系，充分发挥课堂育人主渠道功能。建设一批紧扣时代发展、回应学生关切的“中国系列”品牌课程。充分发掘和运用各学科蕴含的思想政治教育资源，建设一批课程思政示范课程。注重发挥学校主体责任，探索以学校为单位开展课程思政整体试点。逐步完善课程思政顶层设计，探索高校课程思政改革的长效机制。

(四) 社会主义核心价值观培育践行计划

1. 主要任务

以培育和践行社会主义核心价值观为主线，以弘扬中华优秀传统文化为立足点，以健康向上的校园文化活动和主题教育活动为载体，推动社会主义核心价值观和中华优秀传统文化“进教材、进课堂、进课外、进网络、进队伍建设、进评价体系”(以下简称“六进”)。

2. 重点措施

(1) 社会主义核心价值观培育示范项目。评选 100 个经典课堂案例，培育 100 个品牌项目，评选表彰 100 名在社会主义核心价值观“六进”工作中作出突出贡献的先进个人，评选表彰 100 名学生先进典型(道德实践风尚人物、大学生年度人物等)。完善上海市教育系统培育和践行社会主义核心价值观优秀作品推进机制。通过宣传校园先进典型，打造“向大师致敬——大师系列校园原创剧”等项目，形成引领示范作用。通过新闻媒体和各类校园媒体加大对社会主义核心价值观的宣传力度。

(2) 社会主义核心价值观和中华优秀传统文化"六进"项目。完善宣传、教育、文化等部门社会主义核心价值观和中华优秀传统文化"六进"协同推进长效机制。搭建上海市学生弘扬中华优秀传统文化主题月系列活动等优秀传统文化传承发展平台,联合培育打造一批"六进"品牌项目,促进以文化人、以文育人。

(3) 日常主题教育活动建设项目。系统梳理大学阶段学生主题教育活动,明确各年级的日常主题教育目标和重点;规范主题教育活动的内容和形式,制定高校日常主题教育活动规范化建设指导意见,编制高校日常主题教育活动指南;建设学生日常主题教育活动经典案例库。进一步细化各学段学生行为规范教育要求,推进中小学行为规范示范校建设。深入开展"中国梦""爱学习、爱劳动、爱祖国""劳模精神进校园""校园美、修身行""大学生公益广告宣传教育"等主题教育活动。开展民族团结教育,加强少数民族学生教育服务与管理。

(4) 校园文化传承创新繁荣项目。实施《上海校园文化传承创新发展行动计划(2016—2018年)》,积极开展"一校一品"校园文化展示活动。重视重大活动、重大事件、重要节庆的思想熏陶和文化教育功能。重点加强大学生艺术实践基地育人联盟、上海高校志愿服务育人联盟和上海高校博物馆育人联盟等"三大育人联盟"的建设。继续推进"百年树人电影阳光行""彩虹行动计划""高雅艺术进校园""非遗进校园""相约经典"大学生公益票、"法治文化进校园""璀璨星光"校园文化节、原创文化与艺术实践等校园文化项目建设。

(五) 校内外育人共同体建设计划

1. 主要任务

以培养学生创新精神、实践能力和社会责任感为重点,加强校内外教育衔接,增强校内外教育资源的吸引力、感染力,合力构建组织规范化、内容序列化、形式多样化、运行科学化、资源社会化的全方位的"校内外育人共同体"。

2. 重点措施

(1) 中小学生社会实践深化项目。加强校外教育统筹协调和顶层设计,充分发挥市、区青少年学生校外活动联席会议的作用,推出学生社会实践的资源图谱与科目指南,制定和实施上海校外教育三年行动计划(2016—2018年),制定中小学生社会实践长效机制建设等规范性文件,推进校外教育立法工作。完成上海市公共安全教育实训基地建设,使之成为本市及全国公共安全教育示范基地和公共安全教育智库。完成学生实践和创新基地建设工程任务,建立红色教育、生命教育、公共安全教育、科学技术、艺术人文、生态文明等社会实践基地联盟,开发品牌活动和实践课程,打造一批学生社会实践品牌基地和品牌项目。完善校外教育队伍培养培训体系,建设10个非教育系统带头人工作室。继续构建中小学生参与社会实践的记录机制,重点做好普通高中学生(中职学生)综合素质社会实践(志愿服务)评价工作,普通高中学生志愿服务(公益劳动)达标率达到95%。探索初中学生和小学生社会实践的载体和方式,完善上海市学生社会实践信息记录电子平台建设和学生社会实践基地考核激励等长效机制。

(2) 大学生社会实践学分制建设项目。建设50个大学生社会实践基地,探索建立大学生社会实践学分制。加强学校党政干部、思想政治理论课教师、辅导员、专业教师等多方参与的大学生社会实践活动工作队伍建设,完善实践教学、军事训练、社会实践活动等相结合的工作机制。推进上海市学生创意创新创业平台建设,建设一批大学生创业示范基地,组织大学生参加各级各类创新创业竞赛、创业模拟等实践活动,着力培养学生创新精神、创业意识和创业能力。

(3) 志愿服务新平台建设项目。发挥志愿服务的实践育人效应,深入开展各种形式的志愿服务,搭建大学生志愿服务平台。形成一批符合大学生特点的志愿服务品牌项目,新建一批大学生志愿服务示范基地,形成基地、岗位、项目、活动"四位一体"的志愿服务体系。加强志愿服务工作的制度建设,规范大学生志愿服务的招募、注册、培训、管理、考评、表彰等工作。推进协同创新，探索建立市教卫工作党委、市教委、团市委等组织机构在志愿服务组织发动、考核奖惩、学生诚信档案建设等工作上的协同机制。大力发展公益组织孵化基地，孵化培育与大学生专业学习结合的创新性志愿服务项目。注重品牌化引领，继续实施“大学生志愿服务西部计划”“上海青年志愿者赴滇扶贫接力计划”“青春放歌”大学生文化志愿者交流活动等合作交流项目。加强学生志愿服务的理论研究。

（六）学生发展协同计划

1. 主要任务

加强心理健康教育教师队伍建设，制定心理健康教育规范与标准，完善全市学生健康成长需要的心理健康服务体系。通过专业化的管理、服务加强学生人生规划指导和职业生涯规划指导。整合社会资源，合力构建学校家庭社会“三位一体”的育人模式。

2. 重点措施

(1) 学生心理健康教育服务体系建设项目。加强不同学段学生心理健康教育与咨询规律研究，制定学校心理健康教育工作规范与标准，制定学校心理咨询人员职业与伦理规范，加强对学校心理健康教育工作的专业指导。建设一批在全国具有影响力的高校心理健康教育示范中心、中小学心理健康教育特色校，开发一批心理健康教育精品课程，培育一批心理健康教育品牌活动项目。进一步完善学生心理健康医教协同机制，健全学生心理危机干预网络，加强心理危机事件专题研究，提高心理危机预防与干预能力。加强学校心理健康教育教师队伍建设，制定中小学心理健康教育教师队伍建设指导意见，开展心理健康教育拔尖人才培养，培育 20 名在全国具有影响力的名师，培育 50 名心理健康教育骨干人才，支持 100 名心理健康教育教师开展海外研修和访学。开展心理健康教育本土化研究与实践，推进心理健康教育教师专业认证、继续教育和工作督导。建立国际合作与学术交流的专业平台，提升学校心理健康教育研究水平。

(2) 学生职业生涯规划指导项目。制定上海市学生职业生涯发展教育“十三五”规划，建立覆盖大中小学的学生职业生涯发展教育体系，探索小学阶段职业生涯启蒙、中学阶段职业生涯认知、大学阶段职业生涯探索实践的有效衔接，创新学生职业生涯发展教育内容体系与教学模式，形成学生职业生涯发展教育的评价指标体系。加强职业生涯教育学科专业建设，加大职前教育和职后培训力度，提升学生职业生涯发展教育师资队伍的专业化水平。构建职业生涯发展教育的学科体系和资源平台，完善职业生涯发展教育公共资源平台建设，继续推进职业生涯发展教育示范性实践基地和高校学生职业生涯发展教育工作室建设。完善创新创业教育课程体系，加强就业创业指导服务体系建设，将创新创业教育有效融入大学生职业生涯成长体系。制定加强中小学生生涯辅导的指导意见，深入推进中小学生生涯辅导工作。

(3) 学校家庭社会“三位一体”联动项目。研究学校家庭社会“三位一体”合力育人的机制，制定关于进一步加强家庭教育工作的实施意见，创新家庭教育方法，完善家庭教育社会支持体系，中小学、幼儿园学生家长接受家庭教育指导率达到 90%。推动区家庭教育指导中心建设，区家庭教育指导中心建成率达到 100%，建设家庭教育优质资源库。加强家庭教育指导师队伍建设，开发家庭教育指导师培训系列课程，提升教师的家庭教育指导水平。探索建立科学的评价机制，开展上海市家庭教育示范校建设，上海市家庭教育示范校比例达到 20%。创建全国家庭教育实验区。

（七）网络思政高地建设计划

1. 主要任务

坚持管建结合、善管善用，综合运用法律手段、技术手段加强网络治理，拓展网络平台，做好网络安全和信息化工作。切实加强网络文化建设，推动传统媒体、新兴媒体融合发展，充分发挥网络文化的育人功能，推动社会主义核心价值观网络传播与弘扬。

2. 重点措施

(1) 易班——学生网络互动社区建设项目。深入实施易班推广行动计划,成立易班建设专家智库。明晰"一中心一公司"权责和分工,成立"易班企业发展有限公司"进行市场运作。深度整合教育资源,构建易班教育网数据中心、"易班云"平台,加强易班底层平台研发升级,推进易班网与高校校园数字认证系统对接,组建高精尖团队进行教育类智能化硬件研发,加快上海课程资源、教学资源等各类优质教育资源在易班的汇聚。建设易班协同创新中心,打造基于易班的中国教育互联网产业联盟,构建文创类专业型孵化器,积极统筹各级各类社会力量,凝聚网络育人合力。继续开展以传播社会主义核心价值观为主题的各类优秀网络文化品牌活动。

(2) 网络舆情引导体系建设项目。强化数据资源积累,打造上海教育系统网络舆情数据资源中心。孵化网络舆情学等核心课程及新兴交叉专业,构建教育部国家文科重点实验室。提升舆情监测、研判、引导、处置的专业化水平,加快舆情监测技术手段研发。建设全国高校网络舆情分析研究中心,提高舆情工作专业化水平和服务能力。积极推进门户网站、新闻网站和政务微博、微信的统筹联动,推动"上海教育"政务微博与各高校、各区教育局官方微博的工作联动与信息共享机制,并加强外文网站建设。推动计算机辅助电话调查(CATI)与网络调查相结合,及时准确把握师生思想动态。推进教育系统网络人才队伍一体化建设,构建高校、区教育局、中职院校的舆情人才培养体系。推动上海高校网络评论员队伍建设,团结和培养一支具有影响力的网络舆论评论员队伍。

(3) 德育智慧服务平台建设项目。整合心域网、博雅网、海心网等德育类网站,建立统一的德育门户网站,推动各德育网站信息的互联互通。开发心理健康教育与咨询管理系统,建立学生心理健康基本数据库。完善辅导员和思想政治理论课教师数据库功能,开发德育队伍网上培训系统。开通德育微信公众号等新媒体平台,形成集教育、服务、培训、管理、评价等功能于一体的德育智慧服务平台,切实提高德育管理的科学化、信息化水平。

(八) 骨干队伍培养推进计划

1. 主要任务

推动德育工作队伍育人能力建设,提升德育工作队伍职业能力与素养。加强教师育德意识与育德能力培训,全面提升教师的师德水平与育德能力,推动教书与育人的紧密结合,形成全员育人局面。

2. 重点措施

(1) 中小学德育骨干队伍能力提升项目。完善中小学德育骨干教师培训课程体系,开展学科德育教师职业能力与素养培训。建立40个骨干教师德育实训基地,培养一批在全国有一定影响力的德育名师、名校长。完善市、区、校三级班主任培训体系,建立20个班主任带头人工作室,推进班主任工作室联盟建设,培养一批在全国具有一定影响力的优秀班主任。建立30个新上岗德育教师跟岗学习基地。推进德育骨干教师国内外访学研修。

(2) 大学生思想政治教育教师能力提升项目。深入实施《上海高校思想政治理论课教师队伍建设发展规划(2014—2018年)》,聚焦"10+50+100"人才培养目标,强化思想政治理论课教师队伍建设。举办马克思主义理论师资研修班,培养马克思主义理论拔尖人才。制定与实施上海高校辅导员队伍建设发展规划(2016—2020年),进一步明确辅导员专业方向,科学设置岗位,构建专业化学生工作队伍体系。继续推进"博培计划""曙光计划""晨光计划""阳光计划"等人才资助计划对高校思想政治理论课教师和辅导员的支持力度。开展上海市育才奖、辅导员年度人物评选,发挥高校思想政治教育教师骨干人才的示范辐射作用。完善高校思想政治理论课教师和辅导员队伍培养培训体系。建设10个高校思想政治教育教师海外研修基地,聘请20位国内外著名专家学者担任思想政治教育名师,支持优秀思想政治教育教师开展国内外访学研修。推动高校思想政治教育教师社会实践活动长效机制建设,建设15个上海学校思想政治教育教师社会实践基地，支持全国高校思想政治理论课骨干教师社会实践研修基地（上海）建设。

(3) 师德建设培优项目。深入实施教师人文素养提升计划，努力提升上海教师的创新素质和人文素养。进一步完善上海教师师德与育德能力培训体系，制定师德与育德能力培训课程方案和实施效果的评估标准，完善教师课堂教学的师德规范。建立师德建设负面清单制度，将教师履行育人职责情况作为教师工作考核、专业技术职务评聘的重要内容。加强对师德建设先进单位和个人的激励，弘扬师德。建立健全师德建设联席工作机制，坚决落实“师德一票否决制”，严格考核管理。

（九）研究平台打造计划

1. 主要任务

推进上海德育智库建设，加强上海德育研究管理和成果培育，推出一批在全国有影响力的研究成果，建成德育研究的高水平交流平台。

2. 重点措施

(1) 德育智库建设项目。加强上海市学校德育研究院建设，打造集智库研究、公共服务、第三方评价、对外交流合作等功能于一体的德育工作平台。依托上海高校哲学社会科学相关优势学科，建设若干高校马克思主义理论新型智库。支持高校开展课程德育等协同创新中心建设，进一步发挥高校“立德树人”人文社会科学重点研究基地的作用。加强学校德育课题管理，提高德育研究水平。提高市哲学社会科学规划课题中思想政治教育相关课题的立项比例。

(2) 名著名刊名论坛打造项目。实行马克思主义理论学科择优资助出版计划，推出一批有影响力的马克思主义理论研究成果。把《思想理论教育》杂志打造成全国思想政治教育研究领域的著名期刊。定期召开国内外名刊、名主编学术沙龙，举办全国乃至有国际影响力的德育系列论坛。加强与国外 SSCI 期刊、学术组织的合作交流，探索创建国际学术期刊和学术组织，扩大上海学校德育的国际影响力。

四、保障措施

（一）加强组织领导

在市委、市政府领导下，加强市级层面德育工作的统筹协调，整合宣传、教育、文化、体育、科技、卫生、公安、财政等部门及工会、共青团、妇联等群团组织的力量，共同研究德育工作过程中的方针政策和重大问题，确保重点项目推进落实。高校各级党组织要把思想政治工作摆在重要位置，加强领导和指导，形成党委统一领导、各部门各方面齐抓共管的工作格局，切实承担起对思想政治工作的主体责任、监督责任和领导责任。各区教育部门要切实推进“一把手”领导负责制，进一步完善党委统一领导、党政工团齐抓共管的德育工作领导体制和工作机制。各中小学要建立党组织主导、校长负责、群团组织参与、家庭社会联动的德育工作机制。

（二）加强制度建设

各高校、各区教育行政部门及相关单位要把德育工作规划作为本单位、本地区“十三五”规划的重要组成部分，纳入教育整体规划。创新德育管理评价模式，建立区和学校德育工作评价机制，将德育工作考核评估纳入人事制度改革、纳入人才队伍培养计划、纳入精神文明建设考核体系，形成“管办评”分离的德育工作长效机制。及时发掘、推广先进德育工作典型事迹和先进经验，完善德育工作激励机制。有效整合社会资源，加大宣传力度，加强舆论引导，营造全社会合力育人的良好氛围。

（三）加大经费投入

各区县、高校、中小学校要将德育工作经费纳入预算，保障德育工作的开展，满足德育发展的需要。同时要加强对经费的使用管理，加强德育专项经费投入的绩效评价，提高经费使用效益。多渠道筹措德育经费，鼓励社会资源共同支持德育工作科学发展。

上海市教育委员会　上海市老龄工作委员会办公室关于印发《上海市老年教育发展“十三五”规划》的通知

（沪教委终〔2016〕16号）

各区县教育局、各区县老龄办：

现将《上海市老年教育发展“十三五”规划》印发给你们，请认真学习并贯彻执行。

附件：上海市老年教育发展“十三五”规划

上海市教育委员会
上海市老龄工作委员会办公室
2016年10月13日

附件

上海市老年教育发展“十三五”规划

为深入贯彻落实党的十八大和十八届三中、四中和五中全会精神以及习近平总书记系列重要讲话精神，积极应对上海人口深度老龄化的趋势，根据《国务院办公厅关于印发老年教育发展规划（2016—2020年）的通知》（国办发〔2016〕74号）、《教育部等七部门关于推进学习型城市建设的意见》《上海中长期教育改革和发展规划纲要（2010—2020年）》《上海市教育改革和发展“十三五”规划》的要求，特制定本规划。

一、“十二五”回顾与面临的形势

（一）上海老年教育“十二五”取得的成就

“十二五”期间，本市围绕“办让老年人满意的教育”，坚持老年教育“统筹性、公益性、普惠性”原则，注重规划引领，夯实办学基础，建立和完善老年教育支持服务体系，全面完成老年教育“十二五”规划确定的目标和任务，基本形成了“就近、便捷、快乐”的老年教育特色，营造了老年人广泛参与终身学习的良好局面。

1. 基本形成协同推进的老年教育格局

政府主导、多方协同、社会参与的工作格局基本形成。“十二五”期间，本市加大了市、区（县）、街（镇）财政对老年教育的投入，市、区二级财政投入增加157%；进一步发挥部门资源优势，依托宣传、文广、科技等部门的优质公共文化和科技资源，开展了形式多样的专项学习活动；激发社会活力，鼓励和支持金融、卫生、消保等行业系统参与老年教育，呈现出“多方协同、共同推进”的有利局面。目前，全市各级各类老年教育机构291个，居村委学习点5139个，示范性老年人社会学习场所102个，远程老年大学收视点5486个，养教结合学习点335个，行业企业老年人学习场所众多，促进了学校教育、远程教育、社会教育有机融合，覆盖全市、层次清晰、融合开放的老年教育办学格局基本形成。

2. 建立完善老年教育支持服务体系

构建老年教育支持服务体系，促进老年教育内涵发展。依托高校、市级老年大学、区县教育局和社会组织，组建了理论研究、素质教育、信息中心等11个老年教育支持服务指导中心；启动了市老年教育师资库建设，构建"市级骨干教师、区级专业教师、校级专兼职教师和志愿者"三级网络，共计639位教师信息入库，7000多人参加培训；开发"上海老年教育普及教材"100本，形成纸质书、电子书、网上课堂和无线终端移动课堂"四位一体"的教材模式，出版国内第一套成规模的、正式的老年教育电子读物，推出国内第一款正式上线的老年教育资源展示APP学习平台，以提升能力、内涵发展为核心的老年教育体系进一步完善。

3. 高效完成老年教育机构能力提升工程

开展市、区(县)、街(镇)老年教育机构标准化建设，老年教育机构的办学能力得到有效提升。完成上海老年大学"东西南北中"均衡布局计划，建设了浦东、徐汇、普陀、宝山、黄浦等五所分校，实现了学校建筑面积、功能专用教室、开设课程、在校学员数四个翻一番；扶持17个区县老年大学开展标准化建设，总面积增加5801平方米，招生人数增加38%；制定发布全国首个《上海市老年学校建设指导标准》，高质量完成197所街(镇)老年学校标准化建设，功能教室增加至1589个，招生人数增加15万，增长率达49%，社会满意度名列前茅。

4. 创新拓展灵活便捷的老年教育形式

创新老年教育形式载体，开拓灵活便捷的学习途径，打造丰富多样的学习资源。推动以培育团队领衔人为重点的工作坊、以典型示范为要求的优秀团队、以自主学习为特征的学习团队建设，全市近30万老年人组成1.2万余个不同类型的老年学习团队；依托学习场所凝聚老年人，开展学习互动吸引老年人。拓宽基层老年学习途径，培育了一批"名家坊、乐龄讲堂、睦邻学习点、网络学习圈、村民周周会、乡村宅基课堂、百姓学习中心户"等基层学习组织；倡导"学乐有为"鼓励老年人参加社会服务，成立上海社区教育志愿服务总队老年教育志愿服务分队，下设38个工作站、231个服务点，招募4000多名志愿者，开展市(区)级老年教育志愿服务活动1500多场，老年人学习需求得到不断满足。

(二) 上海老年教育"十三五"面临的形势与挑战

1. 上海城市人口深度老龄化趋势日益突出

上海已经率先进入深度老龄化阶段。截至2015年底，60岁及以上老年人口已达到435.95万，占户籍人口比例首次突破30%，达到30.2%。预计到2020年将达36%。人口的深度老龄化带来老年人精神文化需求的快速增长，对老年教育的资源供给能力提出重大挑战。

2. 老年群体多元化的学习需求日趋旺盛

老年学习逐渐呈现出多元化、多层次的需求特征，不同学历水平、不同年龄层次老年人的学习需求呈现出差异化的特点。老年教育提供的学习内容、学习方式、学习渠道与老年人旺盛的学习需求之间还存在着一定距离，特别是对师资队伍的规模和专业化程度提出了更高要求，加快社会各方共同参与的机制建设迫在眉睫。

3. 改善民生与社会治理的需求日渐紧迫

十八届三中全会提出了"紧紧围绕更好保障和改善民生、促进社会公平正义深化社会体制改革"，"加快形成科学有效的社会治理体制"的目标要求，对老年教育工作融入社会治理赋予了新的时代意义。新形势下，如何用改善民生、促进社会治理的理念推进老年教育的发展，建立由政府、社会、市场、个人参与的多元化的老年教育模式显得尤为重要。

4. 互联网对老年教育发展的作用日臻显现

上海老年教育在信息系统覆盖、数字化教学与资源管理等方面仍有不足。运用互联网思维，创新上海老年教育的形式、内容、方法、手段，完善信息化学习环境，提升信息化管理水平，为老年群体提供多样化、个性化和无处不在的优质教育服务，是上海老年教育未来几年亟待解决的新课题。

（三）上海老年教育“十三五”面临的新挑战

面对新形势，需要客观分析工作现状，主动把握发展新方向，认真谋划今后一个时期的工作。目前，上海老年教育还存在一些薄弱环节，如：老年教育供给能力不够，教育服务能力有待进一步提高；师资队伍数量不足，专业化程度需要进一步增强，社会力量参与老年教育的渠道不够畅通，学校教育对老年教育支持力度有待提升；运用互联网思维谋划老年教育事业的发展还有很大的提升空间，这些都对上海老年教育发展提出了新挑战。

“十三五”期间，上海老年教育必须进一步深化改革和创新发展，以更加有效务实的作风，采取更加开明睿智的工作策略，切实推动老年教育事业更好更快发展。

二、指导思想、原则与目标

（一）指导思想

贯彻习近平总书记“四个全面”战略布局的重要精神，本着“创新、协调、开放、绿色、共享”的发展理念，全面落实国家和《上海市中长期教育改革和发展规划纲要（2010—2020年）》《上海市老龄事业发展“十三五”规划》等要求，积极应对人口深度老龄化趋势，培育社会主义核心价值观，全面推进老年教育内涵发展，提升老年教育服务能力；坚持社会多方参与，提升老年教育发展的社会活力；倡导“在学习中养老”的理念，提升老年教育学习品质，让更多老年人享受高质量教育服务，进一步提高老年人的生命质量与幸福指数，促进社会和谐与文明进步。

（二）基本原则

1. 坚持以人为本。从老年人根本利益出发，遵循老年教育规律，努力让不同年龄层次、不同文化程度、不同收入水平、不同健康状况的老年人，享有教育的机会和权利。

2. 坚持按需施教。加强对老年教育的教学理论研究和规律探索，增强老年教育的针对性、有效性和吸引力，提高老年教育质量和水平，满足老年人多元化、多层次的学习需求。

3. 坚持协同推进。建立有效机制，推动全社会共同参与老年教育，激发社会活力，发挥各类社会资源优势，扩大老年群体的学习空间。

（三）总体目标

到2020年，基本形成覆盖广泛、社会参与、资源融通、灵活多样、优质均衡、充满活力的现代老年教育体系，实现参与老年教育的人口达到全市老年人口总数的40%。

——老年教育参与人数翻一番。老年学校学习总人数达到120万；远程教育学员人数达到80万；老年教育志愿者人数达到5—10万。

——老年教育机构总数翻一番。新增老年人“社会学习点”300个；在实现老年学习点全覆盖的基础上，培育老年学习示范点500个。

——老年人学习组织数量翻一番。新增老年人参与学习团队、网上学习圈等各类学习组织10000个。

——老年教育学习资源翻一番。建设老年教育在线开放课程平台，构建上海老年教育普及教材四位一体模式，开发老年教育微学网站，拓展微课、微讲座、微学堂、微视频、微杂志等网上学习空间。

三、发展任务

（一）优化老年教育体系结构

进一步完善各级各类老年教育机构的功能定位，提升市级老年大学的示范引领作用，加强区级老年大学的服务指导功能，拓展街镇老年学校对促进社区文化繁荣、文明建设的功能，夯实居村委学习点的基层资源汇聚与服务能力；推动城乡老年教育均衡发展，鼓励以结对方式促进市区与郊区老年教育机构的交流合作，做实做强上海老年大学教育联盟，扩大联盟资源共享与经验推广，探索老年教育集团化合作模式；完善老年教育支持服务体系，提升各老年教育指导中心的专业化水平和服务能力。

（二）提升老年教育优质服务能力

丰富老年教育内容，坚持“适需性”课程与“引领性”课程的有机融合，开发适合各年龄段老年人需求的老年教育课程体系，制定课程、教材等各类学习资源标准，建立老年教育资源库，鼓励多元主体共建共享老年教育学习资源；创新老年教育形式，增强老年人学习的自主性和选择性，推动网上学习、移动学习、团队学习、体验学习等多种学习形式，培育网上学习圈、移动学习群等各类新型学习组织，加强对不同学习形式的指导和研究，提高学习效果。

（三）完善老年教育信息化学习环境

依托互联网的优势，提升老年教育信息化水平。利用现代信息技术为老年人提供多元化学习途径和学习体验。提升老年人信息技术应用能力，共享老年教育数字资源的成果；建立数字化老年教育资源库，依托社区学习地图，拓展老年教育的信息化服务功能，搭建老年教育成果网上展示平台；提升老年教育信息化管理水平，推进全市老年教育管理机构和教学机构的信息化管理系统建设，实现教育教学资源的数字化管理，加快老年教育工作的信息化进程。

（四）鼓励社会各方参与老年教育

积极推动各级各类公共教育机构服务老年教育，鼓励普通高校、职业院校以不同形式参与老年教育，推进中小学校舍和场地资源向社区开放，鼓励学校教师和学生参与老年教育的志愿服务；鼓励社会力量参与老年教育，鼓励各类社会培训机构为老年人提供教育服务，制定相关政策措施，鼓励个人、社会组织兴办老年教育机构，鼓励企事业单位兴办具有特色的老年教育；促进公共教育资源为老年教育服务，鼓励和推动博物馆、体育场馆、图书馆、文化中心等社会公共设施参与老年教育，为老年人提供更多更好的学习场所。

（五）加强老年教育展示与宣传

注重老年教育品牌塑造，形成具有区域特点的老年教育特色项目，加强社会宣传；以“树长者风范”为抓手，进一步开展老年素质教育工作，塑造新时代老人；建立各级各类老年教育机构的合作展示平台，遴选并推广优秀老年教育课程、团队、项目，促进老年教育成果的展示、共享与交流，促进全市老年教育的协同、均衡发展；促进宣传平台建设，依托全民终身学习活动周、老年教育艺术节等重大活动，在各类新闻媒体上，扩大老年教育的宣传力度，拓展微博、微信公众号等新媒体的宣传途径，营造全社会重视和关心老年教育事业的浓厚氛围。

四、重大项目

（一）老年人学习场所倍增项目

以高校、楼宇、企业、社会组织为依托，培育建设300个彰显特点的老年人社会学习点，实现学习场所数量翻一番；打造集学习指导、资源提供、团队活动等功能于一体的老年学习集聚中心，在实现老年学习点全覆盖基础上，培育500个居村委学习示范点；普遍开展养教结合工作，在区养老机构中新增100个养教结合学习点，100个标准化学习点；探索开展社区老年人日间照料中心的养教结合工作。

（二）老年教育师资分层培训项目

开展“老年教育名师孵化工程”，发挥名师孵化作用，形成一批名师资、名团队；开展“百名教学骨干、千名专职教师培训计划”，依托高校加大对教学骨干的培养力度，培育一批老年教育的专业骨干，通过市区联手，开展专职教师的专业化培训，提高教师的教育教学能力；开展“万名助学志愿者培育计划”，鼓励、招募各类退休专业技术人员，特别是老学者、老专家、老教师、老艺术家志愿服务老年教育，加强老年教育学员“师生转化”，提高助学志愿者的服务能力。

（三）老年学习资源配送项目

建立“线上线下学习资源配送体系”，根据不同学习需求，为全市各类老年教育机构提供师资、课程、学习活动等资源配送服务，资源配送覆盖率达到95%；提供“线上资源配送服务”，开展菜单式的资源推介与配送，提升网上学习资源的使用率和共享率，加强老年教育课程学习需求的信息采集、分析和反馈。建设"老年教育师资库"，功能包括老年教育师资信息储备、查询、配送与反馈，加强专、兼职老师包括老年教育管理者之间的工作信息流通，搭建优质教师资源集聚和共享平台。

（四）老年人学习组织培育项目

打造"星级老年学习团队"，在现有老年学习团队的基础上，不断提升团队的规模与质量，培育500个五星级优质学习团队，促进老年学习团队向特色化方向发展；培育"千个新型学习组织"，依托现有老年学校班、团、组，利用移动终端、上海学习网等信息化平台，孵化1000个老年人网上学习圈、移动学习群等新型学习组织；培育"万名团队领袖"，探索老年学习团队的培育规律，培育10000名具有较强凝聚力、有一定影响力的学习团队领袖，进一步增强老年学习团队的自主学习和管理水平。

（五）信息化促进项目

建设"上海老年教育在线开放课程平台"，拓宽"上海学习网"与"上海老年人学习网"的功能作用，集聚社会资源优势，打造一批老年人优质网上学习资源，开发老年教育系列教材和四位一体配套学习资源，培育一批老年教育数字化精品课程，加大"指尖上的老年教育""老辰光——老年教育微杂志"等移动终端建设的推进力度，构建起集信息传播、数据存储、行政办公、教务管理于一体的老年教育信息服务管理系统。

（六）老年教育志愿者培育项目

推动老年教育志愿者队伍建设，招募各类退休专业技术人员，特别是老学者、老专家、老教师、老艺术家志愿服务老年教育，至2020年实现老年教育志愿者超过5万—10万人；培育一批品牌老年志愿服务项目，鼓励老年教育机构学员学有所为、学有所用，参加社区助学志愿服务，向社区居民普及终身学习理念，提高公民素养，在社区治理、居民自治中发挥积极作用；搭建各类老年教育志愿服务平台，培育"老专家志愿者团队"，引导"老教授协会""老年科学工作者协会"等各类团队或个人参与老年教育课程开发、团队指导、专业建设等各项服务。

五、保障措施

（一）制度保障

继续将老年教育事业列入经济社会发展规划和教育发展规划，明确制定老年教育工作的年度目标和重点任务；充分发挥上海老年教育工作小组办公室、老年教育协会以及各老年教育支持服务指导中心的作用，加强老年教育相关部门的协调与资源整合，推进老年教育发展科学化和规范化；完善老年教育相关制度，建立和完善老年教育的表彰奖励制度，建立老年教育机构评估制度等。

（二）机制保障

建立老年教育机构的评估机制，开展特色型老年大学和老年学校的评估；发挥优质、特色老年学校的示范引领作用和名师的孵化作用，提升老年教育课程质量；建立健全老年教育督导机制，对全市老年教育机构、人员、经费、质量、成效进行督导；扩大老年教育宣传力度，挖掘老年教育工作新突破、新特点、新发展、新成效，宣传先进典型、先进经验、先进事迹，做好老年教育的社会宣传工作。

（三）队伍保障

制定人才激励制度，探索老年教育人才职业发展平台，吸引更多优秀人才从事老年教育工作；建立老年教育教师继续教育与培训体系，支持相关人员在职进修培训，不断提高业务水平、服务能力和创新能力，推动老年教育教师的专业化发展。

（四）理论保障

加强理论研究，依托上海老年大学和上海市教科院，组建上海老年教育研究院，开展老年教育研究，联合相关高校和科研机构，开展重大决策咨询研究；鼓励有条件的高校开展老年教育学科建设与人才培养，建立国内外老年教育交流与合作的机制，促进本市老年大学与国际"第三年龄大学"之间的沟通交流。

上海市教育委员会关于印发《上海市学校体育发展“十三五”规划》的通知

（沪教委体〔2016〕56 号）

各高等学校，各区县教育局，各有关委、办、局、控股（集团）公司，各有关单位：

为贯彻落实《国家中长期教育改革和发展规划纲要（2010—2020 年）》、《国务院办公厅关于强化学校体育促进学生身心健康全面发展的意见》（国办发〔2016〕27 号）、《上海市中长期教育改革和发展规划纲要（2010—2020 年）》和《上海市教育综合改革方案（2014—2020 年）》，推进学校体育工作改革与发展，促进学生身心健康、体魄强健，市教委组织编制了《上海市学校体育发展“十三五”规划》，现印发给你们，请结合本单位的实际情况，认真组织实施。

附件：上海市学校体育发展“十三五”规划

（附件请至 www.shmec.gov.cn 网站“信息公开”栏目下载）

上海市教育委员会

2016 年 10 月 17 日

附件

上海市学校体育发展“十三五”规划

为贯彻落实《国家中长期教育改革和发展规划纲要（2010—2020 年）》（国办发〔2016〕27 号）、《国务院办公厅关于强化学校体育促进学生身心健康全面发展意见》（国办发〔2016〕27 号）《上海市中长期教育改革和发展规划纲要（2010—2020 年）》和《上海市教育综合改革方案（2014—2020 年）》，加快推进上海学校体育改革，提升学校体育的现代化水平，促进学生体魄强健、身心健康，依据《上海市教育改革和发展“十三五”规划》，制定本规划。

一、发展的基础与面临的挑战

（一）发展的基础

“十二五”期间，上海学校体育全面落实国家和上海市中长期教育改革和发展规划纲要，贯彻“为了每一个学生终身发展”的教育理念，深入实施“学生健康促进工程”，不断深化体育课程改革，完善学生课外体育活动体系，青少年学生的身心健康状况明显改善，学校体育工作取得较快发展。

1. 学校体育课程建设效果显著。完成中小学《体育与健身课程标准》修订和教材编写；实施“小学体育兴趣化、初中体育多样化、高中体育专项化”课程改革试点工作，在全市 38 所高中、23 所初中、22 所小学开展试点；完成市级体育百门精品课程建设；区本、校本特色体育课程建设成果丰硕。

2. 课外体育活动蓬勃开展。以“三课两操两活动”为载体，全面落实中小学生“每天校园体育活动一小时”；在全市小学推行“快乐活动日”制度，保障校园阳光体育运动时间；发挥学生在阳光体育活动中的主体作用，扶持300个市级阳光体育星级社团；广泛组织学生课外阳光体育活动，形成了以阳光体育大联赛和学生运动会为纽带，市、区（县）、校三级，普及与提高相结合的学生课外体育竞赛活动体系，年度平均参与人数达百万人次。

3. 体教结合工作成绩斐然。制订并实施体教结合“双八条”，对体教结合工作进行全面规划；打破体制壁垒，推动以校园足球联盟为引领的校园运动队联盟建设；组织开展优秀教练员、运动员进校园，弘扬体育文化；每年组织2万余名学生观摩国际体育赛事；对课余体育训练体系进行新一轮布局，建设268所市级体育传统项目学校；体教两家共建上海立信会计金融学院花剑队、上海对外经贸大学冰壶队，成绩斐然。

4. 学生体质健康促进措施得力。建设17个区县学生体质健康监测中心，建成市、区（县）、校三级测试网络；率先在全国实施5%抽测核查工作并发布年度学生体质公告；学生体质健康水平连续5年有所提高，达标率稳定在95%左右、优良率稳定在35%左右。

5. 师资队伍能力水平提升有方。依托有关高校分别成立大、中、小学校体育教师培训基地和体育教师国际交流中心，多批次对上海市各级体育教师进行业务能力培训和海外短训，选拔并跟踪培养50名体育骨干教师，开展体育教师教学技能“人人达标”活动，市、区（县）、校三级体育教研活动规律开展，体育教师整体教学水平明显提升。

6. 学校体育科研氛围日益浓厚。市教委列出专项资金资助各级学校体育教师开展学校体育专项科研，年均资助项目100余项，在学校体育课程建设、体育育人、学生体质健康等领域形成了一批有实践价值的成果，基于科研成果，出版健康促进工程系列丛书，在体育教师中形成了较为浓厚的研究氛围。

（二）面临的挑战

未来五年，上海市学校体育在宏观层面面临如何与经济社会发展相适应的挑战，在中观层面将面临如何与上位行业发展趋向相协调的挑战，在微观层面将面临如何有效破除自身发展瓶颈的挑战。

1. 来自经济社会发展的挑战。随着上海“四个率先”“四个中心”和“科创中心”建设的推进，在未来五年，上海经济社会发展水平将进一步提升，社会大众对学校体育促进青少年学生健康发展的期望将更为强烈。上海学校体育能否在更优越的发展环境中，以有效的行动满足社会大众的合理期望，从而实现自身的发展水平与经济社会发展相适应，是对自身发展能力的极大挑战。

2. 来自上位行业发展趋向的挑战。未来五年，是教育事业实现现代化目标的关键五年，是上海市教育综合改革破冰起航、初见成效的关键五年。作为教育的重要组成部分和教育综合改革的子系统，寻求上海学校体育综合改革的切入点和发展战略迫在眉睫。

3. 来自破除自身发展瓶颈的挑战。长时期以来制约学校体育发展诸多瓶颈问题在未来五年依然存在。例如，在“应试”杠杆作用下学校体育难受实际重视的问题；中心城区学校体育活动空间受城市布局难以拓展的问题；体育教师的发展瓶颈问题；运动安全风险造成学校体育教育“柔性化”的问题等等。未来五年，对这些问题的破解和应对，是对学校体育发展的重大考验。

二、指导思想、总体目标和基本原则

（一）指导思想

全面贯彻党的十八大和十八届三中、四中、五中全会精神，落实习近平同志系列重要讲话精神，坚持育人为先，使学校体育成为立德树人的重要载体、成为弘扬与践行社会主义核心价值观的重要阵地、成为完善学生人格的重要途径；坚持强体为重，充分发挥学校体育在强健学生体魄中的重要作用，使学生切实获得良好的体育意识、技能和习惯；坚持增质为上，将提升学校体育各领域的质量为工作出发点，重点解决影响学校体育质量提升的关键问题，切实提升学校体育整体发展水平。

（二）总体目标

到2020年，上海市学校体育发展的总体目标是：形成与经济社会发展水平相适应、与教育综合改革部署相协调，在全国具有领先地位、在国际具有一定影响力的上海学校体育事业发展新局面，体育课程体系完备，竞赛活动体系完善，后备人才培养通道畅通，保障水平明显提升，学生体质稳步发展，普遍掌握2项运动技能，中小学生体育素养达标率达到80％以上，学校体育成为立德树人的重要载体和实现教育现代化的重要保证。

（三）基本原则

1. 全面推进，重点突破。以学校体育要素结构为参照，统筹各方资源，在全面推进上海学校体育发展的行动中，重点解决制约上海学校体育发展的难点和焦点问题。

2. 传承经验，强调科学。注重学校体育发展的连续性，吸收上海学校体育在以往发展中的先进经验，结合当前学校体育面临的实际问题，科学地选择发展行动。

3. 尊重差异，主动适应。尊重学校体育的学科特性，正视体育教育与其他诸育在发展规律上的差异，在此基础上主动适应上海市教育综合改革的要求，并主动对接德育、智育、美育，促进诸育融合。

4. 聚焦上海，引领全国。聚焦上海市教育现代化对学校体育发展的目标要求，创新学校体育工作模式和发展机制，为全国学校体育的发展提供经验借鉴。

三、主要任务与行动举措

（一）深化体育课程综合改革，提高课程育人效益

1. 切实提升“每天校园体育活动一小时”开展质量。深入开展中小学生“每天校园体育活动一小时”，在落实“三课两操两活动”的基础上，着力提升体育活动课质量。研发符合不同学段学生身心特点的体育运动项目和课程内容，激发学生运动兴趣。积极推广“一校多品”校园体育模式，形成具有上海特色的校园体育文化。

2. 深入实施体育课程改革工作。根据青少年学生的身心发展，改革传统体育课教学模式，深入实施“小学兴趣化、初中多样化、高中专项化、大学个性化”体育课程改革，构建循序渐进、科学衔接的体育课程体系，让每一名学生在基础教育阶段至少掌握两项运动技能，并在高等教育阶段得到提升。至2018年，实现全部高中开展专项化体育教学；至2020年，实现小学兴趣化、初中多样化及大学个性化体育课程全覆盖。以课程改革为引领，全面更新传统体育教学理念，推动包括体育课、课外体育活动、体育社团、运动队、学校体育竞赛等在内的学校体育的整体深化改革。

3. 强化学校体育课程和教材体系建设。继续加强市级“体育与健康”精品课程建设，在高校和中小学继续建设100门市级精品课程和100门市级示范课程，并建立精品课程淘汰机制，提升精品课程质量，扩大高质量精品课程的校际辐射能力和示范效应；继续加强区本、校本特色体育课程建设，开展年度区本、校本特色体育课程评选；推动优秀传统体育文化进教材、进课堂、进活动计划，确保学校体育成为弘扬中华传统体育文化的主阵地。

4. 建立健全体育与健身课程标准体系。修订本市大中小学体育与健身课程标准；与课程改革接轨，改革和完善初中毕业升学体育考试方案；研制学生运动技能等级标准，配合学生综合素质评价要求，建立包括学生体育知识、运动经历、运动技能和运动效果在内的综合性的学生体育素养评价指标体系和评价机制，引导学生积极参与日常体育锻炼，中小学生体育素养达标率达到80％以上。

（二）加强资源融合，完善课外体育发展方式

5. 举办多层次、多形式的学生体育运动会。各级各类学校每年举办一次综合性运动会、两次以上全校性特色体育项目比赛，并因地制宜、经常性地开展以班级为单位的学生体育活动和竞赛；推动学校运动会的组织形式改革，发挥学生参与体育运动的主体性作用。市区两级建立规范的体育竞赛机制，每年定期向

基层学校公布竞赛计划。在“十三五”期间，逐步形成3—5项目立足上海、面向长三角、辐射全国的学生精品赛事。

6. 完善学生阳光体育三级联赛机制。进一步完善学生阳光体育联赛活动管理办法，完善市、区(县)、校三级联赛制度，确保阳光联赛面向人人，实现学生年度体育活动参与率达到100%。完善社会力量参赛和办赛机制，形成学生阳光联赛的发展合力；创新学生阳光体育活动形式，促进体艺结合，引领学校体育文化发展。

7. 进一步加强学生课外体育组织的建设。重点加强区域性青少年课外体育活动中心、示范性学校体育社团的建设。到2020年，联合各级公共体育场馆、青少年活动中心、少体校及有条件的社区，建设区域性课外体育活动中心30个。推进学校体育社团建设，实现全市100%中小学生至少参加一个体育社团，全市建设500个示范校体育社团。

（三）以校园足球发展为契机，整体提升校园体育项目发展水平

8. 实施“校园足球振兴行动计划”，分阶段重点推进校园足球活动。成立上海市青少年校园足球工作领导小组，完善校园足球联盟运行机制；加大校园足球普及力度，5年内培育全国校园足球特色学校300所，校园足球联盟学校500所，组建1000支校园足球队伍，培养3000名专兼职校园足球指导员、1000名校园足球教练员、1000名裁判员；建立大中小学校园足球课程体系；完善“精英赛”“联盟联赛”“联盟杯赛”“草根联赛”四类，小学、初中、高中、大学四级，U9—U22十一个组别的赛事体系；加强市区两级青少年校园足球精英训练营建设，创新足球后备人才培养模式。

9. 大力推进学校运动队联盟建设，推进校园体育项目优化布局。以发展校园足球为契机，打通大中小学的体制障碍，建立以高校为引领的大中小学一条龙的项目发展联盟，充分利用高校的科研、场馆、高水平运动队等优势，推动运动项目在中小学校的普及和提升；将运动队联盟形式逐步向基础项目、新兴项目和传统体育项目推广，构建完善普及与提高相结合的、集体球类项、基础项目和新兴项目、传统体育项目协调发展的学校体育课余训练体系。

（四）深入推进体教结合工作，提升体育后备人才质量

10. 实施上海市体教结合促进计划，加强传统体育项目学校建设。到2020年，建设市区两级体育传统项目学校1000所。强化对体育传统校建设的过程管理和评估，实施年度工作报告和抽检制度，要求学校以体育项目文化为引领，实现“人人有项目、班班有团队、校校有比赛”，开展市级体育传统校联赛。会同有关部门加强学校二线运动队建设，努力实现“把运动队办到学校，让优秀运动员从校园走出”的体教结合目标。

11. 建设常设性的市级学生运动项目训练基地。依托有条件的高校或训练单位，建立常设性的市级学生体育运动项目训练基地，为有体育特长和发展潜质的学生提供高水平的训练服务和畅通的成才路径，为国家培养竞技体育后备人才奠定基础，并带动校园体育的全面发展。

12. 组建市级学生运动队。依托市级学生运动项目训练基地，建立上海市学生体育运动队的选拔机制，组建各项目的大学生、中学生运动队，代表上海参加国际、国内学生体育比赛，形成与上海教育现代化水平相匹配的学校竞技体育水平。

（五）优化体育教师培养方式，提升师资队伍专业水平

13. 进一步完善体育教师人事管理制度。探索建立体育教师专项岗位标准和分类管理办法；科学合理核定体育教师工作量，建立兼职体育教师制度，聘用高水平教练或优秀退役运动员进校园带教带训。

14. 完善体育教师在职培训方式，增强培训实效。继续发挥上海市学校体育教师培训基地作用，制定规范的体育教师培训计划，按照有主题、有针对性、有实效的“三有”原则完善体育教师在职培训模式，切实增强培训实效；继续开展体育教师基本素养“人人达标”活动，按不同学段体育教育工作的特点，分层次、分类别完善“人人达标”活动的组织形式和评价标准，促进体育教师基本素养的保持和提高。

15. 实施高水平体育名师培育计划，激励体育教师成长。深化体育学科名师基地和体育教学团队的建设，继续实施百名体育教师领军人才培养计划，通过培育和引进的方式，“十三五”期间，培育上海市中小学体育领军人才10名，中青年骨干体育教师100名。确立领军人才、骨干教师的专项业绩考评标准，建立能上能下、能进能出的动态调整机制。

16. 进一步提升体育教师的学校体育科研能力。完善市级学校体育科研专项管理制度，鼓励教师以学校体育教育教学实践和学生健康发展的问题为导向、开展集中攻关，实施科学有效的教师行动研究；加强教师科学行动研究的专题培训，提升体育教师的行动研究能力；试点推行体育教育专业培养模式改革，提高体育师资队伍的专业化水平。

（六）完善学生体质监测制度，促进学生体质健康发展

17. 完善学生体质健康监测指标，提升监测效果。在执行国家学生体质健康测试标准的基础上，将影响学生体质健康的行为因素和环境因素纳入监测范围，建立具有上海特色的儿童青少年健身指数监测制度，引入第三方机构发布年度儿童青少年体育健身评估指数，客观呈现青少年身体活动发展水平，实现对青少年身体活动发展问题的及时预警，提升青少年体质健康干预手段的实效。

18. 进一步推进学生健康档案“一生一档”系统建设。整合学生健康体检和《国家学生体质健康标准》测试数据，为中小学生建立健康档案，并与高校学生、居民健康档案实现贯通管理，为学生提供个性化的健康指导；加强学生近视眼防控、肥胖干预和科学营养膳食等方面的宣传教育，提升学生的健康管理意识和能力。

19. 继续加强三级学生体质健康监测网络建设。建设现代化的市级学生体质健康监测中心，继续加强区县体质健康监测中心以及学校体质健康监测站的标准化建设，完善市、区（县）、校三位一体的学生体质健康监测网络体系的管理机制，为学生提供常态化的体质健康监测服务。继续实施学生体质健康公告制度，定期公布各区县及各高校学生体质健康状况。

（七）调整学校体育场地布局，提升体育设施使用效益

20. 加强学校体育场地开发和综合利用。积极推进学校“一场一馆一池”建设，并结合学校的体育特色，加强校园专项场馆建设。对于有用地空间的学校，加大体育设施建设投入力度；对于无用地空间的学校，通过改变已有体育场所及相关建筑的结构，拓展或开发其体育活动功能，推行“上天入地”“全天候智能操场”“可移动操场”“笼式足球”等新型建设手段，确保校园体育活动正常开展。在十三五内，争取实现中心城区90％的学校能够保证雨天体育课的正常开展，郊区学校100％保证雨天体育课的正常开展。坚持学校体育场地在课外向青少年开放，开放率达到85％以上。

21. 整合社会体育资源，支持学生体育活动开展。按义务教育分片就近入学的方式，建立学校——社区（学区）体育设施联动使用和共享机制；会同有关部门，加大政府购买服务的力度，推动学区内的公共体育场馆向关联学校开放使用，将公共体育场馆向学生开放作为公共体育场馆享受政府补贴的重要条件。

（八）贯彻依法治教，健全学校体育评价体系

22. 开展学校体育现代化达标评估工作，推进学校体育发展质量的提升。根据国家教育基本现代化的目标要求，结合上海市教育综合改革的目标预期，制定本市学校体育现代化评价标准；依据标准依托第三方开展学校体育现代化水平达标评估，推动学校积极主动加强自身体育环境建设。

23. 加强学校体育督导检查，探索有效考核激励机制。进一步完善学校体育督导评估办法，加强对学校体育工作的督导检查，将教育管理、条件保障、评价机制和学生体质状况等方面的情况，作为学校体育督导评估指标的重要内容；在上海市运动会中设立学校体育奖励序列；将学校体育卫生工作作为教育系统文明单位评价体系的重点内容；将学生体质健康状况及学生健康促进的相关指标纳入区县“全民健身300指数”评估指标体系及文明城区评估指标体系，强化考核激励。

四、组织保障措施

（一）加强领导，增强学校体育管理的服务功能。各级教育行政部门要进一步提高对学校体育的认识，不断完善学校体育工作领导体制和工作机制；要定期开展中小学校长的学校体育与健康教育工作专题培训，促进体育教育在学校层面得到有效落实；建立和完善学校体育工作领导小组，将学校体育工作发展规划和年度工作计划纳入学校总体发展规划；按照“政府全面主导、学校重点推进、社会深度参与”的工作思路，及时研究学校体育工作中的重大问题，推进现代学校体育治理体系和方式的建设。

（二）完善政策，提升学校体育工作依法治教水平。修订和颁布大中小学学校体育工作基本标准，明确学校体育教育工作者和学校行政管理部门的工作职责；鼓励有条件学校率先建立听证会或学校体育咨询委员会制度，保障学校体育管理政策执行的公开透明；完善学生意外伤害事故处理机制，逐步建立学生伤害纠纷第三方处置机制，不断提升校园运动伤害应急救护保障能力；完善学校体育重大问题的问责体制和责任追究制度建设，基本建立完备有效的学校体育工作管理奖惩制度。

（三）优化机制，确保学校体育发展经费投入的充足。各区县、学校要优化经费支出结构，逐步建立学校体育专项经费合理增长的机制；鼓励引入多元社会资源，多渠道筹措学校体育经费；健全经费管理监督机制，加强预算执行审计和重大学校体育项目建设经费使用全过程审计，将审计情况纳入事业单位综合绩效评价指标体系，推动学校体育的可持续健康发展。

（四）建设信息平台，提高学校体育工作的信息化水平。配合学生综合素质评价需要，建设全市性的体育活动管理和信息发布平台；推进本市公共体育场地和学生课外体育活动中心的信息环境建设，对学生校外参加体育锻炼情况进行记录和评价；积极推进体育与科技教育结合，在大中小学建设一批体育创新实验室，完善体育课程学习的数字化环境，推进体育课程教学手段和模式的创新。

（五）加强对外交流与宣传，丰富学校体育文化发展的软实力。进一步拓展青少年学生与国外学生的体育校际交流层次和方式，提升学生的国际交流与合作能力；加强学校体育宣传与新媒体的结合，建设学校体育新媒体平台；进一步推进学社和家校融合，传播健康理念和知识，形成全社会关心青少年健康成长的良好舆论氛围。

上海市教育委员会关于印发《上海市教育法治建设“十三五”规划》的通知

（沪教委法〔2016〕40号）

各高等学校、各区县教育局：

现将《上海市教育法治建设“十三五”规划》印发给你们，请结合实际，认真贯彻执行。

附件：上海市教育法治建设“十三五”规划

上海市教育委员会

2016年11月3日

附件

上海市教育法治建设“十三五”规划

为贯彻党的十八届四中全会关于全面推进依法治国的重要战略，落实教育部《依法治教实施纲要（2016—2020年）》和《全面推进依法治校实施纲要》的总体要求，根据《上海法治政府建设“十三五”规划》和《上海市教育改革和发展“十三五”规划》的部署，制定本规划。

一、“十二五”时期本市教育法治建设的主要成就

（一）主要成就与经验

“十二五”时期，上海市各级教育行政部门和各级各类学校全面贯彻落实 依法治国的重大战略布局，围绕中心、深化内涵、改革创新，全面推进了教育法治建设。立法工作多维度展开。组织开展了《上海市终身教育促进条例》《上海市未成年人保护条例》《上海市教育督导条例》等法律法规的修订起草工作，逐步形成了立法调研年度规划制度。积极开展地方性教育法规、规章和规范性文件的制定修订工作，完善地方教育法规体系。“十二五”时期，通过教育地方性法规4部，教育政府规章1部，市政府规范性文件9件。依法行政工作稳健落实。推进权力清单梳理、行政审批标准化建设，完善规范性文件管理长效机制，规范和提升了依法行政工作水平，建立健全教育法治工作机构和人员，明确行政执法依据和职责，依法处理各类教育行政复议、诉讼及申诉案件80余件。依法治校工作逐步推进。高等教育领域，组建了本市高校章程核准委员会，加强高校章程建设的研究、指导、交流和检查工作。基础教育领域，制定下发了《上海市中小学校幼儿园章程参考文本》，全面推进中小学校、幼儿园“一校一章程”建设。普法宣传环境逐步优化。深入推进“法治小达人”学法知法专项活动、“新沪杯”中学生法律知识竞赛、大学生法治辩论赛等法治宣传教育特色活动，逐步形成了教育系统内学法、尊法、守法、用法的良好氛围。专项研究发挥决策咨询作用。启动实施了“市政府决策咨询研究（教育政策专项）课题”、“上海市教育法治工作专项研究任务”等，组织召开了部分市政府机关法制工作部门协作会、京津沪渝教育政策研究与法治工作座谈会等，推进了市教育法学研究会相关工作，发挥了教育法治研究的资政育人作用。经过五年努力，上海市教育法治建设工作取得显著成效，为服务教育改革发展，推进上海教育法治现代化奠定了坚实基础。

（二）主要问题与不足

面对新形势、新任务，上海市教育法治建设还存在一些不适应，仍有一些薄弱环节，例如：立法资源稀缺、教育行政执法资源不足等问题还没有得到根本改变，现有教育法律法规体系仍有待完备；以传统行政方式看待和解决教育问题的现象仍然存在，依法改革、依法行政的意识仍有待提高；教育法治研究的决策咨询作用还比较有限，法治教育和研究的队伍建设还有待加强；依法治校、法治宣教的机制体制还有待完善。因此，进一步加强和改进全市教育法治建设工作是重要而紧迫的战略任务。

二、“十三五”时期本市教育法治建设面临的形势和任务

“十三五”时期是上海全面深化教育综合改革、率先实现教育现代化的攻坚阶段。把教育管理和办学活动纳入法治轨道，是推进教育治理体系和治理能力现代化的重要内容，是深化教育综合改革、推动教育科学发展的重要保证，是提高青少年综合素质，培养德智体全面发展的社会主义建设者和接班人的重要途径。

（一）法治政府建设迫切要求推进依法治教

依法治教是依法治国基本方略在教育领域的具体体现。随着社会主义民主法治建设进程加快，教育行政部门、举办者、学校、教师、受教育者等之间的法律关系出现了新的特点，迫切要求理顺各主体之间的关系，明确权利与义务，加快完善教育法律体系，建立权责明确、行为规范、运转协调、高效廉洁的行政

管理体制和执法体制，以良法推动善治。同时，上海加快“四个中心”和国际化大都市建设，迫切要求促进政府职能转变，提升教育领域依法行政的水平，保障公民受教育权，为法治上海、法治政府建设提供有力保障。

（二）全面深化教育综合改革迫切需要法治保障

教育综合改革事关全局，不仅要破除制约教育事业科学发展的一些体制机制障碍，还要与经济、政治、文化、生态文明建设等改革相互配合、协同闯关，因此各项改革举措的研制与出台必须于法有据、有法可依，迫切需要运用法治思维和法治方式，调整、规范和解决教育改革与发展中出现的新情况和新问题，有效化解矛盾，积极维护稳定，确保在法治轨道上推进改革。

（三）培育法治文化迫切期待加强法治人才培养

当前，我国正处于改革的攻坚期、发展的关键期、稳定的风险期，人民群众的民主法治意识、政治参与意识、权利保障意识普遍增强，对于社会公平正义的追求愈发强烈，对于更加充分地发挥法治在国家治理和社会管理中的作用充满期待。同时，在教育领域，我们国家面临着实现教育现代化的时代使命，上海已启动创建全球有影响力的科技创新中心等任务，迫切需要要把法治教育纳入国民教育体系，加强法治人才培养，依托更高水平和更优质量的教育，使每一名公民都成为法治的坚定信仰者、自觉遵循者和积极捍卫者。

三、“十三五”时期本市教育法治建设的总体目标和基本思路

（一）总体目标

“十三五”时期，上海市教育法治建设的总目标是：基本形成“一个机制、四个体系”，基本实现上海教育法治现代化。

“一个机制”，形成政府依法行政、学校依法治校、教师依法执教、社会依法评价和支持教育发展的教育法治实施机制。

“四个体系”，一是形成系统完备、层次合理、科学规范、运行有效的教育法律制度规范体系；二是形成政府依法监督、学校自我监督、第三方评估与社会监督相结合，严密有效的教育法治监督体系；三是形成教育法治工作机构队伍健全、体制机制完善，能够为教育改革发展提供有力支持的教育法治保障体系；四是形成完备的青少年法治宣传教育体系。

（二）基本思路

高举中国特色社会主义伟大旗帜，全面贯彻落实党的十八大和十八届三中、四中全会精神和习近平总书记系列重要讲话精神，以基本实现教育法治现代化为总目标，以依法治国、依法治教的基本精神和总体战略为指导，坚持问题导向，坚持项目抓手，注重顶层设计与基层实践相结合，注重试点引领与全面推广相结合，注重依法行政与依法治校相结合，注重遵循规律和创新发展相结合，着力从深层次破解教育立法、教育执法、依法行政、依法治校、法治宣传教育、法治队伍建设等方面存在的瓶颈问题，切实提高上海教育法治建设水平。

四、“十三五”时期本市教育法治建设的主要任务和举措

（一）教育法律制度规范体系建设计划

坚持教育立法与教育改革决策相衔接，做到重大改革决策依法有据，以法律规范引领和推动教育改革。坚持立、改、废、释并举，针对本市教育改革和发展的重点难点问题开展立法调研，配合立法机关及时制定和完善地方性法规、政府规章。

1. 教育法规制定修订项目。制定《上海市高等教育促进条例》，为建设与国际大都市相匹配的高等教育提供法律保障，引导上海高等教育分类发展、办出水平和特色，满足人民群众对高等教育多样性和优质化需求。制定《上海市民办教育促进条例》，依法保障民办学校法律地位，完善民办教育发展优惠政策，建立健全公共财政对民办教育的扶持政策。修订《上海市职业教育条例》和《上海市终身教育促进条例》，进一步衔接国家立法，拓展立法范围。

2. 立法调研规划项目。开展《上海市中小学校工作条例》立法调研，进一步明确中小学办学方针、职能特色，理顺权责关系和政校关系，实现中小学自主办学、依法治校。开展《上海市学前教育条例》立法调研，规范各类托幼机构办学行为，促进学前教育协调发展。开展《上海市校外教育工作条例》立法调研，明晰校外教育概念、性质、职能、校内外教育衔接的办学规范、社会职能等，规范校外教育活动场所的教育活动及建设标准。

3. 教育规章制定项目。制定《上海市外籍人员子女学校审批和管理办法》，加强对本市外籍人员子女学校的审核、监督和管理，有效解决外籍人员子女学校审批和管理等方面出现的新情况和新问题。制定《上海市教育评估办法》，适应教育管办评分离要求，规范各类教育评估工作，培育和引导第三方评估机构参与教育评价。开展上海市教育与行业企业紧密协作办法的调研与前期研制，适应应用型人才培养机制变革要求，规范行业企业与学校紧密合作协作行为。

（二）依法行政机制推进计划

以“管办评”分离为总体思路，以职能科学、权责法定、执法严明、公开公正、廉洁高效、守法诚信为基本要求，进一步深化改革，加快建立法治化教育行政管理体制，促进教育行政部门依法转变职能、创新管理方式，实现依法行政。

4. 管理职责清单推行项目。梳理市、区县教育行政部门行政权力清单，开展市教委行政权力事项标准化建设，研究制定教育行政权力运行制约监督办法，保障各级教育行政部门按权力清单依法行政。梳理市、区县教育行政部门行政责任清单，进一步明确部门、岗位职责，建立责任清单运行监督考评办法，切实提高教育行政效能。通过逐步开展市和区县行政职权梳理和标准化建设，逐步实现教育系统行政管理制度化、规范化。

5. 行政审批改革深化项目。完善教育行政审批事项规范化建设，对教育行政审批事项实行目录化管理，对内编制《教育行政审批事项业务手册》，明确教育行政审批的操作流程和工作职责；对外公布《教育行政审批事项办事指南》，明确教育行政审批的具体条件和规则。研究取消部分非行政许可审批，对取消下放的审批事项加强事中事后监管。探索建设市教委行政审批网上网下“一门式服务”窗口，统一受理行政审批申请，提升行政审批效能。

6. 依法决策机制完善项目。建立教育重大决策专家论证和风险评估机制，对教育重大决策进行合法性、合理性、可行性和可控性评估。健全教育行政机关内部重大决策合法性审查和集体讨论机制，明确集体讨论决策前的合法性审查流程，健全集体讨论议事规则。建立教育重大决策听证制度，逐步健全公众参与教育重大决策听证程序，将听证意见作为教育重大决策的重要参考。建立教育重大决策跟踪反馈机制，明确教育重大决策跟踪评估程序，确保评估结果发挥相应作用。

7. 规范性文件管理项目。强化《上海市教育委员会行政规范性文件制定管理办法》实施，通过立项审查、年度公示、定期和专项清理，确保规范性文件的合法性和合理性，增强规范性文件的公信力和执行力。建立市教委规范性文件评估管理制度，调查分析和综合评价规范性文件制定与实施中涉及的目标举措、执行情况、实施效果、存在问题、影响因素，提出完善政策、改进管理建议。加快建立规范性文件管理信息化支持保障系统，提高规范性文件使用和管理效能。

（三）教育行政执法体制改革计划

深化教育行政执法体制改革，深入推进教育部门转变职能、依法行政，有效破解当前教育管理面临的突出问题，为教育综合改革提供良好的法治环境。

8. 教育行政执法规范建设项目。深化实施《上海市教育委员会关于教育行政处罚的裁量基准（试行)》,完善教育行政处罚裁量基准,健全教育行政执法规范程序,增强行政处罚的可操作性。在深化上海教育行政执法体制改革试点基础上,推动区县教育行政部门在执法机构和队伍、执法方式和手段、执法程序和执法联动等方面取得突破和发展。定期组织对教育系统行政执法人员开展专题培训,经考试合格后颁发行政执法证,规范教育行政执法人员持证上岗制度。

9. 行政执法监督检查项目。建立教育行政执法专项检查制度,对区县教育行政部门贯彻执行法律法规情况和各级各类学校依法办学情况进行执法检查。完善对社会违法办学情况的专项检查制度,依法建立"双随机"为主的事中事后监管机制,督促、查处相关教育违法违规办学行为。

10. 综合协同执法创新项目。理顺教育系统内部行政执法职能,完善教育系统内部行政执法统筹运行机制,统筹行使教育行政执法权。加强市、区两级教育行政部门联动,整合教育行政执法资源,完善纵向执法联动机制。加强教育与工商、司法、公安等部门的协同,开展联合执法,完善教育行政部门与外部门间的横向协同执法机制。

(四) 依法治校科学发展计划

深入推进依法治校,充分发挥法治在学校管理中的重要作用,进一步提高学校管理水平,维护学校、教师、学生合法权益,建设现代学校制度,提高学校治理法治化、科学化水平。

11. 现代学校制度推进项目。深入推进学校章程建设,建立健全学校章程核准后的执行和监督评价机制,推动学校建立以章程为核心的规章制度体系。深化地方高校实施现代大学制度建设试点的基础上,促进高校完善内部治理结构及运行规则,推动教育管理体制创新。制定多元主体参与的校务委员会试点方案,明确高校校务委员会运行规则,提高校务委员会的咨询评估能力。探索制定中小学(幼儿园)家长委员会规程,明确中小学家长委员会的职责权限、人员构成及运行规程,健全中小学家长委员会制度,创新家校互动新机制。

12. 依法治校示范学校创建项目。细化、修订学校依法治校评价指标体系,探索建立学校自查、专家评审、行政部门复查以及第三方评估、社会评价的多元考核机制。创建一批市、区级依法治校示范校,推广典型经验,发挥示范校的引领作用,提高依法治校整体水平。推动学校将依法治校作为专项工作纳入整体规划和年度考核,逐步建立学校依法治校年度报告制度。

13. 师生合法权益保障项目。完善信访、调解、申诉、仲裁等师生权益保障和校内纠纷解决机制,依法妥善、便捷处理校内纠纷。研究制定加强中小学校安全风险防控和法律援助的方案,完善学校保险机制,健全校园安全问题解决的法治框架。依托高校与专业机构力量,探索行政部门外第三方参与解决学校纠纷的有效途径,探索建立市区两级师生权益保障与权利救济机制。

(五) 法治教育创新提升计划

创新青少年法治教育内容和形式,培养青少年学生学法、尊法、守法、用法的意识和能力,形成良好的法治氛围和环境,有效提升法治宣传教育实效。

14. 传统媒体协同普法项目。推动媒体承担法治宣传教育职责,健全与媒体协同公益普法机制,依托广播、报纸、电台、电视台等传统媒体开设法治宣传教育专栏专版,搭建声、屏、网、报等立体宣传平台,推动各类普法资源平台、信息发布平台、法律法规解读平台、法律咨询平台建设,提供法治宣传服务,提高法治教育的覆盖面和渗透力。

15. 新媒体法治宣传教育创新项目。大力推进教育行政部门门户网站等网络阵地法治宣传,加强普法网站和普法网络集群建设。广泛运用手机短信、微博、微信、户外电子屏、"易班网"等新型宣传阵地传播教育法治新闻、口号和标语,开展普法活动,使法治宣传教育贴近学生、贴近实际、入脑入心。探索加强新媒体技术在法治宣传教育中的推广和运用。

16. 法治宣传实践启航项目。大力开展校园法治建设,组织国家宪法日和相关纪念日学生法治宣传活动，培养青少年懂法、守法和护法观念。依托党团、少先队等组织，开展形式多样、奋发向上的青少年学生法治宣传教育活动。持续深入开展大学生法治辩论赛、“新沪杯”中学生法律知识竞赛等特色活动，完善奖励机制，固化、推广优秀项目的教育成果。

17. 法治教育基地建设项目。整合上海法治教育社会资源，争取财政专项支持，推动实施“312”法治教育实践基地项目，到2020年，力争建成3个国家级法治教育示范基地、10个市级法治教育示范基地和20个区县级法治教育实践基地。鼓励区县和学校根据青少年法治教育大纲编写区本、校本法治教育教材，探索校园法治教育教学方式方法创新。

18. 教育法治论坛打造项目。在教育部指导下，打造有全国影响力的教育法治高端论坛，邀请国内外知名专家、学者，聚焦主题、研判趋势、分析研究核心问题、前沿问题，增进跨区域的教育法治建设的交流合作，服务上海和全国的教育法治建设。

（六）法治工作发展保障计划

加强卓越法律人才培养，培育一批教育法治建设骨干人才。推进教育法治研究管理和成果培育，建立教育法治研究智库，探索建立全国青少年法治教育研究中心，促进成果转化，繁荣创新上海市教育法治建设。

19. 教育法治工作强化项目。定期组织召开市级层面教育系统内部法治建设领导小组会议，共同研究教育法治工作进程中的方针政策和重大问题。逐步建立以法治工作机构人员为主体，吸收专家和律师参加的法律顾问队伍；研究制定《关于在上海市教育系统进一步推进法律顾问制度的若干意见》，明确教育法律顾问组织架构、运行方式、工作机制。在教育行政部门职能调整过程中完善法治工作机构，配足配强法治工作人员，充分发挥上海教育执法事务中心的重要作用。

20. 教育法治人才培育项目。完善优秀法律人才培养体系，实施卓越法学教育计划，开展卓越法律人才培养计划。建设上海教育法治人才培育项目、专门工作室，开展法治人才专项培训等，培育一批开展教育法学和现代学校制度建设理论研究和实务工作的骨干人才。依托高校和区县建立若干培训基地，制定培训计划和考核标准。实施市区教育行政执法人员培训计划和中小学法治教育骨干教师（含校长）培训计划，实施有针对性的法治专题培训。

21. 教育法治研究管理项目。继续推进教育法治课题研究和项目平台建设，积极推动市教育法学研究会的有效运作和作用发挥。开展长三角、长江经济带以及京津沪渝跨区域的教育法治联动研究，推动项目落实。鼓励高等学校和研究机构加强教育法治联合研究，探索建立全国青少年法治教育研究协同创新中心。有效运作上海教育立法咨询与服务研究基地、上海市教育法制研究中心等，开展长期、稳定、高水平的教育法治相关研究服务工作。

五、“十三五”时期本市教育法治建设的保障体系

（一）加强领导

市区两级教育行政部门对本行政区域内的教育法治工作总负责，建立健全“一把手”直接挂帅的工作机制，统一领导，综合协调。各级各类学校要建立主要负责人直接牵头的组织领导体系，根据实际需要成立依法治校领导小组，定期召开领导小组会议，要将依法治校工作纳入整体工作规划和年度目标考核。

（二）统筹协作

加强教育法治建设的整体规划，建立统筹协调机制，形成齐抓共管、协同推进教育法治建设的工作格局。建立教育部门与司法机关的沟通协作机制，完善教育部门内部联动机制，各部门各司其职、相互配合、密切协作，共同推进法治建设。探索完善跨区域教育法治协作机制，健全社会协同机制。

（三）监督评价

各级教育行政部门和各级各类学校要建立科学的教育法治建设指标体系和考核标准，将法治建设成效列入综合评估考核内容，严格实行奖惩。创新监督评价机制，引入社会监督和利益相关人监督，进一步健全教师、学生的行政申诉制度，完善行政监管机制。

（四）资源保障

根据教育法治工作规划，设立教育法治建设专项经费，完善经费投入机制，加强经费依法使用管理。各级教育行政部门、各级各类学校要根据实际情况统筹安排经费，保障规划确定的各项举措得以落实。拓宽教育法治经费来源渠道，鼓励社会力量出资或捐资，凝聚力量共同支持教育法治工作科学发展。沪教委法〔2016〕40号

上海市教育委员会关于印发《上海市职业教育改革和发展“十三五”规划》的通知

（沪教委职〔2016〕51号）

各有关委、办、局、控股（集团）公司，各区县教育局：

现将《上海市职业教育改革和发展“十三五”规划》印发给你们，请结合本单位实际，认真贯彻执行。

附件：上海市职业教育改革和发展“十三五”规划

上海市教育委员会

2016年11月8日

附件

上海市职业教育改革和发展“十三五”规划

为全面贯彻党的十八大和十八届三中、四中、五中、六中全会精神，落实《国务院关于加快发展现代职业教育的决定》《上海市人民政府关于加快发展现代职业教育的决定》要求，按照《上海市教育综合改革方案（2014—2020年）》《上海现代职业教育体系建设规划（2015—2030年）》提出的重点任务，对接新时期上海创新驱动发展、经济转型升级要求，加快建成开放融合的上海现代职业教育体系，特制定本规划。

一、“十二五”发展回顾

“十二五”期间，上海职业教育围绕“学生能发展、就业有优势、办学高水平”的发展主线，做精、做特、做强，为“十三五”时期的可持续发展奠定了坚实的基础。

（一）实施顶层设计，现代职业教育体系逐步优化

编制实施《上海现代职业教育体系建设规划（2015—2030年）》，强化政府宏观管理，超前谋划上海职业教育事业发展。稳步推进中高职贯通培养模式试点，启动“中等职业教育—应用型本科教育”贯通培养模式试点。推进职业教育融通发展，进一步推动学历证书与职业资格证书“双证融通”专业改革，扩大试点规模。探索职业教育与终身教育的有机融通，以上海开放大学为合作平台，在部分中等职业学校开展中高职

立交桥学分银行模式的研究与试点。

（二）优化布局结构，学校与专业布局更加合理

根据城市功能定位、产业结构调整、经济增长方式转变和科技进步特点，全面优化调整学校与专业布局。至2015年，建成国家中等职业教育改革发展示范学校18所，上海市中等职业教育改革发展特色示范学校24所。独立设置的高等职业学校26所，其中国家级示范性高职院校7所。全市中等职业学校逐步建立起布局合理、结构优化、特色鲜明、品牌纷呈的专业体系，调整后的专业在一、二、三产业中所占比例为1∶20∶79，基本符合上海产业发展要求。高等职业院校专业点在一、二、三产业中所占比例为2∶17∶81，专业结构及专业承载量日趋合理。

（三）强化教学资源，内涵建设成效显著

开展市级重点专业、精品特色专业、精品课程、网络课程、国际水平专业教学标准、“双证融通”等系列内涵改革项目，推动课程体系、师资队伍和人才培养国际化。2014年获得4年一届的职业教育国家级教学成果奖一等奖5项、二等奖12项。

（四）打造教师队伍，“双师型”教师素质明显提升

形成国家级、市级、区级和校本多层次师资培养培训体系，为培养“双师型”教师创造条件。实施中职校长（书记）职级制改革，体现职业学校领导岗位能力要求。连续24年举办中职“教学法评优”，连续5年举办高职“重点专业建设教学设计比武”，激发教师团队推进教学改革热情。近500名中、高职学校的教师赴发达国家和地区研修，造就了一批具有国际视野、在学校管理和教学中发挥引领示范作用的名校长、名教师。

（五）建设信息化平台，信息化教学和管理水平得到提升

深化三大信息化平台建设。建立信息化应用平台，推动“易班”平台、搭建教研平台；建立信息化资源平台，包括数字图书馆、精品课程、网络课程等优质教学资源；建立信息化管理平台，集学校专业设置、教师队伍、学籍管理、学生资助等为一体。“智慧教室”和“创新实验实训中心”建设范围不断扩大。

二、“十三五”面临的新形势

当前，上海正按照国家推进“四个全面”战略布局的要求，以当好改革开放排头兵和创新发展先行者的要求，加快建设“四个中心”和具有全球影响力的科技创新中心，职业教育事业发展面临新形势，机遇与挑战交织并存。

（一）经济发展新常态要求职业教育布局结构进一步优化

我国经济发展进入新常态，以创新、协调、绿色、开放、共享的发展理念引领未来发展，“中国制造2025”“互联网＋”行动计划等成为发展新动力。上海进入创新驱动发展、经济转型升级攻坚期，着力优化经济结构，提高发展水平，要求职业教育提供更加有力的技术技能人才支撑，形成与产业发展更加匹配的职业院校和专业布局形态，支撑上海新产业、新技术、新业态、新模式的发展。

（二）城市竞争力提升需要构建更为开放融合的职业教育体系

建设国际大都市，提升城市国际知名度和影响力，要求职业教育拓展服务功能和增强国际影响力。落实“一带一路”、长江经济带战略等，要求上海职业教育增强辐射服务功能。实施信息化领先发展带动战略，新一代信息技术应用和智慧城市建设提出新任务，提升城市竞争力迫切需要构建并完善开放性、融通性、终身性的现代职业教育体系。

（三）人民群众多元诉求期待深化职业教育内涵建设

职业教育是重要的民生工程。随着全面建成小康社会以及人民生活水平的提高，学生家长对教育的多元诉求更加强烈。围绕走出一条符合上海超大城市特点的城市管理和社会治理新路子的目标，需要职业教育进一步深化内涵建设，提升教师队伍水平，提高教育教学与毕业就业质量，在促进大众创业、万众创

新和维护社会稳定方面发挥更大的作用。

（四）经济社会发展需要创造适合职业教育发展的环境

新历史起点上的全面深化改革赋予新使命，上海职业教育需要深入落实教育综合改革任务，加快完善适合职业教育发展的制度环境和社会氛围，落实国家职业资格清理规范要求，大力弘扬新时期工匠精神，营造尊重劳动、崇尚技能的社会风尚，提高职业教育的社会认可度，逐步形成可复制、可推广的经验，服务全局发展。

三、总体要求

（一）指导思想

按照"五位一体"总体布局和"四个全面"战略布局，深入贯彻全国及上海职业教育工作会议精神，进一步落实国家和上海市中长期教育改革和发展规划纲要，以学生发展为本，立德树人，以美育人，为新常态下经济社会发展奠定坚实的高素质劳动者和技术技能人才基础。

（二）总体目标

优化职业院校布局结构，提升职业院校内涵建设，拓展职业教育功能。统筹协调职业教育内部的关系，职业教育与普通教育和终身教育的关系，职业教育与产业、行业和企业的关系。完善职业教育发展环境，提高信息化水平和国际影响力，构建开放融合的现代职业教育体系，更好地培养知识型、发展型、国际化的技术技能人才。

（三）具体目标

1. 发展规模

到2020年，保持中等职业学校和普通高中招生规模的大体相当，中等职业教育在校生规模在14万人左右。专科高等职业教育在校生规模在14—15万人，接受本科及以上职业教育的学生达到一定规模。

2. 布局结构

调整优化院校资源，推动一批本科院校转型。优化专业布局，通过政策引领、经费支持等，促进本市重点发展的专业大类形成合理布局。优化区域布局，全市16个区引导各自区域内职业院校重点发展一批支撑区域经济发展的专业。

3. 类型结构

深化中高、中本贯通培养改革，到2020年，中高职贯通培养达到中等职业学校专业点的30%以上，中本贯通培养达到中等职业学校专业点的10%。推进"专科高职—应用型本科—专业学位研究生"有效衔接的人才培养试点。

4. 内涵发展

开展专业教学改革。品牌专业达到中等职业学校专业点的10%。推动高职院校在学科专业建设、人才培养模式等方面全面推进改革。公共实训基地(开放实训中心)全面实现能级提升和功能拓展，共建共享100个开放实训中心和一批世界技能大赛选手培训基地。

5. 师资队伍

完善教师培养培训体系。制定本市职业教育"双师型"教师标准，"双师型"教师占专任教师的比例超过50%。建立新教师规范化培训制度，进一步提升专业教师的专业能力，进一步提升公共基础课和文化课教师素质素养。

6. 校企合作

到2020年，90%以上中高职院校参与集团化办学，职业教育集团覆盖全市各区和主要行业。健全中高职院校之间、学校企业之间实习实训等资源的共享机制，90%以上的院校与行业企业成为紧密型合作伙伴。

四、主要发展任务

（一）加强立德树人

围绕立德树人根本任务，注重培育工匠精神，适应经济社会发展需求，遵循学生成长和教育规律，以培育和践行社会主义核心价值观、弘扬中华优秀传统文化为主要任务，以政治认同、国家意识、文化自信、公民人格为主要内容，以敬业爱岗、诚实守信为重要素质，一体化构建具有职业教育特色的德育内容体系和工作体系，形成学段间纵向衔接，课内课外网上网下横向贯通，学校、家庭和社会三位一体的全方位育人共同体，完善校企合作协同育人机制，加强法制知识教育、道德品行教育、心理健康教育，全面提升学生的思想道德素质，促进学生身心健康发展。

探索中等和高等职业教育德育课程的纵向衔接。改革德育课程，改进教学方法，整合教育资源，提升教育实效。加强学生志愿服务（公益劳动）等社会实践，中职阶段志愿服务（公益劳动）课不少于20学时，中职学生志愿服务（公益劳动）达标率不低于95%。

深入挖掘学科教育的德育功能，促进人才培养过程中知识水平、技能水平、价值观等有机统一。探索课程育人、实践育人、文化育人、管理育人的有效方法和途径。

制定学校心理健康教育工作规范与标准。加强学校心理健康教育队伍建设，推进心理健康教育教师专业认证、继续教育和督导制度，开展骨干教师专项培训，鼓励班主任及学科教师参加学校心理咨询师的核心课程学习。开发一批心理健康教育精品课程，培育一批心理健康教育品牌活动项目，建设一批心理健康教育示范校。探索学生心理健康医教协同机制，健全学生心理危机干预网络，提高心理危机预防与干预能力。

推进学校、家庭、社会三位一体合力育人机制建设，创新家庭教育指导形式，完善家庭教育社会支持体系。培育、优化、构建家庭教育优质资源库。加强家庭教育指导师队伍建设，提升中职教师的家庭教育指导水平。培育和建设上海市家庭教育示范校。

提升人文素养。以美育人，以文化人，整体提高职业院校美育发展水平，提升职业院校学生艺术和人文素养。开好与基础教育相衔接的美育课程，积极探索具有职业教育专业和学生特点的拓展课程。创设以美育人的校园文化氛围，加强学校艺术团建设，定期举办综合性艺术节，让每个学生在校期间至少参加一项艺术活动，培养一项艺术爱好，中职学生参与美育活动率达到100%。

形成特色体育文化氛围。以“天天锻炼、健康成长、终身受益”为目标，保证体育课程时间。强化课外锻炼和科学指导，丰富教学手段。加强体育教师队伍建设，有序开展课余训练和运动竞赛。共建共享学校体育设施，拓展学生校内体育活动空间。重视运动技能培养，逐步形成一校多品的教学模式。

（二）完善培养体系

鼓励中等职业学校特色办学。在经济社会发展有迫切需求、应用型人才培养目标明确的专业领域，整合优质职业学校资源，试点举办五年一贯制高职院校。

创新应用型人才培养模式。建立以职业需求为导向、以实践能力培养为重点、以产学结合为途径的专业学位研究生培养模式。鼓励一批行业特色鲜明、专业设置与职业岗位联系密切的本科院校转型，从事应用型本科直至专业学位研究生层次的技术技能人才培养。推动相关高校的应用型专业设置由以学科为导向，逐步转变为以行业和岗位要求为导向。

丰富应用型人才培养体系。建立相应专业学位研究生与专业学位博士相衔接、行业与学校共同参与、相对完整的高层次应用型人才培养体系。推进住院医师规范化培训与临床医学硕士专业学位相结合改革，实施专科医师规范化培训与博士专业学位教育相结合改革。逐步将行业规范化培训与专业学位教育相结合的模式推广运用到教育、艺术等专业学位类别的人才培养，满足行业产业对高层次人才的需求。

完善"文化素质＋职业技能"招生录取制度。鼓励专科高职院校把特色专业招生和主要招生计划安排在统一高考之前，作为专科高职院校招生的主渠道。2017年起，在本市专科层次依法自主招生中，专科高职院校依据普通高中学业水平考试成绩、职业适应性测试情况和综合素质评价信息进行录取。2018年起，专科高职院校依据中等职业学校学生的文化素质和职业技能进行录取。先行先试，推进完善中高职、中本等不同学段职业技术教育人才衔接贯通培养考试招生制度改革。

加强普职渗透，促进学生多样化选择。推进"职业体验日"制度化，面向本市中小学全面开放职业院校实训场所、课程、师资等教育教学资源，丰富中小学生职业体验的内容和形式。探索在普通高中引入职业技术课程，为普通高中学生接受职业基础教育创造条件。

加强工读教育与职业教育融通发展。推动开展特殊职业教育。采取在职业院校举办特教班、残疾学生随班就读等多种方式，为残疾学生提供职业教育机会。完善适合残疾学生特点的招生考试制度。

探索学分转换制度。逐步建立体现职业教育特征的职业院校与开放大学、成人高校的学分转换机制，职业资格证书与开放大学、成人高校课程之间的学分转换制度。

（三）提高内涵质量

提升专业发展水平。建立专业教学标准与职业标准联动开发机制，继续开发一批服务上海重点产业、特色产业、新兴产业的专业教学标准。建立专业教学标准定期修订机制。实施高等职业教育创新发展三年行动计划。对接国际标准、服务产业升级、聚焦民生需求，打造一批国内领先、具有国际竞争力的高职一流专业；建设一批在本市、全国乃至世界范围内有重要影响的中职品牌专业，形成丰富的职教资源和较高知名度的专业品牌，形成整体发展格局，带动其他专业向高水平发展。

开展教学改革实践。重点开展以任务引领为基本特征的专业和课程改革，引导更多职业院校深入开展教学改革的研究与实践，搭建学校专业教学设计比武、教师教学法评优和信息化教学大赛等平台，完善职业教育科研与教研活动机制。形成职业教育教材建设新机制，搭建校本教材展示交流平台。继续开展精品课程建设，促进精品课程开发成果的应用与共享。

建立中等职业学校学业水平考试制度。构建具有职业教育特色的"强素质、重能力"综合素质评价体系及信息系统，2016年起，在本市中等职业学校新生中全面实施。

完善现代职业学校制度。形成自主管理、自我发展、自我约束的长效治理机制。加强和推动职业院校教学工作诊断与改进。大力推进创新创业教育，推动职校毕业生成为大众创业、万众创新的力量之一。

（四）强化师资力量

打造"双师型"职业教育教师队伍。提升教师的教育教学水平、应用技术研发和实践能力。完善"双师型"教师的考核评价指标，突出实践经历和技能水平，着力提升专业课专任教师的"双师型"教师比例。进入"双师型"系列的教师，每5年应至少在相关行业企业实践累计1年。

搭建教师双向聘用、双向流动机制。建立职业院校教师与企业管理人员、工程技术人员、高技能人才的双向聘用机制，完善兼职教师管理办法，完善教师专业技术职务聘任和薪酬制度。发挥市场在师资配置中的作用，允许职业院校设立一定比例的流动岗位，建立学校教师和行业企业、科研机构高技术专门人才的双向流动机制。

加强教师培训，促进教师发展。加强师德师风建设，提高教师的育德意识和育德能力；完善新任教师岗前规范化培训制度，提升教师的教育教学水平。促进职业院校与相关企事业单位的合作，加强职业院校教师技术能力培养，促进教师职业发展。

（五）提升基础能力

实施职业院校办学标准达标工程。加大基本建设和设施设备投入力度，确保2020年职业院校全部达到国家制定的办学标准。实施高等职业院校技术技能培养能力提升工程，改善学校实习实训条件，支持建设一批与产业应用技术发展前沿紧密对接的产教研协同创新中心(基地)。

提升开放实训中心能级。进一步完善职业教育开放实训中心的布局和功能形态,重点建设若干示范性实训中心,加强对开放实训中心的运行管理。

发挥公共实训资源效能。建立公共实训资源信息平台,定期发布实训信息,实现公共实训资源信息公开。重点推动高技能人才培养基地实训中心向职业院校教师和学生开放,推动职业院校的实训中心向企业、社会开放。开展定期的评价考核,提升各类实训中心的开放度。

(六) 深化校企合作

加强校企合作平台建设。推进创新联盟、创新基地、产业基金和人才实训平台建设,依托四个平台促进"四新"经济发展,服务职业教育,强化职业教育的技术技能积累作用。鼓励行业、企业等力量参与办学,探索多元主体办学模式,探索组建覆盖全产业链、跨行业、跨部门、辐射区域发展的各类职业教育集团,至"十三五"末覆盖全市各区和主要行业。

鼓励职业院校主动对接企业和市场。根据产业转移的实际情况,通过定向培养或直接到企业所在地举办职业教育,支持职业院校服务上海市企业和产品国际化发展,支持有条件的职业院校与海外联合办学,加快培养具有国际竞争力的技术技能人才。

鼓励企业通过校企合作共同培养培训人才。对举办职业院校的企业,其办学符合职业教育发展规划要求的,通过政府购买服务等方式给予支持。对职业院校自办的、以服务学生实习实训为主要目的的企业或经营活动,按照国家有关规定享受税收等优惠。引导支持社会力量兴办职业教育。

推动产业部门、行业企业参与职业教育专业教学资源库建设。与相关产业对接,扩大学历证书与职业资格证书"双证融通"专业改革的试点规模,在应用型本科开展"双证融通"试点工作。进一步开展现代学徒制试点,推进校企一体化育人。

(七) 推进信息化建设

发挥优质职业教育资源的辐射功能。围绕上海教育信息化标准规范体系建设,推进职业教育资源的整合和融通,探索建立政府主导、多元参与、共建共享的职业教育资源供给模式;围绕上海教育资源中心建设,坚持以教学需求为核心,充分发挥学校的主体作用,完善以数字化课件、实训教学案例等为主要内容的职业教育资源中心。

推进信息技术在职业教育教学中的应用。以教师培训为抓手,强化教师的信息化素养和信息技术应用能力,提升教育教学质量;支持学校和教师开展信息化环境下的教学模式改革试点,探索虚拟实训与实际操作相结合的教学方式,打造一批创新实验实训中心。

建立基于数据分析的管理决策机制。推进职业教育各项业务管理系统与上海教育数据中心的对接,围绕上海大规模智慧学习平台的建设,建立以职业院校师生为主要服务对象的教学和学习平台。通过过程性数据的实时收集和精确处理,为开展评估评价提供数据支撑。完善职业教育信息化综合管理平台建设,优化业务管理流程,开展基于大数据的决策分析,提升职业教育的管理效能和水平。

开展职业教育易班试点工作,推进数字化校园和城域网建设,建设智慧教室,完成数字图书馆平台搭建工作和网络教研平台建设工作。

(八) 提升国际化水平

进一步加强国际合作与交流。根据产业发展需求,推进职业院校和培训机构开展国际合作,引进优质的海外师资来校任教。引入高水平职业教育资源与培训品牌,积极鼓励和支持职业院校与国外行业组织开展合作,打造若干所具有国际水平的职业院校和培训机构。

提升职业教育国际影响力。积极参与制定职业教育国际标准,引进和借鉴国际职业资格认证。鼓励和支持职业院校教师与学生获取国际职业资格证书,开展国际水平专业教学标准试点达30个左右。

主动发掘和服务“走出去”企业的需求。鼓励支持有条件的职业院校根据国内外需求培养本土化技术技能人才、招收留学生、开展职业培训、赴国(境)外办学,构建与中国企业和产品“走出去”相配套的职业教育发展模式,培养具有国际视野、通晓国际规则的技术技能人才和中国企业海外生产经营需要的人才。

五、重点发展项目

(一)现代职教体系全面构建计划

建设目标:

按照以人为本、面向人人,政府推动、需求导向、整体协调、系统培养的原则,优化区、校与专业布局形态,完善现代职业教育体系。

建设内容:

优化三大布局。在区、校、专业等三个维度促进职业教育布局调整,引导职业院校围绕经济社会需求,形成区、校与专业发展特色。

建设两类学校。根据上海区域经济社会发展需求与学校现状,建设(若干所)亚洲一流、世界知名的高端职业院校;整合院校资源,建设(若干所)五年制专科学校。

完善培养途径。优化中职—专科高职—应用型本科—专业学位研究生相衔接的人才培养体系,完善中高职贯通培养,推进中职—应用型本科贯通培养、专科高职—应用型本科—专业学位硕士衔接培养。依托上海开放大学平台,进一步探索构建中高职立交桥学分银行新机制。

(二)职业教育内涵深化计划

建设目标:

以产教融合、校企合作为根本形式,提高职业教育内涵质量和育人质量,全面提升办学绩效和培养知识型、发展型、国际化技术技能人才水平。

建设内容:

建立专业调整优化引导机制。推动职业教育课程教学改革,推进专业设置与产业需求对接,课程内容与职业标准对接,教学过程与生产过程对接,毕业证书与职业资格证书对接,职业教育与终身学习对接。开发专业教学标准,推进国际水平专业教学标准开发与实施,重点探索在人才培养目标、职业能力标准等8个方面与国际先进水平接轨,逐步扩大各专业大类试点范围。促进专业教学标准与职业标准联动开发,逐步完善技术技能人才需求信息的定期发布机制,构建专业调整优化快速响应机制。

推动校企深度合作。扩大“双证融通”专业改革试点范围和规模,逐步延伸至应用型本科,将“双证融通”改革要求融入专业教学标准修订内容,探索“双证融通”的常态化运行。建立一批现代学徒制试点项目,新增试点超过现有规模20%,探索构建校企分工合作、协同育人、共同发展的长效机制,逐步形成具有上海特色的现代学徒制人才培养模式。

提高信息化水平。推动教学改革成果与教学资源交流共享,建立职业教育优质教学资源中心,推广多媒体仿真教学软件(仿真实训系统、网络教学平台等)在教育教学中的应用,创设虚拟实训环境,提高现代信息技术在教学中的应用水平。

开展专业评估和学校水平评估。实施职业院校教学诊断与改进工作,引导职业院校建立健全内部质量监控体系,形成行业企业参与、具有职业教育特点的质量监控体系。

促进学生德育发展。加强职业道德教育,积极培育和践行社会主义核心价值观。推进产业文化进教育、企业文化进校园、职业文化进课堂。弘扬民族优秀文化和现代工业文明,传承民族工艺文化中以德为先、追求技艺、重视传承的优良传统,促进学生养成精益求精的工匠精神。

（三）师资队伍能力提升计划

建设目标：

按照强化培训、促进发展、推动共享的原则，加快“双师型”教师队伍建设，提升职业教育教师教学水平和应用技术研发和实践能力。

建设内容：

加强教师培训。完善职业教师培训机制，加强新进教师培训，实现与普通教育教师培训资源的共享，联合人保部门遴选优秀企业作为教师培训基地。完成中职学校教师市级培训与上海教师教育管理平台的共享对接，建立面向中职教师的培训学分管理制度。

促进教师发展。根据职业教育特点、总体规划、学生规模和专业发展需要等，加强管理和使用公办职业院校教职工编制，积极探索开展中等职业学校设置正高级教师职务（职称）工作，制定专任专业教师每5年至少在相关行业企业累计实践1年的管理办法，扩大兼职教师规模，提高“双师型”教师队伍水平，“双师型”教师占专任教师的比例超过50%。支持教师取得国际公认的职业资格证书。

推动资源共享。逐步建立校校、校企间师资互动、开放、共享机制，以职业教育集团和联盟为载体，推动建立同一专业群定期交流、优质资源辐射、互聘兼课机制；建立学校教师和行业企业、科研机构高技术专门人才的双向流动机制；促进校企协同创新，共同开发和丰富职业教育教材课程资源。

（四）社会服务能级提升计划

建设目标：

坚持服务发展、促进就业的导向，围绕国家战略布局和本市产业结构调整升级需要，加强基础能力建设，提升职业教育社会服务能级。

建设内容：

加强基础能力建设。推动职业院校办学标准达标；加强开放实训中心的建设，共建共享一批开放实训中心和世界技能大赛培训基地；提升面向社会的服务能力；提升开放实训中心能级，建设一批创新实训中心、智慧教室、与产业应用技术发展前沿紧密对接的产教研中心（基地）。

加强服务能力建设。打造职业院校产教研协同创新基地（平台），整合应用技术研发、高质量校企合作项目、行业技术技能大师等多方面资源，推动校企共建校内外实训基地、技术工艺和产品开发中心，参与企业技术创新，推动技术成果扩散，服务大众创业万众创新，服务具有全球影响力的科技创新中心建设。支持职业院校开展职业培训，依托职业教育开放实训中心和职业技能鉴定站所，面向社会开展形式多样的职业培训，着力加强对社会紧缺度高、行业艰苦、学生报考意愿较低等专业的职后培训。

开展职业教育对口援助。进一步对接民族地区经济社会发展需要，创新民族教育思路，打造民族职业教育联盟。

（五）职业教育品牌提升计划

建设目标：

以夯实基础、提升影响力为主线，打造上海职业教育品牌，夯实职业教育事业发展基础，实现教育教学质量、学校办学水平和学生综合素养的提升。

建设内容：

打造职业教育品牌专业和课程。加大推进品牌专业和精品课程建设力度，利用网络平台，推进优质课程资源共建共享，更新和丰富网络课程资源。

打造“星光计划”技能大赛系列品牌活动。拓展“星光计划”技能大赛活动，开展专业教学设计比赛与教师教学法评优，推动“星光计划”系列活动成为覆盖师生，集比赛、素质教育、传统文化传承为一体的综合性培养平台。在办好本市现有技能大赛基础上，积极参与国内外技能竞赛。

打造“璀璨星光”中职校园文化活动。成立“星光”学生合唱团、记者团、篮球队等学生团体，创建职业院校民族文化传承教育基地，举行校园文化节、高雅艺术进校园等系列活动，提高学生人文素养和可持续发展能力。打造职业体验日品牌活动。推进“职业体验日”制度化、常态化，探索建立30个面向中小学生的职业体验中心，加强职业启蒙教育。

打造品牌开放实训中心。完善布局和功能形态，推动一批开放实训中心进一步创建具有鲜明职业教育特色的实践教学环境，提高教学针对性和实效性，提升面向社会的服务能力。

打造品牌职业教育集团。在现有基础上，进一步推动一批职业教育集团提升集聚和辐射功能，校企之间共同开发专业标准和课程标准、共建共享实习实训基地、共同培养培训“双师型”教师、共同打造就业平台。

六、保障措施

（一）制度保障

坚持依法治教，修订《上海市职业教育条例》，推进教育与行业企业紧密协作；进一步完善市、区两级职业教育工作联席会议制度；完善职业院校教育教学质量监控制度和就业跟踪制度；改革招生制度，完善职业教育体系，推动中、高等职业教育进一步协调发展；完善职业资格证书制度和薪酬指导体系，改善劳动者的工作条件与劳动保障，创造公平的就业环境；完善上海技术技能人才需求定期发布制度。

（二）经费保障

完善经费稳定投入机制，建立与办学规模和培养要求相适应的财政投入制度，依法制定职业院校生均经费标准或公用经费标准。公办职业院校举办者应当按照学生人数平均经费标准足额拨付职业教育经费。加大经费统筹力度，用好各类职业教育经费。建立职业教育经费绩效评价制度、审计监督制度、预决算公开制度。

（三）监督保障

加强对规划实施情况的跟踪指导检查，及时研究规划实施过程中的新情况、新问题。强化教育督导部门对规划实施等方面的督导评估，将现代职业教育发展建设情况纳入第三轮市对区县综合督改范围，开展职业院校评估工作。积极支持第三方机构开展评估，鼓励社会各界对规划实施情况进行监督。建立职业教育质量报告制度，定期发布职业教育年度质量报告、年度就业报告、就业跟踪调查报告等，构建一体化、系统化的上海现代职业教育质量保障体系。

上海市教育委员会关于延长《上海市高校学生海外学习、实习项目管理办法》等3份行政规范性文件有效期的通知

（沪教委法〔2016〕9号）

各高等学校、各区县教育局：

根据《上海市行政规范性文件制定和备案规定》，我委对2016年有效期届满的相关行政规范性文件进行了梳理评估。经评估，以下3件行政规范性文件需继续执行实施，分别延长有效期，具体如下：

序号	文 件 名 称	文 号	延长有效期
1	上海市高校学生海外学习、实习项目管理办法	沪教委外〔2011〕130 号	有效期延长至 2021 年 5 月 20 日
2	上海市学校清真餐饮管理办法(试行)	沪教委后〔2014〕6 号	有效期延长至 2018 年 5 月 31 日
3	上海市中小学校学生伤害事故专项资金管理办法	沪教委财〔2011〕72 号	有效期延长至 2021 年 7 月 11 日

上海市教育委员会

2016 年 3 月 18 日

上海市教育委员会关于印发《上海高校高峰高原学科建设管理办法》的通知

(沪教委科〔2016〕2 号)

各有关本科高等学校：

为落实《上海高等学校学科发展与优化布局规划(2014—2020 年)》,进一步规范上海高校高峰高原学科建设管理,我委研究制定了《上海高校高峰高原学科建设管理办法》,现印发给你们,请遵照执行。

附件:上海高校高峰高原学科建设管理办法

上海市教育委员会

2016 年 1 月 12 日

附件

上海高校高峰高原学科建设管理办法

第一章 总 则

第一条 目的和依据

为对接国家《统筹推进世界一流大学和一流学科建设总体方案》,推进上海高校高峰高原学科建设,确保学科建设各项改革措施和建设任务顺利实施并取得成效,根据《上海高等学校学科发展与优化布局规划(2014—2020 年)》(沪教委高〔2014〕44 号,以下简称《学科规划》)、《〈上海高等学校学科发展与优化布局规划(2014—2020 年)〉实施方案》(沪教委科〔2014〕70 号,以下简称《实施方案》),制定本办法。

第二条 适用范围

本办法适用于《学科规划》确定的Ⅰ、Ⅱ、Ⅲ、Ⅳ类高峰学科和Ⅰ、Ⅱ类高原学科的建设和管理。

第三条 管理机构及其职责

市教委成立“上海高校高峰高原学科建设工作小组”，负责高峰高原学科建设日常工作的组织、管理和协调。

各高校是高峰高原学科建设的实施主体，负责本校高峰高原学科的统筹、建设和管理。各高校应成立包含学科、人事、财务等相关管理部门在内的工作机构，建立学校、学院、学科三级责任体系和相应保障机制，明确责任主体，改革完善人事管理制度和科研成果分类评价制度，并报市教委备案。

市教委将按建设周期与各高校签订高峰高原学科建设目标和任务的协议，必要时启动问责机制。

第二章　建设目标和周期

第四条　建设目标

按照国际一流、国内顶尖、国家和区域急需的标准，分类建设、优化布局、凸显优势，重点建设一批高峰学科和若干高峰领域(方向)；围绕国家需求优化学科布局结构，凝练学科重点方向，形成一批特色鲜明、贡献突出、达到国内一流水平的高原学科群。

第五条　建设周期

高峰高原学科建设本周期为7年(2014—2020年)，其中：2014—2017年为第一阶段；2018—2020年为第二阶段。

第三章　申报与论证

第六条　申报

各高校按照《学科规划》和《实施方案》要求，分阶段提出学校整体建设方案和高峰高原学科建设任务书报市教委。

第七条　论证

市教委负责组织专家对各高校整体建设方案和高峰高原学科建设任务书进行论证、评议；各高校应按照专家论证意见对建设方案进行修改完善，并报市教委审核。

第八条　立项

对于通过相关论证程序的学校和学科建设方案，纳入市教委立项建设范畴。

市教委根据国家需求和优化布局要求，及时将符合条件的学科调整纳入建设范畴。

第四章　人员管理

第九条　用人机制

鼓励高校在高峰高原学科内构建新型、灵活的用人机制，对海内外高层次引进人才实施长聘教职等制度，对编制内人员实施体现目标、任务、绩效、薪酬相匹配的人员评聘办法，形成人员合理流动的良好氛围。

各高校应对承担高峰高原学科建设任务的人员实行分类管理，鼓励高校实行具有竞争力的协议工资制度。

支持高校构建联合聘任教师和科研人员的机制，促进高校之间、高校与科研院所之间、高校与企业之间、高校内部跨院系和跨学科开展联合聘任。鼓励高校通过项目合同制等方式，吸引和选聘科研人员参与相关项目研究，建立与国际接轨的专职科研人才队伍。

第十条　引进人员

支持高校引进高层次人才。对正高级岗位已聘满的市属高校，若确实急需引进优秀高层次人才的，经市教委同意并经市人力资源社会保障局备案后，可超职数聘任至相应岗位，并在3年内消化。

引进人员包括全职引进和柔性引进两类。原则上，全职引进人员每年在校工作时间应达到9个月以上，柔性引进人员每年在校工作时间一般不低于3个月。

对于2015年1月1日以后经学校甄别后引进的、承担高峰高原学科建设任务的人员，应确定合理的、具有国际竞争力的薪酬水平，考核不合格后，应改变聘用方式或解聘。

第十一条　编制内人员

各高校应严格按照高峰高原学科建设任务的需求，确定本学科中编制内人员的入选标准。鼓励校内学科交叉融合，承担高峰高原学科建设任务的人员中不低于10%的人员应来自校内其他学科。

对于2015年1月1日前高校已入编的、采用“双向选择”的方式承担高峰高原学科建设任务并享受相关待遇的人员，可参照同等水平引进人才确定相应的薪酬水平。考核不合格后，应退回到原所在学科并不再享受相应待遇。

第十二条　限定收入总量

各高校应统筹考虑教学、科研等各类人才计划资助情况，按照“优劳优酬”的原则，合理确定承担高峰高原学科建设任务人员的收入总量。

对同时承担本科教学教师激励计划和高峰高原学科建设任务的人员，应设定年收入最高限额。

对同时承担两个及以上高峰高原学科建设任务的人员，应根据所承担的任务及取得成果的实际情况合理确定薪酬标准。

对承担高峰高原学科建设任务且已入选其他人才计划的人员，应合理确定其收入上限，不能作简单叠加。

第十三条　制度建设

各高校应制定并完善学科内部人事管理制度，明确引进人员和承担高峰高原学科建设任务的在编人员的遴选标准、薪酬水平、考核要求、退出机制等。

第五章　经费管理

第十四条　经费来源

高峰高原学科建设经费包括市级财政教育经费、高校自筹经费等。各高校应多方筹措建设资金，建立经费投入保障机制。

第十五条　使用范围

高峰高原学科建设财政经费主要用于学科人才队伍建设、人才培养、科研合作、研究实验条件改善、图书资料与信息服务等。

人才队伍建设经费主要用于引进和培育一批高端创新人才以及结构合理、有一定规模的高水平创新团队。

科研合作、人才培养经费主要用于支持与国际高水平大学开展双边或多边的实验室、学科共建等实质性科研合作、实质性开展高水平联合培养优秀人才等。

研究实验条件改善、图书资料与信息服务经费主要用于与高峰高原学科建设相关的重要或紧缺仪器设备采购、实验条件改善、图书资料与信息服务购买等。

凡纳入政府采购范围、涉及大型科学仪器购置、信息化建设项目以及有支出标准的内容，应按照中央和本市相关规定执行。

高峰高原学科建设财政经费不得用于基本建设、支付罚款、偿还贷款、捐赠赞助、支付利息、对外投资等支出。

第十六条　人员经费使用原则

在高峰高原学科建设财政经费中，人员经费的比例不高于50%。人员经费中，引进人员补贴经费的比例不低于60%，且此部分经费额度单列，在校内各学科之间打通；在编人员补贴经费的比例不超过40%。

学科建设财政经费不支持同城高校间全职人员引进。

第十七条　预算评审

高峰高原学科建设财政经费按照“总体规划、分年实施；中期预算、动态调整”的原则管理和使用。市教委会同相关部门，组织专家或委托专业机构对项目预算方案的必要性、科学性、可行性进行评估、论证，经审核后择优确定支持。

第十八条　监督和管理

高峰高原学科建设财政经费年度预算一经批准下达，各高校必须严格执行，不得随意改变使用方向和内容。确有特殊原因需要调整时，各高校应按规定程序报批。

各高校应加强高峰高原学科建设经费的管理，自觉遵守国家的财经纪律，制定相应的管理办法并加强宣传教育。各高校应明确相关责任部门对经费使用情况进行有效监督，确保各项预算支出符合国家和本市有关规定。

高峰高原学科建设财政经费的使用应接受教育、财政、审计及纪检等部门的监督和检查。如发现问题和违规行为，将追究高校及相关管理部门的责任。

第六章　成果管理

第十九条　分类管理

在高峰高原学科建设过程中，各高校应制定符合本校实际情况的科研成果分类评价办法。

第二十条　成果归属

Ⅳ类高峰学科的成果归属所有参与高校或从其相关约定。

第二十一条　成果转化

各高校应积极贯彻市委市政府《关于加快建设具有全球影响力的科技创新中心的意见》及其相关配套政策，主动对高峰高原学科建设的科研成果进行转移转化。

第七章　国际合作

第二十二条　安全管理

鼓励各高校在高峰高原学科建设中依法依规开展高水平的国际合作与交流，自觉维护国家利益和安全。

第八章　绩效评价

第二十三条　评价方式

学科自评价。学科根据建设方案中自主设立的建设目标及考核指标，定期开展学科自评。

第三方跟踪评价。通过委托第三方评估机构采集部分客观定量指标，依据客观数据对学科建设进展包括与历史相比的绝对进步情况和与标杆高校相比的相对进步情况等进行动态跟踪监测，以适当形式发布。

综合绩效评价。对学科建设包括学科队伍水平和影响力、人才培养质量、代表性研究成果、建设目标的达成度等情况进行综合绩效评价。

第二十四条　评价内容

一级评价指标包括：学科声誉、人才培养、师资队伍、科学研究、社会服务五个方面。评价理念是：一流声誉看地位、一流人才培养看质量、一流师资看落实、一流科研看进步、一流服务看贡献。

二级指标按 K+X 方式设立。K 指标为常设指标，由市教委按照高峰高原学科不同层次、不同门类、体现国际一流和国内领先水平的关键绩效分类设立。X 指标为各学科根据一级指标自主设立的二级指标。两类指标相结合，开展具有针对性的分类评价。

第二十五条　年度报告

各高校应对高峰高原学科建设进展情况进行年度总结并报送市教委。年度总结应对照建设任务、以学科为单位进行，包括人才引进、人才培养、科研任务、基地建设、国际合作以及建设经费执行情况等内容。

第二十六条　结果应用

综合绩效评价在学科建设第一阶段（2017年）和本建设周期结束（2020年）时实施，综合绩效评价既反映建设成效，也记入高校信用。

市教委根据学科年度报告和学科建设中期绩效评价结果，实行包括动态调出等的学科建设奖惩机制。

第九章　附　　则

第二十七条　应用解释

本办法由市教委负责解释。本办法中的相关规定若与国家或本市新制定（修订）的相关法律法规、政策文件相矛盾，按照新的法律法规、政策文件执行。

第二十八条　生效日期

本办法自发布之日起施行。

上海市教育委员会关于印发《上海市教育委员会关于开展Ⅳ类高峰学科建设的实施意见》的通知

（沪教委科〔2016〕67号）

各有关本科高等学校：

为落实《上海高等学校学科发展与优化布局规划（2014—2020年）》（沪教委高〔2014〕44号），进一步推进上海高校Ⅳ类高峰学科建设工作，我委研究制定了《上海市教育委员会关于开展Ⅳ类高峰学科建设的实施意见》，现印发给你们，请遵照执行。

附件：上海市教育委员会关于开展Ⅳ类高峰学科建设的实施意见

上海市教育委员会

2016年9月13日

附件

上海市教育委员会关于开展Ⅳ类高峰学科建设的实施意见

为深入贯彻全国科技创新大会、两院院士大会、中国科协第九次全国代表大会精神，更好地服务上海“四个中心”和具有全球影响力的科技创新中心建设，按照《上海高等学校学科发展与优化布局规划（2014—2020年）》的部署，现就上海高校开展Ⅳ类高峰学科提出如下建设实施意见。

一、建设目标

坚持问题和需求为导向，紧密对接上海科创中心建设要求，主动布局上海高校Ⅳ类高峰学科建设领域；建立同城协同机制，进一步发挥上海高校的资源集聚优势，汇聚培养一批国际一流的研究团队，逐步建设若干具有全球影响力的研究机构，促使上海高校Ⅳ类高峰学科成为上海科创中心的重要组成部分和建设承载体。力争到2020年，率先建成2—3个具有国际影响力和竞争力的研究机构。

二、实施路径

服务国家战略，精准对接上海科创中心建设的急需，以学科为牵引，以协同创新为核心，探索整合跨学科、跨领域、跨部门创新要素，充分发挥牵头高校的牵引带动作用，构建激发每一所参与高校的动力活力的激励机制，形成最大建设合力。

Ⅳ类高峰学科建设的具体实施路径为“一个实体和两个支撑”。“一个实体”，即以实体化运行的研究机构为载体，汇聚一流人才，开展一流研究，培育产出一流成果；“两个支撑”，即以研究机构的两项具体建设任务为支撑。一是与国际顶尖的研究机构合作，建设国际联合实验室，承担国际重大科学研究，开展高水平实质性国际合作；二是争取国家部委支持，承担国家重大科研任务，在国家科研布局中谋得重要地位。

三、建设要求

开展Ⅳ类高峰学科建设，重在打破高校间的学科壁垒，通过建立同城协同机制，跨校组建学科建设团队，促进资源的有效配置，推动学科优势互补、错位发展、有序竞争和交叉融合，提升上海该类学科的整体水平。各研究机构所建立的同城协同机制应包括但不限于以下八个方面：

（一）组织方式。牵头高校和参与高校均为Ⅳ类高峰学科建设的承担单位，共同承担学科建设与管理的责任。牵头高校为研究机构运行保障的主要责任方，应在校级层面形成具体建设思路和运行保障机制；各参与高校需配合牵头高校协同联动，跨界融合，建立运行保障机制，配备强有力的管理团队，确保同城协同的顺利实施。

（二）管理体制。以研究机构为运行载体开展Ⅳ类高峰学科各项建设工作，研究机构的名称一般为“上海＊＊（领域）研究院”（以下简称“研究院”）。研究院应当建立权责清晰、科学高效的管理体制和运行机制。研究院实行理事会领导下的院长负责制，应建立健全理事会、院长、项目负责人逐级充分授权、责任边界清晰的管理模式。理事会是研究院的最高决策机构，由牵头高校、参与高校的学校负责人组成。研究院下设执行机构，负责具体执行经理事会决策的长期发展战略和年度任务。此外，各研究院还应设立内部监督机构，并建立完备的制度体系和运行规范。

（三）运行机制。各研究院应以重大科研任务或重大科学问题的解决为牵引，采取“专职管理运行团队＋专兼职科学家团队”的双轨运行机制。牵头高校和各参与高校共同参与研究院的运行管理，共同研究制定研究院个性化建设方案。方案要明确研究院的目标定位、建设模式、组织架构和运作机制，并建立完备的人、财、物等相关保障机制，支撑研究院实质性有效运行。各参与高校根据研究院建设的整体目标，明确各自的特色方向和目标任务，制定适应研究院运行的配套支撑政策和制度。

（四）人员聘用。各高校采用兼职聘用和联合聘用的方式组建团队，采用项目合同制等方式，吸引和选聘科研人员。

（五）经费使用。按照《上海高校高峰高原学科建设管理办法》中的相关经费管理规定执行。Ⅳ类高峰学科建设经费由理事会按照任务需求确定分配及使用方案。

（六）资产管理。各参与高校根据Ⅳ类高峰学科建设经费预算，使用相关经费购置的各项资产，其所有权归属于本校。

（七）成果归属。Ⅳ类高峰学科建设过程中所产出的各项科研成果，在研究院署名的基础上，由理事会按相关人员参与研究的实际情况确定各自署名和联合署名，鼓励成果共享，两所及以上高校联合署名成果不低于50%。

(八)考核评价。Ⅳ类高峰学科建设的绩效评价,应对照国家统筹实施"双一流"建设方案中的五大建设任务系统开展,应突出质量与贡献导向,研究院要加强对建设任务目标达成度、人才队伍建设成效、国际影响力提升和联合开展人才培养等方面的自我考核。

四、考核方法

对研究院建设的考核评价,以学科自评价、第三方跟踪评价、综合绩效评价相结合的方式进行。对Ⅳ类高峰学科建设实施分阶段考核:第一阶段(至2017年)仅对研究院的组织架构和运行机制等规章制度的建立情况、按要求聘用人员情况、研究院内控制度和过程化管理机制的落实情况进行评估,重点考核研究院建设运行的有效性;第二阶段(至2020年)对研究院个性化建设任务的完成情况、研究院的国际影响力和学科建设水平的提升度进行考核评价,并进行动态调整。重点考核国际影响力目标的达成情况。

五、执行日期

本实施意见自印发之日起执行。

上海市教育委员会关于完善市属公办高校专业技术人员校外兼职和在岗离岗创业工作的指导意见

(沪教委人〔2016〕64号)

市属各公办高等学校:

为贯彻落实中共中央《关于深化人才发展体制机制改革的意见》(中发〔2016〕9号)《中共上海市委　上海市人民政府关于加快建设具有全球影响力的科技创新中心的意见》(沪委发〔2015〕7号)《中共上海市委办公厅　上海市人民政府办公厅印发〈关于深化人才工作体制机制改革促进人才创新创业的实施意见〉的通知》(沪委办发〔2015〕32号)以及市人力资源社会保障局、市教委、市科委《关于完善本市科研人员双向流动的实施意见》(沪人社专发〔2015〕40号),为了进一步激发市属高校专业技术人员创新创业活力,凸显高校促进科技发展服务社会的职能,结合《高等学校教师职业道德规范》要求,特制定本指导意见。

一、适用范围

本意见所指的专业技术人员是指上海市属公办高校全职聘用的、具有一定科研基础并取得相应成果的专业技术人员(以下简称"专技人员")。

一般情况下,专技人员校外兼职和在岗离岗创业需在当前高校连续工作一个聘期以上,各校也可根据实际情况适当作调整。

二、适用类型

(一)校外兼职。校外兼职是指专技人员在履行校内岗位职责的前提下,兼任与本人学科专业密切相关,并能发挥其专业技术能力和作用的职务。校外兼职不得影响本职工作。

1. 鼓励专技人员承担服务国家和地方重大任务、重大战略需求、重点工程技术支撑的兼职。

2. 鼓励专技人员到其他高校、科研院所、科技企业、有关实务部门从事与科技创新和成果转化相关的兼职。

3. 鼓励专技人员在有关学术组织等非营利性机构兼职。

高校与兼职人员可以通过协商形式，明确兼职期限、报酬、保密、成果归属、科研设施使用等事项。

专技人员不得从事影响学校声誉、损害学生和学校权益的兼职。

学校应结合办学定位，进一步明确校外兼职的适用情况与相关要求，建立内部质量保障体系，避免因专技人员校外兼职管理混乱影响学校工作正常开展。

（二）离岗创业。离岗创业是指专技人员在人事关系所在高校之外，依托与本人相关的项目、成果或相关专业技能，通过注册公司、参股公司等形式，开展与科技创新和成果转化相关的自主创业行为。离岗创业的专技人员按照离岗情况管理，不再安排校内岗位工作。

高校应与离岗创业人员签订协议，就创业期限、聘用合同变更、科研成果归属及分配、社保缴纳等事项作出约定。

一般情况下，入选各类国家和地方高层次人才资助平台的人员，在资助期内不得离岗创业，如有特殊情况由学校研究决定。

原则上，离法定退休年龄不足 3 年的专技人员不安排离岗创业，具体实施由学校根据实际情况决定。

（三）在岗创业。在岗创业是指专技人员在履行校内岗位职责的前提下，利用本人及其所在团队的科技成果，通过注册公司、参股公司等形式在岗开展自主创业的行为。

高校应根据学校实际情况，在确保专技人员不影响学校本职工作的前提下，一定程度内稳妥探索实施专技人员在岗创业工作，相关规定由学校根据实际情况制定。

在岗创业人员须与高校签订协议，就科研成果归属及分配等事项作出约定。

（四）对于高校中具有专业技术职务、担任职能部门管理 6 级（含）以上领导职务人员，校外兼职及创业情况遵照组织部门有关规定执行。

三、保障措施

（一）专技人员离岗创业期一般为 3 年，经过学校中期核准程序可延长至 5 年。在创业期内，保留人事关系和编制，原聘用合同暂停履行。其中，若原聘用合同到期的，合同期限延续至约定的创业期结束。在约定的创业期内，高校不得以离岗创业为由解除其人事关系。

1. 离岗创业人员与原单位其他在岗人员同等享有参加专业技术职务评聘和岗位等级晋升的权利，并可不占原单位专业技术岗位结构比例。如果原单位相应专业技术岗位结构比例已达上限，原单位可暂时突破结构比例聘用，以妥善安排返岗人员，并在返岗后 3 年内逐步消化。

2. 离岗创业的薪资待遇等按以下办法处理：(1)高校发放国家规定的基本工资。(2)高校可以参照单位同类人员平均工资水平给予离岗创业人员一定的生活补助费，时间不超过 6 个月。(3)年度考核意见由所在企业出具，除受行政处分、行政处罚、刑事处罚以外，视作考核合格，正常晋升薪级工资。(4)社会保险、职业年金由高校代为缴纳，所需费用由离岗创业人员和相关企业共同承担，缴费基数按高校同类人员确定。(5)发生工伤的，由高校申请工伤认定，相关单位(企业)应配合做好工伤调查核实工作并承担相应的工伤保险责任。工伤保险支付的费用按照本市有关规定执行。(6)离岗创业人员死亡的，由高校按照事业单位的相关规定发放事业单位死亡一次性抚恤金和丧葬费。(7)离岗创业人员的其他福利待遇由高校与离岗创业人员协商确定。

3. 在离岗创业期内，离岗创业人员可以根据实际情况，终止校外创业并申请回高校工作，高校应按照其原聘专业技术职务做好相应岗位聘任工作，双方恢复履行聘用合同。离岗创业期间，本单位工作年限连续计算。按规定缴纳社会保险和职业年金的，离岗年限可视作连续工龄。

4. 离岗创业期满，离岗人员未回原高校工作的，高校应及时解除(终止)人事关系。

（二）兼职人员与高校发生人事或劳动争议的，可以依法申请人事或劳动争议仲裁；与兼职单位发生争议的，按照民事法律法规处理。

四、实施要求

（一）高校要按照本市建设科创中心相关文件精神，保留相应的编制额度，用于支持专技人员流动。

（二）专技人员校外兼职、在岗离岗创业都应当经过学校批准，学校应建立规范的申请、审批程序，加强过程管理。

（三）各高校要高度重视专技人员流动工作，结合实际情况，制定本校管理文件作为具体实施依据，积极稳妥地开展专技人员校外兼职和在岗离岗创业工作。

（四）其他高校可结合实际参照执行。

上海市教育委员会

2016年7月5日

上海市教育委员会关于印发《上海市高等职业教育创新发展行动计划(2015—2018年)实施方案》的通知

（沪教委高〔2016〕59号）

各有关高职高专学校：

根据《教育部关于确定〈高等职业教育创新发展行动计划（2015—2018年）〉任务（项目）承接单位的通知》精神，我委制定了《上海市高等职业教育创新发展行动计划（2015—2018年）实施方案》（以下简称《实施方案》），并已经教育部审核备案。现将《实施方案》印发给你们。

请各校认真学习《实施方案》，结合本校实际情况，制定本校的行动计划实施方案，并以正式发文的形式于10月31日前报我委备案。联系人：（略）；电话：（略）；地址：（略）。

附件：上海市高等职业教育创新发展行动计划（2015—2018年）实施方案

上海市教育委员会

2016年10月18日

附件

上海市高等职业教育创新发展行动计划（2015—2018年）实施方案

一、发展现状

近年来，上海高等职业教育事业快速发展，现代职业教育体系建设稳步推进，培养了大批高素质技术技能人才，为提高劳动者素质、推动经济社会发展和促进就业做出了积极贡献。目前，全市共有独立设置的高等职业技术学院共22所，全日制本科院校二级学院(高职学院)15所，专科层次职业教育在校生14.4万人。

当前，上海正紧紧围绕国家重大战略和中央对上海改革发展的战略定位，主动适应经济发展新常态，以提高经济发展质量效益为中心，加快建设"四个中心"和具有全球影响力的科技创新中心，着力推进现代化产业体系和"四新"(新技术、新产业、新业态、新模式)经济发展，促进经济提质、增效、升级。面对新形势新任务，上海职业教育需要加快完善体系建设，深化产教融合、校企合作，培养一大批适应先进制造业、现代服务业、战略性新兴产业，以及"四新"和劳动力市场发展变化新需求的高素质劳动者和知识型、发展型技术技能人才，为区域经济社会持续转型发展提供有力支撑。

当前，本市在推进现代职业教育体系建设中，仍然面临诸多问题与挑战，职业教育还不能完全适应经济社会发展的需要，结构不尽合理，质量有待提高，需要进一步深化产教融合、校企合作、人才培养模式改革，不断完善具有开放性、终身性、融通性特征和上海特点的现代职业教育体系建设。

二、主要目标

(一) 总目标

通过建设，上海高等职业教育人才培养结构更加优化、教育教学质量持续提高，创新协同体系建设更加深入，整体实力显著增强，初步建成与市场需求和劳动就业紧密结合、产教深度融合的高等职业教育体系，有效匹配中国制造2025和上海"四个中心"和具有全球影响力的科技创新中心的国家战略，推动现代职业教育体系日臻完善。

(二) 分目标

1. 完善学制体系，推动职业教育协调发展

根据国家构建现代职业教育体现要求，结合区域经济社会发展，构建"中职—高职专科—应用技术本科—专业学位研究生"相衔接的人才培养体系，稳步扩大高等职业教育规模，重点引导一批行业特色鲜明、与职业岗位联系密切的地方高校本科专业转型，探索本科层次技术技能人才培养规律。

2. 加强内涵建设，提升高职专业建设水平

根据本市技术技能人才需求预测，优化职业院校专业结构，推进重点专业建设，以专业类为核心带动相关专业发展，形成覆盖主要产业链的专业群。建立专业教学标准与职业标准联动开发机制，继续开发一批服务上海重点产业、特色产业、新兴产业的新专业教学标准，继续推进国际水平职业教育专业教学标准开发。将"双证融通"人才培养试点延伸至专科和应用技术本科。组织学校积极参加高水平技术技能竞赛，提升学生和教师的技术技能能力。坚持立德树人，践行社会主义核心价值观，传承和弘扬中华优秀传统文化。坚持知识学习、技能培养与品德修养相统一，将提高学生职业技能和培养职业精神高度融合。

3. 深化产教融合，提升服务产业发展能级

以服务上海创新驱动发展和经济转型升级为导向，打造产教研协同基地，不断提高高等职业教育应用技术研发和服务能力。发挥行业企业作用，建立职业院校、教育主管部门以及行业的联动机制。鼓励多元主体组建职业教育集团，促进技术技能的积累与创新。支持企业通过校企合作共同培养培训人才。开展现代学徒制试点，推进校企一体化育人。积极构建以企业为主体、职业院校为基础、公共实训中心为支撑、职业培训机构为补充的终身职业培训系统，满足本市产业发展和促进就业的需要。

4. 建立系统评价制度，创新质量管理体系

建立一体化、系统化的现代职业教育评估体系。把行业标准和岗位要求作为职业教育质量评价的重要依据，引导行业企业作为评价主体之一，支持学校自主对办学水平、培养质量等进行诊断与改进。建立职业教育质量报告制度，健全职业教育督导评估制度，完善第三方评估机制，引导行业企业作为评价主体

之一参与职业教育质量评估。

三、配套措施

（一）经费保障

完善经费稳定投入机制。建立与办学规模和培养要求相适应的财政投入制度，健全市属公办高职院校生均经费标准或公用经费标准，建立非营利民办职业院校政府专项扶持机制，落实国家和本市关于职业教育投入的相关规定。加大经费统筹力度，用好各类职业教育经费，发挥好企业职工教育培训经费以及就业经费等各类资金在职业培训中的作用。

（二）师资保障

根据高等职业教育特点、总体规划和学生规模，核定公办高等职业院校教职工编制，合理确定高等职业院校教师和专业技术人员结构比例。建立体现上海特点的职业学校教师专业标准，重点突出专业化教学能力与高水平专业技能。

健全职业教育教师专业技术职务（职称）评聘标准和办法。建立职业院校教师与企业工程技术人员、高技能人才双向聘用机制。建立企业经营管理者与学校领导相互兼职规范化管理制度。探索专业技术人员职称系列与教师职称系列更便捷的对接渠道。

建立五年一周期的职业教育教师专业发展培养制度。推动全员培训，针对不同发展阶段的教师开发系统化的、针对性的培养方案，将相关实践经历、培训课程学习等与教师资格注册、职务（称）晋升以及各级各类评优评奖挂钩。进一步加强规范化培训，探索实施新任专业教师经规范化培训后持证上岗制度。鼓励专任专业教师在一定年限内达到“双师型”教师标准。依托高技能人才培养基地和行业企业，建立教师企业实践基地，进入“双师型”系列的教师，每5年必须在企业实践1年以上。

（三）基础能力保障

理顺产权关系，加强高职院校的校舍、教学楼等基础设施建设，改善学校后勤设施条件，提升后勤管理与服务保障能力。实施高等职业院校办学标准达标工程，加大基本建设和设施设备投入力度。

改善学校实习实训条件，支持建设一批与产业应用技术发展前沿紧密对接的产教研中心（基地）；完善应用技术型高校实践教学条件，鼓励学校与行业企业共建实验、实习、实训等多层次实践教学基地和综合性实践教育基地。支持职业院校到企业建立一批与产业应用技术发展前沿紧密对接的实训中心或产教研中心，改善实习实训条件。

（四）制度保障

一是完善地方性法规。建立适应职业教育改革发展的制度环境。建立教育、人力资源和社会保障以及行业部门统筹协调职业教育发展规划、资源配置的协作机制。

二是开发相应职业技能标准。根据上海新产业、新职业、新技术发展要求，依据有关规定开展职业技能标准或专项职业能力标准的开发和提升工作。

三是建立基于大数据的技术技能人才需求预测与发布制度。完善教育、人力资源社会保障、相关委办局和行业协会对技术技能人才培养需求的信息采集和共享机制。在上海重点产业、特色产业与新兴产业的若干领域，及时发布技术技能人才需求信息，为职业教育人才培养提供重要支撑。

四、进度安排

（一）制定方案，组织动员

根据《上海高等职业教育创新发展行动计划（2015—2018年）》实施方案，组织开展学校建设任务和项目申报工作，指导学校制定完善目标任务、年度工作、经费投入、完成时间等，层层发动，落实各项目建设责任。

（二）有序推进，分步落实

学校根据《〈上海高等职业教育创新发展行动计划（2015—2018年）〉实施方案》，制定本校实施方案，全面有序推进方案实施。及时发现解决项目实施过程中出现的问题，注重总结经验，确保各项目有序进行。每年学校开展项目建设情况自评，我委将组织检查评审，对存在问题提出整改意见。

（三）项目验收，示范推广

建设完成后，学校对项目完成情况进行自评总结，我委将组织项目验收。不断研究总结好经验好做法，重视培育先进典型，充分发挥优秀成果的示范辐射作用，不断推进上海高等职业教育创新发展。

五、保障政策

（一）加强组织领导，层层落实责任。

我委统筹领导全市实施行动计划，做好总体设计、统筹协调、整体推进、督促落实。相关学校成立校内领导小组和工作小组，明确本校工作目标和具体任务及安排，确保各项改革都有年度计划、具体部署和工作要求，保证落实方案顺利实施。

（二）持续强化监管，确保工作落实。

我委将加强业务指导，认真梳理深化实施创新发展的重点任务，谋划落实举措，明确责任分工，制定贯彻落实重点工作任务安排，并会同本市人力资源和社会保障等有关部门对相关工作进行日常指导、检查跟踪，及时总结经验、发现和解决问题，根据实际需要不断完善工作要求。

（三）加强宣传引导，营造良好环境。

坚持正确的舆论导向，充分利用主流媒体和各种新兴媒体，广泛宣传创新发展行动计划的理念、意义和政策措施，充分调动广大师生推进教育改革的积极性，激励全社会参与高等职业教育改革的热情。及时总结推广技术技能人才成果典型和成功经验，发挥示范和带动作用。贯彻落实《上海现代职业教育体系建设规划（2015—2030年）》，利用《上海市职业教育条例》修订契机，不断优化区域政策环境。按照国家有关规定，认真开展职业教育活动周宣传教育工作，在全社会营造重视职业教育的良好氛围。

上海市教育委员会关于印发《上海市大学生安全教育三年行动计划(2016—2018年)》的通知

（沪教委保〔2016〕6号）

各高等学校：

为进一步加强本市高校大学生安全教育，完善大学生安全教育工作体系，提高大学生安全教育工作水平，提升大学生安全防范意识和能力，维护高校安全稳定，我委制定了《上海市大学生安全教育三年行动计划（2016—2018年）》，现印发给你们，请认真贯彻执行。

附件：上海市大学生安全教育三年行动计划（2016—2018年）

上海市教育委员会

2016年4月11日

附件

上海市大学生安全教育三年行动计划

（2016—2018年）

上海市2008年颁布《上海市大学生安全教育大纲》（以下简称《安全教育大纲》），2010年编制《上海市大学生安全教育读本（以下简称《安全教育读本》），明确了高校开展大学生安全教育工作的目标、任务和途径。经过多年的探索与实践，上海高校大学生安全教育已积累了一定的经验做法，安全教育质量和水平稳步提升，取得了明显的成效。但是，目前高校的安全教育工作还存在体制机制不健全，教学、研究、考核体系不完善，教育专业程度不高等问题，与新形势下对安全教育工作的要求仍有一定差距。根据市委市政府关于城市发展中“转方式、补短板、防风险”的总体要求，进一步完善大学生安全教育工作的形式、内容和管理，为切实提高本市高校大学生安全防范意识和自救互救能力，以“教育为先、预防为主、综合施策”的思路推进本市大学生安全教育工作再上新台阶，特制订本行动计划。

一、指导思想

以党的十八大以及十八届三中、四中、五中全会精神为指导，围绕《上海市中长期教育改革和发展规划纲要(2010—2020)》以及本市教育“十三五”规划发展目标，坚持目标导向、问题导向和需求导向，突出以人为本、创新改革、破解难题，抓住“完善安全教育体系、提高安全教育质量、增强学生安全意识”工作主线，持续加大安全宣传教育力度，有效整合安全教育工作资源，全面提升安全教育整体水平，切实维护本市高校安全稳定。

二、总体目标

在上海作为国际化大都市的背景下，为确保城市和高校安全有序运行，培育“安全、健康、向上”的现代优秀高校毕业生，力争用3年时间，推进本市大学生安全教育工作深入发展，体现走在全国前列的示范引领效应。

一是大学生安全教育体系基本成型。安全教育贯穿大学生入学到毕业全过程，开展大学生安全教育理论与教学研究，构建资源叠加、功能复合的大学生安全教育课程体系，强化大学生安全教育保障机制。

二是高校安全文化氛围有效改善。提高安全教育种类覆盖率，丰富安全宣传教育形式，增强高校师生对安全发展的知行水平，营造人人自觉重视安全、人人主动遵守安全、人人努力维护安全的氛围。

三是大学生安全教育水平持续提高。理顺高校安全教育体制机制，加强大学生安全教育师资队伍建设，完善大学生安全教育内容，创新大学生安全教育教学方式，推进教学计划、教师、教材、课时“四落实”。

四是大学生安全教育质量明显提升。提高大学生安全教育的针对性和实用性，制定、完善大学生安全教育考核评价标准，提高大学生人身安全、国家安全、行为安全、网络安全等防范意识，帮助大学生养成良好的安全习惯。

三、主要任务

（一）完善课程设置

根据《安全教育大纲》，结合各高校实际情况，将大学生安全教育纳入本校教育教学体系，制定具体的教学计划，合理安排相应的教学时间。

1. 大学生安全教育课程应按年级、按学科、按需要分级分类实施，可分为一般性课程与专业性课程。一般性课程针对全体大学生，教授常用的通识性安全知识与技能；专业性课程针对实验、实训、实习或其他涉及安全的专业学科，教授专门的安全知识与技能，做到安全教育前置进行。

2. 强化课堂教学作为大学生安全教育工作的主渠道功能。明确大学生在入学第一周内，必须开展安全集中教育，每学期应安排不少于2学时的集中安全教育。开设系统性的安全教育专门课程，有条件的高校在选修课程中积极开设专门的安全教育课，逐步将安全教育课列入大学生基础必修课，并落实相应学分;市教委将制作安全教育视频教材,建立安全教育在线教育平台,未开设专门安全教育课程高校的学生及未参加高校开设安全教育课程的学生,应在市教委统一的安全在线教育平台接受安全教育,力争做到全体学生全覆盖接受一次系统性的安全教育。

3. 多层次开展知行合一的大学生安全教育。大学生安全教育课程既要加强知识的传授,还要注重技能的培养,要积极探索体验式安全教育的模式和途径。采取理论传授与实践训练相结合,制度规范和行为养成相结合,常规安全与特种安全相结合的方式,建立理论、制度、实务、演练为一体的综合性课程。

4. 除了课堂教育外,充分利用班会、网络、广播、宣传栏等形式,广泛开展安全宣传教育。

(二) 充实教学资源

积极开发利用与大学生安全教育相关、为教学服务的多种教学资源。文本教学资源开发要重质量,做到科学、规范、准确、实用;其他教学资源开发要从实际出发,精心选择,有效利用。

1. 根据《安全教育大纲》要求,落实教学所需书面、投影、录音、录像、多媒体、实训器材等教学工具和场所。充分发挥新技术在安全教育中的运用,大学生安全教育网络课堂和网上考试系统建成后,应妥善安排相应的网上学习与考试设备。

2. 以《安全教育大纲》和《安全教育读本》为依据,积极制作教育教学计划、教案、课件等教学资料和配套材料,探索案例教育和自我教育新途径,鼓励各高校积极开展校本安全教育教材开发。专业性课程的安全教育内容根据专业的不同情况合理安排。

3. 有条件的高校可以建立安全教育教研室和专家咨询系统,积极搜集和储备各类教学资源和实习资源;可以利用社会资源,积极开展内容丰富、形式多样的安全教育。

(三) 师资队伍建设

注重安全教育教师在大学生安全教育工作中的重要作用,努力构建"专职为主、专兼结合、社会参与"的高素质大学生安全教育师资队伍,提高安全教育学术水准。

1. 将大学生安全教育教师队伍建设纳入高校师资队伍建设规划,一般性、通识性的安全教育教师纳入思政教师系列。积极构建专职教师、兼职教师和社会专家相结合的安全教育师资队伍,建立"双岗双职"复合师资群。大学生安全教育教师人数应根据学生规模、课程体系等因素合理设定。

2. 加强大学生安全教育师资队伍的培养和培训。积极组织开展教学研究、集体备课、教师培训等活动,鼓励大学生安全教育教师进行教学创新和科研活动,促进大学生安全教育学术水平和教学效果不断提高。加强大学生安全教育师资队伍的职业保障,帮助大学生安全教育教师做好职业发展规划。

(四) 健全考核评价

加强教学考核评价,从课堂教学和实践应用两方面检验教学绩效和教学方法,帮助学生有效掌握所学知识和技能。加强考核评价结果运用,以考核评价促进大学生安全教育工作。

1. 建立大学生安全教育考核评价机制。制定大学生安全教育理论与实践考核评价办法,积极组织大学生参加全市统一的大学生安全教育标准化通识考试,参试人数须达到应试人数的100%,通过率达到100%,优良率达到90%以上,专业性课程根据学校实际情况组织相应的考核,力争做到全覆盖。

2. 建立大学生安全教育考核评价衡量标准。科学评估大学生安全教育工作的科学性、合理性、针对性、实效性,注重利用科技手段进行大学生安全教育数据分析,根据分析结果改进教学、对有关学生开展分类指导。

3. 加强大学生安全教育考核结果的有效运用。试点将通过大学生安全教育标准化考试作为大学生在校期间评先评优的基础条件,作为学生毕业的基本要求,逐步扩大安全教育考核结果的应用范围。

四、时间节点

(一) 2016年,制定计划,分解任务,全面启动

制定大学生安全教育三年行动计划,各高校全面启动相关工作,查找分析存在的问题,研究制定管理

办法。构建大学生安全教育“六个一”工程平台：一个开放的网上课程、一个供练习的题库、一个基于PC端的标准化练习和考试系统、一个基于智能化手机的标准化练习和考试系统、一本切合学生学习需求的教材，开展一年一度的大学生安全知识竞赛。试点开展大学生安全教育网上标准化考试。

（二）2017年，完善标准，建立机制，全面推进

完善大学生安全教育“六个一”工程平台，制定大学生安全教育课程体系建设与师资队伍建设指导意见，进一步丰富、充实大学生安全教育、评价内容。制作大学生安全教育视频课程，全面推行大学生安全教育网络视频教学，全面实施大一新生安全教育标准化测试，通过率不低于90%。

（三）2018年，考核评价，巩固提高，全面落实

构建大学生安全教育网上教学、测试系统，落实线上、线下相结合的大学生安全教育、评价模式，安全教育在大学生群体中做到全覆盖，大学生参加安全教育标准化考试通过率达到100%，优良率达到90%以上。构建上海市大学生安全教育研究中心，选拔大学生安全教育名师，试点开展安全教育名师巡回讲课。形成大学生安全教育工作长效机制。

五、工作要求

（一）加强组织领导

各高校要高度重视大学生安全教育工作，切实加强组织领导，成立由学校分管领导牵头，保卫、教务、学工、宣传、人事等部门，以及学术委员会、二级学院等共同组成的大学生安全教育工作领导小组，切实承担起推进大学生安全教育工作的主体责任。要加强顶层设计和统筹规划，制定本校开展大学生安全教育的计划方案，作出明确的部署和安排。要将大学生安全教育纳入学校整体工作，纳入人才培养计划，纳入思政工作体系，每学年校长办公会议至少有1次专题研究安全教育工作。要加大经费投入力度，做好专项经费预算，做到专款专用，加强大学生安全教育经费保障，确保经费落实到位。

（二）增强工作合力

大学生安全教育是一项系统性工作，必须通过相关部门、院系分工负责、协作配合、整体推进。各高校要进一步理顺大学生安全教育工作的体制机制，明确大学生安全教育工作的牵头部门，制定目标管理责任清单，将工作职责任务分解落实到位。要积极为推进大学生安全教育创造有利条件，克服惰性思想和畏难情绪，要挤出课时、挤出资源、挤出教师、想尽办法，做好大学生安全教育工作。学工部门、教务部门和人事部门在安全教育课程设置、安全教育教师配置等方面要给予大力支持。要积极调动校内外各部门和专家力量支持大学生安全教育，主动拓展合作渠道，增强安全教育工作整体合力。

（三）注重工作成效

各高校要认真总结以往大学生安全教育的经验做法，深入分析存在的问题，推进大学生安全教育供给侧改革，更好地满足大学生对安全教育的需求。要转变安全教育工作方式，进一步完善安全教育形式、内容、模式，全面提高安全教育的应用效果，提高安全教学质量，提高大学生掌握和运用安全知识技能的本领。要善于研究和发现安全教学规律，把握好安全教育理论与实践、形式与内容、应急与常态、教学与自学的关系，为学生终身安全发展打好基础。要加强安全教育工作监督考核，落实奖惩措施和追责倒查机制，切实全面有效推进大学生安全教育工作。

（四）形成安全文化

各高校要以实施大学生安全教育三年行动计划为契机，积极营造“安全第一”的校园文化，强化以人为本和安全关怀，促使学生形成“要我安全”到“我要安全”的思想转变。要树立安全发展观，做到用理念引领安全、用工作推进安全，用制度保障安全、用教育强化安全，帮助师生建立良好的安全习惯，将安全文化融入到学校教学、科研、生活的方方面面。要广泛组织发动师生参与校园安全管理，组建安全志愿服务队、学生自保组织等群众性安全工作队伍，营造全校师生关心支持安全工作的良好氛围。

上海市教育委员会关于《上海市中等职业学校学生学籍管理实施办法》的通知

（沪教委职〔2016〕35号）

各区县教育局，各有关委、局、控股（集团）公司：

为切实做好本市中等职业学校学生学籍管理工作，根据《教育部〈关于印发中等职业学校学生学籍管理办法的通知〉》（教职成〔2010〕7号）和《教育部关于印发〈中等职业学历教育学生学籍电子注册办法（试行）〉的通知》（教职成〔2014〕12号）要求，结合本市实际，我委修订了《上海市中等职业学校学生学籍管理实施办法》，现予印发。请各单位按照执行。在工作中有何意见，请及时与我委职业教育处联系（联系人：（略）；联系电话：（略））。

附件：上海市中等职业学校学生学籍管理实施办法

上海市教育委员会
2016年7月4日

附件

上海市中等职业学校学生学籍管理实施办法

第一章 总 则

第一条 为加强本市中等职业学校学生学籍管理，保证学校正常的教育教学秩序，维护学生的合法权益，推进中等职业教育持续健康发展，根据国家有关法律法规和教育部《关于印发中等职业学校学生学籍管理办法的通知》（教职成〔2010〕7号）等文件，结合本市实际，制定本办法。

第二条 本办法适用于本市中等职业学历教育（含普通中专、职业高中、技工学校）学生的学籍管理。

第三条 中等职业学校（以下简称“学校”）应加强学生学籍管理，建立健全学籍管理部门和相关制度，落实管理责任，保障基本工作条件，切实做好学籍管理和相关工作。

第四条 中等职业学校学生学籍管理实行国家、市教育行政部门、学校主管部门（指区、县教育局，各委、局、控股集团公司，下同）和学校分级管理，市教育行政部门行使统筹管理职能。

第二章 入学与注册

第五条 凡完成国家九年制义务教育，具有初中毕业或同等学力的学生，均可报考本市各类中等职业学校。中等职业学校可从省级教育行政部门规定的高中阶段学校招生渠道中录取新生。

第六条 新生须持录取通知书及本人身份证或户籍簿，按学校有关要求和规定日期到学校办理入学手续。因故不能如期报到者，须凭有关证明向学校提出延期报到书面申请。如无正当理由逾期超过2周不到学校办理相关手续，视为放弃入学资格。

第七条　根据原卫生部、教育部《中小学生健康体检管理办法》(卫医发〔2008〕37号)规定，学校应组织所有入学新生进行健康体检，建立健康档案。新生入学后须由学校组织健康检查，经检查合格，方可取得学籍。如发现患有疾病，不能坚持正常学习或影响他人健康的，应及时治疗，学校保留其入学资格1年，治疗期间不享受在校生待遇。经本市二级甲等及以上医疗单位健康复查确已病愈者，可重新办理入学手续，复查仍不合格或延期不办理入学手续者，取消入学资格。

第八条　学生入学后，学校发现其不符合录取条件，应取消入学资格，并分别报学校主管部门和市教育行政部门备案。

学校应在1个月内将放弃入学资格和取消入学资格的学生材料按原招生渠道退回招生主管部门。

第九条　学校应从学生入学之日起建立学生学籍档案，学生学籍档案内容包括：

1. 入学前基本信息、招生入学成绩、录取通知书和体检表等相关材料；

2. 思想品德评价材料；

3. 公共基础课程和专业技能课程成绩；

4. 享受国家助学金和学费减免的信息；

5. 在校期间的奖惩材料；

6. 毕业信息登记表等相关材料。

学籍档案应由专人管理。学生离校时，由学校归档保存或移交相关部门。

第十条　学校应将新生基本信息按教育部和上海市要求，及时上报并输入上海和全国中等职业学校学生管理信息系统，并办理电子注册手续。春季入学的学生电子注册截止日期为3月下旬；秋季入学的学生电子注册截止日期为10月下旬。

第十一条　外籍或无国籍人员进入本市中等职业学校就读，应按照国家留学生管理办法办理就读手续。香港、澳门、台湾地区的学生按照国家有关政策办理就读手续。

第十二条　本市与外省份联合招生合作办学招收的学生，学业全部在本市就读的，按本市生源办法进行注册；招生当年不在本市就读的学生，可采用预注册的办法取得本市中职预备学籍，预注册办法参照本市生源办法执行。联合办学应执行本市学校相关专业教学计划，并按本办法相关规定进行学生学籍管理。

学校不得以虚假学生信息注册学生学籍，不得为同一学生以不同类型的高中阶段教育学校身份分别注册学籍。

第十三条　每学期开学前，学生应按规定日期到学校办理学期注册手续。因故不能如期报到者，必须履行请假手续，未经批准而逾期2周不注册者，按自动退学处理。

第三章　学籍变动与信息变更

第十四条　学生发生转学、转专业、留级、休学、复学、退学及注销学籍等情况均应作为学籍变动并记录相关信息。学校应将每学年学生的学籍变动情况及时输入上海和全国中等职业学校学生管理信息系统。

第十五条　学生在每学年结束时修完教学计划规定的课程，并经考核(含补考)成绩合格或不及格课程在2门及以下者，准予升级。

第十六条　同一学年内，累计不及格课程(经补考后)达3门及3门以上者，应予留级。不及格课程门数按下列规定计算：

1. 学校专业教学计划规定为1个学期的课程，按1门课程计算；

2. 跨学期课程按1门课程计算；

3. 学校专业教学计划规定独立设置的各种实践性课程，均应单独考核，按1门课程计算。

学生留级以3次为限，原则上随本专业下一个年级学习；留级的学生在延长学习期限内仍应向学校交纳学杂费及其他相关费用。

第十七条　学生因户籍迁移、家庭搬迁等原因可以申请转学。市内转学和跨省份转学程序如下：

1. 由学生及其监护人提出申请，转出学校同意；

2. 学生及其监护人再向转入学校提出转学申请，转入学校同意；

3. 双方学校报各自主管部门备案；

4. 市内转学的由转入学校办理转学手续并报市教育行政部门备案；跨省份转学的，由转入、转出学校分别报所在省级教育行政主管部门备案。

第十八条　学生转学原则上在各类中等职业学校中进行。在中等职业学校学习未满一学期的，不予转学；毕业年级学生不予转学；休学期间不予转学。

普通高中学生可以转入中等职业学校，但在中等职业学校的学习时间不得少于1年半。

第十九条　有下列情况之一，经学校批准，可以转专业：

1. 学生确有某一方面特长或兴趣爱好，转专业后有利于学生就业及生涯规划；

2. 学生有某一方面生理缺陷或患有某种疾病，经本市二级甲等及以上医院证明，不宜在原专业学习；

3. 学生留级或休学，复学时原专业已停止招生。

跨专业大类转专业，原则上在一年级第一学期结束前办理；同一专业大类转专业原则上在二年级第一学期结束前办理。毕业年级学生不得转专业。

第二十条　有下列情况之一者，由学生本人和监护人提出申请，经学校审核同意，可准予休学。

1. 学生因病或其他特殊困难不能坚持学习者（缺课超过一个学期的三分之一以上）；学生因病需要申请休学，应持本市二级甲等及以上医院病情诊断证明；

2. 学生因依法服兵役者，休学期限与其服役期限相当；

3. 学生在校期间申请出国、出境者（缺课超过一个学期的三分之一以上）；

4. 学生参加社会创业、就业实践活动者。

学生休学以学期为单位，休学起讫日期由学校认定，休学累计不得超过二年（依法服兵役者除外）。学生休学须分别报学校主管部门和市教育行政部门备案。

学生休学期间，不享受在校学生待遇。学校和学生监护人应签订协议，明确学生管理由监护人负责，对学生离校期间的管理进行约定。

第二十一条　学生休学期满，应于学年或学期开学前二周内申请复学，经学校审核同意，分别报学校主管部门和市教育行政部门备案。学生复学后经学校审核后，原则上随原专业适当年级学习。

因病休学的学生在复学时，必须持二级甲等及以上医院的健康证明，并经学校审查确能坚持学习者，方可复学。

第二十二条　学生退学应由学生本人和监护人提出书面申请，经学校批准，可以办理退学手续。

学生具有下列情况之一，学校可以做退学处理：

1. 休学期满无特殊情况两周内未办理复学手续；

2. 连续休学两年，仍不能复学；

3. 一学期旷课累计达90课时以上；

4. 擅自离校连续两周以上；

学生退学后，学校应当及时报学校主管部门和市教育行政部门备案。学生应在规定时间内办理退学手续；未经批准，逾期不办理退学手续者，视作自动退学。

第四章　成绩考核

第二十三条　成绩考核包括学业与操行两个方面。学业方面，按照学校专业教学计划的规定及学生选修情况，考核学生的学习成绩；操行方面，通过平时对学生的思想品德、组织纪律、行为规范等方面的考核进行综合评定。考核成绩应及时记入学生本人学籍档案。

第二十四条　学生学业成绩的考核可分为考试、考查两种。学校按照国家、省市或行业有关标准和技能要求组织考试、考查。考试、考查结果是学生升留级或取得学分的依据。

对具有一定专业实践能力或已获得职业资格证书的学生，经学校审核，可折算相应学分或免于相关专业技能课程考试、考查。

第二十五条　学校应按照法律法规和国家教育行政部门文件规定组织学生实习。学生参加实习前，学校、实习单位、学生三方应签订实习协议。学生实习结束后，应由实习单位和学校共同完成学生实习考核工作。学校应将学生实习考核成绩等情况记入学籍档案，实习考核不合格者，不予毕业。

第二十六条　学业成绩优秀的学生，由本人申请，经学校审批后，可以参加高一年级的课程考核，合格者可以获得相应的成绩或学分。

第二十七条　学生取得与所学专业教学计划规定的相关课程合格证书、技能等级证书和职业资格证书，向学校申请，转换有效成绩。学校对学生进行评定，原则上只要等于或高于学校同类课程或职业能力要求，并持有效学习和资格证明，均应予以承认并按有效成绩记载。

学生通过自学或其他学习经历，可申请免修学校教学计划中相同或相近课程。经考核成绩合格，该门课程成绩可记入学籍档案。

允许学有余力的学生兼学其他专业的课程。

第二十八条　学生所学课程考试、考查不合格，学校应提供补考机会。补考次数和时间由学校确定。

第二十九条　学生操行评定应以上海市中等职业学校学生守则和行为规范要求为主要依据，操行评定每学期或每学年进行一次，采用写实性评语形式，毕业时进行全面鉴定。

第五章　奖励与处分

第三十条　学生在德、智、体、美等方面表现突出，应予以表彰和奖励，对学生的表彰和奖励应予以公示。

学生奖励分为全国、市、区（县）、行业、学校等层次，奖项包括单项奖和综合奖。学校奖励的具体办法由学校结合实际情况制定。

第三十一条　学校对于有违纪行为的学生，可以视其情节和态度分别给予批评教育及警告、严重警告、记过、留校察看、开除学籍等纪律处分。

受警告、严重警告、记过、留校察看处分的学生，经过一段时间的教育，能深刻认识错误、确有改正进步的，应解除其处分。

学校应制定本校学生纪律处分等相关规定，明确其适用范围和审批程序。学校根据学生违纪行为的性质，情节轻重，对学生进行纪律处分，并予以公布。

第三十二条　对违纪的学生，学校要加强教育帮助，要坚持实事求是的原则，依法依规处理。处理结论要同本人见面，允许本人申诉、申辩和保留意见。对开除学籍处分可以设立听证程序，充分听取本人申辩。对本人的申诉，学校有责任进行复议。对争议较大的决定，由学校主管部门负责进行调查，并按规定处理。

第三十三条　对触犯国家法律，构成犯罪的学生，经人民法院判决生效后，学校可以给予开除学籍处分。

第三十四条　对学生做出开除学籍处分，须经校长办公会议讨论决定、学校主管部门批准，并报市教育行政部门备案。

第三十五条　对学生的表彰与奖励、记过及以上处分的有关资料应存入学生学籍档案。

对学生的处分解除后，学校应将原处分决定和有关资料从学生个人学籍档案中移出。

第六章　毕业与结业

第三十六条　中等职业教育基本学制以3年为主，招收普通高中毕业生或同等学力者，基本学制以1年为主。若学生无法在基本学制内完成学业，可申请推迟毕业，最长不超过3年。实行学分制管理的学校，允许学生在基本学制的基础上提前或推迟毕业。

第三十七条　具有中等职业学校学籍的学生达到以下要求，准予毕业：

1. 思想品德评价合格；

2. 修满专业教学计划规定的全部课程且成绩全部合格，或修满规定学分；

3. 顶岗实习或工学交替实习鉴定合格。

第三十八条　毕业证书由上海市教育委员会根据国家教育行政部门规定的统一格式印制，学校颁发。采用弹性学习形式的学生毕业证书应注明学习形式和修业时间。

第三十九条　经学校批准，在校期间参加辅修专业学习，学完辅修专业教学计划规定的课程，并取得相应学分的学生，可由学校发给上海市教育委员会印制的辅修专业毕业证书。

第四十条　对于在基本学制的学习年限内，考核成绩（含实习）仍有不及格且未达到留级规定，或思想品德评价不合格者，以及实行学分制的学校未修满规定学分的学生，发给结业证书。

学生在基本学制内仍有部分课程（含实践性课程）经两次补考后不及格，或在基本学习年限内未修满规定学分，同时，未申请延长修业年限的学生，发给结业证书。

结业后，学生可在3年内向学校申请补考或补修学分，取得毕业资格后，换发毕业证书。毕业时间自换发毕业证书时算起。

第四十一条　对未完成学校专业教学计划规定的课程而中途退学的学生，学校应发给学生写实性学习证明。

第四十二条　毕业证书遗失后不再补发，由学校颁发上海市教育委员会或其委托机构出具统一印制的学历证明书。学历证明书与毕业证书具有同等效力。

第七章　附　　则

第四十三条　已注册学生（含注册毕业学生）各项信息修改属于信息变更，主要包括学生姓名、性别、出生日期、家庭住址、身份证号码、户口性质等。对信息变更，应由学生本人或监护人提供合法身份证明等相关资料，学校通过上海和全国中等职业学校学生管理信息系统进行信息变更操作，上传证明材料。

第四十四条　本市成人中等职业学校学生的学籍管理参照本办法执行。本市中高等职业教育贯通培养模式学生学籍管理按照市教育行政部门具体规定执行。

第四十五条　各中等职业学校应根据本办法，结合学校实际制定实施细则和相关教学管理制度，并报学校主管部门和市教育行政部门备案。

第四十六条　本办法由上海市教育委员会解释。

第四十七条　本办法自发布之日起施行，有效期5年。原《上海市中等职业学校学生学籍管理实施办法》（沪教委职〔2015〕7号）不再使用。

上海市教育委员会关于印发《上海市中等职业学校专业设置管理实施细则》的通知

（沪教委职〔2016〕40号）

各区县教育局，各有关委、局、控股（集团）公司：

根据《教育部办公厅关于印发〈中等职业学校专业设置管理办法（试行）〉的通知》（教职成厅〔2010〕9号）要求，我委制订了《上海市中等职业学校专业设置管理实施细则》（以下简称《细则》），现印发给你们，请按照执行。

希望学校主管部门加强对所属学校专业设置的统筹、指导与管理，督促学校认真实施《细则》，引导学校根据本市、本区域、本行业经济社会发展对人才需求的变化，科学规范地设置专业，不断提高专业教学质量和服务经济社会发展水平。希望学校在主管部门的指导下，面向市场自主设置专业，注重教学过程和课程教材改革。

我委将适时委托上海市教育评估院组织专家对学校设置专业的办学条件、教学管理、教学质量、就业情况等进行检查评估。

附件：上海市中等职业学校专业设置管理实施细则

上海市教育委员会

2016年9月5日

附件

上海市中等职业学校专业设置管理实施细则

第一章　总　　则

第一条　为进一步规范和完善本市中等职业学校专业设置的管理体制、运行机制和相关制度，强化专业设置的目标管理、过程管理和质量管理，形成由学校依法自主设置、行业企业积极参与、评估机构提供服务、行政部门进行宏观规划与监控指导的专业设置质量保障体系，引导本市中等职业学校依法自主设置专业，促进人才培养质量和办学水平的提高，依据《教育部办公厅关于印发〈中等职业学校专业设置管理办法（试行）〉的通知》（教职成厅〔2010〕9号）的有关规定，制定本细则。

第二条　中等职业学校专业设置，要以科学发展观为指导，坚持以服务为宗旨，以就业为导向，以改革创新为动力，适应本市率先转变经济增长方式、率先提高自主创新能力、率先推进改革开放、率先构建社会主义和谐社会的需要，适应建设国际经济、金融、贸易、航运中心和社会主义现代化国际大都市的需要，适应加快现代服务业和先进制造业发展、形成现代服务业与先进制造业相互支撑、相互带动的产业发展格局的需要，适应区域经济和各行业对生产服务一线知识型、发展型技能人才培养的需要，适应学生职业生涯发展和终身学习的需要。

第三条　鼓励中等职业学校设置符合本市重点产业、新兴产业和区域支柱产业、特色产业的发展需求以及其他符合当前和今后发展需要的专业。

第四条　中等职业学校专业设置应以教育部颁发的《中等职业学校专业目录(2010年修订)》(以下简称：教育部目录)和上海市教育委员会印发的《上海市中等职业学校专业教学标准》(以下简称：上海市标准)为基本依据，自主设置教育部目录和上海市标准以内的专业和专业(技能)方向(以下简称：目录内专业)。确需设置教育部目录和上海市标准以外的专业和专业(技能)方向(以下简称：目录外专业)，须在进行需求调研的基础上，制定整个学制的专业培养方案、完善的教学计划和相关教学文件，并符合专业实施的师资和设施设备等条件后，经上海市教育委员会备案后试办。

第五条　中等职业学校要在专业布局和结构调整优化工作的基础上，结合学校办学优势，重点建设和设置与学校办学属性相一致的专业，并结合区域产业结构变化情况，适时调整和停办不适应的专业，形成科学合理的专业布局，避免盲目设置和重复建设。

第六条　中等职业学校新设专业和专业(技能)方向实行总量控制。国家级重点中等职业学校，每学年新设专业和专业(技能)方向一般不超过3个，其中新设专业不超过2个；其他中等职业学校，每学年新设专业和专业(技能)方向一般不超过2个，其中新设专业不超过1个。学校应根据市场需求、学校发展规划和实际办学条件，合理控制本校专业总量。

第二章　设 置 条 件

第七条　中等职业学校设置专业必须具备以下基本条件：

(一) 培养的人才有明确的岗位(工种)需求，且现有中等职业学校的专业不能满足。

(二) 符合学校定位和发展规划及学校专业布局和结构调整优化方案，能有效支撑学校的专业群建设，提高现有教育资源的利用率和整体效益，有利于学校专业特色、专业优势、专业品牌更加明显。

(三) 能依据国家和上海市有关文件规定，制订符合专业培养目标的完整实施性教学计划和相关教学文件。

(四) 具备专业必需的开办经费和校舍、仪器设备、实习实训场所(包括校企合作单位)，以及图书资料、数字化教学资源等基本办学条件。

(五) 具备完成开设专业教学任务所必需的教师队伍、教学辅助人员和相关行业、企业兼职专业教师；每个专业一般要配备具有高级专业技术职务的专任专业课教师；行业、企业兼职教师应保持相对稳定。

(六) 有较为完善的专业教学质量管理监控体制、运行机制和基本制度。

第八条　中等职业学校设置目录外专业，需按照教育部目录专业简介的规范要求，提供500—800字的专业简介；备案后，当年招生人数控制在1个教学班。

第三章　设 置 程 序

第九条　中等职业学校设置专业应根据以下要求：

(一) 组织力量对相关行业、企业和就业市场进行调研，做好人才需求的分析和预测，并形成《专业人才需求分析和预测调研报告》。

(二) 进行专业设置必要性和可行性分析，并形成《专业设置的必要性和可行性分析报告》。

（三）根据教育部和本市教育部门有关规定，制订符合专业培养目标的完整实施性教学计划和相关教学文件。

（四）校长应根据本《细则》规定，严格审查拟设置专业和专业（技能）方向的所有备案材料，对新设专业和专业（技能）方向作出教学质量承诺，并经学校主管部门同意。

（五）中等职业学校开设医药卫生、公安司法、教育类等国家控制专业，应经相关行业主管部门严格审查办学资质。开设“保安”“学前教育”专业以及“农村医学”“中医”等医学类专业，应当符合相关行业主管部门规定的相关条件。

（六）开展专业设置论证。中等职业学校设置目录内专业，可委托上海市教育评估院组织相关专家，或由学校聘请相关行业、企业、教学和课程专家进行论证。中等职业学校设置目录外专业，由上海市教育评估院组织相关专家进行论证。

第十条　中等职业学校设置专业需准备以下材料：

（一）书面上报材料

1. 上海市中等职业学校新设专业和专业（技能）方向备案表；

2. 新设专业和专业（技能）方向教学质量承诺书。

（二）上网登录材料

1. 专业人才需求分析和预测调研报告；

2. 学校发展规划；

3. 专业设置的必要性和可行性分析报告；

4. 专业实施性教学计划等教学文件；

5. 专业师资队伍一览表；

6. 专业设置专家论证意见。

第十一条　拟新设专业和专业（技能）方向的学校，按以下时间节点完成网上备案的相关工作：

（一）每年10月，登录上海市教育评估院网站（网址：http://portal.seei.edu.sh.cn/）上的“上海市中等职业学校新设专业网上备案系统”，进行预备案。

（二）每年10月底，参加上海市教育评估院组织召开的“上海市中等职业学校新设专业网上备案年度培训会”，并按培训会要求，修改、完善本《细则》第十条规定的材料。

（三）每年12月初，将本《细则》第十条规定的书面材料递交到上海市教育评估院，将上网登录材料正式登录到“上海市中等职业学校新设专业网上备案系统”。

第十二条　次年1月，上海市教育评估院统计汇总专业和专业（技能）方向设置网上备案结果，报上海市教育委员会。

第十三条　次年3月，上海市教育委员会向教育部上报本市年度新设《〈中等职业学校专业目录〉外专业报表》和《〈中等职业学校专业目录〉外专业简介》。

第十四条　中等职业学校应根据本市、区域经济社会发展、职业岗位和就业市场需求变化，及时对已开设专业的专业内涵、专业教学内容等进行调整。停办的专业和专业（技能）方向须报上海市教育委员会备案。

第四章　指导与检查

第十五条　机构与职责

（一）上海市教育委员会建立由行业企业及其主管部门、教研机构、教育评估机构、学校和教育行政部门等方面的专家组成的上海市中等职业学校专业建设指导委员会，负责专业设置的管理与规范、专业布局的规划与调整、专业教学质量的指导与监控、专业品牌的建设与推进。专业建设指导委员会办公室设在上海市教育评估院。

（二）上海市教育评估院为学校提供专业设置信息咨询服务，负责专业设置网上备案系统维护、专业调整更新的有关事务性工作，接受上海市教育委员会、学校主管部门和学校的委托对专业设置进行论证、对专业教学质量进行检查评估。

（三）学校主管部门根据社会经济发展和人才需求，对所属学校的专业设置和建设进行统筹与调控。

（四）学校在主管部门统筹领导下，建立由行业企业及其主管部门、教育教学、职教研究和课程理论等多方面专家组成的学校专业设置评议委员会，依据本《细则》，定期研究和规划学校专业设置与调整工作，并承担提高专业教学质量的责任。

第十六条　评估与指导

（一）上海市教育委员会委托上海市教育评估院组织专家对本市中等职业学校专业和专业（技能）方向设置、教学质量及学生就业等方面进行论证、检查和评估。对学校设置目录外专业，在其试办第2年期间，检查评估其设置科学性、可行性及教学质量等；对学校设置目录内专业，在其有第一届毕业生时，抽查评估其教学质量。

（二）根据检查评估结果，对办学条件不达标、教学管理混乱、教学质量低下、就业率过低的专业，教育行政部门和学校主管部门应要求学校限期整改，整改后仍达不到要求的，暂停该专业招生资格，并减少下一年度学校新设专业总量。

（三）根据检查评估结果，对学校备案专业招生情况进行监控，适时公布专业设置后招生情况，凡新设专业当年没有开班的，相应减少其下一年度新设专业总量。凡3年制专业连续3年或4年制专业连续4年未招生，须按照新设专业要求，重新备案。

第五章　附　　则

第十七条　本办法适用于本市全日制普通中等职业学校。中外合作办学机构和中外合作办学项目按照相关规定执行。

第十八条　本办法自公布之日起施行，有效期5年。上海市教育委员会印发的《上海市教育委员会关于印发〈上海市中等职业学校专业设置管理实施细则〉的通知》（沪教委职〔2015〕19号）同时废止。

附件：上海市中等职业学校新设专业和专业（技能）方向备案表（略）

上海市教育委员会关于切实规范中小学课程教学工作深入实施素质教育的若干意见

（沪教委基〔2016〕30号）

各区县教育局：

为进一步推进本市教育系统学习实践科学发展观，全面贯彻党的教育方针，推动本市教育综合改革，深入实施素质教育，促进中小学生全面发展，根据《上海市实施〈中华人民共和国义务教育法〉办法》《教育部关于当前加强中小学管理规范办学行为的指导意见》(教基一〔2009〕7号)《上海市人民政府办公厅转发市教委等五部门关于减轻过重课业负担深入实施中小学素质教育若干意见的通知》(沪府办发〔2011〕38号)，现就本市切实规范中小学课程教学工作提出如下若干意见：

一、基本目标

(一) 端正教育理念，强化责任意识

全面贯彻党的教育方针和政策，进一步树立“以人为本”的教育理念，落实“立德树人”的根本任务，强化各级教育行政部门和中小学的责任意识，增强规范课程教学工作、推进素质教育的责任感和使命感。

(二) 规范教学行为，提升办学质量

坚持“整体推进、重点突破，强化督查、严格问责，标本兼治、务求实效”的原则，健全规范课程教学工作的规章制度，完善推进素质教育的工作机制，提升本市基础教育办学质量。

(三) 解决突出问题，促进内涵发展

着力解决当前学校课程教学工作中影响学生全面健康发展的突出问题，积极深化二期课改，减轻学生课业负担，促进基础教育内涵发展，促进中小学生全面健康发展。

二、工作举措

(一) 合理安排中小学生作息时间

区县教育行政部门和中小学要认真执行市教委规定的中小学作息制度，坚持“健康第一”的原则，根据区域特点、学生学习、生活规律等，合理安排学校作息制度。严禁小学在上午8:15、初中在上午8:00、高中和寄宿制学校在上午7:45之前安排集体(包括班级、年级和全校)教育教学活动；严禁对走读学生安排早、晚自习(修)。各中小学不得以任何名义占用学生休息时间(包括节假日、双休日、寒暑假等)组织大面积补课。

(二) 规范有效实施课程计划

各中小学要按照市教委每年颁发的中小学课程计划，开齐开足三类课程和科目，严格控制周总课时量和周活动总量，不得随意增减课程门类和课时。尤其要确保体育与健身、劳动技术、品德与社会、思想品德、思想政治、艺术类、社会实践等课程(活动)的规定时间。毕业班必须按照课程计划等文件规定，合理安排教学进度。高中学校要尊重、保障学生自主选科的权利。区县教育行政部门应指导中小学配齐、配强各科专业教师，督促中小学全面实施规定的课程计划。

各中小学还应该结合学校的社区环境、资源情况、师生情况及学校传统等，设计和编制学校课程计划。通过拓展型课程和研究型课程的校本开发、国家课程的校本化实施等方式，优化课程结构，形成课程特色，提高课程计划实施的有效性。

(三) 加强教学规范，完善学习方式

市和区县教研部门应加强教学研究和对教师教学的专业引领与指导。各中小学应及时总结优秀教师的经验，建立备课、上课、作业、辅导、评价等教学环节的基本规范，尤其要加强备课、上课、作业和评价的一致性。教师应认真学习各学科《课程标准》，准确把握学科教学的基本要求，不拔高教学要求，不赶超教学进度。各中小学应切实加强校本教研制度，转变教育观念，创新教学模式，激发学生学习兴趣，改进学生学习方式，倡导自主、合作、探究的学习方式，增强学生学习自信心，建立良好的师生关系，营造课堂和谐氛围，提高教学有效性，积极探索减负增效的有效途径。

(四) 控制作业总量，改进作业设计与批改

各中小学要严格控制作业总量，各年级组要加强对本年级学生各学科课外作业的研究和统筹平衡。小学一、二年级不留书面家庭作业，作业要求应在课堂内完成；小学其他年级的课外作业，应保证绝大多数学生能在1小时以内完成；初中各年级的课外作业，应保证绝大多数学生能在1.5小时以内完成；高中各年

级的课外作业，应保证绝大多数学生能在2小时内完成。

教师应加强对作业设计的研究，不得随意使用教辅材料作为学生的课外作业，避免学生进行低效的重复训练。本着“轻负担、高效率”的原则，教师应根据教学目标和学生情况，精心设计不同层次的作业，教师要事先试做拟布置的书面作业，提高作业设计的目的性与针对性。要丰富作业类型，倡导阅读、探究、实践、合作、体验类作业。教师要及时批改与讲评作业，提倡教师对学生作业进行面批、面改，提高作业反馈的及时性、针对性和有效性。

（五）科学开展教与学评价

改变单纯以学生学业成绩作为衡量教育质量的观念，树立全面的教育质量观。从评价理念、评价内容、评价技术和结果应用等多方面探索科学的学业评价方法，提升教学质量，促进学生综合素质的全面发展。

1. 推行综合评价方式。实施中小学学业质量绿色指标，推动区县和中小学建立基于实证的教学质量保障体系。倡导通过观察了解教学设计、课堂教学、作业、测验等情况进行教学评价，并通过分析诊断教学过程中存在的问题，及时改进教学，提高教学质量。小学生学业评价严格实行等第制。积极发挥《国家学生体质健康标准》及学生艺术素养评价指标对体育与健身和艺术课程教学的评价引导作用。同时，要积极探索对学生德育、社会实践活动等方面的有效评价。

2. 规范区县和学校考试行为。

区县的学业质量监测和学校内部考试的命题要科学合理，考试内容要符合课程标准的要求，不随意提高试题难度、增加考试次数。

要严格控制考试次数和科目。严禁对小学一至三年级进行全学区、全区县范围的任何形式的学科统考统测（包括学业质量监测）。严禁对四至八年级进行全区县范围的学科统考统测；区县若要进行学业质量监测，每学年不超过1次，且只能随机抽样监测，随机抽取的学生比例不超过本年级的30%。严禁学校组织中小学生参加任何形式、任何范围的联考或月考。学校内部的过程管理性考试应严格按照市教委颁发的中小学课程计划规定实施，并由所属区县严格加以规范和科学指导。

区县因学业质量监测的需要，确需对本区县初、高中毕业年级学生进行统一考试的，要严格控制考试频次。

3. 规范考试信息管理和结果使用。

要加强对考试结果的分析，引导学校和教师利用评价结果改进教学，使日常教学更有针对性和实效性。区县可采取抽样方式分析教学质量，以用于教学改进。严禁区县和中小学按考试成绩对学生进行排名，严禁区县按升学率对学校进行排队。严禁区县教育行政部门和中小学下达中考、高考和高中学业水平考试等相关考试指标，或以此进行排名奖惩，以切实减轻学校和教师的压力。

组织考试（含区县学业质量监测）的市、区县教育部门、学校及其工作人员要加强考试信息的安全管理，对参加考试的学生成绩数据管理应有明确的工作规定和相应的责任追究制度，对违规泄露成绩的相关责任人员，应由教育行政部门进行严肃查处。

三、工作要求

（一）提高思想认识，切实加强领导

教育行政部门和中小学要把规范课程教学工作，深入实施素质教育作为基础教育改革发展的一件大事切实抓紧抓好。中小学要进一步端正办学思想，坚持遵循教育规律办学，推进素质教育的有效实施，促进全体学生的全面发展。

各区县教育行政部门要加强领导，切实履行加强中小学课程教学管理、深入实施素质教育的职责，确定本地区规范中小学课程教学工作重点，认真排查并切实解决突出问题，严肃查处所辖中小学课程教学工作中的违规行为，切实维护区域内中小学的正常教学秩序，为规范中小学课程教学工作创造良好的保障条件和环境。

各中小学要依法落实校长负责制，研究提出规范课程教学工作的具体目标和要求，主动接受社会监督，自觉纠正违规行为，形成依法办学、自我约束的发展机制，真正把规范办学行为的要求落实到课程与教学的全过程。

（二）明确工作职责，实施诚信承诺

落实各级教育主管部门的管理职责。市教委统筹协调、监督指导全市规范中小学课程教学工作，制定和完善全市中小学课程教学基本规范，有针对性地提出规范中小学课程教学工作的目标任务和要求，组织随机检查，加强对区县教育行政部门的指导，落实规范办学的各项要求。市教育督导部门要定期开展规范课程教学工作的专项督导，并将督导结果列入区县政府教育公示公报内容。区县教育行政部门要具体分析本区县中小学课程教学工作情况、学生课业负担及体质健康状况，研究制定符合当地实际的管理办法，及时纠正本行政区域内各种不规范的课程教学工作。各中小学要按照课程教学工作规范要求，切实加强管理，维持教育教学秩序，保证课程教学工作符合实施素质教育的要求，要将本校贯彻规范课程教学工作的具体举措，通过张贴告示牌、家长会等途径向社会公开。

（三）加强监督检查，严格责任追究

市和区县教育督导部门要将中小学课程教学执行情况以及推进实施素质教育情况纳入学校综合督导的范围。区县政府和教育行政部门要将督导报告作为对学校主要负责人进行考核、奖惩、任免的重要依据。同时，强化监管，通过中小学责任督学挂牌督导机制，建立经常性的课程教学工作督导工作机制。

市教委将各区县规范中小学课程教学工作的落实情况列入年度教育工作评价指标予以考核，通过网络调查、信访查处、随机检查（抽查）等多种方式，加强对规范中小学课程教学工作情况的明察暗访，并将发现问题抄告区县教育行政部门，对有严重问题的地区在各类相关评优活动中实行“一票否决”。各区县教育行政部门要把规范课程教学工作的情况纳入到对学校的有关评估和表彰奖励中，纳入到对校长、教师的考核和评优评选中。

依法建立规范办学的责任追究制。建立对中小学违规办学行为的公开通报制度，接受社会各界和媒体舆论的监督。对发现违反中小学课程教学工作相关规定的区县，按照职责权限和责任归属，对相应行政负责人进行分级约谈和问责追究。对违反教育教学规定的中小学，由区县教育行政部门责令限期改正；情节严重的，由所在学校或教育行政部门对相关责任人实行问责追究，直至给予处分。属于市实验性示范性高中的，实行黄牌警告，限期整改，整改不合格的按照规定程序取消其称号；民办学校违反规定的，由批准其设立的教育行政部门责令限期改正，并取消当年政府专项扶持资金，拒不整改或整改无效，且情节严重的，核减第二年招生计划。

（四）加大宣传力度，营造良好环境

充分运用报纸、电视、广播、网络等新闻媒体，广泛宣传规范教学行为、实施素质教育的先进典型和成功经验，引导全社会树立科学的人才观和教育观。要切实加强舆论监督。区县教育行政部门、学校要向社会作出公开承诺，设立监督电话、电子信箱等，认真核查反映的情况，并将调查和处理结果与反映人沟通，主动接受公众、家长和媒体的监督，为规范办学行为、深入实施素质教育营造良好环境。

本文件自印发之日起施行，有效期5年。《上海市教育委员会关于进一步规范中小学课程教学工作深入实施素质教育的若干意见》（沪教委基〔2010〕23号）不再使用。

上海市教育委员会
2016年4月7日

上海市教育委员会　上海市人民政府侨务办公室
关于华侨子女回国接受义务教育有关事项的通知

（沪教委港澳台〔2016〕2号）

各区县教育局，各区县人民政府侨务办公室：

依据《中华人民共和国归侨侨眷权益保护法实施办法》第十七条"华侨子女回国就读实施义务教育的学校，应当视同当地居民子女办理入学手续"的规定，现就华侨子女回国就读本市实施义务教育学校的有关事项通知如下：

一、本通知所称华侨子女是指定居国外的中国公民的适龄子女。

二、华侨子女回国就读本市实施义务教育的学校，由各区县教育部门按规定办理就学手续，并享受本市户籍居民适龄子女入学同等待遇。

三、华侨子女回国就读本市实施义务教育的学校，按下列程序办理：

（一）办理就读身份证明。由居住地所在的区县政府侨务办公室根据申请就读人提供的相关证明材料出具华侨子女来沪就读身份证明。

（二）办理就读手续。申请就读人持就读身份证明及相关证明材料到居住地所在的区县教育部门办理就读手续，区县教育部门按照就近入学的原则统筹安排。

四、华侨子女回国就读本市实施义务教育的学校，须提供下列材料：

（一）须向区县政府侨务办公室提供的相关证明材料：

1. 申请就读人本人的有效身份证件及本市公安部门出具的居住证明；

2. 申请就读人父母一方具有华侨身份的证明；

3. 申请就读人同具有华侨身份的父、母的关系证明；

4. 申请就读人由父母监护的，需提供具有华侨身份的父、母在本市就业的证明和本市公安部门出具的居住证明；申请就读人由本市具有血缘关系的直系亲属监护的，需提供有关监护关系和亲属关系的证明以及监护人在本市的户籍证明。

（二）须向区县教育局提供的相关证明材料：

1. 区县政府侨务办公室出具的就读身份证明。

2. 申请就读人境外原有的学历证明（须附由专门的翻译机构出具的翻译件）。

3. 申请就读人入境半年内在本市二级以上医院的健康证明。

五、华侨子女回国就读本市外籍人员子女学校不适用本通知。

六、本通知自发布之日起实行，有效期5年。

上海市教育委员会

上海市人民政府侨务办公室

2016年2月22日

上海市教育委员会关于印发《上海市普通中小学图书馆规程》的通知

（沪教委基〔2016〕55号）

各区县教育局：

为了进一步提高本市中小学图书馆的建设、管理和服务水平，促进中小学图书馆资源的有效利用，充分发挥中小学图书馆在深化基础教育改革、全面推进素质教育、助推学习型社会建设过程中的应有作用，根据《教育部、文化部、国家新闻出版广电总局关于加强新时期中小学图书馆建设与应用工作的意见》（教基一〔2015〕2号）和《上海市教育委员会　上海市文化广播影视管理局　上海市新闻出版局关于进一步加强中小学图书馆工作的指导意见》（沪教委基〔2015〕91号），我委研究制定了《上海市普通中小学图书馆规程》（以下简称《规程》，见附件），现印发你们，并请转发到所属各中小学校及有关单位，认真贯彻执行。

我委将根据《规程》，另行制定中小学图书馆工作的检查评估方案和具体内容指标。

特此通知。

附件：《上海市普通中小学图书馆规程》

上海市教育委员会

2016年9月8日

附件

上海市普通中小学图书馆规程

（2016年修订）

第一章　性质和任务

第一条　中小学图书馆是指由政府、企事业单位、社会团体和公民个人依法举办的全日制普通中小学校设立的图书馆，是依法办学的基本条件之一。

第二条　中小学图书馆是学校的文献资源中心，是学校文化建设和课程资源建设的重要载体，是为教师的教育教学和教科研工作服务、实现教师专业发展的重要基地，是学校开展教育教学活动、促进学生健康、自主、持续发展的重要场所，也是社会公共文化服务体系的重要组成部分。

第三条　中小学图书馆按照党和国家的教育方针，根据学校教育教学工作和师生的需求，利用馆舍资源、设施资源、人才资源和文献资源等，完成以下任务：

1. 提供文献资源的检索、利用、开发、整理和参考咨询等方面的服务。
2. 组织开展相关的业务活动，配合学校的文化建设和课程教材资源建设。

3. 为学科教师的教育教学活动和专业发展活动提供协助和支持。

4. 按照学校教育教学计划的有关规定，完成图书馆的教育、教学工作。

5. 开展利用图书馆知识的教育，在相关教师的配合下，努力使学生养成积极利用图书馆的习惯，形成浓厚的阅读兴趣，掌握科学的阅读方法，培养文献信息的检索、辨别、利用的能力和自主学习的能力，为其持续终身的学习和发展奠定基础。

6. 加强与学校各部门的密切协作，争取社会和家庭的支持，采用生动活泼、学生喜闻乐见的组织形式，指导学生积极开展健康有益的阅读活动，引导学生从优秀书籍中汲取精神养料，提高思想道德和文化科学素养。

7. 开展馆际协作与资源共享，拓展图书馆的功能；创造条件，为社区和学生家长提供文献资源的利用服务。

8. 组织开展各种形式的读者服务活动和阅读推广活动，促进文化知识的传播；助推学习型社会和书香社会建设。

第二章 机构和人员

第四条 市、区教育管理部门均应设立中小学图书馆工作委员会，负责本市和区中小学图书馆工作的规划、协调、指导和检查等工作。学校应由校长直接分管图书馆工作。

第五条 中小学图书馆应设立馆长，在校长领导下负责图书馆各项具体业务工作。

第六条 中小学图书馆工作人员应由中小学教师或图书馆相关专业的人员担任。中学图书馆工作人员应具备大学本科或大学本科以上文化程度，小学图书馆工作人员应具备大专及大专以上文化程度。

第七条 中学图书馆馆长应具备中级或中级以上相关专业技术职称，小学图书馆馆长应具备初级或初级以上相关专业技术职称。

第八条 中小学图书馆工作人员应热爱教育事业和图书馆工作，具备图书馆专业的基本知识和基本技能，身心健康，能够胜任日常工作。承担图书馆教育工作的人员还应具备相应的教师资格证书和教育、教学能力。

第九条 中小学图书馆工作人员的编制在学校教职工编制总数内合理确定，应基本满足教育教学工作和服务师生的需求。

第十条 中小学图书馆工作人员实行专业技术职务聘任制。图书馆工作人员专业技术职务的评聘和在职培训进修等按照国家和本市的有关规定执行。

第十一条 中小学图书馆馆长在学校的岗位、职务和报酬等的定级应不低于教研组长的水准。中小学图书馆工作人员的调资、晋级或评奖，根据其工作岗位和实绩，与所聘专业职务的同类人员等同对待，并按国家和本市的有关规定享受相应的福利待遇。

第十二条 中小学图书馆选聘优秀教师、骨干教师担任兼职馆员，聘请符合条件的家长代表担任图书馆工作志愿者，组织学生参与管理工作。

第三章 文献资源的建设、管理和利用服务

第十三条 中小学图书馆文献资源建设的基本要求为：

1. 中小学图书馆文献资源的内容范围和载体种类主要包括：学校教育教学和师生工作、学习所需要的各类纸质资料、音像资料(指录音带、录像带等)、光盘资料、数字资源以及其他材质的学具、教具等。

2. 中小学图书馆文献资源的内容应思想观点正确，知识内涵科学，具有利用价值。供学生阅读和利用的文献资料应符合学生的年龄特点，有利于学生思想道德素养的提高和文化科学知识的学习，有利于学生

的身心健康发展。

3. 中小学图书馆文献资源以购置，交换，自行采编、加工和制作等方式收集形成，符合国家有关出版、知识产权保护等相关规定。

4. 中小学图书馆文献资源建设应以学生需求为主，兼顾教师，努力做到质量保证、内容丰富、种类齐全、结构合理、载体多元、具有特色、利用方便。

5. 中小学图书馆生均纸质图书（含音像资料和光盘资料，以件计）和馆藏纸质报刊配置的最低标准为：

学校类别纸质书报刊	小　　学	初级中学	完全中学	高级中学
生均图书	30 册(件)	40 册(件)	45 册(件)	50 册(件)
报刊种类	100 种	160 种	180 种	200 种

（注：1.9 年一贯制和 12 年一贯制学校分别参照上述学校的标准配置；2.纸质图书的复本原则上不超出 5 册；3.收入馆藏的供集体教学用的循环使用教材、图书等不占用学校生均图书经费）。

6. 中小学图书馆数字资源的建设与利用服务工作在区教育管理部门的规划与协调下进行，提倡由区教育管理部门为区域内学校提供基础性、公共性的数字资源的利用服务，学校着重补充具有特色化、个性化的数字资源。做到区与学校相结合，购买服务与自行开发相结合，实现共建共享。

7. 中小学图书馆在进行文献资源集中采购时，应通过由校长、学科教师、图书馆专业人员、家长委员会和学生等代表组成的评选机制，并按照政府的有关规定规范采购。

8. 上海市教育委员会中小学图书馆工作委员会每年开展一届优秀图书评选活动，编制每年度的中小学幼儿园图书馆（室）图书配备推荐书目，由上海市教育委员会定期公布，供区教育管理部门和学校参考。

第十四条　中小学图书馆文献资源管理的基本要求为：

1. 建立健全文献资料的采编、保存、复制、借阅和利用以及知识产权保护、网络信息安全等各项规章制度。

2. 按规范对文献资料进行验收、登记、财产登录；按照国家的有关标准对纸质书刊资料、音像资料和光盘资料等进行分类和著录；报刊、多卷丛书等出版物应保证其连续性和完整性。

3. 文献资料全部实行计算机管理，并为读者提供符合国家相关标准的计算机文献数据检索，尽快实现书目数据的馆际共建共享。

4. 做好文献资料日常的防火、防盗、防尘、防潮、防霉、防虫和保洁、修补、修复等工作。

5. 定期进行文献资料的剔旧工作，除具有独特的不可替代的历史保存价值的文献资料外，纸质报纸和期刊的馆藏期限一般为 2 年，纸质图书年剔旧率一般不低于其总量的 2%。

6. 按照数字资源的来源和利用方法等，分别制定相应的管理制度。

第十五条　中小学图书馆文献资源利用服务的基本要求为：

1. 中小学图书馆应为全体师生提供全开架服务，每周实际开放的时间不少于 40 小时，应确保每天在课间、午休和下午课后等时间为所有师生提供外借和利用服务。寒、暑假期间以及寄宿制学校图书馆晚间还应安排相应的时间为师生提供借阅利用服务。图书馆开放的时间和服务方式应向全校师生公示。

2. 中小学图书馆应因地制宜，在教室、走廊等安全、合适的区域和场所设立纸质书报刊全开架流通点，鼓励学生自主管理，诚信取阅。并创造条件，在上述区域和场所设置数字资源的下载和利用设施。有条件的学校可以努力营造学校在“图书馆”中的文化氛围与书香校园。

3. 中小学图书馆应及时向师生介绍新近添置的文献资源，定期择优推荐有关书刊、文章及篇目，提供书目数据、篇目索引、二次文献的利用服务和参考咨询服务。

4. 中小学图书馆应根据学校教育教学工作和师生的需要，开展阅读参考书目和校本课程教材资源、特色资源、专题教育资源等的收集、整理、开发、编制等工作，并提供相应的利用服务。

5. 中小学图书馆应根据其任务，组织开展其他相关的资源利用服务工作，并尽力满足读者的需求。

6. 中小学图书馆应争取各级公共(少儿)图书馆、高校图书馆和区县教育学院(教师进修学院)的图书资料中心、信息中心等在业务上的支持和配合，积极开展馆际互借和资源共享，提倡向学生家长和社区开放。

第十六条　中小学图书馆可以探索和尝试委托社会专业机构提供有关文献资料的采集、加工制作和日常借阅等服务的模式。

第四章　条 件 保 障

第十七条　中小学图书馆应馆舍专用，位于环境安静、光照充分、干燥通风，便于文献资源收藏、管理和读者利用的区域。

第十八条　中小学图书馆应设立文献资源采编、加工、收藏、宣传、展示、检索、流通、师生纸质文献和数字资源阅览利用以及开展教育教学活动等所需的功能区域。馆舍面积以及学生阅览座位的数量和阅读课教室的使用面积不低于上海市《普通中小学校建设标准》(DG/TJ08)的有关规定。

第十九条　中小学图书馆应为读者提供环境优美、设施完备、便捷舒适兼具休闲交流功能的阅读环境和设施。有条件的学校还可为师生设置自主学习、研修交流、创作实践、社团活动等场所。

第二十条　各区教育管理部门、学校应切实保证并逐年增加中小学图书馆文献资源(包括数字资源)的购置和利用服务经费。图书馆文献资源购置和利用服务等经费应实行信息公开和专款专用制度，并加强文献资源的内容、质量、价格和经费使用方面的监督检查。

第二十一条　各区教育管理部门、学校应积极争取社会、企事业单位和个人的捐赠，提倡多渠道筹措经费办好中小学图书馆。同时，规范捐赠程序，确保捐建的馆舍和捐赠的设施设备及文献资源的质量。

第五章　其　　他

第二十二条　各级教育管理部门应将中小学图书馆工作列为检查、评估和督导学校办学条件和办学水平的重要内容之一。

第二十三条　本市基础教育阶段的特殊教育学校、幼儿园等图书馆(室)等可参照本规程执行。

第二十四条　本规程由上海市教育委员会负责解释。

第二十五条　本规程自发布之日起施行。2004年4月9日发布的《上海市教育委员会关于加强中小学图书馆(室)工作的意见》[沪教委基〔2004〕30号]及附件《上海市贯彻〈中小学图书馆(室)规程〉实施细则》不再使用。

附录:《上海市普通中小学图书馆装备指南》(略)

2016年上海市教育委员会工作要点

2016年，本市教育工作要深入贯彻落实党的十八大和十八届二中、三中、四中、五中全会精神和习近平总书记系列重要讲话精神，紧紧围绕上海建设“四个中心”和具有全球影响力的科技创新中心，按照国家和本市中长期教育规划纲要、本市教育综合改革的总体部署，坚持改革创新、依法治教，深入推进各级各类教育健康发展，努力办好人民满意的教育。

一、深入推进教育领域综合改革，优化教育资源布局

1. 教育综合改革分层推进落实。从市级、区县、高校三个层面推进实施教育综合改革，发挥市教育综合改革专家咨询委员会作用，重点跟踪指导各区县、各高校教育综合改革取得实质进展。强化教育综合改革统筹管理能力，建立教育综合改革重大任务动态调整机制。启动研制教育现代化标准框架，形成促进、监测和评估各领域教育现代化的标准体系。加强教育综合改革典型经验总结推广。充分依托部市共建会商机制和市教育综合改革领导小组决策平台，形成破解难题的改革合力。

2. 教育规划的统筹引领。推进实施《上海高等教育布局结构与发展规划（2015—2030 年）》《上海现代职业教育体系建设规划（2015—2030 年）》。做好《上海市教育改革和发展“十三五”规划》及其各专项规划的发布工作，明确推进实施的时间表、任务书。配合做好“上海市高等教育促进条例”立法调研工作。做好新一轮城市总体规划“教育设施专项规划”。

3. 高等教育资源布局与分类管理。进一步优化整合本市高等教育资源。研制上海高校设置标准与基本建设标准的地方性实施办法。探索制订分类别的上海高校办学规模核定办法、高校经费投入办法、整体绩效评价办法和教师考核评价办法，积极构建高校分类投入、分类管理、分类评价制度体系，促进高校特色发展。

二、强化立德树人根本任务，建立德育工作长效机制

4. 德育工作的协同机制。建立宣传文化、教育等单位（部门）组成的社会主义核心价值观和中华优秀传统文化“六进”协同机制。继续开展百年树人电影阳光行、道德实践风尚人物表彰宣传、大学生年度人物评选等活动。整合区县、高校、学科德育实训基地力量，在全市首批建立 5 个学科德育协同创新中心。加强高校思政课创新体系建设，开展重点（示范）马克思主义学院建设。

5. 学生心理健康教育和校外教育。继续开展区县学校心理健康教育规范化建设，重点推动民办中小学心理健康教育示范校建设，开展区县和高校心理示范中心建设以及第二轮全国心理健康教育特色校建设。编制学生心理健康提示手册。推进校外教育基地建设并纳入高中学生社会实践基地（项目）建设范围，深化上海市学生社会实践信息记录电子平台建设。开展校外红色教育等资源体系建设。

6. 网络思想政治教育。从价值引领、需求驱动、自身建设三个维度加强易班思想教育、教育教学、生活服务、文化娱乐等内容建设，提升网络思政教育水平。推动完善理事会领导下的“一中心一公司”治理模式。科学把握全国共建的节奏、力度，着力增强对学生的黏着度和引导力。

7. 教师队伍育德意识和育德能力。发布《高校宣传思想工作主体责任实施意见》《加强和改进高校马克思主义理论学习研究宣传的实施意见》。启动中小学思政教师成长项目，开展新上岗的学校德育教导跟岗基地建设。推进新一轮中小学骨干教师德育实训基地、中小学班主任带头人工作室建设。启动辅导员队伍专业化建设试点项目，推进辅导员队伍专业化体系建设。编制以教师育德意识和能力培养为重点的教师培训课程体系。

三、深化教育公平，推动基础教育内涵建设和转型发展

8. 城乡教育一体化发展。推动落实本市城乡义务教育一体化实施意见，组织召开推进会，指导各区县做好“五项标准”实施规划，落实 2016 年实施项目。推进学区化集团化办学和新优质学校集群发展，学区化集团化办学至年底覆盖全市 40% 的义务教育阶段学校，形成市、区集群发展的新优质项目学校 170 所。以郊区县为主体推进实施第五轮郊区农村义务教育学校委托管理工作，修订委托管理工作评估指标，指导区县组织开展对 50 所学校委托管理中期评估工作。

9. 基础教育课程改革。制定本市深化基础教育二期课改研究与实施方案，健全课程改革决策咨询和管理机制。建立基础教育课程研究中心。指导区县持续推进“基于课程标准的教学与评价”工作。颁布

《小学中高年段语数外学科基于课程标准教学与评价指南》。推动第二轮学校课程领导力行动研究，指导45所项目学校和1个试点区完善学校课程领导力持续提升的机制。启动学习基础素养项目行动相关工作。组织开展2016年度小学阶段“绿色指标”综合评价，推动11个区县和44所学校实施基础教育质量评价改革试点。制定《上海市特色普通高中建设三年行动计划》，启动特色普通高中评估研究工作。

10. 学前教育。推进落实《上海市学前教育三年行动计划(2015—2017年)》，加大园舍建设力度和师资队伍建设，全年新建改扩建30所以上幼儿园。修订完善学前教育课程指南、幼儿园装备规范、早教指导中心建设标准。健全学前教育质量监测机制，建立覆盖市、区县、园三级的保教质量评价体系。加快学前教育信息化建设，完善学前教育信息管理系统，编制学前教育信息化建设和配备标准。

11. 特殊教育和民族教育。全面落实《上海市特殊教育三年行动计划(2014—2016)年》，编制特殊教育三年行动计划评估标准。深入推进医教结合，建设特殊学生教育评估中心，完善特殊教育课程体系，编制学前特殊教育课程指南和普通学校随班就读课程实施指南。继续办好内地民族班，完成年度招生(扩招)任务。开展民族班教研、思政研讨活动，提升民族班教育教学水平。

四、推进现代职业教育体系建设，提升人才培养质量

12. 人才培养模式。推进中高职教育、中职—应用本科教育贯通培养模式改革，稳步扩大试点规模，推动贯通培养方案的一体化设计与实施。加强联合教研，建立多层次的贯通培养教学研究机制。加强教学质量管理，继续开展贯通培养教学质量的检查与评估。

13. 职业教育教学改革。建立学校教学工作诊断与改进制度，实施示范性品牌专业创建计划。组织第七届上海市中等职业学校教师教学法交流与评优活动。对接行业职业标准、岗位要求和技术规范，40个中职专业、13个高职专业开展“双证融通”试点。遴选建设一批高职一流专业和产教研协同基地。开发国际水平专业教学标准。开展校企联合招生、联合培养、一体化育人的“现代学徒制”试点。

14. 学生职业素养提升。推进实施中职校学生学业水平和综合素质评价，逐步建立并完善上海市中职学生综合素质评价信息管理系统。开展职业体验日活动。启动第七届“星光计划”职业院校技能大赛，组织参加2016年全国职业院校职业技能大赛。开展上海市中等职业学校“璀璨星光”第四届校园文化节活动。

五、深化高等教育内涵式发展，增强学生创新创业能力

15. 应用型人才培养。深化专业学位研究生教育综合改革，切实推进“5＋3＋X”等重大人才培养项目改革试点工作。引导部分普通本科高校向应用型转变，持续推进地方高校应用性本科专业试点计划，2016年拟新建20个左右专业。

16. 创新创业教育。通过课程教材、教学方法、实验实践等方面改革，深入开展创新创业教育。支持3000个大学生创新创业项目，支持高校举办15项学科竞赛活动。支持本科重点教改项目100项。持续推进卓越人才培养计划，推进14个卓越新闻人才培养基地建设。举办“汇创青春——上海大学生文化创意作品展示季”活动。

17. 高校专业建设。继续完善学位授权点的省级统筹和动态调整机制。开展专业评估工作，引导高校建立5年一轮本科专业自主评估机制，对若干所高校开展本科教学审核评估。探索建立上海高等教育质量报告发布制度。实施专业预警发布机制，发布预警本科专业，探索专业优化调整和退出机制。

18. 高校学科建设。贯彻落实国家《统筹推进世界一流大学和一流学科建设总体方案》，制定上海实施国家“双一流”方案的指导意见。推进上海高校高峰高原学科建设，对Ⅰ、Ⅱ、Ⅲ类高峰学科以及Ⅰ、Ⅱ类高原学科实施全程动态监测。实施第一批Ⅳ类高峰学科的遴选、论证和试点建设。研究制定《上海高校高峰高原学科建设管理办法》，加强学科建设工作的检查和指导。

19. 高校知识服务能力提升。继续推进“上海2011计划”建设，加强对已建知识服务平台的过程管理，组织国家协同创新中心的认定申报工作。创新智库建设方式，建立开放竞争的动态管理机制。加快高校技术转移体系建设，落实“科创22条”相关政策，围绕促进成果转化制定配套措施。

六、建立健全终身教育制度，完善市民学习服务体系

20. 终身教育体系完善。启动市民终身学习资源配送体系平台建设。启动社区教育师资培训工作。推进社区教育志愿者队伍建设。建立市民终身学习能力与需求监测制度框架，并试点建设若干基层测试点。启动老年人学习场所倍增计划。构建老年教育慕课平台，促进老年教育资源共建共享。开展本市高等教育自学考试考籍考务管理信息系统更新工程。

21. 终身教育制度健全。制定和实施《推进上海市高校继续教育转型的指导意见》，试点推进本市各类普通高校继续教育转型发展。制定和实施《社区教育、老年教育机构和人才队伍专业化标准》《上海市学分银行管理办法》《上海市高等教育自学考试专业设置审批管理办法》等规范性文件。推进社会力量参与终身教育工作的制度设计，制定《上海市促进互联网教育发展的指导意见》。

22. 终身学习方式创新。实施“上海市百万在岗人员学力提升计划”，满足企业创新发展对员工的新要求。深化本市学习型机关、学习型企事业单位、学习型社区（街镇）和学习型家庭建设，在本市民办非企业单位（社会组织）中试点推进学习型组织创建工作。举办“上海市第十二届全民终身学习活动周”“第二届市民诗歌节”，开展各类市民终身学习大型活动。

七、规范扶持民办教育发展，满足人民群众多元化教育需求

23. 民办教育扶持与规范。推进实施上海民办教育深化综合改革指导意见。召开上海市第三次民办教育工作会议。推进民非机构设置标准和管理办法贯彻实施。进一步健全完善民办教育信息管理系统。制定完善民办中小学、民办幼儿园设置标准。进一步完善民办高校的年检指标体系。修订民办教育专项资金管理办法。

24. 民办教育治理水平提升。推进非营利示范高校建设。推动建立完善上海民办教育基金会运作机制。试点建设民办高校现代大学制度。继续开展民办中小学特色校、优质园第二轮创建工作。探索民办教育第三方独立评价机制。探索制订实施非营利民办中小学试点实施办法。开展民办中小学校长和民办幼儿园园长培训。

八、推进教育人事制度改革，打造高素质专业化教师队伍

25. 教育人事制度深化改革。继续开展教师资格定期注册工作。开展中小学教师职称制度深化改革。加强中小学编制管理，制订中小学幼儿园机构编制与教师配置指导意见。发布上海市中小学兼职教师实施意见。完善中小学校长职级制度，研究试行中小学校长选拔、任用、管理、考核的制度。积极推进高校人事制度改革，研究制订上海地方高校长聘教职制度意见、合同制科研队伍建设管理指导意见、管理岗位工作人员职员制试行意见。制订本市地方高校教师队伍配置标准，配合市编制部门出台上海高校机构编制标准。

26. 基础教育教师校长专业发展。实施“中小学（幼儿园）教师信息技术应用能力提升工程”。全面完成中小学（幼儿园）教材教法研修一体网络课程建设，逐步形成研训一体的教师专业发展机制。启动本市乡村教师支持计划，深入实施基础教育领军人才培养计划。

27. 高校教师全过程培养体系。探索高校教师资格证书考试制度。继续实施高校新教师岗前培训和培养资助工作，实施师资博士后制度，指导高校做好国内访问学者、国外访学进修、实验技术队伍建设和产学研践习等教师专业发展工程计划的实施工作。落实教师和专业技术人员分类评价考核制度。持续推进本科教学教师激励计划。深入实施上海高校特聘教授（东方学者）岗位计划、青年东方学者岗位计划。

28. 双师型教师队伍建设。推进专业教师每5年赴企业实践1年的培训。组织开展新任专业教师规范化培训，探索新进教师经规范化培训后持证上岗相关制度。试点开展上海市中等职业教育名师培育工作室，探索职教名师培养途径和机制。

九、统筹教育资源，推进教育国际化与信息化

29. 高水平中外合作办学。继续支持上海纽约大学各项改革工作。支持同济大学与芬兰阿尔托大学合作设立"上海国际设计创新学院"工作，开展本市中外合作办学二级机构的管理机制体制、人才培养模式等方面的改革和创新。推进中国(上海)自贸区试验区经营性中外合作办学培训机构工作。实施高中国际课程年检和引进教材审查工作，推进国际课程的本土化研究。

30. 来华留学工作。继续推进外国留学生外语课程建设，逐步提高外国留学生学历生和长期生的比例，提升留学生教育质量。办好"上海暑期学校"和"2016 上海教育展"。鼓励和支持高校增设孔子学院，筹建"上海高校孔子学院联盟"，整合本市高校优质资源，不断提升上海孔子学院的办学质量和水平。

31. 外籍人员子女学校管理。发布"上海外籍人员子女学校白皮书"，公布年度招生、注册和办学情况。做好外籍人员子女学校教材审核工作。启动外籍人员子女学校中文课程标准制订和教材推荐工作。

32. 教育国际合作与交流。积极推动落实国家和本市关于"一带一路"的实施方案。深化上海国外友好城市的教育交流，办好"2016 上海国际友好城市夏令营"。进一步推进本市中小学非通用语种教育项目，增加语种和参与项目的学校。鼓励和支持本市高校教师和学生赴国际组织任职、学习实习。

33. 教育信息化。启动基础教育教学平台建设，开展基于教材数字化的教学评价，丰富示范课程资源库，完善高中慕课平台建设。实施高等教育和职业教育学生网络互动社区发展计划，推进数据对接、资源共享，完善课程应用与教学服务融通的高校优质在线开放课程，扩大"智慧教室""创新实验实训中心"试点。构建学分银行在线课程学习平台。深化"一网两平台三中心"建设，优化完善教育信息化基础应用环境。

十、坚持育人为本，营造学生健康发展良好环境

34. 文教结合工作。启动实施第二轮文教结合三年行动计划(2016—2018 年)。发布文教结合引育高端紧缺文化艺术人才规划和实施意见，依托高校建设若干高层次文艺人才工作室和紧缺文艺人才工作室，吸引国内外优秀文化艺术人才驻沪，跨界服务和促进文化教育事业发展。重点支持建设若干高端文化艺术人才培养机构。促进学生文化艺术实践与本市重大文艺节庆活动全面对接，打造若干高水平国际性青少年文艺活动平台。促进学校艺术教育与文化创意园区全面对接，搭建大学生文化艺术创意作品孵化、展示、转化平台。启动覆盖各级各类学校的"校园数字电影院线"计划，成立上海电影教育育人联盟。改进美育教学，促进学生全面发展。

35. 学生健康促进工程。发布加快发展本市青少年校园足球活动实施意见，建设校园足球课程和青少年校园足球精英训练营。启动大学公共体育改革试点。成立上海市校园篮球联盟，深化排球联盟、跑步联盟、自行车联盟、冰上运动联盟、田径联盟、游泳联盟机制建设。探索学校体育场地全天候操场、阳光驿站综合建设。继续实施"小学兴趣化、初中多样化、高中专项化"体育课程改革，印发小学体育兴趣化、初中体育多样化指导意见，编制教学大纲和教学视频，组织开展教学评估和督导。启动大学公共体育个性化改革工作，构建大中小学科学衔接、循序渐进的体育课程体系。举办第三届上海市学生运动会。编印《学生健康知识手册》，开展 2016 年健康教育系列主题活动。

36. 学校安全与后勤工作。制定大学生安全教育三年行动计划，完善大学生安全教育体系。制定《校园消防系统标准化管理标准》《实验室安全管理规范》《校园防恐工作指南》《校园治安防控工作指南》等工作规范。完成市级、区县、学校三个层面学校安全管理中心建设试点，制订中小学风险管理和隐患排查工作指导意见，完成 18 个中小学公共安全教育体验教室建设试点，出台公共安全教育体验教室配置标准。推进上海高校后勤标准化体系建设，制定《教育管理信息化建设与应用指南——智慧后勤实践大纲》。加快学生食堂运行监测中心建设，修订《上海高校学生伙食价格平抑基金管理办法》。推进中小学校午餐原材料信息追溯管理系统建设，制定《上海市中小学校学生午餐配膳指导意见》。

37. 未成年人保护工作。制定并试点实施《上海市未成年人保护工作指标体系》，监测未成年人保护状况，有针对性地采取保护未成年人有效措施。合力保障校园及周边安全，不断净化优化未成年人成长环境。开展行为不良未成年人教育转化工作，保护特殊对象未成年人合法权益。有效预防未成年人违法犯罪。

38. 创业和就业服务。构建以培养企业家精神为核心的创业教育系统，构建以种子轮创新项目培育为重点的创业资助系统，构建行业聚焦、专业服务完善的创业孵化系统，构建一批空间贴近、居办适宜、成本低廉的创业空间系统。制定上海高校毕业生就业质量评价体系，发布上海高校毕业生就业质量报告。开展本市毕业前未就业高校毕业生登记制度，做好困难毕业生就业补贴发放工作。建设一批职业生涯发展教育工作室和职业生涯发展教育校外实践基地。做好本市高校征兵工作。完善本市高校学生国家助学贷款政策、高校研究生国家奖学金政策、高校学生资助体系相关政策。

十一、推进依法治教，为教育改革发展提供坚实保障

39. 考试招生制度改革。成立教育考试命题和评价指导委员会，推进考试命题改革。全面实施高中学生学业水平考试和综合素质评价，实施个性化学程与学分制管理、生涯辅导试点建设项目。合并本科第一、第二招生批次，实行平行志愿投档和录取。探索扩大综合评价录取改革试点院校范围。启动初中课程方案和课程标准调整以及初中学生综合素质评价研究。发布本市高中阶段学校考试招生改革方案。

40. 教育督导体制机制建设。发布《贯彻〈上海教育督导条例〉，加强区县教育督导工作的意见》。建立教育督导评估标准体系，启动对区县政府新一轮的综合督政。研究制订专职督学专业职务晋升办法，建立督学资格人员管理制度。制订本市教育督导机构委托有资质的专业机构、社会组织开展教育质量评估与监测的管理办法。研究制定上海基础教育督导结果向社会公示公告的途径与实施办法。建立责任督学挂牌督导信息化工作平台，提高挂牌督导的工作效能。推动全市教育督导划片联合体建设，探索督导协作联动机制。

41. 现代学校制度建设。落实和扩大高校办学自主权，健全和完善高校用好自主权的内部治理机制和外部监督体系。推进各级各类学校章程实施，建立健全章程核准后执行情况的监测评估机制。制定实施多元主体参与决策的校务委员会制度等实施办法，促进高校完善内部治理结构及运行规则。完善学校师生权益保障和校内纠纷解决机制，逐步建立学校依法治校年度报告制度。

42. 教育投入机制改革与审计工作。启动实施拓宽教育费附加使用范围和用途管理办法。探索全市统一的义务教育生均拨款基本定额体系建设。深化高等教育投入机制改革，调整高校财政生均综合定额拨款标准，探索构建高校生均综合定额标准体系。完善以绩效评价为核心的高校内涵建设经费分配制度，稳步扩大内涵建设经费规模，建立以绩效评价为核心的内涵建设经费分配机制。扩大市属公办高校总会计师委派试点范围。完善市教育审计中心工作机制，开展各项审计工作。继续推进直属单位专兼职审计人员队伍建设，统筹审计资源与力量。

43. 教育对口支援工作。统筹开展教育对口支援“7 省 11 地”工作，进一步找准教育服务全国的着力点。紧紧围绕提升对口地区造血能力，以帮助打造一支带不走的骨干教师队伍为核心任务，通过多种形式为对口地区教师培养培训提供有力支持。继续深入推进喀什双语教育研究中心、职教联盟等平台建设，平稳启动南疆职业教育对口支援全覆盖、组团式教育人才援藏等新任务。

44. 语言文字规范工作。继续依法推进高校语言文字工作评估。开展公共场所语言文字应用监督监测。开展中华经典诵写讲活动、学生阅读推广活动和语言文字社会实践活动。在现有的上海地方语言资源有声数据库基础上，做好中国语言资源保护工程相关工作。提升普通话测试工作管理水平。

45. 机关和直属单位管理。对教育行政审批事项实行目录化管理，取消非行政许可审批，试点推进两项教育行政审批事项“证照分离”改革，对取消下放的审批事项加强事中事后监管，提升行政审批效能。加强机关干部队伍建设，健全常态化培训机制。理顺直属单位管理体制，细化管理职责及工作流程，加强对直属单位的业务指导。完善委属企业的管理运作机制，建立规范的产权关系、经营关系和收益分配关系。

2016年上海市教育工作年报

2016年是本市教育改革和发展"十三五"规划的开局之年。上海教育工作深入贯彻落实党的十八大，十八届三中、四中、五中和六中全会精神和习近平总书记系列重要讲话精神，坚持改革创新、依法治教，全面深化教育综合改革，深入推进上海各级各类教育事业健康科学发展。

一、2016年上海教育事业发展基本情况

2016年，全市共有中小学、幼儿园、特殊教育学校及工读学校3148所，其中：幼儿园1553所，比上年增加43所；小学753所，比上年减少11所；中学801所，比上年增加11所；特殊教育学校29所，工读学校12所。共有在校学生192.24万人，其中：幼儿园55.65万人，比上年增加3.85%；小学78.97万人，比上年减少1.12%；普通初中41.33万人，比上年增加0.23%；普通高中15.78万人，比上年减少0.25%；特殊教育学生0.43万人，比上年减少3.05%；工读学校学生0.08万人，比上年减少15.79%。义务教育入学率保持在99.9%以上，普及九年制义务教育的各项指标均达到或超过国家标准。

2016年，全市初中毕业生9.18万人，比上年减少0.24万人，高中阶段新生入学率达98.7%。高中阶段（含普通高中、普通中专、职业高中、技工学校）毕业生8.67万人，比上年减少0.16万人。全市2016年报考普通高校生源总数共7.42万余人，641所高校在沪实际录取6.68万名，完成对外公布招生计划的104.4%。

全市共有普通中等职业学校84所，其中：职业高中27所，中等专业学校50所，中等技工学校7所。共有全日制在校生9.52万人，比上年减少7.63%。

全市共有普通高等学校64所。普通本专科在校学生51.47万人，比上年增加0.60%。其中：本科在校生37.13万人，比上年增加1.10%；专科在校生14.34万人，比上年减少0.67%。2016年全市高校招收普通本专科生14.27万人，毕业13.26万人。

全市共有研究生培养机构48家（不包括中科院在沪分院和煤炭院上海分院），共有研究生14.50万人，比上年增加0.67万人，增长4.84%。其中：博士生2.99万人，硕士生11.51万人。

全市共有成人中高等学历教育学校26所，其中：独立设置成人高校14所，成人中专12所。成人高等教育和中等专业教育在校学生28.65万人，其中：成人本专科在校生14.39万人，网络本专科在校生12.62万人，成人中专在校生1.64万人。成人本专科招生4.16万人，毕业4.90万人；网络本专科招生4.35万人，比上年减少1.56%，毕业4.33万人；成人中专招生0.53万人，毕业0.36万人。

全市2016年研究生招生4.91万人（含科研机构），比上年增长6.68%，其中：博士生0.68万人，比上年增长4.87%；硕士生4.23万人，比上年增长6.98%。普通本专科招生14.27万人，比上年增加1.44%，其中：本科生9.56万人，比上年增加3.96%；专科生4.71万人，比上年减少3.32%。成人本专科招生4.17万人，比上年减少12.97%，其中：本科生2.74万人，比上年减少16.01%；专科生1.43万人，比上年减少6.47%。

全市共有成人职业技术培训机构674所，结业生173.17万人次。民办非学历高等教育机构217所。全市共有校外教育机构22所，其中青少年活动中心（少年宫）17所，少年科技站4所，少年之家1所，教职工总数1228人。共有各类老年教育机构5883个，接受教育的老年人总数777万余人。

全市共有中外合作办学机构和项目186个，其中机构29个，项目157个。开展学历教育的机构和项目

164个，非学历教育22个。全市共有外籍人员子女学校39所，在读学生28989人。2016年本市各普通高校来华留学生60226人，学位生中硕士生与博士生分别比上年增长11.3%和21%，学位生总数19313人，比上年提高10%。2016年全市在校港澳台学生总人数为9162人，其中高校2282人，中小学幼儿园6880人。

全市中小学教职工总数13.23万人，其中小学专任教师5.34万人，中学专任教师5.58万人。

全市普通高校教职工总数7.34万人，其中专任教师4.23万人。市属高校教职工4.14万人，比上年增加0.57%，其中专任教师2.66万人，比上年增加0.06万人；中央部委属高校教职工3.20万人，比上年减少1.41%，其中专任教师1.58万人，比上年增加0.02万人。普通高校专任教师中，正高级职称教师0.78万人，占18.4%；副高级职称教师1.38万人，占32.5%；中级职称教师1.66万人，占39.2%。2016年，全市一般公共预算教育支出预算数为939.9亿元。其中：市本级教育支出预算数298.9亿元；区级教育支出预算数641亿元。

二、深化教育综合改革和高考改革，推进教育规划与布局优化工作

（一）深化教育领域综合改革

做好市教育综合改革领导小组会议和部市共建会有关工作。做好教育部上海市人民政府深化上海教育综合改革年度工作会商会议工作。开展市教育综合改革领导小组日常工作，共召开1次全体会议、15次专题会议，全面落实16个重大改革议决事项和相关任务。协调推进市委重点调研课题、重点推进和督查事项及市委深改组经济社会事业改革体制改革专项组有关工作。

组织实地调研。组织市委教育综合改革试点督察工作组对浦东新区等5个区和上海交通大学医学院等6所高校开展实地督察调研。对复旦大学等5所高校以及中科院上海药物研究所进行实地走访与调研，做好上海市落实全国科技创新大会高校调研工作。组织上海市教育综合改革专家咨询委员会委员以各种方式参与教育综合改革调研活动达100余人次。

开展高水平地方高校建设。贯彻落实《上海市深化高校改革建设高水平地方高校试点方案》，围绕人事薪酬、财务资产、人才培养、国际交流、基本建设等5方面14条改革措施，进一步落实和扩大高校办学自主权，支持首批1所高校（上海大学）开展高水平地方高校建设。

优化高校布局结构。在市委、市政府领导下，整合上海立信会计学院、上海金融学院办学资源，合并组建上海立信会计金融学院；整合上海城市管理职业技术学院、上海建峰职业技术学院办学资源，合并组建上海城建职业学院；在上海公安高等专科学校基础上，组建上海公安学院。推进上海工会管理职业学院剥离学历教育相关工作。

试点推进教育管办评分离改革。形成“1+2+5+5”的推进布局：“1”，即：市级层面统筹推进；“2”，即：委托国家教育发展研究中心和华东师范大学2个研究团队，同步开展教育管办评分离理论研究；第一个“5”，即：委托上海交通大学等5所不同类别高校，重点开展府学关系探索、学校治理机制完善、开放协同的办学机制构建等；第二个“5”，即：委托浦东等5个区教育部门，探索进一步转变政府管理方式、促进教育公平发展、提升办学质量、鼓励社会参与的实践路径。

（二）宣传推广上海教育综合改革经验

开展上海教育综合改革国家试点成效宣传。《人民日报》《中国教育报》《中国教师报》等中央报纸，以头版头条连载方式对上海教育综合改革试点成效进行了报道；《中国高等教育》《中国民族教育》等杂志，以专刊形式刊载了上海教育综合改革的经验成效，上海教育综合改革试点工作的“溢出”效应得到有效彰显。

推广上海基础教育教学改革成功经验。召开全国“上海中小学数学教育改革经验”交流会，教育部基础教育课程教材专家工作委员会向全国中小学数学教师、数学教研员、数学教育工作者发出学习“上海经验”、深入推进中小学数学教育改革、打造世界一流的数学教育的倡议。启动“1+11”基础教育互助成长行动计划，整合16个区县优秀教育改革成果，向中西部7省(自治区、直辖市)11市(地、州、区)进行推广与合作辐射，涉及改革项目66个，辐射学校超过230所。

建立健全长三角区域教育合作发展机制。推进2016年度长三角教育协作市级协议项目统筹保障计划和基层特色项目年度支持计划，联合召开第八届长三角教育协作发展会议，促进多层次联动和区域一体化。

(三) 继续深化高考综合改革

平稳扩大"综合评价录取改革试验"试点。2016年高考综合改革试点范围由复旦大学、上海交通大学扩大至上海9校(在沪8所教育部直属高校＋上海大学)。2016年全市综合评价批招生计划共1777个，实际共录取1766名。

一二本合并改革取得预期实效。2016年在全国范围内率先实施一二本合并改革，高校投档满足率大幅提高，考生志愿满足率大幅提升，志愿有效性大大增加。

推动高校提出综合素质评价信息参考使用具体办法。复旦大学、上海交通大学、同济大学、华东师范大学等高校率先公布使用普通高中学生综合素质评价信息具体办法，其余在沪高校参照4所高校模式提出学校的使用办法。

加强高考改革系统配套建设。全面实施高中学生学业水平考试，制定《本市中小学数学等7门学科课程标准调整意见》。统筹研究和推进考试命题改革，成立上海市教育考试命题和评价指导委员会，遴选23名专家为第一届委员。基本建成全市81考点225个外语听说测试标准化考场，于2017年1月高中学业水平考试外语听说测试时正式投入使用。

(四) 加强基本建设工作

研究制定基本建设管理办法和设置标准。启动《普通高等学校设置暂行条例》《普通高等学校设置标准》。研究上海高校基本建设标准的编制工作路径及工作方案。制定《上海市教育委员会所属公办高等学校房屋、设施维修项目管理办法(试行)》，建立委属高校维修项目长效管理机制。

研究制定基础教育塑胶场地建设管理办法。制定印发《关于加强本市基础教育学校塑胶场地建设管理工作的通知》，建立市级统筹协调、区级属地管理、各级政府职能部门共同落实的责任制度。组织开展塑胶场地建设管理专项排查和实地抽查。

稳步推进基本建设项目。推进上海科技大学新校区一期、上海国际舞蹈中心、上海大学宝山校区扩建三期、上海电力学院临港新校区一期、国际乒乓球联合会博物馆和中国乒乓球博物馆等重大续建项目。加快上海理工大学南校区一期、上海戏剧学院浦江新校区、上海电力学院临港新校区二期、上海立信会计金融学院新建学生公寓(斯米克地块)等重大新建项目的前期审批和推进工作。推进区县基础教育基本建设项目。

三、深化教育管理体制改革，优化教育管理方式

(一) 深化教育投入机制改革

推动基础教育和职业教育投入机制改革。以推进城乡一体化为主要目标，制订义务教育学校生均财政拨款基本标准。开展中等职业教育投入机制改革研究，建立以基本办学经费和内涵建设经费为主的经常性经费投入，并在市教委所属中等职业学校先行开展改革试点工作。

推动高等教育投入机制改革。由地方高校自主安排和使用的经常性经费占比已接近75%。按照调整后的财政生均综合定额标准编制基本办学经费预算。启动高校生均培养成本部市联合攻关研究项目，探索建立更为科学、合理的生均综合定额标准体系。建立以整体办学绩效评价为核心的内涵建设经常性经费分配机制。

继续推动市属公办高校总会计师制度。在上海海洋大学、上海音乐学院、上海戏剧学院推广实施高校总会计师制度，赋予总会计师参与学校重大财务决策的权力，从内控管理上防范学校财务风险。

加强教育费附加资金使用管理。印发《关于进一步加强2016年市对区县财政教育转移支付资金使用管理的指导意见》，提高市对区县财政教育转移支付资金使用效益，推进教育经费科学化、精细化管理。

（二）深化高校人事制度改革

健全教师离岗创业制度。出台《上海市教育委员会关于完善市属公办高校专业技术人员校外兼职和在岗离岗创业工作的指导意见》，鼓励符合条件的高校专业技术人员到校外兼职和离岗创业，进一步激发创新创业活力。

完善教师分类考核评价制度。出台《上海市教育委员会关于试行市属高校教师分类考核评价制度的指导意见》，推动高校对处于不同职业发展阶段、不同发展平台的教师进行分类考核，进一步提升教师考核评价的科学化水平。

（三）深化推进依法治教

推进教育系统依法行政工作。配合开展《上海市高等教育促进条例》等相关立法调研，出版《上海市教育督导条例释义》。制定并发布《上海市教育委员会行政规范性文件评估管理办法》，依法开展各类法律审核工作。推进审批制度改革，完成行政权力清单和责任清单的编制和发布工作。试点推进建设上海交通大学等第二批"上海教育立法咨询与服务研究基地"。

推进依法治校工作和现代学校制度建设。推动依法治校（含学校章程落实）监测评估机制建设，建立依法治校年度报告制度。持续推进上海大学等7所高校实施现代大学制度建设2016年试点工作。开展教育系统"七五"普法。联合成立"青少年法治教育协同创新中心"。组织召开第一届"中国教育法治与教育发展高峰论坛"。

四、强化立德树人，全面推进素质教育

（一）推进社会主义核心价值观和中华优秀传统文化教育

推进社会主义核心价值观落细落小落实。组织开展"大学生社会主义核心价值观和中华优秀传统文化教育"优秀项目申报培育工作。编辑出版社会主义核心价值观落细落小落实优秀案例集。编撰完成并试行覆盖小学、初中、高中三个学段共10余册的《中华优秀传统文化经典诵读》系列教材。

（二）完善德育工作体系建设

深化学科德育建设与研究。编制《上海市学校德育"十三五"规划》，建立首批6个学科德育协同研究中心。开展德育决策咨询课题研究，出台《上海市中小学分学段分学科落实社会主义核心价值观教育实施意见》。

加强高校思想政治理论课创新体系建设。复旦大学马克思主义学院入选首批全国重点马克思主义学院，10所高校的马克思主义学院入选上海市高校示范马克思主义学院建设单位。成立首届上海高等学校思想政治理论课教学指导委员会。加强思想政治理论课教学改革试点，重点推出复旦大学《中国共产党治国理政理论与实践》等"中国系列"教学改革课程。深入开展课程思政试点工作，在复旦大学等10余所高校推出近30门试点课程。

加强思政（德育）骨干队伍建设。出台《上海高校辅导员队伍建设五年规划（2016—2020年）》。推进上海市中小学（中职校）"十佳"和"百优"班主任申报评选工作。开展中小学思政教师成长项目，启动中小学德育课程骨干教师培训，成立首批11个"中小学德育教导跟岗基地"。启动新一轮（2016—2018年）上海高校思想政治理论课名师工作室，共设立10个市级高校思想政治理论课名师工作室。举办首届上海市属本科高校新任辅导员岗前培训班。举办第一期上海高校少数民族学生专职辅导员工作能力培训班。

（三）推进家庭教育和心理健康教育

深化心理健康教育服务体系建设。举办"高中生生涯规划辅导"专题培训，研发上海市学校生涯规划辅导培训课程。制定《关于进一步加强中小学心理健康教育教师队伍建设的实施意见》，组织心理健康教育骨干教师专题培训，加强心理咨询资源库建设，编制学生心理健康提示手册。

推进家庭教育工作。制定《关于进一步加强家庭教育工作的实施意见》。研制《区县家庭教育指导中心建设标准》《上海市家庭教育示范校评估指标》，深化区县、学校家庭教育工作，加强家庭教育指导资源推送平台建设。

推进高中生(中职生)志愿服务工作。编制《上海市普通高中生志愿服务(公益劳动)社会实践基地评估指标》及《上海市高中生志愿服务(公益劳动)社会实践基地评价管理办法》。制定《进一步加强校外教育工作的实施意见》。启动《校外教育三年行动计划(2016—2018年)》。

(四) 开展学生文体和健康教育活动

推进文教结合工作。初步构建上海社会大课堂和校内外育人共同体，国家文物局与上海市共建的全国首个“国家指南针计划专项青少年基地”成为学生亲手制作“四大发明”的重要基地，探索形成“体验交融、课程主导、内外联动、多点孵化”的中华优秀传统文化育人模式。推动高端艺术人才培养平台建设，推进3个高校高层次文化艺术人才工作室和4个高校紧缺艺术人才创新工作室建设。

加强学校体育工作。编制《上海市学校体育“十三五”发展规划》，研究建立学生体育素养评价指标体系和办法。在普陀等3个区试点建设学生课外体育活动中心，在杨浦区试点建设学生体育运动修整室，开展校园体育场地开发和综合利用工作。深入实施“小学兴趣化、初中多样化、高中专项化、大学个性化”体育课程改革。印发《上海市教育委员会等7部门关于加快发展青少年校园足球的实施意见》，成立上海市校园足球领导小组。举办2016中国(上海)国际青少年校园足球邀请赛。成立上海市校园篮球联盟。举办2016年上海市学生运动会等。

健全学校公共食品卫生安全工作。印发《关于进一步加强学校校园及周边食品安全工作的实施意见》，建设完成直饮水市级管理平台，并在6个试点区推进管理平台运用及水质实时监测工作。编制《中小学校学生午餐营养食谱》，开展专项培训。推进《上海高校学生食堂伙食价格平抑基金管理办法》修订，继续推广高校学生食堂“6T”标准化管理模式。组织建设中小学校健康教育课程，开展市级中小学校健康教育示范课、健康教育示范学校评选。开展健康教育主题活动，在普陀等3个区试点开展青少年身心健康传播工作，评选3个市级学校卫生保健工作研训基地。开办首届上海市学校卫生保健骨干人员培训班。制定《上海市学校节能环保工作“十三五”规划》，支持上海高校节能环保监测中心建设。推进高校后勤信息化和标准化体系建设，促进上海高校后勤质量评估中心平稳运行，开展高校后勤管理与服务标准体系认证试点工作。

推进学校美育工作。落实《关于全面加强和改进学校美育工作的实施意见》，教育部与上海市人民政府签署“学校美育改革与发展备忘录”。总结闵行区“舞向未来”艺术教育实验经验，并在全市推广。组织首批艺术教师赴德培训。推进上海学生交响乐团、学生合唱团、学生民乐团等联盟品牌建设，成立上海学生舞蹈联盟，推进“上海交响乐团”“上海歌剧院”等学生艺术教育实践基地建设。组织夏季音乐节、国际艺术节、学生新年音乐会等重大节庆活动，在市民文化节中组织“首届学生戏曲大赛”等活动。推进青少年民族文化培训工作。做好全国第五届大学生艺术展演场馆建设工作。参加全国第五届中小学生艺术展演活动。

组织科普教育活动。举办上海市第九届青少年创新峰会暨2016上海市青少年科学研究院年会。举办2016上海国际青少年科技博览会暨“明日科技之星”邀请赛。举办上海国际自然保护周。与科技馆、自然博物馆共同推进“利用场馆资源提升科技教师和学生能力”项目，探索科普场馆与学校间可复制推广的馆校合作模式。

五、深化课程教学改革，促进基础教育高位均衡发展

(一) 完善学前教育公共服务体系

实施《上海市学前教育三年行动计划(2015—2017年)》。全面完成新建或改扩建幼儿园30所。编制幼儿园保教质量评价指南。

健全早期教养指导服务体系。成立上海市早期教育指导服务中心，引领早期教育指导工作的专业发展方向。开展系列科学育儿指导活动，市区合作开展“育儿加油站”公益活动，通过短彩信平台推送“育儿周周看”，宣传正确的育儿理念和科学的教养行为。

（二）提升义务教育均衡发展水平

启动城乡义务教育一体化工作。制定城乡统一的义务教育“五项标准”，并开通信息管理系统。督促和指导区县制定落实“五项标准”实施计划（2016—2020年），全面保障和提升义务教育学校办学条件。全年完成“一场一馆一池”项目开工168个，创新实验室、图书馆升级、安全教育场所等装备项目523个，新增无线网络覆盖学校222所、互动式多媒体教室2795间、教室移动终端设备配置1.22万台。

推进义务教育阶段学区化集团化办学。全市学区化集团化办学联合体达130个，覆盖学校692所，约占义务教育阶段学校总数的48.7%。发布学区化集团化办学评估指南，编印学区化集团化办学典型案例。建成并公布上海市学区化集团化办学地图（查询系统），呈现全市各区县学区和集团地理分布信息。

实施新优质学校集群发展。市、区两级新优质项目学校达到350所，约占全市义务教育阶段学校总数的24.6%。开展市级新优质项目学校设计实验，基本形成“智慧传递”“预见未来”两大系列典型案例。开展新优质项目学校“绿色指标”专题培训。制定上海市新优质学校评估标准。

推进义务教育委托管理工作。完善委托管理评估指标，开展第五轮委托管理工作的支援机构（学校）自评培训和中期评估专家培训，完成第五轮50所农村义务教育学校委托管理中期评估。

优化义务教育阶段招生入学机制。完善义务教育入学报名系统，实现数据共享下的一站式招生信息化服务。完成2016年度义务教育学校招生工作，全市28.63万名适龄儿童少年进入小学、初中就学。加强民办学校招生过程监管，严格实行“三统一、两限定、两公开、三承诺”，引导家长理性择校。

（三）推进高中教育特色多样发展

引领特色普通高中项目建设。制定《上海市特色普通高中建设三年行动计划（2016—2018年）》，按照成熟一所、创建一所、命名一所的原则，计划3年时间完成创建8—10所特色普通高中任务。

加强高中教育教学配套改革。注重学生生涯规划指导，引领学生正确认识自我、制定学业规划、了解职业需求和培养决策能力。指导各高中学校因校制宜探索走班制教学、个性化教学和学分制管理，推动教学策略与方法的改革。

完善高中学生综合素质评价系统。开发上线上海市普通高中学生综合素质评价信息管理系统以及上海市学生社会实践信息记录电子平台，认定市、区两级学生社会实践基地近1800个，提供学生实践岗位近40万个。

（四）深化课程改革和评价改革

深化基础教育课程教材改革。建立基础教育课程改革组织领导机制，成立基础教育改革领导小组、基础教育课程改革专家咨询委员会和专家工作委员会，研讨深化基础教育课程改革行动纲领。发挥人文社科基地智力支持作用，开展课程标准国际比较研究。围绕高考改革要求，修订高中10门学科教学基本要求。

推进基于课程标准的教学与评价。小学等第制评价工作向中高年级延伸，进一步扩大覆盖面。发布《小学中高年段语数外学科基于课程标准评价指南》，组织开展市、区县教师专题培训。委托第三方社会机构，开展一二年级小学教师在线调查和小学新生家长全样本调查。

推进中小学生学业质量评价。完成2016年度小学阶段“绿色指标”综合评价和区域基础教育质量环境评估研究报告。完善市级中小学生竞赛管理机制，出台市级中小学生竞赛活动（非体育类）管理办法。

开展第二轮学校课程领导力行动研究。制定课程领导力评价方案，建立基础性测评标准和评价工具。

指导项目学校和试点区开展研究，在上海中学等4所学校组织系列展示活动。

启动学习基础素养行动研究。编制《学习基础素养项目推进指南》，完成全体项目区县和项目学校的研究方案评审。通过“预见学习”公众微信号平台发布信息42期，普及推广基于学生学习基础素养培育的教育理念与实践经验。组织开展中小学生系列读书活动。

推进教育信息化与课程教学的深度融合。研究制定数字教材建设与教学应用实验项目工作方案，组织虹口等区开展应用实验。研究制定市实验性示范性高中和特色高中参与名校慕课建设的管理办法，完善“上海市高中名校慕课”平台，共有61门优质拓展型和研究型课程资源面向全市分享。以“一师一优课、一课一名师”等为抓手，提高教师信息技术应用能力。

（五）提升特殊教育和民族教育办学水平

全面完成《上海市特殊教育三年行动计划(2014—2016年)》。成立上海市特殊学生教育评估中心，组织非试点区县开展医教结合项目研究。研制上海市特殊教育三年行动计划实施评估指标和上海市聋校、辅读学校教学与康复设施设备装备标准。编制学前特殊教育课程指南和普通学校随班就读课程实施指南。完善特殊教育信息通报系统，为残障儿童提供个性化教育和康复服务。

强化内地民族班管理。做好2016年度上海内地民族班招生工作。完成新疆内高班增派内派老师的各项准备，实施新疆内派老师培训。

六、创新人才培养模式，推进现代职业教育体系建设

（一）深化人才培养模式改革

推进中高职、中本贯通衔接培养模式改革。2016年新增20个中高职贯通专业点和11个中本贯通专业点。建立常态化的中高职、中本联合教研机制，新增3个中高职和2个中本贯通联合教研组。开展120个中高职贯通专业点和26个中本贯通专业点招生工作。完成中高职贯通专业建设教学设计比武2015年决赛和2016年复赛工作。

深化“双证融通”人才培养模式改革。2016年新增6个“双证融通”专业点，总计达43个专业点。组织12门双证融通课程标准及考核方案开发与专家论证。出版《探索“融通”之路——上海市中等职业学校“双证融通”专业改革典型案例集》。

（二）深化职业教育教学改革

扩大国际水平专业教学标准开发和实施范围。制定上海高职院校专业教学诊断与改进实施方案。建立高职专业调整快速响应机制，鼓励高职院校在教育部高职专业目录内自行设置专业方向(国际控制专业除外)。2016年新开发5个国际水平专业教学标准，增加8个试点专业。加强师资国际化培训。出版《对接国际先进水平，提升人才培养质量》《开放、融合、引领》。

探索建立职业标准与专业教学标准联动开发机制。完成行业标准与职业资格、专业标准与人才培养、岗位准入与参考薪酬相联动模式的初步调研。启动上海技术技能人才需求定期发布、跨部门共建共享职业教育公共实训中心工作。

推进中职学生学业水平评价制度和综合素质评价体系。颁布学业水平公共基础课程考试实施意见，进行首次全市中职学生学业水平考试。建立统一的综合素质评价信息管理系统，完成首批中职学生综合素质评价工作。

组织教学竞赛。开展第七届教学法评优工作、第四届校本教材展示交流评比活动。组织42所中职校参加信息化教学大赛，荣获5个一等奖，获奖率95%。

强化职校示范引领功能与资源辐射效益。完成第二批上海特色示范性校评估检查工作，全面建成18所国家示范校与24所上海特色示范校。紧贴行业企业需求，2016年立项建设3个上海市职业教育开放实训中心。

（三）提升职业学校学生综合素养

开展职业教育活动。在全市16个区县65所中职校、94个职业教育开放实训中心开展第三届职业体验日活动，共提供职业体验项目322个，近10万多名学生、家长走进中职院校。举办第二届上海市高职院校职业体验日，24所高职院校开放94个职业体验项目，近1万名学生参加。举行第四届“璀璨星光”校园文化节。创建一批融入专业特色、民族文化元素的中职校“民族文化传承教育基地”。

组织参加各类比赛。组织学生参加2016年全国职业院校技能大赛，中职院校共159名学生获奖，获奖率达96%；高职院校共40个项目获奖，获奖率达90.9%。开展第十二届全国中等职业学校“文明风采”竞赛。开展第44届世界技能大赛全国选拔赛。

七、深化高等教育内涵式发展，提升教育教学质量

（一）实施研究生教育综合改革

推进专业学位研究生教育综合改革。编制《上海专业学位研究生教育发展规划（2016—2020年）》。继续推进医师规范化培训和临床专业学位研究生培养相结合项目（5＋3，5＋3＋X）的实施，深化教育硕士专业学位教育与中小学见习教师、中职教师规范化培训结合的改革试点工作。规范和加强上海市专业学位研究生实践基地的建设和管理，完成47个示范级专业学位实践基地的总结评审，并遴选建立15个优秀示范级专业学位研究生实践基地。

开展学位授权点动态调整。印发《上海市学位授权点动态调整实施方案》，启动2016年学位授权点动态调整工作，开展单位自主调整和市级统筹增列。经国务院学位委员会批准，撤销26个博、硕学位点，增列11个博、硕学位点。经上海市学位委员会批准，上海交通大学等13所高校的16个本科专业增列为学士学位授权专业。

健全研究生教育质量保障体系。完成2015年上海市研究生优秀成果（学位论文）评选，190篇博士学位论文和227篇硕士学位论文获上海市研究生优秀成果（学位论文）。

（二）提高本科教育教学质量

加强应用型本科人才培养。探索上海市应用型本科新专业设置和建设改革试点工作，制订《上海市目录外应用型本科专业设置省级审批试点方案》和《上海市普通高校目录外应用型本科专业设置管理办法》。批准19个专业列入第二批应用型本科专业试点建设名单，指导两批共45个专业做好试点工作。完成上海电子信息职业技术学院、上海城建职业学院与上海应用技术大学的信息安全、土木工程2个专业的高本贯通人才培养方案研制。

推进高校本科专业评估。实施本科专业预警制度，公布10个专业为2016年度预警专业。指导和组织高校做好年度本科专业备案和申报工作。

加强教学质量管理。按照“政府政策引导、高校自主选择、社会参与评估”原则，指导各高校明确在“二维”分类体系中的办学定位和发展目标。开展上海市属高校整体办学绩效评价工作，完善指标体系。完成上海地方本科高校教学工作审核评估方案，完成上海大学等3所高校的审核评估工作。审阅高校本科教学质量年报，完善高校本科教学质量保障体系。

（三）提升高校知识创新与知识服务能力

服务上海科创中心建设。支持并指导高校参与张江国家科学中心重大科技基础设施建设和协同创新网络建设，在暗物质探测等基础前沿类科学研究领域取得一批重大发现和原始创新成果。承建、参建国家海底科学观察系统、转化医学等一批国家重大科技基础设施。

推进高校高峰高原学科建设。出台《上海高校高峰高原学科建设管理办法》，强化高峰高原学科建设管理，实施学科发展动态监测。启动Ⅳ类高峰学科建设，先行启动复旦大学等4所高校牵头建设4个Ⅳ类高峰学科。实施Ⅰ类高峰学科动态调整，将复旦大学理论经济学学科纳入Ⅰ类高峰学科建设范围。

提升高校服务社会能力。研究起草《上海市促进科技成果转化条例(草案)》。落实“科创22条”“人才新政20条”和“新30条”改革政策,推进高校科技成果使用权、处置权和收益权“三权”下放改革,指导上海海事大学等3所高校以不同方式走通以股权激励方式实施科技成果转化的途径。完善高校技术转移体系建设,在12所市属高校建立技术转移中心,形成一套符合科技成果转化规律的科技成果使用、处置管理流程和收益分配制度。启动上海高校智库内涵建设计划,确立80项战略研究项目、13个核心数据库建设项目和56个品牌系列产品。

构建跨学科、跨领域、跨部门的协同创新网络。推进29家“上海市协同创新中心”建设,完成第三批“上海高校知识服务平台”中期验收工作。推进“上海市商用航空发动机领域联合创新计划”,形成以企业需求为导向的产学研协同创新新模式。引导在沪高水平大学承建或参与重大科技基础设施建设,已有上海交通大学和同济大学2个国家重大科技基础设施建设项目落户上海。

八、完善终身教育体系,推进学习型社会建设

(一) 健全终身教育制度

加强终身教育制度研究。印发《上海市终身教育发展“十三五”规划》《上海市老年教育发展“十三五”规划》《上海市教育委员会等七部门关于进一步推进本市学习型社会建设的若干意见》和《关于促进本市互联网教育发展的指导意见》。制定《上海市老年大学内涵建设评估标准》,在5所市级老年大学分校开展内涵建设调研。起草《上海市关于推进高校继续教育转型发展的指导意见》,选择6所高校开展专题研究。制定“证书认可型双证融通”和“学分认可型双证融通”认定标准和操作办法。

推进学分银行和资格框架体系建设。制定《上海市终身教育学分银行管理办法》和资格框架通用能力标准。启动社区教育、老年教育课程学习成果信息集中存入“上海市终身教育学分银行”制度架构,促进学历教育不同高校之间、学历教育与非学历教育之间学分转换。学分银行开户并建立个人学习档案数71万余人,开户学习者存入成绩数4000万余条。

推进上海终身教育研究院建设。总结提升上海终身教育实践发展经验,发挥研究院的决策咨询作用。举办第四届国际终身教育上海论坛,推进与联合国教科文组织终身学习研究所等国际机构的合作交流。出版上海终身教育发展报告。

(二) 加强市民学习服务体系建设

推进老年教育机构和师资队伍建设。发布《上海市老年学校建设指导标准》,深化老年教育课程和师资队伍建设,初步架构“就近、便捷、快乐”的老年教育服务网络。启动老年教育居村示范学习点创建试点,发布《上海市老年教育居村委示范性学习点建设试评估标准》。编撰《社会多元主体参与老年教育认可标准》,启动老年教育社会学习点建设试点工作。

推进“构建市民终身学习资源配送体系”建设。筹建“线上终身学习资源配送服务平台”,向全市235所社区院校、4所市级老年大学和17所区级老年大学以及部分养老院,配送9500套图书、550套光盘,基本形成覆盖区县、街镇、居村学习点的网格式终身教育资源配送体系。推进养教结合,探索建立与之相匹配的学习资源配送方式,为第一批97个示范学习点配送12套教材。

推进市民终身学习体验基地建设。上海市民终身学习体验基地被教育部、中国成人教育协会评为“2016特别受百姓喜爱的终身学习品牌项目”,市民体验站点达到105个,体验项目达到291项,参与8大市民终身学习体验基地活动总人数近100万人次。建立上海市民终身学习需求与能力监测中心,开展首次市民终身学习能力监测工作。启动“上海市民终身学习网上体验基地”建设,制定特色体验“一点一品”项目评选标准,培育一批特色体验项目。

推进数字化学习。增强“上海学习网”等数字化平台的用户体验度和学习便捷性,2016年新增注册用户11万,累计约193万;新增网上课程3588门,累计约18000门;新增访问量约2300万次,访问量累计约

1.6亿次;新增网上电子图书约15000册,累计约50000册;新增网上学习团队1035个,累计1798个。建设"市民网上学习团队"专题网,初步建成集在线学习、展示、交流、团队创建、评估等于一体的学习团队管理服务体系,新增市民学习团队2000余个。

举办各类市民终身学习活动。实施百万在岗人员学力提升计划。完成进城务工人员技能文化培训7.8万次。推进学习型组织创建工作。举办"上海市第十二届全民终身学习活动周""第二届上海市民诗歌节"。组织开展"全民阅读 终身学习"活动,共开展活动220多项,参与人数超100万人。举办老年教育成果进大剧院活动。

(三)规范民办非学历教育机构的办学行为

对黄浦等区开展"民办非学历教育机构监管情况"专项调研,抽查涉及文化类培训的民办非学历教育机构。

九、激发民办教育机构办学活力,促进民办教育规范发展

(一)规范民办教育的办学行为

完善民办教育法律法规与配套制度建设。编制《上海市民办教育"十三五"规划》等配套文件,完善鼓励社会力量兴办教育的各项政策措施。推进上海市民办教育地方立法工作,健全民办教育改革发展配套政策体系。推进非营利民办学校建设等六大改革项目,指导试点单位制定方案。出台《上海市促进民办教育发展专项资金管理办法》。

开展民办高校年检工作。修订民办高校年检指标体系,调整年检工作方案,开展民办高校2015年年度检查工作。

研究制定民办中小学、民办幼儿园设置标准。根据民办教育发展需求,制定民办中小学、民办幼儿园设置标准,对民办中小学及幼儿园的设立、变更、终止等事项进行规范。

完善民办教育管理信息系统。改进民办学校办学许可证公众信息查询平台,调整开发新版块,将民办学校相关行政审批事项接入上海市网上政务大厅,实现用户统一登录。

(二)提升民办教育质量

开展民办学校培训工作。继续开展民办高校强师工程项目,有700多名教师参加培训,48名教师赴海外参加培训研修活动。开展民办学校校(园)长培训,有102名校(园)长参加。启动民办中小学特色校(项目)和民办优质幼儿园第二轮创建工作。

继续探索公办学校干部到民办学校任职的体制机制。启动面向全市教育系统公开选拔思博学院、工商学院、邦德学院党委书记人选和中侨学院校长人选工作。

开展第二期民办高校科研项目评审。根据评审结果,对重点科研项目、重大内涵建设科研项目进行资金支持。指导各项目学校实施过程管理,提高成果转化率。

十、深化人事制度改革,提升师资队伍整体水平

(一)推进基础教育人事制度改革

健全基础教育人事制度。深化中小学教师职称制度改革,建立统一的中小学教师职称系列,共完成88845名教师的职称过渡。设置中小学正高级教师职称,制定包含5级职务的《上海市中小学教师职务评审条件(试行)》以及21个学科的正高级教师专业标准,开展首批中小学正高级教师职称评审工作,51人入选。推进义务教育教师绩效工资工作,建立符合教育行业特点的绩效工资体系,体现优绩优酬。

推进基础教育教师队伍建设。制定《上海市"十三五"中小学、幼儿园、中等职业学校教师培训工作实施意见》,构建分级分类分科的教师培训体系。建立并完善教师学习和管理平台,启动"十三五"教师全员培训工作。推进中小学(幼儿园)教材教法研修一体网络课程建设,建立一区领衔、各区参与、市区合作的研训一体教师专业发展机制。首次开展见习教师规范化培训成果展示及评比活动。制定并实施《上海市

《乡村教师支持计划(2015—2020年)》实施办法》,全面推进乡村教师队伍建设,启动本市应届高校毕业生到乡村学校的学费代偿制度和外省市优秀应届高校毕业生到乡村学校的落户加分与各项政策。指导各区县制定义务教育学校教师均衡配置推进计划。

(二)推进职业教育队伍建设

推进双师型教师队伍建设。稳步推进教师赴企业实践,181名职校教师在30个企业实践基地开展10个专业大类的43个培训项目。组织23名高职专业教师完成为期6个月的全脱产企业实践。继续推动教师赴国外研修。

开展名师工作室培育。组织开展中等职业教育名师培育工作试点。建成47个上海市中职名师培育工作室,成立5个名师协作组。

组织开展专业教师培训。组织开展新进教师规范化培训和教学能力大赛。依托市级师资培训基地,组织开展52个专业(项目)1400余人次参加培训。

(三)强化高校教师培养和激励机制

加强高层次人才队伍建设。完成2016年度高校东方学者和青年东方学者遴选工作,分别入选64人和60人。启动新一轮市属高校专业技术二级岗位评审聘任工作。完成第十三批国家"千人计划"、年度"长江学者奖励计划"、国家"万人计划"青年拔尖人才、"百千万人才工程"国家级人选、人社部专家服务基层项目和国家级专家服务基地、第十一批上海领军人才、第六批上海"千人计划"、年度上海青年拔尖人才等申报评审及推荐工作。

推进高校教师全过程培养工作。开展高校新教师岗前培训工作,培训教师600余人。714人入选高校青年教师培养资助计划,89人获得师资博士后项目资助。启动高校国际水平师资培养计划申报工作。举办高职高专院校专业主任培训,开展高职院校骨干教师"中德合作"培训。

实施教师教学激励计划。开展市属高校本科教学教师激励计划新一轮试点遴选工作,扩大试点范围,确定18所试点高校和3所试点培育高校,引导学校将本科教学教师激励计划与教师晋升等人事制度改革相结合。

十一、推进教育合作交流,提升教育信息化水平

(一)开展国际交流与合作

承办中英高级别人文交流机制第四次会议。中英双方共同签署13个合作协议,并举办以"加强中英合作提升教育质量"为主题的中英基础教育论坛、纪念汤显祖和莎士比亚逝世400周年座谈会、中英大学人文与智库对话、第六届中英青年领导者圆桌会、中英科技创新战略圆桌对话等一系列配套活动。

推进人文交流。促进中美人文交流,推进"中美千校携手项目"。推动中国—印尼人文交流,助力上海戏剧学院与印尼日惹签署"上海—日惹友谊之家"谅解备忘录。促进中德人文交流,做好2016中德友好交流年的相关工作。推进"中国—上海合作组织国际司法交流合作培训基地"建设。

加强友城教育交流。举办第八届上海国际友好城市青少年夏令营活动。完成上海—新西兰达尼丁市学生交流、上海—汉堡学生交流项目,续签上海—芬兰埃斯波市合作交流协议、上海市教委—比利时安特卫普市城市教育合作交流协议。

推动国际组织落户上海。继续推进上海戏剧学院与联合国教科文组织国际戏剧协会合作,争取联合国教科文组织国际戏剧协会落户上海。支持上海师范大学创建"联合国教科文组织教师教育中心"事宜,争取联合国"二类机构"入驻上海。支持上海海事大学向联合国国际海事组织申请主办亚洲海事技术合作中心。

(二)推进高水平中外合作办学

开展高水平中外合作办学。继续推动与美国康奈尔大学合作开展高水平师资培训项目。继续支持同济大学与芬兰阿尔托大学合作设立“上海国际设计创新学院”项目。支持依托同济大学与世界知识产权组织合作设立“上海国际知识产权学院”项目。对上海纽约大学一期建设成效和二期建设方案开展综合评估。继续推进上海温哥华电影学院(专修)和上海七宝德怀特高级中学建设。支持中国(上海)自由贸易试验区建设,推动设立区内第一家中外合作经营性培养机构。

确保中外合作办学质量。开展“第二届上海市示范性中外合作办学机构(项目)”评选工作,上海交通大学等7个机构(项目)“第二届上海市示范性中外合作办学机构(2016年度)”和“第二届上海市示范性中外合作办学项目(2016年度)”称号,同时对6个机构(项目)予以表扬。

(三)稳步发展来华留学工作

加强课程建设与师资培养。18门课程入选第二批教育部来华留学品牌课程。公布本市首批结项通过的英语授课示范性课程116门。开展2016年高校外国留学生全英语课程建设申报工作,新增38门课程。开展留学生教育师资培训,派出39名教师。推进海外名师项目,有23所市属高校的43名海外名师获得资助。

完善留学生社会服务体系建设。成立上海市首家独立法人建制的上海国际学生服务中心,同时设立1个区域级国际学生服务中心“上海国际学生服务中心(古北)”和4个校级国际学生服务中心,完成留学生管理“一个中心两个基地建设”的社会服务体系建设。

优化在沪外国留学生创新创业和就业政策。落实“科创30条”和公安部支持科创中心建设的出入境政策中关于外国留学生的措施。全面启动外国留学生毕业后直接留沪就业工作。鼓励在沪本科以上毕业的外国留学生在“双自”区域内创业。

夯实留学生海外推广。组织实施2016上海暑期学校项目,有17所高校24个项目600多名外国留学生参与。新增“一带一路”教育项目,资助沿线国家(地区)政治精英、行业学科领军人物和创新人才来上海高校学习进修。在意大利、爱沙尼亚成功举办2016中国上海教育展。全面开通“留学上海”法语、俄语、西班牙语和阿拉伯语等4个语种的在线服务平台,扩大留学教育在海外的影响力。

(四)优化外籍人员子女受教育服务体系

规范外籍学校办学行为。在管理机制、教师和学生管理、课程和教学管理、财务与资产管理、日常管理、涉外民办非企业单位(法人)登记、年度注册备案及办学认证工作等方面规范外籍人员子女学校的办学行为。连续5年开展财务集中审计工作。

加强政策调研。发布《上海市外籍人员子女学校蓝皮书》,引导和服务在沪以及来沪外籍人员子女就学。

传播中国传统文化。举办中国文化进校园系列活动。秉承“民族的即世界的”理念,举办“领略神州风情、品味中国文化”主题系列活动。

开展项目研修。启动“上海市中学校长、教师赴外籍人员子女学校伙伴研修”项目,本地学校每校一名校长、两名教师来到上海长宁国际学校等3所学校开展交流。

(五)加强港澳台教育合作交流

加强与台湾地区教育交流。举行第四届“2016台北—上海学生体育节”。完成上海花莲“海峡两岸青年菁英领袖营”双向交流活动。与市台办共同主办“情聚浦江·心系未来——2016上海高校百名台生看上海”活动。举办第九届两岸民办(私立)高校校长论坛。完成上海台商子女学校教材审核。

加强与香港特区和澳门特区教育交流。推动沪港澳中小学姊妹学校平台建设,开展“你我携手,情系浦江——2016沪港小学生中华文化夏令营活动”。连续11年开展香港幼儿园园长上海培训项目。

(六)加强教育信息化建设

加强教育信息化顶层设计和规范管理。编制《上海市教育信息化“十三五”规划》,修订《上海市教育委员会信息化项目管理办法》。完成教育部第一批教育信息化试点验收工作，完成“全国教育信息化工作进展信息系统”信息报送任务部署。

加强网络信息技术安全工作。组织开展上海教育行业互联网网站安全专项整治行动，做好重要信息系统的安全等级保护工作，建立应急保障体系，实施“零事件”报告制度。

十二、加强高校毕业生就业工作，健全教育服务体系

（一）促进高校毕业生充分就业

提升高校毕业生就业质量。完善就业服务体系建设，增强高校毕业生就业创业能力。2016 年上海高校最终毕业生总量 17.1 万，其中研究生 3.8 万，本科 8.7 万，专科（高职）4.6 万，实现初次就业率 96.51%。

加强困难毕业生就业援助工作。在上海高校毕业生就业工作创新基地建设中，鼓励引导高校加强特殊困难群体毕业生就业援助的相关研究，有针对性地指导工作。

做好新疆少数民族学生的就业创业服务。健全面向多部门的信息共享机制，补充和完善新疆少数民族学生数据库，有针对性地提供成长跟踪和就业服务。接受上海新沪商联合会捐赠，设立“新疆大学生成长基金”和“新疆大学生创业基金”，首期 4 年合计捐赠 1200 万元，助力新疆少数民族大学生成长成才。

（二）深化创新创业教育

推进创新创业教育理论研究与实践探索。出台《上海市深化高等学校创新创业教育改革实施方案》，明确促进高校创新创业教育改革的 8 条重大措施，即“上海大学生双创 8 条”。推动高校调整课程设置，完善创新创业课程体系。2016 年，上海高校开设 207 门创业类课程，校内创业导师 388 名，校外兼职创业导师 567 名，33 所学校建立创业实验室和训练中心，涌现 45 个创业类学生社团。评选和建设大学生创新创业训练计划示范校，21 所高校列入示范校建设名单，其中 10 所高校列入重点培育示范性高校。支持上海高校自发成立上海高校创新创业教育联盟。推动高校全面实施大学生创新创业训练计划项目，建设创新创业教育实践基地。开展卓越新闻传播人才和卓越法律人才教育工作。

组织创新创业活动。举办大学生系列学科竞赛，支持各类赛事活动 20 项。编撰完成《2016 年上海市大学生创业指导手册》，授予首批 12 家院校“上海市高校创业指导站”铜牌。举办建行杯上海市“互联网+”大学生创新创业大赛暨第二届中国“互联网+”大学生创新创业大赛（上海赛区），最终决出上海赛区一至三等奖项目 24 个。构建大学生文创作品产教融通平台，举办第一届“汇创青春”——上海大学生文化创意作品展示活动，40 余所高校参加，共征集 3000 余件优秀创意作品，举办 30 余场文化创意作品展示展演活动，参观市民学生达数十万人次。

（三）加强教育对口支援工作

促进对口帮扶工作。统筹推进上海与“七省十一地（市）”教育对口帮扶工作，全面完成各项教育对口支援任务。多渠道实施对口地区教师培训，完成 28 项人力资源培训项目，启动实施新疆喀什“影子校长”培训项目。

推进职教联盟工作。加强沪喀联盟工作，开展南疆职业教育全覆盖支援工作，14 所中高职院校全面对接新疆 7 所职校，形成以职教联盟平台为基础的职教资源支援辐射工作。组织开展“组团式”教育人才援藏工作。加强上海—果洛联盟工作，成立上海—遵义职业教育联盟，开展多层次、多形式、全方位的对口帮扶。

十三、加强教育监管力度，确保各项工作规范有序推进

（一）加强督学督政工作

推进市级教育督导体制改革。制定本市教育督导体制改革方案，明确上海市教育督导体制的总体架构，构建督政、督学和评估监测“三位一体”教育督导体系。出台《上海市教育督导条例》配套政策，制定并出台《关于进一步加强本市教育督导工作的意见》。

构建新一轮督政标准。制定并下发《关于对区县政府开展依法履行教育责任综合督政工作(2016—2020年)的实施意见》,出台《加强未成年人思想道德建设工作督导评估指标》《推进现代职业教育发展督导评估指标》《学前教育三年行动计划(2015—2017年)督导评估指标》《语言文字工作督导评估指标》以及《城乡一体化建设五项标准指标》等督政标准体系。

履行"三位一体"督导职能。开展督政工作,完成对区县政府依法履职的公示公报工作。完成对区县政府义务教育学校绩效工资工作、本市春季、秋季开学工作暨年度重点工作落实情况、"义务教育学校标准化建设规划"实施情况、市属高校"十二五"新建项目内涵建设等专项督导。开展督学工作,完成对本市92所民办初中"规范课程教学 实施素质教育"督导,持续推进市实验性示范性高中综合督导调研。开展评估工作,完成2016年国家义务教育质量监测工作。完成本市对中等职业学校办学能力评估、高等职业院校适应社会能力评估工作。

推动教育督导专业化发展。组织开展"中小学校责任督学挂牌督导创新区"第二轮评估工作。开展本市2016年督学资格认定工作。完善"上海教育督导"网站建设,新建"网上督导评估系统"和督导政务办公系统,启用"上海市责任督学挂牌督导信息化工作平台"。

(二) 加强学校安全管理工作

提高高校安全综合管理能力。落实安全责任制签约。以"平安校园"活动为抓手,深化校内安全环境专项治理。开展"高校安全环境示范点建设"项目。推进校园安全文化建设,开展各项专题宣传活动。实施大学生安全教育三年行动计划,开展6所高校大学生安全教育标准化考试试点工作。继续拓展"学校、社会、家庭"三方联动的安全教育宣传模式。组织上海市首届大学生安全知识竞赛。

加强中小学安全工作。推进市学校安全中心硬件设施建设,指导试点区完成安全中心对接试点和学校安防中心建设。指导、推进各区公共安全体验教室和区域体验中心方案实施及教室建设,共建180间公共安全体验教室。推进市公共安全教育实训基地课程建设。继续推进安全教育实验区工作。

加强中小学公共安全教育。对全市232所中小学公共安全教育特色学校校长及骨干教师分层开展公共安全理论培训及安全技能实践体验培训。开展中小学"安全教育精品课程"征集评选和第九届中小学公共安全教育网上知识竞赛及现场展示活动。开展"小红帽"小学生交通安全教育项目和"水安全"专题教育活动。

推进未成年人保护工作。选择闵行等4个区县进行未成年人保护工作核心指标评估试点工作。加强专门学校内涵提升项目建设,为13所专门学校提供项目指导和经费支持。调研工读教育与职业教育融合发展情况,确定由浦东新区育华集团学校率先开展试点工作。开展2016年未成年人法治教育系列工作。

(三) 大力推进审计工作

继续实施各类审计项目。对经济责任审计对象进行全方位梳理,摸清审计对象底数,明确审计范围。完成对8家直属单位主要负责人以及2家单位市管领导干部经济责任审计工作,加强对权力运行的监督与制约。组织2015年高校和教委直属单位所属企业年报审计以及有关专项经费审计。

加强审计整改工作。探索业务部门专项督查与审计整改回访相结合,建立审计整改联动机制。加大对被审计单位审计整改监督指导力度,提高审计整改成效。

(四) 加大政府信息公开力度

加强政府信息公开工作。在"上海教育"网新增主动公开政府信息479条,全文电子化率达100%,政府信息公开专栏访问量达293.87万人次。加大教育综合改革、教育督导信息公开力度,公开教育综改相关信息88条,主动公开各类教育督导报告。继续做好财政信息公开、党政混合信息的主动公开工作。加强政府信息的解读及回应工作,实行政策文件与解读材料同步起草、同步审签、同步发布,共解读各类政策文件200余次。完善舆情回应机制建设,推进决策过程及结果公开,做好各类意见征询及结果反馈工作。规范处置政府信息依申请公开，共受理申请37件并按要求答复完毕。

做好信息公开工作的指导和监督。指导高校和区县教育局做好各级各类招生考试信息公开工作，及时发布各类招生信息，提供配套服务，形成招生考试信息公开的完整闭环。指导高校主动公开2015年决算信息、“三公”经费使用情况信息，增强高校经费使用的透明度。

（五）妥善化解各类信访矛盾

信访形势总体平稳，信访秩序有序可控，信访总量下降明显。2016年信访总量7966件，其中来信1484件，来访1647批，电子邮件1311件，来电3524个。完成上级转交办件1041件，其中重要交办件12件。按期办结率达100%。推进应用全国信访信息系统上海分系统办理上级转送交办的信访事项，应用率达100%。通过全国信访信息系统上海分系统登记办理本级受理的信访事项，录入率达100%。规范办理流程，提高“12345”热线转交工单的办理质量。2016年完成办理“12345”热线转交工单3672件。

（六）有序推进语言文字工作

开展语言文字评估和监测。组织开展对5所高校的语言文字工作评估。开展公共场所语言文字应用监督监测和上海高中学生公共场所社会用字“啄木鸟行动”社会实践活动。

组织开展各项语言文字活动。开展“书香校园”阅读推广行动，培育建设100所“书香校园”基地学校。开展中华经典诵写讲行动和“我爱汉字美”2016上海市小学生汉字听写活动。做好普通话水平测试和汉字应用水平测试工作。组织开展第十九届全国推普宣传周活动。

（七）健全直属单位管理体制

规范直属事业单位管理。开展党风廉政建设专项检查，本着“发现问题、自查自纠、形成规范”的原则，对部分单位进行监督检查。推进直属事业单位分类改革，明确职能，加强事业单位领导人员任职兼职的规范管理。

推进国有资产管理体制改革。研究制定《市教委直属企业领导人员薪酬制度改革方案》，健全直属企业领导人员薪酬确定机制和监督管理体制。完成直属企业清产核资工作，组织开展市教委统预算单位资产清查专项工作，指导学校做好资产管理工作。

各级各类教育

Various Educations at Different Levels

综　合　类

【分层推进上海教育综合改革】 从教育部与上海市政府战略合作、全市统筹推进、区县和高校分类推进三个层面，构建教育综合改革分层分类推进落实体系。1.教育部和上海市政府形成战略合作会商机制，为教育综合改革先行先试提供机制保障。3月2日，教育部、上海市政府在北京召开部市共同深化上海教育综合改革2016年度工作推进会。4月13日，教育部办公厅与上海市政府办公厅印发《教育部　上海市人民政府深化上海市教育综合改革2016年工作要点》。2.市级教育综合改革统筹协调平台为全面推进教育综合改革既定任务提供组织保障。一是市教育综合改革领导小组议事决策机制高效运转。二是基于超前规划的高校布局结构优化稳步推进。三是教育投入与资源配置机制继续优化。四是符合教育行业特点的人事薪酬机制持续构建。3.区县政府和高校为改革任务逐项落地提供基础支撑。区县普遍建立教育综合改革领导小组，跨部门合力推进改革；高校普遍建立由党政主要负责同志担任组长、全体校领导参加的深化综合改革领导小组，逐项分解细化改革任务，逐项形成改革的路线图、时间表、任务书。同时，设立综合改革业务部门，具体协调和推进既定的改革任务。　（孙　勇）

【督察上海教育综合改革国家试点工作】 根据中央部署，教育综合改革国家试点列入上半年8项督察任务之一。此次督察对象为上海市16个区县政府、64所高校，督察时间为4月至6月上旬。督察工作分三个阶段：第一阶段，各区县政府、各高校开展深入自查。第二阶段，市委教育综合改革试点督察工作组开展实地督察。第三阶段，逐区逐校分析督察情况，汇总形成督察报告。经督察发现，2014年以来，上海市教育综合改革全面贯彻党的十八大和十八届三中、四中、五中、六中全会精神，在市委、市政府正确领导下，以系统性思维、综合性举措、跨部门跨条线协同，稳步落实既定改革任务。在市级层面整体谋划和统筹协调下，区县和高校以综合改革的方法，破解一批制度瓶颈和关键难题，释放改革红利，增强教育活力和实力，为下一步教育事业改革发展创造更大空间。同时，督察也发现，教育综合改革在上下的传导运行、左右的系统配套、内部的科学治理、外部的需求匹配四个方面存在一些亟待破解的困难和问题。下一阶段，要着力从三方面破解难题：一是建立综合改革压力、动力传导机制和激励约束机制。二是建立“管办评”科学分离而又有机联动机制。三是建立紧密对接群众需求、及时响应群众关切的综合改革响应和引导机制。

（孙　勇）

【教育对口支援】 继续实施新疆双语教师培训，启动实施新疆喀什“影子校长”培训项目。组织名师讲师团赴当地开展讲学。启动实施南疆职业教育对口支援全覆盖工作。确定上海7所高职院校、7所中职校对口帮扶喀什4县8所中职，与喀什地区行署、前方指挥部共同编制《沪喀职业教育对口支援全覆盖行动计划（2016—2020年）》。组织开展“组团式”教育人才援藏工作。做好首批“组团式”教育人才援藏40名教师的选派工作和日喀则市30名教师到沪跟岗培训工作。推进职教联盟建设工作。成立上海·遵义职业教育联盟。召开“一市三地”职业教育对口帮扶工作推进大会，成立上海喀什职业教育联盟汽车、德育专业分会，开通上海遵义职业教育联盟网站。开展中职合作办学工作。上海20所中职校继续与对口地区中职校开展合作办学，共安排内地中职班及中职校合作办学项目专项经费790多万元。启动“1+11”基础教育互助成长行动计划。上海与对口的11个市(州、地、区)教育部门共同确定互助成长项目66个,辐射学校超过230所。 (冯静波)

【督查督办工作】 市教委切实加强督查督办工作,全面推进决策落实。完成国家重大政策落实情况的督查,配合市政府办公厅完成国务院第三次大督查相应任务,对包括国务院办公厅《关于统筹推进县域内城乡义务教育一体化改革发展的若干意见》等国家重大政策措施文件完成情况开展督查。加大市领导重点推进事项的督查督办,共参与市政府专题会和调研90余次,全年新增列督事项13项,办结历年列督事项19项。按时完成180件市领导批示件的落实办理工作。加强重点项目督查工作。完成市政府实事项目立项申报,牵头申报“在32所中小学校建设阳光运动休整室”。完成市政府重点工作推动落实工作。全市共设立14项市政府重点工作,其中“深化教育综合改革和高考招生制度改革”和“促进基础教育优质均衡发展”事项由市教委承担。完成市委重点调研课题、重点推进和督查工作年度绩效考核任务。完成“教育综合改革和高考综合改革”“促进城乡义务教育一体化”等市委重点工作的绩效考核自查工作。完成市政府重点工作年度绩效考核任务。 (许　涛)

【教育信息报送】 围绕上海教育综合改革发展情况,以及上级部门和领导关注的教育系统的重点、热点、难点问题,全年共编发《每周教育信息》36期、《上海教育工作简报》23期、《教育工作情况专报》30期、《教育工作》1期、《上海教育安全稳定专报》65期和《教育信息》100期。教育信息报送工作,一是全面反映上海各级各类教育改革发展的新经验新成效。收集整理上海教育综合改革发展的新举措新成效,包括上海推进教育综合改革阶段性进展情况、高考制度改革推进情况、职业教育开放实训中心建设成效、高校毕业生整体就业情况、义务教育招生工作情况等。在特定时间节点反映上海教育相关情况,及时报送上海教育系统各类安全稳定信息。如高考前后,报送上海迅速落实教育部高考安全工作视频会议精神全力以赴做好高考准备工作,2016上海市高考招生录取工作情况专报等。二是全面提升教育信息工作科学化水平。深入做好信息综合开发,牢固树立质量意识,倾力打造信息精品,多向领导提供具有决策参考价值的深层次信息。大力加强信息提前“研判”,更好地发挥信息工作辅助决策的参谋助手作用。开展信息报送培训交流,分别就信息写作与报送、公文写作与处理、应急信息报送、文秘人员的文字修养等专题作辅导报告,提高相关人员的业务工作能力。

(沈蕴辉)

【政府信息公开】 主动公开文件类政府信息工作,在《上海教育》网站新增主动公开政府信息511条,专栏访问量达323.42万人次。公开非公文类政府信息工作,发布综改快讯、相关政策文件、媒体视点和专家观点等,加大教育综合改革推进情况的宣传力度。规范党政混合信息公开工作,主动公开有关文件8件。推进部门预算决算和财政性资金信息公开工作,主动公开2016年部门预算信息、2015年部门决算信息、2016年部门“三公经费”预算信息、2015年部门“三公经费”决算信息和财政专项资金使用情况信息。全年共受理政府信息公开申请40件,除“信息不存在”的6件,“非本机关职责权限范围”的5件,“申请人主动撤销”的3件,“逾期未补正视为放弃申请”12件外,其余14件同意公开。2016年无信息公开行政复议及行政诉讼。落实政务公开新要求,发布《上海市教育委员会政策文件解读实施办法》,对于涉及面广、与民生关系密切、社会关注度高或专业性强的行政规范性文件和其他重要政策文件,实行政策文件与解读材料同步起草、同步审签、同步发布。2016年,围绕高招、中招、义务教育招生入学等热点问题,配套提供相关政策解读200余条。推进重点领域信息公开工作,细化各级各类招生考试信息公开的具体要求,要求各高校、各区县教育局做好各类特殊类型招生录取结果的公示,并同步提供政策解读、招考咨询、申诉等服务,形成招生考试信息公开的完整闭环。推进高校财务信息公开,主动公开市教委预算系统内高校2015年度财务收支决算总表、2015年度一般公共预算财政拨款支出决算表、2015 年度一般公共预算财政拨款基本支出决算表、“三公”经费及机关运行经费支出决算表等。回应社会关切，市教卫工作党委、市教委领导先后通过电台、网络等方式解读民生热点。通过网上公示、问卷调查、“教育大家谈”等形式开展网上交流互动共计 53 项，浏览和参与者达 8.8 万人次。推进数据资源共享和开放工作，以市教委现已公开的数据资源为基础，开发 8 项数据服务产品并完成相关目录的注册和审核工作。组织各相关高校、直属单位结合自身数据资源目录编制情况，确定政务数据资源开放清单并完成政务数据资源目录的注册工作。梳理、调整行政审批事项的网上办理。9 项行政审批事项接入市政府网上政务大厅。全年共办结 81 件网上受理，专栏访问量达 25 万人次。整合教育公共服务资源。在“上海教育”门户网站上整合并公开上海市推进学区化集团化办学地图、上海市高中名校慕课平台等资源。推进教育系统信息公开工作。做好信息公开评议工作，印发高校、区县教育局政府信息公开评议方案，推进系统内信息公开工作。（顾晴娜）

【编制实施《上海市教育改革和发展“十三五”规划》】 一、根据市政府的统一部署，《上海市教育改革和发展“十三五”规划》列入全市 42 个市级专项规划。市教委围绕市政府关于“十三五”规划编制总体要求，主动服务上海建设“四个中心”和具有全球影响力的科技创新中心，全面贯彻落实国家和上海市中长期规划纲要，坚持“六个突出”（突出问题导向、突出改革创新、突出前瞻引领、突出人才培养、突出科学专业、突出公众参与），科学推进《上海市教育改革和发展“十三五”规划》（以下简称《教育“十三五”规划》）及 15 个专项规划编制工作，同时做好各高校和各区县教育规划的指导和衔接备案工作。8 月 15 日，市政府发布《教育“十三五”规划》。15 个专项规划也已经市教委主任办公会审议通过，并陆续发布。各高校、区县教育局完成“十三五”规划编制并提交市教委备案。二、《教育“十三五”规划》按照内外部发展环境、总体战略、任务与举措、保障措施四大板块设计文本框架，包括“十二五”发展回顾、“十三五”面临的新形势与新挑战、总体战略、主要发展任务、重点改革举措、保障措施六个部分。1.回顾总结“十二五”时期上海教育事业在坚持均衡协调、坚持内涵发展、坚持先行先试、坚持需求导向、坚持教育优先等方面取得的主要成就。2.从城市定位、对外开放、人口发展、需求升级、信息技术五个方面分析上海教育面临的新形势和新任务，结合上海教育事业发展实际情况梳理八个方面亟待解决和突破的问题与挑战。3.明确未来五年上海教育改革发展的指导思想和基本思路。确定规划的总体目标，到 2020 年，率先实现教育现代化，率先基本建成学习型社会，人力资源开发水平迈入世界先进行列，建成与社会主义现代化国际大都市相匹配的一流教育。4.明确德育和身心素养、基础教育、高等教育、职业教育、终身教育、特殊教育等各级各类教育“十三五”发展的重点任务。5.提出深化教育治理、教育法治、招生考试、科研管理、办学体制、师资管理、投入机制、教育国际化、教育信息化、区域协同机制等十项重点改革。6.从组织、法治、资源和制度保障四个方面，为规划顺利实施和有效监督提供坚实保障。三、《教育“十三五”规划》坚持把国家战略、上海任务、教育发展等各方面要素有机结合起来，主要有五个方面的重点亮点。一是贯彻落实创新、协调、绿色、开放、共享的发展理念，坚持以人为本，扩大教育公平，聚焦教育质量，提升服务能力，探索创新发展的基本思路。二是围绕率先实现教育现代化的总目标，从优质均衡发展、提高育人质量、提升服务能力、完善现代治理四个方面深化细化目标要求和具体指标。三是聚焦人才培养根本任务，把提高教育质量作为重中之重，科学确定各级各类教育重点任务。四是把教育综合改革方案全面落实到“十三五”规划之中，以完善现代教育治理体系、深化考试招生制度改革等十项重点改革为突破口，全面深化上海教育综合改革。五是对照“十三五”任务举措，启动实施学生思想道德与身心综合素养培育计划等十大建设计划，作为规划落实落地的重要保障。

（黄海洋、秦晋一）

【推进实施市级教育建设项目】 2016 年，全市市级教育基本建设工作延续“十二五”时期良好工作基础和态势，改善市属公办学校教育、科研事业发展硬件条件，包括国际乒联博物馆和中国乒乓球博物馆、上海戏剧学院浦江新校区、上海电力学院临港新校区二期等项目实现年内开工建设，累计完成市级建设财力计划 34.8 亿元。年内，市教委会同市发展改革委及相关学校启动《市级教育“十三五”基本建设规划》编制工作。“十三五”期间，市级教育基本建设坚持“保障基本，适度前瞻，分类发展，优化布局”的原则，聚焦服务教育内涵发展需要，围绕上海一流大学一流学科、高水平地方高校建设和高校布局结构调整等重点任务，实施有关基本建设项目。与此同时，包括高校基建地方标准研究、项目管理措施创新试点以及解决高校历史遗留问题等工作亦取得进展与成效。（邱仲杰）

【编制实施《上海市基础教育“十三五”基本建设规划》】 为统筹全市基础教育校舍资源的均衡布局，促进城乡基础教育发展一体化，支撑上海市基础教育优质均衡发展，市教委会同市发展改革委、市财政局等单位和部门，组织各区教育局编制实施《上海市基础教育“十三五”基本建设规划》(以下简称《基建规划》)。1.规划核心内容：主要包括“十二五”基本建设工作回顾、“十三五”面临的新形势和挑战、“十三五”基本建设规划内容和保障措施等四个方面。“十二五”期间，全市基础教育竣工建设项目 537 个，其中幼儿园 232 个，义务教育阶段学校 233 个，普通高中学校 53 个，其他项目 19 个。面向“十三五”，全市以常住人口为基数配置区域基础教育资源，根据人口出生变化情况，建立动态调整和项目储备机制。继续健全公建配套制度，确保新建居住区公建配套学校同步规划、同步建造、同步交付使用。经梳理，纳入《基建规划》建设项目 550 个(结转项目 179 个、新增项目 371 个)。2.项目实施情况：至年底，《基建规划》建设项目开工 132 个，竣工 113 个，总体开工(含竣工)率 44.5%，项目实施情况整体符合规划进度。（顾满锋、张玲燕）

【加强基础教育学校塑胶场地管理】 根据市委、市政府工作部署，市教委会同市住房建设管理委、市卫生计生委、市环保局、市质量技监局以及各区教育局等单位和部门，加强全市基础教育学校塑胶场地管理工作。1.开展专项排查，确保全面梳理无死角。开展基础教育学校塑胶场地建设工作专项排查，实地抽查黄浦、金山、奉贤、松江、闵行等 5 区 10 个项目，现场抽检部分项目。2.制定印发管理文件。4 月，经市质量技监局正式登记，市化学建材行业协会发布上海市《学校运动场地塑胶面层有害物质限量》。6 月，市教委会同市住房建设管理委、市环保局、市质量技监局等单位，联合印发《关于加强本市基础教育学校塑胶场地建设管理工作的通知》。3.明确工作目标，建立属地管理主体责任。上述两个文件印发后，市教委组织各区教育局，对辖区内 2016 年度实施项目配套制度制定、项目管理、招标及合同文件规范、信息公开、原材料及成品检测等方面内容进行自查。通过行业协会定标准，政府部门共管理，建设单位担责任，社会公众齐参与的模式，构建更加完整的基础教育学校塑胶场地责任体系，全方位保障校园安全与师生健康。

（顾满锋、张玲燕）

【推进地方高水平高校建设】 按照党中央和国务院关于统筹推进世界一流大学和一流学科的重大决策部署，市教卫工作党委、市教委按照市领导关于进一步扩大和落实高校办学自主权，加快推进高水平地方高校建设的指示和要求，研究制定《上海市深化高校改革建设高水平地方高校试点方案》(以下简称《试点方案》)。《试点方案》以构建政府、高校、社会新型关系为导向，以转变政府职能和简政放权为重点，落实和扩大高校人事薪酬自主权、扩大高校财务资产管理自主权、扩大高校招生和人才培养自主权、支持高校开展国际学术合作交流和加快推进全市高校的基本建设审批和管理工作等 5 个方面共计 14 条改革措施。2016 年 9 月《试点方案》经市委全面深化改革领导小组专题会议审议通过，由市委办公厅、市政府办公厅正式颁布实施。市教卫工作党委、市教委指导相关地方高校主动对接国家“双一流”建设总体方案，加快研究编制各自学校的高水平大学建设方案。根据“成熟一校启动一校”的工作原则，先期指导上海大学首批试点建设。5 月 30 日，市教育综合改革领导小组召开第二十一次专题会议，审议并原则同意《上海大学深化改革加快建设高水平大学总体规划（2016—2020年）》，以及分类支持上海大学深化改革建设高水平大学的工作建议。市教卫工作党委、市教委加强对上海大学的指导，稳步推进相关工作，做好试点经验成效总结，增强溢出效应。上海大学围绕体制机制改革，聚焦学科、人才两大关键，完善内控机制，探索形成高水平大学建设路径，为上海扩大试点范围积累经验。（黄海洋、秦晋一）

【高校布局优化调整】 年内，市教卫工作党委、市教委落实《上海高等教育布局结构与发展规划（2015—2030年）》（以下简称《高教规划》），围绕高等教育事业发展目标，优化全市高等教育资源配置和高校布局结构，提升高校的办学质量、效益和人才培养水平，增强服务经济社会发展的能力和水平。1.整合上海立信会计学院、上海金融学院办学资源，合并组建一所金融、会计特色鲜明的高水平应用型财经类高校上海立信会计金融学院，为服务国家和上海经济社会发展战略，特别是为上海市建设“四个中心”尤其是国际金融中心建设、具有全球影响力的科技创新中心和中国（上海）自由贸易试验区提供更加有力的智力支持和人才保障。2.为贯彻落实全面深化司法体制和公安改革的战略部署，适应上海城市发展水平，以上海公安高等专科学校为基础组建上海公安学院。上海公安学院首批设置治安学、侦查学、警务指挥与战术、刑事科学技术、网络安全与执法等5个本科专业。3.整合上海城市管理职业技术学院、上海建峰职业技术学院办学资源，合并组建上海城建职业学院，适应上海加快建设国际航运中心和全球卓越城市对高素质城市建设、城市管理和城市公共安全相关专业人才、复合型人才和高技能人才的需求。4.推进上海工会管理职业学院剥离学历教育相关工作。6月29日，市教委、市总工会召开承接托管大会，上海工会管理职业学院学历教育正式由城建职业学院承接托管。（吴海燕）

【市属高校本科教学教师激励计划试点】 根据《上海市教育委员会关于开展2016年度“市属高校本科教学教师激励计划”试点申报工作的通知》的要求，按照2016年春季上海高校党政负责干部会议提出的“继续遵循‘成熟一校启动一校’原则，力争实现市属公办本科院校实施激励计划的全覆盖”，结合2016年市属高校本科教学教师激励计划试点工作申报情况以及对2015年入选高校专项督查的结果反馈，在专家评审的基础上，共确立2016年市属高校本科教学教师激励计划试点高校18所、试点培育高校3所。上海工程技术大学、上海大学、上海交通大学医学院、上海中医药大学、上海理工大学、上海海洋大学、上海师范大学、上海体育学院、上海海事大学、上海应用技术大学、华东政法大学、上海音乐学院、上海第二工业大学、上海对外经贸大学、上海电力学院、上海戏剧学院、上海政法学院、上海电机学院为试点高校；上海立信会计金融学院、上海健康医学院、上海商学院为试点培育高校。本科教学教师激励计划是推进本科教育质量提升、提高学生学科水平和推进教师教育教学研究的重要举措，相关高校通过组建课程团队、鼓励教师开展教育教学研究、实施坐班答疑制度、推进青年教师带教等配套制度和措施，充分激发了广大教师参与本科教学的热情。（李　森）

【高校教师培训培养工作】 根据《国家中长期教育改革和发展规划纲要（2010—2020年）》和《上海市中长期教育改革和发展规划纲要》的精神，为促进高等教育教师队伍整体质量不断提升，积极构建和完善涵盖师资储备、岗前培训、职初培养、专业发展、文化艺术人才建设等内涵的高校教师培养体系。师资博士后制度是将部分博士后纳入师资队伍管理的一种制度，既能体现师资培养与博士后培养的有机结合，也能实现师资选拔与博士后流动的有机结合。高校新教师岗前培训是对新入职教师开展系统的教育教学培训，提升新教师的教育教学能力。上海高校青年教师培养资助计划主要帮助新进高校的青年教师开展教学和科研启动工作，每年申报、选拔一次。教师专业发展工程包含中青年教师国外访学、国内访学、产学研践习和实验技术队伍建设，以全面持续提升上海高校师资水平为目标。为探索文化艺术类人才培养和师资队伍建设的新模式，谋求上海文化艺术与教育事业的深度融合和协同发展，开展高层次文化艺术和创新工作室建设。

实施高校师资博士后制度，将师资培养与博士后培养有机结合，2016 年共有 89 人入选资助名单。继续推进新教师岗前培训工作，共有 638 名教师获合格证书，其中本科高校专任教师 479 人，高职高专专任教师 61 人，辅导员 98 人。实施高校青年教师培养资助计划，共 714 名青年教师入选该计划。深入实施教师专业发展工程，促进中青年教师提升专业能力，共有 155 名教师入选国内访问学者计划，319 名教师入选国外访学进修计划，238 名教师入选产学研践习计划，102 名教师入选实验技术队伍建设计划。加强文教结合人才工作室建设，推进 3 个高校高层次文化艺术人才工作室和 4 个高校紧缺艺术人才创新工作室建设。（李　森）

【推进高校特聘教授(东方学者)与青年东方学者岗位计划】 根据《上海市教育委员会关于开展 2016 年度高校特聘教授(东方学者)申报工作的通知》和《上海市教育委员会关于开展 2016 年度高校青年东方学者岗位计划申报工作的通知》的文件精神，为进一步加强上海高校人才队伍建设，引进和培养一批具有国际视野、活跃在国际学术前沿的学科领军人才和青年优秀人才，市教卫工作党委、市教委 2016 年继续深入推进高校特聘教授(东方学者)和“青年东方学者”岗位计划，支持和鼓励高校引进具有较大发展潜力的优秀人才。

2016 年共有 32 所(部属 9 所、市属 22 所、高职 1 所)高校推荐“东方学者”申请者 241 人，其中特聘教授 140 人，讲座教授 81 人，跟踪计划 20 人。15 所市属高校推荐“青年东方学者”申请者 104 人。经形式审查、书面评审、答辩评审、网上公示等环节，共确定 64 人入选 2016 年度高校特聘教授(东方学者)岗位计划，其中特聘教授 42 人，讲座教授 11 人，跟踪计划 11 人；60 人入选 2016 年度高校“青年东方学者”岗位计划。（李　森）

【建立义务教育学校绩效工资分配新机制】 年内，全市建立义务教育学校绩效工资分配新机制。一是以义务教育教师收入水平不低于当地公务员收入水平为底线，实施义务教育教师收入增长新机制。二是在全市试行事业单位行业调控绩效工资总量的政策框架下，充分考虑义务教育行业特点，对总体收入水平进行调整。三是调整后的行业收入水平既要体现义务教育行业特点，又要兼顾各个行业之间合理的分配关系，特别是和高中教育保持适当的关系。继 2014 年、2015 年连续提高教师绩效工资后，2016 年全市再次大幅增加教师绩效工资，增幅达 27%，与 2009 年实施绩效工资制度之初相比，绩效工资共提高 67%。市教委要求各区、校充分认识和领会义务教育薪酬制度改革的意义，准确把握和更新收入分配理念，优化分配机制，进一步聚焦重点、强化激励，特别是围绕义务教育优质均衡发展，聚焦重点教师群体、重点改革攻坚项目。5 月，全市有关部门组成联合专项督导调研组，对 16 个区义务教育绩效工资工作推进情况进行专项督导调研。（沈　燕）

【启动“十三五”中小幼教师培训工作】 市教委制定《上海市“十三五”中小学、幼儿园、中等职业学校教师培训工作实施意见》，启动上海市“十三五”中小幼教师培训工作。“十三五”培训总体思路体现“三个相适应”，即教师的专业发展与教育综合改革需求相适应，教师培训与课程改革的要求相适应，教师的研训与教师个人成长发展相适应；培训方式实现“三个转变”，即改变传统的通过听课、评课提升教师个人课堂教学能力，转变为注重教师自己的学习和研究，改变注重教师如何教好，转变为如何使学生学好，改变行政命令要求教师参与专业发展活动，转变为培养教师主动学习，由要我学变成我要学；达到“三个有利于”，即有利于教师队伍能力和素养的提升，有利于基础教育优质均衡，有利于促进办人民满意教育；努力培养具有社会责任感、创新精神和实践能力的高素质专业化教师队伍。主要任务聚焦构筑立体式的培训体系、推进教师教育规范化建设、建立功能综合的教师教育平台、优化以教师需求为导向的培训方式等四方面，具体包括 17 项工作任务。年内，市教委建立新的教师学习和管理平台，完成全市教师信息更新，启动“十三五"市级共享课程培训。至年底，教师学习和管理平台新建及改造课程608门，培训98631人，推进中小学(幼儿园)教材教法研修一体网络课程建设，完成37门课程开发，完成全市信息技术应用能力提升工程市级课程培训，开展中小学初任校长研修等9个市级专项培训项目。 (张 瑾)

【实施乡村教师支持计划】 市政府办公厅印发《上海市〈乡村教师支持计划(2015—2020年)〉实施办法》后，各项工作有序推进。全市将师德与专业素养作为乡村教师培训的重要板块，形成市、区、校三级教师培训体系。全市建立215所教师专业发展学校，对补充到乡村学校的新教师全部实施见习教师规范化培训制度，促进乡村学校新教师水平的提升，实现乡村学校教师的培训与可持续发展。4月，市教委和市财政联合下发《关于将上海市高校毕业生到本市农村学校任教列入学费补偿和国家助学贷款代偿范围的通知》，对全市高校应届毕业生去乡村学校任教的给予学费补偿和国家助学贷款代偿。2016年共奖励本科毕业生381人，奖励金额878.7万元；奖励硕士毕业生69人，奖励金额127.6万元。除经济方面的激励，还对外省市优秀高校应届毕业生应聘到上海市乡村学校任教的人员申请上海市户籍时，给予政策加分。义务教育学校实行全市统一的教师绩效工资水平，消除城镇学校与乡村学校间教师待遇的差距，郊区教师的工资水平得到较大幅度提高。同时，对乡村学校另行增加一定额度的绩效工资总量，各区县在核定学校绩效工资总量时，对乡村学校予以倾斜，激励教师扎根乡村教育。鼓励城镇优秀教师向乡村学校流动。在教师职务评聘中，制订乡村学校教师的倾斜政策。对城区教师支援乡村教育的，给予鼓励。选派特级校长、特级教师到郊区任职任教。发挥特级教师特级校长的示范辐射和引领作用，促进郊区教师专业发展。在优质教师资源配置方面，全市义务教育学校达标率已达92.3%。 (李 捷)

【市级财政高等教育投入机制改革】 年内，全市深化市级财政高等教育投入机制改革。完善生均综合定额拨款标准。适当提高财政生均综合定额拨款标准。探索建立包括财政拨款收入和学费收入在内的生均综合定额标准。进一步打通高校基本办学经费来源渠道，加大学校各类收入统筹使用力度，绩效工资由学校在生均综合定额中统筹安排。建立生均综合定额定期调整机制，建立稳定的生均综合定额调整机制，每三年调整一次，其间新增的成本变动因素，在学校基本办学经费中按照轻重缓急统筹安排。完善以绩效评价为核心的内涵建设经费分配制度。适当扩大内涵建设经费规模，为扩大高校办学经费自主权，纳入地方高校内涵建设经费，下达学校部门预算，由学校自主统筹安排使用。建立以绩效评价为核心的内涵建设经费分配机制，按照《上海高等教育布局结构与发展规划》，将地方高校分为学术研究、应用研究、应用技术、应用技能四类，以此建立分类评价的指标体系，按照每三年一轮对地方高校办学的绩效评价结果，确定内涵建设经费分配额度。打通基本办学经费和内涵建设经费，在完善对地方高校办学绩效评价的基础上，扩大学校经费使用自主权，地方高校经常性经费按照生均综合定额和内涵建设经费分别测算后，整体打包纳入学校部门预算，由学校按规定统筹安排。

(杨雁俊)

【推行公办高校总会计师制度】 1.扩大试点范围。实施《上海市地方公办高校总会计师管理办法(试行)》，经市委研究同意，已委派6位总会计师。2.健全日常管理机制。从机制、制度着手，加强地方公办高校总会计师的日常管理。建立"高校总会计师管理工作小组"，在市教委财务与资产管理中心设立总会计师工作室，搭建工作交流、研讨的平台。制订日常管理制度，印发《上海市地方公办高校总会计师管理办法(试行)》相关配套制度，包括《上海市地方公办高校总会计师日常管理实施细则(试行)》《上海市地方公办高校总会计师联签工作实施细则(试行)》《上海市地方公办高校总会计师工作报告制度实施细则(试行)》《关于推动地方公办高校总会计师加强学校内控管理的指导意见(试行)》等。3.开展任职工作培训。组织总会计师任前集体谈话，开展总会计师宣讲活动，搭建总会计师交流研讨平台。4.建立定期交流机制。按季度组织召开总会计师工作例会，对相关情况及问题进行交流研讨，部署下一阶段工作重点任务。

（张　茜）

【重点教育项目支出绩效评价】　市教委加强对项目绩效的常态管理，推进市属高校财务管理绩效评价，逐步扩大财政教育支出绩效评价范围，开展绩效自评价，提高财政资金的使用效益。1.完善绩效考核指标，制定分类绩效考核指标体系。一是选取重点项目建立项目考核指标体系。在开展项目支出绩效评价时，根据不同项目特点，建立具有项目特色的考核指标体系。在高校学生伤害事故校方责任综合险项目中专门设置“高校投保覆盖完成率”“高校学生实际赔付完成率”“防灾防损服务”“高校理赔处置工作完成及时率”“理赔服务质量”“服务响应时间”“理赔付款时限”等指标，在项目的效果指标方面专门设置“化解事故纠纷情况”“校园安全事故改善情况”等指标。二是完善市属高校整体办学绩效评估指标体系。拟定“上海市属院校整体办学绩效评价指标体系”。2.开展绩效跟踪及评价工作。一是开展绩效跟踪。选取2016年协同创新计划、2015—2016年高峰高原建设经费等项目开展绩效跟踪评价工作，对相关项目预算执行进行过程跟踪和管理，对发现的问题及时采取相应的纠偏措施。二是开展项目绩效评价，委托社会中介机构开展教育专项的绩效后评价工作。三是组织开展高校财务管理状况整体评价，继续开展地方高校整体办学绩效评估。3.组织编制并申报绩效目标。在编制和布置2017年部门预算时，明确要求预算单位将项目支出绩效目标编制纳入项目支出预算申报管理流程，按要求完成绩效目标的编报，编制绩效目标的项目支出达到全覆盖。4.加强绩效评价结果应用。对项目支出绩效评价结果，进行信息公开，并按要求公开2015年高校学生伤害事故校方责任综合险、2015年中小学校方责任险两个项目的绩效评价报告。为确保评价结果的合理应用，向项目单位反馈评价结果，并要求相关单位及时研究制定整改方案，落实整改措施，提高财政资金使用效益。市教委将市属高校整体办学绩效评估与高校部门预算安排挂钩，在分配各地方高校内涵建设经费额度时，将绩效评价结果作为重要分配因素。

（艾乐旺）

【完善义务教育生均经费标准体系】　根据《市委、市政府关于推动新型城镇化建设促进本市城乡发展一体化若干意见》，下发《促进本市城乡义务教育一体化实施意见（暂行）》，在对全市公办义务教育生均经费分析研究基础上，制定义务教育生均经费基本标准。基本原则：一是保基本，促公平。按照基本公共服务均等化的有关要求，制定全市统一的公办生均经费标准，作为各区公办义务教育生均经费财政保障基本标准。二是统一办学标准。建立全市义务教育学校的基本统一的学校建设标准、学校配置（设施设备）标准、信息化建设标准、教师队伍配置及收入标准，据此制定生均经费标准。三是合理界定保障范围。根据教育综合改革要求，将学校的基本支出、日常设备设施更新及维修维护支出，以及教育教学内涵经费支出等日常性的支出纳入生均经费的保障范围，将离退休费、抚恤金、基本建设、大修经费、一次性开办等非日常性的支出按需按实另行保障。四是落实各区主体责任。明确市级统一制定生均经费基本标准、各区落实保障办学基本标准的主体责任，形成市与区县投入相结合的义务教育投入机制，加大统筹力度，加大对财力薄弱区的转移支付力度。实施方案：一是公办学校义务教育生均经费基本标准小学为不低于每生每年23500元，初中为不低于每生每年29000元。二是建立动态调整机制，结合财力状况、办学需求和物价水平等因素，定期评估义务教育生均办学成本变动，适时调整义务教育生均经费基本标准。三是完善市对区教育转移支付分配，结合义务教育生均经费基本标准，结合教育学生规模、各区努力程度、各区财力等因素，优化教育转移支付分配方案，加大统筹力度，加大对财力薄弱区的转移支付力度。四是指导各区加强义务教育经费投入，对实际生均支出水平低于生均经费标准，但人均财力高于全市平均水平的区，要求加大义务教育经费投入，对其中财力困难的区，分1—2年逐步到位。对实际生均支出水平高于生均经费标准的区县，确保不因此标准出台而降低。五是完善教育督导考核指标，建议市政府教育督导部门，结合义务教育生均经费基本标准，完善市对区义务教育督导考核指标。六是各区在义务教育生均经费基本标准的基础上，根据各区义务教育学校的学生规模、校舍面积、建校时间、共享任务量等实际情况进行统筹，对全区义务教育学校合理确定调整系数。优化支出结构，提高资金使用效益。（俞文达）

【普通高校试行招收插班生、专升本新生】 招收插班生试点。批准复旦大学、上海交通大学、同济大学、华东师范大学、华东理工大学、东华大学、上海理工大学、上海海事大学、华东政法大学、上海海洋大学、上海大学、上海工程技术大学、上海政法学院13所本科院校进行招收插班生试点，确定招收插班生总计划数为376人，报名4040人，实际录取310人（具体情况见附表1）。专科毕业生选升本科试点（以下简称“专升本”试点）。共批准上海理工大学、上海海事大学、上海电力学院、上海应用技术大学、上海海洋大学、上海中医药大学、上海师范大学、上海对外经贸大学、华东政法大学、上海工程技术大学、上海立信会计金融学院、上海电机学院、上海政法学院、上海第二工业大学、上海商学院、上海杉达学院、上海建桥学院、上海师范大学天华学院18所本科院校参加“专升本”招生试点，确定“专升本”招生总计划数为2721人，报名总数为4981人，实际录取2503人（具体情况见附表2）。

附表1　上海普通高校招收插班生计划数和实际录取数对照表

学校名称	招收计划数（人）	实际录取数（人）	完成计划比例（%）
复旦大学	20	18	90.00
上海交通大学	10	6	60.00
同济大学	20	20	100.00
华东师范大学	24	24	100.00
华东理工大学	30	21	70.00
东华大学	20	20	100.00
上海理工大学	50	47	94.00
上海海事大学	50	50	100.00

续表

学校名称	招收计划数（人）	实际录取数（人）	完成计划比例（%）
华东政法大学	30	25	83.33
上海海洋大学	25	20	80.00
上海大学	62	33	53.23
上海工程技术大学	15	7	46.67
上海政法学院	20	19	95.00
合　计	376	310	82.45

附表2　上海市普通高校招收“专升本”新生计划数、实际录取数对照表

学校名称	招收计划数（人）	实际录取数（人）	完成计划比例（%）
上海理工大学	290	279	96.21
上海海事大学	140	141	100.71
华东政法大学	20	15	75.00
上海海洋大学	40	16	40.00
上海电力学院	5	3	60.00
上海中医药大学	120	94	78.33
上海师范大学	185	189	102.16
上海对外经贸大学	38	38	100.00
上海工程技术大学	300	284	94.67
上海应用技术大学	139	131	94.245
上海立信会计金融学院	270	271	100.37
上海第二工业大学	203	200	98.52
上海电机学院	116	118	101.72
上海商学院	126	125	99.21
上海政法学院	120	120	100.00
上海杉达学院	280	269	96.07
上海建桥学院	280	209	74.64
上海师范大学天华学院	48	1	2.08
共计	2721	2503	91.99

注：上海海事大学录取1名三等功退役士兵不占计划，上海师范大学录取8名三等功退役士兵不占计划，上海立信会计金融学院录取1名三等功退役士兵不占计划，上海电机学院录取2名三等功退役士兵不占计划

（俞冶论）

【普通高校春季考试招生】 2016年上海市普通高校春季招生统一考试于1月16日、17日举行，统一

文化考试全部在标准化考点内进行。3月12日、13日各高校举行面试(或技能测试),面试(或技能测试)方案均已提前在网上公开。改革后的春季高考有三大变化:一是招生院校数和招生计划数同比均有增加,年内有23所高校共计划招生2010人。二是确定春考形式为“统一文化考试+院校自主测试”。统一文化考试科目为语文、数学、外语三门;院校自主测试则由高校结合专业要求,组织面试或技能测试,重点考查学生的敬业精神、职业潜能和动手技能。三是允许高中应届毕业生参加春考。2016年春考实际录取1930人,其中266人同时被两个专业录取。 (俞冶论)

【普通高校招生考试专项改革】 2016年上海市普通高校秋季统一招生共录取考生44927人,其中本科阶段567所院校录取37499人,高职(专科)阶段99所院校录取7428人。在秋季统一高考招生录取工作中启动一、二本合并和“综合评价,多元录取”扩大至9所上海高校(8所在沪部属高校和上海大学)这两项高考综合改革。一、二本合并改革从录取结果来看:一是高校的投档满足率大幅提高。二是考生志愿满足率大幅提高。实施综合评价录取改革试点的上海高校,由复旦大学、上海交通大学2所扩增至复旦大学、上海交通大学、同济大学、华东师范大学、华东理工大学、上海外国语大学、东华大学、上海财经大学和上海大学共9所。各试点高校和市教育考试院在统一高考成绩公布之后,严格按照高考成绩由高至低的顺序确定入围学校测试(面试)的考生,考生的高考成绩不得低于自主招生控制线。从报名、审核、投档、测试、录取等全程引入监督检查机制,坚守公平底线,确保综合评价录取过程公平公正。全市综合评价批计划招生共1777人,实际录取考生1766人。 (俞冶论)

【高校毕业生就业创业】 2016年,上海高校毕业学生17.1万人,总量与上年相比略有上升,其中研究生3.8万人,本科8.7万人,专科(高职)4.6万人。至9月1日,全市毕业生就业率为96.51%,同比下降0.02个百分点,其中,研究生就业率为96.32%,本科生就业率为96.06%,专科(高职)就业率为97.53%。主要举措:一、依托重点计划和服务项目,引领毕业生赴基层就业。以村官计划、三支一扶计划、西部志愿者计划、大学生参军入伍等中央制定的基层就业项目和服务计划为引领,落实学费资助、贷款代偿、复学升学和就业服务等相关扶持政策。2016年,全市高校毕业生5.18万人到基层单位就业,占毕业生总数30.38%,同比增加1.24%。基层服务项目招募大学生501人,其中村官计划招募180人、三支一扶计划207人、西部志愿者计划招募114人。大学生应征入伍2746人。二、依托教育资源和服务平台,推进自主创业工作。市教委联合市人力资源社会保障局,授牌成立首批12家院校“上海市高校创业指导站”。继续加强创新创业课程和师资建设,上海高校共开设创业类课程200多门,有校内外创业导师近千名,建立创业实验室和训练中心33所及创业类学生社团45个。依托大学生科技创业基金加大创新创业资金投入,建立23个分会及专项基金。2016年,各分会受理项目924项,资助项目307项,资助金额6300多万元。完成编撰《2016年上海市大学生创业指导手册》。三、多部门多渠道形成工作合力,完善就业创业精准帮扶。健全多部门信息共享机制,补充和完善困难学生数据库,强化成长跟踪和就业服务。配合有关部门落实家庭困难毕业生一次性求职补贴的发放。多部门联合举行少数民族学生专场招聘会,设立专项成长基金与创业基金。四、依托职业生涯指导和服务体系建设,提升就业创业服务水平。继续加强上海高校毕业生就业工作创新基地、职业生涯指导和服务体系建设,重点布局一批符合青年大学生群体特点、体现学校及专业特色、满足社会经济发展需求的项目。年内,围绕就业服务精准推送、困难群体就业援助、就业创业有效促进等领域在高校中开展27项专题研究,增列6个就业创新基地、19个校外实践基地、20个生涯工作室和13个创业实践基地。 (郁颖佳)

【资助高校学生】 2016年,52所上海市属普通高等学校在校生共有450154人,家庭经济困难学生人数62629人,占市属普通高等学校在校学生人数的13.9%。家庭特别困难学生数(特困生)31783

人，占在校生7.1%。年内，上海市属普通高等学校共资助学生157万人次，资助总金额7.55亿元。主要举措：1.完善资助政策，加强制度建设。市教委、市财政局联合出台《关于将上海市高校毕业生到本市农村学校任教列入学费补偿和国家助学贷款代偿范围的通知》，明确到农村任教的上海市高校毕业生可以享受补偿代偿政策；市教委、市财政局重新修订发布《上海市研究生国家奖学金管理办法》，明确研究生国家奖学金奖励标准和基本条件，规范研究生国家奖学金的评审程序、资金监管；出台《关于进一步做好上海市普通高等学校毕业生学费补偿和国家助学贷款代偿相关工作的通知》，进一步加强高校毕业生面向中西部地区和艰苦边远地区基层单位就业的管理，规范财政专项资金使用。2.坚持精准资助，加强监督检查。建立政府、社会、学校、学生"四位一体"的困难生认定监督机制，严格工作制度，规范工作程序，公平公正合理分配资助资源，建立精准识别机制，通过信息采集和共享，精准确定资助对象，建档入库，对家庭经济困难学生实施动态档案管理，将家庭经济困难学生全部纳入资助范围，确保"一个对象也不能少"；开展2013年—2015年上海56个地方高校国家助学金政策执行情况核查工作，全面了解学校的政策执行情况。3.坚持资助育人，加强政策宣传。2016年，上海学生资助政策宣传工作创新形式，做到资助政策宣传全覆盖，将十八大提出的"立德树人"根本任务和"人人成才"教育目标融入资助工作全过程，宣传受助优秀学生典型，发挥其励志、引领作用，做到励志感恩育人全覆盖。4.坚持精准管理，加强信息化建设。上海市学生资助管理信息化平台建设已见成效，平台涵盖学前教育、义务教育、普通高中、本专科及研究生教育阶段的资助管理子系统；建设上海学生资助网，开通上海学生资助的微信及短信平台，方便学生和家长查询及申请，为学校、区县资助部门工作提供科学的管理和应用平台，做到资助资金的全程化管理，规范各类数据的报送和审核，实现上海学生资助工作信息化从无到有、从有到优的提升。5.加强政策落实，促进教育公平。2016年春节、寒假期间组织各高校开展帮困送温暖活动，共安排100万元经费，发放到57所高校，用于慰问家庭经济困难学生。据不完全统计，约有91000多名学生获得各类资助约2670万元。落实士官资助政策，落实第一次直接招收为士官的高校学生国家资助工作。配合财政预算制度改革，规范代偿补偿工作。出台相关文件，规范财政经费使用和补偿、代偿工作流程。 （余梦梦）

【高校高峰高原学科建设】 高校高峰高原学科建设计划于2015年正式启动。2016年重点推进落实以下四方面工作：1.强化高峰高原学科建设管理。为推进上海高校高峰高原学科建设，确保学科建设各项改革措施和建设任务顺利实施并取得实效，市教委研究制定并出台《上海高校高峰高原学科建设管理办法》，强化对高峰高原学科建设的检查和指导。2.实施高峰高原学科动态监测。完成6期高校学科发展跟踪评价简报及《上海高校高峰高原学科学术论文表现动态分析（2013—2015年）》，通过对高校高峰高原学科与标杆学校的横向比较和自身的纵向发展进行观测、比较和分析，实现对上海高校学科发展动态的有效监控，为上海高校学科建设提供重要参考。3.推进Ⅳ类高峰学科建设。依据《上海高等学校学科发展与优化布局规划（2014—2020年）》，以支撑国家战略，服务上海"四个中心"和具有全球影响力的科技创新中心建设为核心立意，以力争到2020年率先建成若干具有国际影响力和竞争力的研究机构为阶段目标，市教委邀请市相关部门共同对国家和上海市经济建设与社会发展需求进行分析，结合需求导向和上海高校学科相对优势与整体水平，通过科学遴选和专家论证，并经市政府专题会议审议通过，2016年先行启动电子科学与计算机、设计学、医学、通信与计算机等4个Ⅳ类高峰学科，由牵头高校领衔建设，着力打造具有国际一流水平的实体化研究机构；统筹规划，规范实施，出台《上海市教育委员会关于开展Ⅳ类高峰学科建设的实施意见》，明确Ⅳ类高峰学科建设的目标、路径、具体要求和考核方法，为相关高校开展具体工作提供具体规范和路径指南。4.开展高峰高原学科动态调整工作。依据《学科规划》等相关文件确定的动态调整原则，通过科学分析学科现状，结合上海"四个中心"建设需求，通过邀请国内外同行专家对学科建设方案进行通讯评议，并经市政府专题会议研究通过，将复旦大学“理论经济学”调整纳入Ⅰ类高峰学科建设范围。

（贺伟伟）

【服务科创中心建设工作】 按照党中央、国务院的决策部署，系统推进全面创新改革试验，加快建设具有全球影响力的科技创新中心。市教委认真贯彻落实国家法律法规及上海“科创22条”和“科创人才20条、30条”有关政策精神，促进高校推进科技成果转移转化工作，努力提升高校服务社会能力，服务和支撑上海加快建设具有全球影响力的科创中心。创新高校技术转移体制机制，初步形成以上海高校技术转移中心为建设主体，以上海高校技术市场和上海张江高校协同创新研究院为主要支撑载体的高校技术转移体系。大力指导、促进高校推动科技成果转化，在作价投资实施成果转化，并依法对科技成果完成人和为成果转化做出重要贡献的人员给予奖励方面探索一条成功路径，在校企合作开发以及科技成果许可、转让、作价投资方面涌现出一批优秀案例，成果转化的经济效益和社会效益大幅提高。1.初步形成以上海高校技术转移中心为建设主体，以上海高校技术市场和上海高校张江协同创新研究院为主要支撑载体的“一体两翼”高校技术转移体系运行模式。2.市教委配合市政府法制办、市科委按照市人大有关部门要求，参与制定《上海市促进科技成果转化条例》。在对国家地方法律法规、各部委及上海市有关促进科技成果转移转化的政策文件系统梳理的基础上，结合高校科技成果转移转化工作实际情况，起草印发《上海市教育委员会关于进一步促进科技成果转移转化工作的指导意见》，转发《教育部科技部关于加强高等学校科技成果转移转化工作的若干意见》《教育部办公厅关于印发〈促进高等学校科技成果转移转化行动计划〉的通知》，要求上海高校积极适应国家关于科技成果使用权、处置权和收益权“三权下放”的新形势和新要求，抓紧修订、细化、完善学校有关制度和工作机制。

（葛　昊）

【高校智库建设】 继续实施上海高校智库内涵建设计划，确立81项战略研究项目、13项核心数据库、55项系列品牌产品，推动高校智库的核心能力系列建设。开展第一批18个上海高校智库中期检查工作。在推进高校智库建设过程中，一方面着力进行制度层面的顶层设计，另一方面在实践领域不断推动创新突破，形成新型智库建设的“上海特色”与“上海实践”。

（陈　悦）

【教育信息化建设】 1.编制完成《上海市教育信息化“十三五”规划》；修改完善《上海市教育委员会信息化项目管理办法》。2.结合教育部第一批教育信息化试点验收工作要求，开展验收工作，其中7个被建议为“优秀”，遴选出信息化应用示范案例，进行推广应用。做好“全国教育信息化工作进展信息系统”工作，定期完成信息系统的报送。根据国务院教育督导委员会办公室开展教育信息化工作专题督导检查的要求，针对信息化工作机制、信息化的应用情况、教师信息技术应用能力等方面认真开展了自查，形成自查报告。开展互联网学校摸底核实工作，并向教育部办公厅反馈调查摸底情况。组织区县教育局局长参加专题培训。3.开展上海教育行业互联网网站安全专项整治行动，完成网站统一标识工作，相关单位开展网站群建设，加强网站安全保护工作以及网站安全监测、应急处置等工作。推进上海教育行业信息系统安全等级保护工作，保障上海教育行业信息化发展和重要网络设施、信息系统及数据安全，开展重要信息系统的安全等级保护工作。开展网络安全检查和自查工作，加强技术安全防护，建立应急保障体系，做好重要时期信息技术安全工作，实施“零事件”报告制度。4.推进“一网三中心两平台”建设、运维相关工作，启用高中名校慕课平台，统筹利用全市高中优质、特色课程资源，提升中学生信息环境下的自主学习能力；完善专题教育网络学习平台，为中小学生提供网络学习的全新体验；建设普通高中和中职学生综合素质评价信息管理系统，汇聚学生成长数据，促进学生个性发展；完善义务教育入学报名系统，实现数据共享下的一站式招生信息化服务，推进义务教育招生入学工作规范管理；完善基础教育学生学籍信息系统，实现全国联网，构筑上海基础教育底层数据；完善上海市特殊教育信息通报系统，为残障儿童提供个性化教育和康复服务；以“一师一优课、一课一名师”等为推动抓手，强化教师信息技术应用能力。（李　乐）

【参展中国工博会】 11月1日—5日，第十八届中国国际工业博览会（以下简称“工博会”）在国家会展中心（上海）举行。清华大学、北京大学、复旦大学、上海交通大学以及台湾科技大学等69所境内外高校参展，711项科技创新成果亮相高校展区，驻沪高校有多个项目获本届工博会大会奖。其中，同济大学的“大跨度桥梁结构和行车抗风安全的气动控制技术”获金奖，华东理工大学的“SE粉煤加压气化技术”获创新金奖，上海中医药大学和华东师范大学的2项展品获银奖，复旦大学、上海交通大学、同济大学和华东理工大学的数项展品获创新银奖。高校创新创业展区除展示参展高校的创新创业项目外，还展示由全国“挑战杯”和上海市教委主办的“汇创青春展”中的优秀作品。优秀参展项目引起广泛关注，并吸引诸多企业、客商合作。（葛　昊）

【上海市协同创新中心建设】 年初，全市已有29家高校正式挂牌上海市协同创新中心。其中，上海交通大学领衔的“IFSA协同创新中心”“高新船舶与深海开发装备协同创新中心”“未来媒体网络协同创新中心”和同济大学领衔的“智能型新能源汽车协同创新中心”已被认定为国家协同创新中心。年底，市教委对复旦大学张江研究院（上海药物创制产业化开发中心）、上海工程技术大学高强激光智能加工装备关键技术产学研开发中心、上海体育学院体育产业发展研究中心及上海音乐学院上海音乐艺术发展中心等4家上海高校知识服务平台通过中期复评，被确认增补为“上海市协同创新中心”。市教委推进市属高校与中科院合作平台建设项目，上海大学、上海师范大学和上海交通大学医学院前期与中科院在相关的领域进行合作，并在彼此充分协商和沟通的基础上，分别签署合作协议，确定了三家高校与中科院在不同领域开展科学研究和人才培养。市教委推进与市经济信息化委合作的商用航空发动机领域联合创新项目，构建产学研同城协同新机制，围绕商用航空发动机的核心技术开展攻关。（葛　昊）

【加强和改进学校美育工作】 根据教育部的要求及上海的实际，为促进学校美育工作的发展，市政府办公厅颁发《关于全面加强和改进学校美育工作的实施意见》。经与教育部体卫艺司商讨，拟定《教育部与上海市签署学校美育改革与发展备忘录》。上海市入围第一批与教育部签署学校美育改革发展备忘录的省市，同时与教育部签署备忘录的还有北京市、江苏省、福建省、山东省、重庆市、四川省、甘肃省。（蒋萍芳）

【成立上海学生舞蹈联盟】 11月2日，上海学生舞蹈联盟成立暨学生舞蹈节颁奖展演活动在国际舞蹈中心举办。成立仪式上，上海芭蕾舞团、上海歌舞团的艺术家获颁上海学生舞蹈联盟导师聘书；近400名大中小学生共同演绎《黄河》《青春记忆》《舞向未来》等原创优秀舞蹈作品。上海学生舞蹈联盟由8所高校舞蹈团分别带动16个区177家联盟单位的中小学学生舞蹈团，以“赏、学、讲、演、赛”的模式达到舞蹈教育普及的目标，实现大中小学舞蹈教育一体化。同时，通过高校及专业院校对联盟单位提供科研引领、规范管理、节目指导等，提升上海学生舞蹈艺术水准，推进学生艺术团品牌建设。（蒋萍芳）

【承办第三届全国学生军事训练营】 7月29日至8月4日，由教育部主办，市教委承办的第三届全国学生军事训练营在市青少年校外活动营地—东方绿舟举办。来自全国各省市、自治区、新疆生产建设兵团的高校和高中代表队的营员，接受为期一周的军事训练与考核。军事训练营参与总人数达600多人。（黄　峰）

【发布《上海市体教结合促进计划》】 市体育局、市教委牵头起草《上海市体教结合促进计划（2016—2020年）》。该文件经市委常委会和市政府常务会议审议通过后，由市委、市政府办公厅印发。12月

22日，市体教结合工作会议召开。市委副书记、常务副市长应勇，副市长赵雯出席会议并讲话。副市长翁铁慧主持会议。会上，闵行区、上海师范大学和里约奥运会冠军钟天使作交流发言。会议就实施《上海市体教结合促进计划(2016—2020年)》作出部署，提出工作发展目标：到2020年，全市青少年体质健康水平稳步提高，青少年体育活动蓬勃开展，青少年体育组织规模进一步扩大，青少年体育场地设施明显改善，青少年体育指导人员队伍显著扩大，政府主导、部门协作、社会参与的体教结合促进机制更加完善，青少年体育公共服务体系基本建成，学校体育综合改革新格局基本形成。（黄　峰）

【发布《上海市学校体育发展“十三五”规划》】《上海市学校体育发展“十三五”规划》分为“发展的基础与面临的挑战”“指导思想、总体目标和基本原则”“主要任务与行动举措”“组织保障措施”等四个部分。主要特点：一、坚持继承性和延续性。上海市学生健康促进工程在促进学校体育转型和全面发展方面发挥积极作用，且定位准确、目标明确，为确保学校体育事业发展的延续性，学校体育“十三五”规划尤为注重与健康促进工程之间的衔接。二、突出阶段性特征和发展性。《规划》既体现与教育中长期发展规划纲要的衔接，又突出“十三五”的阶段性特征，根据新形势和新要求，提出了新的发展目标。在课程改革方面，明确提出“小学兴趣化、初中多样化、高中专项化、大学个性化”的课程改革概念，提出明确的推进进度；根据国家大力发展校园足球的战略要求，对校园足球进行全面的规划；弥补学校体育评价制度的缺失，根据教育现代化的发展目标和学生综合素质评价的需要，提出学校体育现代化评估、学生体育素养指标两个全新的评价概念。（黄　峰）

【设立上海市青少年体育运动伤害保险专项基金】市教委健全相关运动伤害保障机制，在校园意外伤害保险成熟运营的基础上设立上海市青少年体育运动伤害保险专项基金，成立“上海市学校体育运动伤害专项保障基金”。9月1日开始，2600余所学校(占学校全市总数的82.5%)参加该保障基金。在各学段的学校中，中学的参保率最高，约占全市中学总数的91%，其次为小学，约占全市小学总数的88%，参保的幼儿园约占全市幼儿园总数的75%。基金的高参保率，在一定程度上体现其符合校园体育运动发展的实际需求。自3月1日以来，基金共接到报案46起，完成赔付8起，支付医保内及医保外医疗费用10万余元，帮助学生家长减轻经济负担，缓解学校在伤害事故发生后的处理压力，受到学校和家长的欢迎。（徐　健）

【举办2016年上海市学生运动会】 9月至11月，2016年上海市学生运动会举行。运动会共设大学组、中小学组、中职校组三个组别。其中大学组设27个大项、304个小项，中小学组设26个大项、525个小项，中职校组设5个大项、37个小项。大学组共有来自52所高校的万余名大学生报名参赛，中小学组则有来自16个区852所学校的14000余名中小学生报名参赛，中职校组共有来自56所学校近5000名中职校学生报名参赛。各组别的竞赛项目规模及参赛规模较上一届学生运动会均有大幅度提高。为充分体现“团结、奋进、文明、育人”的宗旨，本届学生运动会在竞赛组织、奖项设置、活动安排等方面进行了改革、创新，呈现出以下五个特点：1.在传统项目中注入新元素。大学组增设龙舟、毽球、板球、健美操、三棋一牌(围棋、中国象棋、国际象棋、桥牌)等非奥运会、全运会比赛项目。中小学组增设棒球、垒球、曲棍球、帆船、健美操、围棋、象棋、国际象棋、桥牌、龙舟、冰壶、花样滑冰等12项青少年学生喜闻乐见的比赛项目。2.更多体现学校体育特色。中小学组增设区县代表团的“优秀组队奖”，通过举办区运动会、校运动会、参赛规模等考评指标，增加区县组团和学校参赛的积极性。大学组、中职校组将“校长杯”作为最具分量的奖项，以学校为评价单位，激发学生运动员的荣誉感、使命感。3.突出教育开放的理念。留学生可以报名参加武术、龙舟、乒乓球、羽毛球等4个比赛项目。4.完善学校体育信息化管理。在全国范围内率先采取网上报名的方式，开辟数字化统筹管理在大型学生运动会上的先河。针对学生运动经历、技能水平等进行全过程信息化管理，为学生综合素质评价的探索，以及高考改革提供了大量丰富、真实的数据支撑。5.多元化的赛事成绩评价体系。本届学生运动会举办期间开展"校长杯""优秀组队奖""优秀赛区奖""体育道德风尚奖""最佳男运动员""最佳女运动员""最佳运动队""最佳教练员""最佳体育贡献校长""年度最佳阳光体育活力园丁""年度最佳体育社团""年度最佳阳光体育达人(阳光少年)"等奖项评选活动，从竞赛成绩到体育精神等全方面进行表彰。（黄　峰）

【举办中国(上海)国际青少年校园足球邀请赛】 7月12—18日，2016中国(上海)国际青少年校园足球邀请赛举行。此次比赛由教育部、中华全国归国华侨联合会、上海市人民政府联合主办，上海市教委、市体育局、市归国华侨联合会、上海华侨事业发展基金会、中国中学生体育协会共同承办。本届邀请赛的16支参赛队中的10支为国外队伍，分别来自美国、英国、俄罗斯、德国、斯洛伐克、喀麦隆、韩国、泰国、印度尼西亚和澳大利亚，另外6支国内队伍分别来自中国香港特区、澳门特区、福建省、内蒙古自治区和东道主上海市(2支队伍)。赛事期间安排参赛球队与区县青少年校园足球精英训练营的U17前6名队伍进行交流赛。举办了"做一天上海人"的文化体验日活动，组织运动员体验上海文化和民俗。举办青少年足球高峰论坛，高峰论坛以"足行千里　启智未来——寻找青少年校园足球发展新动力"为主题，邀请专家、国内外知名的足球教练、16支国内外参赛队伍的领队、教练，或现场演讲，或刊文分享进行研讨交流，共同对话青少年校园足球发展的现在与未来。教育部副部长郝平、中华全国归国华侨联合会副主席乔卫、上海市政府副市长翁铁慧出席本次邀请赛开幕式。（黄　峰）

【校园足球改革发展工作】 一、坚持把"育人为先"理念贯穿于校园足球改革的各个环节。1.改革体育课教学方式，构建大中小学一体化校园足球课程体系。实施"小学体育兴趣化、初中体育多样化、高中体育专项化和大学公共体育个性化"的学校体育课程改革；把足球作为体育课程改革的重点项目，编制校园足球课程教学大纲，实现校园足球特色学校每周一节足球课，其他学校每周一次足球活动。校园足球人口显著增加，注册学生运动员从4424人增加到近35000人。2.创新足球活动组织方式，构建分层多级赛事体系。组织小学低年级学生参加趣味性足球活动，组织小学高年级以上学校的班级、年级联赛，开展校际邀请赛、对抗赛等竞赛交流活动，各区组织校际间联赛5000余场。构建"四横"(小学、初中、高中、大学11个年龄段)，"四纵"(暑期学生足球赛、校际联赛、区际杯赛、国际邀请赛)的立体化比赛体系，举办市级比赛近2000场。3.挖掘校园足球综合育人价值，积极传播辐射校园足球文化。编制校园足球赛事礼仪规范，开赛仪式中设立球员介绍环节，介绍品学兼优的足球小运动员；与上海电视频道《五星体育》等媒体合作，通过直播10场校园足球赛事、专题节目、每日新闻等形式，传播校园足球正能量。校园足球联盟会员学校达到400余所，校园足球的育人价值逐渐被校长、家长认同。

二、遵循校园足球发展规律，开创科学新型的足球课余训练模式。依托各级各类校园组建青少年校园足球精英训练营，实施广泛的营员选拔机制让每一个有足球兴趣和发展潜质的学生，都有机会接受科学系统的课余足球训练。在16个区分别组建了U9、U11、U13、U15、高中组5个年龄段的校园足球训练营，营员规模达到13000名。通过科学设置训练时间、设立文化生活督导员、制订个性化的教学方案等措施，妥善处理学生学习和训练的关系。引进国内外优质的教练团队，每个区设置1名资深B级技术总监，每支精英队配备1名亚足联C级及以上级别的主教练，聘用外籍教练员，技术总监需持有洲际A级及以上的证书，主教练需持有洲际B级及以上的证书。全市半数以上区聘请葡萄牙、塞尔维亚、德国和西班牙等足球发达国家的教练员团队，其他区也聘请了国内一流的足球青训资深人士担任教练。

三、坚持开放共享理念，构建全方位校园足球保障体系。1.多渠道、多元化配备师资，鼓励有足球特长的其他学科教师兼上足球课，引导足球教练员、裁判员和经过培训的优秀足球退役运动员以及有足球专长的志愿人员担任兼职教师。2.在加强校园体育场地的开发和综合利用的同时，积极创新管理方式，探索学校与社会公共体育场所共享机制，为学生提供更多的足球场地。3.探索多元资金投入机制，在上海教育发展基金会中成立阳光体育基金，支持足球等校园体育项目的发展。4.在全国率先试点“学校体育运动伤害专项保障基金”，为学校组织体育活动解除后顾之忧。此外，还研制学生体育素养指标体系，把学生参加校园足球的情况记入学生综合素质评价信息系统。（黄 峰）

【开展校园安全大检查】 年内，市教委以抓预防、强基础、降事故、促演练为总要求，按照全覆盖、零容忍、严执法、重实效的要求，联合市消防局、市质监局、市食监局、市防雷中心等单位，成立以行业专家为主的“校园安全督查员”队伍，元旦春节期间、“安全生产月”和“119 消防活动日”等重要节点，重点围绕消防安全、危险化学品安全、校园道路交通安全、特种设备及重要设施安全、食品卫生安全、重要部位安全技术防范、校园周边环境整治等，在全市高校开展校园安全隐患排查和督查整治行动。校园安全隐患排查整治共分三个阶段：第一阶段（1月至4月）围绕元旦春节和寒假期间校园安全各项监督检查和隐患整治工作。第二阶段（5月至9月）围绕汛期和“十一”国庆做好防汛防台和安全设施设备维护工作。第三阶段（10月至12月）针对冬季雨、雾、冰、雪天气多发的特点，深入推进校园安全隐患“回头看”，防范遏制重特大事故的发生。至年底，完成年初制定的隐患排查全覆盖的“明查暗访”督查计划，共检查复旦大学等67所高校，出动200余人次；重点暗查了学校消防泵房、消防设施设备、高压配电房、危险化学品仓库、锅炉房、学生宿舍、高层教学（宿舍）楼、物（化）实验室、技防监控室及部分楼宇防雷设施，查出隐患185项，提出整改意见和建议206条。（陈宇红）

【依法行政工作】 年内，市教委依法行政各项工作深入推进。1.依法开展各类教育行政法规的制定与审核工作。研制、印发《行政规范性文件评估管理办法》，11件规范性文件全部通过备案，提出法律意见共72条。编制完成《经济类合同审批单》和《非经济类合同协议审批单》。2.建设市教委依法行政实务工作咨询专家团队伍，在相关案件的审理中发挥重要咨询服务作用。3.开展《上海市高等教育促进条例》相关立法调研等。推进《上海市中小学校工作条例》等研制工作，《上海市高等教育促进条例》已列入上海市人大常委会2017年立法计划正式项目。编撰出版《上海市教育督导条例释义》。4.试点建设8家“上海教育立法咨询与服务研究基地”。继续支持复旦大学等3家“上海教育立法咨询与服务研究基地”建设，试点推进上海交通大学等第二批5家上海教育立法咨询与服务研究基地建设。5.务实推进规范教育收费、教育政风行风与市教委廉政工作。制定市教委“四个进一步”贯彻落实方案并报送市政府。部署上海市规范教育收费联席会议办公室年度工作，结合相关信访情况组织专项治理。开展规范教育收费抽查和联合检查工作。（陆海佳）

【行政审批制度改革】 年内，市教委聚焦“四个注重”，顺利完成教育审改各项工作。1.注重队伍建设，强化教育审改工作的组织保障。成立教育审改领导小组，办公室设在政策法规处。各业务处室、各区教育局落实联络人和责任人。完成涉及教育系统证照分离、职业资格清理、法人库建设、权力事项实时监控、双随机、双公示等各项审批相关工作。2.注重规范建设，圆满完成教育审改年度重点任务。及时部署、跟进、培训。取消非行政许可审批7项，形成权力事项事中事后监管方案。清理优化政府公共服务盖章环节、办事程序、证件材料等事项2项。完成中介机构脱钩改制，编制审批“业务手册”“办事指南”。3.注重业务创新，提升教育审改工作推进能效。市教委权力事项季度统计、教育行政部门行政权力和责任清单的编制和发布等一系列重大任务圆满完成。4.注重服务指导，支持各区教育审改工作。定期举行全市教育系统审改工作会议，组织专家下基层讲解，重大工作任务分批包干。通过电话、微信群等对基层予以指导，答复区县审改工作电话180多个、微信2200多条，发布审改工作电子参考材料50余份。（陆海佳）

【教育行政复议和诉讼】 年内，市教委行政应诉案件18件，其中17件是非上海生源应届毕业生起诉市教委等三部门履行办理落户职责案，1件是申请人起诉静安区教育局和市教委政府信息公开答复案。法院判决驳回原告诉讼请求14件，原告撤诉2件，还有2件尚在审理过程中。市教委作为行政复议机关处理以区教育行政部门等为被申请人的行政复议案件8件，以被申请人身份参加市政府行政复议案件3件。案件类型涉及政府信息公开、非上海生源应届毕业生申请落户、教师申诉处理、中小学生入学等。市教委决定维持区教育行政部门具体行政行为2件，终止行政复议1件，申请人放弃行政复议申请3件，还有1件尚在审理过程中；市政府决定维持市教委具体行政行为1件，还有2件尚在审理过程中。与往年相比，行政诉讼、复议呈现两个显著特征：一是案件数量增加。非上海生源应届毕业生（主要是2015届MBA学生）因申办上海市户籍未获通过提起诉讼的数量，较2015年增长近2倍。二是新型案件出现。第一次出现申请人对高校信息公开答复不服，申请行政复议案；第一次出现市教委行政复议决定维持区教育行政部门政府信息公开答复后，作为共同被告参与行政诉讼案；第一次出现申请人因对区教育行政部门中小学就近入学安排不服，申请行政复议案。（沈　洋）

【教育法治工作品牌建设】 年内，市教委开展全市教育法治工作品牌建设工作。1.成立“教育部青少年法治教育协同创新中心”。教育部政策法规司、上海市教委、华东师范大学、华东政法大学联合设立教育部青少年法治教育协同创新中心。10月21日，教育部青少年法治教育协同创新中心揭牌仪式暨青少年法治教育研讨会举行。中心致力于打造成全国青少年法治教育政策研究的重要智库、人才培养的重要基地、学科创新的重要平台，为全面落实依法治国基本方略、促进青少年的健康成长和全面发展、培养尊法知法守法用法信法的社会主义合格公民，提供理论引领、人才支撑和技术支持。2.举办第一届“中国教育法治与教育发展高峰论坛”。11月5—6日，上海市教委联合中国教育发展战略学会、上海交通大学联合主办，光明日报教育研究中心和上海市教育法学研究会协办的第一届“中国教育法治与教育发展高峰论坛”召开。该高峰论坛为聚焦教育法治与教育发展的最高端论坛，为相关专家、学者和实务工作者提供一个研究和交流的学术平台。论坛开幕式上，教育部政策法规司司长孙霄兵、市教委主任苏明、华东师大校长张杰共同为“中国教育法治与教育发展高峰论坛秘书处”和“中国教育发展战略学会教育法制专业委员会华东中心”揭牌。3.承担并实施教育管办评分离改革试点任务。作为教育部教育管办评改革试点总课题的秘书处和全国12个教育管办评改革试点省市的联络单位，市教委做好教育部管办评分离改革试点相关统筹协调和服务管理工作。（蒋侯玲）

【推进依法治校工作和现代学校制度建设】 1.增强教育行政部门和各级各类学校依法治校能力。指导各区深化教育行政审批制度改革，推进研制上海市中小学校工作条例，推进依法行政。推动各级各类学校师生申诉制度的建立和完善，健全学校权利救济和纠纷解决机制。2.推动依法治校（含学校章程落实）监测评估机制建设。委托相关高校、区教育行政部门和市督导执法中心，就依法治校（含学校章程落实）监测指标、评估办法等开展研究。同时，研究并试点建立各级各类学校依法治校年度报告制度，推动依法治校工作进一步深化。3.推进市属高校深化现代大学制度建设。落实“完善现代大学内部治理结构”的教育综合改革重点任务，推进上海大学、上海师大、上海工程技术大学、上海海事大学、上海中医药大学、上海出版高等专科学校、上海杉达学院等7所高校实施现代大学制度建设试点，并从相关理论研究、工作整体推进、特色制度集成等方面做好7校试点总结验收工作。4.组织全市学校干部教师法治专题培训。邀请教育部政法司领导和有关专家，以高校信息公开和章程后时代现代学校制度建设为专题，对全市高校法务办主任和负责现代大学制度建设部门负责人进行培训。定期开展全市教育系统行政执法人员专题培训、全市中小学校长和骨干教师法治专题轮训。5.开展教育系统“七五”启动年的各项普法工作。开展全市大学生法治辩论赛、“新沪杯”全市中学生法律知识竞赛活动、“浦江杯”青少年优秀文艺作品征集、“法治小达人”法治摄影大赛等全市范围的各类大型法治宣传活动10余次；组织全市师生参加教育部举办的各类知识竞赛，编撰“法治百宝箱”系列丛书（第三季），免费下发全市各区县及其基层学校。

（沈　洋）

【推进长三角教育联动发展】 一、协调召开第八届长三角教育协作发展会议。12月17日，江苏省教育厅、浙江省教育厅、上海市教育委员会和安徽省教育厅联合举办的第八届长三角教育协作发展会议在江苏省南京市召开。会议主题是“践行新的发展理念，深化教育协作发展”。会上，三省一市教育行政部门签署“十三五”深化长三角地区教育战略合作框架协议、长三角地区中等职业教育“双证融通”专业改革合作框架协议等系列协议，并见证签署长三角地区医药类院校联盟协议。二、落实推进长三角教育协作发展相关项目。年内，市教委投入600万元，推进年度长三角教育协作5个市级统筹协作项目和25个基层特色协作项目的有效开展和落实，并对所有支持项目进行监测评估。1.实施项目分类管理，确保优质有效。遴选出“探索区域高校教师学习社群模式，共建长三角教师学习资源共享平台”等30个子项目入选2016年度探索区域教育协作新机制试验（长三角教育协作发展）项目，并在总结历年管理工作经验的基础上，进行分类管理和工作指导，促进长三角区域教育协作不断向纵深和内涵发展。2.开展项目跟踪评估，改进投入模式。市教委通过全面总结、实地考察、项目抽检等形式，开展年度长三角教育协作发展项目实施情况的评估与监测，推进长三角教育相关协作项目的有序进行和有效落实。根据评估结果，项目进展情况整体符合2016年度长三角教育协作发展会议精神，取得良好成效，进一步加强与促进了长三角教育的协作发展。

（蒋侯玲）

【经济责任审计】 年内，市教卫工作党委、市教委按照《党政主要领导干部和国有企业领导人员经济责任审计规定》及其实施细则等文件要求，完成对教研室、科艺中心、行政管理学校、教育基建中心、语测中心、师资培训中心、大学生事务中心、高校后勤服务中心等8家市教委直属单位主要负责人，以及上海对外经贸大学、上海健康医学院附属卫生学校两家单位市管领导干部的经济责任审计工作，审计总金额近34亿元，审计提出意见数共计89条。为深化经济责任审计工作，结合形势发展，积极探索新方式、新举措，按照干部管理监督权限，对经济责任审计对象进行全方位梳理，摸清家底，努力实现经济责任审计全覆盖。经梳理，纳入市教卫工作党委、市教委经济责任审计实施对象的单位共计70家，其中市教委预算单位58家、非预算单位12家。完善审计工作流程，市教委直属单位经济责任审计进点会由原来逐一到被审计单位改变为由分管领导召集，统一集中进点，提高审计效率；审计报告阶段，规范了审计报告初稿、征求稿意见、送审稿以及正式发文稿之间的审核与衔接，加强审计过程管理。加强审计制度建设，先后制定经济责任审计实施办法、联席会议议事规则、审计整改工作制度等，确保审计工作有法可依、有章可循。

（周　琳）

【专项督查与审计整改回访相结合】 年内，市教委积极探索业务部门专项督查与审计整改回访相结合的工作机制，将落实审计整改与推动单位改革创新、内部治理和管理控制相结合，切实提高审计整改的质量与效果。专项督查由市教委发展规划处、财务处、审计处联合组织开展，并委托市教育督导（行政执法）事务中心以及市教育基建管理中心具体实施。督查范围为市教委29所委属高校，督查内容主要为2015年度房屋建筑、设施修缮改造工程项目管理情况以及市审计局“2012年至2014年度部分委属高校修缮项目管理情况专项审计调查”审计问题整改情况。督查采取系统业务专家与外部第三方机构相结合的方式，在前期准备、学校自查、动员培训的基础上，于11月8—23日分6个督查小组对各委属高校开展现场督查。业务部门专项督查与审计整改回访相结合，是建立健全审计整改联动机制的有益尝试，提高了审计整改效率和效果。

（周　琳）

【中小学班主任队伍专业化建设】 为促进中小学

班主任队伍专业化发展，市教委搭建“上海市班主任带头人工作室联盟”平台，开展第三期上海市中小学班主任带头人工作室学员招收及培训工作。承办第五届长三角地区中小学班主任基本功大赛，首创“代入式互动表演”，增加“班集体特色创建”论文撰写评比和论坛。开展分学段郊区优秀班主任研训、优秀班主任内涵发展高端研修、长三角地区中小学班主任基本功大赛上海参赛选手培训、暑期中小学骨干班主任培训、中职校骨干班主任培训等。联合上海市中小学幼儿教师奖励基金会，开展上海市中小学（中职校）“十佳”和“百优”班主任评选工作，促进班主任队伍的整体提升。（周时奕）

【建设大中小学心理健康教育服务体系】 市教委启动上海市中小学心理健康教育示范中心创建工作，遴选黄浦区、静安区、杨浦区、浦东新区开展示范中心创建。推进中小学心理健康教育达标校、示范校和特色学校创建工作，共有493所学校通过上海市中小学心理健康教育达标校评估，24所学校被评为上海市中小学心理健康教育示范校，推荐10所学校参与第二批全国中小学心理健康教育特色学校创建。启动上海学校心理健康教育名师工作室建设工作，完成70名学员遴选。开展松江大学城片区和杨浦片区高校的学生心理健康服务“医教结合”协同系统的研究与试点。举办“多元文化视角下高校心理健康服务”国际论坛，并继续实施高校心理健康教育教师海外研修资助计划。

（杨长亮）

【高校课程思政改革试点】 市教委启动课程思政改革试点工作。选定上海市10所高校马克思主义学院开展市级示范马克思主义学院建设，推广“高校思政课超级大课堂”教学模式，搭建“高校思政课建设同城平台”，聚焦马克思主义理论学科、思政课教学重点问题开展联合攻关。开展高校综合素养课程改革试点，推出上海大学“大国方略”、复旦大学“治国理政”、上海交通大学“读懂中国”等“中国系列”品牌课程。同时，推出上海外国语大学“中外时文选读”课程等，推动专业课程的课程思政改革。

（杨长亮）

【提升高校辅导员队伍职业能力】 市教委编制《上海市学校德育“十三五”规划》，制订《上海高校辅导员队伍建设发展规划》。将辅导员岗前培训纳入上海高校新教师岗前培训体系，制定《上海高校新任辅导员岗前培训方案》。依托11个上海高校辅导员培训基地和8个上海高校心理健康教育与咨询示范中心，开展辅导员职业能力培训。重点开展提升辅导员公众演讲与沟通能力的培训、提升少数民族专职辅导员专项能力的培训。实施高校辅导员海外研修资助计划，筹办高校学生成长与发展领域的英文学术期刊，推动上海市学生德育发展中心以及有关国内外高校成立国际高校学生成长与发展研究会。继续开展“高校辅导员队伍建设月”系列活动。

（杨长亮）

【建设校外育人共同体】 市教委制订《关于加强上海市普通高中学生志愿服务（公益劳动）管理工作的实施意见（试行）》《上海市学生社会实践基地志愿服务（公益劳动）专项工作考核办法（试行）》，发布《关于上海市高中生社会实践伤害事故的理赔协调处理办法》，研制《上海市校外教育三年行动计划》。在全市范围内推出各类学生社会实践基地1729个，经认定，其中市级基地（项目）173个、区县级实践基地1556个，提供学生实践岗位41万多个，在假期向中小学生推出市级活动2000多项。开展上海市青少年校外实践资源项目开发，对基地、学校进行分层、分类培训，对16个区的64家学生社会实践基地进行专项调研。（周时奕）

【构建新一轮督政标准体系】 根据《上海市教育督导条例》及市政府关于建立对区县政府教育工作督导评估制度的规定，全市已完成两轮市对各区政府开展依法履行教育责任综合督政工作。2016年起，市教委、市政府教育督导室拟用5年时间，开展第三轮综合督政工作。此次综合督政以国家和上海中长期教育改革发展规划纲要和“十三五”教育规划为主线，结合上海市教育综合改革方案，并根据各区推进区域教育现代化发展的实际，在做好年度各区政府教育工作自评公报工作的基础上，针对城乡义务教育一体化发展情况、未成年人思想道德建设工作情况、学生健康促进工程暨体教结合工作情况、学前教育发展情况、现代职业教育发展情况，以及语言文字工作推进情况等6个具体督导项目，开展实地督导。市政府教育督导室自2015年起启动新一轮督政标准体系建设，下发6个督导评估指标，并计划至2020年完成对各区的综合督政工作。

（顾　薇）

【教育督导体制改革】 教育督导体制改革深入推进，强化教育督导职能，增加人员配备，健全高效、专业的工作体系，构建依法有序、体制健全、机制优化、体系完备的教育督导工作格局。1.全面强化教育督导职能。立足督政、督学和评估监测的工作职能，市政府教育督导室在做好基础教育督导工作之外，开展各级各类教育督导工作，如2016年全国职业院校评估、全市中职学校办学能力专项督导、市属高校“十二五”新建项目专项督导、民办初中规范课程教学专项督导等。对已开展的教育评估监测项目进行归类整理，实现对教育评估监测工作的归口管理。2.大力加强教育督导机构建设。增设副局级的市教委总督学1人，兼任市政府教育督导室常务副主任。为市政府教育督导室增加2个处级领导职数，人员编制增加8个。增加教育督导工作的经费预算。3.探索专业化支持保障体系。筹建“上海教育督导研究中心”，承担教育督导理论和政策等研究任务。探索建立规范的实施体系，发挥市教育评估院和市教育督导事务中心的专业优势和工作基础，规范有序地委托两个单位开展教育督导工作。按照政事分开的原则，将市政府教育督导室承担的督学管理等部分事务性工作授权给市教育督导事务中心实施。（何宏伟）

【开展2016年全国职业院校评估】 6月至11月，国务院教育督导委员会办公室组织开展2016年全国职业院校评估工作。按照“学校填报数据、省级实施、国家总体评估”的统一程序，采取网上数据填报的方式开展评估。全市共有71所中等职业学校和23所高等职业院校参加评估。为做好评估工作，成立市教委领导担任组长的评估工作领导小组。市政府教育督导室组织开展工作动员和专门培训，提供政策指导和沟通协调，全程参与市级评估报告的撰写，并完成市级评估报告的网上公开。市教委高教处和职教处对参评院校的评估数据进行审核和参与市级评估报告的研讨。市教育评估院具体负责评估的组织工作，指导参评院校完成自我评估，形成评估报告。全市中职学校的评估结论是基础性办学综合实力较强，内涵发展、校企合作取得显著成效，学生发展、社会服务水平较高，存在部分学校专业建设水平需进一步提高等问题。全市高职院校的评估结论是在基础办学能力、“双师型”队伍建设、专业人才培养和社会服务能力等方面均取得了较好的成效，但存在独立设置高职院校的生均办学基础能力建设尚不平衡等问题。

（何宏伟）

【市属高校“十二五”新建项目专项督查】 9月—11月，市政府教育督导室组建由市发展改革委、市教委相关处室组成的专项督查组，在指导有关高校对“十二五”已完工的15个新建项目自查的基础上，通过听取汇报、个别访谈、查阅资料、实地走访核查等方式，对6个内涵设施项目所涉高校进行了重点督查。督查发现，“十二五”新建项目的建成，极大地缓解了市属高校教学科研用房紧张的局面，为科研项目研究和学科专业建设提供了基础平台支撑。相关高校都注重发挥新建内涵设施项目的利用效率，推动了特色学科专业建设，提升了学校社会服务功能和国际交流合作能力。督查发现，个别项目建成后的使用功能与立项时的功能定位存在差异、项目在布局结构上共享空间不够等。针对存在问题，督查组建议相关高校加强项目使用功能的研究、论证和决策，探索建立信息化综合管理系统，为学生拥有更多自主学习和实践机会提供保障。针对高校普遍反映的“投资建设标准过低”“项目产证办理困难”等问题，督查组建议市相关部门“十三五”期间继续加大支持力度，满足上海市属高校事业建设需要。（赵雁鸿）

【义务教育学校标准化建设规划实施情况专项督导】 1月，市教委、市政府教育督导室下发通知，启动义务教育学校标准化建设规划实施情况的专项督导工作。在前期所有涉及的13个区自评全覆盖的基础上，5月30日—31日，督导组分别对金山、长宁、宝山、杨浦等4个区开展实地督导，重点督导区县规划项目的进展情况、质量管理、保障体系建设等相关内容。根据《上海市义务教育学校标准化建设项目规划（2014—2018）》的校舍建设和设施设备购置实施计划，到2018年底，全市校舍建设项目共63个，到2016年底应实施其中的54个；设施设备购置项目共17个，到2016年底应实施其中的16个。至3月底，校舍建设已竣工并交付使用的有37个项目，占比58.7%；正在施工并能在2016年底基本竣工的有19个项目，占比30.2%，两者合计占88.9%，其余项目正在进行施工前期准备。设施设备购置项目严格按照时间节点推进。规划实施总体情况良好，校容校貌明显改善，办学条件显著提高。（顾　薇）

【义务教育学校绩效工资工作专项督导调研】 5月5—6日，市政府教育督导室、市教委会同市人力资源社会保障局、市财政局组成联合专项督导调研组，对16个区义务教育绩效工资工作推进情况进行专项督导调研。督导组认为，全市各区政府能充分认识到义务教育学校实施绩效工资的重要意义，以此次增资工作为契机，深化义务教育学校收入分配制度改革，推进教育综合改革，促进区域义务教育优质均衡发展。针对督导调研中反映出的工作进度、乡村教师绩效增量、激励驱动综改任务、稳定增长机制、义务教育与非义务教育双轨制导致思想波动等问题，各区县表示，将结合督导组的改进建议，完善本区义务教育学校绩效考核办法和与之相配套的绩效工资分配方案，确保义务教育绩效工资工作稳妥、审慎、顺利、高效地落实，同时为推进非义务教育和其他事业单位薪酬分配改革提供可借鉴、可复制、可推广的经验。（顾　薇）

【中小学生安全情况】 全市共有中小学生（含进城务工人员随迁子女）146.03万人，同比减少4.53万人。据各区教育行政部门上报统计，全年共发生中小学生各类安全事故1823起，同比减少283起，共伤亡学生1823人（其中受伤学生1768人，占97%；非正常死亡学生55人，占3%，同比减少7人）。非正常死亡事件在学校发生6起，占10%；在家庭发生18起，占32.7%；在社会场所发生31起，占56.4%。2016年未发生中小学集体食物中毒、火灾、流行性疾病等公共安全事故和自然灾害事故，校园安全总体平稳可控。（卢　惠）

【预防未成年学生违法犯罪工作】 加强法治教育，市教委与市高院共发行《悦读法律》季刊40万册；开展“春天的蒲公英——小法官网上行”活动，共征集法律故事423篇，参与学生15万人次，静安区久隆模范中学获得一等奖；“上海市青少年法治教育体验基地”全年接待高一年级学生10万人次；启动为期三年的“法治进校园”巡讲活动。学生参观市禁毒科普教育馆20万人次，参与第十一届“上海市禁毒知识竞赛”61万人次，515名高中志愿者开展1805小时志愿服务；培训教师2000人次；北桥中学、上大附中、长桥中学获得“6·27”工程先进学校。促进工读教育转型发展，12所专门学校在校生1737人，其中工读生99人、托管生1638人（含中职生768人），校外预控生4688人；教师385人，职工75人。2016年专门学校毕业初中生421人、中职生265人；毕业普通高中生59人，其中23人考取本科院校，36人考取专科院校。修订发布《上海市工读教育规程》。6月3日完成上海教育学会工读专委会换届。在浦东新区育华集团学校开展专门学校职业教育试点。支持黄浦、普陀、徐汇、闵行、嘉定、崇明、杨浦7个区专门学校内涵建设。于6月3日、11月19日、12月23日举办“校园欺凌行为预防与处理”“社会治理创新背景下专门学校发展之路”“专门学校内涵发展之家校共育”研讨会。“高妙根名师教育基地”完成培养计划。10月29日246名专门学校师生在浦东新区育华集团学校举办第十三届“拥抱明天”系列活动。（张大飞）

【建立未成年人保护核心指标体系】 市教委、市未保办启动上海市未成年人保护核心指标体系研究与建立工作，对《未成年人保护法》《上海市未成年人保护条例》等相关规定进行梳理，按照“法无授权不可为，法定职责必须为”的原则，明确未成年人保护工作评估范围，并形成指标体系初稿。广泛听取部分区、市未保委委员单位及专家意见，厘清核心指标、重要指标和监测指标的关系，增强指标体系的可操作性，最终确定核心指标共10个，包括未成年人非正常死亡率、未成年人吸毒人数、未成年人受虐待案件发生数、校园安全事故发生数、违法使用童工数、未成年人违法行为率、未成年人涉罪率、困境未成年人有效干预数、未成年学生公共安全教育覆盖率、网吧违规接纳未成年人查处率。9月印发《上海市未成年人保护委员会关于开展未成年人保护核心指标体系测评工作的通知》，确定黄浦区、宝山区、闵行区、崇明区4个区开展先期试点。

（孙韬韬）

基础教育

【2016年概况】 全市共有中小学、幼儿园、特殊教育学校及专门学校3148所，其中幼儿园1553所，小学753所，中学801所，特殊教育学校29所，专门学校12所。共有在校学生192.24万人，其中幼儿园55.65万人，小学78.97万人，普通初中41.33万人，普通高中15.78万人，特殊教育0.43万人，专门学校0.08万人。全市中小学教职工总数13.23万人，其中小学专任教师5.34万人，中学专任教师5.58万人。

1. 编制《上海市基础教育改革与发展“十三五”规划》，系统梳理上海基础教育“十二五”改革与发展成果，明确“十三五”基础教育改革与发展的指导思想、工作思路和发展目标，提出12个方面、44项改革和发展任务；指导各区出台本区域“十三五”教育改革和发展规划。推进《上海市学前教育三年行动计划（2015—2017年）》实施，全面完成新建或改扩建幼儿园30所，编制幼儿园保教质量评价指南，推动幼儿园科学选择和使用玩教具的研究。健全早期教养指导服务体系，成立上海市早期教育指导服务中心，开展系列科学育儿指导活动，通过短彩信平台推送“育儿周周看”。全面完成《上海市特殊教育三年行动计划（2014—2016年）》各项目标任务，成立上海市特殊学生教育评估中心，组织非试点区县开展推进医教结合项目研究；研制上海市特殊教育三年行动计划实施评估指标和上海市聋校、辅读学校教学与康复设施设备装备标准；编制学前特殊教育课程指南和普通学校随班就读课程实施指南；开展特殊职业教育发展、特殊教育中考政策、学前特殊教育设点布局和管理、随班就读教学有效性和特殊教育学校图书馆建设等项目的研究。

2. 深化招生考试改革。推进各项高考综合改革配套措施，深化上海市普通高中学生综合素质评价信息管理系统运用，基本完成高校使用功能的研发工作，完成高考报名信息与系统的对接；建成全市81个考点225个外语听说测试标准化考场；完成高中走班制教学现状调研报告，指导各高中学校因校制宜探索走班制教学；组织开展学生生涯指导的现状调研，基本完成学生生涯指导实施意见，稳步推进基层学校生涯规划工作；实施个性化学程与学分制管理，在部分高中学校试点GPA绩点实践和研究；开展高中研究型课程实施情况调研；形成全市高二学生学习状况调研“一区一报告”。继续优化义务教育阶段招生入学机制，将义务教育入学报名系统向小升初延伸，实现“100％的公办小学、初中划片（或对口）免试就近入学，小学生源基本上由就近入学方式确定，公办初中95％以上生源由就近入学方式确定”的目标；加强民办学校招生过程监管，严格实行“三统一、两限定、两公开、三承诺”。

3. 推进课程教学改革。深化基础教育课程教材改革，建立基础教育课程改革组织领导机制，成立基础教育改革领导小组、基础教育课程改革专家咨询委员会和专家工作委员会，研讨深化基础教育课程改革行动纲领；成立基础教育课程教材研究中心，发挥人文社科基地智力支持作用，开展课程标准国内外比较研究；围绕高考改革的要求，修订高中10门学科教学基本要求，重点对教学内容与要求进行调整。推进基于课程标准的教学与评价，小学等第制评价工作向中高年级延伸，低年段的等第制评价覆盖所有学科；发布《小学中高年段语数外学科基于课程标准评价指南》，委托第三方机构开展一、二年级小学教师在线调查和小学新生家长全样本调查；征集小学基于课标的教学与评价工作实践案例，组织各区现场展示及工作交流活动。推进中小学生学业质量评价，完成2016年度小学阶段“绿色指标”综合评价工作，指导各区开展基于反馈结果的教学改进行动。引领特色普通高中项目建设。制定《上海市特色普通高中建设三年行动计划(2016—2018年)》，公布特色普通高中创建具体要求和时间节点。开展第二轮学校课程领导力行动研究，制定课程领导力评价方案，在上海中学、市西中学、风华中学和大宁国际小学组织开展多场系列展示活动。启动学习基础素养行动研究，编制《学习基础素养项目推进指南》，完成试点项目区和项目学校的研究方案评审。推广上海教改经验。根据中英高级别人文交流机制第四次会议要求，承办中英基础教育论坛，加强上海与英国在基础教育领域的交流合作。启动“1+11”基础教育互助成长行动计划，利用现有对口合作交流机制，整合16个区优秀教育改革成果，向中西部7省(自治区、直辖市)11市(地、州、区)进行推广与合作辐射，涉及改革项目66个，辐射学校超过230所。

4. 强化内涵建设，实现优质均衡发展。启动全市城乡义务教育一体化工作，督促和指导区县制定落实“五项标准”实施计划(2016—2020年)，全面保障和提升全市义务教育学校办学条件。加快形成学区化集团化办学格局，全市学区化集团化办学联合体已达132个，覆盖学校721所，约占全市义务教育阶段学校总数的48.7%；发布学区化集团化办学评估指南和上海市学区化集团化办学地图(查询系统)。实施新优质学校集群发展，开展市级新优质项目学校设计实验，制定上海市新优质学校评估标准。市、区两级新优质项目学校达到373所，约占全市义务教育阶段学校总数的25.1%。继续推进义务教育委托管理工作，完成第五轮50所农村义务教育学校委托管理中期评估。扶持民办中小学特色发展。指导学校完善第二轮民办中小学特色校(项目)和民办幼儿园创建方案，开展创建工作。强化内地民族班管理。组织办班学校认真做好民族班学生思想政治教育和教育教学工作。

5. 做好服务保障工作，提升教育治理水平。推进教育信息化与课程教学的深度融合，组织虹口、普陀等区域开展数字教材建设与教学应用实验；研究制订上海市市实验性示范性高中和特色高中参与高中名校慕课建设的管理办法，完善“上海市高中名校慕课”平台，共有61门优质拓展型和研究型课程资源面向全市分享。完善市级中小学生竞赛管理机制，出台市级中小学生竞赛活动(非体育类)管理办法。做好基础教育学籍管理，完成上海市基础教育学生管理系统的功能升级调整，做好基础教育学生学籍信息与中高考、义务教育报名招生的对接工作，为全市40多万新生发放电子学生证。不断提升基础教育实验室、图书馆装备建设与应用水平，编制形成中小学创新实验室建设指南(征求意见稿)，指导区县加强中小学创新实验室和图书馆的管理、建设和应用。升级教材配套音频资料配送方式，结合信息技术发展变化和教材内容数字化的探索研究成果，在初中和高中率先试行学生用教材配套音频资料改用MP3数字音频文件下载方式配送。

(何　杰)

【中小学课程改革】 成立分管副市长担任组长的市基础教育课程改革领导小组，建立市基础教育课程改革专家咨询委员会和工作委员会，加强对课程改革的组织领导。整合华东师范大学等专业机构力量，开展深化基础教育课程改革总体方案设计研究，完成《深化上海市基础教育课程改革行动纲领》初稿编制工作。建设第二批9个“立德树人”人文社会科学重点研究基地，依托各基地开展国内外课程标准比较研究、国内课改现状研究及新课标构想研究、完成国家高中课标修订意见征求工作。积极推进教材建设工作，完成第一批20门《学科教学基本要求》的设计、编制方案编写和样章编制以及专家的审读工作；启动第二批14门《学科教学基本要求》的编制工作；完成学生用教材配套磁带升级工作和92册相应教材准用号更换工作。继续提升中小学（幼儿园）课程领导力行动研究，完成课程领导力项目基础性测评、课程领导力项目现场测评标准；征集59个项目学校案例，完成案例初评，并提炼优秀案例关键经验和规格要求；开展学科单元教学指南研究和学校自选项目研究，共举行12场课程领导力项目学校市级展示交流活动。加强教学研究、分析和指导，完成虹口区课程与教学调研的学段反馈，出版《走向基于规准的调研——虹口区课程与教学调研报告汇编》和《走向基于规准的调研——静安区课程与教学调研报告汇编》；完成普陀区、宝山区课程与教学调研方案设计、计划及培训、组织实施、工具填写、报告撰写、学科反馈、学段反馈；完成新高考背景下高中课程与教学调研方案，完成走班管理、拓展型课程和研究型课程专题调研。10月27日，开展全市小学阶段学业质量绿色指标测试。（赵佳然）

【推进城乡义务教育一体化】 推进城乡义务教育一体化，实施城乡统一的义务教育五项标准，建立健全市、区两级义务教育一体化工作架构和协同推进机制，开通义务教育“五项标准”信息管理系统。全市年内竣工“一场一馆一池”（学生剧场、室内体育馆、室内游泳池）项目165个，实施创新实验室建设、图书馆升级、安全教育场所等学校装备项目523个，222所学校完成无线网络全覆盖，建成互动式多媒体教室2795间，为教师配备移动终端设备12220台，有效保障和提升义务教育学校办学条件。（何　杰）

【义务教育优质均衡发展】 坚持以学区化集团化办学和新优质学校集群式发展作为推动上海义务教育内涵优质均衡发展的双引擎。年内建有学区和集团132个，覆盖学校721所，全市学区化集团化办学联合体占义务教育阶段学校总数的48.7%，提前完成年初制定的40%覆盖率的目标，市民享有的优质教育资源明显增加。编印95个学区和集团典型经验选粹，研发《上海市学区化集团化办学发展性评估指南》。新优质学校实现集群发展。市级层面汇集93所新优质项目学校，形成“学与教的变革”“学校课程建设”“教师发展”“学校领导、管理与文化变革”四大集群，制作《上海市新优质学校集群发展实施指南》（试行稿）。各区汇集280多所项目学校。市、区新优质项目学校占义务教育学校总数的25.1%。组织“智慧传递”“预见未来”上海市新优质学校发展设计活动，市级层面共收到93所新优质项目学校的设计案例150份。2015年“绿色指标”测评结果显示，市级新优质项目学校学科优秀率高于全市平均水平，尤其在英语和数学学科上表现明显，在学生的高层次思维能力、学习自信心、学习动机、对学校认同度、教师教学方式、学校课程领导力等表现上均优于全市平均水平。完成50所农村义务教育学校委托管理中期评估，托管成效明显。2016年秋季开学，新开办中小学（幼儿园）75所，新增学校建筑面积79.64万平方米，新增土地面积124.64万平方米，扩充班级规模1732班。郊区新增中小学幼儿园总量占新增中小学幼儿园总量的88.24%。在郊区新开办的学校中，有14所新开办学校（幼儿园）通过引进或共享优质教育资源实施办学，有15所幼儿园、1所小学、3所九年一贯制学校和2所初中共21所学校为原有学校开办的分校（分园），通过在区域内部或对学校自身的教育资源进行整合与拓展，实现高起点办学。（刘中正）

【高中学生综合素质评价】 深化上海市普通高中学生综合素质评价在考试招生过程中的运用，对接高校使用需求，基本完成信息管理系统高校使用功能的研发工作，从2017年春考开始为相关高校提供学生综合素质评价信息为招生参考信息。细化学生体育、艺术、科普等综合素质评价信息的录入办法，确保信息真实可靠、评价科学有效。制定综合素质评价实施跟踪调研工作计划，对综合素质评价中出现的关键问题进行跟踪研究，强化过程性管理。引导高中学校适应综合素质评价要求，深入开展研究性学习，高三学生在上学期末已经拥有1101

名校外辅导教师、12057个研究课题(含已结题的9553个课题),188所高中做到人人有课题(占全市高中总数的74%),学生的创新精神和实践能力得到有效提升。 (赵佳然)

【中小学招生】 年内,共有28.63万名适龄儿童进入小学、初中就学,其中小学新生15.88万人,进入公办小学的占93.84%,进入民办小学的占6.16%;初中新生12.75万人,进入公办学校的占86.73%,进入民办学校的占13.27%,实现"100%的公办小学、初中免试就近入学,小学生源基本上由就近入学方式确定,公办初中95%以上生源由就近入学方式确定"的目标。全市所有小学、初中(含民办中小学)的招生工作均在"上海市义务教育入学报名系统"操作,招生过程全程监控。实行民办学校招生"三统一、两限定、两公开、三承诺",明确民办学校招生统一网上报名时间、统一面谈时间、统一分批次录取时间;明确无住宿条件的民办中小学限定在本区县内招生,每个适龄儿童可填报民办小学2个志愿、民办初中3个志愿,要求民办中小学公开招生简章、公开面谈过程,在招生简章中明示不提前开展报名和面谈工作、不收取各种特制的学生个人简历及各类获奖证书、不与任何社会教育培训机构挂钩。实施民办学校按志愿分批次录取,民办学校面谈通知、录取通知通过短信和网络双重路径推送给家长,家长可以凭短信和相关证件带领孩子参加面谈,并可以通过短信回复确认录取。高中阶段学校考试招生报名人数7.64万人,参加招生录取的人数为7.37万人,被高中阶段各类学校录取人数为7.28万人,其中5.19万人升入普通高中、2.09万人升入中职校,招生录取率达98.7%。提前批招生通过综合素质评价和学业成绩相结合的方式,为考生和招生学校提供双向选择机会,其中高中学校通过校园开放日等形式,结合综合素养测试、专题讲座、小组活动、慕课等多种方式,对学生进行全面考察和考核,学业考试后根据考生学业考试成绩在全市统一的最低控制线上进行投档录取。统一批招生在强调教育均衡化基础上充分尊重学生意愿,根据志愿和学业成绩按序投档,为学生提供多次升学机会。 (刘中正、金　松)

【启动"1+11"基础教育互助成长行动计划】 "1+11"基础教育互助成长行动计划是上海利用现有对口合作交流机制,整合16个区优秀教育改革成果,向中西部7省(自治区、直辖市)11市(地、州、区)进行首届基础教育国家级教学成果奖上海获奖成果、上海中小学数学教改经验和优质均衡发展新举措新经验等改革成果的推广与合作辐射项目。11月4日,举行"1+11"基础教育互助成长行动计划启动会,上海市、湖北省、贵州省、云南省、青海省、西藏自治区、新疆维吾尔自治区、重庆市教育厅(教委)有关负责人共同签订《基础教育互助成长行动计划合作备忘录》,上海16个区教育局与对口合作的11市(地、州、区)教育局(教委)有关负责人共同签订了《基础教育互助成长行动计划合作协议》,涉及改革项目达66个,辐射11市(州、地、区)的学校超过230所,超额完成了教育部提出的力争辐射100所学校的目标。 (何　杰)

职 业 教 育

【2016年概况】 一、推进职业教育综合改革。1.开展技术技能型人才贯通培养模式试点。年内,新增20个中高贯通专业点和11个中本贯通专业点,中本贯通报名与录取比为10∶1。强化中高、中本贯通教育教学质量监控机制。加强质量监控评估,新增3个中高和2个中本贯通联合教研组,建

立常态化的中高、中本联合教研机制。扩大国际水平专业教学标准开发和实施，年内，新开发5个国际水平专业教学标准，开发的国际水平专业教学标准达到57个，试点专业共24个。加强师资国际化培训，14位汽车专业骨干教师赴英国考取IMI3级证书，24名中高职教师赴德国考取国际通用的德国工商行会职业资格证书，20位教师赴澳大利亚参加专项培训。召开职教国际化论坛研讨会，与德、英等国相关机构签订职教联盟合作意向书。2.加强跨部门联动和校企深度融合，营造有利于职教发展的制度环境。“双证融通”人才培养模式改革新增专业点，召开“双证融通”长三角地区研讨会，签订长三角地区合作协议书。新增6个“双证融通”专业点，总计达43个专业点。出版《探索“融通”之路——上海市中等职业学校“双证融通”专业改革典型案例集》。深化产教融合校企合作。依托职教集团，启动上海技术技能人才需求的定期发布。完成行业标准与职业资格、专业标准与人才培养、岗位准入与参考薪酬相联动的模式的初步调研，探索建立职业标准与专业教学标准联动开发机制。3.加强“双师型”职业教育教师队伍建设。开展新一轮新进教师规范化和“双师型”教师培训。开展297名新进教师规范化培训，要求“双师型”教师每5年须在行业企业实践累计1年，组织189名教师赴企业实践2—3个月。组织参加全国和上海教师信息化教学大赛，上海中职校19件作品入围进入全国决赛，获5个一等奖、8个二等奖、6个三等奖，获奖率为95%，同比增长38%。42所中职校参加上海信息化教学大赛，评出特等奖6个项目，一等奖15个项目。发挥名师作用，开展名师工作室培育。建成47个上海市中职名师培育工作室，成立5个名师协作组。拟订《上海市中等职业教育名师培育工作室管理暂行办法》(征求意见稿)等。开展专业教师等各类市级培训。依托市级师资培训基地，组织开展机电技术应用、信息化素养等52个项目1400余人次参加培训。4.配套招生考试制度改革，在全国首次开展中职学生学业水平和综合素质评价。开展全市中职学生学业水平考试。颁布学业水平公共基础课程考试的实施意见，公布2016年学业水平合格性考试和等级性考试命题要求，完成语、数、英和信息技术学业水平考试。完成首批学生综合素质评价工作。建立统一的综合素质评价信息管理系统，提供规范化标准化管理，完成首批中职学生综合素质评价工作。

二、落实《上海市现代职业教育体系规划》，推进以下各项工作。1.完成国家级和市级特色示范校建设。完成第三批国家级示范校和第二批上海特色示范校评估检查工作，全面建成18所国家示范校与24所上海特色示范校。新立项建设3个上海市职业教育开放实训中心，共建设开放实训中心96个。2.加强学校内涵建设。开展4年一次的教学法评优活动。开展“让教法更贴近学生”为主题的第七届教学法评优工作，通过评优，创新教学方法与教学手段，推动中职课程教学改革。全市356名教师参加复评，评选出19名一等奖、54名二等奖。开展校本教材展示交流活动。开展以“以校为本，彰显特色，丰富资源，适应需求”为主题的第四届校本教材展示交流评比活动，并进行校本教材宣传、研讨、现场评价等系列活动。加强现代学徒制、网络课程等工作。进行现代学徒制研讨、培训与案例研究；有序开展网络课程建设；新增6所学校学分银行试点，开展“沟通课程”开发研究。3.开展各项活动，提升学生的综合素质。组织参加第十二届全国中等职业学校“文明风采”竞赛。22项作品获全国一等奖，34项作品获二等奖，54项作品获三等奖，100件作品获优秀奖；60位老师获全国优秀指导教师奖；10所中职学校获学校优秀组织奖；上海市竞赛组委会获“组织贡献奖”荣誉称号。举办上海市中等职业学校第四届“璀璨星光”校园文化节。组织“走进上图”“经典剧目欣赏”“高雅艺术进校园”等系列讲座和赏析活动。组织中职学生大合唱比赛、时政、法律知识竞赛、“走进艺术宫”第三季等实践体验活动。进行“文明风采”竞赛获奖节目展演。现场展示民族文化传承基地作品。在大剧院举办校园文化节闭幕活动。组织参加2016年全国职业院校职业技能大赛，启动上海市“星光计划”第七届职业院校技能大赛。全市36所中职学校166名学生组成上海中职代表队参赛。坚持普职“大体相当”发展目标，做好招生就业工作。年内，上海市中等职业学校毕业生就业率为98.26%，普职录取比为57∶43,完成教育部招生计划的91%。4.立足上海辐射全国,扩大职业教育的社会影响力。开展对口援助,加强上海与喀什职教联盟、上海与果洛职教联盟、上海与遵义职教联盟建设。召开上海精准对口帮扶会议暨三大联盟推进会。会同新疆喀什地委印发《上海落实南疆职业教育对口支援全覆盖实施方案》,组织14所中高职院校全面对接喀什地区7所职业院校,开展全覆盖支援工作。成立上海遵义职教联盟,按照遵义地区职业院校发展需求,选择10所中职校,开展"一对一"合作交流。进行普职融通,开展职业体验日活动。以"遇见未来的自己"为主题的第三届职业体验日在全市16个区县65所中职校、94个职业教育开放实训中心举行。提供322个职业体验项目,近10万多名学生、家长走进中职院校。传承民族文化,建设民族文化传承基地。创建一批融入专业特色、民族文化元素的中职校"民族文化传承教育基地"。为展现职业院校非物质文化遗产及传统文化教学成果,组织中职校参加"上海大世界非遗传习展"。　(马　骏)

【中等职业学校招生就业】 1.招生工作。全市共有7.51万人参加初中毕业统一学业考试,同比减少0.25万人,参加招生录取人数7.37万人,高中阶段各类学校录取人数7.28万人,高中阶段教育录取率98.7%。其中,普通高中录取5.19万人,中职校录取总数3.83万人(含户籍生源2.09万人,随迁子女0.63万人,对口支援地区0.48万人,成人中专0.63万人),普职录取比为58∶42。坚持"普职比大体相当"原则,统筹管理上海高中阶段各类学校招生计划。坚持两个"严控"的要求,即严控全日制普通高中招生计划、严控全日制普通高中招生最低投档控制线。2.就业工作。年内,全市79所全日制普通中等职业学校毕业生33444人。就业人数32862人,就业(含升学)率为98.26%,对口就业率为86.2%。其中,普通中专毕业生20614人,占毕业生总人数的61.64%,就业率98.15%;职业高中毕业生10713人,占毕业生总人数的32.03%,就业率98.53%;技工学校毕业生2117人,占毕业生总人数的6.33%,就业率97.97%。年内,中职校毕业生直接就业17135人,直接就业率为51.23%,升入高校继续深造有15727人,占47%。直接就业人群主要集中在第三产业。　(黄　蕾)

【第四届"璀璨星光"校园文化节举行】 第四届"璀璨星光"校园文化节分别由讲座欣赏、实践体验、品牌创建三大系列组成。11月17—21日,在上海大剧院举行上海市中等职业学校第四届"璀璨星光"校园文化节闭幕式暨集中展演展示活动,活动由上海音乐学院附属中等音乐专科学校、上海戏剧学院附属戏曲学校、上海戏剧学院附属舞蹈学校、上海市马戏学校等4所学校学生的专场演出以及展示中职学生风采的综合场演出组成。中等职业学校第四届"璀璨星光"校园文化节为全面提升中职学生文化素养搭建更广阔多样的平台。

(黄　蕾)

【参加全国职业院校技能大赛】 6月5日,2016年全国职业院校技能大赛在天津开幕,上海36所中职学校166名学生组成上海中职代表队参赛,共有159名学生获得奖项,获奖率96%,高出全国平均获奖率36个百分点。其中,获一等奖41个、二等奖71个和三等奖47个,刷新上海历年参赛成绩。全市中等职业学校改革教学方式和创新人才培养模式,通过技能大赛强化学生职业技能训练,加大专业教学中实践教学的比重,突出职业能力的培养,实现理论与实践教学的一体化,贴近生产实际和企业要求,体现"做中学,做中教"的职业教育教学特色,关注学生综合素质,着重"工匠精神"的培养。技能大赛内容紧跟产业发展最新需求,80%以上的赛项有国内外知名企业深度参与。　(黄　蕾)

【中等职业教育师资队伍建设】 1.全市40所中职学校198位新进教师参加财经商贸、语文等12个专业大类、10个基础学科培训。与2015年相比,学员人数增加3倍多,培训学时与普教系统对接一致,由520学时增加到720学时。培训立足岗位实践,科学设置培训模块,双导师协同配合,多元形式突出实效。2.在市级层面,选送20位教师与管理人员赴澳大利亚培训、24位中高职专业教师考取国际通用的德国工商行会(手工业行会)职业资格证书、14位汽修教师考取英国IMI三级证书，回国后加强课堂实践，促进培训成果的应用和转化。3.启动47个名师培育工作室项目，立足课堂，聚焦教学，整合资源，搭建平台，围绕教育教学实际问题，拟定个性化的“带教方案”和“学员发展规划”，使带教目标、定位和活动具体化、可操作。4.新增4个企业实践基地，其中3个高技能人才基地。49所中职学校179名教师参加企业实践。5.面向24个职教集团和全市中职学校开展特聘兼职教师资助及评审工作。共资助个人542人次，团队104个411人次，合计953人次。拟定《上海市中职特聘兼职教师资助工作资助实施指导意见》《上海市中职特聘兼职教师资助工作考核指导意见》，总结、汇编资助制度的试点实施成果及典型案例等。

（马　骏）

【中等职业教育教学改革】 1.开展“双证融通”专业改革试点。年内，“双证融通”已发展到33所学校、15个专业、43个专业点，出版《“双证融通”专业改革典型案例集》。6月，举行“双证融通”专业改革研讨会，达成《长三角地区中等职业教育“双证融通”专业改革合作框架协议》，总结经验加大辐射。“双证融通”逐步扩大到高职、应用本科和终身教育，推动职业教育的纵向衔接与横向贯通。2.推进“职业教育国际水平专业教学标准”试点实施工作。开发57个国际水平专业教学标准，编辑出版试点工作典型案例《对接国际先进水平，提升人才培养质量》。推动国际水平专业教学标准落地实施，共有24个国际水平专业教学标准实施，其中模具加工技术等23个专业获国外职业资格证书的认证评价。2016年，主题为“开放　融合　引领”的中职国际化论坛召开，上海78%的中职学校与国外教育机构有不同程度的合作交流。3.推进上海市中等职业学校现代学徒制试点，首批11所学校的11个项目。年内，召开专题工作会议，研究现代学徒制试点过程中的主要问题与阶段任务。（马　骏）

【中等职业教育联盟建设】 继上海职业教育与新疆喀什地区、青海省果洛州成立职教联盟后，10月，在贵州省遵义市建立上海—遵义职教联盟。上海与喀什、果洛和遵义地区紧密围绕“政府主导，多元共建，资源共享，责任共担，合作共赢”联盟建设总目标，由政府牵头、发动教育、行业企业、职业院校参与联盟建设。3个联盟现共有会员单位239家，其中企业61家，院校64所。建立100余名行业企业教育专家组成的智库。上海职业学校与三地职业学校一对一的对接，有效体现全覆盖多方位的帮扶机制。上海—喀什职教联盟制定《深入推进南疆职业教育全覆盖行动计划（2016—2020年）》，建立专业人才培养专家库。上海浦东职教集团与青海省果洛州教育局签订帮扶协议。上海遵义联盟推动上海7所中职学校与遵义8所中职学校签订合作协议落实。上海企业和院校送教上门，为当地学校进行1120人次的教师培训；接受52名三地教师到沪跟班培训。发挥联盟内企业和行业协会作用，提高顶岗实习水平，提高学生毕业时“双证”获得率。

（黄　蕾）

【中职校推行学业水平考试与综合素质评价】 年内，为配套招生考试制度改革，在全国首次开展中职学生学业水平和综合素质评价。相继颁布《学业水平公共基础课程考试的实施意见》，公布《2016年学业水平合格性考试和等级性考试命题要求》，组织语文、数学、英语和信息技术学业水平考试。6月进行信息技术基础考试，参考4015人。12月进行语文、数学和英语考试，27861名考生参加考试，其中参加合格性考试7215人，参加合格性和等级性考试20646人，考试在全市45个标准化考点、1142个考场中进行。12月，对3门笔试科目的83583份答题纸进行扫描切块供网上评卷，经选聘的约500名教师集中进行网上评卷。制定《上海市中等职业学校学生综合素质评价记录管理办法》（试行稿）。填报对象涉及全市72所中等职业学校2014级、2015级及部分长学制学生共32727人，填报各类信息457091条。明确实行市、区/行业和学校三级组织管理机制，负责落实综合素质评价的组织、实施和管理。市级层面成立上海市中等职业学校学生综合素质评价工作领导小组。信息管理系统所需记录和评价的内容包含六大部分，包括基本信息和自我介绍、品德发展与公民素养、修习课程与学业成绩、专业技能与职业素养、身心健康与艺术素养，以及学校特色指标。这些内容以《上海市中等职业学校学生综合素质纪实报告》的方式呈现，由信息管理系统自动生成纪实报告。

（马　骏）

【推进职业教育中高、中本贯通培养工作】 围绕职业教育中高、中本贯通培养工作，组织中高、中本贯通培养家长会，加强过程检查和指导，中高中本贯通培养工作深入推进。1.年内，新增20个中高贯通试点、11个中本贯通试点，总计达120个中高贯通、26个中本贯通试点专业。顺利完成2016年度中高职、中本贯通招生，其中中高职录取5322人，完成率100.11%，中本录取961人，完成率98.87%，中本录取均分546分。2.中职学校和高职、本科等高等院校共同参与编制一体化人才培养方案，共同开展专题研讨交流会，专家现场指导，帮助更新理念，不断完善培养方案，提高培养方案的系统性与科学性。3.加强中高、中本贯通培养工作跟踪检查，指导2015年跟踪检查结论为“整改”的4个专业点，制定整改方案，优化培养方案。组织开展中高职贯通专业人才培养方案交流。对部分优秀的中本贯通、中高职贯通一体化人才培养方案进行梳理，并汇总经验予以推广。4.完成149场中高、中本贯通新生家长会。在家长会上，详细介绍培养目标、培养方案、教育教学管理要求等，让家长和学生更好地了解贯通教育的特征与优点，为学生树立学习方向；保障贯通培养方案的一体化设计与实施；通过家长会，便于高校和中职校形成良好的交流机制。5.开展对19个中高贯通、15个中本贯通试点的跟踪检查，通过听取培养方案，实地访谈、查阅资料等形式，重点关注培养方案一体化设计的具体落地情况。6.新增4个中高贯通、2个中本贯通联合教研组。全年联合教研组开展专题研讨、教学观摩、企业调研、主题论坛等多种形式的教研活动40余场。研究在推进中高、中本贯通培养碰到的难点、重点，优化中高、中本贯通一体化人才培养方案设计与实施。

（马　骏）

【中职教师参加教学大赛和评优活动】 年内，上海市中职学校教师参加第七届教学法评优活动、全国信息化教学大赛和校本教材评优展示，以赛促教，教育教学能力得到大幅度提高。1.举办第七届中职教师教学法评优活动，产生一等奖19名，二等奖54名，20所学校获得优秀组织奖。参赛教师树立改革创新、立德树人和育人为先的课程理念，优化教学方法和手段，切实转变教师角色，教师的科研能力获提升，开展教研活动1272次，发表教改论文2050篇。教师重视物理环境、心理环境等学习环境的创设，采用交互式动画微视频、智能考评系统、虚拟现实等多样教学手段，有效提升课堂教学质量。2.上海中职教师参加全国信息化教学大赛，获5个一等奖、8个二等奖、6个三等奖，获奖率为95%，较上年同期增长38%，一等奖同期增长400%（2015年1个一等奖）。3.开展上海市中等职业学校第四届校本教材展示交流评比活动。51个学校参加，展示了2013年以来开发及编写的1100余册纸质校本教材，其中，86册中本、中高贯通教育试点教材，80册精品课程教材和9所学校的14部“数字教材”首次集中展示。期间，近2000人次到现场观摩。

（马　骏）

高 等 教 育

【2016年概况】 全市高等教育在校生92.98万人（含研究生、普通本专科生、成人本专科生、网络本专科生）。全市共有普通高等学校64所。普通高校教职工7.34万人（其中市属高校4.14万人），专

任教师4.23万人(其中市属高校2.66万人)。全市研究生14.50万人,普通高校本专科在校生51.47万人。招收普通本专科学生14.27万人,招收研究生4.91万人。各普通高校有留学生约6.02万人。上海高校毕业生17.1万人。

市委教育综合改革试点督察工作组对上海交通大学医学院等6所高校开展实地督察调研。对复旦大学等5所高校以及中科院上海药物研究所进行实地走访与调研,做好上海市落实全国科技创新大会高校调研工作。

贯彻落实《上海市深化高校改革建设高水平地方高校试点方案》,支持首批1所高校开展高水平地方高校建设。合并组建上海立信会计金融学院、上海城建职业学院,组建上海公安学院。推进上海工会管理职业学院剥离学历教育相关工作。

高考综合改革试点范围由复旦大学、上海交通大学扩大至上海9所高校(8所教育部直属高校和上海大学)。全市综合评价批招生计划数为1777人,实际共录取1766人。在全国范围内率先实施一、二本合并改革。复旦大学、上海交通大学、同济大学、华东师范大学等高校率先公布使用普通高中学生综合素质评价信息具体办法,其余在沪高校参照这4所高校模式提出学校的使用办法。

在上海海洋大学、上海音乐学院、上海戏剧学院推广实施高校总会计师制度。出台《上海市教育委员会关于完善市属公办高校专业技术人员校外兼职和在岗离岗创业工作的指导意见》《上海市教育委员会关于试行市属高校教师分类考核评价制度的指导意见》。

编制《上海专业学位研究生教育发展规划(2016—2020年)》。推进医师规范化培训和临床专业学位研究生培养相结合项目(5+3,5+3+X)的实施,深化教育硕士专业学位教育与中小学见习教师、中职教师规范化培训结合的改革试点工作。规范和加强上海市专业学位研究生实践基地的建设和管理,完成47个示范级专业学位实践基地的总结评审,并遴选建立15个优秀示范级专业学位研究生实践基地。印发《上海市学位授权点动态调整实施方案》,启动2016年学位授权点动态调整工作,开展单位自主调整和市级统筹增列。经国务院学位委员会批准,撤销26个博士、硕士学位点,增列11个博士、硕士学位点。经上海市学位委员会批准,上海交通大学等13所高校的16个本科专业增列为学士学位授权专业。完成2015年上海市研究生优秀成果(学位论文)评选。

出台《上海市深化高等学校创新创业教育改革实施方案》,明确促进高校创新创业教育改革的8条重大措施。上海高校开设207门创业类课程,校内创业导师388名,校外兼职创业导师567名,33所学校建立创业实验室和训练中心,涌现45个创业类学生社团。评选和建设大学生创新创业训练计划示范校,21所高校列入示范校建设名单,其中10所高校列入重点培育示范性高校。支持上海高校自发成立上海高校创新创业教育联盟。推动高校全面实施大学生创新创业训练计划项目,建设创新创业教育实践基地。

编撰完成《2016年上海市大学生创业指导手册》,授予首批12家院校"上海市高校创业指导站"铜牌。举办建行杯上海市"互联网+"大学生创新创业大赛暨第二届中国"互联网+"大学生创新创业大赛(上海赛区),最终决出上海赛区一至三等奖项目24个。构建大学生文创作品产教融通平台,举办第一届"汇创青春"——上海大学生文化创意作品展示活动,40余所高校参加,共征集3000余件优秀创意作品,举办30余场文化创意作品展示展演活动,参观的市民、学生达数十万人次。

探索上海市应用型本科新专业设置和建设改革试点工作,制订《上海市目录外应用型本科专业设置省级审批试点方案》。批准19个专业列入第二批应用型本科专业试点建设名单,指导两批共45个专业做好试点工作。完成上海电子信息职业技术学院、上海城建职业学院与上海应用技术大学的信息安全、土木工程2个专业的高本贯通人才培养方案研制。实施本科专业预警制度,公布10个专业为2016年度预警专业。指导和组织高校做好年度本科专业备案和申报工作。

开展中央财政支持地方高校发展专项资金2016年相关工作,上海22所高校获1.51亿元中央财政资金。立项建设94项重点教改项目、市级精品课程99门、示范性全英语课程56门,验收2013

年市级示范性全英语课程44门。举办大学生系列学科竞赛，支持各类赛事活动20项。开展卓越新闻传播人才和卓越法律人才教育工作。

开展上海市属高校整体办学绩效评价工作，完善绩效评价指标体系。完成上海地方本科高校教学工作审核评估方案，完成上海大学等3所高校的审核评估工作。审阅高校本科教学质量年报，完善高校本科教学质量保障体系。

支持并指导高校参与张江国家科学中心重大科技基础设施建设和协同创新网络建设，在暗物质探测等基础前沿类科学研究领域取得一批重大发现和原始创新成果。承建、参建国家海底科学观察系统、转化医学等一批国家重大科技基础设施。推进29家"上海市协同创新中心"建设，完成第三批"上海高校知识服务平台"中期验收工作。推进"上海市商用航空发动机领域联合创新计划"。引导在沪高水平大学承建或参与重大科技基础设施建设，已有上海交通大学和同济大学2个国家重大科技基础设施建设项目落户上海。出台《上海高校高峰高原学科建设管理办法》。启动Ⅳ类高峰学科建设，先行启动复旦大学等4所高校牵头建设4个Ⅳ类高峰学科。实施Ⅰ类高峰学科动态调整，将复旦大学理论经济学学科纳入Ⅰ类高峰学科建设范围。研究起草《上海市促进科技成果转化条例(草案)》。指导上海海事大学等3所高校以不同方式走通以股权激励方式实施科技成果转化的途径。在12所市属高校建立技术转移中心。启动上海高校智库内涵建设计划，确立80项战略研究项目、13个核心数据库建设项目和56个品牌系列产品。

完成2016年度高校东方学者和青年东方学者遴选工作，分别入选64人和60人。启动新一轮市属高校专业技术二级岗位评审聘任工作。完成第十三批国家"千人计划"、年度"长江学者奖励计划"、国家"万人计划"青年拔尖人才、"百千万人才工程"国家级人选、人社部专家服务基层项目和国家级专家服务基地、第十一批上海领军人才、第六批上海"千人计划"、年度上海青年拔尖人才等申报评审及推荐工作。开展高校新教师岗前培训工作，培训教师600余人。714人入选高校青年教师培养资助计划，89人获得师资博士后项目资助。启动高校国际水平师资培养计划申报工作。举办高职高专院校专业主任培训，开展高职院校骨干教师"中德合作"培训。开展市属高校本科教学教师激励计划新一轮试点遴选工作，确定18所试点高校和3所试点培育高校。（朱俏逍）

【试点开展学位授权点动态调整】 根据《国务院学位委员会关于开展博士、硕士学位授权学科和专业学位授权类别动态调整工作的通知》精神，开展学位授权点动态调整工作。学位授权点动态调整工作坚持三个原则：一是单位自主调整和市级统筹调整相结合。二是需求导向和质量导向相结合。三是特色发展和总体布局相结合。学位授权点动态调整着眼于盘活存量、用好增量，在市级层面主要是引导高校坚持科学的质量观，撤销一批学科水平不高、生源持续萎缩、社会有效需求不足的学位授权点，并鼓励高校提供市级统筹学位点额度，推动全市高校的学位点建设，优化上海学科布局。学位点动态调整工作包括两个阶段。第一阶段是学位授权单位自主调整，第二阶段是市级统筹调整。经国务院学位委员会批准，同济大学等6校撤销26个学位授权点，华东师范大学等4校增列5个学位授权点。同济大学等4校提供市级统筹1个博士点额度、1个学术学位硕士点额度和4个专业学位硕士点。经法定程序报批和国务院学位委员会审批，增列1个博士学位授权点、1个硕士学位授权点、4个专业学位硕士点。另外，经国务院学位委员会批准，上海交通大学增列网络空间安全博士授权一级学科。（杨　雪）

【推进高等教育内涵建设】 委托市教育评估院开展上海高校绩效评价相关工作。完善绩效评价指标体系的研制工作，并根据指标开展相关数据采集和评价工作。评价包括对相关数据的客观评价和对学校办学特色案例的专家评价。通过对市属公办高校2011—2015年的学校整体办学绩效进行评价，得出评价结果。根据国家要求，会同上海市财政局，委托上海市教育评估院组织专家，开展中央财政支持地方高校发展专项资金2016年相关工作，上海22所高校共获得1.51亿元中央财政资金。立项建设

94项重点教改项目、市级精品课程99门、市级示范性全英语课程56门、验收2013年市级示范性全英语课程44门。组织落实高校与新闻单位从业人员、法律实务部门互聘“千人计划”，推进卓越新闻传播人才和法律人才培养。（朱俏道、孔莹莹）

【实施研究生教育综合改革】 推进“上海学位与研究生教育质量年度报告（2014—2016年）”编制工作。开展上海市研究生优秀成果（学位论文）评选。经过学校申报和专家评审，190篇博士学位论文和227篇硕士学位论文评为上海市研究生优秀成果（学位论文）。开展硕士学位论文抽检，对2014年9月至2015年8月期间授予硕士学位的论文进行抽检，共抽检论文2328篇，占年度授予学位人数的5.58%。按照“全覆盖、制度化、重实效”目标要求，构建宣讲教育长效机制，在市级、大学园区、校级三个层面开展宣讲教育活动。设立科学道德与学风建设宣讲公众微信号。评选15个优秀组织单位奖，17个优秀个人奖、27个优秀项目奖和6个网络人气奖。（吴庆全）

【深化专业学位研究生教育综合改革】 开展“上海专业学位研究生教育发展规划（2016—2020年）”的编制工作。推进医师规范化培训和临床医学专业学位研究生培养相结合项目（5＋3，5＋3＋X）的实施。“5＋3＋X”项目得到了教育部的大力支持，给予项目100名专项博士生招生名额，复旦大学等3所高校对招生名额进行1∶1配套，共招收“5＋3＋X”项目博士生216人。制定“单证”模式同等学力申请临床医学博士学位的标准和管理规定，以及“双证”模式招生简章、培养管理、学位授予的标准等制度汇编。探索教育硕士专业学位教育与中小学见习教师规范化培训结合改革试点，探索教育硕士专业学位教育与中职教师规范化培训结合改革试点工作。规范和加强上海市专业学位研究生实践基地的建设和管理，完成47个示范级专业学位实践基地的总结评审，并在此基础上遴选建立了15个优秀示范级专业学位研究生实践基地。组织专家对原有的36种专业学位论文基本要求及评价指标体系进行修订，制定中医硕士专业学位论文基本要求及评价指标体系。（吴庆全）

【实施高校本科教学教师激励计划】 2016年，纳入本科教学教师激励计划试点高校18所、试点培育高校3所，实现市属本科高校的全覆盖。经过建设，各试点（培育）高校教师和学生对激励计划的知晓度和认同度稳步提升，教授和副教授进课堂、教师坐班答疑和自习辅导已成为常态，并逐步实现由行为约束到文化自觉、由数量增加到质量提升、由形式到位到内涵建设的转变，稳步推进学校对教师教学监控管理制度、配套人事制度的建设和执行，强化教师教书育人意识及其行为规范，巩固本科教学和人才培养工作在学校的中心地位，高校逐渐回归育人本源，有力提升本科教育教学水平和人才培养质量。（朱俏道）

【应用型本科专业试点建设】 开展应用型本科试点专业建设工作，用5年左右时间，在市属高校选择100个专业点开展试点，已启动三批共73个专业点试点。推进存量专业的改造、转型和升级。重点是根据经济社会发展需要，对已有专业进行改造和转型，推动学校的整体转型。组织专家对15家上海市属高校的前两批45个应用型本科试点专业点开展检查工作，以专业自查和专家进校检查相结合的形式进行，专家由各试点专业所在学校的教务处处长组成。上海高校对接金融、贸易、航运、制造、文化创意、信息技术、网络安全、医药卫生等8大重点领域开展目录外应用型本科专业设置工作，市教委组织专家进行论证。在此基础上，形成《上海市目录外应用型本科专业设置省级审批试点方案（送审稿）》，报教育部审核。12月，教育部发文同意上海市教育委员会对所属高校设置尚未列入“普通高等学校本科专业目录”的新专业，开展省级审批试点。（孔莹莹、朱俏道）

【开展高校创新创业教育改革】 上海交通大学入选首批28个国务院双创示范基地，复旦大学、上海交通大学、上海财经大学、上海大学入选首批50所“全国创新创业典型经验高校”。复旦大学、上海交通大学是“中国高校创新创业教育联盟”的副理事长单位。上海理工大学在深化高校创新创业教育改革经验交流会上作经验介绍，复旦大学、上海交通大学、同济大学入选首批教育部深化创新创业教育改革示范高校。市教委等6家单位共同研制并提请市政府办公厅印发《上海市深化高等学校创新创业教育改革实施方案》。29所高校成立双创教育工作领导小组，建立教务部门牵头，学工、团委等部门齐抓共管的工作机制。30所高校修订实施新的人才培养方案，13所高校设置了双创学院，14所高校举办双创教育实验班。32所高校开设双创教育课程，25所高校开设双创教育必修课，已开设的双创教育专门课程1216门，已上线的双创教育在线开放课程202门，组织编写出版双创教育教材83本(套)。建设177个双创教育实践平台，成立327个双创社团，举办2983场双创讲座论坛。受资助的学生双创项目数达到16271项。共计立项市级大学生创新创业训练计划项目6814项，入选国家级项目3383项。支持建设上海高校创新创业训练计划示范校重点培育校10所，培育校21所。开展第一届"汇创青春"——上海大学生文化创意作品展示活动。在全国"互联网＋"大学生创新创业大赛中，上海交通大学等2个项目获得金奖、复旦大学等4个项目获得银奖，上海交通大学获评高校先进集体。30所高校设置双创学分，21所高校建立双创学分积累与转换制度，18所高校为学生制定双创能力培养计划、建立双创档案和成绩单，24所高校设立双创奖学金，双创奖学金资金总数达到1192万元，相关评优评先项目中受到表彰的优秀双创学生7234人次。（赵丽霞）

【高校合作办学与教学资源共享】 参与西南片高校联合办学的本科高校共19所。年内，在读辅修专业6090人，其中跨校修读2094人，授予辅修专业学士学位1744人，颁发辅修专业证书333人。借助上海交通大学"好大学在线"平台，选修慕课课程，认可学分。参与东北片高校联合办学的本科高校共12所。开设13个跨校辅修专业，辅修课程149门，在读学生3596人。招收辅修专业新生2018人。开设跨校选修课程8门，跨校选修约250人次。推进东北片"在线课程"的建设，15门课程建设完成并在线开课。参与松江大学园区高校联合办学的本科高校共7所。年内，开设38个辅修专业，申请辅修学士学位人数约3700人，授予辅修专业学士学位1507人。开设跨校选修课程106门次，修读学生超7600人次。推进长三角交换生项目(第五期)。举办首届上海松江大学园区大学生创新创业论坛。（朱俏逍、赵丽霞）

【高等职业教育专业内涵建设】 完成2017年高职院校招生专业备案工作。上海独立设置的高职院校开设197个专业，共计505个专业点，覆盖教育部高职专业目录中的19个专业大类。推进高职一流专业建设工作。开展第二批高等职业教育"双证融通"人才培养改革试点，试点院校24所、试点专业22个、专业点34个，对应职业资格证书18种。完成22个专业人才培养方案和35门双证融通课程方案的评审，其中24门课程进入实施过程。年内，上海高职高专院校重点专业建设教学设计比武的主题是"中高职贯通专业建设教学设计"，评选2个一等奖，2个最佳说课奖。建设24门精品课程和13个教学团队。筹建上海市高职院校专业教学工作诊断与改进专家委员会，选择上海电子信息职业技术学院、上海出版印刷高等专科学校、上海交通职业技术学院、上海农林职业技术学院等4所院校，作为专业诊断与改进首批试点院校，研制完成《上海高职院校专业教学诊断与改进指标体系》(征求意见稿)。（赵　坚）

【高等职业教育师资能力提升培训】 市教委印发《上海高职院校教师企业实践试点工作的实施意见(试行)》，明确上海高职院校专业课教师企业实践相关工作要求。高职院校的汽车类、软件类和物联网类专业骨干教师参加为期6个月的企业实践。首批23名教师赴上海汽车集团、上海市软件行业协会、物联网行业协会等市级高技能人才培养基地(企业)开展企业实践。建立上海高职院校新进教师规范化培训制度，对入职一年以内且没有高职院校专业教学经历的新进教师开展为期四个月的规范化培训。年内，有64名教师参加新进教师规范化培训并顺利取得培训合格证书。委托上海高职专业教学指导委员会，面向汽车、土建、经管等专业大类的专业骨干教师，开展专业教师说课和技能比赛。相继举办第四期、第五期高职院校专业负责人培训(参加第四期培训的专业负责人分别来自以下专业：农林牧渔、轻工纺织、食品药品与粮食、公共管理与服务、文化艺术大类。参加第五期培训的专业负责人分别来自以下专业：土木建筑、交通运输大类和农林牧渔大类)，全市37所高职高专院校(含本科高职学院)92名专业负责人参加培训。两期共推选优秀人才培养方案17份。组织11名高职骨干教师参加中德合作国内外集中培训3个月(国内培训2个月，赴德国培训1个月)。(赵　坚)

民办教育

【民办教育分类管理工作】 1.推进创建非营利性民办高校示范校。按照"公益性强、体制创新、特色明显、质量领先"的原则，在捐资办学或以国资为主出资办学，出资人和举办者不要求取得合理回报的民办高校中遴选若干所学校，开展非营利性民办高校示范校创建工作。通过示范校创建，引导民办高校走非营利办学道路，坚持民办教育公益性原则；引导民办高校开展创新体制机制改革，充分发挥民办体制机制的优势；引导民办高校努力提升办学质量，努力提高水平、办出特色。对纳入示范校创建范围的民办高校，给予政策和资源支持：民办教育政府专项扶持资金给予重点投入；民办高校"强师工程"培训项目、民办高校骨干教师科研等项目，优先给予扶持；协调市财政、税务等部门，给予非营利组织税收政策待遇。2.在有条件的区域探索试点民办中小学非营利制度。将民办中小学非营利制度试点列为区县综改重点项目之一。在浦东新区、杨浦区等区开展民办中小学非营利制度试点。市教委对民办中小学实施非营利制度的可行性以及实施路径进行充分的调研，拟定《关于开展非营利民办中小学试点工作的通知》。根据《关于非营利组织免税资格认定管理有关问题的通知》，与税务管理部门进行协调沟通，在民办中小学非营利组织认定的条件和程序上与有关委办局达成共识。浦东新区教育局选上海民办福山正达外国语小学等5所民办中小学、杨浦区教育局选上海兰生复旦中学等7所民办中小学作为首批非营利制度试点学校。市教委向试点学校拨付试点制度经费，引导学校彰显公益性和内涵发展。3.探索经营性和非经营性民办非学历教育机构分类登记管理。全市在教育部门领取办学许可证的民办非学历教育机构有1200余所。属于非营利性的民办非企业单位，在工商部门登记的经营性培训机构有400余所。根据分类管理的要求，对于在教育部门领取办学许可证的民办学校，市教委制定相应的设置标准与管理办法，通过许可证发放、专项评估与检查等举措，促进民办学校的办学规范性。对于在工商部门登记注册的经营性非学历教育机构，《上海市终身教育促进条例》中有明确的登记与管理原则。市教委、市人力资源社会保障局、市工商局联合印发《上海市经营性民办培训机构管理暂行办法》，界定经营性民办培训机构的定义，对培训管理、人员管理提出明确要求，并对教育部门、人保部门、工商部门的职责和权力做出规定，要求民办培训机构建立学杂费专用存款制度。(季秋瑜)

【民办中小学特色校(项目)、优质幼儿园创建工作】 首轮创建工作圆满结束，取得阶段性成果，第二轮创建活动于2016年5月份正式启动。为充分发挥民办中小学体制机制优势，提升办学水平，市教委委托教育部中学校长培训中心对创建校、创建园的校长和园长开展集中培训和跟进指导，组织校长、园长到私立教育发达的国家和地区学习交流。邀请上海和各地学者、校长、管理人员组成专家团队,对学校的创建方案进行深入分析,结合学校自身发展的需求指导其进一步完善创建计划,引导民办中小学、幼儿园开展教学课程改革,形成教学特色。在组织专家对有关学校、幼儿园进校指导的基础上,秉持"凝练特色、提升质量、以评促建、推动发展"的原则,通过视频展示、实地考察、特色展板等形式集中展示学校特色创建的成果,检验前一阶段工作的成效,并及时发现问题,现场反馈,督促学校完善创建方案,为学校特色优质发展奠定基础;创建学校找准自己的特色发展定位,为构建以生为本、可选择、多样化、充满活力的教育生态,进行卓有成效的实践探索。 (季秋瑜)

【修订民办教育发展专项资金管理办法】 市教委会同市财政局开展《上海市促进民办教育发展专项资金管理办法》(以下简称《管理办法》)的修订工作。分类召开各区教育行政部门、民办高校校长、民办基础教育校长座谈会,在政策调研基础上,加强对专项资金的科学化、绩效化管理。修订后的《管理办法》明确申报条件、扩大资金覆盖范围、开展分类资助、公开核定标准、严格过程监管。民办教育专项资金主要分为内涵发展和特色创建两类,针对竞争性较强的民办学校的课程改革、学科建设等,设置特色创建专项资金,鼓励其发展。对资金的使用范围进行严格规定,专款专用。进一步研究要素核算办法及相关配套监管制度,保障专项资金更加科学高效支持民办学校发展。市教委会同市财政局组织专家或委托第三方专业机构按照相关规定进行评审,择优确定扶持项目和资金额度。进一步加强民办学校资金的管理和监督,要求民办学校建立健全经费使用和管理的内部控制、招投标和内部监督等机制,并制定民办教育专项资金使用管理细则,以确保专项资金的安全有效使用。对民办学校的法定代表人、项目负责人、财务负责人及相关负责人的责任进行界定,加强事中事后监管,实行事后追责制度。

(季秋瑜)

【民办学校师资培训工作】 实施民办高校"强师工程"教师培训项目,约700人次参加各类培训,另外有34名教师分别赴美国加州州立大学富乐顿分校、英国赫特福德大学和芬兰于韦斯屈莱大学参加为期半年的"课程海外研修访学项目",有24名骨干教师赴新加坡南洋理工大学参加海外硕士研修项目的学习,有84名学员赴美国加州州立大学北岭分校和英国赫特福德大学参加为期两周的海外短期访学。举办首届民办高校"中青班",跟踪青年干部发展轨迹,开办新一轮民办高校青年干部培训班,加强民办高校干部队伍建设。9月,委托市教科院和市师资培训中心开展民办学校校(园)长培训,102名校(园)长参加。通过培训,使民办学校校(园)长熟悉掌握全国及上海民办教育法规、政策,开拓创新视野,提升民办学校校长的办学水平和日常管理能力。民办非学历教育机构校长培训工作启动以来,覆盖全市16个区,累计培训校长及后备管理人员约1030人。 (季秋瑜)

终身教育

【2016年概况】 推进市民终身学习体验基地建设。上海市民终身学习体验基地被教育部、中国成人教育协会评为"2016特别受百姓喜爱的终身学习品牌项目",市民体验站点达到105个,比上年增加6个。体验项目291项,参与八大市民终身学习体验基地体验活动近100万人次。启动"上海市民终身学习

网上体验基地”建设，形成一批网上学习体验项目。制定特色体验“一点一品”项目评选标准，培育一批各具特色的体验项目。1.推进数字化学习。进一步丰富数字化学习资源，加大信息技术在社区教育中应用的广度和深度，增强“上海学习网”等终身学习数字化平台的用户体验度和学习便捷性，新增注册用户11万户，累计约193万户；新增网上课程3588门，累计约18000门；新增访问量约2300万次，访问量累计约1.6亿次；新增网上电子图书约15000册，累计约50000册；新增网上学习团队1035个，累计1798个。2.完成2016社区教育援疆项目。开展学习资源征集捐赠工作，遴选适合新疆地区使用的、通识性较强的114种共计1170册社区教育教材和读本，分别捐献给新疆喀什地区和克拉玛依市，对接新疆社区教育发展的需求。援建“沪喀市民大学堂”，利用远程技术，发挥上海的学习资源优势，赠送网上学习资源2000门。3.完成“十三五”规划制定工作。通过规划明确今后5年全市终身教育、老年教育发展目标和工作任务，明确分解目标，制定分年度目标落实计划。完成《上海市终身教育发展“十三五”规划》和《上海市老年教育发展“十三五”规划》的起草、解读、行文工作。4.会同市发改委、文明办、民政局、财政局、人力资源社会保障局、文广影视局等联合下发《上海市教育委员会等七部门关于进一步推进本市学习型社会建设的若干意见》，明确全市推进学习型社会建设的目标、任务。5.开展首次市民终身学习能力监测工作。继续研发市民终身学习需求与能力评估指标体系，推动监测工作长效化、制度化，在黄浦区建立上海市民终身学习需求与能力监测中心，培训一批成人学习需求与能力监测工作者。开展第一次全市抽样监测，对6000名15—65岁常住人口进行沪版成人学习需求与能力试题和国际成人能力测试(PIACC)试题对比测试。（田　田）

【开展市民终身学习需求与能力监测】　“市民终身学习需求与能力监测”项目是国家教育综合改革试点工作项目之一。在深入调研和充分论证基础上，研发“市民终身学习需求和能力监测评估”指标体系。首次抽样测试根据2010年第六次全国人口普查数据，共抽取98个单元街镇、6500个15岁—65岁市民样本进行测试。其中15名样本居民测试PIAAC试卷(简称P卷)，50名样本居民测试上海试卷(简称S卷)。监测工作由各区教育局统筹协调区域内监测工作，各区社区学院具体负责监测任务的实施。监测将为建立长期、稳定、创新的市民终身学习需求与能力监测的体制机制奠定基础，逐步推进并形成市民终身学习需求与能力监测与上海市人力资源建设、城市发展的良性互动与发展机制。（姚　岚）

【老年教育工作座谈会召开】　12月20日，教育部会同国家老龄办、民政部、文化部在上海召开老年教育工作座谈会，研究部署贯彻落实国务院办公厅印发的《老年教育发展规划(2016—2020年)》工作。会议提出教育系统要做好《规划》的学习宣传和贯彻落实工作，统筹发展城乡社区老年教育，大力推动各级各类学校开展老年教育，加快推进养老服务专业建设和人才培养，营造大力发展老年教育的良好氛围。上海承办会议的各项工作，并在会上进行经验交流，300多位与会代表参观上海老年学校和老年教育工作成果展示。（姚　岚）

语言文字工作

【推广和规范使用国家通用语言文字】　年内，全市开展语言文字工作评估、语言文字培训测试，开展中华经典诵写讲行动，组织推普宣传周活动，完善语委统筹、行业协同、社会参与、专家支持的语言文字治理体系，推广和规范使用国家通用语言文字，为促进上海经济社会发展和国家“一带一路”建设提供基础服务。1.开展语言文字培训测试，提升市民语言规范意识和能力。委托上海市语言文字水平测试中心，组织开展语言文字法律法规与规范知识培训、经典诵写讲师资培训、汉字应用能力培训等国家通用语言文字培训工作，解读语言文字法规政策和规范标准，提升语言文字规范意识和运用能力，全市各区县、高校的语委干部、语文教师等语言文字工作者共500余人次参加了培训。全年共组织普通话测试332场，测试总人数为155064人。其中，高校、中职校的免费测试工作稳步实施，共组织测试278场，报名149091人，实际测试139173人，参测率93.3%。此外还完成16763名社会人员的普通话水平测试。组织华东师范大学、东华大学、浦东新区、徐汇区等12000名教师开展汉字应用水平的测试工作。推进面向在沪外籍人士的“实用汉语能力测试”项目的培训测试工作，组织上海大学、上海海洋大学、松江区等共500多名考生开展初、中、高3个等级的试点测试。2.开展高校语言文字工作评估，服务学校内涵建设。开展对上海外国语大学贤达经济人文学院、上海视觉艺术学院、上海交通职业技术学院、上海中侨职业技术学院等4所高校的语言文字工作评估，贯彻以评促建、以评促改原则，强化师生的语言文字规范意识，促进高校语言文字工作长效开展。指导上海高校语文教育联盟开展2016年度上海高校语文教育教学科学研究项目申报评审工作，经专家评审、社会公示后，对华东师范大学、东华大学等15所高校申报的16项课题予以立项。围绕“高校及高等教育语文类教育教学”这一主题，组织开展“上海高校语文类教育教学征文比赛活动”。3.推进中华经典诵写讲行动，传承弘扬中华优秀文化。联合陈伯吹国际儿童文学奖理事会办公室开展“2016陈伯吹国际儿童文学经典作品诵读”活动。各区县中小学校在广泛开展诵读的基础上，推选出优秀选手参加市级复评，组织优秀奖选手于上海书展现场进行诵读展演，中小学生代表、儿童文学爱好者以及书展现场近千名观众参加并观摩本次诵读展演活动。组织开展上海市大学生纪念长征胜利80周年书法展示活动。活动共收到286幅书法作品，经专家评审，选出80幅市级优秀获奖作品。举办以“弘扬长征精神，传承中华文化”为主题的上海市大学生纪念中国工农红军长征胜利80周年优秀书法作品展。承办《中国诗词大会》(第二季)上海赛区参赛选手选拔活动。社会各界古诗词爱好者200余人面试，选出9名优秀选手参加中央电视台《中国诗词大会》(第二季)节目录制并取得优异成绩。开展“我爱汉字美”2016上海市小学生汉字听写活动。经过区县选拔和市级初赛等环节，24位小选手参加电视决赛，比赛采用现场“两两对抗，同时书写”的方式，最终产生出6名上海市汉字听写优秀能手。4.加强语言文字监督监测，完善语言文字治理体系。开展语言文字工作督导评估。市教委、市政府教育督导室印发《上海市区县语言文字工作督导评估指标》，明确区政府的工作职责，细化语言文字工作督导评估的具体要求，并为每一条指标的考核列出可客观衡量的检测点。同时，将语言文字工作督导评估纳入2016年至2020年新一轮教育综合督政工作之中，并指导各区积极开展自评自查。结合高中生志愿服务社会实践项目的实施，开展上海高中学生公共场所社会用字检查“啄木鸟行动”，各区共21所高中学校的1500余名学生参加。学生志愿者对重点商业区、旅游景点的名称牌、标示牌和广告中的用字情况进行记录，将用字不规范情况予以汇总和整理，提交给语言文字工作部门进行监测整改。（姜冠成）

【书香校园阅读推广行动】 1.书香校园建设。组织相关领域的专家，在广泛开展阅读调研、多方研讨基础上，研究制定书香校园建设验收标准，指导各区加强书香校园培育，遴选建设百所书香校园基地学校。通过优秀阅读案例征集、书香校园现场交流推进会、阅读推广论坛与教学展示、书香校园试点验收等多种形式，指导书香校园基地学校开展特色阅读活动、培育阅读品牌，并深入挖掘推广优秀学校、教师开展读书活动的先进做法，扩大书香校园建设的品牌效应和辐射引领作用。2.搭建阅读推广平台。充分利用世界读书日、上海书展、上海童书展等阅读推广契机，搭建形式多样的阅读活动平台。开展“诗歌点亮上海——诗词名家名作分享会”系列阅读分享活动。组织开展“魅力童书，智造人生”情境化阅读推广系列活动，以文学朗诵会、表演会、故事比赛、作品讨论会、阅读之星评比等新颖的情境化阅读示范，邀请知名作家、学者、评论家为学生解读童书，弘扬阅读和成长之道。与市新闻出版局等单位在上海书展联合举办“相约星期二”经典诵读会，著名艺术家、主持人向与会师生、市民展示有声语言的艺术魅力。结合上海童书展，开展国际儿童文学推广活动，邀请“陈伯吹国际儿童文学奖”评委等中外著名作家进校园，介绍“陈伯吹国际儿童文学奖”获奖作品和优秀参赛作品。指导各区在学校层面开展“诵读经典·点亮童心”陈伯吹国际儿童文学经典作品诵读活动，并在上海童书展现场组织展演活动。3.开展教师阅读指导培训。6—11月，委托杨浦区教师进修学院、杨浦区语委办，对各区遴选的百余位阅读指导骨干教师开展阅读指导培训，邀请名家名师作为主讲人，共完成“什么是最好的儿童文学”等5门课程的培训。培训将理论学习与实践应用相结合，要求学员将课程的学习融入阅读教学和阅读指导中，撰写阅读指导教学论文或经验总结，向学生推介中外优秀文学读本。

（马晓华）

国际交流和港澳台交流

【教育国际交流与合作】 全年共接待来自美国、英国、德国、法国等21个国家和地区的56批到访团组(合计229人次)。其中，部长级代表团3批(分别来自联合国教科文组织、英国、美国)，其他各级政府、各类教育机构代表团组53批。与英国教育部、芬兰埃斯波市教育文化部、格陵兰岛库雅雷克市市政府、越南胡志明市教育培训厅、爱沙尼亚教育部及比利时安特卫普市教育局签署6份教育合作协议备忘录。1.完成重要团组接待工作。(1)联合国教科文组织外联与公共信息助理总干事艾瑞克·法特(Evic Falt)率团访问上海，就6月在上海举行的第三次跨地区教科文全委会会议筹备进行商谈。(2)英国教育部国务大臣尼克·吉布(Nick Gibb)率团访沪，考察上海基础教育的最新发展情况并深入探讨教育改革领域的合作与交流。(3)新西兰达尼丁市市长戴夫·卡尔(Dave Cull)率团访问上海，就开展基础教育、高等教育等领域的合作进行交流。(4)美国教育部长小约翰·B.金(John. B.King Jr.)率团访问上海，了解上海市公办基础教育，包括从学前到高中的教育及师资培训的经验，达成继续加强教育合作与交流的意愿。(5)英国教育大臣贾斯蒂·格里宁(Justice Greening)访问上海有关学校，就深化中英在各个层面的教育合作进行交流。2.推进各类教育人文交流，提升服务国家外交战略能力。落实中美人文交流高层磋商重要成果之“中美千校携手项目”，组织项目学校参加各类项目培训会，申报上海市“中美千校携手项目”第二批示范校及第三批项目学校遴选；协助完成中英高级别人文交流项目之“中英数学教师互派交流项目”新一轮合作谅解备忘录的签署，完成中英双方共计142名互派教师交流工作；做好2016中德友好交流年的相关工作，包括组织上海市项目学校参加教育部召开的“学校·塑造未来伙伴(PASCH)”项目工作会议并申报PASCH项目示范校遴选；推动并支持上海戏剧学院与印尼日惹特区政府文化局开展“上海—日惹友谊之家”项目。3.推进联合国教科文组织“二类机构”——教师教育中心(上海)的筹建工作，并为“一带一路”沿线国家及发展中国家的教师职业发展进行培训；支持上海海事大学向联合国国际海事组织申请主办亚洲海事技术合作中心，推动该技术合作中心在沪注册，以及后续开展相关的合作交流工作。4.推动友城合作。举办第八届上海国际友好城市青少年夏令营，15个国家的17个上海国际友好城市的102名师生参加活动。继续实施上海与新西兰达尼丁市（共选派上海市6所大学的12名大学生前往达尼丁市进行短期交流）、德国汉堡市（双方互派15名学生开展为期3周的交流）学生交流互访。与芬兰埃斯波市教育文化部、比利时安特卫普市教育局签署新一轮友城教育合作备忘录。5.与上海市政府外办继续开展第五届“上海中小学生走进外国驻沪总领事馆”系列活动，共计9个区的14所学校182名中小学生走进越南、泰国、斯里兰卡、奥地利、荷兰、芬兰、哥伦比亚、阿根廷、新西兰等9个国家驻沪总领事馆，不出国门，加深对不同国家文化和教育的理解；与上海市政府外办、上海精神文明办公室、上海市旅游局共同指导开展了“2016‘中行杯’上海市中学生英语情景剧大赛——境外安全文明行　FUN眼看世界”活动，引导学生关注境外安全文明知识，在中西文化对比中加强跨文化理解与交流能力。

（兰丽宁）

【与港澳台地区的交流】 1.年内，市属高校赴台团组共62批，416人次，其中参加学术会议7批，18人次；学术交流、访问21批，57人次；学生交流34批，341人次。2.全市高校在校全日制港澳台地区及华侨学生1883人（台湾地区学生1042人、香港特区学生645人、澳门特区学生188人、华侨学生8人）；中小幼港澳台地区学生6904人（台湾地区2943人、香港特区3839人、澳门特区122人）。上海台商子女学校办学稳定，学生人数逐年增加，达1254人（从幼儿园到高中）。3.年内，教育部向上海各高校直接下达高校港澳台地区及华侨学生各类奖学金共458个名额，各高校组织评审，向教育部上报奖学金候选学生名单。经教育部最终审核，由中国教育发展基金会直接拨付有关高校给获奖学生。4.制定《上海市对香港、澳门教育合作与交流推动计划（2016—2020）》。该计划全面分析沪港澳教育交流与合作的基本情况，初步架构学生交流、教师交流、教研合作等多方面的交流模式。推动沪港澳中小学姊妹学校平台建设。5.举行台北上海中学生体育节。2016台北上海中学生体育节得到了各级领导的高度重视。市教委成立筹备工作组，召开会议、研究制订工作方案和安全预案，确保体育节的顺利进行。委托杨浦区教育局开展“你我携手，情系浦江——2016沪港小学生中华文化夏令营活动”。夏令营为期7天，由区内9所小学共同参与接待来自香港特区的50名师生。活动丰富多彩，成效显著。2016年共有110名上海学生被台湾地区各大学录取，其中攻读博士9人、硕士23人、学士36人、专升本42人。6.举办上海高校“2016百名台生看上海”活动。与市台办共同主办“情聚浦江·心系未来——2016上海高校百名台生看上海”活动。上海12所高校的130余名台湾地区学生参加为期一天的参观活动。7.各类交流活动。9月22日，第八届“全国田家炳中学校长论坛”在上海师范大学举行，参加论坛的有来自各省市及香港特区、台湾地区的大学专家学者，及全国各地田家炳中学、上海市部分中学的校长共250余人。9月26日，上海唐君远教育基金会发起的《唐翔千传》发行仪式在市政协进行。10月19—22日，香港特区政府教育局局长吴克俭一行访问上海，出席“薪火相传”等相关交流活动。11月5日，第九届海峡两岸民办（私立）高校校长论坛在上海建桥学院举行。台湾地区大叶大学、龙华科技大学等16所私立院校校长与会。徐汇区汇师小学、徐汇中学等3名教师参加由教育部组织的在湖北举行的“华夏园丁大联欢——2016荆风楚韵”活动。和香港教育局合作项目“香港幼儿园园长上海培训项目”举办，30名香港幼儿园园长在沪接受为期一周参访培训。市教委、市金融办联合开展“上海高校金融专业大学生赴港交流及考察项目”，参加交流和考察的大学生赴香港财库局、香港金管局、香港证监会、香港保监处等机构，以及香港科技大学、香港浸会大学和岭南大学等高校访问，赴香港交易及结算所有限公司、汇丰银行等机构进行工作体验实践活动。

（花懿隽）

【联合国教科文组织全国委员会地区间会议召开】 6月13—15日，由中国和联合国教科文组织合作举办的“第三届联合国教科文组织全国委员会地区间会议”在上海举行。会议由联合国教科文组织与中国联合国教科文组织全国委员会、上海市人民政府合作举办。会议围绕落实联合国2030年可持续发展议程、保护共同的遗产、青年与防止极端暴力等议题，分析全球面临的挑战，探讨可行的解决方案。教育部副部长郝平出席会议开幕式并致辞，上海市副市长翁铁慧出席开幕式并致辞。联合国教科文组织对外关系和公共宣传助理总干事艾瑞克·法特(Evic Falt)出席会议并讲话。（刘江园）

【外国留学生教育与国际汉语推广工作】 年内，共有来自185个国家和地区的60226名外国留学生在全市招收外国留学生的42所高校(科研机构)就读，人数同比增长8.3%。其中，学历生占外国留学生总人数的32%，为19313人，同比提高10%。硕士生与博士生分别为5247人和1625人，分别同比增长11.3%和21%，学习期限超过6个月的长期生43405人，占外国留学生总人数的72%；学习期限在6个月以下的短期生16821人，占外国留学生总人数的28%。从留学生规模看，上海市留学生规模超过1000人的高校由12所增至15所，其中排位前七的高校留学生规模均超4000人，依次为复旦大学6896人、上海交通大学6689人、华东师范大学6039人、同济大学4954人、东华大学4774人、上海外国语大学4545人、上海大学4117人。第八位至第十二位的高校分别是上海财经大学2855人、上海中医药大学2745人、上海师范大学2502人、上海对外经贸大学2121人、华东理工大学1358人。以下三所学校留学生总数首次突破千人：上海工程技术大学1124人、上海体育学院1114人和上海纽约大学1049人。从学历留学生的人数看，学历留学生最多的前10位学校依次为上海交通大学2973人、复旦大学2470人、同济大学2145人、华东师范大学1342人、上海中医药大学1276人、上海财经大学1175人、上海外国语大学1163人、东华大学940人、上海大学859人、上海师范大学555人。从留学生生源地看，来华留学生人数最多的前10位国家依次为韩国11202人、美国5637人、日本4251人、法国3654人、德国3125人、泰国2504人、俄罗斯1604人、意大利1590人、印度尼西亚1186人、澳大利亚1137人。从留学生选读的学科看，选读最多的5个学科依次为文学33222人、管理学7078人、经济学5159人、工学4540人、医学3896人。新增上海科技大学作为留学生招生院校。成立5个留学生服务中心和11个社会实践基地，完善留学生社会服务体系建设。上海纺织(集团)有限公司等11家企事业单位成为2016年度上海市外国留学生实践基地。在意大利、爱沙尼亚成功举办2016中国上海教育展，签署上海爱沙尼亚教育合作备忘录。全面开通“留学上海”法语、俄语、西班牙语和阿拉伯语等4个小语种网页，扩大留学教育在海外的影响力。深化上海科创中心建设，完善在沪外国留学生创新创业和就业政策，优化在沪留学环境。落实“科创30条”和公安部支持上海科创中心建设出入境政策中关于外国留学生的措施。全面启动外国留学生毕业后直接留沪就业工作。鼓励在沪本科以上毕业的外国留学生在“双自”区域内创业。协同境外人员工作领导小组做好出入境管理法执法监督工作和数据共享平台建设工作等。

在国家汉办和市教委的支持下，“上海孔子学院工作联盟”在上海外国语大学揭牌。市教委主任苏明参加总部理事会和第十一届孔子学院大会。2012—2016年，上海市有12所高校和13所中小学在29个国家举办孔子学院46所、孔子课堂62个，遍布世界五大洲。2016年新增上海外国语大学纽约巴鲁克国际金融孔子学院。（葛静怡）

【外籍人员子女学校】 年内，36所外籍人员子女学校在校生总人数28989人(幼儿园4383人，小学10234人，初中6582人，高中7790人)，学生数与上年基本持平。其中，港澳台地区学生3345人(台湾地区1082人，香港特区2198人，澳门特区65人)。12所学校办学规模在千人以上，其中上海美国学校、上海日本人学校、上海中学国际部等3所学校在校生在3000人左右。1.加强学校管理，规范办学行为。执行《上海市教育委员会关于进一步加强本市外籍人员子女学校管理工作的通知》，在管理机制、教师和学生管理、课程和教学管理、财务与资产管理、日常管理、涉外民办非企业单位(法人)登记、年度注册备案及办学认证工作等方面规范办学行为。2.加强政策调研，规划未来发展。贯彻落实市委、市政府关于主动对接支撑“科创中心”建设的相关精神，委托市教科院制定并向社会公布《上海市外籍人员子女学校蓝皮书》，引导和服务外籍人员子女就学。3.传播中国传统文化，丰富学生课余生活。举办中国文化进校园系列活动，让更多国际友人亲身体验中国博大精深的传统文化，秉承“民族的即世界的”理念，举办“领略神州风情，品味中国文化”主题系列活动，充分展示中国传统文化的绚丽多彩，丰富外籍人员子女学校学生的课余文化生活，增进中国与世界各国人民之间的友谊。4.分享资源，开展项目研修。继续开展“上海市中学校长、教师赴外籍人员子女学校伙伴研修”项目，遴选出数所本地学校参加该项目，每校派出一名校长、两名教师到上海长宁国际学校、上海德威英国国际学校、上海李文斯顿美国学校等开展交流。项目连续开展8周，每周3天，由校长和骨干教师组成一个学习共同体，赴外籍人员子女学校，在小学、初中和高中三个学段随班听课、交流学习，取得良好效果。

（栾雪莲）

【中外合作办学】 至2016年底，全市共有中外合作办学机构和项目188个，其中机构29个，项目159个。开展学历教育的机构和项目166个，其中研究生教育31个、本科教育70个、专科教育43个、中职(高中)教育22个，非学历教育22(含学前教育2个)。年内，共受理16个中外合作项目及3家中外合作机构的申请。1.推进高水平中外合作办学。推进强强合作，支持有条件的高校与国外高水平大学开展中外合作办学，促进“国内一流”向“国际一流”水平靠近。支持同济大学与芬兰阿尔托大学合作设立“上海国际设计创新学院”项目。支持依托同济大学与世界知识产权组织合作设立“上海国际知识产权学院”项目，统筹上海知识产权现有资源，全球吸纳优秀生源和卓越师资，建设世界一流的知识产权培养和科学研究平台。上海纽约大学招收四届学生，共有1200名本科生在校学习。市教育评估院对上海纽约大学一期建设成效和二期建设方案开展综合评估。上海纽约大学一期建设达到预期效果。上海大学与加拿大温哥华电影学院合作设立上海温哥华电影学院(专修)完成三届招生，各项教学工作稳步开展。2.做好到期评估及示范引领，加强中外合作办学质量保障。开展“第二届上海市示范性中外合作办学机构(项目)”评选工作。经各单位申报、专家考评、网上公示，分别授予上海交通大学中欧国际工商学院等7个机构(项目)“第二届上海市示范性中外合作办学机构(2016年度)”和“第二届上海市示范性中外合作办学项目(2016年度)”称号，同时对6个机构(项目)予以表扬。3.加强政策研究与制定，服务自贸区建设。根据国务院批复的《中国(上海)自由贸易总体方案》中关于“允许设立中外合作经营性培训机构”的要求，制定相关政策规范与工作流程。

（栾雪莲）

【中英高级别人文交流机制会议举行】 12月6日，中英高级别人文交流机制第四次会议在上海举办。会议由教育部主办，上海市人民政府承办。人文交流机制双方主席、国务院副总理刘延东和英国卫生大臣亨特分率双方教育、文化、科技、卫生、媒体、体育、旅游、地方合作、青年等9个领域各150余名代表与会。中英双方各领域负责人分别发言，刘延东和亨特做主旨发言，共同签署《中英高级别人文交流机制第四次会议联合声明》并见证有关领域13个合作协议签署。12月6日上午，六个会议活动分别举行。1.中英基础教育论坛。活动由教育部主办，上海市教委、上海师范大学和英国文化教育协会承办，国务院副总理刘延东，英国教育大臣格里宁，上海市委副书记、常务副市长应勇出席会议并致辞。本次论坛以“加强中英合作提升教育质量”为主题，共有中英双方的官员、学者、中小学校长和教师代表等150余人参加。2.纪念汤显祖和莎士比亚逝世400周年座谈会。活动由文化部主办，上海市文广影视局承办，中英研究汤显祖、莎士比亚的权威专家和艺术家们齐聚一堂。国务院副总理刘延东、英国文化传媒和体育大臣布拉德利、文化部部长雒树刚出席会议并致辞。3.中英大学人文与智库对话。活动由教育部主办、清华大学、复旦大学和英国大学联盟共同承办，教育部部长陈宝生、英国文化教育协会首席执行官邓克然出席开幕式并致辞。4.第六届中英青年领导者圆桌会。活动由团中央主办，团市委承办，圆桌会议的主题是“全球化的未来走势和中英面向21世纪全球全面战略伙伴关系”。国务院副总理刘延东会见来自英国的8位青年国会议员并合影留念，团中央书记处书记汪鸿雁出席会议并和中英青年们一起讨论。5.“中国时间”在英国天空电视网的开播仪式由国家新闻出版广电总局主办。总局副局长童刚出席开播仪式。6.中英科技创新战略圆桌对话由科技部主办，上海市科委承办。科技部副部长黄卫、上海市副市长周波和英国商业、能源与产业战略部首席科技顾问约翰·劳赫德出席会议。（李　扬）

专题报告

2016年度上海市高校毕业生就业质量报告*

一、上海高校毕业生就业状况

（一）上海高校毕业生学历学科生源地分布状况

1. 毕业生学历层次分布

上海高校2016届毕业生中，本科毕业生占51%，研究生和专科（高职）毕业生分别占27%和22%。在就业率方面，专科（高职）毕业生就业率相对略高，为97.53%，研究生就业率为96.32%，本科生就业率为96.06%。总体就业率与上年同期相当，实际就业人数较上年有所增加。

2. 毕业生学科门类（专业大类）分布

分学科门类统计，上海高校2016届毕业生占比大于10%的，研究生为工学和管理学；本科毕业生为工学、管理学和文学。

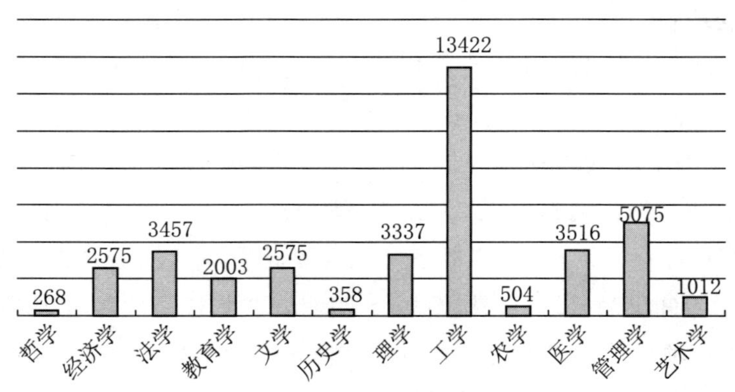

图1.1　上海高校毕业生研究生层次学科分布

---

* 《2016年度上海市高校毕业生就业质量报告》的数据来源于市高校毕业生就业信息库（若无特别说明，数据统计的截止时间为2016年9月1日）、市教科院高教所调查报告《上海高校毕业生就业质量社会评价》，及各高校就业服务中心上报的毕业生就业工作总结和调查报告。本报告中的“毕业人数”均指实际毕业生数。毕业生的“毕业去向”按教育部的统计口径分类。截至2016年9月1日，上海高校实际毕业生170663人，就业率96.51%

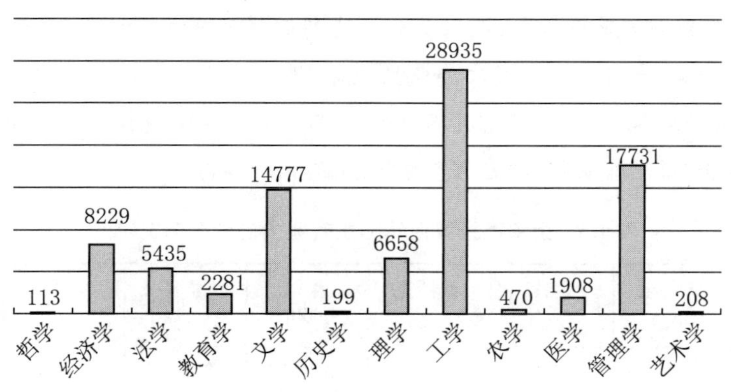

图 1.2 上海高校毕业生本科层次学科分布

2016届专科(高职)毕业生主要涉及17个专业大类,其中财经、医药卫生、艺术设计传媒、制造等四个大类的毕业生占比在10%以上。

表1.1 上海高校专科(高职)毕业生专业大类分布

专业大类	毕业生数(人)	占比(%)	专业大类	毕业生数(人)	占比(%)
农林牧渔大类	831	1.82	财经大类	8242	18.07
交通运输大类	4514	9.90	医药卫生大类	6393	14.01
生化与药品大类	415	0.91	旅游大类	2258	4.95
材料与能源大类	3	0.01	公共事业大类	844	1.85
土建大类	3001	6.58	文化教育大类	3549	7.78
制造大类	4616	10.12	艺术设计传媒大类	5778	12.67
电子信息大类	2674	5.86	公安大类	745	1.63
环保、气象与安全大类	168	0.37	法律大类	292	0.64
轻纺食品大类	1294	2.84			

3. 毕业生生源地分布

2016年,非上海生源毕业生占总毕业生数的65%。其中,外省市生源人数最多的省份为安徽省、江苏省和浙江省,占比分别为9.26%、7.05%和7%。上海生源毕业生就业率与非上海生源毕业生就业率相当,略高1个百分点。

表1.2 上海高校毕业生生源结构和就业率

学 历	上海生源		非上海生源	
	毕业生数(万人)	就业率(%)	毕业生数(万人)	就业率(%)
研究生	0.5	96.80	3.3	96.25
本 科	3.1	96.9	5.6	95.59
专科(高职)	2.4	97.6	2.2	97.44
总 计	6.0	97.17	11.1	96.15

(二)上海高校毕业生毕业去向

1. 不同学历层次毕业生毕业去向分布

根据教育部对高校毕业生就业率统计办法的有关规定:就业率=(已就业毕业生人数/毕业生人数)×100%,其中"已就业毕业生人数"按教育部统计口径包括七种情况(如表1.3第一列所示)。

2016年上海高校毕业生就业去向中，报到就业的达到近2/3，升学、出国、灵活就业合计达到近1/4。从分学历来看，相比较而言，专科(高职)层次毕业生选择"报到就业"和"单位接收就业"的比例最高，也较为符合专科(高职)高校的培养定位；本科层次毕业生除"报到就业"外，选择"升学"和"出国"的比例相对较高；研究生层次毕业生除"报到就业"外，"定向委培"的比例相对略高。

表1.3　上海高校就业毕业生就业去向分布情况统计

已就业毕业生情况	研究生(人)	占比(%)	本科生(人)	占比(%)	专科(高职)	占比(%)	合计(人)	占比(%)
报到就业	27061	73.74	47947	57.41	33951	76.31	108959	66.15
签订劳动合同，单位接收就业	1258	3.43	6771	8.11	5548	12.47	13577	8.24
定向委培	4337	11.82	630	0.75	4	0.01	4971	3.02
灵活就业	1459	3.98	7265	8.70	2247	5.05	10971	6.66
升　学	1653	4.50	10995	13.16	2336	5.25	14984	9.10
出　国	911	2.48	9604	11.50	383	0.86	10898	6.62
国家、地方项目	21	0.06	310	0.37	20	0.04	351	0.21

2. 不同学科门类(专业大类)毕业生毕业去向分布

研究生层次，经济学、工学、法学、农学和文学学科门类毕业生，选择"就业"(含"报到就业"和"签订劳动合同，单位接收就业"，下同)的比例较高(75%以上)；哲学、历史学、理学、医学等学科门类毕业生，选择"升学"的占比相对较多(10%以上)，管理学学科门类毕业生"定向委培"的占该学科门类总体就业去向的42%。

本科层次，选择"升学"的毕业生比例在三个学历层次中相对最高。其中，哲学学科门类毕业生选择"升学"的比例最高(39%)，其次是理学、医学、历史学(20%以上)。艺术学、教育学和管理学学科门类的毕业生，选择"就业"的比例较高(75%以上)。

专科(高职)层次，绝大多数学生毕业后选择"就业"。其中，法律专业大类毕业生选择"升学"的比例相对较高(16%以上)；医药卫生专业大类毕业生选择"灵活就业"的比例相对较高(均超过10%)。

(三) 上海高校毕业生就业基本情况

1. 上海高校毕业生就业率与直接用工率

上海高校毕业生总人数为170663人，就业人数为164711人，其中直接用工人数(包括"报到就业""签订劳动合同，单位接收就业"和"定向委培"三类)为127507人，直接用工率为74.71%。

2. 上海高校毕业生"报到就业"行业流向

与2015年相比，2016年上海高校毕业生行业流向的排位无明显变化。位列前4位的行业中，"信息传输、软件和信息技术服务业"占比较2015年略有上升，"制造业""金融业"和"居民服务、修理和其他服务业"占比较2015年略有下降。

表1.4　在沪报到就业毕业生的行业流向

行业门类	研究生(人)	本科生(人)	专科(高职)生(人)	总计(人)	比例(%)
制造业	4923	7085	5130	17138	20.49
信息传输、软件和信息技术服务业	2227	5035	2361	9623	11.51
金融业	3408	4209	980	8597	10.28

续表

行业门类	研究生（人）	本科生（人）	专科（高职）生（人）	总计（人）	比例（%）
居民服务、修理和其他服务业	1373	3760	3365	8498	10.16
教　育	1966	2956	711	5633	6.74
卫生和社会工作	1494	791	2934	5219	6.24
租赁和商务服务业	667	2246	1279	4192	5.01
批发和零售业	450	1942	1727	4119	4.93
建筑业	644	1659	1799	4102	4.90
文化、体育和娱乐业	388	1714	1243	3345	4.00
交通运输、仓储和邮政业	273	1368	1329	2970	3.55
科学研究和技术服务业	1264	979	595	2838	3.39
未知行业	143	691	828	1662	1.99
住宿和餐饮业	19	376	1168	1563	1.87
公共管理、社会保障和社会组织	425	708	199	1332	1.59
房地产业	314	500	346	1160	1.39
电力、热力、燃气及水生产和供应业	213	334	71	618	0.74
农、林、牧、渔业	57	143	368	568	0.68
水利、环境和公共设施管理业	121	130	89	340	0.41
采矿业	9	46	61	116	0.14
总　计	20378	36672	26583	83633	100

3. 上海高校毕业生就业地区流向

2016年上海高校生源数最多的上海、安徽、江苏和浙江4个生源地都有相当比例的毕业生选择留在上海就业①，上海就业人数占比依次为97%、71%、70%、52%。根据毕业生回流各自生源地的比例分析，流向上海、西藏、北京的比例近几年始终居前3位，其中回生源所在地西藏就业的毕业生以“定向委培”为主。

上海高校毕业生就业流向西部②地区就业的情况，主要包括毕业生去西部地区就业和大学生志愿服务西部计划情况。2016年上海高校流向西部12省市就业的毕业生有6199名（含西部计划志愿者），较2015年增长1.37%。

（四）上海高校毕业生就业质量评价

2016年上海高校毕业生就业质量进一步提升。主要表现在“求职时间缩短”“薪酬满意度和专业匹配度提高”“对母校就业指导工作评价提高”等方面。

1. 毕业生求职时间呈缩减态势

根据市教科院高教所开展的上海高校毕业生就业质量抽样调查结果显示，从总体上看，2016年上海高校毕业生求职时间呈缩减态势。超过半数的毕业生能够在第一次投放简历后的2个月之内找到工作。其中，占总数约三分之一的毕业生在1个月内找到工作。经半年以上的时间才找到工作的毕业生仅占11%左右。毕业研究生各求职时间段的人群分布较为平均，即相对而言，研究生的求职时间更长。而网上招聘信息是学生求职时最主要的信息来源，“个人发展机会”和“薪酬待遇”依然是毕业生择业时最看重的因素。

① 统计对象主要是毕业生七种就业分布情况中的五种（即：不包含毕业生升学和出国）

② 西部十二省市是指陕西、甘肃、青海、宁夏、新疆、四川、重庆、云南、贵州、西藏、广西、内蒙古

2. 毕业生对薪酬待遇和专业匹配度的自我评价有所提高

相比2015年,2016年毕业生关于薪酬待遇满意度和专业匹配度的自我评价均有所提高。2016年,约五至六成的毕业生表示工作现状与求职预期大致吻合,表示工作现状低于预期的人数占比总体上大于表示现状高于预期的人数占比。将近四分之三的毕业生就业工作与所学专业对口,约半数的毕业生对目前工作与所学专业的对口情况表示满意。

3. 毕业生对母校的就业生涯教育和就业指导服务的满意度提高

无论是总体上,还是分学历层次,2016年上海高校毕业生对母校的总体满意度均高于2015年。而对高校的就业指导评价方面,2016年毕业生对母校的职业生涯教育与就业指导服务的满意度略高于2015年,学历层次越高,毕业生满意度越高。研究生对职业生涯教育、创新创业教育满意度的比例均在60%以上,对就业指导与服务的满意度达到70%以上;本科生对职业生涯教育、创新创业教育、就业指导与服务的满意度均在55%左右。分学科方面,除了艺术类毕业生,2016年各个学科群类毕业生对母校职业生涯教育的满意度也均高于2015年毕业生,满意度最高的均为医学类毕业生。

4. 自主创业的毕业生对母校创新创业课程和实践总体满意

根据调查,自主创业的毕业生中有40%以上的学生表示在校期间参与过学校开设的创新创业课程。这些毕业生对创新创业基础知识受益度、创新创业思维与方法受益度、创新创业能力提升受益度、创新创业意识与精神养成受益度、理论课程总体满意度、创新创业理论学习对创业实践的促进作用等满意度比例均在55%以上,其中“创新创业精神意识的养成”比例最高,而“创新创业能力提升”比例则相对略低。调查还显示,自主创业的毕业生选择参与学校创新创业教育实践活动的比例还有进一步提升的空间,自主创业毕业生对创新创业实践平台的效果评价,认为“稍有作用”和“非常有效”的比例依次为大学科技园、校外创业孵化基地、校外创业园区、创业团队项目和校内创业园等。

二、上海高校毕业生就业创业的政策推动与保障

为做好2016年上海市高校应届毕业生就业指导和服务工作,在市委市政府的指导下,上海市相关委办局协同配合,在《关于做好2016年上海高校毕业生就业创业工作的通知》《关于做好2016年非上海生源应届普通高校毕业生进沪就业工作的通知》等文件的基础上,制定和完善了系列政策文件,从鼓励支持创业、促进基层就业、加强生涯教育与服务体系建设以及就业帮扶等方面,指导高校做好毕业生就业创业服务工作,确保实现高校毕业生充分就业、努力实现更高质量就业。

(一) 加强对创新创业教育的支持

加强创新创业教育,鼓励和支持高校毕业生创业。2015年下半年,市政府办公厅发布《关于印发上海市鼓励创业带动就业三年行动计划(2015—2017年)的通知》。通知要求要深入实施青年大学生创业引领计划,重点针对在沪创业的青年大学生,落实各项扶持政策和服务措施,并提出要深化高校创新创业教育改革,加强创新创业人才培育,要求各高校将创新创业教育纳入学校人才培养方案,促进专业教育与创新创业教育有机融合。2016年初,市教委牵头、联合市发展改革委、市人社局、市科委、市财政局、市政府新闻办等单位共同研究,提请市政府办公厅印发了《上海市深化高等学校创新创业教育改革实施方案》。方案要求学校以创新创业人才培养为核心,完成“树立先进的创新创业教育理念、修订人才培养方案、创新人才培养机制、强化创新创业实践、改革教学评价和管理制度、提升教师创新创业教育教学能力、改进学生创业指导服务、完善创新创业资金支持和政策保障体系”等八个方面的主要任务。

同时,在相关文件指导下,市教委联合市人社局,授予首批12家院校“上海市高校创业指导站”铭牌,为在校大学生创业提供便利。市教委鼓励各高校继续加强创新创业课程和师资建设,2016年上海高校共开设207门创业类课程,有校内外创业导师955名,并在不断扩大和优化;33所学校建立了创业实验室和训练中心,涌现出45个创业类学生社团。依托大学生科技创业基金会加大创新创业资金投入,先后建立

23个分会及专项基金。截至2016年11月底,累计受理5795个创业项目申请,资助项目1581个。同时,牵头编撰完成《2016年上海市大学生创业指导手册》,为高校学生了解创业政策提供保障。

此外,按照《教育部关于举办第二届中国"互联网+"大学生创新创业大赛的通知》,上海市教育委员会专门发文予以推进落实,于2016年3—9月举办上海赛区的比赛,并对获奖项目给予了一定的支持。

(二)提升全市高校就业指导和服务水平

2010年以来,上海市教委连续六年开展上海高校毕业生就业工作创新基地、职业生涯指导和服务体系建设,对促进毕业生充分就业、提高就业质量、完善创业服务体系、夯实就业创业服务能力起到重要的推动作用。

2016年,为贯彻落实国家和上海市中长期教育改革和发展规划纲要精神,按照《上海市学生职业(生涯)发展教育"十二五"行动计划》的相关要求,市教委继续开展上海大学生职业生涯指导和服务体系建设工作,并发布《关于开展2016年上海大学生职业生涯指导和服务体系建设工作的通知》,继续加强上海高校毕业生就业工作创新基地、职业生涯指导和服务体系建设,重点布局一批符合青年大学生群体特点、体现学校及专业特色、满足社会经济发展需求的项目。2016年,围绕就业创业有效促进等领域,在高校中开展27项专题研究,增列6个就业创新基地、19个校外实践基地、20个生涯工作室和13个创业实践基地。举办上海市大学生模拟求职大赛,提升大学生职业技能,引导青年树立正确的就业观。

至2016年8月10日,共有30921家用人单位在上海市学生事务中心进行了2016年上海高校毕业生用人需求信息登记,用人需求总数达128183个。与2015年同期相比,用人单位数增加2042家,增幅为7.07%。

(三)做好就业引导和就业援助工作

2016年,上海市教委相继发布《关于进一步做好上海市普通高等学校毕业生学费补偿和国家助学贷款代偿相关工作的通知》《关于将上海市高校毕业生到本市农村学校任教列入学费补偿和国家助学贷款代偿范围的通知》《关于做好2016年度上海地方高校应征入伍服兵役国家资助有关工作的通知》等政策文件,依托重点计划和服务项目,引领毕业生赴基层就业创业。落实毕业生赴基层就业学费补偿、国家助学贷款代偿、后续升学和就业服务等扶持政策,为毕业生解决后顾之忧。

2016年本市高校共有约5.18万名毕业生到基层单位就业,占毕业生总数30.38%,比2015年增长1.24%。基层服务项目共招募大学生501人,其中"村官计划"180人、"三支一扶计划"207人、"西部志愿者计划"114人。重点落实退役大学生士兵硕士研究生招生、学费资助、复学升学、就业创业等优惠政策,鼓励大学生投身军营报效祖国。2016年,本市大学生应征入伍2746人。

为做好困难学生的就业帮扶工作,2016年,上海市发布了《关于进一步做好本市高校毕业生求职创业补贴发放工作的通知》等文件,依托多部门多渠道形成工作合力,完善就业创业精准帮扶。健全多部门信息共享机制,补充和完善困难学生数据库,强化成长跟踪和就业服务。配合有关部门落实家庭困难毕业生一次性求职补贴的发放,补贴标准为每人1000元。与多部门联合举行少数民族学生专场招聘会,设立专项成长基金与创业基金,助力学生成长成才。

三、上海高校对毕业生就业创业的指导与服务

(一)高校就业创业教育

1. 学生需求导向的生涯发展教育

2016年,上海高校生涯发展教育继续立足学校,夯实功底,凸显特色,发挥优势,紧密围绕高等教育综合改革和人才培养质量提升的总体要求,从大学生职业生涯长远发展的实际需求出发,在课程体系建设、个性化咨询服务、生涯理论研究等多个方向开展了一系列行之有效的探索,体现了国内较先进水平,发挥了一定的引领示范作用。

课程教学全面覆盖。上海高校普遍开设了生涯发展教育必修和选修课程，基本覆盖全体在校大学生，并结合各自优势体现不同的课程建设特色。

生涯辅导强化重点。除第一课堂外，上海高校还不断探索改进生涯发展教育的方式方法，例如开辟专题讲座、团体培训、校园活动等多种形式的生涯辅导第二课堂，通过“精选主题、聚焦重点、面向对象、构造体系”理念的实施，形成了对生涯发展教育课堂教学的有力补充。

个案咨询突出专业。在配齐配强专业化职业咨询师队伍的基础上，上海高校积极面向学生开展个性化职业发展咨询服务，一对一精准解决在校学生在生涯发展和职业探索领域面临的多元困惑和具体问题。

理论研究立足前沿。2016 年，上海高校对生涯发展教育理论也开展了卓有成效的探索和研究，形成了一批具有参考借鉴意义的成果。依托上海高校毕业生就业工作创新基地项目建设开展的年度特色专题结项 27 项，发表相关论文 8 篇。

2. 社会需求导向的职业素质教育

2016 年，上海高校学生职业素质教育进一步强化社会需求导向，围绕国家和区域经济社会发展需求，不断推进人才培养与社会需求间的协同。通过发挥学科专业特色优势、引进行业企业优质资源，大力开展面向在校大学生的职业认知活动、职业技能培养和职业实习实践，以职业素质为基础，持续提升学生的职场适应力和职业竞争力，从而推动实现毕业生充分满意和更高质量的就业。

拓展职业认知，贴近职业环境。上海高校充分推进校企合作，借助企业资源开展职业认知教育，增进在校学生对外部工作世界的认识和理解，拓宽大学生的职业眼界。各高校根据学科专业特点和人才培养定位，开设不同形式的职业生涯规划，并引导学生直面职场，面对面地感知校园与职场之间微妙的变化。

提升职业技能，对接职业需求。上海高校从新形势下行业企业对人才综合素质能力的需要出发，有针对性地开展职业技能培训项目，使高等教育人才培养与社会需求无缝对接，从而实现以培养质量提高促进就业质量提升。例如师范类高校开展师范生主题教育活动，鼓励师范类毕业生秉承校训、坚定信念，为祖国的教育事业做出贡献；而外语学科优势较强的高校面对外语学科的学生开展各类俱乐部和讲座活动，带领学生走访外交部、商务部等与学校人才培养相关的重点用人单位，等等。

强化职业实践，加速职业适应。上海高校强调职业实践在人才培养全过程中的重要作用，鼓励、引领学生积极参加实习实践，在实践中检验知识技能的学习程度和掌握水平，培养学生运用理论知识解决实际问题的能力，从而在未来职业发展过程中更快适应现代职场的要求。一些高校已经形成了每年定期开展拓展暑期项目、境外实习项目等活动的机制，并积极加强就业基地与实习基地相互衔接、转化融合和共同促进，不断提高学生的职业实践能力。

3. 人才培养导向的创新创业教育

上海高校积极贯彻习近平总书记多次讲话精神，注重培养学生创新精神，造就“大众创业，万众创新”的人才队伍，聚焦国家创新创业战略，结合上海市科创中心建设，充分利用上海教育综合改革的有利条件，努力开创创新创业教育新局面。

多形式创建创新创业教育体系。上海高校以创新创业人才为培养目标，探索专业教育与创新创业教育有机融合，调整专业课程设置，挖掘和充实各类专业课程的创新创业教育资源，在传授专业知识过程中加强创新创业教育。开发开设创新创业的必修课和选修课，纳入学分管理，建设依次递进、有机衔接、科学合理的创新创业教育体系。在市教委的引导下，上海各高校已普遍建立具有学校特色的创新创业教育体系，一些高校已成为“全国高等学校创业教育研究与实践先进单位”“国家大学生创新性实验计划实施单位”等。

（二）高校创新创业支持与实践

1. 提供学生创新创业支持

上海高校做好创新创业服务工作，为学生提供创业培训、开业指导、政策咨询、项目对接、产权交易等服务。一些高校定期聘请创业导师,指导创新创业学院学生实习、实训,提供与业界需求相联系的创新项目;同时设立创新支持中心,为创业导师和各项目的开展提供公共性服务,举办免费创业前培训;此外,还积极推进大学生创业基金工作,加强天使基金项目筛选和辅导工作,对申请项目计划书和答辩学生逐一进行辅导等,全方位对学生提供创新创业的支持。

2. 鼓励学生创新创业实践

建设创新创业实践平台,营造创新创业氛围。上海高校加强专业实训室、创业实验室和训练中心建设,建设一批上海市高校创新创业基地、校外实践基地等,促进创新创业实践平台共享,积极营造大学生创新创业氛围。2016 年上海财经大学等入选了全国高校创新创业 50 强,而其他一些高校也与各行各业的部门签署了合作协议,积极拓展学生创业实践渠道。

帮助学生创业孵化,提供创业资金支持。上海高校努力创造条件,为准备和起步创业的学生提供孵化基地、创业资金支持等条件。以上海市大学生科技创业基金会复旦大学分基金为例,改基金成立 11 年来,学生创业项目共计获得政府政策资金、社会风险投资约 5 亿元,获知识产权 400 余项,两家公司在新三板挂牌。联合泛海、云锋、经纬等设立的创新创业基金达到 8000 万元,第一届云锋训练营资助项目 13 个,资助金额达 78 万元。其资助的 3 家创业企业在 2016 年全球创业周中获得卓越创业企业代表的“创业雄鹰奖”。

组织创新创业竞赛活动,彰显创业教育与实践成效。2016 年上海高校继续积极组织学生参与全国大学生创新创业大赛、全国职业院校技能大赛,支持学生社团举办各类科技创新、创意设计、创业计划等专题竞赛。上海高校相继在“挑战杯”大学生创业计划大赛、“创青春”中航工业全国大学生创业大赛、2016“挑战杯—彩虹人生”全国职业学校创新创效创业大赛等比赛中取得佳绩。

3. 推动创新创业教育与实践的国际化

为开拓创新创业人才的国际视野,上海高校通过与国际知名高校合作,打造创业教育国际课程、国际创业导师培训计划等,将创新创业项目对接国际平台。2016 年,上海市高校在已有的国际合作基础上,又相继拓展合作项目,学生创新创业训练已经拓展至英国、美国、澳大利亚等国家和地区,逐步实现学校的创新创业教育与国际化对接。

(三)高校就业指导与服务

1. 专家化的就业指导师资

就业指导师资的职业化、专业化是高校学生就业工作的基本要求和重要保障。2016 年上海高校采取有力举措,进一步推进专家化就业指导师资的建设。

以培训夯基石。开展各类专业培训是保证就业指导师资专业性的基础。2016 年在市级主管部门的重视和支持下,上海高校普遍开展内容丰富的培训活动。例如,通过整合校内外师资培训资源,加强与国内优秀培训团队合作,探索就业服务与生涯教育的校际交流、境内外交流新模式;组织就业工作教师队伍进行统一培训和参加职业咨询师沙龙活动;选送教师参加教育部和上海市教委组织的各类生涯师资培训项目;选送教师赴外省市高校交流创新创业与生涯教育工作,等等。

以团队谋提升。制度化、成体系的就业指导师资队伍建设,是提升相关师资专业性的重要保障,上海不少高校都在这方面形成了自己的特色。例如有的建立了“生涯督—生涯教练—生涯导师”三级团队,有的建立了学生职业发展联合会、校院两级就业工作负责人团队、职业咨询师团队的“三团教育联盟”,等等。

以项目促发展。就业指导师资的专业性需要在相关项目与成果中得以体现,市级层面对此进行了大力支持,如复旦大学建有 6 个校级职业生涯发展工作室,其中有 5 个获得上海市教委资助。2016 年,上海高校围绕大学生就业创业服务与相关教育活动开展研究并取得显著成绩,相关师资也在各类项目研究中进一步发展,一些高校形成了“市级生涯发展工作室+市级辅导员工作室+教育部精品项目工作室”的工作格局。

2. 个性化的就业指导内容

就业指导内容适合学生个性化的需求，是新时期的时代特点对高校生涯发展教育提出的重要要求。2016 年上海各高校出新办法、想新对策，进一步推进就业指导内容的个性化建设。

分析受众需求，依势而为。根据毕业去向不同、专业方向不同，在校学生需要在生涯规划时采取不同的行动。为此，上海高校开展了形式多样的指导活动，例如建设“训练营”，针对毕业生不同的求职意向，建设国企、民企、留学、考研等训练营，打造不同训练营的个性化特色；依托学院优势，打造专业化的“生涯工作室”“成长工作室”；针对不同年级的学生开展主旨差异化的就业指导，等等。

创新工作方法，常做常新。为了增加就业指导工作的吸引力、扩大活动的受众面、提高学生的参与率，上海高校积极创新工作方法，依托新媒体和生涯工作室的活动，打造就业指导公众号，开展工作坊、团体辅导、个体咨询、各类比赛等新形式的就业指导活动。

关照特殊群体，深入开展。上海高校就业指导的个性化服务还体现在针对特殊群体的工作上。2016 年，上海高校根据学校特色进一步针对女大学生、就业困难学生、少数民族学生、参军后归校学生等特殊群体开展了深入的就业分类指导工作，建立了诸如“彩虹坊女性生涯工作室”“手牵手”等品牌项目，为探索学生就业指导的特殊方法做出了有益的尝试。

3. 分层次的就业指导模式

就业指导内容的个性化，离不开分层次就业指导模式的建设与完善，只有在就业指导分层次开展比较系统、科学的前提下，就业指导的工作才能真正实现对学生个性化需求的满足。2016 年上海高校依旧秉承了分层次指导的模式，推进就业指导工作的进一步发展和完善。

分类建设遍地开花。经过就业服务工作的多年积累，“分类指导、分层教育”在理念上已经成为上海高校就业指导工作的有益共识，并且逐渐探索形成了各具特色的指导模式。各高校针对不同年级学生的特点开展了形式多样的校园活动，例如有“新生职业生涯启蒙教育”“大二生涯管理教育”“大三生涯决策教育”“大四职场适应教育”，也有为不同年级学生制定的《生涯规划手册》(包含教师手册及学生手册)，等等。

品牌活动初具规模。在分层指导的基础上，凝聚品牌力量、发挥品牌效应、打造精品活动逐渐成为上海高校追求的更高目标。2016 年，各高校依托学校特色活动版块，成功举办了以学生生涯发展和就业服务为主题的各类活动，例如“生涯发展活动月”“扬帆—就业启航季”“远航—充分就业季”等主题鲜明的活动。

内外资源充分调动。就业指导做大做强，离不开社会各方的积极参与。上海高校通过各种途径调动资源，以形成合力进一步加强分层指导的教育效果，提升就业指导的品质。例如上海高校打造的“群英汇”等活动充分挖掘企业和校友资源，通过采取邀请企业人士、校友和毕业生进行圆桌畅谈交流的形式，旨在帮助毕业生了解社会形势和行业动态，开拓学生的职业视野，已成为沪上高校知名的就业指导活动。

4. 大数据、精确化的就业信息服务

构建大数据共享的一体化智慧就业门户。随着“互联网＋”战略引入高等教育，“智慧就业”正式步入历史舞台，上海高校陆续建立了就业服务的公众服务号或就业信息平台。2016 年上海高校不断优化完善就业信息平台，一些高校探索将学生信息系统和企业互动招聘系统、招聘会/宣讲会在线报名系统、在线职业咨询预约系统、网络调查问卷系统、网上职业测评系统、网络职业教育系统、大学生创业与职业测评系统、档案管理与查询系统、就业信息发布系统、就业数据管理平台等 10 个系统平台进行资源整合，建设智慧就业门户，实现大数据共享，为学生提供全方位、多渠道就业服务。

开启就业信息化平台的精准服务新模式。2016 年度，上海高校贯彻《教育部办公厅关于开展全国普通高校毕业生精准就业服务工作的通知》精神，通过引入资源、利用新媒体技术，优化就业信息平台，实施供需信息智能化匹配，推进对接服务的精准化水平。例如一些高校积极引入社会资源，与社会就业服务机构密切合作，利用就业网、手机短信、就业 APP、微信等渠道搭建精准服务平台，为毕业生提供政策、指导和岗位信息精准对接服务；投入资金对就业信息网进行改造，新增用人单位信息分类检索、用人单位和校友自主注册登录、邮件短信精准推送管理功能，就业信息平台依据学生就业意向、专业、就业地区等实现精准化就业信息的推送服务，等等。

5. 广辐射、多通道的就业市场服务

融入国家重大发展战略拓展就业市场。对接“中国制造2025”，结合“一带一路”“长江经济带”“京津冀协同发展”等国家重大发展战略，上海高校以行业需求和社会发展，开拓与培育重点行业、新兴产业就业市场。一些高校聚焦上海先进制造业与现代服务业发展需求、国家“一带一路”发展战略等，引导毕业生到新能源、新材料、智能制造、生物医药、电子信息、节能环保等战略新兴产业实施就业，有的高校还专程走访“一带一路”建设圈定的西部重点地区的部分政府部门和涉外企业西部相关省市重点单位，努力为西部学生回家乡就业拓展优质资源，为服务“一带一路”发展战略牵线搭桥。

深化“校企政”合作机制拓展人才输送通道。上海高校积极发挥实习基地在就业过程中的作用，大力促进实习实践与就业的融合机制。加强学校与企业、与政府合作，持续探索“订单式”培养与就业一体化模式。例如提前与一些省市建立“订单式”定向培养的合作关系，择优选拔公司需要的优秀毕业生签订定向培养协议，提前开展就业培训，组织校外就业见习，毕业后定向补充到该地区的艰苦偏远或少数民族地区县的相关企业就职，等等。

对接国际人才需求推进就业市场国际化发展。上海高校结合国际化人才培养目标，不断探索学生海外交流、海外实习等国际合作项目的开发与建设，拓展毕业生就业的国际市场。2016年上海高校的海外实习项目稳步提升，海外实习平台不断优化，毕业生就业工作朝高端化、国际化方向发展。

（四）高校基层就业引导与帮困服务

1. 加强学生就业价值引导和基层就业引领

高校毕业生是党和国家宝贵的人才资源。上海高校积极引导毕业生将个人成才和国家发展紧密相连，鼓励毕业生到基层、到重点行业、到西部和贫困地区、到祖国需要的地方去奉献青春，建功立业。

倡导责任意识，引导学生以国家发展为己任。上海高校结合学校特色，专业特长，通过毕业生主题教育、表彰先进、树立典型等不同形式，引导学生树立正确的择业观念，自觉把个人理想和国家发展相联系，在服务国家发展、建设和谐社会的过程中实现自我价值。2016年上海高校陆续开展毕业生主题教育系列活动，鼓励学生到基层、到西部、到祖国最需要的地方去，为祖国的基层建设、基础教育、重点行业做出自己的贡献。各高校充分运用校内各类宣传渠道、微信平台、毕业典礼等活动，宣传基层就业典型人物，表彰先进个人和集体，以此激励毕业生选择到基层就业发挥才干。同时，部分高校将价值引导融入学生生涯教育，将社会主义核心价值观、国家意识、社会责任等融入职业生涯教育，使就业引导工作循序渐进，贯穿于学生生涯成长的始终。

搭建信息平台，推动学生自主选择基层就业。上海高校在鼓励学生到基层就业的过程中，一方面，通过网站、微信、宣讲会、座谈会、交流会等多种形式，传递信息，解读基层就业相关政策，如邀请重点行业、基层单位等相关部门人员到学校进行宣讲，邀请已在基层工作的学长回母校进行经验分享等，搭建信息平台，让更多有志于去基层工作的学生更了解基层的情况。另一方面，部分学校组织学生到西部、基层、重点单位进行考察调研、社会实践、挂职锻炼，让学生深入基层实地了解情况，切身感受基层的需要，引导学生将自身所学与国家发展建设紧密联系起来。同时，学校相关部门也主动到基层、到重点单位、重点行业进行考察、走访，建立联系和合作关系，为学生开拓基层就业的渠道。

建立激励制度，鼓励学生到基层工作。上海高校透过激励制度、奖励措施等方式，吸引和鼓励学生到基层就业。目前上海各高校普遍通过制定专项奖励政策、求职补贴或在评奖、评优中给予政策倾斜，来鼓励和表彰到基层工作锻炼自身才干的毕业生。同时，高校也出台相关工作措施和方案，规范工作流程，公开、公平、公正、择优选拔毕业生，为基层输送高质量的毕业生。这些制度保障，将引导和鼓励学生基层就业的工作落到实处，切实保障学生权益，解决后顾之忧。

2. 帮扶困难毕业生群体

建章立制层层联动，充分就业保障有力。2016 年，市教委积极发挥政府部门间的联动机制，与市委组织部、市人力资源社会保障局、团市委、市民政局密切配合做好基层就业项目的政策保障、招募培训工作；与市人力资源社会保障局、市财政局联动做好“就业困难”大学生的补助以及离校未就业大学生就业服务的衔接工作；与市发改委、市商委、团市委、市人力资源社会保障局联合推动大型毕业生招聘活动。市政府相关部门也配套出台了相关文件。2016 年，来自上海 57 所高校的 5387 名低保家庭、残疾和助学贷款毕业生获得了求职创业补贴。

另外，上海市为提高小微企业吸纳高校毕业生就业的积极性，给予企业社保补贴、小额担保贷款、财政贴息、调整岗前培训费补贴标准等一系列优惠政策；对于企业吸纳被认定为“就业困难人员”的高校毕业生，补贴标准逐年增加。

完善困难生帮扶体系，全方位服务毕业生。2016 年，上海高校根据困难毕业生特点和需求，不断完善学校—院系—辅导员（研究生导师、班主任）—毕业生的分层递进式跟踪帮扶机制，加强困难毕业生政策宣传落实、求职心理疏导、就业观念调整、就业能力提升、家庭困难补助、就业信息定制、特殊群体援助等系列主题的教育、指导和服务活动。

“一生一策”动态管理，个性服务精准帮扶。上海众多高校建立并完善了困难毕业生电子信息库，有困难学生帮扶档案，针对家庭经济困难毕业生、少数民族毕业生、女性毕业生、农民家庭毕业生、离校未就业毕业等不同特征毕业生群体开展“一生一策”动态管理，通过网上咨询与线下面谈相结合、个体咨询与团体辅导相结合、个性化辅导与组织专场招聘相结合等多种形式，及时掌握与调整困难毕业生的心态、困难和问题，做到精准发力、精准帮扶。

困难生调查研究为就业指导提供了科学依据和实践指引。2010 年以来，上海市教委根据党中央、国务院的统一部署，连续六年开展了上海高校毕业生就业工作创新基地建设工作。2016 年出台的上海高校毕业生就业工作创新基地建设的年度专题研究设立了“特殊困难群体毕业生就业援助研究”的选题方向。

（上海市教育委员会学生处供稿）

区域教育
Education in Districts

黄 浦 区

【2016年概况】 全区教育系统有事业单位118个。其中中学32所，包括市实验性示范性高中7所、区实验性示范性高中4所(含2所完中)、完中6所、九年一贯制学校3所、初级中学14所，小学29所，幼儿园31所，特殊教育学校3所，职业教育学校4所，专门学校1所，教师进修学院1所，业余大学1所，公办早教机构2所，其他教育机构14个。另有民办九年一贯制学校1所，民办初级中学3所。教职工8682人，其中专任教师6396人。学生60974人，其中高中生9677人、职校生6066人、初中生12869人、小学生20354人、学前教育幼儿11657人、特殊教育与专门学校学生351人。区财政投入40.85亿元。

推进区域中小学德育体系一体化建设。深入落实《中小学各学科贯彻落实"两纲"的指导意见》，发挥课程整体育人功能，探索推进学科德育实施的教学经验和做法；推进《文文明明幸福行——黄浦区小公民道德建设新工程五年行动计划》；深化"城市学校少年宫"和"学生社会实践指导站"试点建设；强化班主任队伍建设；提升德育科研效能，推动各类德育课题项目的探索和研究，并在实际工作中运用德育科研成果；继续开展学生综合素质评价试点，以及指标修订工作；优化心理健康教育指导中心布局，推进"上海市中小学心理健康教育示范校"和"上海市中小学心理健康教育达标校"建设；开展安全教育，探索建立安全教育课程框架。

开展教育集团建设和小学协作块建设。格致教育集团基于"基础教育阶段学生创新素养培育项目"，继续推进创新人才整体化培养的课程实施及特色项目建设；集团成员校在课程衔接、师资互动、资源共享等方面进一步融合。组建大同教育集团和向明教育集团。区教育局推进集团学校共享课程建设，加强集团化办学研究，探索集团化办学评价方案。支持集团开展以"导师团"为基础的师资培养和师资柔性流动实践探索。完善小学教育"协作块"工作模式，形成学区化办学基本规范。建立学区运行机制，实施纵横联合的课程开发与实践研究。各协作块聚焦学业质量、学校教育质量保障体系开展包括青年教师教学比武、班主任培训在内的交流与培训活动；开展多层次多形式合作课程与教学实践研究，有效激发学校的优质特色发展。推进新优质学校集群发展，开展"新优质学校设计"的项目研究。依托上海市民办中小学特色学校(项目)第二轮创建工作的开展，推进民办学校学科基地创建和特色课程建设。

深化特色普通高中建设项目。落实《上海市推进特色普通高中建设实施方案》，引导普通高中分类发展，培育不同类别的学校特色项目，着力构建富有特色的学校课程体系。鼓励相关学校通过"慕课"等形式推动高中特色课程资源的辐射共享。继续支持市八中学探索男生教育规律，创办符合男生身心发展特点的高级中学。

推进创新素养培育。继续推进学校创新实验室建设。丰富各种有利于学生实验、实践、探索的教育环境，鼓励学生参与探索与创新。组织学校和校外机构进行区创新实验室项目与空间环境创意设计项目同步的申报和评审工作，13所中学和4所小学申报的创新实验室项目，获区专项经费支持；在申报的空间环境创意设计项目中，有12个小学以"创新素养培养"为主题立项。鼓励幼儿园积极参与空间环境创意设计项目，围绕"幼儿学习方式的低结构、游戏性和情境化，幼儿与环境的互动性、体验性与多元性”，为幼儿创设因地制宜的符合课程需求、丰富课程资源的活动环境。配合上海市建设“上海市中小学创新实验室建设与运行管理系统”，对区内各校建设创新实验室的情况进行信息化管理。关注各校新建创新实验室的进展，加强对创新实验室建设的过程管理。

推动区域与高校联动合作办学。根据区政府和同济大学签订的战略合作框架协议，继续推进同济黄浦设计创意中学（暂名）的办学准备工作，即合作创办一所公办中学——全市第一所以创意设计教育为特色的中学，将其建成一所科技化、信息化、国际化特色鲜明的学校，培养具有创造力、合作精神和社会使命感的国际化、创新型的学生。区教育局和同济大学双方共同开发具有国际视野的各类课程，黄浦区创设相应机制和平台，促进课程的实施，并向全区学校辐射。

推进教育国际化。按照法律法规和相关工作要求，规范做好区内各类国际课程班的实施和管理工作。积极做好上海康德双语实验学校申办的审批工作。推进中外课程融合，外籍教师进课堂，拓展学生国际视野。圆满完成中华职业学校和澳大利亚西南悉尼技术与继续教育学院中外合作专业招生工作，进一步探索“上海蓝带厨艺学校”“上海餐饮国际培训中心”等合作项目在沪开展高水平的职业培训。

发布并推进实施新的区学前教育三年行动计划，依托学前教育共同体推进区域幼儿园集群式发展。发布《黄浦区学前教育三年行动计划（2016—2018年）》并推进分步实施。理顺多部门合作机制，重新修订并签署相关合作备忘录。进一步发挥“示范园为龙头”的学前教育共同体的辐射引领作用，构建以黄浦学前教育共同体为基点的集群式发展框架，带动共同体中各级各类园所实现不同层次、不同方面的发展。进一步研究共同体、示范园辐射、公民结对等已有的均衡优质发展机制，力求深化、创新，发挥实效。完善民办幼儿园评估机制，举行“课程建设促质量、特色发展强内涵”系列展示活动海粟幼儿园专场。“办好家门口的优质幼儿园”，启动区内二级幼儿园园情基础调研工作，形成二级幼儿园争创家门口优质园的规划与年度推进计划。

加快推进现代职教体系建设，加强终身教育资源开发。推进贯通衔接培养，继续探索和申报中高职贯通培养（3＋2）、中职—应用本科贯通培养（3＋4）项目；推进黄浦职业教育集团整合、建设与发展。开发和落实校企合作实践课程，试点开展“双证融通”；探索建立专业内涵动态调整机制；启动教师下企业工作。推进示范性品牌专业和品牌专业建设，探索将创新创业教育重要内容融入各专业人才培养方案；实施《中职学业水平评价办法》《中职综合素质评价办法》等配套工作；开展中职校年度质量报告工作。推进两所职业学校的中小学生职业体验中心筹建。稳步推进市民学习基地（企业类）建设和市民学习基地（公办学校类）的建设。筹备和全面落实老年教育年度学习示范点、学习团队培育等建设任务，推动社会学习点的遴选、培育和试点。拓展社区教育课程受众面至全区10个街道。开展家庭教育课程建设，设计打造具有黄浦特色的社区微课系列。

加强并规范岗位设置管理工作，做好教育优秀人才队伍的培养、管理和激励工作。完成全年区教育系统事业单位正常岗位等级晋升工作，完成400多位教职工的等级晋升工作。做好新一轮区名师工作室、市中青年骨干团队、区学科带头人、区骨干教师2015学年度工作评估总结和研讨工作。做好全年区义务教育学校绩效工资实施工作。做好全年区中小学正高级教师的推荐工作，5位教师获评上海市中小学正高级教师。完成全系统6100多位中小学教师的职称统一过渡工作任务。做好全年教育系统教师系列中级职务和高级职务的评聘工作。有序推进教育信息化。开展区“校校通”网络中心虚拟化基础设施建设，为区内学校统一提供基于云计算机技术的网络计算资源和网络存储资源。全面开展全区无线校园网络建设，构建开放无边界学习环境。继续推进“黄浦区教育数据中心系统平台”的建设与应用工作，深入基于信息技术的课堂分析和学习分析研究。运用信息技术转变教与学的方法与手段。推进微视频课程、互动网络教学平台等信息化教学资源及教学软环境在学校的构建和应用。

按照黄浦区社会经济发展的总体思路、区域教育改革和发展的形势和目标要求，编制印发《黄浦区教育改革和发展"十三五"规划》。依法建立规范教育秩序的长效常态管理机制，落实行政执法责任制，强化行政程序规范。做好预算执行与信息公开工作。深入推进信息公开和行政审批制度改革，依法推进主动公开，做好依法申请公开的受理工作。

（严　奕）

【成立"上海STEM云中心STEM课程黄浦基地"】 1月16日，"上海STEM云中心STEM课程黄浦基地"正式成立。STEM是消除科学、技术、工程和数学各科之间传统的屏障，将学生学到的零碎知识集成为一个有凝聚力和创造力的科学教学新模式，提倡各个学科之间的横向联系和问题式学习方式。引入上海STEM云中心的优质科学教育资源，为培养与发现黄浦青少年创新人才搭建良好的平台，为打造和培养区域的科技后备人才创造积极向上和可持续发展的良好环境。（陈沪铭）

【在世界头脑奥林匹克竞赛中再获好成绩】 2月27日，第三十七届世界头脑奥林匹克（OM）全国决赛在上海举行，来自全国14个省市的400多支队伍参赛。卢湾高级中学获"捕鱼的故事"组冠军，卢湾中学和中华职业学校获"承压两次的结构"组冠军；曹光彪小学、向明中学在"三个动物朋友"组、"环保车"组、"承压两次的结构"组中获得亚军。作为一项国际性的培养青少年创造力的活动，头脑奥林匹克创新大赛旨在提高参赛者的综合素质，鼓励青少年大胆创新、动脑动手、团结协作和积极参与。

（陈沪铭）

【在市科技创新大赛上获奖】 3月20日，以"创新、体验、成长"为主题的第三十一届上海市青少年科技创新大赛在上海科学会堂闭幕。黄浦区获科技创新成果一等奖50项、二等奖66项、三等奖69项及专项奖71项，科技创意一等奖7项、二等奖13项、三等奖17项。来自全市16个区的30余万名师生参加本届创新大赛。（陈沪铭）

【获VEX机器人世锦赛高中组冠军】 4月20—27日，2016年VEX机器人世界锦标赛在美国肯塔基州路易斯维尔市举行，来自中国、新西兰、加拿大等30多个国家和地区的1000多支参赛队参加。VEX机器人世锦赛重在考验参赛队员在比赛规则理解、结构设计搭建、软件编程调试、科学训练实施、战术方案研究、应急预案制订、对外交流沟通、心理素质培养等诸多方面的综合能力。黄浦区参赛队分别与美国、墨西哥、巴林、波多黎各等国参赛队，及中国香港队组成联队。凭着娴熟的遥控技术、良好的合作精神、灵活的战术判断，与联队队员协同努力，黄浦区代表队最终夺得高中组冠军、初中组冠军以及"Energy Award"专项奖。（陈沪铭）

【"上海财经大学优秀生源基地"挂牌敬业中学】 5月12日，敬业中学举行"上海财经大学优秀生源基地"签约挂牌仪式。上海财经大学相关领导及敬业中学全体师生参加签约、挂牌仪式。会上，双方领导共同签署协议书，并为优秀生源基地铜牌揭幕。

（金　怡）

【上海托特合唱指挥国际大师班开班】 5月19—21日，2016上海托特合唱指挥国际大师班在黄浦区青少年艺术活动中心开班。本次大师班聘请的阿帕德·托特博士，就如何从零基础起建立歌唱基本状态、扎实的气息与声音的训练、科学有效的音准训练以及变声期教学、内心倾听的重要性和匈牙利歌曲作品在演唱与训练中的注意事项等方面进行了详细讲解。来自黄浦区及全市近300名专业教师参加培训。（郑　瑾）

【"云课堂"参展上海科技博览会】 9月17日，卢湾一中心小学的"云课堂"作为"智慧黄浦"唯一的参展学校，参加上海科博会开幕式。此次展示内容是"云系列"中的"云课堂"和首次亮相的"云剧场"。"云课堂"注重因材施教，教师能够及时了解每个孩子的学习情况，并根据孩子不同的学习能力制订学习方案，真正做到营造个性化学习空间。副市长周波在科博会卢湾一中心小学的"云课堂"现场观摩英语课程。（吴蓉瑾）

【举办黄浦区第二届小学教学节】 11月10日，黄浦区第二届小学教学节在黄浦区卢湾一中心小学开幕。本届小学教学节的主题为“评价助力成长”，教育专家及小学校长、教导和教师代表等近200人出席开幕式。会议从思考和行动两方面介绍黄浦区推进小学教学与评价项目的实践与探索。第二届小学教学节为期一个月，通过优秀教师的系列教学展示、学校课程建设专题研讨会、学习基础素养研讨会等活动，聚焦学生核心素养，聚焦教师评价能力，依托信息技术，驱动教育评价创新，促进全区小学教育高位优质均衡发展。 （寿钰婷）

黄浦区第二届小学教学节

【展示“突破边界”课程】 11月17—18日，“2016全国中小学深化课程改革研讨会暨‘突破边界’黄浦现场会”举行。现场会以集中与分散研讨相结合的方式，在卢湾中学设立主会场，推出“无边界课程”，开启“突破学科，突破教材，突破教师”的实践探索，对接学生真实生活体悟、对接学生的无边界思维，重建学校的育人格局。高中分会场设在大同中学，进行以CIE课程为核心的学校课程统整，展示数码定格动画、创智生活课程、中医药研究等丰富多彩的课程。初中分会场设在格致初级中学，开放“课程超市”，从40多门拓展性课程中选择创艺坊等10个有代表性的课程交流。小学分会场设在蓬莱路第二小学，学生在“蓬莱小镇”中，模拟各种社会角色，体验成长。现场会共有来自全国各地的200多位代表、专家参加。 （刘　丹）

【举行0—3岁早教指导服务交流活动】 5月28日，黄浦区举行“深化三年行动计划，合力推进黄浦早教”0—3岁早教指导服务交流活动。市教委基教处、区妇联、区教育局、区人口计生委等负责人出席活动。与会人员观摩了半淞园路街道西凌第一幼儿园早教分中心、打浦桥街道汇龙幼儿园早教分中心和黄浦区第二早教指导中心的早教指导活动现场。交流活动推动早教工作在积聚力量、整合资源、保证活动的持续和常态化，以及部门体制上突破、机制上创新等方面进行探索。 （徐燕雯）

【成立上海市早期教育指导服务中心】 10月13日，上海市早期教育指导服务中心成立会暨揭牌仪式在黄浦区青少年科技活动中心举行。该中心是由市教委和黄浦区合作共建的市级早期教育指导服务机构。教育部基教二司、市教委、黄浦区政府相关领导出席会议并在会后参观了早教指导中心的宝贝涂鸦室、宝贝游戏屋等各类活动室，观摩了亲子指导现场。 （徐燕雯）

【上海市民终身学习需求与能力监测中心揭牌】 12月28日，“上海市民终身学习需求与能力监测中心”落户黄浦区并举行揭牌仪式。该中心致力于探索融合发展的创新做法，完善相应的管理运行、经费使用、评估激励等机制，逐步形成以“海派文化体验”为特色的市民学习基地；加强教育教学资源开发，优化终身教育课程建设，包括一批具有特色的社区微课系列，成功组织开展2016年黄浦区终身教育（民办非学历）微课大赛和开展第六届终身教育优质品牌课程推介活动。 （熊莉娜）

【中职师生在多项比赛中获奖】 5月11—15日，第八届全国旅游院校服务技能（导游服务）大赛在广东省广州举行。商贸旅游学校旅游服务与管理专业学生刘雨婷、刘哲媛均获得个人一等奖。两名选手的总分排名全国第四、上海第一，为上海中等职业院校首摘“团体一等奖”。5月24—26日，由教育部联合工信部、财政部、人社部、文化部等23个部门举办的全国职业院校技能大赛（烹饪赛项）在江苏省扬州举行。中华职业学校西烹专业学生王晓纯获中职组西餐热菜金牌，商贸旅游学校中烹专业学生李志成获中职组中餐热菜金牌。8月11日—

14 日，由共青团中央、教育部、人社部、中国科协、全国学联等主办的“挑战杯——彩虹人生”全国职业学校创新创效创业大赛在福建省福州举行。商贸旅游学校美术专业学生王孟琳、杨思嘉的“慧手站”项目获一等奖。11 月 26—28 日，由教育部主办的全国职业院校信息化大赛在山东省济南举行。商贸旅游学校教师的英语参赛项目获中职信息化教学设计一等奖，美术参赛项目获中职信息化课堂教学一等奖。（熊莉娜）

【推介民非院校优质课程】 6 月 17 日，区内 21 家民非院校通过课程推介与 59 家公办中小学、街道社区学校签订培训协议。本年度推介签约工作通过引入第三方评价、实施末位淘汰等退出机制，对区内 41 家院校申报的 237 门课程进行遴选。课程推介平台让一大批优秀的民非院校走进公办学校，弥补了中小学和社区教育课程资源的不足，也为民办非学历教育机构提供了展示宣传的平台。（熊莉娜）

【举办市民读书节、诗歌节活动】 6 月 28 日，“学习让生活更幸福”2016 年黄浦区市民读书节、市民诗歌节、“健康阅读　书香黄浦”系列活动首发仪式暨社区教育志愿者品牌项目启动仪式举行，市、区相关领导及市民代表近 200 人参加。区市民读书节、市民诗歌节举办期间，对接街道居民需求开展了 10 个专场活动和近百项主题活动，参加居民逾 3 万人次。黄浦区社区学院获第六届上海市社区网上读书活动优秀组织奖、第二届上海市民诗歌节优秀组织奖，多个组织和个人获优秀网上读书团队、网上读书活动优秀组织者、市民诗歌创作优秀奖等奖项。（熊莉娜）

【区市民终身学习活动周举行】 9 月 28 日，“纪念孔子诞辰 2567 周年暨 2016 年黄浦区全民终身学习活动周开幕式”举行。活动周围绕“弘扬中华文化，传承海派经典”的主题，分为“黄浦区终身教育学习成果展示”“纪念孔子诞辰祭祀仪式”“黄浦区全民终身学习活动周开幕式”“享学‘幸福黄浦’体验活动”四大板块，内容包括“健康阅读　书香黄浦”“淞园之韵书画展”“九子弄堂运动会”“外滩白领午间沙龙”“时尚拉丁舞”“纪念红军长征系列活动”“少儿兴趣活动”等。活动周吸引了超过 10 万人次民众参加。（熊莉娜）

【首批“终身教育社会学习点”授牌】 12 月 9 日，首批“终身教育社会学习点”授牌仪式举行，市教委、市民办教育发展服务中心领导向上海新世界进修学院、上海锦华职业技术进修学校等 16 所民非院校授牌。此举是黄浦区探索激励民办非学历教育机构良性发展的创新举措。通过机构申报、专家评审、网上公示等程序，最终由黄浦区学习型社会建设与终身教育促进委员会办公室、黄浦区终身教育指导服务中心认定“终身教育社会学习点”授牌名单。（熊莉娜）

【举办“中小学垃圾分类丛书”首发仪式】 4 月 22 日，由黄浦区绿化和市容管理局、黄浦区教育局、少先队黄浦区工作委员会主办的“2016 年黄浦区‘中小学垃圾分类丛书’首发仪式暨科技环保游戏节主题活动”举行，会上向学校师生代表赠送“黄浦区中小学垃圾分类丛书”，并为表现优异的学生授予“科技环保小标兵”荣誉证书。学生通过唱童谣、微演讲等形式表现了将科技、环保理念融入生活的点滴，并在“最强大脑”科技环保知识风暴环节再次展现了当代青少年学生的环保认知与责任意识。活动现场还组织“爱心环保接力赛”“垃圾分类飞行棋大赛”“脑洞大开环保小制作”等寓教于乐的小游戏，引导学生在游戏中学习环保知识，获得环保技能。（陈沪铭）

【与英国协和中学签订办学合作意向书】 4 月 26 日，黄浦区教育局与英国协和中学签订《关于建设黄浦区国际化学校合作意向书》。双方将尽快成立工作团队，明确专人负责，细化合作方案，列出项目清单，做好国际化学校的筹建工作。（严　奕）

【深化教育学院与附属中山学校一体化发展】 6 月

27日，区教育学院入驻院校一体化教育小区。6月30日，区教育学院与附属中山学校举行首次联合行政会，院校全体领导班子成员及中层干部进行工作对接。9月1日开学，正式启用区教育学院附属中山学校新校舍。区教育学院集中优势力量以课程建设为抓手，着力提升附属中山学校的教学质量，打造一流九年一贯制学校。（奚晓晶）

“小课堂大视野”学校教育国际化交流研讨活动在黄浦区教育学院附属中山学校举行

【翁铁慧视察高考英语测试考务准备工作】 12月20日，副市长翁铁慧到向明中学视察上海高考英语听说测试的考务准备工作。观摩学生模拟答题情况。向明中学介绍了标准化考场多次模拟测试和实战演练情况。通过远程监控，区教育考试中心可随时了解考场情况。黄浦区自2015年起陆续开展外语听说测试标准化考场建设，共建成格致中学、向明中学、敬业中学和五爱高级中学4个考点8个考场。（刘　丹）

附：区教育局驻地及负责人

（2016年1—12月）

地址：延安东路300号西15楼
邮编：200001
电话：33134800

区委分管常委：余海虹
区政府分管副区长：李　原

区教育党工委书记：蔡　蓉
副书记：姚晓红（兼）、吴光平、童峥嵘

区教育局局长：姚晓红
副局长：杨　燕、颜文生、余维永

徐　汇　区

【2016年概况】 全区共有各级各类学校196所，其中中学39所（高级中学9所，完全中学9所，初级中学18所，一贯制学校3所）、小学43所、职业高中2所、中专学校9所、幼托园91所、特殊教育学校2所、其他教育单位10所。在校学生11.88万余人，比上年略有增加。全区3—6岁适龄儿童的入园率100%，九年义务教育入学率100%，高中阶段教育入学率98%。教职工1.26万余人，其中专任教师9291人（中学3564人、小学2580人、幼儿园1809人、特殊学校73人、职业高中168人、中专学校874人、其他教育单位223人）。全区高级职称教师1198人（其中特级教师34人），占教师总数12.89%；中级职称教师4294人，占教师总数46.22%。全区专任教师学历达标率100%。业余大学（社区学院）1所，老年大学5所，社区学校13所，居委学习点和养老机构学习点326个，专职教师82人、兼职教师1741人，班级数3560个，学员数116098人次。街镇学习团队403个，居村委学习团队1778个，大型学习活动257个，社区教育志愿者2155名。

教育经费继续稳步增长，教育经费决算总收入

326077.15万元，基础教育各阶段生均公用经费显著增长。职校生均公用经费8686.69元，比上年增长13.27%；高中生均公用经费12883.01元，比上年增长6.70%；初中生均公用经费11736.50元，比上年增长4.12%；小学生均公用经费7910.46元，比上年增长3.71%；幼儿园生均公用经费11677.60元，比上年增长59.02%；特殊教育生均公用经费25260.51元，比上年增长35.22%。继续做好学生帮困工作，向区内234名品学兼优、家境困难的学生发放“美罗奖学金”“顶胜—蒂伊奖学金”“云华奖学金”“康乐奖学金”和“第二届华育励志奖学金”，共计19.4万元。

根据区委、区府的总体部署，对接市教委“十三五”发展规划和徐汇教育综合改革方案，完成制定徐汇教育事业“十三五”发展规划，学前教育三年行动计划等配套规划。根据市教委的统一部署，出台《徐汇区教育局城乡义务教育一体化五年工作规划(2016—2020年)》。年内，区教育局获全国第五届中小学生艺术展演优秀组织奖。区内3所学校获全国青少年校园足球特色学校称号，3所学校获2016年国防教育特色学校称号，1所学校获全国青少年毒品预防教育“627”工程先进学校称号，37所中小学、幼儿园及局属机构获2015—2016年度上海市文明单位(和谐校园)称号。1位教师获上海市优秀党务工作者称号。

一、推进落实教育综合改革重点项目。推进学区化办学，召开学区化办学工作推进会，完成阶段性总结和展示工作。成立由龙华街道和斜土街道组成的滨江学区、由长桥街道和华泾镇组成的长华学区，引入上海师范大学优质资源，在康健街道和漕河泾街道组成上海师范大学学区。徐汇学区化办学“3+2+2”格局已经形成，在全市率先实现学区化办学全覆盖。加快推进“教师蓄水池”、后勤管理统筹等工作。启动集团化办学试点，召开南模教育集团工作推进会，启动“模范课程”共享平台。推进区新优质学校建设，召开首轮新优质学校创建展示暨集群发展启动仪式，徐教院附中等13所中学、上海小学等19所小学成为区新优质学校集群发展项目学校。以项目集群，组成5个项目研究团队，开展新优质学校集群发展项目实践。开展第二轮新优质学校创建工作，6所中学、5所小学创建项目方案通过评审，启动为期两年的区新优质学校创建。加快特色高中建设，徐汇中学等5所高中成为区特色普通高中特色阶段创建学校，其他高中成为区特色普通高中项目阶段创建学校。经申报，市四中学、紫竹园中学、徐汇中学和华东理工大学附中成为上海市特色普通高中创建的项目学校。继续组织高中学校开展基于课程的创新实验室申报和建设工作，实现创新实验室在全区高中的全覆盖。开展学校委托管理的督导评估工作，总结第一轮委托管理、联动发展的有效做法和经验，举办教育教学成果展示活动，启动新一轮10所学校的委托管理评估工作。

二、加强学生德育工作。围绕创建全国文明城区，加强未成年人思想道德建设。以纪念建党95周年、红军长征胜利80周年以及中华传统节日、寒暑假等为契机，围绕“一校一品”建设，组织开展主题教育活动。发挥学生榜样作用，评出10名“最美少年”。深入推进社会主义核心价值观“六进”协同机制，将践行社会主义核心价值观案例汇编成区本材料，覆盖全区中小幼和职校。总结核心价值观教育落细、落小、落实的典型经验，广泛传播可复制、可推广的优秀经验，印制、出版区本教材《徐汇区德育微课程(核心价值观)方案》和《社会主义核心价值观案例集》。结合校园文化建设、团队主题活动、校风班风建设、社会实践活动，开展童谣征集传唱活动，收到84所中小学和93所幼儿园的1000余首原创作品。组织开展“我的中国梦”美育卡活动，通过童谣创作和美育普及活动，让学生在思考和写作中深化对核心价值观的理解与认同。建立区青少年学生校外活动联席会议制度，统筹、整合艺术、科技、创新等场馆资源，拓宽高中生志愿服务(公益劳动)渠道，承办上海市“两纲实施”现场会。推进上海市心理健康教育达标校建设工作，区内所有中小学(新办学校除外)都创建成为上海市心理健康教育达标校。开通心理教育APP平台，完成学校心理咨询室标准化和引领性建设，启动心理咨询师培训计划。

三、加大科教、文教、体教、医教结合力度。加快科教结合，制订青少年科创中心实施方案，推进光启创新基地实体建设。落实院士专家进校园机制，邀请多位科学家深入学校指导学生社团活动。加强文教结合，做好美育课程进校园项目筹备工作，推进“交响乐进课堂”课程项目，组织全区初一学生进交响乐团观摩专业试听演出“音乐地图课堂”。启动戏剧进课程，开展小学京剧、高中戏剧等美育课程进校园前期工作，组建项目团队并策划开发课程。区教育局获全国第五届中小学生艺术展演全国优秀组织奖。推进体教结合，深入推进体育课程改革。推进“三大球联盟”建设，开展国际足球课程在联盟学校全面落实和在部分幼儿园试点，做好足球精英训练冬令营暨营员选拔、训练和比赛工作。办好区学生运动会，组队参加上海市学生运动会，获上海市学生运动会金牌、奖牌和团体总分第二名。完成中小学《国家学生体质健康标准》测试上报和体质监测数据统计。做好“2016 中国(上海)国际青少年校园足球邀请赛”参赛球队接待任务及预赛赛场工作。开展区青少年校外体育活动中心试点建设工作。3 所学校获全国青少年校园足球特色学校称号，3 所学校获国防教育特色学校称号。加强医教结合，推进学校卫生工作，整合市场监管资源，开展饮食知识培训和专项检查、互查，食品原料网络溯源工作全覆盖。加强校园传染病防治，开展卫生教师专业能力提升工作，开展校园食品安全知识竞赛和参与网络竞赛。

四、深化基础教育内涵发展。加快学前教育内涵发展，积极培育优质幼儿园资源，完成 2 所一级园复验，开展对 7 所需要升等级幼儿园的评估指导。推进幼儿园特色发展，开展对 21 所幼儿园申报 23 个特色项目的评审。加强幼儿园日常管理，开展 24 所幼儿园飞行督导检查，完成 46 所公办幼儿园的家长满意度测评。加强民办幼儿园管理，完成 22 所民办幼儿园实地年检。完善区域早教指导质量，开展“启慧”杯早教教师专业能力评比活动。推进小学课程建设三年行动计划，加快种子校项目成果展示，出版发行课程建设成果集。完成区小学开发拓展型学科学习平台在线微课的设计。根据“上海市小学一年级学生学习情况调查”数据反馈，进一步深化基于课标的教学与评价。依托项目试点种子学校高安路第一小学和 8 所项目学校，开展“以学习为中心的课堂教学变革”为主题的协同合作研究。成立初中教学研究联盟，以校际联动的方式，提升“初中八校”的教学质量。推进学生综合素质评价工作，完成区中小学综合素质评价系统(二期)的调研。对接市学生综合素质评价系统，完成高中学生的综合素质评价数据录入工作和 6 所高中学校特色指标申请的审核工作。

五、做好招生、入学工作。积极应对入园、入学高峰矛盾，幼儿园阶段规范外省市户籍学生的报名条件，小学阶段实施户籍学生“五年内同一住户一位适龄儿童享有一次入学条件”新政。优化招生流程，幼儿园阶段采取公民办分步集中举措，小学阶段首次推出小学报名分类验证。初中阶段首次启用市义务教育招生入学平台。利用多种媒介，提升招生工作知晓率。积极应对考试改革，召开高考制度改革研讨会，交流分享高考“3＋3＋综合评价”模式对高中课程建设和教学实践在学校层面的有效做法。制定《徐汇区中小学创新人才早期培养实施意见》。召开中、高考绿色护考会议，完成年度中考、高考工作。加快教育布局调整，推进退租还教，年内新增 1 所幼儿园和 6 个幼儿园教学点。推进综合素质评价，完成区中小学生综合素质评价系统(二期)调研。对接市学生综合素质评价系统，完成高中学生的综合素质评价数据录入工作和 6 所高中学校特色指标申请的审核工作。

六、推进“教研训一体”研训工作。深化课程教学改革，继续深化《基于课程标准教学的区域性转化与指导策略研究》，举行中期研究成果展示活动，形成推进“教研训一体”研训工作常态模式。根据上海高考改革方案，制定加强教学质量监控的策略。推进教师专业发展，实施区中小学(含幼儿园)教师全员培训及培训管理。推进“信息技术能力提升工程”“国培线上线下示范性网络项目与校本研修整合项目”等教师培训。继续开展骨干教师培养，推进学科带头人、中青年骨干、优秀教师高研班项目培养，推进第四期名师工作室的实施。继续做好教师培训精品课程的孵化和推广，探索中小幼研训活动、教育科研成果转化为教师研究课程。

(俞海燕、孙　慧)

【落实幼儿园等级提升计划】 年内，徐汇区印象幼儿园、徐汇实验幼儿园、徐汇区位育幼儿园 3 所幼儿园晋级为上海市一级园。为确保落实幼儿园等级提升计划，成立晋级领导小组，定期召开例会，制定晋级推进工作表。根据幼儿园的办园现状进行晋级排序,明确晋级时间表。组织专家团队进行分层辅导,以小组和个别辅导相结合的方式助推发展。对进入晋级排序的5所幼儿园进行现场评估指导。（徐　教）

【文教结合,推动“非遗进校园”】 5月,举行“我们的节日·端午”之徐汇区“非遗进校园”成果展示活动。活动的举行,标志着文教结合作为“非遗进校园”新形式正式拉开序幕。活动现场,来自南洋中学、田林一小、田林四小、吴中路小学、徐教院附小的学生展演了“杠棒号子”“中华鼓乐”“笛子合奏”“中国茶道”“江南丝竹”。作为试点区域之一,徐汇区在全市率先以文教结合形式推动“非遗进校园”工作,区内共有27个非遗项目,其中15个项目已经或正在校园内建立传习基地。（徐　教）

【“种子校”完成项目成果总结】 年内,根据《徐汇区小学课程建设三年行动计划“种子校”课程提升工程项目方案》要求,形成10所课程建设“种子校”的项目团队合力,在华东师范大学课程所专家指导下,开展2轮学习课程规划以及学科课程纲要答辩。在此基础上,通过区教师进修学院小学教研部教研员的结对指导,各“种子校”完成项目成果总结工作。（徐　教）

【开展“基于课程标准教学的区域性转化与指导策略研究”】 “基于课程标准教学的区域性转化与指导策略研究”是徐汇区承担的上海市教育科学重点项目暨上海市哲社科学研究项目,也是徐汇区教育综合改革项目,主要研究目标是破解基于课程标准教学中存在的难题,提升教学效益和品质。通过项目研究,真正形成“立德树人”“核心素养”培育为导向,以学生学习为中心的区域教育教学生态和课堂生态,以及问题导向、项目驱动、研修一体、合作构建的教师研修生态,实现区域教育教学发展、教师发展和学生发展模式的整体转型。项目组建22个子项目组,前后两批共32所学校参加。截至2016年底,共组织各级专题培训338次,专题研讨课413节,专题展示138场。（李　红）

徐汇区举行“基于课程标准教学的区域性转化与指导策略研究”中期推进研讨会

【启动光启创新基地改造】 9月,区青少年活动中心校舍修缮工程启动,同步开始光启创新基地改造工作。光启创新基地的主要定位是体现创新教育的价值引领,立足于学生的直接经验和亲身经历,注重培养学生的创新精神、创新意识。通过创新基地升级改造,使基地的基本设施设备、学科专用教室(实验室)和工程物理、生物化学、环境保护、信息技术、机器人项目、社会科学等课程设置的建设具有高度综合性,为学生提供展示创新能力的舞台。（钱　江）

【3所学校举行百年校庆活动】 10月22日,上海市南洋中学举行建校120周年庆典活动暨王培孙校长诞辰145周年纪念活动。市政协、区政府、市教委、区教育党工委、区教育局等领导以及6000余位各界校友、历任教职员工、900余位学生志愿者参加校庆活动。庆典上,新书《为国桢干——120年的南洋中学》首发。11月10日,启新小学举行建校110周年庆典活动。学校追寻“为当地百姓办一所家门口的好学校”的教育理想,坚持“小习惯成就大未来”的办学理念,把一所公建配套的普通小学办成了上海市首批新优质学校项目校。11月15日,向阳育才小学举行建校110周年庆典活动。学校把握教育资源优化整合的发展良机,深度挖掘百年校史文化,以课程建设为抓手,开展形式多样的学生自主体验活动,激发兴趣,培养习惯,展现个性特长,提升综合素养。（徐　教）

【康健学校建校30周年】 12月2日,徐汇区唯一的特殊教育学校——董李凤美康健学校举行建校

30周年庆典活动。30年来，学校始终坚持"让学生接受适合的教育，有尊严并快乐地生活"的办学宗旨和"减少依赖，自理生活，适应家庭，融入社会"的培养目标，为特殊儿童提供教育支持，为这些家庭搭建交流互助平台、提供支持保障的重任，形成"快乐、友善、尊重"的校园文化，让每一个特殊儿童在蓝天下健康快乐地成长。 （徐 教）

徐汇区康健学校建校30周年庆典

【首届位育中学内地新疆高中班学生毕业】 6月，位育中学举行首届内地新疆高中班学生毕业典礼。区委、区教育局相关领导出席，并为82名高三毕业生颁发毕业证书。82名毕业生用鲜花、掌声、誓言表达对母校与教师的感激和热爱。 （孙 慧）

【中职——应用本科教育贯通培养模式零突破】 6月，举行中本贯通项目工作商谈会，与会各方共同促成徐汇中职——应用本科教育贯通培养模式零突破，推进徐汇职业教育迈上新台阶，培养跨界复合型人才。上海信息管理学校与上海应用技术大学、上海视觉艺术学院申报试点专业的人才培养方案已基本成型，有望成为应用型办学改革的突破点、区域经济的支撑点，成为中本贯通项目的专业样板。 （徐 教）

【举办中等职业教育技能节及创新创业大赛】 12月27日，"筑梦西岸"2016年徐汇区中等职业教育技能节颁奖礼暨徐汇区中职学生创新创业设计大赛决赛在西岸文化中心举行。这次比赛共收到原创设计项目42个，经过两轮创新创业营培训，10个项目入围决赛。市教委和区政协有关负责人、全区中职校师生代表及沪上知名创业导师等近300人参加活动。决赛当天，10个入围决赛创业项目接受"创业指导教师"集体评选，并对入围项目进行模拟众筹投资，同时颁发职业外语技能（英语）比赛获奖名次、计算机辅助设计（工业产品CAD）比赛获奖名次及指导教师奖、优秀组织奖。 （徐 教）

【发布区域技能性人才需求研究报告】 年内，区教育局整合政府相关部门、行业企业和区域中职学校的各方资源，组织开展《徐汇职教集团技能性人才需求发布制度实施方案》，完成《徐汇职教集团区域技能性人才需求研究报告》，解决区域技能性人才需求供需矛盾突出、信息不对称、对接不畅通现象，初步实现区域企业技能性人才用人需求与职业院校人才培养的有效对接，促进中职学校专业结构优化调整和教学质量的提高，更好地提高职业教育服务区域经济和社会发展的能力。 （林 琛）

【创建居委示范学习点】 年内，作为全市第一批6个试点区之一，开展老年教育居委示范学习点培育工作。区学习办通过走访调研、经费扶持、跟踪推进、专家指导等，使参与创建的13个街镇学习点硬件条件得到改善，办学水平显著提高，促进社区管理创新方面的功能有效增强。11月，经市老年教育小组办对申报学习点的审核和综合验收，田林街道爱建园居委学习点等8个居委学习点创建成为上海市居委示范学习点。 （徐 教）

【试点构建市民终身学习资源配送体系】 年内，有效整合辖区教育资源，实现教育场所、教育设施、人力资源、学习资源利用的最大化，形成院校资源配送、分人群资源配送、街镇特色资源配送等的不同类别与路径，构架区域内市民终身学习资源配送网络。社区学院发挥业务指导能力，10册区本精品教材再版，配送到全区所有社区教育办学机构。13所社区学校扩大街镇特色课程配送力度，将深受社区居民欢迎的"老年珠心算""茶道""家庭一平米小菜园"等课程，延伸到居委教学点、养老机构、阳光之家等。依托兼职教师教研基地、社区教育工作室等进行师资培训与配送。通过走访调研、需求对接，将有特色和办学能力的社会资源培育成社会学习点，促进社会资源和终身教育的融合。11月24日，区教育局与8家社会学习点试点单位签订合作协议，明确双方需要承担的责任和履行的义务。（徐　教）

【在养老机构中开展“养教结合”】 年内，召开2016年徐汇区养教结合工作推进会暨上海市社区教育实验重点项目《在养老机构中开展“养教结合”的实验》开题会。区老年教育工作小组办牵头组织区域内4所老年大学、13所街镇老年学校为养老机构送课程、送师资、送讲座、送资金、送教学管理。年内实现区域内养老机构两个全覆盖：一是远程教育课程全覆盖，给36家敬老院赠送远程老年大学教材。二是“快乐小剧场”进养老机构全覆盖，将120场社区老年学习团队的文艺演出送到养老院。（马丹宇）

【区教师进修学院首届“汇智论坛”举办】 10月，以“‘互联网＋’背景下教师研修的创新”为主题的首届徐汇区教师进修学院“汇智论坛”举办。“汇智论坛”是徐汇教师优秀人才培养的一个新途径和徐汇教育攻坚克难的一个新平台。论坛上，北京开放大学、北京教科院基础教育教学研究中心、华东师范大学开放教育学院、区教师进修学院有关负责人作交流发言。（李　红）

【开展多项国际交流合作项目】 年内，区教育局继续推进中英合作“科技艺术写作”课程融合项目(SAW)。在天阳教育基金支持下，项目创始人、英国科学家到访，实地开展课程研讨。组织课程融合项目团队与中国科学院有机化学研究所合作，开展集体备课，推进项目向校本课程的转化。持续开展中英合作“梦想与团队”学生领导力培养项目(DT)，借上海市田林三中、上海市位育实验学校英国姐妹校到访契机，举办“传承经典感悟人生”汤显祖戏剧展演、科技竞赛、英语节等系列活动，完成10所项目学校参与的区域学生领袖俱乐部戏剧展演。继续开展中美合作北卡富布赖特教师培训项目，与美国北卡罗来纳大学合作，聚焦“特殊教育中的语言发展”“小学英语听说教学设计与评估”两个主题，通过美国教授专题培训、美国教师跟班教学的有机结合，美国2批26位教师与徐汇区29位教师一一结对，开展为期2周至3周的交流互动，另有区域内20多位随班就读负责人参加专题培训和教师工作坊。中美教师发展项目团队合作开展“ACC辅助沟通技术”项目研究。（刘　鹏）

【举行区首届优秀研训员推介活动】 11月，以“基于标准　能力为重　名师引领　实践成长”为主题的“中国教育学会教师培训者联盟”现场观摩暨“徐汇区首届优秀研训员推介”活动举行。活动中，举行“‘中国教育学会教师培训者联盟’成立大会暨首届教师培训者专业发展论坛”开幕式。（李　红）

【区安全事务管理中心成立】 年内，成立区安全事务管理中心，加强教育系统安全生产责任体系建设，强化区、校两级的安全生产监管职责。结合开学“安全教育周”、上海市中小学生公共安全知识竞赛、全国第二十一个“安全教育日”、119消防宣传周等活动，开展安全生产大检查、消防标准化建设大检查、校园安保大检查、危化品排查整治等行动。加强学校校门安保监控，实施学校校门监控系统联网监管工作，确保上学、放学高峰时段校门安保工作质量。开展公共安全体验教室建设，完成14所学校安全体验教室。指导中小学建立消防辅导员制度，完成全部中小学消防辅导员聘任工作。（谈　军）

【完成学校厨房消防装置安装工程】 年内，为提升中小学、幼儿园安全保障水平，将安装中小学、幼儿园厨房灭火装置作为2016年实事工程，根据中小学、幼儿园实际，制定分阶段实施工作计划。开展对全区学校厨房灭火装置安装工作复查，对厨房灭火工程整体竣工验收，收集相关资料建立档案。截至年底，132所学校厨房灭火装置安装完成。（徐德胜）

附：区教育局驻地及负责人

（2016年1—12月）

地址：漕溪北路336号

邮编：200030

电话:64879460

区委分管常委:吕晓慧

分管副区长:朱成钢(10月离任)、晏　波(10月到任)

区教育局党工委书记:刘东昌(10月离任)、王莉韵(10月到任)

副书记:庄小凤、罗　晔(9月离任)、王　彤(9月到任)

区教育局局长:庄小凤

副局长:李文萱、王　彤(9月离任)、于东航、钱佩红

静　安　区

【2016年概况】 2016年,静安区有教育机构168家,其中高中9所、完中8所、初中24所、九年一贯制7所、小学43所、幼儿园56所、中职2所、区属高职1所、业余大学1所、其他教育单位17所。基础教育在校学生91162人,其中幼儿22403人、小学34589人、初中23172人、高中10998人。在职教职员工10435人,其中专任教师8689人、在职上海市特级教师33人。

深化综合改革。举办以“融合　研究　提升”为主题的首届静安教育“学术季”活动。成立彭浦一小教育集团、风华初级中学教育集团,一师附小教育集团以对口援建形式参与建设一师附小崇明区江帆小学。举办“基于课程标准的学科单元教学指南”上海市课程领导力行动研究项目成果展示活动。推进小学“活力指标”评价改革,落实高中学生综合素质评价改革。举办利用信息技术提高课堂教学效率实践研究的区域展示活动。制定并实施《静安区学前教育三年行动计划(2016—2018年)》。永和小学等4校参加市新优质学校集群发展试点研究项目,实验中学举行新优质学校集群发展市级展示活动。

加强立德树人。开展美德少年评选和宣传,2名学生获上海市十佳美德少年称号,12名学生获上海市百优美德少年称号;“美在静安”系列主题活动获2016年上海市未成年人暑期优秀工作项目。出版共享课程《点点好习惯》。市西中学成功申报为第二批全国心理健康教育特色校,彭顺中学为上海市第三批心理健康教育示范校。申报成立共康中学吴晓云班主任工作室。2名教师获上海市“十佳”班主任称号,5名教师获上海市优秀班主任称号。

提升学生综合素养。成立静安区UII校园足球精英训练营。排球联盟学校获得上海市校园排球联盟杯赛小学女子组、小学男子组、初中女子组3项冠军。回民中学孔德京获2016世界青少年美式台球锦标赛青年组冠军。在市青少年创新大赛中,获一等奖38个。12个项目入围全国创新大赛,获全国赛6个奖项,获奖总数和获奖等第刷新历史纪录。在上海市明日科技之星评选中,获市明日科技之星2名、市希望之星4名。在OM、DI大赛上获全国一等奖3个,大宁国际小学获头脑奥林匹克全球赛亚军。

完善队伍建设。以“教育关注人的发展——聚焦如何培养学生的核心素养,提升教师的专业素养”为主题,通过多种形式,组织450余位校级领导集中参加培训。启动静安区学科带头人评审工作。启动教师职称制度改革工作,6名教师通过正高级教师评审。

各类教育协调发展。成立静安区终身教育研究所。静安职教集团组织开展第一届中职校园技能创新节。　(秦　姣)

【举行教育部重点课题结题报告会】 1月15日,全国教育科学“十二五”规划教育部重点课题暨上海

市教育科学重点课题“走向个性化：发达城区教育内涵提升的实证研究”结题报告会举行。静安区教育局作专题汇报。市西中学、七一中学、上外静小、威海路幼儿园的校园长汇报各校（园）在走向个性化过程中的探索经验。（秦　姣）

【以学科教学指南助推教育综合改革】 5月4日，市教委教研室、区教育局共同举办“研制学科教学指南，践行教育综合改革”——上海市提升中小学（幼儿园）课程领导力行动研究项目高中、小学段联合展示活动，展示风华中学、大宁国际小学在打通学科教学瓶颈、探寻课堂教学规律等方面取得的成果。（秦　姣）

【市教委调研高中走班制教育教学】 5月25日，市教委领导和市教委相关处室负责人到上戏附中对静安区高中走班制下的教育教学开展专项调研。调研会上，上戏附中、市北中学、市一中学、田家炳中学、育才中学、久隆模范中学、上大市北中学的校长作汇报并进行交流。（秦　姣）

【获世界头脑奥林匹克总决赛亚军】 5月24—28日，第三十七届世界头脑奥林匹克决赛在美国爱荷华州立大学举行。来自世界各地的800多支队伍参加决赛。上海市大宁国际小学代表队获得“承压两次的结构”赛题小学组亚军，这是该校5年内第三次登上世界头脑奥林匹克总决赛的领奖台。（秦　姣）

【优质师资到崇明区任教】 8月15日，静安南西崇明新城幼儿园、第一师范附属小学崇明江帆小学举行揭牌仪式。9月1日，静安区南西幼儿园、第一师范附属小学派出优质师资到崇明新建的园、校任教。2014年，静安区与崇明区签署教育合作办学协议，通过跨区集团化办学，在崇明区城桥新城新建幼儿园、小学各1所，分别由静安区南西幼儿园和第一师范附属小学托管，托管期限8年。（秦　姣）

【风华初级中学教育集团成立】 9月1日，风华初级中学举行“开学第一课”主题活动，通过“蓄力、扬帆、启航”三个篇章展示学校教师风采、课程成果和评价体系探索。风华初级中学教育集团同时成立揭牌。风华初级中学教育集团由两个校区组成，即风华初级中学永和路校区（简称“东校”）和风华初级中学延长路校区（简称“西校”）。（秦　姣）

9月1日，风华初级中学教育集团成立

【全面开展静安区教育审计】 9月21日，召开静安区兼职审计员聘任会议，区教育系统各单位党政负责同志参加。会上，成立区教育局经济责任审计工作领导小组，建立静安区教育系统经济责任审计工作联席会议制度，发布《静安区教育系统基层单位领导干部任期经济责任审计规定》，向静安区首批27名兼职审计员颁发聘书。（秦　姣）

【举办市科学育儿指导公益活动】 10月22日，2016年上海市科学育儿指导公益活动暨第三届上海早教节开幕仪式举行。活动在市教委与区政府指导下，由区教育局和市科学育儿指导项目组主持，联合黄浦、长宁、普陀、虹口、杨浦等区资源，为静安区及沪上1000余户家庭提供育儿指导公益服务。活动主会场设在区早期教育指导研究中心、区少年宫，分会场设在区18个早教指导服务点。（秦　姣）

【与高瞻学前教育科学研究院开展合作】 10月28日，区教育局与中国高瞻学前教育科学研究院举行学前教育合作项目签约仪式。高瞻教育基金会是世界知名的科研机构，旗下高瞻课程是全世界应用最广泛的学前教育课程之一。为进一步加强中外合作交流，推进静安教育实现更高品质的教育国际

化、更高水平的教育现代化，区教育局与高瞻教育开展合作。（秦　姣）

【世界青少年美式台球锦标赛举行】 11月17—20日，由世界花式撞球运动联盟、国家体育总局小球运动管理中心、中国台球协会，市体育局、市体育总会、静安区人民政府主办，市台球协会、静安区教育局、静安区体育局、上海市回民中学等多家单位承办的2016世界青少年美式台球锦标赛举行。回民中学已连续3年举办该项赛事。世界青少年美式台球锦标赛是上海继世界斯诺克上海大师赛、世界9球中国公开赛后，于2014年引进的第三项世界性台球大赛，同时也创下了“一所学校举办国际大赛”的先例。来自美国、德国、波兰等24个国家和香港特区的96名青少年选手参与比赛。回民中学孔德京获得青年组冠军。（秦　姣）

【举行“快乐300分”建设展示活动】 11月28日，由区教育局、区教育学院主办的“集群创新、活力共享——静安区小学‘快乐300分’建设展示活动”举行。在各小学自主建设的“快乐300分”四大类共享课程(人文与艺术、人格与修养、科技与创意、生活与运动)中，精选的32个家庭版活动项目进行展示。（秦　姣）

静安区小学“快乐300分”建设展示活动

【获亚洲机器人锦标赛初中组冠军】 12月2日，2016年第十届亚洲机器人锦标赛举行。本届亚洲机器人锦标赛吸引来自中国内地、香港特区、澳门特区以及新加坡、韩国、中东等国家和地区共483支队伍参赛，参赛人数超过2000人。在VEX EDR决赛中，静安区少年宫、风华初级中学团队夺得初中组总冠军。（秦　姣）

【成立区终身教育研究所】 12月15日，区终身教育研究所揭牌成立。作为上海最早开展社区教育的区域之一，静安区于2003年被确定为国家级社区教育实验区，被命名为全国数字化学习先进区、全国社区教育示范区，培育了“白领学堂”“乐龄讲坛”“生命教育”等终身教育品牌。区终身教育研究所将以实践性、综合性、地方性、突破性为要求，开展终身教育领域的科学研究、决策咨询、能力建设与评估服务，承担三大发展目标：一是为终身教育战略决策和学习型城区建设提供前沿理论、策略，发挥指导终身教育实践“智库”作用。二是提升科研管理水平，完善科研管理体制机制，培育区域终身教育科研团队，提高科研水平与质量。三是搭建具有重要影响力的终身教育合作与交流“平台”。（秦　姣）

【首届“静安教育学术季”闭幕】 12月28日，首届“静安教育学术季”闭幕。学术季历时3个月，其间，全区170多所中小学、幼儿园及其他教育事业单位共举办教育教学研讨交流活动205场(包括6场基础教育国家级教学成果一等奖展示、15场区域重点或专题项目展示、80场学校整体或特色项目展示、104场教师教学风采展示)，13800余人次参与。本次学术季旨在构建区域学习与交流的长效机制，营造锐意改革、不断创新的氛围，推动静安教育教学实践从经验总结走向学术研究。闭幕式上，区教育局与华东师范大学教师教育学院、《教育发展研究》编辑部就骨干教师跟岗培训合作签约，下发《上海市静安区教育局关于加强教育科研工作的意见》。（秦　姣）

附：区教育局驻地及负责人

(2016年1—12月)

地址：和田路195号
邮编：200070

电话:56630990

区委分管常委:顾云豪
区政府分管副区长:鲍英菁

区教育局党工委书记:顾筱璞

副书记:朱娴华

区教育局局长:陈宇卿

副局长:戈一萍、刘新宇、徐剑宏、周晓春、孙　忠、洪　波

长　宁　区

【2016年概况】 全区教育系统所属机构105所,其中中学26所(包括高级中学4所、完全中学6所、初级中学14所、九年一贯制学校2所)、小学23所、幼儿园37所(其中托幼管理中心下属17个办学点)、特殊教育学校4所、中等职业学校1所、业余大学(社区学院)1所。在校学生56273人,其中中学生16994人、小学生21966人、幼儿园(包括托儿所)幼儿13723人、特殊教育学生418人、中等职业学校学生1106人、区业余大学学生1638人。在编教职员工6150人,其中专任教师4551人;离退休教职员工7280人。全年教育经费总投入为23.21亿元,比上年增长14.59%。区财政教育经费基数内拨款约21.52亿元,比上年增长13.96%。生均事业费44030元,比上年增长25.53%;生均公用经费14968元,比上年增长27.15%。落实全学段帮困助学政策,投入帮困资金703.26万元,惠及困难学生4531人次。投入资金1204.31万元用于义务教育阶段免费教科书,资助学生34513人。

加强重点项目研究与实践,推进区域教育综合改革。区教育局以"活力教育,成就梦想"为主题,以16个实验项目为引领,深入推进教育综合改革。注重社会参与。开展"家校共育"计划,实施家校阅读计划、劳动计划、运动计划,提倡家庭参与教育;引入社会主体参与教育督导,督导结果向社会公示公告,促进"管、办、评"分离;建设多元化终身学习支持与服务体系,在社区建立体验学习基地,鼓励社会组织参与老年教育和社区教育。以问题、需求为导向,依据年龄及认知特点,建设小初高一体化社会主义核心价值观德育课程;构建以班主任为主、全体科任教师共同参与的班级管理新常态。以数据服务支撑教学深度改革,采集、整合、分析学生学习数据,提高教学评价水平。完善4级11等校长职级设置评定标准,构建校长专业标准的培养与发展体系;深入推进幼儿园童趣课程、小学"家校共育"计划、初中分层作业、高中主题轴课程等课程改革;建立区域各校(园)安全管理体系,创建优质安全教育环境。接受市委关于教育综合改革专项督察,获得肯定。召开区教育综合改革试验区建设推进会,交流实践经验,研讨推进措施。立项区级重点课题10项,"区域基础教育国际化共同体建设的实践研究——以长宁教育国际联盟为例"为市级课题。形成案例22项,"以班主任为首席的学生成长集体会诊制"和"区域小学'家校共育计划'的构建与实施"被评为市级典型案例,"优化外教资源,助力长宁教育国际化发展"等3项案例通过市级评审,并报送教育部。

推动教育内涵发展。扩大学前教育资源,满足符合条件的适龄儿童入园需求。武夷路幼儿园、哈密路幼儿园、金钟路幼儿园增设分园,威宁路幼儿园增扩园舍,仙霞路第二幼儿园等调整用房功能。编制《长宁区学前教育三年行动计划(2016—2018年)》,确保符合条件的户籍3—6岁儿童100%接受学前教育,逐步满足符合条件的区常住3—6岁儿童学前教育需求。威宁路幼儿园和武夷路幼儿园

成功申报上海市一级幼儿园。小学阶段围绕“基于课程标准的教学与评价”，深化课程和教学改革，实现减负增效。制定《2016年长宁区小学“快乐拓展日＋”课程活动指导意见》，主办“深化课改，服务学生——市小学‘快乐活动日’拓展推进会”。开展以“家校共育，为孩子的幸福奠基”为主题的“家校共育计划”巡礼系列展示活动。初中阶段深化“阅读领航计划”，开展作业开放性研究。总结、提炼学校以作业开放性研究为抓手，促进课堂教学改革、教师和学生发展等方面经验，编制案例和若干学科开放性作业文本，修订“分层作业”系列丛书。为适应高考改革新要求，高中加强“走班制”教学模式研究，全区高中全面开展走班制教学。编写《长宁区高中学科教学基本要求》，制定《长宁区“高考新政背景下高中生自主学习平台建设和运用”的指导意见》。推动普通高中多样化特色发展，天山中学成为市特色普通高中建设第二批项目学校，4所学校申报特色指标学校。学区化、集团化办学取得进展。通过优质学校扩容、小初高一体化办学、项目引领和学校联盟等办学举措，提升区域教育优质均衡水平。制定《长宁区教育局关于推进学区化集团化办学的指导意见》。综合分析学校管理、师资情况、生源预测和风险评估等方面情况，制定并落实小学、初中集团化办学实施方案。教育国际化和信息化水平提高。成立长宁国际教育联盟，搭建区内学校之间、本土学校与国际学校之间、区域学校与国外教育机构之间相互学习与交流的平台，不定期开展活动。通过课程合作、主题活动、互访参观等方式，分享中外教育实践和智慧，聘请30名国(境)外专家开设专题课程，注重对国外课程教学方法、途径的学习以及创造性的运用。举办“三叶草杯”上海高中生英语演讲比赛。建设“长宁教育云计算中心”，开发数字化课程，建设“学生自主学习支持平台”，完成拍摄6000个微视频，涵盖中考、高考各学科知识点，为全区学生提供学习资源。

坚持“立德树人”，促进学生身心健康成长。成立6个小学“快乐拓展日＋爱心晚托班”合作共同体，全区小学开设爱心晚托班，每天服务学生11760余人次。与区卫计委共同开展心理三级危机干预网络协同项目，天山中学成功申报市心理健康教育示范校。推进普通高中学生志愿服务工作，截至12月，参与学生3602名，志愿服务151477小时。加强学校体育、卫生工作。新增2所学校加入市“足球联盟”“篮球联盟”和“排球联盟”。开展阳光体育竞赛，组织中、小学“青春杯、希望杯”40项体育运动竞赛，组队参加市阳光体育大联赛。参加市学生运动会，获3项团体第一名、6项团体第二名、20个单项第一名和86个团体(个人)奖项。落实学生健康体检、传染病防控、常见病防治、健康教育和饮食饮水安全等工作。提高学生艺术和科学素养。在全国第五届中小学生艺术展演活动中，获4个全国二等奖、1个全国三等奖和9个市一等奖，区教育局获全国优秀组织奖；在市学生舞蹈节中获4个一等奖。完成新一轮学校学生艺术团评审，命名45个区重点团队。区少年宫等14家单位成为首批市学生舞蹈联盟成员学校。科技教育坚持科学普及和科技创新“两手抓”。开展“快乐科技我能行”“飞的梦想——长宁国际青少年科技探索交流活动”等科普活动，深化与中国科学院等科研机构的合作，在多项科技创新类竞赛中获奖。在第三十一届市青少年科技创新大赛中获76个一等奖，在全国青少年科技创新大赛中获19个奖项，在市第14届明日科技之星评选活动中，2名学生获“明日科技之星”称号，西延安中学获DI青少年创新思维全球总决赛创新改革奖。

促进终身教育和职业教育、特殊教育发展。社区教育深化转型发展。坚持依托社区教育三级网络：社区学院—街道(镇)社区学校—社区教育睦邻点，为市民终身学习提供服务。拓展社区教育体验基地，确定红坊、水墨缘、虹桥临空园区和春美术馆等11个特色体验点为终身学习与教育体验基地。推进云视课堂建设、探索慕课建设、做好“双证融通(学历和职业资格证书)”试点项目。促进民办非学历教育机构依法规范办学。引进上海南洋昂立教育培训有限公司落户长宁。截至年底，区域内非经营性教育培训院校71家，其中，高等非学历进修院校9家、中等及以下学校62家、教育培训公司21家及33家分公司。完成教育服务业税收2.8亿元。职业教育聚焦专业内涵发展，加强“双师型”师资队伍建设(文凭和职业资格证书)。形成市级品牌示范专业建设专业1个、市级示范性专业建设专业3个。2016级高星级饭店运营与管理专业班成为国际水平教学标准试点班，旅游管理、连锁经营管理和酒店管理3个专业实现3+2中高职贯通。加强校企合作，与上海汽车工业销售有限公司签订合作备忘录，探索汽修专业订单式培养。在全国职业院校技能大赛中获3个金奖、1个银奖、4个铜奖，在全国导游服务大赛中获中职组一等奖。开展区域随班就读“供给侧”改革，推动新型特教学校建设。推进国家特殊教育改革实验区项目、教育综合改革实验项目和特殊教育医教结合实验。完善“公益服务导向”医教结合支持服务，探索覆盖全学段的医家校转衔服务会议机制。率先创建区域性终身特殊教育服务体系。开展家庭为本位的特殊儿童生态化早期干预服务、普通中小幼棘手学生援助、注意力训练营、早期干预和数学超常生的家庭教育指导。为7—18岁的超常学生提供数学思维训练、生命科学社团、戏剧表演社团和文学创作社团等服务，为数学超常生提供智商测试和转衔服务，为残障人士提供特制课程、社团课程和区域课程等成人教育支持，开展自闭症职业教育培训，为老年残障人士提供医学保健讲座等教育服务。

提高干部教师队伍专业化水平。探索建立基于专业标准的学校领导干部管理和考核制度，推进“三好两优”(好校长、好学校、好教师、优势学科、优秀团队)系统工程，制定《好校长队伍建设实施意见》《区“名校长工作室”相关工作的补充意见》和《区“名师工作室”相关工作的补充意见》。举办第一届“长宁活力教育论坛——对话校长”。选送学校干部参加由教育部组织的国家骨干校(园)长培训和市委党校书记培训项目。按照“三级六层”(三级即基础培训、专项培养和高端培育，六层即教坛新秀、教学能手、优青项目承担人、学科带头人、名师后备人选和特级教师)的区域教师教育框架，促进教师专业化发展。新评选市教师专业发展学校7所。推进教育人事制度改革，落实绩效工资改革工作，实施教师职务评审和教师资格制度改革试点。年内，招录教师179人，其中硕士研究生及以上学历34人。

优化教育基础设施。会同区发改委等9部门形成《长宁区城乡义务教育一体化专项规划》文件，推动城乡义务教育一体化建设。上海市第三女子中学体育馆工程竣工交付使用，新建复旦中学西部校区正式启用，姚连生中学总体改造工程竣工。优化区教育系统后勤服务保障体系，提高管理和服务水平。撤销长宁区教育局安全管理中心(筹)，其工作职能并入长宁区教育事务管理中心。撤销长宁区教育局后勤保障中心(筹)，其资产租赁等相关工作职能并入长宁区教育事务管理中心，其设备管理等相关工作职能并入长宁区教育局基建管理站。

(长　教)

【舞蹈艺术教育进社区进园校】 1月15日，区舞蹈艺术教育进社区进园校专题汇报演出举行。“长宁区舞蹈艺术教育进社区进园校项目”由区学习办统筹整合区域文化教育资源及社区教育资源，以上海国际舞蹈中心建设为契机，开展社区居民、青少年儿童、白领舞蹈爱好者专业培训，先后举办社区教育舞蹈教师(骨干学员)培训班4期，开展暑期“大手牵小手——白领亲子舞蹈体验培训学习”2期，深入3所幼儿园、3所小学和1所中学开展青少年舞蹈培训，项目受益者达一万余人次。(长　教)

【举行校企合作签约仪式】 3月15日，现代职业技术学校与上海汽车工业销售有限公司校企合作签约仪式举行。现代职业技术学校和上汽销售将在基地建设、订单班培养、课程植入和顶岗实习等方面展开合作，以校企合作冠名班的形式，开展汽修专业人才培养模式改革，更好地打造学校专业品牌。签约仪式后举行专业指导委员会委员聘请仪式，来自汽车行业、企业和高校的多名专家受聘担任学校专业指导委员会委员。(长　教)

3月15日现代职业技术学校和上汽销售公司签署校企合作协议

【举办青少年救护技能比赛(小学组)】 5月4日，由区教育局、区红十字会主办，区教育学院和天山第二小学承办的区红十字青少年救护技能比赛(小学组)举行，市红十字会赈济救护部、区红十字会、区教育局等领导出席，区内22所小学(小学部)参加比赛。该比赛是区青少年红十字工作传统活动，也是纪念“5·8”世界红十字日活动之一。社区救护队员向师生示范现场急救处置模拟演练，学生演示三角巾头顶帽式包扎、三角巾单胸包扎和闭合性骨折利用健肢固定等救护包扎技能。天山第一小学和安顺路小学获一等奖。 (长　教)

【市委教育督察组对区教育综合改革工作实地督察】 5月18日，市委教育督察组对长宁区教育综合改革工作进行实地督察。督察组赴天山初级中学和江苏路第五小学察看“新优质学校”发展和义务教育学区化、集团化办学推进情况。副区长赵丹丹汇报长宁区教育综合改革推进情况，详细介绍改革的总体设计、实施保障和推进路径等。督察组对长宁区教育综改工作给予肯定。 (长　教)

【获全国职业院校技术大赛项目一等奖】 6月4日，全国职业院校技能大赛中职组智能家居安装与维护比赛项目在无锡举行。智能家居是通信技术、信息采集技术和计算机软件技术结合的网络应用，该次大赛的智能家居项目分为软件开发、嵌入式网关开发和设备安装调试3个环节。现代职业技术学校获中职组智能家居安装与维护团体一等奖。 (长　教)

【韩正到延安中学调研】 6月23日，在国际禁毒日到来之际，中共中央政治局委员、市委书记韩正到延安中学调研。市委常委、政法委书记姜平和副市长白少康等随同调研。韩正在延安中学参观市青少年毒品预防工作教育展，观摩延安中学毒品预防主题教育课、学生模拟联合国禁毒论坛和学生禁毒文艺节目排练。在主题教育课期间，韩正与学生亲切交流并提出希望。 (长　教)

【举办区中小学生阅读风采展示活动】 6月25日，由区教育局、区文化局主办，区教育学院、区少年儿童图书馆和区语委办承办的“亲情中华、魅力红读、品味经典”区中小学生阅读风采展示活动举行，全区师生200余人参加。活动通过征文演讲、书法展览和经典展演3个板块，展现广大学生爱党爱国热情。学校师生以配乐朗诵的形式演绎红色经典和传统文化文本，现场展出百余幅书法作品。 (长　教)

【举办青少年音乐剧教育研习会】 7月4—5日，由区教育局主办、上海心音儿童合唱团和区少年宫承办的“上海青少年音乐剧教育研习会”举办。艺术教师、学生代表240余人参会。研习会邀请美国儿童音乐剧中心专业导师，以音乐剧《美女与野兽》选段为载体，从戏剧、舞蹈、歌唱、舞美四方面入手，帮助学员理解和体验音乐剧。该研习会是国外青少年音乐剧教学在长宁区首次尝试。 (长　教)

【获评上海市法制宣传教育先进集体】 8月，区教育局获评2011—2015年度上海市法制宣传教育先进集体。“六五”普法期间，区教育局从三方面开展青少年普法教育:结合学生年龄特点，分学段开展法制教育。小学将法制教育落实到规则意识教育，进行法律启蒙;初中深化“小小法学家”项目，培育法律素养;高中以“明德尚法”实验室为平台，提升法治实践能力。发挥学生主体作用，以培育公民意识、确立公共精神为着力点，开展“明德尚法杯”校园模拟听证活动。22所学校3000余人次学生参与，相关案例获第六届(2014年度)“上海依法治理优秀案例”入围奖。整合社会资源，丰富青少年普法教育的内容与形式，构筑法制教育联动网络。建立区青少年法制教育基地，实现学校法律顾问全覆盖。 (长　教)

【开展校长专业领导力核心素养培育研究】 9月29日，区教育综合改革“中小学校长专业领导力核心素养培育研究”项目推进信息发布会举行。区教育局、上海教育报刊总社和参与项目的22位校长出席。“中小学校长专业领导力核心素养培育研究”

项目由长宁区教育党工委、区教育局引领，博雅研究所、名校长工作室实施，目的为落实教育部《中小学校长专业标准》，实现校长队伍与专业标准的本土化融合，造就一支教育家型校长队伍。（长　教）

【市教委调研“快乐拓展日十”课程活动】 10月14日，市教委就长宁区小学“快乐拓展日＋”课程活动开展调研。调研成员观看《顺其天性，乘势跨越》宣传片，听取“给孩子更多的在校自由活动时间”专题汇报，以及复旦小学、天山第一小学、新虹桥小学、江苏路第五小学、愚园路第一小学和绿苑小学6所首批试点学校的汇报。长宁区“快乐拓展日＋”工作有三个特点：解决晚放学后的问题及“零起点”教学中低年段学生巩固基本知识和技能的问题；强调学生的自我选择，在建设符合学生个性发展的课程体系方面有所突破；在创新和健全学区联动共同体的建设、课程资源的共享模式、家校共育和绩效工资改革等方面作出探索。（长　教）

【开展“育儿加油站”公益活动】 10月16日，由市科学育儿指导项目组指导、区教育局主办的“育儿加油站”公益活动在上海“儿童世界基金会”长宁幼儿园进行。公益活动包括“父母讲堂”“专家面询”“健康筛查”和“游戏指导”四项内容，为家长提供优质的科学育儿指导服务。（长　教）

【举办中小学(幼儿园)课程领导力行动研究展示活动】 10月26日，以“合力‘易趣’之行，亲历成长之悦”为主题的市提升中小学(幼儿园)课程领导力行动研究(第二轮)首场展示活动在长宁区举行。活动由市教委、区教育局主办，全市学前教育领域的领导、专家和园长等120人参加。与会人员参观长宁实验幼儿园“悦动馆”“悦读馆”“玩具馆”“科乐馆”等“易趣”活动场馆。（长　教）

【举办中小学读者服务创新论坛】 11月17日，区教育图工委和区图书馆联合举办主题为“导读、悦读、慧读，做阅读推广的使能者”的中小学图书馆读者服务创新论坛。该论坛得到市教育学会中小学图书馆专业委员会指导，全市中小学校图书馆教研员、学校及社区图书馆馆长参加。与会领导与专家就如何选择推荐书目、图书馆在开展阅读推广工作中的做法等展开论述。（长　教）

【区实验教育集团揭牌】 12月29日，“长宁区小学学区化集团化办学推进会暨‘长宁区实验教育集团’揭牌启动仪式”举行。区教育局、仙霞新村街道办事处、区政府教育督导室和区教育学院有关人员出席。与会领导和长宁实验小学、新虹桥小学、威宁小学3所学校校长共同为长宁区实验教育集团(以下简称“集团”)揭牌。集团实行“理事会制度运作”管理模式，重点开展优化管理制度、促进课程资源共享、人力资源均衡发展和健全治理体系等工作。集团建立“一校二团三组”机制，即青年教师发展学校，学科发展指导团和集团发展评价团，校际管理合作组、校际联合教研组和特色项目建设协作组。（长　教）

12月29日，长宁区实验教育集团揭牌
启动仪式在长宁实验小学举行

【做好对口援疆工作】 年内，长宁区与新疆克拉玛依市开展教育系统人员双向交流，派遣1名校长挂职该市教育局副局长，1名副校长挂职该区教育局副局长，1名教师赴该市任教，接纳克拉玛依市的3名校长到沪培训。输出改革经验，帮助指导推进“三个指数”(学生生活幸福指数、学生身心健康指数和学生学业成就发展指数)综合评价、小学作业效能监测、轻度智障学生职业生涯发展教育等三个项目。组织天山中学、天山第一小学、区少年科技指导站、上海市“儿童世界基金会”长宁幼儿园4家单位与对方学校开展校级合作，交流教育经验。（长　教）

附:区教育局驻地及负责人

(2016 年 1—12 月)

地址:长宁路 599 号
邮编:200050
电话:22050000

区委分管常委:章卫民(9 月离任)、夏煜静(11 月到任)

分管副区长:赵丹丹(8 月离任)
区政府党组成员:李荣华(10 月到任)

区教育党工委书记:王小柳
副书记:姚　期(兼)、张　岚

区教育局局长:姚　期
副局长:张健华、邵春安、熊秋菊

普　陀　区

【2016 年概况】 全区教育单位 180 所(公办 150 所、民办 30 所),其中幼儿园 81 所(公办 58 所、民办 23 所)、小学 24 所(民办 1 所)、初中 12 所(民办 2 所)、九年一贯制学校 20 所(民办 1 所)、十二年一贯制学校 2 所(民办 1 所)、高中 4 所(民办 1 所)、完全中学 8 所(民办 1 所)、特教学校 3 所、中等职业技术学校 1 所、业余大学 1 所、业余中专 1 所、区教育学院 1 所、社区学校 10 所、其他教育单位 12 家。

全区中小学、幼儿园学生(幼儿)达 9.4 万人。其中,在园幼儿 2.8 万人,在校小学生 3.8 万人、初中生1.8 万人、高中生 0.8 万人、中职校学生 1526 人、特教学生 437 人。

德育一体化建设提质增效。推进落实区教育系统社会主义核心价值观教育“十大行动”,结合建党 95 周年、纪念红军长征胜利 80 周年,开展“我的长征我的路”等系列主题教育活动。以“普陀大学堂”为主体的社会实践体系建设逐步完善,新增 5 所“田园学堂”、新建“体艺学堂”,完善“普陀大学堂”APP 内容与功能,17 所城市学校少年宫暑期课程全部上线。区德育特色课程建设、研学旅行试点等工作取得新进展,完成“乐商”课程研发,《现代公民教育(高中)》教材首发,出台《普陀区中小学研学旅行实施办法》,新增 3 所研学旅行试点校。6 所学校入选市级书香校园基地校,长征中学“长征路”获评市教卫系统“十佳”校园新景观,晋元高级中学图书馆被评为全国 25 家“最美基层图书馆”之一。

体育、艺术、科技、卫生工作持续加强。16 所学校成为上海市体育传统项目校,在 66 所学校建立足球、田径等 24 个项目、38 条体育项目发展链,小学兴趣化、初中多样化、高中专项化体育教学改革试点校扩大到 32 所。学生获市学生运动会优秀组队奖一等奖、市足球精英赛四个金奖一个银奖。开展卫生监督网上信息公示、食堂 ABC 规范化管理达标验收、医生进校园试点等工作。青少年科技创新教育和艺术教育蓬勃开展,在第三十一届上海青少年科技创新大赛上获特等奖 1 项、一等奖 28 项,在第三十一届全国青少年科技创新大赛上获一等奖 2 项,4 名学生被评为“上海市明日科技之星”。被评为全国首批“可持续发展教育国家示范区”,国际生态学校达 16 所。举办以“创造新美界”为主题的第三十一届学校美育节,推进中小学生艺术素质测评实验区建设。“非遗”项目进课堂、学校艺术特色培育、学生艺术社团建设等文教结合项目有序推进,3 所学校成为市首批中小学“校园电影院”试点校、2 所学校成为市“舞向未来”项目试点校,获全国第五届中小学生艺术展演一等奖 2 项。

课程、教学、评价一体化改革不断深入。推进 6 所“市新一轮课程领导力项目”学校研究成果辐射,拓展区域共享课程开发与实施。制定有效教学理论与实践研究五年行动方案,确定“从‘被动学习’走向‘能动学习’”等 5 大研究主题,53 所学校申报 55 个研究课题。举办全国第十一届有效教学理论与实践研究会。根据新高考政策，及时调整和完善学校配套措施，高中学生综合素质评价机制不断完善。全面推行小学等第制评价，市教委第三轮问卷调查结果显示，全区16项指标全部优于全市平均水平。

优质学前教育资源加快建设。全面实施第三轮学前教育三年行动计划，3所幼儿园成功争创市一级园，全区市级优质园比例达74%，桃浦地区幼儿园全部成为市一级园。深化"健康教育"实践研究，编制完成健康教育系列丛书。开展保教质量评价标准研究，形成游戏活动质量评价标准。为每一位幼儿建立个性化健康电子档案。2万多名家长注册使用健康与安全管理"童童"手机APP。完成健康早教信息化平台创建，开通区0—3岁科学育儿服务网。完成8次公益早教服务，覆盖率达98%。

学区化集团化办学改革全面开展。相继成立环华东师范大学优质教育资源圈、曹杨二中教育集团、万里街道教育联合体，基于"一环一园十街镇"的学区化集团化办学新格局基本形成。与华东师范大学签订合作共建曹家村小学、智慧城学校的合作备忘录，与上海音乐学院社会教育学院签约合作共建上海音乐学院附属安师实验中学，与同济大学合作推进科技创新人才一体化连续培养的探索。加强对51所区级新优质项目学校的研究指导，市级新优质项目学校达16所，义务教育阶段新优质学校集群式发展格局初步形成。

特色高中创建扎实推进。组织专家指导各项目校围绕创建规划深入推进特色课程建设与实施。新增桃浦中学、真如中学2所"上海市特色高中"项目校，全区市特色高中项目校达6所。曹杨中学、甘泉外国语中学完成市级评审。

现代职教体系加快建设。推进校企合作，开展职业院校专业教师进企业活动，2家企业成立名师工作室，聘用25名行业企业人员参与中职校教育教学，新建10个区职业教育创新实践基地。曹杨职校与3所高中合作开展普职融合试点，加强中高职贯通、中本贯通专业的联合教研；学校1个专业立项为市中职校示范性品牌专业、3个立项为市品牌专业；推进西餐烹饪国际水平课程标准实施，领衔制定《上海市中职中烹专业教学标准》；1名教师获市中职校信息化教学大赛特等奖、3名教师获一等奖，1名学生获"全国最美中职生"称号。

"在校、在家、在网"的现代终身教育体系不断完善。实施社区教育机构倍增计划，箭丽艺术培训中心、金城文物艺术专修学院等5个民办非学历机构挂牌为区市民修身教育暨社会学习点。长寿路街道社区学校《拓展长寿社区白领人群社区教育文化服务的实验》被确定为2016年度"上海市社区教育实验重点项目"，石泉路街道社区学校"探索终身学习课程资源配送体系的实验"等4个项目被确定为"一般项目"。真如镇街道、长寿路街道、石泉路街道和长风新村街道被认定为第五轮上海市社区教育示范街道。开展首届区社区教育"教学能手"和"教坛新秀"评选，提升社区学校教师专业能力。继续开展"社区民间组织参与社区教育的实践"，引入第一个社区民间组织"真如寸草心为老服务中心"。以主题征文、座谈会等形式开展纪念社区教育发展30年系列活动，区政府联合市教委、华东师范大学主办以"合作·开放·共享"为主题的社区教育发展30周年主题研讨会暨终身教育国际论坛。推进市民学习团队建设，研制《上海市老年学习团队星级建设指标》，培育107个市五星级学习团队，承办2016年"全民阅读　终身学习"市民学习团队主题读书活动，被评为第十八届上海读书节示范项目。

教育信息化建设加快推进。完成80%的中小学校园无线网络建设，学生社会实践"一卡通"、学生健康"一生一档"系统三期项目等投入运行，完成教育人力资源协同管理平台二期建设，建立教师专业发展电子档案。学校录播教室、电子政务平台建设等加快推进。完成教育部第一批信息化试点项目的验收评估。"市数字教材试验区"建设启动实施，高中9门学科数字化教学资源建设加快推进。J课堂微视频、智慧校园、"一师一优课、一课一名师"等项目有效开展。全区60%以上教师参加"中小学(幼儿园)教师信息技术应用能力提升工程"培训。

教育国际化建设稳步开展。安排123名干部教师赴境外学习、交流，推荐17名校级干部赴新加坡南洋理工大学、香港教育学院攻读硕士学位，7名教师入选中英数学教师交流项目。首次聘请俄罗斯等国外知名艺术院校优秀师资，对142名中小学音乐教师开展专业培训。举办第十三届“沪港杯”高中生英语辩论赛，承办2016中英校长高峰论坛、国际青少年校园足球邀请赛高峰论坛、上海市人民对外友好协会成立60周年中外市民交流活动等。组织区内6所学校实施中英种子基金项目STEM课程、推进5所学校参加中美“千校携手”项目，曹杨中学入选教育部首批中美“千校携手”项目示范校。5所学校成为新一轮市华文教育基地校。在6所小学、7所幼儿园开展PATHS课程试点，元智科学、STEM等课程校本化探索稳步开展。

教育人才队伍建设全面推进。贯彻落实“四有”要求，着力加强师德师风建设，大力宣传先进典型，曹杨二中王洋获“上海市教书育人楷模”称号，区业余大学沈鸿获“上海市育才奖”。启动实施区第四轮教师专业发展团队建设，组建学科团队和德育团队，遴选学科带头人85名、高级指导教师159名，教学能手393名、教坛新秀296名，16名特级教师成立工作室。加强高层次教育人才培养，遴选14位特级教师后备人选，组建第一期拔尖教师培养工作坊。新增3名正高级职称教师，全区正高级教师达到7名。实施新任教师资格证书和规范化培训合格证书“双证”注册制。启动“十三五”教师培训，完善教师学习和课程管理平台，专家顾问团和区正高级教师参与教师培训工作，研训一体的区域教师专业发展机制逐步完善。推进教师职称制度改革，鼓励小学教师申报高级职称，对获得区级荣誉的骨干教师实行外语、计算机成绩不作为职称评审必要条件的政策。优化师资队伍结构，高级教师流动制度、学区化集团化内教师“走教”制度试点有序推进。探索符合区域实际、具有教育特点的薪酬机制，完成2016年义务教育学校绩效工资增量安排与增资兑现、非义务教育绩效工资调整分配。

教育行政部门职能转变不断深化。公布区教育局行政权力和行政责任清单。加大教育审计，对357个学校修缮项目进行审计，节约资金4648万元。优化教育资源布局，曹杨二中教育园区新建项目、上海师大附属第二实验学校项目完工并交付使用。完成“义务教育城乡一体化”年度建设项目。完善学生帮困助学，全年共支出帮困助学金585.23万元，受助学生4827人次。

学校依法自主办学活力得到激发。规范和扶持民办教育发展，设立民办学校规范办学综合管理奖。完善民办学校教师年金奖励制度，试点推行骨干教师年金5倍奖励机制。出台《普陀区中小幼学校校务委员会建设实施办法》，持续推进现代学校制度建设。加强教育治理体系建设研究，“管办评分离视阈下的学校干部人事制度及学区化管理改革试点”国家级课题结题并获好评。

教育督导评价体系建设不断深入。对8家单位履行教育法律法规情况进行综合督政，完成30所学校的发展性督导和27所学校的发展性督导回访。深入开展党建督导与学校发展性督导整合的实践。开展校园欺凌、民办初中办学等专项督导。为全区幼儿园安排12名责任督学，实现幼儿园责任督学全覆盖。成功通过“全国中小学责任督学挂牌督导创新区”市级评估，并上报教育部。

校园安全和周边环境治理、预防未成年人违法犯罪、青少年维权等工作扎实开展。政风行风、语言文字、国防教育、对口支援与合作交流等工作稳步推进。

（普　陀）

【推进“童童”手机APP应用】 3月起，区教育局基于幼儿园幼儿健康与安全管理，开发手机应用软件“童童”手机APP教师端和家长端。通过“童童”教师端，及时记录幼儿每天的午餐、午睡、运动、情绪等情况，并对幼儿生长发育指标、出勤率、传染病、意外伤害等情况进行采集、统计和分析，帮助幼儿园保教人员全面掌握幼儿健康水平，及时反思和调整保教行为，确保在园幼儿身心健康发展。通过“童童”手机家长端，向家长推送幼儿身高体重、视力、血色素、龋齿等健康信息，为每一位幼儿定制个性化的电子健康档案，形成家园共同参与的早期发现、早期诊断、早期干预的幼儿健康与安全防护体系。

（普　陀）

【获全国、上海青少年科技创新大赛奖项】 3月19—21日，在第三十一届上海市青少年科技创新大赛中，铜川学校“遵循自然教育，弘扬本草文化——铜川本草园系列科技实践活动”获青少年科技活动类特等奖，并被推荐进入第三十一届全国青少年科技创新大赛。8月14—18日，在第三十一届全国青少年科技创新大赛中，该活动又获青少年科技实践活动比赛一等奖；进华中学学生饶欣赟的“立式可旋转自行车存放架”获青少年科技创意比赛一等奖“创意之星”奖。（普　陀）

【宜川中学为首批市戏剧特色学校】 3月18日，市戏剧特色学校命名仪式举行，宜川中学等17所高中作为首批市戏剧特色学校，与上海戏剧学院签约共建。首批17所市戏剧特色学校将有机会优先了解有关戏剧教育的学术动态和演出信息，优先享受戏剧学院提供的戏剧教育授课资源和专业指导，优先接受戏剧学院提供的戏剧教育的最新理念和最新模式。宜川中学是全国艺术教育先进学校和上海市艺术教育特色学校。1992年3月成立学校话剧社，2001年被评为“上海市中学生明星社团”。戏剧特色学校的命名，为学校以戏剧教育为载体提升学生综合素养提供了重要的资源支持，有利于促进学校艺术教育的整体发展。（普　陀）

【启动中小学艺术教师国际化培训项目】 3月28日，区中小学艺术教师国际化培训项目启动仪式举行。该项目由区教育学院和上海师大音乐学院合作，以炫晶艺术中心作为主要培训基地，首期共招收50名中小学音乐教师，聘请国外著名艺术院校的优秀师资，对中小学音乐教师进行钢琴、声乐、舞蹈轮训，以提高艺术教师专业技能和素养，拓展国际视野与文化视野。（普　陀）

【与日本米其林六星大师烹饪交流】 4月14日，由上海市人民对外友好协会和日本龟甲万公司共同主办的“探寻美食世界真谛——致未来的烹饪大师”活动举行。日本的米其林六星大师柿泽一氏为甘霖初职校同学讲解日式高汤和手毬寿司的做法以及日本料理的基础知识，以亲身经历讲解了烹饪美食的意义、价值及其中包含的乐趣。甘霖初职校学生在大师引领下，将中国元素融入日式寿司，用烹制的咕咾肉创作一款中式寿司，令大师赞不绝口。本次活动是庆祝上海市人民对外友好协会成立60周年中日民间交流的一次活动，也是甘霖初职校第一次承办教育国际交流活动。（普　陀）

【英国中学校长中国行高峰论坛举行】 4月17日，由上海市教育学会主办，普陀区教育局、上海教育杂志社承办的“2016中英校长高峰论坛”在华东师范大学四附中举行。论坛聚焦中英教育差异，关注学生核心素养主题，邀请英国公立学校博航特中学校长和英国私立中学惠灵顿公学校长介绍英国中学教育，与上海的中小学校长代表探讨中英教育的差异与碰撞。曾参加中英数学教师交流项目的3名教师代表作题为“中英数学教师交流印象与思考”的交流，TIERONE国际教育机构董事分享“中学生发展生涯测评报告”研究成果，上海纽约大学招生办主任介绍纽约大学人才选拔标准。上海、辽宁、贵州、江苏、浙江等多地的中学校长、教育界人士300余人参加研讨。（普　陀）

【中外市民交流活动启幕】 9月12日，“甲子同心，璀璨60年——上海市人民对外友好协会成立60周年中外市民交流活动”在曹杨第二中学启幕。活动由上海市人民对外友好协会、普陀区人民政府、上海东方网股份有限公司联合举办。活动现场，普陀区社区居民表演舞蹈“妈咪恰恰”，曹杨二中教育集团沙田学校学生表演团体武术“中华少年”，圣马力诺代表团带来古老的舞旗表演。（普　陀）

【市数字教材学校应用研究推进会举行】 9月13日，市数字教材学校应用研究推进会在普陀区举行。会议对新版阅读软件功能进行了介绍与演示，对2016—2017学年实验项目方案进行介绍，公布了数字教材学校应用研究核心组名单。宝山区宝虹小学代表试点校进行题为“数字教材＋微信平台＝?”的汇报交流。数字教材试验是市教委为推进国家教育体制改革试点项目“数字化课程环境建设和学习方式变革试验”而提出的实验项目，项目研究开始于2014年9月，共有15所试验学校。2016年9月，普陀区作为整体试验区参加研究。（普　陀）

【校园气象科普丛书首发】 9月20日，“关注气象科普,应对气候变化——2016年全国科普日主题活动暨普陀区校园气象科普丛书首发仪式”举行。全国首个集观测、会商、预报、播报为一体的校园气象台“曹杨中学云知气象台”同时揭幕,中国工程院院士丁一汇等15名专家成为气象科普导师团专家。由区青少年活动中心牵头,美墅幼儿园、恒德小学、桃浦中学、曹杨中学的教师共同编写,首套面向青少年的应对气候变化丛书,是国内第一套覆盖学龄前儿童和义务教育阶段学生的应对气候变化丛书,中国气象局副局长许小峰和中国工程院院士丁一汇为丛书作序。 (普 陀)

【与嘉兴市签订教育战略合作框架协议】 10月10日,区教育局与浙江省嘉兴市教育局举行教育战略合作框架协议签约仪式。签约双方将在校长和教师队伍共建、教育资源共享等方面开展项目合作,优势互补,共赢发展。签约仪式后,双方围绕“聚焦沪浙高考改革 有效提升综合素养”开展交流。 (普 陀)

普陀区教育局与嘉兴市教育局签订教育战略合作框架协议

【获中国可持续发展教育国家示范区等多项荣誉】 10月27—29日,第七届北京可持续发展教育国际论坛暨第四次亚太可持续发展教育专家会议召开。来自中国、美国、加拿大、瑞典等13个国家的近300名代表参加会议。中国可持续发展教育项目全国工作委员会授予普陀区“中国可持续发展教育国家示范区”称号。恒德小学获“中国可持续发展教育国家实验学校”称号,上海外国语大学尚阳外国语学校等4所学校获“中国可持续发展教育示范学校”称号,上海师大附属二实验、平利一小获“中国可持续发展教育实验学校”称号,区青少年中心教师戴剑被聘为亚太地区和中国可持续发展教育项目专家,恒德小学校长周卫萍等4人被聘为中国可持续发展教育咨询专家。回民小学教师黄旭等3人被评为中国可持续发展教育优秀教师。上海外国语大学尚阳外国语学校教师江琰、回民小学教师黄旭撰写的案例获中国可持续发展教育优秀教育案例评选一等奖,曹杨新村幼儿园副园长李竞元等21人撰写的案例分获二、三等奖。自2005年起,普陀区开始整体推进可持续发展教育的探索与实践,将可持续发展教育融入学校办学理念、课程建设、教师培训以及校园文化建设等。 (普 陀)

【市中小学青年体育教师教学技能大赛举行】 10月28—30日,由市教委主办,市教委教研室、普陀区教育局承办,普陀区教育学院、晋元高级中学协办的上海市中小学青年体育教师教学技能大赛举行。三天中,青年体育教师参加“自选项目”“理论考试”“规定项目”等项比赛。普陀区曹杨二中、甘泉外国语中学、曹杨中学、同济二附中、新黄浦实验学校、金鼎学校、华东师大附小、武宁路小学、新普陀小学等校的12位青年体育教师参赛,获团体一等奖和优秀组织奖,个人一等奖1人、二等奖4人、三等奖3人。 (普 陀)

【举行纪念红军长征胜利80周年主题活动】 11月1日,“走好今天的长征路——普陀区青少年纪念红军长征胜利80周年主题活动”举行。团市委、区委、区人大、区政协等领导出席,区各中小学师生代表约400人参加。活动由“艺”路“征”途——视觉作品创作展和“艺”路“畅”享——《我们的长征》歌舞诗大型情景剧表演两部分组成。情景剧通过朗诵、歌舞、器乐、课本剧、合唱等艺术表现形式,以暑期重走长征路的区内中小学生为原型,讲述不同成长背景下学生重走长征路的不同经历、从中受到的启迪、成长中的思想蜕变等,以艺术的手法再现了二万五千里长征的艰辛历程以及长征精神在当代青少年身上的传承和发展。视觉作品展分启程、征途与感悟三个板块,展示学生在“我的长征我的路”实践活动中的收获,呈现创作者“重走长征路”背后的故事。活动还对2016年暑期工作进行了表彰。区暑期办获市未成年人暑期工作优秀组织奖。区少工委“我的长征,我的路——普陀区中小学纪念长征胜利80周年主题实践活动”、区文明联盟《文明单位走进爱心暑托班》、万里街道“国学传承乐学暑期、公益课程共筑童心”三个项目获2016年市未

成年人暑期工作优秀活动项目奖。（普　陀）

“走好今天的长征路”主题活动举行

【召开社区教育发展30年研讨会】 11月14日，以“合作·开放·共享”为主题的社区教育发展30年专题研讨会在华东师范大学举行，研讨会由上海市教委、普陀区人民政府和华东师范大学联合主办。普陀区委、区政府，华东师范大学，教育部发展研究中心及市教委等有关领导出席，来自北京、上海、江苏、内蒙古、河南等15个省市180多名社区教育的专家和代表参加研讨会。会上，普陀区代表作了题为“同心共创宜居社区教育，普惠普陀百姓”的主旨发言。1986年，真如中学建立“社会教育委员会”拉开上海乃至全国社区教育的序幕。30年来，普陀区社区教育经历了实体化、标准化、特色化、社会化、优质化的发展，已经成为终身教育的重要组成部分、学习型社会建设的重要载体。外省市代表团70余人实地参观考察了普陀区市民教育体验基地。（普　陀）

【获第三届中国青年志愿者服务项目大赛金奖】 12月1日，在由共青团中央、中央文明办等单位主办的第三届中国青年志愿者服务项目大赛暨志愿服务交流会上，“教育童行·i在彩虹湾病房学校——上海普陀长风教育生态共同体教师义工项目”获金奖。2016年3月，由华东师范大学四附中牵头、携手长风生态教育共同体内12所中小学幼儿园与社区学校，和毗邻的市儿童医院合作，创立“彩虹湾”病房学校，组建一支由百余名专业教师组成的志愿者队伍。每周二下午3点至4点，每个学校以爱心接力教学的特有方式，为儿童医院患儿授课，并针对患儿创造性地构建“4+X”课程体系，即四门共性课程“快乐阅读”“数字奥秘”“温暖面对面”“科艺DIY”。“X”课程主要针对有特殊需求的孩子。志愿者制定个性化学习方案进行一对一的陪伴式学习。项目组与市儿童医院共同建立了患儿学习意向征询机制、学习内容预告机制，初步形成针对混龄儿童有效开展学习活动的教学设计和反思机制。（普　陀）

附：区教育局驻地及负责人

（2016年1—12月）

地址：大渡河路1668号2号楼
邮编：200333
电话：52564588

区委分管常委、副书记：孙　萍
区政府分管副区长：钱雨晴

区教育党工委书记：吴凌昱
　　副书记：范以纲、丁向荣（9月离任）、黄敏华（9月到任）

区教育局局长：范以纲
　　副局长：黄敏华、周　飞（4月离任）、胡　俊（9月离任）、瞿志军（9月到任）、唐晓燕（10月到任）

虹　口　区

【2016年概况】 全区教育系统有各级各类学校（单位）138所，其中，中学37所（民办6所），小学

32所(民办4所),幼儿园54所(民办10所、其他部门办4所),托儿所4所(集体部门办4所),职业学校1所,非学历教育机构2所,专门学校1所,特殊教育学校1所,其他学校6所。在校学生59649人,其中公办学校学生46234人。教职工6396人,其中专任教师5299人。

年内,虹口教育继续坚持"公平、科学、优质"的发展主题和"创新、协调、绿色、开放、共享"的发展理念,深入探索教育领域综合改革的虹口模式,推动区域教育内涵建设和转型发展。

立德树人任务有效落实。制定《虹口区中小学生社会主义核心价值观学习和践行五年行动计划》。召开"围绕核心价值观培育分层分类实践探索长三角德育实践研讨会"。探索立足文化历史资源生动实践高中生社会主义核心价值观教育工作,首演高中学生大型原创舞台剧《赤子之心》。开展区第十轮行为规范示范校创建工作。加强学生心理健康教育,申报上海市心理健康示范校(2所)和全国心理健康教育特色校(1所)。加强"城市少年宫"建设,实现学校优质教育资源的社会共享。完成"萨提亚"种子师资班初阶培训课程。承办"新沪杯"中学生法律知识竞赛,打造上海市法治教育精品。

创新人才培养不断加强。围绕上海科创中心建设要求,加强区校联动发展,加快创新人才培养和创新素养培育。与上海外国语大学继续深化共建上外附中东校,着力建设小语种人才培养高地,实现与上外附中同质化教学、一体化管理目标。会同华东师大在华东师大一附中开设"孟宪承"实验班,打造"五修"课程体系,探索开办国际课程班,将大学文化更多地浸润到高中。与复旦大学数学科学学院在复兴高级中学共同举办"苏步青班",实施高中学段数学拔尖创新人才培养计划。与上海财经大学共建上海财经大学附属北郊高级中学,创新高中自主招生选拔和财经拔尖创新人才培养的新模式,共同研发特色课程体系,共享大学优质课程、场地和社团等资源。

虹口区与上海财经大学签订共建
上海财经大学附属北郊高级中学协议

加强干部和教师队伍建设。启动"卓越领航计划",完成发展团队组建工作,推动个人、团队形成清晰的发展目标与路径。做好后备干部培养工作,实施"学前阶段后备干部培养计划"。建设基础教育教师人才梯队与师资培训课程新机制,确定学科高地、学科培训基地、学科培训工作室、学科带头人、骨干教师、教学能手、教学新秀等7个层级的教师培养对象,促使梯队人才的滚动发展。研究引进高层次人才方案,加大特级教师、特级校长和优秀中青年教师的引进力度,整体优化教师队伍结构,全区两位教师获评正高级教师职称。

区域教育均衡化建设加快推进。贯彻落实《虹口区学前教育三年行动计划(2016—2018年)》,完成年度任务,促进幼儿园内涵发展。加快形成区域学区化集团化办学新格局,召开区"学区化集团化办学"工作推进会,建立10个学区化集团化办学集团(联盟),覆盖区内27所小学和15所中学。推进新优质学校集群发展,推动优质教育资源利用效益的最大化和区域内各学校的共同发展。高中阶段对接《上海市深化高等学校考试招生综合改革实施方案》,建立自主选择、分层学习的高中课程体系。市级课题"虹口区基于能力培养的高中特色课程建设与校本实施区域推进研究"通过多途径研究,扭转重知识轻能力的高中教育局面,建设一批基于能力培养的高中特色课程,在区域得到有效推进。特殊教育完成市级课题"特殊学生医教结合康复训练"结题工作。加强资源教室课程研发,形成教学资源包。构建现代职业教育体系,坚持学历教育与职业培训并举,进一步完善职业教育专业布局结构调整。做好第五轮农村义务教育学校委托管理中期评估,提升委托管理效益。

区域教育综合治理能力快速提升。制定发布《关于深化现代学校制度建设的指导意见》,按照"依法办学、自主管理、民主监督、社会参与"的工作思路，推进现代学校制度建设。建立区教育综合改革协同推进机制，推动教育领域综合改革项目的实施，完成“教育综合改革试点”改革自查工作。编制完成《虹口区教育事业改革与发展“十三五”规划（2016—2020年）》，明确未来五年主要改革任务和重点项目的细化实施。

绿色生态教育蓬勃开展。举办第五届“白玉兰”教学论坛，探讨“基于规准的课程与教学建设”，调整改善课程建设行为和教学管理行为。下发《虹口区关于进一步深化基于规准的课程与教学建设的意见》，强化课程与教学工作常规管理，促进教育教学管理科学化。全面推行小学“零起点”教学等第制评价工作，完成区域三年级语文、数学、英语学科评价案例汇编，形成低年级语数英等第制校本评价体系。开展“上海市中小学数字教材实验”项目区域实验，促进数字化环境下学校教学变革和学习方式的转变。开展以“教育关注人的发展”为主题的教师暑期培训，加强对“学生发展核心素养”的内涵认识，促进教师通过学与教的变革培育学生面向未来的核心素养。参加上海教育博览会，以学校特色课程为中心内容，展示虹口教育信息化发展历程及“十三五”期间虹口基础教育信息化发展规划。做好创建绿色生态学校顶层设计，扩大试点学校范围，探索建立绿色生态学校评价制度。召开“绿色生态学校评价的实践与探索研讨会”。配合市教委做好2016年度小学阶段市“绿色指标”综合评价工作，科学分析2015年度“绿色指标”综合评价结果，制定区、校两级“绿色指标”改进行动计划。指导区内试点学校推动第二轮学校课程领导力行动研究，以点带面逐步提升区域中小学校校长课程领导力。

教育资源布局规划任务有效落实。成立区城乡义务教育一体化工作小组，建立统筹、协调、推进的工作机制。制定《虹口区城乡义务教育一体化规划（2016—2020）》，明确各年度建设任务。落实城乡义务教育一体化2016年度项目实施，按时完成信息管理系统直报系统数据填报。落实《虹口区基础教育设施规划（2007—2020）》，制定《虹口区教育基础设施规划调整的编制说明》。重点推进各类学校的调整、迁建工作。平稳推进北虹高级中学、复兴高级中学、澄衷高级中学、上外东校改扩建项目与船员评估示范中心、“指南针”项目、上海国际教育考试服务中心、东余杭路幼儿园迁建、彩虹湾九年一贯制学校、彩虹湾幼儿园等10个区政府重大工程建设。

教育国际交往和竞争能力继续增强。进一步加强优质高中国际化建设，加强中外合作专业与课程的开发，着力建设小语种高地。成立上海国际教育服务与创新园区，组建园区建设领导小组和工作小组。建立园区运作实体，成立上海国际教育投资控股有限公司（筹），负责落实园区项目建设，吸引国内外总部型教育服务企业和机构入驻。举办园区挂牌仪式，为八大平台揭牌。会同上海外国语大学共同举办上海国际教育展览会暨国际教育资源洽谈会，进一步树立园区国际教育服务品牌形象，扩大园区在国内外的影响力与话语权，汇聚国内外优质的国际教育资源，促进中外交流与合作。

（何　杰）

【翁铁慧调研虹口教育】 4月26日，副市长翁铁慧到虹口区调研教育工作，实地走访了区第二中心小学等学校。7月20日，翁铁慧到鲁迅初级中学等爱心暑托班办班点视察，充分肯定暑托班的工作。

（何　杰）

【上海国际友好城市青少年夏令营开营】 7月12日，2016年上海国际友好城市青少年夏令营在虹口区青少年活动中心举行开营仪式。副市长翁铁慧，市教委、虹口区委区政府领导及友好城市驻沪

上海国际友好城市青少年夏令营开营仪式在虹口区青少年活动中心举行

总领馆及办事处代表等参加开营仪式。翁铁慧宣布夏令营开营并授营旗。（何　杰）

【深化现代学校制度建设推进大会举行】 9月28日，虹口区教育系统深化现代学校制度建设推进大会举行。会议解读《虹口区教育系统深化现代学校制度建设指导意见》。上海财经大学附属北郊高级中学、第四中心小学和复兴实验中学作交流发言。深化现代学校制度建设是区域教育综合改革的需要，是学校依法自主办学的需要，也是民主监督、社会参与的需要。（何　杰）

【中国教育法治与教育发展高峰论坛举行】 11月5—6日，首届"中国教育法治与教育发展高峰论坛"在上海举行。论坛由教育部政策法规司指导，中国教育发展战略学会、上海市教委和上海交通大学联合主办。区教育局同志作题为《以区域性现代学校制度体系构建助力虹口教育发展》的报告，向与会专家学者介绍了虹口区在现代学校制度建设方面探索和实践的情况。（何　杰）

【全球健康促进大会代表到访考察】 11月23日，举行全球健康促进大会"中国国家日"虹口区考察活动，与会的世界卫生组织官员、健康专家等代表走访3所学校，实地了解健康城区建设和健康生活方式等方面的具体举措。在凉城第三小学，孩子们从小就知晓少盐、少油、少糖的健康生活方式，并向代表们介绍如何合理搭配一日三餐，获得代表点赞。（何　杰）

【《东方之舟》举行第二轮公演】 2月1—2日，区高中生舞台剧《东方之舟》第二轮公演举行，市、区领导及社会各界人士与虹口区师生一起观看演出。舞台剧获得广泛好评。大型原创舞台剧《东方之舟》是区教育局与上海市教育发展基金会英盛教育基金合作，落实"戏剧进校园——虹口区提升高一学生艺术素养实践活动的研究"项目的重要抓手，该剧主要反映抗战期间上海人民与在沪避难的犹太难民共同抵抗法西斯，以及犹太难童与虹口学童之间深厚友谊的故事。（何　杰）

【"北虹剧团"揭牌】 3月18日，举行"北虹剧团"揭牌仪式，北虹剧团由上海戏剧学院戏文系与北虹高级中学合作共建。根据双方合作协议，北虹高级中学成为上海戏剧学院"戏剧进高中"实训基地，学院将提供适合高中学生演出的剧本，并派有经验的导演指导学生排练演出。（何　杰）

【市小学教学与评价工作推进会召开】 3月29日，由市教委基教处、市教委教研室、区教育局联合主办的"立足校本实践　促进学生发展"上海市小学基于课程标准的教学与评价工作推进会在广灵路小学举行。会上，区教育局同志作了题为《区校联动　探索情趣有效的教学与评价》的汇报。

（何　杰）

【教师专业人才梯队建设启动】 3月11日，虹口教育系统"十三五"教师专业人才梯队建设启动大会举行。与会领导为学科高地、学科培训基地和工作室主持人授牌，区教师进修学院与上海市师资培训中心签署《关于合作共建基础教育教师人才梯队与师资培训课程新机制的协议》，双方将以师资培训课程建设为主，多方面开展合作，共同推动教师成长。（何　杰）

【召开教育综合改革领导小组联席会议】 4月27日，区教育综合改革领导小组召开第一次联席会议，区府办、区教育局、区编办、区发改委、区人社局、区科委、区卫计委、区财政局、区体育局、区规土局、区房管局等部门负责人参加会议。会议总结教育领域综合改革工作开展以来取得的成绩和成效，同时对照《虹口区教育领域综合改革各委办局分工项目》，谋划2016年以及今后几年的重点改革任务。（何　杰）

【上海国际教育服务与创新园区揭牌】 6月24日，上海国际教育服务与创新园区揭牌仪式举行。市教卫工作党委书记陈克宏，上海外国语大学党委书记姜锋，区委书记吴信宝，区委副书记、区长曹立强为上海国际教育服务与创新园区揭牌。上海国际教育大数据中心、上海国际教育考试服务中心等5个机构同时揭牌。园区致力于国际教育服务与创新，结合周边高校资源优势，重点培育国际教育服务业，发挥区域内金融企业集聚优势，引导教育与金融的结合，为国际教育服务提供多元化的资本支持、项目拓展及各种配套，同时依托国际教育服务的发展，推动重点产业的能级提升，增强涉外发展实力，促进区域产业功能和实力的综合提升。（何　杰）

上海国际教育服务与创新园区揭牌仪式举行

【上海国际教育展览会暨国际教育资源洽谈会举行】 6月25—26日，由上海国际教育服务与创新园区主办的"2016上海国际教育展览会暨国际教育资源洽谈会"举行。来自英国、美国、澳大利亚、加拿大、俄罗斯及"一带一路"沿线国家的国内外教育机构达150余家参与展览会。展览会以"高端·多元·融合"为主题，搭建了一个国际教育合作与交流平台，分享各国高校、机构在促进学生流动、提升国际化水平和培养创新型人才方面的成功经验，为希望享受国际化教育服务的人员提供权威与直接的教育信息与专业服务。（何　杰）

【敦煌青少年夏令营开营】 8月2日，国家"指南针计划"敦煌青少年夏令营举行开营仪式。此次敦煌青少年夏令营是推进国家"指南针计划"青少年基地建设战略合作框架协议的具体举措之一。甘肃省敦煌研究院选派了20名学生参加本次夏令营，涵盖了各个学段，他们分别来自敦煌不同的学校。营员们在国家"指南针计划"青少年基地体验中国传统文化，深入上海大街小巷，了解上海风土人情。（何　杰）

【原创舞台剧《赤子之心》公演】 9月1日，作为虹口"开学第一课"的重头戏，原创舞台剧《赤子之心》在虹口区青少年活动中心公演。《赤子之心》把虹口区爱国主义教育基地所承载的史实和故事搬上舞台，剧中演员全部由学生担任，是虹口高中艺术课程改革的成果。（何　杰）

【市数字教材学校应用研究交流展示活动举行】 12月27日，"深化融合，助力教学"——上海市数字教材学校应用研究交流展示活动分别在虹口区曲四小学和钟山初级中学举行。展示活动中，两校分别开设语文、数学、英语、科学与技术、美术等学科的数字教材应用展示课。（何　杰）

【在VEX世界锦标赛上获奖】 在4月20—23日举行的"VEX机器人世界锦标赛"上，上外附中获得VEX初中组冠军和最佳结构奖，复兴高级中学和华东师大一附中组成的联队获得VEX高中组遥控亚军，区青少年活动中心队获得VEX IQ遥控单项第四名。（何　杰）

【获"红领巾心向党"小合唱比赛冠军】 在市少工委组织的"红领巾心向党"——2016年"雏鹰杯"小合唱比赛中，区第三中心小学的梦之声合唱团赢得冠军。团市委书记徐未晚、市教委副主任贾炜为区第三中心小学梦之声合唱团颁奖，著名指挥家曹鹏亲自为小歌唱家们授牌。"雏鹰杯"是由团市委、市教委、市少工委给学生们搭建的新舞台。（何　杰）

【在全国青少年机器人比赛中获奖】 8月11—14日，2016年首届青少年创客活动暨第七届青少年机器人比赛在西安举行，全国各地730多支代表队、3000余人参加。虹口区组成包括21支队伍共113人的机器人参赛代表团，获6项冠军2项亚军2项季军。长青学校、区青少年活动中心等3个队伍囊括IQ初中组前三名，复兴高级中学和上外附中分获VEX高中组和初中组的程序比赛冠军，长青学校B队和C队获得IQ初中组全手动项目并列冠军,民办新华初级中学获季军。红旗小学获得IQ小学组全手动冠军,长青学校获亚军。另外,长青学校获最佳创造奖,民办新华初级中学获最佳科技奖,继光初级中学获最佳结构奖,第三中心小学获卓越奖。 (何 杰)

【"新沪杯"法律知识竞赛决赛举行】 12月3日,2016年上海市"新沪杯"法律知识竞赛决赛举行,赛事由市教卫工作党委、市教委、市司法局和市法宣办主办,虹口区教育局等部门承办。民办复兴初级中学代表队获得初中组冠军,上海财经大学附属北郊高级中学获得高中组二等奖,虹口区获得优秀组织奖。"新沪杯"中学生法律知识竞赛已成为上海加强青少年法治宣传教育、全面推进素质教育的一个品牌。 (何 杰)

附:区教育局驻地及负责人

(2016年1—12月)

地址:天宝路1058号
邮编:200092
电话:65756666

区委分管常委:刘 可(10月离任)
高 香(10月到任)
区政府分管副区长:李国华(10月离任)
高 香(10月到任)

区教育局党工委书记:潘惠琴(7月离任)、黄丽芳(8月到任)
副书记:王 新(7月离任)、杨 利(8月到任)

区教育局局长:常生龙
副局长:杨 利(7月离任)、周海明、孙 磊、吴余洁(11月到任)

杨 浦 区

【2016年概况】 全区共有各级各类学校187所,其中中学51所(含民办10所)、小学44所(含民办2所)、幼托园所87所(含民办22所)、中职学校2所、特殊教育学校3所。共有在校学生88164人。在编教职工9177人(其中专任教师7335人)。

一、聚焦改革与创新,深化七项工作。一是深化整体教育综合改革试点。启动第三轮基础教育创新试验区建设,围绕三个"更加注重"(改革重点、落地基层、专家咨询引领),以13个核心项目与7大创新行动为抓手,确保项目落地。二是深化"创全"工作。坚持"立德树人",以传承中华优秀传统文化为切入点,深入推进"生命教育"试点,组织传统文化进校园等展示活动,加强城市学校少年宫等7大社会实践基地建设。6月,亚洲学习型组织联盟在杨浦召开"2016年未成年人思想道德建设国际研讨会"。三是深化教育优质均衡发展。发展集团化办学,成立中福会幼儿园、本溪幼儿园教育集团,杨浦区教师进修学院、六一小学和鞍山实验中学教育集团,控江中学教育集团。集团化办学贯通中小幼3个学段。区域内义务教育阶段的10个教育集团,覆盖43所中小学,占总数比51.81%,集团内学生近3万人,占总数比56.12%。修订完善集团章程,试点引入第三方机构评估。集群式发展新优质学校,组建以上理工附小、平三小学、三门中学、鞍山实验中学为群主校的4个新优质学校发展集群,确定新一轮16所区项目校。一体化建设城乡基础教育,完成10个学生剧场、1个室内体育馆、26个创新实验室、10个图书馆、15个安全教育体验教室建设项目,涉及学校38所,占义务教育阶段学校52.8%。四是深化高考改革。在全区18所高中开展走班教学,组建上理工附中、少云中学生涯辅导联盟,有序推进综合素质评价,构建校内与校外、课上与课下,涵盖学生学习、活动全过程的多元评价体系。成立现代音乐职业学校。教育教学质量持续保持高位稳定,全年,高考自招率50.36%、本科率91.65%,中考平均分522.93分、合格率99.84%。五是深化师资专业化水平提升机制。启动第五轮"三名"建设,5人被评为上海市正高级教师。以教育部重点课题"见习教师规范化培训支持体系的实践研究"为引领,完善见习教师规范化培训"双证制",新增7所市教师专业发展学校。与人保、财政等部门合力研究,启动集团教师"蓄水池"计划,为每个集团增加10个编制,完善教师流动机制。保障教师工资逐步增长,全面完成教育系统绩效工资增资工作。六是深化体教艺教科教医教结合。组建上海市青少年校园足球精英训练营杨浦区分营,成功举办2016中国(上海)国际青少年足球邀请赛,杨浦区为全国校园足球试点区。坚持普及与提高,艺术节、科技节区域全覆盖,持续推进"百年大学""赛复创智杯"等特色品牌项目建设。积极干预青少年肥胖、近视,做好"全球健康促进大会"点位学校接待工作,启动"洗手工程"试点。七是深化保障机制。成立区教育督导委员会。健全安全责任体系,为30家学校食堂安装远程视频监控系统、为60家沿主干道学校安装"黄闪灯"。惠民中学迁建、二师附小整体重建竣工等区政府实事项目。启动同济中学改扩建项目。全力推进新江湾城配套建设项目,105街坊地块新建幼儿园和叠翠路、国泓路配套幼儿园开工。推进英语系国际学校项目。

二、聚焦领导班子与干部队伍建设。加强班子建设:一是牢固宗旨意识。领导班子带头学习贯彻落实党的十八届六中全会精神、习近平总书记系列重要讲话精神,从严从实推进"两学一做"学习教育。与区档案局、区党史办开展中心组联组学习。结合"一线工作法"带头深入基层联系点讲党课。二是强化责任担当。深化机关干部联系服务基层学校、学校党员干部联系服务教师、教师联系服务学生的"三联系"服务制度。建立基层接待日,深入12个街道镇开展教育招生咨询便民服务。三是严格落实"一岗双责"。对照区委问题清单,形成落实党风廉政建设主体责任和监督责任的任务清单23项,100%整改落实到位。坚持集体廉政谈话,开展廉政承诺,明确廉政风险防控点,巩固规范教育收费,构建以政风行风建设为重点的惩防体系。加强队伍建设:一是注重能力提升。依托井冈山干部培训基地等开展实地培训,依托高校、市区党校办好各类干部培训班,充分利用党建研究块(组)活动平台开展交流研讨。二是坚持从严管理。明确党员干部"五带头"(坚定理想信念、坚守政治纪律和政治规矩、树立和落实新发展理念、攻坚克难敢于担当、落实全面从严治党责任),落实重大事项报告制和出境管理,健全"双向述评""双向测评"制度,切实加强对领导班子和后备干部日常考察、考核。三是完善梯队建设。以"三名"工程为抓手,构建"雄鹰—精鹰—飞鹰"培养体系。开展新任校长书记、骨干校长、中青年后备干部培训。成立3个名校长工作室,组织"双特"联谊会活动。共选送援藏干部9名、援黔干部24名,2名特级校长、1名特级教师支教市郊学校。

三、聚焦重大问题与历史遗留问题,破解两大难题。一是破解国际学校建设难题。主动介入设计方案修改,从学校地下设施、幼儿园布局等方面提出专业修改意见,使学校设计方案符合审批要求,缩短审批时间。主动介入沟通协调,针对外籍人士对中国政策法规不甚了解,对本地办事流程不熟悉导致工期延误的情况,耐心向德法学校解释政策方针,帮助学校与市属公共事业单位以及区相关委办局沟通和协调,协助其完成项目征询、环评检测、项目立项、设计招标、设计方案审核、配套设施接驳、规划许可证审批、施工招标、桩基工程启动等工作。12月3日举行德法学校项目奠基仪式。二是破解"退租还教"清退难题。教育列入区政府"非改居"专项整治项目4个、重点清退项目19个,租户近158户,面积46686平方米。承租户类型五花八门,在区委区政府高度重视下,区法院、街道、城管、工商等相关部门大力支持下,针对不同情况,制定清退方案逐一化解。截至10月31日,已清退租户151户,厘清建筑面积约37810平方米;正在清退租赁到期的物业5户,建筑面积约5876平方米,并已全部进入相关清退程序。经"退租还教"后,多年被挪作他用的校舍全部重新用于教育教学之需,

缓解入学矛盾，改善校园和周边环境，增加师生和周边居民的休闲活动空间。（杨　教）

【举行全国社区教育i-数码体验学习基地建设推进活动】 1月8日，全国社区教育i-数码体验学习基地建设推进活动在杨浦区社区学院举行。教育部社区教育研究培训中心、国家开放大学、杨浦区政府、区教育局、上海开放大学等相关领导出席。杨浦区介绍了依托全国社区教育i-数码体验学习基地建设，引领百姓学习和生活的探索情况。全国教书育人楷模、语文特级教师于漪为上海市杨浦区中华优秀传统教研培训基地揭牌。（杨　教）

【在第三十七届世界头脑奥林匹克中国区决赛获好成绩】 2月27—28日，第三十七届世界头脑奥林匹克中国区决赛在上海外国语大学松江校区举行。杨浦区有17所中小幼学校26支参赛队参与角逐，并获多个奖牌。控江中学和上理工附中参赛队将代表中国参加5月25日在美国依阿华州立大学举行的第三十七届世界头脑奥林匹克决赛。（杨　教）

【召开整体教育综合改革推进会】 3月10日，“为每一位学生的未来奠基”2016杨浦整体教育综合改革推进会暨第三轮上海市基础教育创新试验区建设启动大会召开。会议回顾2015年杨浦教育综合改革推进情况，并发布第三轮上海市基础教育创新试验区建设任务。会上，市教委教研室与杨浦区教育局签订合作备忘录，同济大学航空航天与动力学院、上海理工大学理学院、第二军医大学中药资源实验室分别与同济一附中、上理工附中、杨浦区少科站签订合作备忘录。（杨　教）

【多项德育科研成果获奖】 3月初，上海市第七届“健生杯”德育科研成果总结表彰会召开，全区共有46项学校课题参与申报，40项课题立项，36项课题参与评奖，最终16项课题获科研成果等第奖。在13项一等奖课题中获4项，位列全市各区之首。（杨　教）

【获全国第五届中小学生艺术展演器乐专场一等奖】 4月13日，全国第五届中小学生艺术展演器乐专场决赛在青岛举办。区民乐团(上海市学生艺术团民乐二团)获全国第五届中小学生艺术展演活动器乐专场一等奖、民乐专场优秀创作奖。（杨　教）

【市高中专项化体育课改试点工作现场会召开】 4月27日，市教委在上海理工大学附属中学召开上海市高中专项化体育课程改革试点工作现场会。市教委、杨浦区政府、区教育局、市教委教研室、市学校体育卫生联席会议办公室的领导出席。与会人员观摩上理工附中的足球、篮球、羽毛球、乒乓球、网球、健美操6个专项的教学展示。联席会议办公室总结了上海市高中专项化体育课程改革三年来实施情况，并对下一阶段改革试点工作进行动员和部署。（杨　教）

【国务院妇女儿童工作委员会进行现场评估】 5月17日，国务院妇女儿童工作委员会对上海实施《中国妇女发展纲要(2011—2020年)》和《中国儿童发展纲要(2011—2020年)》(以下简称“两纲”)情况进行中期评估督导。全国“两纲”中期评估督导组到上理工附小和辛灵中学开展现场评估考察。专家们听取学校汇报后，参观了辛灵中学的剪纸室、心理辅导室、瑜伽健身、书法室、美术室等场所，查阅了两所学校的行政会议、助学金发放、特色课程等资料。上理工附小的“国策教育进校园”工作和辛灵中学针对行为有偏差的特殊青少年“一个都不放弃”的教育实践受到高度赞赏。（杨　教）

【召开集团化办学年度工作推进会】 6月28日，区集团化办学年度工作推进暨新集团成立大会召开。市教委，杨浦区政府等相关领导出席。大会通过数字故事呈现杨浦集团化办学的成功经验，介绍集团化办学第三方评估的进展情况，宣布区域扩大集团化办学规模、新成立三个教育集团的决定。

（杨　教）

【与上海音乐学院开展战略合作】 6月28日，上海音乐学院与杨浦区签订战略合作框架协议。区教育局及上海市现代音乐职业学校、上海音乐学院实验学校参加签约仪式。双方将在政策与经费保障、

项目合作深度、干部人才培养交流方面开展合作。（杨　教）

杨浦区与上海音乐学院签订战略合作框架协议

【翁铁慧视察上理工附小】 9月21日，副市长翁铁慧到上海理工大学附属小学视察。上理工附小模拟“国家日”的参观路线，汇报第九届全球健康促进大会“中国国家日”相关工作筹备情况。翁铁慧对上理工附小的健康促进工作作指导。（杨　教）

【获2016年上海市公共安全教育展示活动一等奖】 11月5日，由市教委、市气象局、市消防局、市公安局交通警察总队、市红十字会共同主办的第九届上海市中小学生师生公共安全知识竞赛和技能展示活动在东方绿舟举行。由同济小学、新大桥中学、中原中学40名师生组成的杨浦区代表队获2016年上海市中小学生师生公共安全知识竞赛和技能展示活动一等奖和优秀组织奖。（杨　教）

【召开师资队伍建设工作会议】 11月15日，杨浦区师资队伍建设工作会议暨第五轮“三名”建设推进大会举行。会上发布了区师资队伍建设“十三五”发展规划和第五轮“名学校、名校长、名教师”建设实施意见。市特级教师、特级校长、区“名校长”工作室主持人、区骨干教师分别作交流发言。（杨　教）

【获第十一届“苏步青数学教育奖”一等奖】 11月，控江中学许敏老师获第十一届“苏步青数学教育奖”一等奖。许敏积极追求“让学生喜欢数学，理解数学的基本概念，重视数学的逻辑思维，体会数学的创造性，学会应用数学”的教学目标，关注因材施教，积极组织学有余力的学生参加课外竞赛培训，为他们施展数学特长和智慧创造条件，培养了一大批数学尖子，他还积极带教、指导多名教师成为区骨干教师、学科带头人。2004年许敏老师被评为全国优秀教师，2005年获评特级教师，2014年获全国“五一”劳动奖章。（杨　教）

附：区教育局驻地及负责人

（2016年1—12月）

地址：长岭路91号
邮编：200093
电话：65017733

区委分管常委（领导）：徐　彬
区政府分管副区长：徐建华

区教育局党工委书记：顾登姝
副书记：冯　芸

区教育局局长：邵志勇
副局长：吴　巍　朱伟峰

浦 东 新 区

【2016年概况】 全区有学校634所，其中普通中学161所，小学164所，幼儿园298所，特殊教育学校

3所，专门学校1所，职业中学7所。公办学校461所，民办学校173所。有青少年活动中心和实习学校2个校外教育单位、教育学院1所，以及教育署等14个其他教育单位。另有上海开放大学分校3所，社区学院1所、上海老年大学分校1所、街镇社区（成人）学校37所、居（村）委居民学习点1201个、各类学习型团队2281个，有民办非学历教育机构122所。全区有市实验性示范性高中11所，区实验性示范性高中18所，市示范性幼儿园7所。

基础教育阶段学生总数47.41万人，其中中学13.6万人，小学19.98万人，幼儿园12.44万人，特殊教育学校870人，专门学校349人，职业中学1.27万人（含忠华初级职校）。全区教职工4.15万人，专任教师3.46万人。基础教育规模占全市近四分之一。

全年，幼儿园招收新生4.07万人，小学阶段招收新生4.04万人，初中阶段招收新生3.24万人。高中阶段录取新生1.58万人。参加初中毕业升学体育考试考生2万人次。参加中考考生1.80万人，参加春季高考考生7995人，参加秋季高考考生1.09万人。

全区有117所学校招收外籍及港澳台学生，有外籍及香港特区、澳门特区、台湾地区学生1.25万人，其中在公办或民办学校就读的学生3793人，在国际学校就读的学生8756人。全区有外籍人员子女学校14所。有直接境外招收外籍学生资格学校16所。有4所普通高中学校引进优秀国外高中课程，在新区执教的外籍教师1594名。全区有“高中国际课程试点学校”6所。

全区有体教结合特色学校141所，科技特色学校88所。艺术教育特色学校市级14所、区级126所。学生艺术团市级5个、区级35个，艺术名师工作室市级4个。有“市校园足球联盟布点学校”39所，布点足球队伍44支。

全年，区教育局、团区委授予186名学生“浦东新区普通中学和中等职业学校三好学生”称号，授予55名“浦东新区普通中学和中等职业学校优秀学生干部”称号，授予29名“浦东新区普通中学和中等职业学校优秀团员”称号，授予18名“浦东新区普通中学和中等职业学校优秀团干部”称号，授予178个班级“浦东新区普通中学和中等职业学校先进班级”称号。

命名125所学校为“2016—2018年浦东新区艺术教育特色学校”。命名10所学校为“2015年度浦东新区十佳科技教育特色学校”，2所学校为“2015年度浦东新区十佳科技教育特色学校提名”。命名24所学校为“第七批浦东新区校本研修学校”。命名46所学校为“2016—2018年浦东新区青少年民族文化培训基地学校”。授予110所学校“2015年浦东新区中小学心理健康教育达标校”称号，授予14所学校“2015年浦东新区中小学心理健康教育示范校”称号。命名24所学校“2016—2020年浦东新区绿色学校”。46所学校被评为“浦东新区第八届教育科研先进集体”，48名教师被评为“浦东新区第八届教育科研先进个人”。48家早教点被评为“2015年浦东新区优秀早教指导点”。16所幼儿园通过复验评为“上海市一级幼儿园及浦东新区示范幼儿园”。

开展第三轮学校发展性教育督导，组织专、兼职督学完成11所高中、23所义务教育阶段学校和65所幼儿园的综合督导。完成415所学校第三轮学校发展性教育督导评估工作，其中中学124所、小学119所和幼儿园172所。有10所高中创建特色高中实验校，有4所高中加入第一批市级项目。完成26所市、区两级实验性示范性高中“智慧校园”项目的硬件建设。

一、继续实行义务教育阶段学生书簿费全免政策。制订各类教育公用经费拨款综合定额标准。其中，市实验性示范性高中生均公用经费综合定额标准3300元，区实验性示范性高中与一般高中生均公用经费综合定额标准3000元，职校生均公用经费综合定额标准3000—3200元，初中生均公用经费综合定额标准3200元，小学生均公用经费综合定额标准3000元，专门学校生均公用经费综合定额标准8000元，特殊教育生均公用经费综合定额标准8000元，市示范性幼儿园生均公用经费综合定额标准2500元，一、二级幼儿园生均公用经费综合定额标准2200元。

二、推进教育基础建设。全年教育公共财政预算拨款114.35亿元，比上年增长23.82%，剔除镇业教、中央专款、教育费附加转移支付后的教育公共财政预算拨款102.20亿元，比上年增长22.29%；义务教育公共财政预算拨款65.08亿元（不含中央专项、基本建设），比上年增长27.47%。教育经费安排继续向义务教育倾斜，义务教育中的初中、小学生均教育事业费支出（含附加）同比分别增长29.69%和23.43%。在专项资金安排上，结合新区教育常规性专项项目基础，落实上级部门政策安排的实事工程项目。全年，教育基本建设项目投入资金4.03亿元，涉及项目31项，其中教育项目26项，投入资金2.63亿元。南汇实验学校改扩建工程开工建设，致立学校改扩建、惠南二小改扩建等项目顺利竣工。新开办学校（含分校区）26所，其中初中5所、小学3所、幼儿园18所。

三、强化师德师风建设，提高教师队伍整体素质。举办"我有一个教师梦"主题征文演讲比赛，收到征文292篇，组织获奖教师到学校巡讲。全年有1名教师被评为2016上海市教书育人楷模，1名教师被评为2016年上海市教育系统"为人、为师、为学"典型。开展2016—2018年"以个人姓名命名的工作室和教师培训基地""学科带头人"和"骨干教师"评选工作，成立36个"以个人姓名命名的工作室和教师培训基地"，授予363名教师"浦东新区学科带头人"称号，授予2241名教师"浦东新区骨干教师"称号。有特级校（园）长14名、高级校（园）长249名，正高级教师6名、特级教师44名（其中市属学校11名）、高级教师2772名，9所学校被评为2016年上海市教师专业发展学校。全区有市、区两级教师专业发展学校（幼儿园）51所。举办"讲台上的名师"学前、初中、职教、高中共4个专场的"教学展示与教学论坛"活动。举办2016年区级青年教师教育教学竞赛活动，182名教师参赛。完成2015学年见习教师规范化培训，参加培训学员1411名；启动开展2016学年见习教师规范化培训，参加培训学员1369人。组织开展"乡村教师从教30年教师荣誉证书"首次登记工作，4289名乡村教师纳入登记范围，其中在职教师576名、离退休教师3713名。制订向郊区倾斜的系列师资政策，推进"教育六条"在临港新城试点工作。

四、加强干部队伍建设。组织650余名中小幼校（园）长、书记参加暑期校（园）长专题培训。开办青年干部培训班、幼儿园保教主任、中小学副校长，优秀青年干部专题研修班，进一步加强干部队伍建设。推荐4名学校书记参加上海市第一期中学书记岗位培训班，2名园长参加全国骨干园长专题研修班，推荐部分校长参加长三角名校长联合培训、第三期上海市初任中小学校长研修班、教育部—中国电信中小学校长"网络学习空间人人通"等专项培训。全区有市优秀青年校长23人、市名校长后备72人。

五、积极开展支教与协作工作。全区25名干部、教师在新疆、西藏开展对口支教、协作工作。有14名干部和教师在新疆莎车县支教，接受两批共40名新疆莎车县校长和骨干教师来沪培训3个月，接受江西省于都县15名教师来沪培训1个月。南汇中学和川沙中学招收内地新疆高中班学生252名，实行混合编班教学。全区共有916名内地新疆高中班学生。170名毕业生参加高考并被录取。有1名校长和10名教师在西藏日喀则支教。接受10名西双版纳州的校长和骨干教师来沪培训3个月，组织7名专家赴西藏江孜县讲学。新陆职校和东辉职校新招收青海果洛州对口支援班学生66名，全区共有159名青海果洛州对口地区学生。

六、加快推进职业教育。申报并获批1个中本、5个中高职贯通试点。至年底，全区中本贯通试点专业4个和中高职贯通试点专业11个。7所局属中职学校设置各类专业（专门化方向）77个，建有金融事务、国际商务、现代物流等9个市级开放实训中心及7个区级开放实训中心，专业教师中"双师型"比例达65%以上。大力开展重点专业建设，5个专业被批准为上海市示范性品牌专业，8个专业被批准为上海市品牌专业。12个市重点建设专业被认定为上海市精品特色专业。参与校企合作企业400余家，建立16个"中等职业学校优秀学生实习基地"。建立职业学校与职教集团沟通、共享机制，全区有35家理事单位和142家成员单位。全年累计完成1.9万余人次的职业技能培训工作，完成1.1万余人次职业技能鉴定工作。

七、加强教育交流合作。与美、英、法、澳大利亚、芬兰等10多个国家以及港澳台地区开展教育交流合作。派出107批1389人次赴境外交流、跟岗训练，开阔校（园）长与教师国际视野，提升专业素养和能力。推进浦东—芬兰库奥皮奥第二期教育交流与合作,做好新结对5所学校指导工作。启动第三期浦东新区赴美研修教师项目工作。深化中英学生学业评价项目,探讨继续合作之路。继续推进浦东与英国开放大学的交流与合作工作。安排香港特区的百名学生参加夏令营活动。推进新一轮浦东新区—台湾地区学校教育交流项目工作,促进两地教育合作与师生交流。与UBC、UCLA、CSBA等教育机构沟通交流,为浦东教育与英国、美国、加拿大等教育机构合作搭建平台。

2016年挪威音乐会组织"音乐进校园——浦东行"活动

八、强化安全防范。出台《浦东新区校车安全管理办法》。层层签订安全岗位目标责任书,健全安全管理条线网络,全面落实"一岗双责"安全责任制。规范学校保安、物业遴选工作,维护学校正常教育教学秩序,保障学生在校安全。编排全年中小学、幼儿园安全工作预警提示,提高日常安全防范能力,积极稳妥有序应对突发事件。（浦 教）

【开展"幼儿阅读室"标准化建设】 3月2日,下发《关于开展幼儿园"幼儿阅读室建设"的通知》,出台幼儿阅读室配置标准,在2016—2018年完成。启动首批120个幼儿阅读室建设项目,先后投入资金5400万元。9月,首批120个幼儿阅读室竣工投入使用。（浦 教）

【制定学前教育三年行动计划】 8月12日,9部门制订《浦东新区学前教育三年行动计划(2016—2018年)》,文件明确浦东学前教育发展的目标、指标和主要措施。通过三年行动计划,在总量扩充前提下,有效提升新区学前教育整体质量;在坚持公益普惠前提下,兼顾多元化办学,满足社会和家长的不同需求;努力建设开放多元、均衡优质、特色鲜明的浦东学前教育。（浦 教）

【举办第九届浦东教学展示周】 11月28—12月1日,举办主题为"改革·创新·发展·共享"第九届教学展示周活动,有效推进中小学幼儿园教育教学工作。全区34个展示点展示116节课,展示课内容涵盖中小幼的基础课程和拓展课程。基于以人为本的理念,满足学生个性发展,探索教育新机制,分享实践新经验,教学展示形式多样,体现"教无定法,贵在得法"的特点。举办各类主题论坛12场、学科论坛25场,论坛主题涉及学校管理、育人模式、课程建设、教师专业发展、课堂教学、信息技术等领域。（浦 教）

【建立58个高中创新实验室】 全区建立58个高中创新实验室。制订《推进浦东新区高中创新实验室建设的实施方案》,全局规划,整体推进创新实验室工作开展。各校同步制订建设方案、课程开发方案、年度工作计划等。制订《浦东新区高中创新实验室建设和管理意见》《浦东新区创新实验室建设与运行评估指标体系》,规范管理,确保实验室有序发展。各校按照"一校一特色"思路,研发和实施一批具有区域特点学校特色的创新课程,满足不同学生需求,为周边学校学生提供资源共享,使实验室成为区或市的研究、实践、体验中心。（浦 教）

【建立202个高中生社会实践志愿服务基地】 全区建立各级高中生社会实践志愿服务基地202个,3.35万个学生实践岗位。各校将此纳入教育教学计划,安排组织学生参加社会实践,做到"定人数、定时间、定地点、定内容、定岗位、定方案"。建立"学校工作QQ群"和"基地工作QQ群",学校、基地与学生互动,延伸培训,有效推进社会实践良性发展。挖掘各学校、基地的特色课程和活动,开展评选展示,增强实效性,形成特色,扩大影响力。推动学校和基地签约,促进交流,形成教育合力,构建

学校与基地育人共同体,推动实践基地标准化建设和规范化运行。（浦　教）

【推进新优质学校集群发展】 全区有市级新优质学校集群发展项目学校6所,区级项目学校39所。分署布局,实现协同均衡化。根据学校分署布局特点,把集群发展作为促进义务教育阶段公办学校变革的重要抓手。发挥市、区两级项目学校示范引领作用,鼓励跨界参与、多元合作,创新区域推进机制,促进均衡发展。参与学校在课程建设、课堂教学改革、师资队伍建设、学校文化创建等方面形成构想。组织专家进行发展性评价,促进学校创建调整与改进。提倡学校与社区、家长互动,让社区民众认可家门口的新优质学校。（浦　教）

【119所学校参与学区化集团化办学】 全区有建平、进才、洋泾、川沙、南汇、明珠6个教育集团和曹路、唐镇、张江、北蔡、高东、金杨、潍坊、上钢8个学区,参与学校119所。学区化办学:按照就近原则结成办学联合体,在管理创新、课程建设、师资培育、校社联动、特色创建等方面探索,促进优质均衡发展。集团化办学:学校自主组合、行政主导组合,鼓励组建办学联合体,带动薄弱学校、农村学校、新建学校,增加优质教育资源总量。学区化、集团化办学采取委托管理式、多法人组合式、单一法人式、同学段联盟、跨学段联盟等多种形式,探索以小学、初中为主体的集团和学区,探索同一社区跨学段纵向衔接的集团与学区。完善创新理事会制度、章程管理制度、项目责任制、联体评价制等制度,加强管理经验辐射、课程资源共建、优质师资流动、教育科研互通、校舍场地资源共享等办学环节,合理吸纳各方建议诉求,增进家长、社区的理解支持,提升社会影响力。（浦　教）

【加强教师规范化培训】 构建分层分类教师培训体系,创设有针对性的培训平台、培训项目和教师发展通道,满足不同发展层次、不同学科学段和不同学校类型教师的个性化培训需求。组织专门力量研发包括25个学段学科、309个专业课程方向、35个通识类课程方向的《浦东新区教师继续教育选修课程招标目录》,从课程框架、课时、开发主体、开发与实施流程等方面入手,优化课程质量。打造基于标准的专业"教师培训师"队伍。构建以基地学校骨干教师为主体、以教发院专业人员为主导、以社会性专业机构培训专家为支撑的见习教师规范化培训实施网络。配套建设"浦东教师研修社区",成为整合教研、德研、科研、培训的教育门户系统,以研修活动为纽带,通过交互协作,实现信息互递、资源共享、专家引领和整体发展,提高教师研修活动参与度。（浦　教）

【进行高考综合改革区域试点】 落实高考综合改革精神,召开高中校长研讨会、交流会和工作推进会,邀请专家辅导解读改革方案精神、内容和要求。各高中学校将学生社会实践工作纳入学校教育教学计划。解决硬件配套短缺问题,安排专项经费8920万元。实施"以信息技术建设智慧高中"工程,安排专项经费9923万元。实施"高中创新实验室建设"工程,投入专项经费980万元。满足学科教师配置要求,征集各高中学段学校招聘需求,对小学科(如地理、生命科学)教师招聘计划给予倾斜。指导高中学生合理选科。尊重个性发展需求,发掘潜能和特长,进行心理和职业兴趣测试,开展生涯辅导和职业体验。制订比较完善的选课方案,着力推进分层、分科走班管理配套制度。（浦　教）

【在上海市学生运动会上获奖】 新区1891名学生运动员参加25个集体项目和部分个人项目比赛,获团体第一名31个、第二名28个、第三名23个,位列奖牌榜第一、团体总分第一,并获道德风尚奖、优秀赛区奖(武术)。（浦　教）

【普及小学三年级学生游泳教学】 从暑期起,全面推进小学三年级学生游泳普及教学工作,制订《三年级学生游泳普及教学大纲》《三年级学生游泳教育人身意外伤害保险协议书》《三年级学生游泳普及教学工作流程图》等,形成《浦东新区三年级学生游泳普及教学工作汇编》。全区76所学校79个校区分别与13家游泳场馆签约,参与学生数9852人。（浦　教）

【专题培训学校卫生保健人员】 8月，对全区1000余名学校卫生保健人员就学校日常卫生管理、应急救护技能、健康宣传教育等方面进行专题培训，进一步提高中小幼卫生保健人员的业务素养和岗位技能水平。（浦　教）

【开展第十九届全国推广普通话宣传周】 9月，新区以“大力推行和规范使用国家通用语言文字，助力全面建成小康社会”为主题，开展第十九届全国推广普通话周活动。各语委成员单位通过开展纪念长征胜利80周年软笔书法比赛、“最美童声——浦东新区少年儿童‘经典诵读’诗歌朗诵大赛”颁奖展示活动、“书香满机关”读书征文、国家语言文字法律法规教育、主题报告、主题班会、主题演讲比赛等形式，加强中华民族优秀文化传统教育，提升全民对语言文字的规范意识和应用水平。区语委办创办微信公众号“浦东语言文字”，拓展新区语言文字工作平台。（浦　教）

【举行第三十二届青少年科技创新大赛】 12月18日，主题为“创新・体验・成长”的第三十二届浦东新区青少年科技创新大赛举行。活动由新区教育局和新区科学技术协会共同主办，新区青少年活动中心和新区青少年科普促进会共同承办。全区162所中小学幼儿园1300多名师生参加，经初评，144个项目入围大赛终评，最终评出一等奖159项、二等奖241项、三等奖398项，优秀组织奖7项。（浦　教）

【评选市青少年“明日科技之星”】 市科委、市教委、上海科普教育发展基金会联合开展第十四届市青少年“明日科技之星”评选活动。华东师大二附中等4所学校7名学生获“明日科技之星”称号，进才中学等3所学校6名学生获“明日科技之星提名奖”称号，建平中学等5所学校13名学生荣获“明日科技希望之星”称号。（浦　教）

【举行阳光体育联赛】 4—12月，新区举行中小学生阳光体育大联赛，联赛安排29个项目48场比赛。全区参赛队伍1559个，参赛学校325多所，参赛学生数达7.4万人次。联赛由新区教育局主办，新区青少年活动中心和新区中小学体育协会联合承办。选拔参加上海市学生阳光体育大联赛16个大项目比赛，获得一等奖99个，二等奖47个，三等奖23个。（浦　教）

【在全国第五届中小学生艺术展演中获奖】 6月，在每三年举办一届的全国第五届中小学生艺术展演活动中，新区获得8个一等奖、15个二等奖、34个三等奖，区教育局荣获“上海市优秀组织奖”和“全国优秀组织奖”。（浦　教）

2016年上海市浦东新区未成年人歌咏活动举行

【在特奥多项赛事中获奖】 6月，新区特殊教育学校参加上海市第二届童心绘公益美术大赛获组织奖。10月，参加2016年上海市阳光融合跑比赛获第一名。参加2016全国青少年校园足球特奥融合组上海赛区海选赛获冠军。7月，参加2016年残疾人民间足球争霸赛南部赛区获第三名。10月，参加2016全国青少年校园足球特奥融合组总决赛获冠军；参加2016“三菱友谊杯”残疾人民间足球争霸赛总决赛获特奥融合A组亚军。（浦　教）

【组织特教康复训练与送教上门服务】 新区组织280名随班就读智障学生和60名自闭症学生开展康复训练。111名重症残疾学生得到每周8课时的送教上门教育与康复服务。为随班就读学生家长开设讲座12次，1000多人次听讲。（浦　教）

【开展职业教育高技能人才培养】 设在上海海大职校、上海振华职校、上海临港科技学校、上海群星职校的4个中职校高技能人才培养工作站，全年培训学生 80 余人，90%以上获得高级职业资格证书。上海振华职校高技能人才培养工作站对 59 名教师开展电子商务(高级)的教师培训，上海海大职校高技能人才培养工作站对 21 名教师开展物流服务与管理专业(高级)的教师培训，取得良好成效。全区参与职业技能培训近 2 万人次，技能培训涉及烹饪、电工、安全生产、统计、绿化等 20 多个岗位，有 1.6 万人获得资格证书和上岗证书。 (浦　教)

【在第七届教学法评优活动中获奖】 7—12 月，市教委开展上海市中等职业学校第七届教师教学法改革交流评优活动，经学校初评、专家复评、总评、公示，新区 8 名教师获二等奖，17 名教师获三等奖，36 名教师获优胜奖，上海东辉职校获优秀组织奖。 (浦　教)

【举行全民终身学习活动周】 11 月 20 日，新区第十二届全民终身学习活动周开幕式举行。活动周以"全民阅读终身学习"为主题，相关活动贯穿一整年，组织开展了学习成果展示、科普文艺汇演、网上读书活动等 6000 多场次，全区参与总人数近 90 万人次。 (浦　教)

【社区教育有成效】 新区社区教育系统共开设 1739 门课程。参加全国第二届社区教育微课大赛评比活动，获一等奖、二等奖、三等奖各 1 个及若干优秀奖。3500 多人参与第六届上海社区网上读书活动。全区有读书团队 113 个，上传网上评论 1.2 万条。组织各街镇申报上海市老年人学习团队，255 个学习团队被认定为上海市老年人一星级学习团队，10 个学习团队被评为上海市五星级老年人学习团队。金杨新村街道、洋泾街道、南码头街道、潍坊新村街道、高桥镇 5 个街镇被认定为"第五轮上海市社区教育示范街道(乡镇)"。(浦　教)

附：区教育局驻地及负责人

(2016 年 1—12 月)

地址：浦东大道 141 号 5 号楼
邮编：200120
电话：58876321

新区区委联系常委：尤　存(8 月离任)
分管副区长：谢毓敏(9 月离任)、李国华(10 月到任)

新区教育党工委书记：王晓科(10 月离任)
副书记：陈　英

新区教育局局长：王晓科(10 月离任)
副局长：陈　英、周奇伟(8 月离任)、郁时炼、王　浩、张春花、王国清(3 月到任)

闵　行　区

【2016 年概况】 全区有各级各类学校、教育机构 351 所(个)，教师 15988 人，学生 219721 人。其中公办中小学 106 所(含特殊教育学校 3 所)，民办中小学 38 所(含以招收进城务工人员随迁子女为主的民办小学 16 所，其中 1 所暂停办学)，公办幼儿园 73 所，集体办幼托事业管理站 1 个，民办幼儿园 107 所，全日制中等职业学校 3 所，成教中心 2 个，社区学校 14 所，直属单位 8 家。有社会力量举办的非学历教育机构 100 所，外籍人员子女学校 8 所(含幼儿园 3 所)。有 2 所市实验性示范性高中、2 所市示范性幼儿园。年内，新开办公、民办中小学 6 所，新开办公、民办幼儿园 8 所。

全年教育经费财政拨款 406725 万元，比上年增长 12.54%。年生均教育事业费：高中 58966.5

元，比上年增长35.04%；初中34864.74元，比上年增长17.07%；小学24041.34元，比上年增长18.57%；幼儿园24458.77元，比上年增长5.33%；特殊教育124756.82元，比上年增长20.84%；职校30268.56元，比上年增长25.18%；中专27721.59元，比上年增长13.61%。年生均公用经费：高中10809.91元，比上年增长34.63%；初中7744.48元，比上年增长3.65%；小学4980.71元，比上年增长3.5%；幼儿园6833.61元，比上年降低16.8%，特殊教育21913.07元，比上年增长0.07%；职校9170.64元，比上年降低6.36%；中专7147.76元，比上年降低18.72%。全年教职工年人均总收入167928.25元，比上年增长14.61%。

一、教育均衡发展内涵提升。1.学前教育品质不断提升。新增1所区级示范幼儿园、1所一级幼儿园和5所二级一类幼儿园。有示范园、一级园共73所，占总数35%。以“育儿周周看”项目为抓手，推广早教指导。搭建展示平台，举办第二届幼儿舞林大会、第16届小青蛙讲故事比赛，参加市少儿绘本朗读表演展示、第四十七届世界儿童绘画展中国区作品征集活动。依托信息化促进家园合作，在公办幼儿园全面试行“闵豆家园”数字信息化平台。2.义务教育均衡发展呈新格局。因地制宜探索集群发展模式，全区学区化、集团化办学试点学校共68所。已有七宝中学教育集团、闵行中学教育联盟、实验小学教育联盟、吴泾基础教育联盟、“新基础教育”生态区、浦江教学研究中心和初中区级“新优质学校”创建共同体等多种形态的学区化集团化发展模式。上半年完成首轮9所区级“新优质学校”创建总结，以“基地校”“项目领衔校”“成员校”三种形式，构建多层次“学习—研究—实践”共同体，持续推进“新优质教育”实践和探索，稳步扩大新优质学校数量。9所初中呈现良好发展态势。下半年启动新一轮10所区级“新优质学校”集群发展方案。实施第五轮郊区农村义务教育学校委托管理工作。继续推进低年级表现性评价，形成“学科表现性案例集”和“综合表现性评价案例集”。初中、高中加强基于学科教学标准的命题研究和基于绿色指标的问卷研究，提升试题和问卷的编制质量。3.高中教育特色日趋展现。高中全面实施走班制，形成自由选科、大部分同学选1门为主、全选为主的3种模式。各校积极开展基于生涯发展教育的学生个性化成长指导，155名教师参加生涯发展师培训，13所高中共5459名高中生参加生涯发展测试。闵行二中入围市级首批特色高中项目学校，推荐闵行三中(空天特色高中)、田园高中(创意特色高中)、浦江高中(应用技术特色高中)参加市级第二批建设项目。开设区创建“特色普通高中”管理团队研修班。4.职教人才培养模式创新。3个专业实现学历证书和职业资格证书“双证融通”，惠及学生526名。6个专业“3+2”中高职贯通，3个专业实现“3+4”中本贯通，共培养学生756人。2个专业继续深化学徒制试点工作。3名数控专业教师获德国工商大会AHK证书。推进使用地方教育附加费支持企业开展培训补贴申请的审核工作。筹建1所国际化的民办职业学校。开展闵行区职业教育发展情况专项督导调研，启动闵行区小学生职业生涯体验日暨普职渗透项目。

闵行区“闵豆家园”平台上线

二、推进教育综合改革。1.显现全面育人成效。将全国文明城区创建指标融入学校德育工作，以“道德实践风尚人物评选”为抓手，在养成教育和责任感教育中融入社会主义核心价值观和优秀传统文化。夯实赛事平台，放大辐射效应，推进“四个结合”。全区66所小学普及“人人学游泳”项目课程，惠及13810名三年级学生；13所中小学校普及“网球进校园”项目课程，惠及2195名学生；45所中小幼普及“围棋进课堂”项目课程，惠及9927名学生；22所小学二年级学校普及足球课程，惠及3836人。承办上海市校园足球联盟精英杯赛，举办区阳光体育大联赛，举行第12届区学生艺术节、“舞向未来”成果汇报，举办区首届中学生戏剧节，承办第9届上海市青少年科技创新峰会，举办区第二届青少年科技创新峰会和第11届青少年创造发明大奖赛暨区“少年爱迪生”科技创新秀决赛、“绿色能源杯”区新动力设计创作大赛。2.推进课程建设与课堂教学改革。电子书包项目覆盖85所中小学，占区域中小学校总数3/4，参与项目实验教师约2000人、学生20000多人。学校自配终端(BSOD)30个班级，学生自带终端(BYOD)120个班级。全年举办区级研讨活动12场、校际公开课400节，常态课总数20000节。数字化校园活动198场，区、校二级教师培训300场。完成电子书包项目优秀实验学校与优秀教师评选，15所学校、131位教师获奖；完成微课程评选，174个作品获奖；完成资源共建共享评选，540位教师获奖。20所试点校开展“基于学生个人成长空间的个性化干预”阶段性经验总结和反思。成立20所中小学参加的“运动手环进体育课堂”研究共同体。推进义务教育阶段“课程图谱”开发，开展“场馆课程”研究。制定《新一轮课堂教学改进三年计划》，举办上海市“新秀教师”学前教育研讨和“讲台上的名师”特级教师展示。举办区第二届教育学术节教研员论坛专场、教学展示专场活动。莘庄中学举办“创新教育与特色发展”全国级成果展示活动。3.深化国际课程本土化实施。在12所试点幼儿园继续开展PATHS课程的试点。举行STEAM国际科学教育研究“闵行实验区教师专业发展培训启动仪式”，完成108名种子教师培训，22所试点校实施课程。全面启动外教入校授课工作，涉及42所学校。继续推进“健康与幸福”课程，启动“学科与健康素养”课堂教学改进项目。试点开设DT课程。4.加强教育人才队伍建设。完成岗位聘任、教师绩效工资调整，完成正高级职称评选。评选新一轮骨干教师631人、学科带头人128人，196位教师进入第五届“希望之星”培养。456人参加见习教师规范化培训。完成第二届名师工作室总结展示，启动第三届名师工作室和第四届骨干基地培训，启动新一轮德育实训基地、班主任工作室建设。初步拟定“十三五”教师培训课程计划，启动中小幼教师信息技术能力提升工程。5.推进行政权力标准化建设。清理行政权力，实施目录管理，编制业务手册；编制完成包含9大项、12分项工作的行政审批事项业务手册和办事指南；通过闵行教育信息网、办事公开栏、资料索取点等途径公开办事指南。6.推进教育项目预算综合管理系统建设。完成所有公办学校、幼儿园、中职校、直属事业单位、机关各部门的上线培训及考核工作，累计培训400余人次。完成与财政局一体化平台系统、教育财务精细化平台系统的数据对接，完成全过程模拟数据测试。根据使用情况反馈，进行功能改进及升级，系统已正式上线运行。7.完善基于教育大数据的三级四类评价体系。完成课堂教学改进专项督导调研，形成调研报告，收集问卷9000多份，访谈、座谈1200多人，听课1310节。优化教育督导评价信息化系统，开发移动端APP。初步形成2016年社会对教育满意度(感知度)调研区域总报告和一校一报告。完善区学前办园绩效评价指标体系。8.实施学校装备配置改造，加快推进改扩建项目。全年教育事业政府投资计划54个项目，竣工8个，开工7个，前期手续办理39个。暑期维修直管学校102个项目，镇管学校88个项目。5个重大改扩建教育项目按计划推进。年底竣工15个“一场一馆一池”项目。完成12所中小学校开放式图书馆740万元的设备配置，16所学校多功能剧场1205万元的设备配置，17所中、高考考点学校722.8293万元1068台空调设备配置，18所学校创新实验室1174.2万元的设备配置。

(闵　雯)

【区教育督导委员会成立】 12月29日，召开区教育督导委员会成立大会，举行闵行区人民政府教育专职督学任命仪式，为8名专职督学颁发任命书。会上，区教育局作《深化区域教育督导改革　推进闵行教育转型发展》的工作报告。相关委办局代表作如何认真履行教育职责的交流发言。(周旻琪)

【强化责任督学队伍培训】 年内，区政府教育督导室扩大责任督学队伍，由34名专、兼职督学分工负责全区146所公民办中小学幼儿园挂牌督导工作，实现全覆盖。开展4次市、区两级培训。一是请国家级和市、区教育督导室主任、专家进行针对性的政策解读和各项专题报告以及督导工作的经验分享。二是参与区教育局组织的校(园)长书记培训,把握区教育系统新学年工作目标和重点任务,便于在经常性督导中贯彻落实区教育局工作要求。

(周旻琪)

【获评市第十三届教育博览会十佳展台和十佳科技社团】 4月8—10日,区教育局以“互联网+教育聚焦师生成长”为主题,参加第十三届教育博览会,通过图文及视频、互动体验,展示在促进学生全面而有个性地成长、提升教师专业素养、推进教育精细化管理、探索数字化教育评价、开展区域教育综合改革实践等方面取得的成效,被评选为上海市十佳展台和十佳科技社团。 (董　鸣)

【校园电视台及影视作品获奖】 在“全国校园影视教育培训研讨会暨第十三届中国中小学优秀校园影视奖颁奖活动”中,15部作品获一等奖、22部作品获二等奖、8部作品获三等奖,实验小学制作的《党支部的那些人那些事》获金犊提名奖,区实验小学蒙正电视台被授予“全国校园百佳电视台”称号,成为闵行区教育系统第五家获此荣誉的单位。全区在2016全国教育电视优课制作培训暨颁奖活动中荣获11个一等奖、36个二等奖、8个三等奖,区教育局获优秀组织奖。田园外小校园电视台被编入《中国教育电视发展报告》第4篇中国校园电视案例研究。 (董　鸣)

【陈宝生调研“家门口的好学校”】 12月5日,教育部部长陈宝生到闵行区“家门口的好学校”蔷薇小学考察调研,参观蔷薇小学校园,查看孩子们“心愿农场”,走进课堂询问师生学习生活情况,并听取了蔷薇小学校长的办学情况汇报。 (许　凌)

【举办区首届幼儿科技节】 1月8日,闵行区第一届幼儿科技节颁奖典礼举行。区首届幼儿科技节以“科技环保乐翻天”为主题,有环保小实验、环保小发明和环保小趣闻三个系列活动。颁奖典礼上,为获得科技节“科技小能手”“科学小创客”“环保小达人”称号以及“网络人气奖”的39位小朋友颁奖。

(陈　妍)

【在第三十七届世界头脑奥林匹克中国区决赛中获奖】 2月27—28日,在上海外国语大学举办的第三十七届世界头脑奥林匹克中国区决赛长期题《风波》中,8所幼儿园获奖,其中莘庄幼儿园、闵行一幼、闵行四幼、浦江宝邸幼儿园获一等奖,龙柏二幼获二等奖,鑫都幼儿园、天恒名都幼儿园、马桥元祥幼儿园获三等奖。 (陈　妍)

【获全国教育教学信息化交流展示幼儿教育课例一等奖】 11月10—13日,“第二十届全国教育教学信息化交流展示活动”在北京举行,闵行区昆阳幼儿园的作品《月光长廊》代表上海市参加活动,从全国4589件作品中脱颖而出,获“全国教育教学信息化交流展示活动幼儿教育课例一等奖”。(陈　妍)

【开展爱国主义教育系列活动】 以“传承长征精神,做爱祖国的好少年”为主题,开展历时7个月的爱国主义教育系列活动。活动收到优秀影评1000多篇,读后感作品2000多份;80多所学校开展“红色之旅”活动,评选出273幅主题书法作品,23份优秀主题教育活动方案;54所小学参加“讲红色故事”比赛,20所中学参加“歌唱祖国”合唱比赛,评选出22份优秀视频作品。爱国主义教育活动引导广大未成年人在读、讲、写、走、唱中感悟长征精神,培养爱国之情,砥砺强国之志。 (张美琴)

【获全国和市青少年科技创新大赛多个奖项】 3月19—20日,主题为“创新·体验·成长”的第三十一届上海市青少年科技创新大赛终评和表彰活动先后举行。闵行区学生再次摘得科技创新成果板块桂冠,总成绩为全市第一名。获一等奖82项、二等奖141项、三等奖152项。七宝中学以51项一等奖再次领跑全市中小学校,华东师大二附中附属初级中学以12项一等奖成为全市初中学校中佼佼者。8月,在华东师大举办的第31届全国青少年科技创新大赛中,闵行师生获青少年科技创新成果一等奖3项、二等奖2项、专项奖3项、科学创意三等奖2项，科技辅导员创新成果一等奖1项、专项奖1项、二等奖1项。上海地区入围全国大赛终评活动创新成果板块27个项目共计31名学生中，闵行区有5个项目6名学生参加，科技辅导员创新成果板块的12名老师中，闵行区有2位教师入围。

（黄　祎）

【承办市第九届青少年创新峰会】 5月29日，上海市第九届青少年创新峰会暨2016上海市青少年科学研究院年会在华东师范大学第二附属中学紫竹校区举行。上海青少年科学研究院闵行分院"基于科技后备人才培养管理评价系统"参加创新实践成果展。基地附中的机器人社团参加百佳科技创新社团的展示，向来自全市16个区的嘉宾展示闵行少科院的创新成果，在展会上互相交流创新体验。29日下午，上海市第九届青少年创新峰会闵行区分论坛暨闵行区第二届青少年创新峰会召开。

（黄　祎）

【承办市学生阳光体育大联赛健身操比赛】 11月20日，2016上海市学生阳光体育大联赛健身操大赛暨肯德基全国青少年校园青春健身操上海赛区总决赛在闵行体育馆落幕。全市75支代表队参加7个单项角逐。闵行区上海交通大学附属实验小学获小学组花球啦啦操自选动作特等奖，吴泾中学获初中组舞蹈啦啦操自选动作特等奖及健身操自选动作特等奖。此赛事连续第七年由闵行区承办。

（王　琼）

【举办暑期学生足球夏令营】 7月15—17日，举办以"小手牵大手　共筑绿茵梦"为主题的2016年闵行区暑期学生足球夏令营。朱广沪指导小球员踢球，感悟足球运动的魅力。全区30余所校园足球联盟学校的90名优秀学生代表，参加为期3天的夏令营。营员们国足前主教练朱广沪选定的"智慧足球"为题，将各自关于足球"智慧"的观点和感受整理成文，提交至"中国好作业"专题活动中。

（王　琼）

【首次承办中国上海青少年国际校园足球邀请赛】 7月10—20日，2016中国上海青少年国际校园足球邀请赛在上海举行。闵行区承担赛事组织、文化交流及接待的任务，接待来自斯洛伐克、印度尼西亚以及中国香港特区、内蒙古4支代表队126名运动员、教练员；承担半决赛、6场小组赛以及4场交流赛。赛事期间还开展书法、武术、编中国结、茶文化等7个半天的中国传统文化活动。（王　琼）

【举办"书香社区·家庭欢乐诵"市民读书活动】 8—12月，全区举行"读书·最美"2016年"书香社区·家庭欢乐诵"第三届市民读书活动。在2014年、2015年两届市民读书活动基础上，将"你读书，我买单"主题深化为"读书·最美"，开展"走近伟人，弘扬精神""探访名人，品味人生""帮扶他人，点燃希望""倾听众人，深耕阅读"系列主题活动。据统计，1986717人次参与活动。（隋　明、李丽娟）

【评选与推广教育科研成果】 1.开展全区第二十一届教科研成果评选。共有488项成果参评，34项成果获一等奖，82项成果获二等奖，142项成果获三等奖。2.组织"实践视角下的研究策略与路径"的教师个人科研成果展、"课题引领下的学校研究系统"的学校龙头课题成果展、"幼儿科学经验的形成路径"学前科学领域成果展、"阅读滋养·润泽心灵"的小学阅读领域成果展等4场展示活动，18项优秀的教科研成果进行展示，近700人观摩学习。3.聚焦3个主题，开展市、区教师征文活动。完成一年一度的中小学、幼儿园征文评选。18篇论文获得2016年"黄浦杯"长三角城市群"我的教改试验"征文评选活动等第奖，7篇论文获"上海市中小学（幼儿园）情报综述评选"等第奖。（闵　教）

【教育科研项目的立项与结项】 持续推进国家社会科学基金项目"基于学习分析技术的中小学学业质量评价研究（BHA140111）"的研究。完成11个子项目的开题论证，建立实验校月例会交流制度，完成数据框架设计，开始采集学科过程性数据。完成上海市教育科学研究项目的申报。区教育学院、航华二小、华漕中心幼儿园、金色幼儿园、上海外国语大学闵行外国语中学与华漕镇教委等6个项目被获批立项为“上海市教育科学研究项目(一般)”;启英幼儿园1个项目获批立项为“上海市哲社青年项目”。11个上海市教育科学研究项目顺利结项。结题鉴定优良率大幅提升。完成市级课题“2016年度闵行区教育科学研究项目(大课题)、2016年度闵行区青年教师教育教学研究课题(青年课题)、闵行区教师教学研究小课题(小课题)”三类课题的立项审批及结题鉴定。完成项目申报508项,立项343项;青年教师教育教学研究课题申报101项,立项71项;教师教学研究小课题申报1587项,立项1067项。共有329个区级教育科学研究项目申请结题,324个项目结题通过。其中,46个项目鉴定为“优秀”。 (何永红)

【推进“管办评”分离改革试点】 作为上海市5个区改革试点单位之一,闵行区稳步推进实施《创新教育经费投入监管机制,实现政府公共服务均等化》项目,完成项目方案制定、项目报批、现状调研、项目中期论证、研究总报告、典型案例、相关工作流程及规章制度梳理等研究任务。3月25日,在“全国教育管办评分离改革试点工作推进会暨2016年上海市教育综合改革工作推进会”上,闵行区代表上海市作汇报交流。6月,向上海市教育综改办正式提交试点项目研究总报告。 (韩金环)

附:区教育局驻地及负责人

(2016年1—12月)

地址:七莘路400号
邮编:201199
电话:64881398　64983660＊分机

区委分管常委:沈　军(9月离任)、刘世军(9月到任)
区政府分管副区长:杨德妹

区教育局党委书记:朱雪平
副书记:恽敏霞(10月到任)、李光华

区教育局局长:王　浩(9月离任)、恽敏霞(12月到任)
副局长:李啸瑜、施云飞(12月离任)、马秀明、乔慧芳(4月到任)、朱震宇(12月到任)

嘉　定　区

【2016年概况】 全区有小学42所,其中公办小学29所,民办(以招收进城务工人员随迁子女为主)小学13所;中学40所,其中高级中学7所,完全中学2所,初级中学18所(含民办学校2所),九年一贯制学校13所(含民办学校5所);特殊学校1所,专门学校1所,青少年业余体校1所;幼托园所80所,其中公办幼儿园55所,民办幼儿园25所(含民办三级幼儿园15所);看护点23所。全区3—6岁户籍幼儿入园率为99.9%;小学入学率、巩固率、毕业率均为100%;初中入学率为100%;高中阶段录取率为99.26%;春秋两季普通高校录取1636人,应届生总高考录取率为98.1%。全区成人教育、社区教育培训总量达113万人次。

全区财政经常性收入为2216195万元,比上年增长9.47%。全年教育经费一般预算财政拨款287993.25万元(不含中央专项),比上年增加48791.08万元,增长20.4%。教育经费财政拨款增长比例高于财政经常性收入增长比例。年生均教育事业费高中47582元,比上年增长22.59%;初中36361元,比上年增长31.65%;小学25187元,比上年增长26.51%;幼儿园32607元,比上年增长23.95%;特殊教育生均事业费208463元,比上年增长50.08%。年生均公用经费高中14043元，比上年增长1.38%；初中9205元，比上年增长0.31%；小学7113元，比上年增长1.09%；幼儿园9490元，比上年增长16.33%；特殊教育73414元，比上年增长73.82%。全区教职工年人均总收入174584元，比上年增加48862元，增长38.87%。全年合计教育经费(全口径)总投入367885.68万元，比上年增长17%。

一、深化教育综合改革，推动区域教育转型发展。坚持问题导向、需求导向，制定并实施2016年基础教育综合改革十大推进项目，制定教育综合改革示范校遴选标准，评出示范校(含示范创建校)30所，推进学校教育"品牌高地"战略，放大教育综合改革实践辐射效应。发布《嘉定区推进学区化集团化办学实施方案》，全面启动学区化、集团化办学工作，成立中科·嘉一教育集团，以嘉定一中为领衔，率先尝试在教育联合体中开展小学、初中、高中贯通课程培养。成立南翔学区和江桥学区，充分发挥优秀团队、骨干教师的引领示范作用。举办迎园教育集团课程嘉年华，展示"人文空间实验室课程群"建设成果。以组团式、集群式发展共同推进新优质学校建设，出台《嘉定区第二轮新优质联盟实施方案》，由39所学校组成7个新优质联盟，分别制定三年行动计划，初步形成主题式研究特色。年内顺利通过市委教育综合改革试点督察。

二、合理规划资源布局，强化品质教育内涵发展。加大优质资源建设力度，德富路中学、同济大学附属实验中学与附属实验小学、成佳学校、嘉涛路小学、怀少幼儿园、浩翔幼儿园和黄家花园幼儿园新校舍相继落成使用。全区基本公共教育服务水平进一步提升，成立区城乡义务教育一体化工作小组，制定《关于推进嘉定区城乡义务教育一体化的实施方案》及年度建设规划，完成全年义务教育阶段20个创新实验室项目，完成4所学校安全教育共享场所建设。与市教科院普教所合作开展18次项目研修，完成品质教育子项目"品质教育培养"第二期50名"种子教师"培训工作，4篇培训学员的研究论文获市首届教育调查研究成果二等奖。发布《嘉定区"品质教育"蓝皮书(2016)》，编辑品质课程丛书。承办海峡两岸中小学教育学术论坛。通过多方位调研推进课程改革，形成区域幼儿园基础课程实施情况调研分析报告，完成初中常态调研和专项调研报告，形成实验教学专项调研报告和5所高中学校"新高考背景下课程与教学调研"报告。加强"品质课程"顶层设计和内涵建设，指导27所项目实验学校完成"触点工坊"行动计划，学校课程建设迈向3.0版。开展STEM+课程建设，提升学校创新品质。深入研究课堂转型结构性变革，融入指向学生可持续学习和发展的能力要素，提高课堂学习品质。开展绿色学业质量检测，推行教研员深入基层学校蹲点联手教研制度，加强教学质量的绿色跟进与质量监控的分析指导。对接高考、中考改革和小学中高年段等第制评价改革，开发基于云平台的区域学生综合素质评价系统，促进学生全面发展与个性发展。不断扩增优质学前教育资源，完成3所幼儿园市一级园复验、2所幼儿园分等定级评估。深化课程创新，召开区学前教育综合改革推进会。推广精细化管理成果，汇编课程管理、队伍管理精细化成果集。建设区幼儿园精细化管理平台，初步完成"一套平台、两个层次、三类用户、四个系统、五大领域"一期研发工作。"幼儿发展支持"项目幼儿园增加至6所，近4000名外来务工人员随迁子女受益。通过"雁群"、名师研修、园长提升三大工程，提升队伍建设水平。《区域提升民办三级园课程实施水平的实践研究》课题获市级课题立项，规范民办三级园课程建设，促进学前教育均衡化发展。

三、注重多方协同育人，促进学生综合素养发展。开展大中小学德育课程一体化建设试点，出版7册"幸福课程"《学生指导手册》，开展"幸福课程"校本化实施探索。与翼学院合作建立创课平台，开设"心灵嘉园"幸福成长营课程。深化"教化之城 礼乐嘉定"优秀传统文化教育，推进"爱赏嘉定文化科技之旅"中小学生社会实践活动，建构学生综合素质评价体系，编写小学版《爱赏嘉定宝典》，遴选第三批区级社会实践基地。启动历史学科市"学科德育协同创新中心"建设。建成未成年人法治教育体验馆、未成年人观护基地。出版中华诗乐经典启蒙成果，举办"国风新曲润课堂"社会主义核心价值观进校园现场会。制定《嘉定区慧雅阅读推进方案》，实施级段从小学向幼儿园和中学延伸。全区各中小学共开展35个子项目实践研究，近30%学校建立电子阅读平台，探索适合学生阅读习惯养成的指导模式，开展阅读习惯和阅读思维品质提升的方法与途径的研究。以“创客135”行动计划实施为核心，初步建成“汽车、新科技、STEM”3个创客链接主体和5大创客联盟，提升青少年科技教育品质。推进“足球进校园”，外籍教练进课堂项目学校2所，校园足球精英训练营学校6所，助推足球进校园工作普及化。推进“社会主义核心价值观进校园”，推广和使用《慧雅乐童〈中国唱诗班〉诗乐文化经典音乐教材》。推进“非物质文化遗产进校园”，加大市非物质文化遗产进课堂试点区建设力度，实施《嘉定区非遗进校园三年行动计划》，探索建立区级“非遗进校园”实践基地建设，嘉定区被命名为“上海市非物质文化遗产进课堂试点区”。推进“戏剧进校园”，加强与上海戏剧学院等专业院校合作，推进嘉定一中、普通小学等首批区戏剧进校园实验学校课程建设。启动市“校园戏剧一体化联盟”首建工作。推动“流动美术馆进校园”普及和发展，扩大艺术教育普及面，促进青少年学生全面健康成长。

四、强化师资队伍建设，助推教师能力全面发展。开展区教育系统编制现状调研，完成《2016年区教育局下属事业单位编制数核定情况报告》和《区教育系统近三年新开办学校编制数需求情况报告》，调整6所新开办学校、35所规模扩大学校的编制数，确保教师招聘工作顺利进行。推进人才柔性流动项目，获得经费651.38万元，实施项目86个，聘请专家数1030人，为全区教育提供优质智力服务。启动“十三五”教师培训工作，以集团化、学区化办学方式组建校本培训联盟；借助外力拓宽培训渠道，与上师大、华师大合作开发课程，购买卡内基和思维导图等课程，满足教师高端培训需求；选送6名优秀校长参加教育培训，构筑立体式教师培训体系。建好教师专业发展学校，市级10所，区级8所。推进见习教师规范化培训，组织开展258名见习教师进行“我的第一秀”见习教师教学技能培训评比和优秀见习教师评比活动，逐步形成多元整合培训模式。加强德育人才库建设，1人获市十佳班主任称号，4人获市优秀班主任称号。承办第五届长三角班主任基本功大赛，启动区第七届班主任基本功大赛。充分发挥第3期49个双名工作室学科引领辐射作用，做好区第九届学科带头人、第六届学科骨干教师、第二届学科新星评选工作，为优秀教师成长搭建平台。深化教师交流轮岗工作，年内各类交流轮岗共190人。完成对区义务教育学校绩效工资工作专项督导调研工作，完善义务教育学校绩效工资分配办法，指导学校调整绩效工资分配结构比例，确保公平公正稳定。

五、构建终身教育体系，推动学习型社会发展。实施社区教育机构能力提升计划，开发区本社区教育读本，开展第十二届全民终身学习活动季。启动建设40个标准化学习点，区教育局获全国老年教育先进单位称号。制定《加强成人学校管理的实施意见》《区街镇居村学习点示范建设指标》，6家单位新创建远程教育示范收视点。新开发《科学生活》8门微课程，召开数字化学习社区建设推进会。打造星级学习团队，培育5家五星级学习团队，新建百个一星级学习团队。加强民办非学历教育机构管理，实地进行年检，监督规范办学。总结“电气运行与控制专业”双证融通专业改革试点经验，参与出版《上海市中等职业学校“双证融通”专业改革试点工作指南》。完善中高、中本贯通课程结构，新增“3+2”中高职人才培养单位1家。深化现代学徒制试点工作，创新开展“职业体验日”活动。启动区技术技能人才需求信息发布平台建设，获评全国首批农村职业教育与成人教育示范区称号。

六、完善服务保障制度，确保管理机制依法发展。制定“关于初中、小学、幼儿园招生入学(园)工作的实施意见”，联动区内相关职能部门、各街镇协作推进招生工作。设计“一图读懂”招生政策和招生工作“十问十答”，做好传统媒体、网络平台的宣传报道。制定《学校申请使用公用经费采购货物、服务、工程和信息化项目审批流程的规定》《教育系统深化公务卡制度改革和加强现金支出管理的实施意见》等文件。完成学联公司经济效益审计、11所学校市拨委托管理专项经费审计、10个单位领导任期经济责任审计、30个单位领导离任经济责任审计及31个单位工会财务收支审计。组织开展全区教育系统后勤管理工作培训班，推进后勤管理工作科学化。召开区教育督导委员会扩大会议，重新制定印发《街镇、各相关委办局贯彻〈教育法〉、〈义务教育法〉工作职责》。接受国家教育督导委员会秋季开学工作专项督导，开展招生工作、暑期有偿补课情况、民办学校“规范课程教学、实施素质教育”等专项督导。深入推进平安志愿者工作，形成2535名志愿者校园执勤守护队伍。加大安全管理力度，实行重点时期安全隐患排查零报告制度。开展校车检查，做到一车一台账。12月首个交通安全体验馆落成，安全管理硬件建设进一步加强。

（梁晓峰、唐　伟、孙丽萍）

【合作举办中科院上海实验学校】 1月19日，区政府与中国科学院上海分院签署合作举办中科院上海实验学校协议。区委、区政府、区人大、中科院上海分院、上海微系统与信息技术研究所、上海光学精密机械研究所、上海硅酸盐研究所领导见证签约仪式。中科院上海实验学校是经中国科学院批准，隶属于嘉定区教育局的公办学校，地处嘉定区菊园新区，拟开设初中部和小学部，计划于2017年起招生，办学规模为49个班，实行理事会领导下的校长负责制。

（嘉　教）

【召开区教育督导委员会扩大会议】 4月20日，区教育督导委员会扩大会议召开。会上，中科·嘉一教育集团、江桥学区、南翔学区揭牌。新组建的区教育督导委员会将进一步明确工作职责，完善管理工作机制，提高教育督导的针对性和权威性，创造性开展工作，形成教育督导合力，为区域教育优质均衡发展发挥积极作用。

（嘉　教）

【成立区学生心理健康教育分中心】 4月26日，“规划让人生更精彩——嘉定区学生心理健康教育中心中光高级中学分中心暨高中生涯发展指导研讨活动”举行。在新的教育形势下，中小学加强对学生心理健康发展和职业生涯规划指导十分必要。

（嘉　教）

【市教育系统社会主义核心价值观进校园现场会举行】 4月28日，“国风新曲润课堂”上海市教育系统社会主义核心价值观进校园现场会暨《中国唱诗班》诗乐文化经典推广活动举行。在活动现场，向16个区县教研室代表获赠《中国唱诗班》诗乐文化经典教材。教材的主编者、出版方、教师和学生代表等以微论坛的形式，畅谈对该教材的感受和看法。

（嘉　教）

“国风新曲润课堂”上海市教育系统社会主义核心价值观进校园现场会暨《中国唱诗班》诗乐文化经典推广活动在嘉定一中举行

【市青少年摄影创作活动开拍仪式举行】 5月14日，“创客嘉年华”第六届“新成·蔷薇杯”上海市青少年摄影创作实践活动暨2016嘉定区青少年科技节开幕式举行。区教育局、上海市科技艺术教育中心等领导出席。开幕式上，第五届摄影创作活动优秀区县和教师获表彰，2011—2015“新成·蔷薇杯”优秀摄影作品选集微信首发。青少年科学研究院的新任导师接受聘书，创新工作站新入选学校、首批创客联合体成员单位学校接受铭牌。

（嘉　教）

【在DI全球青少年创新思维决赛中获好成绩】 6月，2016DI全球青少年创新思维竞赛在美国田纳西州立大学举行。真新小学代表队获得小学组挑战B全球第二名，嘉定一中和南翔小学代表队荣获“创新创意奖”。

（嘉　教）

【接受国家教育督导委专项督导】 9月9日，国家教育督导委员会督导组对嘉定区秋季开学和年度重点工作落实情况进行专项督导。在听取区教育局工作情况汇报后，督导组表示，嘉定区开学工作基础扎实，保障有力，亮点凸显。

（嘉　教）

【流动美术馆进校园、进社区巡展】 9月13日，嘉定区流动美术馆合作签约暨巡展启动仪式举行，启动“艺术心的培植”区流动美术馆进校园进社区巡展项目。流动美术馆巡展通过“展览+讲座+实践课”的形式，让在校师生不出校园、社区居民不出社区即可欣赏到精美的艺术作品，提升自身艺术素养。（嘉　教）

【嘉定一中建校90周年】 10月10日，嘉定一中举行建校90周年系列活动。同济大学苗圃计划嘉定一中基地、嘉定一中校史馆揭牌。历届校友代表向母校90华诞表示祝贺。嘉定一中创办于1926年，1958年被命名为上海市首批重点中学，1985年初高中脱钩改办高级中学，2005年为首批上海市实验性示范性高中。（嘉　教）

【获2016世界机器人大赛一等奖】 10月20日，在2016世界机器人大赛——RoboCom青少年挑战赛中，南翔中学机器人初中代表队获得大赛一等奖。（嘉　教）

【举行“中国教育学会教师培训者联盟”现场观摩活动】 11月23日，“中国教育学会教师培训者联盟”嘉定区现场观摩活动举行。全国各地的50多名教育专家到场观摩、指导。展示活动中，区教师进修学院作“嘉学院——嘉定教育人发展共同体”主题报告，6个教师工作坊以主动参与、深度体验、团体互动为学习模式，分享了各自在研究领域的理论成果与实践经验。嘉定区“十三五”教师培训工作，对接区域教育综合改革，聚焦教师个性发展需求，以“集群培训、精准培训、便捷培训、专题培训、跨界培训”等寻求变革突破，营造教师成长新的生态环境，是加强教师队伍建设、提高教师专业化发展水平的一项创新举措。（嘉　教）

【未成年人法治教育体验馆落成】 12月2日，嘉定区第二十八届宪法宣传周系列活动暨嘉定区未成年人法治教育体验馆落成典礼在新春学校举行。该馆从未成年人的视角，运用展板、灯箱、多媒体展示等手段，开展普法教育。（嘉　教）

嘉定区未成年人法治教育体验馆落成

【沪苏鲁基础教育交流合作展示研讨活动举行】 12月26日，“关注学习经历　培育核心素养”嘉定区初中语文专场暨上海、江苏、山东三地基础教育交流合作首场展示研讨活动在嘉定举行。活动以一个主会场加七个分会场实况转播的形式开展，两省一市746名初中语文教师参与。嘉定区教育局、江阴市教育局、济南市市中区教育局达成合作协议，在基础教育领域开展为期三年的全面合作交流，开展课堂转型研讨系列活动和区域间校际互访交流活动。（嘉　教）

附：区教育局驻地及负责人

（2016年1—12月）

地址：嘉行公路601号
邮编：201808
电话：39902000

区委分管常委：周金林
区政府分管副区长：王　浩

区教育党工委书记：王晓燕
副书记：赵　良

区教育局局长：姚　伟
副局长：俞勇彪、朱　芳、赵国兴、祝　郁（2月到任）

宝　山　区

【2016年概况】 全区共有各类学校318所。其中，高中8所(民办1所)，完中5所(民办1所)，民办十二年一贯制1所，九年一贯制23所(民办2所)，初中25所(民办3所)，小学69所(进城务工人员随迁子女小学11所)，幼儿园163所(民办39所，民办三级28所)，中等职业学校4所(民办2所)，特殊教育学校1所，专门学校1所，其他单位18所。新开办10所中小学、幼儿园(含分校园)，撤销6所中小学、幼儿园(其中初中1所、小学4所、幼儿园1所)。有在校学生169829人，其中，中学生42869人，小学生65242人，幼儿园幼儿57169人，中等职业学校学生3426人，特殊教育学生144人，专门学生59人；有教职工15524人，其中，专任教师12492人。

学前教育着力科学普惠，加强“有品质幼儿园”建设。实施新一轮学前教育三年行动计划及学前教育内涵发展基地结对、幼儿园智慧校园建设、公民办牵手、幼儿园特色发展4个方案。将区内10所上海市一级幼儿园捆绑带教10所区一级幼儿园，实施园本课程建设、“保教质量评价监测”和生活化早教等重点项目。彩虹幼儿园等4所幼儿园成功创建上海市一级幼儿园，完成5个早教生活馆标准化建设。

义务教育着力优质均衡，实施义务教育集群发展。架构淞宝教育品牌示范区、沪太路沿线新农村教育发展带等“五区一带”资源布局，助推义务教育优质均衡发展。实施《宝山区推进学区化集团化办学工作方案》《宝山区新优质学校集群发展三年行动计划(2016—2018)》。推进学区化办学，26所公办小学参与吴淞等4个学区化办学试点。组建成立上大、行知、罗店等3个教育集团，20所义务教育阶段学校参与。启动长江路提质工程，通过校长联席会议制度和区域联动工作机制，加强区域优质资源共建共享。

高中教育着力特色多样，推进普通高中优质发展。打造宝山高中教育高地，启动市实验性示范性高中(行知中学、吴淞中学、上大附中)提标工程，初步完成概念方案设计。强化项目引领，加快推进宝山“特色高中”项目建设，助推宝山中学、罗店中学成功创建市“特色高中”，同时启动区“特色高中”创建工作。以高考改革为导向，推进走班教学、个性化学程和学分制管理、高中学生综合素质评价、完善高中学生生涯发展教育项目方案设计，建成81个区校两级社会实践基地，为学生提供实践岗位23459个，组织学生参加志愿服务达73560多人次。

特殊教育着力医教结合，推动特殊教育延伸发展。实施新一轮特殊教育三年行动计划。进一步推进国家特殊教育改革医教结合实验区建设，启动学前教育阶段设点布局项目，完成特殊教育语文、数学及自闭症训练教材的编写和评审，开展初三学生就业需求及去向跟踪调查、随班就读学校年终评估。继续做好送教、送医工作。新建17个特殊教育资源教室。

职成教育着力服务理念，提升职成教育反哺能力。完善职教集团信息资源平台，发布区域技术技能人才供需信息。推进中高职教育贯通培养模式改革和中高职贯通实训设施优化工程，拓展中高职贯通培养专业，与相关高职院校初步达成物流跨境电商、护理等专业的贯通合作培养意向。探索校企合作育人模式，启动现代学徒制试点。实施“普职成”融合计划，开展成人学校“双师型”教师培训和普教学生职业体验等活动。面向社会开展职业技能培训，完成11000余人次的培训和鉴定工作。完成首批140个学习点师资配送计划，培育22个“民间社团”，承办上海市老年教育金融知识复赛。

队伍建设着力多管齐下，打造德业兼修教师队伍。以培养、选树优秀教师为抓手，评选出一批德业兼优的好老师。开展区中小学思想政治（品德与社会）“学科之星”与“学科先锋岗”评选和区第三届“知行杯”优秀班主任评选活动，共评选出星级教师63名，优秀团队12个，“十佳”班主任10名，金、银、铜奖班主任87名，新秀班主任7名。进一步完善师德先进典型资源库和培育机制，以宣传先进典型为载体，开展“百名优秀典型”系列宣传及“校园文化新景观”项目评选活动，进一步弘扬教育正能量。深入推进“十、百、千、万”教师培养工程。举行“十三五”师训工作启动仪式，开展“新秀教师在课堂”英语专场及数学、体育学科指导团市级展示活动。完善学科基地建设，初步形成“区域布点＋优势组合”的培训特色。启动“宝山名校长培养研修基地”建设。加大引才、聚才力度，实施外省市高校优秀毕业生租房补助。加大对农村教育扶持力度，出台《宝山区乡村教师支持计划实施意见》，在评先评优、职务评聘、工作津贴补助等方面给予政策倾斜，鼓励教师扎根农村。

管理工作着力科学规范，不断提升管理成效。制定《宝山区教育局运行目标管理暂行办法》，成立区教育局目标管理工作领导小组，对全年七大任务97项子任务实施全过程跟踪、全方位管理。梳理区教育局权力清单和责任清单，完善行政权力事中事后监管方案。推动政务信息公开，及时主动公开部门预决算、“三公”经费支出，以及社会关注的招生入学、教师招聘、职务评聘、教育经费、行政执法等信息。出台《宝山区教育系统学校代办服务性收费管理办法》，拟定《宝山区教育系统资产管理办法》。组建区教育局财务及国有资产联合检查组，开展教育系统财务大检查和国有资产大核查。进一步完善学校发展性督导评估指标体系，健全教育综合督导和专项督导工作机制。完成镇政府落实“十二五”教育目标责任情况终结性督导及“上海市责任督学挂牌督导创新区”创建工作。

安全工作着力软硬件并重，确保校园平安。严格落实安全工作“一岗双责”，加强学校安全管理，启动学校安全视频监控中心建设，建立学校安全巡查、学生集体外出活动用车安全审核管理备案等制度，严格做好校车管理工作。完善学校安全教育制度，强化学校应急管理和预案演练，建成1个区域安全体验中心和21个公共安全体验教室。会同学校周边办成员单位对全区学校安全和校园周边环境开展联合整治行动。开展新一轮宝山区安全文明校申报验收工作。区教育局和14个学校获上海市平安示范单位称号。（宝　教）

【上海大学基础教育集团成立】 1月12日，上海大学基础教育集团成立。集团由上海大学附属中学、上海大学附属学校、上海大学附属中学实验学校、上海大学附属小学4所学校组成。成立会上，宝山区人民政府与上海大学签署《关于共同推进宝山基础教育战略合作意向书》。这是全区第一个由大学参与组建的基础教育集团。（宝　教）

【山海工学团学生活动中心成立】 1月21日，山海工学团学生活动中心揭牌仪式举行。活动中心设在上海大学附属中学，由伟长科技创新中心、体育中心、艺术中心、创客中心和心理中心组成，向全区学生开放。（宝　教）

【召开教育综合改革启动大会】 3月9日，区教育综合改革启动大会举行。区委区政府领导及各街镇（园区）和相关职能部门党政主要负责人，全区校（园）长及市教育界部分资深专家等500余人参加会议。其间成立由区委书记和区长担任组长和常务副组长的宝山区教育综合改革领导小组，及由于漪、张民生等教育专家组成的宝山区教育综合改革专家组。区长方世忠代表区政府与街镇园区、委办局代表签订“十三五”期间贯彻落实教育法律法规责任书。会上下发《宝山区教育特色综合改革方案》，包括24个重点改革项目，70个改革子项目。方案聚焦人才培养、学校发展、队伍建设、教育治理、资源供给5个方面。（宝　教）

【签约合作举办上海宝山世界外国语学校】 3月29日，区政府与均瑶集团签订合作办学框架协议，拟在宝山顾村地区建设12年一贯制“上海宝山世界外国语学校”，性质为非营利性民办学校。学校规模为60个教学班，其中义务教育阶段36班，高中阶段24班，可容纳约1800名学生，计划2020年起招生。（宝 教）

【开展教师专业发展示范校评审】 3月31日，区“万名教师提质工程”之“教师专业发展示范校”评审活动举行，以总结“十二五”各学校校本培训成功经验，推广校本培训典型案例，推进教师专业发展示范校建设。评审由校（园）长做8分钟教师专业发展特色陈述及5分钟现场专家提问答辩两部分组成，58所中小学（幼儿园）参加评审，其中38所学校经专家组评审，被认定为宝山区教师专业发展示范校。市师资培训中心、各区教育（教师进修）学院及区教育局相关领导组成专家评审组。（宝 教）

【道尔顿工坊启用暨“院士导航站”揭牌】 4月28日，吴淞中学道尔顿工坊启用暨“院士导航站”揭牌仪式举行。中国工程院院士王威琪、宝山区委书记汪泓为“院士导航站”揭牌。道尔顿工坊是学校为学生精心打造的高端学习平台。“院士导航站”拥有三名中国工程院院士、三名教授、一名教授级高级工程师，为道尔顿工坊的建设发展提供充足的专家资源。（宝 教）

【义务教育学校标准化建设专项督导】 5月31日，市人民政府教育督导室对宝山区义务教育学校标准化建设项目实施情况专项督导。督导采取听汇报、实地看、查资料及访谈4个方式进行，实地查看了虎林中学、杨行中心校两所学校，查阅13所学校相关资料。市教育督导室对标准化建设项目实施情况给予肯定，对宝山区、镇两级政府进一步做好此项工作的管理模式提出了建议。（宝 教）

【召开职业教育集团常务理事会】 6月12日，区职业教育集团2016年常务理事会召开。19个职业教育集团常务理事单位代表出席会议。会议审议并通过了2015年宝山职业教育集团工作总结及2016年工作计划，发布《宝山区职业教育十三五规划》《宝山区职业教育技术技能人才需求分析报告》，会议还增补邦德职业技术学院为区职业教育集团理事单位。（宝 教）

【承办市中学生创客体验夏令营】 7月5日，首届上海市中学生创客体验夏令营开幕式在吴淞中学举行。中国工程院院士、清华大学教授王思敬，市教委副主任贾炜、副区长陶夏芳等领导和专家出席。全市80多所中学550多名学生参加夏令营。夏令营分“初步体验选题定点”“自主研究形成成果”“评比遴选深度孵化”三个阶段。本次创客体验夏令营是由上海市电化教育馆、上海教育报刊总社、上海交大电子信息与电气工程学院及华东师大生命科学学院联合主办。（宝 教）

【上海大学基础教育集团聘任首批专家】 8月27日，上海大学基础教育集团首批专家聘任仪式在上海大学附属中学举行。被聘任的首批专家为：教授费敏锐、教授王勇、教授曾军、教授冷岗松、教授徐甲强、教授张恒龙、副教授楚丹琪、副教授许烁、高级工程师陈万米、副教授肖俊杰、副研究员沈文枫、副教授申亮、副教授陈立平、博士朱音儿。（宝 教）

【宝山实验学校新校舍启用】 9月，位于友谊路120号的宝山实验学校中学部新校舍建成启用，新校舍按33个教学班建造，建筑面积20623平方米，有地下停车位38个。学校由1979年创办的宝钢一中和1980年创办的友谊路小学于1996年合并而成，是宝钢建设配套学校。2013年9月在原址上重建。（宝 教）

【获评市金爱心教师一等奖】 10月15日，上海市第十二届金爱心教师颁奖典礼举行。行知实验中学老师陈贤获评上海市金爱心教师一等奖。金爱心教师评选活动是由上海市慈善基金会、新民晚报社和爱的教育研究会共同举办，每两年评选一次。（宝 教）

【纪念陶行知诞辰125周年】 10月18日，是人民教育家陶行知先生诞辰125周年纪念日，宝山区开展系列纪念活动。10月13—15日，举行“行知伴我成长”——2016长三角地区“陶行知教育思想进课程进课堂”主题活动在行知中学举行，中国陶行知研究会、上海市陶行知研究协会及宝山区委的领导出席。10月16—19日，举行中国陶行知研究会中学教育专业委员会2016年学术年会。10月18日，区领导到馆园一体化的行知教育主题公园——大华行知公园，为新落成的陶行知铜像揭幕。（宝　教）

【陶行知纪念馆成为民盟(上海)传统教育基地】 10月26日，民盟(上海)传统教育基地揭牌仪式在上海市陶行知纪念馆举行。民盟中央副主席、上海市人大常委会副主任郑惠强，宝山区委常委、统战部部长沈伟民为基地揭牌。民盟上海市委、宝山区相关领导及80余名民盟基层支部盟员出席仪式。（宝　教）

【集中调研"课程与教学"】 11月14—18日，吴淞中学、求真中学等19所中小学、幼儿园接受市教委基教处、市教委教研室的"课程与教学"集中调研。14日在吴淞中学召开调研启动大会，会上，区教育局局长从"背景与历程、理念与构架、战略与策略、特点与成效和问题与思考"五个方面介绍宝山区在"课程与教学"上的实践成果和思考。一周集中调研期间，120多位专家听课350节，开展现场教研活动50次。（宝　教）

【区青少年书法教育研究中心成立】 11月28日，上海市青年书法家协会宝山区青少年书法教育研究中心及上大附中教育基地揭牌仪式举行。上海市青年书法家协会及区教育团委、团区委领导出席活动。（宝　教）

【"问题化"研究团队参加中国教育学会年会】 12月17—18日，区"问题化"学习研究团队由上海市教育学会推荐，参加在四川成都举行的主题为"提高质量——教育创新发展之本"第二十九届中国教育学会年会，并承办大会微论坛之一"问题化学习的本土创新实践"。微论坛包括：数字故事《问题化学习12年》《问题化学习的本土创新实践》《问题化学习者的理想学校》及问题化学习的课程、学科、推广等四方面内容。中国教育科学研究院陈如平教授对微论坛作了点评。（宝　教）

【学校少年宫联盟成立】 截至12月22日，全区建成市、区两级学校少年宫18个，其中杨行中心校等4个学校少年宫建设获得中央专项彩票公益基金支持。为拓展学生课外活动教育资源，搭建学校少年宫合作共享平台，12月22日，区学校少年宫联盟成立。（宝　教）

【获头脑奥林匹克一等奖】 12月24日，第三十届上海市头脑奥林匹克创新大赛举行。民办和衷中学代表队参加"古典……来源于OMER的灵感"项目比赛。16个区18支参赛队参加此项目比赛，民办和衷中学代表队获一等奖，并于2017年2月代表上海市参加全国头脑奥林匹克创新大赛决赛。（宝　教）

【行知中学成立六大创科中心】 年内，行知中学在为学生创新精神和实践能力培养方面搭建六个平台。先后与复旦大学、上海交通大学、同济大学、华东师范大学和上海大学签约组建计算数学研究中心、工程技术创客中心、智能机器人研究中心、河口海岸学创新实验中心、版画创作中心及学生体质训练中心。为持续做好六大创科中心建设，发挥创科中心在推进教育改革、创新型学校建设等方面作用，学校成立创科教研室。（宝　教）

附：区教育局驻地及负责人

（2016年1—12月）

地址：宝杨路158号

邮编：201999

电话：66592767，66592769

区委分管常委：吴延风

分管副区长：陶夏芳(10月离任)、陈筱洁(10月到任)

区教育局党工委书记：王　岚

副书记：沈　杰(10月离任)、葛玉华(10月到任)

区教育局局长：张晓静

副局长：陆荣林、葛玉华(10月离任)、刘　政、王普祥(10月到任)

金 山 区

【2016年概况】 全区有各级各类学校(单位)124所,其中高中7所、完中2所、初中19所、九年一贯制学校3所、小学28所、辅读学校1所、幼儿园38所、中等职业学校2所、社区学院1所、社区学校11所。在校学生72256人,其中高中6270人、初中18351人、小学25040人、幼儿园18072人、托儿所564人、中职校3959人。在职教职工6918人,其中专任教师6412人。

教育综合改革逐步推进。完成教育综合改革工作子平台建设,做好季度改革项目推进网上填报工作,每月编制工作简报。区教育局与华东师范大学教授郅庭瑾合作开展"城镇化背景下区域教育治理的金山模式"项目研究。"小学生学科基础素养综合评估的实践"入选上海市教育综合改革2015年典型案例,"基于学科基础素养对学生进行等第评估"被《人民教育》杂志刊登。

高中学校特色发展成效明显。举行上海市推进特色普通高中建设项目——枫泾中学审美素养培育特色展示活动。亭林中学的"享受体育"特色被上海电视台、《中国教育报》宣传报道。张堰中学入选上海市特色普通高中建设第二批项目学校。国家教育咨询委员会督查组到金山调研新高考综合改革推进情况,对在推进新高考改革中形成的"金山经验"给予充分肯定。

学区集团办学成果凸显。成立兴塔小学教育集团、金中教育集团,探索初高中学段有效衔接模式。开展朱泾初中学区、蒙山教育集团办学中期评估,总结学区化、集团化办学经验。《文汇报》《新闻晨报》《中国教育报》、上海电视台新闻综合频道等多家媒体宣传金山区学区化、集团化办学成果。

学前教育品质提升。公办幼儿园配齐配全保育员。临潮幼儿园、吕巷幼儿园成功创建上海市一级园,朱行幼儿园、金悦幼儿园通过上海市一级园复验,市一级以上幼儿园达到15所,占公办园的54%。

职业教育多元发展。食品科技学校与丹麦西兰商业学院签订战略合作协议,结为姐妹学校,实施双向课程引进、职业资格证书引进和开展师生互派交流,学校被市人力资源社会保障局命名为"上海市高技能人才培养基地",成为金山区首家市级人才培养基地。石化工业学校继续加强与德国BBZ、丽莎培训中心等职业培训机构在化工专业方面的深度合作。推动市第二工业大学金山校区建设,配合完成筹建相关事宜。

终身教育品牌特色明显。金山区被评为"全国社区教育实验区"。在廊下镇试点基础上,各街镇全面开展"十五分钟学习圈"建设,打造终身教育亮点。承办上海市第十二届全民终身学习活动周开幕式。5个村居创建为首批上海市示范性村居学习点。

学生综合素养提高。承办全国少年女子排球邀请赛、中国(上海)国际青少年校园足球邀请赛决赛等重要赛事。兴塔小学获第三十二届"美国杯"国际青少年足球邀请赛U11女子组亚军,枫泾中学获第二十一届匈牙利世界毽球公开赛女子三人赛第二名,亭新中学、亭林小学成为"中国曲棍球后备人才推广校",山阳中学、枫泾中学成为"全国毽球运动示范校"。成立区学生交响乐团,区学生艺术团舞蹈分团受邀赴韩国参加第12届中韩青少年文艺交流盛典,舞蹈《在灿烂的阳光下》获得金奖。金山区学生在第十一届全国青少年教育机器人奥林匹克竞赛中获2块金牌3块银牌3块铜牌的优异成绩。承办第十三届上海未来工程师大赛。

少年宫建设成绩显著。印发《关于进一步深化推进金山区学校少年宫建设的意见》,明确全面打造学校少年宫建设升级版的工作重点；成立区学校少年宫联盟。2016年上海市学校少年宫建设深化推进会在金山区召开。

学生健康促进工程深入推进。蒙山中学、金山初级中学、金山小学接待第九届全球健康促进大会“中国国家日”部分参会代表。

全球健康促进大会代表参观金山区学校

编写并出版《上海市中小学生公共安全行为指南活动设计参考手册》(小学低、高年级)，推动中小学公共安全教育工作。25所学校新创建为“上海市中小学心理健康教育达标校”。

教师素养规范培训。加强见习教师规范化培训，参加2016年首届上海市见习教师展示活动，获1个一等奖、2个二等奖、4个三等奖。深化第2届“领军校长”和“拔尖教师”培养工作，举办2场领军校长办学思想研讨会、10场拔尖教师教学展示活动。启动第一期校(园)长任职资格培训班。

教育督导工作顺利开展。改善督学人员结构，完善挂牌督导各项工作制度，创建上海市责任督学挂牌督导创新区。对9所二级幼儿园、10所“新优质学校”创建小学、5所其他中小学开展办学水平综合督导评估。

教育信息化工作扎实开展。推进金山教育公共服务平台管理模块功能应用，完成教育教学、教育资源和信息工具三大模块建设。举行教育信息化工作大会，展示2012—2014年被市教委批准立项的13个信息技术应用项目成果。

组建城乡一体化工作领导小组和办公室，有序推进学校建设、学校配置、信息化、教师队伍等工作，完成年度建设任务。通过市教委“义务教育学校标准化建设项目规划(2014—2018年)实施情况”专项督导。

(刘丽英)

【启动首期校(园)长任职资格培训】 3月21日，金山区第一期校(园)长任职资格培训班在教育部中学校长培训中心开班。历时1年的培训，内容包括理论学习、课题研究、影子培训、艰苦岗位锻炼等，总课时不少于240课时。培训结束后，46名学员须参加统一的理论测试和面试答辩，全部通过者获颁培训合格证书，通过任职资格认定。 (平 英)

【市学校少年宫建设深化推进会召开】 3月23日，上海市学校少年宫建设深化推进会在西林中学召开。与会人员会前现场观摩西林中学及金山区朱泾地区的学校少年宫活动情况。会上，金山区作主题交流发言，徐汇区、奉贤区、长宁区作交流发言。金山区学校少年宫联盟(工作协会)揭牌成立。市文明办主任潘敏对金山区在学校少年宫建设方面持续的创新突破，全面打造学校少年宫建设“金山模式”升级版，给予充分肯定。 (刘丽英)

【举行枫泾中学特色项目展示活动】 4月19日，上海市推进特色普通高中建设项目——枫泾中学审美素养培育特色展示活动举行。展示活动分校园参观、大会研讨两个板块。枫泾中学以课程建设为载体，把美育与德育、智育等融合在一起，实现从美术到美育，从美育到学校全方位审美文化的渗透。

(聂荣鑫)

【举办区素质教育论坛】 5月30日，以“体育之美”为主题的2016年金山区素质教育论坛在兴塔小学

金山区素质教育论坛举行

举行。各学校展示了舞龙舞狮、花式跳绳、足球、篮球、排球等办学成果。兴塔小学强化足球办学特色,打造"足球主题公园"场馆,实现以球润德、以球强体、以球促学。 (刘丽英)

【石化工业学校首届巴斯夫班学生结业】 7月13日,石化工业学校第一届巴斯夫班结业、第二届巴斯夫班开班典礼举行。2015年,学校与巴斯夫公司合作组建首届国际班——巴斯夫班,德国专家参与教学与考核。首届巴斯夫班21名学生经过一年培训,全部取得德国BBZ培训中心颁发的化工操作技能证书。 (薛 梅)

【在世界毽球公开赛获奖】 7月14—22日,受国家体育总局社体中心委派枫泾中学毽球队参加第二十一届匈牙利世界毽球公开赛。本次比赛共有60支运动队参赛。枫泾中学8名学生参加比赛,获得女子三人赛第二名。 (刘丽英)

金山区枫泾中学队在第二十一届匈牙利世界毽球公开赛中获奖

【举行第二届金山教苑论坛】 11月9—28日,举行以"构筑智慧生成平台,催生教育内生动力"为主题的第二届金山教苑论坛。论坛设开幕式暨主题分论坛、课堂教学分论坛、德育分论坛、科研分论坛和闭幕式暨校长分论坛。 (刘丽英)

【市青少年实践活动金山基地试运行】 12月5日,上海市青少年实践活动金山基地试运行,3所学校的429名小学五年级学生在金山基地参加国防教育活动。金山基地是上海唯一的以中小学生学农、学军为主的公益性综合实践活动基地。根据规划,金山区将充分利用与整合廊下丰富的现代农业资源,加大与市内外高等院校、专业机构、社会团体合作,建设生命教育、艺术教育、农科教育、创新教育功能空间和实验农场,用2—3年的时间,将金山基地打造成上海水平、全国领先,有国际影响的学农基地、研学营地、核心素养培育基地和学生放飞心灵梦想的科创基地。 (陈海涛)

【承办第十三届上海未来工程师大赛】 12月17日,第十三届上海未来工程师大赛在枫泾中学举行。大赛共分三大系列八大主题项目,以"智慧和行动,创新每一天"为口号,注重"工匠精神",鼓励"冒险意识",关注"设计意识",提升学生STEM素养,共吸引全市2200多名中小学生、科技指导教师参与。 (刘丽英)

【创建市中小学校责任督学挂牌督导创新区】 12月22日,金山区成为"上海市中小学校责任督学挂牌督导创新区"。市评估专家组于10月份对金山学校责任督学挂牌督导创建工作进行现场评估,听取区创建自评报告,并对挂牌督导管理机制、制度建设、队伍打造、工作方法、结果应用等方面进行检查;访谈区教育督导室负责人、挂牌督导专管员,召开责任督学代表和校长代表座谈会,查阅相关资料;分别走访华东师大三附中、金山初级中学和海棠小学,实地了解金山区责任督学工作开展情况。 (胡锦中)

附:区教育局驻地及负责人

(2016年1—12月)

地址:金一东路2号
邮编:200540
电话:57944317

区委分管副书记:程 鹏
区政府分管副区长:吴瑞弟

区教育局党委书记:黄翔洲
副书记:盛建军(8月到任)

区教育局局长:顾宏伟
副局长:黄 萍、郑 瑛、盛明秀、樊文军

松 江 区

【2016年概况】 全区有各级各类教育机构282所，其中托幼园所125所（公办51所，民办74所），中小学77所（公办中小学51所，特殊教育学校1所，民办中小学25所），职成类学校69所（教育学院1所，中职校4所，成校13所，社会力量办学51所），其他公办教育机构11家（含开大、社区学校及9个中心）。全区公办学校教职工9123人（其中专任教师7534人），民办中小学、幼儿园教职工4582人。全区全日制学校在校学生14.72万人，其中义务教育阶段8.75万人（公办6.45万人，民办2.30万人），学前教育4.79万人（公办2.91万人，民办1.88万人），高中7620人（公办6627人，民办993人），中职校4215人。

学前模式持续优化。完善雁阵式发展系统建设，优化园际结对联动网络，助推各类园所共同提质发展。举办“运动，因我们而不同”“合力创优之行、奋飞群雁之领”等专题汇报活动，深化减负增效行动策略，分享“创优”工作经验。聚焦幼小衔接课题研究，探索学前教育突破发展新路径。

义务教育成果巩固。以国家级重点课题为抓手，引领学区化集团化教育共同发展。形成5个教育集团，涉及学校31所，覆盖率达63.3%。民乐学校教育集团接受市委教育改革督察组督查，获得较高评价。以4所市新优质学校为集群式发展牵头校，探索“设计—行动—评估—改进—提升”发展机制，打造新优质学校学习共同体。深入开展“基于课程标准的教学促进小学生非智力发展的研究”，形成初步课题成果。加强基于证据的研训模式，组织“课程与教学”专题调研工作。推进“智慧校园”工程，有效放大优质教育资源的辐射效益。

高中特色加速发展。加强高考改革应对，开展高中学校集中调研，指导改革背景下的课堂教学。促进高中联盟机制，建成10个学科基地，11名高中优质教师参与跨校助教，214名学生直接受益，4门高中课程筹备上线，实现优质师资、优质学科资源的共享。加强高中学校分类及重点指导，举行松江一中“传统文化特色课程”和上师附外中“外语特色课程”展示，积累特色高中建设经验。主动对接大学城，探索高中与高校合作机制，丰富高中课程教育资源。

职教改革继续深化。组建区职业教育集团，大幅提升职业教育能级。遴选公布首批校企合作基地9家，拓展合作内容和深度。实施中本贯通、中高职贯通，录取学生142名。顺利推进城市科技职校“汽车运用与维修专业”现代学徒制试点及“数控技术应用专业”双证融通试点。新桥职校数控技术应用专业列入上海品牌专业建设目录。全国职业技能大赛取得好成绩，获1块金牌、4块银牌、5块铜牌。城市科技职校2名学生入选第四十四届世技赛国家集训队，学校被命名为细木工项目中国集训基地。

终身教育成果显现。继续加强以开放大学、社区学院、老年大学为龙头的终身教育三级办学网络建设，终身教育“云间系列”基本形成。新增国画、陶笛、民族舞等9个休闲文化普及点，累计达到21个。承担市教委“中国古琴文化社区教育活动”试点工作。全民终身学习活动影响不断扩大，15万人次参与748项学习活动。首次举办市民学习嘉年华，吸引1300多名市民参与竹艺书画、陶创空间、古筝、茶艺等35个体验学习项目。

区域德育特色凸显。坚持立德树人，全面落实德育十大工程。组织开展“少年传承中华美德”等系列活动，加强践行社会主义核心价值观宣传。合作建设区语文学科德育协同研究中心，开展语文学科立德树人专题培训，开发课程资源育德功能。实施人生导师培养工程，推进区域性班主任工作共同体建设，成立1个市级、6个区级班主任带头人工作室，推荐百余名班主任参加市、区两级骨干班主任培训班。中山小学“景贤”校训文化专题在中央电视台新闻节目中播出。

创新素养加大培育。营造创新教育实践环境，全年完成创新实验室建设8个，立项24个。承办第三十七届世界头脑奥林匹克中国区决赛，上外松外、叶榭学校和新桥中学代表队荣获各自组别全国第一名。组队参加上海市第三十一届青少年科技创新大赛，获11个一等奖。重启少科院松江分院，招录区级小研究员26人，11人成为市级小研究员。成功对接市级青少年科学创新实践工作站，松江一中、二中、上师附外、青少年活动中心等5家单位入选上海市青少年科学创新实践点。

师德建设不断增强。召开第32个教师节庆祝活动，授予100名优秀教师松江区首届“教育先锋奖”。开展“为人为师为学”主题教育，举办“镜头下的师爱”摄影评比，编辑《松江区首届教育先锋奖优秀教师风采录》，展现优秀教师群体形象。泗泾二小赵强老师被评为“上海市教书育人楷模”。潘家浜小学谢雪丽老师作为“为人为师为学”先进个人，由市教卫工作党委专题制作电视片重点宣传。8名教师组团赴藏支教。

师资结构持续优化。优化教师招聘程序，全年招聘595人，其中应届毕业生492人，在职引进73人，社会招聘30人；在应届毕业生中博士学历3人，硕士学历188人，硕士以上学历占比32.1%；学生党员占29.7%，师范类毕业生占74.3%。引进特级教师2人。出台《松江区教师有序流动的实施意见》，全年区内教师有序流动73人，柔性流动190人，盘活优质教育资源，促进师资队伍合理均衡。

依法行政有效落实。依法规范推进教育行政管理工作，加大政府信息公开力度，确保公众对教育的知情权、参与权和监督权。启动教育系统“七五”普法宣传教育活动，深入实施依法治教、依法治校。进一步完善教育重大决策程序，认真做好行政审批工作，梳理并及时发布相关行政权力和行政责任，提高依法行政工作效能。

资源建设稳步推进。严格依计划推进年度教育资源建设，完成中山二小、九亭五小、方泗学校、漕河泾幼儿园等12个新建、改建项目。稳步推进上经贸大附校、九亭七幼、龙翔幼儿园等5个新建项目建设。实施《义务教育城乡一体化五年规划》，完成10所学校图书馆及安全体验教室改建工程和18所学校小剧场设备配置更新工作，促进教育装备水平不断提升。（马　强）

【在第三十七届世界头脑奥林匹克中国区决赛获奖】 2月27—28日，第三十七届世界头脑奥林匹克中国区决赛举行。松江区青少年活动中心获“杰出团队奖”，上外松外学校中学组代表队、叶榭学校和新桥中学代表队获各自组别全国第一名，上外松外学校小学组代表队获全国第二名，九亭三小、松江一中代表队获全国第三名，华东师范大学松江实验中学代表队获全国第四名，方塔幼儿园代表队获幼儿组全国一等奖。上外松外学校和上海师范大学附属外国语中学代表队均获“富斯卡特别创造力奖”。（董秀龙）

【区高中教学联盟开展学科跟踪调研】 3月2—3日，区高中教学联盟开展对松江一中物理学科、上师大附外中数学学科和化学学科及华实高中英语学科的跟踪调研活动。各调研学科根据高三一模质量监控成绩分析，确定调研重点，通过听课、备课组长汇报、中心组交流研讨、专家指导等多种形式，研讨解决方案，制定复习策略。三所学校学科教师认真分析学生成绩，聚焦重点难点，制定复习计划，力图通过有效的专题训练突破学科能力点。

（董秀龙）

【召开义务教育学校发展共同体工作会议】 3月8日，松江区义务教育学校发展共同体牵头校第二学期工作会议召开。经过6年建设，共同体促进学校内涵建设，圆满完成两个学校共同体展示、教育部重点课题中期评估等工作。会上，共同体顾问老师对学校发展共同体工作提出建议，各学校发展共同体牵头校作相关工作交流。（董秀龙）

【“云间众学”微信公众号上线】 “云间众学”微信公众号利用平台优势，发挥积极作用，及时发布活动信息，不断丰富学习课程，引导市民参与各类读书学习活动。据悉，“云间众学”共设“读书节”“学习快讯”“我要报名”三个板块，下设若干栏目。随着公众号运行，将会推出更多新栏目。 （张金其）

【央视报道中山小学校训文化】 “六一”期间，央视《朝闻天下》推出《校训是什么》特别节目，对中山小学校训文化进行专题报道。节目选择全国各地的6所小学进行报道，中山小学为上海地区唯一入选的学校。节目通过对校史追溯、历届校友回顾以及学校师生交流，展现学校开展的各项活动，从不同层面反映学校在传承和发扬“景贤”校训文化方面所做的努力。 （张　权）

【在市中小学机器人竞赛中获奖】 5月28—29日，上海市中小学机器人竞赛暨机器人科技与运动竞赛举行。立达中学获得初中人型机器人全能挑战赛第一名、初中九宫建设竞赛第一名、高中足球第一名，并将代表上海参加7月在浙江嘉兴举办的全国赛。中山小学、中山永丰实验学校、松江一中分别在小学足球、小学九宫建设、高中足球和篮球等项目中获得优异成绩。在虚拟机器人竞赛中，全区获小学组15张奖状中的8张，获中学组15张奖状中的6张。 （董秀龙）

【第十二届青少年科技创新教育活动闭幕】 松江区第十二届青少年科技创新教育竞赛活动闭幕。会上，组委会作总结与回顾，对一批优秀学校和先进个人进行表彰。来自中国科学院上海光学精密机械研究所研究员向世清博士，为近300名师生作《中小学生如何开展科技创新活动》讲座，提示开展创新活动的方向。 （董秀龙）

【区教师合唱团参加中国国际合唱节】 7月26日—8月1日，第十三届中国国际合唱节暨国际合唱联盟合唱教育大会在北京举行。来自全球44个国家和地区的238支合唱团共11000多人参加中国国际合唱节。松江区教师合唱团分别参加成人组混声、成人组女声合唱测评，作为上海市唯一一支受邀队伍，参加在人民大会堂举行的合唱节开幕式。合唱团分别获评成人组女声A级合唱团、成人组混声B级合唱团。 （余晓春）

松江区教师合唱团在第十三届中国国际合唱节暨国际合唱联盟合唱教育大会上演唱

【首个组合式终身教育学习平台上线】 集创建新学习模式、化解工学矛盾、扩展学习资源、节约管理成本于一身的新型组合式终身教育学习平台——“中山e学堂”正式上线运作。“中山e学堂”作为全区终身教育学习模式革新的先行者，经过两年研究论证设计和开发，基本达到预期目标。在“中山e学堂”，企业员工、在职人员、党员干部可选择适合的网上学习课程，社区居民可以跨区域学习，在网上补课、交流、查看学习信息。学校老师因地制宜设计课堂教学与网上学习组合学习模式，管理班级学员学习动态，发布学习考核信息、发放学习资料、结业证书等。“中山e学堂”将通过学期运行，完善平台功能，并在全区联网。 （张金其）

【传统体育文化进校园】 10月9日，2016年传统体育文化项目——射艺进校园活动拉开帷幕。上海市射箭协会副会长奥运会冠军陶璐娜、上海市大学生体育协会秘书长崔树林等出席活动。“赠弓”环节、大学生表演文射环节和古文背诵环节是本次展演活动亮点。 （董秀龙）

【首批校企合作基地签约仪式举行】 12月14日，新桥职校分别与上海临港人才有限公司、美尔森电气保护系统（上海）有限公司、斯必能通讯器材（上海）有限公司三家企业签署《校企合作基地建设协

松江区首批校企合作基地签约仪式举行

议书》。首批校企合作基地的建立为促进职业院校与企业的产教合作，培养适应现代化企业需求的高素质应用性技术技能人才提供有效途径。学校将积极探索推进校企深度合作新机制，推进“合作办学，合作育人，合作就业，合作发展”，全力开创校企深度融合发展的新局面。（张金其）

【签订“智慧教育”战略合作协议】 12 月 2 日，区教育局与上海仪电鑫森科技发展有限公司举行“智慧教育”战略合作协议签约仪式。松江区将充分利用仪电鑫森在“智慧城市”整体解决方案中“智慧教育”的先进理念和经典案例，制定适合松江教育信息化发展的“智慧教育”解决方案。仪电集团将运用在“智慧教育”领域和教育信息化建设方面的独特经验和优势，量身定制，为学校提供一揽子教育信息化解决方案。（董秀龙）

【学前教育“创优”经验专题汇报】 12 月 1 日，“合力‘创优’之行、奋飞‘雁翎’之领”经验专题汇报活动举行。活动通过现场观摩洞泾镇中心幼儿园小中大班自主游戏及中大班户外运动、“游戏课程的实践与思考”教师主题访谈，专题聆听园长分享幼儿园“创优”经验等，为各幼儿园提升办园质量提供可复制的思维路径与操作建议。（杨永辉）

附：区教育局驻地及负责人

（2016 年 1—12 月）

地址：松江区中山中路 38 号
邮编：201600
电话：37736305

区委分管副书记：刘其龙
分管副区长：龙婉丽

区教育局党委书记：姚　辉
区教育局局长：陈小华
副局长：杨桂龙、冯　雷、吴德其

青　浦　区

【2016 年概况】 全区有中小学、幼儿园和特殊教育学校 161 所，其中中学 30 所（含九年一贯制、少体校）、小学 44 所（含民办农民工子女小学）、幼儿园 85 所（含民办二级、三级幼儿园）、特殊教育学校 2 所。共有学生 83679 人。义务教育阶段学龄少儿入学率达 100%。有中等职业技术学校 2 所，学生 3462 人。有成人中等文化技术学校 11 所，社会力量非学历办学 40 所，各类进修及培训注册人数 147253 人。全年预算收入 316736 万元，其中财政拨款收入 303145 万元、财政专项资金 3337 万元、动用历年结余 10253 万元。

科学规划重引领，教育综合改革取得新突破。召开区教育综合改革推进大会以及领导小组会议，进一步凝聚改革共识、落实责任分工。确定年度 20 个区级重点改革项目，征集 79 个基层单位自主项目，制定并实施《2016 年青浦区教育综合改革推进计划》，架构“1＋20＋X”项目推进基本格局。坚持“成熟一个，推出一个”的工作原则，初步形成教育综合改革的示范效应。编制青浦教育改革发展“十三五”规划，就规划草案进行意见征询，组织专家论证，与区“十三五”办进行规划衔接，经区长专题会、区政府常务会议、区委专题会审议通过，并报市教委备案。督促指导各基层学校完成“十三五”发展规划编制。

建管并举强基础，优质资源配置推出新举措。推进义务教育学校“五项标准”建设，成立区城乡义务教育一体化工作小组和办公室，制定并实施学校建设、学校配置、信息化建设、教师配置与收入等4个专项规划以及《青浦区推进城乡义务教育一体化的落实方案》。多元供给优质教育资源，支撑复旦附中青浦分校发展，利用华新北拓展基地公建配套学校校舍提前开办青浦世界外国语学校小学部，促成“世外·尚美中学”合作项目，启动清河湾教育实验园区建设，推进实验小学、实验中学、华新小学教育集团先行先试，继续引进培育优质教育资源。加快硬件资源建设和教育装备更新，新开办崧润幼儿园，清河湾中学、青浦世界外国语学校开工建设，投资1.8亿元完成暑期修缮项目66个，投资2833万元完成55所学校教学设施设备新增(更新)项目，完成“十三五”学校建设规划和新一轮区社会事业设施建设三年行动计划项目编制。推进教育信息化，投资近3000万元，改建多媒体教室、更新教师用机和建设英语标准化考点。完成学校门户(政务)网站三期集群建设，开展二级域名网站的安全检测和关停整改工作。组织“书香青浦——经典伴我成长”网上读书征文和机器人、学生电脑设计与制作等各类应用竞赛活动。制订《青浦区机器人课程标准(试行)》，深入推进“学校协同学习试验平台”项目研究。组织参加第十三届上海教育博览会，“凝智创新　聚力筑网”获市“十佳”展台称号。

统筹协调求质量，各类教育水平实现新提升。在学前教育领域，组织“十二五”学前教育协作共同体成果展示周活动，出版发行《共进中的青浦幼教》系列丛书。编印《0—3亲子指导课程的构建与实施》，推进区级重点保育课题实践，开展幼小衔接、精细化管理专题研讨和区“第三届育儿加油站”等活动。在义务教育领域，深入开展学区化集团化办学和新优质学校集群发展实践探索，多层次多渠道提高学校办学水平。强化“绿色指标”监测结果分析与应用，推进小学“基于课程标准的教学与评价”，实验小学校本化评价经验在市级研讨会上作交流。在高中教育领域，组织毕业班教学专题培训，与宝山、嘉定、长宁三区合作开展高考命题研究。深入推进高考综合改革，开展了市委专项督查自查工作。深化“高考新政背景下高中学科教学跟进思考与建议”项目研究，完成高一学生大样本调研数据分析，指导学校制定实施校本改进方案。在职业教育领域，成立区职业教育集团，制定集团章程和五年发展规划。制定并实施《关于青浦区落实“上海市中等职业学校学生学业水平评价实施办法”的意见》，推进校企合作基地建设。完善与高职院校的沟通协调机制，深入推进中高职贯通试点。在成人教育领域，对23个社区教育实验基地项目开展评估验收，启动第二轮社区教育标准化学习点创建工作。举办了第六届上海成人教育崧泽论坛、青浦区老年教育艺术节，组织“上善讲堂”“青浦摄影达人”评选等主题学习活动。在特殊教育领域，加强特殊教育指导中心建设，举办随班就读现场研讨及依托研究基地实施特殊教育医教结合康复训练成果展示活动。制定并实施《关于加强普通学校特教专职教师配备的通知》，深入开展课题研究，整理出版医教结合系列丛书。在民办教育领域，组织民办三级幼儿园到公办幼儿园观摩学习，对14家民办三级幼儿园开展深度年检。加强业务管理，落实民办学校财务、安全、后勤管理等各类检查指导。严格办学审批及许可证管理，到期换证20家、变更换证8家。加强德育和家庭教育，完善学校德育课程体系和评价机制，编写《绿色青浦》《上善之城》等区本教材，5项课题立项为市级德育课题。加强学生心理健康教育，完善青少年保护工作机制。深入开展少先队主题教育和中华优秀传统文化主题教育活动。深化家校合作育人，17所学校被评为市“十三五”家庭教育指导实验基地。抓好体卫艺科教育，落实课程计划，大力开展校园阳光体育活动，组织学生参加市、区各级各类赛事。推进校园足球精英训练营建设，开展精英训练营夏令营活动。召开学校卫生工作会议，组织学校开展食品安全和传染病防控专题培训。举办第九届学生艺术节，组织“高雅艺术进校园”“青少年走近艺术家”、青少年民族文化培训系列活动。组织开展“青少年科技创新大赛”“未来工程师大赛”等市区两级竞赛活动。

创新机制激活力，人才队伍建设获得新成效。深入开展“立德以为师，志行以树人”师德教育系列活动。继续推进特级教师工作室和学科教师研修基地建设，举行特级校长工作室启动暨干部培养基地揭牌仪式，分别遴选名优教师参加“国培”“市双名工程”培训。召开“十三五”教师专业发展工作启动大会，组织实施“十三五”教师常规培训；开展第五届区名优教师履职考核工作，启动学科领军人才后备人选支持计划。完成了教育局机关“三定”方案落实和规范编制管理工作，开展新教师招聘工作，共招聘教师274名，其中高端教育人才3名。完善教师资格制度，开展中小学教师资格定期注册试点，深化职称制度改革，修订区中级职称评定方案。

凝心聚力谋发展，教育服务水平迎来新提高。开发并上线使用“青浦区教育经费综合管理平台”，制定实施《青浦区教育系统内部控制规范手册（试行）》。全面启用上海市义务教育招生入学管理平台，严格执行人口调控政策，落实居住证管理。加强教育督导，对6所高中开展了落实考试招生制度改革实施意见的专项督导，完成义务教育阶段民办初中“规范课程教学、实施素质教育”专项督导，推进“全国责任督学挂牌督导创新区”创建工作。开展校园安全月活动，不断提高校园安全管理水平。召开区教育系统党风廉政建设推进大会，实施廉政风险防控项目责任制管理；严格落实《青浦区教育系统领导干部问责办法（试行）》，强化执纪问责。深入开展文明创建，举办区教育系统道路交通法制教育主题活动。加强教职工权益保障，举办各类文体活动，做好“帮困送温暖”工作。认真做好语言文字工作，组织开展经典诵读、沪语传承等活动。启用档案管理信息平台，推进教育系统档案管理信息化应用。继续做好教育系统政务公开和意见提案办理工作。 （曹佳凤）

【召开教育综合改革推进大会】 5月18日，区委、区政府召开青浦区教育综合改革推进大会。会议强调，一要聚焦项目抓改革、二要平稳有序推进改革、三要创新方式促改革。提出“三个坚持、三个强化”，即：坚持教育为本，强化教育战略地位；坚持创新突破，强化教育发展方向；坚持制度保障，强化教育责任担当。会上，为区职业教育集团、区实验中学教育集团、区实验小学教育集团、区华新小学教育集团授牌，区教育局和上海世外教育服务发展有限公司签约合作办学。 （曹佳凤）

青浦区教育综合改革推进大会举行

【召开区教育综合改革领导小组会议】 7月12日，召开区教育综合改革领导小组会议。会议强调，做好教育综合改革工作，要传承和发扬好青浦实验“创新和担当”的核心精神。区教育局汇报了教育综合改革推进情况、2016年重点项目推进方案以及对下阶段工作的思考。会议原则通过了清河湾教育园区、金泽学区组建方案。 （曹佳凤）

【举行清河湾教育实验园区启动仪式】 8月18日，清河湾教育实验园区启动仪式在青浦工业园区报告厅举行。区教育局分别与上海市教育学会、青浦工业园区、葛洲坝上海公司签约合作。清河湾教育

上海市清河湾教育实验园区启动

实验园区包括公办初中1所、公办小学1所、公办幼儿园1所、民办幼儿园1所，还将引进1所职业学校。园区着力探索形成大企业、大社区、大社会多元参与学校治理的办学新模式。（曹佳凤）

【启动上海世界外国语中学和尚美中学合作办学项目】 3月4日，区教育局、上海世外教育服务发展有限公司等相关领导，与尚美中学党政班子成员举行见面会，就尚美中学与上海世界外国语中学合作办学事宜进行说明与沟通。这标志着区教育局与上海世外教育合作办学项目正式启动。上海世外选派优秀团队管理尚美中学，着力学校管理机制与校园文化的再造，通过借外力、修内力，推进尚美中学办学水平再上新台阶。（曹佳凤）

【举行学前教育协作共同体成果展示周】 5月16日，"共进中的青浦幼教"——青浦区"十二五"学前教育协作共同体成果展示周启动仪式在淀山湖幼儿园举行，同时举行了《共进中的青浦幼教》系列丛书首发式。与会人员通过多媒体数字故事的方式，全面回顾了协作共同体的工作历程和成果。（曹佳凤）

【举办第六届上海成人教育"崧泽论坛"】 12月29日，以"为成人教育创新驱动引领思想，为终身教育转型发展广纳智慧，为学习型社会创建凝聚力量"为宗旨，以"加强资源融合完善学习服务体系——经验、短板、策略与举措"为主题的第六届上海成人教育"崧泽论坛"举行。市教委终身教育处、市学习型社会建设指导服务中心办公室、市成人教育协会、市成人教育协会郊区专业委员会等有关领导和专家，青浦区教育局、社区学院、成教协会以及各区成教系统相关领导，区内各成人学校书记、校长等近百人出席论坛。市教委终身教育处作《再创辉煌》主旨演讲。闵行、崇明、宝山结合各区创新实践，分别作专题发言。（曹佳凤）

【在第三十七届世界头脑奥林匹克中国区决赛中获好成绩】 2月27日—28日，第三十七届世界头脑奥林匹克中国区决赛在上海外国语大学松江校区举行。来自上海、北京、西藏等14个省、市、自治区以及德国、俄罗斯的大中小学、幼儿园共408支参赛队进入中国区决赛。青浦高级中学代表队参加了技术类高中组的挑战，获得中国区决赛二等奖。（曹佳凤）

【开展心理健康教育案例督导】 1月10日，"医教结合，多方联动"案例督导在区学生心理发展辅导中心举行，华东政法大学、青浦区精神卫生中心的专家，以及全区心理老师和志愿者代表参加督导活动。区学生心理发展辅导中心和尚美中学从不同角度介绍了同一例重度抑郁患者的辅导干预情况。专家建议从遗传、家庭、环境三方面收集信息，关注应激性事件、隐性应激事件和个性基础，并对辅导干预过程中的细节予以澄清，对来访者产生负面心理后咨询师如何应对等进行了指导。（曹佳凤）

【普陀区教育交流团考察学校建设】 2月26日，普陀区领导带领该区教育局、发改委、建管委、真如街道办事处、桃浦转型办等部门领导，来青浦区考察学校建设工作，先后参观了复旦附中青浦分校、青浦区实验中学西校区，并围绕教育改革发展、学校特色培育、引进优质教育资源、师资培养、教育评价与考核等进行座谈交流。（曹佳凤）

【举行校企合作基地建设签约仪式】 5月25日，青浦区中等职业学校校企合作基地建设签约仪式在上海工商信息学校举行。九家企业与上海工商信息学校、青浦区职业学校签订了基地建设、合作育人协议。区教育局、区人社局有关领导出席仪式。此次签约企业为青浦区首批校企合作基地建设单位，涉及机械制造、电子信息、旅游服务、汽车服务、服装制作等现代制造业和现代服务业。（曹佳凤）

【举行上海市中小学书法教材教法研讨活动】 10月13日，由上海市教育委员会教学研究室主办，青浦区教育局、青浦区教师进修学院协办，青浦区徐泾小学承办的"翰墨雅韵国粹盈香"——上海市中小学书法教材教法研讨活动在徐泾小学举行。市教委教研室、市书画出版社、青浦区教育局、区教师进修学院等相关领导，市中小学《书法》拓展型教材

编写团队，市美术（书法）教研员，各区县中小学书法教研员以及部分学校分管领导和书法教师近400人参加活动。（曹佳凤）

【举行长三角“网络学习”小组实地交流活动】 12月9日，长三角“网络学习”小组第十次实地互访交流活动在青浦区佳禾小学举行。区教育局和区教师进修学院相关负责人，安徽省合肥市少儿艺术学校、江苏省建湖县第二实验小学、浙江省衢州市衢江区第一小学、青浦区长三角千校网络结对学校和“协同学习”项目试点学校校长及教师代表等参加了活动。佳禾小学和合肥市少儿艺术学校的老师进行了课堂教学现场展示。四所结对学校教师以“关注学生终身发展，提升学生核心素养”为主题分别作了微讲座。（曹佳凤）

2016年长三角“网络学习”小组实地交流活动

【举办区第九届学生艺术节】 青浦区第九届学生艺术节历时一年，在全区范围内开展舞蹈、书画等比赛，举办区中小学艺术教育成果展示、高雅艺术进校园、民族文化培训、青少年走近艺术家、优秀儿童剧展演、儿歌童谣征集等活动。12月25日，以“舞台绽放未来　艺术丰沛人生”为主题的青浦区第九届学生艺术节闭幕式在复旦附中青浦分校举行。来自朱家角中学、庆华小学等11所学校的师生进行了汇报演出。（曹佳凤）

附：区教育局驻地及负责人

（2016年1—12月）

地址：公园东路1155号
邮编：201799
电话：69713664

区委联系副书记、常委：韩顺芳（11月到任）
区政府分管副区长：蒋仁辉（10月离任）、王凌宇（10月到任）

区教育局党委书记：印国荣（8月离任）、孙　卫（8月到任）
副书记：程卫国、黄海忠

区教育局局长：程卫国
副局长：王海青、姚金生、庄惠元（9月离任）、江雪元、高　燕（10月到任）

奉　贤　区

【2016年概况】 全区共有各级各类教育机构246个，其中隶属区教育局全面管理指导的有176个（公办123个、民办53个）。其中幼儿园81所（公办幼儿园43所，民办幼儿园8所，民办三级幼儿园30所），小学34所（公办小学21所，民办小学13所），初中14所，九年一贯制学校21所，高中6所（公办高中5所，民办高中1所），民办十二年制学校1所，成人和职业教育学校10所（社区学院暨上海开放大学奉贤分校1所、中等职业学校1所、成人学校8所），教育学院等其他教育机构9所（教育学院、早教指导中心、特殊教育学校、青少年活动中心、少体校、教育保障服务中心、教育事务受理中

心、少年军校、劳动技术学校)。其他各级各类教育机构70所。全区学前教育(含民办三级幼儿园)、中小学(含民办小学)、特殊教育和中等职业学校等共有全日制在校学生94657人,其中学前教育幼儿27184人(进城务工人员随迁子女17178人,占学前教育幼儿总数的63.19%。在公办幼儿园就读比39.15%),小学生37951人(进城务工人员随迁子女23605人,占小学生总数的62.20%。在公办学校就读比率76.09%),初中生20616人(进城务工人员随迁子女6839人,占初中生总数的33.17%。在公办学校就读比率98.86%),高中生6017人(内地新疆班学生298人),中专生2750人(内地新疆班学生305人,农民工随迁子女634人)。另有特殊教育学生139人(含送教上门25人)。全区教育系统共有教职工8077人,其中正高级职称2人,中学高级职称712人。本科及以上学历6433人,占比79.6%,硕博士212人。在职特级校长4人,特级教师12人,市"双名工程"主持人2人,区"滨海贤人"系列优秀人才6人。另有获评的区名校长15人、区名师89人,区优秀骨干校长20人,区优秀骨干教师204人,区优秀青年教师370人。

一、全面总结规划,实现教育资源持续优化。全面总结"十二五"奉贤教育事业发展成绩,完成《从跨越走向品质》画册和专题片的编印录制。研制《奉贤教育事业"十三五"发展规划》,印发《奉贤区教育综合改革发展蓝皮书》(含《奉贤区推进教育综合改革实验区项目方案》和14个条线"三年行动计划")。编制发布《奉贤教育年度发展报告(白皮书)》。不断优化教育资源布局,高标准、现代化的民办九华田田幼儿园、民办帕丁顿幼儿园先后投入使用,人大附中上海分校、上外临港外国语学校和同济大学附属奉贤存志学校等工程建设项目深入推进。推进教育基础设施建设,按照市"五项标准",推进全区义务教育阶段公办学校基本设施和资源配置标准化、均等化,完成1所学校"学生剧场"和1所学校"室内体育馆"建设,完成24个"创新实验室"、6所学校图书馆升级项目和15所学校"安全教育体验教室"建设。启动古华小学整体翻建、天和锦园幼儿园新建工程。完成塘外小学教学综合楼、邵厂学校教学楼、泰日学校小学部教学楼、柘林学校北面教学楼等改扩建项目。推进奉贤中学实验综合楼、奉城一小翻建、育秀实验学校西校区教学楼加固等建设项目。

二、推进"三大工程",整体育人模式特色显现。实施"人文蕴育"德育创新工程,深入推进"名家进校园",49位名家走进奉贤校园作精彩讲座。启动"红色之路"项目小学"南京记忆"、初中"井冈山寻迹"、高中"遵义、延安浸润",进行重走"红色之路"社会实践活动。成立区家庭教育研究与指导服务中心,开启"贤城父母"微信公众号,加强家庭教育指导。成功举办上海市德育课程一体化背景下的实践育人创新论坛。扎实推进高中生志愿服务工作。德育教育成效明显,6名学生获上海市"美德少年"称号。坚持"全面课程、校本特色""人文课堂、有效教学"理念,实施"人文课堂"教学改革工程,举办以"智慧课堂、有效教学"为主题的第二十一届教学节,促进信息技术与课程教学的融合。大力推进STEM教育,依托高校以及区内外先进企业等资源优势共建"创新实验室",对120名中小学教师进行STEM课程专项培训,初步建成101门区级特色课程,其中《蔚蓝的天空》《城市生态文明》等入选上海市中小学专题教育网络课程。承办由北京大学支持,中国教育科学研究院、上海教育报刊总社等联合主办的"多元视野下的基础教育改革与创新"2016年度教育论坛。实施"七彩成长"学生发展工程,成功举办主题为"精彩自我　放飞梦想"的第二届学生活动节。启动奉贤区青少年"四院一团一部"建设,育秀实验学校学生陈羽翱成为上海迪士尼大剧院签约演员出演音乐剧《狮子王》中文版的小辛巴一角并全球首演;奉贤中学王怡雯等被聘为中国少年科学院小院士,在DI青少年创新思维大赛中国区总决赛中,奉贤中学、汇贤中学分获项目组第一名和一等奖。参与上海市学生运动会摘得金牌16枚、银牌21枚、铜牌28枚;区学生艺术团参加国际青年艺术周(上海·奉贤)专场演出,在上海市学生艺术单项赛中获金奖一个、银奖一个、铜奖8个。

三、坚持均衡特色,推进各类教育协调发展。出台《奉贤区学前教育三年行动计划(2016—2018年)》,布局未来三年学前教育工作,启动"民办三级园规范办园督查评估”工作，30所民办三级园的保教质量明显提升。推进义务教育优质均衡发展和高中特色发展，实验小学、实验中学、汇贤中学、育秀实验学校、南桥小学等5个“学区集团”建设坚持学校管理一体化、教师队伍一体化、教育教学一体化、评价考核一体化；持续推进市中心城区优质教育机构委托管理奉贤学校的工作，深化覆盖全区所有学校的紧密型办学资源联盟建设；高质量完成国家义务教育质量监测工作，中高考质量创历史新高；完善随迁子女积分入学管理，关停2所民办进城务工人员随迁子女小学。提升职成教育服务经济社会发展水平，社区教育“331”工程取得新进展，在南桥镇、奉城镇和海港开发区成立“社区工作坊”，奉贤终身学习网完成8个镇子网站和APP移动终端的开发建设，5月成功创建成全国社区教育示范区，11月成功创建成第一批国家级农村教育和成人教育示范区。成立3M上海胜学创业体验中心，推进学生职业体验教育，举办“青鸟杯”学生创业营销大赛和第六届创业文化节，推进奉贤大学生、中职生、社会青年三位一体创业帮扶体系的构建。关注特殊教育，出台《关于开展奉贤区特殊教育医教结合工作的通知》，建立多部门合作的特殊教育“医教结合”合作机制。

四、全面提升教科研和信息化水平。扎实推进上海市级重点课题“统筹城乡教育一体化发展进程中的区域教育体制机制创新研究”以及相关子课题研究，完成结题报告。修订完善区域教育科研管理制度，出台《奉贤区教育科研工作指导手册2.0版》，开展“我的教改试验”项目激活科研力量，在上海市第五届学校教育科研成果评奖中，奉贤获一等奖2项，二等奖2项，三等奖7项。奉贤智慧教育云服务平台(手机移动端)正式开通，奉贤参加上海市第十三届教育博览会，获“十佳”展厅称号。

五、加强对外交流，增进地区互助合作。推进中小学生开启“世界之窗”国际文化交流活动，组织师生出国(境)文化交流。参与上海市“1+11”基础教育互助成长行动计划，与贵州遵义、青海果洛州等地教育部门签订结对协议，辐射推广奉贤紧密型办学资源联盟、育秀实验学校阅读指导课程等教育改革发展成果；全年接待中西部地区教育系统干部、教师考察学习10多批次。

六、加强队伍建设，整体提升教师综合素质水平。成立奉贤教育发展专家委员会，构建“十三五”教师队伍建设“3233”体系，区域干部、教师综合素质进一步提升。优化师德师风建设，深化见习期教师规范化培训，举办区青年学科骨干教师研修班，在南京师范大学开展为期2—3周的教育教学基础素养“回炉”提升培训。举办中小幼和直属单位党(总)支部书记培训班、教育系统暑期党政正职干部研修班、中小幼校园长书记专业素养持续提升研修班。选优配强领导干部，全年共调整任用干部4批88名，加强后备干部培养，优化干部梯队，基本形成科学规范、配套衔接、有效制衡、监督有力的干部培养体系。

七、深化体制机制改革，提高教育治理成效。完善教育投入机制，深入推进学校自主发展的“星光灿烂”计划实施工作，启动促进学校创新发展的“支点”计划，以点带面激发全区学校创新发展的活力。进一步完善学校食堂管理机制，保障师生用餐安全和质量。通过实施招标代理制、组建督查组、创建多元评定考核机制、建立施工企业黑名单制度等，加强校舍维修工程监管，全年共完成暑期校舍维修工程84个项目。加强学校财务审计，全年共完成59位校(园)长任期内或离任经济责任审计、126个校舍维修项目审计、10所中小学市委托管理专项经费中期评估审计、86个“星光灿烂”计划项目督查评估、2所以招收农民工随迁子女为主的民办小学资产财务清算以及全区中小学后勤保障督查等工作。完善教育督导与评价机制，中小学校责任督学挂牌督导创新区建设工作通过市级验收，并申报国家级责任督学挂牌督导创新区。全面完成对19所小学、20所九年一贯制学校、20所中学、38所公办幼儿园、8所成人学校以及上海开放大学奉贤分校等6家教育机构的学校管理工作督导评估。优化基层单位民主评议区教育局机关和教育服务机构工作机制，创“五好三强”区教育局机关和教育服务机构。完善对基层单位的年度考核评价，评选表彰和润品质奖、和润发展奖、和润特色奖。完善法治教育与安全管理机制，区教育系统获 2016 年度上海市治安保卫先进集体。（赖黎明）

【构建教师队伍建设“3233”体系】 3 月 19 日，奉贤区“十三五”教师队伍建设名优校（园）长、教师培训项目启动大会举行，着力构建“十三五”教师队伍建设“3233”体系，即市、区、校三级联动，教师、干部双轮驱动，基础、骨干、名优梯次推进，聘用流动、培训晋升、表彰激励形成合力。开展五年期教师“回炉提升”研修、校长（园长、书记）专业素养提升研修、青年学科骨干教师研修、名优校长（教师）培育等，进一步提升区域教育管理干部、教师综合素质。

（赖黎明）

【举行第二届学生活动节】 3 月 31 日—5 月 31 日，主题为“精彩自我，放飞梦想”的奉贤区第二届学生活动节举行。中小学幼儿园围绕“少先队、德育、科技、艺术、体育”五个活动主题，开展形式多样、精彩纷呈的学生活动，展现七彩成长的校园风貌。活动节闭幕式上发布活动节“节标”和主题歌，并对“十大校园达人”等进行表彰。（赖黎明）

奉贤区举行第二届学生活动节

【成立家庭教育研究与指导服务中心】 5 月 15 日，奉贤区家庭教育研究与指导服务中心揭牌仪式举行，同时开启了“贤城父母”微信公众号。奉贤区家庭教育研究与指导服务中心是一个面向全区的集家庭教育研究、指导和服务等功能于一体的综合性服务平台。（赖黎明）

【开展“千名贤师结对千名学生”活动】 第 32 个教师节期间，奉贤区启动“千名贤师结对千名学生”帮扶活动。活动采取一对一方式，结对教师每学期到结对学生家庭进行一次家访、指导结对学生读一本书、组织结对学生参加一次文体娱乐或社会实践活动，每月与结对学生开展一次谈心活动，每周对结对学生进行一次学习指导。全区共有 1044 名教师与 1035 名学生结对。（赖黎明）

奉贤区开展“千名贤师结对千名学生”活动

【举行 DI 上海青少年创新思维大赛】 11 月 19—20 日，DI 上海青少年创新思维大赛在奉贤中学举行，全市 16 个区的 170 支队伍参赛。奉贤区有 14 支团队参赛，奉贤中学、汇贤中学获五个一等奖。12 月 9 日，中国区总决赛在北京举行，奉贤中学获结构类高中组挑战“同心协力”第一名，汇贤中学获初中组挑战“同心协力”一等奖。（赖黎明）

【翁铁慧调研奉贤教育】 11 月 30 日，副市长翁铁慧到奉贤区调研教育等工作，并参观南桥小学。奉贤教育积极推进教育综合改革，培养孩子多元兴趣爱好和良好性格，坚持不懈地加快教育现代化建设步伐，为老百姓提供更优质更多元的教育资源。

（赖黎明）

【开展“世界之窗”国际文化交流活动】 2016 年，奉贤中学、曙光中学、汇贤中学、青少年活动中心等单位组织 352 名学生赴美国、俄罗斯、澳大利亚、韩国等国开展文化交流活动。11 月 20 日，上海市“德育课程一体化背景下的实践育人”创新论

坛上,“世界之窗”国际文化交流活动正式启动。(赖黎明)

【启动创新学校发展“支点”计划】 年内,全区在聘请第三方对 2015 年完成的 86 个“星光灿烂”项目进行检查评估的基础上,完成 204 个“星光灿烂”项目。在 12 月 23 日举行的第二十一届教学节闭幕式上,举行创新学校发展“支点”计划启动仪式,以促进学校特色发展多元发展。(赖黎明)

【举办教育发展满意度测评】 12 月 20—25 日,由区教育局主办,《奉贤报(奉贤微报)》、“上海奉贤”公众微信号等媒体协办,“老百姓最关注的‘奉贤教育十大新闻’评选暨教育发展满意度测评”活动举行。45383 人参与此项活动。按得票高低评出“精彩自我,放飞梦想”奉贤区第二届学生活动节缤纷绽放、奉贤区开展“千名贤师结对千名学生”活动等十大新闻。收到教育满意度测评有效评价票 44803 张,其中很满意的占 54.36%,满意的占 33.01%,较满意的占 11.51%,不太满意和不满意的为 1.1%,还收到 12652 条意见和建议。(赖黎明)

附:区教育局驻地及负责人

(2016 年 1—12 月)

地址:古华路 758 号
邮编:201499
电话:37597001　37597009

区委分管常委:王霄汉
区政府分管副区长:倪闽景

区教育局党委书记:陆　琴
　　副书记:施文龙(兼)、张　杰

区教育局局长:施文龙
　　副局长:陆　琴(兼)、唐　瑛(3 月离任)、张　弘(4 月到任)、顾　军(9 月到任)、万国良、周　英

崇　明　区*

【2016 年概况】 全区有中小学、幼儿园、职校和特殊教育学校 105 所。其中高中 7 所(含公办完中 1 所和民办完中 1 所),初中 29 所(含公办九年制学校 3 所、民办九年制学校 1 所、特殊教育学校1 所),小学 29 所(含特殊教育学校 1 所),幼儿园 39 所(含民办幼儿园 2 所),中专职校 1 所。另有直属单位 9 个、成人学校 18 所、上海开放大学崇明分校 1 所。在校中学生 16373 人,小学生 16397 人,在园幼儿 9919 人,中专职校生 2643 人,特殊教育学生 257 人。在编在职教职工 7241 人,其中专任教师 5210 人。在编在职教师中,中级以上职称有 2810 人,其中中学高级 509 人,中学一级 1066 人,小学高级 1095 人,职校中级 140 人。全区有正高级职称教师 3 名,特级教师 11 名,特级校长 5 名。高中、初中、小学、幼儿园专任教师学历达标率分别为 99.84%、97.71%、98.68%、99.76%。

一、加强党组织建设和干部队伍建设。开展“两学一做”学习教育工作,坚持“深学”和“实做”;做好 2015 年新任校级干部试用期满考核工作;筹建崇明教育系统党建研究会;开展庆祝建党 95 周

* 2016 年 7 月 22 日,上海市委、市政府举行“崇明撤县设区”工作大会。《2017 上海教育年鉴》除收录的相关文件外,稿件提及原崇明县时,均改称崇明区。谨此说明。

年暨“七一”党建表彰活动；做好系统内干部人事档案审核整改工作，对全区378位基层党政干部以及机关公务员、中层干部的人事档案进行审核，补充完善材料980份。

二、深入开展未成年人思想道德建设。加强区域德育课程一体化建设，以6所学校为试点，实施推进“大中小德育课程一体化建设研究”，试点推进学科德育协同创新中心建设；推进心理健康教育，继续开展心理健康教育合格校、示范校创评工作，培成学校被评为上海市心理健康教育示范校，加强区域心理健康教育资源库建设，立项并推进了“农村留守儿童家庭教育指导”项目；成立未成年人家庭教育指导中心，建立青少年学生校外活动联席会议制度；继续做好特殊家庭未成年人调查摸底工作，关注中小学生辍学工作，依法保障学生接受教育的权利。

三、继续实施新一轮“学前教育三年行动计划”。抓好早教指导工作，举办“03亲子嘉年华”活动，推进“育儿周周看”项目，做好“家教讲师团”工作，与市级相关部门合作开展“育儿加油站”活动，启动“掌通宝”家园互动项目。提高幼儿园保教质量，完善对幼儿园课程实施方案修订、课程资源开发与利用，研究建设幼儿园绿色教育课程资源库，推进“教育资源优化配置与使用”项目，完善区域保教质量监控体系。

四、促进义务教育优质均衡发展。推进学区化、集团化办学和新优质学校办学工作，全年新构建“崇西、城桥、崇中、堡港、崇东、长横”六大学区，实施第三轮点对点“双联工程”项目，构成崇明新城“名校＋新校”教育联盟，依托“陶艺”“学陶”乡土课程等特色发展联合体，实现校际之间“均衡＋特色”发展目标。建立“新优质学校”项目集群式发展推广机制。深化基于课程标准的教学与评价工作。开展第三轮“今天行动计划”，推出区级平台项目——“科创动车”项目。

五、深化教育教学改革，提升基础教育品质。推进高中教学综合改革，做好学生生涯规划指导，成立推进普通高中学生综合素质评价机构，推动高中特色多样发展。推进中小学教育质量评价改革，开展“以校为本”的质量保障体系试点，推进绿色指标的测试、分析、诊断及改进工作；以信息化促进教育现代化，完成制订《崇明教育信息化十三五规划》，加强教育网络平台、学科教学资源库和微课资源库建设。深入开展生态教育改革实践，推进以学区为主的教育生态圈建设。

六、做好体卫艺科及语言文字工作。推进学校健康促进工程，启动中小学生《国家学生体质健康标准》抽样监测工作，推进校园足球工作，城桥中学、东门中学、东门小学等3所学校被教育部命名为第二轮“全国校园足球特色校”。做好艺术教育工作，试点开展艺术教育测评，开发艺术校本课程，推进民族文化培训工程和“乡土文化进校园”区域品牌项目，开展“校园文化进社区”“高雅艺术进校园”活动，加强学校管乐联盟及其他艺术团队建设，全面推进“彩虹”乡村学校少年宫建设；做好科技教育工作，开展一系列科普科技教育工作，全年组织参加六次全国科技竞赛活动。做好学校卫生工作，推进医教结合，完成31547名中小学生健康体检，全区60％中小学和幼儿园完成龋齿普查普治和窝沟封闭工作；做好语言文字工作，开展经典诵读、第十九届推普周、中小学生汉语知识竞赛等活动。

七、推进职业教育和成人教育发展。加强中高职、中本贯通与衔接的力度，加强教育对口支援。做好招生就业工作，2013级中职毕业生就业率达98％以上。职业学校初步完成布局规划调整，长兴校区顺利启用；推动各项教育培训和乡镇成人学校、村(居)民办学点的标准化建设。开展学习型组织建设，办好老年大学和乡镇老年学校，全区接受教育老年人占老年人总数40％以上，开展技能类教育培训6万多人次，年初被教育部批准为全国社区教育实验区；进一步规范民办学校办学，完成各社会力量办学单位年检工作，关并民办光辉小学，率先完成所有义务教育阶段符合条件学生进入公办学校就读任务。

八、推进人事制度改革，加大师资队伍建设力度。进一步加强师德师风建设，规范中小学校办学行为，开展对中小学校和在职中小学教师有偿补课情况的专项督查，开展教育系统先进典型、先进事迹推荐、宣教和学习活动。做好师资配置，全年引进教师151人，首期定向培养师范生入编就职，长兴地区师资缺口矛盾得到缓解，落实新城地区新办学校师资配备。多途径开展教师培育，继续开展见习教师规范化培训，开展第三轮名师工作室和第五轮骨干教师项目届满考核工作，启动“十三五”教师培训，继续开展与上海师范大学合作的师范生定向培养；推进人事制度改革，完善绩效工资制度，制定并落实乡村教师支持计划的实施办法。

九、加大依法治教力度。加强党风廉政建设，落实党风廉政建设责任制，完善述职述廉的长效机制，推进廉洁文化进校园活动；做好内部审计工作，试行《崇明区教育系统领导干部经济责任审计轮审制度》，做好第四轮委托管理学校托管经费审计、乡镇老年学校标准化建设经费审计及基建修缮项目的竣工决算审计；做好督导工作，完成18所中小幼学校的办学水平综合督导和对18所学校回访督导，做好8个责任区的挂牌督导工作。开展“招生入学”“有偿家教”“校园欺凌”“开学工作”等专项督导。（梅湘瀛）

【举行崇明·台北早期教育论坛】 1月7—8日，举行“教育生态视域下的儿童早期学习——崇明·台北早期教育论坛”。论坛由崇明区教育局、崇明区教育学会和台湾政治大学主办，崇明区教师进修学校和台湾政治大学教育学院幼教研究所承办。论坛围绕“教育生态视域下的儿童早期学习”主题进行主题报告、专题演讲、专家点评以及两岸校园长的对话与分享。上海近10家媒体代表参加论坛并作相关报道。（梅湘瀛）

【第三届十大师德标兵评选表彰】 2月，区教育局党委制订下发《关于印发〈崇明区教育系统第三届十大师德标兵评选方案〉的通知》。各校在开展校级评选基础上报送1名候选人参加局级评选。4月下旬，区教育工会组织评审人员对上报候选人进行初评，选出20名候选人并将事迹材料制作成PPT在崇明教育信息网上进行公示和网上投票。5月中旬，评审委员会结合事迹材料和网上投票情况终评，确定向化中学王东霞等10名教师为师德标兵、工程管理学校马娟等10名教师为师德标兵提名。9月8日，在第三十二届教师节庆祝大会上举行崇明区十大师德标兵颁奖典礼。（梅湘瀛）

【翁铁慧调研崇明教育】 3月14—15日，副市长翁铁慧到崇明区调研。翁铁慧实地察看横沙乡幼儿园、在建上海实验学校附属东滩学校和东滩思南路幼儿园等处，召开专题调研会听取情况汇报并讲话。（梅湘瀛）

【参加全国第五届中小学生艺术展演】 4月11日，全国第五届中小学生艺术展演在青岛国际会展中心举行。向化小学“崇明灶花”项目代表上海参加“学生艺术实践工作坊”类别的展演展示。教育部副部长郝平，以及教育部体卫艺司，上海市教委的相关领导分别到“崇明灶花”展示现场观摩指导，与学生进行绘制灶花实践互动。（梅湘瀛）

“崇明灶花”参加全国第五届中小学生艺术展演

【制定并实施“十三五”规划】 《崇明区教育改革和发展“十三五”规划(2016—2020年)》编制工作，从2014年7月启动，经专题调研、规划编制、征求意见、论证审核四个阶段，最后经区府常务会议审议通过并实施。“规划”立足办人民群众满意教育，服务上海社会主义现代化国际大都市建设和崇明现代化生态岛建设，确立至2020年改革发展目标为：全面实现教育现代化，基本建成和谐、人本、开放、可持续发展的区域教育生态体系。“规划”包括七

大部分，重点确立八大主要任务、实施五大推进举措、明确十大重点建设项目。（梅湘瀛）

【**教育部调研农村学校艺术教育实验区推进工作**】 6月8日、12日，教育部体卫艺司与综合处、上海市教委体卫艺科处等部门和单位负责人，及全国农村学校艺术教育实验区培训班的近200位学员（学员为来自被教育部命名为全国农村艺术教育实验区的142个省、市、自治区分管领导及所属教育厅、教委、教育局领导），分两批前来调研全国农村学校艺术教育实验区推进工作。他们分别观摩区内北堡小学、明珠小学、城桥中学的体育、艺术等特色项目和根宝足球基地校园足球精英训练营训练活动。在工作交流会上，崇明汇报推进全国农村学校艺术教育实验区的工作，来自四川、贵州、新疆、江苏等地领导作交流发言。（梅湘瀛）

【**青少年校园足球精英训练营成立**】 6月13日，区青少年校园足球精英训练营开营仪式举行。崇明区青少年校园足球精英训练营是在广泛开展校内竞赛和校园足球联盟比赛基础上，选拔U11、U13年龄段中150名左右的优秀苗子，聘请根宝基地优秀教练员进行日常训练。自3月28日试运行以来，基本形成制度化、常态化训练机制。在5月举行的上海市青少年校园足球精英赛中，男子U13组别取得第八名成绩，并获得体育道德风尚奖。

（梅湘瀛）

崇明区青少年校园足球精英训练营开营仪式举行

【**举行学生文化艺术节**】 6月14日，举行崇明区学生文化艺术节开幕式暨学生舞蹈节表演舞专场比赛。本届学生文化艺术节以“阳光伴我成长”为主题，历时7个多月。学生文化艺术节举行学生舞蹈节、艺术单项比赛、学生书画比赛、“校园文化进社区”暑期巡演、第二届管乐节等活动。80多所学校的万余名学生参加活动。12月23日，学生文化艺术节闭幕式举行。闭幕式由外场和内场两部分组成。外场为学生优秀书画作品展及部分学校优秀学生艺术社团展示，书画作品有蜡笔画、水墨画、书法等，社团项目有灶花、花泥画、剪纸艺术、扎染等。内场展演的节目是在艺术节活动比赛中涌现的优秀节目，有古诗词表演、情景剧、音乐舞蹈、合唱等。

（梅湘瀛）

【**中小学生艺术素质测评试点实施**】 6月24日，中小学生艺术素质测评工作在试点学校——堡镇小学和正大中学正式实施，堡镇小学五年级、正大中学八年级的近400名学生接受全面艺术素质测评。测评分基础知识和基本技能，采用笔试和面试，主要测评学生按课程标准要求对音乐、美术学科基础知识的理解以及音乐学科的演唱、演奏水平，美术作品的创意表现、不同材料运用技能等。由教师进修学校、青少年活动中心组成的骨干教师测评团队进行封闭阅卷，并综合分析测评数据，以进一步完善测评工作和评价体系。（梅湘瀛）

【**受赠10辆爱心校车**】 8月31日，上海烟草集团、上汽集团向崇明区捐赠10辆爱心校车，捐赠仪式在长兴小学举行。长兴镇、城桥镇、陈家镇等乡镇所在10所学校接受捐赠。（梅湘瀛）

上海烟草集团、上汽集团向崇明区捐赠10辆爱心校车

【**试点义务教育阶段寄宿制学校**】 9月1日，实施

义务教育阶段寄宿制试点学校招生。招生对象为有户籍且确有寄宿需求，并具有一定自理能力的1—9年级学生。崇西中学、庙镇小学是初中、小学阶段寄宿制试点学校，首批学生共有50名。

（梅湘瀛）

【2所新建学校启用】 9月1日，上海市第一师范附属小学崇明区江帆小学和上海市静安南西崇明区新城幼儿园投入使用。江帆小学位于崇明新城乔松路666号，占地面积29000平方米，办学规模为30个教学班，能容纳1200名学生，第一年招生139名学生。新城幼儿园位于城桥镇水岸景苑小区，占地面积7473平方米，办学规模为15个教学班，能容纳390名幼儿。2所新建学校均是独立建制公办学校，分别由静安区一师附小和静安南西幼儿园托管，托管期限8年。（梅湘瀛）

【工程技术管理学校长兴校区启用】 9月1日，上海市工程技术管理学校长兴校区正式启用。长兴校区于2013年11月开工建设，2016年4月竣工，占地面积约6.7万平方米，建筑面积5万余平方米，现有数控技术应用、机电技术应用、新疆部等专业领域的学生共1200余名，在编教职工135人。

（梅湘瀛）

【举行见习教师规范化培训主题活动】 9月17日，区教育局在崇明区风瀛洲剧场举行“年轻的我们从这里飞翔”——崇明区2015学年见习教师规范化培训总结暨2016学年培训启动主题活动。主题活动分三个篇章，第一篇章围绕基地学校的微视频展示、指导教师代表带教故事演绎、教师进修学校视频专题对规范化培训进行总结；第二篇章以新学年见习教师规范化培训工作布置、见习教师宣誓仪式和局领导深情寄语为重点，对规范化培训工作提出新要求；第三篇章以“舞动青春”为主题，通过见习教师才艺展示，展示在教育教学能力与业务素养上所取得成果。主题活动中，对2015学年优秀见习教师进行表彰，举行2016学年引进新教师进行入职宣誓仪式。（梅湘瀛）

【举行瀛通奖学金颁奖仪式】 9月23日，瀛通慈善基金会在东门中学、实验幼儿园、崇明中学举行“瀛通教育至爱专项基金”“瀛通·思南幼教实验专项基金”颁奖走访活动。全年，有423名学生获“瀛通帮困奖学金”，38名学生获“瀛通优秀学生奖学金”，95名教师获“瀛通‘绿叶’奖”，20名幼教工作者获“瀛通·思南幼教实验专项基金”奖励。

（梅湘瀛）

【与美国马里兰州蒙郡开展教育合作交流】 9月26日，美国马里兰州蒙郡教育卫生考察团到崇明进行教育合作交流。考察团参观崇明中学、实验幼儿园、东门小学和扬子中学，召开教育合作座谈会。美国蒙郡理查德蒙哥马利高中和扬子中学签署友好学校意向书，本着“优势互补、互惠互利、共同发展”原则，将在“深化YBB项目，开展友好学校结对，开展管理层、师生互访活动，促进教学交流，探讨合作办学”等方面交流合作。（梅湘瀛）

崇明区与美国马里兰州蒙郡开展教育合作交流

【第十二届全民终身学习活动周开幕】 11月18日，第十二届全民终身学习活动周开幕式举行。活动周主题是“全民阅读，终身学习”。开幕式围绕主题，以书香家庭、书香网络、书香校园、书香机关和书香社区为主线，展示崇明人民全民阅读的热情和终身学习取得的成果，对崇明市民学习故事征文、崇明首届社区摄影达人和示范性村民学校获奖者进行表彰，并开启“乐学崇明”微信公众号。场外举行赠书活动和科技DIY、3D打印、多肉植物制作等市民手工艺作品展示。（梅湘瀛）

附:区教育局驻地及负责人

（2016 年 1—12 月）

地址:城桥镇新崇北路 308 号
邮编:202150
电话:59621724

区委分管常委:龚朝晖
分管副区长:王　菁

区教育局党委书记:姚李超
副书记:黄　强

区教育局局长:黄　强
副局长:陆惠星(7 月离任)、黄乃华、黄宗逵、邱美萍(12 月到任)

高等学校
Higher Educational Institutions

复 旦 大 学

【2016 年概况】 学校有直属院(系)31 个(不含继续教育学院)、附属医院 16 所(其中 5 所筹建),设有本科专业 70 个,一级学科博士学位授权点 35 个,一级学科硕士学位授权点 41 个,博士专业学位授权点 2 个,硕士专业学位授权点 27 个。博士后科研流动站 35 个,一级学科国家重点学科 11 个,二级学科国家重点学科 19 个。有在校普通本、专科生 13136 人,硕士研究生 11519 人,博士研究生 6365 人,留学生 3373 人(其中攻读学位的留学生 2045 人)。有专任教师 2655 人、专职科研人员 377 人。有中国科学院、中国工程院院士 43 人,文科杰出教授 1 人,文科资深教授 11 人,中央"千人计划"166 人,教育部"长江学者奖励计划"147 人,"国家重点基础研究发展计划(含重大科学研究计划)"项目首席科学家 35 人,国家重点研发计划项目负责人 29 人。共有邯郸、枫林、张江、江湾四个校区,占地总面积约 244.99 万平方米。

一、发展规划与学科建设。17 个学科进入 ESI 全球前 1%,化学、材料科学和临床医学进入全球前 1‰。6 月,审议通过《复旦大学"十三五"发展规划》,7 月,上报教育部核准备案。成立大气科学研究院、中西医结合研究院、六次产业研究院等研究机构。推动大数据学院、上海数学中心谷超豪所、类脑智能科学与技术研究院建设。新增理论经济学为上海市Ⅰ类高峰学科,牵头上海市Ⅳ类高峰学科电子科学与计算机的建设,参与上海市Ⅳ类高峰学科信息与通信工程的建设。组织编制《复旦大学一流建设总体方案》。正式发行《复旦大学章程》英文版 *The Constitution of Fudan University*。完成第四轮学科评估申报工作,全校 42 个一级学科中 38 个学科参评。

二、人才培养。毕业本科生 3071 人,毕业研究生总计 4712 名(其中硕士 3600 人、博士 1112 人)。共授予硕士学位 4731 人(其中专业学位 2989 人),授予博士学位 1130 人(其中专业学位 141 人)。录取本、专科新生 3725 人(含留学生 280 人),实际招录硕士研究生 4006 人(其中学术型 1777 人、专业型 2229 人),博士生 1525 人。医科继续施行分代码招生。2016 年新增博士生导师 185 人。先后召开本科教育工作、本科招生工作会议,启动实施一流本科教育"2020 行动计划",努力构建融合育人体系,促进学生全面发展。加强课程建设,全年共计开设各类本科课程 6625 门次,新建 10 门通识教育核心课程。推动人才培养模式改革创新。研究制定本、研贯通培养方案,试点实施"本科荣誉项目";推动本科教学实验室建设,2 个实验教学中心获批国家级实验教学中心或示范中心;推进创新创业教育,开设 35 门"创新创意创业"专项教育课程,资助 466 名本科生参加学术研究及创新创业活动;学校入选全国首批深化创新创业教育改革示范高校。重视研究生培养质量。抓好研究生课程建设,完成专业学位培养质量检查;成立导师服务中心,提高对导师的服务水平;修订完善临床医学专业学位博士培养方案,加强医学研究生课程体系建设。

三、科学研究。学校理、工、医科到款科研经费 17.61 亿元。新增科研项目 1335 项,其中国家重点研发计划项目 29 项。国家自然科学基金立项 601 项,包括国家杰出青年基金 7 项,重点项目 12 项,国际(地区)合作研究项目 15 项,海外及香港特区、澳门特区学者合作研究基金 9 项,联合基金项目 8 项,国家重大科研仪器研制项目 1 项,教育部创新团队滚动计划 1 项,上海市科委创新行动计划基础研究项目 12 项。获得国家科学技术奖 1 项、教育部科技奖 6 项、上海市科技奖 15 项、何梁何利基金科学与技术进步奖1项。国家级科研平台——老年医学国家临床医学研究中心建设获科技部批准立项,“持续性感染与疾病创新引智基地”入选高等学校学科创新引智计划,“医学表观遗传与分子代谢示范性国际科技合作基地”获批“国家国际科技合作基地”。生物多样性与生态工程教育部重点实验室获评优秀。全年文科到款经费1.3亿元。获国家社科重大项目8项,教育部人文社会科学研究重大攻关项目1项。获上海市第十一届中国特色社会主义理论体系研究和宣传理论优秀成果奖、第十三届哲学社会科学优秀成果奖99项,其中,裘锡圭主编的《长沙马王堆汉墓简帛集成》获特等奖,中文系许宝华、历史地理研究所邹逸麟获学术贡献奖。在新一轮的教育部人文社科重点研究基地评估中,4个重点研究基地测评为“优秀”,新增部委和省市级基地5个。成立复旦大学上海儒学研究院。在产学研合作方面,2016年,复旦大学成立5个校企联合实验室。申请国内专利599项,授权专利数量386项。全年签订专利许可和转让合同金额达人民币5.23亿元,同比增长44.8倍。召开科技工作会议,提出“跨越2025”科研能力提升计划,对“十三五”时期学校科技工作作出总体部署。

四、服务社会。对接上海科创中心建设,重点布局和推进精准医学与健康、微纳电子与量子器件、脑科学与类脑人工智能、能源和环境、大数据试验场建设,正式启动“上海精准医学产学研创新联盟”,牵头成立全国首个大数据试验场联盟,推进张江研究院发展,获得上海科技创新行动计划优先启动重大项目立项10项,对接杨浦、黄浦、虹口、浦东等区的区域发展需求,推动一批合作项目落地,服务科创中心核心功能区、重要承载区的建设。提升智库建设的影响力和服务力,对接国家“一带一路”建设,与中联部共同发起“一带一路”国际智库联盟并举办论坛。对接国家长江经济带发展战略,与12家高校和科研院所共同发起“长江经济带智库合作联盟”,举办上海论坛、中国大学智库论坛等。加强校地合作、校企合作,2016年全年与校、地、企共签署重要合作协议19项。与山东省青岛市以及黄岛区签署战略合作协议,成立复旦大学青岛研究院。与广西壮族自治区签署战略合作协议,共建海上丝绸之路与广西区域发展研究院。与云南省续签战略合作协议。与黄浦区、泛海集团三方合作共建复旦泛海国际金融学院。大力推进云南省大理白族自治州永平县定点扶贫工作,入选教育部直属高校精准扶贫精准脱贫十大典型项目。加大对口支援云南大学、河西学院、重庆医科大学等西部高校力度。

五、师资队伍建设。新增国家千人(含青年千人)25人,长江学者特聘教授14人,上海市领军人才6人,上海市“千人计划”专家18人,上海市东方学者13人,上海青年拔尖人才5人。全年共新进补充岗位教师42人,引进各类高层次人才192人。全年招收博士后328人(含外籍19人,留学生20人),出站211名。深化教师高级职务聘任改革,完善人才队伍分类管理体系,推进收入分配改革。召开人才工作会议,启动“卓越2025”人才计划。举办首届“光华青年学者论坛”。

六、附属医院工作。医疗服务与支援工作。2016年1月26日,举行复旦大学附属浦东医院揭牌仪式暨医教研协同发展创新论坛,浦东医院正式成为复旦大学第十一家附属医院。11家附属医院共有医院职工21151人,核定床位10285张。全年门急诊总量2158.91万人次,出院人数57万人次,住院手术服务量37.04万人次。全年共招收住院医师规范化住培学员783名,出站471名。展开对口支援和医疗救援工作,对云南永平、新疆察布查尔县、江西赣州、甘肃张掖、四川雅安、云南德宏、贵州兴义等地区开展长期或短期的医疗帮扶及援建工作。持续开展援摩医疗队工作。区域医疗合作。根据共建协议有关内容,继续落实与相关区政府共建浦东医院、闵行区精神卫生中心、青浦区中心医院、静安区中心医院、闵行区中心医院、上海市口腔医院等,继续推动与徐汇区、浦东新区、闵行区社区卫生服务中心的合作,构建社区医疗协作网络,启动“复旦大学儿科医疗联合体(闵行协作网)”,成立“华山—五院—闵行”医疗联合体,支持附属中山医院厦门医院建设。

七、交流与合作。全年派出交流学生3063人,接收各类外国留学生6348人次。新签、续签校际协议、备忘录40余项。开拓短期学生交流项目,新增英国剑桥大学、伦敦国王学院、伦敦政治经济学院、美国杜克大学等暑期项目。主办或承办国际及地区学术会议98个,来访长期专家137人,各类短期专家3410人。与英国伦敦政治经济学院(LSE)签约共建"全球公共政策学院",与美国约翰霍普金斯大学合作建设"临床科研中心"。举办"中美大学智库对话""中英大学智库对话""上海—加州创新对话"、复旦科技创新论坛等活动。承办二十国集团青年会议,"中国—欧盟高级别人文交流对话机制"的主要活动。全年校级层面共接待外事来访约4000人次,包括卢森堡大公储和财政大臣、匈牙利央行行长,境外大学校长、驻华大使/总领事等80余人。

八、校友、校董和筹资工作。新成立2家地域性校友会(法国校友会、马来西亚留学生校友会)、3家院系校友会(生命科学学院校友会、材料系校友会、环境系校友会)。复旦大学校友会、上海复旦大学教育发展基金会、复旦大学教育发展基金会(海外)、复旦管理学奖励基金会及复旦大学董事会有序运作。全年新签或续签捐赠协议153余项,协议总金额逾1.7亿元。其中上海基金会到账金额2.5亿元,海外基金会到账245.37万美元(折合人民币约1703.63万元)。严格财务管理,监管资金使用,完成捐赠资金配比工作,稳健开展投资工作,实现基金会保值、增值。

九、后勤保障工作。学校共有图书526.60万册,数字资源数据库312个,电子图书546.25万册,音视频14.41万小时。提升信息管理和服务水平。拓展网上办事服务大厅(eHall)服务内容,建立三级数据服务体系,升级校园电子公务系统和统一身份认证平台。完成学校12幢楼宇的无线网络重建、覆盖与增补工作,新增近1200个有线信息点,开通eduroam和支持纯5GHz的下一代校园无线网iFudanNG.1x,开通全球教育无线漫游eduroam。基本完成邯郸校区楼宇空间布局、江湾校区新建楼宇布局以及腾挪搬迁方案。全年校园基本建设及在建项目21项,总建筑面积57.00万平方米,江湾校区化学楼、环境科学楼、物理科研楼竣工验收。推进"大安全"工作格局,召开全校安全工作会议,调整安全机构设置,完善校园安全稳定综合防控体系,统筹推进网络、消防、实验室、食品、防台防汛、基建修缮、交通等各方面安全工作。规范国有资产管理,顺利完成学校国有资产清查工作,开展专项检查整改。进一步加强公务用车管理、招标及合同管理、房产和仪器设备管理。解决师生关心的民生问题。完成一批实事项目:完成邯郸校区和江湾校区节能综合改造项目一期改造工程;完善校园休读点建设;改造学校食堂,改善用餐环境;优化校园生活服务平台;开办教职工子女暑托班等。

十、党建和思想政治工作。深入学习贯彻党的十八届六中全会和全国高校思想政治工作会议精神,扎实开展"两学一做"学习教育,加强领导班子自身建设,发挥班子合力,研究推动重大工作。做好宣传思想工作。落实校院两级意识形态工作责任制,强化各类宣传思想阵地管理,进一步明确论坛、讲座、报告会、研讨会、新媒体及校内出版物管理规定。成立学校社会声誉建设委员会,健全新闻发布和舆情应对处置工作的制度。加强思想政治理论课学科、教学、课程、教材体系建设,在全国高校率先开设"治国理政理论与实践"课程。向《人民日报》《光明日报》《红旗文稿》《求是》杂志等推荐发表复旦专家学者理论文章46篇。以发展研究院、国际问题研究院、中国研究院等智库为依托,继续做好决策咨询服务工作。加强师生思想政治教育工作。围绕纪念中国共产党成立95周年、红军长征胜利80周年,开展系列主题教育活动,引导学生树立"四个自信"。继续开展"我心目中的好老师"评选活动和"为人·为学·为师"主题教育活动,通过选评树立闻玉梅、金亚秋、蔡蕴敏等一批教书育人、科研创新、救死扶伤的先进典型。组织教师赴承担国家重大战略任务的重点行业、重点单位进行实践考察。拓展"校园乐跑"等体育文化的育人功能,营造健康向上的校园育人氛围。加强基层党组织和党员队伍建设。结合"两学一做"学习教育,深化"党支部建设年"各项要求,立项资助党建特色项目137项,表彰优秀组织生活案例57项。全年发展新党员831名。严格干部队伍管理。全年共开设干部教师培训班次14个,参训人数823人。选派39名干部赴校外挂职锻炼。推进党风廉政建设。深化落实中央八项规定精神,修订完善学校公务接待、差旅、因公临时出国(境)、公务用车、节能等制度，严格“三公”经费支出。制定校内巡视专项巡察工作实施细则，突出政治巡视要求，全年分两批对9家单位开展校内巡视巡察。完成各类审计项目351项，开展对近三年经济责任审计查出问题整改情况的专项检查。完成上海市区人大代表选举工作。四校区及直属附属医院分别参加杨浦、徐汇、浦东、黄浦、闵行、宝山六个区的选举，全校共产生20名区人大代表。产生代表数、选民人数、参选率和有效票率均创新高。（甄炜旎）

【学生在多项赛事中获奖】 在2016年“高教社杯”全国大学生数学建模竞赛中，获一等奖1项，获二等奖7项。在第七届全国大学生数学竞赛决赛中，4名学生（含非数学组1名）获一等奖，1名获全国二等奖。在2016年全国大学生电子设计竞赛（英特尔杯）中，获一等奖1项，二等奖1项。在第四十届ACM国际大学生程序设计竞赛全球总决赛中，计算机科学技术学院参赛队获得铜牌。在第七届中国大学生物理学术竞赛（团队赛）中，物理学系获一等奖。在首届全国大学生生命科学创新实验大赛中，获一等奖、二等奖各1项。在2016年“外研社杯”全国英语大赛中，获演讲季军1人，演讲一等奖、二等奖各1人，写作二等奖1人。在第四届全国大学生基础医学创新论坛暨实验设计大赛中，获一等奖2人，二等奖2人，三等奖1人。在2016年世界大学生药苑论坛暨第九届全国大学生药苑论坛中，获一等奖、二等奖各1人，优秀论文奖1人。在全国大学生抗生素作品征集竞赛中，获一等奖1人。本科生陈慈钰获2015中国大学生年度人物。9月18日，在第六届世界大学生射击锦标赛中，新闻学院2015级学生获飞碟双多向比赛团体和个人两枚银牌。11月26日，在第五届中国校园戏剧节中，复旦剧社改编自莎士比亚的作品《理查二世》获中国校园戏剧节优秀展演剧目，该剧导演周涛、朱逸骏获评校园戏剧之星。（甄炜旎）

【多篇论文在国际顶级学术刊物发表】 1月21日，《新英格兰医学杂志》（*The New England Journal of Medicine*）刊载题为《TUBB8基因突变致人类卵子减数分裂阻滞》（“Mutations in TUBB8 and Human Oocyte Meiotic Arrest”）论文，此文由复旦大学生物医学研究院PI王磊课题组完成。1月，《科学进展》（Science Advances）刊载化学系、新能源研究院夏永姚课题组论文“Environment-friendly Aqueous Li（or Na）-ion Battery with Fast Electrodes Kinetics and Super-long Life”，该文提出一种新型的锂离子（钠离子）电池体系。3月4日，《科学》（*Science*）刊载包信和、潘秀莲研究团队关于煤气化直接制烯烃研究成果。4月7日，《细胞》（*Cell*）杂志刊发生物医学研究院蓝斐实验室和施扬—石雨江实验室合作论文“Suppression of Enhancer Overactivation by a RACK7-Histone Demethylase Complex”，该研究发现基因活性调控新机制，有望为癌症诊治提供新的药物靶点和治疗思路。4月12日，《自然·纳米技术》刊载物理系张远波课题组论文“Quantum Hall Effect in Black Phosphorus Two-dimensional Electron System”，该文实现了黑磷的量子霍尔效应。4月26日，植物学顶级期刊《植物细胞》（*The Plant Cell*）在线刊登生命科学学院马红团队关于花药发育调控研究的论文“Feedback Regulation of DYT1 by Interactions with Downstream bHLH Factors Promotes DYT1 Nuclear Localization and Anther Development”。7月间，与肿瘤研究相关的国际顶级杂志《癌细胞》（*Cancer Cell*）刊载论文“GOLM1 Modulates EGFR/RTK Cell-Surface Recycling to Drive Hepatocellular Carcinoma Metastasis”，复旦大学附属华山医院钦伦秀和美国国立卫生研究院王心伟为共同通讯作者。9月8日，《自然》（*Nature*）杂志刊发材料科学系与聚合物分子工程国家重点实验室俞燕蕾团队关于光控微流体领域的论文“Photocontrol of Fluid Slugs in Liquid Crystal Polymer Microactuators”。10月，《脑》（*Brain*）杂志刊载由类脑智能科学与技术研究院院长冯建峰领衔的国际科研团队研究成果《内侧奖赏与外侧非奖赏功能相关的眶额皮层在抑郁症中的异常模式》（“Medial Reward and Lateral Non-reward Orbitofrontal Cortex Circuits Change in Opposite Directions in Depression”），精准定位抑郁症脑功能异常区域。12月5日，《自然》（*Science*）在线刊发物理学系赵俊与陈钢课题组研

究成果，该成果观测到量子自旋液体中的分数化激发。 （甄炜旎）

【获国家科学技术奖1项】 复旦大学附属眼耳鼻喉科医院教授孙兴怀科研成果"了解青光眼 战胜青光眼"获国家科学技术奖科技进步二等奖。 （甄炜旎）

【获国家杰出青年科学基金项目7项】 物理学系教授陈焱、数学学院研究员李洪全、附属妇产科医院教授张锋、生命科学学院教授刘建祥、材料科学系教授余学斌、附属肿瘤医院教授虞先濬、附属肿瘤医院教授贾立军等7人获得国家杰出青年科学基金项目资助。 （甄炜旎、许 丽）

【新增5个联合实验室】 1月4日，成立复旦—锦波功能蛋白联合研究中心，负责人为基础医学院教授姜世勃。9月8日，成立复旦—南商智能机器人联合研究中心，负责人为计算机科学技术学院老师张文强。9月8日，成立复旦—博雅制药工程联合实验室，负责人为化学系教授陈芬儿。10月31日，成立复旦—众安科技区块链与信息安全联合实验室，负责人为计算机科学技术学院教授阚海斌。11月14日，成立复旦—科大智能机器人联合实验室，负责人为类脑智能科学与技术研究研究教授冯建峰。 （甄炜旎、许 丽）

【入选第一批全国重点马克思主义学院】 1月20日，在推进全国重点马克思主义学院建设工作会议上，确定包括复旦大学在内的9所高校的马克思主义学院为第一批全国重点马克思主义学院，旨在实施重点马克思主义学院建设工程，建设一批集马克思主义理论学习教育、研究宣传、人才培养于一体的高水平马克思主义学院，使之成为办好高校思想政治理论课的坚强战斗堡垒。复旦大学与上海市委宣传部合作共建马克思主义学院。 （甄炜旎）

【刘云山等到校视察、调研】 4月21日，全国政协副主席、科技部部长万钢到校调研复旦大学光纤研究中心。4月26日，上海市副市长周波调研复旦大学服务上海科创中心建设工作。5月19日，中共中央政治局委员、上海市委书记韩正，上海市市长杨雄调研复旦大学附属肿瘤医院质子重离子中心。5月27日，上海市委常委、宣传部部长董云虎调研复旦大学宣传思想工作。6月19日，中共中央政治局常委、中央书记处书记刘云山到校调研。中共中央政治局委员、中宣部部长刘奇葆，中共中央政治局委员、上海市委书记韩正参加调研活动。刘云山先后考察复旦大学马克思主义学院、中国研究院的教学、科研情况，并到任重书院7号楼党团活动室，就马克思主义理论教学、大学生思想政治教育、智库建设等与师生深入交流。8月8日，全国政协副主席韩启德调研复旦大学上海医学院工作。12月5日，教育部部长陈宝生一行在上海市副市长翁铁慧陪同下，到校视察复旦大学马克思主义学院和中国研究院建设情况，观摩思想政治课教师《治国理政》课程研讨会，并到《中国近现代史纲要》课堂上听课。12月27日，全国人大常委会副委员长陈竺调研复旦大学上海医学院和医学教育改革工作。 （甄炜旎）

【复旦大学大气科学研究院成立】 4月29日，复旦大学大气科学研究院成立仪式在逸夫科技楼举行。中国科学院院士张人禾任院长。来自政府部门、国内外科研院所、兄弟高校的60多位嘉宾出席成立仪式，其中两院院士19位。 （甄炜旎）

4月29日，复旦大学大气科学研究院成立

【加强校地合作、校企合作】 5月9日，与广西壮族自治区签署战略合作协议，共建海上丝绸之路与广西区域发展研究院。5月28日，与广西投资集团有限公司合作成立复旦广投研究中心。9月29日，与山东省青岛市以及黄岛区签署战略合作协议，成立复旦大学青岛研究院。11月17日，与上海市黄浦区、泛海集团三方合作共建复旦泛海国际金融学院。（甄炜旎）

【多位外国政要到访】 5月27日，印度尼西亚前总统苏西洛·班邦·尤多约诺博士（Susilo Bambang Yudhoyono）到访，并作题为《深化与发展中国与印尼关系》的高端学术报告。10月26日，卢森堡大公国大公储纪尧姆（H.R.H Crown Prince Guillaume of Luxembourg）、卢森堡财政大臣格拉美亚（H.E. Pierre Gramegna）、卢森堡大学校长瑞恩内·克朗普（Rainer Klump）一行到访，并出席复旦大学与卢森堡大学共建孔子学院的签约仪式。（甄炜旎）

【举办2016年二十国集团青年会议】 7月27—29日，作为二十国集团（简称"G20"）框架下唯一的青年交流活动，2016年二十国集团青年会议（简称"Y20"）在复旦大学举行。会议主题为"推动青年创新，实现共同愿景"。中华全国青年联合会副主席周长奎、上海市政协副主席徐逸波、上海市人民政府副市长翁铁慧等参加活动。来自G20成员国、嘉宾国和国际组织的青年代表100余人参加会议。（甄炜旎）

【开展中英高级别人文交流机制第四次会议配套活动】 12月5日，中英高级别人文交流机制第四次会议配套活动"中英大学智库对话：中英关系与全球治理"在复旦大学开幕，由复旦大学、清华大学、谢菲尔德大学、伦敦政治经济学院共同策划，与会专家围绕"英国脱欧：问题与展望""英国与欧盟关系：调整与挑战""中英关系：共同利益与政策互进""全球治理与中英伙伴关系"四大主题进行对话。12月6日，配套活动"中英大学人文与智库对话开幕式"在上海东郊宾馆举行，开幕式上，复旦大学与伦敦政治经济学院签署合作协议，建立两校战略伙伴关系，共建复旦伦敦政经全球公共政策学院。（甄炜旎）

【举行第二届"复旦科技创新论坛"暨第一届"复旦—中植科学奖"颁奖典礼】 该活动于12月17日在上海举行。美国免疫学家詹姆斯·艾利森（James Allison）、日本免疫学家本庶佑（Tasuku Honjo）因其在人类肿瘤免疫治疗方面做出的杰出贡献获颁首届"复旦—中植科学奖"。全球著名实验物理学家、诺贝尔物理学奖获得者丁肇中，诺贝尔化学奖获得者、美国斯坦福大学教授罗杰·大卫·科恩伯格（Roger David Kornberg），狄拉克奖获得者、美国斯坦福大学教授张首晟（Shoucheng Zhang），全球人工智能领域资深专家、美国加州大学伯克利分校教授米歇尔·乔丹（Michael I.Jordan）等世界一流科学家出席，共论全球科技前沿领域和创新趋势。（甄炜旎）

美国免疫学家詹姆斯·艾利森、日本免疫学家本庶佑获颁首届"复旦—中植科学奖"

附：学校负责人及地址

（2016年1—12月）

校党委书记：魏小鹏（3月到任，8月离任）
焦　扬（10月到任）
副　书　记：陈立民、袁正宏、刘承功、尹冬梅

校　　长：许宁生
常务副校长：包信和
副　校　长：桂永浩、许　征、金　力、林尚立（3月离任）、张志勇

邯郸校区地址：邯郸路220号
邮编：200433
电话：65642222

枫林校区地址：医学院路 138 号
邮编：200032
电话：54237900

张江校区地址：张衡路 825 号
邮编：201203
电话：51355003

江湾校区地址：淞沪路 2005 号
邮编：200438
电话：51630011

上海交通大学

【2016 年概况】 上海交通大学有院（系）28 个、研究院 22 个、附属医院 13 所、医学研究所 2 个。设有本科专业 64 个、一级学科博士学位授权点 38 个、一级学科硕士学位授权点 56 个、博士专业学位授权点 3 个、硕士专业学位授权点 23 个、博士后科研流动站 35 个、国家一级重点学科 9 个，国家二级重点学科点 11 个。全日制学生在校生数 39689 人，其中普通本科生 16195 人，全日制研究生（本国）21093 人（硕士生 14374 人，博士生 6719 人），学位留学生 2401 人。全校教职工数 7158 人，其中专任教师 2835 人。有院士 45 人，“千人计划”106 人，“青年拔尖”15 人，“青年千人”143 人，“上海千人”154 人，“长江特聘”99 人、“长江讲座”41 人，973 项目首席科学家 35 人，重大研究计划项目首席科学家 14 人。上海交通大学共有徐汇、闵行、长宁、七宝、黄浦、浦东 6 个校区，占地总面积约 3329008 平方米。

学校各方面工作取得了显著成效。成功举办双甲子校庆。学校年度财政收入首次突破 100 亿元，其中文科经费首次突破 1 亿元。两项成果入选 2016 年度《科技导报》“中国十大科学进展”。入选首批国家“双创”示范基地，获评教育部首批“创新创业典型经验高校”和“深化创新创业教育改革示范高校”。成立李政道研究所、国家战略研究院、中国城市治理研究院、中国质量发展研究院、上海智能制造研究院、上海市大数据技术与应用创新中心。新增 11 名国际学术组织 Fellow，贾伟平获得何梁何利科学与技术进步奖，高峰、王维克、蔡威、蒋欣泉、李明华获评全国优秀科技工作者，刘畅、乐飞获全国教学竞赛一等奖、二等奖，范金燕获评中国青年女科学家奖荣誉称号，李学尧获评全国十大青年法学家。在国家级及以上高水平竞赛中的获奖学生超 1400 人次，第六次获得 ACM 国际大学生程序设计总决赛金牌。在 ESI 学科排名中工程学实现全球前万分之一学科突破。上海交大密西根学院两个本科专业通过 ABET 认证。推动世界研究型大学联盟共同签署《上海宣言》，主办中国 C9 联盟—英国罗素研究型大学集团圆桌会议，与新加坡国立大学联合主办全球高校领导力革新峰会。定点帮扶洱源县工作获评教育部直属高校精准扶贫精准脱贫“十大典型项目”。徐汇、闵行校区校容校貌综合治理有成效，徐汇校区地下车库正式投入使用，百年老校区旧貌换新颜。

一、加强党的领导和建设。深入学习贯彻习近平总书记系列重要讲话和十八届六中全会、全国高校思想政治工作会议精神，认真组织开展“两学一做”学习教育。落实学校意识形态工作责任制，加强对校内哲学社会科学讲座、论坛的规范管理。落实党员校领导联系基层党支部制度；分别形成教职工和学生党建情况分析报告。加强党员队伍规范化管理，进一步健全党费收缴、使用和管理规定。成立统一战线工作领导小组，以换届工作为重点加强党外代表人士队伍建设。认真履行全面从严治党和党风廉政建设主体责任，从严落实中央八项规定精神和各项要求。校党委常委会多次研究部署“未巡先改”工作，积极推动整改措施的落实，医学院党委顺利完成上海市委专项巡视。完成校党委办公室、校长办公室的合并，以及规划发展处、改革与发展研究室、211/985工程办公室的合署；将书记季度座谈会和校院长季度联席会统筹为校院领导交流会。

二、深化和提升师资队伍建设。制定《上海交通大学关于深入推进人才强校主战略的实施意见》，建立“同台竞技、同轨运行、共同发展”的师资队伍，营造“多维发展、多元评价”的人才生态环境。积极稳妥推进学术荣誉体系和长聘教职体系建设，5个首批试点院系完成长聘教职评聘工作，第二批试点学院已进入改革方案落实阶段，成立文科师资建设委员会及长聘体系建设委员会，全年新增讲席教授31人，特聘教授33人，长聘教授60人，特别研究员76人，特别副研究员21人。分别出台加强专职教学队伍、专职工程队伍建设的实施意见和专业技术职务聘任实施办法，研究形成管理队伍整体建设方案。学校与教职工直接签署劳动合同工作取得实质性进展。不断完善绩效薪酬分配体系，落实教职工薪酬联动和持续增长机制。新设立“唐立新优秀学者奖”“仲英青年学者项目”，对入选基金委优青计划、中组部青年拔尖人才、“青年长江”的优秀青年教师加大资助力度；出台并实施《上海交通大学博士后队伍建设改革实施方案》，提高博士后薪酬待遇；医学院积极推进教学激励计划，帮助青年教师在教学团队中健康成长。4人入选国家“千人计划”公示名单，30人入选国家“千人计划”青年项目公示名单，6人获评杰出青年基金，4人入选教育部长江学者特聘教授，8人入选长江学者青年学者项目，19人入选上海千人计划，新增1个基金委创新群体。

三、扎实推进人才培养工作。坚持立德树人，落实“三位一体”人才培养理念，深入推进“学在交大”，强化提升“教育增值”的育人目标。不断加强和改进大学生思想政治工作，学校主要领导带头上思想政治理论课。加强第一课堂与第二课堂的协同，强化文化育人和实践育人。赴重点行业与基层就业引导率提升至65%以上，有48名本科生应征入伍，再创历年新高。新增上海市精品课程6门、上海市示范性全英语授课课程1门。推进“学生创新中心”建设。举办首届研究生“学术之星”评选。全面推进校院两级学业分享中心建设。博士生学术就业比例超过50%，本科毕业生继续深造率超过65%，48篇博士学位论文、28篇硕士学位论文入选2015年上海市研究生优秀成果，入选篇数在上海市高校和科研院所中位居第一。学校来自985高校或“国家重点学科”博士生生源达到88%。

四、持续提高科学研究与学科建设水平。科研学术创新若干关键指标继续居全国前列。SCI收录文献6027篇，其中卓越论文2497篇，首次居全国高校第一。国家自然科学基金总项目数、总经费、面上项目数和青年项目数，继续保持全国第一。荣膺国家科学技术奖4项。国家重点研发计划立项表现突出。荣膺教育部科学技术奖一等奖12项，居全国高校首位。荣膺教育部科学技术奖一等奖12项、青年科学奖1人，一等奖数居全国高校首位。荣膺上海市科学技术奖特等奖1项、一等奖11项、青年科技杰出贡献奖1人，一等奖数与总奖励数蝉联上海市首位。与中国商飞、一飞院签署战略合作协议开展“大飞机国家实验室”论证，与中国商飞共建“上海民机试飞工程技术研究中心”，与上海审定中心共建“大型客机适航审定联合研究中心”。文科智库内涵建设和基地共建取得新进展，共获得各类基地与智库项目41项，新增上海市哲社创新研究基地2个、“教育立法咨询与服务研究基地”1个。马克思主义学院入选上海市首批示范马克思主义学院，成立中国特色社会主义理论体系研究和教育中心。完成制定科技成果转化“1+3+6”文件体系，累计促成技术持股项目6项。完成第四轮学科评估申报组织工作和上海市高峰高原学科启动工作。

五、合作与交流。不断深化拓展与世界一流大学的实质性合作，与日本大阪大学、新加坡国立大学开展联合博士学位项目，实现与世界一流大学博士联合培养零的突破。与世界一流大学在临港地区筹建中英低碳学院。发起成立“一带一路科技创新联盟”。与阿德莱德大学合作成立“中国—澳大利亚谷类和健康联合研究中心”，与瑞典皇家理工学院签署战略合作发展基金协议,医学院与渥太华大学继续深化办学合作。新增“千人计划”外专项目3项、高等学校学科创新引智计划1项。教授John Hopcroft获外专最高奖“中国政府友谊奖”,教授Anders Lindquist获上海市“白玉兰纪念奖”。全校本科生海外游学的比例首次突破40%,1000余名研究生在国际暑期学校中受益,资助近300名研究生赴海外参加高水平国际学术会议。全年学位留学生报到新生773人,较前一年同比增长11.54%,接受非学位留学生3544人,欧美生源比例明显提升。全英语课程与专业建设有序推进,留学生服务支撑体系不断完善。推出国际夏季学期、国际暑期学校、暑期科研实习三大项目。

六、推进和完善现代大学制度建设。聚焦“十三五”规划、“双一流”建设的目标和任务,以综合改革为路径和抓手,全面提升学校办学水平。完成“十三五”规划,校院签署“十三五”建设协议书,首次将党建工作、学生工作纳入协议考核指标,与院为实体改革、综合预算改革、学科建设等构成多目标任务综合管理体系。校院二级财务管服体系基本建立,学院综合预算框架初步形成。推动经费放管服改革,给予学院更多的经费统筹权。通过《上海交通大学内部控制建设与实施办法》。继续开展校内规章制度清理工作,完善重大事项的规范性文件体系建设。推进“一门式”服务体系建设。

七、强化校地合作与社会服务。全面升级区校合作,强调共享、协调与可持续发展,区校合作逐步由单一的项目推进转向共建平台、基地,形成长效机制,与杨浦区续签战略合作协议,与浦东新区、徐汇区、闵行区、奉贤区以及市规土局、环保局、质监局等单位的合作进一步深化。不断深化省校合作,更加注重战略布局,强化关键领域与行业合作,与四川省和云南省签署战略合作协议,云南(大理)研究院建设和四川研究院筹建工作有序推进,国家重大专项水专项(洱海项目)成果惠及云南省内多处重点湖泊。

八、提升校园基础设施和校园文化建设。全年推进基建项目10个。推进修缮项目29个。营造良好的校园文化氛围,再次获得“全国校园文化建设优秀项目特等奖”。入选2016年教育政务新媒体综合力十强(高校第一名),学校官方微博、官方微信年度影响力指数均列全国高校第一。正式推出上海交通大学内宣微信号“源1896”。 (章玲苓)

【刘云山等到校视察】 2月18日,上海市副市长周波率市相关部门到上海交大和紫竹园区,调研创新创业工作。2月23日,上海市委常委、统战部部长沙海林到上海交大闵行校区,专题调研统战工作。3月11日,上海市副市长蒋卓庆带队到上海交大徐汇校区,调研学校基本建设及设施共享等相关工作。3月23日,全国人大常委会副委员长、全国妇联主席沈跃跃到上海交大调研。3月29日,全国人大常委会副委员长、民进中央主席严隽琪到上海交大徐汇校区,调研校区建设和统战工作,并参观校史展览、见证“饮水思源碑”修复落成。4月7日,教育部副部长、党组成员杜占元,上海市副市长翁铁慧等到上海交大医学院,开展转化医学中心建设专题调研。4月29日,上海市副市长周波率市相关部门到上海交大调研,参观智慧城市联合创新中心展厅和交大机器人实验室。5月24日,上海市委常委、市委宣传部部长董云虎一行到上海交大调研,参观钱学森图书馆和校史博物馆,考察网络思政工作、教职工党支部理论学习试点工作。6月15日,中央政治局委员、上海市委书记韩正和市领导沈晓明、尹弘、周波一行到上海交大与临港管委会联合建设的上海智能制造研究院调研。6月19日,中共中央政治局常委、书记处书记刘云山到上海交大,详细了解大学生思想政治工作和基层党组织建设工作。中共中央政治局委员、中宣部部长刘奇葆,中共中央政治局委员、上海市委书记韩正等有关领导一同视察。刘云山在徐汇校区钱学森图书馆,观看“人民科学家钱学森”展览,观摩青年马克思主义学校第十四期学生党支部书记培训班现场教学,听取《平易近人——习近平的语言力量》的海内外发行及《东京审判出版工程》200余册的编纂进程介绍,和来自基层的部分教工党支部书记、学生代表就加强基层党支部建设、做好网络思想政治教育工作进行互动交流。8月25日,全国人大常委会副委员长陈竺一行到上海交大嘉兴科技园,实地考察

《促进科技成果转化法》贯彻落实情况，并参观上海交大嘉兴科技园展厅。10 月 8 日，上海市副市长陈寅到上海交大闵行校区调研，参观筹建中的中国质量发展研究院办公场所和机械系统与振动国家重点实验室。11 月 2 日，国家发展和改革委员会副主任林念修一行到上海交大医学院附属瑞金医院，实地调研转化医学国家重大科技基础设施（上海）的建设推进情况。11 月 29 日，中国工程院主席团名誉主席、中国工程院院士徐匡迪在上海交大调研，视察上海交大海洋深水实验室。12 月 5 日，教育部部长陈宝生、上海市副市长翁铁慧等到上海交大徐汇校区调研视察，会见上海交大在校的校领导班子成员，并听取校长张杰关于学校情况的汇报。12 月 27 日，全国人大常委会副委员长陈竺赴上海交大医学院就“医学教育改革”开展专题调研，并赴上海市免疫学研究所视察。12 月 30 日，教育部党组副书记、副部长沈晓明一行在上海交大调研视察校园建设情况。（章玲苓）

【纪念建校 120 周年】 2016 年适逢上海交大建校 120 周年校庆，中共中央原总书记、1947 届校友江泽民同志发来贺信。中共中央政治局委员、国务院副总理刘延东作出批示。4 月 8 日，建校 120 周年纪念大会在闵行校区体育馆举行。上海市委副书记、市长杨雄，教育部副部长杜占元出席纪念大会并讲话。校党委书记姜斯宪主持纪念大会。上海市副市长翁铁慧、北京大学校长、清华大学校长、浙江大学校长、复旦大学党委书记、南京大学校长、中国科学技术大学校长、香港中文大学校长、天津大学校长等出席。校长张杰作主题演讲。中国九校联盟、英国罗素大学集团、欧洲研究型大学联盟、澳大利亚八校集团等 4 个世界顶尖大学联盟的代表，国内外 30 多所一流大学校长，四所交通大学领导及海内外校友代表、师生代表等出席。会上，上海交通大学、西安交通大学、西南交通大学、北京交通大学及新竹交通大学携手共同发布《交通大学赋》。校庆期间，学校还举办了“世界一流大学校长论坛”等学术活动，以及校庆晚会等文化宣传活动。（章玲苓）

上海交通大学建校 120 周年纪念大会

【八卷本《上海交通大学史》出版】 4 月 5 日，八卷本《上海交通大学史》正式出版发行。《上海交通大学史》由校党委原书记、校史编委会主任王宗光主编，历时十余年完成，由上海交通大学出版社出版，全景式展示了上海交通大学自 1896 年建校至 2006 年 110 年的历程，是目前国内校史研究中规模最大的一部大学通史著作。该书按学校发展不同历史阶段，分为八卷，分别是《南洋公学》《创建近代工科大学》《建成理工管结合的工科大学》《战争环境下坚持办学》《新中国的多科性工业大学》《转型为国防工业大学》《综合性理工大学》《建设世界一流大学》，约计 350 万字。第一卷至第四卷已于 2011 年上海交大 115 周年校庆之际出版、首发，此次经修订后与后四卷一起出版发行。10 月，该书获得中国高等教育学会校史研究分会特等奖，这是全国校史研究界的最高科研成果奖，也是 20 多年来唯一获得特等奖的校史成果。（章玲苓）

【“捕获”马约拉纳费米子】 6 月 22 日，上海交通大学宣布，教授贾金锋科研团队在实验室里成功捕捉到了一种物理学家寻找多年的神秘粒子——马约拉纳费米子。这种粒子既是困扰物理学界 80 多年的正反粒子同体的特殊费米子，也是未来制造量子计算机的可能候选对象。美国东部时间 6 月 21 日（北京时间 6 月 22 日），国际顶级物理学刊物《物理评论快报》（*Physical Review Letters*）在线发表上海交通大学贾金锋教授及其合作者的论文“Majorana Zero Mode Detected with Spin Selective Andreev Reflection in the Vortex of a Topological Superconductor”。（章玲苓）

【PandaX-Ⅱ实验对暗物质粒子特性给出迄今最强限制】 9月16日，上海交通大学主导的PandaX-Ⅱ暗物质探测国际合作组在物理学国际顶级学术期刊《物理评论快报》（*Physical Review Letters*）正式发表了500公斤级液氙探测器低本底运行80天的暗物质探测结果。这是目前世界上正式发表的灵敏度最高、曝光量最大的液氙暗物质探测结果，对暗物质粒子的性质作出了最强的限制。这个结果比美国LUX合作组2015年正式发表的在大质量区原世界最灵敏结果好了近3倍。暗物质是宇宙中不参与“电磁”和“强”相互作用的全新未知物质，是普通物质的5倍多。揭开暗物质微观粒子本质是21世纪物理与天文学最重要的科学目标之一。（章玲苓）

【完成“十三五”发展规划纲要编制】 完成《制度激励 协同创新——上海交通大学“十三五”发展规划纲要》的编制，经中共中央上海交通大学第十届委员会2016年第12次常委（扩大）会议审定通过，向教育部报送备案。《纲要》共分七大部分，首先明确了学校已有的基础与优势，针对“六个发展中存在的问题”，以“六个一流”为战略目标，坚持人才强校、协同发展、国际化、文化引领等“四大战略”，采取“四大发展策略”，重点建设学科建设、师资队伍、人才培养、科学研究、国际合作、现代大学制度、服务社会、文化建设等八项主要任务。（章玲苓）

【李政道研究所成立】 11月28日，李政道研究所在上海交通大学成立。诺贝尔物理学奖获得者Frank Wilczek，李政道先生长子、李政道图书馆馆长李中清，东京大学“科维理”宇宙物理学与数学研究所主任村山齐，北京大学校长林建华等出席。校党委书记姜斯宪，校长张杰出席仪式并讲话。李政道研究所是2014年12月，李政道给中央领导写信，建议参照对世界科学发展有巨大影响的玻尔研究所在中国建立的一个世界顶级研究所，是经国家正式批复的从事前沿基础物理研究的国家级新型研究机构，由教育部和科技部共同牵头，联合上海市人民政府、国家自然科学基金委共同支持。李政道研究所建设期由上海交通大学承担建设任务，将参照国际成功经验，通过顶层设计与体制机制的创新，为全球顶级科学家和青年科学家创造世界一流的研究环境和氛围。研究所建立初期将设立基本粒子物理、天文与宇宙学、量子科学与技术三个相关的研究分部。（章玲苓）

【世界研究型大学联盟签署《上海宣言》】 4月7日，“2016世界一流大学校长论坛”在上海交通大学举行，中国首批九所“985”大学（C9）与英国罗素大学集团（The Russell Group）、欧洲研究型大学联盟（LERU）、澳大利亚八校联盟（Go8）代表，国内外30多所一流大学校长齐聚一堂，就“高校创新能力建设与创新驱动发展战略”的主题展开交流和对话。教育部副部长杜占元、上海市副市长翁铁慧、上海交大党委书记姜斯宪出席论坛并致辞，上海交大校长张杰做主题报告。论坛期间，中国C9高校加香港三所高校（H3）与澳大利亚八校联盟、欧洲研究型大学联盟、英国罗素大学集团联合签署了《上海宣言》意向书，呼吁全球创新型大学从人类命运共同体更为长远的利益出发，共同致力于更加创新的研究，培养创新人才、促进创新思维、联结创新网络，为一流创新型大学建设、人类社会发展掀开崭新的一页。（章玲苓）

【ESI学科全球排名有突破】 5月27日，更新的ESI（Essential Science Indicators）数据库学科排名中，上海交通大学工程学实现全球前万分之一学科的突破，化学跻身全球前千分之一行列，微生物学科再次入选全球前百分之一学科。汤森路透（ThomsonReuters）集团旗下的ESI数据库是衡量科学研究绩效、跟踪科学发展趋势的基本分析评价工具，共分为22个学科大类对全球科研机构（包括大学、科研院所、企业、医院等开展科研活动的所有类型机构）进行排序。上海交通大学在17个学科大类入选为全球前百分之一机构，其中工程学、材料科学、临床医学、化学等4个学科跻身全球前千分之一行列，千分之一学科数位列全国高校第三位。本次，工程学首次实现万分之一学科突破，与清华大学并列全国高校第一。（章玲苓）

【中国城市治理研究院成立】 10月30日，中国城市治理研究院在上海交大揭牌成立。上海市市长杨雄，上海市人大常委会副主任、上海交大党委书记姜斯宪为中国城市治理研究院揭牌。研究院由上海市人民政府支持、上海交通大学和上海市人民政府发展研究中心合作建设，旨在将城市治理研究常态化，打造国际知名、中国特色的新型智库、优秀人才汇聚培养基地和高端国际交流合作平台。研究院采取院务委员会领导下的院长负责制，由上海市人大常委会副主任、上海交大党委书记姜斯宪，上海市政府秘书长、市政府办公厅主任肖贵玉共同担任院务委员会主任；姜斯宪同时担任院长，上海市政府发展研究中心主任肖林担任第一副院长。院务委员会下设学术委员会，由加拿大多伦多大学校长格特勒担任主任。 （章玲苓）

【中国质量发展研究院成立】 11月29日，中国质量发展研究院成立揭牌仪式在上海交大闵行校区举行。中国工程院主席团名誉主席、中国工程院院士徐匡迪，国家质检总局副局长陈钢，上海市人民政府副市长陈寅，校党委书记姜斯宪，校长张杰共同为中国质量发展研究院揭幕。中国质量发展研究院由国家质检总局和上海市政府共建，由上海交大承建，由上海市质监局提供指导。林忠钦院士受聘为研究院首任院长，学术委员会主任由国务院参事张纲，上海市质监局原局长、中国工程设备监理协会副理事长钱仲裘共同担任。上海交大机械与动力工程学院院长奚立峰担任研究院常务副院长，上海计量院曹程明、质标院杨洁明、上海交大潘尔顺、上海质协郭政担任研究院副院长。研究院将“致力中国质量发展，提升中国质量水平”作为建设目标，打造学术高地，建设国家智库。 （章玲苓）

【上海市大数据技术与应用创新中心成立】 12月28日，上海市大数据技术与应用创新中心在学校举行成立仪式。上海交通大学校长张杰，上海市经济和信息化委员会副主任邵志清共同为创新中心揭牌。上海市大数据技术与应用中心是在上海市经信委的支持下，由上海交通大学发起成立，联合复旦大学、华东理工大学、上海大学等高校、科研机构，并紧密对接上海市经信委、闵行区政府、上海大数据联盟、市北高新区、上海数据交易中心、上海产业技术研究院、万达信息、公安部三所、华为、携程、上港集团、天玑科技、星环科技等政府及产业界。创新中心旨在以城市精细化管理为牵引、以大数据软件开源社区为抓手、以政务大数据共享为推动力，聚合产学研用资源，促进政校企联合创新，推动上海大数据产业的发展。 （章玲苓）

【第六次获ACM国际大学生程序设计世界总决赛金牌】 5月19日，第四十届ACM国际大学生程序设计竞赛（ACM-ICPC）全球总决赛在泰国宋卡王子大学落下帷幕。上海交通大学代表队获得金牌，并获亚洲冠军。ACM-ICPC是由美国计算机协会（ACM）主办的一项旨在展示大学生创新能力、团队精神和在压力下分析、解决问题能力的年度竞赛。经过40年的发展，ACM-ICPC已经发展成为全球最具影响力的大学生程序设计竞赛。ACM-ICPC从1996年进入中国以来，上海交通大学共获得金牌6块、银牌3块、铜牌2块。 （章玲苓）

【在里约奥运会获奖】 8月18日，在里约奥运会游泳男子200米个人混合决赛中，上海交通大学学生汪顺获得铜牌。在8月9日结束的里约奥运会男子100米仰泳决赛中，上海交通大学学生徐嘉余夺银牌，实现了我国男子仰泳在奥运会上奖牌零的突破。 （章玲苓）

附：学校负责人及地址

（2016年1—12月）

校党委书记：姜斯宪
常务副书记：郭新立
副　书　记：孙大麟（1月离任）、范先群（1月到任）、朱健、胡　近

校　　　长：张　杰
常务副校长：林忠钦
副　校　长：陈国强、蔡　威、吴　旦、黄　震、张安胜、梅宏（8月离任）、徐学敏

闵行校区地址：东川路 800 号
邮编：200240
电话：54740000

徐汇校区地址：华山路 1954 号
邮编：200030

黄浦校区地址：重庆南路 227 号
邮编：200025

长宁校区地址：法华镇路 535 号
邮编：200052

七宝校区地址：七莘路 2678 号
邮编：201101

上海交通大学医学院

【2016 年概况】 学校现有教职医护员工 28146 人，具有高级职称在职人员 2843 人。其中中国科学院院士 2 人，中国工程院院士 13 人，中组部“千人计划”10 人，中组部“青年千人计划”23 人，中组部“青年拔尖人才”3 人，“长江学者”特聘教授 19 人、讲座教授 7 人、青年学者 3 人，国家“973”项目首席科学家 13 人，国家杰出青年基金获得者 29 人，人力资源社会保障部百千万人才工程国家级人选 27 人，卫生部有突出贡献中青年专家 16 人，上海市“千人计划”39 人，上海市领军人才 78 人，上海市“东方学者”特聘教授 50 人、讲座教授 13 人、团队 1 个。学院专任教师 655 人，专任教师中具有高级职称的 283 人，具有博士学位的 442 人。年内，7 人入选中组部“青年千人计划”，2 人入选“长江学者”特聘教授，1 人入选“长江学者”青年学者，5 人入选上海市“千人计划”，5 人入选上海市东方学者，7 人入选上海市青年东方学者，10 人获上海市“领军人才”。共引进中央千人 1 人，中央外专千人 1 人，上海千人 5 人，国家杰出青年基金获得者 2 人，青年千人 8 人。全年共招收博士后 82 人，出站 52 人。全年共录用 101 人，其中专业技术岗位 77 人，管理岗位 24 人。

学院录取本科生 640 人（含港澳台地区学生 25 人）。录取研究生 1517 人，其中博士生 512 人（含专业学位博士生 76 名），硕士生 1005 人（含学术学位 659 人，专业学位 346 人）。继续教育学院招生 1288 人，其中五年制本科 96 人，三年制专升本 1192 人。网络教育学院录取新生 2284 人。2016 年，学院共有毕业生 1536 人，总体就业率为 97.3%。授予博士学位 437 人（含同等学力 29 人）、硕士学位 942 人（含同等学力 137 人）。继续教育共有本科、专升本 2 个层次及临床医学、口腔、检验和护理等 8 个专业毕业生 1821 人，其中有 134 人学生获学士学位。网络教育学院全年毕业总人数 2648 人，其中本科生 1492 人，占 56.3%；专科生 1156 人，占 43.7%；获学位 10 人。

谋划并启动“十三五”规划。在总结“十二五”发展情况基础上，编制《医学院“十三五”规划》，并通过医学院教代会审议，正式发布实施。年内，30 项重点建设任务正式启动并推进。

接受上海市委专项巡视和市委组织部委托市审计局进行的主要领导干部任期经济责任审计。按照“未巡先改，边巡边改，巡后整改”的思路，做到即知即改、即改即行。完成 183 个规范性文件的“改”“立”和发布，制定《医学院各类劳务津贴支出标准管理规定》，修订《医学院预算管理办法》，加强校办企业管理，做好企业清理规范工作。

多措并举加强师资队伍建设。出台《上海交通大学医学院高级专业技术职务破格聘任实施办法（试行）》，分别有 11 名和 29 名教师破格晋升“正高”和“副高”。继续推进“教学激励计划”，效应逐步显现，基础医学院刘畅和瑞金医院乐飞获“上海高校青年教师教学竞赛”特等奖，并分别获“全国高校青年教师教学竞赛”一等奖和二等奖。推动管理人才队伍建设，试行“管理人员绩效考核和激励计划”，制定《高教管理研究专业技术职务学术评议办法》。

深化医学教育改革内涵。抓牢抓好医学生思想政治教育工作，强化附属医院加强学生教育教学管理工作落实情况，发挥社会实践活动和校园文化活动在提升医学生人文素养中的作用。年内，926人次医学生青年参加各类社会实践活动，完成“第九届全球健康促进大会”等大型活动志愿服务工作。获“全国青年文明号”、上海市“标杆青年志愿者优秀个人奖”和“青年突击队”各1次，1人获“中国青年志愿者优秀个人奖”。

以评促建推动学科发展。做好教育部第四轮学科评估工作，临床医学、口腔医学、基础医学、护理学、公共卫生与预防医学、中西医结合临床等6个学科参评。年内，共7个学科跻身全球研究机构ESI学科排名前1%，4个学科进入前1‰，临床医学进入0.2‰，位列全国第1。

医学院系统各附属医院全年完成门急诊3378.56万人次，开放床位总数为18204张，出院病人90.19万人次，住院手术61.24万人次，同比增长分别为3.8%、9.4%和8.8%。以“健康中国2030”为契机，按照国家和上海市对医疗卫生工作的总体要求，提升医疗服务质量。推进附属第三人民医院整建制并入附属第九人民医院工作。附属新华医院、上海市儿童医学中心和儿童医院分别牵头成立区域儿科医联体。

提高科技创新能力。修订《医学院科学技术工作奖励办法》《医学院科研经费管理暂行办法》等，修订《医学院学术道德委员会章程》，组建新一届学术道德委员会。年内，获各级各类科研项目(课题)1662项，总经费86586.13万元。其中纵向课题1373项，经费79798.06万元；院所基金和其他合作课题及横向课题289项，经费6788.07万元。在纵向课题中，国家级课题564项，经费62867.35万元。获国家自然科学基金项目数520项，直接经费27276.4万元。获各级科技成果奖70项，其中国家级奖1项，中华医学科技奖4项，高等学校科学研究优秀成果奖6项，上海市科学技术奖8项，华夏医学科技奖17项，中国中西医结合奖2项，中华口腔医学科技奖2项，上海医学科技奖12项，上海药学科技三等奖2项，上海康复医学三等奖1项，中国科普作家协会优秀作品奖1项，中国老年保健医学研究会科学技术奖1项，中国抗癌协会科技进步奖2项，上海市护理科技三等奖1项。附属瑞金医院陈赛娟等获国家自然科学二等奖，附属第九人民医院范先群等获国家科技进步二等奖。医学院被SCIE收录论文2727篇，被EI收录110篇，被CPCI-S收录156篇，在中文核心期刊发表论文共4158篇。申请专利141项，其中中国发明专利58项、美国发明专利1项、中国实用新型专利65项、中国外观设计专利24项。获计算机软件著作权登记证书4项、文字作品及录音影像制品18项、技术转让4项。

交流与合作。推进上海—渥太华联合医学院建设，完成e-Learning平台整体迁移，启用One45教学管理系统。启动中加模拟实训中心Ⅰ期工程。研制“中法医学项目内涵建设提升计划”，举办法文班校友“科学·教育·发展”论坛暨86届法文班毕业30周年成果交流。推进与以色列希伯来大学开展双学位研究生培养事宜。年内，新签和续签协议与备忘录25项。医学院及附属单位接待海外高层次专家、学者、官员来访452批次1172人次。申报教育部“海外名师”项目1项，上海交大“引智计划”重点项目4项、普通项目15项。

医学院基层党组织有党委12个，党总支31个，支部306个。至年底，共有中共党员8662人，发展新党员120名，其中在职党员77名，学生党员43名。医学院深入学习贯彻习近平总书记系列重要讲话精神和治国理政新理念新思想新战略，严格按照“三严三实”“两学一做”的各项要求，深化学院文化内涵和精神文明建设。年内，获“上海市五一劳动奖状”。

(高　哲)

【两项成果获国家科学技术奖励大会表彰】 1月8日，2015年度国家科学技术奖励大会在北京举行。医学院两项成果获得表彰，分别是附属瑞金医院上海血液学研究所所长陈赛娟院士领衔的“髓系白血病发病机制和新型靶向治疗研究”项目获得国家自然科学奖二等奖，以及附属第九人民医院眼科教授范先群领衔的“眼眶外科修复重建关键技术体系的创建和应用”项目获国家科学技术进步奖二等奖。

(高　哲)

上海交通大学医学院附属瑞金医院及附属第九人民医院的两项成果获国家科学技术奖励大会表彰

【杜占元到医学院进行专题调研】 4月7日，教育部副部长、党组成员杜占元，上海市副市长翁铁慧等到医学院进行转化医学中心建设专题调研。教育部学位管理与研究生教育司副司长黄宝印，上海市教育委员会副主任袁雯，上海交通大学常务副校长林忠钦等陪同。医学院院长陈国强以《上海交通大学医学院发展概况与实践中的转化医学》为题，介绍医学院近10年来的整体发展情况。瑞金医院院长瞿介明介绍转化医学国家重大科技基础设施(上海)项目建设情况。 (程　峰)

杜占元调研上海交通大学医学院转化医学中心建设工作

【陈竺到医学院调研】 12月27日，全国人大常委会副委员长、农工党中央主席陈竺，全国政协常委、副秘书长、农工党中央专职副主席何维，国家卫计委科教司司长秦怀金，教育部高教司副巡视员宋毅等一行来医学院进行调研。农工党中央副主席、上海市政协副主席、农工党上海市主委、上海交通大学副校长蔡威，上海交通大学党委副书记、医学院党委书记范先群，上海交通大学副校长、医学院院长陈国强等陪同。陈竺一行实地考察医学院临床技能实验教学中心和上海市免疫学研究所，并在调研会上作《关于我国医学本科教育发展改革的若干思想》主题报告。医学院院长陈国强、复旦大学上海医学院院长桂永浩，第二军医大学校长孙颖浩，同济大学医学院院长郑加麟分别结合各自医学教育特点，就整合式医学教育、医学教育体制机制、转化医学人才培养等问题进行专题汇报。

(程　峰)

附：学校负责人及地址

(2016年1—12月)

院党委书记：范先群
副　书　记：赵文华(3月到任)

院　长：陈国强
副院长：陈红专、陈　睦、胡翊群

校址：重庆南路227号
邮编：200025
电话：64836590

同 济 大 学

【2016年概况】 学校设有38个学院和二级办学机构，7家附属医院、6所附属中小学。有四平路、嘉

定、沪西、沪北4个校区，占地面积256万平方米，校舍总建筑面积171余万平方米，图书馆总藏书量400万余册。

学校现有全日制本科生17228人、硕士研究生13864人、博士研究生4717人。另有外国留学生3566人。拥有专任教师2708人，其中专业技术职务正高级945人，中国科学院院士9人，中国工程院院士8人(含中国工程院外籍院士1人)，第三世界科学院院士2人，美国工程院外籍院士1人，瑞典皇家工程科学院外籍院士1人。中组部“千人计划”学者42人，教育部“长江计划”特聘(讲座)教授27人，国家重点基础研究发展计划首席科学家23人，国家重点研发计划首席科学家11人，国家杰出青年科学基金获得者42人，国家级教学名师5人。国家自然科学基金创新群体7个，教育部创新团队9个，国家级教学团队6个。

学校学科设置涵盖工学、理学、医学、管理学、经济学、哲学、文学、法学、教育学、艺术学等10个门类。现有本科招生专业75个(其中50个专业按17个专业大类招生)、硕士学位一级学科授权点45个，专业硕士学位授权点17个、工程硕士授权领域26个，博士学位授权学科点涵盖一级学科30个、专业博士学位授权点3个、博士后流动站25个。其中，国家一级重点学科3个，国家二级重点学科(含培育)10个，上海高校一流学科17个。拥有3个国家重点实验室、1个国家工程实验室、1个国家协同创新中心、1个国家大型科学仪器中心、5个国家工程(技术)研究中心以及38个省部级重点实验室和工程(技术)研究中心。

一、规划发展。编制完成《同济大学“十三五”及中长期规划纲要》并提交教育部备案，开展“世界一流大学和世界一流学科”建设规划方案的编制工作。

二、学科建设。土木工程、城乡规划学(含建筑、风景园林)、海洋科学、交通运输工程等4个已获批的上海市Ⅰ类、Ⅱ类高峰学科开展实质性自主建设。设计学进入上海市Ⅳ类高峰学科。

45个学科参加教育部第四轮学科评估，以评估为契机优化学科结构，对9个学科进行调整，包括4个一级学科硕士点和5个二级学科硕士点。根据ESI数据显示，8个学科进入全球总被引前百分之一，其中工程学科进入前万分之一。在QS排名中，土木工程、建筑/建成环境、设计与艺术3个学科进入前50。

三、教育教学。开展综合评价录取改革试点，推出面试加特色测试的自主招生改革。生源质量居全国第十位左右。学校本科招生4075名，录取硕士4303名，招收博士944名。全日制毕业生共计8131人，就业率97.96%。

将“四学一量”落实并贯穿人才培养全过程，进一步整合校内资源，成立创新创业学院。成功获批教育部第二批“全国高校实践育人创新创业基地”，入围全国首批深化创新创业教育改革示范高校。在“创青春”全国大学生创业大赛中捧得“优胜杯”，在互联网+全国大学生创业大赛中获得“全国优秀集体奖”。

推进思政课程改革，首开“中国道路·名师讲坛”。推进研究生培养机制改革。加强学科交叉、国际合作，突出创新创业能力培养。创新型研究生培养体系成果获国家级研究生教育成果奖。

四、科学研究。学校主持获得国家科技成果奖5项，参与获得国家奖3项，其中“航天重大工程的遥感空间信息可信度理论与关键技术”项目获得国家科技进步一等奖，“工程结构抗灾可靠性设计的概率密度演化理论”主持获得国家自然科学二等奖。获批2016年国家自然科学基金项目443项，经费超2.4亿元，列全国高校第九位。其中，创新研究群体1项、杰出青年基金4项、优秀青年基金7项、重点项目8项、面上项目240项、青年基金155项，创学校历史最好成绩。学校教师牵头主持“十三五”国家重点研发计划重点专项项目11项，作为课题负责人承担课题35项，总经费列全国高校前10。获国家社科基金、教育部人文社科基金和上海市哲学社会科学规划课题等国家级、省部级项目38项，其中国家社科基金重大项目3项。全年进校科研经费超过13亿元，保持稳定增长。

国家重大基础科研设施“国家海底长期科学观测系统”进入正式建设期。“心率失常教育部重点实验室”评估获得“优秀”，“生态城市设计国际合作联合实验室”“交通安全创新引智基地”“地震工程国际合作中心”分别获得教育部、科技部立项。

五、学术支撑。探索高层次人才引进与培养新机制，完善高层次人才服务体系，实施以工作目标任务为导向的高层次人才薪酬改革。举办国际青年学者论坛，为申报国家级人才计划的建设后备人才库积蓄力量。2016 年中组部青年千人获批 10 人，位列全国高校第十四名。提高职称晋升要求，推进实施代表性成果网上送审系统和代表性成果学术水平评价子系统。要求各学科明确标兵与追兵，制定符合一流学科建设需求的高级专业技术职务晋升标准和岗位职责。打破年限要求和论资排辈观念，鼓励优秀青年教师脱颖而出。

推进校院两级管理，明确基本岗位职责，优化师资队伍结构，推进教师分类管理。以强化教职员工薪酬和绩效津贴发放体系改革为核心，统筹使用校内各项经费中的人员经费部分。

六、对外合作与社会服务。成立创新驱动发展战略研究与咨询中心，与中国中车集团共建“同济中车创新研究中心”，环同济知识经济圈由杨浦向嘉定、沪西、沪北和虹口进行拓展。参展工博会获得突破，获大会唯一金奖及一系列奖项。

发挥同济国际合作的传统优势，新签或续签校际、校企合作协议 65 份。成立上海国际创新设计学院、上海国际知识产权学院。卓越大学联盟(E9)成为国内大学间资源共享、合作共赢的标杆。全年签署捐赠协议 115 份，协议金额 17918 余万元。

七、文化传承。获批教育部首批“中华优秀文化(京昆)艺术传承基地”，“研读经典　修德笃行——同济大学‘复兴古典书院’建设”项目被评为全国高校“礼敬中华优秀传统文化”特色展示项目。

八、内部管理。健全体制机制，优化职能，在发展规划、科研、国际交流与合作部门等领域进行大部制改革试点。梳理行政流程，以“小实体、大网络”为目标，完成学校综合服务大厅的阶段建设目标。开展全校财务管理内部控制基础性评价和建设工作。扩大科研项目审计覆盖面，加强建设项目审计过程风险控制。完善磋商与招标项目管理和合同管理模块。

九、服务保障。开展校园交通和停车违法违章行为大整治。加大反诈骗宣传力度，提高师生防范意识。加强实验室安全保障长效机制建设，完成危险化学品专项整治工作。全面排查校园电梯安全隐患并完成维保交接工作。加大校园控烟力度。完善校园网运维管理体系，建设智慧校园。

（虞　兰）

【新增机械、土木两个国家实验教学中心】 2 月，学校机械实验教学中心被批准为国家级实验教学示范中心，土木工程虚拟仿真实验教学中心被批准为国家级虚拟仿真实验教学中心。学校已拥有 6 个国家级实验教学示范中心和 3 个国家级虚拟仿真实验教学中心，覆盖土木工程学院、建筑与城市规划学院、环境科学与工程学院、电子与信息工程学院、航空航天与力学学院、机械与能源工程学院、汽车学院、中德工程学院、软件学院等。

（虞　兰）

【上海国际设计创新学院揭牌】 2 月 25 日，教育部正式批复“同意设立同济大学上海国际设计创新学院”。4 月 14 日，致力于培养设计创新领军人才的上海国际设计创新学院揭牌，旨在为国家加快实施创新驱动发展战略和上海建设全球科创中心提供人才和学科支撑。学院将于 2017 年 9 月开始首批招生。

同济大学上海国际设计创新学院揭牌

【德国总统到访】 3 月 23 日，德国总统约阿希姆·高克到校访问，参观校史图片展，发表主题演讲，并与学校师生代表座谈交流，寄望德中两国美好未来。

（虞　兰）

【经纬集团捐资设立创新创业基金】 5 月 21 日，同济大学—经纬集团捐赠签约仪式在同济创业谷举行。经纬集团捐赠4000万元港币在同济大学设立创新创业基金(分为"同济大学经纬创新创业基金"和"同济大学经纬校长奖学金"),并建立"同济大学紫荆谷创新创业发展辅导中心",支撑校内师生的创新创业活动。 (虞 兰)

【举办第十四届世界交通大会】 7月11日,第十四届世界交通大会开幕式在校举行,来自世界80余个国家的1000余名代表齐聚一堂。"世界交通大会"是由世界交通研究会主办的全球性学术交流会议,自1977年开始每3年在世界范围内选择那些在交通科学研究、技术进步、人才培养等方面颇有特点的国家举办,旨在为全球交通领域的研究者、管理者、决策者和教育者提供多领域、跨学科的交流平台。 (虞 兰)

第十四届世界交通大会在同济大学开幕

【同济智库在全国高校智库中排名第六】 7月12日,光明日报智库研究与发布中心和南京大学中国智库研究与评价中心在光明日报社联合发布《中国智库网络影响力评价报告》。同济大学可持续发展与管理研究所在全国智库中排名第二十三,在全国高校智库中排名第六,在上海被纳入的高校智库中排名第一。 (虞 兰)

【学校2016年度国家自然科学基金项目数位列全国高校第九】 8月18日,本年度国家自然科学基金申请项目评审结果公布,学校共获得各类项目立项420项,总资助金额2亿多元,在全国高校中排第九位,比上年提升三位。 (虞 兰)

【中国当代建筑展在哈佛大学举办】 9月13日,题为"走向批判的实用主义:当代中国建筑"(Towards A Critical Pragmatism: Contemporary Architecture in China)的展览在哈佛大学设计学院开幕。这次展览由同济大学建筑与城市规划学院副院长、哈佛大学设计学院客座教授、策展人李翔宁策划,展现了60家中国当代新锐建筑事务所的作品,是中国当代建筑在海外的大规模集中展示。 (虞 兰)

【表观遗传学研究获重大突破】 9月15日,同济大学高绍荣实验室在 *Nature* 杂志在线发表题为"Distinct Features of H3K4me3 and H3K27me3 Chromatin Domains in Pre-implantation Embryos"的文章。该研究成果第一次建立起了小鼠植入前胚胎发育过程中的组蛋白H3K4me3和H3K27me3修饰图谱,并发现了植入前胚胎发育特殊的表观遗传调控机制,该研究为进一步研究植入前胚胎发育以及早期细胞分化的表观遗传调控机制打开了一扇大门。 (虞 兰)

【在中国"互联网+"大学生创新创业赛上获奖】 10月15日,同济大学获第二届"建行杯"中国"互联网+"大学生创新创业大赛全国总决赛1金2银,位列上海市第一。其中,CQASO项目团队夺得全国金奖,基于云平台的工业环境绿色天使(上海伊尔庚环境工程有限公司)、"路云"公路健康管家获得全国银奖。同时,学校首次获得大赛优秀集体奖。14日下午,中央政治局委员、国务院副总理刘延东参观金奖项目展台及高校创新创业教育成果展。 (虞 兰)

【与世界知识产权组织合作培养高端人才】 11月9日,学校与联合国世界知识产权组织(WIPO)签署协议,双方将发挥各自优势,面向全球招生,共同培养知识产权法硕士,助力上海科创中心建设。这是世界知识产权组织首次与中国高校合作培养知识产权国际化高端人才,是即将在同济大学揭牌的"上海国际知识产权学院"启动的首个联合培养人才项目。同济大学是与世界知识产权组织合作的

第八所大学。面向全球首招 30 名硕士生，2017 年 9 月正式开学。（虞　兰）

【与中国中车共建“创新研究中心”】 11 月 16 日，学校与全球规模最大的轨道交通装备供应商——中国中车股份有限公司签署合作协议，双方创新校企全面深度合作机制，共建“同济中车创新研究中心”，这是中国中车在国内建立的首个综合性研究中心。该中心将依托学校交通、建筑、汽车、海洋、信息等学科群优势，面向国家重大战略需求，着力攻克中车急需解决的关键、核心技术难题，助推中车主体产业引领国际、新型产业拓展发展，同时推动同济大学学科发展和“双一流”建设。（虞　兰）

【学校科学技术研究院机构改革】 12 月，学校科学技术研究院的总体架构改为“一部三院”：科研管理部为行政机构，设置少而精的管理岗位，同时设立科学技术研究院、工程与产业研究院、先进技术研究院。此次机构改革是同济大学建设世界一流大学的重要举措。（虞　兰）

【校园版歌剧《江姐》赴京演出】 12 月 23 日，受教育部直属机关党委邀请，由学校大学生和辅导员演出的校园版歌剧《江姐》赴京在教育部机关礼堂演出。校园版歌剧《江姐》是学校党委在“两学一做”学习教育中，将理想信念教育融入艺术教学的重要举措。经典红色歌剧《江姐》根据小说《红岩》改编，《红岩》的作者之一杨益言是学校 1944 级校友。6 月 16 日，该剧首演后，在校内和上海各高校进行巡演。10 月以来，该剧走出校园，到江姐的故乡四川成都、宜宾巡演，观众达 6000 余人。（虞　兰）

同济大学校园版歌剧《江姐》赴北京演出

【召开校思想政治工作会议】 12 月 28 日，同济大学思想政治工作会议在四平路校区逸夫楼一楼报告厅举行。会议主题是学习贯彻全国高校思想政治工作会议和习近平总书记重要讲话精神，加强和改进学校思想政治工作，立德树人，扎实办好中国特色社会主义大学。校党委书记杨贤金在会上作《学习贯彻全国高校思想政治工作会议精神全面推进中国特色世界一流大学建设》主题讲话。（虞　兰）

附：学校负责人及地址

（2016 年 1—12 月）

校党委书记：杨贤金
常务副书记：方守恩（4 月到任）
副　书　记：马锦明、姜富明、方守恩（4 月离任）、徐建平

校　　　长：裴　钢（9 月离任）、钟志华（9 月到任）
常务副校长：陈以一（4 月离任）、伍江（4 月到任）
副　校　长：蔡达峰（4 月到任）、江　波、伍　江（4 月离任）、吴志强、葛均波（4 月离任）、吕培明、顾祥林（4 月到任）

四平路校区地址：上海市四平路 1239 号
邮编：200092
电话：021-65982200

嘉定校区地址：上海市曹安公路 4800 号
邮编：201804
电话：021-69589255

沪西校区地址：上海市真南路 500 号
邮编：200331
电话：021-51030050

沪北校区地址：上海市共和新路 1238 号
邮编：200072
电话：021-66052500

华东理工大学

【2016年概况】 学校现有徐汇校区、奉贤校区和金山科技园区三部分，占地面积169万平方米，各类建筑总面积91万平方米，图书馆总藏书量309.3万册。学校设有15个专业学院，以及6个非专业院系。学校学位授权点覆盖理、工、农、医、经、管、文、法、艺术、哲学、教育11个学科门类，36个一级学科。有67个本科专业；26个硕士学位授权一级学科，147个硕士学位授权点；13个博士学位授权一级学科，80个博士学位授权二级学科点；设有12个博士后科研流动站，拥有7个国家重点学科、1个国家重点（培育）学科、10个上海市重点学科、7个上海高校一流学科。学校有9个国家级研究基地、24个省部级研究基地、2个国际合作科研基地、55个校级研究所（中心），建有国家大学科技园，是全国6所首批建立国家技术转移中心的高校之一。2016年，华东理工大学把握时代机遇，积极应对挑战，按照学校"十三五"规划蓝图，加快推进"世界一流大学和一流学科"建设，在人才培养、师资队伍建设、科学研究、国际交流与合作、管理体制和机制改革创新等方面都取得了新的进展。

一、人才培养。截至年底，学校共有在校全日制学生25636人，其中本科生15422人，研究生9117人（其中博士生1676人），留学生1097人。学历留学生研究生比例达56%。博士留学生62人，较2015年增长38%。公派留学学生类项目录取87人，其中联合培养博士研究生45人。录取本科生4173名，比2015年增长约5.7%，制定以学生能力达成为导向的2016级本科教学培养方案。开展首批化学工程技术与工艺专业等8个"精品专业"立项建设，设立"ACM国际大学生程序设计竞赛"等6项"一院一品牌"项目。完成生物工程学院、理学院和社会与公共管理学院本科教学审核评估试点工作。设立"张江树教学名师奖"重奖教书育人卓有成效的教师。新增国家级精品视频公开课程11门，上海市精品课程5门，上海市示范性全英语授课课程2门。获批上海市重点教改项目3项。获第四届中国石油化工联合会教学论文一等奖及二等奖各1项。

提升研究生培养质量。年内，录取硕士研究生2570人，博士研究生387人，比上年扩招4.3%，其中首次录取"申请—考核"制博士生119人。完成2017年度研究生导师遴选工作，新增博导26人，硕导43人，制订研究生导师手册。开展包括三个博士一级学科和五个硕士一级学科的第三批全英文培养方案的制订工作。完成校第十二届学位评定委员会和各学位分委会的换届工作。学校作为协作组组长单位的"标准建设，深改推动，质量监督——化学工程专业学位研究生培养体系构建与实效"项目获评第二届国家研究生教育成果二等奖。

扎实推进"双创教育"，成立创新创业教育指导中心。全面梳理创新创业教育课程体系。在"创青春"全国大学生创业大赛中获得4个银奖4个铜奖，成绩位列上海高校第3名。学校入选教育部"全国高校实践育人创新创业基地"，获评首批上海大学生创新创业训练计划示范学校。学校继续办好成人高等学历教育，继续教育招生录取5037人。提升奉贤校区人才培养服务能力，实施奉贤校区教师餐补政策，调整班车运行路线，增加班车车次，促进双校区师生交流互动。

二、师资建设。学校现有教职员工3078人（专任教师1852人），其中两院院士5人，双聘院士4人，国家"千人计划"5人，"青年千人"4人，国家教学名师2人，"长江学者"特聘教授18人、讲座教授2人，国家杰出青年基金获得者18人，国家"973"计划首席科学家7人，国家“863”计划领域（主题）专家组成员3人，百千万人才工程国家级人选12名，基金委创新研究群体2个，教育部“长江学者和创新团队发展计划”创新团队3个，国家级教学团队4个。学校健全人才聘任制度体系，制定科学合理的人才选拔标准，规范各类人员选录程序，制定并实施《教师招聘管理办法》，优化师资队伍结构。不断健全准聘和长聘教职制度，实行新聘任教师“非升即走”。加大高层次人才引进力度，聚焦引进发展潜力大的优秀青年人才，制定并实施《“特聘研究员”“特聘副研究员”计划实施办法（试行）》。完善博士后管理制度，稳步推进博士后管理工作上新台阶，全年完成博士后进站59人，出站54人，其中28人进入学校师资队伍。深化薪酬体制改革，推进校院两级管理，完成学校薪酬体系的优化工作，形成公正合理的收入分配格局。创新评价机制，完善岗位管理体制。首次开辟“教学系列”晋升通道，完成学校各类编制核查工作，为2017年岗位聘任工作奠定基础。

三、科技创新。科研项目经费增长态势稳中向好，科研经费到款共计4.95亿元。新签科研项目915项，合同金额5.4亿元。学校作为第一承担单位获得3项国家重点研发计划立项，学校教授作为项目负责人立项2项，立项经费共计9586万元。获国家自然科学基金资助项目122项，获资助经费共计9436.6万元。“无机纳米生物材料”项目入选国家自然科学基金委创新研究群体项目。人文社科研究取得突破性进展，社会与公共管理学院4位教授曹锦清、徐永祥、张广利、何雪松，以及马列主义学院教授鲍宗豪领衔的科研团队获5项国家社科基金重大课题。在自然出版集团发布的2016自然指数排行榜中，学校位列全球科研机构第130名（全球高校第112名）、国内高校第15名。学校在SCI论文收录2265篇，同比增长11.9%，其中作为第一完成单位的论文1812篇。申请专利398项，授权专利330项，PCT（专利合作协定）专利申请15项，获“上海市专利工作示范事业单位”称号。

科技奖励取得新突破。教授王辅臣领衔的项目获国家科技进步二等奖。在上海市科学技术奖励大会上，12项成果获得奖励，其中一等奖5项，并获得首个上海市技术发明奖特等奖。获高等学校科学研究优秀成果奖6项，其中一等奖2项，获奖数并列全国高校第15名，教授张显程获教育部“青年科学奖”。获得第十八届中国国际工业博览会创新金奖和创新银奖。获中国石化联合会科技进步一等奖、中国轻工联合会技术发明一等奖各1项。获中国产学研合作创新成果奖一等奖1项。白志山获评“全国优秀科技工作者”和“中国石化联合会青年科技突出贡献奖”。赵玲获“中国产学研合作创新奖（个人）”。江浩、李辉、林金萍获上海青年科技英才奖。

学校持续推进科研体制改革，相继出台《科研创新团队建设管理办法》《专职科研人员聘用与管理办法》《促进科技成果转移转化的若干意见》和《校企联合科研机构管理办法》，修订《自然科学类科技奖励实施办法》《自然科学类科技项目经费管理办法》等重要文件，着力改革阻碍科技创新的体制机制障碍，启动科研创新团队建设，营造良好的科技创新环境。学校稳步推进重点科研基地建设工作，高浓度难降解有机废水处理技术国家工程实验室获发改委立项建设，石油化工行业智能优化制造创新引智基地（111引智项目）获教育部和外专局立项建设，生物基材料工程重点实验室获首批中国轻工业重点实验室认定。加速科技成果转移转化。与中国石油和化学工业联合会、上海化工研究院、华谊集团等单位深化交流与合作。加入由新疆自治区发起的“一带一路”核心区产业创新发展支撑联盟。成立华理—聚能固废资源化利用联合研究所、华理—申能能源大数据联合研究中心等8个校企联合科研机构。与10余家企业签订重大成果转化合同。

四、交流与合作。加强校际对话与互访，拓展与世界知名高校和科研院所的实质性合作。落实校际互访成果，与世界知名高校和科研院所签署博士生联合培养等协议30份。依托化学学科，与以色列希伯来大学、瑞典皇家理工学院及英国爱丁堡大学签署共同建设“结构可控分子工程”国际合作联合实验室协议。成功申请国家创新实验室过程系统工程方向建设聘请外专特色项目，并资助63个海外学者短期授课项目。制订学校教育对外开放战略规划，出台华东理工大学教学科研人员因公出国管理工作实施细则，修订因公出国（境）管理规定，并精简校内审批流程。成功申报出国（境）研修项目36项，办理759人次因公出国（境）申请，接待987人次国外来访。新增3所德语国家合作大学，新签10项学生交流协议，顺利实施17个暑期国际交流项目，共派遣430名学生赴国外参加各类学生交流项目，中外合作办学项目全部通过教育部合格评估。设立博士留学生校长奖学金，金额为30万元，成功举办国际文化节。2016年留学生总数达到1358人次，比2015年增长15%(13.5%)，新生人数增加50%。学历留学生研究生比例达56%。博士留学生62人，较2015年增长38%。公派留学学生类项目录取87人，其中联合培养博士研究生45人。

五、校园治理。实行校院两级预算管理改革，不断完善内控制度建设。全年学校决算总收入22.8亿元，总支出23.1亿元，制定内部控制制度建设办法和内部控制自我评价管理办法，完成年度内部控制基础性评价工作，提升资金使用效率。加强国有资产管理工作。修订国有资产管理暂行办法等文件，开展全校性的国有资产清查工作和国有资产专项检查整改工作。加强审计工作，完善采购与招投标管理机制。制定了科研经费、财务收支、预算执行与决算、内部控制等系列审计实施办法。完成审计项目182项，审计总金额72.8亿元。

校园基础设施不断改善，新开工建筑面积约6.3万平方米，总投资超过1.7亿元；校园修缮项目近2.1万平方米，总投资986万元。完成奉贤校区学生公寓1—4号楼大修等改善基本办学条件专项基金项目6项。获批教育部2017年改善基本办学条件专项基金2.3亿元，成立教学和修缮类专项预算评审小组，提升服务保障能力。加强实验室安全管理，修订学校实验室安全环保管理规定、实验室废弃物管理办法等管理制度，全面推行实验室安全准入制度。加强网络基础设施建设。提升校园网运维和安全保障能力，免费用户带宽从2M提升到4M，无线WIFI覆盖率提升至95%，新增安全防护设备，有效提升安全防护等级。

提升实验室和设备的有效配置与使用。修订《实验室用房管理制度》，拟定《学院用房定额管理办法》。完善大型仪器共享管理信息化平台建设，完成50万元以上仪器与国家网络管理平台数据对接工作。完善大型仪器共享机制，40万元以上大型仪器平均机时数达到1414.7小时，较2015年提升73.6%。全面推广应用“化学品管理平台”，实现化学品采购与使用全过程实时定量管理。升级完善装备资产管理平台，规范固定资产管理和处置机制。（王　阳）

【昆明市领导到校对接定点扶贫工作】 1月6日，云南省昆明市副市长、市政府副秘书长、扶贫办主任、寻甸县委副书记等一行到校。校党委书记杜慧芳就学校定点扶贫云南省昆明市寻甸县的工作进行对接，并表示做好定点扶贫工作，华东理工大学义不容辞。（王　阳）

云南省昆明市领导到华东理工大学对接扶贫工作

【首获“中国大学生自强之星”】 2月26日，寻访“中国大学生自强之星”活动结果公布，学校机动学院2012级本科生何一昊获“中国大学生自强之星”称号，这是华东理工大学学生首次获得该项称号。学校材料学院2014级学生朱凯、化工学院2012级学生吕伟光获“中国大学生自强之星”提名。（王　阳）

【四教授入选“长江学者奖励计划”】 4月20日，教育部“长江学者奖励计划”人选名单公布。化学学院朱为宏教授、药学院杨弋教授和商学院马铁驹教授入选为长江学者特聘教授，机动学院张显程教授入选长江学者奖励计划青年项目。（王　阳）

【获评“世界最具潜力女科学家”】 欧莱雅-联合国教科文组织“世界最具潜力女科学家”颁奖典礼于3月25日在法国巴黎举行。化学与分子工程学院博士后应佚伦代表亚太地区获得该项荣誉。（王　阳）

【获泛波罗的海大运会女子乒乓球各项冠军】 2016年第三十二届泛波罗的海大学生运动会在芬兰坦佩雷市中心举行。来自中国、芬兰、爱沙尼亚、立陶宛等10个国家和地区约1300名运动员参加开幕式。校女子乒乓球队代表中国参赛，并包揽女子项目的所有冠军。其中，团队夺得乒乓球女子团体冠军，学生郑诗畅获得女子单打冠军，学生陈诗婷获得女单亚军，学生王姝、黄文倩获得女单第三名。（王　阳）

【多项科研成果入围“十二五”科技创新成就展】 6月1日，“十二五”科技创新成就展在北京展览馆举办。展览全面总结和展示了中国在“十二五”期间科技创新工作取得的重大成就。学校生物工程学院教授庄英萍课题组的工业发酵绿色制造关键技术，教授刘琴课题组研发的大菱鲆迟钝爱德华氏菌活疫苗EIBAV1，教授李元广课题组研发的海洋微生物农药和微藻能源与生物固碳、高附加值微藻产品入选参展。（王　阳）

【国际合唱艺术节获五项大奖】 8月4—10日，在俄罗斯举行的第十四届“歌唱世界”国际合唱艺术节中，学校大学生艺术团伊卡斯特合唱团（ECUST Choir）获五项大奖：获混声组冠军——本次国际合唱艺术节的最高荣誉；首次分男女声部参赛分获同声男声组亚军和同声女声组亚军；俄文歌曲《原始森林》获评委会专项奖之“俄罗斯作曲家作品最佳演绎奖”；女声组的中国结演出服获评委会专项奖之“最佳服装奖”。（王　阳）

【获评“小平科技创新团队”】 在第十届中国青少年科技创新奖颁奖大会上，学校计算化学团队被授予全国“小平科技创新团队”称号，获中国青少年科技创新奖励基金资助。这是学校首支被授予全国“小平科技创新团队”称号的团队。（王　阳）

【设立“张江树教学名师奖”】 9月9日，学校以首任校长张江树教授的名义设立“张江树教学名师奖”。“张江树教学名师奖”每两年评选一次，设特等奖1名、一等奖2名、二等奖6名。对获得特等奖的教师，授予荣誉证书，并颁发奖金人民币50万元/人；获得一等奖和二等奖的教师，授予荣誉证书，并分别颁发奖金人民币10万元/人和5万元/人。（王　阳）

【多喷嘴对置式水煤浆气化技术被韩国采用】 9月23日，华东理工大学与韩国TENT公司关于煤气化制合成气项目的多喷嘴对置式水煤浆气化技术许可签约仪式在学校洁净煤技术研究所举行。该项目采用多喷嘴对置式水煤浆气化技术，拟在韩国丽水工业园区建设合成气供气装置，为园区内燃料电池、化学品等的工业生产提供合成气。（王　阳）

【举办首届国际文化节】 11月18日，在以“我们是一家人 We are family”为题的学校第一届国际文化节现场，来自23个国家和地区的近百名留学生搭建了20个展台，展示各国文化、服饰、工艺品和美食。（王　阳）

【在全国“创青春”创业大赛中获奖】 11月19日，由共青团中央、教育部、中国科协等六部委主办的2016年“创青春”全国大学生创业大赛在四川成都电子科技大学落下帷幕，学校推荐的6个参赛项目全部获奖，共获得3项银奖和3项铜奖，总成绩位列上海高校第三名。此前，在四川绵阳举行的2016“创青春”全国大学生创业大赛MBA专项赛和电子商务专项赛中，学校获得了1项银奖和1项铜奖。（王　阳）

【参展国际工业博览会并获奖】 11月初，第十八届中国国际工业博览会在国家会展中心举行。学校11个项目参展并获多个奖项。其中，刘海峰教授领衔的“SE粉煤加压气化技术”项目获创新金奖，叶贞成副研究员领衔的“苯乙烯生产过程节能降耗运行优化技术”项目获创新银奖，易建军教授领衔的“一种具有物联网功能的新型多功能电动手术床”获中国高校展区优秀展品二等奖，紫霄智能科技（上海）有限公司曾明树校友的大学生创业项目“远距离无线充电技术”被评为中国高校展区优秀创新创业项目；学校连续第11次获优秀组织奖，姚磊老师获先进个人奖。（王　阳）

【获法国化学会“中法化学讲座奖”】 国际权威学

术刊物《德国应用化学》报道了法国化学会 2016 年重要化学奖项获奖者，其中，田禾院士获法国化学会“中法化学讲座奖”(China-France Chemistry Lectureship Award)。该奖项是中国化学会与法国化学会在 2013 年共同设立的，每年仅设一名获奖人，获奖人轮流在中法两国化学家中产生。 (王　阳)

【药理学与毒理学等 5 个学科进入 ESI 全球排名前 1%】 据“基本科学指标”数据库(ESI)近日更新的数据显示，学校药理学与毒理学进入 ESI 国际排名的前 1%。至此，学校共有化学、材料学、工程学、生物学与生物化学、药理学与毒理学等 5 个学科进入 ESI 全球排名前 1%。其中，化学在 ESI 全球排名的机构中位列第五十二位。 (王　阳)

附：学校负责人及地址

(2016 年 1—12 月)

校党委书记：杜慧芳

副　书　记：罗仪华(4 月到任，7 月离任)、宋　来、陈　麒(8 月到任)、马玉录(8 月离任)

校　长：曲景平

副校长：钱　锋、吴柏钧、刘昌胜、辛　忠、胡宝国(8 月到任)

徐汇校区地址：梅陇路 130 号
邮编：200237
电话：64251129

奉贤校区地址：海思路 999 号
邮编：201424
电话：33612038

东华大学

【2016 年概况】 学校现设有教学院(部)17 个，新增马克思主义学院。拥有 6 个博士后流动站、7 个一级学科博士点、24 个一级学科硕士点，9 个专业学位硕士授权类别、16 个工程硕士授权领域，55 个本科专业、1 个一级学科国家重点学科、5 个二级学科国家重点学科、1 个国家重点(培育)学科、7 个上海市一流学科、1 个上海高校Ⅰ类高峰学科，设有 13 个国家和省部级科研基地，2 个国家“111”引智基地以及国家大学科技园。全校各类学生 28497 人，其中本科生 14664 人，硕士生 5337 人，博士生 1002 人，成人教育学历生 2720 人，留学生 4774 人，其中学历留学生 1094 人。本科生招生人数 3418 人，研究生招生人数 2193 人。毕业生总体就业率 97.15%。

管理改革。召开第十次党代会，选举产生新一届党委委员、纪委委员。完成《东华大学“十三五”发展规划(2016—2020 年)》及各学院、部门的“十三五”规划和专项规划。实施《东华大学深化综合改革方案》，加快落实应用型人才培养机制、学科科研协同创新机制、人才队伍激励机制、国际交流和合作新机制、资源优化配置机制等重点改革事项。统筹推进人事改革、财务管理、资产改革、后勤改革等各项管理改革。

学科建设。25 个学科参评全国第四轮学科评估；在“2015 年学位授权点合格专项评估”中，学校参评 5 个学位点(国际商务、翻译、工程管理、光学工程和生物医学工程)全部通过评估(2016 年公布结果)。完成新一轮学科发展布局，申报 3 个“纺织科学与工程”一流学科建设、“材料科学与工程”和“设计学”优势特色学科建设“引导专项”。推进纺织科学与工程Ⅰ类高峰学科建设，环境科学与工程、设计学、材料科学与工程、计算机科学与技术学科申报上海高校Ⅳ类高峰学科。优化学位点布局，撤销工程硕士专业学位工业工程领域授权点，增列金融硕士专业学位授权点。

人才培养。1.本科生教育。完成本科专业培养方案的修订；环境工程和纺织工程通过工程专业认证；改革转专业办法，213人获转专业资格，转成比例达83.2%；完成所有本科专业评估；开设暑期国际课程及专业大师课程23门；获批国家级“精品视频公开课”1门，自主建设在线课程24门，实验室建设项目2项；新增上海市精品课程5门、全英语授课课程1门、上海高校本科重点教学改革项目2项；学生获国内外各级各类竞赛市级以上奖励141项，国际奖17项，国家级奖励69项。2.研究生教育。7篇博士学位论文和7篇硕士学位论文获评2015年上海市研究生优秀学位论文（2016年公布）；获批“全国工程硕士专业学位研究生教育在线课程重点自建项目”12项，第三届“工程硕士实习实践优秀成果获得者”1项。3.创新创业教育。设立“尚创汇”东华大学大学生创新创业孵化基地。学校获上海市慈善基金会觉群大学生创业基金优秀组织奖、上海高校实践育人创新创业基地和全国高校实践育人创新创业基地。4.继续教育。自主研发优质在线教育资源，推广应用指尖东华APP，获市级以上奖励20个。5.帮困助学。发放各类奖助学金（含助学贷款和代偿）8366.97万元，实现家庭经济困难学生资助全覆盖，获评“2015年度全国学生资助工作优秀单位”（2016年颁布）和1个全国高校特色案例。获评“2016年度十佳易班工作站”。6.体育教育。举办第一届世界大学生攀岩锦标赛。获上海首批“大学体育个性化”课程改革试点学校。获2016全国大学生五人制足球总冠军和上海高校冠军。37支校级运动队获全国冠军13个，射击队获全国大学生射击锦标赛团体冠军。

科学研究。学校牵头4项首批国家重点研发计划项目。获国家自然科学基金项目58项，资助金额2395万元，承担或参与国家重点研发计划课题30项。科研纵向经费为2.2亿元，横向经费1.03亿元。“海派时尚设计及价值创造知识服务中心”获批上海市协同创新中心，更名为“海派时尚设计及价值创造协同创新中心”。人文社科纵向项目48项，获国家社科基金资助7项，教育部人文社会科学研究项目资助2项，上海市哲学社会科学基金项目2项，获上海市第十三届哲学社会科学优秀成果奖著作类二等奖1项。申请专利1048项，其中发明专利1011项；授权专利546项，其中发明专利511项。SCI-E收录论文1144篇，EI收录论文413篇，SCI一区检索论文209篇。教授陈南梁研发“星载天线金属网”产品应用于北斗导航卫星，服装与艺术设计学院航天员服装研发设计团队承担“天宫二号”和“神舟十一号”载人飞行任务航天员太空地面工作生活的系列专用服装设计研发工作。“先端纤维与复合技术”创新团队入选重点领域创新团队。“国家染整工程技术研究中心”通过评估。武器装备质量体系通过监督审核。

队伍建设。教授郁崇文入选万人计划“国家教学名师”，教授覃小红入选“2015年长江学者奖励计划青年学者项目”（2016年公布）。入选上海市各类人才计划17人，其中教授王先锋入选上海“东方学者”，教授余木火入选上海领军人才培养计划。设立“钱宝钧讲坛”，举办第一届东华大学青年学者论坛。40岁以下一线专任教师一年以上海外经历比例达到46.6%，半年以上达到50%。专任教师博士比例达到66.7%，重点学科专任教师博士率达到75%以上。15名博士后获得中国博士后基金面上资助，获资助比例近50%。修订《东华大学专业技术职务首次聘任工作实施办法》，制定《东华大学引进优秀人才高级专业技术职务聘任办法》《东华大学教师破格晋升高级专业技术职务的补充规定》，优化职称考核评价体系。

合作交流。新增15份国际教育合作协议。获批6个短期、1个长期高端外国专家项目，以及2个学科创新引智基地、1个海外名师计划、1个高层次文教专家重点支持计划、3个学校特色项目和一批学校重点聘专项目。举办7个大型国际会议，英国教育国务大臣兼妇女及平等事务部长贾斯蒂·格里宁(Justine Greening)一行访问学校。接待外宾来访360余人。国际时尚创意学院芬兰籍学术副院长海伦娜·休沃宁获上海市“白玉兰纪念奖”。推进“中非高校20+20合作”教育援非项目，依托莫伊大学孔子学院，举办肯尼亚纺织品艺术展及2016中非国际纺织服装学术论坛暨中非文化交流论坛。开展学生交换和联合培养，派出学生500余人。学生交换、交流项目33个，其中，14个项目获国家留学基金委资助，36名本科生、83名研究生获得国家留学基金委和学校优博访学计划资助。承办“海峡两岸青年菁英交流营”活动，首次获批上海市对台交流重点项目。通过来华留学质量认证，设立首个留学生企业奖学金和外国留学生校友助学基金。设立上海国际学生服务中心（东华大学）。接受110多家企业和个人捐赠903.6万元，新增协议捐赠359.98万元。

条件改善。完成二号学院楼二期项目的配电、实验室通风及实验室废水处理，获松江区文明工地奖、优质结构工程奖、节约型工地奖、优质工程奖等。完成攀岩锦标赛设施建设及周边环境整治，松江学生公寓两栋楼改造更换家具、宿舍区上水管道及道路改造、延安路大学生创新创业孵化基地建设、材料学院楼实验室通风系统的改造。完成能源管理监测平台设备安装，获评“全国节约型公共机构示范单位”、全国高校伙食工作先进集体。推进学生公寓“六T”建设，获评“五星级示范楼”“四星级达标楼”。完成校园一卡通系统建设，实现两校区互通共用，增设卡务中心及14台自助圈存机。建设大型仪器设备共享平台。完成“基于云计算的数字化校园应用系统平台建设”，加强数字化校园各应用系统的可靠性和稳定性。

（高兰兰、平 婧）

【获上海市科学技术奖】 4月18日，在上海市2015年度科技奖励大会上，教授朱美芳主持的“健康防护功能杂化材料及其高值化聚酯纤维设计开发关键技术”项目、教授王华平主持的“纳米纤维素纤维高效制备及应用关键技术”获上海市技术发明一等奖，教授秦玉明主持的“非线性发展方程整体适定性和吸引子的研究”项目获上海市自然科学二等奖，教授莫秀梅主持的“静电纺纳米纤维用于组织再生的研究”项目获上海市自然科学三等奖；教授宁伟主持的“耐用高效荧光照明灯的节能环保制备关键技术集成及产业化”项目、薛文良副研究员参与的“环保型纺织品生态链中再生、降解及碳排放的评估与应用”项目获上海市科技进步三等奖。

（高兰兰、平 婧）

【举办2016上海国际服装文化节国际时尚论坛暨环东华时尚周】 4月19日，学校承办的2016上海国际服装文化节国际时尚论坛暨环东华时尚周在延安路校区开幕。论坛以“丝路·理想之光”为主题，集学术论坛、专业展览、设计大赛、时尚秀场、创意市集于一体，融入“一带一路”元素。西藏大学专家与会并展示师生设计作品，举办“海上丝绸之路在非洲——肯尼亚纺织品艺术展”“城市记忆·新中国时尚流行变迁图片展”、第二届国际纺织服装研究出版论坛、“CUORI卓力杯”首届外国留学生服装设计大赛，发布新锐设计师创意作品，中国时装设计金顶奖获奖者陈闻做客校园。

（高兰兰、平 婧）

【设立“尚创汇”大学生创新创业孵化基地】 4月26日，“尚创汇”东华大学大学生创新创业孵化基地在延安路校区举行启用仪式。市教卫工作党委副书记、市教委副主任高德毅，市教委副主任郭为禄，市就业促进中心主任张得志，长宁区副区长宋宗德，校长蒋昌俊出席仪式。基地位于延安西路校区内（中山西路829号），建筑面积为2000余平方米，可容纳30余家初创企业和30个创业项目。

（高兰兰、平 婧）

“尚创汇”东华大学大学生创新创业孵化基地启用

【入选国家创新人才推进计划】 5月19日，在科技部公布的2015年创新人才推进计划入选名单中，教授朱美芳领衔的“先端纤维与复合技术创新团队”入选重点领域创新团队，教授张清华入选中青年科技创新领军人才，这是学校教师首次入选。

（高兰兰、平 婧）

【成立上海国际时尚科创中心】 7月12日，东华大学上海国际时尚科创中心在延安路校区揭牌成立。市文创办副主任、市经济和信息化委员会陈跃华，市教委副主任丁晓东，长宁区副区长翁华建，中国服装设计师协会副主席张肇达等出席。美国康奈尔大学教授范金土受聘为中心主任。中心以国家和上海发展战略需求为任务、以国际时尚前沿为导向，开展既延伸大时尚范畴，又聚焦人身时尚的基础与应用研究。 （高兰兰、平　婧）

【举办中非国际纺织服装论坛】 8月2—3日，2016年中非国际纺织服装论坛暨中非文化交流论坛在肯尼亚蒙巴萨举办，这是该论坛首次登陆非洲国家。来自肯尼亚、乌干达、苏丹、埃塞俄比亚、坦桑尼亚、津巴布韦等10余个一带一路沿线国家的近50位专家学者与会。中国驻肯尼亚大使馆参赞姚明、肯尼亚外交和国际贸易部经济与国际贸易司司长尼尔森・尼达拉古、肯尼亚莫伊大学校长理查德・米贝等领导和嘉宾出席并致辞。近20位纺织服装学科领域研究专家作主题演讲，围绕纺织服装工业的发展与贸易、纺织服装市场与管理、纺织材料和制造业、中非服装设计与营销、中非纺织产业投资与经营、中国服饰文化、非洲服饰文化、中非服饰文化交融、一带一路与纺织服装工业以及中非古代服饰艺术等论题开展交流与讨论。大会论文集收录70篇中外论文，以全英文出版。 （高兰兰、平　婧）

"海上丝绸之路在非洲——肯尼亚纺织品艺术展"
在东华大学上海纺织服饰博物馆展出

【获罗马尼亚创新博览会发明金奖】 9月15—18日，来自英国、法国、俄罗斯等国家近千名参赛者聚会罗马尼亚创新博览会。学校服装学院博士生刘凯旋（王建萍教授指导）作为第一发明人凭借《基于3D身体扫描的混合人体建模新方法》获发明金奖。此项发明为服装工业使用的3D虚拟人体模型提供快速可行的构建方案，应用于3D服装设计、3D服装纸样开发、3D服装虚拟走秀等领域，解决了服用3D人体虚拟模型的建模问题。 （高兰兰、平　婧）

【参展爱丁堡国际艺术节】 8月11—12日，"爱丁堡艺术节・上海季：海派旗袍的历史与创新"系列活动先后在苏格兰国家博物馆大厅、爱丁堡市政厅举办，此次活动包括实物展和时装秀，实物展以海派旗袍历史为主题，展示学校上海纺织服饰博物馆收藏的33套20世纪上半叶旗袍精品，时装秀展现的作品是学校设计学科教师海派商务旗袍创作以及合作单位的海派旗袍高级定制企业设计作品。学校与爱丁堡大学签署了关于合作建立创意产业研究中心的合作备忘录。 （高兰兰、平　婧）

【承办首届世界大学生攀岩锦标赛】 10月12—16日，由国际大学生体育联合会主办，中国大学生体育协会和学校共同承办的第一届世界大学生攀岩锦标赛在松江校区开幕。来自中国、俄罗斯、美国、澳大利亚等17个国家的119名大学生攀岩运动员参加。比赛设速度、难度、攀石3个大项，共产生男女速度、男女难度、男女攀石、男女全能8枚金牌，中国队收获1个银奖、2个铜奖。（高兰兰、平　婧）

【参展第十八届工博会】 11月1—5日，学校参展第十八届中国国际工业博览会。学校携聚酰亚胺纤维材料、日用玻璃节能环保设计和制备、干湿法纺耐热恒强纤维、纳米纤维素纤维制备及应用技术、健康防护功能杂化材料、防水透湿微纳米纤维功能膜、大褶裥大提花机织面料喷气整体织造、玄武岩纤维材料、医卫防护非织造材料和民用航空复

合材料10个项目参展。（高兰兰、平　婧）

【完成本科教学审核评估】 11月7—10日，受教育部高等教育教学评估中心委托，以厦门大学领导为组长的本科教学工作审核评估专家组一行13人对学校进行本科教学审核评估。专家组考察了东华大学大学生创新创业成果展、纤维材料改性国家重点实验室、材料科学与工程国家实验教学示范中心、民用航空复合材料东华大学协同创新中心、现代纺织教育国家实验教学示范中心等教学科研场所，累计听课33节次，抽查调阅毕业设计、毕业论文842份，试卷2778份，访谈校领导10人19次，召开3场座谈会，考察3个校外实训基地及用人单位，走访教学院系和与教学相关职能部门，访谈86人次。（高兰兰、平　婧）

【英国教育国务大臣到访学校】 12月5日，在中英高级别人文交流机制第四次会议召开期间，英国教育国务大臣兼妇女及平等事务部长贾斯蒂·格里宁(Justine Greening)一行访问学校，参观与爱丁堡大学合作共建专业的学生作品服饰展，与上海国际时尚创意学院师生交流，参观海派旗袍展，并与蒋昌俊校长共同为"东华爱丁堡创意产业中心"揭牌。（高兰兰、平　婧）

英国教育国务大臣兼妇女及平等事务部长到访东华大学

附：学校负责人及地址

（2016年1—12月）

校党委书记：朱　民
副　书　记：刘淑慧、罗仪华、崔运花

校　长：蒋昌俊
副校长：刘春红、邱　高、李永智、卿凤翎、陈　革

松江校区地址：松江区人民北路2999号
邮编：201620

延安路校区地址：延安西路1882号
邮编：200051
电话：67792000、62373678

华东师范大学

【2016年概况】 学校设有3个学部、27个全日制学院、2个书院、8个实体研究院（所、实验室）、1个管理型学院，含83个本科专业，其中中文、历史、数学、地理、心理和物理6个专业是国家文理科基础科学人才培养和科学研究基地。有博士学位授权一级学科27个、硕士学位授权一级学科36个，可授予19种硕士专业学位以及教育博士专业学位，有25个博士后科研流动站。拥有教育学、地理学2个一级学科国家重点学科，5个二级学科国家重点学科，5个国家重点培育学科，1个上海高峰Ⅰ类学科，1个上海高峰Ⅱ类学科，12个上海市重点学科和17个上海市一流学科（A类4个，B类13个）。理科拥有2个国家重点实验室、1个国家工程技术研究中心、1个国家野外科学观测研究站、1个国家

级国际联合研究中心、6个教育部重点实验室和工程中心、1个教育部国际合作联合实验室、10个上海市重点实验室和工程中心、1个教育部高等学校软科学研究基地和1个上海市软科学研究基地，1个上海市协同创新中心。文科拥有6个教育部人文社会科学重点研究基地、10个上海市哲学社会科学创新研究基地和上海市人民政府决策咨询研究基地工作室、2个上海市高校智库。现有国家级实验教学示范中心2个、国家级虚拟仿真实验教学中心1个、上海市实验教学示范中心7个。主办和承办近30种学术期刊，图书馆馆藏印刷型文献总量近454万册，各类电子文献数据库140个(415个子库)。有22所附属中小学及2所幼儿园(正式招生办学)。有教职工4034人，其中专任教师2248人。教授及其他高级职称教师1807人，其中含中国科学院和中国工程院院士(含双聘院士)10人、中组部"千人计划"(含"青年千人")入选者34人、教育部"长江学者奖励计划"特聘教授及讲座教授32人、国家"杰出青年科学基金"获得者26人、国家"万人计划"领军人才及国家教学名师入选者6人、人社部"新世纪百千万人才工程"国家级人选11人、国家"优秀青年基金获得者"11人、中组部"青年拔尖人才"入选者6人、教育部"青年长江学者"6人、上海市"东方学者"入选者22人、上海市"领军人才及后备"入选者23人、上海市"千人计划"入选者18人、"紫江学者计划"入选者131人(聘期内56人)、"双百人才计划"入选者(含紫江优秀青年学者、紫江青年学者)110人次。在校全日制本专科生14517人，其中本科生14413人、专科生104人；在校研究生16222人，其中博士研究生3236人、硕士研究生12986人(含免费师范生教育硕士3650人)；留学生4535人。学校重视国际化办学，先后与法国高师集团成立中法联合研究院、联合研究生院；与美国纽约大学联合创办的上海纽约大学，是第一所具有独立法人资格的中美合作创办的大学；与法国里昂商学院合作共建亚欧商学院；与以色列海法大学合作共建转化科学与技术联合研究院。设有国家汉办所属的国际汉语教师研修基地，作为中方合作院校建设8所孔子学院。主要校区为闵行校区和中山北路校区，校园占地总面积约207公顷。

一、"十三五"规划和新一轮学科建设。正式提交《华东师范大学"十三五"发展规划纲要》至教育部和上海市备案。按照《关于2016年中央高校建设世界一流大学(学科)和特色发展引导专项资金有关事项的说明》精神，提前启动新一轮的学科建设。学校教育学入选高峰Ⅰ类学科，地理学入选高峰Ⅱ类学科，完成大气科学上海市高峰Ⅳ类学科协同申报工作。制订学科评估实施方案，核查各类统计数据、组织动员参与第四轮一级学科评估。协调各参评学科资源，凝练学科简介和典型案例，完成学校30个一级学科/二级学科的数据报送工作，并积极关注学科评估进程，配合做好相关工作。

二、人才培养。在人才培养模式创新方面，进一步实施"理科精英人才培养计划"，新增化学、物理学、微电子科学与工程三个本科专业"菁英班"。深入实施"佛年教育学创新人才培养计划"，实施研究生科研创新实践项目，继续深化专业学位教育综合改革。在课程和教学项目方面，11门本科教育课程和6门网络教育课程入选第一批"国家级精品资源共享课"，6门课程入选上海市级精品课程，4个项目获上海市高校本科重点教学改革项目立项。开设39门研究生全英语授课课程，2门研究生全英语授课课程获"上海高校外国留学生全英语授课示范性课程"立项建设。20篇博士论文和22篇硕士论文被评为2015年上海市研究生优秀成果。在教师教育方面，完成10个教师教育相关学科点的整合，正式组建成立教师教育学院，招收首届研究生。筹备成立上海教师发展学院，构建上海教师队伍建设的政策智库和高级培训平台。深入实施《德业双修的卓越中学教师开放式养成计划》，构建本硕一体化培养体系。在创业就业方面，立项国家大学生创新创业训练计划项目144项，上海大学生创新活动计划项目146项。立项研究生科研创新实践项目191项。学校2016届毕业生就业达94.4%，较去年提高了2个百分点，在QS全球大学毕业生就业能力排名中，学校毕业生就业力排名进入世界200强。

三、科研创新。分别召开文理科科研工作会议，推出涉及建立有效科研组织模式等系列科研工作新政策和新举措。2016 年学校理科科研经费达 3.5 亿元，比 2015 年上升 20%。学校共获批各类型重点重大项目 25 项，其中国家重点研发计划项目 2 项，包括创新研究群体在内的国家自然科学基金重点重大项目 11 项，上海市科委重大项目 2 项。学校 9 个学科进入 ESI 全球排名前 1%。在 2016 年自然指数新星榜排名中，学校位列全球第 13 位。学校文科科研经费达 1.3 亿元，较上年增长 16.2%。获批国家社科项目、教育部社科项目、全国教科项目和上海市社科项目共计 107 项，其中教育部社科项目数全国第二，上海第一；上海市哲社项目立项数上海第一，全国教科规划项目立项数连续四年蝉联全国第一。学校作为第一单位获上海市自然科学一等奖 1 项，上海市科技进步二等奖 2 项；高等学校科学研究优秀成果自然科学二等奖 1 项。在哲学社会科学方面，共有 56 项成果获得上海哲学社科优秀成果奖励。重点科研平台建设方面，青少年健康与运动干预实验室正式进入教育部重点实验室建设行列。上海市社会科学创新研究基地和上海市教委"立德树人"基地建设获得新突破。智库建设方面，向有关部门报送决策咨询报告 140 篇，共有 44 篇获得各级部门和领导的采纳和批示。

四、内部治理和师资队伍建设。健全并完善学校内部治理结构，成立学校首届理事会。推进院系机构调整，成立物理与材料科学学院、法学院，完成城市发展研究院调整，组建数据科学与工程学院和海洋学院。成立本科生书院建设领导小组，探索多种模式的书院制改革，研究在全校范围内推进书院制改革。推动管理重心下移，加大院系经费管理自主权；改革优化博士生招生指标配置方式；在学部层面建立高评委。制订教师、教学科研单位管理人员和专业技术人员编制管理办法，完成学部、院、系定岗定编工作。实施专职科研人员聘用与管理暂行办法和博士后工作管理办法，录用专职科研人员 67 人、博士后 94 人。全年引进和培育高层次人才 22 人、"双百计划"32 人。

五、开放办学。持续推进与法国里昂商学院共建"亚欧商学院"，与海法大学共建"华东师范大学—海法大学转化科学与技术联合研究院"各项工作，3 月 24 日共同签署四方合作协议。加强与俄罗斯圣彼得堡理工大学、加拿大阿尔伯塔大学等高水平大学科研合作，加快与上海纽约大学合作推进联合研究平台建设，积极申建教育部国际联合实验室。持续推进与海南省、云南省、上饶市、普陀区、闵行区、奉贤区，以及中航商发、旭辉集团、明园集团等政府、企事业单位合作。设立校友专项基金，加强与各方交流合作，争取更大支持，全年接受社会捐赠共计 6450 余万元，争取捐赠配比共计 8097 万元。

华东师范大学—海法大学转化科学与技术联合研究院签约仪式

六、工作保障。将校园网教育网出口带宽由 1G 扩容至 2G，推出基于微信企业号的虚拟校园卡。相继完成两校区体育馆、中北校区文科大楼、田家炳教育书院、办公楼等项目的修缮工程。做好中北校区丽娃食堂、文附楼、学生 8 舍等修缮准备工程。在两校区设置充电桩，解决电动汽车充电困难。从岗位工资、基本津贴和午餐补贴等方面，提高教职工待遇。提高全校教职工体检标准，增设 4 个体检项目。协调多方资源，尽最大的努力为教职工子女入学开辟新的渠道。开展教职工休息休养活动，做好教职工重大疾病医疗互助基金参保工作。450 余名教职工参加了疗休养活动，全年大病补助基金，门急诊、住院保险理赔，年终帮困"送温暖"等工作，累计资金达 100 余万元。继续聘请三甲医院专家来校开设专家门诊，获得师生好评。

（汪　海）

【多位教师入选省部级人才计划】 1 月 11 日，教育学部阎光才、哲学系郁振华、中文系朱国华获聘 2015 年度"长江学者"特聘教授，化学与分子工程学院杨海波获聘教育部"长江学者"青年学者；4月27日，8名青年教师入选2015年度"曙光计划"项目，分别是信息科学技术学院陈时友、化学与分子工程学院葛建平、物理与材料科学学院武愕、教育学部柯政、城市与区域科学学院孔翔、历史学系李孝迁、音乐学系郑艳、社会发展学院黄剑波；7月3日，华东师范大学中文系褚潇白、刘阳，心理与认知科学学院库逸轩，思勉人文高等研究院李文杰，传播学院孟笛、吴明，对外汉语学院祁峰、地理科学学院项熙、经济与管理学部许鑫等共9位教师入选2016年度上海市"浦江人才计划"；9月12日，华东师范大学政治学系王向民、生态与环境科学学院车越、心理与认知科学学院郝宁、哲学系姜宇辉、中文系刘阳等5位教师入选2016年度上海市"曙光计划"项目。（汪　海）

【获上海高校辅导员工作多项荣誉】 1月12日，华东师范大学外语学院庄瑜获"2015上海高校辅导员年度人物"称号；心理与认知科学学院陶洁、孟宪承书院温旭分获第四届上海高校辅导员职业能力大赛一、二等奖；学校7项成果获第十二届上海高校辅导员论坛一、二、三等奖。（汪　海）

【与中国银行上海市分行签订银校战略合作协议】 3月16日，学校与中国银行上海市分行在多年长期稳固的合作关系的基础上，签订了银校战略合作协议，银校合作进入新阶段。根据协议，双方将继续保持长期合作伙伴关系，中国银行将向学校提供更为便捷、全面、通畅的金融服务。在合作协议的框架下，双方将进一步加强联系，互相沟通信息，坚持以互惠共赢为原则，共同实践优先发展教育、建设人力资源强国的战略部署。（汪　海）

【中国金融研究院揭牌】 华东师范大学—上海市人民政府发展研究中心共建的中国金融研究院成立暨2020年上海基本建成国际金融中心研讨会3月23日在学校举行。校党委书记童世骏、上海市人民政府发展研究中心主任肖林共同为研究院揭牌。校长陈群为专家颁发聘书。会上发布上海市政府决策咨询重点课题"中国金融研究专项"，宣布设立陈彪如金融研究奖，宣布《中国金融智库》集刊创刊。（汪　海）

中国金融研究院揭牌

【举办"中国与俄罗斯：合作进程与前景"研讨会】 "中国与俄罗斯：合作进程与前景"研讨会3月25日至3月26日在学校举行。研讨会由华东师范大学俄罗斯研究中心与俄罗斯"瓦尔代"国际辩论俱乐部共同主办。60余位中俄专家学者与会。（汪　海）

【举办"一带一路　亚欧商学院2020"会议】 3月26日，"一带一路　亚欧商学院2020"会议在华东师范大学举行。副校长汪荣明，法国前总理、现任宪法委员会主席法比尤斯，法国驻沪总领事柯瑞宇，里昂商学院国际事务副校长 Tugrul ATAMER 等出席并致辞。学校有关部门负责人与会。（汪　海）

【周波到校调研】 4月12日，副市长周波到校调研。在调研座谈会上，校长陈群汇报学校科技创新工作。周波考察了学校的河口海岸学国家重点实验室、精密光谱科学与技术国家重点实验室、上海市磁共振重点实验室和国家可信嵌入式软件工程技术研究中心。（汪　海）

【六项成果获上海市科学技术奖励大会表彰】 4月18日，上海市召开科学技术奖励大会。华东师大计算机科学与软件工程学院教授、上海市多维度信息处理重点实验室主任吕岳团队与上海邮政科学研究院共同完成的"基于多源信息融合的邮件分拣关键技术及应用”项目获上海市科技进步一等奖。信息科学技术学院胡志高团队“铁电氧化物体系的电子跃迁、相变规律及光谱”、郭方敏团队“高灵敏度光电传感器芯片及其便携式嵌入式光谱仪关键技术”、计算机科学与软件工程学院贺樑团队“用户行为分析与个性化信息推送核心技术与应用系统”获二等奖。计算机科学与软件工程学院何道敬团队“基于新型公钥密码体制的网络空间认证与安全通信研究”获三等奖。与何积丰院士团队及国内多家单位合作的法国科学家简-埃蒙德阿布瑞尔获 2015 年度上海市国际科技合作奖。（汪　海）

【与中科院下属多家研究所联合举办菁英班】 4 月 27 日，与中科院下属多家研究所联合举办的菁英班签约仪式暨理科精英人才培养研讨会在学校举行。学校分别与大连化学物理研究所、上海有机化学研究所、上海光学精密机械研究所签署协议。9 月 28 日，2016 级本科菁英班开学典礼在校举行。校长陈群为兼职导师颁发聘书。（汪　海）

华东师范大学与中科院签约联合举办菁英班

【上海并购金融研究院成立】 于 4 月 28 日在上海并购金融集聚区第四期要素对接推进会上正式成立。华东师范大学与普陀区签署共建协议，并为上海并购金融研究院揭牌。市政府、市金融办、上海联合产权交易所等部门相关领导出席。

（汪　海）

【与联合国、美国、加拿大多所高校和机构开展合作与交流】 4 月 28 日至 5 月 3 日，校长陈群出访。其间，与联合国新闻部新闻媒体司司长姜华签署合作协议，并就口笔译、国际政治等领域的合作与交流进行会谈。与纽约大学校长 Andrew Hamilton 就上海纽约大学的办学进展等进行会谈。与华美协进社社长兼孔子学院外方院长 James B. Heimowitz 等就共同举办“六朝艺术作品鉴赏”主题研讨会相关事宜进行会谈。与加拿大卡尔顿大学校长 Roseann O'Reilly Runte 续签两校合作谅解备忘录。与加拿大阿尔伯塔大学 David H. Turpin 续签两校合作谅解备忘录。（汪　海）

【与华东政法大学全面合作框架协议签约】 与华东政法大学全面合作框架协议签约仪式，5 月 11 日举行。校党委书记童世骏、华东政法大学党委书记曹文泽出席并讲话。校长陈群与华东政法大学校长叶青代表双方签署协议。双方就联合建设青少年法治教育协同创新中心、联合开展高校教师教育培训、开设本科生通识类课程、实现教师互访等进行会谈。（汪　海）

【多位教师获荣誉】 5 月 12 日，何鸣元院士荣膺法国里昂高师荣誉博士学位；6 月 24 日，信息科学技术学院院长、中国科学院院士褚君浩当选“科学中国人（2015）年度人物”；精密光谱科学与技术国家重点实验室学术委员会主任、中国科学院院士、中国科学院上海光学精密机械研究所研究员徐至展荣获科学中国人（2015）年度人物奖特别奖——“终身成就奖”；9 月 8 日，哲学系杨国荣教授当选国际哲学学院（IIP）院士；10 月 26 日，副校长李志斌、信息科学与技术学院院长褚君浩院士被评为“上海市科学道德和学风建设宣讲优秀个人”。（汪　海）

【获“中法大学合作优秀项目”奖】 6 月 30 日，在法国巴黎举行的“中法高等教育论坛：大学与工程教育”会议上，华东师范大学“中法联合培养研究生项目（PRoSFER）”以及“可信国际合作联合实验室合作项目”获“中法大学合作优秀项目”奖。（汪　海）

【高质量科研产出增加】 7 月 28 日，华东师范大学在《自然》增刊“自然指数2016新星榜”中位列全球高质量科研产出增加最多的100家机构第十三位，中国高校第九位；在《美国新闻与世界报道》发布的2017年度US News全球最佳大学与学科排行榜中，华东师范大学位列中国内地第23位，亚洲第66位，全球第444位。四个学科入选全球榜，其中数学学科位列全球第101位。（汪 海）

【举办第三十一届全国青少年科技创新大赛】 8月13—19日在华东师范大学举办。大赛由中国科协、教育部、科技部、环境保护部、体育总局、自然科学基金委、共青团中央、全国妇联和上海市政府共同主办，华东师范大学、上海市科协、中国科协青少年科技中心承办。在14日的开幕式上，中国科协党组书记、常务副主席、书记处第一书记尚勇，市委副书记、市长杨雄，校长陈群出席开幕式并致辞。来自全国31个省、市、自治区，新疆生产建设兵团和港澳特别行政区的34个代表队近500名青少年和200名科技辅导员，以及来自美国、德国、法国、日本、俄罗斯等15个国家的70余名国际代表，以及领队、科技辅导员、媒体、观摩团等共1500余人与会。18日，大赛闭幕式在校举行。中共中央政治局委员、国家副主席李源潮出席并讲话。

（汪 海）

【召开国际地理联合会地理教育委员会2016年研讨会】 8月18—19日在校召开。研讨会由中国教育学会地理教育专业委员会、上海地理教育教学研究基地和华东师范大学地理科学学院共同主办。副校长汪荣明，中国教育学会地理教学专业委员会理事长、上海纽约大学校长俞立中等出席开幕式并致辞。国际地理联合会地理教育委员会的中国委员会正式成立，中国教育学会地理教学专委会副理事长兼秘书长、校地理科学学院段玉山教授担任首届主席。来自美国、英国、日本、澳大利亚等十几个国家和地区共80余位地理教育专家学者与会。（汪 海）

【第三届全国高校青年教师教学竞赛决赛举行】 8月28—31日，由中国教科文卫体工会全国委员会主办，上海市教育工会、华东师范大学承办的第三届全国高校青年教师教学竞赛决赛举行。来自全国31个省（区、市）78所高校的93名选手参加决赛。华东师范大学中文系副教授吕志峰获文科组一等奖。（汪 海）

【数据科学与工程学院成立】 9月26日，数据科学与工程学院揭牌。揭牌仪式上，学校和Infosys交换校企联合办学谅解备忘录。华东师范大学-珍岛集团数据科学与智慧营销联合实验室同时揭牌成立。原数据科学与工程研究院全体教职工，来自北京大学、清华大学、复旦大学等27所兄弟院校的学界人士，以及Infosys、交通银行、珍岛集团、Google、富士通等业界人士出席揭牌仪式。（汪 海）

【杨雄到校调研】 9月27日，市长杨雄到校先后考察位于华东师大科技园内的上海纽迈电子科技有限公司和上海思来氏信息咨询有限公司。

（汪 海）

【海洋科学学院成立】 10月16日，海洋科学学院成立。校党委书记学校党政领导，以及国家海洋局第二海洋研究所研究员、著名物理学家苏纪兰，国家海洋局科技司、中国海洋学会、国家科技部社会发展科技司的领导共同为学院揭牌。河口海岸科学研究院院长、河口海岸学国家重点实验室主任高抒教授为海洋科学学院首任院长。（汪 海）

【教育部青少年法治教育协同创新中心揭牌】 10月21日，教育部青少年法治教育协同创新中心揭牌仪式在华东师范大学举行。该协同创新中心由教育部政策法规司、上海市教委、华东师范大学、华东政法大学联合组建。华东师范大学、教育部政法司、教育部法制办、华东政法大学的领导为协同创新中心揭牌。（汪 海）

【九三学社上海高校论坛第五十六次会议举行】 九三学社上海高校论坛第五十六次会议11月3

日在华东师范大学举行。九三学社中央副主席、上海市副市长、九三学社上海市委主委赵雯、副主委程维明出席并讲话。来自上海各高校的统战工作负责人、九三学社社员代表等百余人与会。

（汪　海）

【举行“合作·开放·共享”社区教育发展30年专题研讨会】 11月14日，“合作·开放·共享”社区教育发展30年专题研讨会在学校举行。研讨会由上海市教育委员会、普陀区区政府与华东师范大学联合主办。华东师范大学、普陀区、市教委领导出席并讲话。来自北京、江苏、内蒙古等15个省市的社区教育工作者，上海市各区教育局、社区学院、社区学校的代表与会。（汪　海）

【中国教育学会教师培训者联盟成立】 中国教育学会教师培训者联盟成立大会11月23—24日在华东师范大学举行。校领导、来自北京师范大学、华东师范大学、东北师范大学等高校相关院系的负责人，以及来自上海各区教育学院和教师进修学院的负责人、专家和代表800余人与会。（汪　海）

【与奉贤区签署全面战略合作框架协议】 华东师范大学与奉贤区全面战略合作框架协议签约仪式于11月30日举行。上海市副市长翁铁慧出席并讲话。此前，“华东师范大学——上海市奉贤区中心医院转化医学联合研究中心”于3月21日成立。

（汪　海）

华东师范大学与奉贤区签署全面战略合作框架协议

附：学校负责人及地址

（2016年1—12月）

校党委书记：童世骏
常务副书记：任友群（6月到任）
副　书　记：任友群（6月离任）、杨昌利、方　平（6月到任）

校　长：陈　群
副校长：任友群（兼，6月离任）、郭为禄（6月离任）、孙真荣、梅　兵、李志斌、汪荣明、周傲英（6月到任）、戴立益（6月到任）

中山北路校区地址：中山北路3663号
邮编：200062
电话：62233333

闵行校区地址：东川路500号
邮编：200241
电话：54344633

上海外国语大学

【2016年概况】 学校有教学院（系）20个，直属教学部3个。设有本科专业40个，包括语言类专业25个和非语言类专业15个。一级学科硕士学位授权点7个（下设二级学科硕士学位授权点38个），专业硕士学位授权点5个，一级学科博士学位授权点2个（下设二级学科博士学位授权点17个），博士后科研流动站2个。全校在职教职工1373人，其中专任教师794人，具有正高职称132人，具有

副高职称261人；具有博士学位的教师520人，具有硕士学位的教师251人。全校各类学生总数14144人，其中本科生5956人，硕士研究生2749人，博士研究生442人，留学生2076人（学历生858人），成人教育学生2685人，网络教育学生236人。当年招收本科生1475人、研究生1065人（其中硕士研究生958人、博士研究生107人）。当年毕业本科生1438人，就业率约为95.70%；毕业研究生949人，其中硕士生861人、博士生88人，就业率达94.10%。当年招收来自108个国家和地区留学生4545人次，其中长期生共计2815人次。

学校规划与综合改革。编制学校“十三五”规划，制定“十三五”规划发展指标，完成《院系“十三五”规划汇编》《专项规划汇编（2016—2020年）》，推动学校规划有序落实，做好“十三五”开局工作。推进综合改革，做好校、院两级管理体制改革试点工作。优化两校区管理体制机制，促进两校区深度联动与资源共享。申报I类高峰学科建设子项目，制订完成相关绩效管理办法，推进高峰高原学科建设。学校在2016QS亚洲大学排名中，跻身亚洲第142位，较去年跃升近60位，在中国大陆高校中列第34位。

人才培养与教育教学。实施招生制度改革，初步建立起“分类考试、综合评价、多元录取”的人才选拔机制。完善自主招生试点，共计2335人报考，录取66人。首次开展上海市综合评价录取，录取44人。创新招生宣传工作，开发“i上外”招生智能咨询机器人，承担全部招生咨询量的45%。强化高等教育与中学教育的衔接，举办上海外国语大学先修课程，共计27所高中270余名学生参加。改革本科生培养模式。卓越学院开设“多语种高级翻译实验班”“多语种国别区域实验班”，首次招生33名。对接完全学分制，规定通选课学分与实践学分比例；增设“大类平台课程”并向全校开放。新增匈牙利语、政治学与行政学2个专业，本科专业总数达到40个。备案波兰语、捷克语、哈萨克语、乌兹别克语4个新专业。新增金融学、法学2个辅修专业。开设斯瓦西里语、乌兹别克语等非通用语种课程。1门课程获第一批“国家级精品资源共享课”，2门课程获市级精品课程，1门课程获“上海高校外国留学生英语授课示范性课程”，8门课程获市级立项。拓展通识教育选修课程开课数量，加大优质视频课程引进力度，年内共开设通识课167门。完善外语院校特色思政教育体系，推进思政课专题化教学改革，提升思政课教学质量。推动教学改革实践项目，校级项目同比增长37.5%，3个项目获市级立项。探索创新实践教育，被市教委评为上海大学生创新创业训练计划示范校（培育）建设单位。193个国家级和市级创新创业项目获立项，同比增长20.6%。2个项目入围第九届全国大学生创新创业年会，居全国外语院校之首。引入社会资源助力双创教育，成立“上外-利欧数字创业学院”，加强校外实践教学基地建设。稳步推进研究生二级管理工作，促进研究生教育改革。年内新增博导14人，续聘博导110人次，新增硕导57人次。加强研究生课程体系建设，推进资源共享机制，年内共开设课程近780门，选课学生约19950人次。

科学研究与管理。推进高端智库建设。中东研究智库、中国外语战略研究智库、国际舆情研究智库同时入围首批CTTI来源智库，入围数量在211大学中位列第七。学校报送的决策咨询成果多次获得中央批示，专家资政信息质量总分在上海市高校排名第一。完成“上海全球治理与国别区域研究院”（SAGGAS）建设论证，采用部市共建形式，凝聚国际、国内研究力量，打造融资政、咨商、启民、育人等功能为一体的中国特色高校新型智库。推动G20研究中心、教育信息化国际比较研究中心、外国文化政策研究基地等学术平台建设。15个校级区域国别研究中心与已有国家级和省部级学术平台形成合力，实现对世界主要国家、地区的全覆盖。年内，1项国家社科基金重大项目获准立项，5项课题获教育部人文社科重点研究基地重大项目立项。共发表学术论文1028篇，含期刊论文630篇（其中CSSCI核心期刊论文258篇），论文集论文192篇，报刊文章206篇。共出版著作231部，其中专著57部，译著83本，教材44本。被采纳研究报告共197篇，其中被国务院采纳29篇，被国家政府部门采纳118篇，被省部级政府部门采纳32篇。共举办学术会议51场，学术讲座451场，参加校外学术会议551人次。

师资队伍建设。共招聘录用106人，其中人事派遣46人。新签合同57人次，续签合同105人次。延聘30人，退休37人。岗位调整28人次，安置1名军转干部及其家属。共引进人才12人，其中高层次人才9人，海外优秀博士3人。引进人才的年龄层次逐步向中青年倾斜，复合型人才更受重视。探索新型用人机制，试行行政助理岗位，缓解行政编制压力。学校现有教育部“长江学者”特聘教授/讲座教授3人，国家“万人计划”领军人才1人/青年拔尖人才1人，文化名家暨“四个一批”人才1人，上海高校“东方学者(特聘教授/讲座教授)”6人，上海“千人计划”(创新短期)人才2人，上海市领军人才6人，上海市浦江人才27人，上海市人才发展资金资助4人，全国优秀教师2人，教育部跨世纪人才/新世纪人才18人，突出贡献中青年专家2人，上海市教学名师2人，上海市育才奖3人，上海市曙光计划10人、晨光计划14人、阳光计划9人。学校师资队伍在年龄结构上，36—55岁教师占64%；在职称结构上，拥有副高以上专业技术职务的教师占52%；在学历结构上，具有博士学位的教师占65.6%，具有硕士以上学位的教师近31.6%。年内，认定初级职称31人，评审及认定中级职称38人，高级职称41人。聚焦专业培训、交流研讨、咨询服务、资助计划四大模块，探索校院分级培训模式，构建教师培育体系。举办各类培训讲座18场，464人次参加，占全校教师的34%。开设“丝路茶坊”“青年教师工作坊”等小型研讨会，鼓励青年教师结合国家战略、学校发展，进行跨领域研究，增设针对青年管理人员的行政能力培训讲座。2017—2019年，与国家留基委每年联合资助20名青年骨干教师出国研修。年内，出国(境)短期研修35人，长期研修/任教8人，其中3人赴海外孔子学院任教。

国际化办学。学校境外合作伙伴达到56个国家和地区的366所大学、机构或国际组织。设计开发高层次国际合作平台，建立上外-纽约市立大学巴鲁克学院商务分析与数字营销研究所、口笔译跨学科研究中心等中外联合研究中心。共举办19场国际会议，加强国际学术交流，努力构建国际学术共同体。改革外国专家管理机制，共聘请253名外国专家到校授课。获批教育部“香港与内地高等学校师生交流计划”项目2项，获得国家重点外国专家项目9项，经费共计576万，近三年增幅显著。学生海外交流数量稳步增加，共有751名本科生出国留学，同比增长4%。各类公派本科生总数达到298名，执行人数排名全国第一。2016届本科生在学期间赴海外交流学习人数比例达到42.5%，同比上升近5个百分点。稳步发展留学生规模，优化留学生群体中非学历生与学历生的比例。招生人数同比增长4.05%，学历生同比增长7.52%。长期语言进修生近1700人次，短期生达到1700多人次。松江校区的入院系留学生的规模保持稳定，本科留学生毕业生人数135人，毕业率达到100%，其中获得学位122人，占毕业生人数的90%。留学生教学改革方面，完成汉语言专业(经贸方向)学分制改革试点工作。获得上海市外国留学生全英语授课品牌建设课程13项。在汉办高级翻译人才培养基地的平台上搭建高级汉语应用型人才培养项目，开设“阿拉伯联盟国家汉语翻译人才培训项目”。巴基斯坦南亚师资班开班。围绕“一带一路”建设优化孔子学院布局，丰富办学形式，逐步增加海外孔子学院数量，成立学校第九所孔子学院——美国纽约巴鲁克国际金融孔子学院。获准成立孔子学院高端海外翻译人才培训基地，成功申报《中外文双解汉语学习词典》项目。推广落实“新汉学计划”，首批新汉学博士生已入校就读。制订《孔子学院中方工作人员奖励办法》，鼓励学校教职员工积极参与国家语言文化“走出去”战略，促进孔子学院工作可持续发展。举办庆祝孔院成立十周年系列活动，宣传学校孔院发展历程与建设成果。成为上海孔子学院工作联盟秘书处单位。

管理保障与社会服务。全面推进依法治校，厘清对外合同管理机制，明确学校品牌管理方案，加大法制宣传力度。推进章程落实，归类梳理全校规范性文件423份。加强合同审查，年内审核合同78份，保障学校经济安全，控制法律风险。加强民主管理，健全民主管理体制机制，加强信息公开与校务公开。全年主动公开信息4000余条，其中新增600余条，处理回复网上咨询、信访189条，受理信息公开申请4件，信息公开更加透明、全面。在教育部组织的第三方测评中获满分，在上海市高校信息公开测评中保持第一。加强教代会、工代会、学代会、学生会和民主党派的建言议事能力与民主管理机制保障，确保信息沟通渠道畅通。完善薪酬制度改革方案，合理提高教职工生活待遇。拓展周转房资源，共承租虹口公租房192套，修订《青年教工周转性住宿用房管理办法(试行)》，制订《青年教工楼搬迁实施方案》，逐步改善教职工生活条件。开展全校国有资产清查，整理约15万条资产数据，进一步厘清办学条件，整合办学资源。探索后勤管理体制机制改革，引进社会企业经营学生餐厅，提升师生满意度。全面推进信息化工作，发布《上海外国语大学信息化工作管理办法》《上海外国语大学校园网管理办法》，修订《上海外国语大学校园卡管理办法》《上海外国语大学信息化编码规则》。加强图书馆学术研究信息资料建设、校园互联网通讯基础设施建设、数字化教学辅助平台建设与推广，提升信息化安全保障。严格财经纪律，加强审计工作，健全监管体系，升级完善财务管理信息系统。进一步扩大社会资金参与学校办学，新增捐赠项目8个，涉及资产总额逾千万元。完善学校基金管理机制，确保办学基金使用效益。与黄山市委市政府、中国日报、若为国际集团等单位深入拓展合作，深化与上海地方的合作机制。发挥多语种优势，参与中国公共外交和战略性文本翻译。

校园文化建设。推进上外视觉识别系统应用，启动校园导视系统设计(道路指示牌)，策划"上外人必读的20本书"等文化活动。继续编写校志，完善校史工作。打造校友活动品牌，不断推动二级校友组织建设，年内共新建9个二级校友组织，并做好海内外校友会工作。加强校园安全管理与环境整治，完善学校突发事件应急管理机制，维护校园安全稳定。加强学生安全法治教育，做好国防教育，送兵12名，征兵工作首次超额完成指标。健全校园安全综合防控体系，完成松江校区教学区和学生公寓"紧急求助"八台报警柱工程，提升治安网格化巡控能力。搭建快递集散中心，消除交通隐患。

(潘　旻)

【与乌兹别克斯坦世界经济和外交大学签署合作协议】 3月，学校与乌兹别克斯坦世界经济和外交大学签署合作协议书，双方将进一步加强学术交流，深化区域国别研究，在地区和国际问题研究、人才培养等领域展开全面合作。(潘　旻)

【召开《美国文学大辞典》发布研讨会】 3月26日，中国首部大型原创性国别文学工具书《美国文学大辞典》新书研讨会在上海外国语大学举行。发布会由商务印书馆及学校文学研究院共同主办，国内各高校专家学者、师生共80余人与会。辞书的编撰历时十年，先后得到了学校重大科研立项资助、教育部"211"第三期重点学科建设科研立项以及国家社科基金后期资助，成为国家社科后期资助项目的首部工具书。(潘　旻)

《美国文学大辞典》新书发布研讨会

【成为亚洲外国语大学联盟成员】 3月下旬，上海外国语大学代表团出席亚洲外国语大学校长论坛。本次论坛旨在加强亚洲外国语大学间的交流，搭建合作共享平台，提升外国语大学在区域发展乃至全球发展中的作用。论坛由韩国外国语大学主办，在主办大学的倡议下，11所外国语大学代表签署合作协议，亚洲外国语大学联盟宣告成立，成员包括韩国外国语大学、远程韩国外国语大学、釜山外国语大学、大邱外国语大学、东京外国语大学、京都外国语大学、蒙古人文大学、北京外国语大学、上海外国语大学、撒马尔罕国立外国语学院、河内国家大学下属外国语大学。(潘　旻)

【与德国拜罗伊特大学拓展战略合作】 4月8日，校党委书记姜锋会见德国拜罗伊特大学校长莱布勒一行。双方签署三项合作协议，并共同为设立在学校的拜罗伊特大学首个海外办事处揭牌。两校确定加强战略合作，将重点推动经济学双学位项目、英语专业联合培养硕博士项目以及合作开展非洲语言文化教学研究等。（潘　旻）

【举行全国高校法语专业研究生论坛】 4月24日，全国高校法语专业第十届研究生论坛暨第三届博士生论坛在学校举行。来自17所国内高校和4所国外著名高校的82名师生参加，15名硕士研究生与6名博士研究生交流研究成果和学术论文。全国法语专业研究生论坛于2007年由学校法语系创办，是目前全国唯一的法语研究生论坛。（潘　旻）

【举行纪念中埃建交60周年学术研讨会】 5月27日，上海外国语大学中东研究所、《阿拉伯世界研究》编辑部举办“纪念中埃建交60周年暨中国与中东关系”学术研讨会。研讨会就“中国与中东：双边关系与地区治理”和“地区热点问题走势对中国与中东国家关系的影响”两个议题进行探讨。（潘　旻）

【举办首届犹太问题国际研讨会】 6月6—8日，首届犹太问题国际研讨会在上海外国语大学和浙江工商大学分别举行。来自国内20多所高校和国外近十所大学共60多位专家教授出席会议。研讨会对犹太历史、文化、文学和社会等方面进行了探讨，将推动犹太研究的国际交流，开启中美犹太研究交流合作。（潘　旻）

首届犹太问题国际研讨会举行

【召开“二十国集团与全球治理”国际学术研讨会】 8月25—26日，“使全球治理更加有效和包容：二十国集团与全球治理”国际学术研讨会在学校召开。中共中央对外联络部、上海市委、上外党政领导等出席会议。研讨会旨在讨论全球治理体系的进一步发展，改革已有知识体系，加深各国、各文明圈的相互认知，为G20杭州峰会预热，提升学校的国际影响力。（潘　旻）

【召开“歌德研究和歌德在亚洲的接受”国际学术研讨会】 10月6—9日，“歌德研究与歌德在亚洲的接受”国际学术研讨会在学校召开。中、德、日、韩四国学者及中德高校硕士生、博士生70余人与会。研讨会通过讨论歌德及其作品，展现了歌德研究与歌德接受研究的最新成果和前沿动态，为中德文化的交流作出贡献。（潘　旻）

【匈牙利语专业正式设立】 10月10日，学校匈牙利语专业开设暨匈牙利文化周开幕仪式在松江校区举行。校长曹德明、副校长周承、匈牙利对外经济与外交部副国务秘书朱迪·哈默施泰因、匈牙利驻上海总领事馆总领事乐文特等出席开幕式，并共同为学校匈牙利中心揭牌。匈牙利语专业的开设与中心的成立，将在培养人才的同时，加强对一带一路沿线国家，特别是中东欧国家的区域国别研究，对接国家“一带一路”政策，服务国家和地方发展。（潘　旻）

【启动“孔子新汉学计划”2016美国青年领袖项目】 10月16日，“孔子新汉学计划”2016美国青年领袖项目代表团到访欢迎仪式在上外举行。“孔子新汉学计划”旨在帮助世界各国青年深入了解中国和中华文化，促进孔子学院的可持续发展，增进中国与各国人民之间的友好关系。2016年青年领袖项目也加深美国企业界领袖对中国经济和商务的认识，使他们了解中国企业、商务、教育和文化的最新发展，促进交流合作。（潘　旻）

【学校全球重大事件报道团走访中国驻美国大使馆】 11月3日，上外全球重大事件报道团走访中国驻美国大使馆。上外全球报道团项目开展8年，旨在让学生拓宽国际视野，加深对国际事务的了

解，在实践活动中掌握跨文化沟通能力，培养卓越国际化拔尖人才。（潘　旻）

【举办法语教学国际研讨会暨中学法语教师研修班】 11月19—20日，上海外国语大学法语系、巴黎第三大学（新索邦大学）、法国驻上海总领事馆和上海外语教育出版社共同举办法语教学国际研讨会暨中学法语教师研修班。研讨会汇集最新的国内外法语教学改革信息，旨在促进中法法语教师间的沟通交流，对中国法语教学与研究具有重要意义。（潘　旻）

【举办中华文化海外传播论坛】 12月2日，学校举办"自信、自觉、自洽：中华文化海外传播论坛"。会上，上海孔子学院工作联盟揭牌。联盟的成立将推动校际资源共享，提升上海教育国际化水平。上外作为联盟秘书处，将发挥综合优势，特别是在语言文学、国际关系和国别区域研究等方面的学术积淀，牵头打造高精尖智慧联盟，协同建立孔子学院发展与研究智库。（潘　旻）

【本科教学工作审核评估】 12月19—22日，教育部评估专家组和评估工作组到校进行本科教学工作审核评估。专家组通过实地考察、听课座谈、个别访谈、资料抽查等方式对上外本科教学工作进行审核评估。（潘　旻）

【摩洛哥哈桑二世大学孔子学院教学点开班】 12月22日，摩洛哥哈桑二世大学孔子学院穆罕默迪亚大学科学院汉语教学点开班。该教学点的开设有助于学生了解中国文化、中华文明，增进两国的文化交流，为中摩关系的发展添砖加瓦。（潘　旻）

附：学校负责人及地址

（2016年1—12月）

校党委书记：姜　锋
副　书　记：李月松（3月离任）、王　静、钱　玲（3月到任）

校　　长：曹德明
副 校 长：冯庆华、张　峰、杨　力、周　承
总会计师：林学雷

虹口校区地址：大连西路550号
邮编：200083
电话：35372000

松江校区地址：文翔路1550号
邮编：201620
电话：67701068

上海财经大学

【2016年概况】 设有教学单位19个，一级学科博士点7个，一级学科硕士点12个，专业学位硕士点12个，博士后科研流动站7个和本科专业38个。学校拥有会计学、经济思想史、财政学、金融学等4个国家重点学科（含培育学科），省、部级重点学科（一级）7个，省、部级重点学科（二级）10个，有教育部人文社会科学重点研究基地——会计与财务研究院、教育部重点实验室——数理经济学重点实验室、教育部国家汉办基地——国际商务汉语教学与资源开发基地、最高人民法院基地——最高人民法院自贸区司法研究基地、2011协同创新中心——中国自由贸易试验区协同创新中心、上海高校智库——公共政策与治理研究院、中国产业发展研究院、上海国际金融中心研究院、上海市重点实验

室——上海市金融信息技术研究重点实验室。学校有专任教师1044名，其中教授、副教授585人；有国家“千人计划”9人、“长江学者”8人、“万人计划”教学名师领军人才1人、国家级教学名师2人、教育部创新团队1个、上海“千人计划”11人、国家杰出青年基金获得者2人、“新世纪百千万人才工程”国家级人选5人、教育部新世纪优秀人才33人。学校现有各类在校生21119人(全日制13914人)，其中本科生8019人，学术型硕士1239人，专业学位型硕士4675人，博士研究生1130人，全日制留学生851人。

一、人才培养。1.本科生，全面实施以“立体课程、多元路径、个性体验”为特征的创新人才培养模式改革。大力推进通识教育改革，加强以高质量通识课程为核心的立体化课程建设，开设新生研讨课。采用暑期通识课程、联合课堂和网络大规模在线课程(MOOC)等多种形式，引进校外优质通识课程28门。新增上海市级精品课程3门、上海高校示范性全英语课程3门。立项上海市高校优质在线课程建设项目3项、上海市全英语示范课程建设项目2项、上海市重点本科教改项目3项。2.研究生，持续推进学科优化计划、导师岗聘计划等“六大计划”，积极构建人才分类培养体系。制定《上海财经大学研究生课程建设实施方案》《上海财经大学研究生学位论文重复率检测试行办法》，修订完善《上海财经大学学位工作细则》。举办首届研究生“学术之星”评选活动。经济学院、法学院、数学学院延长学术型硕士研究生的培养年限。坚持以特色创品牌，继续推进自贸区专门化特色人才培养的同时，加大国际组织人才培养力度，开设国际组织人才培养基地班。项目一期学生已在海外合作院校继续学习。项目二期共选拔优秀学生40人，并新增金融硕士、法律硕士两个专业方向。3.加强德育教育，培育志愿服务文化。谋划推进新一轮思政课教学改革，推动中国特色社会主义理论体系入脑见行。依托“科学·人文”大讲堂、甲申论坛等品牌项目，邀请知名专家学者到校开讲，形成学生科学人文素养培养的长效机制。以“中国农村创业现状调查”为主题，组织开展2016年度千村调查，共有1472支队伍、2188名学生参加。积极构建参与广泛、内容丰富、形式多样、机制健全的学生志愿服务体系，打造特色志愿服务品牌，推动“桃蹊”志愿服务项目和“兴家”志愿服务项目，圆满完成西部计划志愿者招募工作。多校“同伴教育”志愿者在第九届全球健康促进大会上作为中国青年代表发言。4.促进学生全面发展健康成长。创新和完善课堂内外结合的体育俱乐部教学模式，营造浓郁校园体育锻炼氛围，学校学生在棋类、游泳等特色体育项目上屡屡为国争光。系统规划艺术课程体系，积极打造艺术精品项目，学生话剧团参加上海市大学生话剧艺术节，荣获长剧组一等奖、“最佳导演奖”“最佳舞台创意奖”和“优秀表演奖”等多个奖项。5.招生就业工作继续保持良好态势。新生生源质量持续优异，高考招生综合竞争力保持全国前十。毕业生就业率和就业质量连续多年在全国高校保持领先。在盖洛普-麦可思近年来发布的“中国大学就业能力排行榜”中一直居于全国前列水平。根据iPIN发布的2016年中国大学毕业生薪酬排行榜，学校位列全国第二。截至2016年底，全校就业率为96.07%。

二、学科建设。推进“双一流”建设，深入实施高原高峰的学科战略。召开“双一流”建设工作会议，发布《上海财经大学推进世界一流大学和一流学科建设方案》以及6个“双一流”建设专项方案、7个主要学科的一流学科建设计划。优化学科结构与布局，主动撤销农业经济管理二级学科博士学位授权，增列法学为博士学位授权一级学科。发布学科发展年度评估报告。对标国际优势学科的国际竞争力和影响力不断增强。截至年底，根据U.S. News全球最好大学学科排行榜，首次进入经济学& 商学排行榜，位列全球第192，国内第七；根据上海交通大学世界大学学术排名(2015)，学校经济学/商学学科位列全球前200强，居大陆高校第4；根据QS世界大学学科排名，会计与金融、经济与计量均列全球第151—200，国内并列第六；首次进入社会科学与管理(大口径学科)排行榜。根据荷兰蒂尔堡大学全球经济学研究机构科研排行榜(2011—2015)：全球并列第69，国内第一；根据美国在美国得克萨斯大学达拉斯分校全球商学院科研能力排行榜(2012—2016)位列全球第127、国内第五；根据美国亚利桑那州立大学金融学排名(2011—2015)，学校金融学位居全球113，国内高校第三。

三、科学研究。1.召开科研工作推进暨获奖科研成果表彰大会。2016年，学校获得国家级项目立项54项。全年教师共发表学校认定的A权威期刊论文53篇，发表SCI&SSCI国际索引期刊论文232篇，均创历史新高。在2016年度上海市第十一届中国特色社会主义理论体系研究和宣传优秀成果奖、第十三届哲学社会科学优秀成果奖评选过程中，学校有28项成果获奖，位居上海市第四。获第三届“刘诗白经济学奖”1项，获第十九届“安子介国际贸易研究奖”优秀论文奖三等奖1项。2.持续推进自贸区协同创新中心建设，紧密对接国家新一轮对外经济开放与自由贸易区战略的推进实施，推进体制机制改革，全面参与自贸试验区建设重大理论探索和决策咨询工作，完成2016年上海自贸试验区三周年系统评估和经验总结研究、广东与福建自由贸易试验区条例等多项关于自贸试验区建设重大任务。完成《中国(广东)自由贸易试验区条例》《中国(福建)自由贸易试验区条例》的制定。设计“上海自贸试验区制度创新绩效综合评估方法”，研发成果《自贸试验区制度创新绩效评估系统及方法》，于2016年正式确定发明专利。首次正式向社会发布“中国自由贸易区发展指数”。“自贸区系列丛书”入选国家“十三五”重点出版规划项目。3.对接国家财税事业和上海发展新需求，制定实施“两个服务行动计划”(2016版)，成立“财政法研究”课题组。学校高等研究院继续发布对中国经济增长和各关键经济指标的预测，对国家宏观经济政策的制定产生重大影响。学校先后向政府机关、行业协会、研究机构递交专家建议124份，其中39份获得党和国家领导人、上海市主要领导批示，部分入选国家社科规划办《成果要报》等重要内参，或被有关部门采用。

四、师资队伍建设。修订《上海财经大学关于进一步规范高级专家申请延长退休年龄和暂缓退休等审批工作的实施办法(2016年11月修订)》。制订《上海财经大学高层次人才薪酬及有关配套政策实施方案(试行)》和《上海财经大学2016年校内津贴实施办法》。新增国家“千人计划”2人、国家“万人计划”哲学社会科学领军人才1人、“万人计划”青年拔尖人才1人、长江学者(含青年长江)2人、“四个一批”暨文化名家1人、国家杰出青年科学基金获得者1人、上海“千人计划”3人、上海“领军人才”1人。本年度国家和上海市“千人计划”共计5人入选，国家“千人计划”青年项目和“万人计划”哲社领军人才项目均为首次入选。截至年底，学校在岗教师中具有博士学位教师占比85.7%，高级职务教师占比63.1%，具有海外教育经历者占比70%左右。

五、交流与合作。1.深入实施Global SUFE战略。学校与22所大学/机构签署协议，包括美国康奈尔大学、乔治·华盛顿大学、英国牛津大学、加拿大蒙特利尔大学、荷兰蒂尔堡大学等。大力发展学生海外学习、实习项目，共有54名学生参加一流大学海外学习项目，209名研究生赴海外学习。开设本科生和研究生暑期国际课程共计60门，聘请来自英国剑桥大学、英国牛津大学等国际一流院校的专家学者来校授课，选课总人次达900多。2.扎实做好“三会”工作。海外校友组织区域覆盖面有了新突破，美国校友会、加拿大校友会、欧洲校友会正式成立，日本校友会、新加坡校友会完成登记注册工作，海外校友组织增至9个，学院/专业校友会增至15个，固定收益校友俱乐部正式成立，行业校友会取得突破。校董会换届工作顺利完成，校董会已经成为支持学校各项事业进步发展、促进学校教育事业改革创新的重要力量。加强基金会的专业化运作与管理，拓宽募资渠道，做好资金运营，全年实现总收入6709.34万元。

六、校园文化建设。以迎接百年校庆为契机，增强学校文化软实力。成立学校文化建设委员会，加强对文化建设的组织领导。有序推进百年校庆文化项目建设，启动铸造百年上财鼎、征集百年校庆祝福语、编撰《上财人物治学治教格言》、策划和制作学校宣传片、策划和制作学校宣传册、举办“百年商学、百年上财”海内外主题巡展等文化项目18项。积极筹建商学博物馆、重置马寅初雕像和树立马寅初题字石等工作。 (吴怀莉)

【招聘海外人才】 1月1—7日，学校组织招聘团组赴美国旧金山参加美国社会科学联合会年会

(ASSA Annual Meeting 2016),并借助这一国际经济、金融等领域高端人才聚集平台开展海外人才招聘工作。 (吴怀莉)

【成立上海高校创新创业教育联盟】 1月18日,首届上海创新创业教育论坛暨上海高校创新创业教育联盟启动仪式在学校大学生创业实训中心举行。本次活动由上海财经大学、复旦大学、上海交通大学等高校联合发起,上海财经大学承办,超星集团协办。本次活动是上海财经大学积极融入全国创新创业教育网络的重要步骤,对于推动学校创新创业人才培养起到重要的作用。 (吴怀莉)

【与美国康奈尔大学签署校际合作谅解备忘录】 2月,学校与美国康奈尔大学(Cornell University)签署校际合作谅解备忘录,标志着两校正式建立合作伙伴关系,双方合作迈入新的阶段。根据双方商定,两校将以促进交流与合作为宗旨,构建合作平台,未来在学术交流、科研合作、人才培养等方面开展实质性的合作。 (吴怀莉)

【获第十届上海市决策咨询研究多项成果奖】 3月29日,学校获得第十届上海市决策咨询研究成果奖共9项,其中一等奖3项、二等奖3项、三等奖3项。获奖数居上海市高校首位。 (吴怀莉)

【第二届大学生上海国际学术研讨会举行】 5月28日,第二届大学生上海国际学术研讨会(Shanghai International Collegiate Conference,简称SICC)在学校举行。以"发挥大学生智库作用,促进大学生科研能力"为出发点,本次学术研讨会由上海高校大学英语教学指导委员会和中国学术英语教学研究会主办,由学校外国语学院承办,旨在打造一场"大学生自己的国际学术盛会"。 (吴怀莉)

【召开"双一流"建设工作会议】 6月29日,学校召开"双一流"建设工作会议。会议主题是"以创建世界一流学科为引领,加快推进国际知名具有鲜明财经特色高水平研究型大学建设"。校党政领导、教学科研单位和职能教辅部门主要负责人、学术委员会和学科建设委员会部分委员参加会议。 (吴怀莉)

上海财经大学"双一流"建设工作会议

【与现代创新控股有限公司签署赞助协议】 11月12日,上海财经大学、上海财经大学教育发展基金会与现代创新控股有限公司签署赞助协议。现代创新控股有限公司赞助1亿元人民币,用于支持上海财经大学"双一流"建设及相关教育事业发展。此次赞助创下上海财经大学校董单笔和累计纪录。 (吴怀莉)

【入选2017年度"高等学校学科创新引智计划"】 11月,学校申报的"经济学前沿理论与方法学科创新引智基地"项目获教育部和国家外国专家局审批通过,正式入选2017年度"高等学校学科创新引智计划"(即"111计划")。 (吴怀莉)

附:学校负责人及地址

(2016年1—12月)

校党委书记:丛树海
副　书　记:刘永章、陈　宏

校　长:樊丽明
副校长:孙　铮、周仲飞、刘兰娟、方　华、黄　颖、蒋传海、陈信元、姚玲珍

地址:国定路777号
邮编:200433
电话:65904466

上海海关学院

【2016年概况】 学院全日制在校生2213人，其中本科生2138人、硕士研究生75人。本科毕业生410人，就业率达93.41%。硕士研究生毕业生31名，就业率达100%。学院有教职工285人，专任教师148人，其中教授16人、副教授48人，具有高级职称教师占专任教师的比例为43.2%，具有硕士研究生以上学位教师占专任教师的比例为89.2%。

学院将提高应用型本科人才培养质量作为重点工作，将提升实践教学水平作为应用型人才培养工作的重要抓手，结合上海市教育综合改革的重点工作，全面推进学院的人才培养模式综合改革工作。充分听取行业专家的意见和建议，进一步修订各专业人才培养方案，大力推进通识教育改革，借力上海市东北片区教学联盟的资源，为学生提供更多的课程资源以满足广大学生的需求。深入推进"本科质量工程"项目实施，年内共出版具有海关特色的教材4本，新获批市级重点教改项目1项，新建院级教学团队1个，新立项院级重点课程7门，院级教改项目11项，院级开放课程7门，院级试题库建设2门。注重加强实践教学，进一步规范实验教学管理，新建院级示范性实习基地建设项目3项，本科实验基础建设项目立项7项，新获批国家级大学生创新创业训练计划24项，在全国大学生英语竞赛、计算机应用与设计竞赛、数学建模竞赛和上海市高等数学竞赛、决策大赛等学科竞赛中，学生获多项奖项。

学院强调科研为教学服务，为海关和外经贸事业发展建设服务。围绕"海关特色智库建设"这一核心，不断探索建立科研工作的新机制，积极推动科研由理论研究向理论研究和决策咨询研究并重转变，由重质量向特色和质量并重转变。学院修订了《上海海关学院科研经费管理办法》等，实现科学化、规范化的科研管理。学院获准校外各级各类科研项目立项共30项，其中，省部级5项，第三类课题24项。2016年共计发表论文100篇，其中，核心期刊论文(CSSCI和北大版)16篇，被转载论文4篇，三大检索系统收录2篇。学院教师参与出版、编写著作25部，其中专著4部，教材3部，科研项目类著作成果3部，参与编写的著作18部。期刊《海关与经贸研究》在上海市新闻出版局组织的上海市期刊编校质量检查中被评为优秀等级，年内，《海关与经贸研究》出版正刊6期、增刊1期，订阅数量超过2000份。学院举办了"关院智库论坛""关院智库沙龙""关院百家讲堂"等学术活动共计18场次。

学院贯彻中央和总署关于加强党校建设和干部培训建设的部署和要求，以建设部委党校办学示范基地和海关培训卓越中心为愿景，以加强培训内涵建设和质量提升为主线，学院培训在规模、形式、层次、类型上都有了很大发展。一是规模稳步发展。学院共举办各级各类培训班110期，培训各类学员5800人次，46000人天。其中，党校主体班次20期，培训司局级领导干部730人次，处级领导干部176人次。二是海关党校内涵建设不断深入。坚持党校姓党，做好主业主课，进一步强化党性教育和理论武装，逐步完善海关党校三级培训项目体系，办学质量稳步提高。三是着力打造培训品牌，凸显特色。不断发挥品牌效应，逐步提高海关教育培训工作的美誉度。精心打造以验估班为代表的海关业务培训品牌，服务好海关专业人才建设。继续发挥培训者培训品牌效应，国家部委纷纷委托学院组织培训，海关干教工作的良好声誉和社会影响力不断扩大。积极承办总署扶贫培训项目，有效发挥智力精准扶贫的独特作用。

学院共举办国际培训16期，540人次。其中，为落实海关总署“支持非洲国家提高海关执法能力、帮助非洲国家加强海关能力建设”合作方案，实施对非海关培训项目共 4 期，142 人次。在国际交流与合作方面，恢复国际交流部独立设置，负责学院外事工作和国际培训工作，加快推进国际化办学。年内，学院共邀请来自荷兰海关、法国海关、澳大利亚查尔斯特大学、德国明斯特大学、波兰华沙经济学院、瑞士跨境研究中心的 8 名国际海关专家到院开设国际课程、开展学术交流。选派 37 名优秀学生代表赴国外参加 5 次学术交流会议、海关“跟班作业”项目与海外游学项目。选派 27 名教学科研人员赴境外参加学术交流活动、国际会议，开展中长期访学等共计 13 个项目。

学院深入学习贯彻习近平总书记系列重要讲话精神和党的十八大、十八届三中、四中、五中、六中全会精神，号召全体党员干部紧密团结在以习近平总书记为核心的党中央周围，以全面从严治党为主线，以“四个强化”为总体思路，扎实开展“两学一做”学习教育。学院党委着力推动党内教育从“关键少数”向广大党员拓展、从集中性教育向经常性教育延伸。着力强化党委对意识形态工作的主导权，抓好宣传思想工作的顶层设计，积极构建“大宣传、大思政”的工作格局，围绕建党 95 周年、长征胜利 80 周年等开展社会主义核心价值观系列教育活动，铸造广大师生追寻“中国梦”的强大精神支柱。注重强化基层党建和干部管理，加强对基层党组织的管理，进一步激发基层组织活力，党建的组织保障作用和服务促进作用进一步发挥。注重完善制度和督查落实，落实好党委在组织领导、选人用人、正风肃纪、规范权力、支持保障和示范表率六个方面的主体责任，纪律作风建设进一步深化。学院设 20 个党支部，其中党总支 5 个，直属党支部 15 个。共有党员 558 人，其中在职教工党员 216 人，离退休党员 66 人，学生党员 276 人，年内学院共发展党员 138 人。

学院学生有 17 人获国家奖学金，5 人获上海市奖学金，57 人获国家励志奖学金，55 人获社会奖学金，70 人获社会助学金，共有 1446 人次在校外各级各类竞赛中获得奖项。在上海市“知行杯”大学生暑期社会实践大赛中荣获三等奖五项，其中社会实践团队首次获得 2016 年全国大中专学生社会实践“千校千项”遴选“最具影响好项目”称号。在第九届“挑战杯”上海市大学生创业计划竞赛中，获银奖一项、铜奖六个。 （金舒莺）

【首期中非海关高级培训班举办】 2 月 29 日至 3 月 11 日，上海海关学院举办首期中非海关“现代化管理”高级培训班，来自 12 个非洲国家和地区海关的 54 位中高级代表，及署级以上负责人 20 余位参加培训。培训班为参训学员介绍中国海关税收征管制度、加工贸易监管、缉私及濒危动植物保护、特殊监管区管理与自贸区建设、风险管理、信息化与电子口岸建设以及统计等经验，并让他们深入中国海关现场指挥中心、苏州海关、洋山海关以及知名企业等现场参观考察，了解中国海关的管理理念、管理手段、改革创新以及与国际接轨等方面的经验和做法，提高执法和管理水平。作为中国海关“一带一路”培训中心，上海海关学院在年内陆续举办系列中非海关培训班、“一带一路”沿线国家海关研讨项目等，服务国家以及海关总署“一带一路”建设重大战略决策。 （金舒莺）

上海海关学院举办首期中非海关“现代化管理”高级培训班

【通过本科教学工作合格评估】 学院本科教学工作合格评估顺利通过。学院将以此次评估为契机，努力做好各项工作，树立科学的教学质量观，夯实教学工作基础，建立本科教学质量的长效机制，形成竞争优势和办学特色，提高人才培养质量，推进学院健康快速发展，为海关和外经贸事业的发展培养更多、更优质的高素质人才，争取在五年之后顺利通过教育部本科教学工作审核评估。 （曾祥霖）

【在“知行杯”上海市大学生社会实践大赛中获奖】 10月25日，“知行杯”上海市大学生社会实践大赛决赛成绩揭晓，学院五支社会实践团队均获三等奖。本次社会实践大赛中，学院团委利用新媒体等多种形式、各个平台宣传动员，充分调动学生参与积极性，每支团队配备专业指导老师，有效保证了项目实施质量。（宋丽萍）

【暑期社会实践项目获“最具影响好项目”奖】 学院团队项目“‘水源木本’国家级贫困县文化精准扶贫实践调研——以海关总署定点扶贫河南省鲁山县、卢氏县为例”获“三下乡”社会实践“最具影响好项目”奖项。“水源木本”14人实践调研团队以根源文化和迁徙文化作为具体出发点，以非遗文化的发展为主线，对鲁山县的文化资源进行全面整理归纳，助力鲁山县打赢最终扶贫攻坚战；通过对卢氏县非遗文化、历史古建、民风民俗等传统文化的保护传承情况和基层扶贫措施、海关扶贫产业建设等精准扶贫工作进行调研，以期理清卢氏县文化保护与传承脉络，实现两地文化扶贫精准化，提升文化扶贫有效性。（宋丽萍）

【与重庆市万州区人民政府签订合作备忘录】 10月21日，学院与重庆市万州区人民政府在万州区人民政府举行了合作备忘录签约仪式。根据合作备忘录，双方将在人才培养合作机制、产学研实践基地、重点课题研究、建立工作联系机制等领域展开合作。此次合作备忘录的签署，将有利于发挥海关学院的教学与科研优势，进一步优化人才培养模式和提升学院服务社会与地方经济发展的能力。（李九领）

附：学院负责人及地址

（2016年1—12月）

院党委书记：张金城
副书记：肖建国、丛玉豪（7月到任）

院　长：肖建国、丛玉豪（7月到任）
副院长：丁海蒙、陈　晖、干春晖、邓浩铭（10月到任）
地址：华夏西路5677号
邮编：201204
电话：28992899

上海民航职业技术学院

【2016年概况】 一、创新体制，有序进行机构改革。为推进学院改革发展，适应现代民航职教体系建设，促进教学、管理水平的不断提升，经民航局批准机构设置方案，学院有序进行机构改革。随着规模迅速扩大，按时完成第二次全员聘用工作，学院系部由原先的经管系、工程系、基础部两系一部拓展为航空维修系、航空制造系、航空运输系、航空乘务系、空港管理系、基础部、继续教育部五系二部。妥善做好落榜人员的再次上岗，确保整个流程公开公正透明。首次完成职员职级晋升工作，打开管理岗位晋级通道，调动员工积极性。

二、加强党建，积极建设和谐校园。12月，学院召开中共上海民航职业技术学院第一次代表大会，选举产生了中共上海民航职业技术学院第一届委员会和纪律检查委员会。在学院党委的指导下，全校师生员工通过微信群等灵活多样的学习平台，学习落实党的十八届历次全会精神，认真领会习近平总书记系列重要讲话精神，深入开展“两学一做”学习教育。9月，民航局党组第二巡视组进驻学院，在一个月的政治巡视中，学院全力配合，并以此为契机，以巡促学、以巡促建、以巡促改，建设和谐校园，确保师生思想主流积极健康，保持G20峰会、十八届六中全会期间校园环境安全稳定。

三、多措并举，提高招生就业质量。招生部门加大宣传力度，及时、广泛发布招生信息，公示各类名单。学院面向全国 31 个省市自治区招生 2500 人，录取 2460 人，录取率 98.4%。报到 2330 人，报到率 94.7%。录取率、报到率均创新高，国内领先。在册学生人数 6593 人，为学院历史最高。主动走访对口企业，组织多种形式的校园招聘活动，拓展外省市和行业外就业渠道，鼓励创新创业，举办就业讲座、职业规划暨创业大赛、模拟面试等就业创业指导活动。加强校企合作，拓展校企联动机制。10 月 20 日，学院与春秋航空举行“校企合作共建基地”签约仪式。截至 11 月，2016 届毕业生就业率为 88.72%，2017 届毕业生就业率为 71.05%，皆高于历史同期水平。

四、严格管理，提升部门服务水平。强化财务预算管理，结合学院“十三五”规划和重点项目建设需要，严格按照预算支出，提高资金使用效益和财政预算严肃性。加强图书馆和数字化校园建设，开设移动图书馆，在移动端满足教师对馆藏查询，图书借阅等需求，保障教师能够及时获取最新的科研成果和文献资源。学院后勤部门深化服务举措，全面排摸水电设施隐患，及时完成临时食堂改造工程，清查资产，排查消防故障，为师生提供了一流的后勤安全保障。学院共引入各类人才 24 名，其中 2 名副教授，1 名高级经济师，1 名高级工程师，1 名高级讲师，1 名主治医师，2 名会计师。13 人为硕士研究生，11 人为本科生。在 196 位专任教师中，高级职称 42 人，占比 21%。其中正高 3 人，占比 7%，数量明显偏少。与上海航空服务学校等 6 个学校合作，开展中高职贯通培养，招生情况良好。

五、着眼未来，推进浦东校区项目。为满足学院规模迅速扩大的要求，增强培养民航业高素质、高技能人才的能力，学院积极推进购置浦东新校区签约工作。9 月，国家发改委正式批复购置新校区立项与可研报告，该项目投资 10.18 亿元，其中发改委安排中央预算内投资 3.8 亿元。浦东校区占地约 36.7 万平方米，可满足申办职业技术大学的土地与建筑面积需求，为学院下一步发展奠定了良好的基础。（周凌之）

【完成第二次全员聘用工作】 学院第二次全员聘用工作在 2013 年首次全员聘用的基础上，进一步规范工作流程。6 月上旬完成三个配套文件的征求意见及最后定稿，分别是《关于印发〈上海民航职业技术学院岗位设置实施方案〉的通知》《关于印发〈上海民航职业技术学院聘用合同制实施方案〉的通知》及《关于印发〈上海民航职业技术学院职员职级晋升办法〉的通知》。6 月中旬召开全员聘用动员大会，并公布岗位及岗位说明书。6 月下旬完成对所有竞聘人员的资格审查及考察评议，7 月初公布聘用人员名单，9 月底妥善做好第一批聘用时落聘人员的再次竞聘上岗工作，11 月初完成三类岗位人员的职务职级晋升工作。（周凌之）

【参加第十三届上海教育博览会】 4 月 8—10 日，学院参加主题为“互联网＋教育”的第十三届上海教育博览会。学院领导出席教博会开幕式并热情慰问参展老师。（周凌之）

【举行第三届田径运动会】 5 月 13 日，学院举行第三届学院田径运动会。共计 1000 多名师生员工参加了各项体育比赛项目，展现了师生员工的强健体魄和良好的精神面貌。（周凌之）

【参加第二届上海高校青年教师教学竞赛】 6 月 20 日，第二届上海高校青年教师教学竞赛决赛在上海师范大学举行，学院推荐的三位青年教师与来自上海 58 所高校的 210 位优秀青年教师同台竞技，刘珏、施敏老师分别获“文学学科”“高职高专综合学科”二等奖，季玲玲老师获得高职高专综合组优胜奖。（周凌之）

【召开纪念中国共产党成立 95 周年暨“两优一先”表彰大会】 7 月 5 日，学院在报告厅召开纪念中国共产党成立 95 周年暨“两优一先”表彰大会。全校教职工党员、科级及以上干部参加会议。大会对先进个人和集体进行了表彰。（周凌之）

【举办“两学一做”专题培训班】 7 月 11—15 日，学院委托福建省委党校举办"两学一做"专题培训班，通过组织开展系统科学的教育培训加强干部队伍思想建设和文化建设，努力培养造就一支适应学院改革发展建设需要的高素质干部队伍。学院领导班子成员、处级中层干部和部分科级干部共计40人参训。 （周凌之）

【与春秋航空举行"校企合作共建基地"签约仪式】 10月20日，学院与春秋航空举行了"校企合作共建基地"签约暨揭牌仪式，双方就合作建设航空乘务培训项目、探索建立"校企合作"模式的培训互助关系等合作内容正式签约，标志着学院在落实育人与培训的举措上取得新的进展。 （周凌之）

上海民航职业技术学院与春秋航空举行"校企合作共建基地"签约暨揭牌仪式

【举行第二届校园文化艺术节】 12月23日，第二届校园文化艺术节闭幕式暨2016校园大合唱决赛在学院礼堂举行。本届校园文化艺术节历时2个月，先后举办了"金话筒"主持人大赛、"舞动青春"校园舞蹈大赛、"飞羽杯"羽毛球比赛、社团巡礼周、非物质文化遗产进校园、学宪法知识竞赛等8项系列活动，全方位、立体式地展示学院师生的综合素质，弘扬了民航校园文化。 （周凌之）

上海民航职业技术学院第二届校园文化艺术节闭幕式

附：学院负责人及地址

（2016年1—12月）

院党委书记：孙 莹
副 书 记：孙 群

院 长：于 再
副院长：章恒龙 杨 征 孙 暄

地址：龙华西路1号
邮编：200232
电话：34693221

上海理工大学

【2016年概况】 学校设有18个学院、2个教学部（系）、44个研究院（所）、26个研究中心；有54个本科专业，6个一级学科博士学位授权点、36个二级学科博士学位授权点、4个博士后科研工作流动站，22个一级学科硕士学位授权点、93个二级学科硕士学位授权点、8个硕士专业学位类别、18个工程硕士专业学位领域。学校有全日制在校生24900余人，其中本科生17700余人、研究生7200余人。

专任教师1670余人，其中高级职称教师640余人，博士生导师130余人、具有博士学位的教师900余人。2016年7月，学校成为国家国防科技工业局与上海市人民政府共建的国防特色高校。

一、扎实开展“两学一做”学习教育，积极培育和践行社会主义核心价值观。1.扎实开展“两学一做”学习教育。制定“两学一做”学习教育实施方案和计划安排，建立了专题网站和微信平台。学校党委中心组举行6次专题学习研讨，党委常委、二级单位党组织书记、党支部书记分别上党课110余次。举办党支部书记专题培训班，培训师生党支部书记(含离退休)224人。严格“三会一课”制度，推进学习教育常态长效，报送典型案例6篇。2.积极培育和践行社会主义核心价值观。以纪念五四运动97周年、建党95周年、长征胜利80周年、建校110周年等活动为契机，在全校师生中深入开展社会主义核心价值观主题教育活动，举办“追求卓越——刘湛恩教育思想研讨会”，精心打造首部校园原创大师剧《刘湛恩》。

二、加强理论学习和思想宣传工作，强化干部队伍建设和基层组织建设，推进党风廉政和反腐倡廉。1.严肃认真开展巡视整改“回头看”。完成14个二级单位党组织的换届工作，平稳推进校属房产回收，规范科研项目的制度管理和执行监管，进一步规范工程建设项目程序，严格加强干部因私护照管理。2.加强理论学习和思想宣传工作。组织开展10场校、院(机关)两级中心组学习，编写15期《党委中心组学习参阅》。立项上海市德育课题6项，开展系列重大主题思想宣传。全年各主流媒体头版或头条报道共11篇，光明日报、文汇报发表专题署名文章2篇。3.强化干部队伍建设和基层组织建设。制定《上海理工大学中层干部选拔任用实施办法(试行)》《关于进一步加强学校中层干部管理监督的若干规定(试行)》。对7个中层副职岗位进行竞争上岗，对1个中层正职岗位进行民主推荐，完成中层干部调整15人，启动4个学院的行政班子整体换届。4.深入推进党风廉政和反腐倡廉。制定领导班子成员一岗双责实施办法，全面推进校领导“四书四会三报告”制度，先后出台《上海理工大学纪检监察信访举报工作实施办法》《上海理工大学关于推进廉政风险防控机制建设的实施意见》等。

三、抢抓“双一流”建设机遇，对接“科创中心建设”和“中国制造2025”，持续推进“人才强校”“精品本科”“一流学科”建设。1.人才队伍建设成效显著。出台《上海理工大学“沪江领军人才”引进管理办法》《上海理工大学“青年东方学者”岗位人员管理办法(试行)》，2016年共引进省部级以上人才15人次，成功获批国家万人计划领军人才2人、国家千人计划创新人才1人、教育部青年长江学者1人、中组部青年千人计划1人、上海市千人计划2人、青年东方学者5人。2.人事制度改革有新突破。完善“学术擂台赛”“教学擂台赛”和“工程擂台赛”等多渠道考核晋升机制，2016年，共有5人通过“学术擂台赛”、3人通过“教学擂台赛”获职务晋升。3.青教发展体系不断完善。学校实施“思学计划”和“志远计划”，出台《上海理工大学青年教师首聘底薪制实施办法(试行)》，举办校级教师教学技能大赛和青年教师教学竞赛，组织青年教师参加各级培训和访学计划。4.思想政治教育体系逐步完善。举办“中国传统文化与精神文明”高端讲坛，“思想理论热点面对面·新发展理念”专题报告，召开以“习近平时代中国外交战略与周边局势”为主题的深度教学研讨会，开设“习近平重要论述选读”课程。成立“辅导员工作室”并融入大学生日常主题教育，新开发“艺术心理”和“四维度国学”2个领导力实训课程。5.人才培养改革走向纵深。组织召开“走向世界的中国工程教育论坛”，组织中国工程教育认证、德国ASIIN认证和美国AACSB认证等各级各类专业认证，制定《上海理工大学创新创业大作业实施办法(试行)》，建成创新创业教育实践基地尚理“四和苑”。修订《关于教师职务聘任教育教学能力的考评办法》，出台《关于确保2016年度“激励计划”核心任务完成的若干规定》，全年共有15人次获全国各类教学竞赛一等奖。学生就业率达到98.13%。6.本科建设不断深入。“现代企业运营虚拟仿真实验教学中心”获批国家级虚拟仿真实验教学中心。获批3门上海高校精品课程、3门上海高校示范性全英语教学课程建设项目、3门上海高校优质在线课程建设项目、3项上海高校本科重点教学改革项目。完成2个示范性全英语教学课程建设项目的验收工作、2个上海高校本科重点教学改革项目,完成2个上海市属高校应用型本科试点专业(包装工程、假肢矫形工程)和上海市卓越新闻传播人才教育基地的年度建设任务。组织立项50个"精品本科"教学改革项目,30个"教学成果奖"培育项目,18本"精品本科"系列教材项目。7.研究生培养质量持续提升。学校出台《上海理工大学博士研究生指导教师选聘规定》《上海理工大学联合培养单位硕士研究生指导教师选聘规定》和《上海理工大学硕士研究生指导教师选聘规定》,修订研究生指导教师选聘规定,优化教师选聘流程,强化导师队伍建设。2016年学校共有1篇博士论文、7篇硕士论文入选上海市研究生优秀学位论文。8.服务国防能力快速提升。学校首次进入上海航天科技创新基金的定向合作名录;通过"全军武器装备采购信息网"的认证,获得中核集团合格供应商证书;通过武器装备科研生产许可现场审查,以"军工三证"为主的军工科研资质体系建成。9.自然、社科基金数再创新高。61项国家自然科学基金获得立项资助。青年基金获得42项资助,16项人文社科项目获得资助。10.科研平台建设稳步推进。获批课题5项及子课题5项,包含合同经费1000万元以上课题1项。国家级项目到款达到4563万元。获批"上海食品微生物工程技术研究中心",获批"神经功能信息与康复工程"民政部重点实验室。11.高水平论文数量大幅增长。学校工程学学科在ESI全球前1%学科中排名迅速攀升。材料科学学科进入冲刺第二个ESI全球前1%学科的快速通道。ESI论文中,前1%论文入选篇数为42篇,增长100%;前0.1%论文入选篇数为6篇,为历史新高。发表《Nature》系列刊物论文5篇。SCIE收录论文449篇,其中一区论文37篇,增长236%;SSCI收录论文16篇,增长167%。12.社会服务能力显著增强。与沈阳机床集团共建i5智能机床联合实验室,参与石墨烯产业技术功能型平台建设,出台《上海理工大学科技成果转移转化管理办法》,完成专利所有权转让11例,合同金额近千万元。新建技术转移工作站5个,举办和参加科技成果对接会等各类科技中介活动50余场。参与科技部和上海市政府共建的"国际绿色技术银行";成为2016年国际创新创业博览会首届全国高校科技成果转化论坛轮值副理事长单位。学校获2016年国际工业博览会"高校展区优秀组织奖"、"高校展区展品一等奖"。13.国际化办学水平不断提升。举办上海市"一带一路"建设与环境土木工程研究生暑期学校,与135所境外高等院校签署各类合作协议和备忘录。500余名学生参与了各类交流交换项目。留学生人数达到754人。

四、进一步推进大学治理能力和治理体系建设,不断提升校园公共服务水平。1.以抓制度执行为重点强化财务审计监管力度。2016年学校招投标办公室完成组建工作,成立学校招投标领导与工作小组,并已正式开展招投标工作的实施与管理。建立健全审计整改工作制度,颁布《上海理工大学审计整改工作实施办法》。建立经济责任审计联席会议制度和审计整改联动机制,修订学校中层干部经济责任审计办法,启动新一轮的干部经济责任审计,完成11个职能处室(学院)的正职领导以及1个下属经济实体负责人经济责任审计项目。2.以抓程序管控为重点确保资产后勤保障有力。修订《上海理工大学固定资产管理办法》《上海理工大学仪器设备采购管理规定》;新增《上海理工大学实验室安全管理条例》《上海理工大学特种设备安全管理规定》,正在修订《上海理工大学钢气瓶安全管理规定》;印发《资产管理指导手册》《实验室安全手册》。完成对已建账的各类固定资产全面清查工作,委托第三方会计事务所对账面值为8187万元的有账无物资产进行清查,并出具专项审计报告。3.以重大工程建设为重点推动和谐校园建设。完成先进制造科技创新基地工程的全部建设工作,总建筑面积约3.7万平方米,已通过上海市优质工程"白玉兰"奖。完成百、千、万、十万各级别超净实验室建设,面积共3689平方米。2016年总计实施21个大修项目,18项已竣工,3项在施工。完成零星修缮工程共计267项,签订零星修缮合同86个。4.以安全稳定工作为底线加强平安校园建设。通过落实校院两级安全责任制,加强校园安全专项治理,强化技防设施建设,建设校园信息安全系统,推进校园快递整治,规范校园外卖管理,构筑校园公共安全体系。2016年学校获上海市"爱国拥军模范单位",连续三年获"上海市征兵工作先进集体"

荣誉称号。学校“公共服务中心”获上海市“2016年度高校治安安全示范点”荣誉称号。5.以提升图文信息服务质量拓展智慧校园建设。制作英文版文献传递系统和图书馆用户指南，设立图书馆服务创新项目申报平台。加快推进智慧校园建设，新版信息门户上线试运行，扩大无线覆盖范围，开展“打造‘双一流’大学图书馆”的第八届服务月活动和主题为“品经典·享书香”的第四届读书月活动。6.以开发盘活校友资源提升校友工作服务水平。推进110周年校庆相关活动，充分依托二级校友会力量，全面做好校庆的统筹协调工作，校庆月共接待150余个班级、7000余名校友返校。编写出版110位上理校友创客故事、组织“上理创客　共赢未来”大学生创业大赛、举办上海理工大学创新创业峰会论坛，使上理创客文化成为学校创新创业教育的催化剂。（杨　阳）

【成为国防特色高校】 6月，国防科技创新基地和共建高校大会在京召开，学校正式成为国家国防科技工业局与上海市人民政府共建的国防特色高校。（杨　阳）

【签订多个合作协议】 学校积极服务上海科创中心建设，与杨浦区委区政府、上海电气和航天八院签订全面战略合作协议，区域、行业、企业协同创新不断引向深入。（杨　阳）

【举办建校110周年“致敬历史”主题活动】 致敬历史，开创未来。10月29日，学校建校110周年“致敬历史”主题活动举行。活动全程通过网络直播邀请全体师生，共同见证历史性时刻。（杨　阳）

上海理工大学举办建校110周年“致敬历史”主题活动

【获批国家级虚拟仿真实验教学中心】 2月，教育部下发《教育部办公厅关于批准北京大学考古虚拟仿真实验教学中心等100个国家级虚拟仿真实验教学中心的通知》，学校“现代企业运营虚拟仿真实验教学中心”获批国家级虚拟仿真实验教学中心。（杨　阳）

上海理工大学现代企业运营虚拟仿真实验教学中心

【中英国际学院举行建院10周年庆典】 9月3日，学校中英国际学院举行建院10周年庆典活动。过去十年间该学院为社会输送了4000余名毕业生，其中有3000余名学生到英方合作大学进行学习。中英学子以较强的学科专业背景和扎实的专业学识素养、卓越的跨文化沟通能力及出色的职业竞争力，得到社会各界的广泛好评。（杨　阳）

【持续加强创新创业工作】 年内，学校入选国家创新人才培养示范基地，建成创新创业孵化基地“尚理四和苑”，启用上海理工大学国家大学科技园集客空间，成功举办创新创业峰会论坛暨“万创杯”创业大赛。（杨　阳）

附：学校负责人及地址

（2016年1—12月）

校党委书记：吴　松

副　书　记：孙培雷、张仁杰（7月离任）、盛　春（7月到任）、刘道平、王凌宇（9月离任）

校　长：胡寿根

副校长：陈　斌、刘　平、田蔚风、王凌宇(10 月离任)、吴忠、孙跃东

军工路 516 号校区
地址：军工路 516 号
邮编：200093
电话：55277040

军工路 334 号校区
地址：军工路 334 号
邮编：200090

军工路 1100 号校区
地址：军工路 1100 号
邮编：200093

复兴路校区
地址：复兴中路 1195 号
邮编：200031
电话：64725420

水丰路校区(上海出版印刷高等专科学校)
地址：水丰路 100 号
邮编：200093
电话：65673587

上海大学

【2016 年概况】 学校设有 25 个学院、2 个校管系和 1 个学部(筹)。设有 71 个本科专业、42 个硕士学位一级学科授权点、20 个博士学位一级学科授权点、17 个博士后科研流动站。拥有 4 个国家重点学科、11 个上海市一流学科，4 个Ⅲ类高峰学科、1 个Ⅳ类高峰学科、10 个Ⅰ类高原学科、7 个Ⅱ类高原学科，8 个学科进入 ESI 国际学科排名全球前百分之一，其中工程学进入 ESI 全球前 2‰。拥有 1 个省部共建国家重点实验室、1 个国家重点实验室培育基地、1 个国家体育总局体育社会科学重点研究基地、2 个省部共建教育部重点实验室，1 个教育部工程研究中心、8 个上海市重点实验室、2 个上海工程技术研究中心、4 个国家级实验教学示范中心，4 个教育部特色专业建设点等。拥有 2 个上海高等教育内涵建设“085 工程”项目、2 个上海高校知识服务平台、2 个上海市专业技术服务平台。现有专任教师 2900 人，其中教授 640 人、副教授 1062 人。现有中国科学院院士、中国工程院院士 12 人，外籍院士 7 人。入选中组部“千人计划”19 人，入选上海市“千人计划”39 人。获评教育部“长江学者”14 人、上海市“东方学者”75 人，获得“杰出青年基金”18 人，享受政府特殊津贴专家 36 人。现有博士研究生 1917 人、硕士研究生 12501 人，全日制本科生 20815 人、成人教育学生 19687 人，外国留学生 4117 人。上海大学校园占地面积近 200 万平方米，校舍建筑面积 119 万平方米，形成了宝山、延长和嘉定校区“一体两翼”的校园格局。图书馆有馆藏图书 389 万余册、报刊 3100 余种，订购数据库 69 种。

一、人才培养工作。优化实施本科教学教师激励计划，通过制度确保高层次人才为本科生上课，正高职称教师为本科生开课的比例达到 85%。招收本科生 4719 人、硕士生 4384 人、博士生 400 人，研究生招收数首次超过了本科生。录取的外省市本科生中 61%超当地一本线 80 分，较去年提高了 37 个百分点。接收推免研究生 1050 人，位居全国地方高校第一。30 篇论文被评为上海市研究生优秀学位论文，同比增加 36.4%，博士学位论文抽检合格率为 100%，与中科院联合培养的研究生首次在 Nature 杂志发表研究论文。获批“中国博士后科学基金”资助 15 项、“博士后创新人才支持计划”2 项。学校获教育部首批 50 所“全国创新创业典型经验高校”称号，毕业生就业率 99.2%，签约率 85.2%，签约世界 500 强公司人数占 22.6%，均创历年新高。

二、学科建设和科学研究。学科建设方面，对接上海产业需求，以医学、材料、通信计算机、艺术、商科等五大学科15个方向为一流学科建设重点。通信计算机学科获批上海市Ⅳ类“高峰”学科项目，为上海市首批、唯一由市属高校牵头的四个Ⅳ类“高峰”学科之一。生物与生物化学、计算机科学两个学科首次进入ESI全球排名前1%。科研成果方面，修订科研经费管理办法，激发教师争取科研项目的积极性，获批国家自然科学基金项目166项，同比增长5.7%。发表SCI论文1431篇，同比增长20.0%。科研事业费收入近5.27亿元，同比增长35.0%，创历史新高。牵头国家重点研发计划4项，负责重点研发计划课题13项，参与课题20项。获批国家社科基金重大项目4项，位列全国第九位。获批国家社科基金重点项目4项，位列上海市第一位。获批国家社科基金艺术学项目3项，位列全国第五位。获批教育部人文社科项目15项。获上海市哲学社会科学优秀成果奖23项，总数较上一届增加15.0%，一等奖获奖数位列上海第三，成绩历年最佳。获国家技术发明二等奖1项、上海科技进步一等奖1项、上海技术发明一等奖1项。服务国家战略方面，学校成为国防科工局和上海市人民政府共建高校，军用关键材料、机械电子工程、电磁场与微波被国防科工局列入国防特色学科。碳碳复合材料和精海系列无人艇参加“全国军民融合高科技成果展”，受到习近平总书记等国家领导人的肯定。6份决策咨询报告被中央办公厅、中宣部、国家新闻出版广电总局等采用，其中3份报告获得习近平总书记等中央领导人批示。

三、师资队伍建设。采用学部或联合学科组答辩方式，建立高标准的专业技术职务聘任制。建立高层次人才快速反应机制，面上引进人才决策纳入校长办公会议程，大幅度缩短决策周期。全年共培育和引进国家级高层次人才23人次，同比增加39.7%，国家级高层次人才累计达81人次。引进以加拿大国家工程研究院首席教授张久俊院士为首的创新团队，组建可持续能源研究院。引进加拿大多伦多大学终身教授孙钰院士，作为领军人才开辟医工结合领域微纳尺度机器人技术方向。柔性引进40余位“特聘教授”加盟上海大学上海美术学院，吸引知名表演艺术家奚美娟、著名导演田壮壮、著名电影摄影指导赵晓时加盟上海大学上海电影学院。选聘领军人才任院长，加强二级学院的班子建设，选聘钢铁研究总院副院长董瀚担任材料学院院长、张久俊院士担任理学院院长，选聘知名艺术家冯远、王勇、贾樟柯分别担任上海美术学院、音乐学院、温哥华电影学院的院长。完善新进教师岗前培训体系，实施青年教师助教制度，鼓励青年教师参加各项培训，全年入选上海市各类教师发展工程项目35人，获得资助金额355万元。

四、国际交流与合作。引智工作方面，“集成计算材料与材料基因组创新引智基地”获批2016年度地方高校“高等学校学科创新引智计划”(即“111计划”)引智基地，为上海市唯一的地方高校引智基地。获批“国家高端外专”项目10项。作为上海市落实中外合作办学自主权下放唯一试点高校，学校制定“理工农医类专业中外合作办学项目审批备案制”改革试点工作方案。推进国际联合培养，入选国家建设高水平大学公派研究生留学项目79名，365个研究生赴30多个国家和地区短期访学或参加国际会议，海外实习人数达286人，通过学校办理的在海外修读学分的人数为1483人，依托国家留学基金委出国留学项目平台，选派19位青年教师出国研修。新设立研究生全英文课程27门，其中3门入选教育部“全英文授课品牌课程”。继续举办“国际化小学期”，营造国际化人才培养氛围。实施全球师资招聘，设立海外招聘联络点，把海外招聘纳入校领导海外出访的常规任务。加强与国外知名机构的合作，推进学科建设快速发展，与美国西北大学、哈佛大学、麻省理工学院、德国马普学会固体化学物理所等开展材料科学前沿领域研究。与澳大利亚悉尼科技大学联聘了6名教师。与英国帝国理工学院开展大数据方面的合作。与澳大利亚新南威尔士大学和英国班戈大学在特种光纤、光接入网等领域深度合作，成立国际联合实验室。亚洲人口与可持续发展研究中心总部和网站由新加坡国立大学移到上海大学亚洲人口研究中心，快速提升学校在人口学领域的影响力。泰国宋卡王子大学普吉孔子学院获“全球先进孔子学院”称号。

五、产学研与国内合作。与多家大型企业建立战略伙伴关系，合作建立联合研发平台，双方共享研发设施。大学主要承担基础研究，企业派人参与，同步开展工程化策划、工程化开发准备等。企业承担工程化开发，大学提供研究支持，合力解决“最后一公里”的问题。与中船工业、中船重工、中石化、宝武集团、上海汽车、南瑞集团等20多家大型企业集团开展科技合作，确定了一批重要的校企合作项目和联合创新平台。到校服务社会横向经费2.46亿元，比去年增长33.0%。大力开拓大学生实习基地，在中船重工、电子科技集团、航天集团等企业建立实习平台。与宝山区人民政府共建基础教育集团。

六、管理改革创新工作。加强组织领导与路径规划，系统推进综合改革。形成了“4+1”项改革任务，成立专项工作小组，建立跨部门协作机制，加强推进落实。聘请北大纵横管理咨询集团跟踪评议学校的管理保障体制机制改革成效。推进机关大部制改革，提升管理效率。撤销党委办公室和校长办公室，新成立党政办公室，事项审批周期总体缩短50%，人员精简25%，处级干部由14人减至9人。整合党委组织部和人事处，组建组织人事部，开创党政齐抓共管人才队伍建设的新局面。在上海大学上海美术学院、上海电影学院开展自主权下放改革试点，提升院系自主决策和治理能力。

七、办学支撑体系建设。加快校园基础设施建设，满足一流大学建设需求。完成延长校区西部食堂建设工程，启动校园修缮和部分旧建筑的拆除工作，宝山校区扩建三期工程超额完成全年的建设计划，启动“上海大学智慧校园建设”项目，努力破解信息孤岛难题。在三个校区设立微型消防站，完善实验室三级安全教育体系，构建四级安全网络保障食堂食品安全。开展资产清理与房屋修缮工作，完成“十三五”校园建设中房屋修缮资金的规划申报。推进校友会注册工作，成立英国校友、来华留学生等5个校友分会，与校友企业共同打造上海大学校友活动中心。推进学校机构知识库建设，为学院(部门)科研绩效评价提供依据。组建“一站式”建设工作推进组，聚焦一站式服务和学生行为数据生成。

(陈　皇)

【成立上海大学基础教育发展集团】 1月12日，上海大学基础教育发展集团成立。上海大学基础教育发展集团成员学校包括上海大学附属中学、上海大学附属学校、上大附中实验学校、上海大学附属小学，未来还将涵盖幼儿教育。集团成立后，宝山区和上海大学将密切协作，在教师引进培养、课程开发建设、对外交流合作等方面大力支持集团建设发展。

(陈　皇)

【获批5个本科专业】 2月19日，学校申报的音乐表演、表演、影视摄影与制作、金融学(中外合作办学)、材料设计科学与工程专业5个本科专业通过教育部批准准予设立。目前学校本科专业数已经达到71个，涵盖哲学、经济学、法学、文学、历史学、理学、工学、管理学、艺术学等九个学科门类。此次获批的本科专业与社会需求紧密联系，符合我校办学定位和发展规划，进一步增强了我校服务地方经济社会发展和文化传承的能力。学校将加强对新设专业的检查和评估，夯实专业内涵建设，保证人才培养质量。

(陈　皇)

【韩正到校调研视察】 3月23日，市委书记韩正来校调研并主持召开座谈会。韩正指出，地方高校在全市经济社会发展中发挥着重要作用，解决地方高校发展中的问题和瓶颈，关键要靠改革创新，上海大学作为上海的地方综合性大学，应当成为地方高校建设中的标杆，市委、市政府全力支持上海大学进一步落实和扩大高校办学自主权、开展一流大学建设，不断增强竞争力，提高对经济社会发展的贡献度。

(陈　皇)

【获3项上海市科学技术奖一等奖】 4月18日，上海市科学技术奖励大会召开，上海大学共有11项第一完成单位成果获得表彰，其中由我校教授吴明红领衔完成的“荧光石墨烯量子点的可控制备及生物医学应用研究”获2015年度上海市自然科学一等奖，由教授任忠鸣领衔完成的“金属材料纯净化制备新技术”获2015年度上海市技术发明一等奖，由教授谢少荣领衔完成的“无人艇智能控制系统关键技术创新与应用”获 2015 年度上海市科技进步一等奖。获得一等奖项目数创新上海大学组建以来最高纪录。（陈　皇）

【列为上海市深化高校改革建设高水平地方高校首批试点单位】 6 月 22 日，市委全面深化改革领导小组举行第十四次会议。会议通过了《上海市深化高校改革建设高水平地方高校试点方案》，将上海大学列为深化高校改革建设高水平地方高校首批唯一试点单位。会议指出，高校水平不仅反映现实综合国力，也关系国家未来竞争力。地方高校深化改革，扩大高校办学自主权，必须始终立足坚持党的领导、遵循高校发展规律、更好培养人才的原则，全力推进改革突破，不断取得新的发展。试点高校要配备有能力、有水平、敢担当、能突破的党政领导班子，积极探索一整套符合高等教育发展规律和地方高校可复制可推广的管理体制机制。全市各相关部门要全力支持上海大学率先开展试点。

（陈　皇）

【举办“机械与运载工程科技 2035 发展战略国际高端论坛”】 8 月 15 日，“机械与运载工程科技 2035 发展战略”国际高端论坛在学校隆重举行。上午的开幕式由中国工程院副院长田红旗院士主持，中国工程院院长周济、上海市副市长周波、国家自然科学基金委员会副主任高文、上海大学校长金东寒分别致辞。开幕式后，论坛开始大会报告，由上海大学校长金东寒院士主持。当天下午，论坛以“机械工程”、“航空航天装备”以及“水陆运载装备”为主题，分为三个分会场举行专题报告，共邀请 26 位专家作专题报告，并进行分会研讨，讨论未来发展趋势及挑战应对。（陈　皇）

【入选国家外国专家局“111 计划”】 9 月上旬，教育部、国家外国专家局公布了 2016 年度“高等学校学科创新引智计划”（即“111 计划”）立项名单，上海大学“集成计算材料与材料基因组创新引智基地”等全国 15 所地方高校的引智基地获批，这是该计划首次面向地方高校。“集成计算材料与材料基因组创新引智基地”由学校材料基因组工程研究院院士张统一和美国西北大学院士 Peter W. Voorhees 领衔。项目团队聚集了来自美国西北大学、德国马普学会固体化学物理所、瑞典皇家工学院等知名大学和研究所的 15 位国际顶级学者，以及上海大学材料基因组工程研究院的学术骨干，组成了世界一流水平的国际合作研究团队。（陈　皇）

【翁铁慧、周波、赵雯到校调研视察】 3 月 17 日，副市长翁铁慧到校专题调研加快建设高水平大学工作。9 月 18 日，副市长周波一行到校调研，参观了高温超导重点实验室、无人艇工程研究院和省部共建高品质特殊钢冶金与制备国家重点实验室，并听取了学校关于上海大学对接科创中心建设的专项工作汇报。9 月 21 日，副市长赵雯到校调研知识产权工作。学校介绍了上海大学改革发展概况，重点汇报了知识产权学科建设及人才培养、知识产权运营为核心的技术转移体系建设。（陈　皇）

【被教育部授予“全国创新创业典型经验高校”】 9 月 29 日，教育部召开全国创新创业典型经验高校座谈会。会上，学校被教育部授牌为“全国创新创业典型经验高校”。学校将以此为契机，抓住“双一流”建设的重大历史发展机遇，坚定信心，切实增强责任意识，坚持问题导向，秉持创新思维，聚焦难点问题，推进创新创业教育改革，为国家及地方创新驱动发展战略提供人才保障和智力支撑。（陈　皇）

【硕士研究生首次在《自然》杂志发表论文】 10 月 6 日，上海大学与中科院上海高研院联合培养的硕士研究生于飞（第二作者）、安芸蕾（第三作者）在《自然》（*Nature*）上发表论文“*Cobalt Carbide Nanoprisms for Direct Production of Lower Olefins from Syngas*”，论文第一作者为于飞和安芸蕾的校外导师、中科院上海高研院钟良枢研究员，这是学校研究生发表高水平论文的历史性突破。通过采用全新催化剂活性位结构，该项研究实现了在温和条件下合成气高选择性直接制备烯烃，对拓展合成气催化转化领域有重大意义。该项研究成果具有很高的经济效益，将有利于促进我国煤化工的

发展。（陈 皇）

【通过国家自然基金重大项目答辩】 10月17日，由学校省部共建高品质特殊钢冶金与制备国家重点实验室主任任忠鸣教授领衔，东北大学、西北工业大学、大连理工大学参与的研究团队顺利通过国家自然基金委工程与材料科学学部十三五首批重大项目——电磁场作用下冶金相变机理的答辩。该项目的通过实现了学校在国家自然科学基金重大项目上零的突破，也体现了省部共建高品质特殊钢冶金与制备国家重点实验室建设的突出成效。（陈 皇）

【陈宝生到校调研】 12月5日，教育部部长陈宝生到学校调研，听取了校领导关于学校改革发展的工作汇报。（陈 皇）

【在全国高校思想政治工作会议上发言】 12月7日至8日，全国高校思想政治工作会议在北京召开。中共中央总书记、国家主席、中央军委主席习近平出席会议并发表重要讲话，中共中央政治局常委、中央书记处书记刘云山作总结讲话，中共中央政治局常委王岐山、张高丽出席会议。会上，上海大学校长金东寒院士作了题为《统筹育人资源，充分发挥思政课程价值引领核心作用》的发言。他在发言中指出，学校把思政课作为人才培养核心课程，纳入"双一流"建设的重点任务，从课程内容、师资队伍、教学方法等多方面深化改革，将思政课建设成深受学生欢迎的热门课程。（陈 皇）

金东寒校长在全国高校思想政治工作会议上代表上海大学发言

【成立上海大学上海美术学院】 12月11日，上海大学上海美术学院成立。会上，学校向全国文联副主席、美协副主席冯远颁发院长聘书。之后，冯远院长为加盟上海美术学院的40余位国内外著名艺术家颁发特聘教授聘任书。宝山区、宝武集团和学校领导共同签署了《共建上海美术学院战略合作框架协议》。美术学院与国际设计艺术院校联盟签署了《共建中法设计中心协议》。（陈 皇）

上海大学上海美术学院成立

【获2016年国家技术发明二等奖】 由学校谢少荣教授领衔的无人艇项目"复杂岛礁水域无人自主测量关键技术及装备"在2016年度国家科学技术奖励大会上获得国家技术发明奖二等奖。此次获奖是学校首次获得国家技术发明二等奖，也是学校首个由女性科研工作者领衔完成的国家级大奖。当日，该项目的主要完成人教授谢少荣、教授罗均、副教授彭艳、副教授蒲华燕作为获奖代表在人民大会堂接受了颁奖。习近平总书记等国家领导人出席了奖励大会，并与获奖代表亲切握手祝贺。（陈 皇）

附：学校负责人及地址

（2016年1—12月）

校党委书记：罗宏杰
副 书 记：李友梅（7月离任）、夏小和、徐 旭、龚思怡（7月到任）

校　　长：金东寒
副 校 长：文学国（挂职）、汪 敏、丛玉豪（8月离任）

吴明红、唐　豪(7月离任)、欧阳华(7月到任)

总会计师:宋　彬

地址:上大路99号
邮编:200444
电话:96928188

延长校区地址:闸北区延长路149号
邮编:200072

嘉定校区地址:嘉定区塔城路453号
邮编:201800

上海工程技术大学

【2016年概况】 学校有20个院(部/中心)、1个国家大学科技园,有4个一级学科硕士点、22个二级学科硕士点、3个专业学位硕士点,61个本科专业(含方向)。全日制在校生21000多名,硕士研究生近1800多名。

一、本科教学审核评估。根据《教育部关于普通高等学校本科教学评估工作的意见》以及《上海市教育委员会关于推进本市高校本科专业评估工作的若干意见》精神,学校于2016年下半年开展本科教育工作审核评估。专家组肯定了学校坚持“依托现代产业办学,服务经济社会发展”的办学宗旨和“勤业惟诚,厚学致用”的价值取向,学校本科教学工作办学定位明确、特色鲜明,教育教学改革成效显著,教学管理制度建设到位,重视大学生创新创业教育,坚持以生为本的教育理念,国际化办学成效显著、品牌专业彰显卓越,毕业生就业竞争优势显著,教师队伍发展良好,教学经费充足、教学基础设施建设到位等九方面的成绩与特色。同时指出存在学科、学院、专业的梳理、课程资源建设、教学方式转变、师资队伍建设等问题。针对这些问题,学校将从完善校、院两级质保体系,加快工程教育认证步伐,深化人事分配体制改革,有效激励教师课程改革,提高青年教师培训力度,形成全程全方位育人局面,集中整改,深化教育教学改革方向,提升人才培养质量。

二、人才强校、特色发展、国际化发展战略。制定《校人才工作奖励办法》《人才工作专项经费管理办法》《高层次人才住房补贴(安家费)发放办法》《上海工程技术大学关于选拔人才派遣人员转入事业编制的实施细则》等;在人才引进、人才培养、评价使用、激励分配、服务保障等重点环节实施突破,人才机制及布局科学合理。2016年学校全职引进国家千人计划1名,柔性引进国家千人计划2名,获批上海市青年东方学者2人,获批上海人才发展资金资助2人,获批上海市曙光计划1人。79人入选2016年上海市“四大计划”项目。

学校产学合作教育人数稳步增长,学生参与产学合作教育人数占学生总数的65%。产学合作教育基地总数、产学合作教育雇主单位总数不断增加,雇主单位对产学合作教育工作的满意度达99.2%。产学合作办学模式,彰显学校的特色,为全面建成现代化工程应用型特色大学夯实基础。

学生出国(境)学习与交流、参加研究生双学位和学分互认项目人数增幅超过20%,师生开展国际化产学合作教育,教师因公赴海外访问交流、带教、讲学、参加国际会议人员数增幅超过60%。与国外高校新增国际合作与交流协议18项,新增硕士双学位、本科双学位项目8个,现有的本科项目顺利通过中外合作办学认证。

三、走出校园促发展。学校从建设现代化工程应用型特色大学的高度,实施特色发展战略,推进走出校园促发展工作。2016年,学校先后与江、浙、沪、皖、赣、贵等地的地方政府、大型国企及兄弟院校、科研机构等签署产学研全面战略合作协议,上海电气集团、上海汽车集团、上海申通地铁集团等18家企业、浙江省海宁市、江苏省靖江市、安徽省滁州市、江西省上饶市等区域政府，形成“三层次、四落地”的工作机制，促进学校学科、人才、科研与产业互动，形成高校与社会经济协同发展的新机制。

四、教学工作。完成全学分制实施以来首批29名学生平台内转专业工作；制定学生海外学习的学分互认管理制度及成绩转换标准等相关文件，完成交换生学分互认和成绩转换工作；完成3个本科专业、1个高职（专科）的新专业申报工作，组织高职（专科）专业开展“工业机器人技术”新专业的申报；完成上海市应用型本科试点专业中期检查，成绩优良；学校作为理事长单位成功举办“全国地方高校卓越工程教育校企联盟成立大会”；《产业用纺织品概论》获批“上海市高校示范性全英语课程”，《航空漫步》被授予“国家级精品视频公开课”称号，1门课程被评为上海高校优质在线课程，2门课程获评上海市精品课程，新建5门MOOC课程。

五、科研工作。获批国家自然科学基金28项，国家社科基金项目10项，获批项目数均为历史最高；获批教育部人文社科项目6项；获上海市哲学社会科学规划课题6项、上海市政府决策咨询研究重点课题8项、上海市科委软科学研究项目2项；获上海市科技进步奖2项、上海市决策咨询研究成果奖1项、中国机械工业科学技术奖三等奖1项、中国纺织工业联合会科学技术奖三等奖1项和上海市优秀发明奖5项；获第十八届中国国际工业博览会高校展区特等奖1项、一等奖1项；SCI论文比上一年增加35%，SSCI论文1篇。

六、研究生培养。制定《上海工程技术大学与国内高校联合培养博士研究生管理办法（试行）》，规范联合培养研究生在校工作与学习期间的管理，积累博士研究生培养经验，为申报博士点夯实基础。新增4个上海市专业学位研究生实践基地。研究生在校期间共发表学术论文近900篇，其中A类以上高水平论文100篇，B2类及以上高水平论文700篇，上升趋势良好。

七、高技能人才培养。合理开发职业教育与继续教育资源，创新高技能人才培养模式。“数控技术”“机电一体化技术”“电气自动化技术”中高职贯通专业毕业生顺利转段。积极开展“机电一体化技术（机器人技术方向）”高本贯通改革试点的探索和研究。与企业签署校企协同培养专业人才合作框架协议，推动“双元制”专业人才培养模式。积极推进部分专业课程与职业资格证书“双证融通”的教育教学模式改革。

八、赛事成果。全年承办包括电子设计竞赛、智能汽车竞赛、工程训练综合能力竞赛、高数竞赛、物理竞赛、英语演讲比赛等各类赛事40余项。本科生获上海市级以上大学生学科竞赛奖项共计329项，其中全国一等奖8项、二等奖20项、三等奖5项，省市级特等奖2项、一等奖54项、二等奖117项、三等奖119项，大学生学科竞赛表现良好。男足蝉联上海市大学生运动会足球超级组“十一人”制冠军。研究生在第十三届全国研究生数学建模竞赛中获全国一等奖2项、全国二等奖20项、全国三等奖30项，总成绩在全国参赛的500多所高校中名列前茅。研究生在全国智慧城市创意设计大赛中获全国二等奖1项、三等奖1项，总成绩在上海高校中名列第一，在全国高校中名列前茅。

（冯　洁、宋　娟）

【大学生科技创业分基金会获好评】 1月12日，上海市大学生科技创业基金会举行2015年度总结会议。学校分基金会因签约项目数额高、按时超额完成还款指标、可用资金的可持续性高等因素，获评全市大学生科技创业基金工作“综合指数第二名”，为大学生科技创业提供支撑，为学校在创业教育和服务方面带来积极的社会效应。（宋　娟）

【与中航国际共建飞行仿真技术研究院】 2月2日，学校在上海市经济和信息化工作委员会领导的见证下，与中国航空技术国际控股有限公司举行了共建飞行仿真技术研究院的协议签约仪式。双方签署共建飞行仿真技术研究院协议，着力搭建一个提高研发团体科研水平，增强企业自主创新，交流经验、启发思维的新平台。发挥校企双方在飞行仿真领域的技术优势，达到人才、装备、市场等资源的共享。此项合作符合“创新驱动、转型发展”的国家战略和中国制造2025的发展方向，将为我国飞行仿真和航空事业新一轮产业升级培育急需的人才方面做出贡献。（宋　娟）

【签订产学合作协议】 继承和发展与上海纺织（集团）有限公司长久以来建立的良好合作关系。2月22日，双方签署《上海纺织奖学奖教金协议》，联合创办《时尚设计和工程杂志》，协同创新研发智能服装定制测体项目等协议，并就在纺织服装领域建立博士或者博士后流动站、联合建立创意设计合作平台、研究创新合作的体制机制等方面的合作交换意见，为双方未来的合作指明方向。（宋　娟）

【作品入围中国国际太阳能十项全能竞赛决赛】 4月28日，中国国际太阳能十项全能竞赛全球启动会在北京召开。学校电子电气工程学院联合上海现代建筑设计集团有限公司提交的太阳能作品“光影律动（LIGHT DANCING）”标书，与共同参赛的香港大学、清华大学、上海交通大学、同济大学、西安交通大学、湖南大学、厦门大学等国内高校入围决赛。（宋　娟）

上海工程技术大学电子电气工程学院科研团队进行科研攻关

【在“创青春”上海市大学生创业大赛上获好成绩】 5月22日，学校“夫子学堂汉文化传播有限公司”“上海高材高新材料有限公司”“乐乙企业行政采购平台”“上海优普郊县科普服务中心”四项学生创业项目以优异的表现分别获上海市大学生创业大赛金奖（一项）和银奖（三项）。（宋　娟）

【获上海大学生年度人物称号】 学校机械设备与智能系统创新设计团队，因其自成立10多年来收获包括2015年第十四届“挑战杯”全国大学生课外学术科技作品竞赛上海市一等奖等在内的6项国家级、省部级科技竞赛荣誉，及其科创之路上团结一致、攻坚克难、砥砺前行的挑战精神，被授予2015上海大学生年度人物称号。（宋　娟）

【举行校友会登记成立大会】 7月9日，学校在长宁校区举行校友会登记成立大会，来自全国各地的老中青校友代表200余人参加成立大会。上海市社团局宣读《准予筹备决定书》。与会代表先后对《上海工程技术大学校友会章程（草案）》《校友会第一届理事会理事建议名单》《校友会第一届理事会常务理事建议名单》《校友会第一届理事会理事长、副理事长、秘书长、副秘书长建议名单》审议表决，选举产生了理事、常务理事、副理事长。（宋　娟）

【承办中国创新创业大赛（上海赛区）电子信息行业企业组决赛】 7月19日，由科技部、教育部、财政部和中华全国工商业联合会共同指导举办的以成就大业为主题的全国性创业比赛暨第五届中国创新创业大赛（上海赛区）电子信息行业企业组决赛在学校长宁校区开赛，共计131个项目参赛。这是学校大学科技园首次承办此类赛事。此次赛事在整合创新创业要素，为科技型中小企业搭建服务平台，引导社会资源支持，促进科技型中小企业创新发展等方面起到积极作用。（宋　娟）

【举行全国地方高校卓越工程教育校企联盟成立大会】 7月26日，全国地方高校卓越工程教育校企联盟成立大会暨卓越工程教育专家论坛在学校举行。教育部高等教育司、中国高教学会、上海市教育委员会、上海市教委高教处、企业代表以及来自全国地方高校代表，共计170余人出席会议。夏建国校长当选为全国地方高校卓越工程教育校企联盟首届理事会理事长并代表首届理事会发表讲话，倡议按照“开放联合、优势互补、协同育人、合作共赢”的原则，开展校企协同育人的机制探索、创新创业的教育改革、应用型人才培养模式改革及推进工程教育专业认证等方面工作。会议表决通过了首

全国地方高校卓越工程教育校企联盟成立

届理事会理事长、副理事长、秘书长、副秘书长名单以及常务理事名单。与会专家就“工程教育专业认证”“应用型人才培养模式”“创新创业教育”“校企协同育人”等主题展开交流与讨论。（宋　娟）

【新增控制工程硕士专业学位授权点】 9月23日，国务院学位委员会发布《国务院学位委员会关于下达2016年动态调整撤销和增列的学位授权点名单的通知》。学校工程硕士（控制工程）专业学位授权点获批准，2017年开始招生。该专业学位授权点的获批，对拓展学校高层次工程应用型人才的培养空间，优化学校研究生培养的结构和布局，促进学校学位与研究生教育事业的发展，推进研究生教育积极对接区域经济发展意义重大。（宋　娟）

【制药工程专业得到工程教育认证专家充分肯定】 10月底，中国工程教育专业认证专家组对学校制药工程专业实施考查。通过对该专业的培养目标、课程体系、师资队伍等七个方面实施考察后，认为该专业培养方案和目标定位准确，毕业生具有较强的工程应用能力，能够满足解决复杂工程问题的专业和现实要求，专业特色鲜明，总体办学水平较高，符合工程教育专业认证标准的要求。（宋　娟）

【国家大学科技园靖江科技孵化基地揭牌】 11月15日，学校国家大学科技园与靖江市科学技术和知识产权局离岸孵化协议签约暨上海工程技术大学国家大学科技园靖江加速基地揭牌仪式，在学校科技园举行。双方签署《异地孵化合作协议书》，将在人才培养交流和科技成果转化方面优势互补。学校将利用靖江市在汽车零部件、电机、工程机械、空调等行业的产业优势，将优秀的初创企业引入靖江科技园进行孵化加速和实现产业化。为靖江市加快推动产业升级和发展方式的转变提供助力，提升双方技术创新能力。（宋　娟）

【获中国产学研合作促进奖】 11月27日，在杭州市举行的由中国产学研合作促进会和浙江省人民政府联合主办的第十届中国产学研合作创新大会上，学校国家大学科技园因在“协同创新、转化成果、绿色发展、开放共享”方面成果显著，获科技部和国家科技奖励办公室批准设立的，中国产学研合作促进会组织评选的2016年度中国产学研合作促进奖。（宋　娟）

【松江校区二期工程开工】 12月30日，被纳入年内“上海市重大工程”、学校“十三五”重点项目的“松江校区二期”工程，培土奠基正式开工。该工程建筑总面积10.53万平方米，内容包括：学校现代交通中心主体及附属建筑、第二图文信息中心、第二食堂、后勤综合楼和研究生公寓。该项目落成后将为学校内涵式发展提供重要硬件支撑，是学校实现工程应用型现代化特色大学目标的重要战略性设施保障。（宋　娟）

附：学校负责人及地址

（2016年1—12月）

校党委书记：李　江
副　书　记：夏斯云、裴小倩（7月离任）

校　长：夏建国
副校长：姚秀平、史健勇、鲁嘉华

松江校区地址：龙腾路333号
邮编：201620

长宁校区地址：仙霞路350号
邮编：200336

虹口校区地址：逸仙路88号
邮编：200437

上海中医药大学

【2016年概况】 全日制在校生7301人,其中博士生507人,硕士生1942人,本科生3574人,专科生194人,留学生1084人。成人教育学生3854人。本专科(含七年制)总体就业率97.7%,研究生总体就业率97.6%。专任教师755人,其中高级职称337人。中国科学院、中国工程院院士3人,"千人计划"入选者2人,"长江学者奖励计划"特聘教授2人,"国家杰出青年科学基金"获得者6人。21个直属学院,3所直属附属医院,4所非直属附属医院,22个附属及共建研究所,15个研究中心。本、专科专业(方向)14个,一级学科博士学位授予点3个,二级学科博士学位授予点24个,一级学科硕士学位授予点5个,二级学科硕士学位授予点35个,博士后流动站3个,博士学位授予专业覆盖全部中医药学科。

学校对接国务院《统筹推进世界一流大学和一流学科建设总体方案》和《中医药发展战略规划纲要(2016—2030年)》,结合上海市教育综合改革和科创中心建设等国家和上海市的发展战略,围绕学校办学目标,正式发布《上海中医药大学上海市中医药研究院"十三五"事业发展规划》。积极争取第二批高水平地方高校试点学校。

人才队伍。结合"高峰""高原"重点学科建设,加强人才培养和高层次引进力度。校本部引进签约国家杰出青年科学基金获得者2名,中科院百人计划入选者1名及团队、国家自然科学基金优青项目获得者1名,成功引进海外高层次人才4名。创新构建"学术荣誉体系",遴选73名学术荣誉教授,实施以业绩为导向的"协议薪酬"试点。完善绩效工资分配模式,完成教学、科研绩效奖励方案及年终绩效增量方案。

教育教学。开展"5+3+X"一体化中医临床人才培养模式改革,推出"前期厚基础能力,后期重跟师悟道"的阶梯式培养方案。康复、护理等新兴专业全面纳入市教委应用型本科专业建设,推出"2+X"人才培养模式改革。康复物理治疗专业以最高认证等级(五年认证期资格)通过世界物理治疗联盟(WCPT)的国际专业认证。

推进教学策略和教学组织形式优化,提升生师比、小班化授课率、高级教师授课比例与生均课程门次数。深入开展"全员育人——服务学生成长导师团"项目,聘请名医、名家、名师314人担任育人导师,精心建设各具特色的导师团35个。进一步推进专业课程德育建设,新增"见微知著,只为求真——病理学显微镜背后的故事"等13门课程为校级重点课程(专业课程德育专项)项目,目前共有51项校级和院级专业课程纳入专业课程德育建设,占到全校500多门专业课程总数的10%。入选首批"上海大学生创新创业训练计划示范校"。"创新学堂""创业学堂""中医创客训练营"等成果获得多项国家级荣誉。

打造以名医名师为引领的"跨学科教学团队"和"领航塔计划",由市卫生局委托学校承办的"海上名医传承高级研修班"项目历经3年结题,完成对30名学员以"医德并修,医文融合,医儒兼通"为主线的培养。教师连续三届获得"中医药社杯"全国高等中医药院校青年教师教学基本功竞赛第一名并获首届全国生物化学与分子生物学微课竞赛一等奖。

8月,在国家中医药管理局中医师资格认证中心组织的"2016年执业医师资格考试中医执业医师分阶段考试实证研究"中,学校中医学专业学生的总体通过率位于全国参试院校首位。其中龙华临床医学院本科生的成绩名列前茅,笔试通过率

85%,技能考核通过率100%。

启动马克思主义学院筹建工作,完成第一批10项“专业课程德育项目”的结题和第二批13项建设项目的立项研讨工作。

科学研究。学校继续保持在国家级科研项目上的行业竞争优势,获得国家自然科学基金资助107项(包括1项重大国际合作项目),资助数量连续6年保持全行业第一名。学校获得各级各类科技奖项41项,包括教育部高等学校科学研究优秀成果奖1项、上海市科技进步奖5项(其中一等奖1项)、中华医学科技奖1项,中华中医药学会科技奖6项、中国中西医结合科技奖4项。学校发表SCI收录论文520篇。申请专利97项,获得专利授权100项。临床医学、药理学与毒物学ESI学科排名在2016年度名次呈现稳步上升趋势。学校着力推进研究院体制机制建设,成立交叉科学研究院、科技人文研究院。在产学研联盟成果落实方面,深化校地(企)合作,推进企业与学校共同体建设,促进中医大健康产业发展,提高学校服务社会能力。

医院建设。加强7家直属附院管理,医院的医疗服务质量、中医内涵建设、学科人才培养和科研教学水平全面发展,取得丰硕成果。拓展附属医院,全面深化医教研合作。指导帮助光华中西医结合医院创建第八所附属医院,与浦东新区人民政府共同推进新场综合医疗卫生中心建设,致力于打造国际水平的康复医院。进一步推进区校共建,新增5个共建区,目前与学校签约区已有9个。学校全资开办上海众益达中医门诊部,建设医养结合示范基地,做好医养结合工作。与上海地产集团、万科集团三方合资组建申养公司,推进中医医养结合示范基地建设,目前正式运营1家大型医养结合养老机构、2家社区长者照护之家。继续做好援摩、援疆、公共卫生应急队伍建设等援助任务。

国际交流。探索国际合作新模式,与马来西亚MAHSA大学、泰国皇太后大学、加拿大乔治亚应用文理学院、美国大西洋中医学院、德国汉堡大学汉莎中医中心和捷克中医中心进行合作洽谈或协议签署,开展学分互换论证、教学计划论证,推进中医中心建设以及教学、医疗示范中心建设。马耳他大学首批“中医针灸与文化”硕士顺利毕业。深化中医孔子学院建设,面向奥古斯塔大学研究生或本科生提供6门学分课程,在英国和新加坡举办中医药海外文化展等活动,进一步加强中医药文化海外传播。与渥太华大学建立联合中医药学院。

推进中医药国际标准化建设,国际标准化组织/中医药技术委员会(ISO/TC249)已发布ISO中医药国际标准7项,其中1项(《一次性使用无菌针灸针》国际标准)由学校团队参与研制。学校团队牵头研制的标准有3项已进入立项阶段。学校主要承担和协调的传统医学章节首次纳入ICD第11版。受WHO委托,学校牵头制定中医药术语标准。成立“太极健康中心”推广传统功法。

校园文化。建校60周年之际,学校通过开展贯穿全年和内容丰富的高层次学术系列活动、召开富有文化教育内涵的纪念大会、成立校史陈列馆、重新布展上海中医药博物馆、修缮维新图书馆等校园建筑、加强校园文化建设等一系列建校60周年纪念活动,新建成中医药科技创新楼、学生事务与发展中心、龙舟训练基地、健身中心等,改善教师和科研人员的办公环境,提升师生对学校的归属感和凝聚力。

(刘红菊)

【获2015年国家科学技术进步奖二等奖】 1月8日,学校王拥军教授领衔的“补肾益精法防治原发性骨质疏松症的疗效机制和推广应用”项目获2015年度国家科学技术进步奖二等奖。5月19日,王拥军教授带领的中医药防治老年性骨病创新团队入选2015年国家科技部重点领域创新团队。

(刘红菊)

【“中医药国际化发展研究中心”落户学校】 1月17日,国家卫生计生委副主任、国家中医药管理局局长王国强与校党委书记张智强共同为“中医药国际化发展研究中心”揭牌。国家中医药管理局副局长于文明等领导及与会专家30余人共同见证了揭牌仪式。该中心是国家中医药管理局领导下的实体性研究机构,其建设目标是成为中医药国际化研究的高级智库。

(刘红菊)

"中医药国际化发展研究中心"落户上海中医药大学

【举行全国名老中医药专家系列学术纪念活动】 学校举行以下全国名老中医药专家系列学术纪念活动：如朱氏妇科传人朱南孙先生行医济世75周年学术交流活动，李鼎教授从事针灸教学、科研及临床工作60年"针灸经典与临床"传承学术论坛，中医外科名家唐汉钧教授50年学术思想与临证经验研讨班，纪念顾氏外科顾伯华先生百年诞辰系列活动。（刘红菊）

【建校60周年纪念大会举行】 5月28日，上海中医药大学建校60周年纪念大会在校体育馆举行。十一届全国人大常委会副委员长、中国工程院院士、名誉校长桑国卫，上海市委副书记应勇、人大副主任钟燕群、副市长翁铁慧，国家中医药管理局副局长闫树江，上海市各委办局和区县领导，兄弟院校代表，海内外校友代表，学校老领导、老专家以及师生代表等出席纪念大会。校长徐建光作主题报告。市领导为建校元老代表颁发荣誉证书。当天，学校还举行了张江中医药国际论坛、传统医学大学联盟会议、海外合作伙伴高峰论坛、校友恳谈会等活动。（刘红菊）

上海中医药大学建校60周年纪念大会

【康复医学院物理治疗专业教学被世界物理治疗联盟(WCPT)评为最高等级】 7月29日，世界物理医学与康复发展中国家论坛在昆明召开。学校康复医学院物理治疗专业教学符合国际标准，获评最高等级的优异成绩，也是国内唯一获此评定的高校。同时，学校吴绪波老师在中国康复医学会康复教育专业委员会与WCPT合作开展的物理治疗师国际培训项目(CSDLM)中获得第一名。（刘红菊）

【获"2016年全国中医药院校针灸推拿临床技能大赛"双冠军】 9月22至24日，由中国针灸学会、全国中医药高等教育学会联合主办的"2016年全国中医药院校针灸推拿临床技能大赛"在长春举行。学校从全国33所高等中医药院校中脱颖而出，获学生组全能金牌和留学生组全能金牌，成为第一个获双冠军的院校。（刘红菊）

【应勇访问中国—捷克中医中心】 捷克当地时间8月26日下午，上海市委副书记应勇率上海代表团一行在捷克卫生部副部长拉德克・波利察尔、捷中友好协会主席雅罗斯拉夫・德沃吉克的陪同下来到捷克赫拉德茨・克拉洛韦市大学医院，访问与学校附属曙光医院合作建立的中国—捷克中医中心。（刘红菊）

【列全国中医院校第十三届传统保健体育运动会奖牌榜榜首】 9月2日至6日，"振东杯"全国中医院校第十三届传统保健体育运动会在山西中医学院举行。来自全国26所中医药院校的代表队、500余名全国中医院校运动员和教练员参加功法项目、集体项目和武术项目三大类比赛。学校武术队获16个金奖5个银奖1个铜奖，位列奖牌榜榜首。学校取得了武术项目团体第一，功法团体第一，男子团体第一，女子团体第一，单位总团体第一的成绩。（刘红菊）

【获第十届"中国医师奖"】 6月26日，岳阳医院教授李斌获中国医师协会主办的第十届"中国医师奖”，登上中国医师行业最高奖项的领奖台。

（刘红菊）

【翁铁慧到校调研】 7月6日上午，上海市副市长翁铁慧到学校开展专题调研。翁铁慧详细听取学校学科发展、人才培养、国际交流合作等方面的情况介绍后指出，市政府、市教委将全力支持大学的发展，希望学校不断提高发展水平。市教卫工作党委书记陈克宏等参加调研。（刘红菊）

【陈寅到国际标准化组织/中医药技术委员会调研】 10月26日上午，上海市人民政府副市长陈寅、副秘书长孙继伟和市质量技术监督局局长黄小路一行赴国际标准化组织/中医药技术委员会（ISO/TC249）秘书处调研。陈寅参观了ISO/TC249秘书处以及世界卫生组织传统医学疾病分类（WHO-ICTM）项目办公室，并与校长徐建光、ISO/TC249副主席沈远东、曙光医院党委书记马俊坚及秘书处工作人员、有关部门负责同志座谈交流。（刘红菊）

【陈冯富珍参观上海中医药博物馆】 11月22日，在沪出席第九届全球健康促进大会的世界卫生组织总干事陈冯富珍、世界卫生组织助理总干事任明辉、世界卫生组织驻华代表施贺德等一行6人，在上海市副市长翁铁慧的陪同下，到校参观上海中医药博物馆。陈冯富珍一行重点参观了上海中医药博物馆内历代医学荟萃展区、中医养生文化展区和近代上海中医展区。参观结束，陈冯富珍题词“传统医学文化是中国的瑰宝，要发扬光大”。（刘红菊）

世界卫生组织总干事陈冯富珍参观
上海中医药大学上海中医药博物馆

【学校附属曙光医院建院110周年】 12月16日下午，学校附属曙光医院建院110周年纪念会暨科技节论坛在曙光医院西院学术报告厅举行。上海市卫生和计划生育委员会、上海申康医院发展中心、黄浦区人民政府及学校领导等出席会议。学校各附属医院及曙光集团医院代表，以及曙光医院名老中医、终身教授、历任院领导、干部职工代表等近200人参加了会议。纪念会以“四明篇”“曙光篇”“展望篇”三个篇章回顾历史，传承发展，展望未来。

（刘红菊）

【1位教授被聘为上海市文史研究馆馆员】 12月12日，上海市政府在市政府第一会议室举行隆重的上海市文史研究馆馆员聘任仪式。学校朱邦贤教授被聘任为上海市文史研究馆馆员。市委副书记、市长杨雄向新聘的14位文史研究馆馆员颁发聘书。

（刘红菊）

【3位教授获首届中医药高等学校教学名师表彰】 12月29日下午，中医药教育改革与发展座谈会暨首届中医药高等学校教学名师表彰大会在北京人民大会堂举行，学校教授施杞、教授严世芸、教授段逸山三位名师受到表彰。中共中央政治局委员、国务院副总理刘延东接见了教学名师，并主持中医药教育改革与发展座谈会。教授严世芸作为教学名师代表之一发言。（刘红菊）

【1位教师获评2016上海教育年度新闻人物】 学校张黎声老师将德育工作融合于专业课程的教学过程和内容之中，把传统的解剖学必修课“人体解剖”上成了一门充满温情的人生大课。他引导学生在参与过程中得到亲身体验，获得感悟，在他的大力推动下，学生与遗体捐献者进行见面交流，挖掘课程所蕴含的“感恩、敬畏、责任”价值观，激发其对生命和社会应当具有的责任感和使命感。他在专业课程的知识与能力、科学素质养成、学生工作、校园文化中都做出了很大成绩，并主持了市教委和学校的教学改革、课程建设项目10多项，将特色课程“腧穴解剖学”打造成市精品课程和全国中医药院校的标杆性课程。（刘红菊）

附:学校负责人及地址

(2016 年 1—12 月)

校党委书记:张智强

副　书　记:何星海(1 月离任)、施建蓉(1 月到任)、朱惠蓉

校　长:徐建光

副校长:施建蓉(1 月离任)、张　瑾(6 月离任)、朱惠蓉(1 月到任)、何星海(1 月到任)、陈小冰(6 月到任)、胡鸿毅、季　光

地址:蔡伦路 1200 号

邮编:201203

电话:51322001

上海师范大学

【2016 年概况】 学校下设二级学院 17 个、研究机构 132 个。另设的上海师范大学青年学院是学校与共青团上海市委共建的、旨在培养高层次青少年教育与研究人才的二级学院。《高等学校文科学术文摘》编辑部等机构也设在学校。有老年大学 1 所。

学校有全日制本、专科学生 20663 人,研究生 7134 人,夜大学学生 12876 人。学校被列入来华留学生中国政府奖学金院校以及上海市外国留学生预科基地,与 42 个国家和地区的 340 多个高校和组织建立交流合作关系。与美国、英国、德国、荷兰、俄罗斯、法国等 6 个国家的 7 所高校合作举办 10 个中外合作办学项目。一年期以上在校留学生 816 人。先后在日本广岛福山大学、非洲博茨瓦纳大学和美国密苏里大学建有三所孔子学院。

学校有本科专业 86 个,覆盖哲学、经济学、法学、教育学、文学、历史学、理学、工学、管理学、农学、艺术学等 11 个学科门类。汉语言文学专业拥有教育部批准设立的国家文科基础学科人才培养和科学研究基地,古典文献学专业为全国重点培养古典文献人才的四个基地之一。小学教育、汉语言文学、广告学和旅游管理 4 个专业入选教育部高等学校特色专业建设点,学前教育专业入选教育部和上海市本科专业综合改革试点专业,汉语言文学(师范)和小学教育 2 个专业入选教育部卓越教师培养计划改革项目,广告学专业入选上海市卓越新闻传播人才培养基地依托专业,旅游管理专业入选上海市属高校应用型本科试点专业建设项目。旅游会展经济与管理、教师教育、汉语言文学、影视传播、英语、应用化学和生物技术(实验室建设)、广告学、旅游管理、小学教育、音乐学、历史学、对外汉语创新人才培养模式、心理学应用人才培养模式、数学与应用数学、金融保险、广播影视新传媒等专业是上海市本科教育高地建设项目。

学校有一级学科博士点 6 个、二级学科博士点 46 个、博士后流动站 9 个,共有一级学科硕士点 29 个、二级学科硕士点 161 个,另外还有专业学位硕士点 13 个。已建立一批具有优势和特色的学科:比较文学与世界文学是国家重点学科,都市文化研究中心是上海地方高校中唯一的教育部人文社会科学重点研究基地,国际教育研究中心是教育部国际教育研究培育基地,非洲研究中心是教育部区域与国别研究培育基地,资源化学实验室是教育部国际合作联合实验室、教育部重点实验室,都市文化、计算科学、比较语言学和国际与比较教育是 4 个设在学校的上海市高校 E-研究院。学校还拥有 3 个上海市高峰学科、8 个上海市高原学科、6 个上海高校一流学科、14 个上海市重点学科、16 个上海市教委重点学科、1 个上海市社会科学创新研究基地、1 个上海教育立法咨询与服务研究基地、2 个上海市人民政府决策咨询研究基地工作室、4 个上海市

普通高校人文社会科学重点研究基地、2个上海市重点实验室和2个上海高校重点实验室、1个上海高校智库、1个上海市协同创新中心。

学校有教职员工2898人，其中专任教师1830人。专任教师中具有正高级专业技术职务者303人，具有副高级专业技术职务者634人，具有博士、硕士学位的教师1592人，占专任教师的87%，其中具有博士学位的教师943人。组建了一支500余人的兼职教师队伍，其中包括5位院士级的特聘教授、100多位外籍教师。

学校有徐汇和奉贤两个校区，占地面积153万多平方米。校舍建筑面积65万多平方米，其中教室面积6.9万平方米、学生宿舍面积24.4万平方米、校内实验室和实习场所7.6万平方米。两个校区图书馆藏书近350万册，有100多个电子文献数据库和8个具有馆藏特色的自建数据库；馆藏古籍约18万册，善本古籍1350多种，经国务院专家组审批通过被授予“全国古籍重点保护单位”。建在学校的上海高校瓷器艺术博物馆是上海市十大高校民族文化博物馆；全校固定资产总值24.36亿元，其中教学科研仪器设备资产6.44亿元。

“十三五”规划编制与综改方案实施。学校听取多方意见，多次组织集中研讨。规划进一步明确学校“十三五”期间的指导思想、发展目标、发展理念和发展战略，并部署九项重点工作。学校各项综合改革已基本明确任务书、路线图和时间表，围绕“卓越教师”和“一流专业人才”培养目标，推进六大领域改革，已在人事、教学、科研等关键领域推出一系列改革举措。

“两学一做”学习教育。学校结合实际制定“两学一做”学习教育方案，成立督导组，通过召开专题会议、开辟网上宣传专栏、举办“践行‘四讲四有’·做合格党员”主题征文、“学党章党规、学系列讲话”知识竞赛、“两优一先”评选等活动，抓实“两学一做”学习教育基础环节。全校25个二级单位党组织和400多个党支部结合自身实际，制定具体可行的学习计划，660余名党员干部、党支部书记带头为党员上专题党课，3152名师生党员提交专题研讨的发言提纲。通过开展“两学一做”学习教育，把全面从严治党的要求落实到每个支部、每名党员。

本科教学审核评估。学校遵循“以评促建、以评促改、以评促管、评建结合、重在建设”的方针，坚持问题导向和目标导向，落实本科教学审核评估自评自查，完成迎接评估的各项准备工作。11月21日起，学校正式接受教育部评估专家组为期4天的审核评估。经过集中考察评估和反馈，专家组肯定学校的办学质量和办学水平，认同学校对上海教育和经济社会建设作出的贡献，共提出7个方面的教育教学成绩与特色，4个方面的建设性意见与建议。通过本科教学审核评估，强化全校师生的质量意识和发展意识，进一步坚持本科教学的中心地位，努力形成良好的一流本科教育生态。

干部队伍建设。学校党委按照干部选拔任用办法，上半年在优化调整机构设置的基础上，分阶段对38个正处级岗位和143个副处级岗位进行了聘任，下半年分批完成校部机关部处和二级学院的164个正科级岗位和145个副科级岗位的聘任工作。为加强梯队建设和干部储备，首次对科级岗位进行整体聘任。本次干部聘任工作进一步规范了选拔任用程序，完善选人用人机制，优化干部队伍结构，为学校新一轮发展提供坚实的干部队伍支撑。

区人大换届选举。自8月启动选举工作以来，学校采取见面会、展板、海报、电子屏等多种形式对选举工作进行宣传，帮助选民获得准确信息，提高广大选民的法制观念和民主意识。学校按照法律规定的程序，完成区人民代表大会代表的换届选举任务。当天两校区参加投票选民30341人，参选率高达97.3%，共选出人大代表5名。

学校布局结构调整。为促进学科发展和资源整合，学校成立了哲学与法政学院。信息与机电工程学院、体育学院整体办学自2016年下半年起逐步调整至奉贤校区。对徐汇东部校区进行整体规划，实现相对清晰的学院布局。

学生培养。本科学生综合能力提升，在各类国际比赛中获奖11项，国家级各类赛事中获奖224项。创新创业教育卓有成效，获全国大学生创业大赛金奖2项、银奖1项、铜奖1项，居上海市属高校第二位，获批2016年国家级大学生创新项目43

项，学校被列入2016年度上海大学生创新创业训练计划示范校（培育）建设校。学校加强研究生学术创新实践能力培养，获首届“全国教育专业学位教学成果奖”二等奖1项、“全国教育硕士联合培养示范基地”1个，获上海市研究生优秀学位论文21篇，居上海市属高校首位，在“挑战杯”、数模竞赛、英语竞赛、创业竞赛等大赛中获各类奖项131项。学校生源质量持续提高，上海本科招生一本率保持较好水平，外省市第一批录取比例较2015年提高近5%，一本率达到90%，研究生招生规模适度扩大，招生质量持续提高。学生就业率稳步增长，总体就业率96.28%，签约率84.46%。

教学改革。本科教学方面，推进大类招生。学校启动2016年度“世承”“光启”学生培养计划，实施跨学科、跨类别、跨文化培养，促进学生全面卓越发展。修订2016级本科培养方案，出台《实施学分制学生学籍管理办法》，深化完全学分制改革。优化课程体系，推进通识教育课程改革，通识教育选修板块已初步建立7大模块100余门课程。深化实践培养体系改革，构建“三基二辅三导向”的实践教学体系。英语教学改革，满足学生个性化需求，学生学习热情大大激发。重构教学管理系统，把本科生的招生、培养、毕业各环节全程纳入教务管理系统，实现管理信息全覆盖。本科教学改革成果丰硕，获得上海市级精品课程5门、上海高校示范性全英语教学课程1门、上海高校本科重点教学改革项目3项等。

学科建设。高峰高原学科建设进展顺利，产出一批高质量成果，发表A类文章90余篇。研究基地建设方面，获批上海市社会科学创新研究基地1个，上海市教育立法咨询与服务研究基地1个。“环境功能材料”获教育部创新团队滚动支持，加快教育部资源化学国际联合实验室建设，联合科创中心工作卓有成效，光启国际学者中心影响扩大。学位点内涵建设，完成2个二级硕士点的增设论证、3个专业学位点的国家水平评估、2个硕士点的国家合格评估审核论证和4个硕士点的动态调整审核论证。组织参加教育部第四轮学科评估，为下一轮学科布局调整奠定基础。

师资队伍建设。引进、录用教职工150余人，其中教学科研人员120余人（含教授22人），学校专任教师比、海归比、博士学位比有明显提高。加大高端人才建设力度，新增杰青3位、长江学者1位、教育部新世纪人才计划2人、国家优青2人、国家百千万人才工程1人、上海“东方学者”4人、青年东方学者3人、上海青年拔尖人才1人、上海市优秀学科带头人1人、曙光学者2人、启明星学者1人、浦江人才计划4人。共获得中国博士后科学基金资助23项。修订《专业技术岗位设置与聘任实施细则》《专业技术职务聘任办法》等文件，推进人事人才综合改革。

学术科研。理科立项方面，获批国家自然科学基金项目45项、省部级项目31项，批准项目课题经费3059多万元，较去年增长21%；文科立项方面，获批国家社科基金项目24项，其中重大招标项目4项，居全国第九，获省部级项目73项。科研成果方面，理科高影响因子的论文数逐年提高，相关科研成果分别获上海市自然科学奖一等奖、三等奖以及市科技进步奖、市科普教育创新奖各1项。文科获学术贡献奖1项、上海市第十一届中国特色社会主义理论体系研究和宣传优秀成果奖4项、上海市第十三届哲学社会科学优秀成果奖26项、全国教育科学优秀成果三等奖2项。被收录各类市级及以上决策咨询研究报告等共11份。《上海师范大学学报（哲社版）》转载率在全国师范大学学报（含师院）中排名第5位。

教师教育。加强师范生教育实践，深化高端教育实践基地建设，推动研究生国（境）外研习交流活动。与徐汇区、奉贤区签署战略合作框架协议，组建上海师大学区，辐射教师教育影响。成立上海教师教育创新发展中心。做好“国培”计划、民办高校“强师工程”教师培训项目、新上岗辅导员培训项目、新疆喀什地区双语教学与科研培训项目，承办“全球基础教育发展论坛”“中英基础教育论坛”、中英数学教师交流项目，教师教育国内外影响力进一步扩大。梳理学历教育和非学历培训情况，执行校外点管理办法，规范办学，提升教学质量。

交流合作。全年共接待来自19个国家和地区的55个访问团组共计439人次，分别与11个国家、地区的19所高校和机构签订23份合作交流协议。公派出国教师254个团组，404人次，367名学生分赴18个国家和地区的76个学校或机构进行获得学分或学位的专业学习和社会实习，有近600名学生赴海外参加各类短期项目。学校加入教育部来华留学质量认证体系，全年共接受来自88个国家的留学生2502人，留学生人数比2015年同期增加18.7%。修订《中外合作办学项目实施细则》，中外合作办学管理权限与职责进一步明确，办学质量得到保障。海外孔子学院稳定发展，开展文化交流活动。（徐　晨）

【上海市校园足球教练员培训班项目启动】 1月4日，上海市校园足球培训中心与可可维奇足球学院合作达成仪式暨2016年上海市校园足球教练员培训班项目在上海师范大学徐汇校区启动。培训班全年举办12期，每期培训一周，分为专业组和提高班两个不同阶段，预计将培训近千名校园足球教练。首期培训班(第Ⅰ期/小学专业组)由市教委指导，上海师范大学与上海聚运动文化传播有限公司联合承办。学校体育学院结合学科优势，组建足球专家团队，全程参与“外教入校”项目的督导与评估工作，确保项目推进。（徐　晨）

【应勇到校调研】 1月20日，市委副书记应勇调研上海师范大学。市教卫工作党委书记陈克宏、市教委主任苏明陪同调研。应勇考察教育部人文社科重点研究基地——都市文化研究中心、教育部资源化学国际合作联合实验室，应勇听取人才队伍和科研工作的情况介绍。（徐　晨）

市委副书记应勇到上海师范大学调研

【与徐汇区人民政府签署合作框架协议】 3月7日，上海师范大学与徐汇区人民政府合作框架协议签约仪式在学校举行。上海师范大学重点在三个合作领域实现突破：一是要借助当前教育发展的大好形势，主动发挥学校教师教育平台优势，进一步提高基础教育师资队伍建设、学科教学改革等方面的服务质量，服务好上海基础教育。二是要深入了解和对接上海经济社会发展新趋势，探索学科建设新路径，推进学校人才培养模式、学科专业设置升级转型。三是加大与区域文化建设的融合与互补，实现文化资源共享，满足社区居民和高校师生的精神文化需求。（徐　晨）

【获2016年度上海科学技术奖多项奖励】 3月18日，上海市科学技术奖励大会在上海展览中心召开。学校教授李和兴主持的项目“新型光催化剂的合成方法学及其光催化作用的科学问题研究”获上海市自然科学奖一等奖，教授韩茂安主持的项目“动力系统周期解的分支研究”获上海市自然科学奖三等奖，教授开国银主持的项目“丹参等中药活性成分的代谢调控关键技术与作用机理研究”获上海市科技进步奖三等奖。（徐　晨）

【学校校友会成立】 3月26日，上海师范大学校友会(社团登记)成立大会暨一届一次会员代表大会在徐汇校区举行。上海市社团局、上海师范大学领导，市教委、兄弟院校校友会代表、各学院校友工作负责人以及校友会会员代表共250余人出席会议。会上，开启上海师范大学校友会官方App。（徐　晨）

【承办“公平与卓越:全球基础教育发展论坛”】 5月17—19日，由世界银行主办、市教委支持、上海师范大学承办的“公平与卓越:全球基础教育发展论坛”在上海举行。本次论坛主题为“上海基础教育发展经验分享”，来自世界银行和30多个国家共计130多名教育官员出席。开幕式上，上海市副市长翁铁慧、上海师范大学校长朱自强、世界银行中国局局长Bert Hofman、世界银行教育高级局长Claudia

Costin致辞。世界银行高级教育专家、中国教育主管梁晓燕做了以《上海是如何做的？——上海基础教育政策和实践的基准测评》为题的主报告。在论坛讨论单元，市教委副主任王平分享上海在教师教育、教师培训和专业发展等方面的经验。论坛期间，各国代表和世界银行教育官员考察上海市蔷薇小学、上海市实验学校西校等8所中小学，与校长及一线教师进行互动交流。（徐　晨）

【上海教师教育创新发展中心揭牌】 5月25日，上海教师教育创新发展中心在上海师范大学揭牌成立，旨在更好地实现卓越教师培养，凸显上海教育综合改革实验区的创新举措。该中心汇聚全市优质资源，聘请名师担任特聘教授参与教师培养，引领教师教育改革与创新的研究方向，进一步探索建立师资队伍培养的大学、政府、中小学三方联动机制。（徐　晨）

【专题培训上海中小学体育课程改革试点学校体育教师】 6月26日，上海市小学兴趣化、初中多样化体育课程改革试点学校体育教师专题培训班开班仪式在上海师范大学会议中心举行。专题培训面向全市130名中小学体育教师开展，进一步推动上海市"小学兴趣化，初中多样化"体育课程改革工作。（徐　晨）

【举行本科高校新辅导员岗前培训】 9月19日，首届上海市属本科高校新辅导员岗前培训开学典礼暨始业教育在上海师范大学举行。高校新辅导员岗前培训既保持与新入职专任教师培训一致的素质养成、宏观视野等内容，又专门设立大学学情、心理健康辅导、危机干预、就业指导、社团辅导、形势政策教育等辅导员专题课程，为促进新辅导员专业成长与职业发展提供动力支持与配套激励。（徐　晨）

【新一轮中英数学教师交流项目启动仪式举行】 11月7日，2016—2017中英数学教师交流项目启动仪式在上海师范大学举行。来自英国的70余位小学数学教师参加启动仪式。中英数学教师交流项目是中英高级别人文交流机制中的重点项目，由中英两国教育部共同商定，由市教委、上海师大、英国国家教学与领导力学院、英国卓越数学教学中心共同实施。该项目对于促进中英两国中小学数学教师的专业发展、扩展中国（上海）中小学数学教师的国际视野和教学能力、传播上海基础教育、数学教育和教师发展的经验，提升两国教育国际交流层次均具有推动作用。（徐　晨）

中英数学教师交流项目启动

【上海师德研究与评价中心揭牌】 11月26日，上海师德研究与评价中心成立暨核心价值、教师道德与立德树人学术研讨会在上海师范大学徐汇校区召开。市教委、教育部和学校领导，以及来自复旦大学、华东师范大学、北京师范大学等全国著名专家学者、上海市中小学名校校长、教师代表等120余人出席中心成立大会和学术研讨会。这是全国成立的首家师德研究与评价机构，具有开创性意义。（徐　晨）

【与奉贤区开展全面合作】 11月30日，上海师范大学与奉贤区人民政府合作框架协议签约仪式在奉贤区政府举行。双方将在共建优质学校，促进区域教育事业发展，实施高端培训，加快基础教育内涵发展，引导校企合作，推动产学研全面发展，发挥学科人才优势，推进区域社会全面发展等方面展开全面合作。（徐　晨）

【校园版民族歌剧《党的女儿》进京演出】 12月21日，上海师范大学的校园版民族歌剧《党的女儿》赴京在清华大学的清华学堂演出。此次演出是上海师大历史上首次在清华大学进行文化交流活动，同时也是《党的女儿》剧组首次在北京演出。《党的女儿》首演于1991年，上海师大于2009年创排，2016年创新复排该剧。全剧由上海师大音乐学院师生共同改编而成，在该剧的创作、演出过程中，上海师大将其与“两学一做”学习教育、党支部生活等党员干部教育活动相结合并在新生入党启蒙教育和新生教育中发挥作用。（徐　晨）

上海师范大学校园版民族歌剧《党的女儿》赴京演出

附：学校负责人及地址

（2016年1—12月）

校党委书记：滕建勇
副　书　记：杨卫武、秦莉萍、葛卫华、裴小倩（7月到任）

校　　长：朱自强
副 校 长：葛卫华、康　年、高建华、柯勤飞、刘晓敏、张峥嵘
总会计师：曹光明

徐汇校区地址：桂林路100号
邮编：200234
电话：64322881

奉贤校区地址：海思路100号
邮编：201418
电话：57122472

上海对外经贸大学

【2016年概况】 学校认真学习贯彻党的十八大、十八届三中、四中、五中、六中全会精神，在“四个全面”治国理政战略框架下，以“五大发展理念”为引领，在学校党委领导下，紧紧依靠全校师生员工，坚持改革创新，依法治校，注重内涵建设，加快推进教育现代化，各项事业取得新的进步。

事业规划与现代大学制度建设稳步推进。年内，学校完成《上海对外经贸大学十三五规划(2016—2020)》(总规划)、10个分规划和12个学院规划的制定并启动建设；规划明确学校新的发展理念、学校定位、学校战略目标等重要内容，进一步统一思想、形成共识、明确任务。学校重新修订《上海对外经贸大学学术委员会章程》《学术委员会议事规则》《学科建设与科学研究委员会规程》《学术道德委员会规程》等规章制度和管理文件。同时着重推进人事制度、职称评审制度、绩效工资管理制度、校院二级事权界定等项改革。

师资队伍建设迈向新高度。年内，学校继续实施“人才强校”战略，通过“引育并举”，建立多元人才引进模式，制定海外优秀人才引进政策，探索柔性引进的体制机制，使师资队伍总量规模显著扩大，结构也得到进一步优化。一线教师队伍中高级职称占比近60%，博士比例超过60%，一线教师中参加过3个月海外培训的人员达到45%，学校引进和柔性引进纳入高峰高原学科管理人才 7 人，其中教育部新世纪优秀人才 1 名。学校 2 名教师入选上海高校青年东方学者，3 名教师获上海市浦江人才计划资助。学校完成 2016 年度高级职称晋升工作，晋升正高 5 人、副高 9 人。学校辅导员队伍建设取得新成绩，1 名辅导员获评上海高校辅导员年度人物，并获全国辅导员年度人物提名奖，1 名辅导员获全国辅导员职业能力大赛二等奖。学校继续规范管理、考核、评价体系，制定《教学名师评选办法》《教学标兵评选办法》《本科生导师制管理办法》《副高级专业技术职务评聘规则》、《高级专业技术职务晋升同行评议操作规则》《优秀博士引进待遇规定》等文件，扩大二级单位评聘自主权，开展教师分类考核评价制度改革，继续实施校长直接聘任副教授制度，探索与国际接轨的“常任轨”制度体系，酝酿成立教师发展中心和人才办公室，为深化人事分配制度和绩效工资改革打下基础。

人才培养取得突出成绩。年内，学校由本科教学骨干教师激励计划培育单位转为正式实施单位，继续坚持教师弹性坐班及自习辅导长效机制，推进教育教学改革。学校启动 2017 年本科审核评估各项准备工作，并完成本科教学基本状态数据采集。学校 3 门课程被授予 2016 年上海高校市级精品课程，3 门课程被立项为 2016 年上海高校示范性全英语课程建设项目，2 门课程被授予“上海高校示范性全英语课程”称号，2 门课程被立项为 2016 年上海高校优质在线课程建设项目，2 个项目获 2016 年上海高校本科重点教学改革项目立项资助，35 个项目获批 2016 年大学生创新创业训练项目，109 个项目获 2016 年上海大学生创新活动计划项目立项资助。学校“古北 620”创业孵化基地启用，其入孵项目获千万 A 轮融资。学校建立“四位一体”创新创业育人生态系统，并获“上海大学生创新创业训练计划示范校（培育）单位”称号。学校《人文中国》课程开讲。龙舟、射艺等“中华传统体育文化项目”课程更加完备。举办 2016 年全国大学生射箭（射艺）邀请赛，2016 年上海市大学生冰壶锦标赛，承办劳力士杯网球大师赛挑战杯赛。同时，学生在各类竞赛活动中屡创佳绩，如“外研社杯”全国大学生英语辩论赛华东赛区一等奖、未来领导者论坛东亚赛区冠军、中国大数据创新行动大赛一等奖、中国高校 SAS 数据分析大赛四十强、全国研究生数学建模竞赛一等奖、第三届全国商务英语实践大赛（华东赛区）冠军等。学校 1 名学生获评 2015 上海市大学生年度人物，3 篇硕士论文获得上海市研究生优秀论文。

成立研究生院。学校着力推进商科创新人才研究生教育的改革与创新，明确研究生培养的主体在各学位点并按一级学科分类制订教学计划。专业硕士与学位硕士研究生的分类培养管理制度体系初步形成。学校 MBA 项目在教育部工商管理硕士专业学位点评估中获江浙沪地区院校小组第二，在全国第九批 52 所院校中名列第三。

招生就业继续保持领先优势。秋季统招，学校生源质量稳中有升。研究生第一志愿录取率达到最好水平。本科生和研究生就业率都稳步提升。学校与麦可思公司联合发布的《上海对外经贸大学毕业生培养质量中期评价报告（2016）》显示，学校已毕业五年的学生对母校的认同感、专业培养的认可度等方面依旧保持很高的比例。

学科与科研工作取得新突破。年内，学校共获 22 个国家级项目，其中国家社科项目 12 项，两者均创下历史新高。国家社科基金重大项目再获突破，《面向国家公共安全的互联网信息行为及治理研究》获得立项。同时，学校教师的各项科研指标均有提升，尤其是国际论文指标进步明显，年内，全校教师共发表 SSCI、SCI、EI 等高级别国际论文 20 余篇，另有 20 余篇决策咨询内参被录用。同时，学校建章立制，推动高峰高原学科建设，学科水平、学科成果都有较快发展，高峰高原学科团队建设已见成效。学校继续推进自贸区协同创新中心建设，出版《中国战略性大宗商品发展报告（2016）》。学校新增 1 个省部级研究基地暨上海对外经贸大学“数据科学与管理决策”重点实验室。学校上海高校智库获“全国服务贸易创新研究基地”称号。学校探索建立科学合理的科研评价体系，改革与完善科研评价制度。

办学国际化事业进一步拓展。学校各类留学生总数保持稳定，共有来自 100 多个国家的 2000

余名各类留学生在校学习，其中本科、研究生的在籍学历生达到246名。同时，学生双向交流规模不断扩大，结构趋于多元。学校与新西兰奥塔哥理工学院、荷兰温德斯海姆应用科学大学、日本杏林大学、波兰托伦哥白尼大学、英国切斯特大学、奥地利克莱姆斯应用科技大学、比利时布鲁塞尔自由大学、阿根廷商业大学、莫斯科国立大学等15所高校新签订各类合作协议，并主办第六届上海暑期学校——大洋洲项目。学校卢布尔雅那大学孔子学院获“全球先进孔子学院”殊荣，这是学校孔子学院工作首次获得的最高荣誉。更重要的是，学校还起草《新时期教育对外开放规划(2016—2020)》，对学校十三五期间的教育国际化战略进行部署。

资源保障与文明校园建设扎实推进。年内，学校古北校区综合楼项目通过“上海市文明工地”验收和“长宁区优质结构”验收，12月底基本建成。学校松江校区学生公寓建设主体变更(回购)修缮工程项目于4月获上海市教育委员会批复，将分四年对所有34幢学生宿舍进行修缮。完成松江校区网球场、学生社区办公室装修或维修。学校信息化工作有序开展，管理决策系统开发、数字迎新、一卡通微信充值、湖滨楼与德政楼无线升级等方面的建设，使校园生活更加便利。进一步挖掘图书馆资源潜力，实现阅览室的全天候开放。创新管理模式，搭建学生参与学校管理的新平台。学校整体推进“平安高校”建设。古北体育中心被授予“高校治安安全示范点”称号。松江清真餐厅获“6T”实务现场管理达标食堂称号。

社会服务功能显著提升。年内，学校成立“一带一路”(上海)协同创新研究院、文化创意产业研究院、绿色经贸中心等研究基地，服务经济社会发展。与江西省鹰潭市人民政府签订战略合作框架协议，建立国际学生中国文化体验基地。与上海松江区政府合作创办上海对外经贸大学附属松江实验学校，打造“外语特色，学有所长，文理兼通，全面发展”的九年一贯制义务教育学校。持续不断推进校友工作，成立新加坡校友分会和湖南校友分会。举办第一届多层次资本市场与公司治理、2016年度中日经济、中非经贸合作的法治保障、“海上丝绸之路”印度洋通道安全建设、中国加入世贸组织15周年与上海自贸区建设、G20与强化多边贸易体制等多场重要国际会议或论坛。

内控体系建设不断完善。年内，学校修订《上海对外经贸大学财务报销管理规定》《上海对外经贸大学因公临时出国及经费管理办法(试行)》《上海对外经贸大学外事接待及经费管理办法》等管理文件。开发使用“网上预约报销系统”“预算申报系统”“电子票据”等5个财务软件系统。学校招投标工作成效显著，严格执行从项目采购、使用管理、过程监督相对分离又有机统一的工作机制。学校制定并实施多部规范资产管理的文件，建设资产管理信息系统，根据规范程序对资产进行定期审核盘点、跟踪管理和使用处置，提高资产管理的信息化和规范化水平。学校将审计处与纪检监察处分开设立，强化经济责任审计、基本建设(修缮)项目审计等工作对促进学校科学发展的监督服务职能。学校以绩效工资管理额度为刚性约束条件，重新清理人员经费管理有关制度，重建责任体系和管控体系。 (陈　成)

【参加亚洲太平洋国际教育协会2016年会】 2月，“亚洲太平洋国际教育协会(APAIE)2016年会与展会”在澳大利亚墨尔本举行学校应邀赴会。其间，学校分别与荷兰汉恩应用科技大学、国立首尔科技大学、SAF海外学习基金会、伍伦贡大学、RMIT商学院等院校和机构进行会谈，为将来与有关院校或机构深化合作做准备。 (陈　成)

【学校表彰“上海领军人才”】 3月18日，上海领军人才表彰暨黄建忠教授学术报告会在松江校区举行。高层次人才在学校发展中发挥重要的领军作用，学校非常重视高层次人才建设，坚持引、育并举，让各类人才工作有条件，干事有平台，发展有空间；学校将为领军人才创造更好的工作、学习和生活环境。学校的发展需要一大批领军人才，需要高水平的师资队伍和管理服务队伍。 (陈　成)

【第五届全国大学生物流设计大赛决赛举行】 4月

23 日，由教育部高等学校物流管理与工程类专业教学指导委员会和中国物流与采购联合会联合主办的“郑明杯”第五届全国大学生物流设计大赛决赛在学校松江校区举行。60 支进入决赛的参赛队伍展开角逐。大赛组委会邀请来自全国各地的物流行业专家、物流院校知名教授和企业领导等组成了专家评审组。大赛以企业真实经营状况和业务数据作为案例进行方案设计，采用现场陈述演示作品、专家提问、队员现场答辩的方式进行。

（陈　成）

【斯洛文尼亚首尊孔子铜像揭幕】 5 月 27 日，斯洛文尼亚首尊孔子铜像揭幕仪式在卢布尔雅那大学孔子学院举行。中国驻斯洛文尼亚大使、卢布尔雅那大学经济学院院长、卢布尔雅那大学孔子学院外方院长和中方院长，以及制作并捐赠孔子像的南京市艺术家代表等参加揭幕仪式。孔子学院在沟通中斯两国经济文化方面所起到桥梁作用，孔子铜像的到来成为双方深化合作的新的起点。孔子是孔子学院的标志，是中华思想文化的杰出代表，其立德修身、勤而好学的精神更是具有世界意义。这尊孔子铜像立于该校新落成的孔子学院多功能厅。

（陈　成）

【入选上海高校青年东方学者】 5 月，中共上海市教育卫生工作委员会、上海市教育委员会发文公布 2016 年度上海高校青年东方学者称号获奖者名单，学校的两名海归博士入选。（陈　成）

【中国“一带一路”(上海)协同创新研究院揭牌】 6 月 5 日，中国“一带一路”(上海)协同创新研究院成立暨“经贸航运发展与地区安全”学术研讨会于学校松江校区举行。武汉大学、兰州大学、华中师范大学、辽宁大学、新疆大学、中南财经政法大学、南京师范大学、上海海事大学、汕尾市海洋产业研究院、汕尾职业技术学院、上海政法学院、湖北科技学院、昆明学院、许昌学院等来自全国 10 多所高校和科研院所的专家学者参加本次会议。该研究院依托各发起单位以及个人发起人在相关领域所具有的科研优势和学术能力，本着开放性、协同性理念的一个“协同创新”平台。（陈　成）

【“古北 620”创业孵化基地启用】 6 月 28 日，学校“古北 620”创业孵化基地启用仪式在位于长宁区的古北校区举行。同时，长宁区创业孵化基地、创业服务指导站揭牌，首批入驻项目代表获学校发放的“金钥匙”，大学生创业天使基金也正式启用。同济大学、东华大学、上海财经大学、上海工程技术大学与学校共同签署《高校创业孵化空间合作共建备忘录》。（陈　成）

上海对外经贸大学“古北 620”创业孵化基地启用

【举办“G20 与强化多边贸易体制”圆桌会议】 7 月 8 日，学校和世界贸易组织(WTO)、上海市社会科学界联合会共同举办的“G20 与强化多边贸易体制”圆桌会议在古北校区召开。本次会议得到世贸组织教席计划和上海高校智库项目的联合支持。来自国际组织(特别是 WTO)、政府部门以及国内外知名大学和研究机构的约 50 名专家和学者围绕“基于《内罗毕决定》重振世界贸易组织谈判”“全球价值链、投资、电子商务和中小型企业等新议题”“区域贸易协定如何支持多边贸易体制”和“加强世界贸易组织透明度和监管职能”等四个议题展开讨论。（陈　成）

【国际网球挑战赛上海站启动仪式举行】 9 月 5 日，通向劳力士大师赛之路国际网球挑战赛上海站启动仪式暨签约仪式在学校松江校区举行。国际网球赛事在我国首次进入校园是体教结合的创新方式和历史性突破，它将对上海市高校网球运动的开展和网球文化的传播起到积极的推进作用。学校和上海久事国际赛事管理有限公司共同签署赛事合作协议。根据承办协议,今后三年内,挑战赛上海站比赛将持续在学校举办。 (陈 成)

【获 2016 年上海市浦江人才计划资助】 9 月,学校统计与信息学院的 3 名博士郝程程、范彩云和李睿入选 2016 年度上海市浦江人才计划资助人员名单。其中,博士郝程程的《高阶张量数据的协方差矩阵度量》获 A 类资助,博士范彩云《个性化处理方案的估计与建模及其在经济中的应用》与博士李睿《高维复杂数据的稀疏化建模及应用研究》获 C 类资助。 (陈 成)

【获评 2015 年度上海市研究生优秀学位论文】 9 月,学校 2011 级国际贸易学专业研究生赵瑞丽的学位论文《最低工资、企业组织与城市出口复杂度》、民商法学专业研究生张岑的学位论文《第三方支付中沉淀资金的归属及监管研究》、外国语言学及应用语言学专业研究生孔晓杰的学位论文《对〈纽约时报〉、〈洛杉矶时报〉和〈华盛顿邮报〉关于日本加入 TPP 谈判报道的批评话语分析》被评为 2015 年度上海市研究生优秀学位论文。三篇硕士学位论文涵盖应用经济学、法学和外国语言文学三个一级学科,创学校历年获上海市优秀硕士学位论文数量新高。上海市研究生优秀成果(学位论文)评选工作是建立有效的研究生培养质量监督和激励机制、提高研究生培养和学位授予质量的重要措施。学校将以此为契机,持续完善研究生教育质量保障体系,进一步提高研究生培养质量。(陈 成)

【校长受聘为上海市政府参事】 11 月 2 日,上海市委副书记、市长杨雄为新任的 9 名市政府参事颁发聘书,校长孙海鸣受聘为市政府参事。此次新聘参事主要是来自经济、科技、文化、卫生等领域的专家。学校原校长王新奎任参事室主任。

(陈 成)

附:学校负责人及地址

(2016 年 1—12 月)

校党委书记:殷 耀
副 书 记:楼军江、祁 明

校 长:孙海鸣
副校长:祁 明、陈 洁、聂 清、徐永林

松江校区地址:文翔路 1900 号
邮编:201620
电话:67703000

古北校区地址:古北路 620 号
邮编:200336
电话:52067202

上海应用技术大学

【2016 年概况】 学校有学院(部)19 个。设有本科专业 49 个、一级学科硕士点 4 个(包括 22 个二级学科和方向)、专业学位授权领域 3 个。本科在校生 13870 人,研究生 921 人。专任教师 934 人,教授(正高)125 人,副教授(副高)365 人,具有博士学位的教师 525 人,具有硕士学位的教师 290 人。学校现有工程院士 1 名(双聘)、上海"千人计划"4 人、"东方学者"12 人。拥有奉贤、徐汇两个校区,占地总面积 95.2 万平方米。

一、发展规划与内部治理。学校制定"十三五"发展规划,明确建设具有国际影响力的高水平应用技术大学的发展目标,确定实现高水平应用技术大学的关键性指标和基本途径。优化内部治理结构，以完善现代大学制度推进大学新常态建设，成立第一届理事会、第一届学术委员会和第一届教学指导委员会，初步实现行政权与学术权的分离。

二、人才培养。1.完善教学管理，启动本科教学工作审核评估。学校制订《本科生转专业管理办法》，加大学生转专业力度，规范转专业操作流程。继续实施教师教学激励计划，并以制度的形式向常规化实施转变。做好审核评估相关准备工作，完成教学基本状态数据的上报任务和《学校自评报告》的起草工作，组织开展教学资料规范建档和专项检查。开展第九届"教学质量月"系列活动，完成16个专业的达标评估，制定学校参与工程教育专业认证的实施计划。2.依托产教融合，推进应用型专业转型发展。继续推进卓越计划、应用型本科试点专业建设，"香料香精技术与工程"成功设置为目录外专业，食品科学与工程、机械制造及其自动化新增为上海市属高校应用型试点专业。全面修订完成2016级人才培养方案。深化产教融合校企合作，扩大"双证融通"试点面，继续推进"双百"工程，推进"轨道交通运行与安全实验室"上海市级实验教学示范中心建设。努力推进"本科教学质量工程"，新增国家级精品资源共享课1门。深化开展"三创"教育，学校"三创"教育取得新成效，获批为上海市大学生创新创业训练计划示范校(重点培育)建设单位。开展适应应用型人才综合素质培养的通识教育改革，大力推进通识教育课程体系建设。着力推进思政教学改革，马克思主义学院入选上海市"高校示范马克思主义学院"建设计划。做好"中—本""高—本"贯通教育改革试点工作。3.推进研究生培养，增强研究生教育综合实力。继续强化招生和日常管理，推进研究生教育学科规范和教学督导，获批轻工技术与工程专业学位硕士授权点。研究生硕士论文首次被评为上海市研究生优秀成果(学位论文)。发布《2015—2016年度学位与研究生教育质量年度报告》。4.改进工作手段，提升招生生源质量。学校多形式、多平台、多渠道深化招生宣传活动，突出学院招生宣传主体地位，生源质量提升显著。一批次招生专业扩大到7个省市，17个专业(大类)。2016年招收新生4463人，其中本科4053人、专升本131人、高职279人。充分发挥春招、三校生招生所赋予的自主权，完善自主选拔人才机制。5.优化合作项目，推进人才培养国际化。学校举办国际文化节、教师英语教学能力培训等多项活动，启动并遴选出校内第一批全英语授课建设课程。学校对外交流不断扩大，2016年新增合作协议15份(其中新增两个研究生联合培养项目的合作协议)，实现研究生层面海外联合培养的新突破。全年共执行28个学生海外交流项目，派往海外院校学习、实习和培训的学生人数近420名，涉及18个国家和地区。学校的外国留学生总数近200人。

三、学科建设。学校以协同创新平台为途径，优化学科战略布局。1.加强协同创新平台建设管理。学校构建由省部级、地方级、校级和学院级构成的协同创新平台框架体系，全年共立项批准35个协同创新平台。2.继续推进中央财政支持地方高校发展专项资金项目建设，大力推进东方美谷研究院平台、轨道交通服役装备安全检测与控制工程中心两个子项目的建设。3.持续推进高峰高原学科建设。新聘请包括院士、杰青在内的13名专家。推进材料科学与工程、设计学等学科与兄弟高校、科研院所和行业企业协同建设，布局Ⅳ类高峰学科建设。4.组织教育部第四轮学科水平评估，获批产教融合发展工程规划项目。入选上海高校智库内涵建设计划，实现学校该类基地建设"零"的突破。

四、科学研究和科技成果转化。2016年科研经费到款11660万元，同比增长38%。获批国家级科研项目34项(其中国家社科项目2项)，联盟计划52项。获批"国家重点研发计划"重点专项，实现历史突破。获批曙光项目2项。在第18届中国国际工业博览会中，学校参展项目"多功能一体化生物柴油制备装置"被评为高校展区特等奖。2016年新签订产学研全面合作协议20份，成立技术转移中心或联盟6家。着力推进学校与上海科学院、上海半导体照明工程技术研究中心共建的国家半导体照明应用系统工程技术研究中心。有效推进学校科技成果的转化，印尼褐煤品质提升、家用酿酒器成功开发上市、合作组建新公司处理高浓度化工废水等转化成果成效明显。

五、师资队伍建设。2016年引进人员共112

人。获批东方学者2人、上海市领军人才1人、上海市优秀技术带头人1人、上海市“启明星”计划1人、曙光学者2人、上海市育才奖8人。组织33名新进教师参加2016年“上海市属本科高校新进教师岗前培训”，做好教师发展工作。

修订人员经费拨款模型，制定《上海应用技术大学院(部)岗位编制计算办法》，进一步激发学院(部)的活力，优化人力资源配置，促进绩效管理。积极探索设立多元化专业技术职务，制定不同岗位的晋升标准与条件，激发教师各类人才的活力，推动教师队伍建设与发展。加强青年教师队伍建设，建立首聘考核制度，进一步加强学校人事工作的过程管理和目标考核。

六、学生工作。开展365青年成长计划、第六届“校长奖”评选活动和“学习标兵”“学习型寝室”和“优良学风班”评选，继续实施“天天讲”等活动。创建“社区微讲堂”，全年共开展微讲堂80场。举办2016年辅导员论坛，辅导员团队第一次获上海市高校拓展活动团体一等奖，获首批“上海市高校创业指导站”授牌。2016届毕业生签约率87.68%，就业率99.49%。

七、办学支撑建设工作。组织开展庆祝建党95周年暨长征胜利80周年系列活动。举行“忠诠一尔纯”思想政治教育奖、詹守成奖学金、教师节表彰、校园文化艺术节、高雅艺术进校园等活动，暑托班纳入团市委的爱心班体系、易班体验中心启用，启动“学术星空——教授下午茶”。举办更名仪式暨校庆62周年、“回首长征路　颂歌献给党”师生合唱比赛等，提升师生的荣誉感和自豪感。新体育馆、田径场、新教师公寓、学生公寓、徐汇校区新食堂投入使用，校园院线落户学校。继续推进综合实验楼、特教大楼、先贤语迹文化景观工程等，四期项目得以立项。依托校领导接待日、校长午餐会等，构建立体化的师生意见诉求和反馈制度，畅通沟通渠道。（秦　凤）

【更名为“上海应用技术大学”】 3月1日，教育部发布《关于同意上海应用技术学院更名为上海应用技术大学的函》(教发函〔2016〕47号)，对学校办学定位、办学规模等方面提出了相关要求，同时撤销上海应用技术学院建制。（秦　凤）

【举办上海奉贤海湾大学园区第九届年会】 7月7日，上海奉贤海湾大学园区联席会议第九届年会在学校举行。海湾大学园区各高校及奉贤区政府有关部门负责人出席会议。会议就继续改善海湾大学园区师生交通出行条件、优化周边高层次基础教育及医疗服务、加大校园周边环境整治力度以及加强高校科研成果转化和大学生创业平台体系建设等工作进行讨论并达成共识。（秦　凤）

【获批“国家重点研发计划”重点专项】 上海应用技术大学教授肖作兵科研团队申报的“芳香纳米材料制备与应用研究”项目，获批2016年“国家重点研发计划”重点专项，其项目科技部专项资助经费3520万元。（秦　凤）

【课程“中国智造”开讲】 10月14日，上海高校思政课教学改革试点课程“中国智造”举行首讲。课程采取“教师主导，专家主讲，师生互动”的“项链模式”，是学校深入推进面向应用型人才培养的思政课教学改革的重要举措。课程分九讲，从不同角度阐述“中国制造”的过去、现在和未来及其对应用型人才培养的挑战和要求，并邀请校内外教授和多名大型制造企业的专家主讲。（秦　凤）

【获国际工业博览会高校展区特等奖】 11月1—5日，学校携11项成果亮相第十八届中国国际工业博览会，其中“多功能一体化生物柴油制备装置”被大会组委会评为高校展区特等奖，这也是近年来学校参加工博会获得的最高奖项。“柔性LED灯丝球泡灯制备技术”获高校展区二等奖。（秦　凤）

上海应用技术大学11项项目参展2016工博会

【蔡威到校调研】 11月14日，市政协副主席蔡威及农工党上海市委一行围绕高校双一流建设情况到校考察调研，听取学校发展现状、规划与发展、经验成效等方面的汇报，还就应用型高校评估和投入、绩效工资水平、青年教师引进、远郊交通情况等方面与学校进行深入探讨和交流。（秦 凤）

【翁铁慧到校调研】 11月30日，上海市副市长翁铁慧到校调研指导工作，听取学校当前及“十三五”期间改革发展情况汇报，与校党政领导就学校改革建设发展事宜进行深入交流。翁铁慧视察了学校轨道交通学院、机械工程学院、城市建设与安全工程学院，看望干部师生。（秦 凤）

副市长翁铁慧到上海应用技术大学调研

【入选市“高校示范马克思主义学院”建设计划】 学校马克思主义学院入选上海市第二批“高校示范马克思主义学院”建设计划。学校以学生成长成才为导向，以马克思主义理论研究、思想政治理论课教学为重点，立足应用型本科院校特点，扎实推进思想政治理论课建设和教学改革。（秦 凤）

【举办中国香料香精科技创新发展高层论坛】 12月18日，学校举办中国香料香精科技创新发展高层论坛暨上海香料研究所成立60周年庆典。上海香料研究所所长、香料香精技术与工程学院院长肖作兵作主旨演讲。论坛围绕香料香精技术、天然生物质技术与工程等研究领域，邀请来自中国科学院、高校和科研院所的专家、教授为论坛来宾作专题报告。（秦 凤）

【成立东方美谷研究院】 12月29日，学校东方美谷研究院正式落户东方美谷核心区——临港漕河泾科技绿洲（南桥）园区，标志着“区区合作、品牌联动”战略取得初步成果。（秦 凤）

附：学校负责人及地址

（2016年1—12月）

校党委书记：刘宇陆
校党委副书记：宋敏娟、张艳萍

校 长：陆 靖
副校长：张艳萍（兼）、陈东辉、叶银忠、张锁怀

奉贤校区地址：海泉路100号
邮编：201418
电话：60873530

徐汇校区地址：漕宝路120号
邮编：200235

上海海事大学

【2016年概况】 学校有2个博士后科研流动站、2个一级学科博士点、19个二级学科博士点、13个一级学科硕士学位授权点、59个二级学科硕士学位授权点、6个专业学位硕士授权点、46个本科专业、10个专科（高职）专业。在校生21000余人，其中本科生17000余人、各类在校研究生3500余人、留学

生600余人。学校专任教师1156人。

一、综合改革与现代大学制度建设。《上海海事大学教育事业发展“十三五”规划》编制完成。教育综合改革有序推进。《上海海事大学章程》有效实施，章程配套制度体系基本建立。学术治理体系逐步理顺，印发学术委员会章程、教学指导委员会章程。学院主体地位进一步落实，二级单位党政联席会议议事规则进一步规范。

二、人才培养。遴选10个专业开展综合改革，开展3个第二专业学位教育，完成11个本科专业达标评估。新增上海市精品课程3门、上海高校示范性全英语教学课程3门、上海高校优质在线课程2门。立项校级重点课程20门、精品课程6门。立项校级全英语课程36门。建设在线课程10门，其中7门已通过验收。本科生毕业论文一次查重通过率为89.03%，抽检“盲审”通过率为93.89%。入选国家级大学生创新创业训练计划项目56项，160个大学生创新创业项目获市教委立项资助。本科生在各级各类竞赛中获得市级以上奖项610人次，其中包括全国大学生物流设计大赛全国一等奖1项、全国大学生智能汽车竞赛全国二等奖2项、全国大学生电子商务“创新、创意及创业”挑战赛全国总决赛一等奖1项、第七届全国大学生机械创新设计大赛全国二等奖1项等。2016级大类培养类别12个，涵盖29个本科专业。一年级通识教育必修课程实施教考分离。全面实施教师教学激励计划。教授、副教授为本科生授课比例提高。实施教师坐班答疑制度，增开公共课程教师校内自习辅导，落实本科生导师考核、淘汰、补选等制度。开展教师教学能力提升系列活动，举办2016年度上海海事大学全英语教学竞赛。获2016年上海高校青年教师教学竞赛二等奖2项、三等奖1项、优胜奖2项。深化研究生教育综合改革。完成博导导师岗位制、专业学位研究生培养模式改革、博士生科研自律组织建立及导师培训制等试点工作。试点运作博士生学苑。与中船集团公司上海船舶研究设计院等多家机构共建上海海事大学—船舶与海洋工程—研究院所联盟产学研合作人才联合培养基地。年内共建设全国示范性工程专业学位研究生联合培养基地1个、上海市级实践基地16个、上海市示范级实践基地2个、校级实践基地44个。年内进入校级及以上实践基地参加专业实践的研究生达515人，占专业硕士总人数的87%。获批上海市研究生专项孵化类项目2项。162个小组参加2016年全国研究生数学建模大赛，43个参赛小组分获一、二、三等奖。获全国研究生电子设计竞赛二等奖1项、三等奖1项；获全国研究生智慧城市技术与创意设计大赛二等奖1项。发表高水平学术论文134篇。年内派出58名研究生参加各类研究生国际交流项目，其中有1/4为攻读学位。初步建立“3+X”实验室管理格局，实验课程提高到364门，实验项目提高到1784项。

三、科研工作。高峰高原学科建设计划共获资助4661万元。科技经费总量2.8亿元。获国家级项目47项，其中国家自然基金40项，省部级项目68项。纵向科技经费达3962万元。获各类科技奖项47项，其中省部级奖15项。获2016年度上海市科技进步一等奖1项、二等奖1项、三等奖4项。在上海市第十一届中国特色社会主义理论体系研究和宣传优秀成果、上海市第十三届哲学社会科学优秀成果奖项评选中，获论文类优秀成果奖一等奖1项、二等奖4项。发表SCI期刊论文194篇、SSCI期刊论文9篇、ESI高被引与热点论文6篇、发表《自然》评述类论文2篇。申请专利160件，其中，发明专利119件。授权专利136件，其中，授权发明专利92件。学术期刊的质量和影响力继续提高，杂志总社被上海市新闻出版局推荐参评中国出版政府奖先进单位，2份期刊入选中国高校科技期刊研究会中国高校优秀科技期刊，4份期刊入选中国高校科技期刊研究会中国高校编辑出版质量优秀科技期刊。出版图书63种。首次入选“国家古籍整理出版专项经费资助”项目1项，入选“上海高校服务国家重大战略出版工程”2016年项目3项、2017年项目2项，入选2016年“上海文化发展基金”项目1项，入选国家“十三五”重点图书计划2项。中国（上海）自贸区供应链研究院获批为上海市社会科学创新研究基地，并入选首批中国智库索引（CTTI）来源智库。获批上海高校智库内涵建设计划1项。上海航运物流信息工程技术研究中心完成上海市科委2013—2015年三年期建设评估。

年内，共有4个决策咨询研究基地课题获得立项。2份报告获得市领导批示。

四、师资队伍建设。新增上海千人计划2人、上海高校青年东方学者3人。入选上海青年拔尖人才1人、曙光学者1人、浦江人才计划3人、宝钢优秀教师奖1人。新增校特聘教授3人，其中，教育部新世纪优秀人才计划获得者2人。新增校讲座教授12人。引进博士56人。新增入站师资博士后3人。

五、招生就业和学生管理。在全国29个省（市）招生，录取本科新生4070人。2016届毕业生5831人，其中，硕士毕业生1349人、本科毕业生4173人、专科毕业生309人。开展“培育和践行社会主义核心价值观”系列主题教育活动，承办易班“校园好声音”全国总决赛。设立学生事务中心。学校联合政府及周边高校共创临港地区大学生创新创业立体孵化园区，有5个团队成功注册公司，其中1支团队获上海市“创业在上海”创新创业大赛团队组优胜奖。学校获得上海市高校首批创业指导站称号。获“2016年度易班全国十佳辅导员”荣誉称号1项。通过国家助学贷款等方式为3474名困难学生解决学费和生活费问题，发放各类助学金943.47万元。年内共计6298名学生获得各类奖学金资助，总金额达1092万元。

六、国际交流。学校与加拿大渥太华大学等境外高校建立合作关系，与俄罗斯斯涅维尔斯基国立海事大学续签校际合作协议，与日本邮船株式会社续签奖学金项目协议。新增6个海外学习项目。1项中外合作办学项目获评为“上海市示范性中外合作办学项目”称号。启动哥本哈根商学院交换生项目。与丹麦诺登航运公司合作举办第11期上海海事大学—诺登研讨会，与丹麦劳瑞森航运公司合作举办第2届航运研讨会，与法国TSI公司联合成立“上海海事大学-elecworks智能电气设计联合实验室”。131名海外专家到校进行长短期讲学。1名海外专家获得国家外国专家局2016年度教科文卫重点引智项目资助，4名海外专家获得上海市外国专家局2016年度引进国外技术、管理人才项目资助。年内有435名学生参加不同类别的海外学习或实习项目。共有来自75个国家的各类长、短期境外学生727人，其中，学历生236人，各类短期生305人，语言生243人。与国际海事大学联合会（IAMU）专家合作修订的3门国际海事组织（IMO）海事教育与培训教员培训课程标准示范课程，经审核通过。

七、社会服务。与上海振华重工（集团）股份有限公司共建上海离岸工程研究院，与上海出入境检验检疫局共建跨境电商风险监管平台，与中国质量认证中心华东实验室共建首期（电磁兼容试验室）临港检测基地。设立国际海事组织亚洲海事技术合作中心（MTCC），发起成立由境内外13家知名研究院组成的全球航运智库联盟。发起成立由30多家高校组成的中国物流高校联盟。合作共建上海国际航运研究协同创新中心、国际航运创新研究院，并成立上海国际航运研究中心新加坡分中心。主办COTA年会、博鳌国际物流论坛等重要会议。与招商局合作实施为期一个月的“共铸蓝色梦想——21世纪海上丝绸之路优才计划”。为全国港口提供规划方案和智力支持，参与完成60多项港航、物流、供应链、自贸区等相关企事业单位的战略规划、制度创新、政策评估等领域的决策咨询委托项目。与20多家企事业单位签订战略合作协议。

八、教育保障工作。学校二级实体化财务管理体制改革取得实效。不断完善质量管理体系文件，顺利通过挪威船级社（DNV GL）ISO9001:2008质量管理体系和DNV三个认证规则证书的年度审核以及中华人民共和国船员教育和培训质量管理体系证书的中间审核和附加审核。完成CAS单点登录系统改造、新版数字校园平台改版和教师邮箱系统升级和数据迁移，为在校学生和部分毕业生开通学生邮箱。建成综合移动服务平台、一站式服务平台工作流引擎系统、上海海事大学大数据综合服务平台和学生一体化综合服务平台。组织开展交通运输部专项（船舶节能减排实验教学平台设备购置项目，2000万元）、项目库项目（11个子项目，2266万元）等实验室建设项目以及集装箱供应链运行管理与控制技术研究平台、深海工程材料失效评价与检测平台项目、船舶动力装置安全与节能教学实验平台等中央财政支持地方高校发展专项（19个子项目，5600万元）的建设工作。完成“特种（液货）船模拟教学平台”建设项目的建设，并通过海事局的现场核验。成立“浦东新区知识产权局上海海事大学工作站”,成为浦东新区知识产权局在高校设立的首个工作站。全年完成科技查新302项。集装箱供应链技术研究中心项目完成施工,获“市优质结构”工程奖。完成新建研究生公寓项目施工单位和监理单位的公开招标。成立后勤中心。完成校门智能出入口系统及消防管网改造。

九、精神文明建设。海大艺术馆揭牌成立。学校拍摄的微电影《航海就在你身边》《育明》在上海艺术人文电视频道展播。试点民主评议二级部门领导工作。建立教工法律服务咨询中心与女律师法律服务站。学校官方微博、官方微信,活跃度和影响力长期位居上海高校前列。《上海海事大学报》获上海市报纸编校质量优秀荣誉称号。获2016年“创青春”全国大学生创业大赛铜奖。获2016年上海市大学生暑期社会实践活动“知行杯”一等奖1个、二等奖2个、三等奖2个,2人获上海市优秀指导老师称号。学校男足蝉联上海市大学生足球联盟杯赛冠军,学校女篮获第19届CUBA中国大学生篮球联赛上海市基层赛冠军。成立47个校友组织与联络点,打造校友综合服务平台、校友众筹平台,升级改版校友会门户网站等。开展春秋两季校友返校日、“忠信·海大”校友大讲堂等活动。上海海事大学校名礼品屋正式上线。建立具有学校特色的“捐赠项目库”。

十、为师生办实事。23位优秀人事代理、人才派遣人员转入事业编制。集中改造校园夜间照明,完成学生宿舍加装消防烟感报警项目。建设快递服务中心。组织各种类型的教职工疗休养共8批300余人次。组织办学骨干健康检查100多人次。

(许梅英)

【翁铁慧到校调研】 3月8日,上海市副市长翁铁慧到学校临港校区进行调研,翁铁慧副市长听取学校改革发展及内涵建设情况的介绍,以及学校发展近况和“十三五”发展设想。(许梅英)

【1位教授被授予法国骑士勋章】 4月8日,法国政府授予学校物流工程学院汤天浩教授“法兰西共和国国家棕榈教育骑士勋章”授勋仪式在法国驻上海总领事官邸举行。汤天浩教授长期致力于中法教育与高端科学研究合作与交流,成果丰硕。(许梅英)

【NetCMAS起重机械监评系统通过工业4.0合规性评估】 4月14日,上海海事大学物流工程学院与德国汉德集团“NetCMAS起重机械监评系统工业4.0合规性与评估”颁证仪式在学校举行。汉德集团董事长向学校颁发NetCMAS及信息物理平台欧盟工业控制系统安全等级合规认证书,这也是国内获颁的第一张欧盟工业控制系统安全等级合规认证书。(许梅英)

【第二届全国高校校园好声音大赛全国总决赛举行】 4月28日,由教育部思想政治工作司、国家互联网信息办公室网络综合协调局指导,易班(yiban.cn)主办的“唱响青春中国梦”第二届全国高校校园好声音大赛全国总决赛在学校体育馆举行。教育部思政司、网信办协调局、上海市教卫党委、市教委及学校领导出席。最终,湖南省邵阳市邵阳学院夺得比赛桂冠。(许梅英)

【第三届上海海洋论坛国际研讨会举行】 5月18日,第三届上海海洋论坛国际研讨会在学校举行。50余位来自中国、美国、日本、新加坡等国海洋领域的中外专家学者以“‘一带一路’与中国海洋安全”为主题,围绕中国海洋战略与海洋安全、美日俄等国海洋战略对华影响、南海争端法律解决、海洋合作与开发、“印—太”海洋安全与中国“一带一路”推进等国际社会关注的焦点问题展开研讨。(许梅英)

【在世界头脑奥林匹克大赛中获好成绩】 美国当地时间5月25日至29日,第三十七届世界头脑奥林匹克大赛(Odyessy of the Mind)决赛在爱荷华州立大学举行。在比赛中,来自17个国家的800多支代表队进行了激烈角逐。最终,学校代表队获得该项目大学组总决赛第六名。(许梅英)

【第十六届COTA国际交通科技年会(CICTP)举行】 7月6日至9日,由上海海事大学与海外华人交通协会(COTA)联合主办的第十六届COTA国际交通科技年会(CICTP)在学校举行。此次大会以“绿色多式联运与物流(Green and multimodal Transportation & Logistics)”为主题,有来自20多个国家及地区的800余位专家学者参会。COTA国际交通科技年会是在中国举办的顶级国际交通学术会议,是目前国内规模最大、广受认可的交通运输领域国际系列会议。 (许梅英)

第十六届COTA国际交通科技年会(CICTP)在上海海事大学举行

【学校科技成果作价入股试点项目成功落地】 信息工程学院教授安博文科研团队“上海安馨信息科技有限公司”注册成功,标志着上海海事大学科技成果作价入股试点项目正式落地,这是《中华人民共和国促进科技成果转化法》(修订)和《上海市促进科技成果转移转化实施意见》出台后,上海高校第一个无形资产出资入股成功转化的案例。“上海安馨信息科技有限公司”是一家混合所有制企业,其“光纤传感监测应用”科研项目作为无形资产作价入股,通过引入合作方共同成立项目公司,项目注册总资本金2000万元。学校以技术入股,占股比例为30%。上海海大技术转移有限公司代表学校持有技术股,并负责处置该项科技成果转化的所有事项。 (许梅英)

【全国航海类院校二级学院院长会议召开】 11月4日,全国航海类院校二级学院第十次院长会议在学校召开。来自大连海事大学、武汉理工大学、集美大学、青岛远洋船员职业学院等多家航海类高等院校的40多位领导、专家与会。 (许梅英)

【文章在《自然》杂志刊发】 学校交通运输学院万征、朱墨、陈舜老师和加州大学戴维斯分校Daniel Sperling教授题为“Pollution: Three Steps to a Green Shipping Industry”的评述文章刊登于2月18日出版的《自然》(Nature)期刊。这是学校学者首次以第一作者和通讯作者身份在《自然》上发表评述文章。12月1日,《自然》杂志以专家评述形式刊发题为“Four Routes to Better Maritime Governance”一文。我校高原学科团队教师万征、陈继红、陈扬,荷兰阿姆斯特丹应用科学大学高级经济师Abdel El Makhloufi、美国科学院运输研究委员会(TRB)主席Dan Sperling为本文共同作者。 (许梅英)

【成立中国物流高校联盟】 12月2日,在2016博鳌国际物流论坛上,由学校和《物流时代周刊》共同主办的2016中国校企物流人才协同创新研讨大会举行。在本次大会上,由学校和《物流时代周刊》联合发起,包括北京交通大学、北京物资学院、天津大学、上海交通大学、浙江财经大学、云南财经大学等全国30余所设有物流类专业的高校积极响应,揭牌成立中国物流高校联盟。 (许梅英)

【主办SISI国际港航发展论坛(2016)】 12月14日,由上海海事大学主办,上海国际航运研究中心承办的“SISI国际港航发展论坛(2016)——经济新常态下的港口航运创新发展”在上海远洋宾馆开幕。全国政协常务委员、民建中央副主席、上海市政协副主席周汉民,交通运输部前副部长、全国政协委员、国际海事组织海事大使徐祖远,及学校领导等出席会议。200多家单位的近300位嘉宾参加论坛。 (许梅英)

【在第七届全国高校企模大赛中获好成绩】 第七届全国高等院校企业竞争模拟大赛暨第15届全国MBA培养院校企业竞争模拟大赛在北京联合大学落下帷幕。学校代表队获高校组特等奖亚军、MBA组一等奖等奖项。 (许梅英)

【成为国际海事组织亚洲海事技术合作中心主办单位】 12月27日,联合国国际海事组织(IMO)正式宣布上海海事大学成为其亚洲海事技术合作中心

(MTCC Asia)的主办单位。经过近一年的艰苦筹备和积极争取,上海海事大学最终在全球43个竞标机构中胜出。MTCC Asia是中国和亚洲第一个得到联合国国际海事组织授权设立、代表其处理有关国际海事事务的功能性机构,是在国际海事组织指导下开展海事技术研究、应用、推广和国际合作的国际平台。 (许梅英)

附:学校负责人及地址

(2016年1—12月)

校党委书记:金永兴

副　书　记:门妍萍、王海威

校　　长:黄有方

副校长:杨万枫、王海威(兼)、施　欣、严　伟

临港校区地址:海港大道1550号

邮编:201306

电话:38282000(总机)

东明路校区地址:东明路1336号

邮编:200126

电话:68702503

港湾校区地址:浦东大道2600号

邮编:200129

电话:58711692

海华学院校区地址:金桥路555号

邮编:200136

电话:50389119

上海科技大学

【2016年概况】 学校有物质科学与技术学院、生命科学与技术学院、信息科学与技术学院、创业与管理学院4个学院,以及免疫化学研究所、iHuman研究所2个研究所。截至2016年12月底,学生总数2154人,其中本科生852人,硕士研究生1100人,博士研究生202人。教职员工总数767人,其中常任教授106人,中科院特聘教授268人,非中科院特聘教授19人,专职科研与教辅人员275人,行政管理人员99人。

参与上海科创中心建设。4月15日,国务院发布《上海系统推进全面创新改革试验加快建设具有全球影响力的科技创新中心方案》,明确指出上海科技大学在上海张江综合性国家科学中心建设中承担重要任务。学校与中科院等单位合作,牵头或参与建设软X射线自由电子激光用户装置、活细胞结构与功能成像等线站工程、超强超短激光实验装置、上海光源二期线站工程(纳米自旋与磁学线站、高性能膜蛋白晶体学线站)等张江综合性国家科学中心的重大科技基础设施,上述项目已于2016年底开工建设。承担"多空间多时间尺度生物成像平台""机器学习与虚拟现实平台"等科创中心建设重点工作。

重点领域五年发展规划。2015年,校务委员会第一届第四次会议审议通过了学校"十三五"发展规划纲要。在此基础上,学校在2016年针对最重要的人才培养、科研发展、人力资源三个方面进行了规划的细化,形成了《上海科技大学人才培养五年发展规划(2016—2020)》《上海科技大学科研发展五年发展规划(2016—2020)》《上海科技大学人力资源五年发展规划(2016—2020)》,经校务委员会第一届第五次会议审议通过后实施。

校园建设。学校新校园位于上海—浦东新区—张江高科技园中区—中科院上海浦东科技园内,校园占地面积约60万平方米,总建筑面积70.25

万平方米（其中地下建筑15万平方米），建筑单体52幢。校园基建工程于2013年6月下旬正式开工，2015年底基本建成，2016年全面投入使用。

师资队伍。2016年新到位常任教授33位（包括教授3位、副教授6位，助理教授24位），特聘教授3位。教师队伍中包括诺贝尔奖获得者3位、美国国家科学院院士6位、英国皇家学会会士2位、中国科学院院士26位、中国工程院院士3位、“中央千人”24位、“外专千人”2位、“上海千人”14位、“青年千人”37位、“杰青”95位。

学生培养。继续采取以“校园开放日”为特色的创新模式，面向上海、北京、天津、山东、江苏、四川、河南、浙江、湖北、辽宁、云南、江西、福建、贵州14省市在提前批次招收了2016级355名本科生。完成2016年春、暑、秋学期三个年级本科生的课程教学。全体2015级本科生组成14支小分队前往全国8省/自治区开展以“了解国情，体验艰苦、精准扶贫”为主题的首次暑期社会实践活动，活动成果获得团中央和上海市表彰；全体2014级本科生围绕8个课题，前往79家企业和园区开展以“了解国家战略、体察行业趋势、探索个人发展”为主题的暑期产业实践活动。

继续依托中科院上海分院联合招收第四届432名研究生。继续依托中科院上海分院开展研究生培养工作。89名2014级研究生通过严格的博士资格考试，在秋学期转入博士阶段的学习。生命学院在2015年试点基础上，从2016级研究生开始全面推行实验室轮转制。

2013级上科大—国科大联合培养研究生296名，99名于2016年获得硕士学位顺利毕业。首届硕士毕业生整体就业升学率100%，其中89%选择就业，11%选择继续深造（出国或读博）。

学校已获教育部批准，将结合上海科创中心建设以及上海市教育综合改革试点，从2017年起在7个一级学科独立招收培养硕士和博士研究生。

科研学术。各学院/研究所已建立共计114个研究组，包括物质学院27个组、生命学院26个组、信息学院27个组、创管学院12个组、免疫所10个组、iHuman所12个组。2016年，学校科研人员共获得科技部各类项目5项、基金委各类项目33项、上海市各类项目24项、横向项目3项。共参与发表学术论文439篇，其中上科大作为第一单位的论文197篇。举办2016上海科技大学信息科学与技术研讨会等7场大型国际学术会议，以及333场学术讲座。

科教融合。与中科院上海分院进行全面合作。参加“未来先进核裂变能”战略性先导科技专项（中科院上海应物所牵头）、“超导电子学卓越创新中心”（中科院上海微系统所牵头）等国家级科研攻关项目，与中科院上海分院相关院所建立超强激光光源联合实验室、量子电子学联合实验室、光子科学技术联合实验室、低碳能源联合实验室，承担神经生物学国家重点实验室（中科院神经所）、中科院低碳转化科学与工程重点实验室（中科院上海高研院）、上海市分子男科学重点实验室（中科院上海生科院生化与细胞所）开放课题科研工作。

产教融合。与多家国内外知名高科技企业合作。上海华力微电子有限公司、上海集成电路研发中心有限公司、上海兆芯集成电路有限公司等成为学校“微电子研究中心”成员。与上海联影医疗科技有限公司在“多空间、多时间尺度生物成像”方面合作。与9家知名跨国制药企业结成“G蛋白偶联受体研究联盟”。与美国安进公司、荷兰皇家壳牌石油公司、新松机器人自动化股份有限公司等开展合作。

交流合作。学校与哈佛大学、加州大学伯克利分校、麻省理工学院、牛津大学、芝加哥大学、耶鲁大学、宾夕法尼亚大学、南加州大学、帕多瓦大学、巴布森学院、欧林学院等国外知名院校建立全面或项目合作关系。85名本科生前往美国加州大学伯克利分校、芝加哥大学、帕多瓦大学进行暑期课程学习和文化交流；3名优秀本科生入选上海科技大学—麻省理工学院（MIT）3+1国际交流项目，秋学期前往MIT进行为期1学年的专业课程学习；3名优秀本科生被上海科技大学—哈佛大学3+1国际交流项目（1学期）录取。与南加州大学电影学院合作举办制片人、编剧、导演培训班，为中国电影工业培养人才。多位助理教授前往加州大学伯克利分校、巴布森学院、欧林学院参加教师培训项目。

条件支撑。2016年，学校共采购教学科研设备2172台(件)、总价值4.6亿元。截至2016年底，已入库教学科研设备9438台(件)、总价值3.6亿元。信息化建设全面推进，新校园信息网络全面开通，网上服务大厅、云计算中心投入使用。新校园图书馆三个楼层投入使用，数字化文献资源保障达到国内一流高校水平。

学校积极与国际著名咨询机构合作，围绕学校发展愿景和重点工作，研究了基于衡量教学、科研产出质量和产出效率的全成本核算方法，使全校师生员工建立起成本意识，并将在学生培养、科学研究、教师队伍发展和学校运行等方面逐步实施，使资金使用效益最大化，支持学校的可持续发展，更好地回报政府和社会各界的支持与信任。

(刘　勋)

【联合实验室实现5拍瓦激光脉冲输出】 8月底，上海科技大学—中科院上海光机所超强激光光源联合实验室的上海超强超短激光实验装置(SULF)项目取得重要阶段性进展，项目研究团队成功实现了峰值功率5.3拍瓦(1拍瓦＝1千万亿瓦)的激光脉冲输出，这是当时已知的国际最高激光脉冲峰值功率。该项重大进展为SULF项目实现10拍瓦激光脉冲输出的研制目标奠定了坚实的技术基础。

(刘　勋)

【韩正、杨雄到校调研】 10月14日，上海市委书记韩正、市长杨雄到上海科技大学调研，了解学校建设发展情况，与校领导、专家教授进行座谈，并与学生交流，了解学习生活情况。韩正在讲话中指出，上海科技大学是上海科创中心建设的一支重要力量，要始终尊重高校发展规律、围绕和服务国家战略，为国家和地方培养更多急需、高端人才，为张江综合性国家科学中心建设贡献更大力量。 (刘　勋)

【王晨到校调研】 10月22日，全国人大常委会副委员长兼秘书长王晨在上海市人大常委会主任殷一璀等陪同下到上海科技大学，就《中华人民共和国促进科技成果转化法》实施情况进行执法调研。

(刘　勋)

【召开工会第一次代表大会】 11月18日，上海科技大学工会第一次代表大会召开。会议采用无记名投票方式，选举产生了上海科技大学工会第一届委员会委员9名，第一届经费审查委员会委员3名。大会结束后，召开了工会委员会、工会经费审查委员会第一次全体会议，选举产生了第一届工会委员会主席、副主席，第一届工会经费审查委员会主任。

(刘　勋)

【刘延东到校视察】 11月20日，中共中央政治局委员、国务院副总理刘延东到上海科技大学，先后前往图书馆、书院制的学生公寓以及虚拟现实和视觉计算中心视察，听取工作汇报，与学生进行了亲切交谈。刘延东随后主持召开工作会议，听取集中开工建设的张江综合性国家科学中心四个重大科技基础设施项目的情况汇报，以及学校参与上海科创中心建设的情况汇报，对进一步推进上海科创中心建设和张江综合性国家科学中心建设作了重要指示和部署。中共上海市委书记韩正、国家发改委副主任林念修、科技部副部长黄卫等随行视察，国务院副秘书长江小涓，上海市市长杨雄、副市长周波，中科院副院长相里斌等参加有关活动。

(刘　勋)

【取得多项重要科研成果】 iHuman研究所刘志杰研究组成功解析人源大麻素受体的三维精细结构(研究成果发表在《细胞》)，入选“2016年上海十大科技事件”。物质学院陈刚研究组制成二维彩色钙钛矿薄膜和彩色太阳能电池(研究成果发表在《纳米通讯》)，陈宇林研究组在稀土材料中发现独特拓扑表面态(研究成果发表在《自然通讯》)，左智伟研究组发现可见光催化碳碳键活化的新途径(研究成果发表在《德国应用化学》)。生命学院廖军研究组揭示细菌钠钙交换体的分子机制(研究成果发表在《自然·结构与分子生物学》)，吕鹏飞研究组揭示细胞外微环境调控乳腺细胞行为的新机制(研究成果发表在《美国国家科学院院报》)，沈伟研究组解析哺乳动物体温调节的神经机制(研究成果发表在《美国国家科学院院报》)。免疫化学研究所

Richard Lerner 研究组研发出动物毒素多肽药物筛选的新策略(研究成果发表在《德国应用化学》)。信息学院虞晶怡教授领衔的虚拟现实和视觉计算中心研发出一系列于光场的虚拟现实和增强现实技术,王浩宇研究组提出低压磁电俘能系统的高效能量管理方案(研究成果发表在《IEEE 电力电子汇刊》),罗喜良研究组提出大规模 MIMO 系统对天线阵列校准的要求(研究成果发表在《IEEE 无线通信汇刊》)。 (刘 勋)

【多名学生获奖和受表彰】 学校的两支本科生参赛队伍在 2016 年国际基因工程机器大赛(iGEM)全球总决赛中分别获金奖和银奖。一支本研学生组成的参赛队伍在 2016 年中俄大学生小卫星创新设计大赛中获二等奖。信息学院研究生贾波琦获 IEEE 2016 全球通信大会最佳论文奖。本科生暑期社会实践云南宣威小分队被共青团中央评为 2016 年"三下乡"社会实践活动优秀团队,江西井冈山小分队、贵州惠水小分队(一批)和陕西延安小分队在上海市 2016 年"知行杯"大学生实践大赛中分获一等奖和两个三等奖。 (刘 勋)

上海科技大学学生在 2016 年国际基因工程机器大赛(iGEM)全球总决赛上分获金奖和银奖

附:学校负责人及地址

(2016 年 1—12 月)

校党委书记:朱志远
副书记、纪委书记:鲁雄刚

校　长:江绵恒
副校长:印　杰、华仁长、龚晋慷、鲁雄刚

校址:华夏中路 393 号
邮编:201210
电话:021-20685158

岳阳路校区地址:岳阳路 319 号
邮编:200031
电话:54201357

上海纽约大学

【2016 年概况】 年内,学校本科生总数为 1117 人,其中中国学生 599 人,来自国内 31 个省、市、自治区;国际学生 518 人,来自世界 68 个国家和地区;另有来自纽约大学的交换生 190 人。教师总人数 195 人,其中常任教授 135 人,与纽约大学双聘教授 19 人,客座教授 24 人,兼职教师 17 人,员工及教学辅助人员 275 人。

推进就业指导工作。学校首届学生将于 2017 年 5 月毕业,学校职业发展中心把工作重点从扩大雇主和行业数量逐渐转变为与各类企业开展多元项目合作。职业发展中心全年提供一对一预约咨询服务,解决学生职业发展过程中的疑惑。年内开展职业生涯训练营活动,包括不同主题的工作坊、学生活动以及网络研讨会。为满足学生求职和实习的需要，每年两次的校园招聘会和多场次宣讲会，共有累计547名学生参加25个单位的招聘宣讲。学校毕业生受到包括高盛集团、普华永道、摩根史丹利、安永、欧莱雅、中国人寿、科勒、博世等知名企业的青睐。学校开展咨询、金融、市场三大行业的校园招聘会，邀请42家知名机构和企业，与236名学生进行面谈。在陆家嘴金融城名校直通车——上海纽约大学校园日活动中，有48位学生与17名来自陆家嘴地区的金融单位参与。

深化国际化人才培养模式。1.学术活动部邀请海内外多位国际知名学者及行业领袖，举办百余场学术讲座、研讨会及演出，内容涉及金融经济管理、文学艺术、科技创新等各类人文科学、社会科学及自然科学领域。演讲嘉宾有美国最高法院大法官Alito、诺贝尔经济学奖得主Robert Engle、美籍华裔诗人陈美玲、印度作家Amitav Ghosh等。纽约大学新任校长Andrew Hamilton(前牛津大学校长)到访上海纽约大学，与北京大学、华东师范大学探讨中美高等教育的未来。上海纽约大学美方校长杰夫·雷蒙与分众传媒创始人及首席执行官江南春对话，话题涉及商业、传播、高等教育等。世界银行欧洲与中亚地区公共管理与制度改革部门首席经济学家刘琍琍受学校金融波动研究所邀请，向师生介绍应对地方财政与债务挑战的研究。2.美国国家科学院院士、美国艺术与科学院院士、美国数学协会成员——查尔斯·纽曼教授，自2013年上海纽约大学建校以来，执教本科基础课程，并指导本科生开展科研活动。

创新科研体制，组建一流科研团队。学校按照世界一流大学的标准，努力把学校建设成为一个在创新生态圈中具有变革意义的大学科研平台，为科研创新做贡献。1.学校坚持以学者为本，贯彻高水准、国际化、跨学科的研究工作理念。通过跨学科的互补合作，建设起优良的科研生态系统。从建设一流的单一学科转向跨学科、新建学科，充分发挥出“1+1>2”的效应。跨学科合作的专业有：哲学与科技、神经科学与经济学、计算机科学与艺术、互动媒体艺术和商业以及认知心理学和人工智能。2.学校通过举办多项高水平的国际学术会议，吸引大量世界著名科学家来到上海，提升上海在国际学术界的地位，为提升学术氛围添砖加瓦。国际学术会议有上海纽约大学第六届计算与认知神经科学暑期学校、2016分子生物物理学前沿国际研讨会等。3.学校教师与社会展开积极的互动，将大学的智力资源带到上海社会的方方面面。学术会议与讲座对其他高校的学生和社会开放，让上海本地的学术界、产业界、投资界以及政府部门都能够与国际知名的专家和权威直面对话，从中获益。由学校教授主讲的“大家说文”系列讲座，自年初在浦东图书馆举办以来，广受欢迎。讲座话题包括：用数学解释世界，基因组研究与攻克癌症，东南亚土生华人的文化交融等。4.学校成为陆家嘴金融城理事会的首任常务理事单位，与陆家嘴的各个机构共同商议金融城的发展策略及公共性事务，促进各机构间的合作，并将纽约大学在金融学和经济学领域的优质教育和智力资源与金融城的各个机构共享。

学校建设规划初显成效。上海教育评估院组织专家到学校进行一期建设评估与二期规划论证。得出专家好评。1.学校在各方的支持和努力下运行平稳，初具世界一流的研究型大学的雏形。其办学理念和定位，组织形式，治理结构，运行机制，人才培养理念和模式，学术与质量标准，管理制度均体现充分吸纳了中外最佳理念和实践经验，成为中美合作大学的一种有效模式。2.营造良好的学术环境和校园文化，树立优质教育品牌和声誉，为持续发展奠定无形资产，形成精英人才集聚效应。利用良好的学术制度和平台，引进国际优秀师资，在师资遴选和生源招募上，以纽约大学的学术标准为准绳。集聚优秀师资和管理人才，形成良性循环、不断吸引更多人才的良好局面。3.以本科人才培养为核心，在教学与科研、管理和服务上追求卓越，走稳健而循序渐进的发展道路。上海纽约大学定位于高端和创新人才培养，重质量，走特色发展和竞争优势发展道路。每个环节严格把握学术标准和质量，紧紧围绕中国发展和上海城市创新所需的创新型人才。学校重视人才培养，关心学生，学生资质良好、学习动力强、普遍对学校满意度高。4.进行教育和管理制度创新。作为第一所中美合作办学机构，学校秉持“探索、创新”精神，进行诸多方面的制度创新：“以人为本，学术至上”的办学理念，本科生招生制度，“新博雅”本科生教育模式，行政管理制度和运作方式，注重“中西合璧”，在人员、课程、组织管理等方面实现中外要素融合，重视社区、大学及产业融合的人才培养模式。既彰显中外合作办学的发展特色，也为中国高等院校综合改革和现代大学制度建设提供参考经验。（吕颜婉倩）

【举办“关爱失能人士辅具科技论坛”】 3月12—13日，“关爱失能人士辅具科技论坛”在上海纽约大学举行。来自美国、日本和中国的专业人士与上海纽约大学的学生们聚集在一起，讨论如何运用高科技和创新力，共同为失能人士创造更加便利、自信、独立的生活。（吕颜婉倩）

【获全国英语演讲总决赛一等奖】 3月20日落幕的第二十一届中国日报社“21世纪·可口可乐杯”全国英语演讲比赛总决赛中，上海纽约大学大二学生陈梦竹获“大学组一等奖”及“21世纪最具潜力奖”。（吕颜婉倩）

【举办废弃材料设计时装秀】 4月11日，上海纽约大学四月绿色周拉开序幕。中外创业家、艺术家和学者到校，与学生分享并践行可持续发展的多元理念以及创业经验。同日，举行了利用废弃材料设计的时装秀。（吕颜婉倩）

上海纽约大学举办“四月绿色周”

【环球亚洲研究中心获捐助】 5月12日，上海纽约大学环球亚洲研究中心与德国哈雷-维滕贝格大学跨学科区域研究中心合作，获得来自大众汽车基金会捐助的15万欧元的科研基金。该基金被用于支持为期三年的名为“印度洋世界与欧亚联系”的国际暑期学校项目，将深度研究印度洋世界的今昔。（吕颜婉倩）

【获沪语大赛冠军】 6月，上海纽约大学美国学生爱文在上海新闻广播和外语频道主办的“爱上海，大声说”第二届外国人沪语大赛总决赛中获冠军。（吕颜婉倩）

【“第三只眼”获大学生公益创客项目金奖】 8月，上海纽约大学创行社团自主设计、研发的超声波传感导盲装置设计出一款超声波传感导盲装置，用来帮助视力障碍者或盲人过马路。该项目获第五届中国公益慈善项目大赛大学生公益创客项目金奖。（吕颜婉倩）

上海纽约大学“第三只眼”获第五届中国公益慈善项目大赛大学生公益创客项目金奖

【学生论文获邀在国际学术会议上发表】 9月，学生王澈、吴艳秋、Carson Nemelka、Cameron Ballard和刘凯文等，获邀在旧金山的美国人工智能协会年会、圣莫尼卡的ACM网络测量会议，以及意大利佛罗伦萨的国际万维网大会上发表论文。论文内容分别是对即时战略游戏的线上进化算法，匿名社交媒体平台的脆弱性，以及儿童在线隐私的风险等研究。（吕颜婉倩）

【主办首届“华夏杯”国际学子中文演讲比赛】 11月19日，上海纽约大学主办首届“华夏杯”中文演讲比赛。来自上海纽约大学、华东师范大学、西交利物浦大学、昆山杜克大学、上海交通大学、美国国际教育交流协会上海中心的十几所院校和组织的33名选手进入决赛。这些选手均为国际学生，来

自世界18个国家和地区。此次演讲话题为“传统和现代”。（吕颜婉倩）

【陈宝生会见纽约大学校长】 11月7日，教育部长陈宝生在北京会见来访的纽约大学校长汉密尔顿、上海纽约大学校长一行。陈宝生高度赞赏纽约大学作为世界一流大学在培养优质世界公民、服务全球经济社会发展方面所做出的杰出贡献，积极评价上海纽约大学在创新中国高等教育办学模式，探索创新管理经验和办法方面的示范性作用，并鼓励上海纽约大学办成“小而精”“优而美”的合作办学典范。汉密尔顿表示纽约大学将全力支持上海纽约大学的发展，并努力将其建设成增进中美了解互信、服务全球可持续发展的人才摇篮。（吕颜婉倩）

教育部长陈宝生会见纽约大学校长

附：学校负责人及地址

（2016年1—12月）

校　　长：俞立中
常务副校长：杰夫·雷蒙
教 务 长：卫周安
副 校 长：郑恩坦 Eitan Zemel、汪小京、刘虹霞

地址：世纪大道1555号
邮编：200122
电话：20595500

上海电力学院

【2016年概况】 学校设能源与机械工程学院、环境与化学工程学院、电气工程学院、自动化工程学院、计算机科学与技术学院、电子与信息工程学院、经济与管理学院、数理学院、外国语学院、国际交流学院、高等职业技术学院、继续教育学院（含上海新能源人才技术教育交流中心）、马克思主义学院、体育部共14个院部。2016年，学校全面启动“本科教学教师激励计划”，布局“上海能源电力科技创新中心”（被纳入“国家双创示范基地”“国家创新城区”建设重点项目），发起成立“上电论坛”，加入“全球能源互联网合作发展组织”。

一、人才培养。学校在全国31个省（自治区、直辖市）招生2613人，其中，春季高考招生共录取考生51人。招收本科专业数30个，涵盖本科一批、本科二批、内地新疆班、内地西藏班、高水平运动员本科生以及2015年少数民族预科转入等多种招生类型。其中，上海地区录取人数为886人，占招生总人数的33.9%。截至9月1日，学校2016届本科生就业率达97.71%。

学校招收硕士研究生537人，增列“计算机技术”专业学位硕士点，于2017年开始招生。学校新获批研究生教育项目3项；2个研究生创新创业项目获上海市立项及上海市大学生基金会资金支持。截至9月1日，学校2016届研究生毕业生就业率为100%，其中83.86%进入涉电行业工作。

学校制定和落实《专业论证对标建设计划》等

五大计划。完成工程教育认证的申报工作，完善企业工程师入校讲学机制及双证融通融入培养计划。能源与动力工程、环境工程获批应用型本科专业，新申报两个应用型本科专业、一个中本贯通专业以及新能源科学与工程普通新专业。获“电力电子技术”等3门上海市精品课程，“‘三维一体’式材料化学专业人才培养综合改革与实践”等2项上海市重点教改。建成及运行学校新教学管理系统、教学评价系统，完成国家教学状态数据库信息化平台建设，上海市专业评估系统、质量年报系统平台建设。完成《2016年度本科教学质量年报》的编撰工作。学校申报获得“上海大学生创新创业训练示范校（培育）”，组织完成“上海市大学生计算机应用能力大赛”，学校学生获得一等奖等好成绩。在各类高水平全国学科竞赛中，学校学生获得89项国家级奖项，其中国家学科竞赛一、二等奖10多项。

学校大力扶持在线课程建设，完成首批《太阳能电池技术》等13门在线课程制作，启动第二批11门在线课程制作项目。《C语言程序设计》等2门课程获批上海高校优质在线课程立项。

学校有2800多名学生受到不同程度的资助，为139名新生办理“绿色通道”手续直接入校。学校艺体工作有序开展，面向全体学生开设的全校性人文艺术选修课，校手球队、击剑队、排球队在校外竞赛中多次夺冠。

学校成人教育办学60周年，“成人教育学院”更名为“继续教育学院”。继续教育服务10500余人次，其中非学历7200余人次，含78个国内培训班，5个国际培训班，共有“一带一路”沿线11个国家近300名学员到校培训。

二、科研与学科建设。以学校作为第一完成单位的项目获上海市科学技术奖3项，作为参与单位的项目获上海市科学技术奖2项，获浙江省科学技术奖三等奖1项、中国电力科学技术奖一等奖1项。教师发表的论文被SCIE、EI、CPCI-S、PCI-SSH、SSCI、CSSCI等收录436篇，8篇论文入选ESI高被引论文。获授权发明专利87项、授权实用新型专利28项、外观设计1项、软件著作权3项。学校参与国家重点研发计划“智能电网技术与装备”重点专项1项。首次获得中国工程院国家发展战略院士咨询研究项目1项。获批上海市科学技术委员会创新行动计划标准专项2项、其他领域申报2项（合作），上海市自然科学基金8项，上海市科委地方能力建设项目4项，上海市“科技创新行动计划”软科学研究领域重点项目1项，上海市哲学社会科学规划项目2项，教育部人文社会科学研究项目3项（其中专项2项），上海市政府决策咨询研究妇联专项课题1项。学校以“上海能源电力科技创新中心”为抓手安排学科建设学校牵头的“上海市电力材料防护与新材料重点实验室”通过市科委验收，上海热交换系统节能工程技术研究中心通过市科委评估。“一带一路”能源电力管理与发展战略研究中心（能源电力智库）获批并顺利开展工作。上海电力安全技术研究中心可行性报告与组建方案通过专家组鉴定。学校共签订横向项目136项，承办第27届全国电力高校科技协作网会议及能源互联网科学研究工作及战略思考研讨交流会议。电力科技园引进企业200余家，同比上年增长13%。完成区商务委“四新”基地申报工作。通过国家科技部组织的火炬计划“分布式光伏发电应用推广技术平台建设”项目验收。园区共受理大学生创业项目14个，完成资助项目3个，科技园屋顶太阳能电站运行正常。

三、师资队伍建设。学校引进上海千人计划1人、东方学者1人。新增两个教师培养基地。学校修订《教职工年度考核实施办法》《教职工考勤请假制度》《专业技术职务岗级晋升实施办法》《中青年骨干教师培养计划》《教师分类管理办法》等制度。

四、国际交流与合作。学校探索与企业、境外高校联合培养“一带一路”能源电力人才的模式，与国家电投检修公司，并联合越南电力大学，在越南永新电厂开设员工培训项目。申报上海市教委的“一带一路”能源电力人才高级研修班，有来自9个国家政府官员、企业高管和高校高层等参加培训。学校出访、接待20余所国外高校。学校2位专家获上海市海外名师项目资助，1位专家获国家外专局高端外国专家项目资助。学校共有61名学生参加海外学习项目。3名本科生被国家留学基金委"优秀本科生国际交流项目"录取,3名研究生入选国家留学基金委的"国家建设高水平大学公派博士研究生项目"。学校共有来自17个国家的长短期留学生共272人,比上年有快速增长。

五、图书与数字化校园工作。学校加工完成中外文纸质图书总计4.05万册,订购中文纸质报刊100种120份,外文纸质报刊80种90份,加工过刊2100册,新增3个数据库:ESI基本科学指标数据库、ERS电子资源利用绩效分析数据库、InCite数据库。学校完成临港新校区弱电系统设计及专家评审。升级优化校内门户、邮件等系统,加强业务系统信息安全管理,校园电视台录制节目40期,拍摄微电影6部。

六、实验室与资产管理。学校完成校内外招标采购项目108项,开展全校资产大清查工作。

七、校友与对外联络。学校全年共62个班级开展返校聚会活动,接待校友返校2700余人次,较2015年增长超过60%。"电院校友"官方微信平台全年发布图文资讯142篇,阅读超过18万人次。签订校企、校地等合作协议6项。召开基金会理事会二届二次会议,完成基金会"三证合一"的换证工作,通过上级部门年审。组织完成"中天科技"等企业奖学(教)金的申报评审,开展企业冠名班级工作,申报推荐2016年度网络安全奖学金。

八、产业工作。学校经营性国有资产保值增值率将超过110%,经市教委考核获"优秀"。学校共有11个项目参展"中国国际工业博览会",其中2项为学生的科研成果。学校筹建"电院产业大学生创新创业基地",培育的2个学生项目在"2016年全国大学生网络商务创新应用大赛"中分别获特等奖和二等奖。

九、校园建设。临港新校区一期项目各单体陆续结构封顶进入二结构施工阶段。学校继续实施十件实事工程,安装校门进出口道闸管理系统等。学校后勤新增网络报修途径,通过网络、手机app、手机微信服务号等手段,为师生提供更便捷服务。 (曹婷婷)

【1学生当选上海教育年度新闻人物】 学生毛智晟寒风中扶抱晕倒老人一小时的事迹经上海新闻综合频道报道后,在社会上引起强烈反响,中央电视台《共同关注》栏目、《东方教育时报》《新民晚报》《杨浦时报》等媒体纷纷采访报道。毛智晟入选2015年3月"中国好人榜",当选2015上海教育年度新闻人物。他的善行义举被赞为"是社会主义核心价值观的生动表现,是值得全社会共同学习的典型实例,唤起了人们心灵深处的真善美"。 (曹婷婷)

上海电力学院学生毛智晟当选"2015上海教育年度新闻人物"

【1教授入选中国高被引学者】 世界著名的国际出版商爱思唯尔(Elsevier)发布2015年中国高被引学者(Most Cited Chinese Researchers)榜单,涉及38个领域,将1744名最具世界影响力的中国学者呈现给学术界和公众。学校李和兴教授在化学工程领域入选的88名中国学者中排名第四位。 (曹婷婷)

【获批上海高校人文社会科学重点研究基地】 学校"一带一路"能源电力管理与发展战略研究中心紧密围绕国家能源电力发展战略,发挥学校能源电力学科特色以及整合资源优势,凝练出在人文社会科学领域中与能源电力工业紧密相关且具有前沿水平的学科方向,获批成为上海高校人文社会科学重点研究基地。 (曹婷婷)

【举办上海电力系统庆祝妇女节主题活动】 3月4日,学校举行主题为"新能源 新女性"的上海电力系统庆祝3月8日"国际劳动妇女节"106周年主题活动。上海市妇联主席徐枫致贺词。上海市教卫工作党委副书记、市教育工会主席沈炜和上海市妇联兼职副主席、上海市三八红旗手协会会长时蓓玲共同为“上海市三八红旗手协会电力系统工作委员会”揭牌。（曹婷婷）

上海电力学院举办上海电力系统庆祝妇女节暨“上电论坛·新能源　新女性”主题活动

【翁铁慧视察学校临港校区】　3月8日，副市长翁铁慧到学校临港校区建设工地视察调研，市政府副秘书长宗明、市教委主任苏明、副主任丁晓东、郭为禄以及市政府办公厅和市教委相关部门负责人随同参加调研。翁铁慧听取了学校工作的专题汇报。（曹婷婷）

【召开“全球能源互联网”学术研讨会】　4月9日，“全球能源互联网”学术研讨会在学校举办。国网公司全球能源互联网办公室、上海市发改委能源处、上海市经信委电力处、大唐新能源华东公司、国家电网节能服务公司设计院等单位负责人出席。（曹婷婷）

【6项科技成果获上海市科学技术奖】　4月18日，上海市科学技术奖励会举行。学校获上海市自然科学奖一等奖等共6个奖项。（曹婷婷）

【获“上海市五一劳动奖状”荣誉称号】　4月27日，学校以“聚焦行业服务地方、育人为先应用为本、创新驱动彰显特色、民主开放和谐共享”为主题申报，通过评选，获上海市总工会授予的“2016年上海市五一劳动奖状”荣誉称号。（曹婷婷）

【赵雯视察学校】　5月13日，上海市副市长赵雯视察学校并听取学校概况、发展规划的专题汇报。在校视察期间，赵雯慰问学校九三学社社员代表。（曹婷婷）

【当选上海大学生年度人物】　5月28日，学生沈勇杰当选“2015上海大学生年度人物”。沈勇杰面对家庭变故，“自强奋进、砥砺前行”，他成绩优秀，热爱科创，热心公益。（曹婷婷）

上海电力学院学生沈勇杰当选2015上海大学生年度人物

【举办“沪台女校长论坛”】　9月6日，学校与上海市台湾同胞联谊会共同承办的“沪台女校长论坛”举办。论坛邀请沪台两地的女校长代表，以女性在大学和中学管理工作中的角色和特殊优势为主题，共同探讨治校之道和学生的教育培养模式。“沪台女校长论坛”是由上海市妇联主办的第六届沪台妇女文化周的重要组成部分。（曹婷婷）

上海电力学院队获首届上海市大学生沙滩排球联盟杯赛冠军

【获首届上海市大学生沙滩排球联盟杯赛冠军】　9月17日，学校男子组获首届上海市大学生沙滩排球联盟杯赛桂冠。（曹婷婷）

【在“全国大学生绿色能源科技创新大赛”中获奖】 10月20日，学校在第二届“协鑫杯”全国大学生绿色能源科技创新大赛中获一等奖1项、二等奖2项、三等奖1项、优秀奖1项。（曹婷婷）

附：学校负责人及地址

（2016年1—12月）

院党委书记：李明福（9月到任）

副　书　记：顾春华、李艳玲

院　长：李和兴

副院长：顾春华（兼）、封金章、翁培奋

杨浦校区地址：长阳路2588号

邮编：200090

电话：35304231

浦东校区地址：学海路28号

邮编：201300

电话：68029912

上海海洋大学

【2016年概况】 学校有14个二级院系、3个一级学科博士学位授权点、10个一级学科硕士学位授权点、40个二级学科硕士学位授权点、4个研究生专业学位授权点、2个博士后科研流动站、38个本科专业及方向、10个高职专业。有1个国家重点学科、12个省部级重点学科、5个国家特色专业、3门国家精品课程、1个国家教学团队、2个国家级实验教学示范中心。年内招收普通本科生3051人；招收研究生854人，其中硕士811人、博士43人。学校共有普通本专科生约12000人、研究生约2400人。学校拥有双聘院士2人、国家“千人计划”3人、“长江学者”特聘教授1人、国家“杰出青年基金获得者”2人、百千万人才工程国家级人选6人、上海“千人计划”5人、上海市东方学者及青年东方学者26人、上海领军人才6人，拥有以国务院学位委员会学科评议组成员、科技部中青年科技创新领军人才、教育部新世纪人才、上海市优秀学科带头人、上海市教学名师以及中青年教授等为骨干的师资队伍。

加强党的建设，推进综合改革，实施规划引领。深入推进理论武装，创建学习型党组织，校党委中心组共开展9次专题集中学习，开展“两学一做”学习教育，巩固拓展党的群众路线教育实践活动和“三严三实”专题教育成果，加强党员思想作风建设。凝聚共识、统一思想，召开上海海洋大学第一次党代会。明确今后五年学校总体发展思路、建设目标和主要任务，选举产生新一届两委委员和校党委领导班子，为学校改革发展提供强有力的组织保障。形成《上海海洋大学面向2030未来战略》《上海海洋大学“十三五”事业发展规划》《上海海洋大学“十三五”事业发展规划执行方案》，完成学校“十三五”规划编制工作，成为学校未来发展的指导性文件。按照《上海海洋大学深化综合改革方案（2015—2020）》，对照学校分年度制定时间表、路线图、任务书和2016年各板块综改要点，重点推进六方面的年度综改任务。开展学科的行政依托学院和管理机构调整工作。制定《上海海洋大学章程落实工作方案》，根据章程内容梳理学校规章制度，推进和深化学校依法办学、依章治校。组织开展三批廉政风险防控及内控制度建设交流评议和专项督导活动、党风廉政建设自查自纠专项工作。加强领导干部经济责任审计工作，开展19位领导干部经济责任审计。推进干部队伍建设，修订《上海海洋大学处级干部选拔任用管理实施办法》。启动和推进中层领导班子和中层干部换届工作，加强干部培训教育。

深化教育教学改革，加强学生综合素养培养。本科教学教师激励计划深入实施，协同推进实施基于“任务＋绩效”二级学院拨款制度改革和人事分配制度改革，促进激励计划与学校现有分配方案的有效对接和并轨。立项建设校级重点课程54门，新增1门市级精品课程、2门市级全英语示范建设课程、3项市级重点教改项目。校内本科专业评估有序推进，完成年度评估计划，制定评估整改工作方案。建设教学实验室项目31个，投入经费1521万元。新增实习基地24个，校外实习基地总数达202个。全面启动本科教学审核评估工作，召开第十二次本科教学工作会议。完成高等教育质量监测国家数据平台数据填报工作。水上运动项目上取得新成绩，在各项龙舟赛事中获项目冠军2次、亚军2次、季军4次，在皮划艇名校赛中获项目冠军、季军等6枚奖牌，在上海市学生运动会暨大学生游泳锦标赛中获3枚金牌、5枚银牌、2枚铜牌和男子团体与女子团体总分第二名等佳绩。加强团学工作，召开上海海洋大学第二届学生代表大会，开展创先争优活动，获国家级奖项3个、市级奖项4个。以赛事为抓手，促进学生创新创业能力培养，获国家级创新项目50项、市级创新项目80项，获各级各类科技创新创业、科技作品等赛事奖项52个。深化大学生社会实践活动，立项团队25支、直接参与项目学生170余人、指导教师近30人，获各类社会实践赛事奖项15个。组织各类志愿服务28次，参与人数2063人次，开展科普类讲座累计20余次。依托品牌项目，加强校园文化建设，推进学生素质教育，开展各类艺术赛事和专场活动38场，在各类艺术类比赛中获得奖项10个。加强学生成长激励，营造良好的学习氛围，年内共评审各级各类奖学金30余项，获奖学生9276人次。修订研究生培养方案，开设基础前沿课程40门，开设导师实验课16门。强化本科生学习发展能力，选拔三年级优秀本科学生50名进入一流学科实验室参与科学研究活动。开展全国第四轮学科评估工作，开展8个学位点自我评估工作。两个项目获2016年上海市科学道德和学风建设宣讲教育优秀项目奖。

提高科学研究水平，提升科技创新能力。年内，学校三个学科共获竞争性拨款4534万元，其中高峰学科水产学2472万元，高原学科海洋科学和食品科学与工程学分别获1242万元和820万元。启动新一轮7个校本高原高峰学科建设，资助经费380万元。开展各级各类重大科研项目攻关申报课题200余项，获国家社科基金1项、教育部人文社科基金2项、国家自然科学基金32项、联盟计划1项、市农委科技兴农项目1项等。校科研专项基金、校博士启动基金、校青年基金和自然基金立项134项，资助金额522.02万元。科技人才项目喜获丰收，1人获中央“千人计划”创新长期人才项目，1人入选“国家‘万人计划’科技创新领军人才”计划，1人获全国优秀科技工作者称号，1人获国家自然科学基金优秀青年基金，2人获东方学者，3人获“浦江人才计划”，1人获“扬帆计划”，1人获“曙光计划”等。获批国家发改委立项的海洋工程装备检测试验技术国家工程实验室国家级平台，学校承担“海洋工程装备船舶压载水检测试验室”的建设任务。获批三个省部级平台。资助建设校内各类平台21个，投入经费总金额475万元。校万米级深渊科考母船“张謇号”建造完成并下水，圆满完成首航暨探访海上丝绸之路活动，并成功通过万米海试。《渔业学报》(英文)创刊号正式在线发布。成立上海海洋大学技术转移中心，筹建上海海洋大学技术转移中心有限公司，加强科技成果转移转化的管理和服务工作。组织“教授博士科技服务团”赴全国各省市开展科技服务，做好西藏亚东、陕西、贵州等教育对口支援与合作交流地区的科技服务工作。成功举办第十届蟹文化节暨2016年“王宝和杯”全国河蟹大赛，继续加强对台湾苗栗大闸蟹养殖的支持力度。

深化人事制度改革，加强师资队伍建设。建立和完善“任务＋绩效”的二级学院人员经费拨款制度和“岗位＋业绩”的机关、直属部门薪酬管理制度。年内进编录用教职工83人，师资博士后10人，人事派遣人员18人；与学校新签署聘用协议的高层次人才中，入选第十二批中央“千人计划”创新长期项目1人、国家杰出青年基金获得者1人、首次全职引进外籍专家1人、学科带头人1人；获批上海市海外名师1人、上海市育才奖5人、教委“三大人才计划”59人。开展“海洋学者、海鸥计划、海燕计划”二期入选者的后续培养工作。

推进交流合作,提高国际化办学水平。年内,学校与国(境)外的10所大学签署或续签合作协议,与24个国(境)外的87个学校或科研机构签署合作协议。举办72个国(境)外专家专题学术报告和讲座、5个国际学术会议,开设“前沿课程”16门。学校入选“亚洲校园”项目,成为正式实施阶段9个新增项目中唯一一个行业院校的合作项目。合作办学成效显著,与塔斯马尼亚大学签订第四轮合作协议,并通过教育部的审批。年内,学校开展23个项目,派送326名本科生和研究生赴国(境)外的大学、知名企业进行暑期学习和实习等游学活动。派往国外院校的交换学生204人,其中作为交换留学生的本科生和研究生41人、输送国(境)外友好院校留学学生163人。积极做好留学生招生、教育、管理和服务工作,年内共有来自31个国家的202名外国留学生到校学习。 (郝玉凤)

【召开第一次校党代会】 4月26日,中国共产党上海海洋大学第一次代表大会召开。此次大会的主题是,落实党委全面从严治党主体责任,围绕立德树人的根本任务和提高教育质量的主题,凝心聚力,改革创新,以更加广阔的视野、更加务实的作风、更加执着的拼搏,扎实推进学校高水平特色大学建设进程,开创学校事业科学发展新局面。 (郝玉凤)

【韩正到校调研】 6月15日,市委书记韩正到校调研。学校深渊中心主任、教授崔维成以《彩虹鱼挑战深渊极限项目的当前进展及期望地方政府的支持》为题目,汇报彩虹鱼挑战深渊极限项目的进展情况。韩正等听取汇报,并参观深渊中心潜水器总装车间的无人潜水器等试验设施。 (郝玉凤)

【入选《自然》中国“科学之星”】 6月21日,英国著名学术期刊《自然》的新闻特写栏目专门介绍十位杰出的中国科学家。这十位科学家由《自然》的记者和编辑们选出,他们在神经科学、空间科学、结构生物学等领域都具有重要影响,同时对提升中国在全球科学领域的地位起到重要的作用。学校深渊科学研究中心主任崔维成教授入选,位居十大杰出科学家之列。 (郝玉凤)

【入选国家“万人计划”科技创新领军人才】 6月21日,中组部公布2016年国家“万人计划”名单,谢晶教授入选“国家‘万人计划’科技创新领军人才”。这是学校教师首次入选国家“万人计划”名单。“万人计划”重点面向国内高层次人才进行重点支持,与“千人计划”共同构成高层次人才开发体系两大支柱。其中“科技创新领军人才”须是在国家中长期科学和技术发展规划确立的重点方向,主持重大科研任务、领衔高层次创新团队、领导国家级创新基地和重点学科建设的科技人才和科研管理人才,其研究工作具有重大创新性和发展前景,以50岁以下中青年人才为主。 (郝玉凤)

【“张謇”号首航暨探访海上丝绸之路活动】 7月12日从上海出发,在历经74天,超过9000海里的航行后,中国万米级载人深潜器科考母船“张謇”号于9月23日抵达上海芦潮港客运码头。这标志着“张謇”号首航暨探访海上丝绸之路活动圆满结束,上海海洋大学深渊科技中心建设万米级深渊科学流动实验室走出重要一步。 (郝玉凤)

9月23日,“张謇”号抵达上海芦潮港完成首航

【学校“十三五”规划发布】 10月,上海海洋大学“十三五”规划面向全校正式发布。2015年4月,学校启动“十三五”规划编制工作。规划编制过程中,学校坚持“突出创新点、理顺交叉线、夯实基本面”的工作原则,各学院、相关部门高度负责、相互配合,全校师生积极参与、大力支持,发展规划处认真筹划,完成规划编制的各阶段工作。上海海洋大学“十三五”规划包括《上海海洋大学面向2030未来战略》《上海海洋大学“十三五”事业发展规划》《上

海海洋大学“十三五”事业发展规划执行方案》。

（郝玉凤）

【《渔业学报(英文)》杂志创刊号论文上线】 11月，中国内地第一本水产类英文学术期刊《渔业学报》(英文)创刊号论文在国际期刊平台——Elsevier旗下的ScienceDirect上全面发布，可供全球科研工作者免费下载阅读，并在该网站直接投稿。这表明新刊从一开始就站在国际化的高起点上，为之后期刊提高行业知名度、扩大国际影响力打下良好的基础。同时，所有文章也在期刊自有网站上全文发布。（郝玉凤）

【褐牙鲆基因组和变态的研究论文发表】 12月6日，著名杂志 *Nature Genetics* 在线发表中国水产科学研究院黄海水产研究所陈松林实验室、上海海洋大学水产与生命学院鲍宝龙实验室、华大基因等单位合作的研究论文。鲍宝龙教授及其指导的硕士研究生陈新页为共同第一作者(分别排第二和第四)。该论文完成了褐牙鲆全基因组解析并揭示光传导通路调控变态过程眼睛移动和体色左右不对称建立的机制。这是首次揭示比目鱼类体色左右不对称建立的机制，发现光线调控鱼类体色深浅的主要信号通路，对于理解其他底层鱼类和上层鱼类背腹面体色深浅也有重要帮助。（郝玉凤）

【深渊探测器成功探秘万米深渊】 12月27日，正在西南太平洋上进行科考作业的“张謇”号科考母船传来喜讯，由上海海洋大学深渊科学技术研究中心和上海彩虹鱼海洋科技股份公司组成的深渊科学考察队，利用自主研发的三台全海深探测器(着陆器)，在万米深渊成功地开展一系列科学考察工作。这标志着中国科学家探索“人类未知的深海世界”又迈出实质性的一步。以“彩虹鱼”载人和无人深潜器为核心的作业平台将是世界上第一个全海深的“深渊科学技术流动实验室”，它由上海海洋大学深渊科学技术研究中心与上海彩虹鱼海洋科技股份有限公司采用“国家支持＋民间投入”“产、学、研互动”的双创新模式共同搭建。整个项目由一条5000吨级的科考母船“张謇”号、一台万米级全海深载人深潜器(HOV)、一台万米级全海深无人深潜器(ARV)、三台全海深着陆器组成。（郝玉凤）

附：学校负责人及地址

(2016年1—12月)

校党委书记：吴嘉敏
副　书　记：汪歙萍、何　雅

校　长：程裕东
副校长：汪歙萍(兼)、李延臣、吴建农、李家乐

临港新城校区地址：沪城环路999号
邮编：201306

军工路校区地址：军工路318号
邮编：200090

民星路校区地址：民星路435号
邮编：200433
电话：021-61900296

华东政法大学

【2016年概况】 学校设有18个学院(部)、160多个科研机构。有24个本科专业，2个一级学科博士点、14个二级学科博士点、5个一级学科硕士点、35个二级学科硕士点、5个专业学位硕士点、1个法学

博士后流动站。有1个国家级重点学科、2个国家级本科教学团队、1个国家级实验教学示范中心、4门国家级精品课程、5个省(部)级重点学科、2个上海市一流学科、1个上海市高峰高原学科、2个教育部高等学校特色专业建设点。学校是教育部首批卓越法律人才教育培养基地,是上海市卓越法律人才、新闻传播人才教育培养基地,2016年入选上海市“市属高校本科教学教师激励计划”试点单位。出版《法学》《华东政法大学学报》法学类核心期刊。图书馆藏书223余万册,中外文报刊1500余种,各类数据库86个,电子图书206万余册,是华东地区最大的中外法律文献中心,中外文法学数据库在全国法律院校中排名第一。各类在校生20000余人,其中全日制本科生11547人、硕士研究生3639人、博士研究生319人、留学生694人。年内,招收全日制本科生2878人、各类研究生1710人。本科毕业生就业率94.54%,研究生就业率96.03%。教职工1247人,其中专任教师1000余人,具有高级专业技术职务教师近400人,其中教授115人、副教授258人。享受国务院政府特殊津贴26人。

人才培养。上海高校本科重点教学改革项目3项。新增市级精品课程3门、全英语示范课程2门,学校课程共计2700余门,其中必修课911门、限选课551门、通识类专业方向限选课212门。获国家级大学生创新创业训练计划项目50项,市级大学生创新创业训练计划项目135项。

入选教育部学术学位研究生课程建设试点工作单位。新增博士点1个。开展博士资格申请制工作,将科研创新能力作为选拔博士生的重要评价指标。立项研究生教育创新计划项目164项,资助金额140余万元。8篇论文获评上海市研究生优秀成果(学位论文)。举办第三届研究生高端法律创新人才夏令营,承办2016年上海“依法行政建设法治政府”研究生暑期学校。主办第六届MOOT上海国际模拟仲裁庭邀请赛,学校代表队成为大陆高校唯一一支进入八强的队伍。

队伍建设。新聘博士生导师10人,校聘教授(研究员)21人,兼职教授56人,客座教授4人,兼职教师148人。引进高层次人才3人,聘用各类人员38人。辞职调动20人。2人入选享受国务院政府特殊津贴,4人入选上海高校青年东方学者(其中1人离职),3人入选上海市浦江人才计划(其中1人离职)。13人入选上海高校中青年教师国外访学进修计划,5人入选上海高校青年骨干教师国内访问学者计划,7人入选国家留学基金委访问学者项目。6人获上海市育才奖,1人获上海市科学道德和学风建设宣讲教育优秀个人,1人获上海高校后勤服务标兵。入选上海浦江人才入选上海领军人才、教育部青年长江学者、万人计划哲学社会科学领军人才、上海高校教师产学研践习计划各1人。2人分获全国辅导员职业能力大赛中二、三等奖。共招收博士后47人,在站人数共计147人,其中,师资博士后46人,学科博士后101人。法学博士后科研流动站已经成为全国单科规模最大、在站人数最多的流动站。博士后研究人员获得中国博士后科学基金资助共计235万元,获得的资助金额和人数在全国法学博士后流动站中名列第一。

学科建设与科学研究。2个项目获中央财政支持地方高校发展专项资金支持。法律文明演进研究被增补为上海市哲社创新研究基地。182项课题获得立项,其中教育部哲学社科研究重大课题攻关项目1项、国家社科基金项目29项(含重大项目1项、重点项目1项)、教育部人文社科课题6项、司法部部级项目4项、中国法学会课题3项、上海市哲学社会科学规划课题14项、上海市决策咨询项目7项、上海市科委软科学项目1项、曙光计划项目1项。6人入选2015年中国法学高产作者行列,人数位居全国前列。4人获上海市第十一届中国特色社会主义理论体系研究与宣传优秀成果(2014—2015),18人获上海市第十三届哲学社会科学优秀成果奖(2014—2015),1人获第六届钱端升法学研究成果奖,1人获中国高等教育学会第九次高等教育科学研究优秀成果奖。科学研究院入选“2015年度复印报刊资料重要转载来源机构”。成立“法治战略研究中心”、“互联网+法律”大数据平台。

合作与交流。坚持开门办学、开放办学,推进多层次、多领域的合作与交流。研究、推进“两院两部一市”共建华东政法大学方案,已得到最高检同意的复函。深化校地合作，已与长宁区、松江区，以及宁夏回族自治区等签署“区校合作”战略框架协议。与国内18家政府单位、法律服务机构签署合作协议。成人非学历教育培训单位近150个，学员逾万人，辐射20个省（市、自治区）。签订32份新的交流协议、谅解备忘录，海外合作院校达到154所。新增海外学习项目6个，共有本科生交流项目51个，其中得到教育部留学基金委资助的项目20个。共有235位本科生获得海外实习、学习资助项目资助，另有69名本科生获得留基委资助。接受中国政府奖学金留学生57人、中外合作办学项目学生45人，接受教育部来华留学高端硕士学位奖学金项目留学生20人。

校园文化。华政青年微信平台阅读量570余万人次，经评选，获2016年度上海十大学校共青团类微信公众号。邀请18位文化名家到校讲座，承办四场高雅艺术进校园演出，原创音乐剧《律·诗——雷经天》校内外连演多场，举办中国大学生音乐节系列活动，承办第三届全国高校文学社团高峰会暨中国廉政与法治文学研究中心成立大会，承办共青团上海市委员会纪念红军长征胜利80周年暑期社会实践专项活动，举办校际文化交流月“南城二哥”母校专场演出，举办“春之华政”青年文化艺术节、“校园十大歌手”评比活动。《华政报》获5项中国高校校报好新闻奖，事是学社团支部获2015年度“全国五四红旗团支部”，“法律公益服务车站”获第三届中国青年志愿服务项目大赛全国银奖。在2016年上海市“知行杯”大学生暑期社会实践活动中总积分全市高校第一。学生社团获省部级以上奖项60余项。原创毕业歌曲《姐妹兄弟》，在上海教育电视台毕业季期间每天滚动播放5次。

校园建设与管理。加强“绿色校园”建设，推进节能减排管理举措的实施和技术的应用。完成两校区厕所改造项目工程，实现学生公寓生活用水每屋都有直饮水的目标。启用实训大楼，调整优化两校区办公用房。健全校园安全综合防控体系，完善应急处置预案，提高公共安全保障能力。加强安全稳定隐患排查、依法整治，做好实验室安全与管理工作。加强基础工作队伍演练和业务培养，开展师生安全教育和生命教育。加强校园基础设施建设，推进智慧校园建设。完成工程项目6项。重点推进长宁河西学生食堂和大礼堂等修缮工程和新建学生公寓项目。完成无线网络改造（一期）建设，为师生随时随地上网提供便利。完成校园一卡通二期建设。长宁校区“三角地”改造工程取得阶段性的成果。

（胡　珺）

【获中国诗词大会全国总冠军】 4月，中央电视台播出的中国诗词大会第一季总决赛中，法律学院2013级殷怡航同学，登上全国总冠军的宝座。中国诗词大会以“赏中华诗词、寻文化基因、品生活之美”为宗旨，对各赛区的参赛学生进行选拔，殷怡航参加北京举行的总决赛，并以绝对优势拿下全国总冠军。

（胡　珺）

【当选中国人文社科最具影响力青年学者】 4月27日，科学研究院高奇琦教授入选“2015年度中国人文社科最具影响力青年学者”榜单。此次评选活动由中国人民大学人文社会科学学术成果评价研究中心指导，“壹学者”移动学术科研服务平台、百度学术共同举办，旨在促进中国人文社科学术的繁荣发展，遴选、激励一批水平高、影响大的优秀青年学术带头人。评选采用“当年论文发表总量”“当年论文被引数量”“当年被《复印报刊资料》全文转载的论文数量”“专家评分”“互联网投票”等五重标准对学者进行全方位评价，充分保证信度与效度。

（胡　珺）

【《自贸区法治建设蓝皮书》和《全球治理指数2016年报告》出版】 4月，发布《中国（上海）自由贸易试验区法治蓝皮书》，首次对自贸试验区两年多来在制度创新方面进行全面的总结与评估，从理论与实践两方面回应自贸试验区是如何坚持重大改革于法有据与法治引领改革，如何坚持营造国际化、法治化、市场化营商环境的重大国家战略使命，并对自贸区法治深化提出建议。该蓝皮书是国内第一本系统介绍中国（上海）自贸区法治建设经验与成果的专题书籍。9月，学校政治学研究院联合中国与全球化智库、中国外文局对外传播研究中心以及世界和平基金会在北京发布"全球治理指数2016年报告"，首次以指标体系的方式对国家参与全球治理的状况展开评估，《人民日报》、《光明日报》、人民网、环球网、中国青年网、中国日报网、人民政协网等主流媒体进行了报道。（胡　珺）

【大学生思想政治教育专家论坛举行】 5月20日，由学校主办的主题为"思想政治理论课教师和辅导员队伍整合"的大学生思想政治教育专家论坛举行。来自全国近20所高校的30余位专家学者围绕思想政治理论课教师和辅导员队伍的融合与整合问题进行了多视角、多角度的探讨。论坛邀请专家学者为"思政课"教师和辅导员队伍的整合"把脉开方"，对推动思想政治教育工作队伍一体化、形成大学生思想政治教育的合力具有十分重要的意义。（胡　珺）

华东政法大学举办大学生思想政治教育专家论坛

【与中国作家出版集团签署战略合作框架协议】 7月1日，学校与中国作家协会·中国作家出版集团战略合作框架协议签订仪式在松江校区举行。根据协议，双方将在共建中国廉政与法治文学研究中心、举办全国廉政与法治文学高端论坛、开展人才培养等方面进行合作交流。（胡　珺）

【与最高人民法院国际合作局签订合作协议】 9月23日，学校与最高人民法院国际合作局合作框架协议签约暨最高人民法院国际司法协助研究基地（华东政法大学）揭牌仪式在长宁校区举行。根据协议，双方将在理论研究、司法协助、学术交流、课题科研、人才培养、资源共享等方面开展合作。（胡　珺）

华东政法大学与最高人民法院国际合作局签订合作协议

【获批公共管理一级学科博士学位授予权】 10月，学校公共管理一级学科获批一级学科博士学位授予权。公共管理一级学科以行政管理、社会保障、公共政策为基础，以社会公共安全为特色，形成较为完整的学科体系，系上海市"高原Ⅰ类学科"建设项目、上海市一流学科建设项目。（胡　珺）

【入选全国高校共青团"第二课堂成绩单"制度试点单位】 10月，学校和浙江大学、天津大学、同济大学等全国36所高校成为高校共青团"第二课堂成绩单"制度全国第一批试点单位。这是学校近年来继"全国高校团组织微博建设试点高校""团中央直接联系点高校""全国学校共青团新媒体综合工作室"、团中央"青年之声"后，第五次入选团中央学校系统全国试点工作。此次入选将对学校共青团工作的体系化科学化建设、助推学校人才培养和"双一流"建设等发挥积极作用。（胡　珺）

【成立中国法治战略研究中心和"互联网＋"法律大数据平台】 12月10日，中国法治战略研究中心成立大会暨首届法治战略论坛在学校举行。法治战略论坛是研究中心主要的年度智库论坛，也是国内法学类智库的重要交流平台。提出互联网＋法律大数据平台的构想，打造高水平综合法治数据研发与服务中心，致力于一流的法治数据综合集散平台、一流的法治数据深度研究平台、一流的法治数据产品生产发布平台和一流的法治数据开放使用平台，旨在服务学校学科发展、决策咨询方面精准发力，服务国家法治战略、公众法律需求方面精准发力，通过集成“法治大数据”和“大数据法治”深度融合，推动法治研究。（胡　珺）

中国法治战略研究中心成立

附：学校负责人及地址

（2016 年 1—12 月）

校党委书记：曹文泽

副　书　记：应培礼、闵　辉（5 月到任）

校　长：叶青

副校长：顾功耘、刘晓红（4 月离任）、林燕萍、唐　波（6 月到任）、闵　辉（6 月到任）

长宁校区地址：万航渡路 1575 号

邮编：200042

电话：62071666

松江校区地址：龙源路 555 号

邮编：201620

电话：57090261

上海体育学院

【2016 年概况】 学校以建设世界一流体育大学为目标，聚焦“十三五”规划的起步实施，紧抓健康中国建设、体育强国建设和上海市建设全球知名体育城市等国家和地方战略机遇，牢固树立创新、协调、绿色、开放、共享的发展理念，各项事业稳步推进。

一、基本情况。学校有二级学院 6 个，设有中国乒乓球学院和附属竞技体育学校。设本科专业 18 个、一级学科博士点 1 个、二级学科博士点 6 个、硕士点 12 个、博士后流动站 1 个。有专任教师 398 人，其中正高级职称 71 人、副高级职称 168 人。在校全日制本科生 3976 人，硕士研究生 876 人，博士研究生 293 人，成人本专科生 608 人，短期留学生合计 146 人。

二、师资队伍。学校围绕师风师德建设，完善课堂教学、坐班答疑和自习辅导制度。根据《上海体育学院教师教学培训学分管理办法》，提升师资队伍的学科前沿视野和学科交叉能力，全年举办 65 次教学培训（含教学工作坊 41 次）。1 人入选教育部“2016 年度长江学者特聘教授”，1 人获上海市教委 2016 年度高校特聘教授（东方学者）称号，3 人入选国家体育总局“优秀中青年专业技术人才百人计划”。积极推进体育学高峰学科和心理学高原学科柔性引进人才建设工作，全职引进高层次人才 9 人，其中学科带头人 2 人、学术骨干 2 人、优秀博士（后）5 人。

三、学科建设。推进上海市Ⅰ类高峰学科（体育学）和Ⅰ类高原学科（应用心理学）建设，加强对乒乓球智能化研究中心、运动科学学院实验中心、体能训练中心、运动认知评定与调控实验室等基地平台的建设和升级改造力度。积极推进上海市高峰高原学科人才建设工作，全年完成柔性人才引进 51 人，其中上海市级海外名师 3 人、院级海外名师 17 人、A 岗兼职教授 24 人、B 岗兼职教授 7 人。体育产业发展研究院社会效益日益显现。

四、科学研究。获得国家级纵向课题 10 项，其中社科重大课题 1 项；省部级纵向课题 34 项，其中 2 个项目分别首次获得教育部人文社科资助项目马克思主义方向和高校思想政治工作方向课题立项；《公共体育服务体系建设》一书获上海市第十三届哲学社会科学优秀成果奖（2014—2015年）著作类一等奖，两项研究成果入选《国家社会科学基金项目成果选介汇编》，《运动与健康科学》（英文版）蝉联“中国最具国际影响力学术期刊”称号，在中国人文社科期刊中排名第一。持续推进体育智库建设。

五、人才培养。推进课程改革，完成首轮通识课程审核开课工作，设置推出6个板块115门课程。推进运动康复和运动训练2个应用型本科试点专业建设。把握体医融合发展趋势，获批新建康复治疗学硕士专业，学校成为国内拥有康复相关专业最全面的高等院校之一。上海体育学院—澳门理工学院联合培养体育专业硕士首届学生20名入学。

2016届毕业生一次就业率达88.5%。在2016年“创青春”上海市大学生创业大赛中，学生取得3项金奖、2项银奖、7项铜奖的历史最好成绩，在“创青春”全国大学生创业大赛终审决赛中获得一个银奖四个铜奖的成绩，奖牌总数位列全市第二。

六、体育竞赛。获2016里约奥运会金牌3枚、银牌2枚、铜牌2枚，世青赛铜牌1枚，亚锦赛金牌1枚，亚青赛金牌1枚，全国锦标赛、冠军赛金牌21枚、银牌18枚、铜牌17枚，全国大学生、全国体院比赛金牌15枚、银牌12枚、铜牌7枚。学校学生分别获得WBO（世界拳击组织）金腰带、“中国拳王争霸赛”冠军。在一系列国内高水平学生赛事中取得好成绩，女子足球队成功卫冕2016年全国青少年校园足球大学联赛（高水平女子组）冠军，女子篮球队摘得首届全国体育院校篮球联赛冠军。

七、对外开放。启动实施“国际上体”计划。重新修订本科生汉语继续教育的教学计划，开展系统化国际课程的建设工作。国际手联手球学院揭牌。与德国科隆体育大学联合培养体育管理硕士项目顺利推进。改革体制机制，在国际文化交流学院基础上，建设国际教育学院。共接待境外来访团组80余批512人次，完成学校480名教师和学生的出境访学、进修任务，与境外8所教育科研机构达成合作关系。

八、中国乒乓球学院工作。完成国际乒联青少年训练营和乒乓球国际暑期学校。两次派出16人次承担国家队备战马来西亚世界锦标赛和里约奥运会科研服务、体能训练、后勤保障等工作，完成国家队世锦赛科研服务工作。推进欧洲分院（卢森堡）建设工作。

九、基础建设与办学保障。中国乒乓球学院综合大楼、新建学生公寓竣工并投入使用。探索实施学生宿舍和食堂“六T”实务管理新模式，凸显了“学科专业＋文化内涵”的宿舍管理特色，成为上海高校系统“示范窗口”。推进智慧校园建设。 （蒋啸天）

【国际手球联合会手球学院揭牌】 3月25日，中国手球发展研讨会在学院举行并为国际手球联合会手球学院揭牌。中国手球协会、上海体育学院、上海市体育局、上海手球协会、国际手球联合会等部门领导出席研讨会，共同探讨国际手球联合会手球学院建设情况，展望中国手球运动的未来发展。

（蒋啸天）

国际手球联合会手球学院在上海体育学院揭牌

【获“上海市五一劳动奖状”荣誉称号】 4月27日，上海市总工会宣布，通过单位推荐，民主评选，学院获“上海市五一劳动奖状”荣誉称号。 （蒋啸天）

【第七届海峡两岸体育产业研讨会召开】 4月24日，由中国奥委会和中华台北奥委会主办，学院承办的第七届海峡两岸体育产业研讨会在学院举行。为推动海峡两岸体育产业交流与合作，来自中国奥委会、中华台北奥委会、两岸体育产业专家和企业代表以“加强交流合作，实现互利双赢”为主题，共同探讨海峡两岸体育产业发展大计。 （蒋啸天）

【第七届上海“运动与健康”国际高层论坛举行】 为促进运动人体科学、老年医学与基础医学研究领域里的国际、国内学者之间的交流，提升运动与老年健康、运动与抗衰老、运动与老年病干预等领域的学科交叉研究水平，应对我国日益严峻的老龄化问题，由上海市学位委员会、中国老年学学会衰老与抗衰老科学委员会、中国老年学学会运动与健康委员会(筹)共同主办的第七届上海“运动与健康”国际高层论坛暨2016年上海市研究生学术论坛于5月7至8日在学院举行。论坛以“运动与老年健康：老年痴呆的运动预防与干预”为主题，邀请来自法国、美国、日本等国家，以及国内的11位运动与老年慢性病研究领域的著名专家学者做专题主报告。（蒋啸天）

第七届上海“运动与健康”国际高层论坛在上海体育学院举行

【2016全国乒乓文化巡展启动】 在国际博物馆日来临之际，5月14日，为弘扬和传承乒乓文化精神，由国家体育总局宣传司、国家体育总局乒乓球羽毛球运动管理中心、中国乒乓球协会联合国际乒联博物馆(中国乒乓球博物馆)、北京中广赛博文化发展有限公司举办的2016全国乒乓文化巡展启动仪式暨奥运冠军风采诗词展示活动在学校的中国乒乓球学院举行。（蒋啸天）

2016全国乒乓文化巡展在上海体育学院启动

【花样跳绳队参加奥运火炬传递开幕式表演】 巴西里约时间8月1日清晨，2016年奥运圣火来到巴西里约热内卢州里约达斯奥斯特拉斯。学校教师韩耀刚带领7名队员作为唯一特邀国际演出团队参加奥运火炬传递开幕式表演，为现场的几千名巴西观众展现了一套时长近6分钟的演出。花样跳绳融合了巴西特色桑巴舞蹈、中国功夫、京剧音乐、中国轮等众多元素。（蒋啸天）

【中国老年学和老年医学学会运动健康科学分会成立】 我国首个研究老年运动健康问题的国家级专业学术团体——中国老年学和老年医学学会运动健康科学分会在学校成立，挂靠上海体育学院。（蒋啸天）

【全国运动增强体质与健康学术会议召开】 12月8日至11日，2016年全国运动增强体质与健康学术会议在学校举行。会议由中国体育科学学会、国家体育总局体育科学研究所、国家国民体质监测中心和上海体育学院联合主办，由中国体育科学学会体质研究分会和上海体育学院运动科学学院联合承办。会议以“运动增强体质·助力健康中国”为主题，是近年来体质与健康研究规模最大的一次学术论文报告会。（蒋啸天）

【获评“2016中国最具国际影响力学术期刊”】 11月22—23日，由中国期刊协会、中国科学技术期刊编辑学会、中国高校科技期刊研究会、全国高等学校文科学报研究会、《中国学术期刊》(光盘版)电子杂志社有限公司5家单位联合主办，由同方知网承办的“中国学术期刊未来论坛”在北京会议中心举行。学院主办的《运动与健康科学》(英文)在此次论坛上，获评“2016中国最具国际影响力学术期刊”。（蒋啸天）

附：学院负责人及地址

(2016年1—12月)

院党委书记：戴　健

副　书　记:陈晓峰、詹　萌、王玉林

院　长:陈佩杰

副院长:陈晓峰、平　杰、施之皓、毛丽娟、王兴放

地址:长海路399号

邮编:200438

电话:51253000

上海戏剧学院

【2016年概况】 年内,学校招收本科新生入学435人,硕士生76人,博士生17人,留学生93人,成人本、专科教育300人。全日制在校本科生1822人,硕士生214人,博士生95人,留学生127人,成人本、专科教育942人。2016届毕业本科生432人,硕士生66人,博士生9人,成人本、专科教育200人,留学生36人。全校教职工共499人,其中专任教师274人、外聘教师214人。

教学工作。教育教学改革方面,围绕迎接教育部本科教学审核评估,抓好教育教学改革,在校内专业评估的基础上,优化专业结构,完善专业体系,做好《上戏专业教师情况分析》。推进表演系和舞美系学分制改革。及时对培养方案进行调整,对学时学分予以规范,对课程予以精简。组织全校青年教师教学竞赛,其中1人被选送参加市级教学竞赛并获一等奖。制度建设方面,修订完成《上海戏剧学院教学成果奖评选办法》《上海戏剧学院教材建设管理办法》《上海戏剧学院课程建设管理办法》《上海戏剧学院接受旁听生、借读生管理办法》等,制定《课程与教材工作指南》。教学实习实践管理方面,与国家话剧院、北京人艺、上海话剧中心签约,与国家话剧院合作排演大戏《狂飙》。组织申报第一批重点建设校外实践教学基地,共有7家基地入围。推进上海戏剧学院大学生创新创业训练计划示范校建设项目,年内共计申报上海市创新活动资助项目立项52个,创业活动资助项目立项4个,14个项目荣获“国家级大学生创新创业训练计划项目”称号。

专业建设与课程、教材建设。年内全校共有3个教学改革项目获市级项目立项,2门课程获“市级精品课程”称号,8门校级重点建设课程、15本校级规划教材、5本青年教师讲义、20个教研课题获院级项目立项。完成“十三五”课程、教材规划,并形成《上海戏剧学院“十三五”教学(专业)规划》。

科研成果。年内,学校共获得国家级和省部级科研项目立项9项。其中,国家社科基金项目1项,国家社会科学基金艺术学项目3项(含1项重大项目),文化部文化艺术科学研究项目1项,上海市哲学社会科学规划项目1项,上海市教委“曙光计划”项目1项,上海市教委“晨光计划”项目1项,上海市教委财务与资产管理中心调研项目1项。全年共有市教委及以上级别的科研项目8项结项。继续设立“中青年科研项目”,共有29个科研项目获得资助。

人事工作。高层次人才引进方面,年内共聘任1位名誉教授及10位客座教授。完成“谭元元国际芭蕾工作室”“田沁鑫戏剧艺术工作室”“刘青弋当代舞蹈研究工作室”等高层次人才工作室申报上海市教委文教结合工作室项目。推荐1人申报2016上海高校“东方学者”特聘教授,推荐1人为2016年享受政府特殊津贴人选,1人获评2016年上海市育才奖。师资培养与建设方面,组织申报2016年“教师发展工程”项目,2人入选“上海高校中青年教师国外访学进修计划”,1人入选“上海高校中青年教师国内访学进修计划”,1人入选“教师产学研践习计划”。教师交流访学方面,完成国家留学基金委2016年“艺术类人才培养特别项目”申报工

作，1 人获联合培养博士研究生项目资助。组织 10 位教师参加并完成 2016 年德、奥戏剧研访项目。完成 2016 年“上海高校教师培养资助计划”申报工作，共 6 人申报均获资助。新教师岗前培训方面，配合市教委完成学校 5 名新进教师 2016 年上海市属高校新教师岗前培训的组织、申报及日常管理工作。博士后管理方面，完成 6 名博士后进站(含 3 名师资博士后)、2 名进站落户等相关手续办理，以及 2 名出站、2 名延期出站、1 名退站的相关手续办理。

学生工作。根据上海教育综合改革的总体思路和部署要求，围绕“让学生成为学习的主人”这一宗旨，积极培育和践行社会主义核心价值观，营造至善至美、崇德尚艺的校园文化氛围，坚持以“党建带团建、团建促党建”的工作思路，实行党团联动，激发团建工作活力。转变学生工作机制，通过啄壳计划、学生讲堂等学生团队项目的自我管理，锻炼学生专业实践能力，提高艺术人文素养。年内啄壳计划共资助项目 68 个，资助经费 50 万元。心理健康方面，开设全院选修课“心理与人生”，对两校区 500 余名 2016 级新生心理进行测试，接待心理咨询 40 余人次。奖学金工作方面，2015—2016 学年，共有 934 人次的本科生和研究生荣获各类奖项，其中 17 人获得国家级、市级奖学金。本科生 425 人获校综合奖学金，237 人次获校专业奖学金，15 人获得京昆专项奖学金，研究生 103 人获学业奖学金；全校共 106 人获得新生奖学金，共计发放奖学金 355 万元。学生资助工作方面，年内共有家庭困难学生 124 人获助学金。申报上海戏剧学院“杏灵·关爱行动”潜力学生资助项目，共 15 人获年度资助，17 人获一次性资助。

毕业生工作。将毕业生就业与文化艺术行业人才需求紧密结合，强化就业创业服务体系建设，提升毕业生的就业竞争力。年内共有毕业生 502 人，总体就业率为 98.41%。各院系结合专业特点高度重视学生的创新创业和社会实践，结合学校各类就业讲座、招聘会等，对学生就业实行一对一的个性化督导，引导学生树立正确的就业观。加大就业工作信息化建设力度，对就业网站进行全新升级改版，基本实现毕业生就业手续无纸化操作。提升“上戏就业”微信公众号的公信力和影响力，对毕业生 QQ 群管理进行升级更新，实行常态化服务，为毕业生之间的信息沟通和业务合作提供平台保障。年内为毕业生提供的总岗位数为 2533 个，生均提供岗位数 5 个。全年共举办 8 场大型校园招聘会，超过 199 家电视台媒体传播单位、专业院团、各类学校培训单位、文化公司等与学校艺术类专业对口的用人单位到校招聘。为鼓励毕业生面向基层就业，制定《上海戏剧学院毕业生就业补贴与创业奖励实施细则(试用)》，在政策上进行鼓励和引导，鼓励毕业生到上海、北京以外地区就业。2016 年派遣毕业生中有 26 人获得异地就业补贴，补贴金额为 2.95 万，人均获得 1100 元补贴。针对毕业生就业过程中遇到的问题，举办就业合同签署、就业简历制作等专题讲座，及时加强辅导。成立上海戏剧学院大学生创业指导站，积极开拓校外创业基地，与骑鲸客文化科技(上海)有限公司和上海贝孚投资管理有限公司分别建立上海戏剧学院创业见习基地和上海戏剧学院创业孵化基地。依托大学生创业指导站，共举办 1 次创业大赛和 2 期创业实战营培训活动。年内共有创业毕业生 13 人，在校生 26 人，已经注册公司的有 16 人，创业带动就业人数为 53 人。

国际交流。拓展中外合作办学，提高教育国际化程度。引入国外优质教育资源。发挥学校作为艺术创新孵化器的功能，提升国际艺术教育和人文交流的层次，通过召开和举办学术研讨会、大师班、工作坊、国际文化艺术项目、联合国创意论坛等活动，成功打造出国际小剧场戏剧节、国际导演大师班、冬季学院、夏季课程等一系列跨文化交流的对外合作项目，初步形成品牌效应。抓住国际剧协总部办公点落户上海的有利条件，打造联合国教科文组织下的高端国际平台，建立国际艺术高校网络联盟，搭建国际戏剧节、世界舞蹈日等重大全球艺术交流平台。 (李　莉)

【与 17 所高中戏剧特色学校签约共建】 3 月 18 日，上海市特色戏剧学校命名仪式在上海戏剧学院举行，北虹高级中学、松江二中等首批 17 所高中戏剧特色学校与上海戏剧学院签约共建。根据协议，上海戏剧学院向共建学校提供戏剧教育的学术动态和演出信息以及授课资源和专业指导。 (李　莉)

上海戏剧学院与上海 17 所高中戏剧特色学校签约共建

【举办第五届"上戏有戏"莎士比亚戏剧主题演出季】 4 月 13 日—5 月 23 日，第五届"上戏有戏"莎剧主题演出季在上海戏剧学院拉开帷幕，时值文学戏剧巨擘莎士比亚逝世 400 周年之际，在为期一个多月的演出季中，各界师生校友围绕莎士比亚戏剧主题进行不同呈现，共同演绎 9 部全新戏剧作品，从木偶剧《哈姆雷特》到京剧《驯悍记》，从表演系内蒙班的话剧《罗密欧与朱丽叶》到导演系的话剧《皆大欢喜》，从舞美系的《着色》到音乐剧《西区故事》，戏曲导演专业和越剧专业合排的越剧《仲夏夜之梦》，以及上海昆剧团的《夫的人》和上海京剧院的《王子复仇记》等剧各具特色，促进各剧种门类艺术创新的碰撞交流，也是一次对全校教学与创作的集中检验。（李　莉）

【举办中国文艺评论基地高级专家委员会委员受聘仪式暨学术研讨会】 7 月 3 日，中国文艺评论基地高级专家委员会委员受聘仪式暨学术研讨会在学院熊佛西楼举行。中国文艺评论基地由中国文联、中国文艺评论家协会设立，上海戏剧学院是国内第一批也是上海唯一一家国家级中国文艺评论基地。会上，学校为与会高级专家委员会委员颁发聘书。会议围绕当代文艺评论现状、文艺评论研修班授课方式及内容等相关问题进行研讨。（李　莉）

【韩正、杨雄视察上海国际舞蹈中心】 9 月 7 日，中共中央政治局委员、上海市委书记韩正，上海市委副书记、市长杨雄等到新建成启用的上海国际舞蹈中心视察，上海国际舞蹈中心是上海"十二五"期间规划建设的重大项目，是集教育、创作、赛事、演出、活动于一身的国际化、复合型、公共性的舞蹈艺术综合体，集聚了上海戏剧学院附属舞蹈学校、上海戏剧学院舞蹈学院、上海芭蕾舞团、上海歌舞团，旨在打造舞蹈创意、创作及研究、教育培训、演出展示中心。（李　莉）

【举办 2016 莎士比亚戏剧节】 9 月 11—17 日，上海戏剧学院联合国际剧协、中国戏剧家协会等单位举办"第九届上海国际小剧场戏剧展演特辑——2016 莎士比亚戏剧节"。来自刚果、法国、英国、乌克兰、荷兰、意大利、塔吉克斯坦、印度、伊朗、阿根廷、德国、葡萄牙等国家的专业剧团、戏剧院校为中国观众呈现 15 台不同版本的莎士比亚经典作品，同时，戏剧节还举办多场以莎士比亚为主题的学术研讨会，邀请莎学研究专家展开学术交流活动。（李　莉）

2016 莎士比亚戏剧节开幕

【举办 2016 年戏剧评论研修班】 10 月 17—11 月 4 日，由中国文联文艺评论中心、中国文艺评论家协会、上海戏剧学院共同主办，上海市文艺评论家协会、上海市浦东新区文化广播影视管理局、《上海戏剧》杂志社协办的全国"2016 年戏剧评论研修班"在上海戏剧学院举行。本届研修班从全国各地文联、评协、相关高校推荐的 42 名青年戏剧评论家中，择优录取 21 名 45 周岁以下的优秀青年戏剧评论家，采用"工作坊"的教学模式，除举办著名文艺评论家系列学术讲座外，研修班以戏剧评论写作为主要教学内容，全程进行师生互动式教学。（李　莉）

【举办首届"木偶戏""皮影戏"普及培训班】 11 月 4 日，由文化部、教育部主办，学院承办的中国非物质文化遗产传承人群研修研习培训计划首届“木偶戏”“皮影戏”普及培训班，在学院莲花路校区举行开班仪式，参与首期普及培训的学员，是从全国各木偶皮影艺术院团报名人员中挑选出的82名从业者。培训班聘请国内、国际活跃在一线的木偶皮影艺术专家为学员授课，旨在培养一批木偶皮影艺术的复合型、实践型高端人才。（李　莉）

首届“木偶戏”“皮影戏”普及培训班开班

【与阿里影业、复星集团战略合作签约】 11月8日，上海戏剧学院、阿里影业、复星集团战略合作签约仪式在学院举行。根据协议，初步计划三方将在新的市场需求和技术应用场景下，联合探索影视艺术高层次复合型人才培养的新模式，各自投入其领域内优质的资源，助推中国影视娱乐产业在人才培养方面的基础设施升级换代。（李　莉）

【新建浦江校区工程奠基】 12月1日，学院在浦江校区新址举行新建浦江校区工程奠基启动仪式，同时举行世界表演艺术研究中心和上海戏剧学院附属学校揭牌仪式。浦江校区南至昌林路，西至大寨河，东至浦星公路，北临上师大附中闵行校区。建设用地总面积约99791平方米，工程总建筑面积约139689平方米，预计2019年建成投入使用。（李　莉）

上海戏剧学院浦江校区工程奠基

附：学院负责人及地址

（2016年1—12月）

院党委书记：楼　巍
副书记、纪委书记：胡　敏

院　长：韩　生（4月离任）、黄昌勇（10月到任）
副院长：黄昌勇（10月离任）、宫宝荣、张伟令、郭　宇

院本部地址：华山路630号
邮编：200040
电话：62481866

莲花路校区：莲花路211号
邮编：201102
电话：64800099

漕宝路校区：桂林路201号
邮编：200235
电话：62757585

上海音乐学院

【2016年概况】 学校设有15个教学单位。全日制在校本科生1683人，硕士生778人，博士生83人。

全校教职工534人，其中专任教师307人。

深化改革。2016年工作有序推进，逐步深化。通过筹建新一届学术委员会，完善现代高等教育的“教授治学”机制，在工作中发挥了良好的作用，成效开始显现；通过新一轮制度建设，为“依法治校”提供强大的制度保障，形成《上海音乐学院工作制度汇编》；通过内控管理工作，深化学校办学、管理的有效机制，梳理预算与办学计划的关系，为学校的未来发展明确定位与方向，完善财务、资产、审计、后勤等统筹化协同管理，推进科学有效的现代管理体制。2016年，学校完成资产清查与财务经费使用清查，部分干部经济责任审计与项目审计，配合市级预算管理调研以及文教结合调研等工作的开展。

教育教学。年内，本科生与研究生分别启动实施“艺术实践学分”改革，推出艺术实践“双实践周”，通过本科教育教学激励计划，研究生教育国家级教学评估等方面的举措，提升人才培养的质量。学校2016届毕业生共537人，截至8月31日，就业率为95.90%，相比上年同期稳中有升。教学成果方面，“大提琴演奏艺术”“应用作曲”两门课程获批上海市级精品课程；“民族室内乐教学改革”获批上海市本科高校重点教学改革项目。本科系列教材建设方面，签约出版8部教材。6月，与杨浦区政府签署战略合作备忘录，启动区校合作的新空间，借此共同打造上海现代音乐院、上海现代音乐职业技术学校等多维教育模式。

人才队伍。大力发展高层次人才的引进与培养。启动高层次人才引进方案，全职引进教授2人，柔性引进1人。叶国辉教授入选长江学者特聘教授，青年教师沈叶入选2016年度“曙光计划”项目。多层扶植骨干教师培养储备。15位教师入选“双馨双成”高水平师资培养计划，26位教师入选第二批青年教师“音才辈出”计划、选拔青年人才储备计划，不断输送和推举优秀人才。鼓励教职工自我提升，进修深造。年内，2位教师入选上海高校教师国外访学进修计划，完成学历提升11人，其中专任教师4人。9位教师参加上海市教委组织的为期三个月的高校新教师岗前培训。合理优化教师管理办法。3月，启动教师考核评价工作，拟定《上海音乐学院教师岗位分类评价考核办法》。另外，针对外籍教师薪酬标准、授课数量、聘用期限等方面的差异，学校修订出台《上海音乐学院外籍教师聘用管理办法》，在管理、考核、聘用、待遇及保障等方面均进行了规范，并从9月开始实施新的外籍教师工资体系。

科创研究。重点、重大科研项目申报方面成绩显著，学校完成3项国家社科基金艺术学项目结项，2项入选2016年度国家社科基金艺术学项目。获批2016年度文化部文化艺术研究项目1项；“晨光计划”艺术学专项1项；2016年度上海市艺术科学规划项目1项。科研获奖方面，学校获第十三届哲学社会科学优秀成果奖（2014—2015年）著作类和论文类两个一等奖。获霍英东教育基金会第十五届高等院校青年教师奖“二等奖”1项，获批霍英东教育基金会第十五届高等院校青年教师基金基础性研究课题资助项目1项。3个项目获国家艺术基金资助。艺术创作方面，2016年学校创作多媒体剧《木卡姆印象》、原创音乐剧《汤显祖》。大型多媒体交响剧场《丝路追梦》两赴西安，亮相第十一届中国艺术节。5月，学校正式成立我国第一个以中国音乐的创作、研究、推广为宗旨目标的高等研究院——上海音乐学院贺绿汀中国音乐高等研究院，整合校内外资源，提升中国音乐学科的创新研究实力。

艺术实践。学校积极响应国家“一带一路”倡议，于2016年上半年承办的第三十三届“上海之春”国际音乐节部分项目中，融合“文明之路，音乐之河”的主题开展了一系列音乐演出。4月举办丝绸之路音乐学院院长论坛，来自11个国家、14所院校的院校长参会。与联合国教科文组织顾问单位国际传统音乐学会共同主办“丝绸之路上的鲁特琴”专题研讨会，收集并研究相关器乐类古谱。排演歌剧《再别康桥》《风中丽人》等一大批优秀剧目，出版发行《唱响中国梦》歌曲专辑。启动“中国钢琴百年经典回顾”系列活动。以“中国时代”为主题开展赴德国汉堡的系列展演交流活动。举办“听见中国”世界名校青年作曲家谱写中国音乐会等。

交流与合作。年内，学院共接待24个国家和地区的400余位境外音乐家、学者、师生代表团、音乐学院院校长、机构负责人以及使领馆专员；共有49批199人次赴国外进行各类文化交流、访问及演出。师生37人次赴台湾地区访问、参加会议、学习、演出等各种交流活动；126位学生获得资助，分别学习、实习、演出及参加比赛等。年内，学院开展交流活动共约20项：与日本昭和音乐大学签订合作备忘录，合作演出的莫扎特歌剧《女人心》，与美国茱莉亚学院、芬兰赫尔辛基艺术大学西贝柳斯音乐学院续签合作备忘录，与英国皇家音乐学院成立联合学院的合作协议即将签署，与伯克利音乐学院合作建立现代音乐院也在紧锣密鼓的推进中。此外，学校举办国际打击乐节暨第一届IPEA国际打击乐比赛、2016上海音乐治疗国际大会、2016中国(上海)现代爵士乐教学研讨会、上海音乐学院—丹麦皇家音乐学院室内乐音乐节等多项国际峰会、论坛。

校园建设。学院零陵路校区改建学生公寓如期竣工，新建学生公寓实现预定目标。零陵路校区教学用房如期开工。汾阳路上音歌剧院建设进展顺利，建设工程依法合规取得全部手续。为建成一流声学效果的中型歌剧院的目标，协调组织建筑声学顾问、舞台剧务顾问深化功能设计，主厅1比10声学测试模型，并完成声学测试。舞台机械、灯光、音响深化设计工程完成，启动总集成招标工作。

(王金晶)

【举办“丝绸之路音乐学院院长论坛”】 4月28日，“丝绸之路音乐学院院长论坛”在学院召开。11个国家、14所院校的20余位院校长出席论坛。本次论坛聚焦三方面议题：音乐文化的交流以及再创造；高等艺术院校在传统音乐传承方面的经验；世界音乐多样性对塑造平等、宽容、自强人格以及激发艺术创造力的重要性。阿塞拜疆国立文化与艺术大学，白俄罗斯国立音乐学院，匈牙利李斯特音乐学院等13个国家和地区高校的院校长进行了主题发言。与会院校长还共同签署《联合公报》，旨在通过多样性的音乐教育合作，使作为文化交流象征意义的“丝绸之路”继续延伸，孕育音乐创造的内在活力。

(王金晶)

“丝绸之路音乐学院院长论坛”在上海音乐学院召开

【成立贺绿汀中国音乐高等研究院】 5月9日，我国第一个以中国音乐的创作、研究、推广为其宗旨目标的高等研究院——贺绿汀中国音乐高等研究院在上海音乐学院成立。作曲家赵季平受聘担任名誉院长兼学术委员会主任，林在勇任院长，杨燕迪任执行院长、学术会员会副主任，盛宗亮、叶聪、阎惠昌、高文厚、乔建中、居其宏、赵维平等国内外著名学者在首届学术委员会之列。

(王金晶)

【卢展工到校专题调研】 6月14日，全国政协副主席卢展工率全国政协教科文卫体委员会到校开展“促进社会主义文艺繁荣发展”专题调研。调研组听取学校汇报，观摩上海音乐学院专业艺术教学成果展演。调研组对上海音乐学院的艺术创作提出了进一步立足“人民性”的建议，呼吁多多创作中国自己的作品，展现中华民族的精神风貌。(王金晶)

【与杨浦区签订区校战略合作协议】 6月28日，学院与杨浦区签订战略合作框架协议，协议约定，国立音专旧址主体建筑将于2017年11月27日建校90周年之前，回归上音，并用于建设“贺绿汀中国音乐高等研究院”。在此基础上，双方充分整合发挥资源优势，开展系列深度合作，支持上海音乐学院筹建上音现代音乐院，共建国际音乐创意产业园，以及共建现代音乐职业学校、上海音乐学院实验学校。

(王金晶)

【原创音乐剧《汤显祖》首演】 9月23—24日，原创音乐剧《汤显祖》在江西抚州汤显祖大剧院首演。2016年恰逢汤显祖逝世400周年，学院携手汤显祖故乡抚州市政府联合出品《汤显祖》剧。学院党委书记、院长林在勇担任作词，著名作曲家、教授徐坚

强担任作曲，青年剧作家陆驾云担任编剧，该剧是继《海上音》后，上音倾情打造的一部中国风范音乐剧。 （王金晶）

原创中国风范音乐剧《汤显祖》首演

【举办梅百器逝世70周年纪念活动】 10月14—17日，学院与斯坦福大学和上海交响乐团联合举办"纪念梅百器逝世70周年"展览及交流活动。活动包括"指挥大师梅百器与上海音乐文化——纪念梅百器逝世70周年特展"，"梅百器与上海古典音乐的发展"讲座，"梅百器、上海工部局乐队与上海音乐文化"研讨会，上海音乐学院与斯坦福大学合作交流洽谈会，以及斯坦福大学音乐图书馆馆长Jerry McBride主持的"音像资源的保存与维护"工作坊。 （王金晶）

【多媒体交响剧场《丝路追梦》首演】 9月19日，由上音五位作曲家创作，学校数媒学院（筹）完成多媒体影像制作的多媒体交响剧场《丝路追梦》首演于第三届丝绸之路国际艺术节，10月20日又受邀参加中华人民共和国第十一届艺术节。 （王金晶）

【入选第五批全国民族团结进步教育基地】 12月20日，国家民委下发《关于命名第五批全国民族团结进步教育基地的决定》，上海音乐学院东方乐器博物馆入选第五批60个全国民族团结进步教育基地。 （王金晶）

附：学院负责人及地址

（2016年1—12月）

院党委书记：林在勇
副　书　记：刘　艳、王　瑞（8月到任）

院　长：林在勇
副院长：杨燕迪、廖昌永、唐立兔、王　瑞（8月到任）

汾阳路校区地址：汾阳路20号
邮编：200031
电话：64312000（总机）

零陵路校区地址：零陵路520号
邮编：200032
电话：64312000（总机）

上海杉达学院

【2016年概况】 学校按照"十三五"规划和综合改革方案的目标，深化内涵建设，加强应用型人才培养，全面完成学校年度工作计划。2016年全年招生4245人（其中本科3561人、专科415人、专升本269人），计划完成率113%。在校生13387人，其中本科生12436人、专科生951人、留学生50人。毕业生2981人，就业率为98.52%，签约率为88.66%。

一、学校事业发展。1.制定规划。学校印发《上海杉达学院改革和发展"十三五"规划》；完成学科专业、师资队伍、文化建设等7项校级专项发展规划和14项二级学院发展规划的编制工作。“十三五”规划围绕“与众不同,追求品质,塑造未来”的核心发展理念,突出“转型、机制、规模、结构、质量、效益”的重点内容,统筹引领学校事业发展。2.规范管理。印发《上海杉达学院综合改革方案(2016—2020年)》,实施体制机制改革、教学科研转型发展方案,研制二级管理办法文本。学习贯彻民办教育“1+3”文件,修订《上海杉达学院章程》,实施《规章制度建设与管理暂行规定》《学术委员会规程》《教职工年度考核实施办法》等重要文件,推进规章制度“废改立释”工作(年内废止78项,修改45项,新建80项),完成现代大学制度建设试点工作结项。综合改革督查得到市委专家组高度评价,“建立非营利性民办高校示范建设机制”入选2016年上海教育综合改革典型案例。3.落实市级政府专项扶持资金项目。机械电子工程实验中心建设(一期)、旅游+校园体验中心建设、酒店管理专业教学实训中心建设(二期)等11个项目获2016年度专项建设资金5698万元。完成2014年度市级政府专项扶持资金项目绩效自查自评工作,并接受第三方评价。完成2017年度市级政府专项扶持资金项目申报。

二、教学工作。1.专业与课程建设。新增设“网络与新媒体”“汉语国际教育”“软件工程”等3个本科新专业,“教育学(卫生教育方向)”获批上海市属高校应用型本科试点专业,“船舶工程技术”获批中高职教育贯通培养模式试点专业。“互联网金融人才培养模式研究与实践”获批上海高校本科重点教学改革项目。组织市级精品课程、示范性全英语课程申报工作,“景观设计”“现代酒店管理概论”获批2016年上海高校市级精品课程建设项目,“国际经济学”“跨文化商务沟通”获批2016年上海高校示范性全英语课程建设项目;“器械健身”获批2016年上海高校优质在线课程建设项目。组织开展校级项目立项:教学改革项目11项,重点课程14门,精品课程3门,全英语课程4门,教材建立立项7本。2.建立教学质量保障体系。学校完善内部质量保障体系和机制,制定学校《本科教学质量保证体系》,建立学校教学质量标准。学校引入第三方评估机制,年内,聘请校外专家完成金融学、计算机科学与技术、酒店管理、视觉艺术设计、环境设计五个专业的合格评估。坚持“以学生为中心”“基于成果导向”“持续质量改进”的新理念,以培养目标的达成度、社会需求的适应度、师资和条件的支撑度、质量保障运行的有效度、学生和用户的满意度为人才培养质量新标准,在委托第三方调查完成应届毕业生社会需求与培养质量跟踪评价报告的基础上,完成2015—2016教学基本状态数据采集工作,发布上海杉达学院《2015—2016学年本科教学质量报告》。3.加强产学合作教育。各专业与企业探索育人新模式,拓展合作形式,深化合作内涵,发挥基地优势,挖掘基地建设功能。2016年浙江华为通信技术有限公司等30家企业新签约成为产学合作教育基地,并新聘任49位企业、行业专家成为学校兼职教授。学校与上海科技馆、新道科技股份有限公司达成战略合作协议,与沪东中华造船(集团)有限公司续签《上海杉达学院沪东工学院产学合作协议》。校企深度合作成立“上海杉达学院华钦学院”。与仁济医院共同组建“杉达—仁济综合护理实训中心”。与上海市第一人民医院共建“杉达—市一”康复治疗临床实训教学中心。学校校企合作单位上海国际时尚中心获批“上海市外国留学生实践基地”。4.探索创新创业教育新模式。学校培育创新创业训练生态链,以大学生创新创业训练计划项目为创新创业教育抓手,共计43个项目被立为市级项目,19个项目被立为国家级项目。举办“杉达之秋”2016年大学生创新创业成果展示活动周,承办首届“商贸杯”众创方案设计大赛,制定并完善《上海杉达学院创新创业教育激励保障制度》,依托企业与社区,学校与上海双创产业发展有限公司及上海浦东新区塘桥街道共同建立“上海双创创业实践育人共享共赢平台”,三区联动,互惠共赢。2016年学生获全国和省市级学科专业、创新创业奖共计13项。2016年学校获“上海市大学生双创训练计划示范校创建校(培育)”“上海高校创业指导站”“创新创业教育实践实训基地建设奖”“上海高校实践育人创新创业基地”等荣誉。

三、师资队伍建设。引进和招聘新教师87人，其中副高级职称及以上人才13人。继续实施青年骨干教师学历提升计划，13人在职读博(国内9人、海外4人)，取得博士学位1人。参加民办高校“强师工程”项目：骨干教师培训35人，海外硕士培养9人，新教师培训39人，海外短期培训10人，英语强化培训5人，国际课程研修2人。开展辅导员各类专业化职业化培训，落实经费培养培训青年教师，全年共有100多人次参与。

四、交流与合作。接待来自国(境)外来访团组52个，共计人数232人，分别来自19个国家和台湾、澳门地区；校领导组团出访国(境)外11次，共47人次；与9个国家新签续签协议15个，迄今共与19个国家和台湾地区、澳门特区的67所学校签署合作交流协议。外籍教师共39人，长期(半年及以上)来华留学生44人，来华留学生短期团组6个，约120人。新报上海市教委“海外名师”项目1个获批。教师赴国外、境外学校攻读学位、访问学者、培训、访问、讲学、国际会议报告人数逐渐增多，全年达到68人次，其中33人参加各类访学和学习培训，1人赴德国法兰克福应用科技大学讲学。学生赴国外、境外学习和交流人数共166人，获得2016年“上海市高校大学生海外学习实习项目奖学金”共70万元，69名学生获得资助。

五、科研工作。申报科研项目160项，批准立项106项，新增科研经费354万元，其中上海市教育科研规划项目1项(市级)，上海市“晨光计划”2项，上海市“阳光计划”1项，上海市德育实践研究项目1项，上海市体育科研重点项目1项、一般项目3项，上海市民办高校重大内涵项目1项、重点项目2项。获上海市护理学会第十二届上海护理科技奖三等奖1项。获上海市护理学会第四届护理器具创新奖二等奖和三等奖各1项。获上海市民办教育协会优秀课题一等奖1项和上海市高教学会科研项目二等奖1项。首次获批实用新型专利授权1项，申请发明专利1项、实用新型专利2项、外观专利1项。教师发表论文200篇，其中国际三大检索14篇、CSSCI期刊4篇、国内核心期刊35篇，出版专著3部，译著5部、编著、教材12部。开展第二届上海杉达学院科研成果奖的评选，共评选出优秀科技成果、优秀论文两类共10项优秀科研成果并予以表彰奖励。首次开展校级重点学科遴选，“护理学”“计算机科学与技术”“金融学”等三个学科首批列入重点学科建设。批准设立“国际商务与商法研究中心”“食品安全技术研究中心”等8个校级科研机构，同时批准6个课题作为校级重大内涵建设和重点科研项目。

六、学生工作。1.加大学生资助力度。践行公益办学理念，认真做好“奖贷助、勤补免”资助育人工作，51人获国家、上海市奖学金40.8万元，1579人次获“谢希德奖学金”90.82万元，57名新生获学校奖学金22.9万元；27名困难学生获“校级励志奖学金”6.75万元。完成2427人次的学生家庭经济困难认定工作，发放国家助学金363.06万元，12人成功申请国家助学贷款9.6万元，594人获生源地助学贷款469.15万元。450人次的新生获新生助学金55.65万元，857人次获勤工助学金53.06万元，123名参军士兵获学费补偿、贷款代偿、学费减免190.4万元。积极争取社会资助，39人分别获“智瑾奖助学金”“徐国炯奖助学金”等资助18.55万元。开展“夏季送清凉”“冬季帮困送温暖”、走近高雅艺术、“大学生自强之星”评选、主题征文比赛等活动。2.促进学生身心健康成长。完成《大学生心理健康教育》课程教学任务，举办心理健康专题讲座10余场，开展团体心理辅导20余场次，接待个体心理咨询356人次、转介学生14人次，并进行6次心理健康排查，建立新生心理健康档案。

七、思想政治工作。1.核心价值观“六进”工作持续推进。积极培育和践行社会主义核心价值观，牢牢把握意识形态工作的主导权。开展“两学一做”学习教育。“杉达大讲堂”宣讲习近平外交的新理念新思想新战略，“希德讲坛”开设“中国海洋现状和安全形势”等8场思政主题讲座。举行庆祝建党95周年大会和评选表彰活动、纪念红军长征胜利80周年歌咏比赛、五四表彰大会。举办“跨越时空·恋上经典”民办高校大学生弘扬优秀传统文化短剧展演活动。开展庆祝建校24周年系列活动，发布25周年校庆公告和实施方案。时尚学院开展金山廊下土布时装秀、“筑梦”毕业秀活动。“希德讲坛”获全国民办高校党建和思政优秀项目一等奖。官方网站获上海市“优秀网站提名网站”和“诚信创建积极网站”。就业办微信公众号入选上海高校网络新媒体建设优秀案例。“曹路干部高校培训基地”获曹路镇2013—2016年度十佳区域化党建项目。2.文明和谐校园建设成果明显。接受上海市文明单位在线、实地、展示等终期检查,开展校级文明单位、窗口(组室)评比、文化品牌项目申报工作,深化文化育人和实践育人。2名学生参加服务西部计划。校团委开展暑期社会实践主题活动,“重走长征路”获上海大学生暑期实践优秀项目奖。年累计志愿服务人数3360人,学校获上海科技馆十五周年志愿服务先进集体称号。市民办教育党工委民办联合支部与商学院学生支部结对开展“学雷锋·共植树”活动。新媒体工作室、演讲社、汉服社入选2016年上海市大学生社团文化扶植计划。全面提升校园“三防”建设水平,整体调换学生宿舍饮水机,开展消防演习4次。接受教育部安全生产督查;承办“上海市首届大学生安全知识竞赛”民办片区选拔赛。中共浦东区委宣传部(文广局)和学校签署战略合作协议。学校顺利完成浦东新区换届选举工作。 (俞　刚)

【获批上海高校市级精品课程】 4月,学校艺术与设计学院教师王烨负责的“景观设计”课程、管理学院唐秀丽老师负责的“现代酒店管理概论”课程获批2016年度上海高校市级精品课程。 (俞　刚)

【与仁济医院共建“综合护理实训中心”】 5月10日,学校与仁济医院共同组建的“综合护理实训中心”揭牌,双方共同培养适应社会需求的高素质应用型护理本科人才。 (俞　刚)

【参展大学生文化创意作品展示季优秀作品汇展】 5月30日、6月2日,时尚学院服装与服饰设计专业2016届毕业生的“筑梦”毕业作品秀,参展首届“汇创青春”——上海大学生文化创意作品展示季优秀作品汇展,在上海国际时尚中心亮相。 (俞　刚)

【获批本科重点教学改革项目和示范性全英语教学课程建设项目】 6月,学校教授牛淑珍负责的“互联网金融人才培养模式研究与实践”项目获批2016年上海高校本科重点教学改革项目。孟海樱老师主讲的“国际经济学”和李丽老师主讲的“跨文化商务沟通”获批2016年上海高校示范性全英语教学课程建设项目。 (俞　刚)

【民办高校大学生弘扬优秀传统文化短剧展演举办】 6月7日,“跨越时空·恋上经典”上海民办高校大学生弘扬优秀传统文化短剧展演在学校上演,来自全市14所民办高校学生演绎经典,学校学生表演的话剧《七步诗》摘得评委会大奖。 (俞　刚)

【教育学(卫生教育方向)专业入选应用型本科试点专业建设】 6月,教育学(卫生教育方向)专业入选第二批上海市属高校应用型本科试点专业建设,该专业是中国大陆地区唯一的培养卫生保健教师的本科专业,致力于培养具有教育资质的、具备较强的卫生保健服务与咨询、健康教育与宣传等能力的卫生保健教师。 (俞　刚)

【入选教育部“数据中国‘百校工程’产教融合创新项目”】 9月7日,教育部公布“数据中国‘百校工程’产教融合创新项目”评审结果,学校入选首批试点院校名单。该项目在全国范围内遴选百所高校,部署构建“曙光大数据应用创新中心”“大数据应用协同创新网络”,聚焦大数据关键技术和若干国家重点行业的大数据应用,为教育及其他行业提供全方位的数据服务。 (俞　刚)

【康复治疗临床实训教学中心揭牌】 10月9日,为加强校院结合、医教融合,培养康复治疗应用技术人才,康复治疗临床实训教学中心揭牌仪式在上海第五康复医院举行。该中心由学校与上海市第一人民医院共同建设,致力于创建上海一流康复治疗专业、国内知名康复医学专科。 (俞　刚)

上海杉达学院康复治疗临床实训教学中心揭牌

【"中荷合作国际管家课程"开班】 10月10日，学校"中荷合作国际管家课程"开班仪式在酒店管理专业实验教学中心举行。合作方高级培训师戈登·曼罗在仪式后为2014级学生授公开课。11月18日，"中荷合作国际管家课程班"36名学生结业。（俞 刚）

"中荷合作国际管家课程"开班

【上海杉达学院华钦学院揭牌】 10月14日，为培养复合型金融IT专业人才，学校与上海华钦信息科技股份有限公司签署战略合作协议，校企深度合作成立"上海杉达学院华钦学院"，并举行揭牌仪式。（俞 刚）

【成为"教育之弦"卓越创新联盟首批成员】 11月3日，根据教育部学校规划建设发展中心网站公告，学校成为该中心"教育之弦"卓越创新联盟首批成员。该联盟是由教育部学校规划建设发展中心设立，旨在为与中心密切合作的伙伴学校及其他教育机构提供增值服务。（俞 刚）

【获评全国民办高校党建与思政工作优秀成果一等奖】 11月，由教育部思政司指导、全国民办高校党建研究分会主办的"第四届全国民办高校党建与思政工作优秀成果"评选结果公布，学校参评项目"立德树人，充分发挥'希德讲坛'在培育和践行社会主义核心价值观中的优质平台作用"获一等奖。（俞 刚）

【学校"法国力克时尚智能制造中国研究中心"成立】 12月16日，学校与法国力克公司签署战略合作协议，双方通过校企深度合作成立"法国力克时尚智能制造中国研究中心"，在时尚传播、时尚营销等教育中实现科技与时尚的有机结合，全方位开展学校时尚学院应用型人才培养。（俞 刚）

"法国力克时尚智能制造中国研究中心"成立

【与浦东新区区委宣传部（文广局）签署合作协议】 12月28日，浦东新区区委宣传部（文广局）和学校签署战略合作协议，双方将在人才队伍培养、文化资源共享联建、浦东高校文化联盟打造等方面开展深度合作共建。（俞 刚）

附：学院负责人及地址

（2016年1—12月）

院党委书记：朱绍中
副 书 记：李 进、王馥明、陈 暐

院 长：李 进
副院长：张增泰、王馥明、冯伟国、贾巧萍、朱绍中

地址：金海路2727号
邮编：201209
电话：50210894

上海立信会计金融学院

【2016年概况】 根据市委、市政府的决定在原上海立信会计学院和原上海金融学院的基础上，于6月24日合并组建上海立信会计金融学院。2016届毕业研究生50人，本科生3946人，专科生717人，截至8月25日，毕业生签约率为73.37%，就业率为90.75%。2016年，学院共招收研究生101人，本科生3852人(含春季录取90人)，预科生93人，专升本学生272人，高职(专科)学生717人。

学科和专业建设。制定"十三五"学科建设规划，推进工商管理高原学科建设，制定应用经济学、工商管理学、统计学一流学科建设支持计划，启动学科带头人与学科团队建设计划、学科基地建设计划、学科声誉提升计划、学科建设的国际化发展计划。组织申报金融科技新专业。6个应用型本科试点专业获准立项。

人才培养。深化教育教学改革，人才培养质量稳步提高。稳步开展联合培养研究生工作，2016年，共有4个专业8位联合培养研究生获得硕士学位。与通用电气(中国)有限公司共建校企合作班项目。推进海集方金融工程实验中心和立信会计产学研基地建设。与锐思咨询、上海法链网络科技有限公司、上海氦氪互联网金融信息服务有限公司、深圳法大大网络科技有限公司就共建区块链应用研究中心达成合作意向。与浦东新区审计局、长宁区审计局、舜农集团、敦煌研究院、悦达保理研究院建立合作关系。与沪港国际咨询集团有限公司实施产学研全面战略合作。"走进击剑"课程获评国家级"精品视频公开课"。新增上海市级精品课程3门，上海高校优质在线课程4门、上海高校示范性全英语课程建设项目2项、上海高校外国留学生英语授课示范性课程建设项目1项。新增上海高校本科重点教学改革项目3项。26个项目获国家级大学生创新创业训练计划立项，162个项目获上海市大学生创新活动计划立项。

科研工作。完善科研机构和科研项目管理办法。制定重大科研项目的培育支持计划。完成校办杂志的更名改版工作。年内，学院共立项国家社科规划项目4项、国家自然基金项目3项、全国教科规划项目1项、教育部社科项目7项、民政部项目1项、上海市政府决策重点项目6项、上海市社科规划项目2项、上海市教科规划项目3项、上海市软科学项目2项。获上海市决策咨询研究成果奖2项。入选曙光计划项目2项、扬帆计划项目1项。承担横向课题任务18项。深化与区域、产业和企业的合作，建立科技金融研究院、自贸区研究院、"一带一路"研究院、工商管理研究中心等研究合作平台。

师资队伍建设。引进"常任轨"教职人员6人，海外名师3人。1名教师获上海市高校青年东方学者称号，33名教师获国外访学计划、6名教师获国内访学计划、6名教师获产学研践习计划、4名教师获实验技术队伍建设计划资助。纳入并实施上海市本科骨干教师教学激励计划。推进人事制度改革与创新，出台《高层次人才引进与管理办法》等多项人事管理新制度。

学生工作。学院成功获批第二批"上海高校创业指导站"。年内，学生参加"挑战杯"全国(上海市)大学生竞赛等高层次科技竞赛活动，共获全国三等奖1项、上海市二等奖3项、上海市三等奖5项。制定《爱国主义教育实施方案》，开展爱国主义教育特色项目创建活动。深入推进辅导员队伍建设，参加上海市高校辅导员专题培训104人次，2名辅导员参加2016年骨干辅导员高级研修班。

国际交流与合作。与14所境外高校和机构签署合作项目协议(或谅解备忘录)。工商管理学院在取得AACSB国内第六十一家会员资格的基础上，通过初认证资质合格评审。与丹麦国际商学院合作的孔子课堂运行良好。学生海外学习实习项目达48个，赴海外学习、实习、游学人数达491人次。2016年招收各类留学生共计939人，来校留学生国别达67个。招收留学预科新生96名。因公出国(境)访问共计87批、250人次。

文化传承。确立新校校名用字、校标等文化标识，确立以“立信”为内容的校训精神和“立诚明德，经世致用”的大学精神。探索以“诚信”为基石的教育体系实施方案，从课程育人、制度育人、实践育人、文化育人、新媒体育人等几方面入手组建诚信教育教学团队、修订诚信分数评定细则、拓展诚信实践体验项目、搭建诚信教育实施平台。

群团工作。整合力量，形成两级工会组织。做好教代会提案办理。通过改善食堂用餐、学生住宿、校车布点、校园就医、教职工待遇，落实首问责任制、限时办结制、午间轮休制、沟通宣讲制，完善“教工之家”，开展群众性文化体育活动，关心生活困难师生等实事工作，让师生在新校事业发展中有更多的归属感和获得感。实施基层团支部的“活力提升”工程，1个基层团支部获全国高校践行社会主义核心价值观“示范团支部”荣誉称号。2个团支部获2015年度“上海市五四红旗团支部”称号。2个团委被授予2015年度“上海市五四特色团委”称号。学生获2016年全国大中专学生志愿者暑期“三下乡”社会实践活动优秀团队称号。

社会服务。发布《2016上海国际金融中心建设蓝皮书》。全年承办上海市财政局、上海市教委等委托培训项目22项，举办各类培训班68场次。完成市教委委托试验项目——高校继续教育转型推进(国际合作职业培训)。承接高校社区联动实验项目，围绕“金融法律知识进社区”开展金融知识普及活动，通过“知识传播、文化搭台”的模式，不断探索工作方式方法。

管理工作。1.合并工作。认真贯彻市委市政府的决策部署，平稳有序完成两校合并重大工作任务。根据新校事业发展的需要，对两校原有机构和职能全面梳理，设立22个职能部门、2个群团组织、12个二级学院、5个校级科研机构和21个为教学科研服务的直属单位。2.建章立制。启动大学章程制定，陆续出台校级规章制度100项。健全党委会、校长办公会决策规则，完善二级院系党政联席会议制度和二级教代会制度。3.档案工作。加强各校区档案管理，收集并完成整理、编制综合档案4458卷(不含实物、声像照片)。4.财务工作。做好财务系统整合、财务报销制度修订、账户变更、税务注册地确定等工作，完成两校区2016年下半年预算调整。5.资产管理和后勤保障工作。新建资产管理信息化系统，实现与财政数据平台的对接、校内多系统互动、数据动态管理和APP应用管理，资产管理信息化、科学化水平提升。加强后勤保障的统筹协调，优化调整教学和办公条件，改善用餐环境和通勤情况。6.出版工作。举办《大学生诚信教育经典案例》新书首发式；3个图书项目获国家出版基金资助，4个图书项目获国家“十三五”规划重点出版物立项，16个图书项目入选上海“十三五”重点图书出版规划；“中国财经实训网”数字化项目获上海市文创办立项；在云南财经大学会计学院和中华职业学院设立出版中心。 (田　原)

【上海立信会计金融学院成立】 6月24日，举行上海立信会计金融学院成立暨领导班子任命宣布大会。市委组织部、市教卫工作党委、市教委的领导，学校党政领导班子成员及各单位、各部门主要负责人、教授代表、离退休干部代表参加会议。(田　原)

上海立信会计金融学院成立

【翁铁慧到校调研】 7月6日，副市长翁铁慧到校调研并慰问师生。市政府副秘书长宗明，市教卫工作党委书记陈克宏，市教委副主任丁晓东、郭为禄，市教委总督学平辉及市政府办公厅、市教委有关部门负责同志陪同调研。 (田　原)

副市长翁铁慧到上海立信会计金融学院调研并慰问师生

【工商管理学院通过 AACSB 初认证资质合格评审】 9 月 9 日，国际精英商学院协会（AACSB）的初始认证委员会主席 Rob Dixon 签署官方通知，正式批准学校工商管理学院具备合格认证单位资质。（田　原）

附：学院负责人及地址

（2016 年 1—12 月）

院党委书记：李世平
副　书　记：鲁海波、许　玫

院　长：唐海燕
副院长：许　玫（兼）、万　峰、顾晓敏、陈晶莹、赵荣善

浦东校区地址：上川路 995 号
邮编：201209
电话：50218899

松江校区地址：文翔路 2800 号
邮编：201620
电话：67705200（总机）

徐汇校区地址：中山西路 2230 号
邮编：200235
电话：64390390（总机）

上海电机学院

【2016 年概况】 学校有临港、闵行两大校区，占地 76 万平方米。共设 11 个学院、2 个教学部，有工、经、管、文、艺 5 大学科门类，31 个本科专业，18 个专科（高职）专业。在校全日制本科生 10429 人，专科生 2245 人，硕士研究生 235 人，在校外国留学生 378 人。年内，全校教职工总数 1040 人，其中专任教师 773 人。教授 57 人、副教授 189 人，占专任教师的 31.82%；具有博士学位教师 282 人，占专任教师的 36.48%。全年毕业生共 3210 人，总体就业率为 98.97%，其中硕士研究生 76 人，就业率 98.68%；本科毕业生 2448 人，就业率为 99.22%；专科毕业生 686 人，就业率为 98.10%。有各级各类重点学科 10 个，其中上海市教委重点建设学科 2 个，校级重点建设学科 8 个。上海电机学院大锻件制造技术工程中心被列入上海市协同创新中心，上海装备制造产业发展研究中心被列入上海高校人文社会科学重点研究基地，电力电子与电力传动学科被列入“上海一流学科”监测建设学科。学校图书馆馆藏图书 119.8 万册，中外文数据库为 29 个，电子图书 56 万册。

一、管理与制度建设。制定落实《上海电机学院章程》工作推进表，不断完善内部治理结构及运行规则。细化《上海电机学院深化综合改革方案（2015—2020）》，完成《“十三五”改革和发展规划》的编制、发布工作，发布《专业学位研究生教育发展规划（2016—2020）》。深化校院两级管理，扩大二级学院管理自主权，优化组织管理体系和运行机制。抓好建章立制工作，全年梳理各类校内规章制度 290 项，“废改立”规章制度 192 项，其中废止 92 项、修订 73 项、新建 27 项。

二、教育教学改革。入选市属高校本科教学教师激励计划试点高校，推进教师教学激励计划实施、教学质量监测与评价。建章立制，推进教师辅导答疑制度、班导师制度的执行。成立中德智能制造学院，并首批遴选60名学生，打造智能制造应用型人才培养示范基地。新获批3个本科专业，2个专业申报上海市第三批应用型本科试点专业并顺利完成市教委组织的答辩工作。组织和启动本科教学教师教学团队建设工作，组建8个校级专业教学团队，二级学院组建22个专业教学团队和16个课程教学团队。首次获上海高校青年教师教学竞赛文科学组一等奖。建立健全专业质量报告发布机制，编制发布《上海电机学院本科教学质量报告（2015年度）》《上海电机学院专业教学质量报告（2015年度）》《上海电机学院专业教学状态白皮书（2014年度）》。获批上海市高校本科重点教学改革项目2项、上海市本科精品课程2门、专科精品课程1门、上海市本科全英语示范课程3门。全年共立项校级重点课程23门，全英语课程6门。电气工程及其自动化专业获得中国工程教育专业认证协会认证受理，带动学校全面启动专业认证工作。

三、师资队伍建设。举办2016年国家“千人计划”专家上海电机学院行活动，探索高端人才引进机制。修订完善学校研究生导师队伍选拔办法，学校电气工程领域共有39位校内硕士研究生导师和63位企业导师队伍，其他培育领域共有39位校内导师和28位企业导师。加强教师培养力度，全年参加国内访问学者20人，国外访学及进修12人，参与产学研践习教师15人。全年共聘任各级各类专业技术人员150名，其中正高5人、副高29人。新进专职教师33人，其中教授1人、副教授1人，具有博士学位17人；新聘兼职教师2人，其中包括中国工程院候选院士1人、国家“千人计划”专家1人。

四、学科建设和科研工作。出台《上海电机学院应用型本科——硕士专业学位贯通方案》，探索本硕贯通教育改革。改革科研管理制度，学校科研管理费从8%下调至2%。首次以第一主持单位获上海市科技进步奖二等奖一项、三等奖一项，获2016年中国国际工业博览会高校展区一等奖。作为参与单位获教育部高等学校科学研究优秀成果奖（科学技术）科技进步奖二等奖、中国机械工业科学技术奖三等奖。学校首次获批上海高校人文社会科学重点研究基地1个。以第一单位发表ESI高被引论文1篇，被SCI、EI、ISTP收录的论文72篇。学校挂牌“国家知识产权局上海张江审查员实践基地实践点”，上海电机学院技术转移中心获批为上海市技术转移服务机构。积极服务长三角区域的中小企业，先后在浙江临安、江苏启东等地举办上海电机学院技术对接会。全年共申报发明专利404项，授权发明专利72项，成功完成专利转让4项。

五、国际交流与合作。全年与境外高校签署（续签）各类合作协议15项，中外合作项目不断拓展。新招留学生74人，长短期留学生总数达到378人，留学生总体规模比上年增加14%。共有68名学历留学生获外国留学生上海市政府奖学金。开展学生境外互访交流，共派遣9批次197名学生赴境外学校开展短期交流。推进合作专业建设，与澳大利亚博士山学院合作国际商务专科专业通过教育部评估。

六、学生管理与服务。组织学生通过个人自学、辅导报告、易班讨论等方式学习贯彻党的十八届六中全会精神和习近平总书记系列重要讲话精神，围绕建党95周年、长征胜利80周年和弘扬女排精神等组织开展“为中华之崛起而读书”理想信念主题教育活动和主题班会活动。学校鼓励学生创新创业，提升学生创新能力，机械学院创新集训队获全国大学生“小平科技创新团队”称号，高职学院2015级学生陆江获“中国青少年科技创新奖”，参加全国大学生创业大赛获银奖1项、铜奖2项。

七、后勤保障与基本建设。完成21个实验室专项项目建设工作，完成6个二级学院、69个实验室的校区搬迁工作。贯彻执行《上海市2015年政府采购集中采购目录和采购限额标准》，组织完成159次采购任务，采购各类仪器设备7729台（件）。全年采购图书4.78万册，完成资源（纸质和电子）建设经费397万元，建成图书馆读者行为分析平台和闵行校区RFID智能图书馆管理系统。学校临港校区物业管理服务项目被中国教育后勤协会物业管理专业委员会列为“高校后勤优秀物业服务项目”。完成e电机APP应用19个，启动基于微信企业号的移动校园应用，完成数字化校园基础平台建设工作。

八、党建工作。推进"两学一做"学习教育活动，接受市委第一巡视组对学校为期两个月的巡视。大力推进以促进学风、教风、管风改善的"三风建设"，完成16个二级党组织换届选举工作。对14名中层干部进行轮岗交流，激发干部队伍活力。开展暑期干部研修班，提升干部理论素养、思想素质；举办中青年骨干培训班，提升后备干部的党性修养、业务素质和综合实践能力。全年共发展中共党员144人，其中教工党员6人、学生党员138人。

（史志明）

【获批上海高校人文社会科学重点研究基地】 2月15日，学校智库"上海装备制造产业发展研究中心"被市教委认定为上海高校人文社会科学重点研究基地。这是学校首次获批上海高校人文社会科学重点研究基地。该研究中心旨在围绕中国装备制造产业发展，聚焦装备制造上市公司竞争力评价指数研究，为政府和装备制造企业提供发展规划咨询、决策咨询和行业研究服务。（史志明）

【翁铁慧到校调研】 3月8日，副市长翁铁慧，到学校临港校区，就学校围绕上海科创中心建设，进一步对接行业、企业需求，推进人才培养工作；加强人才队伍建设，推动学科建设、科技创新；进一步用好办学自主权，加强现代大学制度建设等进行调研。

（史志明）

副市长翁铁慧到上海电机学院调研

【中国、瑞典创新与智能制造论坛举办】 4月5日，学校与上海市临港地区开发建设管理委员会、瑞典哈姆斯塔德大学合作举办的中瑞创新与智能制造论坛开幕。来自中国和瑞典两国的专家学者以及装备制造业领域的企业界高层人士围绕"智能制造，创新驱动"的主题，就创新与智能制造领域的国际发展前沿、国别发展比较、中国发展实践、挑战与对策等展开研讨交流。（史志明）

中国、瑞典创新与智能制造论坛开幕

【国家"千人计划"专家到访】 4月15日，学校与上海市浦东新区归国人员联合会邀请国家"千人计划"专家到访上海电机学院。22位国家"千人计划"专家应邀访问学校临港校区开展活动，旨在搭建专家与学校之间沟通、联系与合作的桥梁。活动举办方希望专家能够以适当的形式到学校进行长短期工作或项目合作，在学校学科专业建设、科学研究和人才培养等方面提供精准指导与有力支持。

（史志明）

【获两项上海市科技进步奖】 4月18日，上海市科学技术奖励大会在上海展览中心友谊会堂举行。机械学院李荣斌、孙会、黄兴华、王馨、张永涛完成的"清洁能源高端装备用大型铸锻件关键部件材料研究与工程应用"项目获上海市科技进步奖二等奖；电气学院赵朝会、宋国强、郭环球完成的"混合励磁同步电机若干关键技术研究"项目获上海市科技进步奖三等奖。这是学校首次以第一主持单位获上海市科技进步奖，是学校围绕上海加快科技创新中心建设工作及全校科研工作取得的重要成果之一。（史志明）

【获上海高校青年教师教学竞赛人文科学组一等奖】 5月27—29日，在由市总工会、市教卫工作党委、市教委联合举办的第二届上海高校青年教师教学竞赛上，教师吉文斌脱颖而出，获人文科学组一等奖，实现学校历史性的突破。教师王晓梅获自然科学应用学科组二等奖，教师闫燕获非语言类外语教学学科组三等奖，教师孔峰和沈妙妙获优胜奖。

（史志明）

【举办"服务国家特殊需求人才培养项目"试点单位联盟年会】 6月15日，由"服务国家特殊需求人才培养项目"试点单位联盟主办、学校承办的"服务国家特殊需求人才培养项目"试点单位联盟2016年年会在学校临港校区召开，来自试点单位联盟63所高校的近300余名代表参加年会。年会旨在总结交流"特需项目"试点工作的经验，探讨"特需项目"专业学位研究生教育的特色与规律，促进"特需项目"试点院校人才培养的深化改革。 （史志明）

"服务国家特殊需求人才培养项目"试点单位联盟年会举行

【获"小平科技团队"称号】 8月22日，在第十届中国青少年科技创新奖颁奖大会上，学校机械学院创新集训队获全国大学生"小平科技创新团队"称号，这是学校学生创新团队首次获得该项荣誉。高职学院2015级学生陆江获"中国青少年科技创新奖"。 （史志明）

【中德智能制造学院成立】 9月，学校成立"中德智能制造学院"，并从2016级新生中遴选60人作为首批学生。学院致力于培养具有国际视野、适应智能制造领域国际化竞争的优秀现场工程师，是契合"中国制造2025""上海科创中心建设"大背景及上海产业发展需求，引入优质德国办学资源和人才培养模式，打造的高素质、国际化、应用型人才培养示范基地。

（史志明）

【获第十八届中国国际工业博览会高校展区一等奖】 11月5日，第十八届中国国际工业博览会落下帷幕，学校"核电蒸发器过渡锥体锻件成形新工艺"项目获2016年中国国际工业博览会高校展区一等奖。这是学校首次获得该奖项的一等奖。

（史志明）

【在全国大学生创业大赛中获奖】 11月15—20日，在2016年"创青春"中航工业全国大学生创业大赛终审决赛上，学生贾继祥负责的"基于电子锁的可重复利用机械化运转快递箱"项目获银奖。本届"创青春"全国大学生创业大赛中，学校共计收获一项银奖两项铜奖。 （史志明）

【第六届上海市大学生工程训练综合能力竞赛举行】 12月2—4日，由市教委主办、学校承办的第六届上海市大学生工程训练综合能力竞赛决赛在学校临港校区体育馆举行。比赛共有来自全市13所工科院校的26支参赛队参加，到会参赛师生160余人。大赛还在全市范围内征集并选出赛事的会旗和会徽。 （史志明）

第六届上海市大学生工程训练综合能力竞赛举行

【电气工程及其自动化专业获认证申请受理】 12月9日，学校电气工程及其自动化专业获中国工程教育专业认证协会认证受理。2017年度的中国工程教育认证申请是中国成为《华盛顿协议》正式成员国后的首次申报。学校申请获得受理将有助于通过专业认证引领专业建设与发展。 （史志明）

附:学院负责人及地址

（2016 年 1—12 月）

院党委书记:曹锡康

副　书　记:宦秀芳

院　长:胡　晟

副院长:陈　信、黄兴华、焦　斌、杨若凡

临港校区:橄榄路 1350 号

邮编:201306

电话:38223822

闵行校区:江川路 690 号

邮编:200240

电话:64300980

上海政法学院

【2016 年概况】 学院共有 24 个本科专业,32 个本科专业及方向,其中法学类专业 8 个,管理类专业 5 个,文学类专业 5 个,经济学类专业 4 个,教育学类专业 1 个,艺术学类专业 1 个。本科在校生有 9293 人,硕士研究生在校 474 人。学校共有专任教师 484 人,其中教授 58 人,副教授 164 人,具有博士学位的有 203 人,获得硕士研究生学位的有 236 人。

学科科研。硕士点建设。年内,获批法学一级学科硕士学位授权点,新增 5 个二级学科硕士点纳入 2017 年招生计划。法学学科首次参加全国第四轮学科评估。科研情况。共获得省部级以上科研项目 40 余项,其中首次获得国家社科基金中华学术外译项目,首次获得司法部、上海市政府重点课题。共出版学术著作 31 部,发表一般核心期刊论文 155 篇,发表重要核心期刊论文 17 篇。《上海政法学院学报》被收录《中国人文社会科学期刊评价报告》引文数据库来源刊。智库建设。获批 3 个上海市重点研究基地和智库,获批 7 项“上海高校智库内涵建设项目”,并成为“一带一路”智库合作联盟理事单位。学校积极服务国家战略,加强决策咨询类应用研究,共上报决策咨询报告 50 篇。学校上报决策咨询成果实现了在上海高校中名列第二的新突破。

教学综合改革。获批实施教师激励计划。10 月学校正式获批实施本科教学教师激励计划,并配套落实一系列改革措施:启动本科教学团队改革试点工作,创新教育教学组织形式,共立项 27 个校级本科教学团队建设项目;推行“分类分级”本科生导师制改革,首批共有 190 名教师受聘担任本科生科研创新导师、学术提升导师和就业创业导师,2016 级大一新生全部按照行政班级配备学业导师;出台教师坐班答疑和自习辅导制度,全校共有 320 多名任课教师每周坐班答疑 4 小时,330 名专任教师每周自习辅导 2 小时。课程建设。整合学科优势,打造“大国安全”等通识课程品牌;探索课程改革,共立项本科实验实训课程建设项目 6 项,本科课程考核方式改革项目 8 项;12 门课程获批上海市精品课程、全英语示范课程、优质在线课程、本科实验实训课程等建设项目,获批 3 个上海高校本科重点教改项目。本科专业建设。新增广播电视编导和税收学两个本科专业,首次增加了艺术类专业,设立了法学专业涉外律师方向,财务管理专业获批市级应用型本科试点专业建设项目。本科专业达到 24 个,专业及方向总数达到 32 个,涵盖学科门类数增至 5 个。

人才培养。学风建设方面,修订《上海政法学院学生考试违规处理办法》,加大对学生考试作弊的处理力度,规范对学生考试违规的处理程序;召开学风建设启动大会,出台学风建设实施方案,通过氛围营造、活动支持、全员参与等多措并举,促进了教风、学风和校风的良性互动。招生工作方面,本科生源质量较往年进一步提升。比如,春季招生生源超过90%来自市、区重点中学；秋季招生面向外省市一本批次达到19个，绝大多数外地省份录取线超出当地一本线20—80分。共招录硕士研究生248人，创历史新高。获批中国政府奖学金留学生自主招生权，留学生超额完成100名招生计划，来源国达到40多个。学生管理方面，70个项目获大学生创新创业训练计划项目立项，其中9件作品获"挑战杯"创业计划大赛市级奖项(其中1件获全国铜奖)；蝉联上海市大学生法治辩论赛冠军，男女板球队再次夺得全国冠军，实现了男子三连冠、女子四连冠的新跨越；学生在国家司法考试、国际注册会计师考试中取得优异成绩，英语、国际经贸和商务、国际商事仲裁、纪录片、文学、艺术等学生专业团队屡次在国内外大赛中获奖。就业方面，大学生就业率达97.81%，高于上海市高校平均就业率，学校连续八年获上海市"三支一扶"先进集体称号。

人事制度改革。修订制订一系列人事制度。共制定、修订完善了30余项人事管理制度。在师资队伍建设方面，修订教师系列及学生思政教师系列专业技术职务评聘办法、教师岗位分类管理办法；在人才引进和招录方面，制定人才引进管理办法和人才招录工作方案；在人事管理方面，制定修订了机构编制管理、高级专家延长退休以及外聘专家聘任管理等规章制度。完成"三定"工作。依据市编办、市人社局核准的人员编制数和岗位数，在充分调研的基础上，完成机构设置、人员编制及岗位职责的核定工作。教师队伍建设。共引进和招录各类人才30人，其中具有海外学习经历的占25%；共有14名教师获得上海高校教师专业发展工程和国外短期培训项目资助，2名教师获得浦江人才项目资助，7名教师在职攻读博士和博士后进修，5名教师获得上海市育才奖。

中国—上海合作组织国际司法交流合作培训基地(以下简称"培训基地")建设。落实培训基地配套经费。除国家发改委批复的培训基地基本建设经费19800万元以外，学校争取上海市财政解决培训基地配套开办费和日常运行经费共9000多万元，并将以后每年所需经费纳入财政预算。理顺内部管理体制。学校研究决定成立了上合组织培训基地管理委员会、秘书处、监事会等管理机构，并建立了党总支。完成多期培训任务。完成公安部、司法部委托承办的上合组织成员国7个高级培训班的培训任务，涉外高端培训逐渐形成品牌。与黑龙江大学、喀什大学、辽宁大学等高校签署战略合作协议，并建立研修中心。

对外合作交流。国内合作交流。学校加入全国政法院校"立格联盟"并承办第七届高峰论坛；与最高院、最高检、司法部、中国法学会等中央部委，以及上海市政法系统和有关政府部门、单位建立合作关系，达成了合作意向；发挥校友作用，设立学校首个奖教金。国际合作交流。新增18所知名境外合作高校或国际组织，已与世界64所高校和机构建立了友好合作关系，其中包括海牙国际私法会议、国际商会等知名国际组织，加拿大蒙特利尔大学、英国利兹大学、美国圣路易斯华盛顿大学等世界著名高校。加入"留学中国"海外预科教育联盟，并成功获批在学校设立长三角地区唯一一个预科教育中心。共接待国外来访28批200余人次，进一步扩大国际交流合作的领域和成果。

基本建设后勤保障。基建项目完成主体施工。培训基地项目完成主体结构封顶验收，全面进入室内外装修阶段。该项目被评为"市文明工地"和"市优质结构"。扩建工程五期，两栋学生公寓已基本建成，并获评"市绿色工地"和"区文明工地"。后勤服务工作。争取市财政局下拨学校基本建设化债奖励专项资金7314万元，全部用于归还银行贷款。完成首次国有资产清查工作，对全校国有资产进行排摸盘点、登记造册。加强招投标工作流程管理，全年完成招标采购项目约202项，金额7900万元；完成审计及审签项目608个，为学校节省资金3938万元。加强信息化平台建设，移动校园APP上线使用，教学、学工、人事、科研等应用系统进一步完善。建成"一带一路"特色文献资料库，馆藏图书资料和数据库进一步充实。共发放学生奖学金及帮困补助等合计金额700多万元，提供校内勤工助学岗位372个，受益学生739人次；首次实现新生"一卡通"功能全部一步到位。完成修缮工程49项，抢修26项；完成各类报修服务8594次、门急诊服务7322次；改建一座大型停车场，有效缓解校内停车问题。成立20余个教工社团，组织全校教职工和离退休人员参加体检，组织126名教职工暑期休养。为年满70周岁的退休教职工办理“老年优待证”，为316名退休教职工投保“住院保障计划”，在普陀校区设立离退休教职工活动中心。构建安全文明校园。加强全方位、全天候安全保卫工作，获批上海高校消防智能化监测系统安全示范点建设项目，确保了全年无重大安全事故，连续3年获上海市安全文明校园称号。推进校园文化建设，安装了3个大型户外电子显示屏，打造“高雅艺术进校园”“上政好声音”和新媒体平台等品牌项目，精心组织多种多样的文体活动，繁荣校园文化生活，获上海市普法教育先进单位称号。

党的建设。从严从实抓整改。坚持问题导向，围绕巡视发现的“负面清单”，逐一列出整改清单，并对照全面核查落实情况，确保整改的各项任务如期高标准完成，防止问题反弹回潮。推进制度规范建设，共制定修订各方面规章制度50多项，包括基本建设、财务管理、人事工作、外事工作、干部管理等。实行领导干部经济责任审计制度化，对22名中层领导干部进行了任期或者离任经济责任审计，落实领导干部一岗双责。强化“两学一做”责任。通过党员干部领学、专题党课讲学、专题研讨深学、参观考察比学等多种方式，推动基层组织和党员学习理论、查找问题、研究对策，夯实“学”这个基础；通过专题调研组实地督、分管领导经常督、基层党总支日常督，点对点查找问题，面对面督促整改，突出“做”这个关键；对二级学院、机关、离退休和学生党组织分别提出不同要求，搭建不同平台，增强学习教育的针对性；运用多种宣传手段营造氛围，开展先进典型教育正向激励。推行“清单制”，落实党建责任。全面梳理党建工作责任形成表格清单建立“清单调研—清单督查—清单考核”的工作模式。成立两个督查调研组，深入17个党总支、118个基层党支部进行调研督查，全面了解基层党组织落实“责任清单”情况。推进党务校务公开，“三重一大”坚持“三上”，要经过党政联席会议（部处会议）充分讨论，要有规范的讨论记录，要坚持上网公布，推进党务公开和政务公开；落实年报公开制度，向社会公开发布本科教学质量年报、研究生教育质量年报、就业质量年报和信息公开工作年报。（方乐莺）

【国家留学基金委到校调研】 4月12日，国家留学基金委秘书长刘京辉一行到学校调研，对学校近年来在来华留学、培训基地建设等方面取得的成绩表示肯定，表示留学基金委将一如既往支持学校事业发展。（方乐莺）

【完成多项援外培训任务】 “培训基地”完成多项来自公安部、司法部等多个援外培训任务。4月完成来自司法部主办的“吉尔吉斯斯坦法律服务管理人员培训班”培训任务，5月完成公安部主办的“塔吉克斯坦国安委警务决策与管理研修班”及“吉尔吉斯斯坦国安委警务决策与管理研修班”培训任务，6月完成“吉尔吉斯斯坦内务部警务决策与管理研修班”及“哈萨克斯坦国安委高级执法研修班”培训任务，9月完成“乌兹别克斯坦国安委高级执法研修班”和“塔吉克斯坦内务部警务决策与管理研修班”培训任务。（方乐莺）

【出席CCTV年度法治人物颁奖典礼】 12月4日，校长刘晓红教授应邀作为评选委员会委员出席“‘宪法的精神、法治的力量’——CCTV年度法治人物颁奖典礼”，与中央政法委副秘书长徐显明共同向年度致敬英雄颁发荣誉。（方乐莺）

附：学院负责人及地址

（2016年1—12月）

院党委书记：杨俊一
党委副书记：周银娥、吴　强（1月到任）

院　长：周仲飞（4月离任）、刘晓红（4月到任）
副院长：周银娥、潘牧天、关保英、胡继灵

地　　址：外青松公路7989号
邮　　编：201701
电话总机：39225129

上海第二工业大学

【2016年概况】 在校全日制学生共计12705人(其中普通本科9842人,专科2631人,研究生141人,留学生91人),成人学历教育在校生5508人。2016届毕业生总数3088人,其中硕士毕业生30人,本科毕业生2266人,专科(高职)毕业生792人,毕业生就业率为98.57%,签约率为94.94%。共有教职工1041名,其中专任教师646名,副高级以上专业技术职务教师299人,具有博士学位教师213人。新增市级特色课程22门,立项校级特色课程54门,立项市级重点教改项目2项,新增本科专业2个、市级应用型本科试点专业2个,新增中本贯通专业1个,组织申报待批应用型本科试点专业2个。到校纵向科研项目经费842.99万元,横向科研项目经费1294.7万元。新开拓学生海外学习实习项目20余项,合计开展实施学生海外学习、实习项目45项,参与学生342人。

一、制定规划。7月,《上海第二工业大学"十三五"教育改革和发展规划(2016—2020)》正式发布。"十三五"规划坚持需求导向、问题导向,遵循高等教育发展规律,特别是应用技术大学的办学规律,为学校未来5年的发展描绘了蓝图。"十三五"规划体系包括1个总体规划、10个专项规划和8个二级教学科研单位规划。"十三五"规划明确提出"掌握职业技能、崇尚职业信用、彰显职业特色的高技术、高技能应用型人才"的人才培养规格定位、"工科见长,管经文理艺多学科协调发展"的学科建设定位和"以特色本科教育为主体,合理布局专业硕士研究生教育,发展高水平国际化高职教育,构建多层次的现代职业教育体系"的办学格局定位。

二、教育教学。1.6月,学校召开教育教学工作会议。出台学业导师制改革相关管理办法。确定学业导师442人,覆盖2016级全部3540名学生。新增精品课程2门、示范性全英语课程1门、重点课程16门、优质在线课程3门。立项校级精品课程10门、重点课程21门、在线课程23门。组织新开课程126门。学校成为市教委2016年度"上海大学生创新创业训练计划示范校(培育)"。"嵌入式技术与应用开发"及"信息安全管理与评估"两个项目获由教育部主办的2016年全国职业技能大赛三等奖。学校自主设计的学位证书正式亮相,受到上海主流媒体关注和赞扬。2.研究生首次组队参加全国研究生智慧城市创意设计大赛并获全国二等奖。首次参加全国传感器创新创意大赛并获全国三等奖。首次参加全国研究生电子设计大赛并获华东赛区二等奖。成人与继续教育学院更名为"继续教育学院"。继续教育学历教育2016年招生2539人,毕业学生1943名,获学士学位证书361人。完成各类培训1万多人次,提供考试服务7万多人次。依托校艺术教育中心,举办多项"高雅艺术进校园"活动。

三、科技成果。学校获批各级各类纵向科研项目98项,其中国家级项目14项、省部级项目13项。立项校级科研启动基金项目40项。对17项国家级、省部级项目进行校级配套,配套金额达60万元。签订四技合同120项,合同金额2398.05万元。其中,20万元(含)以上项目31项。教师在国内外公开发表论文386篇,其中被收录的有82篇。出版著作47本,其中专著12本、编著10本、译著9本。获得专利授权53项,其中发明专利38项。专利申请72项,其中发明专利59项。计算机软件著作权登记8项。11月,学校召开科技与产业工作会议,发布《上海第二工业大学关于促进科技成果转移转化实施意见》。"电子废弃物资源化及污染防治技术与成套设备"项目获第18届工博会高校展区优秀展品奖一等奖。基本建成静安校区七立方科技园区、宝山校区七立方科技园区。设立张江高校协同创新宝山研究院和大学生创新创业基地，促成3个学生团队入驻。促成产学研合作项目8项、横向课题3项，涉及经费160余万元。

四、人事制度。新进人员60人，其中教师45人。1位教师入选“浦江计划”，2位教师入选“晨光学者”，5名教师获“上海市育才奖”，3名教师在“上海市教学能力大赛”中获奖。现有兼职教师队伍214人(其中：兼职教授24人，兼职主讲教师185人，兼职实践教育教师5人)，外聘人员30人、返聘人员39人、人才派遣4人。成立“罗纳德工作室”和“梅国建工作室”，为工作室制人才培养模式改革提供人才支撑。成为“市属高校本科教学教师激励计划”试点高校。制定“骨干教师带头人计划”，共组建17个校级团队和42个二级团队。启动实施“校聘高级专业技术职务岗位”制度改革。共计聘任8位校聘正高级、10位校聘副高级专业技术职务岗位人员。

五、交流与合作。1.举办2016年全球合作伙伴周，共有13个国家和地区的23家高校和企业的36名境外代表参会。85个团组229人次，赴海外访问、访学、进修、培训等。共有来自6个国家17人次应聘学校海外名师，其中2批5人次获上海市“海外名师项目”立项。共计27名外籍教师和专家到校交流和任教。学校与海外高校和企业等新缔结协议34个。2.昆士兰学院通过三期到期展期考察以及中澳联合评估，四期5个专业开始招生。中美合作办学布劳沃德学院项目通过美国南方院校联盟大学委员会的认证。学校成为布劳沃德学院海外教学中心。学校与瑞典布莱京理工学院工业工程本科层次合作办学正式启动。3.首次获批国家外专局师资海外培训项目，获30万元培训经费资助。首次获批国家外专局文教类“高端外国专家项目”2项，首次获批国家外专局“引智项目”1项。首次获批欧盟Erusmus+项目3项。4.2016年，招收外国留学学历生17人。举办首届市教委上海暑期学校—中华餐饮文化项目以及韩国安山大学汉语学习项目、澳洲龙舟团项目，累计学员70余人。共接受来自德国、芬兰、爱尔兰、俄罗斯、韩国等国的22名进修生。

六、学生管理。优化新生报到流程，通过微信平台实现学生与学校双向沟通。共录取新生3644人，超额完成招生计划，报到率96.73%。学校成为上海市首批大学生创业指导站。11月25日，学校举办上海市2017届高校毕业生秋季校园招聘会，共1100多家用人单位，近万名学生参加。1名辅导员获上海高校辅导员职业技能大赛三等奖，1名辅导员获上海市年度人物、第八届全国辅导员年度人物入围奖和上海市育才奖。打造网络工作微信公众号“辅导员说”，粉丝数达9200人，信息浏览超过二十万次，获评“2016年上海高校网络新媒体优秀建设案例”。“青春二工大”微信平台粉丝数达20000余人，累计发帖近3000篇，热帖最高阅读量达21156次。

七、办学保障。9月28日，“包起帆创新之路展示馆”建成开馆；建立并培训该馆志愿讲解员队伍，接待3000多人次参观。图书馆新增阅览室座位200多个，到馆人数创历史新高。围绕“弘扬劳模精神　引领青年创新”的主题，开展读者服务活动。工程训练中心及配套设施项目建筑主体建设全部完成，启动工程训练楼实验室环境配套建设。在教学楼公共区域建成可全天候使用的弹性学习空间8处。启动数据中心的三期建设。全校无线覆盖信息点达680个，实现无线网络全覆盖。完成公共数据平台建设，近10个应用系统接入了公共数据平台。学校教务考勤系统利用校园卡实现学生上课考勤，完成设备和软件调试，进入试运行。完成学校空间布局规划调整“一校一册”编制。960位教职工参加体检，参检率达92.3%。新生入学体检参检率继续保持100%。学校无政治事件，无群体性安全事件，无重大刑事、治安案件，无安全生产责任事故，无食品卫生安全责任事故，获评“上海市安全文明校园”。

(孙金懿)

【举办全球合作伙伴周】 9月27日，上海第二工业大学2016年全球合作伙伴周开幕。全球13个国家和地区的23家高校(企业)代表，与学校师生共同参加开幕式。伙伴周期间，举行合作项目对接洽谈、境外高校推介、学校理事会大会、科技园参访、音乐会、文化体验等一系列活动。开幕式上，学校和合作伙伴签署了多项校际合作协议。本次伙伴周的主题是：“互联网+教育”——国际视野与本土实践。来自瑞典、美国、爱尔兰、芬兰、俄罗斯、荷兰、澳大利亚、法国、英国、保加利亚、德国和中国台湾地区的17位校长、教授、专家在论坛上分别做了主题演讲，分享了他们各自在互联网＋教育领域的理念、经验和特色举措。学校提出的“2016全球合作伙伴周‘互联网＋教育’倡议”，得到与会者的积极响应。（孙金懿）

【电子废弃物资源化分中心揭牌】 10月9日，学校举行固体废弃物资源化国家工程研究中心电子废弃物资源化分中心（筹）签约揭牌仪式。电子废弃物资源化是学校的带领性学科之一。签约揭牌标志着学校通过重点发展带领性学科和有社会需求的领域，带动传统学科发展的学科建设思路取得新的成果。（孙金懿）

固体废弃物资源化国家工程研究中心
电子废弃物资源化分中心揭牌

【校聘首批高级专业技术职务人员】 11月22日，学校举行首批校聘高级专业技术职务岗位受聘仪式。为深入实施师资队伍优先发展战略，按照“按需设岗、分类实施、择优聘任、严格考核、聘期管理”原则，鼓励优秀人才脱颖而出，学校探索校聘高级专业技术职务岗位制度改革。18位教师受聘成为首批校聘高级专业技术职务岗位人员，签订校聘高级专业技术职务岗位责任书，明确了工作内容、岗位职责、预期目标及成果。（孙金懿）

【入选上海“青年创客”】 11月14日，2016全球创业周上海“30位30岁以下青年创客”评选颁奖暨《2016众创空间发展报告》发布仪式在上海科技馆举行。学校大学生创业街入驻团队“匠睿科技”创始人苏吉普成功入选，并在大会上被誉为“二工大劳模精神传承的青年创客”和“上海90后科技创新创业的代表”。学校“劳模精神与创新创业”班学生也受邀参加本次论坛活动。（孙金懿）

【与中国自行车协会签署合作协议】 5月6日，为期4天的第26届中国国际自行车展览会在上海国家会展中心拉开帷幕。开幕式上，学校与中国自行车协会签署智能制造战略发展与合作协议，并共同为中国自行车智能制造示范基地和研发中心揭牌。学校和中国自行车协会建立校企合作战略联盟，在人才培养、科技创新、队伍建设、团队交流等方面开展合作。（孙金懿）

【获美国布劳沃德学院国际中心成员证书】 10月14日，美国布劳沃德学院助理副校长David Moore先生向俞涛校长颁发了上海第二工业大学成功通过美国南部联盟协会的认证。这意味着参加中美合作办学布劳沃德学院项目学生的学分将获得美国南部联盟高校的认可，毕业后有机会去美国高校继续深造。（孙金懿）

【包起帆创新之路展示馆开馆】 9月28日，学校举行包起帆创新之路展示馆开馆仪式。开馆仪式得到人民网、新华社、《光明日报》、中央电视台等24家媒体的广泛关注，产生良好的社会效应。包起帆创新之路展示馆为加强新生入学教育、新教师入职培训提供了新的载体。以包起帆创新之路展示馆开馆为契机，学校进一步推进思政教学改革，开发《劳模精神与职业信用》校本必修课程，利用展示馆开展现场实践教学和情景教学，完善劳模育人体系。（孙金懿）

附：学校负责人及地址

（2016年1—12月）

校党委书记：宋宝儒
副书记、纪委书记：邹龙飞

副书记、副校长:吴沛东

地址:金海路2360号
邮编:201209
电话:50215021(总机)

校　长:俞　涛
副校长:徐余法、谢华清、徐玉芳

上海商学院

【2016年概况】 学院共有管理学、经济学、农学、工学、艺术学、文学、法学7个学科门类,29个本科专业和13个高职专业。教职工520人,其中专技人员433人,副高以上职称的164人,具有博士学位的147人。全日制在校学生9611人,其中本科生7733人。

年内,学校贯彻党的十八届六中全会精神,开展"两学一做"学习教育,以《上海市教育综合改革方案(2014—2020年)》为指引,紧跟高等教育改革发展形势,完善学校内部治理结构,积极推进应用型本科人才培养改革,构建创新创业教育体系,不断提升教学水平与教育质量。

学校把"两学一做"学习教育作为全年党建工作的任务,与综合改革、转型发展工作相结合、相促进,同谋划、同推进、同落实,围绕中心抓党建,抓好党建促中心。各级党组织坚持落实领导第一责任制,充分发挥责任人的带头和引领作用,将学习教育方案细化为61项具体任务,对开展"两学一做"学习教育情况进行专项督察,编发6期共计21万余字学习教育资料。党委中心组全年集中学习超过12次,举办专题辅导报告10余次。为学校深化改革、创新发展提供坚强的政治和组织保证。

完善学校治理架构,深化教育综合改革。全面落实《上海商学院深化综合改革方案(2015—2020)》,完成学校"十三五"期间事业发展规划编制工作。牵头成立"全国应用技术大学(学院)联盟应用商科专业协会",学校应用型本科建设转型再上新台阶。与新西兰UUNZ商学院开展战略合作,筹建新西兰上海商学院。完成上海市商务教育培训中心整建制并入工作。全面完成二级党组织换届工作。

推进培养模式改革,构建创新创业体系。全面实施新版人才培养方案,开展本科教学改革与教学质量工程建设。继续推进对接国际标准的专业认证及职业能力资格认证。市级教育教学改革项目立项3个,市级全英语课程立项3门,上海市第十一届教育科学研究优秀成果奖三等奖3项,上海高职院校市级精品课程立项1门,《市场营销基础》成为"上海高校示范性全英语课程"。制定创新人才培养机制,建立健全课堂教学、自主学习、结合实践、指导帮扶、文化引领融为一体的高校创新创业教育体系。

与南非茨瓦尼科技大学、美国宾夕法尼亚州立大学等7所高校签约合作,增加国际交流渠道。依托商务部国际商务官员上海研修基地,服务国家"一带一路"建设,大力开展援外培训工作。全年开展60余期国际商务官员研修项目,培训来自亚、非、拉、欧、大洋洲120个国家和地区的1488位学员。

提升科研水平,延伸服务能力。秉承"以商立校"的办学理念,牢固树立"科研强校"观念,以科研成果服务于学科建设、人才培养,着手培育跨学科交叉融合开展研究的环境。推进上海市高校人文社会科学研究基地建设工作,依托知识服务平台、人文社会科研平台和社会调查研究中心,发挥党和政府的智囊团、思想库的作用,为地方战略发展和经济社会转型期亟待解决的重大课题提供重要的智力支持,为社会经济发展作出贡献。

加强队伍建设,提升育人能力。开辟人才特区,实施"人才旋转门"制度,加大力度引进海外高层次人才。首次参加欧洲及美国经济学年会专场招聘会，邀请在40余位应聘者中挑选的7人到校考察，筹备开展“上海商学院第一届经济金融研讨会”。助力上海全球科创中心建设，制定科研人员双向流动试行办法并顺利实施，成为“科创22条”发布后首家对教师流动等行为做出流程规定的高校。

推进本科教学教师激励计划，成为“市属本科教学激励计划”试点培育高校之一。

夯实自主管理，拓展发展空间。推进学生自主管理，鼓励学生成立各种社团并开展活动，共有10000余名社员参与540余项社团活动，其中大型活动315项。大力促进青年学生创新创业创优，组织参与2016年“创青春”全国大学生创业大赛，获上海市银奖一项以及铜奖七项。易班工作站连续两年获得“十佳工作站”荣誉称号。

巩固传统媒体阵地，利用好新媒体，完善“上商青年”微信、网站、报纸、团刊“四位一体”平台。深入推进“上商青年”校园新媒体品牌建设，丰富内容和加强点阅人气，全年完成动态信息推送万余条，平台粉丝数从5766人增长为7010人，增幅达23%。增加青年视角时事评论、校园文化视频、人物专访等板块，相关内容取得较高的阅读量和转发量。

建设温馨校园，实现规范管理。加强基建修缮项目的制度建设和流程管理，提升后勤信息化建设水平，逐步形成“客户-服务方-管理方”三位一体的服务监管体系。

完成273项采购项目，金额6000多万元。接受委托完成各类审计项目共计96项，协助市审计局和市教委完成多个审计项目，基建、修缮审计核减额近230万元，核减率8.15%。

开展春季招生改革试点。2016年，在上海二本招生录取中，学校最低录取分数线在21所二本院校中的排名情况为理科第六、文科第八。2016届毕业生总体就业率为98.45%(其中本科就业率为97.90%，专科就业率为99.55%)，总体签约率为90.08%(其中本科签约率为86.83%，专科签约率为96.52%)。

加强党风廉政建设，坚持民主集中制。学校配合上海市委巡视组做好巡视工作，全面落实党风廉政建设责任制。根据市教卫工作党委关于加强党风廉政建设自查自纠专项工作的相关要求，学校党委主动排查，找出党风廉政建设主体责任落实等8个方面，10余个具体问题。通过各项举措，整改了因公用车用房、因公出访、财经纪律等方面的问题。坚持党委领导下的校长负责制，高度重视民主集中制建设，出台《内部控制工作规范方案》等制度，落实好党委领导和校长负责、集体领导和分工负责之间的关系。全年共召开校党委会17次、校长办公会29次，审议并通过学校改革和发展的重大事项近500项，监督重大决议的执行，为学校完成既定任务，全面推动依法治校、加快建立现代大学制度提供保障。 (张仲礼)

【校团委获市巾帼文明岗】 3月，在“上海市教育系统纪念三八国际劳动妇女节106周年暨先进表彰大会”上，学校团委为受表彰的30个市级先进集体之一，被评为“2015年度上海市巾帼文明岗”。

(张仲礼)

【“城市山水”作品获银奖】 2016上海(国际)花展由中国国家公园协会、上海市市容绿化局联合主办，3月在上海植物园开幕，学校艺术设计学院参展作品“城市山水”，获“银奖”。 (张仲礼)

【获“希望之星”英语风采大赛上海赛区一等奖】 在5月举行的2016年度中央电视台“希望之星”英语风采大赛上海赛区比赛中，学校外语学院2014级英语专业学生霍梦娇获一等奖。 (张仲礼)

上海商学院学生霍梦娇获2016CCTV杯“希望之星”英语风采大赛上海赛区一等奖

【获全国百佳体育公益社团】 学校舞龙社团荣获"全国百佳体育公益社团称号"。7月29日—8月3日，学校舞龙队在第九届全国大学生舞龙舞狮锦标赛上，取得甲组荷花龙第一名，甲组教学双龙第一名，甲组女子大学生规定套路第二名，甲组女子团体总分第一名，甲组男子团体总分第六名，甲组团体总分第二名的成绩。 （张仲礼）

【在大学生计算机设计大赛中获奖】 8月25日，第九届"中国大学生计算机设计大赛"之软件应用与开发类普通组决赛在华东师范大学结束。经过学校参赛师生的努力再创辉煌，获3个一等奖，2个二等奖、5个三等奖，创造历史最佳成绩。学校获得竞赛"最佳组织奖"。 （张仲礼）

上海商学院学生在2016年中国大学生计算机大赛中获奖

【获"上海市育才奖"】 9月，接上海市教育发展基金会通知，学校信息与计算机学院教师叶龙获2016年"上海市育才奖"。他曾入选上海市共青团委员会首批"赴老挝志愿者"十人团队，在国外进行了为期1年的国际志愿者工作，获"上海市优秀青年志愿者"称号。 （张仲礼）

【学校当选应用商科专业协作会理事长单位】 12月9至11日，应用技术大学（学院）联盟应用商科专业协作会成立大会暨第一届全国应用商科教育创新与对外开放论坛在徐汇校区召开。全国40家高校及企业100余位专家、学者参加。大会表决通过应用技术大学（学院）联盟应用商科协作会章程，产生首届理事长、副理事长单位等。上海商学院当选为首届理事长单位，贺瑛副校长任理事长。 （张仲礼）

【《青春领航者》被选为上海市高校辅导员之歌】 学校团委教师钟乐在市教委组织的上海市"辅导员之歌"歌词征集比赛中，获得一等奖。2016年底，市教委把钟乐参赛的《青春领航者》选为上海市辅导员之歌，并邀请上海音乐学院专家谱曲。 （张仲礼）

附：学院负责人及地址

（2016年1—12月）

院党委书记：李明福（9月离任）、李　昕（9月到任）
副　书　记：楼文高、翁德伟

院　长：朱国宏
副院长：翁德伟、贺　瑛、钟幼伟、陈剑峰

徐汇校区地址：中山西路2271号
邮编：200235
电话：64870020

奉浦校区地址：奉浦大道123号
邮编：201400
电话：67102976

上海健康医学院

【2016年概况】 学校现有13个二级学院（部）、2个专门学院，拥有上海市第六人民医院东院、上海

市第六人民医院南院、嘉定区中心医院、周浦医院、浦东新区人民医院5所附属医院及多所教学医院，拥有1所附属卫生学校。现有一级学科硕士点（联合培养）1个、本科专业7个、专科专业41个，具有医、理、工、管四个学科门类，涉及临床医学、护理学、医学技术、药学、生物医学工程以及管理相关类六个一级学科及专业。截至12月底，在校学生16605人，其中博士研究生1人，硕士研究生25人，本科生1230人，专科生11331人，中职生4018人，形成了中职、高职、本科、研究生4个层次的布局结构，丰富和完善了现代职教体系构建。全校教职员工967人、专任教师461人、高级职称184人，具有博士学位的教师96人。现有浦东、徐汇、崇明和嘉定四个校区。校舍建筑面积40多万平方米，其中教室面积4.4万平方米、学生宿舍面积13.9万平方米、校内实验室和实习场所8.3万平方米。

治理结构改革。经市教委核准通过《上海健康医学院章程》，建立校院两级管理制度。完成学校《“十三五”事业发展规划》、10个专项规划和10个二级学院规划的制订工作。完成党务综合、行政综合、教学管理、学生管理、科研管理、附属卫校管理、两级管理共7本制度汇编。完善校长办公会议议事决策规则和“1357”办事规则。推进信息公开工作，制定《上海健康医学院信息公开实施细则（试行）》，确定信息公开原则，建设专题网站。

教育教学改革。申报市本科教育教学教师激励计划，首批组建21个本科教学团队，其中，18个“理实一体”教学团队，3个“实践支撑”教学团队。制定《上海健康医学院本科教师教学工作规范》等14项制度。实现“中高本硕”应用型人才培养体系全贯通，与上海理工大学签署联合培养研究生合作协议，校内遴选13位研究生导师，招收25名硕士生、1名博士生。推进与上海中医药大学联合培养专业硕士生、学术硕士生工作。加强实践教学，推进虚实结合教学评练互动学习体系建设，基本完成基础医学互动形态实训中心、医学影像大楼建设。开展临床医学“教育思想大讨论”暨教学培训等活动，遴选77名临床医生担任临床兼职教授、副教授。推动利群医院、第一康复医院建成学校教学医院。举办校园技能展示迎新嘉年华活动。开展2016国际护理技能大赛、“康达杯”医学影像大赛等活动。全年各学院共取得国家级、省部级、行业协会举办的各级各类技能大赛奖项102项，其中，特等奖和一等奖22项，二等奖38项。引进《人文与医学》优质共享课程。实施体育俱乐部制，开设12大类、26门体育俱乐部课程。完成教学管理信息化大平台和教学质量保障平台建设，推进基于知识管理的教学资源大平台（“在线大学”）建设与国家医学电子书包电子教材使用。引进和使用共享课程11门，组建微课100个。推动智慧教室建设，建成沉浸式远程互动教室1间、全录播远程互动教室2间、标准化电子考场69间。深化专业内涵建设，完成2016年本科新专业申报，参与教育部《大健康产业引导性专业目录指南》制定。完成《本科教学改革实施方案（讨论稿）》，明确“一个中心、三个结合、九大改革、五大保障”的本科教学改革顶层设计方针。出台《人才培养方案实施管理办法》，编写和修订本科人才培养方案8个、专科人才培养方案27个。围绕人体健康与疾病以器官系统为基础进行课程整合，全年共立项9门。实施“五轨并行”课堂教学模式改革，开展教师教学能力系列竞赛，试行PBL教学模式、TBL教学模式，及OBL教学模式。加强教学专项建设，全年学校和市级项目各类教学专项共计91个，经费累计3117万元。获得上海市本科重点教学改革项目立项2项、市级本科优质在线课程1门、市级精品课程2门、市级教学团队1个、市级一流专业3个、市级产教研协同基地2个、中职示范性品牌专业1个、中职品牌专业2个。落实14万余册统编教材、4万余册自编教材的数据整理、报订、调整等工作。完善教学质控管理，推进教学质量校、院两级管理工作机制，制定《上海健康医学院本科教学质量考评办法（试行）》《普通高等学校本科教学工作合格评估实施方案及指标体系内涵说明》，加强教学质量管理监控。探索招生改革，组织实施了“1231优质生源工程”。举办高中校长进校园、高中生进校园、校园开放日、与上海相关区县卫计委面对面交流等系列活动。

科研工作。全年科研项目国家级立项9项（获批国家自然科学基金项目8项），省部级立项27

项，厅局级立项5项，横向立项41项。启动建设种子基金项目92项。2016年度各类科研经费达469.6万元，其中纵向科研经费到账282.04万元，横向科研经费到账187.56万元。发表Ⅰ、Ⅱ类论文133篇，申请及授权专利达31项。有3名教师在上海市级及以上学会中有主委及常委任职。确立全科医学急救医学（院前急救）、护理学（老年护理）、康复治疗学（老年康复）、分子影像学医学检验技术、生物医学工程（医学相关技术及器械）5个校级重点学科，累计投入达1000余万元。启动建设分子影像学上海高校重点实验室、与纳米技术及应用国家工程研究中心共建纳米技术与健康研究院、农银人寿健康管理研究中心、脑退行性疾病重点实验室4个科研平台，累计投入2000余万元，为全校及附属医院乃至行业提供平台服务。完成分子影像学重点实验室、社区老年健康护理重点实验室和手术急救医疗器械重点工程研究中心3个市教委重点科研基地三轮校外专家指导、评审及论证。制定《国家级科研计划项目奖励办法（试行）》《上海健康医学院协同创新重点专项管理办法（试行）》《教师科研能力提升激励计划》等文件，提高科技奖励资助力度。完成科研团队及个人申报、专家评审、遴选工作。开展专业学科建设项目库立项工作，规范项目支出预算管理。

学生工作。强化辅导员队伍建设，制定相关配套制度，先后成立6个辅导员工作室。举办第一届辅导员技能大赛，1位老师参加“2016上海高校辅导员年度人物”评选。在本科生中实施辅导员和班导师双重管理，开展导师与学生“面对面”交流。通过入学教育、主题教育、易班平台、心理健康教育、国防教育，打造生活园区高地，构建学生生活园区网格化管理和二级学院园区化管理模式，多层次、多渠道构建全员育人新格局。开展新生急救技能培训。健全资助、就业体系，完成上海市属高校国家助学金政策执行情况核查工作。制定《学生就业工作管理暂行实施办法》，细化“毕业生就业工作考核评估内容与分值对应表”。组织职业大讲坛、体验式培训等活动，多渠道多方位深入开展就业指导。加强对大学生创新创业工作指导，组织学生参加第十届国际大学生iCAN创新创业大赛（中国区），4个项目获上海浙江赛区选拔赛一等奖，3个项目分获全国总决赛二等奖及三等奖；在2016年上海高校学科竞赛活动之“创未来·新生活”——首届上海大学生创客大赛中，《超声波室内空气清洗器》项目获一等奖。

合作交流。围绕“健康中国”战略，与人民卫生出版社有限公司、纳米技术与健康研究院等13家单位签署战略合作框架协议，与50余家企事业单位拓展合作。举办“2016亚洲核医学论坛”“2016国际护理技能大赛”“2016上海国际护理教育论坛”。发起成立中国数字医疗产业联盟。主办首届健康与纳米技术高峰论坛暨产学研医成果大赛。与中欧国际工商学院联合主办健康产业圆桌会议。聚焦新增10个本科及以上办学层次的国际合作项目，授予外籍名誉院长、主任2人，客座教授、研究员14人，短期交流外籍教师27人，常驻外籍教师16人。完成2名上海市“海外名师”选送、申报工作。全年共接待来自澳大利亚、加拿大等10个国家和地区，62个批次计290人次来访。签署对外合作协议或谅解备忘录21份，办理专任教学人员出访澳大利亚、加拿大等31个国家和地区的合作院校交流、研修、访学49批次103人次。落实9个二级学院学生赴海外学习实习团组赴美国、英国等12个国家和地区17个海外院校，27个批次421名学生人次。

师资队伍建设。全年共引进和招聘40人，其中学科带头人3人，副高及以上10人，博士29人。组建一个外聘教授团队。21人入选“上海高校青年教师培养资助计划”，24人入选教师专业发展工程，9人参加产学研践习，国外访学8人，国内访学7人。

推进人事分配制度改革，制定绩效工资分配实施及管理办法，建立健全绩效分配体系，由以一级管理为主转变为全面两级管理。根据《上海健康医学院校区功能规划》，依据专业学科整合优化的原则，对校区功能进行调整。完成杨浦校区、徐汇校区搬迁工作，完成与上海出版印刷高等专科学校的校区互租，启动崇明校区修缮工程。新增占地面积近12万平方米、校舍建设面积602万平方米，实现学校一体化办学，附属卫校办学空间独立。全年竣工并完成审价的工程项目共28个。加强财务管理和审计监督,完成三校财务合并,实现独立财务核算,制定21个财务规章制度,建立与校院两级管理相适应的财务运行制度。建立监察部门与审计、财务部门经常性沟通机制,针对重要领域和关键环节开展风险防控。完成经济合同审签476个、项目申请审核611项、招标文件审核55项,基建修缮项目工程审价136个。完成市教委关于学校行政事业单位内部控制基础性评价及自查情况报告。推进智慧校园建设,完成OA、教学、财务、人事、资产管理、卫生管理信息系统、支付宝充值学校一卡通项目等业务系统。实施OA、移动推送等数字化办公项目,完成学校门户网站、部门(院系)等网站群建设。完成南苑无线网络建设项目,开启新南苑信息化基础建设,建设学校跨校区的校园无线网络,推进程控电话项目,完成南苑、北苑无线信号的增强项目。推进实施大数据开放交换平台、学工系统、继续教育管理系统、新南苑的信号覆盖和电话接入工作。开展建校一周年校庆系列活动,组织"健康跑""运动会""文化艺术节"等25项特色主题活动。成立学校红十字会。成立上海健康医学院教育发展基金会和上海健康医学院校友会,开展捐资助学活动,落实协议捐赠240余万元人民币。开展首届"校长奖"评选活动。开展数字图书馆建设,提高在线文献传递服务的质量,优化纸质馆藏资源。提升后勤保障能力。完成原三校资产并账工作,规范固定资产管理;完成资产报废的处置准备工作。完成各类设备、家具等固定资产的验收工作以及与上海出版印刷专科学校的资产交接工作。开展对口支援喀什卫生学校工作。申报3个成人本科专业,与中国医科大学、南开大学合作共开设12个专业,涉及专升本及高起专两个学历层次的网络教育。开展"全国医疗器械监督管理技术研修班"、举办"教师执教能力提升班",与申康医院发展中心联合主办首届市级医院医学装备管理干部培训班。深化平安校园建设,开展与二级学院安全防范结对子工作,健全校园安全综合防控体系,完善应急处置预案,提高公共安全保障能力。开展师生安全教育和生命教育。制定《上海健康医学院附属卫校管理暂行办法》,完善附属卫校的组织架构、人员配备、网站及制度汇编等基本建设,制定12份中职、中高职贯通和中本贯通人才培养方案。开展总分校联合教学质量检查。

(于　杨)

【成为首批"中国大学生iCAN创新创业实践教育基地"】 4月9日,"中国大学生iCAN创新创业实践教育基地"授牌仪式在北京大学举行。包括上海健康医学院在内的25所国内重点高校或行业特色院校获准成为首批实践教育基地。(于　杨)

【第二届亚洲核医学论坛举办】 5月5—7日,由亚洲核医学院、中华医学会核医学分会和上海健康医学院主办,上海富吉医疗器械有限公司承办的2016年第二届亚洲核医学论坛在医学院浦东校区召开。此次论坛是亚洲核医学界的盛会,邀请亚洲27个国家和地区的300多名代表前来参会,与ANMB考试培训共同举办。校长黄钢教授代表亚洲各国主席发表《上海宣言》。论坛还设有亚洲核医学青年发表竞赛、专题讲座、核医学基础及临床分会场、壁报展示等全方位学术交流活动。(于　杨)

【举行首届健康跑活动】 10月29日,举行以"做健康的领跑者"为主题的上海健康医学院首届健康跑活动。在学校成立一周年之际举办本次活动,是为积极响应全国卫生与健康大会上发出的"加快推进健康中国建设"的号召,践行学校的社会责任,倡导民众建立更加积极健康规律的运动精神和生活理念,促进学校师生、校友、附属单位职工及周边园区

上海健康医学院首届健康跑活动举行

企业员工的身心健康。活动得到了各方的积极回应,有500余人报名参加并顺利完成比赛,营造了浓厚的全民健身氛围。（于 杨）

【主办上海国际护理技能大赛暨国际护理教育论坛】 11月5日,2016上海国际护理技能大赛在上海健康医学院举行。来自美、加、澳、荷等8个国家地区及上海26所医院、11所学校的53支国内外参赛队及108名选手参加比赛。医学院中美班选手囊获了护生组的一等奖,仁济医院、加拿大瓦尼尔大学分别获得护士组、国际组的一等奖。教育部、市教委、市卫计委、浦东新区卫计委、上海市护理学会、中国SP教指委及医学院党政领导等出席观摩并为获奖选手颁奖。（于 杨）

上海国际护理技能大赛在上海健康医学院举行

【80名志愿者服务全球健康促进大会】 11月17—24日,学院80名志愿者参加为期八天的第九届全球健康促进大会志愿服务工作。在咨询接待、会场引导等服务方面认真负责、扎实工作、周到热情的服务得到了世界卫生组织、国家卫计委、上海市卫计委领导的赞扬。（于 杨）

【学院校友会成立】 11月27日,学院校友会成立大会在浦东校区北苑1号楼200人报告厅举行。市教委、市社会团体管理局相关领导、全体校领导、特邀嘉宾、上海理工大学等兄弟院校校友会代表、各二级学院、相关职能部门负责人及来自全国各地的校友代表近300余人参加了大会。期间,举行一届一次会员代表大会,审议通过校友会章程草案及理事选举办法,并选举通过了第一届理事会理事建议名单。举行一届一次理事全体会议,审议通过了理事会领导层选举办法,选举校长黄钢任校友会首届理事会会长。（于 杨）

【主办首届健康与纳米高峰论坛】 12月9—10日,首届健康与纳米高峰论坛及产学研成果大赛暨纳米生物与医药技术专业委员会2016学术年会在学院浦东校区北苑举行。中科院物理研究所解思深院士、清华大学范守善院士、上海交通大学张志愿院士、复旦大学赵东元院士、中国科学技术大学谢毅院士、第二军医大学夏照帆院士及国家发改委、科技部、上海市科委等上级单位和兄弟院的领导、专家及参赛者,共计500余人参加活动。与会嘉宾、领导共同为医学院和纳米技术及应用国家工程研究中心联合成立的“纳米技术与健康研究院”揭牌。根据不同的主体内容,论坛分设四个分会场,与会人员共作了68场学术报告,交流了领域中最新研究成果、前沿技术、研究动态及产业现状等。（于 杨）

附:学院负责人及地址

（2016年1—12月）

院党委书记:郑沈芳
副书记:李明磊

院 长:黄 钢
副院长:曹蓉蓉、唐红梅、于 莹、张道方

浦东校区地址:周祝公路279号
邮编:201318
电话:65881109

徐汇校区地址:梅陇路21号
邮编:200237
电话:65887252

上海建桥学院

【2016年概况】 学校围绕教育综合改革和发展规划纲要的推进实施以及民办教育综合改革方案的总体部署，以提升育人质量和内涵建设水平为根本任务，坚持产学合作和国际合作双轮驱动的发展路线，探索和完善现代大学制度，坚持改革，鼓励创新，破瓶颈、补短板，推进实施卓越建桥计划，各项工作取得新进展和新突破。

依法治校机制建设完善。编制细化“十三五”规划，制订实施“十三五”时期人才培养、师资队伍建设、党建与文化建设、信息化建设、专业学位研究生教育等6项分规划。制定或修订境外合作交流、人事考核、行政综合、教学运行等方面的22条规章制度，初步建立系主任培训、考核、激励机制。校院两级管理开始试点，大部制改革稳步推进，SOP(标准化操作流程)完成第一轮梳理并公示，产学合作各类规章制度出台，进一步完善各类校内规则制度，健全依法依规治校制度保障。

招生就业工作加强。秋季入学新生4477人，其中本科生3696人，专科生781人，另录取专升本学生209人，成人教育23人，外国留学生60余人。现有全日制在校生15154人，其中本科生12791人，专科生2363人。2016届毕业生共3454人，就业率99.3%，签约率95.8%。学校获评“全国民办高校创新创业教育示范学校”，成为16所获综合奖的高校中唯一上榜的上海民办高校。分别与东华大学、上海海洋大学联合培养专业硕士毕业4人，在校生8人。学校现开设专业41个，其中本科专业29个，专业方向已达58个。设10院1部，分别是商学院、机电学院、新闻传播学院、信息技术学院、外国语学院、艺术设计学院、珠宝学院、通识教育学院、国际设计学院、职业技术学院和思想政治理论教学部。

加强师资队伍建设。学校招聘引进优秀人才，充实师资队伍，全年新进教职工81人，其中硕士以上学历36人，副高职称以上13人。全校教职工847人，其中专职教师620人，外籍教师10人，专职教师中高级职称占36%，研究生学位占60.5%。学校将“师资队伍建设”列为“十三五”期间重要任务，以提升教学质量为目标，不断夯实人才培养基础。全年聘任高级职称11人，其中副教授10人，高级工程师1人；中级职称18人。派遣国外访学9人，国内访学2人，企业践习1人，组织参加国内各种培训78人。教师中全年获得上海市五一劳动奖章1人，宝钢优秀教师奖1人，入选2016年“晨光计划”2人，入选2017年度“ 上海市教育法学人才培养计划”1人。2016年上海市育才奖4人，2007年起学校共有17人获此殊荣。

优化教育办学条件。年内，教学科研仪器设备新增投入5350.35万元，总值达15485.39万元人民币。教学用计算机4998台，多媒体教室174个，多媒体教室和语音实验室座位总数18448个，实验中心9个，各类实验室147个，图书馆座位数达到2500座，馆藏纸质图书140余万册，全年新进纸质图书6.4万册，各类数据库90个，其中自建数据库1个。学校新校区占地近53万平方米，建成建筑面积近38万平方米，学生床位数17032个。

深入推进教育教学改革。卓越建桥计划继续深入推进，内涵建设不断加强，包括课程面、教师面、学生面、全校面4个面共19个分项计划、71个项目，平均完成率75%，100%完成项目占35%。在课程建设、应用型本科专业试点、校企合作和国际合作与交流上取得成绩。工程管理专业获批成为第二批上海市属高校应用型本科试点专业。专业质量追踪改进制度建立，人才培养方案进一步完善。《上海建桥学院课程建设管理办法》出台，达标课程、重点课程建设任务全面启动；在第一批5个专业和专业群的转型试点基础上，开展第二批校级应用型本科试点工作。《互换性与测量计划》等2门课程入选2016年上海市精品课程。课内外创新创业教育体系初步完成。审核评估准备工作有序推进。

交流与合作。与48所国外和台湾地区高校签订交流合作协议，境外合作院校总数已达60所。2016年，招收来自丹麦、德国、美国和亚洲国家的留学生（含交换生）累计117人次。本校学生赴美国、日本等国参加长短期学习、进修、实习、参赛达379人次。教师赴美国、德国等国及台湾地区参加长短期学习、进修、考察达132人次。加强境内外教育管理和教学经验互动交流，成功举办上海市民办教育质量保障国际研讨会、第九届海峡两岸民办（私立）高校校长论坛、上海暑期学校“围棋班”。

科学研究项目有新突破。年度科研立项总经费396.9万元，其中纵向课题经费272.7万元，横向课题经费396.9万元，教职员工共发表各类学术论文138篇，其中核心期刊24篇，SCI、EI、ISTP 18篇，编写专著9部。2016年，学校在各类专利申报上实现重要突破，申请专利总计78项，其中已获授权外观设计专利35项，受理申请外观设计专利27项，受理申请实用新型专利8项，受理申请发明专利8项，副校长朱瑞庭教授申报的《中国零售业“走出去”对接“一带一路”建设的途径及对策研究》获得2016国家社科基金项目立项，这是上海民办高校在国家社科基金中首次立项。专业学位硕士点筹建准备工作稳步推进；联合培养研究生工作有新进展，与上海海洋大学开展联合培养（国际商务、机械工程）专业学位研究生工作，学校已有10名教师被外校聘为硕士生导师。

党团组织建设成效显著。设有10个党总支、57个党支部，其中教工党支部22个，学生党支部35个。全年发展党员308人，比上年下降9人。共有学生党员547人，占全校学生总数3.8%。党校培训入党积极分子519人。学校建有基层团组织380个，全校团员12740人，占全校学生比91%。校团委围绕校风学风建设，开展了形式多样的文体活动、社团活动、志愿者服务活动和社会实践活动。全年共举办校园科技、体育、文化活动600多场，评出各类奖项150余项。尤其在志愿者服务方面，学校上海科技馆志愿者服务队连续十一年获评“优秀组织奖”，学校K11艺术馆志愿者项目获得上海市“知行杯”暑期社会实践项目三等奖。学校雷锋志愿者总队还获得第十一届中国青年志愿者优秀组织奖。

学校文明建设内涵丰富。学雷锋活动深入人心，举办“与雷锋班班长面对面”座谈会。学校3名外籍师生勇救外校轻生女，被誉为“洋雷锋”。志愿者活动彰显特色，学生在上海科技馆、周浦敬老院等34个服务基地完成志愿任务5000多人次。学校共有94名学生应征入伍，连续六年超额完成征兵任务。1588位同学共献出317600毫升鲜血，创下学校历史新高。4500余名学生共49个“三下乡”团队参与暑期社会实践。举办烛光公益夏令营活动。学校举办“大手拉小手爱与希望同行”烛光小学上海行活动，来自四川、重庆等省市的边远地区41位烛光小学孩子走出大山，圆梦上海。30多名丹麦留学生自发筹款购买文具物品，寄送给地处四川甘孜藏区偏远的希望小学。持续开展“爱心一日捐”爱心活动，募集资金7万多元，以“平等、友爱、互助、共享”为主题设立“一日捐”爱心基金，倡导一方有难，八方支援，互助互爱。

加强学生工作力度。依托辅导员四个专业化工作坊、菁英学院培训班、专业导师典型引入等机制，发挥系统合力，推进完善“三位一体”全员关怀机制。依托菁英学院对全校辅导员助理开展了两期系列培训，培训人数达242人，完成《辅导员助理工作实务手册》的汇编。评选国家奖学金22人，国家励志奖学金478人、国家助学金1819人、上海市奖学金31人，发放奖助学金类政府专项资金522.47万元。学生三创活动成效明显，学生国内外大赛获奖238项，其中国家级以上68项；“创青春”全国大学生创业大赛，学校商学院“汝州市林枫实业有限公司”项目成功入围创业挑战赛决赛，机电学院“印象3D”项目，珠宝学院“上海魅艺珠宝设计有限公司”项目获创业挑战赛铜奖。学校体育健儿继续保持了摘金夺银的势头，全年共获得冠军5项、亚军3项、季军7项，还有众多项目成绩排名靠前。学校击剑队在第二十二届全国大学生击剑锦标赛中获三金二银四铜，是学校近年来参加全国体育竞赛中获奖最多的一次。学校申报的课题项目先后荣获第四届全国民办高校党的建设和思想政治工作的优秀成果奖、“2016全国民办高校德育工作优秀论文”优秀奖。杜鹃荣获“2016上海市民办高校优秀辅导员”，学校辅导员团队荣获上海市辅导员素质拓展活动二等奖。（陈少东）

【翁铁慧到校调研】 3月8日，上海市副市长翁铁慧到校调研。民办高校要继续深化高等教育综合改革，通过专业学科建设、师资队伍建设、完善人才培养模式、加强产学合作等举措增强办学实力。市政府、市教委将继续支持民办教育发展。（陈少东）

【学校“十三五”规划发布实施】 3月18日，学校第五届三次董事会议审议通过了《上海建桥学院“十三五”期间发展规划纲要》。该规划明确学校“十三五”期间将通过着力构建以提升学生就业创业能力为核心的人才培养体系，以全面对接、深度融合、互惠互利为特征的产学合作体系，以成就每一位教师成长为导向的师资队伍建设体系，以全球化视野下多元合作为抓手的国际化办学体系，以现代大学制度建设为支撑的内部治理体系，以党组织作用充分发挥为基本特征的党建工作体系等六大体系来实现未来五年的系列改革发展指标，从而实现“把建桥学院初步办成一所特色鲜明的多科性应用技术型大学和一所受人尊敬的民办大学，综合实力和竞争力跻身中国一流民办大学行列”的总体目标。

（陈少东）

【以实际行动践行雷锋精神】 学校弘扬雷锋精神，师生以实际行动践行雷锋精神。5月14日，建桥外籍教师Bastien、留学生Roman和Kirill在公寓阳台上发现河里有人落水挣扎。三人火速下楼赶往现场，将落水女孩成功救上岸来，并送至学校医务室护理。12月18日，学校获上海科技馆十五周年志愿服务“先进集体”称号，此前学校已连续十年被授予“上海科技馆志愿者活动优秀集体”。在12月22日举行的第十一届中国青年志愿者优秀组织奖评选中，学校雷锋志愿者服务总队获第十一届中国青年志愿者优秀组织奖。（陈少东）

【获国家社科基金立项】 6月，副校长朱瑞庭团队研究课题“中国零售业‘走出去’对接‘一带一路’建设的途径及对策研究”获2016年度国家社科基金立项，实现上海民办高校在国家社科基金立项申报中“零”的突破。（陈少东）

【获评“全国民办高校创新创业教育示范学校”】 7月26日，学校获评“全国民办高校创新创业教育示范学校”。全国有700多所同类高校参评，学校成为16所获综合奖的高校中唯一获评的上海民办高校。（陈少东）

【浦东新区首个大学生帆船俱乐部成立】 9月14日，浦东新区首个大学生帆船俱乐部——上海建桥学院大学生帆船俱乐部揭牌成立，奥运冠军徐莉佳、我国帆船制造和帆船运动界知名企业家杜盈莹受聘担任总指导，俱乐部将探索校企合作新模式，接轨临港地区滴水湖水上运动产业。（陈少东）

【上海民办教育质量保障国际研讨会召开】 11月，学校举办上海市民办教育质量保障国际研讨会，来自中国、美国、英国、日本等国教育领域的知名专家学者80余人齐聚一堂，探讨交流了在教育质量保障领域的最新研究成果、公众需求、发展趋势。（陈少东）

【承办第九届海峡两岸民办(私立)高校校长论坛】 11月，由上海市民办教育协会、台湾私立科技大学

第九届海峡两岸民办(私立)高校校长论坛在上海建桥学院举办

校院协进会主办，上海建桥学院承办的第九届海峡两岸民办(私立)高校校长论坛举行。海峡两岸45所私立大学的校长、专家共同探讨高校创新创业教育、学校内部质量保障和两岸教育合作交流。

(陈少东)

【在多项体育赛事中获奖】 6月25日，学校从16支围乙参赛队中冲甲成功，获得了明年围甲联赛的参赛资格，为上海争得了荣誉。11月27日，学校获"乐视杯"第七届中国大学生阳光体育乒乓球男女混合团体赛一等奖。12月11日，学校帆船俱乐部获得2016年上海市大学生帆船锦标赛第二名。学校击剑队在全国学生运动会暨大学生击剑锦标赛中收获三金二银四铜。在上海市学生运动会三棋锦标赛中，学生汪逸尘获围棋冠军，学校获团体第一。 (陈少东)

【与比利时钻石高阶层议会签署钻石培训合作协议】 12月15日，院长潘迎捷与安特卫普钻石高阶层议会(HRD)阿里-艾泼斯登主席在市政府大厦签署钻石培训合作协议。上海市副市长陈寅、比利时安特卫普市长德维沃共同见证协议签约。 (陈少东)

上海建桥学院与比利时钻石高阶层议会签署钻石培训合作协议

【入选"互联网＋中国制造2025"产教融合促进计划试点院校】 12月，学校被教育部学校规划建设发展中心确定为全国17所"互联网＋中国制造2025"产教融合促进计划试点院校之一，也是上海市唯一入选试点院校。学校将利用这个平台，打通机电学院自动控制、机械制造以及信息技术学院互联网大数据云计算课程体系，为社会培养和输送互联网＋智能制造的复合应用型技术人才。 (陈少东)

【启动本科教学审核评估评建工作】 学校对审核评估评建工作做出部署，要求审核评估重点要放在"五个度"，建立审核评估专家组，稳步推进"专业达标评估制度""课程教学历程改善""专业培养质量追踪改进"等机制建设，健全二级学院教学质量自我保障机制。 (陈少东)

附:学院负责人及地址

(2016年1—12月)

董事长:周星增
院　长:潘迎捷
副院长:周健儿、张家钰(9月离任)、郑祥展、朱瑞庭、夏　雨

院党委书记:江彦桥
副书记:夏　雨

地址:沪城环路1111号
邮编:201306
电话:58137788

上海视觉艺术学院

【2016年概况】 学校有设计学院、新媒体艺术学院、时尚设计学院、美术学院、表演艺术学院、文化

创意产业管理学院、基础教育学院七个专业学院，院务部、教务部、科研部、继续教育部四个管理部门，实训管理中心、图文信息中心、国际艺术交流中心三个业务中心，共有教职工 351 人(不含兼职教师)，四届在校学生 4168 人。

在上海市委市府领导、上级主管部门的关心支持和学校董事单位及社会各界的大力支持帮助下，学校领导班子率领全校教职员工，不断坚持改革和创新，严格按照教育教学规律和学生身心成长规律办事，以学生为本，立德树人，同时紧紧围绕高校办学的根本任务，狠抓以教学改革和建设、人才培养为中心的各项工作，继续发挥民办高校体制机制的活力，进一步加大内涵建设力度，并坚持走国际化和开放办学之路，积极开展与国际知名艺术院校的交流合作，以高水平、高起点建设学校，不断提升学校的办学质量和人才培养水平，在体制机制改革、教育创新、教学改革、学科建设、师资队伍、科研工作、人才培养、国际交流合作等各方面不断进行大胆的探索实践和改革创新，并在诸多方面均取得了一些新的成绩，使学校的教学水平、教学质量、人才培养质量再迈上一个新的台阶。

一、进一步明确学校发展思路。为学习借鉴兄弟院校的好经验和好做法，结合学校的实际，明确学校今后的发展思路，1—4 月，学校领导班子在校长王荣华的带领下，率院务部、教务部、科研部等有关职能部门领导先后赴上海温哥华电影学院、上海纽约大学、上海科技大学三所新创办的大学开展调研学习，从体制机制、教育教学质量、人才引进、国际交流合作等方面，查找学校与上述高校之间存在的差距和不足，学习和借鉴其他高校好的经验和做法，认真思考和查找适合学校今后发展的路径和方法。通过调研学习，学校进一步明确今后的发展思路，首先要根据国家和上海的战略需要，占领制高点。而连接国家和上海战略的连接点就是学校作为综合教育改革的试点，其中的关键词则是活力、效益和质量。是学校未来十年发展的一个必然选择。2016 年底，经多次讨论，学校围绕学科专业的进一步整合和优化、突出重点和优势学科专业建设，加大高端人才引进力度、加强师资队伍建设等几个方面，确定 2017 年的工作重点。

二、依法办校，增强学校的办学活力。签订《上海视觉艺术学院集体合同》。为进一步保护学校职工的合法权益，按照上海市教育工会关于各民办高校要按照《上海市集体合同条例》的有关规定，由学校工会代表全体教职工与学校签订集体合同的要求，学校工会和学校各委派 3 人作为双方协商代表，经过多次讨论和协商，签订《上海视觉艺术学院集体协商暂行办法》和《上海视觉艺术学院集体合同》，并经学校第一届教代会第四次会议讨论通过。扩大二级学院办学自主权。为贯彻落实中央和市委提出要进一步扩大学校办学自主权的精神，进一步增强学校的办学活力，学校领导提出要将更多的责权利下放二级学院，并将教学资源进一步向二级学院倾斜的要求。在调研二级学院的基础上，院务部、教务部和科研部经过多次研究讨论，制定《上海视觉艺术学院加强二级学院建设实施意见》。修订《上海视觉艺术学院编制管理办法(试行)》。为更好适应学校学科建设和事业发展需要，有效配置人力资源，规范人员编制管理，增强学校办学活力，提高学校办学水平和办学效益，根据教育部《普通高等学校编制管理规程》等文件精神，结合学校的实际，学校修订《上海视觉艺术学院编制管理办法(试行)》，根据学校《上海视觉艺术学院"十三五"发展规划纲要》提出的学生规模，确定基本教育规模编制。《上海视觉艺术学院编制管理办法(试行)》还对学校师资队伍自建校以来所坚持的专兼教师 3∶7 的结构进一步加以明确。

三、进一步推进德稻实验班改革。德稻实验班的改革实验已显示积极成效，并成为学校改革创新的一个亮点。为继续做好德稻实验班的改革工作，探索可持续、可复制的教学模式，建立长效机制，学校与北京德稻教育集团就如何进一步推进实验班的建设，打造国际化艺术设计人才培养的特色品牌，确保实验班教学模式和人才培养模式的可持续健康发展，积极开展相关的研讨，于 5 月正式签订《关于 SIVA-德稻实验班的合作协议》，确保学校开放合作办学等各项工作依法依规，切实维护合作双方的权益，真正实现互利共赢。根据该合作协议，学校和德稻教育集团还联合成立实验班合作管理委员会，负责实验班教育、教学、科研、外事、资产管理等日常工作的管理，委员会由副校长穆端正担任主任，德稻集团总裁夏军及副校长周斌担任副主任，委员包括学校及德稻集团方面相关部门人员。

四、教学建设与改革取得新突破。学校继续按照既定的办学定位和办学方针，紧紧围绕人才培养这一核心，充分发挥以新体制、新机制办学的优势，不断推进教学改革和创新，在做好日常教学管理工作，维护正常教学秩序的基础上，重点加强全校的教学建设与改革，取得明显成效。启动专业硕士点授予单位和学位点申报工作。为进一步提升学校的办学层次和办学水平，学校根据教育部和市教委关于专业硕士点建设的有关精神，积极启动专业硕士点授予单位和学位点申报工作。首先制定了《上海视觉艺术学院专业学位研究生教育发展规划（2016—2020）》，并根据学校的实际情况和特色优势，确定先行申报艺术硕士、公共管理、文物与博物馆三个专业硕士点，这些专业硕士点基本覆盖学校的大多数专业。并专门成立“专业硕士申报办公室（筹）”及筹备工作小组，组长为副校长周斌，副组长为副校长张同，并制定有关申报工作计划。有关申报规划材料的起草等工作已分工落实，各项工作正在推进过程中，2017 年将正式申报。筹备成立文物保护与修复学院。为扩大文物保护与修复事业的专业人才培养，进一步打造学校的优势和特色专业，学校在原来“文物保护与修复专业”的基础上，筹备成立文物保护与修复学院。中本贯通试点工作继续推进。学校联合上海市逸夫职业技术学校申报的“环境设计（室内设计）”专业通过市教委中本贯通试点年度检查评审，并成为抽检 19 个点中的 2 个优秀点之一。在此基础上，学校完成与上海应用技术大学、上海市信息管理学校联合开展“文物保护与修复”，与上海市南湖职业学校联合开展“艺术与科技（数字媒体技术）”专业中本贯通试点的申报、答辩组织推进工作。应用本科专业试点拓展。继新媒体艺术学院“动画专业”、时尚设计学院“工艺美术专业”和设计学院“视觉传达设计专业”获得应用本科试点专业立项后，学校又完成文产管理学院“文化产业管理专业”和设计学院“产品设计专业”应用本科试点专业的申报、答辩组织推进工作。完成专业自主评估。根据教育部和市教委关于本科专业进行自主评估的要求，学校今年对雕塑专业、摄影专业、广播电视编导专业、播音主持专业和基础学院等四个专业和基础教育学院公共课的专业自主评估工作。同时按照教育部同意上海在 2010 年教育部核准的 502 个专业之外，自主设立新专业的精神，完成国家目录外“文物保护与修复”新专业的申报工作。

五、科研工作进入新发展时期。2016 年是学校科研工作建设发展继续提升的一年。2015 年制定了以双一流建设为目标的《高地建设行动计划》，为培养科研梯队、锻炼年轻教师的《培英计划》及《上海视觉艺术学院教学科研成果奖励办法》等计划激励全校教师参与科研工作。为进一步推动学校的科研工作，提升学校的科研工作水平和学术能力，为学校新十年发展提供新动力，学校将科研工作的重点放在了贯彻执行这三个计划上，并予以合适的路径指导，切实提高教师的学术能力。在专家组的评审下，有 4 个专业（专业群）获得高地建设立项，有 10 名青年教师获得培英计划立项，对 5 位在科研创作工作中获得突出成绩的教师进行了通令嘉奖。

与此同时，通过加大对学校教师科研工作的有效服务与管理，全校的课题申报以及科研成果质量均有了突破性的提高。据统计，全年全校共获得各级各类纵向项目立项 28 项，立项经费为 361.6 万元，横向项目 21 个立项，立项经费为 156.58 万元。教师在专业期刊上发表论文 106 篇（其中有 21 篇被 CSSCI 期刊收录），出版专著、编著共 9 本，获得科研著作权 1 项、专利 10 项。

为更好地贯彻落实上海加快科创中心建设的精神，松江区政府与松江大学城 7 所高校加强紧密合作联动，签署有关深化推动科创中心建设战略合作框架协议。学校也积极参与，并根据学校的特色和专业优势，在文化创意产业等方面做好为区域经济服务的工作。

六、师资队伍建设进一步加强。为提高学校的核心竞争力，推进人才强校战略，学校专门制定了《上海视觉艺术学院高层次人才引进暂行办法》，同时制定了《上海视觉艺术学院关于授予名誉教授称号和聘请客座教授、兼职教授和兼职副教授的实施办法（试行）》，对受聘条件等进行统一和规范，同时增加考核内容，明确聘期。在各方努力下，全年学校共引进和录用学科带头人、学术骨干和专任教师17名，聘任客座教授6名和兼职教授7名。

学校积极鼓励支持教师参加市教委组织的“强师工程”培训工作，围绕学科专业建设，制订强师计划，落实教师担任国外访学、市优青项目立项，用好政府扶持资金。共有55人参加并完成了“强师工程”的培训，有4名教师通过出国研修的面试(全市17所民办高校总共只有20多位获批出国)。学校还从七个学院及行政部门中遴选11位承担一线教学任务、具有一定外语水平的青年教师赴国外短期访学一个月。申报市教委文教结合“大师工作室”的项目以及上海市教育基金会“育才奖”、宝钢教育基金会“宝钢奖”等奖项，文物保护与修复专业的蒋道银教授获得“蒋道银名家古陶瓷修复工作室建设”项目，表演艺术学院徐卫宏教授获2016年上海市育才奖，设计学院顾传熙教授获2016年度宝钢优秀奖。

七、党、团建设为学校各项工作提供有力保障。学校党委认真学习习近平总书记重要讲话精神，围绕学校中心工作和学校“十三五”发展规划，加强制度建设，从严治党，积极探索建立科学有效的党员教育管理制度，努力实现党员管理规范化、党的活动经常化、党内生活制度化。同时严格按照“党建带群建，群建促党建”的要求，加强对工会、共青团的领导，进一步大力加强党团建设和师生思想政治工作，充分发挥党组织在学校中的政治核心作用，指导群团组织按照上级组织和校党委要求开展活动，增强责任感和使命感，服务好师生，发挥桥梁纽带作用，以党建、团建促进校风、教风和学风建设，为推进上海市教育综合改革和学校混合所有制改革试点，全力提升教育教学质量，提供坚强的思想和组织保证。

5月11日，学校专门召开学生思想政治工作会议，会议的主题为“老师，到学生中去”，倡导老师深入基层，了解学生，体现了“教书育人、管理育人、服务育人”的“三育”理念和“全员育人、全过程育人、全方位育人”的“三全”理念，并制定《关于进一步加强上海视觉艺术学院辅导员队伍建设的若干意见》。

为更好地服务青年学生，学校团委联合其他部门先后举办上海大学生电视节、周末计划、区校共建、大学生艺术素养培训等大型活动，并与上海儿童医学中心合作“艺术植入医疗　设计抚慰心灵”项目，在上海儿童医学中心成立学生社会实践基地。同时积极发挥基层青年教师的积极性，实行专兼职相结合，群策群力打造有特色、有黏性、有朝气的团学组织，并以此推动SIVA校园文化建设。

八、开放办学和交流合作继续推进。在校企合作的基础上，学校坚持走开放办学、需学研产一体化的办学道路，进一步加强与行业、企业的深度合作，切实落实项目制教学模式，推动学科建设和人才培养。年内，时尚设计学院先后与江苏阳光集团、庄行镇政府、华泰珠宝、丽婴房、义乌梦森、荣昶基金、《青年报》社等单位签订校企合作协议共8项，引进包括日本岛精机三维立体针织服装设计系统、全自动针织横机全针型高端横机等近千万针织设备，创建了具有世界一流水平的“上海视觉艺术学院国际针织设计研发中心”。新媒体艺术学院与上海播肯新媒体有限公司合作建立“交互媒体实验室”，与上海东方希杰商务有限公司合作共建“直播工作室”，与上海左袋文化传播公司共建二维动画工作室，与北京悦影科技有限公司共建网上摄影学院，把企业的资源，特别是师资资源导流到校内，和课程结合，让学生不出校门就能参与实践项目。美术学院文物修复专业与中国文化遗产研究院、广东“海上丝绸之路”博物馆三方合作，蒋道银教授带领修复专业师生参与了对“南海一号”水下考古工程的出水瓷器进行保护性修复的项目，成功修复出水瓷器15件。表演学院与上海艾亚文化传播有限公司签约共同建设实践教学基地。

为拓宽师生的国际视野，提升学校的国际办学水平，学校继续坚持面向国际化，通过引进来、走出去等方式，致力于搭建国际化合作交流平台。全年学校共与国外院校缔结23个国际交流合作协议，其中有6个是实质性合作协议，19个是交流意向协议。学校共有65个国际合作院校，较之上年增加25个院校，合作的形式包括学分互认项目、师生工作坊项目、学生短期交流项目、教师访问项目以及合作展览项目。如学校与美国弗吉利亚联邦大学(简称VCU)通过联合教学的模式，推进“艺术＋”课程系列创新和艺术教育国际化，从学校81名报名者中遴选66名同学组织面试，最终有23名同学参与该项目。新媒体艺术学院与法国南锡国立高等艺术与设计学院、阿尔勒国立摄影学院继续交流与合作，2016 年接受 41 位来自法国 6 所文化部直属国立艺术院校的留学生，并与法方共同策划 12 个国际 workshop 和项目。11 月 2 名学生赴法国南锡国立高等艺术与设计学院，进行为期 3 个月的交换学习。学校与尼斯维拉松国立高等艺术学院、日内瓦高等设计艺术学院、英国赫特福德大学艺术学院双方交流并达成“3＋1＋1”双学位合作意向。时尚设计学院年内共完成国际合作课程 10 门（玻璃陶瓷 3 门、珠宝 1 门、服装设计 1 门、纤维艺术 2 门、时尚传播 3 门），先后有来自美国、意大利、日本、法国的 10 位国际一线艺术设计大师和专家授课。设计学院环境设计艺术专业和日本首都大学东京城市环境科学研究院师生团队合作的亚洲大都市研究中日合作工作坊在东京和上海两地轮流展开。

九、人才培养质量持续攀升。学校学生在各类学科竞赛项目中共获奖 109 项，其中全国性奖项 12 项。科技文化、文艺体育类获奖 181 项，其中国际性奖项 7 项、全国性奖项 13 项。

十、招生和就业质量保持平稳。学校共有 16 个专业（含 37 个专业方向）面向全国 24 省市总计录取新生 1208 人，其中含上海三校生 5 人，港澳台新生 7 人。各专业录取成绩及新生报到率与往年基本持平。

学校毕业生就业率和就业质量稳中有升。学校共有 27 个专业方向，974 名毕业生，截至 2016 年 10 月底，就业率为 94.15％，其中，签署三方协议的 397 人占总人数的 40.72％，合同就业为 51 人占 5.24％，录取研究生 9 人占 0.92％，出国 43 人占 4.41％，预征入伍 7 人，自主创业 50 人左右，且毕业生的行业分布、地区分布更趋多元化。（黄　华）

【董云虎到校调研】 11 月 10 日，上海市委常委、宣传部部长董云虎，市委宣传部副部长胡劲军及市委宣传部办公室、文艺处、宣传处、发改办等相关部门负责人到校调研，重点考察了实训管理中心文物修复陶瓷材料工作室、绘画材料工作室和中国纸材料工作室，视觉・德稻教育大楼大师实验班，高端艺术人才培训基地和正在筹建的徽派建筑“状元楼”文物保护与修复学院，全面细致地听取讲解、观看师生课程作品，对学校坚持教改、勇于创新、追求卓越，攻坚克难创条件、凝心聚力促发展的精神表示赞赏，并表示学校的育人模式和培养方向面宽域广，与城市建设和地方经济文化发展的需求高度契合，希望学校积极探索，回应时代呼唤，出人才，出作品，出影响力。（黄　华）

【上海教育发展基金会在学校设立“登高计划”】 12 月，为支持学校实现三高“目标”（办学高水平、建成人才高地、培养高素质高技能人才），上海市教育发展基金会在学校设立“登高计划”，向学校提供专项资金资助。作为第一家获得上海教育发展基金会资助的民办学校，“登高计划”项目资助范围包括学校的人才引进和师资队伍建设、学校师生的国际交流、艺术教育智库建设、困难学生补助等。为确保资金的有效使用，双方还共同成立了一个 5—7 人组成的管委会。（黄　华）

【“视觉・德稻实验班”获“亚洲教育贡献奖”】 11 月 8 日，2016 亚洲教育论坛在四川成都举办。学校与德稻教育合作开办的“视觉・德稻实验班”，凭借其创新人才培养模式的示范效应、创新的教育理念、丰富的大师资源、完备的课程体系、独特的行业占位，被授予“亚洲教育贡献奖”。2013 年，学校与德稻教育展开对国际化办学模式和国际化人才培养的共同探索，成功开办了“视觉・德稻实验班”校企合作专业共建项目，得到国内外设计与艺术领域的广泛认可。2016 年初，美国高等教育认证委员会（简称 CHEA）已认证德稻教育为亚洲首家教育“质量平台提供者”。（黄　华）

【参与上海高校文化志愿者欧洲服务活动】 6 月 11—20 日，在上海市政府新闻办和市教委的指导下，上海市教育发展基金会的支持下，学校组织沪上多所高等院校文化志愿者代表共计 39 名，参加“原创视觉、魅力上海——上海高校文化志愿者欧洲服务活动”。服务活动历时 10 天，先后在伦敦、诺丁汉、巴黎三个欧洲城市举行。活动内容包括“魅力上海”城市形象推广，诺丁汉孔子学院交流，巴黎国际大学城展览展映，伦敦传媒学院、法国巴黎国立高等装饰艺术学院和高布兰动画学院的学术交流活动。活动通过中国书法、茶道香艺和古琴演奏，原创影视作品展映和优秀毕业作品展示，通过“水墨京韵”“包装设计作品”等形式，充分展示了中国文化和上海城市的魅力，展现了学校的专业设计水平。（黄　华）

上海视觉艺术学院文化志愿者参与英国伦敦上海周文化志愿者欧洲服务行动

【承办“汇创青春”大学生文化创意作品展示活动】 5月16日，由中共上海市教育卫生工作委员会、上海市教育委员会主办，学校承办的第一届“汇创青春”——上海大学生文化创意作品展示季之“视觉传达、数字媒体艺术、动画”专场展览展示暨终评工作在学校美术馆开幕。三大类专业方向共计收到来自27所院校的大学生原创投稿作品420余件，现场展示200余件入围作品。伴随着汇创青春“视觉传达、数字媒体艺术、动画”专场展览开幕，学校“校园开放日”暨2016届毕业生毕业作品展开幕周也同步开展，学校各专业毕业生作品展、大学生社团巡礼及“创意市集”等学生活动为展览启幕造势，充分展示学生优秀的文化创意创新能力。（黄　华）

【与上海科技馆合作签约】 3月11日，学校与上海科技馆合作签约仪式在科技馆举行。这是在上海“创新驱动，转型发展”的大背景下，上海科技馆和学校跨界融合，共同建设资源共享平台。在双方的合作中，学校可将现有的37个专业集聚起来为上海科技馆服务，并集聚其他社会力量，服务于科技馆和上海市民；上海科技馆则发挥其平台优势，成为学校的“校外实践基地”。双方在未来的合作过程中将发挥彼此专长，充分利用资源，寻找各个领域合作的可能性，在“科技与艺术”相结合这一道路上有所作为。（黄　华）

上海视觉艺术学院与上海科技馆举行合作签约

【四国师生作品交流展暨学术研讨会举办】 10月25日，“第十届中、日、韩、英师生作品交流展暨学术研讨会”在沪上文化创意园区“M50”的上海视觉艺术学院展厅举行。作为第七期“视觉沙龙”的跨国工作坊项目，四国专家学者和大学生们，在上海时尚文创地标共话当代艺术设计教育。此次研讨旨在探索不同文化元素的融合和嬗变，活动已举办第十届，中外参展师生对“文化交流、情感共融、新媒介触动视觉表达多元变化”等课题进行实践探求，也对视觉传达设计这个传统专业的教学研究、发展进行反思。此次，四国师生联展的设计、装置、影像、摄影类作品，其质量和交流内涵不断提升，渐成国际艺术院校师生交流的平台和品牌。（黄　华）

【获“红点”设计大奖】 7月，被誉为国际“设计界奥斯卡”的“红点”设计大奖揭晓。2016年共有来自全球60个国家的4698件设计作品参评，经过全球设计界精英激烈角逐，经20多位国际权威专家评审，共授予“红点奖”244件。学校设计学院产品设计专业副教授张卫伟的两件设计作品“Original”和“Up & Down”分获“红点奖”。（黄　华）

【“国际针织设计研发中心”成立】 6月22日，由学校和两家国际著名企业日本株式会社岛精机制作所、日本株式会社MODELLISTA联手创办的高校首个“国际针织设计研发中心”在学校时尚设计学院正式揭牌。该中心以大师领衔、校企共建、项目制教学为核心，旨在搭建可服务于社会、产业与高校，供社会、企业、教师、学生交流的设计应用及设计研发与人才培养培训的平台。这是学校围绕针织设计人才短缺这一现状，在前期深入广泛调研，并积极筹备建设针织服装设计专业方向的基础上，坚持学校“国际化、创新实践型人才与应用研究型”的办学目标和“大平台、模块化、项目制、国际化”的办学思路，顺应产业发展的一项重大举措。（黄　华）

【非物质文化遗产传承人群研修班举办】 12月10日，由中华人民共和国文化部非物质文化遗产司和教育部主办、上海市文化广播影视管理局指导、上海视觉艺术学院承办的“中国非物质文化遗产传承人群研修研习培训计划”——上海视觉艺术学院“2016中国非物质文化遗产传承人群玉石雕刻、金属锻制研修班”结业典礼暨结业作品展暨学校“华泰·视觉”教学实习基地揭牌仪式，在上海豫园华泰·视觉教学实习基地举办。参加研修培训的20位学员来自中国13个省市，拥有各项工艺技能，学员按照文化部对非遗传承人群研培计划“强基础，增学养，拓眼界”的基本要求，在短短的30天完成192个课时，27位国内专家和6位国外专家参与课程教学，加强了学员与老师的交流。（黄　华）

【原创音乐剧《妈妈再爱我一次》获奖】 11月27日，2016第二届“两岸知音音乐剧大赏”活动在台北南海剧场落幕。由学校选送的原创音乐剧《妈妈再爱我一次》凭借其现实主义题材及精彩的编排演绎，获评委会最高奖“最佳整体呈现奖”和单项最高奖“最佳女演员奖”。在中华联谊会、上海市海峡两岸交流促进会和北京对外交流中心的关心和支持下，2016第二届“两岸知音音乐剧大赏”由台湾师范大学主办，旨在为两岸高校音乐剧表演的学生、青年编剧导演，提供一个展现教学成果、综合才艺和相互交流的平台。此次参赛的原创音乐剧分别来自北京舞蹈学院、台湾师范大学、台北市立大学、台东大学、台湾艺术大学、崇右技术学院和上海视觉艺术学院等。（黄　华）

【第四届“杏坛清声”师生专场朗诵会举办】 10月21日，学校播音与主持艺术专业第四届“杏坛清声”师生专场朗诵会——“秋日的诗语”在上海图书馆举行。朗诵会上朗诵的文学作品中，既有《雷电颂》《老人与海》等脍炙人口的经典篇目，也有《我为少男少女们歌唱》《蚂蚁》等歌颂青春、反映现实生活的美文。时值中国共产党建党95周年暨中国工农红军长征胜利80周年，师生们还朗诵《秋歌》《为有牺牲多壮志》以及毛主席诗词等红色经典篇章向革命先贤们致以崇高敬意。来自“侧耳SH”的多位上海广播电视台的著名播音员、主持人，把学校作为“走进高校共享朗诵艺术”的第一站，与学校师生一起为朗诵爱好者们奉献一台听觉盛宴，也使本届朗诵会的内容得到了丰富与升华。“杏坛清声”专场朗诵会已举办四届。（黄　华）

上海视觉艺术学院第四届“杏坛清声”
朗诵会在上海图书馆举行

附：学院负责人及地址

（2016年1—12月）

院　长：王荣华（8月离任）

副院长：穆端正、周　斌（8月起，主持工作）、张　同、俞振伟、毛　方

院党委书记：穆端正（7月到任）

副　书　记：俞振伟

地址：文翔路2200号

邮编：201620

电话：6782500

上海兴伟学院

【**2016年概况**】 学校有全日制在册学生59人，英语（博雅方向）1个专业。有教职工24人，专任教师10人（其中外籍教师3人）。

学校以英语教学为主，力求培养学生独立思考和思辨的能力。以5周为一个教学模块，每3个模块为一学期。周三为学生社团活动日，以学生组织活动为主。

课程开设采用小班化讨论参与式。人文课程主要由美国教授开设，涵盖文学、哲学、心理学等。在小班课堂中，授课教授关注每个学生，并根据不同兴趣点和学习情况进行调整，做到因材施教和尊重学生兴趣。教学以学生积极参与式讨论展开：学生上课前通过个人或小组合作进行阅读学习准备，独立思考产生问题和形成观点。课堂上教授与学生对学习资料深度审视、探讨，展示学生自我学习成果，引发带动整体的积极讨论。按照自我阅读、小组合作、演示、分析、提问、讨论，以及分析、批判型思考、阅读和审视不同学术作品，培养学生多元化的视野。

学校采取学生自我管理模式，成立各个委员会均为学生组成，讨论决定学院的相关政策与制度。学校每月举行委员会主任会议，讨论决定最佳方案。

师资队伍建设。围绕以国际化战略为抓手，加大国际交流合作力度，开发海外高层次人才与智力资源，建立国际招聘网络，逐步提高外籍教师比例。建立与国外有关高校研究机构的交流与合作机制，建立联合研究机构。进一步加大国际交流范围、层次和力度，继续聘请外籍专家担任兼职或全职教师。充分发挥外教的聘请效益，提倡中外教师共同备课，互相观摩教学等方面提高其工作积极性和价值成就感。实施“中青年骨干教师出国研修项目”，加大力度选派中青年骨干教师到国外高水平大学进行访问学者研究、提升学历，提高教育教学能力。

以人为本，全面营造人才稳定发展的良好环境。结合学院学科发展及教学科研的需要，突出以人为本，关注人的发展，培养具有广博知识和优雅气质的人，注重提升人的生命价值和生活品质，以培养核心人员为重点，完善不同层次优秀人才的培养与激励机制，全面提升教师的教学竞争力和整体素质，促进师资队伍的可持续发展。

（项　慧、刘若薇）

【**参加大学生安全知识竞赛**】 10月22日，3名学生代表参加上海市首届大学生安全知识竞赛民办区选拔赛，获优胜奖。（龚佳慧）

【**与美国常青州立学院进行交流**】 3月6日，美国常青州立学院（The Evergreen State College）到校进行为期三天的交流。两名教授介绍常青州立大学和世界学联组织（Critical Edge Alliance），学生提问与教授交流。3月7日，十余名常青州立学院学生来校进行两天交流。学校与常青州立学院达成两校之间交换生协议。（殷婷婷）

【**招生办公室获市级奖项**】 11月，学院招生办公室获2016年度上海市教育发展基金会教育专项基金“华强奖”。（王　一）

附：学院负责人及地址

（2016年1—12月）

董事长：陈公白

院党总支副书记：陈晓群

院　长：俞光虹

地址：勤奋路1号
邮编：201399
电话：68020823

上海外国语大学贤达经济人文学院

【2016年概况】 在校生总数6832人，秋季招收本科生1792人，毕业生总数1587人，就业率97.92%，其中出国续读研究生194人，国内续读研究生16人。

学科建设。完善教学、科研管理制度。修订《学生手册（2016年）》《上外贤达学院教学事故认定处理办法》《上外贤达学院学生考试违规处理办法》《少数民族学生成绩管理办法》。制定《关于毕业生补考、毕业生申请学士学位条件等问题处理意见》《上外贤达学院教育科研项目管理和成果奖励办法》《上外贤达学院"上海高校青年教师培养资助计划"实施办法》《上外贤达学院各级各类项目全程管理制度》《上外贤达学院教育科研项目经费使用管理补充办法》《上外贤达学院教育科研项目办公用品采购办法》《上外贤达学院教育科研项目及课程建设项目专家咨询评审费发放标准》《政府扶持资金项目管理补充办法》《上外贤达学院校级科研机构管理办法》《关于调整科研工作管理条例中有关科研工作资助条款内容的补充规定》《关于调整科研工作管理条例中有关学术会议资助条款内容的补充规定》，执行《上外贤达学院教育科研项目办公用品采购办法》和《上外贤达学院各级各类项目全程管理制度》。撰写教学质量报告。撰写《上外贤达学院2015—2016学年本科教学质量报告》《上外贤达学院2015—2016学年本科教学质量分析报告》。对照上海高校本科专业达标评估指标，完成《上外贤达学院2015—2016学年本科教学状态数据分析报告》。推进课程改革。进行了大学英语综合改革，提出"外语＋"发展战略，强化学生外语能力优势，组织英语改革核心措施的英语能力测试，实现16级新生全覆盖。完善专业组织架构，调整优化专业结构，全年开设全英语课程32门，双语课程41门。任意选修课84门，学生选课6770人次。拓展校外见习基地。通过资源整合，签署89个校外见习基地。课程建设立项。国家级课程建设立项1项，市教委重点教改1项，市级课程建设立项9项，承接市重点教改项目1项，市民办教育协会课题3项，市高校青年教师培养资助计划课题13项，建设校级一般科研项目26项。全年，本科专业21个，数字媒体艺术专业接受上海市2016年度新增列为学士学位授予权的评审。

国际交流。拓展海外名校合作渠道，加快教育国际化进程。新增2个双学士专业项目：美国迈阿密大学、英国切斯特大学。新增4个本硕连读项目：SQU法国高校质优联盟、英国哈德斯菲尔德大学、英国诺森比亚大学、英国肯特大学。新建2个境外教师培训基地：法国第戎大学、英国卡迪夫城市大学。有138名在读生前往国（境）外合作院校学习，有194名毕业生前往英国、美国、德国、西班牙、法国、日本、韩国等国外知名大学就读研究生。

师资建设。教职工总数513人。其中专任教师326人，行政人员121人，教辅、工勤人员66人，学校加强师资队伍建设，积极组织教师自荐申报市"教师专业发展工程"项目，2人入选"上海高校教师国外访问学者计划"，5人入选"上海高校教师国内访问学者计划"，13人入选2015年"上海高校青年教师培养资助计划”，1人入选“上海市教育科学研究项目”。3人被聘为副教授职务。学校选派3名骨干教师于6月至8月前往美国伊利诺伊大学香槟分校进行为期8周的英语强化培训。

学校教师发展中心挂牌，构建了“二三三”式(二大系列、三大类别、三个层次)培训体系，专题培训研讨17场，计1970人次接受了教学素养提升(教师语言艺术与沟通技巧、教学突发事件处理、课堂教学指标构建)、科研素养提升(CNKI数据库、读秀数据库、SSCI-AHCI数据库)、领导力提升(系主任、二级院长)专项培训。

启动非高校教师系列专业技术职务的评聘工作。结合学校实际，拟定了《上外贤达学院非高校教师系列专业技术职务评聘试行办法》。首批11名教职工受聘工程技术、社会科学研究、财务会计、图书资料等系列各级专业技术职务。

教学成果。经学校推荐，市教育发展基金会和市教委有关部门评议遴选，学院教师分获2016年上海市育才奖、2016年全国高校外语教学大赛(SFLEP)综合课组和视听说课组上海赛区三等奖、第二届上海高校青年教师教学竞赛社科组三等奖，以及非语言类外语教学组和人文科学组优胜奖。

学生工作。修订完善《上海外国语大学贤达经济人文学院学生宿舍管理》《上海外国语大学贤达经济人文学院学生心理健康违纪干预条例》。165人次接受了校级团学干部的培训。开展奖、贷、勤、补、免等各项学生资助工作，12人获国家奖学金，16人获上海市奖学金，240人获国家励志奖学金，115名贫困学生减免学费。加强培训，提升辅导员业务水平。8名辅导员参加上海市民办高校辅导员岗前培训，6名辅导员参加校外专题培训。

学院学生在2015越秀·中源韩国学国际研讨会暨第九届全国大学生韩文比赛等竞赛中获奖及各项荣誉称号。

深入开展“两学一做”教育学习活动，联系贤达实际，推动教学发展。校党委认真贯彻党的十八大精神，着力抓好创建基层学习型党组织思想建设活动，推动学校的改革转型和发展，为正常有序教育教学提供政治保障。组织党员参观学习宁波诺丁汉大学的办学经验。依托双代会制度，推进学校民主政治建设。召开一届四次教代会，听取校长工作报告，讨论涉及教职工相关利益事宜，审议上一届提案办理结果报告等，维护了教职工涉及切身利益重大事项上的知情权和决策权，推进依法实施民主管理。“双代会”对校级领导和相关职能部门进行了工作作风民主测评。做好教职工福利和帮扶工作，为教职工送温暖、办实事。工会结合学校的实际情况发放节日慰问品2050人次。开展教职工补充医疗保障工作和组织全体教职员工体检，关心教职员工的身体健康。 (袁　源)

【成立国际交流学院、创新创业发展中心】 6月24日，学校国际交流学院、创新创业中心揭牌仪式在虹口校区举行。董事长、校领导、全体中层干部、教职工代表及学生代表参加仪式。 (袁　源)

【崇明生态岛国际论坛举办】 9月8日，由学校参与协办的2016上海崇明生态岛国际论坛“生态+制度建设”主题论坛在崇明校区报告厅举办。论坛以“生态引领　创新发展——‘生态+’发展战略的探索与实践”为主题，由崇明区人民政府、上海市社科院联合主办，上海市环境科学研究院、上外贤达学院协办。上海崇明生态岛国际论坛自2006年起，每两年一次在崇明岛举行，已是第六届。

(袁　源)

上海崇明生态岛国际论坛

【举办大学生纪念长征胜利80周年优秀书法作品展】 为弘扬长征精神，传承中华文化，提升师生的语言文字应用能力，10月20日，在中国工农红军长征胜利80周年纪念日来临之际，2016年上海市“书法名家进校园”暨大学生纪念长征胜利80周年优秀书法作品展示活动在虹口校区举办。市教卫工作党委、市语言文字水平测试中心、市书法家协会、市教育发展基金会、市教育报刊总社相关领导、嘉宾出席活动。市书法家协会对一等奖作品进行精彩点评,同时还与书画名家、中国人民解放军南京军区原副司令员韩德彩中将共同为参加活动师生作专题书法讲座。（袁　源）

"书法名家进校园"暨上海市大学生纪念长征胜利80周年优秀书法作品展

【语言文字工作评估取得良好成绩】 12月9日,学校接受上海市语言文字评估专家组语言文字工作评估的检查。专家组通过听取汇报、查阅资料、召开座谈会、实地走访、问卷调查、书面测试等方式,对学校近年来语言文字工作的管理体制、工作机制、运行情况以及校园语言文字应用状况进行了全面检查。学校语言文字评估工作得到了检查专家的肯定,取得良好成绩。（袁　源）

附:学院负责人及地址

（2016年1—12月）

董事长:鲍贤嗣
副董事长:冯庆华

院　长:陆朴鸣(7月到任)
副院长:徐　征(7月到任)、马艳红

院党委书记:夏骄雄
副书记:郑　虹

虹口校区地址:东体育会路390号
邮编:200083
电话:51278000(总机)

崇明校区地址:东滩大道999号
邮编:202162
电话:39665000(总机)

上海师范大学天华学院

【2016年概况】 全年招生录取总人数2849名,实际报到2558名,报到率89.79%。在校生总计8600人,分布在7个二级学院,共有253个行政班,25个专业。2016届毕业生总数为1975人,毕业生就业率94.53%,签约率80.91%。学校共有专职教职工515人。其中,干部83人,教师238人,正辅导员40人,副辅导员34人,行政教辅120人,另有兼职教师139人。

一、师资队伍建设。学校本着优化教师队伍结构,不断提高全院教职工整体素质的总方针,努力做好师资队伍建设工作,先后通过新教师培训、微格培训等形式提升青年教师的教学组织能力,组织"名师工作坊""博士沙龙""学术星空"等多场讲座及交流活动,邀请校内外专家学者与教师们交流思想,分享科研、教学经验。推进第二批、第三批10名教师赴美国培训,加速教学团队成长,全面提高师资队伍的教学科研能力。学校获批国内访学项目12人,优青项目10人,产学研践习项目3人。

二、科研工作。随着政府专项资金逐步投入

与对高校骨干师资科研扶持和培养力度的加强，学校实施相应配套制度，调动教师从事科研工作积极性。学校在研项目87项，科研经费431.5万元。在研项目中，教育部人文社科基金项目2项，上海市教委民办高校重大内涵（重点科研）建设项目5项，上海市重点教学改革项目2项，上海市教委重点课程项目10项，上海高校青年教师培养资助计划项目13项，上海市晨光计划项目4项，上海民办教育协会课题1项，国内外访问学者项目12项，产学研践习计划项目3项，上海市学校体育科研项目1项，上海市高教学会项目4项。教学科研项目的开展推动了专业内涵建设和学院的教学改革与科研工作。2015—2016学年科研成果统计中，各类著作8本，在各类期刊中发表论文124篇，其中高水平论文（SCI、EI）12篇。

三、交流与合作。学校与美国威斯康星协和大学合作举办康复治疗学专业本科教育项目获教育部批准，将为学校培养复合型人才提供新平台。积极扩宽中外合作领域，先后接待澳大利亚墨尔本维多利亚大学、美国威斯康星协和大学、西俄勒冈大学、德国欧福大学、意大利新技术学院等多所国外大学到校访问。大力实施百名双语教师培训计划，第二批赴美双语教师研修项目的七名骨干教师已分赴美国阿拉巴马大学、中佛罗里达大学、乐敦州立大学进行为期四个月的集中培训。另有26名学生通过海外交流项目分别赴美国、德国、英国完成暑期交流活动。

四、学生工作。完善德育学分制运行。组织学生工作团队在实践和理论层面进行总结，不断完善德育学分实践内容，确保德育学分实现全员额、全天候、全时制进入课堂、进入宿舍、进入校园。完成了2016级新生德育学分境界修养模块的文化长廊学习实践活动和2017届毕业生德育学分毕业审核工作。深入经典阅读活动。各二级学院通过开展经典阅读读书会、学习经典导读、结合专业特点，组织学生布置经典阅读文化走廊，以绘画、经典语句展示、经典阅读角等形式宣传经典文化，用读、思、行方法提升学生的学习兴趣，推进学生经典阅读工作。推进学生自治管理队伍建设。把各类学生组织纳入校学生主席团管理，指导老师加强对学生会各部门指导，理顺思路，统筹工作。各二级学院建立相应的学生自管队伍，重点抓好班委、班助理、安全员、寝室长队伍建设和校园文明督查队，做到学生工作由学生组织管理，确保学生自治落到实处。同时，六个二级学院的党员工作站入驻每栋寝室楼，分别建立网格化对接管理体系，把日常卫生安全纪律管理和生活区大学生思想政治工作有机结合起来，探索学生宿舍的网格化管理制度，确保党员、学生干部发挥积极有效的作用。（邓　宇）

【学生公寓通过六T检查】 11月29日，上海高校学生公寓“六T”实务现场管理评估小组专家组来校对学生公寓“六T”实务现场管理达标创建活动情况进行检查。专家组对学生公寓的环境、服务设施、安全管理、宿舍卫生等方面进行实地勘察，走访学生宿舍、党员工作站、学生活动中心、综合治理办公室，对相关材料进行检查、评估。经过现场检查、专家评估、组织评审等程序，学生公寓通过上海市高校后勤协会六T检查。专家组认为，学校校园美，学风、作风优良。党政监领导高度重视，部门联动效率高；安全工作过硬、落地实；德育学分进宿舍，规范学生言行；党建工作进宿舍，建制健全，学生参与度高；活动开展有特色，感恩教育有成效。学生管理工作做到了安全有保障、管理有规范、行为有标准、教育有抓手、育人有特色。（邓　宇）

上海师范大学天华学院学生公寓接受六T现场实地检查

【市教委实地检查学校市级文明单位创建工作】 12月6日，市教委组织专家赴学校检查2015—2016年度文明单位创建工作，专家组通过查阅资料，访谈校领导、教职工，举行学生座谈会等形式全面检查了学校文明创建工作，并对校容校貌、平安校园、健康校园进行专项检查。学校教师与学生代表积极配合，检查进展顺利。其间，专家组参观翻阅了学校的文明创建材料，对学校文明创建工作表示肯定。学校坚持文明创建工作常态化，并把校园文明建设融入到各项工作中，让全校师生享受到文明创建的成果。（邓　宇）

【举办第八期干部培训活动】 学校举办“思考未来，检讨现实”第八期干部培训活动。全体党、政、监领导班子，全体中层干部、助理，专业主任、实训负责人，教学科研团队负责人和党总支正副书记参加学习培训。培训分三个阶段：第一阶段重点聚焦优化专业布局，打造品牌专业，主要内容为听取专家专题报告；各二级学院研讨现状，寻找短板问题；党政监领导赴二级学院召开现场办公会听取意见建议。第二阶段为集中学习阶段，主要是听取董事会领导报告和校外专家演讲；分组讨论、交流发言，集思广益，寻求解决短板问题的方案。第三阶段为整改提升阶段，主要是总结汇总前期学习培训的成果，开列短板问题清单及解决方案，经各级领导、条线、部分反复研讨论证，最终形成决议文件，报校务委员会审议后，责成、敦促各部门落实措施，执行整改。（邓　宇）

【探索民办高校内部治理模式】 完成了适应学校可持续性发展的新版《上海师范大学天华学院章程》制定工作，为创新学校内部治理体系与运行机制提供法制引领和保障。全面梳理学校现有的规章制度，进一步明确了学校内部的责权利关系，形成学校全面性制度稳定、局部性制度完备、具体制度配套的校内规章制度长效体系。优化内部治理结构，坚持董事会统一决策下的党政监三方共同治理的领导体制，依法依章明确了校务委员会常委会，校务委员会，及各专门委员会的职权行为、决策程序和议事规则，较好处理了决策和执行、监督之间的关系，保障了学校权力的规范运行。完善了学术管理体系。重点完善校院二级学术委员会管理体系，较好发挥专家教授的主导作用，构建新型的“学术权力”和“行政权力”的均衡协调发展的局面。坚持维护章程执行。监察委有效发挥在章程执行中的依法、护法和监督执行的作用。（邓　宇）

【打造“活力课堂”，实现教学创新】 筛选30门课程作为第一批“活力课堂”试点课程，专门成立领导小组和工作小组指导和推进此项工作。工作小组设计了“活力课堂”的教学模型，每门试点课程要经过教师自评、学生评价、同行评价和专家验收四个方面的课程评估、验收方能正式开课，计入学分。（邓　宇）

【设立“社区科普大学嘉定区总校”】 为更好服务嘉定科创中心重点承载区的建设工作，践行“万众创新”的理念，嘉定区科委与学院签署合作协议，将社区科普大学嘉定区总校设置在学院，其主要使命是在社区全面开展科普教育任务，提升居民科普素质和水平。学院除了为社会科普大学提供场所外，还主要承担了前期的讲师团队、志愿者队伍组建和相关规定制度建设任务，以及具体实施科普知识宣讲普及计划和相关的活动安排。（邓　宇）

附：学院负责人及地址

（2016年1—12月）

院党委书记：韩晓玉

副书记：曹云林、许　岳

院　长：叶才福

副院长：龚春蕾、陈新斌、朱国权、王友根、吴国兴

地址：胜辛北路1661号

邮编：201815

电话：39966266，39966031

上海出版印刷高等专科学校

【2016年概况】 学校计划招生1986人(含自主招生320人、秋季招生1618人),总体招生计划比2015年增加214人,实际录取新生1955人(包括自主招生320人、内地西藏班2人、新疆地区民族预科班20人、新疆地区民族预科班转入12人),新生报到率90.95%。毕业生总人数1652人,截至9月1日,全校就业率为99.15%,签约率为90.91%,其中专升本172人,占毕业生总人数比例10.41%,出国9人。

一、中层干部换届与制度建设。认真贯彻落实《2014—2018年全国党政领导班子建设规划纲要》精神,结合学校实际,开展中层干部换届调整工作。制定《上海出版印刷高等专科学校中层干部选拔任用暂行办法》《上海出版印刷高等专科学校中层干部分类分级管理暂行办法》《上海出版印刷高等专科学校中层干部换届调整工作实施方案》,推进现代大学制度建设,对学校中层干部分类管理,共有58名中层干部换岗、交流,其中,正职24人,副职34人。加大干部交流,有利于增强干部队伍整体活力,推动学校事业发展。

二、教学工作。积极组织申报高等职业教育创新发展行动计划,结合《上海高等职业教育创新发展行动计划(2015—2018年)意向承担的任务一览表》中所列的49项任务、14个项目进行梳理,历经5轮修改,申报承担任务18项,项目11项,纳入学校《高等职业教育创新发展行动计划(2015—2018年)》建设内容。同时,为学校升格应用型本科院校编制《专业设置与建设发展规划(讨论稿)》,整理完成《系(部)本科专业设置与建设规划汇编》《首批申报设置本科专业培养方案汇编》,翻译整理《德国斯图加特传媒学院本科专业与课程设置》《德国汉诺威应用科学与艺术大学本科专业与课程设置》《德国斯图加特传媒学院硕士专业与课程设置》。为加强教学督导工作,学校制订《上海出版印刷高等专科学校督导工作条例》,形成校、系部、学生组成的三级教学质量监控和保证体系,建立了督导团专家听课评议、校领导听课评议、系部领导听课评议和网上全员学生评教的工作机制。11月,“出版与发行”专业参加上海市高职高专院校重点专业(中高职贯通专业)建设教学设计比武大赛,获三等奖。

三、科研工作。全校教师申报各类纵向项目78人次,立项42项。全年累计签订横向合同48项,年度纵向、横向合同金额达到333.25万元。全年组织申报各类科研项目16类,其中,2项获批教育部人文社科项目,获批数量位居上海市同类高校之首;2项获批上海市“晨光计划”项目,连续五年实现该类项目申报的全部立项;首次获批上海市人民政府发展研究中心“上海教育决策咨询教育法制专项研究”项目;作为合作单位,申报获批1项上海市教育科学规划重大项目。同时,市教委“教育法学人才计划”项目、“长三角教育协作计划”项目、“现代大学制度建设试点”项目继续推进。此外,新闻出版重大科技工程项目“光全息水印技术应用研究”顺利验收达标,申报并获批建设1个“现代印刷媒体技术”上海高校工程中心,1个国家广电总局“柔版印刷绿色制版与标准化重点实验室”。全校教师共发表各类学术性论文(含报刊)203篇,其中核心及以上论文130篇,同比增长7.4%。出版教材和著作(含参编)21部,获批各类专利25项,同比增长47%,其中获批3项发明专利。另有其他类型科研成果(含艺术作品)及获奖43项。

四、师资队伍建设。组织人才招聘与引进工作,参加5场现场招聘会,利用网络发表人才招聘信息。共收到应聘材料 482 份，组织了 5 场校级面试，参加面试 74 人，实际录用进编 16 人，人才租赁 11 人。其中具有高级职称 3 人，博士学历 1 人，来自行业高级技能型人才 1 人。继续推行首聘期满考核续聘制度，推行部门和校级二级考核评分制。其中，17 人首聘期满，综合部门考核和校级考核合计总分在 90 分以上的 11 人，90 分以下 80 分以上的 6 人，考核全部合格，得以续聘。学校获得教师产学研践习计划项目资助 6 人，青年教师培养资助计划，4 人获得教委资助，3 名新教师参加上海市教委新教师培训班并结业。通过实施“激励计划”，引导教学名师领衔教学团队，推进以提升学生实践能力为核心的教育教学创新，着力落实教师坐班答疑制度，强化教师对学生的辅导和指导，进一步完善教师教学绩效考核规范。实行青年教师助教制，规范教师教学行为，提升青年教师教学水平和综合素质。

五、学生工作。积极开展大学生理想信念教育和社会主义核心价值观教育，健全服务体制机制建设，加强学风校风建设。结合学校发展实际，强化辅导员队伍建设，通过开展辅导员双周学习、建立辅导员工作室、走进课堂等方式，不断推进辅导员队伍专业化及个人能力的发展，做好大学生的思想政治与心理健康辅导工作。全年举办两场大型招聘会，共邀请近 350 家企事业单位，其中近 30% 是以校友为代表的企业，为学校两届近 3500 余名毕业生提供 6000 余个就业岗位，共接待近 20 家企业进校园进行专场宣讲会，举办专升本讲座、简历讲座等。切实把就业作为学校工作的重中之重，不断提高学校的就业质量，实现毕业生的充分就业。

六、交流与合作。广泛开展国际合作，深化国际化人才培养工作，制定修订 6 项外事(国际合作交流)工作制度。立足学校“国际先进传媒技术推广基地”的建设目标，服务国家“一带一路”战略，为俄罗斯圣彼得堡工业工艺设计大学师生进行印刷媒体技术专业培训，与美国罗切斯特理工学院合作举办的印刷图文信息处理(专科)合作办学项目被评为第二届上海市示范性中外合作办学表彰项目，与法国国际音像学院(3IS)合作申报上海出版印刷高等专科学校现代传媒技术与艺术学院非独立法人中外合作办学机构，已通过上海市人民政府批准并报教育部备案审核。此外，组织召开亚太印刷论坛成员国代表印刷媒体技术教育国际化研讨会和“一带一路”国家印刷行业代表印刷教育与发展研讨会。8 月，世界技能组织首席执行官大卫·霍伊到校指导工作。10 月，校长陈斌受邀主持亚太印刷论坛 2016 成员国会议。12 月，44 届世界技能大赛“印刷媒体”项目首席裁判 Patrick Klarecki 教授到校给学生授课。

接待海外合作院校访问团组 18 批次，签署各类合作协议 13 份，派出 23 名教师到国外进行学术访问、交流和进修，195 名学生赴海外合作院校进行学习、实习交流项目，发放海外学习、实习专项奖学金共计 166 万元。

七、校园文化建设。学校四届九次教代会审议了《学校十三五事业发展规划》，落实民主监督与测评，听取教职工意见，探索二级民主管理，定期开展教工活动，成立教职工文体协会。为有效推进中华民族优秀印刷文化，学校印刷博物馆着重发掘馆藏优质教育资源，服务全社会，在文化传承与建设方面取得较好社会影响。全年接待进馆观众 12606 人次，外出巡展 4 次，举办专题讲座 2 次，校外巡展活动约 8 万—10 万人次参加。根据校内综合改革及现代大学制度建设的要求，完善后勤服务的各项规章及管理制度，共修订制度 3 条，新增制度 3 条。积极推进学校 CRP(校园资源计划)系统建设，已启用 12 个子系统，整合学校资源，优化业务流程，提高服务效率，提升学校信息化管理水平。

(李毓彬)

【长三角新闻出版职教创新联盟成立】 1 月 6 日，长三角新闻出版职教创新联盟成立大会在学校举行，国家新闻出版广电总局，及市教委、市新闻出版局相关部门负责人，安徽新闻出版职业技术学院等院校代表出席会议。会议围绕长三角新闻出版职教创新联盟的建设和发展展开讨论。会上，国家新闻出版广电总局人事司与学校等 5 家高职高专单位代表就创新联盟成立签约并揭牌。出席会议的还有上海印钞有限公司、上海印刷行业协会等代表，学校全体校领导以及教师代表。(李毓彬)

【荷兰屯特社区大学代表团到访】 3月31日，荷兰屯特社区大学商贸职业学院院长一行到访学校，学校领导会见来宾，双方就职业技能人才培养、国际合作等方面进行深入交流，在互派学生交流和实习方面达成合作意向。 （李毓彬）

【开展中外校企合作】 5月18日，学校与富林特油墨（上海）有限公司共建Flint亚太区技术中心举行签约仪式，富林特集团柔印产品事业部亚太区经理、集团柔印产品事业部中国区总经理、事业部业务经理、学校领导及相关专业老师出席签约会。双方表示以该项目开展为起点，推动更大范围的合作。 （李毓彬）

【“现代印刷媒体技术”上海高校工程研究中心揭牌】 6月3日，“现代印刷媒体技术”上海高校工程研究中心揭牌。市教委科技处负责人及校长领导、学校相关部门及部分教师代表参加揭牌仪式。 （李毓彬）

“现代印刷媒体技术”上海高校工程研究中心揭牌

【举行学术出版转型发展研讨会】 8月15日，“协同创新、跨界融合：学术出版转型发展研讨会”召开，上海市新闻出版局出版管理处、上海市出版协会、复旦大学出版社等近20家出版机构的负责人以及学校校长陈斌参加会议。会议围绕出版融合发展机制和区域创新发展服务模式展开。 （李毓彬）

【举办“一带一路”印刷教育与发展研讨会】 10月20日，“一带一路”印刷教育与发展研讨会举行。来自“一带一路”沿线国家和地区的12位政府行业领导、企业专家代表，及校领导出席会议。研讨会主题是加快“一带一路”国家印刷教育，适应新形势下印刷产业的开放、转型、融合和创新发展，促进相关国家印刷教育水平的提高。 （李毓彬）

“一带一路”印刷教育与发展研讨会

【数字版权保护技术研发工程项目竣工】 12月20日，数字版权保护技术研发工程竣工大会在北京举行，学校作为参与“数字版权保护技术研发工程”的国内24家承接单位之一参加大会。学校独立承接完成的“光全息水印技术应用研究”属于本工程的创新应用技术研发包，前后历时5年多，共申请发明专利41项，登记软件著作权62件，在国内外媒体上发表论文42篇，工程研发取得可喜成绩。 （李毓彬）

【举行现代大学制度建设试点成果讨论会】 12月26日，上海市“现代大学制度建设试点成果讨论会”召开，市教委政策法规处负责人，上海市七所现代大学制度建设试点单位、学校领导以及相关职能部门负责人出席会议。会议交流了各校现代大学制度建设试点成果。 （李毓彬）

【获批建设首批新闻出版业科技与标准重点实验室】 12月29日，学校申报的“柔版印刷绿色制版与标准化实验室”正式获批总局首批新闻出版业科技与标准重点实验室，这是学校第一次获批立项建设国家省部级的重点实验室。该重点实验室的获准立项建设，对于推进学校内涵建设，实现建成“特色应用技术型本科院校”的建设目标具有十分重要的意义。 （李毓彬）

附：学校负责人及地址

（2016年1—12月）

校党委书记：刘道平

副书记：陈　斌、顾　凯

校　长：陈　斌

副校长：滕跃民、周国明（10月到任）、曾　忠、黎　卫

地址：水丰路100号

邮编：200093

电话：55530024

上海旅游高等专科学校

【2016年概况】 学校在校专科生3463名，本科生1581名，研究生245名（硕士研究生215名，博士研究生30名），学历教育夜大学生163人（本科生99名，专科生64名）。接受各类留学生28名，其中在读学历生7名（全日制本科学历生3名，硕士研究生4名），短期非学历交换生21名。

扎实推进专业建设和教学改革。完成本、专科人才培养方案的修订工作。深化"应用型本科"建设项目，推进本科旅游管理大类应用型本科试点专业建设工作，全面推进课程体系重构、"智慧景区"校企合作、接待业实训中心建设、专业国际化认证以及师资教研能力提升。以国家"高等职业教育创新发展行动计划"为引领，搭建旅游行业职业素养的旅游通识教育平台、学生实践能力提升的实习实训教育平台和增强办学国际化能力的海外交流实践平台。以校本课程和专业大类平台课程建设为抓手，推进"旅游概论""旅游职业素养"两门专科校本课程以及"管理学原理""经济学原理"两门本科大类平台课程的建设，构建课程建设团队，探索课程建设的新机制。通过本科教学审核评估，专科近五年的后示范验收获"优秀"。获2015—2016年度市级精品课程（高职高专）2项。拓展实训实习基地。开展第四届"实践教学活动周"系列活动，继续推动休闲游憩实训基地，启动咖啡小屋、啤酒屋等实训基地的运行。推进教育部现代学徒制项目及上海市双证融通项目的申报建设工作。组建复星Club Med订单班，促进产教融合。新建校外产学研践习基地，启动深度企业专业合作，鼓励教师对接行业，与上海国际展览有限公司建立产学研合作关系，与中智国际教育培训中心和中国旅行社（上海）出入境部签订合作协议等。组织开展全国或上海的酒店管理信息系统应用大赛、导游服务大赛、教学技能大赛、西餐服务技能大赛、中式烹饪技能大赛、"明日之星"厨师大赛及其他各类型专业大赛，全年学校获特等奖1项、一等奖3项。

持续提升科研创新能力。获国家自然科学基金青年项目1项、国家社会科学基金年度项目1项、上海市决策咨询项目3项、全国旅游职业教育教学指导委员会科研项目3项。论文获国家旅游局优秀研究成果学术论文类一等奖1项和优秀奖1项。校级科研项目下达54万元，经费资助45个项目，包括重点团队项目4项20万元、职业教育类24项24万元、管理类5项5万元、党建类12项5万元。加大对科研成果的奖励力度，年度奖励论文33篇，合计奖励金额144300元；奖励项目15项，合计奖励金额369530元；奖励专利2项，奖励金额14000元。教师全年发表论文94篇，著作6部，在研项目68项，含基础研究类项目9项，行业服务项目59项，核定经费844.79万元。其中，SCI论文发表5篇，SSCI论文发表1篇，CSSCI论文发表15篇，核心期刊发表论文21篇。推进学科建设。完成旅游管理专业硕士（MTA）学位点的培养方案、校内外导师的遴选工作，实现旅游管理专业硕士（MTA）的正式招生及日常教学。完成工商管理高

原学科与环境科学高原学科的年度任务，引进学科带头人2人。在国务院学位委员会、教育部开展的学位授权点评估工作中，地理学一级学科硕士点学位授权点获同行专家评价优秀。根据《2016年中国大学及学科专业评价报告》，会展与经济管理本科专业跻身中国大学本科教育前三强，酒店管理专业和旅游管理类分列第四和第六。加强国内外学术交流。组织召开"全国教育部旅游管理教学指导委员会展工作组会议""上海师范大学地理学合格评估专家论证会暨学术前沿论坛"，承办"可持续旅游与国家公园管理国际学术研讨会""第六届中日城市人口与空间发展国际学术研讨会"等大型国际会议，参加2016年中国旅游研究院年会、中国自然资源学会年会，推进旅游研究平台建设。

全面推进师资队伍建设。推进人才梯队建设。共录用新教工8人，其中，教授1人，应届博士生2人，应届硕士生3人，社会吸收硕士2人。全面实施师资队伍建设三大发展计划：着眼师资队伍梯队建设的校园提升计划，包括"雏鹰计划""攀登计划""灯塔计划"等，有21人次获得资助；着眼行业对接的"产学研发展计划"，有3位教师到企业挂职；着眼教育国际化的"海外访学计划"，全年参与3个月以上访学的13人次。入选国家旅游局"万名旅游英才计划"项目21项，其中"双师型教师培养项目"7项。2位教师获上海市育才奖，3位教师入选上海市教委教师专业发展工程"产学研计划"，1位教师入选"国内访学计划"。落实教师各类培训工作，支持教师参与各类业务竞赛。全年组织92人次参加各类校外业务培训，支持4名教职工进行硕博、博士后学历学位进修。3位老师入选"上海高校青年教师培养资助计划"。在上海高校青年教师教学竞赛上，1位教师获高职高专组的特等奖、"上海市教学能手"及"上海市五一劳动奖章"，1位教师获三等奖。加强师资管理规范化，完成2015—2016学年度锦江"教书育人，管理育人，服务育人"先进个人的评选工作，共评选先进个人21名。

着力提升学生综合素养。重视学生党建工作，充分运用易班、微信公众号、微博等网络媒介开展网络思政教育工作。重视学生职业道德与人文素养的教育，开展"乐享悦游"上海师范大学第十六届旅游节、"百年芳华，一夕千咏"第十一届K歌之王、"礼仪风采大赛""导游风采大赛""映像·旅专大赛"等融合旅游行业文化与特色的校园文化活动。探索创新学生综合素质评价机制。开展社会实践活动，获上海市"知行杯"大学生暑期社会实践大赛三等奖1项。开设"就业指导与创新创业教育"必修课，邀请138家企业，举办企业走访宣讲会、行业专家讲座20场。鼓励学生科研创新，创业项目"Espera西语幼教培训"获全国二等奖，10个学生团队入选国家旅游局"万名旅游英才计划"之实践服务型英才培养项目，4个团队入选创新创业型英才培养项目。完成第三届校内创业大赛，完成创业基地A、B两区的改造使用，为5支获得立项奖励的学生创业团队提供创业场地，"光彩人生"团队获得翊行创投100万元投资。成为奉贤区第一批高校创业指导站。建立就业困难群体毕业生数据库，完善就业帮扶制度。开展毕业就业跟踪调研，与第三方调研机构合作完成《上海旅游高等专科学校2016届就业质量年度报告》《上海师范大学旅游学院2016届就业情况白皮书》《上海旅游高等专科学校应届毕业生社会需求与培养质量跟踪评价报告(2016)(四年版)》以及《上海旅游高等专科学校毕业生社会需求与培养质量总结报告(2016)》等多份调研报告。完成学校2016"心沐阳光·笑迎生活"心理健康教育活动月与校内心理剧选拔赛活动。完成2016级新生心理普测与重点关注对象约谈工作，普测完成率达100%。做好学校征兵和退伍保障工作。年内，17名学生入伍，成立"预备役连"社团组织，义务兵学费补偿和减免共31人。

交流与合作。共接待来自15个国家和地区的47个境外团组，并与美国、比利时、俄罗斯等9家境外高校和企业签订合作协议，建立多层次的国际合作关系。注重对学生国际化视野和跨文化沟通能力的培养，通过交换生、联合培养、海外实习三种主要方式，建立全覆盖的学生交流项目体系。全年度境外项目35个，选派132名学生赴海外游学和实习，比上年总量增长30%。开拓马尔代夫、阿联酋、美国关岛，及澳门特区的高星级酒店实习项目，正式申报学校(院)与加拿大乔治布朗学院联合举办酒店管理中外合作办学项目。完成《TEDQUAL旅游教育质量认证工作手册》翻译并推进相关工作。全年派出44人次的教职员工赴境外合作访问，参加国际会议和科研以及讲学进修。聘请来自日本、韩国、美国、西班牙的外教10人，主要从事公共外语的教学。聘请来自美国佛罗里达国际大学的“海外名师”到校工作；先后聘请美国、加拿大、墨西哥专业学者6人到学校访学一个月，丰富了专业教学；先后邀请美国密歇根大学、佛罗里达国际大学、亚利桑那州立大学、澳大利亚格里菲斯大学、荷兰鹿特丹大学、日本立命馆大学等名校的学者举办学术讲座，拓宽师生的学术视野。

打造行业人才培训品牌。年内，学校共举办36个行业培训班次，包括举办全国本科院校和职业院校“会展经济与管理”骨干教师计划项目，全国旅行社总经理培训班、全国职业院校专业骨干教师培训项目及各种技能培训项目等，培训人员达1128人次。学校推进酒店行业培训的转型，设计更贴近酒店需求的培训项目，开拓与各地旅游局、行业协会以及企业集团的合作，彰显学校行业品牌教育特色与亮点。

不断提高现代大学管理水平。根据综改方案和“十三五”规划的具体要求，学校着力推进二级管理制度改革，强化二级学院的办学能力，推动机关业务下沉、管理下沉，建立和完善体现民主、责权利相结合、科学规范、可持续发展、特色突出的二级管理体系。成立二级机构绩效考核工作领导小组，研究制订“二级机构绩效考核实施办法和指标体系”，通过《关于二级单位绩效考核的实施方案（试行稿）》，对二级机构按年度进行教学、科研、学科、师资、学生、资源管理等工作的全面绩效考核。召开第三届教代会第八次全体会议，认真征集审议提案，回复率100%，完成提案处理工作。开展教职工各项文体活动，丰富教职工业余生活，构建和谐校园生活。（刘利艾）

【多途径拓展实训实习基地】 3月18日，会展与经济学院与上海国际展览有限公司产学研合作仪式举行，学校新添产学研基地。3月25日，酒店与烹饪学院与上海圣诺亚皇冠假日酒店举行现代学徒制试点合作挂牌仪式。学校向试点合作单位授予“产学研合作单位”和“现代学徒制试点合作单位”牌匾，并颁发“兼职教师”和现代学徒制试点“师傅”证书，召开现代学徒制人才培养方案研讨会。4月3日，旅游与休闲管理学院和携程旅行网团购事业部达成友好合作意向，共建电子商务专业教学实践基地，以深入合作专业见习实训环节和“电子商务项目管理”实战课程的建设，通过对真实电子商务实战项目的完成，使学生更好地掌握电子商务理论和实践技能，提升学生的页面设计和网络营销能力、数据分析能力和执行能力，增强学生的商业意识和职业情感。10月26日，学校与上海复星高科技集团旗下的ClubMed（地中海俱乐部）举行“复星班——地中海俱乐部亲善组织者（友善大使）订单班”校企合作签约仪式。“订单班”合作是学校和复星集团以及ClubMed经过多层面多方面沟通与商谈共同决定的，为实现学生、学校和企业三方合作共赢创造了一个良好的开端。（刘利艾）

【举办中国酒店业高新科技发展论坛】 5月中旬，由学校和上海旅游行业协会饭店业分会主办，学校酒店研究院高新科技研究中心承办的“2016年中国酒店业高新科技发展论坛”在上海举行。中国旅游饭店业协会、上海旅游行业协会、上海旅游行业协会饭店业分会领导及200名来自酒店、IT和学界人士参加了本次论坛。会上有“中国酒店业高新技术应用与发展”“酒店收益管理的起源与发展”等有关酒店应用高新技术和数据科学的主题报告和演讲。论坛以“智慧控制”、“智慧服务”和“智慧经营”等智慧酒店的三大应用领域为切入点开展研讨。学校与北京中长石基信息技术股份有限公司签订战略合作协议，以提升学校专业教师的学术研究水平，促进“产教融合、校企合作”。（刘利艾）

【举办中国旅游院校五星联盟论坛】 5月26日，中国旅游院校五星联盟论坛举办。南京旅游职业学院、山东旅游职业学院、浙江旅游职业学院、桂林旅游学院、郑州旅游职业学院等院校党委书记以及各盟校组织部长等应邀参加论坛。论坛对中国旅游院校五星联盟2016年工作进行梳理和通报。围绕“两学一做”学习教育活动的开展、“双责任制”要求的落实、现代职业教育体系创新与治理能力的提升等主题进行研讨。12月16日，2016年中国旅游院校五星联盟论坛召开。论坛围绕旅游院校师资队伍建设、人事管理、人才引进等议题展开讨论。本年度论坛是学校自2009年当选为中国旅游院校五

星联盟第一任理事长以来，第二次担任轮值主席。（刘利艾）

中国旅游院校五星联盟论坛

【在上海高校青年教师教学竞赛中获好成绩】 6月，在上海市总工会、市教卫工作党委、市教委主办的“第二届上海高校青年教师教学竞赛决赛”中，学校酒店与烹饪学院青年教师陈思获高职高专组特等奖、旅游外语学院青年教师周梦姗获高职高专组三等奖。比赛共有来自上海59所高校的213名优秀青年教师参赛，分人文科学、社会科学、自然科学基础学科、自然科学应用学科、非语言类外语教学学科和高职高专综合学科六个组别进行。（刘利艾）

【会展经济与管理专业教材主编会举行】 9月17日，由上海旅游高等专科学校承办的教育部高等学校旅游管理类专业教学指导委员会会展经济与管理专业教材主编会举行。教育部高等学校旅游管理类专业教学指导委员会等单位的领导和专业教师参加会议。会议创新性地提出大客流管理作为会展管理专业的重要模块，结合创新创业教育的迫切需要与专业教育相融合以及会展专业十几年发展的实际情况，要求教材编写紧密依托《旅游管理类专业教学质量国家标准》，突出创新创业教育、应用型本科教育和互联网＋支撑的立体性特点，集中反映近几年来全国旅游管理类专业理论研究与行业实践新成果。此次主编会预出版的会展经济与管理专业规划教材共计九本，其中《会展概论》《会展经济》《节事策划与管理》和《展示设计》四本教材由学校专业教师主编。（刘利艾）

【《旅游科学》再创佳绩】 学校主办的学报《旅游科学》入选《中国社会科学引文索引》(CSSCI)、《中文核心期刊要目总览》《中国人文社会科学核心期刊要览》来源期刊，被中国学术文献国际评价研究中心评为“中国国际影响力优秀学术期刊”，入选RCCSE中国高职高成高院校学报核心期刊(A)，被评为上海市最佳学报。（刘利艾）

附：学校负责人及地址

（2016年1—12月）

校党委书记：杨卫武
副　书　记：杨荫稚(9月离任)、郑旭华(9月到任)

校　长：康　年
副校长：高　峻、张建业、贾铁飞

校址：海思路500号
邮编：201418
电话：57126268

上海公安高等专科学校

【2016年概况】 学校招收第二专科学生830名，毕业学生798人。举办各类培训班201期，培训学员1.23万余人次。其中，举办处级领导干部培训班3期，培训116人；各警种专业岗位警衔晋升培训班

19期，培训810人；各警种专业岗位“轮训轮值”培训班40期，培训1765人；其他各警种专业岗位培训班123期，培训8702人。受公安部委托，为境外警方举办高级外警培训班9期，培训232人；举办全国公安机关、公安院校业务骨干和骨干师资培训班7期，培训830人。

学校升格为上海公安学院。2月26日，上海市委印发《关于组建上海公安学院的通知》，3月16日，上海市政府印发《关于同意以上海公安高等专科学校为基础组建上海公安学院的批复》。4月22日，教育部印发《关于同意上海公安学院备案的批复》，同意学院备案。学校首批设置治安学、侦查学、警务指挥与战术、刑事科学技术、网络安全与执法5个本科专业。4月10日，国务委员、公安部党委书记、部长郭声琨对学校升本作批示，要求学校“以此为新起点，开创公安教育工作新局面”。4月25日，副市长、市公安局党委书记、局长白少康对学校升本工作作批示，要求学校“以升本为契机，全面加强公安教育训练工作，努力建设一流的公安高校”。

加强学生德育工作。学校坚持以做实德育工作、做强警务化管理为抓手，加强德育工作顶层设计和实施，切实加强学生思想政治教育和日常养成教育。通过强化建章立制、开展主题教育活动、加大学生警务化管理和日常养成教育力度等，进一步强化学生的政治意识、政权意识和警察意识。

加快教学特色建设。学校进一步优化“合成培养，育用一体”学员育管模式，完善共管共育合作平台，积极推进“刑事科学技术实验实训中心”项目建设，优化完善外警培训专业课程体系，加快上海公安民警心理危机案例库建设，加大警务驾驶能级体系研发力度，建设驾驶专业网络课程库，并获第二届上海市大学生模拟法庭竞赛三等奖。

取得多项教学成果。学校坚持一流标准，持续深化教学内涵建设，进一步强化人才培养模式改革，加快启建特色性应用技术型公安本科院校。年内，选拔9名骨干师资和8名第二专本科学员，参加“第二届全国公安院校教学技能大赛”，获本科组学生综合素质团体第六名（二等奖）；2名学生获本科组学生综合素质个人一等奖，6名学生获本科组学生综合素质个人二等奖。4名教官获本科组优胜教师奖二等奖，5名教官获本科组优胜教师奖三等奖。“治安行政案件办理”“警察徒手防卫与控制”2门课程被评为市级精品课程，“警察心理学课程教学团队”被评为市级教学团队，3名教师参赛“上海高校青年教师教学竞赛”分获一、二、三等奖，“派出所执法办案场所办案区的规范使用与管理”等8门课程获评市公安局三星级课程。

提升科研水平。举办上海国际警察教育学术研讨会，来自海内外的近100名专家、学者围绕“大城市道路交通管理”主题在研讨会上进行深入的研讨。全年，组织师生投入科研活动，举办上海公安论坛11场，科研项目立项39项、编印2本论文集，并与实战单位加强科研交流，与青浦区应急办合作形成《“十三五”期间青浦区突发公共事件应急体系建设规划》。“双握把伸缩式警棍”科研项目获市公安局基层技术革新一等奖，“基于RFID的警用手枪防抢枪套”“警务技战术训练器材装备信息化管理系统”分获市公安局基层技术革新三等奖。《上海公安高等专科学校学报》被市高等学校学报研究会评为“上海市优秀学报”。

加强师资队伍建设。学校引进具有副高级专业技术职务资格的专任师资1名，新聘校外兼职带头人2名、教学骨干18名。组织175人次教官教师参加公安行业及教育条线组织开展的岗位能力提升培训，组织63名教官教师参加英语专项能力培训，选派33名教官教师在华东师范大学集中参加“专业负责人和骨干师资研修班”，组织7批16人次教官教师赴荷兰、捷克、法国、俄罗斯、瑞士等国家和台湾地区参加培训和交流。年内，学校1名教师获评国家“万人计划”教学名师，2名教官教师成功入选教育部和国家留学基金委2016年国家公派访问学者项目，2名教官教师获评“上海市育才奖”，1名海外名师获批上海市“海外名师”项目，11名教官教师入选市教委“上海高校青年教师培养资助计划”，1名教官荣立个人一等功，1个集体荣立市公安局集体二等功，7名教官教师获市公安局“优秀教官、优秀教师”荣誉称号，2个党支部获市公安局先进基层党组织称号，2人获市公安局优秀共产党员称号，1人获市公安局优秀党务工作者称号。

完善数字化校园建设。加大信息科技与教育教学结合力度，提升信息化管理与应用水平。建成全局民警教育训练数据中心等6个信息系统，搭建信息应用数据分析框架，升级全局民警教育训练平台。优化完善公安实务案例数据库，新建中国学术期刊影响因子年报、超星百链、发现、大雅相似度分析系统等资源，数字图书馆资源总量已达51T，数字图书馆访问总量突破713万人次。（丁晓丹）

【推进深化改革任务】 学校按照市公安局深化公安改革和市教育综合改革要求，研究制定深化改革整体规划，全面推进深改任务，挖掘深改亮点项目参加全市公安机关改革创新大赛。其中，“双握把伸缩式警棍”项目经初赛、决赛两轮现场展示和严格评审，从全局95个项目中脱颖而出，勇夺全市公安机关改革创新大赛四个金奖之一（“科技微创新”类项目第一名），并被市公安局推荐代表上海参加全国公安机关改革创新大赛，为上海公安和学校赢得了荣誉。（丁晓丹）

【推进微课程送教工作】 学校履行全国公安微课程研发中心的工作职责，依托研发中心平台，带领市公安局微课程建设核心团队成员先后赴江西、福建、山东、云南、贵州、宁夏、安徽、江苏等地开展微课程开发应用培训的送教工作，培训900余人次，将上海公安微课程的建设理念传递到各兄弟省市，推动各地公安机关积极参与公安微课程建设。（丁晓丹）

全国公安微课程开发应用培训班学员微信签到

【提升公安远程教育效能】 学校依托公安远程教育平台举办道路交通违法行为大整治行动专题微课程开发制作短训班，培训来自全局的51名专兼职教官及交通管理岗位业务骨干，并开发48门微课程。进一步优化完善“e班”培训模式，培训学员1000余人。上线运行上海公安政治工作综合服务网学习超市功能模块，搭建新版上海公安领导干部在线学习平台，累计报名学员8750余人。（丁晓丹）

【完成G20峰会等重大安保任务】 学校选调30名警力增援市公安局轨交总队17个轨道重点车站参战G20峰会安保，开展安检督导、巡逻管控、识疑盘查等工作。抽调150余名警力，分别增援浦东分局和徐汇分局，开展徒步巡逻、街面盘查等任务，并延长606名2015级第二专、本科学员的专项业务实习时间，增援浦东分局等17个实习单位参战G20峰会安保工作。同时，应浙江省公安厅邀请，选派2名教官赴浙江省开展G20峰会安保送教上门。此外，还抽调360余名警力增援徐汇分局参战第九届全球健康促进大会活动安保任务。（丁晓丹）

【参与道路交通违法行为大整治等实战任务】 学校组织1430人次教官教师增援徐汇分局7个派出所开展烟花爆竹管控等安保工作；组织1500余名第二专、本科学员赴全市16个分县局和市公安局相关单位开展实训实习和烟花爆竹管控等各项工作；3月26日起至6月底，组织7130余人次教职员工参战交通大整治行动，安排11640余人次第二专、本科学员参加交通大整治实战实训。（丁晓丹）

【提升机动部队实战效能】 学校强化“轮训轮值”队伍战斗精神和实战能力的培育，推进课程体系建设，设计研发课程内容和标准，加强与实战单位的沟通协作和校外实训基地建设，制定岗位工作规范，提升应急指挥和实战处置效能。全年，根据市公安局工作部署和指令，组织“轮训轮值”和第二专、本科学员81500余人次圆满完成“两会”“春节”“国庆”“劳伦斯颁奖”和G20峰会安保等各类处警备勤任务660余天次。（丁晓丹）

【深化公民警校办学活动】 学校进一步优化完善公民警校办学体系，加强特色课程建设，建立“课程招标”机制，新增特色课程13门。多层面开展公民警校办学活动，着力推进“三级办学体系”建设，开展各类流动讲坛宣讲和校友公益活动。年内，围绕“交通安全”“青少年安全教育”等主题举办各类培训班923期，培训学员5.7万余人，组织开展各类校友活动620余次，服务市民群众5万余人次。

（丁晓丹）

附：学校负责人及地址

（2016年1—12月）

校　长：白少康

副校长：于海生、许　敏、郃根祖、刘　民、范立华

地址：崇景路100号

邮编：200137

电话：28957114

上海行健职业学院

【2016年概况】 在“十三五规划”开局之年，学院坚持以立德树人为根本、坚持以服务发展为基础、坚持以促进就业为导向，各方面取得长足进展。

学院按照建立和完善现代职业学校制度的要求，完善治理结构，提升治理能力。正式对外发布《上海行健职业学院章程》，为学院科学决策、规范发展确立纲领性文件。

年内，学院计划招生1585人（招生计划比上年略有增加，增加部分是3＋2中高贯通专业），共录取新生1475名（其中上海生源637名，外省生源838名），共报到新生1335名（其中上海报到632名，外省报到703名），整体录取率为93%，报到率为91%。上海生源和外地生源比例一直保持稳定且生源质量明显提高。学院开设专业23个，其中招生专业21个，停招专业2个；上海市级重点专业5个，上海市级特色专业1个，占专业总数的26.1%。全年，学院师生取得国家、市级竞赛奖27项。新增1门市级精品课程、1个市级教学团队。学院开展特色高职建设已3年，6月，顺利通过上海市教委组织专家团的验收。

学院依靠“三支队伍”做好学生工作，一是干部队伍，二是教师队伍，三是教辅人员队伍。全院上下形成全员参与、全程监控、各部门齐抓共管的态势，学生培养工作形成合力。学院不断规范辅导员队伍建设，推进学院校风学风建设。截至12月，3648名在校生共配备辅导员34人，平均师生比1∶120，其中专职辅导员26人，兼职辅导员8人，男辅导员4人，女辅导员30人；专职辅导员中，具有初级职称6人、中级职称4人，中共党员19人，年龄在40岁以下的30人，本科及以上学历31人。为加强辅导员队伍管理，学院健全选聘机制，完善培养机制，开展“辅导员建设月”等活动。

积极开展奖助学工作，认真落实奖助资金。学院共有2名学生获得国家奖学金，3名学生获上海市奖学金，130名学生获国家励志奖学金。除三大政府奖学金之外，学院设立综合奖学金，奖幅达16%。有285人获学院综合奖学金，32名学生获学院单项奖学金。各项奖学金总金额为118万元。此外，学院帮助学生申请国家贷款130万元，发放勤工助学费用18.1万元，申请国家兵役资助94.2万元。

学生培养立足于全面提升职业素养、职业道德、职业精神。教务处、学生处、思政部、各教学系通力合作，通过课堂、课外等多形式，多角度对学生进行培养。学院坚持以促进学生全面发展为目标，注重通过深化课程体系、教学内容、方法改革和各类活动全程推动创新创业教育发展。首先，从教育

全过程出发，将创新创业教育纳入人才培养方案进行整体规划设计，以提升学生创新创业的知识、能力和素质。其次，在实施措施方面，全面推进“六个一”工程。通过课程、讲座、活动等方式提升学生创业能力。为了真正将大学生创业工作落到实处，学院努力做到“有基地、进课堂、出成绩”。学院和市北高新园区、尊尼管理咨询有限公司合作建设的创兆·创新创业孵化园——大学生孵化基地有条不紊开展工作。据不完全统计，园区陆续开展的创业讲座、创业项目评审，专家指导咨询、创业推广、创业辅导培训、创业沙龙等主题活动，全年共计32场次，参与学生近2100余人次。其中开展创业讲座、专家指导咨询、创业推广等活动共计16场次，参与学生1229人次；开展创业项目路演等评审活动共计16场次，参与学生达879人次。园区创业学生公司作品《上海铂阅文化传播有限公司》在2016年“挑战杯—彩虹人生”上海市职业学校创新创效创业大赛中获得创业计划类二等奖，在2016年“创青春”上海市大学生创业大赛决赛中获得创业计划类作品铜奖。

学院始终坚持把抓好毕业生就业工作作为办好人民满意的高职教育的落脚点和着力点。面对大学生开设各类就业指导课程，认真开展职业规划教育，畅通招聘信息发布，通过各种方法拓宽学生就业渠道。在行健校园网上专设就业指导网，用于发布国家就业政策、就业指南、创业指导、招聘信息、升学出国等相关信息。11月18日举行的学院2017届毕业生实习就业校园招聘会，应邀参加企事业单位186家，1260余名应届毕业生参加面试，共收取简历1323份，拟录取实习就业732人。学院现有高级就业指导师2名，中级就业指导师2名，创业指导教师1名。开设创业启蒙选修课程，为学生提供良好的创新创业服务与咨询。

更新机房陈旧设备，更换5间机房电脑，共300余套；更新5间旧机房电脑，共250余套；更新各类实训室电脑，共100余套；新建网络实训室、中法专业实训室、幼儿保健实训室；完成演播室、录音室、摄影室、剪辑室等改造。学院“智慧校园”雏形初现，校园网络总出口带宽达750Mbps，并实现宽带、WIFI网络全覆盖。共计接入各类无线有线终端约2500台，各类应用服务器共计32台。为保障网络安全配备了ARRAY APV-3520应用交付网关、NGFW 4000防火墙、RG-IDS1000入侵检测系统、网站应用保护系统、PNB-3000流量控制设备等设施设备，以及一系列核心交换机，搭配高性能服务器集群及存储一套。学院完成数字校园三大基础平台搭建，即用户中心平台、数据交换中心平台、及统一身份认证平台。依据数字校园的建设应遵循应用驱动的原则，围绕职业院校改革与发展的目标，在教学、科研、管理、公共服务、校园文化生活、社会服务和决策支持等方面提供有效的数字化服务，共计10多项校级层面主干应用的建设。此外，承接上海市成人教育服务平台开发、建设和运维工作，承接上海市中职质量年报管理报送服务平台建设工作，完成教育部信息化试点学校推进结题工作。

为提升学院内涵建设，加强对外交流与合作办学的实效。9月，工商管理中法合作专业13名学生赴法方学院进行为期一年的深造学习，11月16日，法国亚眠商学院（ESC Amiens）院长及其教师团队到学院参加2016级工商企业管理（中法合作）专业开学典礼。选派20名学生和9名教师赴台湾地区研修访学。6月14日和7月5日，台湾地区醒吾大学分别有两批师生到学院交流学习，台湾地区学生在学院进行设计作品展示。

学院充分发挥区办全日制高校的地域优势，坚持并不断完善学院“四位一体”的办学功能，做好高职教育、继续教育、技能培训和社区教育，以特色创一流，以多元谋发展。（王　叙）

【为苏州河国际皮划艇马拉松赛提供志愿服务】 4月2日，作为上海市重大体育赛事之一的2016上海·静安苏州河国际皮划艇马拉松赛举行。学院300名学生志愿者按时到达岗位，积极开展服务活动，被参赛者称为苏州河畔的朵朵“小浪花”。

（王　叙）

【传承和保护非物质文化遗产】 学院作为上海市非物质文化遗产保护单位，建立市级非遗象牙篾丝技艺传承人陈海龙大师工作室和行健艺术馆，致力于非遗技艺的传承、保护和创作。5月8日在学院举行上海高职院校“职业体验日”启动仪式。“职业体验日”活动特别强调上海市非遗项目体验，凸显精益求精的“工匠精神”。学院的“非遗”项目通过学生亲身体验，感受传统工艺的发展历程，加深对中华优秀传统文化的具象认识。（王　叙）

【台湾地区大学师生到校交流】 6月14日，台湾地区的醒吾科技大学师生33人到校展示学习成果，进行交流。他们展示了10部影视作品，以及自己设计的服装、鞋子、平面海报等作品，参观了学院美术社的绘画、软陶等艺术作品，观摩了象牙蔑丝编织等非遗技艺，现场体验拓印技术。（王　叙）

台湾地区醒吾科技大学师生到上海行健职业学院交流

附：学院负责人及地址

（2016年1—12月）

院党委书记：李国庆（8月到任）

副　书　记：李　越（4月到任）、马毅鑫（4月离任）

院　长：黄　群

副院长：章卫芳（4月到任）、蔡　红（6月离任）、方　明（6月离任）

地址：原平路55号

邮编：200072

电话：56075555

上海交通职业技术学院

【2016年概况】 学院设港口学院、轨道学院和航空学院，以及11个教学系部。全日制在校生4593人，其中外省市生源46.46%。专任教师258人。学院设有32个专业（含专门化方向），其中“汽车运用技术”“集装箱运输管理”2个专业为国家级教改示范专业。年内全日制毕业生1233人，共28个专业（含专门化方向），就业率93.93%。

一、加强专业内涵建设。制定并上报市级重点专业建设实施方案。完成高职三年创新发展行动计划“骨干专业建设”“创新实践基地”项目申报。汽车专业“品牌示范性”（国家级）专业建设获批立项。完成24个专业人才培养方案修订。完成汽车智能技术、交通枢纽运营管理、城市轨道交通通信信号技术等3个新专业申报，以及航海技术、汽车运用与维修技术、物流管理等3个中高职贯通专业申报。双证融通试点方面，物流管理专业开展市级鉴定测试，汽车专业申请试点获得批准。完成轨道学院《城市轨道交通车辆电气检修》市级精品课程申报。开发《汽车使用与日常养护》数字化教材，完成市教委《职业道德与法律》微课资源包开发。英国诺丁汉艾蒙特克公司轻型车辆维修保养修理三级国际职业资格认证中心在学校挂牌。

二、完善师资培养机制。引进7名教职员工。63人次参加各级各类岗位培训。10人在读研究生（其中4人参加博士学位进修）。暑期，派遣汽车、水运专业教师共11人分赴英国诺丁汉中央大学、德国奔驰总部、荷兰STC职教集团（内河水上运输和IMO6.09培训师培训）参加为期1个月的专业培训，并获相关技能提升证书。申报上海市晨光计划2项，即《高职广告设计教学中增强现实技术的应用研究》《“工匠精神”视角下高职学生自律能力培养有效途径研究——以上海交通职业技术学院为例》；上海市青年项目1项，即《基于行为的中职生实践性学习策略研究》等。市级、职教集团、院级课题结项共计50余项，其中院级以上课题20项、职教集团30余项；各类立项在研课题60多项。教师科研活动资助教师70余人。编辑出刊《上海交通职业技术学院学报》文章60余篇，30余万字。

三、完善德育工作机制。深化思政工作体系建设，加强时政形势教育、法制教育、职业道德教育、诚信教育、心理健康教育，推动核心价值观进教材、进课堂、进网络、进评价体系。优化学生管理体系，制定《辅导员走访学生宿舍记录册》《志愿者服务记录手册》《市级及以上素质教育活动及科技创新活动获奖奖励办法》等。利用新媒体拓展宣传新阵地，“青春交校”“青春交院”“交院微社团”等微信公众平台建立情况通报、周报、月报等制度。完成1326名新生军训组织工作。创新推广易班新模式，全年累计报道各类校园活动36次。全年开展志愿服务2320人次。加强学生干部队伍建设，组织优秀学生干部参加业余党校学习、井冈山红色体验、纪念建党95周年暨学生红色革命根据地社会实践活动等，增强革命传统教育实效性。组织参加“京津沪冀优秀学生交流活动”“创客文化体验”“无青春·不奋斗”主题交流实践活动，激发学生创新创业激情。

四、招生就业工作取得成效。完成依法自主招生及“三校生”、高中生招生工作。计划招生1800人，录取1737人，实际报到1593人。其中，依法自主招生计划554人，实际报到545人；“三校生”计划招生10人，录取10人，实际报到10人；高中生计划招生1236人，录取1175人，实际报到1038人。总报到率为91.7%。招生省份17个，招生专业21个。举办上海交通物流职教集团第九届2016年人才供需招聘会，参加招聘企业211家，提供岗位约3000个，2000余人次参加应聘。开展创新创业活动，组织学院首个创新创业项目“创意市集（第一季）”。开发顶岗实习管理平台，全程覆盖学生最后一年实习。成人大专在校生188人，毕业生80人，录取“汽车技术服务与营销”专业新生74人。北京交大远程教育在校生426人，其中专科356人，专升本70人。

五、增强社会服务能力。职业技能培训鉴定全年完成4566人次。开办上海市第一期内河高速船培训班，填补行业空白。完成内河船员培训共21期，培训总数727人次，“内河船舶驾驶岗位”“内河船舶轮机岗位”“内河基本安全”“内河客船船员特殊培训”等4项培训资质通过海事主管部门换证审核。开展“新车检验师”职业体验活动，受到上海教育电视台、上海教育新闻网等媒体关注并给予报道。汽车实训基地承办第44届世界技能大赛汽车技术项目上海赛区选拔赛，以及强生集团汽修公司技能大赛，为合作企业提供优质师资和技术场地。职教集团发挥纽带作用，初步形成上海交通物流职业教育集团人才需求发布制度（上海市教育综合改革任务）工作方案。开发完成“汽车维修综合技能训练平台”和“上海市汽车维修类技术技能人才供需交流平台”。主办全国“互联网＋交通运输管理类专业培训班”，承办全国交通运输（管理类）专业指导委员会工作扩大会议。上海交通物流职业教育集团成员发展至61家。

六、提升教育服务保障质量。完成固定资产清查工作。完成基础建设工程30余项。改善专业实训条件，完成汽车烤漆房更新、科普体验中心、汽车配件与管理实训室、汽车车险承保与理赔实训室、汽车销售展厅、汽车车身修复技术实训室等20余个实训室建设改造。汽车双证融通专业新增配套设备50台套，增加教学工位数80个。信息化建设方面，开发完善汽车仿真实训软件10套，完成对接市教委数据申报平台建设，定制开发物流实训中心信息化管理平台；完成数控实训车间电路改建、钳工实训车间屋顶修缮、数控实训设备及相关软件购置、数控专业机房（60座）改造、多媒体教室（39个）设备更新。完成专线间设备更新、网络出口设备更新扩容、校园闭路电视改造。全年采购图书、报纸、期刊等总金额近150万元。

七、完善内控机制管理。完善校长办公会议等议事决策规程，建立审查、清理与监督执行机制，制定并印发关于合同管理、财务管理、教材采购招标管理、固定资产设备管理、工程项目管理、招投标管理办法、公开招聘人员暂行规定、体育竞赛奖励办法、技能竞赛管理与奖励办法、技能竞赛补贴办法、两地办学综合管理办法等制度汇编。建立就业创业中心、质量管理办公室，教育发展处职能转移。完成学院“十三五规划”“一带一路”建设规划、学院理事会章程(试行)、学术委员会章程(试行)、教学指导委员会章程(试行)、校友会章程(试行)等编制报市教委备案。完成语言文字达标评估工作。建立质量管理体系，启动人才培养质量管理系统，初步确立指标体系。 (陈一鸣、王晓红)

【通过市特色高等职业院校建设验收】 7月15日，学院接受市教委专家组验收评估。经过三年多建设，学院全面完成上海市特色高等职业院校27项建设目标、120个子项目建设，完成特色院建设经费使用等专项审计。形成教科研成果精编，包含职业教育研究、培养模式创新、师资队伍建设、校企合作实践、专业教学改革五大篇章近40份研究报告；形成典型案例10个。学院的上海市特色高等职业院校建设通过专家组验收评估并获评“优秀”。

(陈一鸣、王晓红)

上海交通职业技术学院通过上海特色高职院校建设项目验收

【学校获多项荣誉和奖项】 学院被评为2014—2015年度上海市安全文明校园、2016年度上海市“华强奖”招生先进集体。在上海市第六届教学设计比武中，轨道学院“城市轨道交通车辆(中高职贯通)”专业获二等奖。上海交通物流职教集团被上海市教育委员会遴选为集团化办学典型个案。学校获上海市高校教师板书、书法、钢笔字大赛优秀组织奖。青年教师参加上海市第二届高校青年教师教学大赛，缪巧军获三等奖，温婷婷、贵婷获优胜奖。 (陈一鸣、王晓红)

【师生在多项比赛中获奖】 学院大学生志愿者服务项目获2016年上海市大学生暑期社会实践项目“优秀项目奖”。全国职业院校技能大赛(高职组)汽车检测与维修、汽车营销项目比赛，获得两银。师生参加全国交通运输(管理类)专业指导委员会举办的物流创新大赛，获“现代物流储存与配送作业优化设计和实施”赛项三等奖。参加“金源诗琴”杯全国机械行业职业院校技能大赛，获1个二等奖、1个三等奖、1个优胜奖和“优秀指导教师”称号。参加奔驰戴姆勒星辉挑战赛，获得排位赛第一、单圈车速最快的好成绩，并获“最佳创新奖”。参加全国大学生数学建模竞赛，获上海市二等奖、三等奖。学院板球队参加全国比赛分获男子组、青年组一等奖。 (陈一鸣、王晓红)

【帮困助学和评奖评优工作】 为外省市新生提供免费电话卡450张(50元/张)，合计22500元；为63名困难生提供医保减免，合计20020元。国家贷款发放25.8万元，43人获资助；生源地贷款发放191.95万元，245人能获得资助。发放2016级新生困难补助金1.28万元，64人获资助；国家励志奖学金73万元，146人获资助；国家助学金161.4万元，1076人获资助；学院助学金6.2万元，62人获资助；冬令送温暖物资111466元，260人获资助。对全校4595名学生进行粮油副食品价格补贴计435744元；征兵入伍补偿贷偿和退役复学学费减免172.95万元，164人获资助；学费减免123375元，101人获资助；寒假返乡补贴3.76万元，185人获资助。发放勤工助学工资483883元，约543名学生获资助。评奖评优方面，40人获评上海市优秀毕业生，发放奖金4.8万元；107人获学院优秀毕业生，5.36万元；2人获国家奖学金，合计1.6万元；3人获上海市奖学金，合计2.4万元；640人获学院奖学金，合计35.93万元；10名易班优秀工作者、11名优秀易班班长、50名易班先进个人，发放奖金1.02万元。总计帮困助学9301人次，8230488元。 (陈一鸣、王晓红)

附：学院负责人及地址

（2016 年 1—12 月）

院党委书记：董晓峰

副书记：鲍贤俊

院　长：鲍贤俊

副院长：张佳敏、朱建柳

地址：呼兰路 883 号

邮编：200431

电话：021-56993234

上海海事职业技术学院

【2016 年概况】 学院设有航海技术系、机电工程系、航运管理系、公共教学部、管理系（宝山校区）5 个二级教学系部和 1 个职业教育培训中心。全日制高职在校生 1602 人，开设专业 16 个，毕业生就业率 97.66%。有专任教师 97 人，其中具有中高级专业技术职务的达 77.32%。

学校规划编制及深化综合改革。根据国家、上海市《中长期教育改革和发展规划纲要（2010—2020 年）》《上海市教育改革和发展“十三五”规划》和中国远洋海运集团“6＋1”产业布局和“四个一”系统工程，编制《上海海事职业技术学院教育改革和发展“十三五”规划（2016—2020）》；制订《高职创新发展行动计划》工作方案及实施路线图，完成 6 个项目 24 个任务 2016 年建设绩效的填报；完成《职业院校管理水平提升》工作方案制订及 2016 年完成情况的填报，推进新形势下学校综合改革，提升职业教育质量和办学水平。

开展高等职业教育“双证融通”人才培养改革试点。学院将物流管理专业 152 班作为试点，在“双证融通”特色课程建设中，以职业核心技能为主线，以强化职业意识、创新意识、团队合作和职业行为习惯等职业素养为重点，构建“双证融通”的理论、实践教学、职业资格证书课程体系；在梳理、优化“双证融通”课程体系中，按照分层化的国家职业标准理念和基于工作任务的课程开发方法，从课程教学文件编制，理论考试题库、操作考核样卷开发到教学资源和实践条件等都突出“双证融通”课程与专业课程的融合；在课程教学与教学模式上探索任务引领、行动导向及互动式教学模式改革，突出“做中学、做中教”，保证职业特色课程教学的课时数占总学时比例超过 50%，使职业资格证书对应的职业标准内容、职业培训过程和职业技能鉴定过程与融通课程的教学标准、教学过程和教学考核环节相融合，推动专业教学改革和内涵建设深化，提升试点专业人才培养水平。

实施新一轮“双师型”教师队伍建设。建立“首席培训官制度”，淡化航海专业教师与高级船员之间的界限，优化校企人员双向交流机制；出台下发《培训师（船员培训）管理办法（试行）》，明确教师朝着培训师专业化发展的组织管理、保障措施、考核奖惩等具体要求，并通过对培训师实施资格评定及岗位聘用等举措，为教师提高“双师”素质、提升实践教学能力提供机制保障；实行“引进、招聘、外聘与培养”相结合的“双师型”师资队伍建设计划，设立驻校船长、轮机长办公室，最高峰时引进 17 位来自中海集团的资深高级船员，兼职教师达到 26 人，形成一支高水平专兼职“双师型”教师队伍；通过企业实践、培训学时认定、教学优秀奖评选以及教学交流、学术交流等一系列“重点推进、以点带面”的专题模块，着力提升教师的理实一体教学能力、专业实践技能、信息技术应用能力等“双师”素质。年内，学院船长、轮机长等各类“双师”素质教师达 92%以上。

社会服务能力不断增强。以职业教育培训“品牌化”建设为抓手，抓质量争先创优。举办各类企业员工(船岸人员)培训班296期8788人次;船长、轮机长培训累计考证合格率分别为100%、89.2%;大副、大管轮培训累计考证合格率分别为83%、92.5%,履约培训合格率98.43%,职业教育培训质量始终稳定在较高水平;推进职业培训与职业教育融合发展,利用职业教育师资、设备等品牌优势,为中海集团举办高级工、技师职业技能鉴定培训与考评,与上远公司签订船员教育培训合作协议,在全国范围内率先开办电子电气员适任考证培训,承办上海市容环境水上管理处船驾人员技能比武等,切实履行社会责任,为上海国际航运中心建设做出贡献。

持续开展教育教学科研工作。完成高等职业院校人才培养工作状态数据采集平台填报、全国高职院校评估工作数据采集以及中职办学能力督导数据采集、中职质量年报数据平台采集、年报编写等,为专业教学诊断与改进打好基础;组织中国交通教育研究会、上海市高职高专教学研究会等研究课题申报;教师公开发表论文6篇,出版编著2本,获首届“上海杯”全国学校国防教育科研论文一等奖1篇、科学导报教育论坛“教育研究,科学创新”学术交流优秀论文一等奖1篇;1位教师获上海市“育才奖”,1位教师获上海市高职高专专业人才培养方案设计优秀奖和上海市第二届高校青年教师教学竞赛(高职组)二等奖;1位教师被评为第十八届“中海杯”劳动竞赛先进个人。

营造和谐、健康校园文化环境。以立德树人为根本任务,全年共组织学术和专业知识讲座9场,举办“五月歌会”“校园文化节”“心理健康月”等系列活动。规范开展助学资助工作,79人获国家励志奖学金,353人享受国家助学金,1名学生获国家奖学金,2名学生获上海市奖学金。驾驶专业学生被授予“上海高校平安校园英才奖”,报关专业学生取得第二十二届全国大学生击剑锦标赛第五名,学生微视频正能量原创作品获团中央学校部指尖正能量大赛三等奖,在上海市大学生法治辩论赛、大学生安全知识竞赛中,学院学生代表队成为唯一晋级的高职院校代表队。学院继续保持了上海市“文明单位”“安全文明单位”和“征兵工作先进单位”荣誉称号。

(李惠君)

【获全国职业院校技能大赛高职组英语口语赛二等奖】 5月10日至12日,学院国际航运管理专业152班郑佳妮以上海赛区高职组“非英语专业口语”比赛第一名的成绩代表上海市参加2016全国职业院校技能大赛高职组“高教社”杯英语口语技能大赛,并以出色表现获大赛二等奖,创造了上海选手在全国职业技能大赛非英语专业组中的最好成绩。

(李惠君)

【通过上海特色高职院校建设验收】 7月5日,市教委专家组到学院就特色高职院校建设工作进行实地检查验收。市教委专家组对学院特色高职院校的建设成果给予充分肯定。同年,根据市教委印发《上海市教育委员会关于公布“上海市特色高等职业院校建设计划”项目验收结果的通知》,学院通过验收。

(李惠君)

【举办第八届校园文化节】 9月22日,学院第八届校园文化节开幕。文化节以纪念长征胜利80周年为主题,组织开展“激发创意　放飞青春”文化衫DIY大赛、“忆长征时　追中国梦”舞台剧汇演等形式多样、丰富多彩的系列活动,充分展现了学院培育和践行社会主义核心价值观,弘扬和传承中华优秀传统文化所取得的成果,营造了向真向善、向上向美、和谐健康文明的校园文化氛围。

(李惠君)

上海海事职业技术学院第八届校园文化节举办

【开办驾驶台资源管理国际培训班】 9月25—30日,学院开办驾驶台资源管理国际培训班。驾驶台资源管理是STCW公约马尼拉修正案中关于船长等高级船员的强制性培训项目。培训采用全英语小班授课以及大型船舶操纵模拟器仿真实训的形式,受到来自克罗地亚、保加利亚、拉脱维亚等国家培训学员的欢迎和赞扬。这也是学院开展国际合作、开拓欧洲航运海员市场的积极探索。(李惠君)

驾驶台资源管理国际培训班授课

【通过国家海事局船员教育和培训质量管理体系中间审核】 12月20—23日,国家海事局专家组依据《中华人民共和国船员教育和培训质量管理规则》和国家有关船员教育和培训的法律、法规、规章及其他规范性文件,对学院船员教育培训质量体系进行中间审核。经审核,专家组对学院质量体系运行总体评价良好。专家组认为:学院质量管理体系在引用船员教育培训质量管理规则的前提下,结合ISO9001:2000质量标准,通过质量管理体系持续有效运行,不断修订和完善,保证船员教育培训的有效实施,质量管理体系文件符合学校的实际情况、可操作性强。质量管理体系的运行持续有效,能够实现保证船员教育和培训质量的既定目标,通过中间审核通过。(李惠君)

附:学院负责人及地址

(2016年1—12月)

院党委书记:孙欣欣

院　长:孙　琦

副院长:姚张平(常务)、林　海、凌　整

地址:源深路158号

邮编:200120

电话:58311677

上海电子信息职业技术学院

【2016年概况】 学院设有8个教学系、部和3个二级学院,共设29个专业,其中国家级重点专业4个,上海市重点专业6个。招收全日制新生3090名,有全日制在校生8944人,毕业生就业率达98%以上。

强化依法依规办学。年初,市教委发布《上海市教育委员会市属高校章程核准书第24号》,学院章程获核准。学院以章程作为基本准则,按照建设中国特色现代大学制度要求,持续推进完善法人治理结构,健全内部管理体制,依法治校、科学发展。学院聚焦协同创新能力与办学活力,着力推进"改革专科高职人才培养模式、完善人事薪酬管理机制、创新学院院系二级管理机制、推进智慧型数字校园建设"四大重点任务,注重目标任务分解与责任监督,按计划完成年度阶段目标。

教育教学改革。学院推进质量提升计划、"一流专业"建设、智能制造产教研协同基地建设、"双证融通"人才培养试点工作等项目建设。优化动态适应机制,本年度停招1个专业,新增2个招生专业,申报1个专业。继续实施7个专业中高职贯通培养工作,新增计算机应用技术专业、工业机器人技术专业中高职贯通培养试点工作。持续推进质量工程建设,完成市级"教学团队""精品课程"申报培育。组织各教学单位有选择地报名参加全国各类技能竞赛,通过参加比赛优化教学效果。开展教师说课比赛、信息化教学大赛等专项工作，提升了教师教育技术应用能力和信息化教学水平，通过强化质量意识，不断提升人才培养质量。

师资队伍建设。年内，教师参加企业实践11人，学历学位进修16人、教师专业发展工程三大计划12人、市高职新教师规范化培训12人，参加国内考察、职业能力培训、教育教学能力培训等共计124人次，4人获全国职业技能大赛优秀指导教师称号，2人获上海高校青年教师教学竞赛三等奖，3人获上海市育才奖。教师科研能力得到稳步提升，全年获批中国电子教育学会、市职业教育协会课题、各类教指委课题7项，确立院级科研项目41项，完成决策咨询项目6项、评审通过院级科研项目33项，市级以上项目2项。

学生培养工作。学院把社会主义核心价值观教育贯穿于思政课教学全过程，开展"重温长征史，共筑中国梦""缅怀革命先烈弘扬民族精神"等纪念长征胜利80周年系列活动，开展仪式教育、第二课堂、思想政治工作进园区等特色活动，组织绿色发展、诚信教育、工匠精神等主题教育活动。开展学院第七届技能大赛，共涉及24个赛项，1300人次参加。学生志愿者达5647人次。学院在全国职业技能大赛中，共获两个一等奖、两个二等奖、三个三等奖，在上海市学生运动会上获两枚跆拳道金牌，篮球队取得第八名好成绩，开展主持人大赛、歌手大赛、社团巡展等系列活动，邀请上海歌剧院到校专场演出，丰富学生的精神文化生活。

创新培育工作。探索"信息安全工作室""安卓俱乐部"等创新教学组织形式和技术训练模式，加强学生创新实践，培养学生创新意识。开设《大学生创业导论》《大学生创业基础》等课程，积极开展创新创业系列活动，组织学生参加创新创业比赛，把创新创业融入教育教学全过程。在"挑战杯——彩虹人生"全国职业学校创新创效创业大赛中获二等奖，在市高校学生科技创新大赛中获三等奖，在"创青春"上海市大学生创业大赛中获四项铜奖。

国际交流工作。学院不断完善外事管理制度，优化工作流程，提升外事管理能级。继续开展与德国汉斯·赛德尔基金会、兰茨胡特应用技术大学、英国巴斯思帕大学、巴斯学院、加拿大温哥华岛大学等国外组织、院校的合作，深化合作办学、专业建设、师资培训、学生互访游学、海外名师等方面工作内涵，开展纪念中德职业教育合作三十周年研讨活动，招收8名德国留学生，持续引进国外先进课程资源，进行借鉴吸收。年内，因公出国(境)教师团组共计7批28人，学生海外学习团组共计11批200人，接待17批110人次来自世界各地的友好访问团组。

社会服务工作。完成1.3万人次的各级各类技能培训，对1085人提供技能鉴定，作为市高职高专教学研究会会长单位，完成相关专业大类两期培训，涉及全市37所高职高专院校92名专业主任参加，完成一期教务处长培训，开展市高职院校教师说课大赛，协助完成市高职高专院校中高职贯通专业建设教学设计比武大赛。发挥中德合作优势，学院承办"2016年中德合作上海中高职院校骨干教师能力提升"培训项目，为来自上海相关院校24名专业教师进行历时6个月的国内、外培训。开展信息化教指委工作，举办2016年全国职业技能大赛《移动互联网应用软件开发》赛项上海选拔赛以及市高职院校教学比赛等工作。完成第44届世界技能大赛信息网络布线、电子技术赛项上海选拔赛工作，以及电子技术赛项全国选拔赛技术支持工作。积极发挥高职院校引领作用，接受福建省高职院校院领导、教务主任到校跟岗实践，以及全国各地职业院校共计33批265人次的到访学习。牵头职教集团与云南省楚雄州政府共同组织职教师资培训班，以西部经济紧缺专业培训为主，为255名专业教师和管理人员进行专题培训，接受10名职教管理干部挂职。持续开展沪滇德合作项目、西藏日喀则市职业技术学校师资培训项目、河南省高等专科(职业院校)师资培训项目、安徽省芜湖高级职业技术学校师资培训与体系咨询等工作，共计培训8批共570人次。

(李　旺)

【上海歌剧院到校专场演出《江姐》】 5月24日，上海歌剧院红色经典歌剧《江姐》在学院室内体育馆进行专场演出，全校800余名师生观看演出，受到一次深刻的革命传统教育。

(常浠婧)

【获两项全国职业院校技能大赛第一名】 8月6日，在教育部公布的2016年全国职业院校技能大赛获奖名单中，学院共获"嵌入式产品装配调试赛

项”“云技术技术与应用”等两个一等奖、两个二等奖、三个三等奖。　（傅　娟）

上海电子信息职业技术学院获两项全国职业院校技能大赛第一名

【支持第四十四届世界技能大赛全国选拔赛】 8月13日，中国技能大赛——第四十四届世界技能大赛全国选拔赛在上海举行，学院作为“电子技术项目技术支持单位”，调动各方资源，完成大赛各项筹备工作，其间，市教委苏明主任看望并慰问了为赛项提供技术支持的学院工作人员。　（李　涛）

上海电子信息职业技术学院技术支持
第四十四届世界技能大赛全国选拔赛

【举办中高职院校骨干教师培训总结会】 9月7日，2016年中德合作上海中高职院校骨干教师能力提升国内培训总结暨赴德培训动员会在学院召开。该项目为中德两国政府间职教师资培训项目，是上海市教育综合改革试点项目之一。项目学员从上海市中高职院校专业骨干教师中遴选，继2015年之后，2016年共有24名教师入选参加培训。

（傅　娟）

【获中高职贯通专业建设教学设计比武一等奖】 12月16日，在市教委主办的2016年上海市高职高专院校重点专业-中高职贯通专业建设教学设计比武（决赛）中，学院的应用电子技术贯通专业获一等奖第一名。　（李　旺）

附：学院负责人及地址

（2016年1—12月）

院党委书记：杨秀英
副书记：顾剑锋

院　长：杨秀英
副院长：顾剑锋、徐松鹤、吴依本、张　涛

奉贤校区地址：瓦洪公路3098号
邮编：201411
电话：57131333

徐汇校区地址：中山南二路620号
邮编：200032
电话：64172394

上海科学技术职业学院

【2016年概况】 学院设有商贸管理学院、通信与电子信息系、机电工程系、人文与社会科学系和基础教学部，下设安全防范技术、应用电子技术、通信技术、机电一体化技术（数控机床维修）、机械制造

与自动化、应用英语、社会工作、电子商务等23个专业。有全日制高职在校生4766人,年内,面向20个外省市招生1626人。共有毕业生1209人,就业率达98.98%,就业对口率和职业稳定性良好。

接受特色院校验收。进一步挖掘亮点,提炼特色,突显成效,完成了项目总结、项目审计、成果宣传、成果展示、佐证材料收集、验收汇报等一系列工作。最终,以优秀成绩通过创建“上海市特色高等职业院校”项目验收。通过特色院校建设,学院形成专业建设强调“瞄准定位,跟踪前沿”;人才培养重在“突破瓶颈,创新模式”;教学改革倡导“多元理念,终身发展”;学生工作立足“素质教育,全面发展”;校园建设倡导“文化引领,重在育人”;社会服务发挥“示范作用,拓宽功能”等方面的办学特色和成效。

学院将《创新发展行动计划》作为特色院校建设后新一轮发展的抓手,进一步聚焦区域产业升级和职业教育发展趋势,重新修订实施方案,设计13个建设项目和49个建设任务。通过三年建设,将推动学院各项事业全面协调、可持续发展,服务区域经济社会能力显著提升。

学院全面推进创新创业教育发展。积极筹备建设《创业管理》《创业财务实务》《创业服务实务》等一批创新创业教育专门课程(群),在《职业素养与就业教育》课程建设中增加创新创业教育的相关内容,使其比例达到课程内容的1/3。逐步推行《创业基础》和《创新思维训练》两门课作为全院学生的选修课,实现创新创业教育全覆盖,以《创业管理》精品在线开放课程为试点,不断推进创新实践、创业实践与专业实践、校外实践深度融合的一体化大实践资源平台建设。学院初步搭建创新创业教育的课程构架,并形成了创新创业教育与服务相结合、创新创业理论与实践相结合、创新创业通识与专业相结合的三大特色。

逐步优化专业结构。为更好适应嘉定区重点打造智能制造及机器人产业集群的发展趋势,学院设立“智能制造”协同创新中心和“工业机器人应用技术人才培养中心”两个建设项目,积极筹备“机械制造与自动化”“工业机器人技术”“移动互联应用技术”三个新专业建设。同时,对传统专业进行调整和优化,将“数控技术”专业调整为“机械制造与自动化”专业,适应智能制造的发展趋势。

继续推进教学诊断与改进工作。通过建立常态化的专业质量保证体系,健全专业质量保证制度,完善专业教学质量评价指标体系,提高专业建设的社会适应性,建立专业发展的科学模式。已根据专业教学诊断与改进的工作流程对“机电一体化技术”“电子商务”等四个专业进行实践操作。通过教学诊断和改进,有效提升专业办学水平和人才培养质量,“电子商务”专业获2015年市级优秀教学团队荣誉。

不断加强学生职业素养培养。着力推进《职业素养与就业教育》课程建设。把职业素养培养作为学院内涵建设的重要内容和培养高素质技术技能人才的关键要素;构建专职教师、兼职教师、社会专家等相结合的师资队伍;开发校本教材;以学生为中心完善教育形式与内容,全面提升课程质量。并以“机电一体化技术”专业为试点,在进行“双证融通”教学改革的同时,探索职业素养培养的标准、要求、方法和评价,将其内化到各项教学改革的任务、内容和方法中去。

积极探索互联网环境下的教学生态建设。制定《上海科学技术职业学院精品在线开放课程建设指导意见》,推进精品在线开放课程建设,每个专业选出1门课程作为试点进行改革,并与精品课程的建设与评选相结合,以点带面,推进全院“互联网+课程”“互联网+教学”“互联网+评价”“互联网+管理”的建设。

坚持育人为本、德育为先,持续推进学生素质教育。以青年学生的“中国梦”为主线,以国情教育为重点,加强学生理想信念教育。开展内容丰富、富有创新意识的学生活动,举办“众创快车道　携手来铸造”青年创咖活动、2016年嘉定区高校联盟创新创业大赛、“乐聚嘉定　创享未来”嘉定高校联盟创业实战经营大赛、“科院杯”大学生职业生涯规划大赛、“阅读常相伴　书香满科院”图书漂流活动、“助学·筑梦·助人”摄影大赛巡展等系列活动。

以各类竞赛为平台,促进教师和学生成长、成才。学院共有13个项目参加全国职业院校技能大赛，获全国团体二等奖1项、三等奖2项。学生在全国大学生数学建模竞赛、全国高职高专日语技能大赛、全国高职高专英语写作大赛、全国高职高专社会工作能力与实务大赛等全国性竞赛中均取得优秀成绩。教师在全国和上海市职业院校信息化教学大赛、“第二届上海高校青年教师教学竞赛”等活动中取得好成绩。

服务区域经济，彰显服务价值。全年共完成等级工培训2033人；农民工培训、中小微企业员工培训、退役士兵培训、法制培训等各类培训7843人；共开展国家职业技能鉴定14852人次。电子商务专业在“双十一”电商节期间，与企业合作创造营业额连年走高，全年突破4亿元（比去年同期增长了60%）。年内，科嘉事务所为嘉定区民政局、嘉定区残疾人联合会、虹口区社会组织促进会等单位开展公益项目评估工作，项目经费近80万元。继续推进对口帮扶遵义职业技术学院工作，受上海市教委委托对遵义地区农村电商人员、电子商务相关专业教师和学生三类学员共106人开展针对性培训。

（王　影）

【通过上海市特色高职院校验收】 7月4日，市教委验收专家组对学院“上海市特色高等职业院校建设”项目进行全面验收。专家组认为，上海科学技术职业学院的特色院校建设突出科技内涵，对接产业发展，跟踪科技前沿，发展建设思路清晰。通过创建使学院的专业形态、办学形态和校园形态发生了显著变化，取得了一系列的建设成果，达到了预期建设目标。 （王　影）

上海科学技术职业学院通过上海特色高职院校建设项目验收

【陈宝生给遵义职院在上海实习的学生回信】 10月27日，教育部陈宝生部长给在学院电子商务专业实训的39名遵义职业技术学院学生回信，为同学们在实习实训实战中的成长进步深感自豪。他鼓励同学们珍惜机会，实现价值，牢固树立“不唯学历凭能力”“360行行行出状元”的自信，并勉励同学们刻苦创新，扎实行动，早日为打造技能强国作出应有的贡献。 （王　影）

【举办第四届全国高职院校创业教育研讨会】 11月25—26日，第四届全国高职院校创业教育研讨会举行，研讨会主题是“推进创业教育，破解实践难题”。研讨会深入探讨了开展创业实践教育的方法和举措，分享高校创业教育的经验与理念，分析了创业教育的合作机会。 （王　影）

【举办校企合作“双十一”实训观摩会】 11月10日，“2016年校企合作‘双十一’实训观摩会”举行，上海市跨境电子商务行业协会、阿里巴巴百城千校等19家电子商务行业、企业领导与上海市20余家高职、中职院校的电子商务专业主任、骨干教师共同参与观摩会。与会人员探讨跨境电商人才培养、“电子商务”专业发展趋势等问题，参观学院电子商务实训基地、创课校园O2O线下体验店。 （王　影）

附：学院负责人及地址

（2016年1—12月）

董事长：朱建新

院党委书记、院长：庄顺根
副书记、副院长：周财宝

常务副院长：董大奎
副院长：王云飞、俞　伟、韩　芳

地址：金沙路280号
邮编：201800
电话：69990010

上海农林职业技术学院

【2016年概况】 学院有全日制在校学生4137人(其中中职生482人),录取新生1366人(其中中职生155人)。毕业学生1070人,就业率98.5%,签约率91.2%;18名学生被"三支一扶"录用。教职工292人,其中专任教师161人,具有高级职称教师32人,占20%。拥有南汇、海湾、五库三个实训基地及实验动物实训中心、农产品检测实训中心、上农动物实训医院、工厂化种苗生产实训园等70余个校内教学实训室。有植物科学技术系、风景园林技术系、动物科学技术系、农业生物与生态技术系、农业经济管理系、农业信息工程系、基础部、思政部六系二部和实训中心、继续教育中心等教学单位,开设园林技术、动物医学等22个专业,有18个农业专业和专业方向,涉农专业及方向比例82%,涉农专业及专业方向的学生数占总学生数的75%。

学院可使用土地面积96万平方米,建筑总面积(包括构筑物)为17.56万平方米。学院是上海唯一一所以现代都市农业为特色的全日制公办普通高等学校,是全国文明单位、上海市文明单位、上海市平安示范单位、上海市花园单位,是教育部首批百所现代学徒制试点院校。

一、构建全方位育人体系,扎实开展大学生思想政治工作。结合中国梦及社会主义核心价值观等主题,通过加强易班线上线下育人平台、建立思政超市、开展青年马克思主义者培养工作、纪念长征胜利80周年活动等形式,构建全方位育人体系,形成良好育人环境。通过新闻播报、辩论赛、演讲等多样的思政教育形式,提升思政教育效果,不断改进思政教育模式。

二、以文化宣传为引领,有序推进文明创建工作。围绕学院人才培养模式改革及为农服务的《绿野"原住民"逐渐回归上海》《大学生拖拉机手今夏开进大田》《校村共建十周年　为村民带去实惠》等宣传报道,在社会上引起较大反响。学院在2015—2016年度市级文明单位中期考评中获评A等,在上海教育系统35家在线创建网站中名列第六,是唯一一所进入前十名的高职院校和行业划转高校。

三、突出农业特色,以优秀成绩完成上海市特色高等职业院校建设工作。经过三年努力,学院以优秀成绩通过特色校建设验收。完成实训条件建设、师资队伍建设、人才培养模式改革、社会服务与技术服务能力建设、校园形态建设五个方面10大项、100个子项目、近300个子任务的建设任务。"五个贯通"的专业形态、"六个一体化"的办学形态及"四位一体"的校园形态已基本形成,为推进全面深化教育综合改革奠定良好基础。

四、以制度建设促年度综改任务的完成。制订《上海农林职业技术学院深化综合改革2016年工作要点》《上海农林职业技术学院深化综合改革实施方案》,建立学院深化综合改革定期报送制度,完成综改简报20期;根据《关于开展"教育综合改革试点"改革督察的通知》的要求,深入开展自查,完成学院深化综合改革情况自查报告,上报2016年度综改典型案例4个。

五、优化专业布局推进各系专业特色形成。在原园艺园林系的基础上,组建植物科学技术系和风景园林技术系,学院专业布局调整基本完成,形成"一系一特色"。同时,围绕重点专业、特色专业开展专业群建设及课程体系建设研讨,把准专业发展脉搏,以"教什么"为突破口,推动解决"怎么教""谁来教"等核心问题。各系立足本专业甄选出12门全校通识课,与公共基础课共同服务于学院"厚基础,宽口径,重技能,会学习"的人才培养规格。

六、科研立项更接地气,社会服务能力不断提升。年内,全院教科研立项15项,其中校外7项,校内8项。首次获上海市人民政府决策咨询研究项目1项;农业有机固体废弃物堆肥化技术研究等5项科研课题立足于解决实训基地种养殖生产实际问题,科研服务生产能力不断提升。面向社会开展职业技术技能鉴定8870人,承接松江区高中阶段学生实践1764人,百万市民看松江活动1153人,职业体验日活动803人。承办中国职教学会“园林专业人才培养与教学改革培训”、渔政新进人员培训、各类新型职业农民培训、农业职业技能培训等累计近1万人次。对口援助新疆工作开展顺利,已完成援疆专业建设方案和任务表,组织开展莎车职业技术学校教师到沪培训2期。

七、对外合作交流项目实现新突破,服务学院人才培养作用凸显。与西班牙埃斯特雷马度拉大学签订教师流动协议,并获欧盟伊拉斯谟项目资助。开创了国际化顶岗实习新模式,与德国宁堡农业教育培训中心的合作实习项目顺利开展。海外学历提升项目——匈牙利专升本项目新扩展设施农业、生物技术、农经管理观光农业等6个专业,有6名学生赴匈牙利攻读本科阶段学业。与台湾地区屏东科技大学签订学术交流备忘录,首次启动交换生项目。接待来自法国、丹麦、韩国等国,及台湾地区来访团6批次21人次,开展国际化讲座4场,向上级报送国际化教育案例1个。

八、加强内控体系建设,财务资产管理规范化水平提高。成立学院内控工作领导小组,加强对《行政事业单位内部控制规范》的落实,规范学生收费、维修工程项目经费等7项管理办法;严格执行《公务卡强制结算目录》,年度现金结算率较往年同期下降50%,确保学院经济活动合法合规、资产安全有效、财务信息真实完整。制定《上海农林职业技术学院国有资产出租出借管理暂行办法》,进一步规范国有资产管理;完成2013—2015年实验实训仪器使用状况普查,对1万元以上的仪器设备服务小时数进行统计,为实验实训设备及公共设施投入绩效评价奠定基础。两校房屋土地析产工作有序推进,已完成土地分割的实地勘测定界及面积勘测工作。

九、校园安保及民生保障水平不断提升,绿色节能校园建设取得新进展。以筑牢思想防线、守住安全底线和细化“三门”“三防”为总要求,全面细致做好重点区域、重点场所的安全督查,通过安全检查、教育宣传和技防实战平台建设等多项措施,确保校园安全工作平稳有序。完成综合教学楼布局调整及修缮工程,全体教师进入综合教学楼办公。开展学生公寓4号5号楼、第一教学楼、田径场、学生餐厅等民生建设工程项目17项。学院通过更换智能电表、安装节水用具、更新老旧阀门和地下管网、加装二级水表等,推进节能监控平台建设。(费　明)

【现代学徒制试点有序推进】 园艺技术、农业经济管理、农业物联网技术3个专业首届现代学徒制试点招生顺利完成,与企业形成校企分工合作、协同育人、共同发展的人才培养机制,并通过教育部首批现代学徒制试点工作任务书备案审核。(费　明)

【全面启动创新创业教育】 3月,全面启动实施学农及创新创业实践教育,每周安排2—3个班级集中住训实训基地5天,在田间地头组织学生参与农业综合实践。为确保学生安全、参与度及实际效果,各系在学生住训前积极动员,明确目的、任务要求和纪律,实训基地配以专门教官和辅导员对学生住训期间内务、作息和安全进行标准化管理。教育活动覆盖2015级37个行政班,共计1200多名学生。学农与创新创业实践教育注重技能为本,能力为重,增强了学生提升农业生产成效和解决实际问题的素养和能力,逐步改进教学内容、课堂、师资队伍等环节。(费　明)

【开展创新创业实践教育】 以实训基地“产、学、研、用”的一体化功能为平台,开发农业综合实践项目13个,包括农业生产、农产品加工、观光休闲农业、农业经营等领域,开发专题教育项目4个,包括创新创业、安全法制、安全教育与实践、中华传统民俗,真正将教学搬到生产一线,创新创业实践教育覆盖了2015级1200余名学生。创业孵化的项目竞标中脱颖而出的“山水食客”“星魁花艺”等4个创业队伍入驻创业孵化室,年累计营业额达36.5万元,学生的创新创业能力明显提升。(费　明)

【持续推进校园文化及文明共建活动】 学院先后举办以“服田力穑累硕果，麦穗两歧展风华”为主题的第二十九届“上农之春”文化节、“档案纪录上农2016图片展”、校园歌手大赛、校园摄影大赛、手工报制作大赛、“阅读之星”活动、易班三周年系列活动等，赴青浦区王港村开展“校村携手 文明同行”及结对帮扶文明共建活动。学院持续与10余家企事业单位开展文明共建活动。 （费 明）

【干部及人才队伍建设工作】 成立学院人才队伍建设领导小组，加强人才工作的顶层设计。制定《中级及以下专业技术职务职级晋升和职务聘任实施方案》《关于报送高级专业技术职务学术、技术能力评议的暂行规定》等，指导完成140名中级及以下专业技术职务职级晋升和职务聘任。坚持优化干部队伍，公开、公正、规范选拔任用干部，全年调整干部24人次，中层干部平均年龄42岁，35周岁以下占29.16%，硕士研究生以上学历占64.58%。坚持领导干部集中学习制度，制定2016年领导干部培训方案，全年开展各类干部培训近30次。全年组织教师赴国（境）外学习研修12批次，95人次。 （费 明）

【在多项比赛中获奖】 学院动医专业获2016年中高职贯通重点专业比武比赛二等奖。5人次在青年教师教学比赛、中职教学法改革评优比赛中获奖。学院园林、园艺专业人才培养方案获市级优秀。在全国技能大赛中获二等奖3个、三等奖9个。 （费 明）

【获“2016年度中国教育贡献突出单位”称号】 在第十三届中国教育家大会上，学院获“2016年度中国教育贡献突出单位”称号。学院坚持“为农服务，特色立校”的办学宗旨，坚定不移地围绕服务现代农业调整优化专业结构，深入开展创新人才培养模式改革，在全国率先解决了农业院校老师不教农、学生不学农、毕业生不务农的“离农化”问题，赢得社会的广泛关注和高度肯定。 （费 明）

【获全国职业学校创新创业赛奖项】 学院植科系赵鹏、郭壮和农信系丁佳莹三位学生的参赛作品《优化电子回收业务流程和方法》在2016年“挑战杯——彩虹人生”全国职业学校创新创效创业大赛中获三等奖。这是学院学生首次在国家级大赛中获奖。 （费 明）

【实训基地产品商标获国家商标局批准】 学院4个农产品商标申请成功，获国家商标局正式批准使用。学院农产品商标的使用，对学院教学、农产品生产技术及管理提出更高的要求，也为学院农产品走出上海、走向全国乃至国际市场奠定基础。 （费 明）

附：学院负责人及地址

（2016年1—12月）

院党委书记：吴乃山
副　书　记：魏　华（兼）、俞锦禄

院　长：魏　华
副院长：俞锦禄（兼）、仲肇森、谢锦平

地址：中山二路658号
邮编：201699
电话：57822666

上海工艺美术职业学院

【2016年概况】 学院下设时尚与工艺、视觉设计、环境艺术、数码艺术、WPP、水晶石数字艺术六个二

级学院及工艺美术研究中心等科研机构。年内招生专业共 21 个。有专任教师 228 名，在校学生 3708 名。全年学院共立项 47 项课题，其中上海市各类纵向项目课题 10 个，横向课题 7 个，院级课题 30 个。结题院级课题 6 个、市级课题 16 个，教师发表论文 93 篇，其中核心期刊刊登 10 篇。

编制“十三五”规划。学院“十三五”规划初步编制完成，明确学院未来五年办学层次的总体目标，以“工艺美术＋”为未来发展核心战略，重点推动“传统工艺美术传承与发展”“专业布局调整与建设”“师资队伍建设”“人才培养”“科研体系”“校园文化”“信息建设”“空间布局”等专项建设。

研究专业定位发展。工艺美术、工业设计、公共艺术、展示、数码工艺等多个专业召开研讨会，邀请国内外教育与行业专家为专业把脉，研讨了人才培养模式、教学实训、团队建设、学生职业发展及就业方向等内容，推动了各专业的内涵建设。

召开教学大会，成立教学工作委员会。学院召开题为“完善教学规范管理，加强专业内涵建设”的教学工作大会，回顾总结“后示范”建设以来教学工作所取得的成绩和经验，分析学院面临的新形势和新要求，提出未来三至五年的发展规划，进一步明确教学工作的指导思想、发展思路和主要任务，提出打造工艺美术人才培养与学术研究新高地，优化调整专业结构，构建以品牌专业为核心、特色专业为支撑的专业群，建设学院高水平师资队伍，推行人才培养模式改革，提升人才培养层次，加强规范化建设，健全教学监控体系的目标。学院出台《教学工作委员会章程》，并成立教学工作委员会。

教学云平台初显成效。教学云平台课程资源建设成为学院内涵建设中专业课程与教材建设的落脚点，在软件层面初步实现以专业、课程资源为中心的专业课资源库建设，实现在线课程中心的建设；在内容上各教学单位共立项建设 28 门课程，全部通过中期检查；在制度上学院出台云平台课程建设管理办法、要求和规范以及奖励办法。

加强师资队伍建设。利用上海市高校教师专业发展工程、高校青年教师培养资助计划等机制，申报获批国外访问学者 2 人，国家留学基金 1 人，获批产学研践习 1 人、青年教师培养资助计划 7 人。学院通过内涵建设、继续教育、老带新导师带教等制度以及与华师大师培中心的合作，形成青年教师、骨干教师、中职教师等不同系列的培养机制，出台《专任教师导师制培养实施办法》，确定第一批 30 对新进教师（辅导员）和指导教师的结对名单。继续落实和推进后备领军人才培育计划，第一批培育对象中，有 24 名教师参与 31 个教学团队、多门精品课程建设，其中 13 名教师主持或参与市级以上教学项目。有 19 名教师指导学生参加国际国内知名比赛，获各类奖项 69 项。完成横向课题 10 项、科研成果转化 12 项，发表省级以上期刊论文 28 篇，其中国家级核心期刊论文 5 篇。在国内外展览中，先后有 14 名教师创作的作品参展，其中有 7 件获奖。学院启动第二批后备领军人才选拔，共有 31 名教师申报。

职业教育又上台阶。5 月获准建设上海市高校实践育人创新创业基地——上海大学生创新创业峰会项目，6 月获准建设上海工艺美术职业学院创业实践基地，9 月主办 2016 上海大学生创意创新创业高峰论坛，10 月承办“全国大众创业、万众创新”活动周、“上海大学生创意市集”等活动，11 月联合复旦大学、上海财经大学、中国青年报共同主办“第 10 届全球创业周中国站”活动。学院学生在创新创业各类比赛中屡获大奖：5 月获上海市职业学校创新创效创业大赛一二三等奖，在上海市创业大赛中获银奖和铜奖，“寻艺草编工作室”晋级创青春创业大赛全国决赛，8 月获全国职校创新创效创业大赛特等奖，10 月获第四届上海高职高专大学生创业计划大赛金奖和第三届上海创业计划大赛优胜奖，11 月获全国大学生创业大赛公益创业类全国银奖。 （俞晓菁）

【广泛开展对外交流与合作】 全年，学院共有 14 批次、96 人次出访交流，接待 9 批次、20 人次到访交流，签署国际交流合作协议 4 份，交流的国家和地区包括意大利、日本、芬兰、法国、德国和台湾地区。学院先后邀请匈牙利陶艺家、法国设计师联盟工会的设计师、德国科堡应用科技大学以及日本多所大学的教授等国际知名专家、艺术家到学院讲座与授课，扩大国际交流受益面。学院还举办与参加大型国际性研讨会和展览:5月承办第六届中日韩艺术邀请展,展出中日韩三国的工艺美术大师、非遗传承人、国家名匠等70余位艺术家110余件工艺美术精品。6月,学院参与承办第四届国际(上海)非物质文化遗产保护论坛,该论坛是"一带一路"倡议后的首个国际性非遗保护论坛。7月,与清华大学美术学院、东京艺术大学共同主办第二届"薪技艺"国际青年工艺美术展,展览在日本东京艺术大学举行,取得良好国际影响。11月学院与法国工业设计师联盟、设计创新工会共同主办"智艺创"2016中法创新设计展暨学术论坛。 (俞晓菁)

第四届国际(上海)非物质文化遗产保护论坛
在上海工艺美术职业学院举办

【参加、组织各类展赛展示教学成果】 全年,学生参加国际国内各类展览与教学类大赛,屡获好成绩。国际类比赛中,2月获德国IF设计大奖,并获邀在德国慕尼黑参加IF颁奖典礼。7月在伦敦举行的D&AD颁奖典礼上获石墨铅笔奖(相当于银奖)和木铅笔奖(相当于铜奖),学院成为全国唯一连续四年入围院校。国内大赛中,获全国高校数字艺术设计作品大赛一、二、三等奖,One Show中华青年创新竞赛金奖和铜奖,全国商科院校展示设计大赛一、二、三等奖,全国大广赛一、二等奖,两岸(双城)青年文创设计师联展最佳创意奖,第八届上海设计双年展单项作品奖项和创新设计奖、绿色设计奖,"汇创青春"上海大学生文化创意作品展示活动一、二、三等奖,玉石雕神工奖大展银奖和铜奖,IFDC国际鞋类设计大赛银奖,全国大学生英语竞赛一、二、三等奖。 (俞晓菁)

附:学院负责人及地址

(2016年1—12月)

院党委书记:许　涛
副书记、副院长:蔡　红(5月到任)

院　长:仓　平(2015年12月到任)、姜　鸣(2015年12月离任)
副院长:杨　勃、王　敏(8月离任)

地址:嘉行公路851号
电话:69977888
邮编:201808

上海城建职业学院

【2016年概况】 4月,上海城建职业学院系经上海市政府批准、教育部备案,由原上海建峰职业技术学院、上海城市建设管理职业技术学院合并组建。7月根据上海市委关于群团改革工作方案,上海城建职业学院承接托管上海工会管理职业学院学历教育工作。学院隶属于上海市教委,是上海最大的全日制公办高职院校。

学院承担普通高职教育、成人高等学历教育、继续教育和岗位培训等任务。学院占地面积45万平方米,建筑面积约42万平方米,在校高职学生近

12000人，教职工近700人，专任教师380名，其中硕士研究生或以上学历的教师比例达到40%，副高以上职称142人，占35.55%。320人的兼职教师队伍，成员以研究生、教授或教授级高工居多。

城建职业学院是上海市特色高职院校，以城市建设和城市管理方向为特色。专业涵盖工、医、商、贸、艺等学科。设有17个学院，1个公共基础部，专业(方向)66个。其中，护理(老年护理方向)专业获批成为上海市唯一的“全国养老护理专业示范点”。学院与加拿大乔治布朗学院合作开设“中加建筑工程项目管理专业”，与美国纽约州立大学COBLESKILL农业与技术学院合作开设“中美城市园林专业”。

学院秉持“建设以城市建设与发展为特色的国内一流应用技术型高校”的办学定位，坚持“以立德树人为根本，以服务发展为宗旨，以促进就业为导向，走产学研发展之路”的办学思想，围绕培养城市建设与管理人才的发展理念，坚持走内涵式发展道路。创新教育思想、优化办学思维模式，进一步强化教学中心地位，着力培养学生综合职业能力和就业竞争力，做精做强、办出特色，确保学院全面、协调和可持续发展。获“第十八届上海市文明单位”光荣称号，已连续九届获此荣誉。

一、加强顶层设计，深入融合，共建和谐发展的城建学院。学院党委深入落实市教卫工作党委、市教委关于加快“三校”整合，实现融合发展、特色发展要求。1.构建党建体系。坚持党要管党、从严治党，突出党委管党建、书记抓党建职责，着力构建责任明确、目标清晰、激励有效、约束有力、保障到位的工作机制。2.夯实制度建党。制定《党委领导班子落实党委主体责任的实施细则》《党委中心组学习制度》《宣传工作管理规定》《关于落实党风廉政建设党委主体责任的意见》《紧急信息报送工作实施细则》等。3.定期召开学院党政联席会议，深入学习中央和上海市教卫工作党委、教委的政策方针，领会贯彻精神，统筹学院各项工作，协调处理学院党政事务，稳步推进学院融合。4.认真制定工资方案：根据《上海市其他事业单位实施绩效工资的指导意见和若干问题处理办法》和《上海市教育委员会其他事业单位实施绩效工资的指导意见(试行)》等文件精神，制定《上海城建职业学院绩效工资实施方案》。

二、提高人才培养质量。1.招生与就业创新高。圆满完成并校后的首次招生工作，学院录取2870人，实际报到2654人。计划完成率和新生报到率分别达到93.2%和92.4%，在上海市同类院校中保持较高水平。学院毕业生共2572名。2518名毕业生顺利就业，其中签约就业人数达1892人，总体就业率和签约率分别为97.90%和73.56%。2.技能大赛成果丰硕。在全国职业院校技能大赛中，获团队三等奖3项，个人三等奖2项。三等奖13项，有三个项目获团体第一名，一个项目获团体第二名。获首届全国房地产类专业物业管理技术技能大赛综合团体第一名，并获各单项竞赛团体一等奖，及知识竞赛个人多项奖励。获上海市高校“校长杯”比赛优胜奖。第十三届上海教育博览会中获“互联网+教育风采展示奖”。学院“城・影团队”获团市委、市学联通报表扬。学生获第七届“外研社杯”全国高职高专英语写作大赛总决赛二等奖。夺市第八届教工运动会乒乓球团体比赛银牌。“全筑杯”上海市第八届大学生创意设计大赛中获“优秀院校组织奖”，学生作品获“佳作奖”和“网络人气奖”。学生获上海旅游职教集团第六届旅游职业技能大赛1项二等奖、2项三等奖，获“2015年上海市高职高专中高职贯通专业教学设计”比武大赛三等奖。

三、全面提升教育教学质量。1.质量提升项目持续推进。按照一流专业建设目标，修订《建筑工程测量》等七门课程的教学标准，编写《基础工程施工技术(初稿)》教材。在重构课程教学标准的基础上，修订《建筑工程技术》专业培养方案；年内，建筑工程技术专业教学团队成功获“上海市级教学团队”称号。2.中高职贯通专业工作有序推进。学院共与10所院校合作建设了11个中高职贯通专业。分别与各合作院校成立中高职贯通联合工作小组，建立试点工作保障机制。与上海应用技术大学、上海建工集团联合开展土木工程专业高本贯通试点工作。申报中高职贯通教育试点专业4个并通过初审，初步确定“高本贯通方案(含实施方案)”和“3+2”学制改革方案。3.探索双证融通试点。修订完成园林工程技术专业“双证融通”专业人才培养方案、课程标准、考核方案等文件的编制工作；通过“园林植物识别”“园林绿化工程施工”两门融通课程的专家评审。4.实践教学环境不断改善。学院装配式建筑施工产教研基地项目开展两个平台（研发平台、实训平台）和一个工作室（大师工作室）建设；现代物业服务产教研协同基地、食品质量与安全监管产教研协同基地相继通过校企合作开设大师工作室、开展相关课题研究等形式得到有效推进。5.服务社会功能深入拓展。共举办各类培训班总数达到117个，总培训人数13000人次以上。在保持原有规模的同时，拓展了经济师、劳务员、标准员、机械员等新项目。完成全国注册一级建造师、造价工程师、监理工程师等现场确认13000余人次，施工现场管理人员确认3638人次。学院还承担《青海果洛地区城乡建设规划与施工管理人员培训班》《新疆喀什地区特色乡镇建设专题培训班》培训任务，社会效应显著。

四、稳步推进学生管理工作。1.推进易班网络平台建设。依托融易班工作站、整合学生自媒体、技术开发、校园新传媒等的合力，推动网络思想政治教育的创新实践，发挥网络文化辐射作用，并将思想政治教育融入学生喜闻乐见的主题活动中，大力建设校园新媒体。2.加强校园文化建设。10—12月，首届校园文化艺术节集中开展“高雅艺术进校园”“设计新元素”等五大类30多项主题活动。全年共开展校园文化活动50多项，其中代表性的有经典歌曲班班唱、中华传统文化展、社团巡礼月、校园十佳歌手大赛、主题演讲、百科知识竞赛、辩论赛等活动。

五、切实加强保障能力建设。1.完善内控制度。全年修订、制定各种制度19项；为加快三校融合，成立联合工作组7个，建立了2个分校区管理领导小组；健全学院内部财务制度，绩效工资执行平稳；强化预算管理作用，提高资金使用效率；落实国资管理各项规定，规范固定资产购置流程。2.提升科研综合水平。学院教师获上海市高职高专教学研究会课题一项重点课题立项和一项一般课题立项；在上海市新闻出版局发布的“上海市首批学术期刊认定结果”中，学院学报《上海城市管理》杂志被列入A类学术期刊，有些文章被人大《复印报刊资料》收录。3.推进校园图书文化事业的建设。年内完成教育部高校图书馆事实数据库2015年度填报工作，包括图书、期刊采购经费、数字资源采购、流通借阅、人员变动等多个项目，并做好备份存档，形成年度馆藏结构分析报告等工作。4.提升后勤保障服务水平。建立职能部门、维保单位、物业公司、使用部门四级安全管理网络；加强技防建设，进行监控探头数字化改造，完善技防设施，推进技防建设数字化、智能化，协调奉贤校区技防改造项目建成并网；暑期期间，完成学生食堂、运动场地改造、奉贤校区学生宿舍、学生食堂空调安装，改善了学生居住、用餐环境。（裴宏江）

【承办首届全国房地产类专业物业管理技术技能大赛】 5月14日，首届全国房地产类专业物业管理技术技能大赛举办。本次大赛由市教委和全国住房和城乡建设职业教育教学指导委员会房地产类专业指导委员会共同主办，上海城市管理职业技术学院承办。来自全国各地的15家院校参与，参赛学生、指导教师、裁判、专家人数达180余人。大赛由知识竞赛、技能竞赛、综合能力竞赛三个板块构成。学院参赛选手获综合团体第一名，并获各单项竞赛团体一等奖，及知识竞赛个人多项奖励。（裴宏江）

【在“全筑杯”上海大学生创意设计大赛中获好成绩】 4月21日，2015“全筑杯”上海市第八届大学生创意设计大赛颁奖典礼举行。学院在本次大赛中获“优秀院校组织奖”。园林与环境学院环艺设计专业13级学生陈康的作品“火星屋”分别获“佳作奖”和“网络人气奖”。（裴宏江）

【举办2016年“世界城市日”研讨会】 11月2日，学院举办以“共建城市，共享发展”为主题的2016年“世界城市日”研讨会，参会教师围绕学院专业建设、人才培养的起点和定位，从“建筑”走向“城市”的问题，如何更新理念、追踪前沿、学习新知、开创新局等方面进行研讨。（裴宏江）

【成为中国高等教育学会继续教育分会会员单位】 11月29日，中国高等教育学会继续教育分会2016年学术交流年会在福建省泉州举行。来自教育部、全国各地高校、中国高等教育学会和其他相关教育单位的300多名代表围绕会议主题“继续教育：学习与发展的供给侧改革”，交流继续教育的经验心得，共商继续教育发展。会议期间，经充分讨论，理事会表决通过并宣布上海城建职业学院为正式会员单位。会员单位中，学院是上海市唯一一所专科类学校。 （裴宏江）

附：学院负责人及地址

（2016年1—12月）

院党委书记：褚　敏（9月到任）

院　长：徐　辉

奉贤校区地址：南亭公路2080号
邮编：201505
电话：57460188

杨浦路校区地址：军工路2360号
邮编：200438
电话：31118788

宝山校区地址：漠河路800号
邮编：201900
电话：56601258

上海体育职业学院

【2016年概况】 学院有学生386人，其中运动员173人。毕业生104人，截至8月底签约率达91%（不含在训运动员）。学院还承担上海体育学院专升本学生的教学任务（梅陇教学点）、上海体育学院学籍硕士研究生的带教和管理工作，并跟踪在上海十所高校就读的运动员学习状况。

竞技体育工作。在参加里约奥运会的中国代表队中，学院共有20名运动员、10名教练员入选，并获3个金奖、3个银奖的好成绩。其中，三届奥运老将吴敏霞再次蝉联奥运会女子跳水双人板冠军，乒乓球运动员许昕获奥运男乒团体冠军，自行车运动员钟天使获女子团体竞速金牌。花样游泳运动员黄雪辰获团体和双人两枚银牌，汤梦妮获一枚花游团体银牌。学院运动员以100%的金牌、银牌贡献率、60%的奖牌贡献率以及62.5%的参赛人数贡献率为上海奥运健儿完成里约奥运会参赛任务作出重要贡献。在世界大赛上，学院运动员取得4枚金牌、2枚银牌。吴敏霞在跳水世界杯上获冠军，钟天使获自行车场地世锦赛金牌，许昕在世乒赛团体赛上获冠军，王仪涵获尤伯杯女团冠军。

在全国比赛中，学院运动员共获19枚金牌、53枚奖牌、1078.5分，金牌、奖牌、总分同比稳中有升。学院男子排球队代表上海参赛蝉联全国联赛冠军，成为上海三大球唯一一支蝉联联赛冠军的球队。

实习实训工作。6月毕业的2013级参加实习实训的全日制学生共计59人，其中自选企业人数为30人，校企合作人数为29人。校企合作企业共计3家：上海易星体育发展有限公司，一兆韦德健身管理有限公司，上海星之健身俱乐部有限公司。通过定期召开带教会议，严把实习过程管理。

校园文化氛围。《学生通讯》作为学生及整个教学部门活动宣传的窗口，3月重新组织策划，由学生会宣传部下设校报，在指导老师协助下总负责编辑排版工作，确保每学期定期刊发两期学生通讯。全年刊发三期，每期数量10篇以上，全面展现教学部门开展的各项工作及各类活动。

在学生处指导教师协助下，学生会策划、组织“上海体育职业学院3VS3篮球赛暨院队选拔赛”“上海体育职业学院第一届桌游比赛”“上海体育职业学院5VS5足球联赛暨院队选拔赛”“上海体育职业学院《学生手册》知识竞赛”四项活动，参赛对象除学生外，增加教职工队伍。2016 年度体育系组织两次学生体质测试会，下半年体质测试会第一次邀请大三实习学生参与到裁判工作中。教学部门还成立健美操工作室，让更多健美操爱好者参与其中。

师资队伍建设。年内，有两位教师分别考取华东师范大学与上海体育学院的博士研究生。教学部门教师共计参加培训 10 余人次，培训内容既包括教学能力培训，也涵盖辅导员就业、毕业、辅导员能力提升等方面，进一步提高工作人员综合能力；全年圆满完成教师与学生赴香港体育学院的学习与培训工作。

教学科研成果。为适应互联网背景下新型课堂的要求，教务处于 6 月组织开展运动训练、社会体育学、心理学三门课程的微课制作工作，并于 12 月完成所有制作任务。杨涛老师“三会”教学视频成果通过专家验收，得到专家认可，并将尝试在修改完善后与上海体院方进行深度合作。

一线教练员继续教育培训。根据年度培训计划，教培中心在 10 月 26—28 日举办一线教练继续教育培训。邀请 17 位国内外知名专家，以“构建体能训练理论与实践的桥梁”为培训主旨，通过理论授课、实践演示、现场答疑、专题研讨等形式，传授国际体能训练发展的新趋势、新特点、新理念和新模式。全市一线教练员共 161 名参加培训，培训形式、培训内容大胆创新，从调查问卷反馈情况看，得到教练员们的高度评价。

上海市体能协会工作。协会个人会员超过 3000 人，团体会员单位有 20 多家，年内，报名参加 NSCA-CPT、CSCS 认证考试近 380 人次。为了让更多健身从业者得到相关知识专业途径，协会根据不同主题面向社会开展公益沙龙活动 14 次，针对 NSCA-CPT、CSCS 持证会员继续教育活动举办 4 站。协会充分运用网络媒体向社会发布协会新闻，包括沙龙公益活动、继续教育学习，以及各类体能类信息资讯，并为协会会员搭建交流、学习、互动的平台。网络媒体包括网站、微信服务号、微信订阅号、微博等。

为迎接建党 95 周年、红军长征胜利 80 周年，应对里约奥运决战年，学院举办“弘扬长征精神，决战里约奥运”2016 年定向越野挑战赛。在“体职院党建信息”微信公众号举办“永远的红色记忆——纪念红军长征胜利 80 周年”知识问答。在冬训开始前夕，学院组织广大教练员、运动员和教职员工，听取赵雯副市长“走好我们的长征路”专题讲座，为全运备战工作加油鼓劲。里约奥运会倒计时 100 天之际，举办“因你而骄傲”奥运选手海报宣传活动。以“体职院党建信息”微信公众号为平台，举办“激情桑巴，热情里约—为奥运健儿加油”有奖答题活动。奥运会比赛期间，在校园橱窗和大屏幕、“青春体职”校园广播等媒介，及时发布学院健儿的比赛喜报和成绩。里约奥运会结束后，组织学习习近平总书记会见中国奥运代表团的讲话精神，弘扬学院健儿在奥运赛场奋勇攀登、为国争光的拼搏精神。

（叶丽玉）

【男排再次获联赛冠军】 2 月 27 日，2015—2016 赛季全国男排联赛进行决赛第三场比赛，学院组建的男排代表上海客场作战以 3-0(25-18、27-25、25-19)战胜北京队，蝉联冠军。这也是上海男排第十二次夺得联赛的冠军。

（叶丽玉）

【“弘扬长征精神，决战里约奥运”定向越野挑战赛】 5 月 25 日，由上海体育职业学院、上海体育科学研究所共同举办的“弘扬长征精神，决战里约奥运”2016 年定向越野挑战赛在东方绿舟举行。

（叶丽玉）

【祝贺吴敏霞获第五块奥运会金牌】 8 月 8 日凌晨，上海市副市长赵雯，学院党委书记、副院长苏清明，吴敏霞在上海市队时的带训教练，上海跳水队领队、教练员、运动员，以及长期为吴敏霞提供科研保障的科研人员等齐聚一堂，共同见证上海名将吴敏霞在其第四届奥运会上的拼搏历程。决赛结束，当吴敏霞以完美发挥收获她在奥运会上的第五枚金牌时，赵雯副市长致电远在里约现场观赛的吴敏霞父母，代表上海市委、市政府，代表韩正书记、杨雄市长和上海人民向吴敏霞父母表示热烈祝贺。

（叶丽玉）

副市长赵雯祝贺吴敏霞获第五块奥运会金牌

【获奥运场地自行车女子团体竞速赛冠军】 8月13日凌晨，在里约奥运会场地自行车女子团体竞速赛的比赛中，学院自行车运动员钟天使与宫金杰成功登顶，获得金牌，并打破世界纪录。（叶丽玉）

【韩正、杨雄会见上海奥运会参赛运动员】 上海奥运健儿凯旋表彰大会于9月2日在上海展览中心举行。会前，市委书记韩正，市委副书记、市长杨雄会见参加第31届奥林匹克运动会的上海运动员、教练员和保障团队。市领导向吴敏霞颁发“上海市体育事业白玉兰终身杰出成就奖”，向钟天使、许昕、黄雪辰、聂玉弟授予“上海市劳动模范”荣誉称号。（叶丽玉）

钟天使(右)获奥运场地自行车女子团体竞速赛冠军

【推广花样游泳项目】 10月16日，由学院游泳运动中心主办，长宁区体育局承办的“我的奥运　我的梦”花样游泳项目推广活动，在上海长宁温水游泳池举行。学院花样游泳队的三位世界冠军黄雪辰、汤梦妮、孙怡靖，来到活动现场，与花游小队员热情互动，亲身指导小队员花样游泳的技术要领。

（叶丽玉）

【上海体能峰会举行】 10月26—28日，在上海IBP国际会议中心举行上海体能峰会。此次峰会邀请了包括美国国家体能协会主席Gregory Haff在内的三名董事会成员以及首席考前培训顾问等19位国内外体能训练专家作30场主旨演讲，吸引了超过400名NSCA-Shanghai会员报名参加。（叶丽玉）

附：学院负责人及地址

（2016年1—12月）

校党委书记：苏清明
副　书　记：沈富麟、魏　燕

校　长：沈富麟
副校长：苏清明、王益民、朱学雷、海　线、邵国民、邱培康、王励勤(6月到任)

校址：百色路1333号
邮编：200237
电话：021-64771485

上海东海职业技术学院

【2016年概况】 学校是一所公益性民办大学，是上海市特色高职院校、上海市示范性民办院校、上海市安全文明校园、上海市文明单位。学校设7个二级学院、2个教学部及继续教育学院，共28个专

业。有15个教学实训中心和85个实训室,教职工519人,有专任教师298人、副高以上高级职称87人,其中“双师素质”教师占40%。截至年底,在校学生5949人,一次就业率98.65%。教师获得市级教学成果3项,教学团队5个。

“双百工程”显现成效。建设校级精品课程26门,优质课程42门,市级精品课程7门,共正式出版教材57种,编写试用教材63种,其中31种被同类院校广泛采纳使用。2500个资料课件进入网络公开课资源(MOOCs)的启动行列中。实训室建设新增金融综合、会计实务、商贸实训、航空模拟舱等八大实训中心。2016年学校报关、会计、动漫制作、服装设计与工艺4个专业代表上海参加全国高职院校技能比赛全部获奖。学校会计专业成为上海首批20个一流专业之一,影视动画专业成为上海首批15个产教研协同基地之一。

学校扩大对外合作办学,积极引入TAFE的职教理念和职教模式。与美国、德国、澳大利亚和日本等国高校建立合作交流机制,引进内容丰富并符合学生意向的国际交流项目,让更多的学生能走出校门,走出国门,走进海外高水平高校交流学习,考察研究,提升学历,提升国际化视野及竞争力。

全年招收77名新疆籍维吾尔族内职班学生,为新疆地区培养职业教育大学生。与湖北宜昌市、新疆喀什、云南保山和迪庆自治州等地建立了长期友好合作关系,共培训30多期千余人次。学校培养毕业生累计23000余人。毕业生受到用人单位的欢迎,近年来毕业生一次就业率保持在97%以上,2016年就业率达98.65%。(岳宝华)

【举办第二届“职业体验日”活动】 5月14日,学校迎来了近200名特殊的客人,他们是来自沪上多个中小学的学生及老师、家长。学校举办了一场以“弘扬工匠精神　打造技能强国”为主题的职业体验日活动。体验项目有“初识奇妙的汽车世界”“黄金4分钟—挽救生命”“空中乘务服务体验项目”,让师生们充分体验到了“行行出状元”的职业精神。(岳宝华)

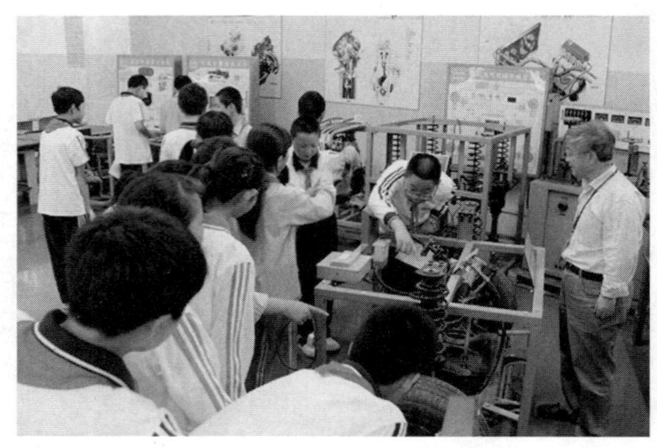

上海东海职业技术学院举办第二届“职业体验日”活动

【获托业桥考试奖励基金奖励】 2016年上半年托业桥考试研讨会暨托业桥考试奖励基金颁奖仪式于3月23日在上海市工商外国语学院召开。本次托业桥考试在中国大陆地区首次推出托业桥奖励基金项目,上海考区共有19名考生获得托业桥奖励基金。学校有8名学生获得该项奖励,并获仅有的2个一等奖。(岳宝华)

【对学生毕业论文的撰写和评定制订新规定】 学校对学生毕业论文的撰写和评定制订新规定,以适应学校应用型和职业型高校的培养目标,要求大三学生参加为期6个月的毕业实习,并且撰写4000字左右的毕业实习报告,通过带教师傅签字认可,指导教师评定,督导抽查等层层把关,确保实习报告质量。这一举措,丰富和拓宽了学生的专业视野,提高了学生的知识水平,培养了学生解决实际问题的能力,得到了广泛的社会认可。(岳宝华)

【举行首届“开卷有益·书香东海”读书节】 学校首届“开卷有益·书香东海”读书节举行,倡导广大师生养成良好的阅读习惯,把读书与做人紧密结合起来,在读书的过程中不断完善自己的人格和品德;把读书与实践有机结合,学以致用,砥砺人生。(岳宝华)

【特色校创建工作通过验收】 7月4日,市教委专家组对2012至2015年三年学校特色专业建设发展目标实施情况进行全面的检查验收,给予了“目标全达成,经费有规范;形态善比较,绩效有数据;

理念贯过程，建设有特色；队伍再加强，成效精提炼”的评价。（岳宝华）

【报关专业获市教学设计比武大赛一等奖】 学校报关专业在 2016 年上海市高职高专院校重点专业教学设计比武大赛中获团体一等奖。这是民办院校首次在此项比赛举办以来获得的一等奖。上海市高职高专院校重点专业教学设计比武从 2011 年开始，至今举办了六届。（岳宝华）

上海东海职业技术学院报关专业
获上海市教学设计比武大赛一等奖

【产教研基地 3D 打印实训室项目通过验收】 学校传媒学院产教研基地 3D 打印实训室项目通过验收。该项目为传媒学院高端影视动画制作的 3D 打印实训和定格动画实训提供一流的设备支持，并引领了专业的发展。（岳宝华）

【三位教师获“上海市育才奖”】 2016 年“上海市育才奖”评选活动名单揭晓，学校的杨萍、万黎黎、龙燕三位老师获“上海市育才奖”。（岳宝华）

【与贵州盛华职业学院共建会计专业】 为增进合作，帮助支持西部教育事业，12 月 14 日，学校与贵州盛华职业学院合作共建会计专业。光明网、解放日报、上海教育电视台、东方卫视、东方教育时报等媒体对此作相关报道。（岳宝华）

上海东海职业技术学院与
贵州盛华职业学院牵手共建会计专业

【中德合作培养技师】 “2＋1”中德合作培养技师项目是学校机电学院多元化的人才培养模式之一。学校第二批赴德技师学习考证的 10 名学生深入德国企业践习，了解德国企业文化和先进的制造技术，克服困难和应对挑战，通过考试获国际技师证书。（岳宝华）

附：学院负责人及地址

（2016 年 1—12 月）

董事长：曹助我

院党委书记：赵佩琪
副　书　记：王　玉、项家祥（兼）

院　长：项家祥
副院长：尹雷方、程龙根、赵佩琪（兼）

地址：虹梅南路 6001 号
邮编：200241
电话：64505555

上海工商职业技术学院

【2016年概况】 学校现有普通高职专科在校生5793名，夜大（业余）学生21名。普专入学报到率82.41%。毕业生1836名，就业率99.86%。学校有党政机构12个，直属部门3个，有2个二级学院、7系1部，招生专业24个。教职工410人。专任教师287人。其中，具有研究生以上学历的201人，占专任教师总数的70%；讲师72人，占专任教师总数的25%；正教授12人、副教授29人。副高及以上相当职称的合计59人，占专任教师总数的21%；行业类各种高级技师、工程师合计12人，占专任教师总数的4%。

学院有嘉定、青浦两个校区，土地总面积224365平方米，租用土地面积85703平方米。其中，建筑面积合计112240.54平方米，租用建筑面积合计29132.43平方米，绿化面积合计67036.3平方米。生均教学行政用房11.38平方米。

有纸质图书424446册，新增23064册，新建万方、超星、维普3个数据库。已建立76个校外实训基地，7个具有良好设施和“仿真”职业氛围的校内实训基地，有56个综合实验室、实训室。教学科研仪器设备总值86436233.61元，当年投入12125951.12元，年度新增教学科研设备所占比例14.02%。教学用计算机1571台，达到百名学生配备27.25台；多媒体教室和语音实验室座位数6477个，达到百名学生配备座位数112.35个。

2016年学院不断深化治理结构改革，加强顶层设计。在教育教学、基础设施建设、创新创业育人等方面发展较快。（接剑桥）

【学院理事会换届工作完成】 5月24日，学院在嘉定校区举行理事会换届工作会议。学院第一届理事及第二届理事推荐人选出席会议。经举办单位和学院推荐，第二届理事会的组成人员产生。（接剑桥）

【争创文明单位】 为加快内涵建设、提升发展水平，学院于2015年1月9日启动争创上海高校市级文明单位工作。2016年12月6日，上海高校市级文明单位创建终期考评专家组到学院进行实地检查，对学院在文明创建中的部分工作和取得的成就给予肯定。（接剑桥）

【教学科研取得多项成果和奖项】 学院计算机信息系申报的计算机应用技术教学团队获上海高职高专院校市级优秀教学团队称号，2016年申报评审的《无线网络设备维护》获市级精品课程。计算机应用技术专业通过2016年市高等职业学校“双证融通”试点人才培养实施方案。2016年度优秀青年课题立项19个，获资助68万元；晨光计划3个，获资助10万元。4月“第二期民办高校重点科研项目、重大内涵建设”项目获批，获资助120万元。成立大众班、大唐—工商通信教改试点班、中德诺浩试点班。

5月8日学院7个项目18名代表参加由教育部发起的2016年全国职业院校技能大赛，汽车检测与维修项目获二等奖，文秘速录、现代电气控制系统安装与调试、4G全网建设技术、移动互联应用软件开发、计算机网络应用和汽车营销6个项目获三等奖。计算机系在2016年大唐杯全国大学生移动通信技术大赛总决赛上获团体一等奖，在第七届“蓝桥杯”全国软件和信息技术专业人才大赛个人赛上海赛区上获第一名，在全国总决赛个人赛上获优胜奖。1月14日，珠宝系依托学院的珠宝创意产业园——上海艾达珠宝有限责任公司正式成立，成为大学生创新和创业孵化基地，对本专业学生创新和创业提供平台。11月19日，由中国珠宝玉石首饰行业协会主办的全国高校“广艺杯”钻石分级竞赛中，学院珠宝系获团体竞赛二等奖，刘柳老师获

优秀指导教师奖，李海蒂和倪天依获二等奖，鲁译蔓获三等奖。（接剑桥）

【成立学院教代会执委会】 为进一步加强学院教代会制度建设、全面深入落实教代会职权，经3个多月筹备，学院于4月成立教代会执行委员会。为加强集体劳动合同协商，确保教职工权益，经学院工会和党政联席会对集体劳动合同进行商讨后，6月23日将该合同提交学院第二届五次教代会（暨第一届五次工代会）通过，并在向嘉定区劳动人事局备案、公示后正式实施。（接剑桥）

【加快实训中心建设】 3月14日，学院举行新建汽车——机电理实一体综合实训中心楼项目奠基仪式。该项目总建筑面积约为24241平方米，初步总投资1.33亿元。12月13日，青浦校区的餐旅服务学院实习实训中心项目正式开工建设。总建筑面积为4230.73平方米，该工程造价1624.4355万元。（接剑桥）

上海工商职业技术学院新建汽车——机电理实一体综合实训中心楼项目奠基

【评选首届“感动工商校园十大学子”】 6月20日，学院评选出诚信、感恩、奉献、见义勇为、自强不息、志愿服务、学霸、技能、才艺、创新创业十个类型的首届“感动工商校园十大学子”，并予以颁奖表彰。（接剑桥）

【创新创业服务工作获表彰】 11月8日，招生就业办公室获2016年度“华强奖”荣誉称号。4月1日，学院被授予“上海市首批高校创业指导站”铜牌。11月10日，学院被中国民办教育协会高等教育专业委员会授予创新创业教育指导服务奖。9月29日，学院入选上海高校实践育人创新创业基地，成为育人创新创业基地联盟成员之一，创新创业中心申报的“创业训练营”项目在19所民办高校中成为首批资助项目。（接剑桥）

附：学院负责人及地址

（2016年1—12月）

院党委书记：陈英南
副　书　记：周　箴、朱莉莉

院　长：陈英南
副院长：朱莉莉、陈廷雨、吴建蓉

嘉定校区地址：外冈镇冈峰公路68号
邮编：201806
电话：60675958

青浦校区地址：华新镇新凤北路565号
邮编：201708
电话：60258299

上海震旦职业学院

【2016年概况】 学院现有教职员工413人，其中专任教师228人，具有副高以上职称98人，研究生以上学历123人，专任教师中双师型教师80人。2016年招生录取1937人（上海市981人，外省市

956人），实际报到1625人，报到率83.9%，就业率99.4%，签约率99.2%。

一、深化教育教学改革，创新人才培养模式。1.召开以“加强教育教学改革、创新人才培养模式”为主题的教学工作会议，修订、新增教学文件43个，确定18周学期制，增设“第0周为开学准备周”“第19周为学期结束周”。2.建立“学校、二级学院、学生合力”的三级督查的保障体系，规范校级领导、院级领导、专业主任、辅导员及专职教师四个层面的听课机制，建立健全督查工作体系，贯穿教学全过程。3.选派3名教师参加第二届上海高校青年教师教学竞赛，1人获二等奖，1人获三等奖，1人获优胜奖。4.开展“第九届教学质量月”活动，4名教授展示示范课，3名年轻教师展示公开课，发挥骨干示范引领作用。5.举办第五届科技节，开展27个竞赛项目，其中校级竞赛项目7个，7名学生获一等奖，16名学生获二等奖，21名学生获三等奖。6.开展第二届职业体验日活动，“网店装修与开设”“护理急救”和“建筑工程”三个项目成功举办，其中“临床护理技能实训观摩”项目获“2015年职业体验日优秀项目”。7.承办全国职业院校技能大赛上海赛区“文秘速录”选拔赛，学院获团体第一名，在全国职业院校技能大赛中获团体三等奖；“电子商务技能”获上海赛区团体二等奖，“音乐表演”和“护理技能”获三等奖。3名学生在“奥派杯”移动商务技能竞赛——上海赛区高职组竞赛中获团体三等奖。8名学生在上海市第三届航空服务礼仪大赛中获团体三等奖，其中2名学生分获“人气之星”“礼仪之星”称号。1名学生在市教委组织的护理技能大赛中获个人三等奖。机电工程学院承办宝山区职业技能竞赛“数控铣工”项目，获“优秀组织奖”称号。8.增设电子商务、酒店管理、会计（公司理财）、汽车检测与维修技术、摄影摄像技术五个专业。数控专业成功获批双证融通试点。9.开展包括职业技能培训、国际交流项目在内的20余项学历培训和能力培训，推动学历证书与职业资格证书“双证融通”。10.与华东政法大学、上海大学等开展“校校合作”。14名学生参加第九期赴美实习项目。

二、落实立德树人，促进学生全面发展。1.召开学生工作会议，成立“学生自治管理委员会”，以“自我教育、自我服务、自我管理、自我监督”为宗旨，促进学风建设。实施《学生综合素养德育学分实施办法》，修订《学生管理事故认定及处理办法（暂行）》《学生申诉处理办法》等7项制度，规范学生管理工作。2.举行“2016年辅导员队伍建设月活动”，评选年度辅导员1名、提名人物5名，举办第二届辅导员职业能力大赛，组织辅导员发展论坛、团队拓展活动，建立辅导员工作案例库。制定《辅导员分级评定办法》，修订《辅导员工作日志》《辅导员考核指标体系》和《辅导员年度考核表》，明确工作职责，规范工作内容，量化考核指标。3.举行学院五四表彰大会，评选“优秀团员”134人，“优秀团干”89人，“杰出志愿者”10人，“优秀志愿者”26人，“优秀团学干事”25人。举办第七届军训营，共329人参加，编7个连队。4.开展“向雷锋学习”系列活动，“中华经典、中国梦想”中华经典诵读大赛，“践行核心价值观、弘扬五四爱国情”为主题的五月歌会。在上海民办高校大学生弘扬优秀传统文化短句展演活动中，学院《战斗里成长》获得“优秀表演奖”。5.参加各种志愿者服务活动累计500余人次。学院团委被评为“科技馆志愿者活动先进集体”，1人获“先进组织者”称号，2人获“积极分子”称号。弘扬红十字“人道、博爱、奉献”精神，学院造血干细胞捐献入库者已超千人。

三、规范奖、助、贷、勤，提升服务学生意识。2016年度共评出上海市普通高等学校优秀毕业生36名、学校特等奖学金22名，一等奖学金56名，二等奖学金118名、三等奖学金168名；评出国家奖学金2名、上海市奖学金3名、国家励志奖学金24名、国家助学金518名。评出校级“奉献之星”56名、“拼搏之星”53名、“攀登之星”28名、评出优秀学生135名、优秀学生干部89名、优秀班级8个。开展“助学、筑梦、铸人”主题活动，评选出征文一等奖2名、二等奖5名、三等奖10名、鼓励奖10名、视频优秀奖1名。为52名符合高校学生服义务兵役学费补偿、贷款代偿及学费资助政策要求的学生，申请资金总额744000元；为5名学生符合退役考入士兵教育学费资助政策要求，申请资金总额

40000 元。完成 19 名退役大学生回校学习安置，以及优待金近 300 万元发放等工作。开拓勤工助学岗位，规范用工要求、计酬标准，共 102 名学生申请学生宿舍楼巡夜员、图书馆管理员、实验室协管员等校内岗位。提供校外勤工助学岗位数 43 个，401 名学生勤工助学达到 18568 个小时。

四、加强心理健康教育，助力学生健康成长。年内建立《重点关注学生档案》，及时转介成功 1 名重症抑郁症学生和 1 名精神分裂症学生。举行“2016 年度大学生 525 心理健康月活动”，完成“创意表达，放飞心理”主题绘画，策划组织“爱的抱抱”“心语杯”书法大赛和“感恩与祝福”等系列活动。开展朋辈教育，开展“心理社”“日冕心光朋辈心理互助社”“天使之翼”（获 2016 年智力助残优秀集体）等活动。

五、各项文体活动收获颇丰。教师张靖博带领啦啦舞队在 2016 年爵士舞项目中获得冠军，自由项目获得三等奖，健美操比赛获得两个二等奖。在上海市跆拳道锦标赛中，教师徐磊和吴昊一带领学生获得三银、五铜，总分第二的好成绩。教师朱新帅带队参加的跳踢比赛获得二等奖。

六、加强教师培训，促进教师发展。共有 22 名教师、管理干部参加民办高校“强师工程”研修班，5 名教师出国、出境研修。3 名教师申报国内访学，1 名教师申报产学研项目，3 名教师获上海高校青年教师培养资助计划。14 名教师参加学历进修，其中有 4 名博士在读（1 人毕业），6 名硕士在读。8 名教师先后取得职业资格证书，其中 4 人取得技师职业资格证书（二级），4 人取得高级职业资格证书（三级），9 人获得高校教师资格证。引进行政人员 2 人、二级学院院长 3 人、专业主任 3 人，新进专业教师 18 人、辅导员 11 人。

七、强化教师素养，提升科研能力。共有 9 名专职教师在省部级和国家核心期刊上发表论文，出版 5 本著作；申请专利 3 项。申报上海市高校科研项目 3 项。

八、加强国际交流，引进优质教育资源。首届物联网应用技术中美合作专业招生，美国浸会大学教授为学校首届中美班学生上课，英语教学内容“量身定制”。王纯玉副院长作为高级访问学者应邀赴美国密歇根大学开展应用艺术研究工作。美国麦当娜大学教务长 Dr. Walker、瑞士北沃州经济发展协会会长 Jean-Marc Buchillier 访问学院。学院与美国麦当娜大学达成合作意向备忘录。（郑兴兰）

附：学院负责人及地址

（2016 年 1—12 月）

理事长：张惠莉
董事长：张　沈

院党委书记：黄晞建
副　书　记：陈力华（2 月到任）、夏　臻

院　长：陈力华（2 月到任）
副院长：刘　彬、张　沈、王纯玉

地址：市一路 88 号
邮编：201908
电话：021-66866920

上海民远职业技术学院

【2016 年概况】 学校有全日制在校生 1044 人。2016 年招生 346 人，录取报到率 88.26%，较上年提

升 5.76 个百分点；其中上海三校生录取报到率 94.52%，高中生 92.5%，外省市 84.93%。毕业生 495 人，就业率 98.44%，较上年提高 0.34 个百分点。生均占地面积 90.29 平方米，馆藏纸质图书 24.90 万册。专职教师 33 名，专任非专职教师 23 名，外聘教师 25 名，师生比为 1∶15.4。具副高以上职称教师占比 28.07%，专任教师中硕士占 52.63%，专任教师中"双师率"达 49.12%。

制订落实"十三五"教育发展规划。历经学习、总结、动员，调研、分类、起草，讨论、审核、修改几个阶段，制订了学校"十三五"教育改革发展规划，并经校一届六(七)次教(职)代会讨论通过。规划提出，力争到 2020 年，学校的专业架构将以国际航运物流类专业为主体，现代服务类和应用技术类专业为两翼，成为在上海及长三角地区具国际航运物流特色的高职院校。

创新人才培养模式，深化教育教学改革。1.对接社会需求实际，修订 2016 级人才培养方案，国航物流学院修改报关、物流两个专业培养方案，重新调整和设计专业定位、课程功能、实践课程及学时安排。现代服务系根据企业对人才要求，调整部分课程，修订培养计划，在课程体系架构和专业核心课程的设置上与国家制定的标准保持一致。外语系针对高职学生特点，完善课程之间的衔接，注意授课内容和考试体系的相应整合，完善试题库建设。2."知行合一"，融"教、学、做"为一体，提高学生的实际应用能力。应用技术系汽车专业的双证融通项目获市教委批准立项。现代服务系采用情景教学，模拟操作教学等方法，将专业人才培养与职业岗位要求相统一，教学内容与职业资格考证内容相融合，该专业毕业生近三年的就业率不断提升。艺术系实行模块化课程体系，按照"专业基础能力培养—专业技能培养—专业核心能力培养—专业拓展能力培养"为主线构建课程模块，实现各课程之间有效衔接。外语系"以学生为中心，以教师为主导"采取"问题教学法""探索案例教学法""讨论教学法"等多元化教学方法，改变以往老师讲学生听的传统教学法，学生外语成绩普遍有了提高。3.工学结合，加大对实训基地建设的投入。机电一体化技术专业调整培养方向后，学校投资 12 万元，新增 8 台 PLC 编程实训设备。应用技术系在学校支持下，自制 10 台变频与气动技术综合实训台，新建一条全自动汽车安全检测线，满足专业实训需要。国航物流学院对物流电子标签、堆高车、地牛等仓储设备进行修整，同时对实训中心部分软件进行更新。

提升教师的业务能力和教学水平。1.完善理论及业务学习制度，坚持每两周一次教师理论学习或教学业务学习研讨。2.开展各项教研活动。组织以"互联网＋时代教育教学变革"为主题的第三届教师发展论坛，召开教育教学工作会议，交流研讨，更新高职教育理念。组织首届青年教师教学竞赛，坚持教研活动、集体备课、互相听课等教学活动。先后有 16 人次教师参加了国内外访学、短期进修。组织青年教师参加上海市各项教学竞赛，6 名青年教师分别获得以上各类教学竞赛奖项。3.开展科研工作，提升教师专业能力。7 项市级以上科研课题已经审核批准结题，2 项科研课题申报立项。同时，还申报了三项上海教育综合改革案例。

以培养技能型人才为重点，提高学生综合素质。1.抓学风建设。充分利用黑板报、广播、电子屏幕宣传大学生行为规范及先进典型，从基础工作抓起，要求学生上好每一堂课，做好每一次作业，认真对待每一次考试。班团干部、入党积极分子带头遵守校规校纪。2.抓文化育人，开展高雅的校园文化活动。新生入学接受以社会主义核心价值观为主要内容的入学教育。排练一批民族器乐、戏曲、舞蹈节目，参加歌唱祖国国庆联欢会。开设中华传统文化讲座等。艺术系在上海市民办高校"穿越时空恋上经典"活动中，以营造中华和谐社会为主题的舞剧《朱鹮》，获得了个人最佳表演奖。3.抓创新创业教育，满足学生成长发展需求。与上海财经大学科技园培训中心合作，对近 500 名毕业生进行创业能力培训，全部获得了合格证书。组织 2014 级会计、营销专业的学生参加市"学创杯"创业模拟网络技能大赛，营销专业毕业生参加第二届"互联网＋"中国大学生创新创业大赛，均取得了好成绩。学生计算机一级考试通过率比上年提升了 14 个百分点，英语四六级考试通过率也较上年提高。4.推进校园网络文化建设。2016 级新生入驻易班注册率达到

100%,手机客户端安装率达到90%。5.服务学生,创造良好学习氛围。对新生进行心理健康教育及心理普测筛查。做好奖、勤、补、助等各项帮困助学措施,2016年受助学生数占学生总数的18%,有33名学生获得了国家奖学金、上海市奖学金和国家励志奖学金。有22名学生被吸收为中共预备党员,25名学生获校级"三好学生"称号,56名学生获"优秀共青团员"称号,41名学生获校级"优秀学生干部"称号,32名学生获校级奖学金。 (张胜利)

【韩国师生到校体验中华传统文化】 6月27日到7月9日,韩国大元大学部分师生到学院进行中华文化体验活动。体验活动包括学习常用交际中文、中华料理制作、上海地方文化观光及参观韩国临时政府原址和尹丰吉义士纪念馆等。 (张胜利)

【在全国大学生飞镖联赛(上海站)中获好成绩】 6月11日,学校飞镖代表队在2016中国大学生飞镖联赛(上海站)暨上海市第二届市民运动会"青春集结、学生运动汇"飞镖大赛中,2015级报关班学生莫云杰获女子高分赛项目冠军,校代表队获"最佳组织奖"。 (张胜利)

【获聘英国皇家特许语言家学会中国专家委员会委员】 外语系主任韩忠华教授继2011年获中国翻译协会授予的"中国资深翻译家"称号后,2016年被英国皇家特许语言家学会聘为该学会中国专家委员会委员。在中国非985、211高校中,韩忠华教授是唯一获聘者。 (张胜利)

附:学院负责人及地址

(2016年1—12月)

董 事 长:陈　彭
副董事长:陈立东

院党总支书记:黄菊良(兼)

院　　长:黄菊良
常务副院长:陶　敏
副 院 长:陈立东

地址:唐陆路3892-3928号
邮编:201210
电话:58960052

上海欧华职业技术学院

【2016年概况】 学院继续开展"整体托管、相对独立、确保教学、平稳过渡"的各项工作,重点做好学院284名2016届毕业生(学院最后一届毕业生)的实践教学和就业工作。学院2016届毕业生有9人被评为市级优秀毕业生,14人被评为学院级优秀毕业生。学院最后一届毕业生于2016年6月完成学业走上工作岗位,就业率为98.59%,签约率为80.21%。同时,学院按照国家《劳动合同法》有关规定,完成对学院最后一批教职工的分流安置工作。

2014年7月至2016年7月,在上海震旦职业学院实行"整体托管"的两年中,学院始终保持教育教学和各项工作的正常有序,确保学院在托管期间的安全稳定,完成市教委交予的整体托管工作任务。

从2016年下半年起,上海欧华职业技术学院依法停止办学。 (沈乐华)

【学生全员到岗实习】 按照学院人才培养计划(2+1)的教学安排,学院学生在校学习的最后一年为实习环节。在2015—2016学年，学院2013级9个专业284名学生分别在151个企事业单位实习，学生的实习到岗率达到100%。为加强2013级学生的实践教学工作，学院专门组织成立了学生毕业综合实习领导小组和工作小组，进一步修订和完善了学生毕业综合实习工作的要求与考核规定，以及指导教师与带班辅导员的工作职责与考核办法。学院指导教师与带班辅导员加强对毕业生实习巡视的管理，对自己指导的每位学生进行全过程的跟踪了解，共计走访56个学生的实习单位，巡视实习学生数量120人以上，切实做到实地检查学生的实习情况，并面对面地听取实习单位对学院的要求。

（沈乐华）

【有序发放各项奖助学金】 按照国家、上海及学院关于学生奖助学金评选的要求，学院坚持学生奖助学金评选的程序，切实做好2013级学生奖助学金的评选和发放工作。2015—2016学年，学院在2013级学生中评选出国家励志奖学金7人，发放奖学金35000元，评选出学院奖学金40人，发放奖学金15500元，评选出国家秋季助学金26人，发放金额40500元，评选出国家春季助学金26人，发放金额40500元。全学年累计发放各类奖助学金131500元。

学院为10名家庭困难学生发放临时补助5000元。新年为20名学生送温暖发放金额10000元；为10名学生发放“冬日阳光”补贴1000元，并为勤工助学学生发放劳动补贴18000元等。为8名低保家庭毕业生发放就业补贴17000元，为50名家庭经济困难的毕业生发放就业交通补贴5000元。

（沈乐华）

【推进学生就业工作】 为进一步加强校企合作，帮助2016届毕业生搭建就业的桥梁，实现实习岗位与就业岗位的相通，及由实习到就业的顺利过渡，学院在2015—2016学年共组织四次学生实习工作研讨会暨毕业生就业工作推进会。学院邀请50余家企事业单位负责人来学院参加座谈，共同商讨学院学生的实习和就业的有关事宜，进一步加强校企合作，帮助学生实习和就业。（沈乐华）

附：学院负责人及地址

（2016年1—12月）

院长、院党总支副书记（主持工作）：刘　彬

地址：市一路88号
邮编：201908
电话：021-66861707

上海思博职业技术学院

【2016年概况】 学校有全日制高职在校生6724人，计划内成人教育大专生412人。学校师资队伍总量为466人。有专任教师302人，具高级职称99人，占专任教师总数的33%，其中具硕士以上学位150人。

学校始终坚持“相信人人有才，帮助人人成才”的办学理念，坚持“办有文化根基的应用技术技能院校”的发展理念，坚持“双主体办学，全方位育人”的办学模式，坚持“综合素质＋技术技能”的人才培育特色。自建校以来，已为社会输送了1万余名毕业生，就业率一直保持在99%以上。近几年，学校优化专业布局，深入开展教育教学改革，加强质量监控。2016届毕业生共计1827人，签约率为96%，就业率为99.51%，学生就业连续三年稳定上升并在全市民办高职院校中居第二位。

一、举办方变更为上海报业集团旗下的新华发行集团。学院举办方变更后，学校需适应新华发行集团的管理要求，又保持民办院校“民办非企业单位”的办学机制。因此学院加强校院内部管理体系建设，完善校企协调发展机制，细化学分认定标准，优化教学质量诊断与改进的管理办法，实施专业集群内涵发展的管理计划，推出人才自主发展资助（培育）计划等各项制度的重构、优化与完善。

二、综合大楼落成并投入使用。新落成的综合大楼开始全面运营，其舒适的环境、完备的功能设置，为全校师生创造了良好的教育教学环境。综合大楼的办公室、会议室、活动中心、图书馆和学生素质发展中心相继投入使用。图书馆开馆仅一周，入馆人次就超过4000人次。学生素质发展中心则体现了学校“以学生为本”的教育理念。中心由相关社团和指导老师进行日常管理，为全校学生提供一个多功能的发展平台。

三、进一步深化合作与交流。学校扎实推进教育国际化进程，为学生提供更好的发展空间。学校相继接待了日本别府沟部学园短期大学、英国巴斯斯帕大学等学校师生的到访。先后与英国巴斯斯帕大学、韩国汉阳大学等签订了合作办学协议，坚持以学生为本，以务实的态度和专业的精神，将新拓展的合作项目做好做实做强。

四、特色校建设获好成绩。学校连续四次获上海市精神文明单位的称号，连续三次获上海市安全文明校园称号。在全国性和省市级各项大赛中多次获重要奖项。学校体育舞蹈队在上海市大学生体育舞蹈比赛中获三个金奖四个银奖。学校建工学院在2016全国职业院校技能大赛中获测绘项目三等奖。学校获上海市2015年度征兵工作先进单位。学生在“第四届上海高职高专大学生创业计划大赛”中获银奖，在“第二届全国高等院校工程造价技能及创新竞赛（高职组）”中获团体一等奖等。

五、学院升本工程正式启动，学校以服务国家战略，立足上海和浦东经济社会发展需求，聚焦临港产业发展需求，依托上海报业集团和新华发行集团产业资源优势，把学校建设成为综合办学实力和竞争力跻身中国一流民办大学行列的多科性应用技术型普通高校作为发展目标，升本工程的筹建已取得初步成效，形成系列材料，接受了“教育部本科院校设置专家组”和市教委关于“本市拟升本院校升本数据测评与分析会”的答辩。 （陈　阳）

【签署会计职业资格证书培训及考证项目中英合作协议】 与英国巴斯学院签署会计职业资格证书培训及考证项目合作协议。这不仅标志学院会计专业与国际职业资格标准的对接迈出实质性一步，即部分AAT课程模块纳入教学计划，而且搭建了学院学生多渠道发展的新平台，即学生在原中英合作2＋1获取本科学位的同时，可以通过56学时的培训课程学习，获取AAT(3级)职业资格证书。

（陈　阳）

【上海新华发行集团有限公司到校调研】 3月31日，作为思博学院新的举办方，上海新华发行集团有限公司到校调研。思博学院党政领导班子以及各二级学院院长、部分职能部门负责人、骨干教师代表出席了会议。举办方对思博学院“十三五”远景规划予以充分肯定，上海新华发行集团将加大投资力度，立刻启动基础设施和实训实验室建设，进一步提升师资水平，优化专业布局，提升办学层次，共同实现学校的战略发展。 （陈　阳）

【合作培养医养服务专业人才】 4月11日，学院与泰康人寿就建立本专科贯通的人才培养课程体系，培养高素质、高技能的高端养老护理人才等相关事宜进行了广泛而深入的探讨。泰康人寿表示将与思博学院在拓展养老护理人才就业渠道和职业发展空间，成立医养服务专业人才资源联盟，分享人才培养成果和就业资源等进行深度合作，促进养老护理人才的培养和全国养老护理事业的发展。

（陈　阳）

【护理专业获评首批“全国职业院校健康服务类示范专业点”】 教育部办公厅、国家卫生计生委办公厅、国家食品药品监管总局办公厅、国家中医药管理局办公厅于2016年6月15日发布“关于公布首批全国职业院校健康服务类示范专业点名单的通知”，思博学院作为上海地区唯一一所高职院校入选，也是全国入选职业院校中唯一一所民办高校。此次评选共评出76个专业点为首批全国职业院校健康服务类示范专业点。（陈　阳）

【图书馆正式开馆】 10月8日，学校图书馆正式开馆。图书馆功能区分明确，一楼的精品图书阅览区，为学生们提供舒适的阅读环境；二楼的数字图书馆电子资源可以手机下载，也可以直接在线阅读；三楼为报刊阅览室和部分文史哲书籍。图书馆拥有50万余册纸质图书和多个学术资源数据库。高速无线网络全覆盖。读者可享受基于无线射频技术自动借还图书的便捷。（陈　阳）

【“四校联盟”合作会议举行】 11月10日下午，“院校建设与发展愿景”四校联盟合作会议在学院综合楼举行。上海建桥学院、上海外国语大学贤达经济人文学院、上海师范大学天华学院与思博学院四校领导共商学校发展大计。

四校联盟由思博学院联合上海建桥学院、上海师范大学天华学院、上海外国语大学贤达经济人文学院共同创办。联盟定期举行会议交流办学经验，对共同关心的话题进行讨论，探讨民办高校的发展之路。四校将进一步紧密联系，交流经验，资源共享，使联盟成为助推民办高校发展的重要阵地。（陈　阳）

“院校建设与发展愿景”四校联盟合作会议举行

【获2016年全国职业院校护理技能大赛上海选拔赛一、二、三等奖】 在2016年全国职业院校护理技能大赛上海选拔赛比赛中，学院护理专业学生郭蕾以总分第一名的好成绩获一等奖，学生祝燕丽、夏怡玲分获二、三等奖。

此次大赛共8所院校32名选手参加，比赛内容包括包扎、心肺复苏、静脉穿刺、胃管插拔等在内的四项基本操作技能。比赛现场评分并公布成绩。这也是上海民办院校首次在该项比赛中获一等奖。（陈　阳）

【“智慧医护”产学研合作基地揭牌】 11月29日，学院与上海布甲信息技术有限公司共建的“智慧医护”产学研合作基地揭牌。双方签署合作协议，并一致决定设立理事会作为产学研基地的最高决策机构。理事会由两位联席理事长和两位常任理事组成，负责基地合作事宜的规划和决策。双方互聘人员作为企业顾问和兼职教师，现场颁发互聘证书，兼职教师将承担卫管专业相关课程授课任务。学院将为布甲医护业务的规划和发展提供专业指导与管理。（陈　阳）

附：学院负责人及地址

（2016年1—12月）

院党委书记：常　焕

院　长：皋玉蒂

副院长：张学龙、陈锡宝、姚大伟、沈小平

地址：城南路1408号

邮编：201399

电话：68029005

上海立达职业技术学院

【2016年概况】 学校全面推进申本工作，投资购买位于上海市金山区面积约452000平方米的土地建新校区。学校编制完成《上海立达职业技术学院“十三五”发展规划》，并对《学校升本申请论证报告》《专业申本论证报告》《学院章程》等进行修订。通过上海市民非企业年度检查。继续推进教育教学改革，进一步完善二级管理体制，设置立达—佛光艺术设计与传媒学院、立达—长庚护理与健康学院、立达—商学院、立达—德明管理学院、上海立达—台北城市机电与信息学院、基础与外语学院以及社会科学部等6院1部。申报的“美术(少儿美术)”“工业机器人技术”和“冷链物流技术与管理”等3个新专业获批。专业和专业方向增加到37个。“展示设计”课程获上海市精品课程，市级精品课程门数达到10门。组织申报计算机应用技术专业“双证融通”人才培养改革试点项目并获市教委批准。学校积极落实市级政府专项扶持资金项目，完成第九批政府扶持资金的申报、修改与下拨资金的分配与执行工作的检查，完成2017年第十批政府扶持资金申报工作。得到政府扶持专项资金的支持，建设完成085工程项目：护理基础医学实验中心建设、旅行社模拟实训室、航运物流系列模拟公司运作平台、装饰装修构造实训室建设、会计金融实训室等。

学校招生就业工作取得新进展。共录取2655名新生，实际报到2347名。录取报到率比上年提升2个百分点，达到88.39%。向社会输送毕业生1692名，就业率为98.4%，签约率达88.7%。

注重师资结构优化和队伍建设，积极推进立人达人强师工程，加大师资引进与培养力度。引进各类人员62人，其中副高以上职称3人，中级9人。全年选送民办高校“强师工程”国内访学2人、国外访学1人、海外硕士研修1人。12位教师入选2016年青年资助计划项目。选派50位教职工分别参加上海市教委组织的新教师岗前培训、骨干教师科研能力提升培训、专业负责人培训。资助4名骨干教师和管理人员学历提升(本升硕)。2位教师评聘为副教授，6位教师评聘为讲师，12位教师申报中级专业技术职务，42位教职工获聘初级专业技术职务。

学校教师队伍整体获提升。教授李斌获2016年“上海市育才奖”，教师杨中方获上海市晨光计划项目，教师汪牡丹在上海市第二届青年教师教学技能竞赛中获一等奖，并获上海市“教学能手”称号，两位教师获优秀奖。

学校共组织申报各类科研项目46项，立项27项，项目经费60余万元。其中市教委重大项目1项，重点项目1项，一般项目1项，申报晨光计划2项。获得各类奖17项，其中一等奖5项，二等奖5项，三等奖7项，优秀组织奖1项。申报教育部创新行动计划项目，申请项目经费220万元。在各级各类刊物发表科研论文24篇，在国际会议发表、宣读论文2篇。教师公开出版教材8部，完成校本教材4部。

学校推动“以赛促学，以赛促教”，取得显著成果。学生参加国际、国内各级各类大赛获得多个奖项，在2016年亚洲智慧型机器大赛中获亚洲第5名，在第44届世界职业技能大赛中分获全国第五名和第七名，获2016国际护理技能大赛二等奖，第一届“汇创青春”上海大学生文化创意作品大赛二等奖，第七届全国高职高专英语写作比赛(上海赛区)英语写作大赛(非英语专业组)二、三等奖和(英语专业组)三等奖,国家护理技能大赛(上海地区选拔赛)个人三等奖,全国跨境电商创业创新能力大赛"三等奖",国家级全国"零售之星"创业大赛三等奖,国家级新道杯会计技能大赛"优秀奖",第六届"蓝桥杯"全国软件和信息技术专业人才大赛三等奖等。

学校继续拓展交流与合作渠道。组织93名学生分别赴台湾地区的醒吾科技大学、佛光大学、长庚科技大学、德明财经科技大学等高校修学。选派10位教师赴台湾地区进修。选送12名学生参加加拿大、英国游学。学校与德国巴伐利亚州上法兰肯区手工业管理局技术创新与管理学院达成合作意向。

学校在加强师德师风建设的同时,继续推进"立德树人,全员育人"工程。实施党建工作目标管理,以教风、学风、校风建设为抓手,积极开展形式多样的主题教育活动,将社会主义核心价值观教育融入学生喜闻乐见的活动中,提高德育教育的效果。举办"携手奋进　挑战无极限"首届体育文化节活动和以"师德与感恩"为主题的"不忘初心　感谢有你——第六届艺术文化节暨第十届社团文化节"系列活动。开展五项以"重走革命路,学习长征精神"暑期社会实践活动,让学生通过各类社会实践活动,学习老一辈的长征精神,学会担当社会责任。全年组织参加志愿服务1492人次,服务时长约11936小时。校志愿者服务总队获上海市科技馆志愿服务表扬集体称号。

学校加强了新媒体建设和管理,大力推进互联网德育教育平台,以"上海立达职业技术学院"官方微信平台为主,以校园网络文化宣传为抓手,积极举办各类线上线下活动,普及文化知识,服务学生学习生活,广受学生好评。

结合感恩教育,继续做好资助育人工作。完成国家、上海市及学校综合奖学金的评审工作。8人获国家、上海奖学金6.4万元,1055人获校综合奖学金65.18万元,30人获技能竞赛奖1.48万元,169人获得国家励志奖84.5万元,1337人获国家助学金184.25万元。分别做好217名学生生源地贷款和41名学生校园地助学贷款工作。

学校大力开展爱国主义教育、国防教育,继续做好征兵、军训工作。完成2016年征兵工作,33名男生、5名女生应征入伍。顺利完成2016级2322名新生国防教育和军事训练。

校党委不断加强思想建设,充分发挥民办高校党组织的政治核心作用,以反腐倡廉为基础,围绕学校中心工作,创新方法,实施精神文明创建工作常态化,同时加强对工、青、妇等群团组织的领导。坚持和完善党委中心组(扩大)学习制度,全年共组织5场关于十八大报告和当前形势政策的辅导讲座,组织全校党员干部对《中国共产党廉洁自律准则》《中国共产党纪律处分条例》的学习培训。结合"两学一做"教育学习活动,党委提出"熟读牢记,补好短板,树起标兵,搞好评议"的要求,重视教育党员充分发挥党员先锋模范作用。按照基层党组织建设"五个好"党支部考核要求,对照执行民办高校系统对党支部分类定级标准,校党委认真抓好"三会一课",并配齐完善各支部的班子建设,提拔1名青年干部担任二级学院党支部书记,三个支部的支部委员配齐到位。开展了党员示范岗工作,在组织生活上进行了党员示范岗授牌仪式。

校党委严格按照"控制总量、优化结构、提高质量、发挥作用"党员发展十六字总要求,严把"培养、发展、转正"关,做好新形势下党员发展工作。举办二期入党积极分子专题培训。全年共发展39名党员(其中4名教工党员)。

校党委实施党建工作目标管理,扎实推进"三风"建设,各基层支部努力营造树先进、学先进、赶先进的良好氛围。通过学习教育和培育,涌现出五名校级的师德标兵,其中商学院教师王晓艳被市教委工作党委授予"上海市教卫工作党委系统优秀共产党员(师德标兵)"称号。在他们的带动下,学校师风建设蔚然成风,形成了"教书育人,为人师表"的良好风气。

校党委紧扣"立德树人"的宗旨,以"三风"建设为切入点,推进文明单位和平安校园创建工作的常态化管理。将落实上海市精神文明单位和上海市安全文明校园的评比要求,将"创建"工作的组织、制度、计划、实施、检查和评比贯穿于党支部的全年日常工作。以创建文明特色项目为平台,开展形式多样、师生喜闻乐见的文明创建活动。这些特色项目与校风、学风建设紧密结合，与教书育人、管理育人、服务育人紧密结合，与学生的学习和生活紧密结合，提升了思想政治工作的实效，推动文明创建工作整体水平的提高。（郑贺春）

【开展学校文明创建特色项目工作】 3 月 15 日，学校对 2015 年度 11 个文明创建特色项目进行结评审，并通过 12 个 2016 年度文明创建特色项目申报。学校文明创建特色项目涵盖校园文化建设、专业社团建设、生态文明建设、志愿者队伍建设及德育建设等多个方面。这些项目的设计，紧紧围绕学校的中心工作，力求创新，贴合“立德树人，全员育人”的要求，整体质量明显提高。校党委和校文明委在加强指导的同时，加大了扶持力度。

（郑贺春）

【科研课题入选第二期民办高校科研项目(2016 年)】 学校有三项科研课题通过第二期民办高校科研项目(2016 年)评审获立项：健康与护理学院院长张玉灿负责的“构建虚拟案例实训与 OSCE 考核相结合的教学平台与提升护生临床护理思维能力”课题通过重大内涵建设项目评审，航运物流学院院长赵刚负责的“集装箱运输链相关企业虚拟经营管理与业务实习云平台研究”课题和教务科研处的“基于校企合作的高职院校教学质量监控体系研究”课题通过重点科研项目评审。（郑贺春）

【在上海高校青年教师教学竞赛中获奖】 5 月 27—29 日，学校选送骨干教师汪牡丹、戴红梅，参加了由市总工会、市教卫工作党委、市教委主办的第二届上海高校青年教师教学竞赛决赛，并分获一等奖和优秀奖。一等奖选手汪牡丹被市教卫工作党委、市教委授予“上海市教学能手”称号。

（郑贺春）

【“展示设计”课程获市级精品课程】 在上海市教委公布的 2015 年度上海高职院校市级精品课程中，学校艺术设计与传媒学院林江龙、戴红梅负责的“展示设计”课程，被授予“上海高职院校市级精品课程”称号，这是学校获得的第十个市级精品课程。（郑贺春）

【获“优秀共产党员”称号】 七一前夕，上海市教卫工作党委印发《关于命名表彰上海市教卫工作党委系统优秀共产党员、优秀党务工作者、先进基层党组织和“优秀共产党员·师德标兵·医德标兵”的决定》。学校教师王晓艳获优秀共产党员称号。

（郑贺春）

【获 2016 年“上海市育才奖”】 上海市教育发展基金会公布 2016 年“上海市育才奖”获得者名单。学校副校长兼立达—佛光艺术设计与传媒学院院长李斌获“上海市育才奖”。（郑贺春）

【召开学校首届教科研大会】 12 月 30 日，上海立达职业技术学院首届教科研大会举行。大会对学校 2014—2015 年度教科研成果进行表彰奖励，提出学校教科研工作未来三年的发展目标和举措。教科研大会还举行了专题报告会，各二级学院院长、副院长做了专题报告，就中高职教育贯通连锁专业建设、创新职业教育模式等内容发表演讲。

（郑贺春）

附：学院负责人及地址

（2016 年 1—12 月）

院党委书记：张天启

院　长：杨存忠(8 月离任)、刘鹤霞(9 月到任)

副院长：张天启、王淑华(8 月到任)、李　斌、杨昆呈

地址：车亭公路 1788 号

邮编：201609

电话：57805678

上海济光职业技术学院

【2016年概况】 学院现有1个二级学院、4个系、2个教学部、1个研究所、1个继续教育学院，共设25个专业。学院2016年在校生5000余人，全年招生总计划为2400名，录取1979名，计划录取率为82.46%，到校报到1818名，录取报到率为91.9.%。学院2016届共有毕业生1656名，毕业签约率87.02%，就业率99.76%。学院现有专任教师165人，拥有高级职称的教师占专任教师总数的27%，具有硕士研究生及以上学位的教师占专任教师总数54%，“双师素质”教师占专业教师的比例为42%。校园占地面积约11万平方米，建筑面积约10万平方米。

一、深化教育教学内涵建设。学院以高职特色校、民办示范校建设为契机，认真抓好特色专业建设，优化专业结构，深化课程改革。2016年是三年特色校建设的关键一年，学院加快建设的步伐，全面推进以内涵建设为主要内容的教育教学改革，尤其在校内实训平台构建、校内实践环节的实施、实验实训设备设施建设、专业群协同发展、学生工程实践活动、培养方案实施、实训教师队伍建设等方面均加强了建设。学院办学形态、教学形态、专业形态通过改革和建设都发生根本性的变化，通过高职特色校建设项目验收，被市教委评为“优秀”。积极推进公共基础课教改。学院面向2016级新生进行英语分级教学，体育实施专项化教学，开设4门专项课程。高等数学首次尝试开展分专业教学。学院在教学质量工程项目、各类教科研项目成果显著，共获得上海市精品课程2门，市级决策咨询服务项目结题1项，市级重大内涵建设科研项目1项，市级重点培育项目1项，上海市高职高专教学研究会重点科研课题(专业建设)立项科研课题1项，上海市高职高专教学委员会2015年、2016年课题结题4项，学院参与的上海建筑职教集团子课题结题2项，“晨光计划”1项。在各类教学竞赛比武和各级技能大赛中成绩优异。获得教育部职业院校艺术设计类专业教学指导委员会第七届青年教师讲课竞赛铜奖1项，获得上海市高职高专教学指导委员会高职院校教师说课大赛二等奖1项、三等奖2项，获得上海市高职高专教育土建类专业教师说课比赛一等奖1项、二等奖3项，获得第二届上海高校青年教师教学竞赛三等奖1项、优胜奖2项，获得中高职贯通专业建设教学设计比武优胜奖1项，获得“市级教学团队”荣誉称号1项，获得全国高校心理健康教育课程微课教学大赛一等奖1项。

二、落实立德树人根本任务。广泛组织和开展职业技能大赛活动，积极促进相关专业在教学理念、教学内容和教学方式方面的改革。举办建工系第三届“无限度”创新结构及施工技术大赛、机电系第二届“尊鼎杯”汽车技能大赛，建立“第一课堂—专业社团—竞赛团队”的梯队选拔机制。积极发挥第二课堂、第三课堂育人作用，彰显中华优秀传统文化资源阐释作用。思政部持续开展“感恩教育”实践教学活动、红色经典读诵活动，指导悦书明礼社开展诵读、中华优秀传统文化书法练习活动，编辑印刷了《中华优秀传统诗文选编》，邀请上海非物质文化遗产保护中心“笔韵墨香·墨锭描金”进校园，积极筹办国学教育体验中心。“中华优秀传统诗文诵读与传承”项目获2016年上海市大学生社团文化扶植计划“大学生社团优秀项目”。积极挖掘资源建立校企合作基地。与上海公路桥梁(集团)有限公司、上海工程勘察设计有限公司等10家单位签署校企合作办学协议书，新增 18 家校外实习基地，累计有 44 家合作办学单位、115 家校外实习基地。对困难学生和少数民族学生加强人文关怀和资助，全年设立勤工助学岗位 40 多个，近 500 人次参与校内勤工俭学。为 2016 级 50 名中西部困难学生发放学习用品"大礼包"。依托上海慈善基金会，5 名学生申请到困难资助补贴共计 1 万元。为 160 人办理了生源地贷款，合计 126.6 万元。资助困难毕业生，52 名家庭经济困难学生获得求职补贴总额 5.2 万元。搭建平台，切实发挥团学干部在青年学生中的表率引领作用。学院召开第二届学生代表大会，选举产生了新一届学生会主席团。拓展办学发展空间。协调建筑系 2014 级约 280 名大三学生入住同济大学沪西校区，解决了因人才培养计划调整需要在校内进行 10 周教学的学生的住宿问题。

三、积极搭建服务社会平台，为社会提供技术服务。学院利用现有资源积极开展同地方政府及相关部门的合作，促进宝山区职业教育为地区经济和社会发展服务。学院申请到"养老护理员（医疗照护）"的培训资质，成为宝山区唯一拥有此培训资质的单位。积极承办市教委民办高校"强师工程"绿色建筑技术应用培训项目。开展汽车实训项目，针对同济大学学生的学习需要，开展汽车结构、原理等方面的实训课程。各院系深化"助残""助老""大手牵小手"志愿服务，丰富和发展上海科技馆和上海自然博物馆等志愿服务活动内涵。团委和各院系分团委组织暑期社会实践活动，包括纪念中国共产党成立 95 周年暨红军长征胜利 80 周年社会实践专项行动、上海市小学生"爱心暑托班"志愿服务专项活动以及针对 15 级全体学生的暑期综合实践月活动。上海市小学生"爱心暑托班"志愿服务专项活动获得 2016 年"知行杯"上海市大学生社会实践大赛三等奖，金芝萍等 3 名学生获上海市宝山区爱心暑托班"优秀志愿者"光荣称号。

四、以队伍建设为抓手，全面提升师资水平。积极组织教师参加上海市"强师工程"培训。全年共有 44 名教师参加上海市民办高校"强师工程"各类培训，其中 8 名教师获"优秀学员"称号，1 名教师通过选拔获"海外访学"资格。优化人才成长发展环境，制定《关于进一步完善专业主任聘任工作的指导意见》《名誉教授、客座教授、特聘教授管理办法》《人才引进教学科研启动专项经费实施办法》，规范和完善各类评聘工作。制定《优秀青年教师培育计划实施办法》《教师产学研践习计划实施办法（试行）》《专业技术职务聘任组织机构主要工作职责》，激励更多的优秀教师提高教育教学水平。加强干部队伍建设。在二级院系实行党政"双向进入，交叉任职"，党总支（支部）书记同时兼任副主任职务加强二级学院领导班子建设，配齐配强各院系领导班子。开展暑期井冈山中层干部培训，进一步增强凝聚力和战斗力。培训主题贯穿党的理想、党的性质、党的宗旨等"红色基因"的理想信念教育。稳步加快对外合作步伐，积极开展合作办学。挑选部分对台文化交流项目，就师资培训和学生交流签订合作框架协议书，选派优秀师生代表赴捷克布拉格建筑学院进行为期 18 天的 WORKSHOP 项目交流，暑假派出公共英语教师前往英国巴斯学院参加英语课程培训。通过"走出去"进一步加强师资队伍建设，实施学院的"骨干教师队伍建设工程"。成立资产与设备管理处，制定了学院公用房管理办法，启动了全院公用房和仪器设备的"清产核资"工作。

五、构建打造健康和谐校园。完善学院各项改建工程。投入 900 余万元改造体育馆、风雨操场、网球场以及武东路校区食堂、浴室。高度重视校园绿化建设，完成绿化一期工程，投入 80 万元完成校园西北角 5000 平方米绿化种植，使学校的环境有了很大的改善。进一步健全安全防范机制。组织消防逃生、灭火、救护演练 3 次，各类安全讲座 15 次，组织师生灭火培训 2 次。完成技防建设投资 50 余万元，现有 470 路探头中新增高清探头 148 路。完成两校区车辆自动识别系统道闸 3 处。按照市教委要求，学院三年技防发展规划初步通过了市教委的预验收。提高文献保障水平。图书馆首次订阅"万方资源平台的中文期刊和硕博论文库数据库"，申请国家科技图书馆（NSTL）的电子数据库使用权，重新获得长三角高校图书馆资源共享网络的支持，获得上海新华书店的免费电子书使用权和其他资源。推动信息化建设，启动校园信息管理平台CRP筹备工作。（杜　宇）

【获全国微课教学大赛一等奖】 5月13—15日，由中国职业技术教育学会教学工作委员会主办的2016年全国高等职业院校心理健康教育课程微课教学大赛在无锡城市职业技术学院举行，学院机电系教师、基础部心理健康教育课程组组长王叶梅进入决赛并获一等奖。（杜　宇）

上海济光职业技术学院教师王叶梅获全国高等职业院校心理健康教育课程微课教学大赛一等奖

【获全国职业院校技能大赛三等奖】 学院园林景观设计代表队队员——2014级学生顾丽萍和李嘉雯代表上海市参加2016年全国职业院校技能大赛高职组园林景观设计比赛，与来自全国35个省市的57个代表队同场竞技，最终获团体三等奖。这是唯一一个在该项国家级比赛中获奖的民办院校参赛队，也是学院首次在全国职业院校技能大赛中获奖。（杜　宇）

【开展养老护理培训】 学院继续教育学院依托护理学院的资源优势，开展养老护理培训。参加培训的67名学员经市鉴定中心考核，有61名学员获得通过，取得上海市人力和社会保障局颁发的“养老护理员（医疗照护）五级证书”，合格率为91.1%。（杜　宇）

【通过特色高等职业院校建设项目验收】 7月6日，学院迎接专家到校进行特色校建设项目实地检查验收。验收专家听取汇报、查验成果后形成验收意见：建设目标完成，资金使用规范；建设要素把握到位，基础条件有效改善；校园形态情景特色，教学形态随课实训；师资队伍能力拓展，建设项目统筹推进。项目被市教委评为“优秀”。（杜　宇）

【三年技防建设项目通过预验收】 12月12日，市教委对学院“三年技防建设”项目进行了预验收。专家在听取了项目工作汇报、实地查看后给予高度评价：平安校园技防建设较高配比地投入经费，达到了“每年有建设、三年有变化”的要求，基本完成了学院制定的三年技防建设规划，提高了安全保卫工作效能。（杜　宇）

【获“金教鞭”奖铜奖】 11月6日，在广东举办的教育部职业院校艺术设计类专业教学指导委员会第七届青年教师讲课竞赛中，学院建筑系教师费越荣获“金教鞭”奖铜奖。（杜　宇）

附：学院负责人及地址

（2016年1—12月）

院党委书记：祁学银
副　书　记：李永盛（兼）、王　滟

院　长：李永盛
副院长：祁学银（兼）、姚健敏、胡展飞

地址：水产路2859号
邮编：201901
电话：66761065

上海工商外国语职业学院

【2016年概况】 学校在原13个教学系部的基础上建立两个二级学院，分别是英语语言文化学院和欧洲语言文化学院，共计22个专业。招生计划为3290人，录取总数为3196人，新生报到率86.05%。自主招生录取796人，三校生录取270人，上海秋季高考录取307人，外省录取人数为1823人。在校三个年级的总人数为8204人。2016届毕业生总人数2393人，就业人数2388人（就业率99.79%），签约人数2362人（签约率98.7%）。

一、推进学校发展目标的实现。学校以推进"促进中等职业教育与高等职业教育衔接、构建中等职业教育与高等职业教育课程、培养模式和学制贯通的'立交桥'"为发展目标。继和上海市东辉职业技术学校联合申请中高职贯通，将商务德语专业纳入培养模式的试点后，学校与上海市经济管理学校进行首次合作。2016级应用日语中高职贯通专业新生专业录取分数线超过上海市中考普通高中录取分数线12分。依托两校优质师资、先进实训设施及强大国际交流和就业平台，严格按照高职的培养要求、模式及管理机制，实行五年一贯制培养，让学生既夯实日语语言基础能力的根基，又提升职业高级能力的素养，语言基础将更为宽厚扎实。

二、教师教学科研能力得到进一步增强。学院多名教师在上海高校青年教师教学竞赛、第六届全国商务秘书职业技能大赛、上海高职高专院校思想政治理论课教学比赛等教学竞赛中获奖。

三、加强对外国际交流和合作。学院接待美国肯塔基大学、德国科布伦茨学校、加拿大魁北克高等职业教育代表团、爱尔兰格里菲斯学院、北丹麦大学学院、丹麦VIA大学学院等50多批次代表团的到访。与大阪经济法科大学、德国IST管理应用科技大学、德国IST管理应用科技大学、韩国仁济大学等海外10多个国家，60多所高校建立联系。日语学生系孙思敏、梁吉松作为首批交换留学生赴日本大阪经济法科大学留学。不断促进学校与国外高校的合作，提升教育国际化水平，给学生创造良好的学习氛围和机会。

四、重视学生的专业技能培养和发展。学院学生在APEC未来之声中国区选拔赛、"外研社杯"全国英语演讲大赛、中国大学生韩语演讲大赛、全国高职高专韩语口语技能大赛，及全国高职高专日语技能竞赛上获奖。在首届"高士其"杯全国民办高等职业院校大学生创客大赛上，机电系创客团队完成"智能清扫机器人"，获团体二等奖。

五、关注学生的文化与素质教育。持续开展具有学校特色的文化节活动。业余党校组织党校学员参观"上海市爱国主义教育基地"——内史第，完成新生心理普测工作，召开心理刊物《愳》首期发布会，举办文化知识类、党性教育类、疾病预防类等不同形式的讲座，开拓学生视野等。每学年召开学风建设表彰大会，激励学生勤奋学习、努力进取。

（戴国庆、葛春晖）

【英语语言文化学院成立】 英语语言文化学院成立暨揭牌仪式举行。英语语言文化学院是学校发展史上第一个二级学院，成立的目的在于整合资源，激发活力，办出特色，打造品牌，更好地服务师生，帮助学生成才与发展。（戴国庆、葛春晖）

【欧洲语言文化学院成立】 学校欧洲语言文化学院成立大会暨揭牌仪式举行。成立二级学院是时代发展的需要，符合学校的长远发展规划。欧洲语言文化学院的成立，学院的管理重心下移，多方共同参与，实现管理扁平化；整合资源，统筹资源，将资源的效用最大化；以服务为宗旨，倒推学校改革，实现管理模式的去行政化。 （戴国庆、葛春晖）

【举办职业教育国际论坛】 学校举办“创新·共享”职业教育国际论坛，海内外100余位来宾出席论坛。论坛围绕“创新·共享”主题，紧扣时代脉搏，携手各个职业教育强校，聚焦职业教育的现状与发展，关注大职业教育体系建设，纵览职业教育变革风云，以全球视野谋划和推动创新、共享经验。论坛设以下分论坛：职业教育中外合作办学的渠道与模式分论坛、新形势下德国“双元制”教育模式的现状和发展分论坛、高等职业教育人才培养模式改革分论坛。同时，举办高等职业教育小语种外语教师发展和艺术设计系学生作品展。 （戴国庆、葛春晖）

上海工商外国语职业学院举办职业教育国际论坛

【第一本校志出版】 为纪念学院建校15周年献礼，《上海工商外国语职业学院（2001—2016）》发布会举行。《上海工商外国语职业学院志（2001—2016）》是学校第一部志书，约80万字，展现学校历史，讲述学校故事，是学校15年办学历史的客观记录和集中展现，也是学校文化建设的重要成果。它系统梳理学校的历史传统、人文底蕴和办学理念，为进一步促进学校的内涵建设作出贡献。

（戴国庆、葛春晖）

【长三角地区高职院校韩语教学协作组成立】 长三角地区高职院校韩语教学协作组成立，首批院校包括上海工商外国语职业学院、上海第二工业大学等江浙皖沪3省1市14所高校。学校被选为组长单位，并设立秘书处。由于地域原因和师资限制，长三角地区除了上海，江浙皖一带韩国语的教学与发展相对比较薄弱，因此，成立长三角地区高职院校韩国语教学协作组将对长三角地区高职院校韩语专业建设和人才培养将起到推进作用。

（戴国庆、葛春晖）

附：学院负责人及地址

（2016年1—12月）

董事长：钱　莹

院党委书记：朱南勤
副　书　记：段仁启（11月到任）、黄　平（3月离任）

院　长：姜海山
副院长：毛忠明、段仁启（11月到任）、潘家俊（6月离任）、黄　平（3月离任）

地址：观海路505号
邮编：201399
电话：68020621

上海邦德职业技术学院

【2016年概况】 学校聚焦现代服务业，继续加强校企合作，整合相应行业标杆企业资源，加强国际

化办学的理念，确立为上海市及长三角地区现代服务业的发展，培养“知识型、发展型、应用型”技能人才的办学定位。学校招录新生1558人，实际报到1352人，报到率为86.78%；新疆内职班录取32人，实际报到32人，报到率为100%。在校生3680人，应届毕业生878人，就业率99.89%，签约率90.21%。教职员工227人，其中专任教师120人。年度上海市民办教育政府扶持专项资金项目获批849万元。

一、专业布局进一步优化。学校在“十三五”规划中，根据现代服务业发展趋势和学校资源共享、专业联动的需求，对现有的22个专业25个专业方向进行了“优化调整”，初步形成了“演艺设计”“旅餐酒店”“物流管理”“语言文化”“计算机技术应用”五大专业群的专业布局。

二、学分制课程改革完成。启动2016级新生课程建设改革，统一全校各专业学分，统一规划各专业公共基础课、公共选修课、专业选修课及部分实践课的学分。在各专业人才培养方案中增加“毕业条件”项目：本专业的学生在有效的学习年限内，须完成培养计划中要求的各类理论课程及实践环节，考核合格并达到130学分，方可毕业。

三、德育工作深入推进。学校发放校内奖学金9.45万元，发放国家奖学金、上海市奖学金、国家励志奖学金合计48.7万元，发放国家助学金合计349人次共计102.95万元，发放勤工助学工资近11.17万元，帮助13名学生申请到国家助学贷款和生源地贷款共计10.4万元。加强校园文化建设和社团建设。有各类学生社团9个，会员人数近460人，志愿者公益性社团2个，参加人数600余人。学生在各类比赛中共获得国家级奖励7项，省部级23项。空手道社团在12月举行的“2016年上海市空手道锦标赛”中有7人获奖。红十字社团于5月举行的“第六届上海市大学生国际人道问题辩论赛”中获“优秀组织奖”称号。10月参加“2016年上海市高校红十字应急救护比赛”获“优秀组织奖”称号。

四、人才队伍建设进一步加强。合理设置岗位，制定岗位职责，提高工作绩效。通过人才招聘，吸引高端人才到校工作取得成效。教师黄艳秋申报的《工学一体能力进阶模块化双主体人才培养方案构建》获批上海市民办高校重大内涵建设科研项目。成立尹天夫灯光设计专业工作室。以市教委“强师工程”培训项目为契机，全力支持教师参加培训提升能力，共组织4个项目计23人次参加培训。积极引进人才，先后推出招聘岗位21个，录用24人。为充分调动教职工积极性，完善工资管理制度，学校从9月起提高教职工工资水平。

五、国际交流与合作不断深入。经国家教育部批准，学校举办两个中外合作办学项目。与澳大利亚塔斯马尼亚技术与继续教育学院（TasTAFE）合作举办的物流管理专科教育项目始终受到中澳两国政府的高度重视，自2002年开办以来已成功培养近千名毕业生，其中近两百名学生远赴澳洲对口院校留学深造。与日本交流艺术学校法人合作举办的舞台艺术设计与制作专业为新办专业，引进国外优质教育资源，将为本地的文化演艺市场培养一批具备国际先进舞台管理与设计制作技能的紧缺人才。

六、后勤服务保障得到加强。利用政府扶持资金345万元对近三分之二的学生公寓进行维修改造。投资80多万元建造清真餐厅。投资8.9万元对全校所有学生公寓及食堂安装门禁系统。投资26万余元对31个视频监控点位进行改造，使学生的生活保障设施有较大改善。加强校园消防建设。2016年完成全校消防检查工作，投资3.5万元新建“微型消防站”，更换灭火瓶到期药水269瓶，更换56条墙体消防水带。（郑　楷）

【中高职贯通重点专业建设教学设计方案获奖】 在上海市高职高专院校中高职贯通重点专业建设教学设计比武中，学校与上海市曹杨职业技术学校的“酒店管理（中高职贯通）”专业经过预赛和复赛的激烈角逐，最终进入决赛，并在决赛中获三等奖。

（郑　楷）

【在技能竞赛中获奖】 在全国高职院校技能大赛高职组比赛中，学校烹调工艺与营养、影视动画和钢琴调律专业的学生在“烹饪”“动漫制作”和“艺术专业技能大赛（音乐表演）”项目竞赛中分获团体一等奖、个人二等奖和三等奖。 （郑 楷）

【获市级教学团队称号】 学院“应用艺术设计”专业教学团队、“烹调工艺与营养”专业教学团队获市级教学团队称号。 （郑 楷）

上海邦德职业技术学院举办的长三角物业管理专业建设活动论坛校际合作签约

【举办长三角物业管理专业建设活动论坛】 7月21—22日，学院主办的长三角物业管理专业建设活动论坛吸引了50余名物业管理行业的专家教授、企业高管和产业代表。近10位专家围绕行业发展趋势、人才市场需求、专业建设质量标准等议题作了专题报告。 （郑 楷）

附：学院负责人及地址

（2016年1—12月）

院　　长：葛　朗

院党委书记：李　伟（7月离任）

常务副院长：崔智涛

地址：锦秋路299号
邮编：200444
电话：56680657

上海中侨职业技术学院

【2016年概况】 学校设有外语系、金融与贸易系、工商管理系、信息技术系、应用艺术系、机电工程系、食品系和护理与健康学院，共有30个专业、专业方向面向全国招生。学校的日本交流项目、赴美专业实习项目被列入上海市“高校学生海外学习、实习项目”。在校生6118人，其中全日制专科生5985人，成人专本科在校生133人。专任教师260人，其中双师型教师71人。毕业生落实就业单位1395人，出国18人，专升本8人，就业率达98.53%，签订就业协议并落实就业单位1379人，签约率为88.43%。

坚持不懈提高育人质量。学校以创建无烟校园为重点，继续强化严肃校风校纪工作。学校成立由全体辅导员和学工人员组成的校风监督队，每天轮流对寝室楼道内卫生、教室卫生及校园公共区域学生的不文明行为和现象进行检查和抽查。辅导员对夜间校园进行巡逻、检查。继续加强夜间校园管理、宿舍管理等日常校风管理工作，确保校园安全、有序。

大力推进创新创业教育。学校成立创业中心，进一步明确“100%普及创新教育、10%开展创业指导、1%实现自主创业”工作主线，提升90%的学生就业质量，培养10%“未来企业家”的工作目标。以创业中心、创业基地建设为载体，大力开展创新、创业教育。按照五大功能定位(创业政策咨询中心、创业能力培训中心、创业导师站、创业服务中心、创业沙龙)建设高校创业工作指导站。学校就创新创业教育学籍管理规定、课程体系建设、实践活动体系建设、师资队伍建设、制度建设以及建立政府、企业、学校联动合作的工作机制六方面工作进行深入探讨,推进各项工作有序开展。在金山工业区、科创中心、团区委大力指导支持下,举办第一届大学生创业训练营。组织开展校内创业大赛,遴选优秀团队参加市级各项大赛,如第二届大学生互联网＋大赛、上海市大学生互联网＋大赛、第四届高职高专大学生创新创业大赛,重点培育和扶持金山工业区品牌体验馆项目、永辉超市、微营销训练营等项目,通过实践活动提升学生创新创业能力。

积极推进课程教学改革。学校参照教育部高职教育创新发展三年行动计划的要求,起草学院的专业建设"十三五"发展规划。同时也配合各专业修订人才培养方案,进一步明确培养目标和人才规格、调整课程结构、改革教学内容、创新教学方法,为提高人才培养质量做好顶层设计。学校通过引入网络课程对公共选修课进行改革试点,每学期开通15门左右的网络课程供学生选择,使学生的学习时间变得更加灵活、方便,学习态度更为主动。新的录播教室建成,通过后台了解学生学习进度,及时进行反馈和督促。

社团建设助推学生素质发展。学校共有社团68家,参与社团人数2300余人次,全年学生社团开展常规活动800余次。加强大学生艺术团队建设,形成一批校园传统文化活动。引入金山区文化馆相关师资,加强舞蹈队、礼仪队的排练和训练。强化校园文化项目社团对培养提高学生素质的促进作用。信息系科技协会被评为上海市首批科技创新社团。舞龙队获上海市高校优势社团。学院青年志愿者协会获团中央第十一届"中国青年志愿者优秀组织"奖。

完善各级各类志愿者服务团队建设,参加苏州河国际皮划艇马拉松赛、国际滑联短道速滑世界杯上海站、世界青少年台球锦标赛等六项大型赛事的志愿者活动。组织开展上海科技馆、上海自然博物馆、上海公安博物馆等"三馆"的志愿服务工作。积极服务金山社会发展,在廊下郊野公园、吕巷旅游服务中心、张堰镇敬老院和周边社区等建立志愿者服务基地。与金山区文明办、团区委联合开展"我为创城,德润金山"12·5国际志愿者日主题活动。在校内开展迎新生、运动会、招聘会等大型活动的志愿者服务保障。全年共组织3000余人次参与各类志愿公益服务。各项志愿者工作获得金山电视台等媒体报道。在全校师生中形成了"快乐志愿,随手公益"的风尚和"实践育人"的共同理念。

(单驹超)

【举办教育法学人才沙龙】 5月20日,学校举办教育法学人才沙龙暨民办高校法人治理体系研讨会,学习借鉴国内外高校依法治校的先进模式,探讨上海民办高校治理体系与监督机制的建立与规范发展模式。(单驹超)

上海中侨职业技术学院举办教育法学人才沙龙

【在市教工乒乓球比赛中获好成绩】 6月4日,上海市第八届教工运动会乒乓球比赛在华东理工大学奉贤校区举行。学院代表队进入上海市第八届教工运动会乒乓球比赛B组四强。此次比赛由上海市教育卫生工作委员会、上海市教育委员会和上海市教育工会主办,共有沪上各高校、区县教育工会组织的63支参赛队、500余名运动员参赛。(单驹超)

【召开教师节表彰大会】 第三十二个教师节来临之际,学校于9月9日召开教师节表彰大会暨新学期工作动员大会,新一届校领导班子向全体教职工致以节日祝福和亲切问候。会上,13名"三育人"先进个人、3位招生工作优秀个人和1个招生工作优秀团队获得表彰。(单驹超)

【召开申本工作推进会】 10月18日，学校召开申本工作推进会。在上海致达集团的鼎力支持下，学院坚持公益办学23年，发展成为具有6600余名师生规模的全日制普通高等职业技术学院。面对新一轮五年发展规划和职业教育发展的良好环境，学校提出申本目标，全面深化学校内涵发展，力争在未来五年实现转型发展。 （单驹超）

【颁发"西部助学"奖助学金】 10月27日，学校与中华少年儿童慈善救助基金会联合举行"助学西部"奖助学金颁发仪式暨"感恩与成长"分享会。共有95位学生通过申请获得奖学金资助，其中41名学生来自上海对口帮扶城市——贵州遵义。儿童慈善救助基金会基金给予2016级受助学生每人共8000元的资助，分三个学年发放，以2000元/年的奖学金和2000元/3年的交通补助形式发放。中华儿童慈善救助基金会助学西部专项基金是2015年由上海致达集团（学校投资方）捐资500万元设立，主要用于资助西部及偏远地区困难学子到上海完成大学学业，为西部及偏远地区培养优秀师资力量，组织西部及偏远地区青少年到上海交流学习等。 （单驹超）

【上海交响乐团到校举办专场音乐会】 11月30日，在学校报告厅举办"高雅艺术进校园"上海交响乐团专场音乐会，近200位师生聆听精彩的演奏。艺术家们演奏《泰坦尼克号》《超人》等世界著名电影主题曲，以及《哆啦A梦》《名侦探柯南》等大学生所喜爱的动漫主题曲。本次演出得到了广大师生的普遍欢迎。 （单驹超）

上海交响乐团到上海中侨职业技术学院举办专场音乐会

【举办爱心结对活动】 12月9日，举行"感恩，永远在路上"上海中侨职业技术学院第六届爱心助学结对仪式，金山区以及学校相关领导和80余位社会各界爱心助学人士和受助同学参加仪式。爱心结对助学活动开展已经第六届，它的前身是2004年开始的企业家结对资助，已运行12年。12年间收到来自企业、企业家和各界爱心人士的捐助近67万元，先后有121名爱心人士向学校家庭经济困难学生伸出了援助之手。2016年的活动有近80位企业家，资助学校112名学生，当天现金捐款达到11.17万元。 （单驹超）

【心理健康教育与咨询中心通过验收】 12月20日，市教委高校心理健康教育与咨询中心达标建设验收工作专家组到校对心理健康教育与咨询中心开展达标建设专家现场评估验收工作。学校高度重视这次心理健康教育与咨询中心达标建设的验收工作。经评估，学校心理健康教育与咨询中心通过验收。 （单驹超）

附：学院负责人及地址

（2016年1—12月）

董事长：严健军

院党委书记：陈俊傲

院　　长：蒋志明
常务副院长：卓丽环

地址：金山区漕廊公路3888号
邮编：201514
电话：31616009

上海电影艺术职业学院

【2016年概况】 学院共有18个专业和25个专业方向，有全日制在校生2000余人，专任教师130名，兼任教师58名。教学科研仪器设备总值3277.95万元，图书馆纸质藏书达23.2万册。

一、深入推进教育教学改革。1.学院坚持以学生知识、能力、素质的全面提高为办学宗旨，强调艺术与科技的高度融合，全面推行产学结合，强化实践教学环节，以技能应用为主线，培养技能型艺术专业人才。学院凭借独具特色的教学模式，使学生培养更具市场适用性。2.新专业申报，重点在于发展电影产业和演艺业，聚焦电影全产业链发展。学院依托特色办学资源，以市场需求为导向，结合学院发展战略，增设或调整了音乐剧表演、动漫设计、摄影摄像技术和公共文化服务与管理四个专业，重点培育具备核心竞争力的专业人才，为学院特色发展提供动力支持。3.不断发展中高职贯通专业建设，共计120余名贯通培养在校生。学院广告设计与制作专业与上海市商贸旅游学校就广告设计与制作专业开展中高职教育贯通培养，通过一体化设计，将原中职和高职各自独立的课程体系进行合理衔接与适当的重组再造，并整合双方资源，共同培育复合型广告专业人才。4.加强校企合作，专业转型升级，人物形象设计专业增设特效化妆方向，与AJ特效工作团队合作。5.学院动画专业与上海今日动画影视文化有限公司全面协同启动百变马丁项目。6.学院心理咨询中心接受并顺利通过了上海高校心理健康教育与咨询中心达标建设验收专家组的评估和验收。

二、不断加强师资队伍建设。1.为进一步调动全体教师职工的积极性，激励教师潜心教学，职工努力工作，提高教学与管理效益，实施工资调整方案。方案以坚持课程总量控制、提高课程质量为导向，以解决教师需求、兼顾公平为基础，以注重贡献、激励增效为方向。2.为维护教职工与学校的合法权益，协调和稳定劳动关系，由学校行政方与职工方（工会代表）签订学院集体合同。3.新引进教职员工21人，其中教学、科研人员15人，管理人员6人，并组织新教师入职培训。选派30名教师参加市教委组织的“强师工程”培训，其中共5名专业负责人分别赴美国、英国、新加坡的高校研修学习，进一步拓展教师国际化视野、培育骨干拔尖人才。选派18名教师到企业挂职锻炼，提升双师型教师比例，专任专职教师中有60名双师型教师。全年共有13名教师参加高校教师资格认定技能测试，通过10人，通过率为76.9%。8名教职工通过中级专业技术职称。4.1名教师被分别获得“为人、为师、为学”优秀教师典型，1名教师获第二届“上海高校青年教师教学竞赛优秀奖”，1名教师获首届“上海大学生电视主持新人赛教师指导奖”，1名教师获上海市高职院校专业负责人培训（第一期）培训专业建设“优秀方案”，1名教师被评为“民办高校优秀辅导员”，1名教师获“上海市育才奖”。

三、积极推动科研项目进展。1.上海市民办高校重点科研项目取得重大进展。新闻采编与制作专业负责人郝红霞领衔的科研项目“媒体融合背景下现代传媒职业人才培养模式研究”和影视动画专业负责人包文君领衔的科研项目“基于龙头企业协同下的影视动画专业中高职贯通人才培养模式研究”接受市教委民办处组织的专家进行中期检查咨询，项目的可行性与合理性得到了专家的肯定，为比较好地进行绩效评估、考核审计和项目结题奠定了基础。2.国赛选拔赛“艺术专业技能大赛（音乐表演）”成为上海高等职业教育创新发展行动计划

(上海高等职业教育质量提升计划)第一批立项项目。3.青年教师培养计划项目。2014 年 7 名获得者通过结题答辩,2015 年 5 名通过中期检查,2016 年 6 名进行了开题答辩。5 人入选上海高校教师产学研习计划。

四、认真抓好招生就业工作。1.积极发展与国内外知名高等艺术学府的联系与合作,多渠道为有意继续深造的毕业生打通“学历提升通道”。在国内,学院与国内知名高等学府建立“专升本”合作,为艺术类学生学历提升指明方向。在国外,学院与国际知名的高等艺术学府合作,积极打造“3+2”专升本、“3+3”专升硕的留学深造平台。2.学院面向全国计划招生 950 名,其中上海市 380 名,外省市 570 名,实际录取 844 人,报到 669 人,报到率达 79.27%。3.通过举办“汇创青春”——上海学生文化创意作品展示季(集中展示板块)等活动搭建创新创业平台,并通过学院招聘会将已经毕业创业学生的公司引进学校,实行创业带动就业的新举措。学院开通就业服务微信平台,及时推送招聘单位、需求岗位等相关资讯。4.在 4 月和 12 月举办春季、秋季两场供需见面会,共邀请上海、北京、浙江、江苏等海内外 100 多家用人单位参加招聘,提供就业岗位 2000 多个,平均每位毕业生有 2—3 个岗位可供选择。5.2016 届毕业生共 573 名,其中已就业 545 人,就业率达 95.11%,各专业对口率高达 70% 及以上。

五、加强国际交流与合作。1.坚持国际化教学和产学研结合,举行国际电影教育嘉年华活动。2.推动迈向国际化的进程,强化产教融合育人,获得威尼斯电影节亚太单元举办权。3.加强内涵建设,激发办学活力,成立纽约电影学院上海教育中心。4.着重突出国际化,举行首届国际大学生电影大赛。

六、加强校园建设。1.建设集群网络渲染实训平台,影视动画实现高效快速的大规模渲染,加强与行业的深度融合,为企业实践项目的引入提供对接平台,提高实践教学效果。2.建设 4K 后期合成实训室,保障影视制作前期、后期教学与实践的协调建设与发展。3.建设标准化考场,满足教育考试标准化考点建设需要,确保教学品质,更好地为师生服务,保障考试安全,维护教育公平。4.学院现有校内实践基地 22 个,总面积达 4259.68 平方米,校内实践教学工位 488 个,生均校内实践教学工位数 0.2 个,基地设备总值达 1419 万元,校外实习实训基地 26 个,基本满足不同专业的实训要求。

七、努力建设安全、文明的校园环境。1.通过消防安全周活动,定期检查,消除隐患,强化措施,构建群防群治的安全防范体系,预防和减少火灾事故的发生,增强全体师生的消防安全意识,提高应急自救互救能力,创建安全的校园环境。2.加强校园文明建设,宿舍管理每周通报,严抓学生违纪情况,对宿舍管理员工作考评。3.补充学生宿舍管理奖惩条例,明确计量单位、考核范围和考核标准,加强教育管理和宿舍管理。 (顾成明、黎仁芳)

【南方舞蹈学院揭牌】 2 月 25 日,学院与南方舞蹈学校合作创办上海电影艺术职业学院南方舞蹈学院。本次联合办学,跨越上海、广东两地校际合作,合力共建立体、开放、职业化的实践教学体系,以培养高技能应用型舞蹈人才。 (影 艺)

上海电影艺术职业学院南方舞蹈学院揭牌

【承办“第一届上海大学生文化创意作品展示季”】 5 月 30—6 月 3 日,学院承办的“汇创青春”第一届上海大学生文化创意作品展示季优秀作品集中展示活动在上海国际时尚中心举行。学院有 34 件作品获奖,其中一等奖 6 件(含 2 项“十佳”),二等奖 7 件,三等奖 8 件,优秀奖 8 件,入围奖 6 件。“汉语拼音声母韵母"获工艺美术类作品一等奖,"中国古建筑"海报获视觉艺术类作品一等奖,"非洲之翼"和"机械迷城"同时获服装设计类一等奖,纪录片《下山人》和实验短片"Knock! Knock! Knock!"获影视类专业组十佳作品。(影　艺)

【举行国际电影教育嘉年华活动】 6月18日,第十九届上海国际电影节——国际电影教育嘉年华活动在学院举行。这是学院坚持国际化教学和产学研结合的教育理念的一次成功实践。本次电影节不仅举行国际电影教育院长高峰论坛,还举行纽约电影学院上海教育中心和国际青年电影人创客基地成立,及"中欧文化影视基金"启动仪式。

(影　艺)

【参加上海青年纪念长征胜利80周年红色寻访活动】 7月13日,"重走长征路,青春心向党"上海青年纪念长征胜利80周年红色寻访活动在中共一大会址纪念馆举行。学院与中共一大会址纪念馆为共同协办单位。学院新闻专业师生5人在为期12天的时间内跨越五省,重访曾在长征途中担任重要使命的地点以及曾参与长征的老红军们,其中两名学生获由新民晚报社颁发的"优秀记录奖"。师生经受了长征精神的洗礼。(影　艺)

【获威尼斯电影节亚太单元举办权】 8月31日,第七十三届威尼斯国际电影节在威尼斯水城开幕。在此次威尼斯电影节上,学院获得未来5年威尼斯电影节亚太单元举办权。学院江泊院长获威尼斯国际电影节最高荣誉金狮奖"特别贡献奖"。

(影　艺)

【共建光影未来·电影教学产业基地】 中国光大控股有限公司、IDG资本和分众传媒联合投资20亿人民币,以上海电影艺术职业学院为核心建设教育、影视、文化产业的综合体。投资协议于7月25日签署。(影　艺)

【大型儿童剧《野天鹅》上演】 9月10日,由上海文化发展基金会扶持的大型儿童剧《野天鹅》在兰心大剧院上演。学院歌舞表演专业的教师赵倩是该剧的主要制作人之一,《野天鹅》上演是积极探索产教融合的成果。在排演中,学院学生参与演出和舞美设计,学生们的专业技能在实践中得到提升。

(影　艺)

【参演原创大型交响诗剧《长征——不朽的丰碑》】 10月16—17日,为纪念伟大的长征精神、坚定的革命理想与信念,由国家一级导演陈薪伊执导、国家一级编剧喻荣军担任编剧,学院师生参演的原创大型交响诗剧《长征——不朽的丰碑》在上汽·上海文化广场上演。(影　艺)

【联合摄制电视连续剧《长征大会师》】 学院联合摄制的三十六集电视连续剧《长征大会师》于11月16日在央视一套晚黄金段播出。该剧由万盛华执导,集结佟瑞欣、刘劲、王伍福等著名演员,再现80年前中国工农红军历经二万五千里长征胜利大会师的壮阔历史画卷。(影　艺)

【参加美国纪念南京大屠杀死难者国家公祭日演出】 12月8—14日,学院歌舞表演专业和舞蹈专业师生16人应邀赴美国洛杉矶,参加"历史的回忆——南加州华人华侨纪念南京大屠杀死难者国家公祭日"的大型音乐舞蹈史诗剧的演出活动。

(影　艺)

附:学院负责人及地址

(2016年1—12月)

院　　　长:江　泊
院党总支书记:顾成明

南校区地址:达尔文路188号
北校区地址:松涛路、景明路口
邮编:201203
电话:50271101

上海开放大学

【2016年概况】 学校高等教育招生24384人，毕业学生24096人，在校生规模为69336人。学校非学历教育板块整合内外部优质资源，积极开拓各类培训项目和考试服务，全年完成7.45万人次的进城务工人员技能文化培训，完成530人村居干部“3+X”培训和800人农村教育服务能力提升培训，2390名学生注册单科学习，新增远程老年注册学员4.2万人，举办各类市场化培训班102个，培训2.27万人，同时为9.5万名各类考生提供考试服务。电视中专招生3485名，在校生5068名。

一、加强顶层设计，推进内设机构改革。对学校内设机构和教学院系的设置进行梳理和优化调整：将原7个院系优化组建为4个学院，并完成了学院办公室管理人员配置。归并职能相近部门，明确27个部门和65个处级职数，形成综合管理与服务、教学管理与服务、社会服务三大机构和二级学院及独立法人单位五大板块。

二、深化教育教学改革，努力提升人才培养质量。以“百万在岗人员学力提升计划”项目为抓手，积极推进专业改造和设计：优化了原有“旅游与酒店管理”专业（餐饮管理方向）的人才培养方案，并在本科“城市公共安全管理”，专科“机电一体化技术”等专业中开设校企合作课程；专科新专业“动漫设计”和“市场营销—医药营销”方向的专业申报获市教委批准。初步完成互联网企业管理等5个本科新专业的设计论证。完成45门“双证融通”课程建设，并推进15家分校（学院）与18所中职校的专业衔接。加强在线优质课程资源建设，制定《上海开放大学在线课程建设规范》（2016版），开展14个专业69门课程资源建设的组织管理工作。学校已有24门在线课程可以上线应用于教学。系统建设方面，推进“系统分校凝聚力建设工程”，实施第三期“改革与发展”项目。推进信息化系统和实验室建设，建设并启用了新教务管理系统，新建题库试卷转换服务系统，完成英语作文自动批改系统等4个虚拟实验室建设结项，组织专家对“双证融通”试点专业相关的9个实验室建设项目进行立项评审。

三、加强师资队伍建设，帮助员工多渠道提升。组织20名教师（含分校教师5名）赴英国开放大学开展题为“开放教育教学及管理与系统教学团队建设”短期交流培训。支持6位青年教师参加在职博士生的学历进修，支持4位教师赴同济大学、上海外国语大学等学校访学，支持2位教师分别赴美国丹佛大学和纽约城市大学开展一年期的访学。全年支持总校专任教师参加各类证书培训和专业进修63人次。

四、开展对外合作交流，扩大国际影响力。继续推进国际教育合作，与中国联合国教科文组织全国委员会联合举办“开放远程教育未来领导力与创新”国际会议，19个国家的200多位代表参加会议。接受联合国教科文组织（UNESCO）关于姊妹大学网络主持单位的重新评估，批准延续协议至2020年9月。拓展包括荷兰开放大学在内的11家单位为姊妹大学网络成员单位。与德国欧福科技大学就合作办学、资源共享等签订合作备忘录。加强与国外师生的交流，接收来自英国等15个国家的20名访问学者短期访学和来自荷兰开放大学等12个国家的24名海外学生参加夏令营活动。进一步推动与上海市侨办的合作，国际交流学院被上海市政府、侨务办公室批准成为上海华文教育基地。

五、坚持以“信息化的教育教学”为建设目标，提升学校信息化水平与应用能力。积极推进上海开放大学信息化建设的步伐，重点开展学校信息化公共服务、核心应用的建设，加强信息技术与教育教学深度融合的研究，努力推进教学网络化、管理智能化、服务数字化。完成基于多维大数据的智慧学习评估分析平台的研发，为多个学习系统提供数据分析服务。云数据中心已初具规模，完成核心机房UPS供电系统改造工作，进一步调整优化校内、校外两个数据中心节点的结构，合理部署教学、管理、科研等内容。上海市电化教育馆在市教委的领导和指导下，完成核心业务构建。“上海市义务教育入学报名系统”新增上海市公办初中入学报名的全流程网络化，实现义务教育入学报名系统全覆盖，并于今年并入上海市政务平台。“上海市高中名校慕课平台”如期上线，上海研究性学习智能支持系统(MOOR)上线，服务中学生研究性学习及创新人才培养。学分银行管理中心积极与上海市各高校联系沟通，组织推进高校学生成绩集中存入工作。

六、积极履行服务学习型社会职责。上海学习网深入推进全民终身学习，创新开展第二届上海市民诗歌节、第六届上海社区网上读书活动等特色学习活动。学习网点击量突破1.6亿次，注册人数达200万人，在线课程逾15000门，整合各类电子书刊5万多册，市民自发成立网上学习团队达1733个。上海教育资源中心建设启动，完成整体的规划和设计，落实了平台建设、资源整合等7个项目的招投标工作，整合了基础教育和终身教育资源2.7万个，课程697门。

学校《开放教育研究》杂志通过2015年年检，在市新闻出版局组织开展的期刊编校质量检查中获得“优秀”，其影响因子创历史新高，入选中国国际影响力优秀学术期刊。学校学生在第三届“上海市大学生决策仿真实践大赛”中获得特等奖和一、二、三等奖。 （王会姣、韩　玲）

【完成内涵建设成效评估汇报】 11月9日下午，上海开放大学内涵建设成效评估汇报会在学校举行。市教委、市教育评估院的有关领导，评估组专家以及上海开放大学校领导和各职能部门负责人参加了会议。专家评判肯定上海开放大学的建设成效。
（王会姣、韩　玲）

【举办“开放远程教育未来领导力与创新”国际会议】 11月6—7日，“开放远程教育未来领导力与创新”国际会议在学校举行。此次会议由上海开放大学(联合国教科文组织远程与开放学习姊妹大学网络)、中国联合国教科文组织全国委员会联合主办。会议以“开放远程教育未来领导力与创新”为主题，来自世界五大洲19个国家的200多位相关领域的知名学者参会。

会议在“开放远程教育未来领导力与创新”的主题框架下设立平行议题，包括管理者领导力建设、教学团队领导力建设、系统分校管理与质量、市场开拓与机制创新、学习分析和教育大数据。31位学者就相关主题在平行论坛中做论文演讲，交流实践经验。 （王会姣、韩　玲）

【举行联合国教科文组织远程与开放学习姊妹大学网络首次工作会议】 11月7日上午，联合国教科文组织远程与开放学习姊妹大学网络首次工作会议在学校举行。此次会议由该网络协调单位上海开放大学主办。上海开放大学、韩国国立开放大学、中国国家开放大学、北京开放大学、江苏开放大学、广东开放大学、安徽广播电视大学、云南开放大学、泰国素可泰开放大学等网络成员单位校长及成员单位代表共20人参会。会议就姊妹大学网络成员单位未来四年的合作机制、项目内容和活动形式等进行了商讨并达成了共识。 （王会姣、韩　玲）

【焦扬等到校调研】 7月18日下午，全国妇联副主席、书记处书记焦扬，以及全国妇联、国家开放大学、7个项目试点城市的妇联和国开大地方分部等60余位负责同志到校调研“精彩人生——女性终身学习计划”项目开展情况，并考察学校开放教学数字化实验室、信息化平台监控展示中心、“家政服务与管理”专业综合实训室及女子学院杨浦学习中心，观看了家政技能教学与学生学习技能展示。
（王会姣、韩　玲）

【“上海市高中名校慕课平台”上线试运行】 “上海市高中名校慕课平台”是上海市高中学校面向所有初高中学生分享优质、特色拓展型和研究型课程资源的网络学习平台，由学校所属的上海市电化教育馆负责平台建设和技术服务，上海市实验性示范性高中和部分市特色高中提供课程。“慕课平台”向上海市所有中学生开放，上海市初高中学生通过该平台在家也能学习高中名校特色课程。首批试运行慕课共21门课程，涵盖语言文学、数学、社会科学、自然科学、技术、艺术、综合实践7个领域，由上海中学、华东师范大学第二附属中学、复旦大学附属中学、上海交通大学附属中学四所学校共同建设。初中和高中学生可凭学籍号或身份证号在四所学校网站首页登录注册，也可到“慕课平台”网址（http://gzmooc.edu.sh.cn）登录注册。“慕课平台”于3月5日8时起开始正式授课，参与慕课学习的学生可在周末和寒暑假8时至20时期间自主确定时间进行视频学习，并可在学校课程讨论区开放时间参与集体研讨。（王会姣、韩　玲）

【推进“学分认可型双证融通”相关工作】 学分银行管理中心在全市范围实施“学分认可型双证融通”试点。形成了“学分认可型双证融通”评审标准和实施办法，召开全市继续教育高校会议启动“学分认可型双证融通”申报评审。截至12月20日，共有8所院校的9个试点项目申请通过专家评审，实施部分高校学分替换人社局部分考证项目。学分银行管理中心继续推进“证书认可型双证融通”试点工作。截至12月20日，学分银行管理中心完成226个人力资源和社会保障局发的资格证书可转换为学历教育课程学分的认定工作。学分银行管理中心与市人力资源和社会保障局相关部门共同制定了《关于开展“双证融通”有关数据信息联网对接工作的操作办法（试行）》，建立市人力资源和社会保障局职业资格证书发证数据集中存入学分银行、“学分认可型双证融通”课程成绩与人力资源和社会保障局联网在线审核等机制。开展春、秋两季的社区（老年）教育课程申报评审工作，截至12月20日，学分银行累计评审通过5622门社区（老年）教育课程，累计存入成绩的学员数达196449人，存入课程成绩数达574462条。（王会姣、韩　玲）

【推进高校学生学分转换存入工作】 学分银行管理中心积极与上海市各高校联系沟通，组织推进高校学生成绩集中存入工作。组织各高校网点开展学历教育不同高校之间、学历教育与职业培训等非学历证书之间的学分转换。截至12月20日，共有60个普通高校、56个成人高校（普通高校继续教育学院）累计存入高校学历教育学生成绩信息45050429条。共有5.38万人进行了学分转换，转换为学历教育学分43.8万。（王会姣、韩　玲）

【《开放教育研究》编校质量获评“优秀”】 《开放教育研究》在市新闻出版局组织开展的期刊编校质量检查中获得“优秀”。本次检查是市新闻出版局根据《出版管理条例》《期刊出版管理规定》等规定，委托上海市出版物编校质量检测中心和上海市科技期刊学会两家机构，于2015年5月至2015年12月间对上海正常出版的期刊开展的编校质量检查。检查分初查、复核、反馈、仲裁等阶段，共检查604种期刊。检查结果分优秀、合格和不合格三种。

（王会姣、韩　玲）

【获评2016年全国“终身学习品牌项目”】 学校学指办组织开展的“打造网上学习圈，推进市民网络学习——上海社区网上读书活动”获评2016年全国“终身学习品牌项目”；教务处、学指办联合推荐的徐汇财贸分校学生李鹏伟获评“百姓学习之星”。

（王会姣、韩　玲）

【建设及运行高中研究性学习智能支持系统】 高中研究性学习智能支持系统，又称研究型课程自适应学习系统（MOOR）即大规模在线开放研究性学习（Massive Open Online Research），以“教育”+“互联网”的理念，为上海市普通高中生搭建一个自主探索，智能学习环境。围绕学生的研究兴趣和个性特长，系统采用人工智能和大数据学习分析技术，解决了研究性学习的自适应教学问题、管理问题和评价方式。平台自7月底上线试运行，已有近万个课题组在线上开展研究，400多所高、初中学校的学生们自发在线上建立了千余个讨论组，进行交流、学习。学校对项目使用情况整体满意度高达95%以上。（王会姣、韩　玲）

【加强开放远程教育技术的研究和应用】 学校的上海开放远程教育工程技术研究中心加强关键技术研发，完成了基于多维大数据的智慧学习评估分析平台的研发，为多个学习系统提供数据分析服务。组织研制的“教育信息技术前沿应用”培训课程向全市14万中小幼教师开放培训，其中移动版课程广受教师的好评。牵头研制的《基础教育教学资源元数据实施指南》通过全国信息技术标准化技术委员会教育技术分会鉴定，为全国各类资源平台互联互通提供基础支持。申报的课题“大数据下在线学习用户画像的构建及其应用研究”获全国教育科学“十三五”规划2016年度国家一般课题（国家社科基金教育学课题）立项。完成上海市曙光计划项目“面向上海终身教育的Moocs研究”任务，完成上海市教育综改办“上海教育信息化发展报告”子课题研究，形成上海教育信息化最新发展总结研究成果。在国际合作方面，在保持与瑞典、英国等相关大学合作研究基础上，新拓展了与荷兰开放大学在教科文教席申请支持以及大规模在线学习方面的研究合作。（王会姣、韩　玲）

【在线学习平台全面推广】 在线学习平台2016秋学期进入全面推广阶段，满足3000名老师、8万名学生量大面广的使用需求。新增研发教研活动、毕业论文管理、学习社区等功能，整站实现电信CDN（内容分发网络）加速，保证全市学生访问视频等课程资源的流畅。性能不断优化，实时教学、教研活动支持4万人同时在线，在线作业支持6万人同时在线。进一步规划了平台用户服务机制，设计多级交叉的立体式支持服务体系。

（王会姣、韩　玲）

附：学校负责人及地址

（2016年1—12月）

校党委书记：成旦红

副　书　记：王连华、张道玲（12月离任）、褚劲风（12月到任）

校　长：蒋　红（9月离任）、袁　雯（10月到任）

副校长：王　宏、顾晓敏（6月离任）、张　瑾（6月到任）、王伯军

地址：国顺路288号

邮编：200433

电话：25653100

教育科研与考试、评估机构

Institutions of Scientific Research, Examination and Evaluation on Education

上海市教育科学研究院

【2016年概况】 全年共完成各级各类课题178项，其中教育部委托课题53项、市政府部门委托课题77项、规划课题13项；在研课题193项。通过科研活动所形成的成果逾百万字。

2016年，向有关部门提供内参专报58份，其中9篇获市领导批示。编辑出版期刊4本，分别是《教育发展研究》《思想理论教育》《上海教育科研》《中国高等教育评估》。2017年3月28日，中国人民大学人文社会科学学术成果评价研究中心联合人大书报资料中心研制发布“2016年度‘复印报刊资料’转载学术论文指数排名”，在“教育学”学科期刊转载学术论文转载量(率)排名中，《教育发展研究》以41篇的转载篇数排名转载量第二，以12.97%的转载率排名转载率第十七(发文316篇)，综合指数排名第三。在“马克思主义理论”学科期刊转载学术论文指数转载量(率)排名中，《思想理论教育》以25篇的转载篇数排名转载量第二，以10.20%的转载率排名全文转载率第三(发文245篇)，综合指数排名第二。

一、服务政府决策，建设一流教育智库

2016年是中国全面建成小康社会决胜阶段的开局之年，也是推进结构性改革的攻坚之年，市教科院承接国家重大攻关项目，在继续深化教育现代化监测评价体系研究的基础上，重点开展中国教育现代化2030规划系列研究，研究设计国家推进教育现代化的时间表、路线图与任务实施对策，在监测评价以及服务国家教育现代化发展中发挥重要作用，形成重大影响力。同时，持续聚焦基础教育监测与评价、教育资源需求与测算、高等职业教育质量监测与评价等专题研究领域，完成年度和阶段性的监测评价任务。2016年正值《民办教育促进法》修订，市教科院完成教育部委托项目“民办学校分类管理举办者(办学者)意向调查”，并直接参与《民办教育促进法》修法和国务院及教育部关于促进民办教育发展配套文件的起草工作。

2016年是上海深化教育综合改革的“攻坚年”、高考综合改革的“关键年”。为更好地服务区域教育发展，院在细化完善上海市“十三五”教师队伍发展、高等学校设置、职业教育发展、老年教育发展、民办教育发展等专项规划的基础上，陆续开展上海教育现代化发展规划研究。同时，紧紧围绕深入落实“一市两校”教育综合改革和“一市一省”高考综合改革两大国家试点任务，以确保公平和提高质量为导向，在基础教育领域聚焦于学生基本学习素养、区县教育质量评估和学区化集团化办学研究；在高等教育领域围绕招生考试制度、人才培养模式创新、人事制度改革展开探讨；在职业教育领域积极回应人才培养精准对接需求；在民办教育领域直击分类管理体制改革；在德育领域开展社会主义核心价值观“三进”教育；在教育财政领域关切综合预算管理制度改革；在语言文字政策上积极推进学科交叉，全面开展语言文字智库建设。

在建设教育智库的进程中，着力将“服务面向”扩展到全国各地，提升上海教育对外辐射力和影响力。2016年不仅承接全国各地包括江苏常州、安徽合肥、浙江杭州、云南丽江、重庆、甘肃等地多类型、多领域的委托项目，而且主动服务国家“一带一路”倡议、配合上海援疆工作，完成伊犁师范学院转型发展以及更名大学的研究论证、喀什地区技术技能人才培养研究工作。另外，与澳门特区继续深入合作，完成澳门特区政府教育暨青年局委托的“澳门职业技术教育发展模式研究”，成果得到澳门特区政府相关部门和学校的高度肯定。

二、注重学术发展，锻造高端人才队伍

加强项目申报指导。在科研项目上给予重点支持，对申报者进行集中指导，切实提升项目申报质量。2016年，市教科院科研人员申报并获准立项的规划项目达10项，其中，全国教科规划项目5项、上海教科规划项目5项，立项率均接近50%。

完善人才培育制度。持续推动重点团队建设、推进新进人员科研项目，帮助中青年科研人员全方位成长。先后组织召开重点支持科研团队年度计划交流审定会议和年度评估会议；完成第五期新进人员科研项目结题工作，组织第六期新进人员科研项目申报、立项、开题工作。

构建学术交流体系。继续支持院内各研究所、各部门开展学术交流活动。2016年举办高水平学术论坛、讲座、研讨会30余场，组织科研人员参加境外学术活动数十场，在学术争鸣、学术批判中激发培育新的学术思想。

提升决策咨询水平。重视内参专报工作，提高服务政府教育决策咨询的能力。2016年度，通过市教育决策咨询委员会秘书处向市政府提供专报58份，其中9篇获市领导批示；通过其他途径提供专报15期，部门专报获中央和省市录用或批示。

三、搭建工作平台，推动教育改革发展

与时俱进调整组织架构。根据市教委统一部署，上海市学生德育发展中心等机构将并入上海市教育科学研究院筹建中的德育发展研究院。该院在筹建之初，已承担多项课题，并在抓好重点项目的基础上，有效开展社会主义核心价值观“三进”教育。

协同创新深化网络体系。借助上海教育决策咨询委员会、上海教育综合改革专家咨询委员会和上海高等教育投入评估咨询委员会等平台，深化跨部门、跨专业、跨行业的智库决策协同创新网络体系的建设，主动服务重大教育综合改革决策、主动服务咨询委员建言献策、主动服务基层高校和区县改革实践。　（孙崇文、印成君）

【承担“中国教育现代化2030”规划文本系列研究】 研究制定“中国教育现代化2030”（以下简称“规划”）是中央部署的重要任务，是教育部2016年度重点工作。按照刘延东副总理的指示和教育部党组的部署，教育部发展规划司和市教科院共同组成规划起草小组，制定工作方案，启动规划编制研究工作。近一年的时间内，围绕“中国教育现代化2030”规划内容全方位开展集中攻关研究：组织本院各所研究人员集中梳理研究习近平总书记系列重要讲话特别是关于教育工作的重要论述，学习党的十八大以来党中央治国理政的新理念新思想新战略。开展系列专题研究，对2030年各级各类教育改革发展目标进行测算分析。赴联合国教科文组织总部召开中国教育2030国际咨询会，赴经济合作与发展组织（OECD）总部、国际教育规划研究所调研听取专家意见。开展广泛调研，就教育相关领域的重大问题与观点征询专家学者意见和建议。先后组织本院近300人次参与研讨，召开数十次会议，听取国内专家学者、地方教育行政部门负责人等的意见，修改完善研究成果。在集中攻关和协同创新基础上，充分吸收各方面专题研究成果，经过多轮研究、讨论和修改，形成相关研究成果，为规划文本编制工作和文件的形成提供重要支撑。

（付　炜）

中国教育现代化2030研讨会在上海市教育科学研究院举行

【完成“民办学校分类管理举办者（办学者）意向调查”】 年初，市教科院民办所独立承担的“民办学校分类管理举办者（办学者）意向调查”项目完成，为《中华人民共和国民办教育促进法》的修订提供决策参考和数据支撑。该项目就修法最大争论焦点——民办学校营利性与非营利性分类管理问题进行专题调研，对民办学校举办者的真实态度及选择倾向等进行了大规模网络摸底调查，并于第一时间向教育部和全国人大有关部门报送调查结果及相关建议。教育部主要领导认为，该调查报告所提出的对策建议对于《中华人民共和国民办教育促进法》修法工作具有较高参考价值。调查报告的不少政策建议，获教育部及全国人大有关部门的采纳。调查报告也获市政府及市教委领导的高度关注，翁铁慧副市长专门做出重要批示。

（周翠萍）

【召开区域基础教育环境质量评估学术研讨会】 9月25日，区域基础教育环境质量评估学术研讨会召开。区域基础教育环境质量评估项目立足上海市教育综合改革背景，旨在推进上海市基础教育治理现代化，进一步引导区域形成正确的教育质量观，完善上海市基础教育质量评估体系。来自北京市教科院、北京市教育督导与教育质量评价研究中心、华东师范大学课程与教学研究所、上海市教育评估院、江苏省教育评估院、重庆市綦江区教育委员会等单位的专家参会。

（杨金芳）

【完成喀什地区技术技能人才培养研究】 课题组联合新疆维吾尔自治区教育厅、喀什地区教育局、喀什地区人社局，联合上海市教委、上海市人社局、上海援疆指挥部及上海7所中职学校、7所高职院校，开展实地调研和决策咨询研究，起草《南疆沪喀职业教育对口支援全覆盖行动计划（2016—2020年）》，完成《“一带一路”倡议下喀什地区技术技能人才培养研究报告》。11月，召开上海—喀什职业教育联盟工作研讨会。课题成果汇报引起参会人员的热烈反响，获得新疆教育厅高度评价。课题研究成果已在南疆职业教育全覆盖等工作中得到应用。

（张　鸣）

【召开中国语言文字政策研究热点与趋势学术研讨会】 中国语言文字政策研究热点与趋势学术研讨会于7月11—12日在上海召开。会议由教育部语信司指导，市教科院国家语言文字政策研究中心主办。来自全国各地的近70位语言文字政策研究专家出席会议。与会专家就2015年中国语言政策与规划理论建设、语言文字舆情和学情发展，以及通用语普及、语言规范、语言保护、语言教育、语言传播、语言服务等研究状况进行全面梳理与总结，就各领域研究热点、理论趋势进行研讨，就国家语言战略、社会语言生活对语言文字政策研究的需求进行分析，并对《中国语言文字政策研究发展报告（2016）》的编撰工作提出意见和建议。年初，市教科院国家语言文字政策研究中心编著的“中国语言文字蓝皮书”《中国语言文字政策研究发展报告（2015）》出版。

（陈颖慧）

【召开海峡两岸中小学教育学术研讨会】 由市教科院主办的“2016年海峡两岸中小学教育学术研讨会”于11月15日开幕。会议主题是“基于学生核心素养的学校变革”。台湾地区的30位师范院校、研究机构专家学者、中小学校长，及来自北京、江苏、浙江、黑龙江等省市的专家、校长、教师近40人，与上海市150多位从事中小学教育研究与实践的专家学者、校长、教师一起出席此次教育学术研讨会。市教委、市政府台湾事务办公室的领导出席开幕式。研讨会期间，市教委，台湾地区台中教育大学和上海市嘉定区教育局的领导分别做了题为“核心素养导向下的上海基础教育综合改革”“从国际观点剖析学生核心素养”的专题演讲，及“培育核心素养的区域行动——上海市嘉定区立足文化根基的‘品质教育’实践与思考”的专题报告。16位学者在会上发表论文。研讨活动持续一周。

（杨金芳）

【完成“澳门职业技术教育发展模式研究”】 受澳门特别行政区政府教育暨青年局委托，历时近3年完成澳门职业技术教育发展模式研究报告。研究报告在澳门公开发布，得到澳门地区相关政府部门和学校的高度肯定，《澳门日报》和《华侨商报》等当地主要媒体均作相关报道。

（张　鸣）

【举办“民办教育新政走向”高峰论坛】 11月12日，市教科院民办所会同中国民办教育协会民办教育研究院等机构，共同主办“变革与创新：民办教育新政走向”高峰论坛。本次高峰论坛重在解读新法内容、剖析新政走向、优化宏观治理、改进微观运行。全国人大有关部门、国家和地方教育行政部门、各级民办教育协会和各类民办院校的280余位领导、专家及行业代表围绕新民促法有哪些突破之处、实施新的民促法需要推出哪些配套措施,以及民办教育新政将对民办学校产生哪些重要影响等热点议题,进行深入研讨和交流对话,形成若干重要共识和相关政策建议。 (周翠萍)

【承办高校思想政治理论课骨干教师研修班】 10月23日—11月12日,由中宣部、教育部主办,上海海洋大学、上海市学生德育发展中心承办的2016年高校思想政治理论课骨干教师研修班(63期、64期)在上海举行。来自全国32个省市自治区的高职高专院校思想政治理论课教师共200人参加培训。上海市委宣传部副部长燕爽作首场报告。

(王振雷)

【承接新疆伊犁师范学院转型发展及其更名论证研究项目】 市教科院高教所承接新疆伊犁师范学院委托的转型发展及更名论证研究项目。课题组对伊犁州15个部门、自治区教育厅、霍尔果斯经济开发区,以及伊犁师范学院进行现场访谈、座谈和问卷调查。在深入了解学校发展实际和诉求的基础上,结合当地教育、经济、社会发展实际,课题组提交研究成果。 (陈颖慧)

【基础教育科研优秀成果推广会举行】 基础教育科研优秀成果推广会于12月10日举行。推广会由上海市教育科学规划领导小组和市教科院普教所共同举办。市教委副主任贾炜,部分区县教育学院院长,全市各区县科研室主任,市教科院研究人员及在第十一届优秀科研成果奖和第五届学校教育科研成果奖评选中获奖成果领衔人代表出席。会议旨在进一步贯彻和落实《加强上海市基础教育科学研究工作的意见》精神,进一步推进基础教育科研。 (杨金芳)

【承担“市民终身学习需求与能力监测研究”】 10—12月,在市教委终身教育处及市公安局相关部门的推动和支持下,市教科院“市民终身学习需求与能力监测研究”项目组按计划进度,采取科学抽样方法,有序完成全市16个区、98个单元街镇的6500份大样本测试工作。项目组借助专业统计工具和信息平台,对测试回收问卷进行分类汇总和相关分析,并同步建立基础数据库。该项监测研究,在充分借鉴国际组织经验的同时,紧密结合国情市情,构建富有自身特色的监测指标体系,有别于PICCA、PISA等国际测试做法,将对完善终身教育制度建设、优化终身学习资源配置起到积极的作用。 (周翠萍)

【培训新疆籍少数民族学生教育管理服务教师】 9月1—4日,由市教委主办,市学生德育发展中心、上海政法学院承办的2016年内地新疆籍少数民族学生教育管理服务教师培训在上海政法学院举办,119名少数民族内派教师参加培训。

(王振雷)

【承担“县域义务教育优质和市域基本均衡指标体系研究”】 受教育部教育督导局委托,市教科院智力所承担“县域义务教育优质均衡发展评估研究”和“市域义务教育均衡发展督导评估研究”两个课题。课题组由专业研究机构、地方督导部门、试点地区等多方参与的研究团队,在教育部教育督导局的协调指导下,展开各阶段研究工作。课题组收集分析国务院和各部委政策文献、国家和省级教育标准,收集官方媒体关于办学条件、教育经费、教师队伍、学校管理、教育质量、特殊群体等方面的舆情信息,重点对东、中部3省5县区开展实地研究,运用系统性数据对申报条件划定、评估指标标准设定等进行测算模拟,形成市域义务教育均衡研究评估办法、指标体系与说明、测算结果等系列研究成果。

(付 炜)

【完成“职业院校督导评估体系研究”】 受国务院教育督导委员会办公室委托,市教科院职成教所课题组设计的全国职业院校督导评估方案和分别设计的中、高职院校评估指标体系，被国务院教育督导委员会3月发布的《中等职业学校办学能力评估暂行办法》和《高等职业院校适应社会需求能力评估暂行办法》采用，在此基础上开发运行的全国职业院校评估数据采集系统对各省数据进行采集和分析，并于12月提交评估报告初稿。（张　鸣）

【进行上海高校预算执行管理情况专项调研】 受市教委委托，上海市高等教育投入评估咨询委员会于10月17—21日对全市21所高校的预算执行管理情况进行专项调研。组建包括上海市高等教育投入评估咨询委员会委员、高校总会计师、市教委财务处人员和智力所的8位科研人员组成调研组，实地考察各高校的相关建设项目及学科建设成果。围绕进一步优化高等教育投入决策机制、指导高校完善预算执行管理机制、督促高校健全经费管理制度和推进高校内部控制建设方面内容，召开高校分管校领导及相关职能部门负责人参加的座谈会。各高校准备书面汇报材料，调研组专家和学校代表进行互动交流。在通过实地调研获得第一手资料的基础上，课题组整理每所高校的专家意见和建议，撰写完成调研报告。（付　炜）

【完成《2016中国高等职业教育人才培养质量报告》】 《2016中国高等职业教育人才培养质量报告》与以往的“质量报告”相比，从内容到结构进一步完善，从“计分卡”“资源表”到“服务贡献表”，再到推出“高职院校服务贡献50强”，既为展示高职教育质量提供了量化依据，也体现了对社会负责的质量意识。（张　鸣）

【编写《上海市高等职业教育质量年报》】 受市教委委托，完成《上海市高等职业教育质量年报(2016)》编写任务，在全国省级年报合规性检查中排在A等，工作过程中形成的“三级复核制度”受到教育部高度肯定。（张　鸣）

【开展学习基础素养暑期培训】 市教科院普教所学习基础素养项目组在远程教育集团国际会议中心举行上海市中小学校长、幼儿园园长暑期培训。会上，普教所做“学习基础素养：内涵与实践转化路径”的主题报告。报告重点围绕“什么是学习基础素养”“学习基础素养与核心素养、学科素养的关系”及“如何培育学习基础素养”等三个问题展开。课程教学研究室围绕“素养何以在课堂上生长”做专题报告。培训期间，市教委为20多位学习基础素养项目组专家颁发专家聘书。

（杨金芳）

【完成上海现代职业教育体系建设规划编制工作】 市教科院职成教所历时3年完成市政府的《上海现代职业教育体系建设规划(2015—2030年)》编制工作。该规划对未来15年上海职业教育的发展规模和层次、布局结构和体系建设等进行一系列的设计。与此相配套，完成市教委委托的《上海职业教育“十三五”发展规划》编制任务。（张　鸣）

附：院负责人及院址

（2016年1—12月）

院　　长：陈国良
常务副院长：王　刚
副 院 长：张　珏、胡　卫、陆　璟

院党委书记：王　刚
副 书 记：陈国良、陆　勤

地址：茶陵北路21号
邮编：200032
电话：64167677

上海市教育考试院

【2016 年概况】 全年组织各类考试 53 次，考生达 244.3 万余人(科)次，录取考生近 28 万人。其中，普通高校招生录取 66753 人，研究生招生考试录取硕士生 44785 人、博士生 5950 人，成人高校招生考试录取 43488 人，中考录取 72755 人。高中学业水平考试全年开考 4 次，报名人数共计 166292 人，报考总科次为 908358 人。自学考试组织 91 个专业高等教育自学考试以及 7 项证书考试，报考总数 36.67 万科次。承办各类社会考试项目 6 项，考生总规模 783442 人。

稳步推出招考改革举措。根据上海市高考招生改革总体方案，率先合并一、二本批次为一个本科批次。根据实际情况，设立相应的“自主招生控制分数线”以替代原有一本线的参考作用。同时扩大综合评价录取改革试点范围，在复旦大学、上海交通大学 2 所院校参加的综合评价多元录取批次中，增加同济大学、华东师范大学、上海财经大学、上海外国语大学、东华大学、华东理工大学和上海大学等 7 所院校。

做好改革新举措宣传和工作预案。深入各区和高中，广泛宣传改革政策，通过新媒体(微信、微博和网络)和传统媒体(电视、电台、报纸)融合联动宣传，建立统一咨询服务平台，常态开通 10 门对外咨询电话，抽调经验丰富的人员组建咨询接待队伍，提供专业咨询服务，确保高招工作平稳有序。全覆盖组织 2017 年招考改革新政策宣讲活动。全年共组织召开 6 次高考政策实施研讨会，覆盖全市及全国 500 多所高校、所有区教育局、招考机构和部分高中，广泛征询各方意见和建议，为 2017 年整体实施高考综合改革方案做好基础工作。

加强科学研究与招考改革工作的引导。课题研究与高招改革密切联系，开展“基于上海学业水平考试和 PISA 测评数据的综合素质评价研究”“新形势下上海市普通高校招生的对策研究——上海市普通高校招生政策的调整完善和实施情况的跟踪研究”“长三角地区新高考改革方案试点与实施后跟踪研究”等相关课题研究。

扎实推进命题改革。精心组织外语题库建设，确保命题工作科学、公平、有质量。快速启动、高效推进崇明命题中心建设。

在市教委支持下，考试院民星路院区 4 月建设完成，5 月中旬整体搬迁至新址。 (考试院)

【普通高校招生】 报考普通高校生源总数共 74170 人，计划招生 63913 人，实际录取 66753 人，完成招生计划 104.44%。按本科、高职(专科)分，本科录取 40388 人，占 60.50%；高职(专科)录取 26365 人，占 39.50%。按文科、理科分，文科录取 17894 人，占 26.81%；理科录取 31324 人，占 46.92%；不分文理录取 17535 人，占 26.27%。

参加秋季高考的人数 51095 人，实际参加 47793 人(含内地新疆高中班、内地西藏班高中考生 1142 人)，其中文科 16733 人，占 35.01%；理科 31060 人，占 64.99%。秋季报考人数比上年减少约 1500 人。录取新生 44927 人，完成招生计划 106.30%。

23 所市属本科院校参与春季招生，计划招收 2010 人，报名考生 33784 人，比上年增加 7163 人。实际录取 1930 人，完成招生计划 96.02%。录取最低资格线为 247 分，达到报考资格线考生有 31388 人，其中 3435 人参加招生院校自主测试。

上海市普通高校秋季招生集中录取工作按照录取时间顺序，各批次设置及录取情况如下：

集中录取批次（按录取顺序）		招生计划				录取情况			计划完成率(%)
		文科	理科	文理兼招	合计	文科	理科	合计	
本科录取	综合评价批	337	1440	0	1777	335	143	1766	99.38
	零志愿批	15	33	0	48	44	165	209	435.42
	本科提前批	711	1373	3	2087	716	1337	2053	98.37
	农村专项批	34	133	0	167	34	133	167	100.00
	本科普通批	8218	19464	0	27682	7861	20789	28650	103.50
	艺体本科一批	64	26	1268	1358	1495	187	1682	123.86
	艺体本科二批	552	35	2051	2638	2776	196	2972	112.66
高职专科	高职(专科)提前批	203	184	0	387	159	173	332	85.79
	高职(专科)普通批	2224	3119	0	5343	1913	4540	6453	120.77
	高职(专科)艺体批	154	35	587	776	587	56	643	82.86

另有非集中录取招生数据如下：

非集中录取招生	院校数(所)	招生计划	录取情况			计划完成率(%)
			文	理	合计	
保送生	22	按录取数	69	86	155	100
运动训练、民族传统体育专业	18	按录取数	112	7	119	100
六部委体育保送生	12	按录取数	39	1	40	100
体育单招	20	按录取数	30	41	71	100
公安英烈子女保送生	1	按录取数	0	2	2	100

招收应届“三校生”普通高校31所，招生计划4315人(不含上海应用技术学院20个听力残障单独招生计划)，其中本科专业招生计划623人(含非艺术类专业计划503个、艺术类专业计划120人)，高职(专科)专业招生计划3712人(含非艺术类计划2781人、艺术类专业计划招生931人)。报考人数5321人(含进城务工人员随迁子女636人)，实际录取4282人(含进城务工人员随迁子女467人)，完成计划99.26%，录取率为80.49%。本科专业录取591人，其中非艺术类专业493人，艺术类专业98人；高职(专科)专业录取3691人，其中非艺术类专业2771人，艺术类专业920人。

专科层次30所高校依法自主招生，招生总计划11013人，其中高中生计划3947人(含高中学业考成绩齐全考生计划3525人、高中学业考成绩不齐全考生计划362人、退役士兵计划60人)，“三校生”计划7066人。报名参加考生20128人(含高中生6467人、“三校生”13661人)，实际录取11302人，完成招生计划102.62%。其中，录取高中生4020人(含退役士兵56人)，录取“三校生”7282人(含1516名进城务工人员随迁子女)。 (考试院)

【研究生招生】 报名情况。1.硕士生报考情况：共有133207人报考全市各硕士研究生招生单位，比上年增加10848人，增幅为8.87%。按考生考试方式统计：参加全国统考98317人，推荐免试生12922人，参加单独考试249人，参加管理类联考16875人，参加法律硕士联考4831人，强军计划13人。按考生选择研究方向统计：选择学术型研究方向70732人，占报考人数53.1%；选择应用型专业研究方向62475人，占报考人数46.9%。2.博士生报考情况：报考上海市各博士研究生招生单位考生

17297人，比上年增加266人，增幅为1.56%。按考生来源统计：应届硕士毕业生5627人，占32.5%；硕博连读考生1688人，占9.8%；科研人员608人，占3.5%；高校教师3418人，占19.7%，行政办公人员629人，占3.6%；其他人员5327人，占30.9%。

招生规模和招生计划情况。1.硕士研究生招生规模和招生计划：总规模43187人（不含调整计划），其中学术型招生规模22929人，专业学位招生规模20258人。比上年增加2684人，增幅为6.63%。2.博士研究生招生规模和招生计划：总规模6043人（含调整计划），比上年增加266人，增幅为4.6%。

录取情况。1.硕士生录取情况：49所硕士招生单位录取44785人，比上年增招2623人，增幅为6.22%，报名人数和录取人数之比约为3.4∶1。2.博士生录取情况：24所博士生单位录取5950人，比上年增加307人，增幅为5.44%。录取博士生按考试方式统计：普通招考录取4546人，占录取人数76.4%；硕博连读录取1404人，占23.6%。（考试院）

【成人高等院校招生】 报考人数及招生情况。统一考试报名人数53993人，应考53566人，免考7人，缺考4344人。录取工作于12月5日开始，至12月23日结束。在沪招生成人高校66所，其中上海市成人高校57所，外省市成人高校9所，共录取47003人（含“三支一扶”和“退役士兵”），完成招生计划100%，录取率为87.05%。由于教育部下拨计划数少于实际参加考试人数，经部属院校内调部分计划，专科起点升本科、高中起点升专科成人高等学校招生计划都满额完成。普通高职（专科）毕业生服义务兵役退役和下基层服务期满免试接受成人本科教育招生工作继续在沪进行，共录取考生167名，比上年增加15人。

生源及录取情况。1.生源特点：25岁以下（含25岁）考生25931人，占报考数48.03%。非上海市户口考生32101人，占报考数59.45%。具有本科及以上学历的考生有721人。2.录取情况特点：教育部按报名人数85%下达计划45820人，比上年增加约5%。录取期间上海市向教育部申请部分计划，录取考生47003人，录取率达87.05%，与往年相近。成人高校进一步加强和各企事业单位合作，增加委培生源，培养应需人才。成人各专科院校通过能力考试录取具有相应专业技能的新生。工商管理、会计、护理专业的本、专科生源比较充裕。

（黄　琦）

【中等学校高中阶段招生】 全市中招报名人数76400人，其中75074人参加初中毕业统一学业考试，比上年减少2512人；另有6695名在沪进城务工人员随迁子女借用语文、数学、外语试卷，参加部分中等职业学校招生入学考试。市教委下达高中阶段各类学校招生计划数为82662人（含部分学校直升计划），其中高中53014人，中职校29648人（含中本贯通972人、中高职贯通5316人），参加招生高中学校248所，中职校72所。高中阶段各类学校录取人数72755人，招生录取率达98.7%，为近年来最高。

2016年上海市高中阶段各类学校计划和录取情况表

学校类别	招生计划数（人）	实际录取数（人）	计划完成率（%）
普通高中	53014	51864	97.83
中专	20865	15233	73.01
职校	6524	4629	70.95
技校	1605	982	61.18
中职校特殊艺体类	654	483（本市47人）	73.85
全市总计	82662	72755	88.02

注：“全市总计”统计中，中职校特殊艺体类录取只计本市的47人，其他不计入录取总数。

（董美意）

【普通高中学业水平考试】 高中学业水平考试正值改革年、过渡年，全年开考4次：高中学业水平考试外语口语测试于12月举行，高三年级学业水平考试暨春考于1月开考，地理等级性考试于5月首次开考，高一高二学业水平合格性考试于6月开考（其中技能操作测试于5月开考）。开考10门科目，组织14项考试，全市260所高中（含综合高中）报名参加考试，报名人数166292人，其中高一考生53949人，高二考生53703人，高三考生58640人，外语口试含社会考生2725人，学业水平合格性考试社会考生2360人。报考总科次为911019人。各项考试均在标准化考场中完成。

根据高等学校考试招生综合改革实施方案，普通高中学业水平考试实行合格性考试和等级性考试。合格性考试开考科目有地理、信息科技、物理、化学、历史、生命科学、思想政治7门科目。除信息科技外，其余6门科目均向社会考生开放，报考总科次数为415008。生命科学科目有高一高二两届学生参加报考，报考人数89863人，其中高一考生的报考率为67.71%。所有笔试科目在全市144个标准化考点中进行考试，共3681个考场。信息科技实行上机考，全天共设7场，在全市189个考点进行，共353个考场。

高中学业水平地理等级性考试首次开考，全市约34417名考生报名参加，其中高二学生33876人，社会考生535人。在校生报考人数占学生总人数63%，比预期报考人数下降。

中职校学业水平考试全市首次开考。中职校学业水平考试分合格性考试和等级性考试，开考科目有语文、数学、英语(含口试，单独组织)、信息技术基础。其中等级性考试和信息技术基础为选考科目。信息技术基础在6月26日开考，英语口试在12月17日开考，语文、数学、英语笔试在12月24日、25日开考。信息技术基础有4265名考生选考。语文、数学、英语合格性考试报名27844人，其中中本贯通考生547人，中高职贯通考生4690人。等级性考试报名20646人，其中中本贯通考生3人，中高职贯通考生98人。语文、数学、英语笔试全市45个考点，其中14个中职校考点，31个高中考点。有26个考点同时设置合格性考试考场和等级性考试考场。笔试考场1142个，其中等级性考试考场840个，合格性考试考场302个。英语听说测试41个考点，其中11个考点为中职校考点。

(王　丽)

【高等教育自学考试】 4月、10月两次举行高等教育自学考试，5月、11月两次举行证书考试。自学考试91个专业，证书考试7项。全年组织考试13天，开设16118场次考试，报考总数达366713科次。4月、10月高教自考学校19所，开考本专科专业91个。全年总计参加考试达112993人次，考试科次290084科次。相比上一年度，考生人数下降4.1%，考试科次上升2.6%。

4月高教自考课程338门，参加考试57401人，理论考试143602科次，45805人次获得单科合格证书，毕业人数3507人；10月高教自考课程348门，参加考试55592人，理论考试146482科次，39895人次获得单科合格证书。

首次实施自考专业分类。91个自考专业分成优势专业、常规专业和预警专业三大类，并在下半年第69次自考报考系统中标注，引导考生报考合适学校或专业。首次使用“上海市高等教育自学考试专用信息平台”，实时动态了解考区、考点、考场、驻点巡考等考务基本情况，掌握考生人数、报考科次数、课程门数等基本数据；试卷发放首次采用RFID无线射频智能发卷系统。

第六十八次高教自考结束时，对接教育部电子转考平台开发升级新考务考籍管理系统。系统实现全市各主考学校与考试院及外省市进行统一协作的电子化转籍功能。

全年，完成122人次的考生考籍档案转出，51人次共计254科次的考生考籍档案转入工作。依法处理违纪违规考生389人。

证书考试主考院校5所，开设7个证书考试项目。参加考试人数与科次如下：

主考高校	考试名称	5月		11月	
		人数(人)	科次(次)	人数(人)	科次(次)
上海财经大学	中英合作采购与供应管理资格证书考试	5305	11177	4088	9874
上海工程技术大学	中国物流职业经理资格证书考试	871	1546	590	1070
	劳动和社会保障资格证书考试	153	262		
	中国销售管理专业水平证书考试	194	354	224	472

续表

主考高校	考试名称	5月		11月	
		人数(人)	科次(次)	人数(人)	科次(次)
华东政法大学 华东理工大学 联合主考	中英合作商务与金融专业管理段证书考试	326	607	215	390
	中英合作商务管理与金融管理专业基础段证书课程考试	11722	24001	11024	22864
上海大学	能源管理师职业能力水平证书考试	695	2262	633	1822

"中国物流职业经理资格证书考试"11月为该证书项目最后一次考试,报考人数590人,共报考1070科次。"中英合作采购与供应管理资格证书考试"11月该证书项目最后一次考试,考生抓住最后机会报考,报考人数不降反增。5月报考人数5305人,共报考11177科次,11月报考人数4088人,共报考9874科次。与上年相比增长1420人。该证书考试与自考专业计划对接已顺利完成。

5月,劳动和社会保障岗位资格证书考试按停考计划进行最后一次考试,为保障考生权益,给考生在周五增加一天考试时间,保证该考试项目平稳收尾。 (汪成辉)

【各类非学历证书考试】 社会考试办公室承办的各类社会考试项目共6项,开考12次,设置考点212个,考生783442人,与上一年度相比,减少13140人,呈现小幅下降趋势,下降幅度1.65%。具体情况如下表:

序号	项目名称	开考次数(次)	考试科目数(个)	考点数(个)	2016年报考数(人)	增幅(%)
1	全国大学英语四、六级考试	2	9	70	547656	-3.00
2	上海市高等学校计算机等级考试	1	9	54	85882	-3.63
3	全国中小学教师资格考试(综合笔试)	2	35	47	39006	13.94
4	全国计算机等级考试(NCRE)	3	22	23	63861	7.57
5	全国英语等级考试(PETS)	2	4	16	40375	8.91
6	全国大学英语四、六级口语考试	2	2	2	6662	289.36
	合计	12	81	212	783442	-1.65

推出各项考试管理新举措:

1. 上海市高校计算机等级考试科目,停考二级VB科目,新增二级Python科目,编撰完成《2015年考试评价报告》,为各高校计算机教学管理和课程改革提供数据依据和支撑。

2. 全国中小学教师资格考试综合笔试全面参照标准管理,开通与教育部考试中心指挥平台对接的考场巡查系统和保密室巡查系统,设计完成全盲人员参加纸笔考试试点工作,全年两次考试过程中,网上实时调看全盲考生参考视频。 (戴芳芳)

【春季高校招生投档模式改革】 实行一档两投方式,实行"投档到专业"。每个考生最多可填报2个专业志愿,可以是同一所高校的2个专业,也可以是不同高校的各1个专业。考生若同时被2所高校或同一所高校预录取,可选择其中的一所高校确

教育部考试中心领导到市教育考试院检查2016年高考准备工作

认录取。考试院开发“春季高考录取确认系统”，除投档、校测成绩上报、预录取上报等功能外，通过系统能实时了解预录取考生确认状态，方便招生院校统计考生确认情况。（考试院）

【加强考务管理与考试安全】 高考试卷首次以考点为单位装箱密封，减少中间环节，减少试卷泄密风险；试卷发放首次采用RFID无线射频智能发卷系统；试卷领用、答卷运送所有环节全部采用邮政EMS专车。专车加装有视频监控设备或GPS，全程由公安或武警押运，全程实时监控试卷和答卷运送情况，确保试卷答卷万无一失。（考试院）

【市领导巡查高考保障准备工作】 6月7—8日，举行普通高校招生统一文化考试。全市设20个考区、83个考点，约5.1万考生参加考试。641所普通高校在沪招生。开考前一天，市委副书记应勇和副市长翁铁慧、白少康就高考保障准备工作赴部分考点巡查准备情况。考试期间，副市长翁铁慧、市政府副秘书长宗明、市教委主任苏明等领导坐镇市教育考试指挥中心，各考区均设现场指挥部，16个区县分管区长和所有区县高考联席单位负责人到岗到位。（考试院）

【翁铁慧视察高考评卷工作】 6月14日，副市长翁铁慧一行来到高考语文、政治、地理、历史科目评卷点，视察正在进行的秋季高考评卷工作，慰问参与评卷的教师和工作人员。（考试院）

【一、二本批次合并改革】 上海率先合并一、二本批次为一个本科批次。一、二本合并打破高校间人为设置壁垒，引导考生对高校关注从分层到分类，有利于保护考生兴趣、发挥特长、坚定学科和专业方向，也有利于高校重视学科建设和专业培养，以办学特色吸引考生。考试院深入区县和高中学校，向校长、老师、学生和家长广泛宣传政策，组织全国高水平大学研讨宣讲会，对原有志愿填报信息系统和投档录取信息系统改造维护，有力保障录取顺利进行。中共中央政治局委员、国务院副总理刘延东为此批示：“上海推进高校招生录取改革，设计科学，导向鲜明，操作周密，反响良好”。（考试院）

【考生家长代表参观高考评卷点】 6月15日，9名考生家长代表走进高考评卷点，了解高考评卷工作。在语文评卷组负责人带领下，参观评卷现场，整个评卷工作科学、规范、公平、公正，给考生家长们留下深刻印象。（考试院）

【考生代表参观高招录取现场】 7月21日，徐汇、长宁、宝山、奉贤4区8名考生代表受邀参观高招录取现场，依次参观计划投档系统组、录取检查组、联络组、体育组、体检组和招生监察办公室、综合组等，录取组负责人向考生介绍各工作组具体职责，并请各组工作人员详细解说，使考生更加深入了解招生录取环节和工作流程。（考试院）

【扩大综合评价改革试点范围】 “综合评价，多元录取”试点改革是上海高考招生改革的方向。年内，实施综合评价录取改革试点的上海高校由复旦大学、上海交通大学2所扩增至9所，增加同济大学、华东师范大学、上海财经大学、上海外国语大学、东华大学、华东理工大学和上海大学。考试院在公布高考成绩同时，首次公布各校线上入围考生成绩分布情况，以帮助考生适应考后志愿填报。（考试院）

【保障考生权益】 社会考试增加一次劳动和社会保障岗位资格证书考试时间，保障考生权益，保证该考试项目的平稳收尾。高教自考开发升级新的考务考籍管理系统。实现上海市各主考学校与市教育考试院及外省市统一协作的电子化转籍功能；从报名、确认、考试到成绩复核等多个环节为考生提供细致周到的服务。为视力残疾考生提供盲文试卷、大字号试卷，为听力残疾考生免除外语听力考试。努力做好考点服务工作，设立思博职业技术学院为新考点，方便南汇地区报考全国计算机等级考试。提升对外咨询接待服务，畅通渠道方便考生家长信访。搬迁新院区后，开通10门咨询电话，统一整合各部门电话，组成院电话咨询和对外接待为一体的服务平台，为考生家长提供便捷服务。

（考试院）

【召开高考投档录取方案研讨会】 11月16—18日，考试院分批组织全国在沪招生的本科高校召开上海市2017年高考投档录取方案研讨会。向来自全国94所高校的126位专家介绍2016年高招录取情况、2017年高招改革推进情况，及2017年上海高考志愿填报及投档录取新方式。会议期间，部分高校还与上海部分示范性高中进行面对面交流座谈。

（考试院）

【首届“华强奖”颁奖大会举行】 11月8日，上海市教育发展基金会华强教育专项基金首届“华强奖”颁奖大会举行。“华强奖”是上海市教育招考领域首个专项奖励，主要用于奖励上海市各级教育招考机构、个人以及为教育考试招生改革做出贡献的社会各界。会上，为120个集体及51名个人表彰颁奖。

（考试院）

【承办的主要考试项目】 全年，考试院承担各项考试共计53次，考生256万余人次（科次）（考生数不包括外语听说测试，各项艺术、体育类专业考试及普通高等学校联合招收华侨、港澳地区及台湾省学生上海考点考试等），录取23万余人。承办的主要考试项目见下表：

项目名称	报考人数（人次、科次）	录取人数（人）
全国普通高校招生统一文化考试（秋季）	48023	44927
上海市普通高校招生统一文化考试（春季）	33784	1930
本市应届“三校”毕业生报考普通高校统一文化考试	5321	4282
复旦大学、上海交通大学等九所高校“综合评价”录取		1766
高职（专科）层次依法自主招生	20128	11302
全国硕士学位研究生招生考试	133207	44785
博士研究生招生	17297	5950
成人高校招生全国统一考试	53566	47003
普通高中学业水平考试	911019	
上海市中等职业学校学业水平考试	108494	
上海市初中毕业生统一学业文化考试	76400	72755
高等教育自学考试（4月、10月）	290084	
学历与职业资格证书相结合考试（物流、采购等7项）	76071	
上海市高等学校计算机等级考试	85882	
同等学力人员申请硕士学位全国统一考试	8893	
全国大学英语四、六级考试（含小语种）	547656	
全国大学英语四、六级口语考试（含小语种）	6662	
全国英语等级考试（PETS）	40375	
全国计算机等级考试（NCRE）	63861	
全国中小学教师资格考试（笔试）	39006	
合计	2563068	234700

（考试院）

附：院负责人及地址

（2016年1—12月）

院　长：郑方贤

副院长：刘玉祥、周　勇

院党委书记：褚劲风

副书记：刘玉祥（常务）

地址：民星路465号

邮编：200433

电话：35367070

上海市教育评估院

【2016年概况】 围绕市教卫工作党委、市教委(以下简称"两委")中心工作,协同深入推进上海教育综合改革,深化党建创建和规范管理,积极创新,锐意进取,不断提高专业化水平和服务能级,事业取得进一步发展,内部管理得到进一步规范。

全面对接"两委"工作,服务教育改革发展。对接服务"两委"16个处室,完成评估项目105项,其中新项目40余项。相比上年增加30%左右。项目内容涵盖基础教育、高等教育、职业教育、终身教育、民办教育、中外合作办学等各领域,涉及学校整体评估、专业评估、学科评估、职称评审、课程评选、团队评选、论文评审、专项资金评审等各类教育教学项目。

扎实做好常规项目,持续提高服务质量。开展50余项常规项目,如教师高级专业技术职务评议、中央财政支持地方高校发展专项资金项目评审、义务教育学校委托管理绩效评估、中高职中本贯通试点专业评估、本科专业达标评估、民办教育专项资金项目评审、中外合作办学设置评议和到期评估、中小学心理健康教育示范校评估、研究生学位论文抽检评议等。通过优化评估方案、规范操作程序、规范专家遴选、定期交流研讨等举措,持续提高工作质量和水平。

完成重大项目,提升评估服务能级。"两委"委托业务工作增长,重大项目。1.学位授权点统筹增列工作。对同济大学等5所高校自主调整进行程序审查,对华东政法大学等12所高校申请增列学位授权点开展专家评审。2.中小学正高级教师任职资格评审工作。对16个区和4家直属学校(单位)75位正高级推荐人选进行评审。3.职业院校专项督导工作。完成23所高等职业院校适应社会需求能力评估,及71所中等职业院校办学能力专项督导。采集与核实2万多个数据。问卷调查近1万名学生和校长。4.文明单位评估工作。对50所高校开展2015—2016年度国家级和市级文明单位创建终期检查,对114所学校开展2015—2016年度文明单位(和谐校园)在线创建工作中期评估。

运用现代教育评估理论,有力发挥评估功能。针对不同项目具体要求,运用现代教育评估理论,发挥教育评估的鉴定、诊断、激励和监控等功能,服务教育改革发展,取得良好成效。1.审核评估。结合教育部审核评估方案,探索实施"自主、开放、协商"的新型评估模式,并在上海大学等3所高校率先开展本科教学工作审核评估;2.协商式评估。以"回应、协商、共同建构"为本质,对8个Ⅳ类"高峰"学科开展论证工作。3.发展性评估。以"评估不是为了证明,而是为了改进"的思想,对14所第二批中等职业教育改革发展特色示范学校进行建设验收评估。4.选优评估。以"好中选优、层层筛选"理念,开展高职高专院校市级精品课程、教学团队评选工作。5.绩效评估。以项目取得的实际成绩和效果为标准,完成普教系统德育项目的绩效评估,对12所职业教育开放实训中心建设进行绩效评估等。

丰富教育评估技术,提高专业评估水平。在规范运用现代教育评估理论的同时,探索、丰富教育评估技术,提高专业化水平,服务教育改革发展。1.数据分析法。以基于数据分析的客观评价法,按照分类评估的思想,采集近2万项数据,逐一计算出25所市属高校的整体办学绩效。2.网上评估。通过开发评估管理信息系统,完成4000多份研究生学位论文的抽检评议等项目,提高工作效率。3.元评估。从规范性、公正性、参与度、达成度和影响力等方面,对上海高校青年教师教学竞赛工作进行评估，确保竞赛工作的信度和效度。

积极拓展经营项目，提高社会影响力。在完成“两委”委托业务的同时，积极面向市场开拓经营项目，力求社会效益和经济效益双丰收。继续承担市新闻出版局委托的期刊出版质量综合评估，中国国际工业博览会组委员委托的中国高校展区优秀展品奖评选，上海多所高校委托的教师高级专业技术职务学术能力评议、研究生学位论文评议和本科专业评估等项目。承接安徽省教育厅委托的安徽省“十二五”教育事业发展规划实施情况评估、扬州大学兽医学院委托的兽医学科评估。

加强党风廉政建设，落实“一岗双责”。加强底线思维和风险意识，探索“党风廉政项目化管理”机制。仔细梳理教育评估工作中的廉政风险，针对9个风险点逐一制定监控措施和问责办法，把“一岗双责”与业务无缝衔接、有机融合。开展中层干部述廉活动，交流讨论落实“一岗双责”的经验做法，排除潜在隐患。评估工作人员签署《行为准则承诺书》，严明工作纪律。全面修订管理规章制度，进一步加强内控和监管的长效机制。

加强文明单位建设。立足“以文化人”，通过举办“文化讲堂”，邀请专家作专题报告，拓展职工视野，提升文化品质。职工在“七彩讲座”上交流学习、工作、生活心得，乒乓、摄影、瑜伽等兴趣小组丰富职工生活。踊跃参加市教工运动会和直属单位趣味运动会。在市教育工会支持下，添置了跑步机等运动器械。高教所和职成教所分别被评为“上海市巾帼文明岗”和“上海市教育系统巾帼文明岗”，1人获“上海市教育系统巾帼建功标兵”。组织职工自主评选“2016年度评估院十件大事”，激发广大职工的主人翁意识。

加强教育评估科研引领，促进专业化发展。坚持“评估实务是立院之本，评估科研是强院之路”的发展理念，加强教育评估科研，深化科研考核与奖励工作，促进提高服务能级与专业化水平。全年公开发表学术论文16篇，参加国内外学术会议26人次。承担教育部发展规划司委托的“普通高校设置条例及设置标准研究”和教育部国际合作与交流司委托的“中外合作办学条例修订研究”等重大课题。

加强队伍建设，提升服务能级。加强专业队伍建设，提升职工业务能力与觉悟修养，打造一支“想干事，能干事，干成事，好共事，不出事”的专业队伍。组织职工开展“补短板”工作，以自评和互评相结合方式，在“党性修养、工作态度、实务能力、科研能力”等方面查补短板，制定整改方案，促进整体增效，增强服务能级。建立业务学习制度，每季度组织一次评估沙龙，交流研讨评估工作心得和改进思路。开设教育评估专业化专题讲座。严格按照规范程序开展专业技术岗位评聘工作。组团随团出访9人，进一步开拓国际视野，学习国外先进教育评估理论与经验，提升评估专业化水平。（刘苹苹）

【市属高校本科教学审核评估】 受市教委委托，对上海大学、上海师范大学和上海工程技术大学等3所市属高校开展本科教学工作审核评估。以教育部审核评估方案为基础，结合上海已开展的本科专业评估、本科教学教师激励计划等重大教育教学改革项目经验，通过自评工作前期指导，相互探讨协商方案及程序，邀请相关高校参加会议开放互动，形成具有上海特点的审核评估方案。按照“全面考察，独立判断”的工作要求，形成《本科教学工作审核评估报告》。（胡　莹）

【高校高峰高原学科建设方案论证】 受市教委委托，组织实施上海高校高峰高原学科建设论证工作，先后组织开展对学科建设方案的国际同行通讯评议、管理专家现场论证，以及对建设经费预算的财务评审。根据不同类别的高峰高原学科，明确区分论证重点。针对涉及多所高校共建的Ⅳ类高峰学科，对其同城协同机制、管理模式及经费使用规范予以重点关注。（夏　燕）

【市属高校整体办学绩效评价】 6—8月，受市教委委托，对包含本科、高职高专两个层次四种类型的25所市属高校开展整体办学绩效评估工作。组织多次调研和专题研讨，充分听取被评高校代表和市教委职能处室的意见建议，对评估指标体系、数据采集方式以及经费分配方案等优化调整。在采用主要基于数据分析的客观评价法基础上，针对

"管理创新与特色发展"部分指标,以学校提供特色案例形式引入专家主观评价,完善评价模式,全面反映评估周期内高校内涵建设情况。(吴新林)

【高校青年教师教学竞赛评估】 受高校青年教师教学竞赛组委会委托,通过专题访谈、问卷调查、案例分析等方式,从规范性、公正性、参与度、达成度和影响力等五个方面,对竞赛工作开展第三方评估。评估报告从政府、高校、选手和主办方的角度,提出加强宣传、建立校内遴选制度、坚持以赛促教的长效机制等针对性的对策与建议,得到委托方认可,其对策建议将作为今后优化各项工作的重要依据。(胡 莹)

【学位授权点统筹增列专家评审】 受市学位办委托,组织实施上海市学位授权点统筹增列专家评审。聘请天津、湖北、湖南、安徽、浙江、江苏等6省市及上海的近30位专家(主要包括管理与学科方面的专家),对同济大学等5所高校自主调整进行程序审查,对华东政法大学等12所高校申请增列的学位授权点开展专家评审。专家评审是科学引导学位授予单位学科建设和学位点建设的科学规划与发展的重要途径。(胡 莹)

【特色普通高中评估】 4—12月,受市教委委托,组织开展首批上海市特色普通高中评估工作,以引导和推动普通高中学校错位发展、特色发展和可持续发展,逐步形成普通高中教育"多样化、有特色、高质量、可选择"的发展格局,满足学生多样化和个性化的学习需求。评估遵循"注重基础、聚焦特色、统一标准、宁缺毋滥"的原则,基于上海市特色普通高中"校本化、递进性、稳定性"的建设要求,以及"项目孵化、滚动推进,分类指导、分阶提升"的发展过程,通过学校自评、专家飞行检查、专家组现场考察、网上问卷调查、同行观察等组合方式,从定位与管理等五个维度对申报的5所普通高中进行评估。经过专家组综合评议、上海市特色普通高中创建工作领导小组审议,形成最终评审意见。(朱 丽)

【首批区县中小学心理健康教育示范中心评估】 2016年组织开展首批上海市区县中小学心理健康教育中心争创示范中心评估工作。该项评估工作历时一年,经历遴选、中期现场指导和终期评估三个阶段。11月,经专家组终期评估、市教委审定,共有4家上海市区县中小学心理健康教育中心被评为首批上海市区县中小学心理健康教育示范中心。(朱 丽)

【开展中等职业学校办学能力评估】 6月至11月,根据《国务院教育督导委员会办公室关于开展2016年全国职业院校评估工作的通知》的要求,市教委和市教育督导室委托评估院,对上海市71所中职校开展办学能力评估。学校填报的数据和问卷调查结果显示,中职校基础性办学综合实力较强,内涵发展、校企合作成效较明显,人才培养质量和社会服务水平较高。要进一步提高中职校的专业建设水平,加强信息化教学资源的应用,改善职业教育办学环境等。(李 钰)

【老年大学内涵建设情况调研】 10—12月,组织专家组对黄浦区等5所区级老年大学内涵建设情况进行调研。通过调研,考察"十二五"期间扶持区级老年大学能力提升建设的工作绩效,掌握老年大学在管理体制、师资队伍建设、办学条件、教育教学、资源建设和服务能力等各方面的状态水平,为编制《上海市老年教育机构指标体系》和推进下一步工作打下基础。(李 钰)

【中等职业学校学生综合素质评价】 受市教委委托,组织开展首次上海市中等职业学校学生综合素质评价工作。研究制定《上海市中等职业学校学生综合素质评价管理办法(试行)》,协同市电教馆开发上海市中等职业学校学生综合素质评价信息管理系统。2016年上半年和下半年分两批分别组织学校开展综合素质评价信息系统填报培训,接受学校咨询,同时推进7个中职综合素质评价协作组开展相关工作。中职生综合素质评价的结果将为用人单位录用和高等院校招生提供有价值的参考依据,促进中等职业学校人才培养和高等院校人才选

拔模式的转变。（李　钰）

【上海开放大学内涵建设成效评估】 11月9日，对上海开放大学内涵建设成效情况进行评估。评估专家在听取汇报的基础上，通过提问、互动交流、综合评判等，对各项指标给予评分，并提出综合性意见和建议。对开放大学的内涵建设成效进行评估是市教委通过评估手段对其进行管理的一次探索。（周益斌）

【上海纽约大学一期建设成效评估与二期建设方案论证】 根据市政府要求，市教委委托评估院组织开展上海纽约大学一期建设成效评估与二期建设方案论证工作。3月起，组织专家开展近半年的评估准备工作，9月6日在纽约大学召开评估与论证会，市教委、市发改委、市财政局以及市内外著名高校、专业机构的党政领导作为专家参加评估。此次评估不仅有助于教育行政管理部门有效行使对学校的监管职能，也为学校二期建设继续提供相关支持和进一步完善管理措施提供重要参考依据。（万晓旻）

【市示范性中外合作办学机构(项目)评选】 为提高上海市中外合作办学水平和可持续发展能力，通过引进和优化国外优质教育资源，培养符合我国社会和经济建设需求的国际化人才，受市教委委托，组织实施第二届上海市示范性中外合作办学机构(项目)评选。评选历时近一年，经过材料申报、材料初审、网络评议、实地评估、网上公示等多个环节，共从31个申报机构(项目)中评出7个机构(项目)为第二届上海市示范性中外合作办学机构(项目)，6个机构(项目)为第二届上海市表扬中外合作办学机构(项目)。（侍伟民）

【开展民办高校年度检查】 受市教委委托，组织专家组对市教委颁发民办普通高校办学许可证并登记设立的20所民办高校进行年度检查。检查认为，民办普通高校的总体情况良好，但是也存在部分民办高校基本办学条件不达标、法人财产管理不规范、部分学校财务与资产管理不完善等一些问题。经过近半年的检查与梳理，最终出具一份总报告、20份分校报告和5项专题报告，为市教育行政部门提供决策咨询依据。（王珊珊）

【中小学正高级教师任职资格评审】 6月起，根据市教委、市人力资源社会保障局《关于做好2016年中小学正高级教师评聘工作的通知》要求，受市教委委托，组织实施市教委直属学校(单位)中小学正高级教师评聘推荐工作和上海市中小学正高级教师任职资格评审工作。7月组织实施评审工作，共受理16个区和4所直属学校(单位)的75名正高级推荐人选，涉及16个学科。（程　婕）

附：院负责人及地址

（2016年1—12月）

副院长：冯晖(主持工作)、李耀刚

地址：陕西南路202号
邮编：200031
电话：54035258

教育电视与报刊

Educational TV and Press

上海教育电视台

【2016年概况】 贯彻落实党的十八大以及十八届三中、四中、五中、六中全会精神和习近平总书记在党的新闻舆论工作座谈会、网络安全和信息化工作座谈会上重要讲话精神和市领导提出的关于“坚持正确舆论导向、体现教育媒体特色和遵循教育电视规律办台”等工作要求，教育电视台进一步聚焦优势、开门办台、整合资源、拓展新媒体领域、推进高清化升级改造、加强队伍建设，荧屏形象和节目内容都有了鲜明的变化。

精心编制《上海教育电视台“十三五”发展规划纲要》，提出“深化转型、强化特色”的战略要求，与“频道向平台转型，受众向用户转变”的发展目标，注重全面统筹、分步实施，不断提升优化软实力，实现教育电视台的可持续发展路径。《规划纲要》的完善对建设特色鲜明、风格独特的教育电视大众传播平台、建设具有核心竞争力的精品栏目和品牌项目、进一步明确教育电视台的自身定位，具有长远指导性和操作性意义。

紧扣时代脉搏，强化教育属性，加强研发力度，自制节目精彩纷呈。在播自制节目有《教视新闻》《教育山海经》《招考就业周刊》等专业教育栏目，大型健康养生栏目《健康大不同》、公益服务性栏目《帮女郎》《家装新主张》；大型服务类直播节目《我们一起填志愿》——高考咨询大直播、中考咨询特别节目；老年人栏目有《常青树》《银龄宝典》《银龄课堂》；季播节目有原创大型科普节目《十万个为什么》。

承办教育卫生系统多个重要活动和赛事，录制、播出多档精美的大型晚会与主题活动，如《教育因你而温暖——2015上海教育年度新闻人物颁奖主题活动》《“我爱汉字美”2016上海市小学生汉字听写大会》《雏鹰展翅——第二届国学小达人挑战赛》《上海之春国际音乐节“正青春正成长”高等艺术院校声乐展演》《大学生微电影高校行——寻找校园绿色大使》《周爷爷，我想对您说——纪念周恩来诞辰118周年主题诗歌朗诵会》《光荣与梦想——上海市美德少年、大学生年度人物颁奖仪式》《讲精彩故事，为天使点赞——上海市医务职工故事汇》《第三届“左英护理奖”颁奖仪式》《放飞梦想——上海开放大学师生文艺展演》《守护成长，放飞未来——2016年上海市优秀班主任暨长三角地区班主任基本功大赛上海获奖选手表彰会》《我的选择我的路——上海市女性高层次人才论坛》《上海市五好家庭风采展示》等。

举办系列校园电视片展播活动，有《百年市北诗情荡漾——市北中学古诗词合唱音乐会》《比优乐学自主发展——贺比乐中学70周年校庆》《江畔风华时——上海理工大学百年建筑史话》《海派市西——市西中学70年的行与格》《文来Style》《汗水哲学——华东理工洁净煤团队的追梦之旅》《姐妹兄弟》、华东政法大学原创毕业MV、《百年交大》等，还对第四届上海大学生（国际）微电影节中的优秀作品进行展播；展示各级各类学校和师生们的风采，在教育电视荧屏上共同塑造上海教育风貌。

节目编排紧扣教育文化特色。加强科普、校园文化和公益宣传节目的引进，提升荧屏整体形象。引进《医院的故事》《传家》《新疆味道》《云南味道》《中国乐器》等一系列优质纪录片，以及《音乐大师课》《中国新声代》等文化综艺节目，百集系列科普动画片《人生必知100穴》《灵验小药方》等。在节目编排上，充分体现教育、文化和公益特色，如春节期间将传统和喜庆结合，排播综艺节目《喜剧班的春天》、纪录片《行走的餐桌》、大型演讲节目《猴戏（六小龄童主讲）》。暑假更特别推出国产经典动画片展播,《黑猫警长》《大闹天宫》《葫芦兄弟》《三毛流浪记》《天书奇谭》等数十部佳作让观众通过教育电视荧屏感受回到儿时的美好时光。继续推进公益宣传工作,制作《上海科普系列宣传片》,播出《上海 PLUS》《奔向全面小康的五年规划》《美丽新静安,环保在行动》等多部公益宣传片。积极参与国家公益广告播出计划,全年播出占总广告量约 10%。

一系列宣传片受到好评。如《为了教育的公平——上海义务教育招生改革》《课堂的魅力——上海数学教学改革的探索与实践》《为学生的未来健康奠基——上海高中体育专项化改革的样本》,及亮相"中英基础教育论坛"的专题片《来自上海》等,得到领导和中外嘉宾的充分肯定。

年内,教育电视台处于高、标清同播阶段,9 月 26 日赴北京向国家新闻出版广电总局传媒机构管理司汇报工作。总局传媒司领导对上海教育电视台高清技术改造工作,特别是近年来寻求创新转型发展的主动意识和工作成效均给予充分的肯定,认为上海教育电视台在全国教育电视台中办台特色鲜明,响应总局号召、配合总局管理,结合自身特点,不断突破、不停思索、坚持进取。教育电视台融媒体建设于年内正式起步,以打造台网一体化生态圈为目标,力争使教育台新媒体成为集信息发布、咨询服务于一体的综合平台和全屏覆盖、即时互动的全网分发平台。

继续提升服务力度,与上海开放大学融合发展,在视频课程、国际会议、主题活动、校园文化建设方面积极融入,推出一系列课程、活动。教育电视台拥有频道 1 个,员工 158 人;播出时长每天 18 小时,播出自制节目量约 352 分钟/天。 (范冬虹)

【《教视新闻》创新生产与传播模式】 《教视新闻》以新主播、新选题、新形象为切入点,以栏目和专题报道、特别报道为平台,丰富新闻生产和传播模式,更加凸显教育特色。连续两年引进采编人才,吸纳新主播,增加网络新闻、报纸摘要等读屏类新闻比例,节目信息量得到扩容,观众好感度有效提升。选题紧跟教育工作热点,体现"快讯消息、抢占首发""全面呈现、新闻背景""深度解读、独家评论"这三大优势。及时有序、高规格、多角度的完成全国"两会"报道任务,受到市人大和市委宣传部表扬;聚焦暑托班系列专题报道,解读角度新颖全面,揭示问题的同时,积极对企事业单位、第三方资源、各级志愿者进行调查,切实关照百姓需求。联合市教委、市妇联等政府部门推出"上海市中小学生十佳道德实践风尚人物""最美家庭""十佳班主任""教育援疆"以及纪念建党 96 周年上海市教卫工作党委系统"师德标兵""医德标兵"等系列报道。与本台《教育山海经》《健康大不同》等栏目联合推出"呵护成长"心理健康教育专栏,塑造教育新闻节目的全新形象。 (范冬虹)

【推出教育援疆系列报道】 11 月 14—16 日,连续聚焦上海教育援疆工作。教育援疆是上海对口援疆工作的重要组成部分,上海教育系统对口支援新疆喀什地区的第八批援疆干部在新疆工作已近 3 年。记者历时 10 天,深入走访喀什 4 县,采访当地干部、教师、学生、家长,捕捉大量鲜活生动的素材,倾听和实地了解上海援疆干部、教师的工作实绩和感人事迹,对喀什乃至南疆地区的经济社会发展状况、教育需求和对口支援工作有更深入地了解。经过精心编辑,推出《上海教师助推喀什大学"华丽转身"》《职业教育成为南疆社会经济发展人才培养的基地》《推进双语教育,打造民族团结和文化交融的桥梁》3 集系列报道。 (范冬虹)

【专题片《来自上海》获好评】 在 12 月 6 日举行的"中英基础教育论坛"上,由上海教育电视台摄制的专题片《来自上海》向与会代表展示近年来中英两国间基础教育交流的丰硕成果。这部长度为 5 分 30 秒的专题片,浓缩 10 所交流学校、20 余位中英教师的交流感悟,得到上海市副市长翁铁慧、副秘书长宗明的高度评价。国务院副总理刘延东在论坛主旨发言中特别提到:"短片简明生动,内容深刻,看了很受鼓舞,充分反映了中英两国教师开展互相交流的效果"。 (范冬虹)

【老年节目形成"银龄"系列】 上海教育电视台与上海市老干部局合作的栏目《常青树》、全国首档老年居家康复护理节目《银龄宝典》、老年学习栏目《银龄课堂》以及老年才艺活动，共同组成备受老年观众喜欢的“银龄”系列。（范冬虹）

【《十万个为什么》第二季创新获好评】 7月14日起，由上海市科协、上海市科技发展基金会、上海开放大学、上海教育电视台联合主办的全民科普综艺节目《十万个为什么》(第二季)播出。

《十万个为什么》(第二季)充分依托上海科研人才集聚的资源优势，全新推出具有挑战性和悬念性的比赛让科学以轻松的方式回归生活。观众可以通过上海教育电视台官方微信同步参与答题，与场内选手共同赢取海外科技之旅大奖。比赛时间跨度大，选手覆盖面广，形式创新多。作为主办单位的上海开放大学和上海教育电视台分别被中国科协和上海市科协授予“2016年全国科普日特色活动优秀单位”“2016年上海市科普日特色活动优秀单位”称号。（范冬虹）

上海教育电视台科普节目《十万个为什么(第二季)》:气球承重试验

【中小学生“‘红领巾国学达人’挑战赛”决赛】 由市教卫工作党委、团市委、市教委、市少工委、复旦大学和市红领巾理事会共同主办，复旦大学学生会、上海教育电视台承办的“2016年雏鹰杯——‘红领巾国学达人’挑战赛”决赛，于7月2日和7月9日在上海教育电视台播出。比赛经各区层层选拔，产生小学组、中学组各18位选手晋级决赛。竞赛采取了多种寓教于乐的方式，在家庭和校园中营造“其乐融融学国学”的氛围。电视决赛设置初露锋芒(必答题)、眼疾手快(抢答题)、才思敏捷(条件题)、博闻强记(问答题)、能言善辩(论述题)、扭转乾坤(决胜题)六个环节，展现源远流长的中华国学以及中小学选手的斐然风采，让观众感受五千年历史文化脉动，沐浴国学的润物无声。（范冬虹）

【播出优秀班主任表彰主题活动】 11月18日，由市教委指导，市中小学幼儿教师奖励基金会、市学生德育发展中心、市中小学德育研究协会、上海教育电视台联合主办的“守护成长　放飞未来——2016年上海市优秀班主任暨长三角地区班主任基本功大赛上海获奖选手表彰会”举行。获得2016年上海市“十佳”班主任称号的向明中学丁凛、金山区松隐小学丁向阳、南洋模范中学杜嘉陵等10位教师受到表彰。会上，来自上海市老中青三代优秀班主任畅谈“如何在当下做好班主任”，上海市“百优”班主任代表及长三角班主任基本功大赛上海获奖选手受到表彰。上海教育电视台播出表彰活动实况，并在电视和微信公众号平台上展播“十佳”班主任的微视频。（范冬虹）

上海教育电视台实况播出“守护成长　放飞未来——2016年上海市优秀班主任暨长三角地区班主任基本功大赛上海获奖选手表彰会”

【与上海开放大学融合发展】 2016年，上海教育电视台加强对上海开放大学招生工作的支持力度，制作《开放教育的小苹果》等9期招生宣传片，并首次对上海开放大学开学典礼进行网络直播，1小时点击量超过62525人次。继续承担上海开放大学《电气控制与PLC应用》《电工电子技术》等多门课程建设项目的专业视频录制，并争取到国家开放大学《企业金融分析》、新疆阿勒泰电视大学《走进阿勒泰》系列微视频项目。提高高清视频实录教室服务功能，承担20多场不同规格会议、讲座、竞赛、演出的技术保障和录制工作。与上海开放大学相关部门合作承办 2016 年上海市“书香网络”主题活动，完成“全国高校百位继教名师建设工程”主讲教师录制的工作以及全国妇联调研、“市文明单位”入校检查、校党委中心组调研学习等重大活动的跟拍实录。11 月，承办“开放远程教育未来领导力与创新”国际会议的文艺演出，推出《放飞梦想——上海开放大学师生文艺展演》，集粹中国元素和上海开放大学师生风采，提升了上海开放大学的国际形象。

（范冬虹）

【“上海之春”国际音乐节高等艺术院校声乐展演】 借助“上海之春”国际音乐节的平台，上海教育电视台打造以“正青春正成长”为主题的高等艺术院校声乐大赛，向广大市民普及高雅艺术，丰富市民的文化生活。选手均为上海各大声乐专业院校以及各高校声乐专业的学生，比赛分民族、美声、流行三个组别进行。5 月 17 日，获奖选手齐集上海交响乐团音乐厅展演。音乐会的实况，除在上海教育电视台播出外，还在 SMG 艺术人文频道《纵横经典》栏目中全程播出。（范冬虹）

【公益广告大赛颁奖主题活动举行】 12 月 30 日，“2016 上海市‘健康中国、美丽上海’公益广告大赛”颁奖主题活动在上海教育电视台举行，并播出实况。上海教育电视台支持的此次活动共收到参赛作品 365 件，其中，平面类 305 件，视频类 50 件，文学脚本类 10 件，共评出 5 个金奖、10 个银奖、10 个铜奖和 22 个优秀奖，20 个优秀创作团队奖。（范冬虹）

附：台负责人及地址

（2016 年 1—12 月）

台党总支书记：张伯安（5 月离任）、朱晓青（6 月到任）

台　长：蒋　红（4 月离任）
副台长：陆　生（常务），张伯安

地址：大连路 1541 号
邮编：200086
电话：021-65834001

上海教育报刊总社

【2016 年概况】 上海教育报刊总社围绕市教卫工作党委和市教委的中心工作，着力提升教育新闻宣传质量，积极推动媒体数字化转型，切实履行总社党委“主体责任”和“一岗双责”，规范管理，激发活力，教育传媒事业取得良好发展。

上海教育新闻宣传中心建设取得新进展，教育宣传引导水平进一步提升。围绕市教卫工作党委、市教委年度重点工作，完成年度重点选题 73 项、常规选题 135 项，组织 4 场市教委处室专访会、20 多场教育综改基层采访活动，完成上海教育综改的专题调研和采访。制作《教育新闻与舆情（日报）》235 期，共收集各类媒体报道 8601 条，制作《教育新闻与舆情（月报）》6 期。上海教育政务微信用户数突破 20 万，上海教育政务微博“粉丝”数近 19 万，“教师博雅”微信用户数达到 14.6 万。上海教育政务微博微信获全国教育好新闻首届新媒体奖。

聚力“两委”中心工作，重点报道取得新突破。《东方教育时报》《上海教育》杂志、上海教育新闻网、《上海托幼》杂志、《成才与就业》杂志等运用专题、专辑、专版、专栏等形式，策划推出“关注教育综改”“学区化集团化办学”“纪念长征胜利 80 周年”“教育系统推进‘两学一做’系列报道”“教书育人楷模风采录”“上海教师援疆系列报道”“‘百名校长谈家庭教育’系列访谈”“走近 1%——幼儿园男教师的成长故事及启示”等热点话题，深度解读政策，深入一线采访，扎根基层学校，展示师生风采。《少年日报》《中学生报》等媒体，发挥中小学生积极参与的特点，推出“最‘酷’中学生”“慕课主讲”“科创达人”“志愿者姐妹花”等喜闻乐见精品报道。《好儿童画报》获全国优秀少儿报刊奖。

加快数字化转型步伐，媒体融合发展初见成效。上海教育新闻网三期建设已近尾声，上海教育报刊资料数据库项目已完成，数据量达到12T，囊括1957年以来上海教育媒体所有报道文章及各种资料。上海市学生数字阅读平台项目，在全国2000多个项目中，被国家新闻出版广电总局评为“全国报刊媒体融合创新案例30佳”。获此荣誉的媒体单位，上海仅有两家，全国教育媒体单位仅此一家。

坚持经济效益与社会效益相统一，牢牢占据校园文化传播阵地，着力稳定经济规模提高经济效益。学生类报刊发行目标，学生覆盖率为15%左右，学校覆盖率达50%以上。面向教师、教育管理者的出版物，学校发行覆盖率达60%以上，为宣传上海教育改革成果、促进教师专业成长发挥积极作用。着力拓展现代教育文化服务业，全年举办各类教育论坛、教育会展、教育宣传服务以及各类针对学生素质教育的成果展示等活动100多项，其中市级层面活动30项左右，获市级表彰的各类活动项目达15%左右。坚持改革创新，努力探索教育媒体经济与教育文化服务经济的新业态、新路径，新媒体业务实现广告营收。

教育报业大楼各项验收工作顺利完成。

（杜守龙）

【承办上海市学生艺术设计展】 由市教委、市文联、市创意设计工作者协会、上海大学美术学院、上海教育报刊总社学生媒体发展中心共同承办的“梦想·未来 Dream & Future”2016上海市学生艺术设计展，于1月10日开幕的上海艺术设计展期间展出，其中高校组、中小学组入围参展作品各50件。部分作品到西藏日喀则参加“青春放歌——上海学生与西藏学生书画及艺术设计交流展”。

（郭　莹、盛志云）

【举办中小学生“我爱集邮”活动】 3月起，2016年第五届上海市中小学生“我爱集邮”系列活动颁奖仪式举行。活动以“红星照耀我成长”为主题，引导广大学生通过方寸世界了解长征故事、感悟长征精神。先后举行“我爱集邮”知识普及竞答、鸡年生肖邮票设计、中外青少年书信交流、小邮迷社会实践、“邮票上的长征”剧目展演和手绘纪念封设计等系列活动，全市有100余所学校参加。（孙　宏）

【承办“书香申城，健康阅读”系列活动】 3—12月，由市教委指导，上海教育报刊总社《康复》杂志社承办的“书香申城，健康阅读”系列主题活动，在杨浦、宝山、松江、黄浦、普陀、闵行等区举办健康巡展10场、专家讲座45场、健康课程培训30场及医师义诊3场，参与市民数万人。（王　璐）

【举办中学生现代文阅读大赛】 3月26日，第十届上海市中学生现代文阅读大赛颁奖仪式在上海图书馆举行。大赛共有近10万名中学生参加初赛，近3000名学生进入决赛，经组委会统一阅卷、评分，656名学生获奖，其中一等奖74名，二等奖126名，三等奖194名，优胜奖262名。（许　诺）

【主办鲁迅青少年文学奖评选活动】 4月，上海鲁迅文化发展中心、上海教育报刊总社东方教育时报分社联合主办的第八届鲁迅青少年文学奖评选活动面向全国中小学生征稿。近百万名学生参与此项活动。通过初评海选、准决赛和全国总决赛，上海进才中学高三学生欧彤获大奖，杭州采荷一小、深圳红岭中学、上海市第五十四中学的三位学生分获小学、初中、高中组的特等奖。（周俊峰）

【主办上海教育博览会】 4月8—10日，由市教卫工作党委、市教委指导，上海教育报刊总社主办，中国电信上海公司协办的第十三届上海教育博览会在上海展览中心举行，展会以“互联网＋教育”为主题。期间，举行2场高峰论坛，2场学生活动，还举办9场模拟课堂、8场专家讲座、8场新闻会客厅、2场“教育山海经”节目录制、8场新闻发布会。近10万名观众参观博览会，60余家媒体作现场采访

报道。（周　敏）

【承办上海高职院校职业体验日活动】 5月8日，由市教委主办、上海教育报刊总社承办的第二届全国职业教育活动周“上海高职院校职业体验日”活动开幕。“非遗·匠心在校园”体验项目现场向全国互动直播，国务院副总理刘延东在位于天津的全国职业教育活动周开幕式主会场与上海视频连线，祝贺开幕式活动圆满成功。5月14日、15日、21日、22日，全市24所高职院校开放94个职业体验项目，覆盖工业、农业、服务业等产业，涉及智能家居、智慧农业、建筑工程、印刷文化、仿古陶瓷、食品卫生等多个行业和领域，吸引全市近万名中小学生参加。（张　昭）

【评选上海大学生年度人物】 5月28日，由上海市委宣传部、市教卫工作党委、市教委、团市委共同指导，上海教育报刊总社主办，《东方教育时报》承办的“2015上海大学生年度人物”评选活动揭晓，复旦大学陈慈钰等10人当选“2015上海大学生年度人物”，上海外国语大学邱弼君等10人获“2015上海大学生年度人物提名奖”。（胡思华）

【承办市少儿口腔健康科普节】 5月28日，由市教委、市卫计委指导，上海教育报刊总社及上海市口腔医院·口腔病防治院主办，《康复》杂志社承办的首届上海市少儿口腔健康科普活动举行。活动主题为“快乐美好童年　口腔健康先行”，以口腔健康教育演讲大赛形式开展，来自16个区18名口腔医疗专业人员参赛，生动活泼地面向少年儿童及家长宣讲口腔病预防与口腔保健的相关知识。（王　璐）

【承办上海市少儿新闻大赛】 6月，由市精神文明办、市教委、团市委、市少工委联合上海教育报刊总社学生媒体中心举办的“发现美、记录美、传递美”2016上海市少儿新闻大赛举行，广大青少年参赛者热情参与“市民修身”主题宣传教育活动，寻找身边的城市美、行为美、品性美，弘扬文明行为的新风尚。大赛最终评选出“访一访”一等奖2名、“写一写”一等奖6名、“拍一拍”一等奖3名。（郭　莹、盛志云）

【承办“上海市民诗歌节”】 6月5日，由市学习型社会建设与终身教育促进委员会办公室、市语言文字工作委员会办公室、市作家协会、市振兴中华读书指导委员会办公室、中国诗歌网、上海学习网联合主办，上海教育报刊总社东方教育时报分社承办的第二届上海市民诗歌节暨第十届市民诗歌创作活动正式启动，活动共收到市民原创诗歌作品10余万首，共举办诗歌活动120多场。年度诗歌盛典暨颁奖典礼于11月26日在“1933老场坊”举行。（周俊峰）

【举办“中国好作业”公益活动】 9月3日，由上海教育新闻网与上海纽约大学联合主办的2016“中国好作业”公益活动落幕。活动于7月1日正式启动，历时2个月，19道“中国好作业”吸引20646人次报名参加，成功提交作业14867篇，活动页面点击率突破100万，微信点击率超50万。经专家评审，共评出金奖10名，银奖10名，铜奖200名。《解放日报》《中国教育报》以及人民网、中新网等近20家媒体对活动全程进行大篇幅报道。（宋　硕）

【举办长三角校长高峰论坛】 10月21—22日，由上海教育报刊总社、浙江教育报刊总社、江苏教育报刊总社和安徽省教育宣传中心共同主办的公益性、专业性教育论坛——2016中国长三角校长高峰论坛举行，论坛聚焦“核心素养——校长的思考与实践”。这是“中国学生发展核心素养”发布后，全国首场以此为题进行深入讨论的区域性校长论坛。大同中学校长盛雅萍、上海市实验小学校长杨荣等获“中国长三角最具影响力校长”称号。（兆　言）

【举办第十二届亲子嘉年华】 10月21—23日，由上海教育报刊总社主办，《上海托幼》杂志、上海市幼儿游戏研究所共同承办的第十二届亲子嘉年华活动举行。全市92家幼儿园113个运动、益智类幼儿互动游戏参加展示，同期还举办“幼儿游戏教育论坛”“资深幼儿专家现场咨询”“宝贝运动会”等活动，吸引超过一万个婴幼儿家庭参加。

（吴　丙）

【举办上海小学生古诗文大会】 11月1日，由上海市语言文字工作委员会办公室指导，上海教育报刊总社主办，《少年日报》和《当代学生》杂志社承办的“2016首届上海小学生古诗文大会”暨古诗文桂冠少年选拔活动启动，活动吸引10万多名小学生参加，3000名从初赛入围的小学生参加决赛，最终决出30名“桂冠少年”。（孙　宏）

【举办中学生古诗文阅读大赛】 12月11日，由报刊总社主办的第十五届上海市中学生古诗文阅读大赛决赛举行。大赛吸引近10万名中学生参加，有2000余名学生进入决赛，经专家阅卷评审，514名同学获得各组别的个人一、二、三等奖。（吴永安）

【举办“好儿童”创新阅读大赛】 12月15日，第十一届“好儿童”创新阅读大赛颁奖会举行。大赛分小学组、初中组、高中组举行。组委会共收到创意阅读写作作品近3000件、绘画作品400余件、表演作品近50件。经过专家评审，创意阅读写作及绘画类共评出一等奖112名、二等奖208名、三等奖250名，及优秀奖229名；创意阅读表演类共评出一等奖3名、二等奖3名、三等奖7名。（许琼琦）

【举办“科普校园行”科学家巡讲活动】 12月28日，2016上海市中小学“科普校园行”科学家巡讲年终总结展示活动举行。巡讲活动共开展讲座116场，惠及全市近3万名中小学生，出版《踩踏的预防与应急》，编辑《小科迷在行动》，整理并拍摄三堂微视频讲座，获2016年上海科普教育创新奖“科普成果”二等奖。

（谭杨红）

【举办科学育儿宣传推广活动】 由上海市教育委员会主办，上海教育报刊总社《上海托幼》杂志承办的2016科学育儿宣传推广活动，通过编辑出版服务于0岁—3岁婴幼儿早教免费指导工作的《四季育儿专刊》，组织开展走进基层托幼园所、区早教中心以及社区家庭的“科学育儿公益讲座”，举办各类以科学育儿为主题的亲子活动以及利用媒体平台报道、推送相关活动内容等，吸引20万个婴幼儿家庭以直接或间接方式参与，推动婴幼儿家庭科学育儿水平的提升。（吴　丙）

附：总社负责人及地址

（2016年1—12月）

社长、社党委副书记：仲立新
社党委书记、副社长：彭东恺（10月离任）、周　烨（12月到任）
副书记：唐洪平
副社长、总编辑：金志明
副社长：施清平（3月离任）、徐　勇、王力力（8月到任）

社址：长宁路491弄36号
邮编：200050
电话：62525555

教育人物

Educational Personage

纪念人物

【刘海粟(1896—1994,诞生120周年)】 男,祖籍安徽凤阳,生于江苏常州。14岁到背景画传习所学西洋画。1910年在乡里办图画传习所,1912年17岁时与他人在上海创办现代中国第一所美术学校——上海国画美术院(上海美术专科学校前身),任校长。首创男女同校,采用人体模特儿和旅行写生。1918年到北京大学讲学,并举办第一次个人画展。1919年,到日本考察美术教育,回国后著《米勒传》《塞尚传》等书介绍西洋艺术。1929年赴法国、瑞士,其油画作品《森林》《夜月》等应邀展出于巴黎蒂拉里沙龙。国画《九溪十八涧》获国际展览会荣誉奖状。1931年在法国巴黎克莱蒙画堂和上海、南京分别举办个人画展,作品《卢森堡之雪》为法国亦特巴姆国家美术馆收藏。编译《世界名画集》。遍访法国、意大利、瑞士、比利时等国考察美术。3年间创作300余件美术作品,出版画册《海粟油画》。1931年在德国法兰克福大学中国学院讲授中国绘画"六法论",举办刘氏国画展览会。1938年完成80万言的《海粟丛书》6卷。1947年在上海"中国艺苑"举行个人画展。1949年后历任华东艺术专科学校校长、南京艺术学院院长,并致力中、西绘画。1957年在上海美术馆举办刘海粟油画国画展览会,1979年文化部、中国美术家协会举办刘海粟美术作品展览。1981年被意大利国家艺术学院聘任为院士,并颁赠金质奖章。1988年在上海美术馆举办刘海粟十上黄山画展。刘海粟70余年从事美术教育和创作,对中国画、油画、书法、诗词和艺术理论都有精深造诣,画风豪放奇肆,苍莽劲拔,醇厚朴茂,多彩多姿,卓然自成一家,在国内外享有盛誉。

历任南京艺术学院院长、名誉院长、教授,上海美术家协会名誉主席,中国美术家协会顾问、全国政协常务委员会委员。有《刘海粟画集》《刘海粟油画选集》《刘海粟国画》《学画真诠》等作品出版。

(资料来源:《上海高等教育志》)

【朱元鼎(1896—1986,诞生120周年)】 男,浙江鄞县(今浙江宁波鄞州区)人,上海水产学院(现上海海洋大学)院长,一级教授,著名鱼类学家,中国鱼类学主要奠基人。1920年,毕业于东吴大学生物系,受聘于圣约翰大学生物系。1926年,获美国康乃尔大学理学硕士学位。1934年,获美国密歇根大学哲学博士学位。曾任上海圣约翰大学生物系教授、系主任,研究院院长,理学院院长,代理教务长等职。1952年,调入新成立的中国第一所本科水产高校——上海水产学院,历任海洋渔业研究室主任,上海水产学院院长、名誉院长,创建久负盛名的鱼类研究室(标本室)。曾兼任中国科学院上海水产研究所(现东海水产研究所)所长兼鱼类研究室主任,中国水产学会副理事长、名誉理事长,中国海洋湖沼学会副理事长、名誉理事长、中国鱼类学会名誉理事长,中国动物学会第六届理事长,上海市水产学会理事长、名誉理事长,第一届至第四届上海市人民代表大会代表,中国人民政治协商会议第二届、第三届全国委员会委员,第三届、第五届全国人民代表大会代表,《水产学报》主编。

早年从事昆虫学研究。20世纪20年代末,有感中国鱼类资源丰富而研究者多为外国人,于是毅然转攻鱼类学。1931年出版中国第一部鱼类学专著《中国鱼类索引》。1935年发表著名的博士论文《中国鲤科鱼类之鳞片、咽骨及其牙齿之比较研究》,创造性地应用比较解剖学论述鲤科鱼类演化和形态变化的关系。

先后采集鱼类标本达6万多号,在东海和南海发现30多种鱼类新种。1963年，与学生合著出版《中国石首鱼类分类系统的研究和新属新种的叙述》，提出中国石首鱼类分类系统，并被译成英文版在荷兰出版。1979年，与孟庆闻合著《中国软骨鱼类的侧线管系统以及罗伦瓮和罗伦管系统的研究》，提出中国软骨鱼类新的分类系统，获1987年度国家自然科学奖三等奖。著或与人合著《中国软骨鱼类志》《软骨鱼类牙型的研究》《中国软骨鱼类螺旋瓣的研究》《中国经济动物志·海产鱼类》《南海诸岛海域鱼类志》等。曾主编《福建鱼类志》《南海鱼类志》《东海鱼类志》等论著，任《中国大百科全书·农业卷》分编委会副主任兼水产学科编写组主编。倡议编著中国鱼类志，率助手研究中国软骨鱼类、鲀类、杜父鱼类、虾虎鱼类等鱼类地理分布规律，先后出版《中国动物志·圆口纲·软骨鱼纲》等4部鱼类志书。

生前把私人珍藏图书、资料近两千份提供公用，身后全部献给国家，家属将捐赠所得奖金5万元人民币悉数捐赠上海水产大学（现上海海洋大学），建立朱元鼎奖学金基金。（海　大）

【陈本瑞（1906—1991，诞生110周年）】 男，中国著名的道路工程专家、教育家，江西新城钟贤（今江西省黎川县中田乡）人。1929年10月毕业于唐山交通大学土木系。此后至1936年7月期间，历任江苏省公路局帮工程师（即助理工程师）、南京公路处副工程师、西兰公路工程师、广州中山大学土木系教授。1936年8月，赴美国留学。1938年获美国密歇根大学土木工程学硕士学位。回国后，历任重庆国民政府交通部公路总处工程师，重庆国民政府交通部公路总处计划室主任，重庆交通大学教授，上海交通大学教授、系主任、总务长等职务。中华人民共和国成立后，他继续在上海交通大学任职。1952年，调任同济大学道路与桥梁工程系，任系主任、教授。民盟委员，曾任上海市渝林区、杨浦区人大代表。

创建中国高等学校第一个道路工程专业，为道路交通专业培养了大批优秀人才。培养了国内该专业第一批研究生，同时拓展了道路设计、道路建筑材料两个学科的发展方向。任教和从事研究的科目包括高等公路工程、道路建筑材料实验、公路设计、行车规划、公路管理、道路工程学、高等道路工程学等，专长于公路工程和市政工程。早期专著《公路工程学》《高等测量学》等在1943年由商务印书馆出版发行，以后还有《道路材料与实验》等专著问世。中华人民共和国成立后，主编《辞海》道路部分词目，参与《英汉道路工程词典》的编写。（同　济）

【钱钟毅（1916—1989，诞生100周年）】 男，江苏无锡人。1937年毕业于上海交通大学土木工程系。历任湘桂铁路工务员，黔桂铁路帮工程师、副工程师、桥涵股主任。1945年赴美国依阿华州立学院留学，1948年完成研究生学业并获硕士学位。回国后历任浙赣铁路正工程师，上海交通大学教授，同济大学教授、道桥系副主任、桥梁与隧道教研室主任，福州大学教授，福建省建设厅科研所工程师，华侨大学教授等。

长期从事工程结构的教学与科研工作，研究方向是桥梁工程和道路工程中钢筋混凝土多片梁氏桥无横隔梁的空间计算理论。译著有《公路钢桥》《桥位设计》《圬工拱桥设计》等。发表论文《钢筋混凝土支座设计》《桥梁极限跨长理论》等。（同　济）

逝世人物

【王建中（1933—2016.2.11）】 男，江苏江阴人。著名作曲家，钢琴家，音乐教育家，上海市政协常务委员会原委员、民盟上海市委常委，上海音乐学院原副院长。1950年考入上海音乐学院作曲系，后转入钢琴系。1958年，王建中从上海音乐学院毕业并留校任教。历任上海音乐学院作曲系副教授、教授、系副主任。1988年至1997年，担任上海音乐学院副院长。

王建中钢琴作品成功地将中国的民族民间音乐与西洋乐器的表现手法融为一体，凸显中国特色，在国内外舞台上产生巨大影响，是国际舞台上最有影响力的中国作曲家之一。1995年出版《王建中钢琴作品集》，收录其多年创作的部分作品，如《山丹丹开花红艳艳》《绣金匾》《翻身道情》《百鸟朝凤》《梅花三弄》等改编作品，以及创作的《托卡塔》《诙谐曲》《变奏曲》《小奏鸣曲》《组曲》《情景》等作品。任中国少数民族音乐学会名誉会长，中国传统音乐学会常务理事，长期从事中国少数民族音乐研究工作，先后发表相关论文10余篇，发表专著《藏族传统音乐集萃》《中国少数民族传统音乐》，其中《中国少数民族传统音乐》获2016年文化部第二届文化艺术科学优秀成果奖一等奖。（上　音）

【庞延斌(1939—2016.2.17)】 男，河南沈丘人。民建会员。教授。1962年毕业于华东师范大学生物系。专长原生动物学。曾任中国原生动物学会第二届副理事长，国际原生动物学家协会会员。1982年在美国马里兰大学进修期间，获“在纤毛虫形态和形态发生领域内出众的研究”证书。和他人合作研究的“原生动物细胞核质关系”取得创造性成果，在国际上处于先进地位，获1978年全国科学大会奖。发表的《实验的艺术》获1980年全国新长征优秀科普作品二等奖。发表《双体棘尾虫的形成》《尾草履虫纽的研究》等论文30余篇。合编有《无脊椎动物》上册及《拉汉原生动物名称汇编》，合译有《寄生原虫生物化学》。（华师大）

【周小燕(1917—2016.3.4)】 女，湖北武汉人。中国共产党党员。著名女高音歌唱艺术家、音乐教育家，第一届、第二届、第三届全国人大代表，第五届、第六届、第七届全国政协委员，中国音乐家协会原副主席，上海音乐学院原副院长，上海音乐学院终身教授。1935年，考入上海国立音乐专科学校声乐系。抗日战争时期，首唱《长城谣》等抗日歌曲。1938年，考入巴黎高等师范学校，1939年，转入巴黎俄罗斯音乐学院求学。1945年10月，担任清唱剧《蚌壳》主角，在巴黎国家大剧院首演。1946年7月，在卢森堡卡西诺剧场举行首次个人独唱音乐会。1947年5月，参加第一届布拉格之春国际艺术节，被国际音乐界誉为“中国之莺”。

1947年回国任教，任上海国立音专声乐教授。1949年，被任命为上海音乐学院声乐系第一任系主任。1979年，任上海音乐学院副院长。1950年2月，当选上海音协副主席；1985年5月，当选中国音协副主席。1984年起，投身声乐教育事业，培养了一大批优秀的专业声乐人才。1988年创建“周小燕歌剧中心”并出任艺术总监，排演了《弄臣》《茶花女》《费加罗的婚礼》《原野》《雷雨》等10余部歌剧。2007年成立“周小燕大师工作室”任工作室主任，筹备创作中国原创歌剧《一江春水》，于2014年11月作为第十六届上海国际艺术节开幕式剧目上演。2015年，以张骏祥、周小燕夫妇名义成立“祥燕艺术公益基金”。

1980年、1984年两次被授予“上海市三八红旗手”称号。1989年获“声乐艺术教学优秀成果国家级特等奖”。1991年被评为上海市劳动模范，并成为第一批享受国务院颁发的政府特殊津贴的高级专家。1994年获“第一届宝钢突出贡献奖”。2001年，获“首届中国音乐金钟奖终身荣誉奖”。2002年获“上海市第五届文学艺术杰出贡献奖”以及法国政府颁发的“国家功勋军官勋章”。2003年获“上海市教育功臣”称号。2004年获“上海市白玉兰戏剧育人奖”。2006年被评为“全国优秀共产党员”“全国十大女杰”“国家级教学名师”。作为上海音乐学院一级学科带头人，领衔的“声乐演唱艺术”在2005年被评为“国家精品课程”。2006年获高等学校教学名师奖，2007年当选第六届中国“十大女杰”。2009年9月领衔的美声教学团队被评为国家级教学团队。2009年11月获中国文联颁发的第八届造型表演艺术成就奖。2011年9月被评为全国教书育人楷模。（上　音）

【郑志豪(1931—2016.4.11)】 男,浙江镇海人。教授,博士生导师。1955年5月加入中国共产党。1949年11月至1952年7月上海交通大学物理系学习。1952年10月至1955年8月北京大学物理系研究生,获硕士学位。1955年9月至1958年5月在兰州大学物理系工作。1958年7月至1988年7月在兰州大学现代物理系(核物理系)工作。1962年起先后担任系副主任、系主任。1965年1月至1965年5月在苏联杜布纳联合原子核研究所参加研究。1979年12月晋升为副教授。1980年8月任兰州大学原子核物理研究所副所长。1980年9月至1982年10月在法国奥富核物理研究所开展研究合作。1986年7月晋升为教授。1988年7月至1999年2月在华东师范大学物理系工作,任教授、博士生导师。1990年着手建立的华东师范大学纳米材料实验室,是中国最早从事纳米材料研究的实验室之一。兼任全国核物理学会常务理事,全国核学会教育委员会委员。主要从事原子核物理的教学和研究工作,主讲"普通物理""原子核物理""重离子探测原理与方法"等课程;在科研方面,1975年至1980年领导并主持中国第一套300千伏"中子发生器"研制工作、主持并完成"核反应分析技术及其应用的研究""核分析技术及其在薄膜研究中应用"等多项课题。发表《快变裂的新的实验证据》《非晶和单晶硅中硼的深度分布》《用核反应研究类金刚石膜中的氢》等论文。 (华师大)

【范立础(1933—2016.5.3)】 男,浙江镇海人。著名桥梁及结构工程学家,桥梁抗震学科的主要学术带头人,同济大学桥梁工程学科学术带头人。

1951年—1955年在同济大学桥梁与隧道专业学习,毕业后留校任教。历任同济大学助教、讲师、副教授、教授、博士生导师,教务处副处长,结构工程学院副院长、院长,土木工程防灾国家重点实验室副主任,土木工程防灾国家重点实验室学术委员会常务副主任。1988年被授予"国家级有突出贡献的中青年专家"称号,1991年获国务院颁发的政府特殊津贴,1999年获茅以升桥梁大奖(个人成就奖),2001年当选中国工程院院士,2004年被评为全国优秀教师,2007年被评为上海市教学名师,2010年获何梁何利基金科技进步奖,2013年获"上海市教育功臣"称号。

长期担任中国土木工程学会副理事长、桥梁及结构工程分会理事长、中国振动工程学会结构振动控制分会副理事长、茅以升科技教育基金桥梁大奖评审委员会副主任、建设部铁道部科技委委员、上海市建委科技委委员、《土木工程学报》编委会副主任委员、《同济大学学报》编委会副主任、国际东亚—太平洋结构工程与建设会议(EASEC)指导委员会委员及执行委员会委员、国际桥梁及结构工程协会(IABSE)中国团组主席等国内外学术职务。

主持完成国家攀登B计划项目,国家自然科学基金重大项目、重点项目等国家级科研项目,主持完成省部级项目和重大工程科研项目40多项,包括上海南浦大桥、杨浦大桥、广东虎门大桥、江阴大桥、汕头海湾大桥、南京长江二桥和三桥、上海卢浦大桥、润扬大桥、东海大桥、杭州湾大桥、苏通大桥等20余座重大桥梁工程的抗震研究。分课题主持"桥梁抗震理论"成果获1985年国家教委科技进步一等奖,分课题主持"轻轨交通关键技术研究"获国家"七五"攻关集体荣誉奖及1992年建设部科技进步二等奖,参编的《公路工程抗震规程》获1993年交通部科技进步二等奖,"大型桥梁抗震、减隔震研究"获1995年国家教委科技进步二等奖,"成都路独柱式多层立交结构抗震研究"获1997年上海市科技进步三等奖,"桥梁抗震理论与应用"成果获2000年中国高校科技进步一等奖,承担完成国际攀登B计划研究项目"重大土木及水利工程安全性及耐久性的基础研究"获2000年中国高校科技进步二等奖,"特殊桥梁抗震理论与减震技术"成果获2008年上海市科技进步一等奖,"大跨、高墩桥梁抗震设计关键技术"成果获2009年国家科技进步一等奖,这是上海高校也是同济大学首次以第一完成单位和第一完成个人获得国家级一等奖。

发表论文200多篇。出版《预应力混凝土连续梁桥》(1988年)、《桥梁抗震》(1997年)、《公路桥梁抗震设计》(1997年,英文版)、《桥梁抗震设计理论及应用丛书》(2001年,共4册)等著作。主持编制中国首部《城市桥梁抗震设计规范》。

主持交通部统编教材《桥梁工程》(上、下册)

(1992 年获交通部优秀教材二等奖)及教材《桥梁工程》(上册)(第二版)。主持同济大学“桥梁工程”课程建设,该课程先后被评为上海市精品课程(2005 年)和国家级精品课程(2006 年)。(同　济)

【洪雪晴(1945—2016.7.23)】 男,江苏南通人。教授。1979 年加入中国共产党。1981 年同济大学海洋系硕士研究生毕业。主要从事沉积学、全球海洋平面变化研究。主讲“沉积学”“地理科学导论”“地质学”等课程。发表《长江三角洲全新世海侵问题》《全新世低温事件及海平面波动》《太湖的形成与演变过程》等论文。有《苏北平原全新世地貌与沉积》等专著,《图说高新科技应用》获 1996 年中宣部“五个一”工程奖、上海市中小学生优秀读物一等奖。承担及完成“长江下游三角洲地区沉积与地貌发育”等课题,科研成果“长江三角洲环境演变”“长江下游及三角洲地区地貌”分别获 1993 年、1995 年国家教委科技进步三等奖,“洞庭湖、湘江航道治理”获交通部科技进步三等奖。(华师大)

【陆谷孙(1940—2016.7.28)】 男,浙江余姚人。教授,博士生导师。1957 年—1962 年在复旦大学外文系英美语言文学专业学习,1962 年起攻读复旦大学外文系英美语言文学专业研究生。1965 年毕业后留校任教。1984 年—1985 年作为高级富布赖特访问学者在美国加州大学伯克莱分校从事研究并讲学。1985 年晋升为教授,1990 年起担任博士生导师。1992 年起享受国务院颁发的政府特殊津贴。1994 年评为复旦大学首批杰出教授。1996 年—1999 年任复旦大学外文系主任,2003 年—2006 年任复旦大学外文学院首任院长。第九届、第十届全国政协委员。曾任亚洲辞书学会副会长、中国莎士比亚研究会副会长、上海翻译家协会副会长、上海市作家协会理事等。

著名的双语词典编纂家、莎士比亚学者、翻译家、散文家。1970 年参加《新英汉词典》编写,是该词典主要设计者和定稿人之一。从 1976 年起,参加上海译文版《英汉大词典》的筹备及编写全过程,并于 1986 年经正式任命担任该部词典的主编。该词典被列为国家哲学社会科学“七五”规划重点项目,获中国图书一等奖、上海市优秀图书特等奖、中国首届国家图书奖、上海市哲学社会科学优秀成果特等奖、全国“五个一工程”优秀著作奖、国家哲学社会科学优秀成果一等奖等。1996 年起,带领多位研究生开始编写《英汉大词典补编》,该书于 1999 年出版。2001 年至 2007 年,领衔编纂团队完成《英汉大词典》第二版的编写工作。2000 年起着手编纂《中华汉英大词典》,2015 年 8 月《中华汉英大词典·上》出版。1995 年以来,先后带领博士生从事“风骚四百年——莎士比亚评论之再评论”“五四以来英美文学译介”“大中型英汉词典编纂专论”等国家或上海市立项课题研究。1981—2000 年,多次出访美国、英国、加拿大、新加坡、韩国和香港特别行政区,进行学术交流、讲学或出席国际会议。1982 年 8 月,赴英参加国际莎学会议,发表论文《逾越时空的汉姆雷特》。1975 年以来发表有关辞书编辑、莎士比亚研究、中国英语教育、翻译的论文累计 60 余篇,著作有《莎士比亚研究十讲》《外国文学:莎士比亚专辑》等。1991 年 10 月—1992 年 9 月,在香港三联书店担任高级编辑。从 20 世纪 70 年代起发表《非常童话》《顽童手记》《幼狮》《钱商》(合译)、《极乐城》《蝴蝶梦》(校译)、《二号街的囚徒》《鲨鳄》《胡诌诗集》《一江流过水悠悠》《生活曾经这样》等作品。多次承担重大经济、文化国际会议和重要外交活动的口译、笔译任务。

杰出的教育家,中国当代英语大师。担任总顾问的《21 世纪大学英语》教材为全国 400 多所大学选用,对全国大学本科英语教学有举足轻重的作用。开设的课程“英美散文”被评为上海市精品课程。2009 年,领衔的“英语阅读赏析”系列课程教学团队被评为国家级教学团队。在担任复旦大学外文系主任和外文学院院长期间,开展大量教学改革,尤其注重学生人文精神和中西文化素养的培养。1988 年,领衔的“深化英语专业教学改革,保持全国一流教学水平”项目,获上海市教学成果一等奖。在复旦大学毕业生投票评选“我心目中的好老师”活动中,被高票评为“好老师”。先后获上海市劳动模范、全国教育系统劳动模范、宝钢教育基金优秀教师特等奖、全国先进工作者、国家级教学名师、首届全国师德标兵、“上海市哲学社会科学优

秀成果奖”学术贡献奖、“上海文学艺术奖”杰出贡献奖等荣誉奖项。（复　旦）

【高伟生(1938—2016.9.17)】 男，上海人。教授。1958年加入中国共产党。1960年华东师范大学地理系毕业。主讲“环境地学”“区域环境规划与管理”“环境质量评价”等课程，发表《城市化与城市环境灾害》《桃浦工业区环境质量评价》《淀水湖水源保护规划研究》等论文。有《桃浦工业区污染控制对策研究》《实用环境科学辞典》等专著，所著《环境地学》获1996年度上海高校优秀教材奖。承担及完成的科研项目“淀山湖保护”获国家环保局“六五”科技攻关一等奖，“桃浦工业区污染控制对策研究”获1991年上海市科技成果三等奖，“黄浦江上游工业污染防治”获1993年上海市科技进步奖。（华师大）

【何金娣(1955—2016.11.27)】 女，中国共产党党员，上海市卢湾辅读学校校长，特级教师，特级校长。2006年获国务院颁发的政府特殊津贴，被评为首届上海市教育功臣、全国中小学十杰中青年教师、上海市教书育人楷模。第五届“上海市巾帼创新奖”获得者。全国先进工作者。“新中国60年上海百位杰出女教师”。中共十七大代表，第十二届上海市人大代表。获全国“三八红旗手”、全国劳动模范和全国道德模范提名奖等称号。

创办“何金娣工作室”，任上海市特殊教育名师培养基地主待人。多年来，在智障教育领域努力探索特殊教育规律，坚持教学科研；以智障儿童为中心，提出“零拒绝”教育，针对智障学生特点给予最恰当的教育，使其获得一定的生存能力；汲取先进特殊教育理念，加强与国内外特殊教育学校和机构的交流，提高教育质量。参与编写一至九年级中度弱智校本教材72册，其中36册在全国250所特殊教育学校推广使用。主编的专著《中度弱智儿童生存教育课程与教学》获上海市第七届教育教研成果一等奖，《残障儿童心理生理教育干预案例研究》获上海市第八届教育教研成果二等奖。

大 事 记

Chronicles

2016年1—12月上海教育大事记

1月

3日　由市精神文明办、市教卫工作党委、市教委共同主办的上海市大学生公益广告大赛颁奖会暨优秀作品展示会举行。大赛主题为“微公益我乐行”。大赛于2015年4月启动，共有21所高校近千名学生参加，收到1382幅平面作品、145个视频作品。其中，部分优秀作品先后在市内100个公交站亭、轨道交通10号线列车展示。

5日　由市教委、团市委共同主办的“第四届上海大学生原创音乐大赛”颁奖典礼举行。大赛主题为“寻找原创音乐＋”。

7日　市教委召开上海教育改革发展情况通报会。市教委主任苏明通报2015年市教委办理市人大书面意见和市政协委员提案办理情况、2015年上海教育工作取得的主要成效，及2016年的工作打算。市人大代表、市政协委员围绕提高人才培养质量、加强学科建设、支撑科技创新中心、基础教育均衡发展等方面发表了意见。

8—9日　2015—2016年度上海高校党政领导干部专题研修班开班。研修班由市委组织部、市委党校、市教卫工作党委、市教委联合举办，旨在深入贯彻党的十八届五中全会精神，推进落实中共中央下发的《中国共产党廉洁自律准则》和《中国共产党纪律处分条例》。市委副书记应勇出席开班仪式并讲话。上海44所高校的党政领导干部参加研修班。

12日　市教委、市政府教育督导室印发《上海市对区县政府加强未成年人思想道德建设工作督导评估指标》。此项督导纳入上海2016年至2020年对全市各区开展的新一轮综合督政工作中。

同日　市教委印发《上海高校高峰高原学科建设管理办法》，进一步规范上海高校高峰高原学科建设管理。

13日　市政协教科文卫体委员会和上海中华职业教育社联合召开全市职业教育发展情况专题调研座谈会。

同日　市教委印发《2016年上海市教育委员会工作要点》。

同日　市教委副主任王平作客上海人民广播电台《市民与社会》节目。围绕如何让学生在体育课上能有1—2项擅长的运动项目、如何帮助学生选择适合自己的体育运动项目进行锻炼、如何看待艺术考级等社会各界关心的教育话题，与市民进行交流。

18日　市政府办公厅印发《上海市深化高等学校创新创业教育改革实施方案》。

同日　复旦大学、上海交通大学、同济大学、上海财经大学、华东师范大学、上海理工大学等高校共同发起筹建上海高校创新创业教育联盟。首届上海创新创业教育论坛同日举行。

19日　市委副书记应勇、副市长翁铁慧召开市教育综合改革领导小组第二次全体会议，审议通过《上海市教育综合改革2016年工作要点》。

20日　市委副书记应勇到上海师范大学，对都市文化研究中心和教育部资源化学国际合作联合实验室进行调研。

22日　市教委、市政府教育督导室印发《关于开展义务教育学校标准化建设项目规划（2014—2018年）实施情况专项督导的通知》。

25日　市教委印发《关于成立上海市城乡义务教育一体化工作小组和办公室的通知》。

2月

3日　浦东新区政府与上海交通大学医学院

签约合作共建"上海儿童医学中心儿科医疗联合体(浦东)"。

4日　副市长翁铁慧到上海共康中学调研并慰问藏汉师生。

5日　市委宣传部副部长燕爽到同济大学调研新型智库建设工作。

9日　市委常委、统战部部长沙海林到上海市行政管理学校看望、慰问西藏班学生,与学生共度藏历火猴新年。

14日　副市长翁铁慧到市教卫工作党委、市教委慰问机关干部,并与两委领导班子成员座谈。

16日　市教委印发《关于推进本市城乡义务教育一体化工作的通知》。

18日　副市长周波到上海交通大学调研创新创业工作。

18—19日　2016年春季上海高校党政负责干部会议召开,部署上海高校年度党建和改革发展重点工作。副市长翁铁慧出席会议并讲话。

22日　上海市校园篮球联盟成立大会举行。副市长翁铁慧,市政府副秘书长宗明、市教委主任苏明出席会议,并为首批会员单位和专家委员会委员颁发证书。

23日　市委常委、统战部部长沙海林到上海交通大学调研统战工作。

25日　市委常委、统战部部长沙海林到同济大学调研统战工作。

同日　市政府副秘书长宗明到上海市公共安全教育实训基地施工现场调研。

3月

1日　市政府办公厅印发《关于成立上海市基础教育课程改革领导小组的通知》。副市长翁铁慧任组长,市政府副秘书长宗明任副组长,成员由市教卫工作党委书记陈克宏,市教委主任苏明、副主任贾炜等有关部门负责人组成。

2日　教育部和上海市政府在北京召开部市共同深化上海教育综合改革2016年度工作推进会。会议回顾总结2015年上海教育综合改革进展情况,研究部署2016年继续深化上海教育综合改革各项工作。教育部党组书记、部长袁贵仁,及上海市委副书记、市长杨雄出席会议并讲话。副市长翁铁慧汇报深化上海教育综合改革有关情况。

同日　2016年春季上海高校宣传德育工作会议召开。

同日　上海高校辅导员队伍建设督查实地检查工作总结会召开。

3日　市人大常委会副主任吴汉民到上海公安高等专科学校调研。

8日　副市长翁铁慧到位于浦东新区临港地区的5所高校调研。

11日　副市长蒋卓庆到上海交通大学调研学校基本建设及设施共享等相关工作。

16日　副市长翁铁慧到徐汇区调研探索学生全面发展新途径,加快基于标准的课程改革,推进名师名校长培养等工作。

同日　市政府印发《关于同意上海立信会计学院、上海金融学院合并组建上海立信会计金融学院的批复》。上海立信会计金融学院系全日制普通本科学校,隶属于市教委。

同日　市政府印发《关于同意以上海公安高等专科学校为基础组建上海公安学院的批复》。上海公安学院系全日制普通本科学校,隶属于市公安局,接受市教委业务指导。

17日　副市长翁铁慧到上海大学专题调研加快建设高水平大学工作。

23日　中共中央政治局委员、上海市委书记韩正到上海大学调研。韩正指出,地方高校在全市经济社会发展中发挥着重要作用,解决地方高校发展中的问题和瓶颈,关键要靠改革创新。要通过进一步扩大高校办学自主权,重点支持若干所地方高校加快一流大学建设步伐,有力支撑国家战略和地方经济社会发展。

同日　全国妇联主席沈跃跃到上海交通大学调研。

25—26日　市教卫工作党委、市教委召开2016年上海市教育综合改革工作推进会。会议指出,2016年,市级、区县和高校要紧紧围绕深入落实"一市两校"教育综合改革和"一市一省"高考综合改革两大国家试点任务,把握住增强对经济社会发展支撑度,提高人民群众获得感,力争取得更多阶段性、标志性制度成果和改革示范。市教育综合改革领导小组相关成员单位、各高校和区县教育局负责人出席会议。

29日　全国人大常委会副委员长、民进中央主席严隽琪到上海交通大学调研校区建设和统战工作。

31日　上海市学习型社会建设与终身教育促进委员会全委会召开。会议审议通过《关于进一步推进本市学习型社会建设的若干意见》和《上海市终身教育发展"十三五"规划》。市委副书记、市学习型社会建设与终身教育促进委员会主任应勇主持会议。

同日　2016年春季区县教育局长会议暨区县教育综合改革工作推进会召开。

4月

6日　副市长赵雯到普陀区早教中心开展"中国妇女发展纲要""中国儿童发展纲要""上海儿童发展十二五规划"以及"上海妇女发展十二五规划"的中(终)期评估督导工作。

7日　教育部副部长杜占元到上海大学调研学科建设工作。

同日　由上海交通大学承办的"2016世界一流大学校长论坛"在沪举行。中国首批9所"985"大学与英国罗素大学集团、欧洲研究型大学联盟、澳大利亚八校联盟代表,国内外30多所大学校长与会,就"高校创新能力建设与创新驱动发展战略"的主题展开研讨,共建新型全球创新网络。

8日　上海交通大学举行建校120周年纪念大会。

同日　转化医学国家重大科技基础设施(上海)项目奠基仪式举行。此项目由上海交通大学和上海交通大学医学院附属瑞金医院共同承担建设。

同日　教育部、公安部召开全国学校安全工作电视电话会议。在上海分会场,市教卫工作党委副书记、市教委主任苏明部署2016年校园安全工作。

8—10日　第十三届上海教育博览会举行,主题为"互联网+教育"。近80家单位参展,集中展示近年来互联网时代背景下上海教育综合改革发展成果和创新经验。

12日　副市长周波到华东师范大学调研科技创新工作。

14日　上海海洋大学马克思主义学院揭牌。

15日　上海市大学生安全教育工作会议暨大学生安全教育三年行动计划启动仪式举行,发布《上海市大学生安全教育三年行动计划(2016—2018)》。

22日　教育部印发《关于同意上海立信会计金融学院备案的批复》。

同日　教育部印发《关于同意上海公安学院备案的批复》。

25日　副市长翁铁慧到普陀区调研教育工作。

26日　副市长翁铁慧到虹口区调研教育卫生工作。

28日　丝绸之路音乐学院院长论坛在沪召开。11个国家、14所院校的20余位院校长出席论坛。

29日　副市长周波到上海交通大学调研。

5月

3日　市教委与市人力资源社会保障局联合印发《关于做好深化中小学教师职称制度改革人员过渡工作的通知》,推进深化中小学教师职称制度改革,建立统一的中小学教师职称系列,做好现有中小学教师新老职称系列的平稳过渡工作。

4日—6月3日　由市教卫工作党委、市教委主办的第一届"汇创青春"——上海大学生文化创意作品展示季活动举行。活动的主题为"创新汇聚青春能量"。

5—7日　全国政协"在大陆就读的台湾地区学生就读就业情况"专题调研组到沪调研,了解在沪台湾地区学生就读和工作的基本情况。

6日　市委副书记应勇、副市长翁铁慧等到浙江省杭州高级中学,就学校文化建设和新高考改革方案实施推进情况进行考察。

同日　教育部考试招生制度改革督查组到黄浦区调研高考改革实施情况。

8—22日　2016年全国职业教育活动周——上海高职院校"职业体验日"活动举行。活动的主题为“弘扬工匠精神　打造技能强国”。24所高职院校向全市广大中小学生、家长和社区居民开放校园，举办94个职业体验项目。

9—14日　由市教委分别与意大利教育部、爱沙尼亚教育部共同主办的2016年中国上海教育展在意大利、爱沙尼亚举办。上海27所高校、7所中小学汉语国际推广基地学校参展。

10日　市政府印发《关于进一步完善本市城乡义务教育经费保障机制的通知》，统一城乡义务教育学生“两免一补”政策，统一城乡义务教育学校生均公用经费基本标准，落实城乡义务教育学校校舍安全保障长效机制，落实城乡义务教育教师工资政策。

11日　市政协副主席高小玫到静安区延长路东部幼儿园暨静安区早期教育指导研究中心调研指导，并召开“健全公共托幼服务体系”提案重点协商办理专题座谈会。

12日　教育部副部长刘利民到普陀区调研指导基础教育改革工作。

13日　副市长赵雯视察上海电力学院，并慰问学校九三学社社员代表。

17—19日　由世界银行主办，市教委支持，上海师范大学承办的“公平与卓越：全球基础教育发展论坛”在沪召开。论坛的主题为“上海基础教育发展经验分享”。来自世界银行和30多个国家的130多名教育官员出席论坛。

18—19日　全国人大常委会委员、教科文卫委员会主任委员柳斌杰到沪调研高等教育改革与发展工作情况。

19日　中共中央政治局委员、上海市委书记韩正，市委副书记、市长杨雄到复旦大学附属肿瘤医院质子重离子中心（上海市质子重离子医院）调研指导，并召开座谈会听取中心运行一年来的情况汇报。

20日　副市长翁铁慧到市教科院调研“中国教育现代化2030”研究起草工作进展情况。

24日　市委常委、宣传部部长董云虎到上海交通大学调研指导。

25日　上海教师教育创新发展中心在上海师范大学揭牌。中心旨在更好地实现卓越教师培养，凸显上海教育综合改革实验区的创新举措。

26日　市委统战部、市教卫工作党委召开上海高校统战工作会议。

28日　上海中医药大学建校60周年纪念大会暨张江中医药国际论坛等系列学术活动举行。

28—30日　“上海论坛2016”年会举行。共有10场圆桌会议、14场子论坛，涉及工业制造、创新创造、一带一路、雾霾治理、G20峰会、金融创新、智库建设等热点话题。常务副市长屠光绍出席开幕式并致辞。

6月

1日　市教委印发《关于试行市属高校教师分类考核评价制度的指导意见》，进一步加强教师基础性考核评价，建立健全教师岗位聘任考核制度，完善教师专业技术职务晋升评价制度。

5日　市委副书记应勇到市公安局检查高考交通保障准备工作。

6日　全国人大常委会副委员长、中国科学院院士陈竺到复旦大学药学院调研，参观智能化递药、教育部及全军重点实验室按照GMP标准建设的制剂实验室，并与学科带头人、青年教师代表、少数民族学生和留学生代表进行座谈。

同日　副市长翁铁慧到静安区市西中学考点、黄浦区格致中学考点巡查上海市普通高校招生统一文化考试准备情况。

7日　市政府办公厅印发《关于全面加强和改进学校美育工作的实施意见》。

8日　黄浦区政府与同济大学签订战略合作框架协议并签署首个合作项目——合作创办公办中学“同济黄浦设计创意中学”。

13日　市委宣传部与复旦大学签约共建马克思主义学院。

同日　教育部副部长郝平到南洋中学调研上海青少年校园足球及青少年校园足球精英训练营工作。

13—15日　第三届联合国教科文组织全国委员会地区间会议在沪召开。会议由联合国教科文组织与中国联合国教科文组织全国委员会、上海市政府合作举办。会议围绕落实联合国2030可持续发展议程、保护共同的遗产、青年与防止极端暴力等议题进行了探讨。包括中国在内的115个国家的联合国教科文组织全国委员会代表、相关领域国际专家以及部分机构、企业和学校代表参加会议。

13—16日　全国政协副主席卢展工率全国政协“促进社会主义文艺繁荣发展”专题调研组在沪调研，了解上海推动文艺繁荣发展各项改革举措的实施情况。

14日　副市长翁铁慧到华东师范大学视察学校高考评卷点各科目评卷工作，并慰问参与评卷的教师和工作人员。

15日　中共中央政治局委员、市委书记韩正到南汇新城及临港产业区调研。韩正视察上海交通大学与临港管委会联合建设的上海智能制造研究院和上海海洋大学的深渊科学技术研究中心。

16日　上海市基础教育课程改革专家咨询委员会和专家工作委员会成立。

19—20日　中共中央政治局常委、中央书记处书记刘云山在沪调研考察上海高校思想政治建设工作。中共中央政治局委员、中宣部部长刘奇葆，中共中央政治局委员、上海市委书记韩正参加调研。

22日　由市委统战部、市教卫工作党委指导，上海音乐学院党委、徐汇区委主办的“同舟行·中国梦——上海音乐学院民主党派教师庆祝中国共产党建党95周年音乐会”举行。

23日　中共中央政治局委员、上海市委书记韩正到延安中学调研上海市中小学毒品预防教育工作。

同日　由复旦管理学奖励基金会和复旦大学联合主办的2016复旦管理学论坛在沪开幕。论坛的主题为“产业转型与企业创新”。

同日　虹口区政府与上海中医药大学签署合作协议。同时，复旦大学附属中山医院与上海市中西医结合医院周围血管病诊疗中心协作项目启动。

29—7月1日　2016上海国际教育装备博览会举行。博览会首次集聚展示“面向未来”的国内外先进教育装备。

7月

5日　市委统战部副部长虞丽娟到上海交通大学医学院调研统战工作。

6日　副市长翁铁慧到上海中医药大学调研指导。

12日　由市教委主办的“2016上海国际友好城市青少年夏令营”开营仪式举行。夏令营活动包括中国语言与文化学习、东方绿舟拓展性活动、市内游览参观三大部分。

同日　2016中国(上海)国际青少年校园足球邀请赛开幕式举行。来自13个国家和地区的16支U17青少年校园足球队参赛。

18日　由教育部、中华全国归国华侨联合会、市政府主办的2016中国(上海)国际青少年校园足球邀请赛高峰论坛举行。“国际青少年校园足球联盟秘书处”揭牌。

20日　联合国人居署、上海市政府、同济大学三方关于可持续城市发展教育培训合作备忘录签署仪式举行。根据合作备忘录，联合国人居署、上海市政府与同济大学将合作开展可持续城市发展领域的教育培训项目，建立先进的知识库，以促进中国、亚洲以及世界其他地区在建筑、城市规划，以及与城市可持续发展管理相关领域的发展，促进与世界城市日相关的研究和培训活动。

同日　全国地方高校卓越工程教育校企联盟成立大会暨卓越工程教育专家论坛举行。该联盟是在教育部高教司的支持下，由上海工程技术大学、燕山大学、上海电机学院等9所单位共同发起成立，得到全国100余所地方高校和多家企业的响应。

8月

1日　市政府印发《上海市青少年发展“十三五”规划》。

4日　上海·果洛职业教育联盟会议暨上海浦东职教集团与青海省果洛藏族州教育局职业教育对口支援协议签约仪式，在青海省果洛藏族自治州举行。

5—6日　副市长翁铁慧到新疆喀什地区调研上海教育、卫生、文化等领域援疆工作，慰问上海市援疆干部、人才和玉赛斯新村村民。6日，“沪喀教育卫生文化援疆工作座谈会”举行。

14—18日　第三十一届全国青少年科技创新大赛在沪开幕。大赛由中国科协、教育部、科技部、环境保护部、体育总局、自然科学基金委、团中央、全国妇联和上海市政府共同主办，华东师范大学等单位承办。中国科协党组书记、常务副主席、书记处第一书记尚勇，市委副书记、上海市长杨雄出席开幕式并致辞。18日，大赛在沪闭幕。中共中央政治局委员、国家副主席李源潮参观参赛项目并出席闭幕式。34支代表队，近500名青少年和200名科技辅导员，以及来自美、德、法等15个国家的70余名国际代表参加本届大赛。大赛共收到全国各省级创新大赛选拔推荐的近5000项创新成果、349项青少年科技创新成果和200项辅导员科技创新成果参加终评和展示。

15日　市政府印发《上海市教育改革和发展"十三五"规划》。

同日　由中国工程院、上海市政府和中国船舶重工集团公司主办，中国工程院机械与运载工程学部和上海大学共同承办的"机械与运载工程科技2035发展战略"国际高端论坛举行。论坛的主题为"机械与运载工程科技的未来"，涵盖机械、航空、航天、海洋运载装备、汽车、轨道交通、综合交通、增材制造、机器人和MEMS等10个子领域。40余位国际专家、政府部门和行业代表近200人参加论坛。

16日　市政协副主席王志雄到上海中医药大学重点协商办理"继承创新并利用好中医药资源"提案专题。

29日　教育部与北京、上海、江苏、福建、山东、重庆、四川、甘肃在北京签署学校美育改革发展备忘录，在推动中央部门和地方政府构建上下联动、统筹整合、协同推进的学校美育改革发展工作机制。

9月

2—3日　由中宣部、教育部主办，江苏省委宣传部、南京市委、江苏省教育厅承办的原创大型史诗话剧《雨花台》在上海交通大学演出。

2—14日　由市教卫工作党委、贵州省遵义市委、同济大学共同主办的纪念红军长征胜利80周年展览举行。

7日　由市总工会、市教卫工作党委、市教委举办的"青春在讲台——第二届上海高校青年教师教学竞赛总结大会"举行。

9日　市领导分别看望上海市优秀教师代表并致教师节问候。中共中央政治局委员、市委书记韩正，副市长翁铁慧看望上海市徐汇区建襄民办小学原校长吴佩芳。韩正还看望上海海洋大学水产品加工与贮藏工程系主任陈舜胜。市委副书记、市长杨雄看望西南位育中学党委书记、副校长金琪，以及中国工程院院士、复旦大学治疗性疫苗国家工程实验室主任闻玉梅。翁铁慧还看望建平中学校长杨振峰、上海市实验小学校长杨荣、徐汇区高安路一小校长滕平。

同日　国家教育督导委督导组到沪开展2016年秋季开学工作专项督导。

10日　上海市市东中学举行庆祝建校100周年活动。

14日　2016年秋季上海高校党政负责干部会议举行。会议传达中央和上海市委有关会议精神，对下半年上海高校党建和改革发展重点工作作部署。

18日　副市长周波到上海大学调研，参观上海大学高温超导重点实验室、无人艇工程研究院、省部共建高品质特殊钢冶金与制备国家重点实验室，听取上海大学对接科创中心建设的专项工作汇报。

19日　市教委、市学习型社会建设与终身教育促进委员会办公室印发《上海终身教育发展"十三五"规划》。

30日　市教委主任苏明到市语言文字水平测试中心调研。

10月

1日　市教委印发《上海教育对外开放"十三五"发展规划》。

8日　副市长陈寅到上海交通大学调研。陈寅参观筹建中的由国家质检总局和上海市政府合作共建的中国质量发展研究院办公场所和机械系统与振动国家重点实验室，并召开座谈会。

9—10日　上海·遵义职业教育联盟成立大会暨揭牌仪式在贵州省遵义市举行。这是上海职业教育对口帮扶工作继成立上海喀什职业教育联盟、上海果洛职业教育联盟之后的第三个教育联盟。

13日　市教委、市老龄工作委员会办公室印发《上海市老年教育发展"十三五"规划》。

14日　中共中央政治局委员、上海市委书记韩正，市委副书记、市长杨雄到浦东张江考察科创中心建设大科学设施项目，了解上海科技大学建设发展情况。

17—19日　由复旦大学公共卫生学院与哥伦比亚大学梅尔曼公共卫生学院主办的"国际老龄人群健康峰会"在沪举行。来自国际组织、世界各地的政策研究者、研究人员，就第三次人口红利、老龄政策法规、卫生服务体系等议题进行研讨。

17日—12月7日　由市教委、市体育局共同主办的2016年上海市学生运动会举行。运动会设大学组、中小学组、中职校组三个组别。其中大学组设27个大项、304个小项，中小学组设26个大项、525个小项，中职校组设5个大项、37个小项。

17日　市教委印发《上海高等职业教育创新发展行动计划(2015—2018年)实施方案》，就高等职业教育创新发展行动计划的主要目标、配套措施、进度安排、保障政策等作出规定。

28日　市语委、市教委印发《上海市语言文字事业改革和发展"十三五"规划》。

31日　市教委印发《上海市教师队伍建设"十三五"规划》。

11月

1—5日　第十八届中国国际工业博览会在沪举行，本次博览会的主题为"创新、智能、绿色"。有69所高校参展，其中上海高校17所，外省市高校46所，境外高校6所。

3日　市教委印发《上海市教育法治建设"十三五"规划》。

4日　"1+11"基础教育互助成长行动计划启动会在沪举行。上海、湖北、重庆、贵州、云南、西藏、青海、新疆的教育厅(教委)签署《基础教育互助成长行动计划合作备忘录》；上海16个区的教育局与对口合作的11个市(地、州、区)教育局(教委)共同签订《基础教育互助成长行动计划合作协议》。

7日　2016—2017中英数学教师交流项目启动仪式在沪举行。该项目由中英两国教育部共同商定，由上海市教委、上海师范大学、英国国家教学与领导力学院、英国卓越数学教学中心共同实施。英国的70余位小学数学教师参加启动仪式。

8日　市教委印发《上海市职业教育改革和发展"十三五"规划》。

15日　中共中央政治局委员、市委书记韩正主持召开市委全面深化改革领导小组第十五次会议，审议并通过《本市2017年高考志愿填报与投档录取工作方案》。

16日　市教委、市总工会印发《关于开展"上海百万在岗人员学力提升行动计划"的通知》。

17日　市教委印发《上海市学校体育发展"十三五"规划》。

20日　中共中央政治局委员、国务院副总理刘延东到上海科技大学视察。中共中央政治局委员、上海市委书记韩正，国家发改委副主任林念修，科技部副部长黄卫等参加视察。

30日　奉贤区政府与华东师范大学签署全面战略合作框架协议。

12月

2日　由教育部关工委、全国总工会宣教部、市教育系统关工委共同主办的"大国工匠进校园"上海首场活动举行。

3—4日　由教育部和上海市政府指导，复旦大学和中国大学智库论坛秘书处主办的第三届中国大学智库论坛年会举行。

5日　教育部部长陈宝生到复旦大学调研，听取学校改革发展情况的汇报，视察复旦大学马克思主义学院建设情况，听取思政课教师《治国理政》课程研讨情况，进课堂听取《中国近现代史纲要》授课情况，听取国家高端智库建设试点情况汇报，详细了解复旦大学中国研究院参与中国话语体系建设情况。

同日　教育部部长陈宝生到上海大学调研。

陈宝生听取学校改革发展情况的汇报，参观上海大学无人艇工程研究院，听取无人艇工程研究院、省部共建高品质特殊钢冶金与制备国家重点实验室、材料基因工程研究院建设情况的汇报。

同日　教育部部长陈宝生到上海交通大学调研，听取学校改革发展情况的汇报。

6日　中英高级别人文交流机制第四次会议在沪举行。会议主题为"聚焦合作，突出共识"。中共中央政治局委员、国务院副总理刘延东与英国卫生大臣亨特作为机制双方主席共同主持会议，签署《中英高级别人文交流机制第四次会议联合声明》，并见证有关领域13个合作协议的签署。

同日　在中英高级别人文交流机制第四次会议配套活动"中英大学人文与智库对话"开幕式上，复旦大学与伦敦政治经济学院签署合作协议，建立两校战略伙伴关系，共建复旦伦敦政经全球公共政策学院。

同日　中英高级别人文交流机制第四次会议的配套活动之一"中英基础教育论坛"举行。

11日　上海大学上海美术学院成立。美术学院是具有相对独立办学自主权的二级学院。成立大会上，宝武集团、宝山区政府、上海大学签署了《共建上海美术学院战略合作框架协议》。

17日　中共中央政治局委员、市委书记韩正会见到沪参加第二届"复旦科技创新论坛"暨首届"复旦—中植科学奖"颁奖典礼的诺贝尔物理学奖获得者、著名华裔科学家丁肇中等国际知名学者。

18日　市教育综合改革专家咨询委员会第二次全体会议举行。

21日　副市长翁铁慧视察上海高考英语听说测试的考务准备工作。2017年上海高考外语科目首次实行"一年两考"，在全国各省市中首次设置外语听说测试，以引导外语教学更加注重学生应用能力的培养。

同日　市委常委、统战部部长沙海林到上海大学调研。

同日　市教委印发《上海市教育信息化"十三五"规划》。

22日　市体教结合工作会议召开。会议就实施《上海市体教结合促进计划(2016—2020年)》作出部署。

同日　市教委召开2016年度上海教育工作通报座谈会。市教委主任苏明向市人大代表、市政协委员通报2016年度教育系统市人大代表建议和市政协委员提案推动落实情况，及当前上海教育改革发展的重点任务。

24日　市高校"立德树人"人文社科重点研究基地——英语教育教学研究基地揭牌仪式在上海外国语大学举行。

27日　全国人大常委会副委员长陈竺院士到复旦大学上海医学院调研，参观脑科学研究院、人体科学馆，并就学校发展、医学教育改革等问题，与学校领导和有关单位负责人进行交流。

同日　全国人大常委会副委员长陈竺院士在上海交通大学医学院召开"医学教育改革"专题座谈会，作题为《关于我国医学本科教育发展改革的若干思想》的报告。

29日　由教育部、国家卫生计生委、国家中医药管理局举办的中医药教育改革与发展座谈会暨首届中医药高等学校教学名师表彰大会在北京举行。会议授予60位教师"中医药高等学校教学名师"荣誉称号，其中有上海中医药大学教授施杞、严世芸、段逸山。中共中央政治局委员、国务院副总理刘延东接见教学名师，并主持中医药教育改革与发展座谈会。

30日　教育部党组副书记、副部长沈晓明到上海交通大学调研。

同日　第三届上海市大学生公益广告大赛在同济大学进行表彰。大赛自3月份启动以来，共有沪上32所高校的1500多名学生参赛，最终分别评出平面类、视频类、广播类、文字类公益广告作品的金奖、银奖、铜奖及优秀奖的获得者。

教育统计

Educational Statistics

上海市普通高等学校本专科教育基本情况

单位：人

指　　标	学校数（所）	本专科学生数								教职工数	
		毕业生数	# 本科	招生数	# 本科	在校生	# 本科	预　计毕业生	# 本科		# 专任教师
总　计	**64**	**132596**	**87670**	**142730**	**95623**	**514683**	**371266**	**146284**	**96508**	**73357**	**42308**
部　　属	10	26045	24595	28776	26289	113508	106182	29391	27059	31966	15756
市　　属	54	106551	63075	113954	69334	401175	265084	116893	69449	41391	26552
民　　办	20	26087	10106	33880	13017	105881	45736	29960	11021	7329	4826
综合大学	4	16303	16059	16080	15923	67411	66749	18205	17929	24896	11105
理工院校	25	49477	31872	55320	35573	195300	136246	54884	35120	20473	13214
农业院校	2	4222	3178	4261	3051	15530	11815	4173	2953	1471	1016
医药院校	3	5698	886	4765	1899	15403	4804	6148	960	2020	1193
师范院校	2	8954	8452	8690	8690	34804	34698	9289	9183	6823	4021
语文院校	3	5262	1438	4597	1475	17916	5956	5983	1512	2155	1392
财经院校	18	31555	17926	37963	20846	127712	78462	35827	20178	9972	6676
政法院校	3	6362	5256	6074	5204	22659	20840	6553	5661	2437	1806
体育院校	2	1004	900	1109	961	4371	3976	1155	1055	1205	633
艺术院校	5	3759	1703	3871	2001	13577	7720	4067	1957	1905	1252

上海市各级普通学校基本情况

单位：万人

指　　标	学校数（所）	毕业生数	招生数	在校学生数	教职工数	# 专任教师
总　计	**3345**	**67.10**	**75.85**	**267.78**	**27.89**	**19.95**
研究生	**48**	**3.97**	**4.91**	**14.50**		
高等学校	27	3.92	4.85	14.32		
科研机构	21	0.05	0.06	0.17		
普通高等学校	**64**	**13.26**	**14.27**	**51.47**	**7.34**	**4.23**
本科院校	38	9.97	10.43	39.94	6.57	3.73
高职(专科)学校	26	3.29	3.84	11.52	0.77	0.50
普通中等学校	**898**	**17.91**	**20.91**	**66.76**	**8.39**	**6.42**
普通中学	801	14.37	17.83	57.11	7.12	5.58
高　中	256	5.19	5.31	15.78		1.77
初　中	545	9.18	12.53	41.33		3.81
职业中学	27	0.89	0.69	2.04	0.37	0.28
高　中	27	0.88	0.68	2.03	0.37	0.28
初　中		0.01	0.01	0.01		
中等专业学校	51	2.39	2.02	6.68	0.76	0.48
技工学校	7	0.22	0.31	0.84	0.10	0.05
工读学校	12	0.05	0.05	0.08	0.05	0.04
小　学	753	14.69	16.08	78.97	6.11	5.34
特殊教育	29	0.08	0.06	0.43	0.16	0.12
幼儿园	1553	17.19	19.64	55.65	5.89	3.83

注：1.表中幼儿园招生数指当年入园幼儿数。2.2014学年起，中科院、煤炭院所属科研机构不纳入上海市研究生培养机构统计

上海市各级成人学校基本情况

单位:万人

指　　标	学校数（所）	毕业生数	招生数	在校学生数	教职工数	#专任教师
总　计	**706**	**182.85**	**9.04**	**196.33**	**1.83**	**0.93**
成人高等学校	**14**	**4.90**	**4.17**	**14.39**	**0.15**	**0.08**
独立设置成人高校	14	0.22	0.18	0.61	0.15	0.08
广播电视大学	1				0.03	0.01
职工高等学校	10	0.19	0.14	0.52	0.08	0.05
管理干部学院	3	0.03	0.03	0.09	0.03	0.01
普通高校举办	(48)	4.68	3.99	13.78		
函授部	9	0.24	0.18	0.75		
业余	39	4.44	3.81	13.03		
成人脱产班						
成人网络本、专科		**4.33**	**4.35**	**12.62**		
成人中、初等学校	**18**	**0.45**	**0.53**	**1.78**	**0.04**	**0.03**
成人中等专业学校	12	0.36	0.53	1.64	0.03	0.02
全日制		0.32	0.42	1.41		
非全日制		0.04	0.11	0.23		
成人中学	6	0.09		0.14	0.01	0.01
成人小学						
职业技术培训机构	**674**	**173.17**		**167.54**	**1.64**	**0.83**

注:1.表中成人中学、职业技术培训机构在校学生指累计注册数,毕业生数指累计结业数。2.普通高校举办的函授、业余、脱产班学校数是指举办这类教育的学校点数,扩号内是点数之和

研究生教育基本情况

单位:人

指　　标	合　计	中央部委所属	#教育部所　属	#其他部委所属	地方所属	#教育部门	#其他部门
毕业生数	**39733**	**25194**	**24875**	**319**	**14539**	**14306**	**233**
攻读硕士学位	34724	20901	20596	305	13823	13615	208
攻读博士学位	5009	4293	4279	14	716	691	25
招生数	**49079**	**30209**	**29868**	**341**	**18870**	**18582**	**285**
攻读硕士学位	42270	24522	24196	326	17748	17500	245
攻读博士学位	6809	5687	5672	15	1122	1082	40
在校学生数	**144987**	**95039**	**94128**	**911**	**49948**	**49044**	**895**
攻读硕士学位	115130	70177	69351	826	44953	44224	720
攻读博士学位	29857	24862	24777	85	4995	4820	175
预计毕业生数	**55650**	**36708**	**36351**	**357**	**18942**	**18610**	**329**
攻读硕士学位	42192	26085	25771	314	16107	15871	233
攻读博士学位	13458	10623	10580	43	2835	2739	96

研究生分学科学生数

单位：人

指　　标	毕业生数	招生数	在校学生数	预计毕业生数
总　计	**39733**	**49079**	**144987**	**55650**
女　生	19729	25955	72232	26291
学术型学位	24174	28214	90169	33664
专业学位	15559	20865	54818	21986
哲　学	309	363	1167	482
经济学	2694	3607	9177	3856
法　学	3614	4250	11871	4561
教育学	1694	2720	7218	3218
文　学	2489	3060	8708	3355
历史学	362	431	1450	592
理　学	3219	4213	13283	4308
工　学	13623	16373	49272	18209
农　学	478	477	1435	498
医　学	3746	4437	13408	4417
管理学	6514	7602	23823	10722
艺术学	991	1546	4175	1432

普通本科分学科学生数

单位：人

指　　标	毕业生数	招生数	在校学生数	预计毕业生数
总　计	**87670**	**95623**	**371266**	**96508**
哲　学	114	271	755	186
经济学	8671	9750	35906	9472
法　学	5784	5397	22012	5969
教育学	2262	2232	8926	2330
文　学	9094	9690	37014	9691
历史学	198	218	891	241
理　学	5196	6049	22100	5473
工　学	29259	32427	126415	33027
农　学	489	502	1885	451
医　学	2269	3782	12975	2661
管理学	17744	17859	73850	19652
艺术学	6590	7446	28537	7355

普通专科分学科学生数

单位:人

指　　标	毕业生数	招生数	在校学生数	预计毕业生数
总　计	**44926**	**47107**	**143417**	**49776**
农林牧渔大类	791	867	2500	794
资源环境与安全大类	166	262	1163	472
能源动力与材料大类	1			
土木建筑大类	2632	2497	7241	2502
水利大类				
装备制造大类	3647	4304	12809	4235
生物与化工大类	172	240	653	262
轻工纺织大类	453	623	2074	653
食品药品与粮食大类	584	310	1322	612
交通运输大类	3205	4147	11947	3840
电子信息大类	2718	4153	10696	3140
医药卫生大类	6905	5858	19266	7762
财经商贸大类	9462	9489	31046	10790
旅游大类	2187	2402	7437	2535
文化艺术大类	5389	5013	16110	5822
新闻传播大类	1323	1474	4266	1242
教育与体育大类	3451	4039	10881	3429
公安与司法大类	1044	1020	2279	994
公共管理与服务大类	796	409	1727	692

普通高等学校专任教师基本情况

单位:人

指　　标	专任教师数	正高级	副高级	中　级	初　级	未定职称
总　计	**42308**	**7805**	**13759**	**16576**	**2857**	**1311**
学历						
研究生	34518	7105	11239	13122	2024	1028
博　士	21496	6372	8447	6121	86	470
硕　士	13022	733	2792	7001	1938	558
本科	7384	651	2424	3307	768	234
专科及以下	406	49	96	147	65	49
年龄						
29 岁及以下	2855	3	27	812	1354	659
30～34 岁	6673	125	742	4545	897	364
35～39 岁	9318	473	3165	5202	347	131
40～44 岁	7483	1032	3432	2832	123	64
45～49 岁	5348	1429	2484	1361	54	20
50～54 岁	6072	2345	2422	1222	40	43
55～59 岁	2744	1194	1069	430	31	20
60～64 岁	1194	827	234	117	8	8
65 岁及以上	621	377	184	55	3	2

普通高等学校分科专任教师

单位:人

指　标	专任教师数	正高级	副高级	中　级	初　级	未定职称
总　计	**42308**	**7805**	**13759**	**16576**	**2857**	**1311**
哲　学	1028	186	312	406	70	54
经济学	2378	392	858	935	117	76
法　学	3088	486	844	1333	281	144
教育学	3604	299	941	1727	512	125
文　学	6781	798	1886	3370	503	224
历史学	518	167	151	176	18	6
理　学	4493	1327	1653	1331	91	91
工　学	11638	2728	4382	3901	394	233
农　学	296	78	103	77	29	9
医　学	2155	474	657	795	178	51
管理学	3772	586	1305	1456	276	149
艺术学	2557	284	667	1069	388	149

中等职业学校基本情况

单位:人

指　标	总计	普通中专	职业高中	技工学校	成人中专
机构数合计(所)	**96**	**50**	**27**	**7**	**12**
中央部委属	**2**	1		1	
地方所属	**90**	48	24	6	12
教育部门	**53**	23	24	1	5
非教育部门	**37**	25		5	7
民办	**4**	1	3		
教职工数(人)	**12605**	**7578**	**3707**	**971**	**349**
中央部委属	**274**	167		107	
市　属	**12183**	7312	3658	864	349
民　办	**148**	99	49		
专任教师数(人)	**8229**	**4753**	**2778**	**527**	**171**
中央部委属	**130**	54		76	
市　属	**8026**	4662	2742	451	171
民　办	**73**	37	36		

普通中等专业教育学生数

单位:人

指　标	毕业生数	招生数	在校学生数	预计毕业生数
总　计	**23875**	**20214**	**66819**	**21785**
中央部委属	400		499	499
市　属	23049	19961	65520	20990
民　办	426	253	800	296
农林牧渔类	282	389	1012	255
资源环境类	328	248	725	261
能源与新能源类	300	268	1096	289
土木水利类	2191	1643	5068	1686
加工制造类	3639	3329	11215	3386
石油化工类	620	409	1839	653
轻纺食品类	251	332	919	268
交通运输类	2617	2240	7231	2364
信息技术类	2574	2335	7264	2473
医药卫生类	2734	2236	7596	2798
休闲保健类	79	51	168	56
财经商贸类	5459	4164	14037	4647
旅游服务类	730	598	1862	581
文化艺术类	1309	1207	4579	1383
体育与健身类	221	169	608	200
教育类	123	94	307	115
司法服务类				
公共管理与服务类	333	244	688	228
其他	85	258	605	142

分区职业高中学校(班)基本情况

单位:人

指　标	学校数(所)	毕业生数	招生数	在校学生数	预计毕业生	教职工数	#专任教师
全市合计	**27**	**8790**	**6798**	**20346**	**7071**	**3707**	**2778**
黄浦区	3	652	519	1577	522	438	296
徐汇区	2	509	247	987	482	232	168
长宁区	2	330	436	1154	286	191	117
静安区	2	404	271	783	296	337	235
普陀区	1	311	282	728	192	160	117
虹口区	2	703	569	1637	571	328	224

续表

指　　标	学校数（所）	毕业生数	招生数	在校学生数	预　计毕业生	教职工数	# 专任教师
杨浦区	2	465	313	1030	425	151	111
闵行区	1	613	576	1631	473	182	153
宝山区	2	756	565	1796	619	210	131
嘉定区	1					58	46
浦东新区	5	3038	2204	6800	2487	738	653
金山区							
松江区	2	247	227	630	196	319	258
青浦区	1	93	71	166	61	61	35
奉贤区							
崇明区	1	669	518	1427	461	302	234

职业高中(班)学生数

单位:人

指　　标	毕业生数	招生数	在校学生数	预计毕业生数
总　　计	**8790**	**6798**	**20346**	**7071**
中央部门办				
地方教育部门	8324	6555	19526	6732
地方非教育部门	123		125	125
民　办	343	243	695	214
农林牧渔类	81	65	185	40
资源环境类				
能源与新能源类				
土木水利类				
加工制造类	966	488	1802	715
石油化工类				
轻纺食品类				
交通运输类	1590	1134	3600	1269
信息技术类	1189	735	2063	740
医药卫生类	73	50	177	57
休闲保健类	52	26	84	36
财经商贸类	1686	1075	3770	1450
旅游服务类	1496	1562	4256	1315
文化艺术类	526	540	1434	458
体育与健身类	62	46	133	45
教育类	661	640	1631	510
司法服务类				
公共管理与服务类	56	42	116	39
其他	352	395	1095	397

职业高中学校专任教师基本情况

单位:人

指　　标	专任教师	正高级	副高级	中　级	初　级	无职称
合　计	**2778**		**507**	**1577**	**611**	**83**
学　历						
研究生	245		32	100	82	31
本　科	2516		475	1474	518	49
专　科	16			3	11	2
高中及以下	1					1
年　龄						
29 岁及以下	293			11	215	67
30～39 岁	913		61	565	274	13
40～49 岁	1069		256	713	99	1
50～59 岁	503		190	288	23	2
60 岁及以上						

普通中等专业学校专任教师基本情况

单位:人

指　　标	专任教师	正高级	副高级	中　级	初　级	无职称
合　计	**4753**	**20**	**1116**	**2317**	**1146**	**154**
学历						
博士	28	1	7	13	7	
硕士	1033	2	180	459	340	52
本科	3506	12	905	1792	714	83
专科	149	4	21	49	62	13
高中及以下	37	1	3	4	23	6
年龄						
29 岁及以下	568		1	66	406	95
30～34 岁	855		10	453	371	21
35～39 岁	774		97	516	144	17
40～44 岁	658	2	179	392	75	10
45～49 岁	713	4	310	340	57	2
50～54 岁	816	5	376	386	46	3
55～59 岁	365	8	140	164	47	6
60 岁及以上	4	1	3			

普通中等专业学校分学科专任教师数

单位：人

指　　标	合　计	正高级	副高级	中　级	初　级	无职称
总　计	**4753**	**20**	**1116**	**2317**	**1146**	**154**
文化基础课	1833		427	934	400	72
专业课	2693	18	670	1286	651	68
农林牧渔类	26		7	12	7	
资源环境类	30		5	12	13	
能源与新能源类	43		17	17	7	2
土木水利类	144		49	53	40	2
加工制造类	399		120	184	83	12
石油化工类	83		32	36	13	2
轻纺食品类	56		19	29	6	2
交通运输类	156		30	81	36	9
信息技术类	333		76	173	75	9
医药卫生类	189		69	85	30	5
休闲保健类	7		1	3	3	
财经商贸类	444		93	234	112	5
旅游服务类	87		21	45	18	3
文化艺术类	295	13	68	144	66	4
体育与健身类	202	5	25	91	70	11
教育类	70		8	25	37	
司法服务类	1		1			
公共管理与服务类	34		10	15	9	
其他	94		19	47	26	2
实习指导课	227	2	19	97	95	14

中学校数、班数

指　　标	全　市	城　区	镇　区	乡　村
学校数(所)	**801**	**635**	**132**	**34**
完全中学	97	87	6	4
高级中学	138	116	19	3
初级中学	362	284	63	15
九年一贯制学校	183	128	43	12
十二年一贯制学校	21	20	1	
班数(班)	**17397**	**14518**	**2382**	**497**
初　　中	12703	10467	1848	388
高　　中	4694	4051	534	109

中学分年级学生数

单位:人

指　　标	全　市	城　区	镇　区	乡　村
总　计	**571104**	**480167**	**76984**	**13953**
初中小计	**413298**	**344483**	**58342**	**10473**
初　　一	125454	103479	18341	3634
初　　二	103807	86251	14869	2687
初　　三	92546	77406	12893	2247
初　　四	91491	77347	12239	1905
高中小计	**157806**	**135684**	**18642**	**3480**
高　　一	53440	45965	6298	1177
高　　二	53014	45660	6194	1160
高　　三	51352	44059	6150	1143

教育系统所属中学校数、班数、学生数

指　　标	全　市	城　区	镇　区	乡　村
学校数(所)	**680**	**526**	**125**	**29**
完全中学	67	60	5	2
高级中学	125	105	18	2
初级中学	326	249	62	15
九年一贯制学校	156	106	40	10
十二年一贯制学校	6	6		
班数(班)	**15107**	**12374**	**2299**	**434**
初　中	10947	8799	1796	352
高　中	4160	3575	503	82
学生数(人)	**494379**	**406855**	**74549**	**12975**
初　中	351839	284950	56969	9920
高　中	142540	121905	17580	3055

民办中学教学机构数、班数、学生数

指　　标	全　市	城　区	镇　区	乡　村
机构数(个)	**121**	**109**	**7**	**5**
完全中学	30	27	1	2
高级中学	13	11	1	1
初级中学	36	35	1	
九年一贯制学校	27	22	3	2
十二年一贯制学校	15	14	1	
班数(班)	**2267**	**2121**	**83**	**63**
初　中	1752	1664	52	36
高　中	515	457	31	27
学生数(人)	**76449**	**73036**	**2435**	**978**
初　中	61452	59526	1373	553
高　中	14997	13510	1062	425

分区高中分年级在校生情况

单位：人

指　　标	毕业生数	招生数	高中在校生数	一年级	二年级	三年级
全市合计	**51889**	**53066**	**157806**	**53440**	**53014**	**51352**
黄浦区	3149	3063	9677	3069	3342	3266
徐汇区	3635	4354	12315	4371	4180	3764
长宁区	1662	1557	4802	1567	1642	1593
静安区	3801	3649	11000	3655	3733	3612
普陀区	2678	2641	8033	2694	2682	2657
虹口区	2381	2175	6716	2205	2239	2272
杨浦区	3604	3632	10813	3650	3736	3427
闵行区	3641	4259	12143	4269	3955	3919
宝山区	3455	3431	10257	3446	3416	3395
嘉定区	2044	2210	6639	2244	2242	2153
浦东新区	11557	11789	34982	11845	11704	11433
金山区	2076	2155	6196	2221	2027	1948
松江区	2384	2601	7620	2627	2542	2451
青浦区	1935	1959	5682	1968	1878	1836
奉贤区	1971	2083	6000	2094	2029	1877
崇明区	1916	1508	4931	1515	1667	1749

分区初中分年级在校生情况

单位：人

指　　标	毕业生数	招生数	初中在校生数	一年级	二年级	三年级	四年级
全市合计	**91839**	**125267**	**413298**	**125454**	**103807**	**92546**	**91491**
黄浦区	3143	3745	12869	3750	3217	2895	3007
徐汇区	5812	7248	24225	7263	5992	5472	5498
长宁区	2972	3513	11920	3523	2884	2685	2828
静安区	5708	6675	23172	6677	5792	5352	5351
普陀区	4394	5513	18362	5533	4591	4093	4145
虹口区	3645	4364	14583	4369	3564	3364	3286
杨浦区	4771	5553	19140	5553	4714	4307	4566
闵行区	7329	12309	38471	12312	9690	8381	8088
宝山区	7103	9810	32612	9840	8566	7377	6829
嘉定区	4507	6908	22852	6919	5780	5205	4948
浦东新区	21532	31643	101110	31677	25324	22080	22029
金山区	3901	5297	18331	5298	4642	4113	4278
松江区	5611	8399	26840	8425	6776	5951	5688
青浦区	3781	5183	16679	5193	4252	3740	3494
奉贤区	4851	5814	20690	5823	5076	4882	4909
崇明区	2779	3293	11442	3299	2947	2649	2547

分区中学基本情况

单位：人

指　标	学校数（所）	#完全中学	#高级中学	#初级中学	#九年一贯制学校	#十二年一贯制学校	初高中学生数	教职工数	#专任教师		
										初　中	高　中
全市合计	**801**	**97**	**138**	**362**	**183**	**21**	**571104**	**71150**	**55757**	**38088**	**17669**
黄浦区	36	6	9	17	4		22546	3483	2682	1486	1196
徐汇区	39	11	7	18	2	1	36540	4481	3564	2116	1448
长宁区	26	4	4	14	2	2	16722	2853	1994	1343	651
静安区	52	13	9	23	7		34172	4810	3535	2225	1310
普陀区	46	8	4	12	20	2	26395	3798	2830	1931	899
虹口区	37	6	9	17	5		21299	3204	2627	1603	1024
杨浦区	50	5	11	26	7	1	29953	3995	3199	1940	1259
闵行区	72	7	13	31	19	2	50614	6334	4855	3543	1312
宝山区	62	5	8	25	23	1	42869	4399	3769	2790	979
嘉定区	40	1	7	19	11	2	29491	3226	2590	1948	642
浦东新区	161	22	28	78	25	8	136092	14477	12128	8493	3635
金山区	32	3	7	19	3		24527	2929	2312	1622	690
松江区	38	3	5	9	20	1	34460	4035	2945	2143	802
青浦区	30	1	5	15	9		22361	2836	2242	1644	598
奉贤区	44		7	14	22	1	26690	3254	2473	1862	611
崇明区	36	2	5	25	4		16373	3036	2012	1399	613

实验性示范性中学基本情况

单位：人

指　　标	总　　计	市实验性示范性	区实验性示范性
学校数（所）	**146**	**64**	**82**
班数（个）	**4342**	**1949**	**2393**
初　中	833	139	694
高　中	3509	1810	1699
毕业生数	**47499**	**22444**	**25055**
初　中	7804	1909	5895
高　中	39695	20535	19160
招生数	**48363**	**22495**	**25868**
初　中	7821	1066	6755
高　中	40542	21429	19113
在校学生数	**149782**	**68808**	**80974**
初　中	28706	4931	23775
高　中	121076	63877	57199

续表

指　　标	总　　计	市实验性示范性	区实验性示范性
预计毕业生数	**47120**	**22566**	**24554**
初　中	7616	1973	5643
高　中	39504	20593	18911
教职工数	**20243**	**9746**	**10497**
其中:专任教师	16237	7788	8449
初　中	2428	374	2054
高　中	13809	7414	6395
学校占地面积(万平方米)	**732.15**	**457.73**	**274.42**
学校建筑面积(万平方米)	**476.70**	**297.65**	**179.06**

普通中学招生、毕业生数

单位:人

指　　标	全　市	城　区	镇　区	乡　村
2016年招生数	**178333**	**149035**	**24507**	**4791**
初　中	125267	103337	18309	3621
高　中	53066	45698	6198	1170
2016年毕业生数	**143728**	**122046**	**18580**	**3102**
初　中	91839	77746	12128	1965
高　中	51889	44300	6452	1137

中学教职工、教师分部门人数

单位:人

指　　标	全　市	城　区	镇　区	乡　村
教职工数	**71150**	**58630**	**10394**	**2126**
教育部门办	61698	49871	9988	1839
其他部门办				
民　办	9452	8759	406	287
其中:				
专任教师数	**55757**	**46349**	**7884**	**1524**
教育部门办	49299	40192	7693	1414
其他部门办				
民　办	6458	6157	191	110

中学专任教师学历情况

指　　标	总　计	研究生	本　科	专　科	高　中	高中以下
初中(人)	**38088**	**3837**	**33736**	**513**	**2**	
所占比重(%)	100	10.07	88.57	1.35	0.01	
高中(人)	**17669**	**3474**	**14178**	**16**	**1**	
所占比重(%)	100	19.66	80.24	0.09	0.01	

中学专任教师职称情况

指　标	总　计	中学高级	中学一级	中学二级	中学三级	未评职称
初中(人)	**38088**	**4434**	**19767**	**12014**	**95**	**1778**
所占比重(%)	100	11.64	51.90	31.54	0.25	4.67
高中(人)	**17669**	**5480**	**7900**	**3373**	**17**	**899**
所占比重(%)	100	31.01	44.71	19.09	0.10	5.09

中学专任教师年龄情况

指　标	专任教师数	29岁及以下	30～39岁	40～49岁	50～59岁	60岁及以上
初中(人)	**38088**	**7810**	**13338**	**12495**	**4279**	**166**
所占比重(%)	100	20.51	35.02	32.81	11.23	0.44
高中(人)	**17669**	**2734**	**6463**	**5467**	**2889**	**116**
所占比重(%)	100	15.47	36.58	30.94	16.35	0.66

中学占地和校舍建筑面积数

单位:万平方米

指　标	全　市	城　区	镇　区	乡　村
学校占地面积	**2351.66**	**1722.13**	**507.46**	**122.07**
#运动场地面积	**631.19**	**461.37**	**140.39**	**29.43**
校舍建筑面积	**1415.92**	**1157.75**	**212.86**	**45.32**

小学校数、班数、学生数、教职工数

指　标	全　市	教育部门	其他部门	民　办
学校数(所)	**753**	**597**		**156**
班数(班)	**21184**	**17928**		**3256**
学生数(人)	**789721**	**664342**		**125379**
一 年 级	160888	138546		22342
二 年 级	157362	132851		24511
三 年 级	161519	134965		26554
四 年 级	165014	137658		27356
五 年 级	144938	120322		24616
教职工数(人)	**61126**	**52103**		**9023**
#专任教师	53389	46120		7269

小学专任教师学历情况

指　标	合　计	本科及以上	专　科	高　中	高中以下
专任教师(人)	**53389**	**42124**	**10775**	**488**	**2**
所占比重(%)	**100.00**	**78.90**	**20.18**	**0.91**	**0.00**

小学专任教师年龄职称情况

单位:人

指　　标	专任教师	29岁及以下	30～39岁	40～49岁	50～59岁	60岁及以上
总　计	**53389**	**13772**	**16257**	**18920**	**4288**	**152**
中学高级教师	1131		170	790	161	10
小学高级教师	24720	151	6454	14539	3466	110
小学一级教师	20588	9416	7792	2932	439	9
小学二级教师	1207	651	393	127	35	1
小学三级教师	65	28	26	8	3	
未评职称	5678	3526	1422	524	184	22

小学占地和校舍建筑面积数

单位:万平方米

指　标	学校占地面积	运动场地面积	校舍建筑面积
全　市	**1009.95**	**315.21**	**563.81**
城　区	731.33	229.70	448.73
镇　区	192.35	59.29	84.21
乡　村	86.27	26.22	30.87

分区小学基本情况

单位:人

指　标	学校数(所)	毕业生数	招生数	在校学生数	#一年级	#二年级	#三年级	#四年级	#五年级	教职工数	#专任教师
全市合计	**753**	**146945**	**160756**	**789721**	**160888**	**157362**	**161519**	**165014**	**144938**	**61126**	**53389**
黄浦区	29	3673	4140	20354	4144	4097	4224	4228	3661	2117	1728
徐汇区	43	6752	8941	41067	8949	8731	8484	8160	6743	2991	2580
长宁区	23	4025	4537	21698	4542	4260	4537	4486	3873	1919	1598
静安区	44	6556	7074	34484	7079	6859	7277	7058	6211	3132	2436
普陀区	24	6129	7943	37422	7947	7824	8076	7394	6181	2859	2670
虹口区	32	4361	4494	22543	4502	4444	4770	4650	4177	2130	1897
杨浦区	43	5790	7596	33641	7598	7262	6989	6215	5577	2827	2543
闵行区	66	15984	18724	91017	18726	18661	18757	19162	15711	6459	5518
宝山区	69	12092	13489	65242	13505	13012	13551	12923	12251	5061	4725
嘉定区	43	8119	10052	46907	10064	9279	9383	9735	8446	3198	2737
浦东新区	164	36653	40268	199804	40276	39139	41279	43031	36079	13303	12351
金山区	28	5602	4708	24968	4711	4832	4844	5440	5141	2253	1908
松江区	38	10989	12343	60554	12357	12554	12235	12673	10735	4227	3635
青浦区	44	8660	5999	35677	6007	5923	6496	8702	8549	3318	2752
奉贤区	34	8056	7393	37946	7401	7418	7512	7603	8012	2941	2573
崇明区	29	3504	3055	16397	3080	3067	3105	3554	3591	2391	1738

幼儿园基本情况

指　　标	全　市	教育部门	集体办	其他部门	民　办
独立幼儿园	**1553**	**924**	**25**	**24**	**580**
班数(班)	**18656**	**12384**	**219**	**267**	**5786**
幼儿数(人)	**556506**	**370313**	**6805**	**6885**	**172503**
教职工数(人)	**58930**	**33922**	**793**	**1078**	**23137**
专任教师	**38277**	**26555**	**450**	**535**	**10737**

幼儿园园长、教师学历情况

指　　标	合　计	本科及以上	专　科	高　中	高中以下	合计:幼教专业毕业
园　长	**2022**	**1639**	**352**	**29**	**2**	**1794**
所占比重(%)	**100**	**81.06**	**17.41**	**1.43**	**0.10**	**88.72**
专任教师	**38277**	**26841**	**9943**	**1472**	**21**	**29279**
所占比重(%)	**100**	**70.12**	**25.98**	**3.85**	**0.05**	**76.49**

幼儿园园长、教师职称情况

指　　标	中学高级	小学高级	小学一级	小学二级	小学三级	未评职称
园　长	**506**	**973**	**240**	**35**	**6**	**262**
所占比重(%)	**25.02**	**48.12**	**11.87**	**1.73**	**0.30**	**12.96**
专任教师	**195**	**8810**	**14879**	**3108**	**327**	**10958**
所占比重(%)	**0.51**	**23.02**	**38.87**	**8.12**	**0.85**	**28.63**

分区幼儿园基本情况

单位:人

指　　标	园数(所)	入　园幼儿数	离　园幼儿数	在　园幼儿数	教职工数	#专任教师	占地面积(万平方米)	校舍面积(万平方米)
全市合计	**1553**	**196370**	**171851**	**556506**	**58930**	**38277**	**873.92**	**597.23**
黄浦区	47	4537	3834	11764	1363	937	7.57	8.97
徐汇区	89	7848	7283	24153	2941	1809	33.13	22.15
长宁区	39	4853	4268	14601	1744	1189	34.40	15.81
静安区	82	8008	6507	22158	2590	1708	26.65	22.39
普陀区	78	9978	8684	28532	2869	2037	35.56	27.79
虹口区	54	4371	4371	13699	1621	1110	18.00	14.09
杨浦区	82	8910	7585	25758	2484	1715	31.68	23.26
闵行区	181	25331	22814	72286	9998	5030	113.14	75.25
宝山区	163	19084	17011	57169	5031	3338	83.34	58.25
嘉定区	79	12008	10460	35660	3308	2298	60.46	38.90
浦东新区	298	40901	39056	124425	11392	8353	213.25	149.90

续表

指　　标	园数(所)	入　园幼儿数	离　园幼儿数	在　园幼儿数	教职工数	#专任教师	占地面积(万平方米)	校舍面积(万平方米)
金山区	**38**	**6812**	**5035**	**16451**	**1624**	**1239**	**38.52**	**22.29**
松江区	**117**	**19701**	**14502**	**47773**	**4505**	**2862**	**61.02**	**43.67**
青浦区	**85**	**11423**	**8073**	**25322**	**3283**	**1974**	**42.94**	**26.16**
奉贤区	**82**	**9122**	**8868**	**26836**	**2973**	**1835**	**47.85**	**32.19**
崇明区	**39**	**3483**	**3500**	**9919**	**1204**	**843**	**26.41**	**16.16**

分区托儿所基本情况

指　　标	独立设置托儿所(所)	班数(个)	托儿数(人)	教职工数(人)	#教养员(人)
全市合计	**21**	**214**	**4342**	**798**	**467**
黄浦区	1	4	108	13	11
徐汇区	3	13	224	42	27
长宁区					
静安区	4	15	324	72	42
普陀区					
虹口区	4	29	752	72	41
杨浦区	3	10	253	33	23
闵行区					
宝山区					
嘉定区					
浦东新区	3	132	2451	509	295
金山区	1	4	95	21	10
松江区	2	7	135	36	18
青浦区					
奉贤区					
崇明区					

特殊教育学校基本情况

单位：人

指　　标	学校数(所)	班数(个)	学生数	教职工数	#专任教师
总　计	**29**	**459**	**7471**	**1588**	**1248**
视力残疾		26	190		
听力残疾		55	468		
智力残疾		360	6445		
其他残疾		18	368		

续表

指　　标	学校数(所)	班数(个)	学生数	教职工数	#专任教师
盲　　校	**1**	**26**	**165**	**99**	**59**
聋哑学校	**4**	**55**	**376**	**238**	**164**
弱智学校	**22**	**346**	**3487**	**1116**	**905**
其他学校	**2**	**18**	**198**	**135**	**120**
小学附设特教班		**5**	**26**		
中学附设特教班		**4**	**35**		
中职附设特教班		**5**	**50**		
小学随班就读			**1151**		
中学随班就读			**1983**		

注:**1.**其他学校指对两类以上残疾人进行教育的学校。**2.**随班就读学生是普通中、小学学生的其中数,不计入独立的特教校班数据中

工读学校基本情况

单位:人

指　　标	学校数（所）	班数（个）	学生数	教职工数	#专任教师
全市合计	**12**	**64**	**832**	**468**	**376**
黄浦区	1	4	20	23	17
徐汇区	1	5	35	27	19
长宁区	1	3	16	19	14
静安区	1	10	160	47	39
普陀区	1	2	6	26	21
虹口区	1	4	35	32	27
杨浦区	1	5	56	25	18
闵行区	1	4	17	36	31
宝山区	1	7	59	34	28
嘉定区	1	2	50	30	21
浦东新区	1	14	349	106	95
金山区					
松江区					
青浦区					
奉贤区					
崇明区	1	4	29	63	46

成人本、专科分形式学生数

单位：人

指　标	毕业生数	#本科	招生数	#本科	在校生数	#本科	预计毕业生数	#本科
总　计	**49005**	**34588**	**41646**	**27369**	**143866**	**100135**	**55765**	**37968**
函　授	2380	1762	1827	980	7471	4700	3156	2256
业　余	46350	32826	39583	26389	135576	95435	52178	35712
脱　产	275		236		819		431	

注：含普通高校举办的成人本专科及独立设置的成人高校学生。

网络本、专科学生数

单位：人

指　标	毕业生数	#本科	招生数	#本科	在校生数	#本科
总　计	**43272**	**13823**	**43484**	**14309**	**126224**	**34318**
成人生	43272	13823	43484	14309	126224	34318

成人本科分学科学生数

单位：人

指　　标	毕业生数	招生数	在校生数	预计毕业生数
总　计	**34588**	**27369**	**100135**	**37968**
哲　学			45	
经济学	2123	1409	5310	2026
法　学	1501	729	3187	1436
教育学	864	602	2440	1009
文　学	2514	1345	6039	2653
历史学				
理　学	401	219	878	370
工　学	5632	4024	15413	6741
农　学	126	92	310	123
医　学	4310	4271	15736	5158
管理学	15883	13786	47306	17279
艺术学	1234	892	3471	1173

成人专科分学科学生数

单位：人

指　　标	毕业生数	招生数	在校生数	预计毕业生数
总　计	**14417**	**14277**	**43731**	**17797**
农林牧渔大类	137	74	290	114
资源环境与安全大类	11	26	99	23
能源动力与材料大类	121	97	425	174

续表

指　　标	毕业生数	招生数	在校生数	预计毕业生数
土木建筑大类	417	226	1017	431
水利大类				
装备制造大类	446	466	1579	555
生物与化工大类	29	83	189	71
轻工纺织大类	16		12	7
食品药品与粮食大类	8	14	83	6
交通运输大类	379	763	2162	657
电子信息大类	248	268	706	241
医药卫生大类	799	331	2128	952
财经商贸大类	7980	8600	24478	9620
旅游大类	325	288	1185	843
文化艺术大类	562	496	1664	770
新闻传播大类	12	70	228	38
教育与体育大类	966	775	2800	1192
公安与司法大类	54	10	33	13
公共管理与服务大类	1907	1690	4653	2090

独立设置的成人高等学校专任教师学历情况

单位:人

指　　标	总　计	正高级	副高级	中　级	初　级	未定职称
专任教师数	**753**	**16**	**194**	**433**	**88**	**22**
博士	52	10	25	15	1	1
硕士	257	1	60	160	27	9
本科	441	5	109	257	58	12
专科及以下	3			1	2	

职业技术培训机构基本情况

单位:万人次

指　　标	学校数（所）	教学班（点）（个）	结业生数	注　册学生数	教职工数（人）	#专任教师（人）	聘请校外教师（人）
总　计	**674**	**21103**	**173.17**	**167.54**	**16394**	**8292**	**9925**
职工技术培训学校	**19**	**1141**	**12.41**	**7.68**	**1155**	**828**	**456**
教育部门办和集体办	10	872	8.01	3.26	943	754	178
其他部门办	3	216	2.59	2.63	44	6	179
民办	6	53	1.81	1.79	168	68	99

续表

指标	学校数（所）	教学班（点）（个）	结业生数	注册学生数	教职工数（人）	#专任教师（人）	聘请校外教师（人）
农村技术培训学校	**108**	**5422**	**57.01**	**46.71**	**895**	**678**	**1817**
教育部门办和集体办	79	4181	46.03	40.23	733	595	1372
区办	63	2600	29.00	24.84	630	505	965
乡办	16	1581	17.03	15.39	103	90	407
村办							
其他部门办	29	1241	10.98	6.48	162	83	445
民办							
其他培训机构	**547**	**14540**	**103.74**	**113.15**	**14344**	**6786**	**7652**
教育部门办和集体办	21	776	3.40	5.85	1183	938	433
其他部门办	57	3363	19.74	21.74	990	348	1332
民办	469	10401	80.60	85.56	12171	5500	5887

说明：表中结业生数、注册学生数均指一学年内的累计数。

校外教育单位和教职工数

单位：人

	少年宫		少年科技站		少年之家	
	单位数（所）	教职工数	单位数（所）	教职工数	单位数（所）	教职工数
全市合计	**17**	**1049**	**4**	**151**	**1**	**28**
黄浦区	2	100				
徐汇区	1	87				
长宁区	1	41	1	34		
静安区	1	19	1	26		
普陀区	1	68				
虹口区	1	62				
杨浦区	1	41	1	40		
闵行区	1	68				
宝山区	1	47	1	51		
嘉定区	1	53			1	28
浦东新区	1	143				
金山区	1	77				
松江区	1	44				
青浦区	1	61				
奉贤区	1	56				
崇明区	1	82				

普通高等学校基本情况一览表(一)

单位:人

指标	专业(个)	在校研究生	# 专业学位	普通本专科							
				毕业生	# 本科	招生	# 本科	在校生	# 本科	预计毕业生	# 本科
总　计	**2172**	**143248**	**54573**	**137278**	**87670**	**146537**	**96635**	**526318**	**372496**	**151406**	**96508**
部委属高校	**533**	**94204**	**36773**	**26045**	**24595**	**28776**	**26289**	**113508**	**106182**	**29391**	**27059**
复旦大学	71	17884	6689	3069	2847	3445	3288	13136	12511	3539	3300
上海交通大学	62	21093	8122	3606	3606	3939	3939	16195	16195	4000	4000
同济大学	85	18581	8275	3875	3875	4028	4028	17228	17228	4245	4245
华东理工大学	82	9117	2816	3506	3506	4092	4092	15422	15422	3643	3643
东华大学	55	6339	2043	3569	3569	3418	3418	14664	14664	4179	4179
华东师范大学	81	12148	4173	3481	3385	3472	3472	14141	14036	3716	3611
上海外国语大学	40	3191	1173	1438	1438	1475	1475	5956	5956	1512	1512
上海财经大学	38	5775	3406	1960	1960	2008	2008	8019	8019	2040	2040
上海海关学院	7	76	76	409	409	569	569	2151	2151	529	529
上海民航职业技术学院	12			1132		2330		6596		1988	
市属院校	**1639**	**49044**	**17800**	**111233**	**63075**	**117761**	**70346**	**412810**	**266314**	**122015**	**69449**
本科院校	**1039**	**49044**	**17800**	**74761**	**63075**	**77871**	**69334**	**292528**	**265084**	**80648**	**69449**
上海大学	82	13019	3583	5753	5731	4668	4668	20852	20815	6421	6384
上海理工大学	54	7012	2954	4056	4056	4330	4330	17272	17272	4655	4655
上海海事大学	51	3617	1518	4442	4128	4134	4134	17259	17259	4624	4624
上海海洋大学	47	2389	601	3182	3178	3051	3051	11876	11815	2956	2953
上海中医药大学	14	2449	1181	1016	886	958	887	3768	3574	1026	960
上海师范大学	87	7134	2826	5473	5067	5218	5218	20663	20662	5573	5572
上海对外经贸大学	32	2357	1133	2231	2131	2319	2319	9454	9332	2615	2493
华东政法大学	24	3958	1514	3060	3060	2837	2837	11547	11547	3060	3060
上海工程技术大学	82	1780	345	4534	3834	5158	4454	18819	16645	5196	4458
上海第二工业大学	69	141	141	2954	2209	3525	2697	12473	9842	3457	2516
上海科技大学	6					353	353	855	855		
上海纽约大学	12					151	151	599	599	146	146
上海电力学院	34	1279	209	2382	2382	2556	2556	10505	10505	2844	2844
上海应用技术大学	58	904	304	3878	3709	4328	4067	14455	13915	3757	3583
上海健康医学院	37			4682		3807	1012	11635	1230	5122	
上海体育学院	20	1169	334	900	900	1109	961	4371	3976	1155	1055
上海音乐学院	7	650	384	354	354	402	402	1659	1659	397	397
上海戏剧学院	18	309	141	432	432	435	435	1822	1822	489	489
上海立信会计金融学院	39	169	169	5200	4445	5235	4884	20762	19133	5898	5231
上海电机学院	49	234	234	3237	2539	3580	2750	12674	10429	3362	2633

续表

指　　标	专业（个）	在校研究生	#专业学位	普通本专科							
				毕业生	#本科	招生	#本科	在校生	#本科	预计毕业生	#本科
上海政法学院	31	474	229	2557	2196	2407	2367	9532	9293	2743	2601
上海商学院	44			2635	1732	2477	1935	9645	7768	2651	1920
上海公安学院	1			745		830		1580		750	
上海杉达学院	36			3025	2780	3830	3469	13387	12436	3448	3177
上海建桥学院	40			3586	2882	4646	3870	15154	12791	3629	3024
上海兴伟学院	2			3		12	12	68	68		
上海视觉艺术学院	16			917	917	1164	1164	4239	4239	1071	1071
上海外国语大学贤达经济人文学院	21			1587	1587	1792	1792	6832	6832	1764	1764
上海师范大学天华学院	26			1940	1940	2559	2559	8771	8771	1839	1839
专科院校	**41**			**2576**		**3021**		**9152**		**2922**	
上海旅游高等专科学校	13			924		1243		3580		1172	
上海出版印刷高等专科学校	28			1652		1778		5572		1750	
高职学院	**522**			**29214**		**33062**		**99495**		**33323**	
上海行健职业学院	27			1325		1339		3830		1258	
上海城建职业学院	47			2597		2628		7744		2553	
上海交通职业技术学院	32			1233		1589		4593		1548	
上海海事职业技术学院	16			1052		317		1602		802	
上海电子信息职业技术学院	29			2480		3083		8944		3082	
上海工艺美术职业学院	21			1440		1203		3708		1297	
上海科学技术职业学院	21			1456		1593		4884		1675	
上海农林职业技术学院	25			1040		1210		3654		1217	
上海工会管理职业学院	18			1458		374		3705		1828	
上海体育职业学院	4			104							
上海东海职业技术学院	30			1483		2119		6020		1962	
上海工商职业技术学院	27			1433		1991		5772		1836	
上海震旦职业学院	27			996		1625		4621		1477	
上海民远职业技术学院	13			489		341		1040		372	
上海欧华职业技术学院	9			285							
上海思博职业技术学院	27			1785		2426		6775		2122	
上海立达职业技术学院	27			1692		2329		6581		2048	
上海济光职业技术学院	25			1656		1815		5757		1948	
上海工商外国语职业学院	25			2366		2748		8255		2643	
上海邦德职业技术学院	24			824		1362		3733		1109	
上海中侨职业技术学院	30			1404		2303		6128		1733	
上海电影艺术职业学院	18			616		667		2149		813	
上海中华职业技术学院											

普通高等学校基本情况一览表(二)

单位:人

指标	成人本专科在校生	# 本科	教职工数	# 专任教师	# 正副高	# 研究生学历	占地面积(万平方米)		校舍面积(万平方米)	
							学校产权	非产权独用	学校产权	非产权独用
总　计	**138684**	**100135**	**74110**	**42746**	**21675**	**34762**	**3375.48**	**543.85**	**2004.57**	**420.66**
部委属高校	**54006**	**47546**	**31966**	**15756**	**10657**	**14449**	**1299.16**	**193.10**	**979.71**	**35.81**
复旦大学	6977	6792	6076	2655	2052	2533	125.50	119.50	188.33	9.90
上海交通大学	9655	9399	7158	2835	1963	2631	332.76		195.03	
同济大学	10525	9744	6037	2708	1989	2485	255.93	12.52	171.72	14.74
华东理工大学	11151	8354	3082	1845	1136	1680	168.99		93.66	
东华大学	2720	2113	2156	1297	881	1122	125.63		78.15	
华东师范大学	5136	4119	3925	2191	1549	1992	126.40	61.07	139.52	2.26
上海外国语大学	2685	2378	1373	794	393	771	69.43		42.67	
上海财经大学	4647	4647	1566	1044	585	993	54.57		56.92	
上海海关学院			288	149	65	123	31.22		9.36	
上海民航职业技术学院	510		305	238	44	119	8.73		4.34	8.90
市属院校	**84678**	**52589**	**42144**	**26990**	**11018**	**20313**	**2076.31**	**350.76**	**1024.86**	**384.85**
本科院校	**78771**	**52589**	**34002**	**21777**	**9609**	**17754**	**1726.30**	**146.03**	**842.11**	**256.70**
上海大学	17921	12279	5625	2907	1560	2555	183.77		119.07	8.03
上海理工大学	4342	3400	2327	1677	649	1471	61.45	11.19	53.73	9.13
上海海事大学	1706	838	1898	1156	490	1057	138.07	5.19	64.12	8.91
上海海洋大学	3681	2042	1261	899	448	749	137.05	0.08	43.37	0.13
上海中医药大学	3854	3543	1267	755	337	607	11.46	29.53	16.31	16.50
上海师范大学	12876	8248	2898	1830	937	1592	153.24		65.35	
上海对外经贸大学	272	272	988	707	404	644	66.48	0.02	28.63	1.53
华东政法大学	1723	1690	1256	1039	379	894	63.27		36.88	
上海工程技术大学	3030	1880	1622	1222	484	998	92.84		48.00	
上海第二工业大学	5508	3111	1041	646	299	465	40.26	6.59	23.50	7.08
上海科技大学			452	211	123	211	59.87	6.93		74.15
上海纽约大学			385	137	44	137		0.86		6.92
上海电力学院	3223	2748	1157	771	388	674	85.70		40.34	
上海应用技术大学	4380	2411	1695	1038	495	822	92.37	2.23	49.62	0.92
上海健康医学院	926		753	438	111	320	28.72	29.58	18.10	21.00
上海体育学院	608	483	702	398	239	297	37.07		35.80	
上海音乐学院	237	237	471	291	154	195	6.67	2.05	11.35	
上海戏剧学院	942	806	499	274	108	148	12.20		11.36	0.55
上海立信会计金融学院	6425	4623	1480	1024	384	773	54.84	24.63	34.10	21.88
上海电机学院	3289	1905	1038	770	250	705	76.46		36.76	
上海政法学院	2507	1671	623	484	222	420	62.76		21.15	
上海商学院	1220	388	765	527	211	308	17.81	4.37	16.03	4.44

续表

指　　标	成人本专科在校生	#本科	教职工数	#专任教师	#正副高	#研究生学历	占地面积（万平方米）		校舍面积（万平方米）	
							学校产权	非产权独用	学校产权	非产权独用
上海公安学院			558	283	91	54	43.83	1.87	5.49	8.86
上海杉达学院			826	578	191	459	49.28	4.53	28.64	1.89
上海建桥学院	100	14	800	620	223	375	53.26			37.14
上海兴伟学院	1		21	5	1	1	14.53	8.57	4.65	5.75
上海视觉艺术学院			447	329	158	206	49.21		12.08	4.36
上海外国语大学贤达经济人文学院			513	326	99	269	8.66	1.93	7.50	7.27
上海师范大学天华学院			634	435	130	348	25.16	5.87	10.17	10.26
专科院校	**100**		**598**	**372**	**103**	**249**	**19.12**	**34.28**	**5.53**	**15.63**
上海旅游高等专科学校	66		239	158	44	110	0.78	20.61	1.57	6.23
上海出版印刷高等专科学校	34		359	214	59	139	18.34	13.67	3.96	9.41
高职学院	**5807**		**7544**	**4841**	**1306**	**2310**	**330.90**	**170.44**	**177.22**	**112.52**
上海行健职业学院	344		178	132	43	74	7.08	4.24	9.11	2.14
上海城建职业学院	733		518	313	81	87	22.93		13.82	0.90
上海交通职业技术学院	259		345	258	54	74	4.90	16.94	3.57	8.82
上海海事职业技术学院	183		167	97	26	22	7.39		9.77	
上海电子信息职业技术学院	159		307	249	42	112	27.04	3.11	14.81	2.71
上海工艺美术职业学院	112		300	228	79	69	12.13	0.53	7.88	1.21
上海科学技术职业学院			261	168	55	92	21.40		11.86	
上海农林职业技术学院			210	117	19	80	26.74	28.76	2.51	10.13
上海工会管理职业学院	34		299	210	36	124	28.60		11.76	
上海体育职业学院	143		503	235	79	37		9.40		4.76
上海健康医学院	926		753	438	111	320	28.72	29.58	18.10	21.00
上海东海职业技术学院	703		459	218	72	95	12.66		9.46	0.66
上海工商职业技术学院	21		410	287	59	154	13.87	10.99	8.31	5.34
上海震旦职业学院	472		413	228	74	123	5.77	9.61	4.47	6.24
上海民远职业技术学院			138	57	16	29		10.67		6.24
上海欧华职业技术学院			4					11.47		10.72
上海思博职业技术学院	411		324	216	89	77	33.19		3.62	11.00
上海立达职业技术学院			436	338	144	190	24.24	5.04	13.07	1.47
上海济光职业技术学院			289	180	54	86	11.25		5.86	4.31
上海工商外国语职业学院	979		483	388	72	215	19.88	3.43	15.64	3.43
上海邦德职业技术学院	198		219	113	18	49	5.13		4.84	0.57
上海中侨职业技术学院	130		340	241	64	128	17.98		8.75	2.99
上海电影艺术职业学院			188	130	19	73		26.68		7.88
上海中华职业技术学院										

成人高校基本情况一览表

指标	学生情况				教职工数	#专任教师	#正高	#副高	占地面积（平方米）		校舍面积（平方米）	
	毕业生	招生	在校生	预计毕业生					学校产权	非产权独用	学校产权	非产权独用
总计	**14417**	**14277**	**43731**	**3798**	**1465**	**753**	**16**	**194**	**631048**	**18673**	**512036.45**	**70275.90**
上海科技管理干部学院	36	171	238	18	96	16	3	2	16606		18551.54	
上海市黄浦区业余大学	294	230	463	233	120	80	1	15	13230		33217.63	
上海市徐汇区业余大学	214	191	700	509	95	62		18	40325.27		22553.26	
上海市长宁区业余大学	272	202	1638	1436	80	53	1	14	23581		35732	
上海市静安区业余大学	239	218	441	223	93	76		6	48576		59763	786
上海市普陀区业余大学	309	122	318	196	90	56		18	40266		31137	
上海市虹口区业余大学	66	90	204	114	71	42		7	21730	3406	29795	3406
上海市杨浦区业余大学	197	183	676	493	56	38		10	24629.2		21132.94	
上海市宝山区业余大学	157	65	161	96	96	51		10	25529		28912.08	3663.01
上海纺织工业职工大学	20	35	153	66	77	25		2		15267		32443.89
上海医药职工大学	113	86	454	133	59	37		11	193802		64759	21190
上海开放大学					307	115	6	46	55904		62564	8787
上海市经济管理干部学院	150	49	302	139	120	33	2	15	24333		45779	
上海青年管理干部学院	148	115	360	142	105	69	3	20	102537		58140	

实验性示范性中学名单（一）

单位：所

地区		全市合计	黄浦区	徐汇区	长宁区	静安区	普陀区	虹口区	杨浦区	闵行区
市实验性示范性中学	校数	**64**	7	5	3	7	3	4	5	5
	校名		光明中学 卢湾高级中学 向明中学 上外附属大境中学 大同中学 敬业中学 格致中学	市二中学 南洋中学 南洋模范中学 上海中学 位育中学	市三女中 延安中学 复旦中学	华东模范中学 市西中学 育才中学 市北中学 市六十中学 新中中学 回民中学	宜川中学 曹杨二中 晋元中学	北郊中学 上外附中 华师大一附中 复兴中学	杨浦中学 控江中学 复旦附中 同济一附中 交大附中	闵行中学 七宝中学 上师大附中闵行分校 交大附中闵行分校 上外闵行外国语中学
区重点中学	校数	**82**	4	5	4	8	5	5	9	4
	校名		五爱高级中学 第八中学 第十中学 储能中学	徐汇中学 第四中学 中国中学 五十四中学 西南位育	天山中学 建青实验学校 华东政法附中 仙霞中学	市一中学 七一中学 民立中学 上戏附属高中 风华中学 彭浦中学 久隆模范中学 闸北第八中学	同济二附中 甘泉外国语 曹杨中学 长征中学 桐柏中学	北虹中学 澄衷中学 继光中学 虹口中学 鲁迅中学	市东中学 上理工附中 中原中学 财大附中 少云中学 同济中学 复旦实验中学 民星中学 体院附属中学	莘庄中学 闵行二中 文来中学 田园中学

实验性示范性中学名单(二)

单位:所

地区		宝山区	嘉定区	浦东新区	金山区	松江区	青浦区	奉贤区	崇明区
市实验性示范性中学	校数	3	2	11	2	2	3	1	1
	校名	吴淞中学 行知中学 上大附中	嘉定一中 交大附中嘉定分校	洋泾中学 实验学校 进才中学 建平中学 华师大二附中 南汇中学 川沙中学 浦东复旦附中分校 上海中学东校 上外附属浦东外国语学校 上师大附中	华师大三附中 金山中学	松江一中 松江二中	青浦中学 朱家角中学 复旦附属青浦分校	奉贤中学	崇明中学
区重点中学	校数	5	3	18	4	1	1	2	4
	校名	罗店中学 宝山中学 通河中学 顾村中学 行知实验中学	上外嘉定外国语 嘉定二中 安亭中学	华师大附属东昌中学 上南中学 高桥中学 杨思中学 三林中学 华师大附属周浦中学 新场中学 海洋大学附属大团中学 浦东中学 陆行中学 香山中学 建平世纪中学 新川中学 海事大学附属北蔡中学 高行中学 南汇一中 交大附属浦东实验高中 文建中学	上师大二附中 张堰中学 枫泾中学 亭林中学	上师大附属外国语	青浦一中	致远中学 曙光中学	扬子中学 民本中学 城桥中学 堡镇中学

民办中学名单(一)

单位:所

地区		**全市合计**	黄浦区	徐汇区	长宁区	静安区	普陀区	虹口区	杨浦区
民办中学	校数	**121**	4	7	3	7	6	6	10
	校名		明珠中学 立达中学 震旦外国语中学 永昌学校(九)	西南高级中学 西南模范中学 华育中学 西南位育中学 世界外国语中学 位育中学 南模中学	包玉刚实验学校(九) 新世纪中学 新虹桥中学	上外静安外国语中学 青中初级中学 风范中学 精文中学 田家炳中学 扬波中学 新和中学	兰田中学 培佳双语学校(十二) 新黄浦实验学校(九) 玉华中学 进华中学 桐柏中学	迅行中学 新北郊初级中学 上外第一实验学校 瑞虹高级中学 新华初级中学 新复兴初级中学	沪东外国语高级中学(九) 控江中学附属学校 存志中学 杨浦凯慧初级中学 上外附属双语学校(十二) 杨浦实验学校 兰生复旦中学 同济大学实验学校(九) 交大飞达初级中学 上实剑桥外国语中学

民办中学名单(二)

单位:所

地区		闵行区	宝山区	嘉定区	浦东新区	金山区	松江区	青浦区	奉贤区	崇明区
民办中学	校数	20	8	7	25	5	6	3	2	2
	校名	民办文绮中学 诺德安达双语学校(十二) 燎原双语学校 万源城协和双语学校(九) 教育学院附中 协和双语尚音学校(九) 复旦万科实验学校(九) 新清华博世凯外国语学校(九) 上外闵行外国语初级中学 美高双语学校(九) 星河湾双语学校(十二) 协和双语高级中学 协和双语学校(九) 教科实验中学 上师初级中学 上宝中学 七宝德怀特 文来中学 万科双语学校(九) 莘庄初级中学	和衷中学 行知二中 建峰职业技术学院附属高中 日日学校(九) 锦秋学校(九) 交华中学 行中中学 同洲模范学校(十二)	远东学校(十二) 嘉一联合中学 桃李园实验学校(九) 华师大附属双语学校(十二) 怀少学校(九) 华二初级中学 斌心学校(九)	东方外国语学校(十二) 进才外国语中学 协和双语学校(九) 东方阶梯双语学校(九) 前进中学 金苹果学校(十二) 常青中学 育辛高级中学 尚德实验学校(十二) 弘德学校 民远高级中学 中芯学校(十二) 上师大附属第二外国语学校(十二) 工商外国语附属中学 平和学校(十二) 丰华高级中学 洋泾外国语学校 更新学校(九) 新竹园中学 浦东交中初级中学 张江集团学校 光华中学 沪港学校(九) 建南外国语中学 建平远翔学校	金盟学校(九) 师大实验中学 交大南洋中学 枫叶国际学校 永昌中学	西外外国语学校(十二) 上大附属外国语中学 包玉刚实验高中 九峰实验学校 茸一中学 赫德双语学校(九)	青浦世外学校(九) 宋庆龄学校(九) 复旦五浦汇实验学校(九)	帕丁顿双语学校(十二) 铭远双语高中	新纪元双语学校(九) 民一中学

民办小学名单(一)

地区		全市合计	黄浦区	徐汇区	长宁区	静安区	普陀区	虹口区	杨浦区	闵行区	宝山区	嘉定区
民办小学	校数	**156**		4	2	4	1	4	2	17	11	14
	校名			爱菊小学 逸夫小学 世界外国语小学 盛大花园小学	新世纪小学 东展小学	上外静安外国语小学 扬波外国语小学 童园(实验)小学 彭浦实验小学	金洲小学	丽英小学 宏星小学 上外附属民办外国语小学 四中心实验小学	打一外国语小学 阳浦小学	双江小学 燎原双语学校 弘梅第二小学 华星小学 华虹小学 弘梅小学 华博利星行小学 浦江文汇学校 七宝外国语小学 文博小学 文河小学 银星学校 育苗小学 振兴小学 马桥小学 浦江文馨学校 塘湾小学	申华小学 顾教小学 海兰小学 惠民小学 罗希小学 洛和桥小学 山海小学 肖泾小学 杨东小学 杨行小学 益钢小学	杨林小学 中村小学 娄塘小学 华武小学 沪宁小学 庆宁小学 六里小学 包桥小学 仓场小学 行知小学 桃苑小学 天宇小学 少农小学 育红小学

民办小学名单(二)

地区		浦东新区		金山区	松江区	青浦区	奉贤区	崇明区
民办小学	校数	39		6	19	20	13	
	校名	博世凯外国语小学 阳光海川学校 昌林小学 福德小学 航头小学 康桥工友小学 联营小学 梅林小学 明光金都小学 浦光小学 唐四小学 新苗小学 新星小学 宣桥小学 竹林小学 紫罗兰小学 博奥利星行小学 福山正达外国语小学 上外附属浦东外国语小学	博爱小学 新金童小学 航海小学 淮安小学 精忠小学 利民小学 鲁冰花小学 南浦小学 明辉小学 寿春小学 皖蓼小学 新农小学 徐庙小学 阳光小学 育苗小学 知见小学 智源小学 英才小学 育才小学 豫息小学	金龙小学 新联小学 红扬小学 查山小学 水库小学 九阳小学	薛家小学 花桥村小学 张施小学 北干山小学 刘家小学 联庄小学 南门村小学 打铁桥村小学 众兴小学 陈春小学 潘家浜小学 马汤村小学 永悦小学 善荣小学 世泽小学 向阳小学 古松三村小学 新叶小学 昆港小学	育才小学 行知小学 青安小学 明天小学 双佳小学 新希望小学 胜利小学 东方红小学 培英小学 立新小学 民主小学 华益小学 秀龙小学 华夏小学 晨旭小学 叙中小学 小康小学 联合小学 旧青浦小学 曙光小学	敬贤小学 民友小学 宏翔小学 童梦小学 超群小学 福祉小学 志华小学 青溪小学 厚才小学 蒲公英小学 育才小学 福星小学 星光小学	

上海市国际学校名单

学 校 名 称	地 址
上海美国学校	闵行区金丰路 258 号
上海日本人学校	闵行区虹梅路 3185 号
上海英国学校	浦东沪南公路 2729 弄康桥半岛 600 号
上海法国学校	青浦区高光路 350 号
上海德国学校	青浦区高光路 350 号
上海韩国学校	闵行区华漕镇联友路 355 号
上海新加坡国际学校	闵行区朱建路 301 室
上海耀中国际学校	长宁区水城路 11-15 号
上海长宁国际学校	虹桥路 1161 号
上海协和国际学校	浦东金桥明月路 999 号
上海德威英国国际学校	浦东蓝桉路 266 号
上海西华国际学校	青浦区徐泾镇联民路 555 号
上海李文斯顿美国学校	长宁区甘溪路 580 号
上海虹桥国际学校	虹桥路 2381 号
上海不列颠英国学校	闵行区古北路 1988 号
上海惠灵顿国际学校	浦东新区耀龙路 1500 号
奥伊斯嘉上海日本语幼儿园	长宁区茅台路 715 弄 20 号
上海美丘第一幼儿园	闵行区虹许路 788 号(名都城内)
上海泰宁国际幼儿园	复兴西路 43 号
上海恩吉尔幼儿园	闵行区虹中路 375 号
上海东进日本人幼儿园	闵行区虹梅路 3081 号虹桥别墅内
上海骏台日本人补习中心	延安西路 2633 号美丽华商务中心 B308 室
上海青海韩国人补习中心	长宁区水城南路 37 号万科广场北楼 705 室
上海一麦日本人补习中心	虹梅北路 3201 弄 26 号 101 室
东进上海日本人补习中心	浦东新区花木路 1883 弄御翠园 230 号
上海日本人教育补习中心	长宁区水城南路 55 号六月汇广场 5 楼 501 室
上海新大一韩国人补习中心	长宁区荣华东道 96 号 C 座 3 楼
上海飞翔日本人补习中心	长宁区荣华东道 96 号维多利亚商务楼 C 座 504-505 室
上海哈罗外籍人员子女学校	浦东新区外高桥高西路 588 号

上海市老年教育机构情况

指 标 名 称	合 计	市	区	街道、乡、镇	居、村委
一、老年学校教育					
(一) 老年大学					
1. 数量(个)	70	4	66		
2. 学员人数(人)	150237	29045	121192		
(二) 老年学校					
1. 数量(个)	221			221	
2. 学员人数(人)	241577			241577	
(三) 老年教学点				—	
1. 数量(个)	5372			—	5372
2. 学员人数(人)	386100			—	386100

续表

指标名称	合计	市	区	街道、乡、镇	居、村委
二、老年远程教育					
1. 集体收视点(个)	5650				5650
2. 集体收视人数(人)	266803				266803
3. 有组织个人收视人数(人)	333794				333794
三、老年社会教育	—				—
(一) 学习团队数(个)	24760	153	880	9422	14305
参加人数(人)	681453	4388	31059	259906	386100
(二) 群众性教育活动	—	—	—	—	—
1. 次数(次)	219926	152	3418	26926	189430
2. 参加人次(人次)	5376288	8080	175327	1773455	3419426

历年研究生基本情况

单位:人

年份	合计			普通高等学校			科研单位		
	招生数	在读生数	毕业生数	招生数	在读生数	毕业生数	招生数	在读生数	毕业生数
1996	6507	16835	3860	5915	15307	3537	592	1528	323
1997	6725	18460	4475	6163	16841	4117	562	1619	358
1998	7874	21162	4642	7281	19499	4253	593	1663	389
1999	9413	24420	5611	8758	22656	5196	655	1764	415
2000	12652	30614	5868	11796	28582	5435	856	2032	433
2001	15826	39043	6817	14751	36528	6380	1075	2515	437
2002	19211	48896	7926	17848	45713	7481	1363	3183	445
2003	22524	59090	10079	20767	55092	9501	1757	3998	578
2004	25334	69437	13469	23545	64747	12788	1789	4690	681
2005	27692	78728	16741	25845	73557	15857	1847	5171	884
2006	30099	86906	19931	28250	81487	18833	1849	5419	1098
2007	30610	91763	23926	28748	86177	22691	1862	5586	1235
2008	32142	95498	25753	30195	89778	24431	1947	5720	1322
2009	37425	103492	28291	35418	97639	26949	2007	5853	1342
2010	38643	111717	28207	36619	105711	26843	2024	6006	1364
2011	40080	119017	30816	37971	112902	29431	2109	6115	1385
2012	44229	127014	34606	41899	120503	33189	2330	6511	1417
2013	46223	134799	35669	43659	127803	34148	2564	6996	1521
2014	43930	133554	36572	43353	131806	36013	577	1748	559
2015	46005	138287	37868	45400	136539	37289	605	1748	579
2016	49079	144987	39733	48488	143248	39212	591	1739	521

历年普通高等学校基本情况

单位:万人

年　份	学校(所)	毕业生数	招生数	在校学生数	教职工数	#专任教师
1996	41	3.90	4.38	14.79	6.40	2.10
1997	39	3.90	4.51	15.38	6.26	2.01
1998	40	3.62	4.88	16.51	6.21	2.01
1999	41	4.03	6.32	18.63	6.03	2.01
2000	37	4.09	8.13	22.68	6.08	2.05
2001	45	4.28	9.86	28.00	6.17	2.17
2002	50	5.52	10.92	33.16	6.18	2.29
2003	57	7.12	12.03	37.85	6.31	2.44
2004	59	8.86	13.06	41.57	6.83	2.87
2005	60	10.34	13.18	44.26	7.09	3.18
2006	60	11.05	14.04	46.63	7.17	3.39
2007	60	11.85	14.46	48.49	7.18	3.55
2008	61	12.21	14.58	50.29	7.31	3.69
2009	66	12.69	14.35	51.28	7.45	3.81
2010	66	13.37	14.46	51.57	7.42	3.92
2011	66	13.90	14.11	51.13	7.41	3.96
2012	67	13.98	13.67	50.66	7.33	4.01
2013	68	13.38	14.09	50.48	7.34	4.03
2014	68	13.24	14.19	50.66	7.34	4.06
2015	67	12.87	14.07	51.16	7.36	4.16
2016	64	13.26	14.27	51.47	7.34	4.23

历年成人高等学校基本情况

单位:万人

年　份	学校(所)	毕业生数	招生数	在校学生数	教职工数	#专任教师
1996	65	1.84	2.70	8.07	1.17	0.48
1997	64	2.32	2.78	8.16	1.15	0.46
1998	40	2.28	2.91	8.69	0.74	0.28
1999	39	2.27	3.67	9.82	0.77	0.33
2000	37	3.10	4.23	11.49	0.66	0.30
2001	31	2.77	5.38	13.83	0.53	0.24
2002	30	3.08	6.73	17.09	0.49	0.22
2003	27	4.24	7.22	19.80	0.45	0.21
2004	22	6.08	11.64	26.67	0.36	0.18
2005	21	7.68	9.32	22.45	0.32	0.15

续表

年　份	学校(所)	毕业生数	招生数	在校学生数	教职工数	#专任教师
2006	21	1.50	6.78	19.46	0.31	0.16
2007	21	5.20	7.26	20.68	0.30	0.15
2008	18	5.69	7.25	21.38	0.24	0.13
2009	18	5.97	6.94	21.33	0.23	0.13
2010	17	6.88	6.54	19.86	0.20	0.11
2011	17	6.06	5.79	18.86	0.19	0.10
2012	16	5.66	5.85	18.37	0.17	0.09
2013	15	5.40	5.44	17.46	0.16	0.09
2014	14	5.16	5.24	16.84	0.15	0.08
2015	14	4.97	4.79	15.80	0.15	0.08
2016	14	4.90	4.17	14.39	0.15	0.08

历年中等技术学校基本情况

单位:万人

年　份	学校(所)	毕业生数	招生数	在校学生数	教职工数	#专任教师
1996	88	1.82	3.11	9.32	1.39	0.54
1997	88	2.10	3.62	10.65	1.35	0.53
1998	85	2.51	4.20	12.15	1.31	0.52
1999	85	2.54	3.48	12.83	1.27	0.52
2000	83	3.80	2.98	11.77	1.25	0.51
2001	81	2.91	3.48	12.06	1.22	0.50
2002	81	2.94	3.93	12.65	1.18	0.50
2003	83	3.39	4.34	13.69	1.19	0.53
2004	82	3.08	3.87	14.05	1.12	0.53
2005	81	3.39	3.33	13.67	1.09	0.53
2006	81	3.52	3.47	13.70	1.06	0.52
2007	76	3.86	3.23	12.81	1.00	0.51
2008	73	3.71	3.24	12.08	0.97	0.51
2009	70	3.39	2.98	11.50	0.94	0.49
2010	65	3.34	2.99	10.91	0.91	0.50
2011	64	3.14	2.78	10.22	0.89	0.50
2012	61	2.77	2.76	9.88	0.85	0.48
2013	55	2.76	2.51	9.23	0.82	0.48
2014	54	3.55	2.25	7.74	0.80	0.48
2015	51	2.49	2.22	7.24	0.78	0.48
2016	50	2.39	2.02	6.68	0.76	0.48

历年普通中学基本情况

单位：万人

年　份	学校(所)	毕业生数	招生数	在校学生数	教职工数	#专任教师
1996	784	19.14	23.98	76.23	7.38	4.81
1997	812	24.46	23.69	74.43	7.49	4.87
1998	846	25.05	25.67	73.85	7.58	4.93
1999	855	23.28	27.24	76.68	7.67	5.03
2000	861	22.92	26.46	79.54	7.66	5.01
2001	865	24.91	26.42	80.23	7.65	5.04
2002	857	26.40	26.02	78.97	7.63	5.07
2003	844	25.77	23.04	75.47	7.60	5.08
2004	822	25.68	21.81	82.78	7.54	5.13
2005	807	25.39	20.90	77.02	7.46	5.12
2006	794	22.24	17.84	71.17	7.33	5.14
2007	786	21.23	16.72	65.60	7.11	5.13
2008	774	20.09	16.63	61.77	6.89	5.03
2009	762	17.03	16.50	60.37	6.76	5.05
2010	755	16.13	16.33	59.44	6.73	5.07
2011	754	15.48	16.84	59.17	7.53	5.11
2012	760	14.91	17.00	59.04	7.58	5.18
2013	762	14.68	17.34	59.35	6.82	5.26
2014	768	14.32	16.51	58.42	6.95	5.41
2015	790	14.55	16.87	57.05	7.96	6.43
2016	801	14.37	17.83	57.11	7.12	5.58

历年小学基本情况

单位：万人

年　份	学校(所)	毕业生数	招生数	在校学生数	教职工数	#专任教师
1996	1671	18.83	15.66	106.46	7.07	5.33
1997	1533	16.48	12.46	102.44	6.92	5.24
1998	1382	17.66	11.39	96.14	6.67	4.96
1999	1208	19.19	10.49	87.16	6.40	4.68
2000	1021	18.73	10.28	78.86	6.13	4.43
2001	852	17.43	10.27	72.28	5.87	4.23
2002	751	15.76	10.11	67.24	5.62	4.06

续表

年　份	学校(所)	毕业生数	招生数	在校学生数	教职工数	
						#专任教师
2003	686	12.87	10.05	64.83	5.34	3.88
2004	648	10.97	10.55	53.74	5.07	3.75
2005	640	10.93	10.36	53.50	4.94	3.74
2006	626	10.85	10.87	53.37	4.86	3.75
2007	615	10.55	11.00	53.33	4.84	3.85
2008	672	10.44	12.39	59.06	5.10	4.10
2009	751	11.36	13.86	67.12	5.48	4.43
2010	766	12.44	15.05	70.16	5.58	4.52
2011	764	13.09	16.94	73.11	4.82	4.63
2012	761	12.95	17.23	76.04	4.89	4.81
2013	759	13.45	18.10	79.25	5.81	4.98
2014	757	13.12	16.34	80.30	5.96	5.15
2015	764	13.79	15.58	79.87	6.03	5.23
2016	753	14.69	16.08	78.97	6.11	5.34

历年幼儿园基本情况

单位:万人

年　份	独立幼儿园(所)	幼儿数	教职工数	
				#专任教师
1996	970	26.82	2.95	1.83
1997	937	25.72	2.79	1.73
1998	944	24.91	2.60	1.60
1999	937	24.22	2.53	1.55
2000	958	24.12	2.52	1.50
2001	1003	23.40	2.42	1.44
2002	1001	24.21	2.42	1.46
2003	1014	25.22	2.47	1.49
2004	1017	26.58	2.56	1.55
2005	1035	28.70	2.79	1.70
2006	1057	29.98	3.04	1.88
2007	1058	31.32	3.19	2.02
2008	1058	32.88	3.36	2.17
2009	1111	35.38	3.60	2.36
2010	1252	40.03	4.09	2.67

续表

年份	独立幼儿园（所）	幼儿数	教职工数	
				#专任教师
2011	1337	44.42	4.58	2.92
2012	1401	48.06	4.90	3.13
2013	1446	50.10	5.10	3.29
2014	1462	50.29	5.34	3.49
2015	1510	53.59	5.62	3.66
2016	1553	55.65	5.89	3.83

历年特殊教育学校基本情况

单位：人

年份	学校（所）	毕业生数	招生数	在校学生数	教职工数	
						#专任教师
1996	39	620	910	6164	1512	929
1997	38	749	793	6313	1512	914
1998	36	656	722	5168	1580	953
1999	35	760	902	5269	1604	973
2000	34	844	1139	5407	1584	943
2001	32	615	731	5463	1599	946
2002	32	639	641	5529	1653	987
2003	31	767	692	5463	1629	985
2004	29	809	650	5358	1597	978
2005	28	853	692	5238	1598	1002
2006	28	869	675	5043	1614	1047
2007	28	886	741	5043	1603	1092
2008	29	828	752	5131	1612	1115
2009	29	901	758	5044	1594	1121
2010	29	918	776	5036	1596	1143
2011	29	907	732	4927	1577	1158
2012	29	876	783	4885	1580	1177
2013	29	813	602	4724	1588	1207
2014	29	844	621	4603	1587	1228
2015	29	754	529	4334	1590	1239
2016	29	791	552	4323	1588	1248

高中生均经费情况

金额单位:元

各区名称	财政拨款生均				实际生均					其中:生均公用经费					2016年生均公用占%
	2016年	2015年	增减金额	增减%	2016年	位次	2015年	增减金额	增减%	2016年	位次	2015年	增减金额	增减%	
黄浦区	67068.83	51781.11	15287.72	29.52	67260.72	3	55318.18	11942.54	21.59	26716.12	2	25336.26	1379.86	5.45	39.72
徐汇区	44448.10	38008.61	6439.50	16.94	48390.09	7	41122.52	7267.57	17.67	12883.01	6	12073.64	809.37	6.70	26.62
长宁区	70694.83	48593.64	22101.19	45.48	78658.07	2	47946.26	30711.81	64.05	36009.54	1	14593.10	21416.44	146.76	45.78
静安区	64627.77	56504.36	8123.41	14.38	65566.67	4	59429.15	6137.52	10.33	21098.36	3	21093.57	4.79	0.02	32.18
普陀区	36695.64	32438.90	4256.74	13.12	38677.73	12	37403.18	1274.55	3.41	11518.97	7	11517.96	1.02	0.01	29.78
虹口区	81709.94	45360.00	36349.94	80.14	83742.72	1	48225.52	35517.20	73.65	19584.10	4	10775.11	8808.99	81.75	23.39
杨浦区	42449.70	39452.15	2997.55	7.60	46215.36	9	41483.89	4731.47	11.41	11208.74	8	9718.06	1490.68	15.34	24.25
闵行区	54611.76	42011.96	12599.80	29.99	58966.50	5	43665.11	15301.40	35.04	10809.91	10	8029.15	2780.76	34.63	18.33
宝山区	35257.17	36343.96	−1086.80	−2.99	37331.60	14	41368.15	−4036.55	−9.76	9284.17	11	15524.83	−6240.66	−40.20	24.87
嘉定区	46077.01	38758.81	7318.20	18.88	47582.43	8	38814.00	8768.43	22.59	14042.92	5	13851.25	191.67	1.38	29.51
浦东新区	32885.02	28930.73	3954.29	13.67	36499.05	15	32949.62	3549.43	10.77	8892.11	13	8971.60	−79.49	−0.89	24.36
金山区	39738.10	23133.99	16604.11	71.77	41658.02	10	26379.60	15278.41	57.92	6116.19	15	2896.00	3220.19	111.19	14.68
松江区	9650.70	32862.37	−23211.67	−70.63	11963.70	16	35419.22	−23455.52	−66.22	2221.03	16	5995.97	−3774.93	−62.96	18.56
青浦区	37239.15	28141.53	9097.61	32.33	41637.81	11	30361.07	11276.74	37.14	10812.21	9	7949.41	2862.80	36.01	25.97
奉贤区	35152.59	30398.87	4753.72	15.64	38307.15	13	33651.87	4655.27	13.83	8951.26	12	6715.36	2235.90	33.30	23.37
崇明区	50510.42	43698.00	6812.42	15.59	55477.20	6	45910.51	9566.69	20.84	8697.67	14	10533.38	−1835.72	−17.43	15.68
郊区小计	36535.47	32697.32	3838.15	11.74	39787.37		35836.04	3951.32	11.03	8878.34		9161.39	−283.05	−3.09	22.31
市区小计	56877.34	45117.35	11759.99	26.07	59356.37		48024.18	11332.18	23.60	18947.44		15871.11	3076.33	19.38	31.92
各区合计	44427.45	37708.70	6718.75	17.82	47377.13		40753.86	6623.27	16.25	12841.86		11868.71	973.15	8.20	27.11

初中生均经费情况

金额单位:元

各区名称	财政拨款生均				实际生均					其中:生均公用经费					2016年生均公用占%
	2016年	2015年	增减金额	增减%	2016年	位次	2015年	增减金额	增减%	2016年	位次	2015年	增减金额	增减%	
黄浦区	77267.18	60294.69	16972.48	28.15	65446.27	1	55079.57	10366.70	18.82	27699.78	1	26961.96	737.83	2.74	42.32
徐汇区	42419.76	34496.14	7923.62	22.97	41376.27	7	34641.36	6734.91	19.44	11736.50	8	11271.56	464.95	4.12	28.37
长宁区	46491.92	41181.00	5310.92	12.90	49028.74	5	40439.16	8589.58	21.24	13148.27	6	12941.77	206.50	1.60	26.82
静安区	52660.41	50823.56	1836.85	3.61	53258.60	4	42862.39	10396.21	24.25	15956.69	2	14657.25	1299.44	8.87	29.96
普陀区	37208.99	31555.03	5653.96	17.92	38207.35	8	33212.10	4995.25	15.04	13157.34	5	12357.11	800.23	6.48	34.44
虹口区	58979.43	42100.81	16878.62	40.09	59155.70	2	42148.07	17007.64	40.35	15930.72	3	12291.87	3638.85	29.60	26.93
杨浦区	44626.14	38775.70	5850.45	15.09	45397.71	6	40299.70	5098.01	12.65	14599.77	4	13907.73	692.05	4.98	32.16
闵行区	34434.81	28403.93	6030.88	21.23	34864.74	10	29781.91	5082.83	17.07	7744.48	12	7471.90	272.58	3.65	22.21
宝山区	29516.31	25372.57	4143.74	16.33	29600.07	15	25792.50	3807.58	14.76	8373.07	11	8841.80	−468.74	−5.30	28.29
嘉定区	35517.18	27177.15	8340.02	30.69	36361.40	9	27619.04	8742.36	31.65	9205.05	9	9176.89	28.16	0.31	25.32
浦东新区	29537.48	22444.50	7092.98	31.60	30295.22	14	23822.87	6472.35	27.17	6562.07	14	6498.20	63.87	0.98	21.66
金山区	31437.91	20616.08	10821.83	52.49	32653.69	12	21164.76	11488.93	54.28	6205.78	15	3829.55	2376.23	62.05	19.00
松江区	6206.26	23694.52	−17488.27	−73.81	6870.84	16	22581.56	−15710.72	−69.57	511.50	16	3953.24	−3441.73	−87.06	7.44
青浦区	30184.12	24518.40	5665.72	23.11	32706.06	11	24517.76	8188.30	33.40	8527.51	10	5299.71	3227.81	60.91	26.07
奉贤区	31534.24	24861.73	6672.51	26.84	31375.79	13	24795.93	6579.87	26.54	7010.27	13	6440.79	569.48	8.84	22.34
崇明区	49802.60	45110.21	4692.39	10.40	56434.50	3	46927.96	9506.54	20.26	13142.53	7	13999.81	−857.28	−6.12	23.29
郊区小计	29696.71	25169.34	4527.36	17.99	30657.19		25925.20	4731.99	18.25	6997.07		6970.73	26.35	0.38	22.82
市区小计	49489.31	42237.81	7251.50	17.17	48745.83		40469.93	8275.90	20.45	15531.52		14573.24	958.29	6.58	31.86
各区合计	35135.17	29903.96	5231.21	17.49	35628.34		29960.82	5667.51	18.92	9319.99		9060.64	259.35	2.86	26.16

小学生均经费情况

金额单位:元

各区名称	财政拨款生均				实际生均					其中:生均公用经费					2016 年生均公用占%
	2016 年	2015 年	增减金额	增减%	2016 年	位次	2015 年	增减金额	增减%	2016 年	位次	2015 年	增减金额	增减%	
黄浦区	62326.69	50849.18	11477.51	22.57	56198.51	1	47639.75	8558.77	17.97	29527.59	1	26703.27	2824.32	10.58	52.54
徐汇区	26337.23	23849.11	2488.13	10.43	26960.68	7	23241.11	3719.57	16.00	7910.46	6	7627.57	282.89	3.71	29.34
长宁区	27558.94	25272.35	2286.59	9.05	28211.02	6	24046.85	4164.17	17.32	7243.79	7	7078.60	165.19	2.33	25.68
静安区	37939.11	30333.09	7606.02	25.07	38950.22	3	34407.96	4542.26	13.20	14294.86	2	14259.39	35.47	0.25	36.70
普陀区	24984.30	21275.05	3709.25	17.43	24670.87	10	21686.82	2984.05	13.76	8149.57	5	6570.21	1579.36	24.04	33.03
虹口区	32967.65	24639.33	8328.32	33.80	34436.48	4	24679.40	9757.08	39.54	8986.66	4	6731.73	2254.93	33.50	26.10
杨浦区	33518.54	30536.87	2981.67	9.76	33507.17	5	30726.08	2781.09	9.05	12572.76	3	12197.36	375.40	3.08	37.52
闵行区	23198.79	20240.75	2958.03	14.61	24041.34	12	20275.50	3765.84	18.57	4980.71	13	4812.44	168.27	3.50	20.72
宝山区	23256.30	20885.59	2370.71	11.35	23265.11	14	21095.10	2170.01	10.29	5314.74	12	7107.63	−1792.90	−25.22	22.84
嘉定区	24601.37	23295.37	1306.00	5.61	25187.21	9	19908.60	5278.62	26.51	7112.74	8	7036.28	76.46	1.09	28.24
浦东新区	21766.18	18051.53	3714.66	20.58	22314.06	15	18240.00	4074.06	22.34	5497.58	11	5671.02	−173.44	−3.06	24.64
金山区	25255.64	15866.68	9388.96	59.17	25490.10	8	16190.52	9299.58	57.44	3956.73	15	2866.13	1090.61	38.05	15.52
松江区	4532.99	16592.43	−12059.44	−72.68	4694.28	16	16543.32	−11849.04	−71.62	166.50	16	3561.20	−3394.69	−95.32	3.55
青浦区	24724.58	19957.32	4767.26	23.89	24591.88	11	20388.42	4203.46	20.62	4781.46	14	4794.78	−13.32	−0.28	19.44
奉贤区	23639.72	19928.35	3711.36	18.62	23663.47	13	19728.41	3935.05	19.95	6028.18	10	6000.20	27.98	0.47	25.47
崇明区	37687.34	37661.73	25.60	0.07	41885.70	2	36361.73	5523.97	15.19	7086.10	9	9827.45	−2741.35	−27.89	16.92
郊区小计	21899.17	19777.02	2122.15	10.73	22423.83		19597.44	2826.39	14.42	5040.83		5609.83	−569.00	−10.14	22.48
市区小计	33863.43	28645.23	5218.19	18.22	33647.80		28834.84	4812.96	16.69	12044.31		11100.89	943.42	8.50	35.80
各区合计	25281.14	22238.43	3042.71	13.68	25598.37		22162.74	3435.63	15.50	7024.30		7136.47	−112.18	−1.57	27.44

幼儿园生均经费情况

金额单位：元

各区名称	财政拨款生均				实际生均					其中：生均公用经费					2016 年生均公用占%
	2016 年	2015 年	增减金额	增减%	2016 年	位次	2015 年	增减金额	增减%	2016 年	位次	2015 年	增减金额	增减%	
黄浦区	45186.61	35899.01	9287.60	25.87	43318.03	2	33530.44	9787.59	29.19	19912.33	1	14456.09	5456.24	37.74	45.97
徐汇区	30442.25	23557.61	6884.65	29.22	31287.80	7	23401.11	7886.69	33.70	11677.60	4	7343.68	4333.93	59.02	37.32
长宁区	36097.49	34468.79	1628.71	4.73	36488.23	3	31855.24	4632.99	14.54	13019.66	3	12034.82	984.84	8.18	35.68
静安区	34896.59	27419.73	7476.86	27.27	34590.54	4	28045.28	6545.26	23.34	11448.75	5	7840.98	3607.77	46.01	33.10
普陀区	24649.15	21266.21	3382.94	15.91	24968.51	11	21011.32	3957.19	18.83	9404.61	8	9355.90	48.71	0.52	37.67
虹口区	51793.86	23946.25	27847.62	116.29	54363.26	1	25903.49	28459.77	109.87	14514.84	2	5594.73	8920.12	159.44	26.70
杨浦区	25223.03	24610.51	612.52	2.49	25743.95	9	24043.63	1700.33	7.07	8894.17	9	8240.82	653.35	7.93	34.55
闵行区	24400.27	22732.33	1667.94	7.34	24458.77	13	23220.94	1237.83	5.33	6833.61	11	8213.29	−1379.68	−16.80	27.94
宝山区	22510.45	20343.75	2166.70	10.65	22513.91	14	20887.39	1626.52	7.79	6255.46	13	5515.85	739.62	13.41	27.78
嘉定区	31000.82	25581.78	5419.04	21.18	32607.33	5	26307.14	6300.19	23.95	9490.30	7	8158.10	1332.19	16.33	29.10
浦东新区	20952.45	19407.98	1544.47	7.96	21213.27	15	20276.60	936.67	4.62	5258.12	14	6039.22	−781.10	−12.93	24.79
金山区	24631.00	17698.40	6932.60	39.17	24649.53	12	17773.98	6875.55	38.68	2920.99	15	2469.09	451.90	18.30	11.85
松江区	3912.85	17756.23	−13843.37	−77.96	4201.87	16	17569.82	−13367.95	−76.08	459.32	16	3595.90	−3136.58	−87.23	10.93
青浦区	29342.75	24140.15	5202.60	21.55	29367.56	8	23883.81	5483.75	22.96	9914.70	6	8655.72	1258.97	14.54	33.76
奉贤区	25321.23	23868.31	1452.92	6.09	25312.47	10	24000.25	1312.22	5.47	6398.05	12	6338.64	59.40	0.94	25.28
崇明区	29963.88	26197.96	3765.91	14.37	32140.35	6	25944.54	6195.81	23.88	8537.21	10	8656.80	−119.59	−1.38	26.56
郊区小计	21883.32	21033.11	850.21	4.04	22229.57		21500.88	728.68	3.39	5759.93		6288.01	−528.08	−8.40	25.91
市区小计	33197.20	26143.00	7054.19	26.98	33559.15		25794.22	7764.93	30.10	11898.33		8992.95	2905.38	32.31	35.45
各区合计	24935.02	22429.94	2505.08	11.17	25285.50		22674.50	2611.00	11.52	7415.65		7027.43	388.22	5.52	29.33

特殊学校学生生均经费情况

金额单位:元

各区名称	财政拨款生均				实际生均					其中:生均公用经费					2016年生均公用占%
	2016年	2015年	增减金额	增减%	2016年	位次	2015年	增减金额	增减%	2016年	位次	2015年	增减金额	增减%	
黄浦区	169316.28	144702.45	24613.83	17.01	165224.62	2	144916.87	20307.75	14.01	74067.29	1	73516.66	550.63	0.75	44.83
徐汇区	129281.32	95446.76	33834.57	35.45	130705.65	5	95784.82	34920.83	36.46	25260.51	6	18680.37	6580.14	35.22	19.33
长宁区	139173.57	130326.63	8846.94	6.79	142407.55	3	125757.29	16650.26	13.24	21786.14	9	21156.33	629.81	2.98	15.30
静安区	134022.71	90968.14	43054.57	47.33	132151.64	4	86784.72	45366.92	52.28	37814.45	3	27491.78	10322.67	37.55	28.61
普陀区	86337.51	76008.42	10329.09	13.59	85545.92	13	81826.80	3719.12	4.55	18261.27	13	16570.78	1690.48	10.20	21.35
虹口区	65432.87	44300.04	21132.83	47.70	67933.61	15	44355.31	23578.30	53.16	11552.78	15	8040.70	3512.08	43.68	17.01
杨浦区	93633.50	79642.62	13990.88	17.57	96064.16	10	77612.86	18451.30	23.77	29395.64	4	26451.60	2944.04	11.13	30.60
闵行区	125541.71	103887.14	21654.56	20.84	124756.82	6	103238.07	21518.74	20.84	21913.07	8	21897.12	15.95	0.07	17.56
宝山区	83388.79	57131.35	26257.44	45.96	83402.59	14	59336.30	24066.29	40.56	18707.15	12	12804.98	5902.18	46.09	22.43
嘉定区	208863.58	125523.30	83340.28	66.39	208463.44	1	138901.58	69561.86	50.08	73414.40	2	42235.54	31178.86	73.82	35.22
浦东新区	88564.44	71049.97	17514.47	24.65	91353.57	11	73566.55	17787.02	24.18	23652.34	7	19675.94	3976.39	20.21	25.89
金山区	101047.17	76262.52	24784.65	32.50	101523.75	8	77372.18	24151.56	31.21	12481.63	14	11808.18	673.45	5.70	12.29
松江区	25404.36	84744.02	−59339.66	−70.02	25714.71	16	83297.27	−57582.56	−69.13	244.04	16	18647.11	−18403.07	−98.69	0.95
青浦区	88090.05	74903.06	13186.99	17.61	91324.89	12	71244.08	20080.81	28.19	26784.22	5	19733.60	7050.62	35.73	29.33
奉贤区	104799.21	81972.09	22827.11	27.85	104825.87	7	82034.51	22791.36	27.78	19533.26	11	14734.34	4798.92	32.57	18.63
崇明区	93572.41	82261.11	11311.30	13.75	100399.10	9	84102.27	16296.84	19.38	21516.28	10	19568.45	1947.83	9.95	21.43
郊区小计	99260.72	79980.93	19279.78	24.11	101347.13		81460.03	19887.09	24.41	23847.23		19700.46	4146.77	21.05	23.53
市区小计	116159.19	92481.02	23678.17	25.60	116101.81		91749.30	24352.51	26.54	33020.79		28916.05	4104.74	14.20	28.44
各区合计	107170.18	86017.84	21152.35	24.59	108253.17		86429.22	21823.95	25.25	28140.99		24151.12	3989.87	16.52	26.00

中专、技校、职校生均经费情况

金额单位:元

各区名称	财政拨款生均				实际生均					其中:生均公用经费					2016年生均公用占%
	2016年	2015年	增减金额	增减%	2016年	位次	2015年	增减金额	增减%	2016年	位次	2015年	增减金额	增减%	
黄浦区	57947.83	43359.68	14588.15	33.64	63158.17	3	54639.90	8518.27	15.59	26771.69	1	26662.65	109.04	0.41	42.39
徐汇区	31717.30	29659.01	2058.30	6.94	32520.82	9	30075.37	2445.44	8.13	8686.69	5	7668.97	1017.72	13.27	26.71
长宁区	61063.22	51686.86	9376.37	18.14	64785.24	1	57346.27	7438.97	12.97	16279.61	3	15711.22	568.39	3.62	25.13
静安区	60358.58	53498.69	6859.89	12.82	64328.65	2	60555.20	3773.45	6.23	17599.97	2	17550.74	49.23	0.28	27.36
普陀区	26692.80	26690.39	2.41	0.01	30152.37	11	29427.67	724.70	2.46	6585.87	12	6584.94	0.93	0.01	21.84
虹口区	35821.82	29242.87	6578.95	22.50	38108.09	5	31598.00	6510.10	20.60	8248.77	7	6467.97	1780.79	27.53	21.65
杨浦区	41464.20	33497.52	7966.67	23.78	47886.20	4	36516.31	11369.89	31.14	15332.60	4	9998.55	5334.06	53.35	32.02
闵行区	27012.30	19158.22	7854.08	41.00	27721.59	14	24400.53	3321.06	13.61	7147.76	11	8794.47	−1646.71	−18.72	25.78
宝山区	33533.21	27340.14	6193.08	22.65	36755.30	6	28236.87	8518.44	30.17	6360.38	13	4536.29	1824.09	40.21	17.30
嘉定区	23052.19	16702.53	6349.67	38.02	25082.67	15	16318.23	8764.44	53.71	4034.26	15	2528.44	1505.82	59.56	16.08
浦东新区	24498.85	22732.07	1766.79	7.77	29032.99	13	25625.37	3407.62	13.30	7697.05	9	7661.71	35.34	0.46	26.51
金山区	30970.20	17723.25	13246.95	74.74	32291.05	10	18432.78	13858.27	75.18	4202.67	14	2769.31	1433.36	51.76	13.01
松江区	7954.49	21143.89	−13189.41	−62.38	9531.12	16	22883.65	−13352.53	−58.35	2494.28	16	5997.40	−3503.12	−58.41	26.17
青浦区	32763.72	22266.59	10497.13	47.14	35806.22	8	22875.49	12930.73	56.53	7811.59	8	5415.66	2395.93	44.24	21.82
奉贤区	27247.36	24570.67	2676.69	10.89	29163.98	12	25354.66	3809.32	15.02	7463.97	10	7408.65	55.31	0.75	25.59
崇明区	34051.62	28019.58	6032.04	21.53	36552.18	7	45509.29	−8957.11	−19.68	8268.57	6	26107.64	−17839.07	−68.33	22.62
郊区小计	25588.11	21716.13	3871.98	17.83	28322.55		24847.20	3475.36	13.99	6410.93		7574.00	−1163.07	−15.36	22.64
市区小计	44599.72	37537.11	7062.61	18.82	48054.61		42584.49	5470.12	12.85	14688.23		13798.62	889.61	6.45	30.57
各区合计	30536.50	25659.77	4876.73	19.01	33458.46		29268.51	4189.95	14.32	8565.37		9125.59	−560.22	−6.14	25.60

职校生均经费情况

金额单位:元

各区名称	财政拨款生均				实际生均					其中:生均公用经费					2016年生均公用占%
	2016年	2015年	增减金额	增减%	2016年	位次	2015年	增减金额	增减%	2016年	位次	2015年	增减金额	增减%	
黄浦区	57947.83	43359.68	14588.15	33.64	63158.17	4	54639.90	8518.27	15.59	26711.69	2	26662.65	49.04	0.18	42.29
徐汇区	31717.30	29659.01	2058.30	6.94	32520.82	10	30075.37	2445.44	8.13	8686.69	9	7668.97	1017.72	13.27	26.71
长宁区	61063.22	51686.86	9376.37	18.14	64785.24	2	57346.27	7438.97	12.97	16279.61	4	15711.22	568.39	3.62	25.13
静安区	60358.58	53498.69	6859.89	12.82	64328.65	3	60555.20	3773.45	6.23	17599.97	3	17550.74	49.23	0.28	27.36
普陀区	26692.80	26690.39	2.41	0.01	30152.37	12	29427.67	724.70	2.46	6585.87	13	6584.94	0.93	0.01	21.84
虹口区	35821.82	29242.87	6578.95	22.50	38108.09	8	31598.00	6510.10	20.60	8248.77	11	6467.97	1780.79	27.53	21.65
杨浦区	41464.20	33497.52	7966.67	23.78	47886.20	7	36516.31	11369.89	31.14	15332.60	6	9998.55	5334.06	53.35	32.02
闵行区	28992.02	17916.82	11075.21	61.81	30268.56	11	24179.64	6088.91	25.18	9170.64	8	9793.27	−622.63	−6.36	30.30
宝山区	27396.79	22933.51	4463.27	19.46	29922.63	13	23333.29	6589.34	28.24	5241.52	14	3611.17	1630.35	45.15	17.52
嘉定区	2639717.15	984674.00	1655043.15	168.08	2720915.68	1	948437.92	1772477.76	186.88	210894.28	1	82427.36	128466.92	155.85	7.75
浦东新区	22943.05	21582.14	1360.91	6.31	27695.72	14	24230.22	3465.50	14.30	7463.47	12	7313.54	149.92	2.05	26.95
金山区	0.00	0.00	0.00		0.00	16	0.00	0.00		0.00	16	0.00	0.00		
松江区	7954.49	21143.89	−13189.41	−62.38	9531.12	15	22883.65	−13352.53	−58.35	2494.28	15	5997.40	−3503.12	−58.41	26.17
青浦区	47281.35	30546.72	16734.63	54.78	57683.89	6	32659.78	25024.11	76.62	15948.52	5	8786.79	7161.73	81.51	27.65
奉贤区	61143.29	51426.88	9716.40	18.89	62731.92	5	51006.24	11725.67	22.99	11552.09	7	11582.01	−29.92	−0.26	18.42
崇明区	34051.62	28019.58	6032.04	21.53	36552.18	9	45509.29	−8957.11	−19.68	8268.57	10	26107.64	−17839.07	−68.33	22.62
郊区小计	24481.37	23116.71	1364.67	5.90	27967.66		27504.90	462.76	1.68	7019.03		9428.42	−2409.39	−25.55	25.10
市区小计	44599.72	37537.11	7062.61	18.82	48054.61		42584.49	5470.12	12.85	14688.23		13798.62	889.61	6.45	30.57
各区合计	31956.50	28248.36	3708.14	13.13	35431.12		32871.12	2560.00	7.79	9868.58		10983.60	−1115.02	−10.15	27.85

上海市教育技术装备配备状况统计表

统计指标				单位	高中	完中	初中	十二年一贯	九年一贯	小学	总计
基本信息	管理人员	实验室	人数	人	558	328	1060	21	647	1257	3871
			专兼职比例		1∶0.43	1∶0.69	1∶2.05	1∶0.62	1∶2.46	1∶2.04	1∶1.50
		图书馆（室）	人数	人	327	158	510	13	298	772	2078
			专兼职比例		1∶0.14	1∶0.41	1∶0.53	1∶0.08	1∶0.56	1∶1.22	1∶0.62
场所建设	创新实验室学校设置率			%	82.93	65.15	55.45	40.00	54.36	40.97	51.61
	图书馆面积达标率			%	55.56	65.15	70.52	33.33	31.71	67.73	66.64
资产信息	资产值	教学仪器设备	总值	万元	225729.98	94962.69	247692.05	11676.52	136570.70	354445.06	1071077.00
			生均	元	19153.52	14267.45	11003.69	20306.99	7293.53	6486.99	9322.60
		教育信息化设备总金额		万元	65942.69	31641.98	94390.26	3328.31	53076.77	154758.48	403138.49
		图书金额			14868.73	7778.65	26872.30	532.81	17799.06	37563.39	105414.94
	当年投入	教学仪器设备		万元	30180.98	13143.18	34334.08	890.17	18491.29	51752.11	148791.81
		信息化设备			8466.67	4308.99	13458.25	385.70	7157.90	21687.40	55464.91
		图书			1060.75	585.12	1833.60	38.08	1762.35	3452.58	8732.48
	物品数量	每百名学生拥有计算机台数		台	66	53	46	38	33	30	39
		生均图书册数		册	71.48	65.42	63.54	64.15	51.48	41.73	52.13
管理信息	实验开出率			%	92.90	85.80	87.42	77.20	85.60	89.38	86.38
	课外开放	体育场馆开放学校百分比		%	85.71	92.19	90.76	80.00	91.43	89.15	89.63
		图书馆(室)开放学校百分比		%	77.87	74.24	79.33	80.00	86.58	78.19	79.24
		创新实验室开放学校百分比		%	72.90	68.75	65.20	50.00	80.23	67.68	69.22
		心理辅导室开放学校百分比		%	71.54	66.67	77.91	80.00	86.01	76.95	77.18

上海市实验室建设状况统计表

指标 / 区县	物理(%)				化学(%)				生命科学(%)				科学			自然/科学与技术(%)				创新实验室		
	间数达标率	面积达标率	使用率	有数字化实验室学校占比	间数达标率	面积达标率	使用率	有数字化实验室学校占比	间数达标率	面积达标率	使用率	有数字化实验室学校占比	独立间数(间)	独立面积(平方米)	独立设置科学实验室的学校占比(%)	间数达标率	面积达标率	使用率	有数字化实验室学校占比	间数(间)	面积(平方米)	有创新实验室的学校占比(%)
黄浦区	65.22	39.13	84.08	37.50	91.30	60.87	81.40	21.88	95.65	56.52	76.74	15.63	6.00	554.30	26.09	96.55	51.72	95.67	9.38	65	5292.29	42.62
徐汇区	68.00	48.00	86.40	36.67	92.00	48.00	81.00	10.00	84.00	40.00	71.66	13.33	3.00	242.00	12.00	87.50	65.00	95.16	2.44	48	4011.22	42.03
长宁区	66.67	61.11	78.82	50.00	100.00	66.67	73.54	45.45	100.00	72.22	73.34	45.45	8.00	734.00	36.84	100.00	63.64	85.18	43.48	23	2216.00	34.88
静安区	60.00	20.00	55.07	31.25	70.00	30.00	50.85	31.25	70.00	40.00	43.30	31.25	5.00	357.70	38.46	100.00	66.67	79.00	6.67	41	3527.40	51.72
普陀区	66.67	55.56	65.51	21.95	92.59	74.07	62.59	4.88	92.59	70.37	59.30	2.44	7.00	600.30	21.05	90.91	72.73	66.41		113	10650.28	75.76
闸北区	80.95	57.14	83.71	25.81	100.00	66.67	81.76	12.90	95.24	61.90	75.56	9.68	4.00	358.16	16.00	88.89	59.26	87.65	6.45	28	2346.40	24.56
虹口区	84.21	36.84	95.38	38.71	89.47	47.37	94.80	25.81	94.74	47.37	95.86	29.03				100.00	42.86	99.37	3.03	57	5202.52	64.41
杨浦区	88.46	61.54	72.66	29.73	96.15	76.92	70.96	16.22	92.31	69.23	69.66	13.51	9.00	924.44	32.14	90.48	58.54	84.15	4.35	74	10599.93	58.97
闵行区	62.86	45.71	63.19	33.33	100.00	80.00	58.22	23.53	97.14	65.71	57.63	25.49	10.00	993.03	25.00	86.27	70.00	80.84	10.00	94	10289.52	47.47
宝山区	73.68	60.53	53.79	5.66	92.11	65.79	49.47	5.66	89.47	63.16	45.03	5.66	16.00	1333.36	30.43	85.51	59.42	66.24	3.85	68	7730.62	25.89
嘉定区	68.18	68.18	36.06	19.35	100.00	86.36	38.26	6.45	100.00	81.82	33.68	6.45	6.00	535.60	24.00	77.42	70.97	40.29	11.11	58	6032.85	71.19
浦东新区	75.51	67.35	65.65	24.81	98.98	83.67	66.88	12.78	91.84	77.55	61.59	12.03	44.00	4452.80	37.84	86.72	75.00	85.22	3.42	179	16791.45	47.67
金山区	89.47	63.16	89.32	19.23	100.00	78.95	88.79	7.69	100.00	73.68	87.52	7.69	7.00	525.00	30.00	90.91	68.18	87.65		66	6109.00	77.08
松江区	78.95	68.42	73.22	16.13	100.00	89.47	73.60	6.45	94.74	73.68	69.40	6.45	10.00	859.00	33.33	74.07	66.67	75.99	2.78	34	3891.51	38.00
青浦区	94.44	83.33	68.08	16.00	100.00	83.33	68.95	8.00	100.00	77.78	64.80	8.00	21.00	2079.89	80.95	92.59	81.48	93.54	6.67	41	3217.70	62.00
奉贤区	63.16	73.68	43.02	14.29	100.00	89.47	40.43	4.76	94.74	78.95	35.63	4.76	21.00	1829.80	50.00	82.61	78.26	52.06	9.30	64	6979.29	73.02
崇明区	100.00	59.26	33.44	14.29	96.30	59.26	28.74	2.86	92.59	48.15	24.82		1.00	78.00	3.33	100.00	79.31	38.62		54	3655.74	68.75
委　属	100.00	100.00	63.67	100.00	100.00	100.00	62.83	83.33	100.00	100.00	67.83	66.67	3.00	255.00	100.00	100.00	100.00	50.00		34	4987.20	83.33
总　计	75.75	59.23	65.97	25.11	96.35	72.96	64.19	13.82	93.35	66.95	60.35	13.08	181.00	16712.38	30.18	88.77	67.29	77.18	5.98	1141	113530.92	51.61

上海市专用教室建设状况统计表

指标 区县	劳动技术(%)		地理			历史			史地(%)		计算机(%)		音乐(%)		形体(%)		美术(%)		书法(%)		英语			艺术		
	间数达标率	面积达标率	独立间数(间)	独立面积(平方米)	有独立地理室的学校占比(%)	独立间数(间)	独立面积(平方米)	有独立历史室的学校占比(%)	间数达标率	面积达标率	间数达标率	面积达标率	间数达标率	面积达标率	间数达标率	面积达标率	间数达标率	面积达标率	间数达标率	面积达标率	间数(间)	面积(平方米)	有英语室的学校占比(%)	间数(间)	面积(平方米)	有艺术室的学校占比(%)
黄浦区	48.08	11.54	11	968.80	15.63	4	278.80	12.50	33.33	33.33	92.31	67.31	90.38	48.08	100.00	50.00	90.38	30.77	50.00	12.50	16	1168.80	14.75	12	1670.70	16.39
徐汇区	37.50	7.81	5	293.00	20.00						98.44	75.00	90.63	60.94	71.43	57.14	85.94	43.75	28.57	14.29	1	74.40	1.45	16	932.80	8.70
长宁区	53.85	23.08	7	706.00	27.27						94.87	66.67	76.92	58.97	42.86	28.57	92.31	38.46	57.14		25	2066.00	32.56	19	1452.00	25.58
静安区	36.36	4.55	1	55.00	6.25	1	55.00	6.25			90.91	77.27	86.36	68.18	50.00	50.00	90.91	50.00	50.00		10	540.00	6.90	6	443.00	20.69
普陀区	51.92	17.31	3	205.34	7.32				7.69	7.69	92.31	76.92	86.54	65.38	50.00	25.00	80.77	48.08	50.00	37.50	6	464.28	9.09	29	2326.23	18.18
闸北区	31.91	10.64							16.67		91.49	55.32	95.74	53.19	55.56	22.22	78.72	34.04	22.22	11.11	5	357.70	7.02	24	1422.80	24.56
虹口区	27.66	8.51	11	780.00	25.81				66.67	66.67	95.74	48.94	85.11	36.17	75.00	50.00	80.85	31.91	25.00		17	1174.07	16.95	4	237.00	5.08
杨浦区	19.40	13.64	3	183.00	8.11	1	95.00	2.70	40.00	20.00	94.03	74.24	82.09	57.58	73.33	46.67	86.57	39.39	26.67		3	310.00	3.85	18	1071.86	12.82
闵行区	49.40	34.15	10	905.50	13.73	3	290.00	3.92	23.08	23.08	87.95	79.27	90.36	73.17	96.30	85.19	92.77	64.63	66.67	55.56	13	1421.79	10.10	38	3415.25	22.22
宝山区	37.11	23.71	8	621.80	9.43	3	281.00	5.66	35.71	35.71	93.81	81.44	91.75	62.89	78.26	52.17	85.57	57.73	56.52	30.43	4	349.20	3.57	25	1208.96	8.04
嘉定区	44.00	28.00	7	731.40	19.35	2	239.60	6.45	50.00	41.67	80.00	76.00	90.00	72.00	90.48	71.43	86.00	62.00	71.43	47.62	3	550.22	5.08	26	1772.05	27.12
浦东新区	60.09	46.19	44	3939.25	33.83	33	2789.90	22.56	39.39	24.24	87.44	80.27	83.41	68.61	62.71	50.85	85.65	67.71	52.54	42.37	119	10894.13	34.88	72	5644.52	12.02
金山区	60.98	41.46	5	260.00	11.54	1	50.00	3.85	20.00	20.00	90.24	85.37	80.49	68.29	70.00	50.00	95.12	60.98	70.00	30.00	2	142.00	4.17	9	733.00	18.75
松江区	50.00	42.11	10	961.00	32.26	2	196.00	6.45			84.21	84.21	92.11	84.21	78.26	65.22	84.21	68.42	95.65	69.57	10	915.00	14.00	12	1122.30	22.00
青浦区	74.42	51.16	5	385.60	16.00	2	201.76	8.00	22.22	22.22	95.35	83.72	86.05	69.77	81.25	56.25	97.67	69.77	93.75	56.25	2	176.40	2.00	7	570.60	8.00
奉贤区	67.50	50.00	6	467.80	14.29	3	251.80	7.14	60.00	40.00	85.00	65.00	82.50	67.50	88.89	72.22	92.50	65.00	77.78	33.33	9	809.40	6.35	9	659.80	11.11
崇明区	80.36	48.21	2	102.00	5.71						98.21	76.79	94.64	76.79	40.00	40.00	96.43	60.71	80.00	60.00	1	90.00	1.56	12	1096.18	14.06
委属	50.00		2	416.00	33.33	1	80.00	16.67	100.00	50.00	100.00	50.00	100.00	100.00	100.00	50.00	100.00	100.00	100.00	50.00	3	239.00	50.00	4	354.00	66.67
总计	49.67	29.97	140	11981.49	18.28	56	4808.86	7.88	29.61	22.37	90.97	75.21	87.21	64.84	74.26	55.51	87.77	55.23	61.40	38.24	249	21742.39	13.69	342	26133.05	15.26

上海市教学仪器设备状况统计表

单位:万元

指标 区县	总体情况				创新实验室			其他特色专用教室		
	资产总值	生均教学仪器设备值(元)	当年投入		资产值	当年投入		资产值	当年投入	
			财政性经费	其　他		财政性经费	其　他		财政性经费	其　他
黄浦区	66571.98	16680.94	7296.55	693.78	6675.48	1519.03	56.72	5870.88	910.33	151.80
徐汇区	50794.86	8295.75	8493.19		2237.08	1151.91		6644.21	1122.69	
长宁区	65032.43	18845.61	6529.31	29.53	856.48	230.14		5955.32	2221.20	
静安区	51728.57	25394.49	7460.41	228.30	1769.49	962.89	9.53	1705.18	523.79	2.88
普陀区	88030.37	15333.90	10017.26		4204.01	852.79		1073.13	146.99	
闸北区	31277.36	8255.00	2444.64	575.35	1073.06	58.33	53.59	786.11	149.01	36.32
虹口区	42755.45	12775.79	4949.01	280.25	3153.12	720.10	113.44	2530.05	547.46	15.71
杨浦区	74833.93	15048.65	11346.75	1.85	3745.87	1678.34		5262.49	1095.03	
闵行区	78964.49	7816.87	12655.78	173.99	4167.11	2145.42		6359.15	731.62	1.20
宝山区	59503.74	6516.24	8877.23	95.65	1145.01	326.56		2779.54	731.84	
嘉定区	53468.04	8895.33	10154.71	349.44	1209.65	417.45		1079.89	367.49	
浦东新区	205702.88	6950.57	25781.16	781.27	7351.93	3912.20	129.88	12776.87	2229.74	66.32
金山区	42514.23	9295.37	5973.89	631.26	1815.59	266.03	37.58	2099.04	146.04	74.48
松江区	29215.67	4194.70	2610.46	65.10	1078.12	232.85	52.41	1160.88	214.16	
青浦区	26812.05	5321.86	2923.69	454.21	1576.30	326.22	197.43	2186.06	522.32	11.23
奉贤区	48853.81	8475.97	9934.60	60.98	2123.47	1134.58		2032.14	822.35	15.21
崇明区	32075.41	10153.34	2257.97	528.65	912.76	169.43	27.97	269.03	86.65	114.47
委　属	22941.73	20844.75	3816.80	318.79	2697.47	538.17		3504.26	32.86	15.00
总　计	1071077.00	9322.60	143523.41	5268.40	47792.00	16642.44	678.55	64074.23	12601.57	504.62

上海市图书馆配备状况统计表

指标 区县	文献量				图书经费(万元)						阅览座位		纸质图书流通率(%)
	纸质书刊(册)	生均图书册数(册)	数字文献		纸质书刊	数字文献	合计	当年投入		生均经费(元)	纸质书刊阅览座位(座)	电子阅览电脑(台)	
			(件)	(GB)				财政性经费	其他				
黄浦区	2729209	68.39	172704	47302	4036.02	317.18	4353.20	249.21	10.89	1090.78	4898	1004	16.07
徐汇区	3100165	50.63	32470	29301	5955.98	213.39	6169.37	462.53	9.00	1007.57	5648	802	15.25
长宁区	1848496	53.57	115072	78810	2302.16	70.90	2373.06	206.67	7.72	687.68	2556	760	11.24
静安区	1483278	72.82	26562	37073	2952.19	160.70	3112.89	224.52	7.31	1528.17	3601	527	28.25
普陀区	3349941	58.35	38107	40432	5141.59	172.13	5313.72	432.11		925.59	5618	661	18.97
闸北区	2113135	55.77	229802	102597	4170.67	111.04	4281.71	188.13	11.52	1130.07	3908	1163	21.16
虹口区	2049485	61.24	73061	38232	2299.25	113.05	2412.30	165.29	45.59	720.82	4534	656	13.45
杨浦区	2940734	59.14	15396	8162	4752.01	51.97	4803.98	623.61		966.05	6000	1024	18.12
闵行区	4983063	49.33	81630	21292	9612.72	150.90	9763.62	704.25	5.53	966.52	7032	5045157	23.85
宝山区	4196535	45.96	3095543	35543	8216.54	218.58	8435.12	1112.46	23.45	923.73	8513	1695	20.73
嘉定区	2734857	45.50	268057	22018	4877.65	215.18	5092.83	552.86	17.98	847.28	4986	1664	36.76
浦东新区	13630663	46.06	898692	73141	22103.93	957.45	23061.38	1927.91	47.30	779.23	19947	3734	17.66
金山区	2483096	54.29	93650	26009	4078.12	112.43	4190.55	245.67	49.12	916.23	3453	748	17.83
松江区	3306010	47.47	45170	6638	5984.89	77.77	6062.66	376.36	3.70	870.46	4209	532	21.30
青浦区	2561964	50.85	61416	3100	3961.65	51.94	4013.59	155.97	134.87	796.65	3671	658	22.16
奉贤区	2953560	51.24	144703	229714	5531.22	190.50	5721.72	339.21	12.39	992.70	5596	1085	18.62
崇明区	2431373	76.96	35281	17500	4479.13	239.97	4719.10	124.68	91.60	1493.81	4369	804	15.49
委　属	996332	90.53	25520	10250	1519.61	14.53	1534.14	102.78	60.29	1393.91	1674	281	7.23
总　计	59891896	52.13	5452836	827114	101975.33	3439.61	105414.94	8194.22	538.26	917.53	100213	5062955	19.39

上海市实验开出率

区县＼指标	物理(%)	化学(%)	生命科学(%)	科学(%)	自然(科学与技术)(%)
黄浦区	95.37	93.08	90.69	86.43	95.57
徐汇区	94.18	94.53	89.46	43.28	91.28
长宁区	97.32	98.59	98.77	77.89	98.35
静安区	89.46	88.81	84.47	68.62	82.73
普陀区	89.45	88.92	86.89	84.24	82.26
闸北区	92.70	90.84	90.77	68.97	78.81
虹口区	98.10	97.71	95.55	51.45	93.78
杨浦区	96.13	93.81	93.01	91.44	95.96
闵行区	97.10	96.50	96.55	97.01	94.98
宝山区	80.88	78.54	68.81	42.10	67.38
嘉定区	87.85	87.64	87.57	75.64	84.83
浦东新区	91.95	91.98	89.59	91.36	92.71
金山区	90.22	90.63	89.12	73.00	87.95
松江区	96.98	96.08	84.59	68.53	88.97
青浦区	90.30	91.28	89.54	68.80	90.83
奉贤区	92.44	92.14	85.44	87.43	88.02
崇明区	89.63	89.02	84.06	81.81	91.65
委　属	88.33	88.33	95.00	50.00	50.00
总　计	92.03	91.43	88.21	76.94	88.18

索　　引

Index

索 引

说明:①本索引的主题词索引及人名索引采用主题分析索引方法,按主题词及人名首字的汉语拼音字母顺序排列。串文图片索引按页码先后顺序排列。②索引名称后的数字表示内容所在的页码,数字后面的a、b表示内容所在版面的左、右区域。③在上海的单位和在上海发生的事件名称前的"上海"两字一般均予省略。括号内高校名称一般用全称。

主题词索引

A

B

C

D

E

F

G

H

J

K

L

M

N

O

P

Q

R

S

T

W

X

Y

Z

人名索引

L

M

N

P

Q

R

S

T

W

X

Y

Z

串文图片索引

《2017 上海教育年鉴》编纂人员

总 编 审：王从春

副总编审：李兴华　陆黎英

《上海教育年鉴》编辑部：刘　捷　郑秀敏

供稿单位组稿人：（以姓氏笔画为序）

丁晓丹　于　杨　万翰杰　王　欢　王会姣　王　阳　王金晶　王晓红
王　影　方乐莺　邓　宇　叶丽玉　田　原　史志明　印成君　吕颜婉倩
朱　霞　任朝霞　刘红菊　刘丽英　刘利艾　刘　勋　许　凌　许梅英
孙　慧　杜　宇　李　莉　李　旺　李惠君　李毓彬　杨　阳　肖天昳
吴怀莉　吴福昌　何　杰　汪瑞琴　沈乐华　沈萌耀　宋　娟　宋偲蕾
张仲礼　张胜利　陆祎琳　陈　成　陈　阳　陈亦东　陈　皇　范冬虹
季慧琴　岳宝华　金舒莺　周凌之　周益斌　郑兴兰　郑贺春　郑　楷
单驹超　郝玉凤　胡　珺　俞　刚　俞晓菁　费　明　秦　凤　袁　源
倪永培　徐　晨　高兰兰　高　哲　接剑桥　梅　飞　梅湘瀛　曹佳凤
曹婷婷　章玲苓　葛春晖　蒋啸天　程　涛　赖黎明　甄炜旎　虞　兰
黎仁芳　潘　旻　戴国庆　戴　泓

供稿单位审稿人：（以姓氏笔画为序）

万国良　马　强　王邦永　王　波　王树人　王剑岳　毛成功　邓　悦
史　寅　包玉全　冯志成　冯　洁　冯　辉　毕秀水　朱茂然　朱　健
庄小凤　刘文星　刘　丽　刘　彬　刘鹤霞　汤　磊　许国春　孙　莹
严　奕　李　川　李希萌　李柏林　李梦隽　杨旭辉　杨　玲　肖建农
吴新林　邱　晴　应陵荣　宋莉莉　张　红　张　凯　张晓静　张锦华
陆秀萍　陈宇卿　陈国兰　陈　玲　陈莉丽　陈　彭　邵志勇　罗英华
金志明　周婉婉　孟祥栋　封　萍　赵文华　赵　萍　胡花玉　段仁启
侯立玉　俞光虹　姚志华　姚赟勤　秦立卿　袁　晖　夏　星　顾成明
徐沫扬　高校亚　高　琳　郭伟钧　陶海根　陶　强　曹士勋　曹锡康
常生龙　崔亦田　章甘群　葛　朗　董伊金　蒋乃平　韩　玲　韩　玲
鲁海波　滑智平　鲍贤俊　管琰琰

特邀审稿人：（以姓氏笔画为序）

王正华　江　岚　钟　智　宣念蜀　顾剑华　郭天和　盛　懿　蒋侯玲

主要摄影作者：（以姓氏笔画为序）

叶辰亮　朱水苗　李立基　顾　超

英文翻译：江　岚

责任编辑：鲍　静

特邀编辑：余鸿源

图书在版编目(CIP)数据

2017上海教育年鉴/上海市教育委员会编.—上海：
上海人民出版社，2018
ISBN 978-7-208-14911-3

Ⅰ.①2… Ⅱ.①上… Ⅲ.①教育工作-上海-
2017-年鉴 Ⅳ.①G527.51-54

中国版本图书馆CIP数据核字(2017)第288300号

责任编辑 鲍 静
特邀编辑 余鸿源
封面设计 张志全工作室

2017上海教育年鉴
上海市教育委员会 编

出　　版 上海人民出版社
(200001 上海福建中路193号)
发　　行 上海人民出版社发行中心
印　　刷 浙江新华数码印务有限公司
开　　本 890×1240 1/16
印　　张 44.5
插　　页 16
字　　数 1,120,000
版　　次 2018年2月第1版
印　　次 2018年2月第1次印刷
ISBN 978-7-208-14911-3/G·1877
定　　价 200.00元